가인
김병로

가인 김병로

2017년 11월 20일 초판 1쇄 발행
2024년 8월 20일 초판 5쇄 발행

지은이 한인섭 | 펴낸이 안종만 · 안상준 | 펴낸곳 ㈜박영사 | 등록 1959. 3. 11. 제300-1959-1호(倫)
주소 서울특별시 금천구 가산디지털2로 53, 210호(가산동, 한라시그마밸리)
전화 (02) 733-6771 | 팩스 (02) 736-4818
홈페이지 www.pybook.co.kr | 이메일 pys@pybook.co.kr

편집 이승현
기획/마케팅 조성호
표지디자인 권효진
제작 고철민 · 김원표

ISBN 979-11-303-2954-3 (93360)

이 도서의 국립중앙도서관 출판예정도서목록(CIP)은 서지정보유통지원시스템 홈페이지(http://seoji.nl.go.kr)와
국가자료공동목록시스템(http://www.nl.go.kr/kolisnet)에서 이용하실 수 있습니다.
(CIP제어번호 : CIP2017028674)

가인 김병로

한인섭

박영사

|독자 여러분께|

법률가로서의 행적에 초점을 둔 가인 김병로 선생의 생애를 써야겠다고 결심한 지 십년을 채웠습니다. 자료를 모으고 읽으면서 안개너머로부터 그의 자취가 조금씩 다가왔습니다. 여러 방학을 그의 시대와 생애 공간에 들어가 살았습니다. 정리된 부분은 논문과 저술로 가공하면서 동학들의 비평을 받을 기회를 가졌고, 그것들이 본서로 집결되기까지의 징검다리가 되었습니다.

가인 선생은 참으로 떳떳하고 담담한 삶을 살았습니다. 나라를 되찾기 전에는 거처할 곳도 없이 방황하는 거리의 사람(街人)으로 자처했습니다. 탁류와 더불어 싸우면서도 혼탁해지지 않았고, 지조를 굽히지 않았습니다. 어쩔 수 없는 시대적 압박을 맞으면 동지들과 은거하여 미래를 기다렸습니다. 진퇴가 분명했고, 명분이 확실했습니다. 사회와 국가의 중책을 거듭 맡았지만, 애써 자리를 추구한 적이 없었습니다. 그저 시대적 부름에 성실히 응했을 뿐입니다.

김병로 선생은 무엇보다 법률가였습니다. 식민지하에서는 법학도를 가르친 교수였고, 항일애국자들에 대해 무료변론을 도맡았던 변호사였습니다. 미군정기에는 법무-사법의 기틀을 만들어낸 사법부장으로 소임을 다했습니다. 정부수립 이후엔 첫 대법원장으로 사법부 독립의 초석을 놓았고, 청렴강직한 법관상을 구현했습니다. 그를 일러 한국 사법의 '창조주'라는 평도 지나친 것이 아닙니다. 민주독립국가에 어울리는 기본법률의 초안들은 그의 불식지공의 정성으로 빚어낸 것입니다. 이렇듯 그는 대한민국의 법제-사법-입법-윤리의 네 기둥을 세웠고, 그 영향이 여전히 살아있습니다. 저는 법률가 김병로가 남긴 업적을 성실히 정리하고, 그 정신과 의미를 파고드는 데 집중했습니다. 그의 성취와 아울러, 미완성과 한계도 주목했습니다.

가인 선생은 강직불굴의 민족지사이자 사회개혁가였습니다. 청년기에는 의병항쟁에 뛰어들었습니다. 일제하에서는 항일지사와 투사들은 물론 소작인과 화전민까지 핍박받는 민중을 대변했습니다. 그는 법정을 떠나갈 만치 열렬하게 변론투쟁을 했고, 다른 변호사들을 항일변론의 대의에 끌어들였습니다. 그의 변론은 좌우와 지역을 가리지 않았습니다. 엄혹한 일제 말기에도 민족지사로서 구심점 역할까지 해냈습니다. 해방 후 그는 토지개혁과 좌우합작, 친일 청산이라는 시대적 과제에 충실하고자 애썼습니다.

가인 선생은 민주주의자였습니다. 대통령이 정권연장을 위하여 법을 유린할 때 김병로 대법원장은 민주주의와 헌법의 기준으로 맞섰습니다. 재야 법조인이 되어서는 정권의 권력남용에 대해 매서운 법률비평을 쏟아냈습니다. 생애 말년엔 군정에 반대하는 민간정부의 수립을 위해 야권통합에 매진했습니다. 이렇듯 그는 민주주의와 헌법을 수호하는 법률가의 참모습을 보여주었습니다.

그는 철저히 공인이었습니다. 공직자로서 사적 이익을 탐한 적이 전혀 없기에, 그에게는 선공후사보다도 지공무사至公無私라는 말이 더 어울립니다. 공직활동 내내 근검절약의 모범을 보였고, 청탁이나 사사로움을 일체 배격했습니다. 공직자 부패와 권력남용이 만연했던 시절에 그는 청렴강직의 표상이었습니다.

저는 가인 선생의 여러 면모를 있는 그대로 그리고자 했습니다. 2차 가공자료보다는 원자료에 충실하고자 애썼습니다. 섣불리 비평하려 하지 않았기에 '평전'이라는 이름을 붙이지 않았습니다. 위인전 스타일을 취하지 않고, 때로는 거리감을 두고 객관화하려 했습니다. 그 이름만으로 존재감이 확실하기에 부제를 달지 않고, 담백하게 〈가인 김병로〉를 제목으로 삼았습니다. 시류에 맞춰 분량을 조정하지 않고, 디테일을 최대한 살려내고자 했습니다. 충실한 독자는 분량보다는 내용의 풍부함을 선호할 것이라 믿으면서 말입니다.

저는 가인 선생과 동행, 대화하는 마음으로 임했습니다. 안개 저편에 어렴풋이 계시던 분과 친숙해지기까지 오래 걸렸습니다. 1차자료는 대화를 불러오는 매개체였습니다. 가인 선생의 뒤에서, 옆에서, 앞에서 계속 말을 걸었고 들었습니다. 궁금하면 거듭 질문했습니다. 때로는 저도 동행취재를 하는 기자가 된 기분으로 곁에 바짝 붙었습니다.

도와주신 여러분들께 감사드립니다. 일일이 거명할 수 없어 송구스럽습니다만, 몇 분은 언급하지 않을 수 없습니다. 가인 생전의 만남을 증언해주고 도움주신 김진배, 김종인 두 분과 법조인의 활동에 대한 이해를 넓혀준 홍성우, 한승헌 변호사님께 감사드립니다. 더불어 신동운, 김재형 두 분의 김병로 논문들로부터 받은 지적과 도움을 감사히 기억합니다. 김현숙, 김영중, 김광수 등 여러 제자들과 김나영 사서의 도움에도 감사합니다. 동아 · 조선 · 경향 등 여러 언론사의 과거 기사들, 여러 대학도서관 및 법원도서관, 국가기록원, 국사편찬위원회의 자료들이 요긴하게 쓰였습니다.

바라기는, 우리 독자들도 이 책을 통해 가인 선생과의 대화를 진지하게 진행했으면 합니다. 가끔은 자문해볼 일입니다. 내가 그 시대에 살았다면 나는 어떤 고민과 어떤 선택을 했을까? 현재 우리의 얽혀있는 여러 법적, 현실적 문제를 대하면서, 가인 선생이라면 어떤 기준을 갖고, 어떻게 결단했을까? 그가 남긴 법적 유산을 가장 김병로 식으로 이해하는 방법은 무엇일까? 이런 질문들. 독자가 그 시대에 들어가 느껴보고, 그를 현재의 동반자로 불러내 대화하고, 이런 대화의 소재이자 가교로서 이 책이 그 역할을 할 수 있기를 바랍니다.

2017년 10월

관악에서 한인섭 씀

|차례|

일러두기

1. 외국 인명과 지명, 도서명은 원칙적으로 국립국어원의 외래어 표기법과 용례를 따랐다. 다만 국내에서 이미 굳어진 인명과 지명의 경우에는 통용되는 표기로 옮겼다.
2. 본문에서 인용된 신문기사, 판결문 등의 경우 국립국어원의 표기법에 어긋나는 곳이 있더라도 원문을 그대로 보여주기 위해 고치지 않고 실었다. 다만 독자의 이해가 심히 어려울 수 있는 부분에 대하여는 제한적인 범위에서 현재 통용되는 표기로 고치거나 한자를 병기하였다.
3. 같은 사건, 용어를 지칭하더라도 문맥에 따라 필자가 썼거나 인용한 자료의 집필자마다 다르게 표현했다면 일부러 통일하지 않았다.

   예) 6·25전쟁/6·25동란/6·25 사변 등

책머리에

가인 김병로 선생은 1887년에 출생하여 1964년에 별세하였다. 출생을 기준으로 하면 130년, 사망을 기준으로 하면 50여 년이 지났다. 이 정도 시간 간격이라면, 개인의 삶과 시대를 둘러싼 기록이 산실되고 기억은 마모된다. 생전에 그와 만났던 인사들도 드물다. 그럼에도, 세월의 망각화를 이겨내고 그 존재가 갈수록 부각되어오는 그런 인물이 드물게 있기 마련이다. 이를 우리는 역사적 인물 혹은 위인의 반열에 오른 인물이라 부를 수 있을 것이다. 후세인들에게 가인 김병로 선생은 그런 위인의 반열에 올라 있다. 가끔 개탄할 만한 현실을 접하다보면 그와 대조되는 모델로서 가인 선생이 새롭게 조명되곤 하는데, 법률가의 세계에서는 특히나 그러하다.

가인 김병로 선생은 무엇으로 기억되고 있는가. 무엇보다 '대법원장 김병로'로서일 것이다. 단지 '초대'였다는 순차 때문이 아니다. 민주공화제를 표방하고 출범한 대한민국에서 절실히 요구되는 바였던 사법권 독립과 권위를 수립하는 데 절대적 공헌을 했기 때문이다. 또한 스스로 청렴강직한 법관상의 모델을 보여주었고, 법관윤리를 정립했다. 역사적 기록과 맥락을 짚어보면, 김병로의 탁월한 지도력과 지공무사至公無私의 자세가 아니고서는 사법부 및 법관의 위상을 그처럼 정립한다는 것은 참으로 쉽지 않았을 것이다.

입법자로서의 김병로의 비중도 중요하다. 형법, 형사소송법, 민법, 민사소송법, 법원조직법 등 주요한 법률안에서 김병로는 법전편찬의 책임자이자 초안작성의 전문가로서 헌신했다. 한국의 기본법률은 김병로의 손길을 거쳐 초안이 만들어졌으며, 정부를 거쳐 국회 통과에 이르기까지 그의 역할은 압도적이었다. 그 뒤 기본법률은 많은 개정을 거쳤지만, 반세기가 지난 오늘날의 법률에서도 법률용어와 조문, 그리고 법사상 면에서 김병로의 자취가 도처에 스며있다.

민주헌정 수호자로서의 김병로의 역할은 종래에 크게 주목받지 못한 편이다. 대법원장으로 재임 중에도 그는 정권의 독재화가 헌법과 민주주의를 침해하는 정도에 이르면 (헌)법적 관점에서 절제된 비판으로 관여했다. 대법원장 퇴임 이후에는, 부정의한 법개정 및 법적용에 대해 매서운 질타를 가했다. 4·19와 5·16의 격변기를 전후해서는, 독재 및 군정의 종식, 문민정권의 수립을 위해 전력을 다했다.

해방 후 정부수립으로 가는 과도기에 김병로는 사법부장을 맡아 사법행정의 기틀을 닦고, 법전편찬까지 주도할 수 있었다. 당시 사법부장은 사법행정, 법무를 총괄하는 최고위직이었다. 그것은 어떻게 가능했던가. 무엇보다 일제하 그의 활동, 그중에서도 법률가의 행적에 대한 장기적인 평판의 축적 위에서 나온 것이다. 일제하 그는 법학교수로서 경성전수학교의 교수, 보성전문의 강사로서 다년간 강의했다. 1년간의 판사 경험을 거친 후 그는 일제가 패망할 때까지 독립운동가를 열렬히 변론하고 항일운동을 다각도로 지원했다. 법정투쟁으로 쌓인 높은 신뢰도는 그를 사회운동·민족운동의 중심무대로 끌어올렸다. 그의 변론 및 교제범위는 좌우를 가리지 않고, 폭넓게 항일변론에 분투했다. 그는 또한 좌우를 포용하는 민족통합전선에 중심적 역할을 했다. 일제말기에는 노골화된 친일화의 요청에 굳건히 담을 쌓고, 민족정기와 지조를 지켜낸 드문 인사였다. 항일법조인·민족운동가로서 일관한 그의 경력은 연공·평판 면에서 최고의 법조인으로 타의 추종을 불허했던 것이다. 해방 후 그의 법제·사법의 정립의 구상과 실천은 일제하 법률가 및 민족운동가로서 고뇌하고 연마하는 그 바탕에 연접된다.

이 같은 김병로의 사회적 행적을 일별만 해도 그에 대한 풍성한 논의와 저작이 나올 수 있고, 실제로 그러해야 마땅할 것이다. 그런데 그의 개별적 일화가 가끔 소개되는 외에, 엄밀한 자료정리를 토대로 한 밀도 있는 연구작업은 여전히 소홀하다. 왜 그럴까 하는 점도 또 다른 궁금거리이기도 하다.

우선 가인이 살았던 구한말, 일제하에서는 글쓰기가 어렵고 제약이 많았다. 기록의 작성과 보존이 위험하기까지 했다. 해방 이후에는 공직을 거듭 맡았는데, 그럴 경우 개인적 회고를 쓰기란 쉽지 않다. 6·25전쟁으로 공적 자료들이 멸실되었고, 김병로 자신의 소장자료들도 산실되었다. 그러나 각계의 요구나 청탁이 많았고 그에 부응하여 여러 글을 남겼다. 그중에는 자신의 생애에 대해 쓴 글들도 상당히 있다. 가장 상세한 것은 1959년에 경향신문에 연재된 〈수상단편〉이다. 가인의 구술을 받아 적은 이 수상단편은 40여 일 연재되었고, 분량도 200자 원고지 480매에 이른다. 도중에 불행히도 경향신문에 대한 폐간조치로 말미암아 그 자술은 해방직전까지만 쓰고 말았다. 해방 이후에 대해서는 대법원장을 그만둔 직후 몇 편의 언론연재물이 있다. 일제하에서 쓴 몇 가지 기록도 있다. 이러한 조각들을 모아서 잘 정리하면 그의 생애에 대한 어렴풋한 윤곽이 나오고, 어떤 부분에서는 상세한 기술도 가능하다.

가인 김병로에 관한 기왕의 단행본은 기본자료의 하나이다. 가인 연구의 출발점을 제시한 것은 김진배의 〈가인 김병로〉인데, 이 책은 가인 사후 20주년을 맞아 나왔다. 김진배는 1959년 경향신문의 청년기자로서 위의 〈수상단편〉을 받아 적었다. 이를 계기로 가인이 사망할 때까지 기자로서 측근처럼 가까이 지냈고, 따라서 남이 알 수 없는 상세한 구술기억과 풍부한 일화를 여기저기 썼다. 그가 쓴 가인 김병로는, 기자로서의 직접취재와 인물인터뷰에 의거한 것으로, 가인 연구자들에게 일차적 참고자료이기도 하다. 풍부한 일화의 나열에도 불구하고 이 책은 가인의 '법률가적' 면모에 대해서는 전문적으로 파고들지는 못하는 아쉬움이 있다.

두 번째로 나온 책은 김학준의 〈가인 김병로 평전〉이다. 김학준은 한국정치학과 한국정치인물에 대해 여러 저작을 썼고, 김병로 평전은 그의 현

대한국 정치사 연구의 일환이기도 하다. 그 책의 부제는 '민족주의적 법률가, 정치가의 생애'이다. 그를 통해서도 알 수 있듯, 김학준은 가인의 활동 중 정치적 측면에 비중을 상당히 두고 있다. 김학준은 가인이 "직업적으로는 법률가"임을 인정하면서 "가인에 대한 종전의 평가가 이 점에 초점을 맞추었던 것은 당연했다." 그러면서 그는 가인이 "단순한 법조계의 지도자가 아니라 그 이상으로 무게 있는 국민적 정치지도자였음"을 지적하면서 바로 그 측면, 즉 '정치지도자'로서의 측면에 많은 조명을 주고 있다. "우리나라 정치사의 큰 흐름을 설명"하면서 그런 배경 하에 김병로의 활동과 비중을 자리매김하는 것이다.

김학준의 저서는, 김병로를 알고자 하는 이들에게 널리 읽혔고, 거듭 인용되고 있다. 정치학자의 시각에서 가인을 얼마든지 다룰 수 있음은 물론이다. 그러나 동시에 관점과 비중 면에서 미흡한 점을 지적하지 않을 수 없다.

첫째, 가인의 활동의 주무대는 전문법률가로서였다. 일제하에 법학교수, 변호사의 경력이 그러하고, 미군정기의 사법부장이 그러하며, 초대 대법원장으로서의 경력이 그러하다. 그 법률가적 경력은 그의 전 생애의 대부분, 그중에서도 핵심을 차지한다. 법 밖의 세계, 예컨대 일제하 사회운동에의 참여, 해방 직후의 정당 결성에 관여, 대법원장 이후 언론과 정치에서의 활동 등은 가인 생애의 핵심부분이라기보다는 그에 병행하거나 부수하는 부분이고, 그것도 그의 법률가적 성취의 후광 속에서 조명될 수 있다. 그런데 그의 정치활동에 주안점을 두다보면, 가인을 가인답게 만드는 특장에 대한 입체적 이해가 어려워진다. 예컨대 김학준의 책에서는 미군정기에서 정당활동에 대해서는 장황하고 상세한 데 반해, 사법부장으로서 사법행정에의 기여, 한국법률의 제정에 끼친 영향에 대해서는 소략하게밖에 언급하지 않고 있는 것이다.

둘째, 김진배도 마찬가지지만 김학준은 김병로의 법률가적 측면에 대한 내재적 분석을 거의 하지 않고 있다. 예컨대 김병로가 법학교수로서 낸 초기의 논문들에 대해 제목만 소개할 뿐 내용 분석이 없다. 김학준은 "법학자가 아닌 저자로서 이 논문들 또는 질의문답에 대해서는 한마디도 할 말이 없다. 이 글들은, 특히 그 가운데서도 논문들은, 우리나라 법학사를 전공하는 학자가 그 의미를 제대로 평가할 수 있을 것으로 생각한다"고 하고 있을 뿐이다. 미군정기의 김병로의 활동에 대해 쓰면서, "법전기초위원회가 실제로 어떤 일을 얼마만큼 했는지에 대해서는 저자로서는 잘 모르겠다"라고 서술하고 있다. 그런데, "어떤 일을 얼마만큼 했는지"는 정치사적으로는 중요하지 않을지 몰라도, 법률사의 입장에서는 결정적으로 중요하다. 그런데 "모르겠다"는 한마디로 넘어가고 있는 것은 매우 솔직한 자세이긴 하지만, 조금 무책임한 느낌을 지울 수 없다. "헌법제정과정에서 가인이 직접적으로 어떤 구상을 내놓았는지는 불분명하다"는 것도 마찬가지다. 헌법제정과정에서 가인이 한 역할이 있는지 없는지, 있다면 구체적으로 무엇인지는 "불분명하다"는 한마디로 치부하고 넘어갈 것이 아니라, 할 수 있는 한 최대치로 규명해야 할 것이다. 요컨대, 이 저서들을 통해서는 법률가 김병로의 고뇌와 성취, 법학·법실무적 성취에 대해서는 제대로 알기는 어렵다.

가인 김병로 선생이 지금까지 기억되고, 더욱 더 발굴되고 빛나고 있는 점은, '법률가 김병로'의 '종합적 성취'에 대해서이다. 법학교육자, 판사, 변호사, 사법행정가, 대법원장, 반민특위 재판부장, 재야에서의 언론활동 등 장기간의 광범위한 법률가적 활동이야말로 세세히 정리되고 분석되어야 한다. 그럴 때 김병로의 종합적 기여와 지향점, 그리고 한계 등도 분명히 드러날 것이다. 이 책은 바로 그러한 점에 각별히 주목하여 쓴 것이다.

기존 연구에서 다소 아쉬운 점은 자료에 대한 엄정한 검증이다. 물론 기존의 연구는 가능한 자료검색을 통해 보다 진실에 파고들려고 노력하고 있으며, 본서도 바로 그런 기존 연구의 성취에 힘입고 있다. 다만 아쉬운 것은, 많은 부분이 회고담이나 일화 위주로 정리되는 정도에 그치고 있다는 것이다. 그런데 회고담은 사건이 발생한 지 몇 십 년이 지나게 되면서 사실의 오류나 기억의 윤색이 생겨날 수 있다. 그렇기 때문에 주관적 기억은 당대의 기록과 대조 검증하면서 진실에 더 파고들어야 한다. 검증을 통해 얻은 지식으로 구성된 시대상이어야 하고 인물상이어야 한다. 따라서 이 책은, 가능한 원기록을 통해 기본정리를 하면서, 대조되는 기록들과 기억들을 분석하고자 했다. 다행히 그동안 여러 언론매체, 정부기관과 연구기관, 대학에서 정보 전산화가 진행되어 자료 접근이 오히려 손쉬워져 가는 점에서, 필자는 선학의 저술에 비해 상당한 이점을 안고 들어간다고 생각한다. 이 책을 통해 처음으로 소개 인용되는 김병로의 글이 적지 않다. 또한 그 시대를 제대로 이해하게끔 하는 자료들을 풍부히 제시할 수 있었다. 김병로에 대한 기존의 서술 중 여러 오류들을 교정할 수 있음도 다행으로 여긴다. 앞으로 김병로 연구 및 기념사업은 본서에서 정리된 새로운 사실과 평가를 기초로 해야 할 것이라고 감히 생각해본다.

김병로가 살았던 시대는 지금으로부터 길게는 130년 전이고, 짧게는 50여 년 전이다. 몇 십 년이 지난 과거지사이기에 21세기 독자들에게 실감있는 이해가 쉽지 않을 수 있다. 더욱이 전문성을 요하는 법률소재에 이르면 이해의 어려움이 증폭된다. 흔히 김병로를 언급할 때 '청렴강직의 대법원장'을 떠올리는데, 그 극단의 청렴도는 오늘날 어떤 울림을 가질까. 가부장적 분위기가 압도했던 그 시대에 김병로의 공적 자세와 개인적 덕성은 오늘날 어떠한 의미를 가질까. 혹 압도하는 존경심 앞에 놓쳐버리는 인간적 약점과 사회적 한계는 또 무엇일까. 법제와 사법이 나름 정비된 현 시점에서, 형성기의 분투를 살펴본다는 것은 어떤 현재, 미래적 의미를 지닐 수 있을까. 그의 글, 그의 말은 지금 현대에서 어떻게 번역, 번안되어야 원의미를 오히려 잘 재생시킬 수 있을까. 이런 질문은 연구의 처음부터 끝까지 필자를 따라다녔다. 이 책은 가인 김병로의 업적을 객관적으로 정리하면서, 동시에 공감적 대화를 통해 그의 삶과 업적의 현재적 의미를 최대한 끌어내고자 하는 노력의 소산으로 이해해주기 바란다.

제1장

불우한 소년, 질풍모색의 청년

호남 의병장(고광순)이 사용한 태극기.
"머지 않아 나라를 되찾겠다"는 불원복不遠復을 선명하게 수놓았다.

제1장

불우한 소년, 질풍모색의 청년

나는 전라북도 순창사람이다. 열다섯 살에 에라 한번 큰일하고 죽자는 생각으로 책보를 짊어지고 출가하여 산골로 들어가 초당草堂에서 글과 수삼년을 싸우니 논어, 맹자 등 칠서七書는 넉넉히 읽었다. 그때 생각에도 이 따위 학문을 가지고는 무에 될 것 같지 생각되지 아니하여 다시 산을 나와 목포로 갔다. 거기에서 영어를 지금 평양서 목사를 하고 잇는 남궁혁 씨에게서, 또 일어를 모某 일인日人에게서 배우니, 이렇게 별난 신학문이 또 있을 까닭이 없었다. 바로 그리할 때에 을사오조약이 체결되어 ××는 해산을 당하고 ×병兵은 사방에서 일어났다. 내가 본 기억만으로도 그때 황성신문에 「시일야방성대곡」이란 글이 실렸고 목포의 상인들이 온통 철시撤市를 하며 거리거리에는 수군수군하는 소리가 높았다. 그리되자 영어 일어도 그리 고마운 것 같지 않아서 집어버리고는 소위 천하의 대세를 살핀다고 철없는 생각에도 광주 기타 중요도시를 주유周遊하였다. 그러다가 큰 뜻을 품고 스물 한 살 때에 동경으로 뛰어갔다. 조선옷을 입고 보통학교의 학생모자를 쓰고 필연 가관이었을 것이다.[1]

1. 불우한 소년

김병로는 1887년 12월 15일(음력, 양력으로는 1888. 1. 27.에 해당)에 태어났

---

1 김병로, "방랑, 교수, 변호사," 삼천리, 제2호, 1929. 9, 33~34면. 현대 문법으로 고침.

다.[2] 부친 김상희, 모친은 장흥 고씨의 자녀 1남2녀 중 둘째이다. 태어난 곳 전라도 순창은 '산간벽지'였고, 집안은 가난하지는 않았으나 여유가 있는 편은 아니었다. 그가 기억하는 바 가정환경은 "양대 독신이기 때문에 삼사촌도 없는 처지였고, 가친은 어릴 적부터 서울에 있었기에 김병로는 어려서는 오로지 조부의 교양을 받아 왔"다.[3] 한성에서 부친은 사간원 간관을 지냈다고 한다. 그런데 그가 8살(1894) 때 조부가 세상을 떠나고, 그 이듬해엔 부친이 별세하였다. 연이어 조부와 부친의 돌아가심으로 가정상태가 비운에 잠기게 되었다. 그는 소년시절에 가정에 대한 무거운 책임을 떠안은 셈이다.

그의 조모는 그가 10살(1896) 때 김병로를 위하여 선생을 초빙하여 초등학업에 전념케 배려하였다. 그때 배운 것은 역사와 사서였다. 김병로의 회고담을 옮겨보면,

나는 본시 재질이 둔탁하여 일과에도 다른 학도보다 2, 3배의 시간을 공부하지 아니하면, 그것을 암송하기 어려운 까닭에 어린 나로서는 참으로 고통을 느껴, 심지어는 다른 학도의 침식시간을 이용하여 나의 공부시간으로 활용하기에 고심하였던 것이다. 그 결과인지 모르나, 내가 열 살 되던 해부터는 중국역사(사략, 통감 등)를 시독하였는데, 암송과 이해력이 조금 진취됨에 따라 나의 고통도 감소되었으며, 무슨 서책이든지 독서에 취미를 느끼게 되어, 밤공부에도 계명 전에는 취침한 일이 별로 없었고, 휴식 시간에도 항상 글을 암기하기에 노력하였다. 그 다음 해부터는 소학을 강독하여 수신 절차의 기본을 닦았고, 이어서 사

2 양력이 도입된 것은 1895년부터이고, 본격적으로 쓰여진 것은 일제하에서부터이다. 그 이전에는 음력이 유일한 표준이었으므로, 그 이전에는 음력일자로 쓰는 게 합당하다고 본다.

3 김병로는 1959. 3.~4. 사이에 경향신문에 자신의 생애를 '수상단편'이라는 제목하에 연재하였다. 그 연재물은, 당시 김병로의 구술을 받아 적은 청년기자 김진배의 저서 〈가인 김병로〉(삼화인쇄주식회사, 1983), 231~327면에 그대로 수록되었다. 이는 김병로 연구에서 가장 중요한 것이며, 특히 청년기까지의 생애에 대해서는 달리 대체할 자료가 없다. 본서에서는 "김병로, 수상단편"으로 인용하기로 한다.

서(四書: 논어, 맹자, 대학, 중용)를 읽게 되었는데, 그때부터 나는 독서에만 전념할 수 없고 가사에 관여하여야 하게 되었으니, 즉 말하자면 파종이나 이앙 시에는 그 인부를 감시하여야 하고, 퇴비의 조성, 또는 추수 및 시초 시에는 그 수량을 조정하고 인부를 감독하여야 하였으므로, 학업의 추진에 지장이 없을 수 없었다. 그러나 그것 역시 나의 운명에 피할 수 없는 것임을 깨닫고, 더욱 야간공부를 면려하여 매일 예기한 과정의 분량에 흠결이 없기에 노력하였으며, 또 그와 같이 실천하였다.[4]

10대 초반에는 공부하는 자세를 익히는 때다. 어릴 때 공부할 여건이 제대로 되지 못하였기에 남보다 늦게 공부에 돌입했지만, 그는 밤중과 새벽까지 공부에 몰입하였다. 이렇게 집중하고 암기하고 이해력을 늘려가면서 무슨 서책이든지 가리지 않고 폭넓게 독서하니 성취가 있을 수밖에 없다. 역사서와 소학, 사서에 대한 지식과 소양은 10대 전반에 형성되었다. 소년가장으로서 그는 독서에만 전념할 수 없었지만, 자작농민이 아니라 인부를 감시, 감독하는 정도의 경제적 지반을 갖고 있었음을 알 수 있다. 성실한 자세로 학업에 면려하는 모습이 김병로의 10대 전반의 모습이었다고 할 수 있다.

다른 한편, 그는 가정형편상 어린 나이라도 혼인해야 한다는 논의에서 13살 때(1899) 정 씨 가문에 취처하였다. 그 부인(호적상 이름은 '정 씨'라고 되어 있다)은 그보다 네 살 위인데, 부부 관계에 별 탈이 없이 그는 부인과 평생을 함께 하였다. 그런데 그 다음해(1900, 14세) 때 그를 전력을 다하여 돌보아준 조모가 졸연히 서거하였다. 그리하여 김병로는 소년 시절에 승중상인承重喪人으로 모든 예제를 행하지 않으면 안 되었다. 그의 모친은 또한 심장과 위장질환으로 수년간 병석에서 떠나지 못했다. 이러한 불우한 환

---

4 김병로, 수상단편, 232~233면.

경으로, 그는 의서醫書를 연구하고 약을 직접 조제하기도 하였다. 조부모의 유택을 정하기 위해, 산서를 연구하고 명당을 찾아 장례를 마쳤다. 그러나 그 이후엔 그런 명당 찾는 산서山書와 명당찾기에 필요한 기구 등을 폐장해버렸다. 산서는 미신적 술서로서 외도에 속하는 것이고, 성학의 범주가 아님을 충분히 깨달았기 때문이다. 인생만사가 조상 묘지의 길흉 여부에 따라 좌우된다는 주장은 "혹세무민의 미신의 일종"임을 확연히 알게 되었던 것이다.[5]

이러한 잡술과 결별하고, 김병로는 더욱 성학에 매진하였다. 성학의 초보로 수신서에 가장 귀중한 소학을 중복 정독했고, 사서를 면학의 중심으로 하면서 그중에서도 중용과 대학에 가장 치력하였다. 그는 성리의 구명에 주안점을 두었고, 사장詞章의 연수에는 별로 용력한 바 없었다. 그런데 공부가 깊어감에 따라 혼자 혹은 몇 명의 사우師友와의 강독, 담론 정도로는 그 성리의 진의의 구명에 도저히 이를 수 없었다. 그리하여 그는 당시 일세의 선비로 이름 높던 간제 전우 선생을 찾아가서 그에게 사사하고 성리에 관한 구전심수를 받아, 특히 이기의 논변을 요해한 바가 적지 않았다. 간제 선생에게 배운 것은 대략 1902년부터 1904년까지 3년 이내의 기간으로 짐작된다.

그러나 그는 1904년, 그의 나이 18세에 이르러 간제 선생의 문하를 떠나게 된다. 그 동기에 대해 김병로는 다음과 같이 술회한다.

> 나는 18세 되던 해 8월 말경에 간제 선생의 문을 떠나게 되었으니, 이것은 학업의 방향을 전로하려는 심산에서 작용된 것이었다. 그것은 그 전부터 서울에 다년 체류하던 나의 친족, 또는 인척되는 어른들이 현대에는 경학에 전념하는 것보다 신학문을 탐구하여야 한다는 교시도 있었고, 나의 생각에도 막연히 시대

---

5 김병로, 수상단편, 234면.

가 변천할 것으로 상상되고, 시대가 변천되면 학문의 변천도 없을 수 없다는 생각에서, 또 한 가지는 나 자신의 기수氣數가 일생을 성학에 진향하여 학업을 대성하기에 적합하지 않다는 것이 의식됨에 따라, 좌우간 도시에 나가서 대세의 추이를 본 후에 결정하겠다는 심정으로 전 간제 선생의 문을 떠나게 된 것이었다.[6]

이 시점에 이르면, 성리와 경학을 탐구하는 구학문은 시대의 변화에 적응할 수 없고, 시대의 변천에 따라 탐구해야 할 학문도 변천될 수밖에 없다는 점이 청년기의 김병로에게도 직·간접으로 자각되기 시작했던 것이다. 여기서 성리학으로부터 '신학문'으로의 전로를 맞는 시대의 변화를 읽어낼 수도 있을 것이다. 먼저 시대의 변화와 대세의 추이를 느끼려면 좌우간 도시나 해외로 가서 새로운 문물과의 직접적인 대면의 필요를 절실히 느낀 것이다.

그는 첫 걸음을 전라도 중심인 광주를 거쳐 목포항으로 옮겼다. 거기서 뜻밖에도 항구에 즐비한 상점과 해상의 거대한 선박을 보았다. 항구에 정박해있던 일본 군함을 견학할 수 있었는데, 체구의 웅대함과 철제 조선, 거기에 거치된 대포 등 무장을 보면서 "상상도 하지 못했던" 장면에 놀라움을 금할 수 없었다. 거기다 항구지역의 거대한 상점, 선박, 군함은 거의 일본인의 소유이고, 한국인은 산 밑으로 밀려 협소한 초가에 서식하고, 해상에는 구태의연한 작은 범선 약간이 있을 뿐이고, 지식층에 속하는 청년들도 일인이나 외국인의 고용살이를 하고 있을 뿐이어서 한심함을 금할 수 없었다.[7]

그리하여 그는 우선 물질문명의 선진국가의 언문을 습득할 필요를 느껴, 몇 명의 동지들과 함께 수삼 간의 집을 마련하여 일산학교라는 간판을 걸고, 강사를 초청하여 영어, 일어, 산수의 강습을 받았다. 그에게 영어를

---

6 김병로, 수상단편, 235면.
7 김병로, 수상단편, 235면.

가르친 선생은, 당시 영국의 소관인 세관의 통역이었던 남궁 씨로 기억하고 있다.[8] 1904년에 시작한 이 신학문의 첫 강습기간은 그러나 5~6개월에 불과했다. 바로 일본이 러일전쟁을 일으키고, 치욕적인 을사조약을 강요하여 관철시킨 일이 일어났기 때문이다.

2. 의병항쟁에 관여

목포에서 공부하던 김병로는 을사늑약의 소식을 들은 소감을 다음과 같이 회고하고 있다.

> 그 흉보가 목포항에 전파되고, '시일야방성대곡'이라는 피눈물 섞인 사설을 게재한 황성신문이 배부되자 조선인 상점은 전부 철시하고, 외국인에게 고용살이하던 사람들도 전부 파업하고, 가는 사람 오는 사람 눈물을 머금지 아니한 사람이 없고, 삼삼으로 유달산 이곳저곳에서 통곡하는 소리 그칠 줄을 몰랐으니, 참으로 천지도 암담하고 비분강개한 민족의 원한에 사무치는 참담한 광경이었다. 이러한 장면에 우리는 무엇을 결심한 바 없을 수 없으니 국가사직과 같이 생명을 끊는 것이 상책이라 할까, 그렇지 않으면 무엇을 결심하여야 할 것인가.[9]

이때가 김병로가 19살, 피 끓는 청년기다. 이미 신문을 정독하고, '월남망국사'나 '애급망국사' 등 애국계몽기의 우국지사의 책도 읽은지라, 일본이 우리의 구적仇敵이란 점도 알았고, 반면 일본이 외교적으로나 군사적으로 얼마나 강대하다는 것도 절감한지라, 어떻게 해야 좋을지 방략이 없었다. 그렇다고 이런 상황에서, 신학문 강습이나 하고 앉아있는 것은 너무나

---

8 김병로, 수상단편, 236면.
9 김병로, 수상단편, 237면.

한가한 심정이었다.

이렇게 울울불평한 심정으로 시일을 허비하던 중, 김병로는 1906년 면암 최익현 선생을 찾아뵙게 된다. 면암 선생으로부터 "우리가 좌이대사坐而待死할 수 없으니 죽창이나 식도를 갖고라도 일제히 분기하여 왜구를 격퇴해야 한다"는 말씀을 듣게 된다. 면암 선생의 창의에 협력해 달라는 말씀에 즉응하고, 김병로는 나름대로 도움의 방도를 강구한다. 집에 돌아와 "친산 산지기로 있는 명포수 채상순을 초치하여 창의의 취지와 포군의 소집에 진력할 것을 요구"하였던바 채상순은 이를 쾌락하고 곧 5~6명의 포군 동지의 규합에 성공했다.

면암 선생이 1906. 6. 전북의 태인에서 기병을 선포할 때, 대부분은 아관박대의 유생이었고, 포군은 6~7명에 불과했는데, 그 포군의 통솔자가 채상순이었던 것이다. 면암 선생은 각처를 돌면서 군량과 무기를 모았지만, 의병을 일으킨 지 10여 일만에 순창에서 체포되고 말았다. 의기는 장하였지만, 유생 중심의 부대로서는 전투를 치를 만한 여건이 되지 못했다. 다만 최익현의 창의호소의 명분, 일흔이 넘는 노구에도 의병을 일으킨 그 의기는 전라도 일대는 물론 전국의 의병 봉기를 크게 자극하였다.

최익현의 의병에 자극받은 이들 중에서, 백낙구의 창의가 특히 주목된다. 백낙구는 1894년 동학봉기 때 그는 농민군을 뒤쫓는 초토관으로 활동했고, 그 공로를 인정받아 주사에 임명되었지만, 정치의 난맥상에 실망하여 곧 사직하고 말았다. 그는 악성눈병에 걸려 갑자기 시력을 잃고 말았다. 그러나 그는 을사늑약 소식에 충격을 받고, 최익현의 의병에 큰 자극을 받아 본격적인 의병을 준비했다.

김병로는 친척으로부터 백낙구가 "창의의 영도자가 될 분"이라는 소개를 받고, 여러 모로 관여하였다. 약 2~3개월에 걸친 준비과정에서 주요 인사들이 김병로의 "외사外舍에서 회합 또는 유숙"하기도 했다. 그는 백낙구 의병이 '출동시기가 이르고 성공의 희망이 없다'고 판단하여 이에 참가하지는 않았으나, 의병대열이 움직일 때 '자용하던 기마를 그 군용에 제공하고, 소지하던 조총 1정 및 환도 1정과 채상순의 천보총'을 제공했다.[10] 백낙구의 의병부대는 1906. 11. 7. 광양 군아를 점령하여 무기와 군자금을 확보하는 등 전과를 올렸다. 그러나 백낙구는 구례에서 체포되어, 광주에서 재판을 받았다. 백낙구는 광주에서 신문과정에서 의병에 투신한 감회를 공술했다.

"이제 이등박문伊藤博文이 더욱 모욕을 가하여 군대를 끌고 서울에 들어와 상하를 늑멸하고서 자칭 통감이라 한다. 그 통이란 것은 무엇이며 감이란 것은 무엇인가. 우리나라 오백 년 종사와 삼천리의 강토와 이천만의 동포가 이웃나라의 적신賊臣 이등伊藤에게 빼앗기는 바가 되었다. 입을 다물고 머리를 수그려 분함을 외쳐보지도 못하고서 죽음을 기다리는 것인가. 이에 백낙구는 스스로의 힘을 헤아리지 않고 동지를 불러 모으고 의병을 모집하여 힘껏 일본인 관리를 공격하여 국경 밖으로 내쫓고, 또한 이등박문을 사로잡아 의병장 최익현 등을 돌려받고자 하다가 시운이 불리하여 전투에 나서기도 전에 체포되었으니, 패군장이 감히 살기를 바라겠는가. 이에 사실대로 말하노라." 하였다더라.[11]

실로 당당한 의병장의 기개를 보여준다. 김병로가 듣기론, 백낙구는 또한 "자시기부子弑其父하고 신시기군臣弑其君한 왜놈들이 동방예의지국인 조선을 강탈하려는 것은 천도가 허락하지 아니할 것"[12]이라 하였다 한다. 한편 백낙구의 의병에 가담했던 채상순은 순천에서 피금되었으나, 야간에 파옥 탈출하여 돌아왔다. 백낙구는 15년형을 선고받아 1907. 5. 완도군 고금도에 유배되었다가 그해 12월 순종의 특사로 풀려났다.

---

10 김병로, 수상단편, 242면.

11 대한매일신보 1906. 12. 7.자 "패장구공".

12 김병로, 수상단편, 243면.

그러나 백낙구는 멈추지 않았다. 다시 전북에서 의병에 합류하여 일본군과 전투하다가 형세가 불리해지자, 그는 다른 의병들에게 "그대들은 떠나시오, 여기가 바로 내가 죽을 곳이오"라며 앞으로 뛰어나갔다가 일본군의 총에 맞아 장렬히 전사했다. 1907년 섣달이었다.

김병로는 상당한 기간을 두고 백낙구를 접응한 바 있었는데, 그는 백낙구에 대하여 "모든 지식이 풍요한 분이며, 구학문에만 고루하지도 아니하고, 한말 정치의 무능에 통분하여 일상 담화 중에도 흥분한 태세를 가졌으며, 일본에 대한 복수심은 항상 열화같이 비등하여 자기 생명까지도 인색하지 아니하는 결정적 태도를 가진 의사로서 그 성실성은 참으로 경복하지 아니할 수 없었던 바이므로, 그가 최종의 순국대의를 이루었다"고 요약했다.[13]

그에 이어 김동신이라는 유생이 또한 창의의 결의와 협력을 요구하기에, 김병로는 이에 쉽게 동조했다고 한다. 다시 채상순을 초치하여 김동신과 연결하고, 채상순은 포군장으로 산포수의 모집을 담당하고, 김동신은 각처에 순방하여 의사들을 획득한 결과 100여 명의 장정과 10여 명의 포군을 집합하여, 순창의 보좌청을 습격하여 보좌청을 차지하였다. 그 의병들이 구례, 하동을 거쳐 거창에 이르렀을 때, 불시에 일본 기병대 50여 명과 조우하여 전투가 개시되었다. 전투는 불리하여 부득이 후퇴 분산하려 할 때, 포군장 채상순은 "왜군을 보고 도피만 하려면 의병은 무엇을 하자는 것이냐?"고 분노한 태도로 천보총을 높이 들고, 단신으로 적진으로 돌입하면서 사격을 하여 왜병을 살상했지만, 그 역시 적탄에 명중되어 최후를 마쳤다.[14] 이렇게 전북, 전남 각지에서는 의병 창의의 깃발이 증가했으나, 마침내는 의병장들은 전사 또는 피검 총살되어 천추의 원한을 품고, 순국의 종기를 마치고 말았다.[15]

---

13 김병로, 수상단편, 245면.
14 김병로, 수상단편, 246면.
15 김병로, 수상단편, 247면.

김병로는 의병의 정황을 회고하면서, "을사오적이나 일진회의 매국반역과 같은 사태에도 불구하고, 각처의 유생을 비롯한 일반 국민들이 대의의 깃발을 들고, 민족정신을 발휘하여 최종의 생명까지 바쳤다는 것은 우리의 역사적 전통으로 세계에 유래를 볼 수 없는 민족성을 긍지할 수 있는 것"이라 평가했다. 20세 전후의 청년기에, 김병로는 이같이 최익현, 백낙구, 채상순이라는 의병장들을 직접 접촉하고 조력한 매우 특별한 이력을 가졌다. 그가 총이나 칼을 직접 잡는 행동대열에 들어선 것 같지는 않지만, 이들로부터 감화받고 나름의 지원을 아끼지 않았던 점에서 그는 의병항쟁의 정신을 체득했다고 할 것이다. 또한 백낙구, 채상순 등 의병장들에 대한 귀중한 증언을 세세히 남긴 것은 독립운동사에서 사료적 가치를 갖기에 충분하다. 그들과 함께했던 그 삶은, 김병로에게 평생에 걸친 항일적 자세의 원체험을 구성한다고 해도 과언이 아닐 것이다.

3. 창흥학교 창설과 신학문 섭취

의병항쟁의 와중에서 김병로는 어떤 신묘한 계책에 고민한 나머지 "기문팔진법을 연구하고 실험하기에 몰두하여 허무하게도 근 3년여의 세월을 보냈다. 물론 어떤 기이한 실적도 얻지 못하고, 고민만이 날로 증가하였다." 그리하여 다시 광주, 목포, 군산 등을 순회해보니 이제는 일본인의 세력이 매우 팽창하여 상권이나 관권마저 일본인의 수중에 장악된 것을 보았다. 그는 담양 창평으로 돌아와서, 자신의 처지를 정리하였다. 의병도 대세가 불리하게 되었고, 오행술서나 팔진법이나 이런 것은 허무한 생각에 불과한 것이었다.

그리하여 그는 다시 방향을 전환할 것을 결심하였다. 창평에서 유력한 인사들과 협의하여 사립학교를 창설키로 한 것이다. 교명은 사립 창흥학교로 정하고, 교장에는 고정주, 교감에는 이병성으로 하고, 일인 교사도 1명 초빙하고, 생도 50인을 모집하여 수업을 개시하였다.[16] 초등과는 3년, 고등과는 6개월 속성으로 하였다. 개학 후 1~2개월 사이에 단발하고 착모하게 되었다.

이 시기에 전국에서 민립학교 설립을 일종의 국권수호운동으로 생각하고 교육진흥을 꾀한 학회설립 운동이 하나의 유행처럼 번져 갔다. 민립학교는 1900년에서 1905년 사이엔 설립이 증가하다가, 1906년부터 1910년까지는 급증하게 된다. 이는 결국 을사늑약 이후 애국계몽운동의 전개로 교육구국운동이 전국 각지에서 열화같이 추진되었기 때문이다. 당장 일제와 무력대결로 국권회복을 할 수 없는 상황에서, 인재를 양성하고 신교육으로 근대화시켜야 한다는 자각에서 이러한 학교설립운동이 전개된 것이다.

전북 지역에서 그에 앞장선 인사는 고정주였다. 그는 1907. 7. 호남학회를 만들었는데 이 학회는 교육진흥을 목표로 하였고, 학회지 〈호남학보〉를 발행하였다. 호남학회의 인사들은 각급학교, 즉 중학교, 전문학교, 강습소 등을 설립하는 데 나섰다. 고정주는 1908년 창평에 사립 창흥학교(혹은 창흥의숙)를 설립하였다. 김병로는 바로, 이러한 고정주의 교육구국운동에 동참하여 창흥학교의 설립 시기부터 깊숙이 관여한 것이었다.

한편 창흥의숙과는 별도로, 고정주는 영학숙을 세웠다. 이 학교는 주로 영어를 가르치기 위해서 서울에서 교사를 청하여 수업을 했다. 고정주의 생각으로, 당시의 형편으로 본격적인 영학문을 하려면 상해나 동경에 가야 할 것이지만, 그러자면 국내에서 영어의 기초를 어느 정도 쌓아두는 것이 필요하다는 것이었다. 이 학교에서는 고정주의 둘째 아들인 고광준, 고

---

16 1908. 3. 26. "고동주 정공원 등, 창평군에 창흥학교 설립하여 개교"했다는 황성신문 기사(황성신문 1908. 4. 8.). 또한 "전남 창평 창흥학교, 추기운동회 성행"이란 기사(황성신문 1908. 11. 27.)를 보면, 창흥학교는 1908년 개교하여 성행하고 있음을 확실히 알 수 있다. 고정주는 또한, 호남학회를 1908년 발기하면서 그 회장이 되었고, 1백 원의 연조를 내고 있다. "설학교 입교과"할 것을 호소하고 있다(호남학보 제1호, 1908. 6. 25.).

정주의 사위인 김성수, 이 학교의 명망을 듣고 온 송진우 등이 동기생으로 만나 평생의 지기가 되었다.[17] 김병로도 같은 면에서, 앞으로 평생을 같이 할 지기들과 함께 고정주의 문하생으로 있었던 셈인데, 그 시점에서 그들과 깊은 교우관계를 맺지는 않았던 것으로 보인다. 송진우가 영학숙을 다닌 것은 1906년에 3개월 동안이고, 김성수, 송진우가 일본에 유학을 떠난 것은 1908. 11. 이었다.[18] 김병로는 1908~9년경 창흥학교에 다녔으므로, 김성수, 송진우와 김병로가 접촉할 기회가 있었다면 이는 1908년이었을 것이다. 김병로가 1910년 일본 동경에 처음 유학갈 때 이미 '고광준'을 알고 그 고광준의 자취집으로 바로 가는 것을 보면, 그들과의 교분은 1908년에 형성된 것으로 짐작된다.[19]

---

17 김학준, 고하 송진우 평전, 동아일보사, 1990, 34면.

18 김학준, 고하 송진우 평전, 372면.

19 김학준, 가인 김병로 평전, 민음사, 2013, 56면은 "실제로 가인이 두 살 아래인 고하와 세 살 아래인 인촌을 처음 만난 곳이 바로 창평이었다."라고 쓰고 있는데, 그 근거는 밝히지 않고 있다. 한편 김병로는 1910. 3. 일본 동경에 처음 도착하여 "나의 친우인 고광준 군 외 4~5인이 자취하고 있는 곳으로" 곧바로 갔다고 한다(김병로, 수상단편, 250면). 이를 보면, 고광준과는 이미 친교관계를 맺고 있었음을 알 수 있다.

제2장

일본 유학과 법률 전공

김병로의 졸업사진(학지광 제6호, 1915)

제2장

일본 유학과 법률 전공

1. 망국 직전의 일본 유학

1900년부터 1910년 사이에, 일본 유학을 통해 신문물과 신지식을 흡수하자는 물결이 크게 일어났다. 김병로도 한국에서의 단기 교육을 마치고, 드디어 일본으로 유학가기로 결심하였다. 그가 일본 동경에 도착한 것은 1910년 3월, 그의 나이 24세 되던 때였다. 학비의 준비도 없이 안 되면 고학이라도 하리라는 막연한 생각을 갖고 그는 조선평복(흑색)에 창흥학교 제모를 그대로 쓰고, 구식 목면금침만을 휴대한 채, 목포로 가서 일본 고베神戶로 가는 배, 목포환에 승선했다.[1] 그런데 가는 길부터 순탄하지 않았다.

> 그런데 기억할 것은 그때 목포서 배를 타고 부산 거처 신호[神戶, 고베]에 이르는 동안까지 나의 뒤에는 미행이 따렷다. 그뒤는 동경 신교정거장新橋停車場에 내릴 때나 「천대곡千袋谷」에 숙소를 정한 뒤나 일본대학日本大學과 정칙학교正則學校에 다닐 때나 미행은 떠러진 날이 업섯다. 학생들은 나를 「단데이긴상探偵金樣」이라 하리만치 그것은 실로 심한 것이엇다.[2]

김병로는 목포에서부터 검문을 당하고, 일본에서 옮기는 정거장마다 교대로 미행이 따라붙었다. 김병로의 국내활동, 즉 의병항쟁이나 학교활동

---

1 김병로, 수상단편, 249면

2 김병로, "방랑, 교수, 변호사," 삼천리, 제2호, 1929. 9, 34면.

에 대하여 알았기에 그랬는지는 분명치 않지만, 그럴 가능성도 배제할 수 없을 것이다. 일본으로서는 식민지 병탄을 위한 정지작업의 일환으로 유학생들의 동태를 엄밀히 감시하고, 미행과 요시찰의 꼬리표를 붙이는 경향이 적지 않게 보여진다.[3]

김병로는 동경에서 이미 창평 시절부터 알던 고광준이 자취하던 곳에 일단 정착했다. 그러나 그는 생활자금을 준비해온 것도 아니었기에 고학苦學을 하고자 했으나, 처음 도착한 동경에서 고학한다는 것은 극히 어려운 일이었다. 학비를 장기간 계속할 형편도 되지 못하여, 그는 유학기간을 단축할 결심을 했다.

그리하여 그는 일본대학 법과 전문부 청강생 및 명치대학 교외생(법과야간부)에 입학[4]하여, 짧은 기간 일본어와 법률공부에 집중하였다. 1학년 전 과목을 3~4개월에 독파한 것이다. 그러면서 법률 연구에도 취미를 느끼게 되었다고 한다. 김병로가 처음부터 법률을 어떻게 알고 전공하게 되었는지에 대해서는 쓰고 있지 않으나, 도일 시점에 이미 법률을 전공하겠다는 결심을 갖고 출발한 것으로 보인다.

그런데 그에게 계속 평복형사 한 명이 조석으로 미행하였다. 그해 8월에 가서는 그뿐 아니라 다른 유학생들에게도 형사들이 따라붙게 되었다. 곧 이어 한일합병(1910. 8. 29.)의 비극이 닥쳐왔다. 합방 당시의 분위기를 김병로는 다음과 같이 전한다.

동경에서 유학하고 잇던 때입니다. 당시에도 내게 형사의 미행이 잇섯지오마는 병합 임시하야는 3인의 미행이 끄치지 안습디다. 일한日韓 병합이 중외中外에 선포된 즉 동경에 잇던 한국 유학생들은 모두 혈기 방강方剛한 청년들이라 물 끌

---

3 가령 허헌의 경우도 "요시찰인"으로 미행당한 기록이 남아있다. 그가 1909년 4월 동경에서 고베로 가서 여관에 투숙하고 전보를 발신하였다는 내용의 사찰기록이 남아있다. 兢人(긍인)은 허헌의 호이다. 要視察韓國人之來神ニ就テ [柳春吉 · 李月松 · 許兢人의 神戶 來着], 국사편찬위원회(http://db.history.go.kr).

4 명치대학사 자료센터 편, 명치대학소사: 인물편, 학문사, 2011, 226면.

듯 하엿습니다. 그러나 우리 학생들 잇는 하숙이면 모다 문전에 3, 4인의 형사가 수위하고 잇어 집회나 토의의 자유를 얻을 수가 없엇지오. 분개한 나머지에 일변 철귀撤歸하는 학생들도 많앗지마는 부산에서 상륙을 허許치 않앗습니다. 하다 못하야 한 번 모여나 보자고 손바닥에다 모일 시일과 장소를 써 가지고 만나는대 윤통輪通을 하엿습니다. 예정 장소인 유학생 감독부에 가본 즉 한 70명 모였는데 정사복 경관은 약 3배 가량 와서 새새 틈틈이 끼여 앉습디다. 사회자가 등단하야 회합의 취지를 설명하려고 할 때에 경관은 「이 회합은 불온하다 인認함으로 해산을 명한다」하야 해산을 당하게 되자 회장은 소란하여젓습니다. 질타, 매도, 훤효喧囂 중에 사회자는 「우리 한국 유학생 친목회는 오늘 이 자리 이 시간으로써 한국과 같이 운명의 종終을 고한다」는 간단하고 비장한 선언이 잇고 헤여젓습니다.[5]

위의 글은 일제강점기에 썼기에, 사실만 애써 담담히 말하고 있는 듯이 보인다. 집회할 방도가 없어 몇 사람이 손바닥에 죽을 사死자를 쓰고, 집행할 시일, 장소를 손에 써서, 서로서로 친구 심방의 형식으로 알리게 하여, 지정된 8월 27일에 유학생청년학관에 집회했다. 유학생 약 7~80명이 모였는데, 회합 자체가 사전금지조치로 봉쇄되어 버렸던 것이다. 전원이 흐느끼는 울음소리와 '대한제국 독립만세' 소리로 해산하고 말았다고 한다.[6]

합방을 맞는 김병로의 마음은 절망과 좌절 그 자체였다. 유학생끼리 서로 만나면 "얼굴만 바라보고 말없이 눈물로 지내는 정상이었고, 누구나 학교에 갈 생각도 전혀 없었던 것"[7]이다. 밖에서는 합병을 축하하는 일본인들의 만세소리가 들릴 때마다 심장이 맺혀서 통곡하고 싶은 심정이었지만 차마 그러하기도 어려웠다. 송진우 등 다른 친구들도 마찬가지 심경이었다.[8]

---

5 김병로, "유학생 친목회의 마즈막 일막[一幕]," 동광, 제24호, 1931. 8, 50면.
6 김병로, 수상단편, 251면.
7 김학준, 가인 김병로 평전: 민족주의적 법률가 · 정치가의 생애, 민음사, 2013, 59면.
8 송진우의 전기작가는 그의 심경을 다음과 같이 쓰고 있다. "죽는 도리 밖에 없었다. 나라를 망치고 살 수는 없었

김병로는 하숙비를 감당하기도 어려운 채 작은 방 한 칸을 빌어 이전했는데, 매일 심열과 오한이 계속되고 불면증이 심하여 병석에서 고생하였다.

결국 김병로는 '건강상 이유'로 귀국했다. 귀국 시점을 김병로 본인이 정확히 자술하고 있지는 않으나, 1910년 후반기와 1911년 전반기 사이인 것은 확실하다.[9] 귀국길 자체도 순탄하지는 않았다. 부산에 도착한 즉시 수상경찰서에 구인되어 검색을 받고, 수사 심문을 당한 뒤에 3일 후에 석방되어 향리로 돌아왔던 것이다.[10] 그는 절망감 속에서 방황하면서, 기독교 속에서 위안을 구하려는 시도도 했다.[11] 같은 유학생 처지인 송진우, 고광준 등도 뿔뿔이 귀국하였다.

2. 명치대학 법과 및 고등연구과 졸업

김병로는 고향에 돌아와 1~2개월간 휴양하다가 다시 광주로 가서 독서로 날을 보내고, 성경도 연구하고, 교회에서 예배를 보면서 울분 속에 위안을 얻어 왔다. 그런데 다시 건강이 악화되어 병원에서 치료를 받았지만 효능을 얻지 못하였으나, 특종 사류라는 흑질백장을 잡아 복용하여 완전히 회복되었다는 기담을 전하고 있다.[12] 그 후 광주에 가서 자형인 박하룡 씨의 잡화상을 도와주면서 약간의 경제적 여유를 얻게 되었다. 한국에 머물면서 신지식에의 열의는 오히려 커졌고, 귀국할 때 준비해온 명치대학 법과 강

다. 비록 나라를 잃은 몸일지라도 더러운 땅에 묻히고 싶지는 않았다. 썩은 마음과 못생긴 몸뚱이일망정 조국의 흙 속에 묻히고 싶었다"(김학준, 고하 송진우 평전, 동아일보사, 1990, 54면).

9 김진배는 "1911년 귀국"으로 연보에서 정리하고 있고, 김학준은 이를 그대로 소개하고 있다(김학준, 가인 김병로 평전, 74면). 명치대학의 학적부를 열람하니, "1912년 1월"에 "월사체납(月謝滯納)"으로 "퇴학"했다고 적시되어 있다. 귀국 후 등록금 체납으로 학교 측은 퇴학처리를 한 것으로 보인다.

10 김병로, 수상단편, 252면.

11 김학준, 가인 김병로 평전, 61면.

12 김병로, 수상단편, 253면.

의록을 열심히 읽었다.

1911년 가을 그는 다시 일본 동경으로 건너갔다. 이제는 매월 학비로 20원씩 자형으로부터 받기로 약속했으므로 장기적으로 공부할 수 있는 최소한의 여건을 갖추었다. 그는 1912년 12월에 명치대학 교외생을 졸업했다. 한편 1912년 3월에 동 법과 제3학년생으로 입학하여, 1913년 7월에 명치대학 법학부 법과를 졸업했다. 이 시기는 그야말로 법학 공부에 주야로 매진했다. 매일 아침 일찍 일어나 세 끼 먹을 분량의 밥을 지어 아침식사를 마친 후, 점심밥을 휴대하고 학교 도서실에 가서 좌석을 정하고, 필요한 책을 빌려 공부했다. 강의 때는 노트를 가지고 들어가 필기하고, 도로 도서관에 돌아와 최종시간까지 공부하다가 숙소에 와서 아침에 남겨놓은 밥으로 식사한 뒤 야간공부를 하였다. 매일 주야를 통하여 학교강의시간을 제하고도 평균 8~9시간 공부를 할 수 있었다고 한다.[13] 이와 같이 집중적 면학은 그의 한 기질로 자리 잡은 듯하다.

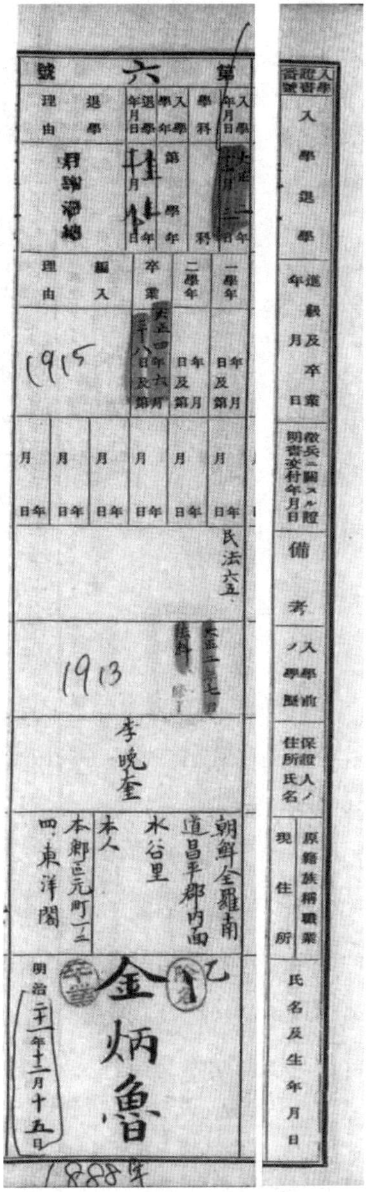

명치대학교 학적부

---

13 김병로, 수상단편, 254면.

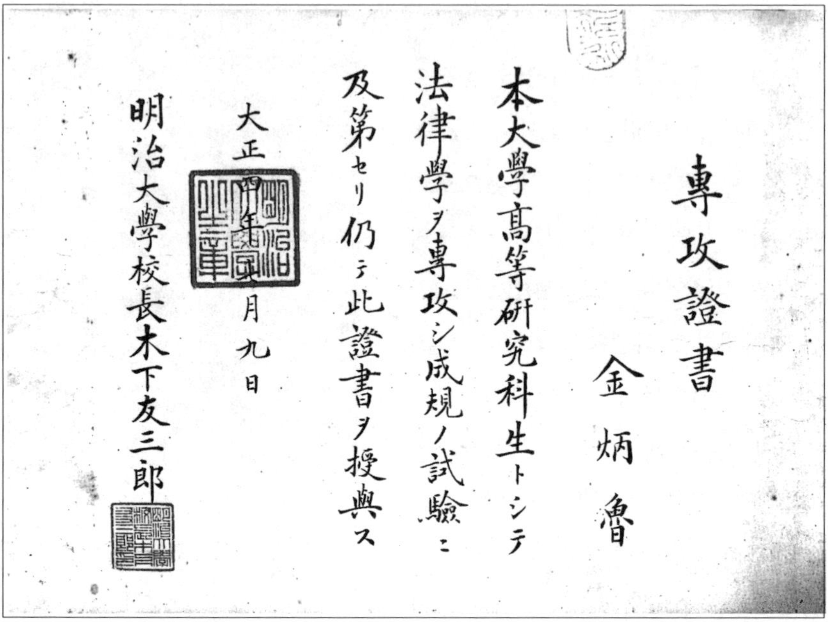

專攻證書

金炳魯

本大學高等研究科生トシテ法律學ヲ專攻シ成規ノ試驗ニ及第セリ仍テ此證書ヲ授與ス

大正四年七月九日

明治大學校長木下友三郎

명치대 졸업증서(1915)

1913년 초 명치대학에서 치른 졸업시험에서 그는 매우 우수한 성적을 거두었고, "참으로 법률을 연구할 생각을 새롭게" 하였다. 김병로의 회고를 옮겨본다.

합병은 되고 말엇다. 그래서 나는 공부를 집어뿌리고 도로 고향에 나와 잇다가 스물네살 때에 다시 동경에 건너가서 자취하면서 명치대학을 다녔다. 그때에 나는 고학苦學을 하엿스니 1원 주고 방세 얻고 6원 주고 쌀 사고 숫 사고 찬거리 사서 혼자 밥을 지어 먹고는 학교로 다녔스니 세루洋服이나 사각의 대학생모는 꿈에도 써보지 못하엿다. 돈이 잇서야 사랴. 이불도 동무들이 덥다가 버리다십히 한 것을 주어다 덥고 지내엿다. 그리면서 학교의 성적은 비교적 조왓스니 명대明大졸업 당시 중국인, 일인日人, 조선사람 모다 211명 중에 12째번을 한 기억이 지금도 남어 잇다.[14]

---

14 김병로, "방랑, 교수, 변호사," 삼천리, 제2호, 1929. 9, 34면.

명치대 법과를 졸업한 뒤 그는 잠시 귀국하여, 가사를 정돈하고, 약간의 토지를 매도하여 월 20원 정도의 2년간 학자를 마련하였다. 그에게 학자를 제공하겠다는 친우들도 있었으나 그는 그 호의를 감사하면서도 거절하였다. 평소 재산가의 심정을 촌탁할 때에 그네들이 아무리 호의로 학자를 제공한다고 하여도 후일에는 반드시 나를 이용하려는 복선이 있음을 알기 때문이라고 하였다.[15]

그는 다시 도일하여 1913년 12월 3일 명치대학 고등연구과(명치대학과 중앙대학과의 공동법률고등연구과)에 입학하여, 1915년 6월 28일에 졸업과 동시에 일본대학 법과를 졸업했다.[16] 명치대학 고등연구과는 졸업증이 아니라 "전공증서"를 수여했는데, 그에 따르면 "김병로/본 대학 고등연구과생으로서 법률학을 전공하여 성규成規의 시험에 급제하였기에 이 증서를 수여함(대정 4년 7월 9일/명치대학교장 木下友二郎)"으로 되어 있다.

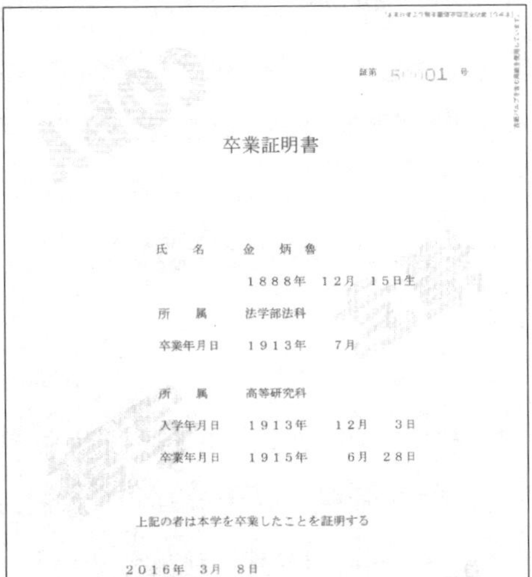
証第 [illegible]01 号

卒業証明書

氏　名　金　炳　魯

1888年 12月 15日生

所　属　法学部法科

卒業年月日　1913年　7月

所　属　高等研究科

入学年月日　1913年　12月　3日

卒業年月日　1915年　6月　28日

上記の者は本学を卒業したことを証明する

2016年 3月 8日

明治大学長　福　宮　賢　一

명치대 졸업증명서(2016. 3. 8. 발급)

당시 명치대학 학제를 보면 4개의 학부(법학부, 정학부, 문학부, 상학부)를 두고, 그 위에 "고등연구과"를 둔다. 그리고 각 학부는 해당 분야의 이론 및 응용을 가르치고, "고등연구과는 그 온오蘊奧를 연구한다."[17] 말하자면 고등연구과

15 김병로, 수상단편, 256면.
16 명치대학사자료센터 편, 명치대학소사: 인물편, 학문사, 2011, 226면(김병로 부분의 집필은 이영미).
17 명치대학사자료센터 편, 명치대학소사, 학문사, 2011, 46면.

는 법률의 심오한 학문을 연구하는 연구대학원인 셈이다. 대학에서 그 이상의 연구과정이 없으므로, 당시 일본에서 가장 높은 수준의 법학공부, 연구과정을 거쳤다고 할 수 있을 것이다.[18] 참고로 그가 고등연구과를 마칠 즈음에, 그해 동경유학생학우회에 소속된 조선인이 약 45~6인 되는데 그 중 법과, 정치과 학생이 의연 최다수를 점하는 정도였다고 한다.[19]

고등연구과에서의 공부에 대하여 김병로는 다음과 같이 회고하고 있다.

> 고등연구과에 있어서는 일정한 교과서나 일정한 필기도 없었고, 형법은 牧野 박사, 민법 중 물권·채권은 横田 박사, 상법은 松波, 片山 양 박사, 민사소송법은 前田 박사의 담당으로, 출석 10인 내외의 학생들과 함께 일본 법전을 축조하여 질의 문답의 방식으로 진취하여 나는 일단 연구과정을 마쳐 졸업논문이 통과되었고, 그 동안에 일본대학에도 학적이 있었으므로, 나는 평소 강의가 능숙한 선생의 시간을 택하여 강의를 듣고 필기도 한 사실이 있었다.[20]

그리고, 그는 자신만의 법학공부방법을 '개괄적 연구방법'이라고 하여, 이를 소개하고 있다.

> 나의 개괄적 연구방법으로는 각과별로 된 법전의 상단 여백 있는 것을 가지고, 조문조문에 따라 그 정의, 요건, 효과 및 다른 법조와의 관계를 암기하기에 노력하는 동시에 각과에 대한 저서 2권 내지 4~5권을 읽어 학설의 다른 점을 간

---

18 신동운 교수는 이 '법률고등연구과'는 대학원 석사과정 정도로 생각되지만, 당시 박사과정이 별도로 없던 상태에서는 최고의 전문교육과정으로 볼 수 있다고 본다. 신동운, "가인 김병로 선생의 범죄론체계와 한국형법의 총칙규정," 서울대학교 법학, 제49권 제1호, 서울대학교 법학연구소, 2008, 2면.

19 학지광, "우리 소식," 1916. 9. 4, 제10호, 59면.

20 김병로, 수상단편, 259면. 여기서 牧野는 牧野英一(동경제대 교수), 横田은 横田秀雄(중앙대 교수), 松波는 松波仁一郎(명치대 교수), 片山은 片山義勝(중앙대 교수), 前田은 前田直之助(일본대 교수). 인명과 소속대학은 신동운 교수가 찾아 정리한 대로이다. 신동운, "가인 김병로 선생과 형법 및 형사소송법의 편찬," 법원행정처, 가인 김병로 서세 50주기 학술심포지엄 자료집, 2014, 298면.

단한 문구로, 전기 각과 법전 당해 조문의 상단 여백에 상기하여, 언제든지 그 법전 조문만 보면 학설의 이동異同까지도 소연히 알 수 있게 하였던 것이다. 이와 같은 방식으로, 법전을 기본으로 하여 간명하고 계통있는 암기력을 조성하면 어떠한 문제에 대하여도 의아할 바 없이 그것을 논평할 수 있는 것이다. 만일, 법전에다 기초를 두지 아니하고 막연히 저서만을 읽으면, 그때에는 그 요지를 알 수 있으나, 시일이 경과하면 기억에 남는 것이 적고, 기억에 남아있다 하여도 스스로 의아를 느끼게 되어 자신있는 논평을 할 수 없는 것이라고 생각한다.[21]

법학의 중심은 법전이다. 그 법전에서 정의, 요건, 효과를 파악하고, 다른 조문과의 관계를 정리하고, 그 토대 위에서 교과서를 읽으며 학설간의 차이점을 정리한다. 조문과 학설을 연결한다. 법전을 기본으로 하여, 간명하고 계통 있게 정리하라! 이것이 개괄적 연구방법이라 김병로는 일컫고 있다. 밤낮을 가리지 않고 독실하게 공부한 태도와 계통 있는 방법론의 체득을 통해, 김병로는 어떤 법적 쟁점에서든지 자신 있게 논평할 수 있는 경지에 이르렀음을 자부심을 갖고 소개하고 있다.

1915년에 이르면 그는 법률의 전 과목에 걸쳐 충분한 공부를 했고, 법전과 학설의 대강도 머릿속에 그릴 수 있었다. 일본 학자의 저서도 대개 참고하였다. 그해 3월에 일본대학 졸업시험 일정에 따라 1, 2, 3학년 전 과목인 24과목의 시험을 7일간에 종료했고, 그 결과 평균 80점 이상이라는 극히 우수한 성적을 기록하였다. 교수들로부터도, 일본 변호사시험에 응시하면 통과는 의심할 바 없다는 높은 평가를 받았다. 그리하여 그는 그해 가을 변호사시험에 응시할 심산으로 서류 준비를 하고 있던 중에, '일본인 이외에는 현행 변호사시험에 응시할 자격을 허용할 수 없다'는 일본정부 각의의 결정이 내려졌다. 그 이유는 조선, 대만은 일본 내지와는 법역이 다르므로

---

21 김병로, 수상단편, 259~260면.

수험을 허락할 수 없음은 외국인의 경우와 동일하다는 것이었다. 조선을 일본에 병합하고도, 자격이나 혜택을 주는 측면에서는 조선인을 외지인, 외국인으로 차별 취급을 당연시했던 것이다. 이에 김병로는, 일본에 더 이상 머무를 필요가 없었고, 학우회 관련 일을 인계하고는, 그해 7월 초순에 동경을 출발하여 경성에 귀국했다.

처음 귀국할 때는 막연히 보성학교(보성법률상업학교)의 전임교수가 될 욕심을 가졌으나, 일본에서 최고수준의 법학실력을 쌓은 그를 가만두지 않았다. 귀국 직후 그는 경성전수학교의 교수로 임용되었다. 그리고 얼마 뒤 보성의 시간강사직을 겸하였다.[22] 이리하여 1915년 9월부터 그는 한국에서 법률을 가르치던 두 학교에서 법을 가르치는 교사가 되었다.

3. 유학생 자치활동과 〈학지광〉 발간

일본의 식민지체제의 일부로 강제편입되었지만, 동경에서는 유학생의 수가 늘어나고 있었다. 그에 따라 유학생들의 모임도 모습을 갖추어져 갔다. 병합 직전에 동경의 한국유학생들의 대표적 모임은 1909년 결성된 대한흥학회였다. 대한흥학회는 동경 유학생들의 구심체 역할을 했으며, 한일합병의 기도에 반대하는 토론회를 조직하고 본국(한국)에 규탄성명서를 보내기도 했다. 그러나 강제합병 직후 그 조직이 해체되었다.

1911년과 12년에 각 지방 출신으로 지역별 7개 단체가 결성되었다. 그러나 유학생들은 그에 그치지 않고 통합단체를 결성하려는 노력을 계속하

---

22 "대학을 마추고 나올 때 작정은 보성전문의 전임교수될 욕심을 가젓섯스나 일이 그러케 못 되어 전수학교 교수가 되어 국제사법과 형법, 민법총칙, 친족상속 등을 마터 가르키게 되엇다. 그리면서 얼마 뒤부터 교장 윤익선 씨의 청으로 보전강사를 겸하엿다(김병로, "방랑, 교수, 변호사," 삼천리 제2호, 삼천리사, 1929. 9)." 윤익선은 1911. 1.부터 1919년까지 보성의 교장을 역임하였다(고려대학교, 근대 서구 학문의 수용과 보전, 1986, 195면).

여, 마침내 1912. 10. 27.에 도쿄조선유학생학우회를 창립했다. 이 조선유학생학우회는 강점 이전의 대한흥학회의 전통을 계승하였다.[23]

학우회의 탄생에는 김병로 간사장을 비롯하여 안재홍, 최한기, 서경묵, 신익희 등이 주도적인 역할을 했으며 그 구성원은 97명이었다. 초대 회장에는 정세윤이 선임되었다. 학우회는 '회원 상호간의 지덕체의 발달, 학술연구, 의사소통 도모'라는 무색무취한 듯한 목적을 내세웠고, 유학생들의 친목단체 성격을 띠었다. 물론 단순한 친목단체에 머무르지 않고, 민족의식 및 역량 강화를 꾀하면서 1년에 2번씩 잡지를 발간하기로 하여 〈학지광〉을 발간했다. 〈학지광〉이 창간호를 내는 시점에 김병로는 유학생학우회의 간사부장으로 있으면서, 송진우와 함께 편집의 주역을 맡았다. 다음은 학우회 탄생 및 〈학지광〉 발간에 대한 김병로의 회고다.

그때 동경 우리 유학생계를 살펴보면 경상도 학생에는 낙동동지회가 잇고, 전라도에는 호남친목회, 경기에는 삼한구락부, 황해에는 해서구락부, 강원과 충청 양도에는 동서구락부라는 것이 잇서 은연중에 지방열을 고취하고 잇슴을 막을 길이 업섯다. 이에 우리 몃몃 사람의 노력으로 위선 낙동동지회와 호남친목회에서 돈을 내게 하야 유학생의 기관잡지로 「학지광」을 발간하기로 하엿다. 그리고는 다시 힘써서 학우회를 창립하엿스니 아까 열거한 지방별적 모든 단체를 부셔버리고 대동단결시킨 단체임은 물론이다. 그리하야 거기에서 춘추로 고국서 오는 학생의 환영회와 졸업학생의 송별회 등을 주최하여 왓섯다.

그런데 잡지 학지광은 내가 맨처음의 편집 겸 발행자가 되엇는데 불과 4, 50면되는 조고마한 잡지엇스나 그때도 옛날이라 글을 쓸 사람이 업서서 쩔쩔매엇다. 송진우 군의 「도덕론」이 그때 아마 제일 장편논문인 줄 기억안다. 그때 학

---

23 김기주, 한말 재일한국유학생의 민족운동, 느티나무, 1993, 171면. 이러한 재일유학생의 활동은 1918년 말에 이르러 자주독립을 추구하며 방략을 강구하고, 1919년 2·8독립선언을 단행하기에 이르렀다. 구한말의 유학생들의 항일의식은 조선유학생학우회를 징검다리로 하여, 민족운동으로 분출되기에 이른 것이다.

東京市本鄕區東竹町二十九番地
編輯兼發行人 金炳魯

학지광 편집 겸 발행인 (1914)

생 중에도 김성수, 안재홍, 박이규, 정세윤 등 후일의 쟁쟁한 인물이 많았으나… 엇지하엿든 편집을 마쳐놓고 훈민정음의 활자 잇는 인쇄소를 동경東京 안에서 발끄락이 빠지게 차저다니다가 결국 요코하마橫濱 나려가서 복음관이란 곳에서 찍어 돌렷섯다.[24]

여기서 각 지역별 친목모임들을 대동단결시켜서 학우회를 만들고, 그 기관지로 학지광을 만들게 된 사연이 적시되어 있다. 이러한 작업을 "몇몇 사람의 노력으로" 추진하였다고 하는데, 학지광은 '송진우의 개인잡지'라 여겨질 정도로 송진우의 영향력이 컸으며, 편집 겸 발행인을 김병로가 맡았다는 다른 증언도 있다.[25] 학지광의 편집실무에는 변봉현, 장덕수 등이 역할을 했다. 초기에 가장 열심히 집필한 이는 장덕수 등이었다.[26]

김병로는 창간기에 학지광의 첫 '편집 겸 발행인'[27]으로 중책을 맡았다. 현재 학지광 창간호는 발굴되어 있지 않으나, 창간호 2주 뒤에 발간된 제2호를 보면 김병로를 '편집 겸 발행인'으로 적시하고 있음을 볼 때, 창간호에서도 김병로가 같은 지위를 가졌을 것은 거의 틀림이 없을 것이다. 그는 이 시점에 맹렬하

---

24 김병로, "방랑, 교수, 변호사," 삼천리 제2호, 삼천리사, 1929. 9.

25 제1차의 회장은 李×雨다. 이 학우회가 성립되든 때에 게다가 한술을 더 떠서 송진우의 개인잡지(편집 겸 발생인은 김병로엿스나)이던 〈학지광〉을 학우회기관지로 맨들어 학우회로 하여끔 명실상부한 당당한 일본유학생 총회기관이 되게 하엿다. 이 학우회기관지가 된 학지광 편찬의 책임을 변봉현, 장덕수 등이 마텃섯다(황석우, "반도에 기다인재를 내인 영·미·로·일 유학사, 동경 유학생과 그 활약," 삼천리 제5권 제1호, 삼천리사, 1933. 1).

26 학지광 제1호(1914. 4. 2.), 제2호(1914. 4. 20.). 그중 학지광 창간호는 아직 그 실물이 알려져 있지 않다. 학지광 제3호(1914. 12. 3.), 제4호(1915. 2. 27.), 제5호(1915. 5. 2.), 제6호(1915. 7. 23.); 제7호, 제8호, 제9호는 발매금지되었다.

27 참고로 제3호(1914. 12. 3.)의 "편집 겸 발행인"은 신익희이다.

게 법공부를 하던 때였고, 다른 동료들도 "연구중에 있다"는 김병로를 배려한다고 하였으나, 김병로 자신으로서는 책임있는 위치에서 학지광의 편집책임자로서 "이에 요하는 시간이 적지 아니하였으므로, 기정된 공부시간을 계속하기에 고심한 바 적지 아니하였다."[28]

학지광은 당시 일본, 동경에 유학하고 있던 유학생들의 논문, 기행, 수필, 시, 한시, 희곡, 소설, 학우회 기사 등을 게재한 종합잡지였다. 유학생으로서의 사회적 의무감과 계몽적 자질 함양, 서구 문명의 소개를 주조로 한다. 또한 지식인의 사명으로 사회문제 일반에 대한 관심, 현실참여에 대한 선전도 있다. 기본 기조는 실력양성론 혹은 실력주의의 입장에 서 있었다.[29] 그리고 특히 새 시대를 맞이한 청년의 모습을 논하거나, 낡은 도덕을 비판하고 구습타파를 주장하는 글들이 많았다.[30] 연애결혼과 일부일처제를 주장하고, 과부의 재혼금지나 지나친 정조관념을 비판한 것들이 적지 않았다. 타파해야 할 구습으로는 효도, 남존여비, 일부다처, 한문 사용, 양반제도 등이었다. 학지광은 시, 소설 등 한국의 근대문학의 형성에도 큰 역할을 했다. 이후 한국의 대표적인 문인으로 꼽히는 문사들, 가령 이광수, 김소월 등의 새로운 문예의 실험무대이기도 했다.

일본의 동경에서 조선 청년들이 조선말로 잡지를 펴낸다는 사실, 그리고 적극적으로 조선의 문제를 개진한다는 사실 때문에 학지광은 내외의 주목을 받았다. 제15호(1918. 3. 발간)의 경우 요코하마시 복음인쇄사에서 1,600부를 인쇄하여 300부는 재일유학생에게 배포하고 나머지는 한국을 비롯하여 해외동포에게 발송했다고 하니, 점차 영향력을 키워갔음을 알

---

28 김병로, 수상단편, 257면.

29 현금 학생의 사조는 하여何如오. 그일은 이전보다 매우 상이한 점이 유하야 실력주의로 열심면강하는 자이 다하며 또한 진시한 정신을 수양하는 풍이 유행할 뿐 아니라 상애상부하는 의를 상尙하니 실로 금일 학생의 사조는 기특奇特한 성적이 다多하도다. 연이나 소설철학적 취미를 심尋하야 문약에 류流하는 폐가 행함은 현금 학생의 약점이라("일본유학생사," 학지광, 제6호, 1915. 7, 16면).

30 대표적인 글은 송진우, "사상개혁론," 학지광, 제5호, 2~8면.

수 있다.[31] 일제는, "조선인 학생들이 여러 곳에서 학우회·동창회 등 각종 단체를 조직하여 상호간의 친목, 학술의 연구 혹은 종교상의 예배 등을 빙자하여 수시로 집회를 가지고 항상 민족정신의 환기와 진작을 도모함과 동시에 배일사상의 고취에 노력하고 있다."고 경계심을 늦추지 않고 있다.[32] 새로운 사상의 유입지는 일본 동경의 학생들로부터였던 경우가 적지 않았다. 1900년대의 신학문에의 휩쓸림, 1910년대 말의 민족자결주의, 1920년대의 공산주의 사상들 중 상당한 부분은 바로 유학생들의 정보획득과 사상유포로부터 시작되었다.

학지광은 그 호응도만큼이나 시련에 시달렸다. 도쿄 경시청으로부터 자주 발매금지를 당하기도 했다.[33] 재원은 회원들의 회비로 조달했는데, 학생들인 만큼 재정난도 적지 않았다. 그래서 도중에 유지들의 원조를 받기도 했다.

김병로는 유학생 시절에 자유분방한 교제를 추구한 편은 아니었던 듯하다. 그에게 법학공부에의 전념이 본령의 영역이었고, 연배가 상대적으로 높다는 점도 작용했을 것이다. 그에 반해 김성수, 송진우, 장덕수, 현상윤 등이 이 시절 동경에서 가장 폭넓은 인간관계를 추구했던 것 같다. 그러나 김병로는 주요한 일, 가령 학우회의 결성과 학지광의 발간 등에 대해서는 책임있는 일을 떠맡았다.

그는 유학생 시절에 경제적으로 매우 어려웠던 탓이라, 다른 고학생들의 처지에 대해 무심하게 지낼 수 없었다. 학우회의 간부로서 신입학생의 동향을 조사하면서, 그는 고학생의 구제방법에 대해 고심하였다.

그가 제안한 것은 금연회를 조직하고, 회원들에게 담배값을 아낀 비용의 일부를 월회비로 모으기로 했다. 1인당 월회비 60전씩 징수하여 고학생 1인에게 6원씩을 지급하여 학자에 보충하기로 결정하여 '금연회'의 발회식

---

31 http://db.history.go.kr/item/level.do?itemId=hdsr&setId=197272&position=1.

32 http://db.history.go.kr/item/level.do?itemId=hdsr&setId=197272&position=2. 警保局保安課, 大正15年中ニ於ケル在留朝鮮の狀況, 朴慶植 편, 앞 책.

33 1915. 5. 2. 〈학지광〉 발매 금지, 1916. 1. 21. 잡지 〈학지광〉 발매금지 등 모두 3, 4차례에 걸쳐 압수조치를 당했다.

을 거행하고 엄격한 규약을 정했다. 그 내용은, 금연회에 가입한 회원은 월회비 60전씩 납입한다는 것과, 그럼에도 금연을 실행치 아니하는 회원이 있을 때에서는 간부회의에서 이를 계고하고, 그후 개전하지 아니한 때에는 제명처분을 한 후, 그 연유를 '학지광' 지면에 발표하기로 했던 것이다. 김병로는, 심지어 그것을 실행할 간사장의 책임을 맡게 되었다. 또한 학생들의 전반적 동향을 조사하여, 비행이 발견될 때에는 '학지광'에 기재할 책임까지 떠맡았다고 한다.[34]

공부에 바쁜 와중에도 김병로는 이같이 금연회를 조직하여 선전 강연도 하고, 친구들에게 권유도 하여, 일시에 80여 명의 회원이 되었다고 한다. 그런데 회비를 내면서도 몰래 끽연하기도 하고, 입회만 하고 금연은 실행치 않기도 하고, 입회하고도 회비를 잘 내지 않는 사람도 있다. 역시 금연은 의지만으로 쉽지 않다. 엄격한 규약대로 제명도 하고 하니 2년이 못되어 남은 회원이 10인 내외에 이르러, 결국 금연회는 자동해산되는 지경에 이르렀다.

김병로 스스로는 금연규약을 잘 지켜냈다. 그런데 그가 동경을 떠나게 되었을 때(1915년 7월), 어떤 친구가 차중에서 연초 한 갑을 양복 주머니에 넣어 주었기에, 발차 후에 처음 한 개를 피워 보니, 그동안 2년 이상 금지한 효과도 없이 담배맛의 새로움을 느끼면서 담배를 피우게 되었고,[35] 이후 애연가로 이름이 나는 지경에까지 이르렀다. 다만 일제 말 은거하면서, 담배를 다시 완전히 끊는 결단을 7년간 지속한 것을 보면, 김병로는 의지력

---

34 김병로, 수상단편, 257, 261면. '금연상황'에 대해서는 적시되어 있다. 〈학지광〉 제2호 22면에는 [학계소식] 란이 있는데, 그중 〈금연상황〉이 있다. "금연회에서는 3월 6일에 월례총회를 개開하고 품행부정한 회원을 일일이 제명하여 내부를 곽청廓清하며 근경近頃에 일주년 창립기념 웅변대회를 개최하기로 결정하고 회무를 근독勤篤하여 일반학생의 입회하기를 열망한다더라"고 적고 있다. 또한 "파렴무치: 사람이 부끄러운 줄 모르면 금수나 다를 것이 무엇 있어. 금연회원 모씨는 명예도 조아하고 풍패도 초초치 아니하는 사람인데. 근본 금연회 발기회원으로서 불과 반년에 흡연무치하고 회에 출석도 아니함으로 해 총회에서 제명통고를 하였더니. 그런 사람도 다시 무슨 일을 한다고 할까. 그 뿐 아니라 금연회에 입회하였다가 어떤 사람도 품행부정하고 흡연 부지不止함으로 해 회에서 누누 근유勤喩하되 회개할 희망이 무無하여 일일 제명통고를 하였더니 그런 회원은 다시 무슨 일을 한다 하여도 누가 신용할는지 아마 사회상 독부獨夫될 걸"(학지광, 제2호, 22~23면).

35 김병로, 수상단편, 261면.

의 인간임을 알 수 있다.

위에서 고학생 돕기 모임을 언급했지만, 김병로의 동경에서의 생활은 어떠했던가. 그에 대한 김병로의 언급이다.

나는 동경에 잇는 동안 학비의 불충분한 관계도 있고, 나 자신이 원래 의복, 음식에 큰 관심을 갖지 아니하는 성격의 소치인지 모르나, 학교의 제복이나 제모를 가져 본 일이 없고, 최초 동경에 갔을 때 염색 목면제 한복을 만들어 입은 것이 근 3년이 되고 보니, 색도 변하고 헌 곳이 많았으나 세탁만 하여 그대로 지속하였으며, 양복은 처음 귀국할 때에 입을 것이 없어 18원에 상하 한 벌을 사 입었을 뿐이요, 외투 같은 것은 염두에도 두지 못하였던 것이다.[36]

김병로는 자신의 학비 조달에 관해 몇 가지 회고를 남겨놓았다. 합병 이전의 첫 유학 때는 "학비의 예정도 없이 조선 평복에 창흥학교 제모를 그대로 쓰고 구식의 목면 금침을 휴대"한 채 한국을 떠났다. 필요하다면 고학이라도 해서 조달하겠다는 의지였다. 당시 일본 동경에서 생활하려면 하숙비 12원에다 수업료, 교통비를 합하여 20원 정도가 필요했다. 그밖에 책값, 단체 활동비, 용돈까지 포함하면 최소 25원은 있어야 했다.[37] 반면 고학생으로 아르바이트를 하려고 해도, 생면부지 의사도 잘 통하지 않는 외지에서 벌면서 공부한다는 것은 거의 어려웠다. 유학생이 된 지 몇 개월이 지나, 병합 후에, 그는 하숙비를 감당할 수 없어 월세 2원의 방 한 칸을 빌어 그 곳으로 이전하고, 자취를 하다가 매일 심열과 오한이 계속되고 불면증이 심하여 병석에서 고민하고 지내다 망국의 정신적 고통에다 학자금은 곤란하여 귀국했던 것이다.[38] 병합 후에 귀국하여 자형(박하용)이 경영하는

---

36 김병로, 수상단편, 262면.

37 김성수, 장덕수의 전기에서 발췌함. 발췌는 김학준, 가인 김병로, 61면.

38 김병로, 수상단편, 251~252면.

광주의 잡화상 일을 제대로 돕고는, "모든 것을 자형에게 일임하고 매월 학비로 20원씩만 보내달라는 부탁을 남기고 다시 도쿄로 갔다."[39] 아마도 그 20원으로 부족한대로, 학업을 계속할 수 있었던 것으로 보인다. 김병로는 학자금을 줄이기 위해 가능한 빨리 학업을 마치기로 하였고, 자취방과 학교 이외에 번다한 곳에는 거의 출입하지 않았다.

김병로가 개인적으로 적극적인 친교관계를 애써 추구하지는 않았음과 함께, 당시 동경의 유학생을 중심으로 불었던 신사조, 예컨대 자유연애론이나 유학儒學 사조 비판 등에 적극적으로 호응하지 않은 편이었다. 김병로는 조혼에다 부인과의 유별난 애정관계도 없었지만, 그렇다고 새로운 남녀교제를 추구한 적이 없다. 그에게 간제와 면암, 유림의 지사들로부터 익힌 도덕관 같은 것이 체질 속에 배어 있었던 듯하다. 또한 그의 연령은, 다른 유학생들에 비해 상당히 높았다. 그는 유학생 사회에서 선배이자 지도급이었지, 그들과 아주 자유롭고 격의없이 교제하는 관계는 아니었던 듯하다. 그럼에도 그가 동경에서 만난 유학생들은 이후 일제하에서, 그리고 해방 후에 커다란 역할을 다방면에서 하였던 것이고, 그때의 지면관계로 인하여 인간적 교류의 폭이 넓어졌음은 틀림없는 일이다.

김병로와 함께 항일변호사로서, 그리고 해방이후 김병로가 서거할 때까지, 평생의 지우였던 이인은 자신이 동경에 유학생으로 도착했을 때 조선기독교청년회관(YMCA)에서 신입학생 축하회를 했을 때를 회상했다. 그때 김병로는 조선유학생학우회를 대표하여 환영사를 했다. 그때 김병로의 주제어는 고목봉출古木逢出이었다. 고목에서 꽃이 만발하고 봄을 맞이하듯이, 여러분도 잘 되어서 이 나라에 꽃이 피도록 만들어달라는 취지였다. 당시에 조선인들이 하는 모든 집회에는 경시청의 일본인 경찰이 임석하여 지키고 감시하는 분위기인지라, "자유", "독립" 이런 말은 꺼낼 수도 없을

---

39 김병로, 수상단편, 253면.

때였다. 그러니까 망한 나라를 고목에 비유하고, 청년학생들이 새로운 꽃이 되어달라고 비유로서 말한 것이다.[40] 직접적인 표현이 억압된 식민지하에서, 은유적 표현은 일제하의 의사표출의 주요한 한 방식이기도 했다.

김병로는 이 '고목봉출'을 여러 곳에서 언급함을 볼 때, 그의 애장어가 되었음을 알 수 있다. 김병로가 처음부터 관여했던 신간회의 명칭은 "신간출고목新幹出枯木[41]에서 나왔는데, 옛 나무에서 새 줄기가 난다는 것과 김병로의 고목봉출은 그 의미와 맥락이 상통한다고 하겠다.

4. 첫 논설: 이상적 형법학의 구상

김병로는 학지광의 창간에 깊이 관여했지만, 그의 글은 거의 보이지 않는다. 그는 1913년 명치대를 마치면서 좋은 성적을 받았고, 그와 동시에 "지금부터 참으로 법률을 연구할 생각이 새로워졌"다고 술회하였다.[42] 1914년 학지광이 만들어질 당시, 그는 대학원생으로서 법학연구에 전적으로 몰입할 때이다. 그 때문에 그는 일반적 논설을 쓸 여유는 없었던 것 같지만, 학지광 제2호(1914. 4.)에 "이상적 형법의 개론(제1회)"이란 법학연구의 구상을 펼치고 있다. "제1회"라고 되어 있고 방대한 구상을 설정하고 그 일단을 펼친 것으로 생각되는데 그 후속편이 나오지 않았다. 다만 이 글은 그 자체로서 완결된 구성을 갖고 있다. 분량은 적지만, 법학연구자로서의 야심과 방향을 드러내는 것으로 주목할 가치가 충분하다. 또한 김병로의

---

40 '가인 김병로 선생 추모 대담,' 1964. 1. 14. 서울중앙방송. 김진배, 가인 김병로, 458~459면에서 재인용.

41 신간출고목은 홍명희가 고사에서 가져다온 것이라고 한다. 원래 신한회(新韓會)로 지으려 했으나 총독부는 '韓'이 들어 있다고 해서 이를 거부하였다. 이에 추진자들은 옛날에는 '한'과 '간'이 같은 뜻으로 쓰였고, 또 고목신간이라는 말도 있고 해서 홍명희의 제안에 따라 신간회로 고쳤다고 한다(이균영, 신간회 연구, 역사비평사, 1993, 96면). 그런데 홍명희는 동경 유학시절 이래 김병로와 자별하게 지냈으며, 신간회 활동에 같이 관여하고, 일제 말에는 김병로와 지근거리에서 엄혹한 시절을 같이 견뎌냈던 사이다.

42 김병로, 수상단편, 255면.

이름으로 쓰여진 것 중에 최초의 글이기도 하다. 이 글은 여태껏 전혀 알려져 있지 않으므로, 비교적 상세히 소개하고자 한다.

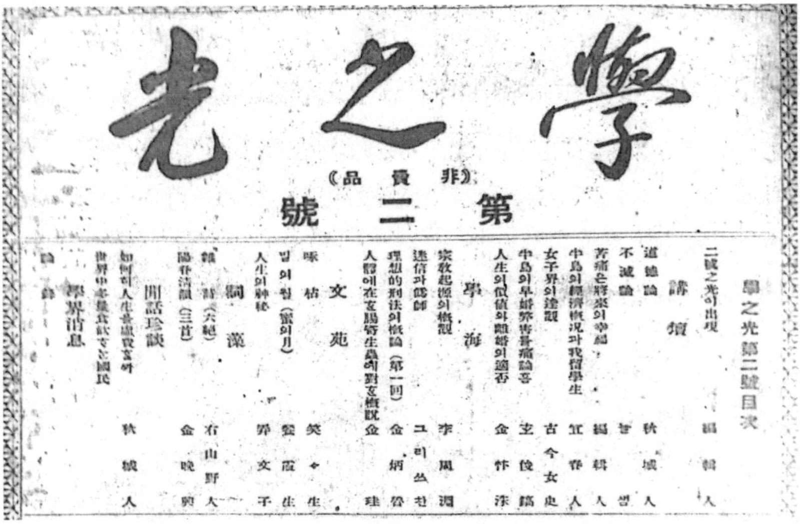

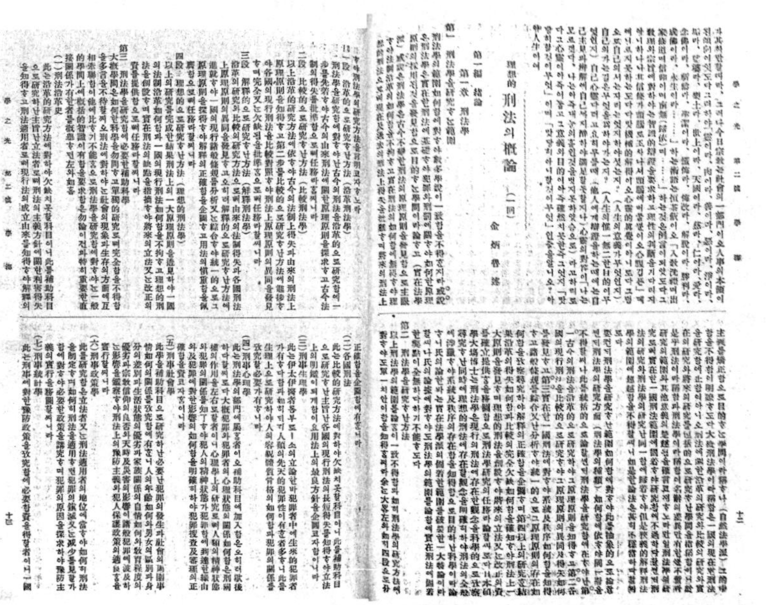

이상적 형법의 개론(제1회)을 게재한 〈학지광〉 제2호(1914)

본문의 내용은 형법학의 연구범위, 연구방법, 그리고 형법연구에 필요한 보조과학 등 3부분으로 대별된다.

먼저 형법학의 범위에 대하여 김병로는 일단 실재법학파와 자연법학파로 나눈다. "실재법학파"에 따르면 "형법학은 실재한 형법에 기초하여 범죄와 형벌에 관하여 여하한 원리원칙의 채용된 것을 발견함으로 목적하는 학문"으로 논한다. 오늘날 개념으로 법실증주의라 할 수 있다. 반면 "자연법학파"에 따르면 "형법학은 고금불변한 형법의 원리원칙을 발견함으로 주안하여 법제연혁의 여하함을 불구하고 실재형법의 여하함에도 구애받지 않고 이상적 형법으로서 현재 및 과거의 형법상 득실을 비판하며 장래의 형법상 주의를 교정함으로 목적하는 학문"이라 칭한다. 김병로는 "이상적 형법학"의 관점에서 볼 때, "둘 다 적중할 수 없음이 명료"하다고 주장한다. 그러면서 "대개 형법학이라 칭함은 일국의 현재한 형법을 연구함에 그치지 않고 형법에 관한 연혁 연구, 비교 연구, 실재 연구, 장래 연구를 포괄적으로 연구하는 학문을 지칭"한다고 정리한다.

형법학은, 오늘날도 그렇지만 당시에도, 그 주류는 법실증주의적 부류, 즉 도그마틱한 법해석학이었다. 더욱이 배우는 단계의 법학도로서는 그 범주를 넘어서기 어렵다. 그러나 김병로에 따르면, 그와 같은 협소한 해석법학은 형법연구와 형법학 연구를 동일시하여 온당하지 못하다고 비판한다. 정확히 인용하자면, "형법학의 연구로써 실재한 일국 형법 범위에 고착하여 연구함에 불과하다 할진대 형법의 연구와 형법학의 연구는 동일함에 귀착하여 단지 협의적 해석형법학의 범위에 초월할 수 없으니 그러한 논법은 심히 불온당하다 할지로다."는 것이다. 즉 자국 형법만을 대상으로 협의의 해석학적 접근만을 한다면 그것은 (자국) 형법의 연구는 될 수 있어도, 보편적인 원리원칙의 발견에 주안점을 두는 (이상적) 형법학의 연구가 될 수는 없다는 것이다.

그러면서 김병로는 형법학 연구를 위해서는 단일한 (해석학적) 방법에 머무르지 말고, 4단계의 연구방법이 결합되어야 한다고 주장한다.

제1. 고금의 형법을 연혁적으로 연구하여 그 원리원칙을 지득하고

제2. 각국의 현행형법을 비교적으로 연구하여 그 원리원칙의 이동 및 득실 여하를 발견하고

제3. 실재한 일국 형법에 대하여 계통 및 질서 여하함을 지득하고 제반 조규를 종합 또는 분석하여 통일적으로 그 원리원칙의 존재 여하함을 고찰탐구하여 해석의 정확함을 기도하며

제4. 이상의 연구한 결과 연혁의 득실 여하함과, 비교의 완전 흠결 여하함을 확지하여 형법상 일대원칙을 발견하며 이상적 형법을 창설하여 장래의 입법 또는 개정의 자資를 확립제공함을 무도務圖함으로 형법학 연구의 임무라 논할지로다.

즉 그는 ① 연혁형법학, ② 비교형법학, ③ 해석형법학, 그리고 ④ 이상적 형법학의 단계를 설정한 것이다. 김병로는 이같이 총괄적인 형법학적 접근을 통한 이상적 형법학을 창설하여 장래의 입법 및 법개정의 자료를 제공함을 형법학 연구의 임무로 설정하고 있다. 따라서 그에게 실재형법에 고착된 실재법학파(법실증주의)의 협소한 범위를 넘어선 이상적 형법학을 구상하고 있는 것이다.

그는 또한 형법학을 연구함에 있어 필요한 보조과학을 별도로 논하고 있다. "대개 학문은 여하한 과학을 묻지 않고 단독적 연구로써 완전함을 할 수 없다. 형법학에서도 일반적 학문상에 개괄적 지식이 있음을 요구함은 물론이다."고 하면서, 형법학과 특히 중요한 직접관계가 있는 것을 개략적으로 나열하고 있다. ① 형법연혁사, ② 각국형법, ③ 형사생리학, ④ 형사심리학, ⑤ 형사사회학, ⑥ 형사정책학, ⑦ 형사통계학, ⑧ 법의학, ⑨ 범죄기술학 등이 그것이다. 오늘날 기준으로 분류해보면 형법학, 범죄학,

형사정책 등으로, 김병로는 거의 종합형사법학으로서의 구도를 갖고 이상적 형법(학)의 개론을 펼치고 있음을 알 수 있다.

왜 법학도 김병로는 다른 통상적인 법학도처럼 해석형법학에 머무르지 않고, "이상적 형법학"을 구상했을까. 그가 실정법의 해석학적 접근(실재법학파)에 국한될 수 없었던 것은, 그가 일제치하에서 일개 율사에 머무를 수 없었기 때문이다. 그는 법학공부는 조선독립을 위한 기초 닦기라는 과업을 조금도 소홀히 하지 않았다. 장차 조선의 독립을 맞아 우리에 알맞은 입법 및 개정을 이룩하여야 할 것이고, 법적 차원에서 그 지적 준비를 하는 것이었다. 형법 분야에서 이는 "이상적 형법학"이란 개념으로 설정되었다. 그를 위해서는 연혁적, 비교적, 해석적 연구를 총괄하면서, 그를 통해 형법학의 원리원칙을 투견透見하여, 당시의 형법이 가진 문제를 비판하고 장래의 입법, 개정의 자료를 만들어내고자 했다.

요컨대 이 글은, 아주 짧지만, 귀중한 의의를 갖고 있다. 김병로 연구사에서는 그가 쓴 최초의 글로서의 의미가 있다. 학지광의 다른 글들이 강개한 논설이나 문학인 데 반해 이 글은 전적으로 학술적이다. 그는 본격적으로 법학을 추구한 것이다. 당시 동경 유학생 중에 법학도의 비중이 가장 높은 편이었지만, 〈학지광〉에서 법학적 글은 아주 드물다. 원래 청년기에 법학은 지식습득에 바빠 자신의 주견을 글로 담기는 어렵다. 그런데 김병로는 법학의 학습에 몰입하면서도 자신의 정리된 견해를 드러내는 면에서 돋보인다. 더욱이 형법해석론이 아니라, 연혁적, 비교적 연구에 더하여 보조학문의 범주까지 이상적 형법학의 이름으로 자리매김하고 있음은 매우 주목된다.

김병로의 이러한 연구범위 및 연구방법은 이 소품의 글에서 한번 언급하고 지나치는 정도에 국한되지 않았다. 1916~7년 사이, 즉 귀국 직후 교수로서의 첫 글들이, 이러한 연혁적, 비교적, 보조과학을 두루 활용하여 쓰여지고 있기 때문이다. 나아가 해방 이후 그가 형법, 형사소송법, 민법 등의 초안을 작성할 때, 그는 바로 이같은 종합적 방법론의 틀을 갖고 임했음은 입법자료들을 통해 쉽게 알 수 있다. 그가 20대 후반 청년기에 쓴 이 짧은 논문은 그의 장래의 법학 및 입법 연구의 틀을 형성했던 것이며, 그러한 틀에 따라 진행된 그의 입법작업은 그가 말한 대로 "장래의 입법 또는 개정의 자資를 확립제공함을 무도務圖"하는 "형법학 연구의 임무"의 결실이라는 점에서 역사적 가치를 부여할 수 있다.

5. 맺음말

김병로의 일본유학은 전기(1910. 3.~1910. 후반)과 후기(1911. 가을~1915. 7.)로 동경체류기간은 총 5년에 가까이 걸친다. 개인적으로 24~28세의 기간은 지적 흡수력이 가장 왕성한 시기이며, 사회적 활동의 기초를 만들어 가는 시기이다. 일본유학기간은, 식민지로의 전락에도 불구하고, 새로운 문물과 지식을 왕성하게 흡수할 수 있는 기회가 되었음에 틀림없다.

동경유학시절을 통해, 그는 법학도에서 출발하여 법전문가가 되었다. 그는 학부와 대학원에서 법학 공부에 전념하였고, 당시 일본 대학에서 제공하는 최고수준의 법학지식을 습득했다. 학교시험과 변호사시험의 공부도 수준급에 올랐고, 법학연구의 측면에서도 궤도에 오른 수준이었다. 그때의 지식의 구체적인 내용은 귀국 직후부터 교수/강사로서 교육하고 논문을 발표할 수준에 이르렀을 뿐 아니라, 해방 이후 법전편찬의 내용에까지 영향을 미칠 정도였다. 김병로 자신이 전문가로 공인되는 기간이었고, 우리 입법 및 사법사에도 상당한 영향을 끼쳤던 것이다.

법학도로서 이 기간 중에 쓰여진 글은 "이상적 형법학"이란 소품이다. 법학계에 이번에 처음 소개되는 이 글은, 소품임에도 불구하고, 연혁적·비교법적·해석적 방법을 종합하여 형법의 원리원칙을 규명하여 입법 및

김병로 졸업사진(학지광 제6호, 1915)

법개정의 자료로 삼아야 한다는 야심적 기획을 선보인다. 이러한 자세는 일제의 법에 맹종하지 않고, 장차 해방 후 한국의 입법 및 법개정을 위한 이론적 모색의 단초라는 점에서 크게 주목을 요한다.

김병로는 공부하는 중에서도 조선유학생학우회를 창립하여 조직을 정립하는 데 일조했다. 특히 지방별로 난립한 친목단체를 대동단결로 통합을 이룬 경험은 이후 김병로의 일생동안 계속된 통합주의자로서의 활동[43]에 단초적 경험이 되었다. 우리 민족사의 큰 고비에서 통합주의자로서의 면모를 여기서 처음 보였는데, 더욱 중요한 것은 그러한 통합운동을 통해 어떤 개인적 이익을 추구하지 않았음도 한결같다.

김병로는 조선유학생학우회의 기관지로 〈학지광〉을 창간하는 데 편집책임자로 기여했다. 그 잡지는 동경의 조선유학생의 견해를 표출하고, 신사조를 처음으로 한국에 소개하고 실험하는 성격을 가졌고, 1929년까지 이어갈 만큼의 지속성을 가졌다. 김병로로서는 잡지의 편집간행의 경험을 가졌고, 이것은 이후 귀국 직후 〈법학계〉의 편집과 집필을 주도하는 것으로 이어졌다.

---

43 일제하 그는 좌-우합작의 신간회의 통합을 이끌고 유지하기에 진력했다. 해방직후엔 좌-우합작의 노선으로 통일된 민족국가를 수립하기 위한 노력에 분투했다. 1963년에는 반군정 야권단일화를 위해 최후의 노력을 쏟았다.

김병로는 유학기간 중 경제적으로 곤란을 당하면서도, 타인에게 의존하지 않는 자립적 자세로 임했으며, 나아가 금연회 등을 조직하여 금연과 함께 고학생 돕기에 나섰다. 유학생 중 비교적 연장자로서 그는 책임있는 역할을 다하였다. 왕성한 교제관계를 추구한 편은 아니나, 그때의 만남과 교제는 평생 신의있는 교제의 기반이 되었다고 할 수 있을 것이다.

이 기간은 또한 향후 김병로와 관련하여 떠올리는 개인적 품성과 태도를 형성한 기간이기도 했다. 세평에 크게 연연하지 않고 자신의 할 일에 몰입하는 특성, 그러면서도 책임있는 역할을 마다않는 공적 태도, 몸에 배인 절검하는 태도 등이다.

요컨대 법학지식, 교우관계, 생활태도의 제반 측면에서 동경의 유학시절은 법률가 김병로의 기본소양 및 지식을 형성하는 기간이었다고 충분히 말할 수 있을 것이다.

제3장

법학교수로 강의와 연구

法學界

第一號

경성전수학교 교유 시절의 김병로(1916)

제3장

법학교수로 강의와 연구

1. 경성전수학교의 교수, 보성전문의 강사

1915년 7월 귀국 직후에 김병로에겐 새로운 기회가 열렸다. 1915년 9월, 그는 경성전수학교京城專修學校[1]의 법률학 교유敎諭로 부임하였다.[2] 당시는 조선에 대학이 없던 상태여서,[3] 이 학교는 당시 조선의 최고 교육기관 급에 속했다. 경성전수학교는 "조선인 남자에게 법률 및 경제에 관한 지식을 가르쳐 공·사의 업무에 종사하는 자를 양성"하는 고등교육기관으로, 학생의 수업연한은 3년이었다.[4] 20대 후반이었지만, 당시 그는 최고의 법학적 지식을 갖고 있는 조선인 법학자에 속했다. 그의 재직기간 동안의 교원 명단을 보면 경성전수학교에 조선인 교수는 김병로 이외엔 박용희 1명에 불과하다.[5] 김병로는, 다른 조선인 교수에 비해 재직기간도 길었다. 그만큼 그 지위는 특별했다고 볼 수 있다.

---

1 경성전수학교는 1911년 11월 1일자로, 기존의 法學校를 개칭하여 시작되었다. 법학교는 법관양성소의 후신이다. 법관양성소(1895) → 법학교(1909) → 경성전수학교(1911) → 경성전수학교(전문학교, 1916. 4) → 경성법학전문학교(1922~1946) → 서울대학교 법과대학. 이같은 계보는 일련의 학교 일람을 통해 객관적으로 확인된다. 가령 경성법학전문학교일람, 1936, 1~2면.

2 교유는 교수를 말한다. 1920년대 발행된 경성법학전문학교 일람을 보면, 전(前)직원으로, "김병로, 조교수, 自 대정 4년 9월 至 대정 8년 4월"로 명기하고 있으며, 현직으로 "변호사," 현주소로 "경성부 서대문정 1의153"으로 명기하고 있다. 경성법학전문학교일람(1936).

3 '대학'의 명칭을 가진 것으로 경성제국대학은 1924년 출범하였다.

4 김효전, "경성전수학교의 법학교육," 학술원 논문집, 제55권 1호(2016), 67면.

5 경성전수학교 및 전문학교 시절 초기에 조선인 교원은 다음과 같다. 석진형(교유, 1911. 11.~1913. 3.), 양대경(교유, 1912. 12~1914. 10), 박용희(교유, 1914. 10~1916. 7), 정욱(조교수, 1921. 11.~1922. 9.), 김명수(교수, 1919. 3.~1923. 3). 경성법학전문학교 일람(1925. 1.).

경성전수학교 교수로서의 그의 경력에 대해서는 조선총독부 관보를 추출하면 정확히 알 수 있다.

1915. 9. 30.	任경성전수학교 교유. 給6급봉. 김병로.[6]
1917.	경성전수학교 조교수
1918. 10. 10.	경성전수학교 조교수 김병로를 경성보통학교 교유. 서고등관8등敍高等官八等을 겸임케 하다.[7]
1918. 12. 20.	정7위 김상연金祥演을 종6위, 김태영金泰榮, 김병로를 8위에 서敍하다.[8]
1919. 4. 16.	경성전수학교 조교수 겸 경성고등보통학교 교유 정8위 김병로. 조선총독부판사에 임任하고, 고등관8등에 서敍하다.[9]

김병로의 전임교수는 1915. 9. 30. "교유"로 임명됨으로써 시작되었고, 1917년에는 조교수로 승진했으며, 이듬해에는 경성보통학교 교유까지 겸하게 되었고, 서임된 지위는 "고등관 8등"이었다. 이는 당시 판사와 동급이었음을 알 수 있다. 지위나 직급에서, 총독부 관보에 세세히 기록될 정도로 높았다. 다만 그 교수로서의 자리는 또한 "조선총독부"의 고위직 공무원이라는 점도 간과해서는 안 될 것이다. 당시엔 교수도 제복을 입은 채 강의에 들어가야 했다.

그의 교육활동은 경성전수학교에만 머무르지 않았다. 평일 오후 4시까지는 경성전수학교에서 가르치고, 오후 5시 이후의 야간에 보성법률상업학교의 강사로서 강의하였다. 오늘날 고려대학교의 전신인 보성전문학교는 1905년 개교하였는데, 일제하에서도 법률학과 야간부까지 운영하고 있

---

6 조선총독부관보, 1915. 10. 2.
7 조선총독부관보, 1918. 10. 19.
8 조선총독부관보, 1918. 12. 26.
9 조선총독부관보, 1919. 4. 23.

었다. 그러나 일제는 1915년 전문학교규칙 시행에 따라 보성학교와 같은 경우 '전문학교'라는 명칭을 쓰지 못하게 하여 교명은 '사립보성법률상업학교'로 개칭·격하시켰고, 과명도 3년제 '법률과'로 개칭된 상태였으며, 주간이 아닌 야간으로 해야 했다.[10] 학교규정에 따르면 수업은 오후 6시부터 10시까지였다. 매일 4시간씩, 일주일에 6일로 하여 매주 24시간의 수업을 하였다. 이 시기 교수진은 윤익선 교장을 비롯하여 남형우, 고원훈, 정광조, 이항종, 최한기 등이 교수로 재직하였고, 강사로는 이창환, 이각종, 유옥겸, 조성구, 서상집, 임규, 정우범, 김태영, 김병로 등이 법학과에서 강의했다고 적시되어 있다.[12]

경성전수학교 교유 시절의 김병로(1916)[11]

여기서도 적시되었듯이, 김병로는 '사립보성법률상업학교'의 강사로 강의하였다. 당시 전임교수는 물론 강사도 구하기 어려웠던 때이기에 이같이 2개 법학교육기관에서 동시에 강의를 진행하는 것이 가능했을 것이다.

김병로가 언제부터 보성에서 강의를 시작했을까. 김병로의 회고에 따르면, 경성전수학교 교수가 된 지 "얼마 뒤부터 교장 윤익선尹益善[13]씨의 청으로 보전 강사를 겸하였다.[14]"고 회고하고 있다. 이번에 〈보성전문일람〉을

---

10 고려대학교 100년사편찬위원회, 고려대학교 법과대학 학술사: 고대법학 100년과 한국법의 발전, 고려대학교 출판부, 2011, 37~39면. 이 교명은 1919년 이후 일제가 소위 문화정책을 펴면서 전문학교령을 개정하여, 그에 따라 1922. 4. 1.부터 '보성전문학교'로 복원하고, 과명도 '법과'로 바꾸었다. 교사는 송현동(구 천도교 본부)으로 이사왔다. 1932년 김성수의 주도하에 재단법인 중앙학원이 보성전문을 인수하면서, 안암동에 본관 건물을 착공하여 1934. 9. 송현동에서 안암동으로 교사를 옮기게 되어 오늘의 고려대학교의 기반이 된다.

11 서울법대 백년사자료집(광복전 50년), 1987, 179면.

12 사립보성법률상업학교 교전일람(이윤영, "보성전문학교의 법학·경상학 교과과정에 대한 연구," 근대 서구학문의 수용과 보전, 고려대학교 출판부, 1986, 427~428면에서 재인용).

13 윤익선은 1911. 1.부터 1919. 2.까지 보성의 교장을 역임하였다. 근대 서구학문의 수용과 보전(앞의 책), 195면.

14 김병로, "방랑, 교수, 변호사," 삼천리 제2호, 1929. 9. 1.

통해 확인되는바, 그가 "강사"를 시작한 것은 "대정 5년(1916년) 4월"이라 적시되어 있다.[15]

경성전수학교에서 김병로가 담당했던 과목은 민법 중 친족상속법, 국제법, 형법 및 형사실무 등 4과목이었고, 보성학교에서는 민법총칙, 친족상속법, 상법 중 수형법(수표법), 형사실무 등 5과목을 담당했다. 민법, 형법, 상법, 국제법을 망라하였으니, 아무리 교수 수가 부족해서 그랬다 하더라도, 그 강좌 과목의 범위는 실로 넓었음을 알 수 있다. 당시 강사료는 한 시간에 50전이었다고 한다. 다음은 김병로가 전하는 당시의 생생한 풍토이다.

> 그때 나는 본직을 경성전수학교에 두었고 보성전문학교[16] 강사로 취임하게 되어 민법 및 상법의 많은 과목을 담당하여 1주에 20여 시간을 출강하게 되었는데 두 학교에서 강의할 교안을 작성할 시간이 없어서 낮에는 본직인 전수학교에서 오후 4시 후에야 집에 돌아왔고 다섯시부터 (보성학교에서) 야학강의를 시작하여 열시에야 돌아오게 되었으니 그 익일의 교안을 작성하기에 밤을 새워 아침까지 이르기를 항다반사로 하였었다. 그리고 겨울에 풍설이 심하거나 여름과 가을에 장마철 비가 많을 때에는 오후 다섯시 정각에 학교에 나가보면 학생들도 낮에는 직장에서 근무하는 사람들이 다수였기 때문에 정각에 출석하는 학생은 극히 소수였고, 때때로 출석학생이 5, 6명에 불과하는 때도 있었으나 우리는 그들을 상대로 시간 있는 데까지 성실히 강의를 하였던 것이다.[17]

강의담당시간이 초인적인 데도 놀랍지만, 5, 6명을 상대로도 성실한 강의의 자세가 돋보인다. 강의 방법 및 교안 준비에 대해서도 그는 다음과 같은 기록을 남기고 있다.

---

15 보전일람, 1925, 6면.

16 1910년대 후반의 정확한 명칭은 '보성법률상업학교'이다.

17 김병로, "나와 보성전문," 고대문화 제2집, 1960. 8, 88면.

형사실무를 제외하고는 다 교안을 작성하여, 시간마다 30분은 필기에, 30분간은 설명하는 것이 교수 방법의 통례가 되어 있는바 … 교안을 작성하기에는 근무 중에 강의시간 이외의 시간을 이용하는 것과 오후 10시경 숙소에 돌아온 후의 시간을 이용하였으며, 그 외에는 휴일만이 효능적으로 이용되었으나 어려운 문제가 있을 때마다 교안의 준비가 지연되어 2~3일간을 계속하여 밤을 새우는 사례도 왕왕히 있었던 것이다. 그리하여도 교안준비가 부족한 때에는 교수시간에 학생에게 법전 전과목에 대한 질의를 하게 하고, 이에 응답함으로써 필기에 갈음하는 사실도 없지 아니하였다.[18]

강의시간부담도 크고, 두 학교를 오가느라 힘들었지만, "오직 성의와 열정이 있었기 때문에 일보일보 학교의 유지확충의 걸음을 내어 디뎠던 것이다."[19]

학생들은 그의 강의에 열띤 반응을 보였다. 보성학교에서 그의 강의를 들은 학생의 소감이 남아 전한다.

수년간 대한 수십 명의 교수, 강사진 중 가장 인상 깊었던 선생은 '민법 물권편' 담당하신 가인 김병로 박사이었다. 교단에 서시면 예리한 금속성으로 청산유수격, 분·초도 쉴 사이 없는 열성 담긴 강의였으니, 제목만 정하면 원고 없이도 몇 시간이든 계속할 수 있는 풍부한 자원에는 시간가는 줄 모르고 경청할 뿐으로, 동경 저명박사의 학설까지 비교, 비판하시니 실로 흥미진진이었다. 그 다음에 형법, 상법, 소송법 어느 강좌를 맡으시거나 모두 전공 이상의 실력을 발휘하여 강의 내용에는 끝가지 경복敬服하였다.[20]

---

18 김병로, 수상단편, 264면.

19 김병로, "나와 보성전문," 고대문화 제2집, 1960. 8, 88~89면.

20 이병희, "석탑야사-12회," 고우회보, 1973. 7. 5. 김병로를 다룬 글(가령 김진배, 앞의 책, 34면)에서 이병희 글의 인용이 나오나, 서지사항이 조금씩 부정확하다. 이번에 '고우회보' 원문을 확인하여 바로잡는다. 이병희는, 가인 선생에 대한 언급에 이어, 해공 신익희가 보성의 교수로서 명강의를 했음을 언급하고 있다. 이병희는 1919년 보성법률상업학교 법과 12회로 졸업하였다.

다음은 동료 강사의 소감이다.

차상찬 김병로는 열성이 있어. 내가 보전 법과에 다닐 때 그때 강사로 시간을 보았는데 하학종이 친 지 한참 되도록 한 구라도 더 알려 줄려고 입가에 춤(침)을 티티 티우면서 강의하는 것을 명강사라고는 못해도 열성스러운 강사란 느낌을 주되.[21]

좋은 강사는 열성있고 실력있는 강사라 할 때, 가인은 "청산유수"이고 "입가에 침을 튀기며" 강의하는 "열성"을 두드러지게 보였다. 실력의 면에서는 "동경의 저명한 박사의 학설까지 비교, 비판"할 정도의 실력을 갖추고 있었다. 이때 "동경의 저명한 박사"가 누구인지에 대해서는, 아래에 소개하는 〈법학계〉에 실린 김병로의 글을 통해 짐작할 수 있다. 그 글들에서도 일본학자의 학설을 소개, 비판하면서 자신의 논지를 끌어가는 것을 뚜렷이 볼 수 있다.

1919. 4. 김병로가 판사가 되면서 관립인 경성전수학교와 교수로서의 인연은 끊어졌다. 다음해 변호사가 되고 난 뒤, 민족사립학교인 보성전문과의 인연은 계속 이어졌다. 1920~30년대에도 김병로는 보전의 강의를 맡아, 형법, 민법, 상법, 소송법 등을 강의했다.

김병로는 언제까지 강의했고, 어느 과목을 강의했는가. 〈보성전문일람〉이란 자료[22]를 연도별로 살펴보면, 적어도 다음 사실이 확인된다. 김병로는 1916년 4월 보성학교의 강사로 취임했고, 1938년에 이르기까지 강사 혹은 촉탁강사를 했다. 물론 중간에 판사를 했을 때나 몇몇 해에 강사를 실제로 하지 않았을 수는 있으나, 강사로서의 자기인식 및 자격을 갖고 있었던 것으로 보인다. 심지어 1939~42년에도 "촉탁강사"의 자격은 유지한 채

---

21 "천하대소인물평론회," 삼천리 8권 1호, 삼천리사, 1936. 1, 28~44면.

22 여기서 참고된 것은 보성전문학교 편, 보성전문일람, 1925년, 1931년, 1935년에서 40년, 1942년이다.

"휴강중"으로 기록되어 있다. 그가 가르친 과목은 "실무"인데, 주로 "형사실무"를 한 것으로 보인다. 김병로와 거의 나란히 강사 혹은 촉탁강사를 한 이는 김용무 변호사이며, 그는 주로 "민사실무"를 가르쳤다.

이렇게 김병로는 보전의 법률 강의를 강사 자격으로 계속하는 것이다. 1930년대 중반, 보전은 캠퍼스를 안암동으로 옮기면서 새로운 활력이 넘쳤다. 지금까지 고려대학교를 상징하는 호랑이 한 쌍의 조각도 만들고, 고전적인 석탑 건물이 이때 신축되었다. 김성수를 비롯한 보전 관계자들은 연부역강하였고, 인망을 모으고 있었다. 1932년에 보전의 전임강사가 된 유진오가 묘사한 한 교수사회 풍경이 남아있다.

> 그 당시의 이야기를 하자면 우선 학교관계의 주연을 이야기하지 않을 수 없다. 당시 학교에서는 (교수·이사 등 사이에) 주연이 잦았는데… 무슨 동지들끼리 허물없는 자축연이나 같이 양껏 먹고 마시고 거리낌없는 기함을 토하는 자리였다… (보전의) 인촌(김성수)을 둘러싼 주변의 분으로는 김병로, 김용무, 송진우, 백관수 등이 자주 젊은 사람들과 자리를 함께 했는데, 그 분들은 한결같이 술도 세려니와 젊은 사람 상대로 천하대세에 관해 담론하기를 즐겼다…. 학교관계자의 친목을 위한 모임이라기보다도 우국지사들의 비분강개하는 토론회장 같은 느낌이었다…. 인촌(김성수), 고하(송진우), 가인(김병로), 김용무 같은 분들은 주량이 센데다가 폭음을 하지 않기 때문에 술자리가 길어지면 길어질수록 기세가 점점 더 올라가는 것이었다…. 외부의 강압이 심하면 심할수록 도리어 굳어지는 선후배간의 애정—그것이 그 당시의 보전을 지탱하는 정신적 지주였다.[23]

김병로는 언제까지 보전의 강사를 했던가. 김병로의 회고에 따르면, 약 "해방 10년전"인 1935년경 전후하여 김병로가 "관여하던 각 사회단체가 전

---

23 유진오, 양호기 : 보전·고대 35년의 회고, 고려대학교 출판부, 1977, 51~54면.

부 해산의 운명에 닥쳤으며 여러 가지 정세가 나로 하여금 농촌생활을 아니할 수 없게 되어 양주군으로 이거하게 됨에 따라 왕래의 불편으로 시간을 감소하여 형사실무만을 담당하고 다른 과목은 전임교수에게 넘기게 되었다가, 그 4, 5년 후에는 너무나 교통이 불편하여서 부득이 강사의 임무를 그만두기로 하였다."[24]

가인은 자신이 "보성전문학교에서 강사의 책임을 가졌던 것이 27, 8년간이었고 이사로 있었던 것이 약 10년간이었다"고 정리하고 있다. 27년이라면 1916년부터 1942년에 이르는 기간인데, 보성전문 관련 자료를 통해 확인한 바에 따르면 실제 강의를 한 것은 1916~38년이며 이후에도 강사 타이틀을 갖고 있었으므로 대체로 사실에 부합한다. 요컨대 김병로는 20년 이상에 걸쳐 보성(전문)의 강사로서 학생들에게 지식과 기백을 불어넣은 점에서, 일제하 법학교육자로서 최장기간 강의를 담당했다고 할 것이다. 그동안 이러한 교육 부문에서의 김병로의 실적이 정확하게 정리되지 않았던 까닭에, 법학교육자 김병로의 측면이 덜 부각되었던 것이다.

2. 1910년대 김병로의 법학연구

김병로는 귀국한 직후인 1910년대 중반부터 식민지 조선의 법학연구에 시동을 걸었다. 그의 저작활동은 주로 〈법학계〉라는 잡지를 통해 이루어졌다. 그 잡지는 현재 고려대학교 도서관에 전권이 남아 있다. 거기 실린 김병로의 글의 제목을 나열하면 다음과 같다.

〈논설〉 법리관, 법학계, 제1호, 1915. 10, 10~22면.

〈질의문답〉 부동산에 대한 절도죄의 성립, 법학계, 제2호, 1915. 11, 47~47면.

---

24 김병로, "나와 보성전문," 고대문화 제2집, 1960. 8, 91면.

〈논설〉 중복매매와 중복저당의 형사상 책임, 법학계, 제2호, 1915. 11, 6~18면.
〈질의문답〉 중복매매와 위험부담, 법학계, 제3호, 1915. 12, 45~47면.
〈질의문답〉 가차압의 효력, 법학계, 제4호, 1916. 2, 54~55면.
〈질의문답〉 유자도품의 고매와 장물죄의 성립, 법학계 제6호, 1916. 6, 26~27면.
〈논설〉 범죄구성의 요건되는 위법성을 논함, 법학계 제3호(1915. 12; 1~9), 제4호(1916. 2; 1~12), 제5호(1916. 3; 1~10), 제6호(1916. 6; 3~9)

글의 성격에 따라 분량의 차이는 있으나, 주제는 법리학·형법·민법의 주제에 두루 걸치고 있다. 분량도 다른 기고자보다 훨씬 많으며, 내용적으로도 적실하다. 김병로의 글을 빼버리면, 법학계 저널 자체가 유지되지 않을 정도이다. 법학계에 기고할 때, 김병로는 "경성전수학교 교유敎諭"의 타이틀을 쓰고 있다.

사실 〈법학계〉의 창간과 연속간행 자체가 1910년대에는 이례적일 정도의 사건이다. 국어 잡지의 발간도 거의 금지되어 있던 완전금압시대였으니, 전문지는 말할 것도 없었다. 그런데 1910년대 후반에 이르면 약간의 가능성이 감지되는 느낌 속에서, 법률가들의 전문지를 표방한 〈법학계〉를 창간해낸 것도 기록할 만한 일이다. 더욱이 그 〈법학계〉는 격월간지였다. 법학계 발간을 위한 주체로서 '법학협회'를 결성한 것도 상당한 시도였다. '법학협회'에는 조선의 이름있는 법조인들이 합류했다.[25] 김병로의 개인적 연구는 법학 전체의 발전과 궤를 같이한 점에서 당시의 법학을 선도해간 것이라 할 수 있다.

법학협회 편집부는 다음과 같이 법학계의 발간 취지를 말하고 있다.

---

25 예컨대 다음과 같은 기사. "지난 12일 법학협회 정기총회를 경성 수송동 사립보성학교에서 열고 회무를 정리한 바 임원의 총선거를 행한 결과 회장 최진, 평의원 이기찬 박승빈 윤익선 이면우 장도 박만서 김병로 유문환 최린 백상규 제씨가 당선되었다"(매일신보 1916. 3. 16.자 "法學協會總會").

현금의 시대는 여하한 시대인가 하면 외히 법적 시대라 운하겠도다. 약 법률상 소양이 무하면 사회에 입하야 각근을 착할 지위가 곤란할 뿐 아니라 생존경쟁이 수일 격심한 천태만양의 인간세에 어찌 온건 도거하기를 기도하리오. 본회의 출판에 속한 법학계는 다소의 공헌적 주의로 법률에 관한 지식을 사회에 소개코저 하오니…[26]

요컨대 법률상 소양을 높여 법적 시대를 잘 지탱해가고, 그를 위해 공헌하겠다는 것이다. 이를 위해 〈법학계〉에서는 "정치, 법률, 경제 등 과학에 관한 논설 혹 잡찬"을 두루 투고받을 것이라고 투고요령을 내고 있다. 〈질의문답〉 란에서는 "사회상에 법률적 지식을 소개하기 위하야 해답의 의무를 자임하오니 제반 법률상 해석에 관하여 의문이 유하신 첨위僉位는 해(그) 사항을… 초록하여 송투하시면… 계속적으로 해답상 사무에 착수하고자 한다"고 하여 독자와의 상호작용을 지향한다.[27] 다만 1916년 6월 제6호 발간을 마지막으로 법학계가 끊어진 점에서 아쉬움이 있다.

〈법학계〉에 실린 논문 및 논설들은 법학자 김병로의 법리적 사고의 특징 및 법률 전문가로서의 기량을 가늠할 수 있는 것이므로 내용적으로 분석할 필요가 있다. 또한 소장법학자로서 여기에 펼쳐진 법적 구상들이 이후의 법률활동과 어떤 연관성이 있는지도 주목거리이다.

제일 중요한 글들은 〈논설〉이다. 〈논설〉은 모두 3편이 실렸는데, 모두 김병로의 지식과 주견으로 꽉 차 있는 글이다.

법학 관련으로 그가 쓴 글로 처음 등장하는 것은 창간호에 나온 〈법리관〉이다. 이 글을 소화해내기란 쉽지 않지만, 김병로가 자신의 법률 및 법리에 대한 근원적 탐색을 시도한 것이다. 또한 중간중간에 소크라테스, 선종, 삼륜종, 노자를 인용하고, 불교의 "기신론의 보편적 동체불리의 진수와

---

26 법학협회사무소, 법학계, 제5호, 1916. 3.
27 법학협회사무소,"투고의 환영 및 법률광고," 법학계, 제3호, 1916. 12.

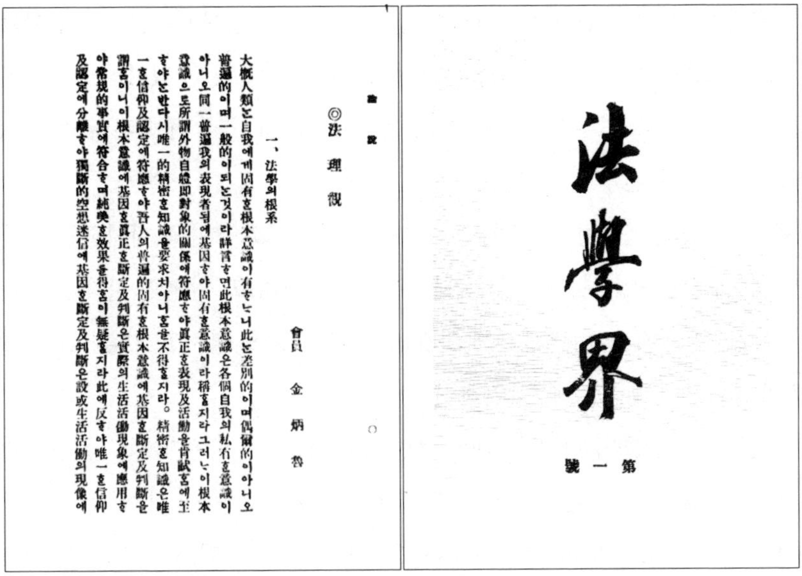
法學界

第一號

論說

◎法理觀

會員 金炳魯

一、法學의根系

大概人類는自我에게固有ᄒᆞᆫ根本意識이有ᄒᆞᄂᆞ니此는差別的이며偶爾的이아니오普遍的이며一般的이되는것이라辟言ᄒᆞ면此根本意識은各個自我의私有ᄒᆞᆫ意識이아니오同一普遍我의表現者됨에基因ᄒᆞ야固有ᄒᆞᆫ意識이라稱ᄒᆞᆯ지라그러ᄂᆞ이根本意識으로所謂外物自體即對象的關係에符應ᄒᆞ야眞正ᄒᆞᆫ表現及活動을肯試ᄒᆞᆷ에至ᄒᆞ야는반다시唯一的精密ᄒᆞᆫ知識을要求치아니ᄒᆞᆷ을不得ᄒᆞᆯ지라。精密ᄒᆞᆫ知識은唯一ᄒᆞᆫ信仰及認定에符應ᄒᆞ야吾人의普遍的固有ᄒᆞᆫ根本意識에基因ᄒᆞᆫ斷定及判斷을謂ᄒᆞᆷ이니이根本意識에基因ᄒᆞᆫ眞正ᄒᆞᆫ斷定及判斷은實際의生活活働現象에應用ᄒᆞ야常規的事實에符合ᄒᆞ며純美ᄒᆞᆫ效果를得ᄒᆞᆷ이無疑ᄒᆞᆯ지라此에反ᄒᆞ야唯一ᄒᆞᆫ信仰及認定에分離ᄒᆞ야獨斷的空想迷信에基因ᄒᆞᆫ斷定及判斷은設或生活活働의現像에

〈법학계〉 창간호에 실린 가인 김병로의 논문 「법리관」(1915)

무명론의 차별 무차별의 정신"까지 끌어대면서, 오직 서양일변도가 아닌 동-서 지식을 관련시키며 특정 종교를 뛰어넘어 지식의 융합을 시도하고 있는 것은 특별하다.

소제목은 '(1) 법학의 근계, (2) 법리학의 정의, (3) 법리의 적귀, 1. 보편아와 개아, 2. 동불동과 자연우연, 3. 우연자유와 인과율, 4. 오와 미'로 구성되어 있다. 통상 알려진 서양과 일본의 학자의 인용은 전혀 없다. 아마도 자신이 28세까지 체화한 사상을 녹여서, 법학의 근본부터 법철학의 필요, 보편과 개별, 우연과 인과, 공법인과 사법인 등을 연역적 방식으로 정립하려는 야심을 드러낸다. 다만 그 야심찬 시도는 적절한 전달이 되지 않아, 자신만의 정리로 그치고 있지 않나 생각된다. 일반독자들이 인용하고 활용하기엔 부적절하지만, 자신의 이론구상에 몰입한 청년재사의 모습을 보는 듯하다.

그의 학문적 역량이 완숙하게 전개된 것은 〈범죄구성의 요건되는 위법성을 논함〉인데, 이는 일개 논설이 아니라 완전한 논문의 형태를 띠고 있다. 분량도 많고, 〈법학계〉 제3호부터 제6호까지 연재된 것이다. 법학계에 실린 모든 글 중에서도 특출하게 학술적 깊이를 갖고 있다. 이 논문은 당시 일본학계에 비추어서도 선두에 선 글일 뿐 아니라, 해방후 우리 형법 조문의 토대가 된 논문으로 주목받고 있다.[28]

한편 〈질의문답〉란은 민사, 형사 사례 문제와 그 답변을 제시하는 것이다. 쟁점에 대하여 일본의 대립되는 학설을 비교하고, 일본의 판례를 소개한 다음, 각 주장을 비판하면서 자신의 법적 주장을 펼치고 있다. 잘 짜여진 사례연구의 샘플이라 할 만하다.

그런데 이 글들이 나온 시점을 보면 모두 귀국 직후이다. 그 글들을 경성에 도착해서 다 썼을까. 1915. 10~1916. 6.까지 단시일 내에 도저히 쓸 수 없는 분량이고 내용이다. 더욱이 그는 도착 직후부터 두 학교에서 처음으로 강의를 하고, 강의 준비를 하느라 매우 바빴을 것이다. 때문에 이 글들의 초안은 한국에 오기 전에 쓰여졌을 것으로 짐작한다. 즉 석사과정에 해당하는 '명치대학 고등연구과'에 재학 중에 쓴 글을 토대로 한 것으로 짐작된다. 김병로의 명치대학 시절에 대한 회고를 다시 한 번 본다.

그때까지 내가 공부한 과정으로는 고등연구과에 있어서는 일정한 교과서나 일정한 필기도 없었고, 형법은 특히 牧野 박사, 민법 중 물권 · 채권은 横田 박사, 상법은 松波, 片山 양 박사, 민사소송법은 前田 박사의 담당으로, 출석 10인 내외의 학생들과 함께 일본법전을 축조하여 질의문답의 방식으로 진취하여, 나는 일단 연구과정을 마쳐 졸업논문이 통과되었고…[29]

---

28 제정형법 제20조의 '사회상규'의 개념이 이로부터 나왔다. 실정법과 사회현실 사이의 조화를 이룩하기 위한 연결개념으로서 사회상규는 법규상 일응 범죄구성요건에 해당해도 그것이 국민일반의 건전한 도의감에 위배되지 않으면 위법하지 않다는 것이다. 이 논문의 가치에 대하여는, 신동운, "형법 제20조 사회상규 규정의 성립경위," 서울대학교 법학, 제47권 제2호, 서울대학교 법학연구소, 2006, 189~219면에 상세하다.

29 김병로, 수상단편, 259면.

〈법학계〉에 실린 글에는 牧野의 인용은 빈번하며, 横田 등의 인용도 나온다. 논문의 분량, 정밀성, 치밀한 각주 등을 종합해 볼 때 〈범죄구성의 요건되는 위법성을 논함〉은 학위논문으로서의 정형을 갖추고 있어, 이 논문이 김병로의 '졸업논문'이거나 그를 토대로 한 것일 것으로 짐작된다.[30] 또한 4편의 〈질의문답〉 역시 일본의 학위과정에서 익힌 방식대로 쓴 것으로 짐작된다.

수록된 김병로의 글을 전공별로 나누면, 법철학 1편, 민사법 1~2편, 그 외 모두가 형사법 쪽이다. 김병로의 특장이 형사법에서 나타남이 보여진다. 이후에 그가 보성전문에서 강의할 때도 "형사실무"를 맡았다는 점, 형사전문의 항일변론에 탁월했다는 점, 1948년 법전편찬위원장으로 재임 중 그가 제일 먼저 법률초안을 완성한 것이 형법총칙 부분이었다는 점, 대법원장 퇴임 이후 형사법적 비평을 많이 쏟았다는 점 등을 종합하면, 김병로의 주전공은 형사법 쪽이었다고 보는 것이 합당할 것이다.

〈법학계〉에 실린 모든 글에서는 아직 암울한 식민지 현실의 느낌이 나지 않는다. 법도그마틱이 원래 탈현실적인 중립적 논변으로 짜여진 것이기에, 청년 법학자로서 아직 식민지 법현실의 비판으로 치닫는 상태에 이르고 있지 못하다. 1915~16년의 조선 상황은, 한글잡지조차 거의 허용하고 있지 않은 상태이기에, 암울한 현실에 직시하는 논변은 꿈꿀 수조차 없었는지도 모른다.[31]

---

30 참고로 신동운 교수는, 이 논문이 "아마도 그 졸업논문을 토대로 한 것이 아니었을까 하는 생각이 든다"고 정리한다. 신동운, "가인 김병로 선생과 형법 및 형사소송법의 편찬," 가인 김병로 서세 50주기 학술심포지엄: 가인 김병로와 21세기 사법부 자료집, 법원행정처, 2014, 306면.

31 이 시기에 식민지 조선의 현실에 대한 정면의 비판으로, 법적 논변을 포함시킨 글은 이인의 "조선인의 苦情을 조야에 호소함"이라는 논설이 있다. 여기서 이인은 "재판소에서 조선인 판검사는 일본인 판검사 수의 1/20에 불과하다. 재판은 공평하지 않고 법규가 적용되지 않는다. 일본인과 조선인 사이의 사건에서는 조선인의 패배로 귀착된다. 특히 형사에서는 인간을 한 마리 벌레만큼도 생각하지 않는다. 실로 난폭한 재판이다. 경찰은 고문과 압박을 통해 인민에게 고통을 과한다."와 같이, 혹독한 비판을 감행하고 있다. 이 글은 청년학생 이인의 기개를 보여주기도 하지만, 식민지 본국의 수도인 동경에서 일본잡지에 간행되었기에 오히려 형사처벌은 면할 수 있었다는 역설이 있다. 李仁, "朝鮮人の苦情を朝野に訴ふ," 一大帝国, 1 巻 9 号, 1916. 한인섭, 식민지 법정에서 독립을 변론하다, 경인문화사, 2012, 84~87면 참조.

그러면 김병로는 1910년대 후반기에, 어떠한 현실에의 관심이나 참여는 없었던가. 학생지도와 관련하여 김병로는 학생들에게 민족의식을 은근히 일깨우고, 학생들의 기개를 고무시키려 애썼음은 제자들의 술회에서도 확인할 수 있다.

그가 변화하는 세계현실을 전혀 무시하고 살았던 것은 아니었다. 예컨대 1917년에 그가 청년들을 대상으로 강연을 한다. 다음 기사를 보자.

> 종로청년회강연회: 종로중앙기독교청년회에서는 금6일 하오 7시 반부터 전수학교 교유 김병로씨를 청빙하여 "사회의 모순과 법률의 실제"라는 문제로 강연한다더라[32]

사회를 향해 접촉해가는 단초가 여기서 보인다. 강연의 제목도 사회적 문제와 법적 문제를 관련시키고 있으며, 학교가 아닌 YMCA 강당에서 대중과의 접촉을 꾀하는 것이다.

현실을 직시하고 쓴 글이 처음 나타나는 것은 1919년의 일이다. "강화도래와 교육주의"라는 제목의 글이다. 그대로 옮기기엔 이해의 어려움이 있는 글이므로, 그 요지를 인용 소개하고자 한다. 이 글에서 그는 "구주전쟁"(제1차대전)의 진상을 "대의의 사명으로 부정의의 폭행을 징계하고, 자연의 원리로 부자연의 진행을 방지하며, 평등의 권능으로 불평등의 역행을 환원(되돌림)"하는 것으로 서술하여, 정의·자연·평등의 승리로 파악하였다. 정의의 승리와 부정의의 굴복으로 인해, "인도문명의 서광이 세계적, 영구적"으로 되었다. 전쟁 이후 "국민자결, 국제민본, 경제균등이라는 주의 정신"이 현대사조의 밑바탕에 변화의 계기를 초래하니, "국민적 훈련

---

32 매일신보 1917. 2. 6.자 "종로청년회 강연회". 또한 윤치호일기 7(한국사료총서 제19집), 1917. 2. 6.에 윤치호는 다음과 같이 기록하고 있다. "Y.M.C.A. as usual. Mr. 金炳魯 lectured 7:30 p.m." 이 기록을 보면 김병로의 강연은 한 차례가 아니고 여러 차례(as usual) 행해졌을 수 있겠다.

과 국민적 통일되는 신념에 기초하여 세계적 사상과 세계적 기운을 조리調理"할 수 있도록 해야겠다는 것이다. 이를 위해서는 "국민적 정신을 함양하여 국민적 의용義勇을 발양케 하며, 국민적 훈련을 정제하여 국민적 활동을 건전"케 해야 한다고 역설한다. 전체적 흐름은 기미독립선언서에서 보는 정세인식과 유사한데, 이는 당대의 보편적 시대인식의 한 모습으로 볼 수 있을 것이다. 제1차 세계대전 이후의 시대의 흐름을 긍정적으로 인식하면서, 앞으로 국민적 훈련과 대비를 역설하고 있는 것이다.[33]

또한 김병로는 1년간의 판사생활을 마치고, 1920년대 초에 한두 편의 논설을 선보인다. 매일신보에 쓴 "사회개조와 오인의 희망" 등이 그것이다.[34] 본격적인 항일변호사의 시대로 접어들기 직전의 글이다.

3. 고려대 '명예법학박사' 제1호를 수여

김병로의 교육·연구활동에 주목하여, 김병로는 "한국 최초의 해외유학파 형법학자"[35]로 압축하는 견해도 있다. 바로 그러한 형법학자적 면모는 마침내 한국형법의 초안을 작성하는 데로까지 나아간다. 비단 형사법 뿐 아니라, 여러 과목을 가리지 않고 강의해내던 그 실력은 나중에 한국의 기본법률의 제정자로서 절대적인 역할을 하는 밑거름이 되었을 것이다.

1955년 5월 5일 김병로는 고려대학교로부터 '명예법학박사'의 학위를 받았다. 고려대가 수여한 '명예박사 제1호'이다. 수여 사유는 "법조인으로, 법학교육자로, 일생을 바치고 대한민국 초대 대법원장으로서 대한민국의

---

33 김병로, "강화 도래와 교육주의," 반도시론, 제3권 제1호, 1919. 1.

34 김병로, "사회개조와 오인의 희망, 인생의 본분을 자각하라," 매일신보 1921. 3. 29.자; 김병로, "긴급한 민법상의 능력문제; 능력표준의 결정, 아 민족의 일대수치," 매일신보 1921. 5. 23.자.

35 신동운, "가인 김병로 선생의 범죄론체계와 한국형법의 총칙규정," 서울대학교 법학, 제49권 제1호, 서울대학교 법학연구소, 2008, 1면.

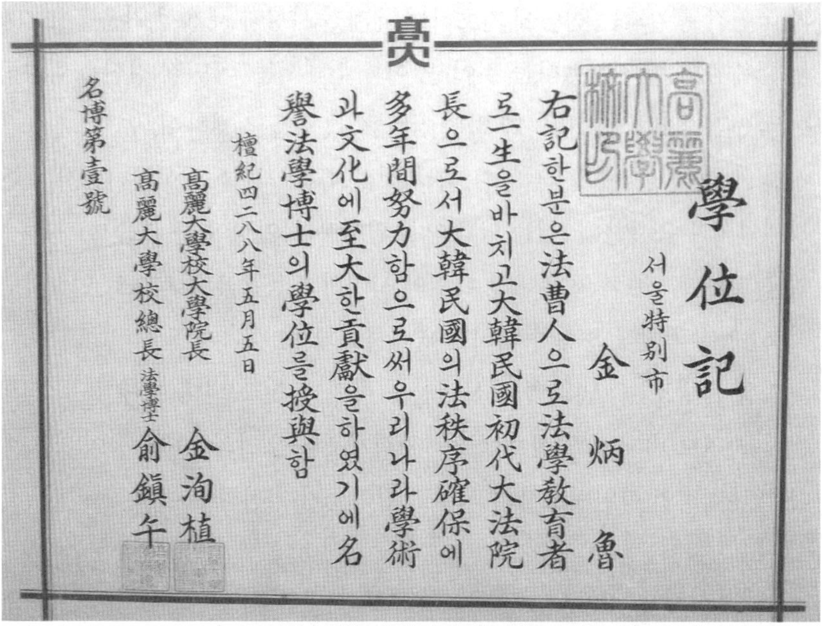
學位記

서울特別市

金 炳 魯

右記한분은法曹人으로法學敎育者로一生을바치고大韓民國初代大法院長으로서大韓民國의法秩序確保에多年間努力함으로써우리나라學術과文化에至大한貢獻을하였기에名譽法學博士의學位를授與함

檀紀四二八八年五月五日

高麗大學校大學院長 金 洵 植

高麗大學校總長 法學博士 俞 鎭 午

名博第壹號

고려대학교 제1호 명예법학박사 학위기(1955)

법질서 확보에 다년간 노력함으로써 우리나라 학술과 문화에 지대한 공헌을 하였다"는 점을 적시했다. 단순히 대법원장의 자리를 차지하고 있어서 수여받은 것이 아니라, 법학교육자로서의 공헌을 먼저 생각했기 때문이다. 고려대에서 수여했기에 물론 보성(전문)에서의 20여 년에 걸친 법학교육도 우선적으로 고려했을 것이지만, 단지 특정 대학에의 공헌도에 국한시킬 수 없다. 김병로는 전체적으로 법학교육자, 법조인, 대법원장 등의 경력을 종합해볼 때 '학술과 문화'에 지대한 공헌을 하였다는 점을 들 수 있다. 식민지하 법학교육의 선구자이자 중심인물로서 김병로의 모습 역시 김병로의 여러 법률활동 중에서 부각되어야 할 부분이라 생각한다.

제4장

판사를 거쳐 변호사의 길로

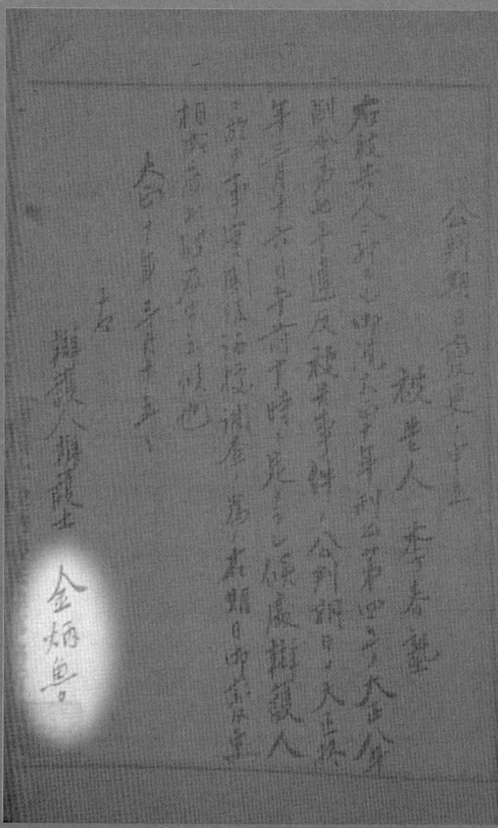

이춘숙 사건의 변호인 김병로(1921)

제4장
판사를 거쳐 변호사의 길로

1. 만 1년간의 판사 생활

김병로는 1910년대 초에 법률공부를 하면서 변호사의 길을 추구했지만, 당시의 제도적 봉쇄 때문에 아예 그 길로의 진입이 불가능했다. 그는 법학교수로서 성실하게 법학을 가르치고 또 법학논문을 집필하였고, 또 법학계의 출판을 통한 법지식의 확대를 주도하였다. 경성전수학교 조교수 겸 경성고등보통학교 교사였던 그는 1919. 4. 16.자로 "조선총독부 판사"로 임용되었고, 그 날짜로 "부산지방법원 밀양지청 판사"로 보임받았다.[1]

종래 김병로의 판사 임용의 경위 및 활동, 그리고 판사재임기간에 대하여 여러 혼선이 있었다. 날짜에 대하여는, 조선총독부 관보가 확실한 자료이다. 관보에 따르면 그는 1919. 4. 16. 조선총독부 판사로, 11급봉을 하사받았으며, 부산지방법원 밀양지청 판사로 보補했다고 되어 있다. 그리고 1919. 10. 25. 고등관 8등에서 고등관 7등으로 승서陞敍되었다. 그러다가 그는 1920. 4. 17.자로 판사직을 의원면직하였다. 그러니까 정확히 만 1년간 판사직을 한 것이다.

판사로 임용될 수 있었던 법적 근거는 1910. 10. 제령 제7호('조선인인 조선총독부 판사 및 검사의 임용')에서 구해질 수 있을 것 같다. 그 제1조에는 "제국대학, 관립전문학교 또는 조선총독이 지정한 학교에서 3년 이상 법률학

---

1 매일신보 1919. 4. 18.자 "사령".

과를 수료하고 졸업한 자는 문관고등시험위원의 전형을 거쳐서 특별히 조선총독부 판사 또는 검사에 임용할 수 있다"고 규정했다. 그 규정을 구체화한 총독부고시 제7호(1911. 1.)에는 위의 사립학교 지정과 관련하여 "경성전수학교 외에 일본의 사립대학들로서 중앙대, 명치대, 일본대" 등을 포함했다. 김병로는 명치대, 일본대 졸업생이므로 그에 해당할 수 있었다. 다만 그때까지 특별전형을 통해 판사로 임명된 조선인은 거의 없었다. 그런데 1918. 10. 10.일자 총독부 사령辭令을 보면 '재판소 서기 김태영'을 총독부판사(8등)으로 임하고, 경성지방법원 판사로 보한다는 것이 있다.[2] 이 날 김병로는 경성고등법통학교 교유(8등)으로 겸임발령을 받는데, 여기서 알 수 있는 것은 판사, 검사, 전수학교 조교수는 모두 동급(8등)이라는 점이다. 김태영에 비하면 김병로는 '서기'가 아니라 판사와 동급인 '전수학교 조교수'이며, 따라서 경성전수학교에서 법률을 가르치는 조교수가 판사 혹은 검사로 임명하는 데는 아무런 직급상, 전공상의 문제가 없음을 확인할 수 있다. 실제로 경성전수학교 교수로서 판사가 된 경우는 김병로를 전후하여 양대경과 김명수 등의 예가 있다.[3]

김병로가 판사가 될 수 있었던 배경 및 판사로서의 활동과 관련하여, 김진배의 언급이 늘 인용되어 왔다.[4] 다음과 같은 것이다.

> 1919년은 가인의 인생에 있어서 새로운 길을 발견하는 데 결정적인 해가 됐다. 3·1운동을 계기로, 전문학교 강사이던 그에게 판사 특별임용의 기회가 주어진 것이다. 소원이던 변호사의 길은 판사로 임용됨으로써 자동적으로 열리게 되었다. 그는 밀양지방법원 판사로서 밀양에 내려갔다. 그러나 그에게 닥친 것

---

2 매일신보 1918. 10. 12.자 2면 "사령".

3 1914년 양대경은 '경성전수학교 교유'(1912. 12~1914. 10)의 자격으로 법관(1914. 10. 22.~1919. 1. 28.)을 거쳐 변호사로, 1923년 김명수는 '경성법학전문학교 교수'(1919. 3~1923. 3)의 자격으로 법관(1923. 3. 30.)으로 임명된 바 있다. 경성법학전문학교, 1936, 49~50면; 대법원, 한국법관사, 1975.

4 김진배, 가인 김병로, 41면. 이것을 김학준은 그대로 인용한다. 김학준, 가인 김병로 평전, 1988, 93~94면.

은 독립운동자에 대한 재판이었다. 이것은 그로서 참을 수 없는 일이었다. 1년도 못되어 그는 판사 자리를 내던지고 독립운동자의 편에 섰다.

위 언급은 그럴 듯해 보이지만, 경위 및 진위에 대한 검증이 필요하다. "3·1운동을 계기로" 주어졌다는 근거는 아무 데도 없다. 3·1운동과 상관없이, 김병로에 대한 판사전형의 인사절차는 진행되었을 가능성이 크다. 3·1운동 때문에 사건이 폭주했기 때문에 판사의 수가 대폭 부족하여, 법률실력이 있는 조선인들을 대거 판사로 임용했을 것이라는 것은 억측일 뿐이다. 1919년 4월에 신규 임용된 판사는 김병로가 유일하다. 앞서 언급한 김태영의 경우가 1918. 10. 서기에서 판사로 임용한 것을 보면, 일제는 1918년부터 판사의 특별전형의 기회를 제공하는 방향으로 선회했다고 볼 수 있다. 김병로의 자격과 실력이면 판사로 임용할 최적인물이었을 것이다. 3·1운동이 폭발했을 때 당장 필요한 것은 경찰력의 증원, 감옥의 신설 등이지 판사 한둘의 증원이 아니었을 것이다. 3·1운동이 발발하지 않았어도, 김병로는 소정의 인사절차에 따라 판사로 임용되었을 것이다.

김병로는 밀양지방법원 판사로서 독립운동가에 대한 재판에 관여했을까. 우선 초임인데다 조선인인 판사에게, 조선인의 독립운동과 관련된 예민한 재판을 곧바로 맡긴다는 것은 상식 밖이다. 일제는 조선인을 판사로 임명하는 경우가 극히 드물었으며, 그 경우에도 형사사건, 그중에서도 특히 독립운동 관련사건을 맡기는 경우란 매우 드물었다.

밀양 및 인근 지역에서 3·1운동 참여는 매우 적극적이었다.[5] 밀양지역만 하더라도 3·1운동 관련하여 재판받은 예가 허다하다. 김병로가 판사로 재직중이던 기간을 전후해 보면, 윤차암 등 5인(1919. 5. 5. 판결), 이상발 등 3인에 대한 판결(1919. 5. 10.), 장춘식 등 판결(1919. 5. 21.), 장인식 등 판결

5 강만길 편, 밀양 독립운동사, 134면 참조.

(1920. 4. 28.), 김두성 등 판결(1921. 2. 7.)[6] 등이 줄줄이 이어진다. 그런데 이 모든 사건에서, 사건의 경중을 막론하고, 판사 이름은 한결같이 중강일랑 中江一郞이다. 이런 기록을 죽 보면, 밀양에서 독립운동 관련 사건은 중강일랑 판사가 전담한 것으로 보여진다. 물론 김병로는 다른 사건을 재판하면서도, 밀양지원에 몰려드는 독립운동 사건을 간접적으로 느꼈을 수 있을 것이다.

김병로와 3·1운동의 관련성에 대해서는 직접적 연관성이 없다고 해도, 해명이 필요한 대목이기도 하다. 김병로가 판사로 임용되는 시점은, 3·1 운동이 전국적으로 퍼져나가던 시기다. 그는 이 시기에 경성법학전수학교 교유로부터 판사로의 전직을 준비하고 있던 시기였다. 의병항쟁에의 참여 등 투철한 항일민족의식을 내재화하고 있던 그이지만, 그 시점에서는 판사임용절차 중이어서 어떤 외형적 움직임을 자제할 수밖에 없던 입장이었다.[7] 그래서인지 김병로는 회고담에서 판사로서의 경력은 자술하지 않고 있다. 비록 변호사의 자격 획득을 위한 불가피한 단계라고 생각했겠지만, 그리 유쾌하거나 내세울 만한 일이 아니라고 생각했던 것 같다. 다만, 누구나 나서야 될 때가 있는가 하면, 자중할 수밖에 없는 시기도 있는 법인데, 당시엔 행동이 아니라 자중을 선택할 수밖에 없는 상황이었다. 다만, 그에게도 이 민족적 대사건이 강 건너 불이었을 수는 없었을 것이다. 그가 가르치던 경성전수학교 및 보성학교의 학생들도 대거 가담했기에 더욱 그러했을 것이다.[8] 애산 이인은 그와 관련하여 그가 들었던 하나의 에피소드를 전해주고 있다.

---

6 이 판결들은 공훈전자사료관에서 볼 수 있다.

7 동경유학 시절에 그와 가장 가까운 친구들은 3·1운동에 참여한 정도가 아니라 가장 주도적인 활동을 했다. 가령 백관수는 동경에서 2·8학생독립운동에, 송진우 등이 3·1운동의 모의 및 실행 단계에서 주동자적 역할을 한 것과 대비해볼 수 있겠다.

8 경성전수학교 학생들은 1919년 3월 1일 정오 탑골공원에 참가하여 만세시위를 했고, 여러 학생이 피검되어 옥살이를 했고 죽기도 했으며, 졸업장도 제때 받을 수 없을 정도였다. 김효전, "경성전수학교의 법학교육," 166~167면. 여기서는 당시 3년생이었던 정구영의 회고를 소개하고 있다.

3·1운동 때 가인이 전수학교 교수로 있었는데, 그때 교장에 '아베꼬'라는 자가 있었고, 학감에 '다까마스'라는 사람이 있었는데, 학생들이 모두 동맹유학을 했단 말이예요. (동맹휴학) 해가지고, 서로 3·1운동에 가담하고 그랬는데, 학교 출석을 안 하고 그래서 다까마스를 시켜서 학생들 집집을 가정방문을 시켜서 모두 출석권고를 시켰단 말이예요. 출석을 하라고 강권을 하고 있는데, 안 하면 학교 제적을 하느니 어쩌느니 하는데, 이 양반(가인)도 역시 그때 아직 교육자로 있었으니까 나가서 학생이 출석하도록 해보라고 그러는데, 이 양반은 다까마스하고 '야 정신 차리라! 모두 제군들 정신 차리라!'

그 얘기는 즉 말하면 '투쟁을 더 해라!'

'이 3·1운동을 더 전개하고, 더 열렬히 하라' 하는 것이예요. 정신을 똑바로 차려서 하라고…

이것을 격려하고 다닌단 말이예요. 그때부터 벌써 그 왜놈들의 지독한 탄압 밑에 두 눈 뜨고 교육계에 대해서는 감시가 삼엄했는데도 불구하고, 왜놈 옆에 세워놓고 정신 차려서 더 하라고, 자꾸 격려하는 양반은 이 양반이 처음이예요.[9]

그가 밀양지청에서 판사로서의 생활에 대하여는 구체적으로 알려진 게 없다. 판사직을 만 1년만 하고 사표를 내던진 그 자체도 세간의 주목거리였을 것이다. 당시에 판사직이라면, 조선인이 도달할 수 있는 거의 최고의 공직이었을 텐데, 그것을 마다하고 만 1년 후 사표를 냈기 때문이다. 독립운동가 재판에 대한 양심의 가책 때문에 판사직을 내던졌다는 언급도 근거가 없다. 그는 판사직을 오래 하고 싶었으나 양심의 가책 때문에 내던진 게 아니라, 애초의 목표가 판사직이 아니었던 것이다. 그는 변호사가 되기 위해, 판사의 기회를 방편으로 활용한 것으로 보는 것이 온당할 것이다.

---

9 가인 김병로 선생 추모 대담(유진오, 이인, 유광렬), 서울중앙방송, 김진배, 가인 김병로, 462면에서 인용.

왜 변호사가 되고자 했던가. 그에 대해 가인은 1959년에 다음과 같이 술회한 바 있다.

> 원래, 내가 변호사 자격을 얻기에 유의하였다는 것은 생활 직업에 치중한 것도 아니요, 재산을 축적한다는 생각은 추호도 없었으며, 다만 일정日政의 박해를 받아 비참한 질곡에 신음하는 동포를 위하여 도움이 될 수 있는 행동을 하려 함에 있었다.[10]

이러한 동기는, 일제하 항일변호사의 길을 같이 걸었던 이인 변호사의 경우에도 마찬가지로 뚜렷하다.[11] 일제의 박해에 신음하는 억울한 동포를 구해내자는 동기, 인권옹호와 사회정의에 기여할 수 있다는 점, 민족의식을 고취할 수 있다는 점 등이다. 약자인 조선 동포들에게 변호사라는 것을 하나의 무기로 활용할 수 있다는 것이다. 이러한 회고는 사후담이기는 하지만, 사후의 정당화가 아니라 애초의 결심이었음은 틀림없다. 변호사가 되자마자, 독립운동 사건의 변론에 뛰어들었고, 이후 변함없이 항일민족변호의 길을 걸었음을 보면, 그의 결심이 초발심임을 확실히 이해할 수 있는 것이다.

그가 판사직을 뒤로 하고 사표를 낸 것이 1920. 4. 17.이니, 판사직을 만 1년을 수행한 셈이다. 그런데 그가 변호사로 등록한 것은 1920. 12. 24.이었다. 만 6개월을 별다른 활동 없이 지낸 것 같다.[12] 변호사 등록을 위한 준비기간이 이렇게 장기일 이유는 없다. 아마도 판사직에 대한 자숙의 의미,

---

10 김병로, 수상단편, 265면.

11 "나는 내 직분을 크게 두 가지로 생각했어. 억울하게 형벌을 받게 된 동포를 구한다는 것과 다른 하나는 메스컴과 법정을 이용해서 민족의식을 고취하고 민족봉기를 촉구하려는 거야. 궁극의 목적은 조선독립의 기초공작이었어"(이인, 반세기의 증언, 명지대학 출판부, 1974, 237면).

12 1920. 8. 16. 광주가 본거지인 호암은행의 개업총회에서 김병로는 전무취체역(현준호)에 이어 6인의 취체역 중의 1인으로 피선됨을 보면, 변호사 등록준비기간동안 다른 일을 전혀 않은 것은 아니다(매일신보 1920. 8. 23.자 "호남은행 총회").

그리고 장래의 할 일에 대한 확고한 결심을 다지는 기간이었던 것 같다.

2. 항일 변호사로서 첫 사건들: 대동단, 보합단, 이춘숙 사건

김병로는 변호사로 개업한 직후부터 독립운동의 변론을 맡기 시작했다. 그의 회고에 따르면 "내가 변호사 사무를 개시한 직후부터 대동단 사건을 비롯하여 3·1운동의 여파로 계속 발생한 사건, 기타 사상에 관한 사건에 대하여 모든 원호에 응분의 노력을 하여 왔었다"[13]고 쓰고 있다. 김병로가 변호사를 맡은 초기부터 민족운동의 변론에 혼신의 노력을 쏟았음은 누구도 부인하지 않는다. 독립운동에 관한 숱한 기록, 당시의 언론에 김병로의 이름은 독립운동가의 공판투쟁에 무수히 나타나고 있기 때문이다. 다만 몇 십 년 뒤의 회고는 구체적인 내용에서 착오가 다소 발견됨도 사실이다.

김병로 변호사가 맡은 첫 독립운동 관련 사건은 무엇일까. 가인은 '대동단 사건'을 특별히 처음에 언급하고 있다.[14] 1919년 11월 전협 등이 주동이 되어 결성된 대동단은 3·1운동 이후 다시 한번 전면적인 항일운동을 전개하기 위해 각계각층을 포섭하고, 비밀언론을 발간하는 움직임을 전개했다. 특히 고종의 아들 의친왕 이강을 상해로 망명시켜 임시정부의 지도자로 추대하려다가 중국 안동현에서 일본경찰에 발각되어 간부들이 모두 체포된 대사건이었다. 한때 일제편에 붙었던 인사가 3·1운동 이후 완전히 회심하면서, 대규모의 독립운동조직을 기획한 것으로 각계의 비상한 관심을 끌었던 대사건이었다.

그와 관련하여 김학준 교수는, 대동단 사건의 연구자인 신복룡 교수의

---

13 김병로, 수상단편, 266~267면.

14 "내가 변호사사무를 개시한 직후부터 대동단 사건을 비롯하여 3·1운동의 여파로 계속 발생한 사건, 기타 사상에 관련된 사건에 대하여 모든 원호에 응분의 노력"을 했다(김병로, 수상단편, 266~267면).

저서[15]와 의견에 의지하여 대동단사건을 맡았던 변호사명단에 김병로의 이름이 없다고 정리하고 있다.[16] 그러면서 "갓 출발한 변호사로서 가인은 선배 변호사들의 일을 도왔던 것으로 짐작된다"고 정리하고 있다. 그러나 그러한 진술은 타당하지 않다. 〈한민족독립운동사자료집 6(대동단사건)〉에, 〈공판시말서〉에서 변호인 관계부분을 정리해보면, 김병로는 대동단大同團사건의 제1심(경성지방법원)의 변호인은 아니었으나, 항소심(경성복심법원)에서 피고인 장현식의 변호인으로 공판에 참여했음이 확인된다.[17] 대동단사건의 제1심판결이 내려진 게 1920년 12월 7일이므로,[18] 그 시점에 김병로는 아직 변호사 등록(1920. 12. 24.)을 하지 않은 시점이다. 하지만 그는 1921년 3월 9일 대동단사건의 항소심 변호사로 등장한다. 변호사를 개시한 직후부터 독립운동사건을 맡았고, 그 첫 사건이 대동단사건임이 이로써 정확히 확인된다.

이 시기를 전후하여 그가 맡은 유명한 사건으로 이춘숙李春塾의 사건이 있다. 1921년 2월 28일 그는 이춘숙에 대한 변호를 맡는다. 그에 대한 변호사선임계가 남아 있다. 이춘숙[19]은 상해임시정부의 군부차장軍部次長으로 1920년 11월 26일 상해에서 체포되어 경성으로 압송되었다. 이 독립운동가에 대해 그는 채용묵蔡容默 변호사와 함께 제1심의 변호를 맡았다. 두 변호사들은 사실관계 증거조사를 위해 공판기일을 연기해줄 것을 요청하여 받아들여진다. 공판은 1921년 5월 25일 경성지방법원에서 개정되었다.

---

15 신복룡, 대동단실기, 양영각, 1982.

16 김학준, 가인 김병로 평전, 98면.

17 국사편찬위원회, 한민족독립운동사자료집 6: 대동단사건, 1988.

18 신복룡, 대동단실기, 184면.

19 일제의 조사에 의하면, 이춘숙(당시 32세)은 보성전문학교 법과를 졸업하고, 동경에 유학하여 1918년 6월 중앙대학을 졸업하고, 동 7월에 귀선 후, 혼징 등과 함께 만주 시베리아 지방을 시찰, 문창범·윤해 등과 회견하여 독립운동에 헌신하기로 결심하고, 1919년 2월 경성에 와서 일반적 형세를 관망하고, 3·1운동을 보면서 해외로 가서 동지를 규합하기 위해 상해로 도항하여 임시정부 조직에 참여했다. 그는 임시의정원의 부의장, 군부차장으로 활동하면서, 아울러 헌법개정, 국채, 통칙, 공채 발행조례의 제정 등 중요한 의사에 참여하여 많은 역할을 했다. 또한 여운형이 발기한 신한문화동맹당을 조직하여, 조선민족의 문화를 향상시켜 임시정부의 독립운동과 상호 부응하기 위해 신문 잡지의 발행 등 많은 노력을 했다.

이춘숙은 임시정부의 군부차장이자 의정원의 부의장이 되어, 대통령 이승만을 상해로 청해오는 일과, 미국에서의 조선인 애국금모집 공채를 발행한 일을 인정했고, 여운형呂運亨과 함께 신한문화동맹단을 조직한 일을 인정했다. 이춘숙은 자신이 "아무 변명할 말은 없으나, 다만 문화운동은 정치운동과 별개의 물건이다"는 취지의 진술을 했다. 검사는 징역 10년의 중형을 구형했다. 이어 "변호사 김병로, 채용묵, 김우영 등 제씨의 열렬한 변론이 있"었다고 한다.[20] 김병로가 변호사의 타이틀을 갖고 언론에 처음으로 출현하는 기사이다. 김병로를 자주 따라다닌 수식어, "열렬한 변론"이 처음부터 나타남은 무척 흥미롭다.[21]

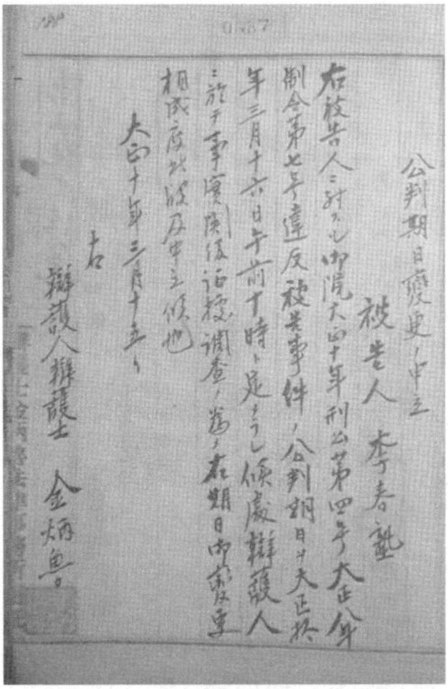

이춘숙 변호인 김병로(1921)

변론의 내용은 알 수 없으나, 아마도 그의 활동이 제령 제7호의 구성요건("정치의 변혁을 목적으로 다수 공동으로 안녕질서를 방해하는 행위")에 해당될 수 없음도 포함되어 있었을 것이다. 이춘숙은 "군부차장"을 맡긴 했으나, 활동내역을 보면 법령의 제정, 문화활동에 주력했던 인사였으므로, 직접적인 폭력의 행위에 가담하지 않았고, 그 때문에 제령 제7호의 구성요건을 충족시킬 수 없다는 것이다. 실제로 일제가 정리한 이춘숙의 활동내역에도 "직접 군자금의 강요, 모집 기타 흉포행위를 감행했다는 증적은 없어도, 늘 구

---

20 동아일보 1921. 5. 26. "상해가정부「軍務次長」李春塾의 뎨일회공판 작일개뎡 판결언도는 래월 삼일(寫: 법뎡에서 리춘숙, 법뎡밖에서 군중)"

21 1심판결은 징역 5년이었다. 이춘숙은 경성복심법원에 항소하였고, 그 항소심의 변호인으로 허헌, 김우영, 채용묵이 선임되고 있다.

기樞機에 참획參劃하여 독립운동의 진전을 위해 민심의 선동 격발에 노력해 온 자"라고 정리하고 있다.[22] 이를 달리 말하자면 "흉포행위", 즉 "무장의 폭력행위"에 대한 직접증거가 없다는 것이다. 때문에 변호인들은, 흉포행위의 증거없이 처벌할 수 없다고 "열렬한 변론"을 펼쳤을 것으로 짐작된다.

이렇게 김병로는 변호사가 되어 독립운동의 변론에 바로 뛰어든 것을 알 수 있다. 판사를 한 이유도, 독립운동을 변론하기 위한 변호사의 자격을 얻기 위한 하나의 방편이었음이 판사직 조기 사임과 독립운동 변호사로 곧바로 진출한 데서 확실히 알 수 있다. 변호사로서도 매우 불온성(?)의 강도가 가장 센 대동단 사건, 이춘숙 사건을 곧바로 맡는 데서도 그의 결기를 느낄 수 있으며, 변론의 강도도 "열렬한 변론"의 수준이었던 것이다.

뒤이어 그는 보합단普合團 사건의 변호사로 등장한다. 1920년 12월 4일 대한독립보합단원 김도원이 형사순사 이정선을 사살한 사건이 발생했다. 김도원은 그해 12월 7일 체포되었고, 이종영 이하 연루자가 검거되었으며, 운동자금을 공급했다고 하여 보합단원(이광세, 이광수 등)이 검거되었고, 12월 20일까지 20명이 검거되었다. 폭탄과 화약도 압수당했다.[23]

종로경찰서 형사를 총살한 보합단의 수령 김도원金道源 등의 공판에 그는 변호인단의 일원으로 참여한 것이다.[24] 김도원은 독립군의 군자금을 모집을 위해 부호 변석연의 집을 방문하고자 통보했던바, 이미 변석연은 이 사실을 형사에게 알려 형사가 집에 파수하여 대기하고 있었다. 김도원이 집에 들어오자 대문과 중문을 닫아버렸고, 형사들은 김도원에 향하여 육혈포를 발사하였다. 형사들은 체포를 위해 땅으로 육혈포를 발사함으로써

---

22 假政部前軍務次長李春熟檢擧ノ件, 국외정보: 1920~1921(대정 9년~대정 10년), 고경41197호, 4~5면[원문: 국회도서관(http://dl.nanet.go.kr), 소장처: United States. Stanford University. Hoover Institution].

23 朝鮮獨立運動 第1卷 일제침략하 36년사 5, 759~762면.

24 관련기사로는 매일신보 1921. 11. 30. "忌避申請書內容, 崔南에 對한 公訴不受理問題로 변호사단이 제출한 忌避申請書"; 동아일보 1922. 12. 19.자; 매일신보 1922. 2. 6.자 "殺人者라고 死刑은 不當, 김도원의 형사를 죽인 것은, 순간에 결하는 생명을 위함, 判決言渡는 來 25日".

김도원을 위협하여 체포하고자 했다. 김도원은 소지하고 있던 육혈포로 곧바로 응사하였는데, 형사가 총에 맞아 죽었던 것이다.

검사는 사형을 구형하였다. 그에 대해 변호인단은 여러 논리로 피고인의 입장을 옹호하였다. 미국을 중심으로 한 사형폐지론의 추이를 언급하기도 하고, 형벌로서 사형의 부적합성을 언급하기도 했다. 또한 1921년 일본 동경에서 친일파로 악명 높았던 민원식을 사살한 양근환은 사전 결심을 갖고 살해한 고의살인이었는데도 무기징역으로 확정된 것과 대비시키기도 했다.

김병로는 변론요지는 다음과 같다. 첫째, 김도원이 육혈포를 휴대하고 방문한 것은 자기 몸에 무슨 불의의 해가 돌아올까 하여 휴대한 것이지, 사전에 누구를 죽이려는 고의를 갖고 한 것이 아니다. 둘째, 변석연이 형사를 불러다가 자기 집에 파수시켰을 줄은 김도원은 천만 생각지도 못한 일이다. 셋째, 김도원이 발사한 것은 형사의 발포에 대응한 긴급방위에 해당한다. 넷째, 김도원은 도주할 틈이 없는 상황이었기에 김도원에 대한 발포는 불필요한 일이었고, 김도원이 명중당했다면 형사가 책임을 져야 할 것이었다. 이러한 논거를 들면서, 특히 피고인에 대한 사형은 부당하다고 "절절히 논박"했던 것이다. 또한 강세형 변호인은, 군자금 모집을 강도죄로 하는 것은 안 된다고 주장하였다.[25]

그런 변론에도 불구하고, 김도원에겐 사형이 선고되었다.[26] 그는 1923. 1. 27. 경성복심법원에서 상소가 기각되었고, 사형이 확정되었다. 3. 6. 김도원에 대한 사형이 집행되었다.[27]

---

25 매일신보 1922. 2. 6.자 "殺人者라고 死刑은 不當, 김도원의 형사를 죽인 것은, 순간에 결하는 생명을 위함, 判決言渡는 來 25日".

26 普合團 事件 판결언도 金道源 死刑, 李光世 15년, 李成珪 · 曹相 伯 징역 8년, 李鍾榮 · 趙元世 12년,趙彰和 6년 등 각각 언도. 동아일보 1922. 2. 26. 28자, 매일신문 1922. 2. 26, 28.자(국사편찬위원회, 일제침략하 한국 36년사 6, 717면).

27 "1월 중의 조선과 세계"(개벽, 제32호. 1923), "3, 4월 중의 조선과 열국"(개벽, 제35호, 1923).

이같이 변호사가 된 지 1~2년 사이에, 김병로는 독립운동 변론의 길로 확고히 들어섰다. 이후 그 궤도에서 이탈함이 없이 열렬하고 절절한 항일 변호사로서 삶을 개척해간다.

제5장

“유조리 최열렬”한 항일변호사 (1920년대)

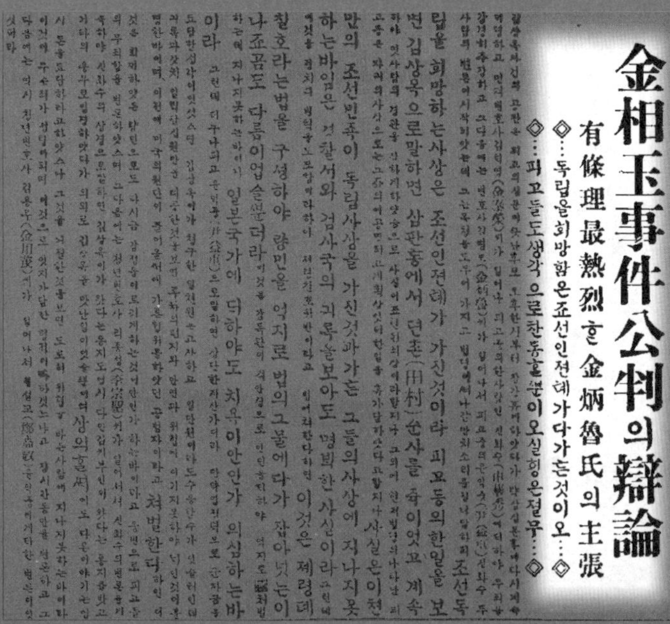

金相玉事件公判의辯論

有條理最熱烈한金炳魯氏의主張

◇…독립을희망함은조선인전톄가다가는것이오…◇

◇…피고들도생각으로찬동할뿐이오실힝은절무…◇

김상옥 사건 관련 신문기사(조선일보 1923. 5. 14.)

제5장

"유조리 최열렬"한 항일변호사(1920년대)

3·1운동의 여진이 남아있는 상태에서 재등실齋藤實 총독이 부임했다. 그러나 출발부터 순탄치 않은 일정이 그를 기다리고 있었다. 경성에 들어오던 날 그는 폭탄세례를 맞았다. 강우규姜宇奎 의사가 단신으로 그에게 폭탄을 투척한 것이다(1919년 9월 2일). 그를 시초로 의열투쟁의 물결이 일어났다. 밀양과 부산 양 경찰서 폭파거사, 나석주의 의거가 뒤를 이었다.

1920년대 초기에 이러한 폭탄과 총탄으로 무장한 의열투쟁을 주도한 단체는 의열단이었다. 의열단은 실력투쟁과 직접행동을 통하여 조국 독립을 전취하자는 기본방침을 수립하고, 국내 전국에 걸쳐 적기관 파괴와 교란 암살 등을 대대적으로 실천하되, 파괴대상은 조선총독부 동양척식회사, 총독부기관신문(경성일보, 매일신보), 각지 경찰서 등을 행동의 제1목표로 설정했다. 이렇게 대대적인 파괴와 암살을 통해 적에게는 공포분위기를 조성하고 일반의 인심을 크게 격동시키고자 했던 것이다.[1]

의열단원들은 변호인의 조력을 거의 기대하지 않았다. 의열단원들은 일본법에 따라 일본재판을 통해 어떤 이득을 얻을 생각 따위가 전혀 없었다. 적에 체포되느니 적을 한 명이라도 더 죽이고 자살하는 게 낫다는 것이며, 체포 이후의 일본법적 절차에 의한 조력 따위는 생각해본 적이 없었다. 이러한 순정 민족독립운동가들의 의지는 나석주의 다음 말에서도 잘 볼 수 있다.

---

1 독립운동사 제7권, 의열투쟁사, 1976, 312~313면.

본인은 우리 2천만 민족의 생존권을 찾아 자유와 행복을 천추만대에 누리기 위하여 의열남아가 희생적으로 단결한 의열단의 일원으로서 왜적의 관·사설기관을 물론하고 파괴하려고 금차 회국回國 도경到京한바, 최후 힘을 진력하여 휴대물품을 동척회사, 식산은행에 선사하고 힘이 남으면 부내府內 본정本町 1·2·3·4정에까지 출두하여 시가화전市街火戰을 하고는 자살하겠기로 맹서코, 실행 전 동포동족에 보고하오니 … 본인이 자살하려는 이유는 저 왜적의 법률은 우리에게 정의를 주려고 만들어놓은 것이 아닌데 불행히 왜경에게 생금[生擒, 사로잡힘]되면 본인의 전투력은 다 빼앗긴 후에 소위 심문이니 무엇이니 하면서 세계에 없는 야만적 악행을 줄 것이 명백하기로, 불복하는 뜻으로 현장에서 자살하기로 결심하였습니다.[2]

왜적의 법률은 우리에게 근원적으로 악이란 것이며, 때문에 재판을 받느니 최후의 투쟁까지 하다가 자살하는 게 낫다는 것이다. 일제의 형사절차란 "세계에 없는 야만적 악행"에 다름 아니므로 그에 승복할 이유가 없다는 것이다.

이 시점에서 조선인 변호사들로서는 아직 이러한 사건에 뛰어들 준비가 거의 되어 있지 않았다. 조선인 변호사의 수 자체가 그것을 뒷받침할 만한 규모가 되지 않았던 이유도 있을 것이다. 여하튼간에 이들의 사건을 누군가가 적극 맡았다는 기록 자체가 없다. 강우규의 경우를 보면 행위시점(1919년 9월 2일), 경성복심법원의 판결시점(1920년 4월 12일), 상고심인 조선고등법원판결(1920년 5월 19일) 사이에 시간적 간격이 별로 없다. 그리고 사형이 집행된 게 1920년 11월 29일이었다. 이렇듯 재판과 형집행이 신속하게 이루어졌다. 김상옥, 나석주의 경우와 같이 일제에 체포되기 전에 자결

2 거사 전 나석주는 조선일보사 신석우(申錫雨) 사장에게 한 통의 서신을 보내어 게재를 요청했다. 그러나 그때 게재 보도되지 못하고 사진촬영본이 보관되어 있다가, 21년 만인 1947년 12월에야 『조선일보』 지면에 게재되었다. 여기서는 독립기념관 소장본 자료에 의하되, 현대어법으로 교열한 것임.

했거나 사망한 경우에는 재판과정 자체가 없었다. 의열단이 제1차 국내기관 총공격 거사의 일환으로 추진되었던 밀약폭탄사건의 관련자들 역시 매우 신속하게 중형의 유죄판결 및 중형이 선고되었다.[3]

이러한 상황은 1923년에 이르면 일변한다. 1923년의 의열단 관련사건 중에서 가장 유명한 것은 김상옥金相玉의 종로경찰서 폭파사건과 김시현金始顯, 유시태柳時泰 등의 폭발물국내반입사건이었다. 그런데 이 사건의 법적 처리는 이전과는 달랐다. 조선인 변호사들이 대거 관여했다. 뜨거운 법정공방이 오갔다. 법정공방의 양상은 거의 생중계하듯이 언론에 세세하게 노출되었다. 이 두 사건을 통해 공판정이 또 하나의 독립운동의 장으로 떠오르게 된다. 그 공판정에서 더욱 주목할 것은 바로 김병로의 부상, 이인 변호사의 등장, 그리고 허헌—김병로—이인 변호사의 연대가 시작되어 항일변호사의 집단이 형성된다는 점에서 법률운동사에서 대단한 의미를 지니게 된다.

1. 김상옥 관련사건에서 김병로: "유조리 최열렬의 변론"

1923년 1월 12일 밤 8시경 경성의 종로경찰서에 폭탄이 터졌다. 종로경찰서는 애국지사들을 문초하고 고문하는 총본산이었기에, 항일투사의 표적이 되는 것은 너무도 당연했다. 며칠간의 집중적인 조사와 수색 끝에 사건의 장본인이 김상옥임을 알게 되었다. 일경은 김상옥의 은신처를 포위하여 체포하려 했지만, 김상옥은 권총을 들고 치열한 항전을 전개하였다. 김상옥은 일제의 포위망을 몇 차례나 뚫었지만 마침내 일제의 포위에 맞서 교전하다가 최후의 탄으로 자신의 가슴을 쏘아 순국하였다.[4]

---

3 1921년 6월 22일 경성지방법원의 판결에 의하면, 곽재기, 이성우 8년, 김기득, 이낙준, 황상규, 윤세주, 신철휴 7년, 윤치형 5년, 김병환 3년, 배중세 2년, 이주현, 김재수 1년 집행유예 2년.

4 독립유공자사업기금운용위원회, 독립운동사 제7권, 의열투쟁사, 1976, 358면.

일경은 김상옥과 관련된 인물들을 색출하여, 김한金翰, 안홍한安弘翰, 윤익중尹益重, 서병두徐丙斗, 정설교鄭卨敎, 신화수申華秀, 전우진全宇鎭, 이혜수李惠受 등을 체포하여, 무자비한 고문을 가하였다. 김한의 경우 국외의 김원봉金元鳳의 국내 아지트로서 광범위한 활동을 하였으며, 안홍한은 김상옥이 상해를 떠나 경성으로 올 때 동행했던 청년이고, 윤익중은 거사자금을 댔다는 혐의였다. 이혜수는 김상옥이 전투현장에서 몸을 피하여 달아나다 찾아온 것을 받아들여, 김상옥을 숨겨두어 범인은닉죄로 기소되었다. 윤익중, 신화수, 정설교, 전우진 등은 고보高普 시절에 김상옥과 동지애를 갖고 여러 활동을 돕고 있었다.

① 1923년 5월 12일 공판이 개정되었다. 피고인은 모두 8인인데, 그중 5인에 대한 재판만 가능했다. 피고인 중 전우진과 이혜수는 신병으로 공판에 제대로 임할 수 없었다. 변호인으로는 허헌, 김병로, 이승우李升雨 이외에 여러 변호사가 열석하였다.

김상옥이 사망한 관계로, 가장 무거운 혐의를 받은 이는 김한이었다. 김한은 김원봉과의 관계를 부인하였고 의열단의 관련성 여부에 대해서는 모른다고 답하였다. 김상옥과 상해로부터 동행한 청년 안홍한은, 김상옥이 폭탄이나 권총 등을 가진 것을 알지 못하였다. 정설교는 김상옥을 만났고, 김상옥이 군자금모집을 위해 권총을 갖고 부호를 협박하겠다는 말은 들었다고 했다. 그리고 김상옥의 부탁으로 윤익중과 신화수에게 서울로 올라오라는 서신을 띄운 적이 있다고 했다. 신화수도 김상옥을 만났으나, 그가 서울에 온 목적이 군자금강취가 아니라 상해임시정부의 재정곤란을 타개하기 위해 자금을 모집하러 왔다는 것을 들었다는 정도를 인정했으며, 김상옥이 금전을 자신에게 청구하였으나 이를 거절했다고 했다. 윤익중의 경우, 임시정부 자금을 모집한다는 김상옥의 요청은 거절하였으나, 그의 개인적으로 곤궁하다고 하여 백원을 주었을 뿐이라고 진술했다. 이렇게 출정한 피고인에 대한 신문을 마쳤다. 전우진과 이혜수 두 사람에 대하여는 본 사건과 분리하여 따로 심사하기로 하였다.[5]

대원 검사가 다음과 같이 구형했다.

> 김한(5년), 윤익중(3년), 안홍한(2년), 신화수(2년 6월), 서병두(2년), 정설교(1년 6월)

이어 당일 오후 1시 반부터 변호사들의 변론이 시작되었다.

먼저 김태영 변호사가 신화수에 대하여 무죄를 강경히 주장했다.

다음 김병로 변호사가 일어나 피고인 중 윤익중, 신화수 두 사람에 대해 변론을 시작했다. 김병로의 변론은 조선일보에 그야말로 대서특필되었다. "유조리 최열렬한 김병로 변호사의 주장"은 언론과 일반인들에게 항일변호사 김병로의 존재를 알리는 사실상의 첫 사건이었다고 할 만 했다. 김병로는 "목청을 돋우어 가지고 법정이 떠나갈 만치 소리를 지르며" 변론했다고 한다. 변론의 내용을 인용해보자.[6]

> 조선독립을 희망하는 사상은 조선인 전체가 가진 것이다. 피고 등의 한 일을 보면 김상옥으로 말하면 삼판동에서 전촌 순사를 죽였고 계속하여 몇 사람의 경관을 상하게 하였음으로 사실이 표현된 죄상이라 할지나 그 외에 현재 법정에 나타난 피고 등은 자기의 사상으로는 그 주의에 공명되고 계획상 어떠한 일을 혹 가담하였다고 할지나 사실은 이천만의 조선민족이 독립사상을 가진 것과 같은 사상에 지나지 못하는 바임은 경찰서와 검사국의 기록을 보아도 명백한 사실이다. 그런데 이것을 정치의 변혁을 도모함이라 하여 제령7호위반이라고 법에

---

5 이상은 동아일보 1923. 5. 13.자; 동아일보 1923. 5. 19.자.

6 조선일보 1923. 5. 14.자 "김상옥 사건 공판의 변론. 유조리 최열렬한 김병로씨의 주장, 독립을 희망함은 조선인 전체가 다같은 것이오 피고들 생각으로 찬동할 뿐이오 실행은 절무/김한의 직접 변론은 불허".

金相玉事件公判의辯論

有條理最熱烈한金炳魯氏의主張

◇…독립을회망함은조선인전톄가다가는것이오…◇

◇…피고들도생각으로찬동할뿐이오실힝은절무…◇

김상옥사건의 공판은 피고의심문이끗난후로 오후한시부터 잠간휴게하얏다가 다섯시분후에 다시계속개뎡하고 먼져변호사김태영(金泰榮)씨가 닐어나 피고중의한사람인 신화수(申華秀)에더하야 무죄를강경히주장하고 그다음에는 변호사김병로(金炳魯)씨가 닐어나서 피고중의윤익중(尹益重)신화수 두사람의 변론이시작되얏는데 그는옥청을도두어 가지고 법뎡이떠나간만치소리를질너말하되 조선독립을 회망하는사상은 조선인전톄가 가진것이라 피고등의한일을 보면 김상옥으로말하면 삼판통에서 뎐촌(田村)순사를 죽이엇고 계속하야 몃사람의 경관을 상하게하얏슴으로 사실이표현된죄상이라할지나 그외에 현저법뎡의나타난 피고등은 자긔의사상으로는그즉의에공명되고계획상잇디한일을 혹가담하얏다고할지나사실은이천만의 조선민족이 독립사상을 가진것과가튼 그들의사상에 지나지못하는바임은 경찰서와 검사국의 긔록을보아도 명백한 사실이라그런데 이것을 정치의 범혁을도모함이라하야 제령칠호위반이라고 법에처한다하면 이것은 제령데칠호라는법을 구성하야 량민을 억지로 법의그물에다가 잡아넛는이나죠곰도 다름이업슬뿐더라이것을 감독관이 색안경으로 인민을대하야 억지로 처벌하는데 지나지못하는바이니 일본국가에 대하야도 치욕이안인가 의심하는바이라 그런데 더구나피고 윤익중(尹益重)으로말하면 상당한재산가이라 만약엽젼더으로 군자금을됴달할성각이잇섯스면 김상옥이가 청구한 일천원는고사하고 일만원이라도수응할수가 잇슬터인데긔록과갓치 일백오십원만을 대공한것을보면 루차의편지와 안면과 위협에 이기지못하야 낸것이불명한바이며, 이전에 미국의원단이 불어올써에 가론힘위를하얏던 공범자이라고 처벌한다하면 이것은 회미하얏든 량민으로도 다시금 감정을이르키게하는것이안인가 하는바이라고 웅변으로 피고들의 무죄함을 변론하얏스며 그다음에는 청년변호사 리죵성(李宗聖)씨가 닐어서서 신화수의변론을계속하야 신화수의 삼경으로말하면 김상옥이가 왓다는통지도업시 다만김씨부인이 왓다는 통지를밧고가타의 용무로입경하얏다가 의외로 김상옥을 맛난일이잇슬뿐이어며 상의할셔에도 다른이야기는업시 돈을됴달하라고하얏스나 그것을 거절한것을보면 도로혀 위협을 바든사람에 지나지못하는바이라이것이 무슨죄가 성립이되며 이것으로 엇지가담한 형적이라하겟느냐고 잠시간동안을 변론하고 그다음에는 역시 청년변호사 김용무(金用茂)씨가 닐어나서 정섭고(鄭尙敎)군의공판에게티한 변론이잇섯더라

김상옥 사건 관련 기사(조선일보 1923. 5. 14.)

처한다 하면 이것은 제령 제7호라는 법을 구성하여 양민을 억지로 법의 그물에다가 잡아넣는 것이나 조금도 다름이 없을 뿐이다. 이것을 감독관이 색안경으로 인민을 대하여 억지로 처벌하는 데 지나지 못하는 바이니 일본국가에 대하여도 치욕이 아닌가 의심하는 바이다.

변론의 논조는 대담했다. 피고들이 독립사상을 갖고 있다면, 그것은 "이천만의 조선민족이 가진 것과 같은 독립사상"에 다를 바 없다. 만일 이들을 제령 제7호 위반으로 한다면, 이천만 민족 전체를 그물에다 잡아넣는 것과 다를 바 없다고 열렬하게 외치고 있는 것이다. 이어 개개인의 변론으로 넘어간다. 예컨대,

피고 윤익중으로 말하면 상당한 재산가이라, 만약 열정적으로 군자금을 조달할 생각이 있었으면 김상옥이가 청구한 1천 원은 고사하고 1만 원이라도 수응할 수가 있을 터인데 기록과 같이 1백80원만을 제공한 것을 보면 누차의 편지와 안면과 위협에 이기지 못하여 낸 것이 분명한 바이다. 이전에 미국의원단이 들어올 때에 같은 행위를 하였던 공범자라고 처벌한다 하면 이것은 회개하였던 양민으로도 다시금 감정을 일으키게 하는 것이 아닌가 하는 바이다.[7]

윤익중은 김상옥에게 180원을 제공한 혐의로 기소되었는데, 상당한 재산가가 독립군자금을 조달할 생각이었다면 1천 원, 1만 원을 댔을 텐데, 어찌 고작 180원을 군자금 용도로 주었겠냐고 힐난하고 있다. 이어 청년변호사 이종성의 장시간 변론이 이어졌으며, 김용무 변호사가 정설교, 윤익중에 대한 변론을 했다. 이렇게 변론을 하니 거의 6시까지 되었지만, 아직 변론을 하지 못한 변호사들이 있어 다음 공판기일에 변론을 이어가게 되었다.

② 1923년 5월 17일 김상옥 사건의 제2회 공판이 개정되었다.

최진 변호사가 김한에 대해 무죄로 판결해달라는 장시간의 변론을 했다.

"김한은 어떤 증거도 없을 뿐 아니라 이것이 사리사욕을 위한 것이 아니오 민족적 사명으로 한 것인즉 그의 인격상 동정치 아니치 못할 바이다. 그가 무산자동맹회 위원이라 하여 색안경으로 본다면 조선민족 전체는 무산자라. 그러므로 조선 안에서는 살 수가 없는 고로 동으로는 일본으로 서으로는 중국으로 년년이 나가는 것이 목도하는 사실이라. 그런고로 그들을 위하여 또는 조선민족 전체를 위하여 무엇이나 하나 하여 보고자 하여 이것을 조직함인데 이것이 무엇 그

---

7 조선일보 1923. 5. 14.자.

리 죄가 될 것이냐. 다음 임시정부원인 이시영과 아는 것으로 말하면 이시영은 전한국시대의 판사이므로 그때부터 친한 것인즉 그것이 또한 무슨 죄가 될 것이 있느냐. 어떠한 점으로 보든지 피고는 당연 무죄이다."

조선민족 전체가 무산자인데, 무산자동맹회에 관여한 것이 어떻게 범죄 사실이 되느냐, 피고인의 행위는 사리사욕이 아니라 민족적 사명으로 한 것이니 이것을 처벌해서 안 될 것이라고 변론하고 있다. 그리고 허헌 변호사의 변론이 이어졌다.

(김한에 대한 변론) 피고 김한은 민족주의로 간주하는가 또는 사회주의자로 보는가, 기록 전체를 내려보아도 판명이 되지 아니하니 과연 무슨 주의인지를 알 수가 없는 터이다. 일찍이 피고 김한이 그의 친구 모씨에게 한 말을 들으면, 그는 일생을 무산계급에 있는 민족을 위하여 무엇이나 하나 제공해보겠다 하였고, 겸하여 조선독립운동을 부인하였슨즉 이만 보더래도 그 사회주의자임은 변호사 자신뿐 아니라 여러 일반이 인정하는 바이다. 그런데 만약 민족주의자와 같이 어떠한 사건을 계획하였다 하면 이것은 그의 주의와 모순되는 바이다.… 그는 당연 무죄이다.

이렇게 피고인의 공술이나 기록을 봐도, 그가 처벌될 만한 행위를 한 적이 없음을 주장한다. 다음 이승우 변호사의 변론이다.

(김한에 대한 변론) 그는 본적을 중국에 두었고 그의 주소가 중국이다. 여기 와서 있는 것은 잠시 주류에 지내이지 못하는 바인 고로 그는 제령은 생각도 아니하였으며 이에 따라서 제령위반도 관계없는 줄로 생각하고 있다. 피고의 관념으로는 그가 일본관헌의 법률을 받을 리가 없다고 생각하였던 바이다. 겸하여 피고는 폭탄 수입을 승낙하였다 하더라도 그 후에 다시 거절한 것이 사실인

즉 당국에서 수입의 승낙을 인정하는 동시에는 거절도 인정치 아니할 수 없는 바이다. 그런데 이것을 가볍게 처벌한다고 하면 법리상 모순일 뿐 아니라, 피고로 하여금 점점 그 길로 인도하는 데 지나지 못하는 바이다 … 피고를 처형케 함은 법률이 인민으로 하여금 억지로 그런 길을 개척하게 하는 것이니 여러 방면으로 보아 무죄는 당연하다.

이것으로 변호사의 변론을 끝을 마치게 되었다.[8] 일제가 보기에 극악한 사건의 관련자들에 대해 일제히 무죄를 변론한 것도 특징적이다. 물론 무죄로 든 근거는 다양하지만, 모두 피고인의 이익을 위해 최선을 다하는 변호사의 사명에 어긋나는 것은 아니다. 다만 피고인의 평소 활동의 '진정성'을 폄훼하면서까지 무죄변론을 하는 경우가 있을 수 있는데, 그것은 다소 문제가 있을 수 있다. 이렇게 변호사들의 열렬하고 조리있는 변호가 끝났다. 변호사의 변론에만 두 공판기일이 든 것도 이례적이었다.

③ 이어 피고의 최후진술이 이어졌다. 김한이 일어나 "유창한 일본말"로 대략 2시간에 걸쳐 자신의 사회관과 총독정치에 대한 비평을 했다. 방청객은 고요히 경청했고, 재판장도 한두 번 제지한 것을 제외하곤 그의 말에 귀를 기울였다. 그의 최후진술은 동아일보와 조선일보에 매우 비중있게 보도되었다. 그 내용을 일부 인용해보기로 한다.[9]

"피고가 만약 김상옥과 어떠한 모계를 하다가 발각되었다 하면 피고는 인격을 주장하는 자이므로 검사의 구형인 5년은 고사하고 10년이라도 긍정할 것입니다. 그러나 내가 이 자리에 있어 5년이거나 10년이거나 나의 감형론減刑論을

8 조선일보 1923. 5. 19.자 "전후 불평을 무루 진술. 재작 김상옥사건 공판정에서, 여러 변호사의 법리적 변론이 끝이난 뒤에는, 피고 김한의 진술은 충분히 불평을 부르짖어".

9 조선일보 기사는 훨씬 상세하다. 별첨 정리는 조선일보 기사이며, 가장 뒷 문단은 동아일보 기사를 붙인 것이다. 조선일보 1923. 5. 19.자; 동아일보 1923. 5. 19.자 "조리잇고 유창한 김한의 진술".

주장함이 아니오. 나의 조직한 무산자동맹회를 이상히 보는 고로 거기에 대한 말을 하겠소."

"조선 민족은 살아 나가는데 두 가지의 길이 있으니 제령위반의 범인이 되거나 그렇지 않으면 자살하지 아니할 수 없는 비참한 운명을 가졌소. 이것이 조선인의 사명일는지 또는 운명일는지 하는 처지에 있는 것은 재판장도 짐작하실 것입니다."

"내가 입감 이후로 일본 정치에 대하여 배운 것이 많이 있소. 일본의 동화정치同化政治는 참으로 철저합디다. 옥중생활을 하는 죄수에게까지 동화정치의 고통은 심하게 되었소. 같은 감옥생활을 하건마는 일본인은 일본인의 의복을 마음대로 입고 조선인은 평생에 구경도 못하던 일본의복에다가 발가락이 끼어지는 일본 버선에 일본 게다를 신게 하여 옥중생활을 하는데도 이중 고통을 면치 못하게 되었소. 그러나 피고는 이것을 속히 개량하라는 하소연을 하는 것이 아니오. 그러나 판사도 사람이고 피고도 사람인 이상에는 어찌하여 이러한 불공평한 제도가 있느냐 하는 옥중 감상인 것이외다."

"오늘의 생산제도는 세계 각국이 근본적으로 틀려서 모두 부호에게로 또는 강자의 것만 되었지만, 그중에서도 조선은 매우 심하게 되었습니다. 그런데다가 먹는 것, 입는 것은 일본인이나 조선인이나 일반으로 되게 제도가 되었으니 이것이 관허도박장이 아니고 무엇이겠습니까? 내가 이것을 말하는 것은 일본이나 조선의 국경을 분별하여 말하는 것이 아니라. 피고는 벌써부터 국경을 초월하려 하는 사람이므로 구구한 국경의 구속을 받지 아니하나 다 같은 사람으로도 조선인은 어찌하여 이러한가 하는 것을 오늘의 기회에 있어서 말하는 것입니다."

이렇게 김한은 비판적 사회진화론의 입장에서, 인간의 자유와 개성추구, 생존유지를 위한 조선인들의 노력을 일제가 어떻게 유린하고 있는가, 그리고 일제의 차별대우와 궁핍화 경향을 통박하고 있다. 식민지하에서 조선인의 운명은 자살이냐 정치범이냐의 택일밖에 없는 상황을 무정부주의자의 관점에서 비판하고 있는 시각도 주목을 끈다. 본인의 최후진술은 무슨 감형이나 무죄를 바라서가 아니라, 이 기회에 자신의 세계관과 현실관을 상세하게 풀어놓고자 함이다. 이어 안홍한, 정설교, 신화수, 윤익중 등의 최후진술이 이어졌다.

④ 1923년 5월 26일 판결이 언도되었다. 피고중 신화수는 무죄로 언도되었으나, 김한은 검사의 구형량(5년)보다 더 높여 징역 7년을 선고했다. 지난번 최후진술에서 김한의 열렬한 진술로 판사가 감정이 나지 않았나 하는 소리가 구석구석에서 일어났다.[10] 안홍한 1년, 윤익중 3년, 정설교 1년 6개월, 서병두 2년이 선고되었다.

항소심판결은 1923년 10월 10일 있었다. 김한은 7년에서 5년으로 감형되었고, 정설교는 징역 1년에 집행유예 2년, 윤익중은 2년, 서병두는 1년으로 감형되었다. 검사가 항소했던 신화수에게는 역시 무죄가 선고되었다.[11]

한편 김상옥이 참살당하던 집의 주인 이혜수(28세) 양은 곧바로 연행되어 1개월동안을 종로경찰서 유치장에서 보내다가 검사국으로 사건이 넘어가자말자 병보석이 되었다. 경찰의 악독한 고문으로 사지가 마비되어 움직일 수 없었을 뿐 아니라 연일 오예汚穢의 물을 먹인 관계로 위장병이 격심하여 빈사상태에 빠져 있었던 것이다.[12] 몸이 풀려나왔어도 제대로 들어눕지도 못하고 냉수와 미음으로 겨우 생명을 부지하는 상태였다. 갈빗대는 멍이 들어 사방이 푸른 물을 들인 듯하고 여기저기 피멍이 들어 눈들어 차마 볼 수 없으며 얼굴은 피골이 상접할 정도였고, 정신도 제대로 차릴 수 없을 지경이었다.[13]

---

10 조선일보 1923. 5. 27.자 "구형보다 심한 언도. 구형 오년이든 김한을 칠년에, 의열단사건 공판".

11 조선일보 1923. 10. 11.자 "김한은 칠년이 오년으로 신화수는 역시 무죄로 판결. 김상옥사건연루자".

12 김병로, 수상단편, 273면.

13 조선일보 1923. 4. 28.자 "생명이 위독한 이혜수양. 김상옥사건으로 입옥되얏든 이혜수양 몸에는 빈틈없시 멍

그러나 일제는 그에 대한 기소와 공판의 의지를 꺾지 않았다. 첫 공판일(1923년 5월 12일)에 이혜수는 공판정에 출두해야 했다. 그때 이혜수의 상태는 집에서부터 재판정까지 병차에 실려 법정에 왔으나 앉을 수도 없이 누운채 재판장의 말을 알아들을 수도 없었다. 같은 처지에 있던 전우진과 함께 이혜수의 공판은 무기 연기되었다.

그들에 대한 공판은 1923년 6월 30일에 별도로 개정되었다.[14] 이혜수는 "늑막염으로 보석되어 수월동안 치료하였으나 나날이 위험한 상처에 기울어져가는" 상태였으며, 결국 "병인용 인력거 안에 눕혀서 자택으로부터 재판소까지 오서 몸을 부축하여도 도저히 몸을 움직일 수가 없는 형편임으로 다시 인력거를 뜯어서 바탕에 병인이 눕힌 채로 법정 안으로 들여다놓으니 법정안은 병원의 치료소나 다름이 없었다." 재판장은 이혜수에게도 직접 신문하려 했으나 이혜수는 "정신을 조금도 차리지 못하여 묻는 말도 듣지 못한 까닭인지 답은 한마디도 못하고 병기운을 견디지 못한 듯한 신음하는 소리만 옆에 앉은 사람이 겨우 들을 만치 내매 그제야 재판장은 피고의 병세가 위독하여 의식이 분명치 못함을 알고 변호인들과 어찌할 것인지 상의하였다. 결국 병이 웬만치 나아 다른 사람의 말을 알아들을 정도에 달하기 전에는 신문을 정지하였다.

전우진은 재판장의 신문에 답을 겨우 할 수 있었다. 그리고 전우진은 "경찰에 체포되던 당시로부터 한 달 동안이나 무수한 형벌을 당하고 감옥으로 넘어간 후 찬 마루에서 거처하면서 완전한 치료를 받지 못하였기에 이같이 다리에 갖은 병이 걸렸다"고 진술했다. 전우진에 대하여는 곧바로 징역 2년 6월의 구형이 있었고, 재판부는 검사의 구형량대로 선고했다.[15]

이 들어 있고 보석된 후에도 병이 계속되".

14 조선일보 1923. 7. 1.자 "전우진 이혜수의 공판. 양인의 병세는 우금심중/신음성의 피고 공술. 목숨만 부터있는 피고중 전우진은 간신히 나오는 목소리로 일일 대답, 이혜수는 정신을 몰라 심리를 중지/전우진은 딩역 이년반에 구형, 판결은 오일에 (寫)전우진 이혜수의 공판광경".

15 조선일보 1923. 7. 6.자 "결국 2년 반. 김상옥사건의 연루 전우진의 판결, 검사의 구형대로 판결".

이혜수에 대한 공판은 다시 1923년 12월 25일에 재개되었다. 중한 환자임에도 불구하고 그 해가 가기 전에 김상옥 관련 재판을 끝내야겠다는 재판부의 조바심이 빚어낸 일이었다. 이혜수는 환자인력거로 운반되어 인력바탕채로 법정 안에 들여다 놓고 재판장이 신문을 개시하였다. 피고는 인력거채 위에 누워서 신음하면서 겨우 답변해야 했다. 피고는 김상옥에 대한 자신의 경찰의 진술은 가혹한 고문에 이기지 못해 자백한 것이라고 답변했다. 검사는 피고에게 제령7호 위반과 범인은닉죄로 징역 2년을 구형하였다. 이어 김병로, 김용무 양 변호사의 "열렬한 변론"이 있었다. 재판장은 곧바로 즉석에서 징역 1년을 선고하였다.[16]

이혜수는 옥중에 구금되었지만, 옥중에서 생명이 위독하여 보석운동을 하라는 당국의 교섭으로 집에 나와 4년이 경과하도록 하루도 앓지 않는 날이 없어 병석에 의지하여 약병으로 동무삼아 세월을 보내고 있던 중, 1926년 3월 아직도 얼굴이 퉁퉁 붓고 하루에 밥 한 끼도 못먹는 사람을 검사국에서 호송하여 잔형을 살게 하는 무도한 짓을 하였다.[17]

김병로의 이 사건에 대한 인상은 각별하다. 우선 자신의 변론을 본격적으로 펼쳐내어 커다란 주목을 받은 사건이었던 것이다. 더구나 온갖 고통을 겪고 있던 피고인, 그중에서도 이혜수에 대한 연민이 각별했던 것이다. 김병로는 몇 십 년 뒤 대법원장으로 재직 중에 이혜수와의 면담기록을 하나 남기고 있다.

그 후(재판후)로는 전연 (이혜수에 대한) 소식을 듣지 못하였던바, 내가 대법원에 있을 때에 어느 여자가 면회를 청한다기에 면접하게 하였던바, 문을 열고 들어서는 것을 보니 순백발 노인이었으나, 그 얼굴이 그 전 모습이어서 이혜수 여

---

16 조선일보 1923. 12. 26.자 "이혜수양의 공판. 김상옥사건의 연유로 검거된 이혜수 병상에 누운채로 겨우 답변 진술/가혹한 고문에 못이겨 진술/이년을 구형 (寫)신음중에 심문밧는 이혜수양".

17 조선일보 1926. 3. 7.자 "병은 갈수록 침중한데 돌연 구인된 이혜수. 4년동안의 치료도 물거품 병도 낫기전에 또 잡아갔다. 김상옥사건중의 인물".

사인줄 깨닫고, 반갑게 적응하여 그 경과를 물으니 출옥 후 수년을 경과하여 겨우 신체가 회복되어 지금까지 빈곤한 생활을 하여 왔다는 것이며, 보사부에 서민주택 1동을 요청함에 필요한 증명서의 교부를 구하기로, 나는 곧 김상옥 의사의 사건에 관련된 사실과 그 경과를 증명하여 준 일이 있었다. 그때, 나는 생각하기를 일개 20세의 소녀로서 친척간의 정의도 있었겠지만 김상옥 의사의 격렬한 결사행동을 원호하였다는 것이 다시 감격을 느낄 뿐 아니라, 그동안 세월이 흘러 백수노인이 된 것과 해방 후 오늘날까지 빈한에 허덕여 거주할 곳도 없다는 것을 알게 될 때에 인생의 허무한 것과 사회의 냉정한 현실을 누구에게도 호소할 바 없음을 비탄할 뿐이었다.[18]

2. 김시현 등 암살음모사건: "3인" 변호사의 첫 공동변론

1923년 들어 대규모의 암살파괴거사를 준비하다 적발된 사건이 일어났다. 그 실행의 중심인물은 김시현이었다. 김시현은 1920년 9월 밀양폭탄사건 관련 혐의로 체포되어 1년간 복역하고 출옥 후 상해로 건너가서 고려공산당에 가입했다. 그는 장건상을 통해 의열단의 김원봉과 연결되었다. 그들은 대규모의 총공격형 암살파괴거사를 추진하기로 하였다. 김원봉은 중국 천진에서 추진과정의 전반을 총지휘하고, 김시현은 무기의 국내 반입과 거사의 실행을 책임지는 역할을 하기로 하였다. 1922년 7월 김시현은 서울에 잠입하였다. 그는 경기도 경찰부의 고등과 소속 경부인 황옥(그는 당시 고려공산당 비밀당원이기도 했다)에게 거사계획을 알리고 협조를 구했다. 이어 고려공산당 경성지부 서기 홍종우를 조선일보 안동지국장으로 주선하고 그를 안동으로 파견하여 그의 자택을 연락중개소로 삼게 했다.

---

18 김병로, 수상단편, 273면.

황옥은 중국 출장길에 천진으로 가서 김원봉을 만나 김시현과 함께 폭탄 반입대책을 논의했다.

1923년 3월 천진에서 김시현, 유석현 등은 거사용 무기와 선전용 문건을 입수하였다. 우여곡절 끝에 그들은 폭탄과 무기를 서울로 반입시키는 데 성공했다. 그런데 평북경찰부와 안동현의 일본영사관 측에서는 황옥의 정체가 의심스럽다며 경기도 경찰부에 황옥을 체포할 것을 요구했다. 그에 대해 총독부 경찰국은 의열단원들을 국내로 유인하여 일망타진하기 위해 황옥을 공산당에 접근하여 거짓 협력토록 하고 있는 것이라는 답신을 보냈다. 김시현이 서울에 도착한 이후 누군가의 밀고로 체포되었고, 관련자 25명중 18명을 체포하고, 폭탄과 총기도 모두 찾아내어 압수하였다.[19]

이 사건은 거사 규모가 워낙 대규모인 데다, 압수된 폭탄의 위력도 아주 대단했다. 더욱이 현직 경부가 의열단 거사에 가담하고 적극적 역할을 한 것에 대해 엄청난 호기심을 불러일으켰다. 황옥의 관여가 애국적 본심에 기인한 것인지, 아니면 의열단에 궤멸적 타격을 안겨주기 위한 공작인지에 대해 논의가 분분했다. 법정에서도 이 부분에 대해 많은 공방이 오갔고, 피고인들 사이에도 황옥의 정체에 대한 의심이 표출되었는데, 그 의심이 진정인지 가장인지에 대해서도 논란의 여지가 적지 않았다. 그렇지 않아도 경성 한 가운데서 의열단의 거사계획에 대해 관심이 높은데, 황옥의 관여 여부로 인해 세인의 관심은 폭발적으로 되었다. 공판이 가까워지자 변호인들도 대규모로 구성되었다.[20] 때마침 일본의 저명한 포시진치布施辰治 변호사가 (북성회 순회강연단의 일환으로) 조선에 와있었는데, 그도 변호사로 출정하겠다는 뜻을 밝혀 세간의 관심을 높이는 데 일조했다.[21]

---

19 사건의 기본적 면모는 김영범, 의열투쟁 I, 한국독립운동의역사 26, 168~174면에 잘 요약되어 있다. 또한 독립운동사편찬위원회 편, 독립운동사 제7권, 의열투쟁사, 1976. 2, 365~378면.

20 조선일보 1923. 8. 7.자 "최진, 고교무부, 원강일, 권혁채, 이인, 허헌, 김병로, 김용무, 강세형, 윤방현".

21 조선일보 1923. 8. 7.자 "의열단 공판은 금일. 오전 8시부터 7호법정에 개정 변론할 변호사가 10여 명이라고, 금번에 변호사, 布施씨는 의문, 11명이 변호할 터".

① 의열단 공판은 1923년 8월 7일 개정되었다. 사건의 주역인 김시현부터 재판장의 신문이 시작되었다. 김시현은 자초지종을 선선하게 답하였다. 황옥 경부는, 자신이 의열단원의 활동에 협력한 것은, 의열단원들을 가능한 일망타진하기 위하여 일부러 공산당에 가입하고 김시현과 상종하였으며, 국내로 폭탄반입의 실행에 가담하는 등으로 경성에 폭탄과 실행자들을 자기 손으로 잡아 자신의 공적으로 삼기를 바랐다는 취지의 답변을 했다. 공산당에 가입한 경우에도 경찰부장에게 보고했고, 비용도 경찰기밀비로 충당한 것인데, 경성에서의 활동에 대해 경찰에 일일이 보고하지 않았던 것은 의열단원들에게는 자기가 검거한 모양을 내지 않으면서(의열단원들의 신임은 유지하면서), 자신이 전부를 소탕하는 공적을 차지하고 싶었기 때문이라는 취지였다. 그런데 자신이 먼저 범인체포와 폭탄 압수를 위해 보고하기 전에 신의주와 경성에서 폭탄을 압수하였다기로 자기의 구상대로는 성공할 가망이 없어 자신이 알고 있던 폭탄보관장소에 있던 폭탄도 내어놓게 되었다는 것이다. 요컨대 자신은 독립운동가가 아니라 그들을 유인하여 잡으려다, 그 공을 타 경찰에 가로채인 경찰이라는 것이다.[22]

다음 유석현에 대한 질문이 있었다. 의열단으로부터 폭탄투쟁에 동참의사를 물었을 때 그는 "지금 우리 조선사람이 나라가 깨어지고 밥그릇이 깨지고 다 죽게 된 때이라. 조금이라도 눈이 뜨이고 마음이 있는 자이면 누가 그 일에 찬성하지 아니하겠느냐"고 말하고 쾌히 승낙한 일이 있다고 씩씩하게 답했다. 그는 김지섭 등과 함께 백윤화 판사의 집에 가서, 독립운동군자금을 내라고 강요하다가 체포되었다가 풀려난 전말을 답하였고, 황옥과 함께 천진에 가서 김원봉을 만나 의열단에 가입하고, 국내로 폭탄을 운반하였으며, 경성에서 은신하다가 체포된 전말을 진술하였다. 다음 이현

---

22 동아일보 1923. 8. 9.자.

준, 남영득, 유시태, 류병하 등의 답변이 이어졌다.[23]

② 1923년 8월 8일 공판 제2일, 홍종우, 백영무, 조동근, 이경희에 대한 재판장 신문이 있었다. 피고인에 대한 심리를 마친 뒤, 변호사의 증인신청이 있었다. 이 공판정에는 포시진치 변호사가 출정하였다. 그는 "사건을 명백히 하기 위하여 백상 前 경찰부장, 마야 現 경찰부장, 안동현 영사 김우영, 백윤화 판사, 백운영을 증인으로 불러 물어달라"고 요청하면서 그 이유로서 "조선독립운동이 옳으냐 그르냐 하는 문제는 별문제이고 다만 이와 같은 범인을 체포하기 위하여 백상 경찰부장이 일부러 경관을 공산당에 가입케 하여 희생정신을 가지고 있는 사람들을 속여서 잡으려는 것은 정치도덕상으로 가만 볼 수 없는 터"라고 대갈하면서, "재판장은 세상의 의혹을 풀고 신청한 증인을 일일이 이 법정으로 불러 물어달라"고 하였다.[24] 이인 변호사도 여러 증인을 신청하고 피고에게 유리한 점을 묻게 하였고, 또한 황옥 사건은 "경찰부 내의 내홍으로, 한편에서는 (황옥 경부를 밀정으로) 시키고, 한편에서는 (황옥이 공을 독점하는 것을) 시기하는 일이 있었다"고 말했다. 강세형 변호사, 최진 변호사도 안동부 영사 김우영을 증인으로 신청하였다. 이러한 증인신청에 대해 검사는 그 필요성을 부정하였다. 재판장은 포시 변호사가 신청한 김두형, 황옥이 신청한 형사 김진봉 외에는 모두 각하한다고 선언하고 폐정하였다.[25]

방청석에는 피고의 가족과 방청인 백여 인이 가득 찼다. 경기도 경찰부에서도 경관 방청자가 많았다. 재판장 뒤에는 다른 사건에 보기 드문 판사 방청자, 검사정 방청까지 있었다. 변호인들도 방청석에 앉아야 했다.

③ 8월 11일 간단한 증인신문을 한 뒤 평산平山 검사의 논고가 있었다.[26]

---

23 동아일보 1923. 8. 9.자 "의열단공판, 황옥의 진술은 무엇이라 말하엿나, 포착하기 어려운 그의 심사, 홍종우는 내가 리용하기 위하야 안동현에 두엇소…".

24 동아일보 1923. 8. 8.자.

25 동아일보 1923. 8. 9.자.

26 조선일보 1923. 8. 12.자.

검사 측으로서는, 폭탄과 권총의 물증이 명백하고 피고들이 자신의 소행을 인정하는 만큼 유죄판결을 얻는 데는 아무 지장이 없었다. 다만 검사는 조선인 전체가 조선독립운동을 희망한다는 사실은 시인하였다. 전 조선에서 일어난 3·1운동의 예를 봐서도 알 수 있다는 것이다. 다만 검사는 일본이 조선을 압박한다고 조선인들이 인정하는 것은 "오해"에서 비롯된다고 주장했다. 또한 독립운동을 표방하여 자금을 뜯어내는 강도가 많고, 근래에는 그것이 하나의 직업이 되어 일반인의 비난을 사고 있다고 공박하였다. 피고들의 소행도 결국 이러한 독립운동을 표방한 강도에 불과하다고 폄하한 것이다.

다음 황옥에 대한 소행을 논고하고 있다.

황옥이가 이 사건에 가담한 것은 숨기지 못할 사실이라. 황옥이가 피치 못할 것은 폭탄과 권총이 다수히 들어와서 혼자 잡지 못할 것은 사실이나, 보고까지 위조를 하여 전연 부인한 바이니 이것은 고등경찰의 지위에 있는 자로 도저히 마땅치 못한 일이며, 또 이경희는 황옥의 부탁에 지나지 못하는 바이라 변명하나 이십원을 받아가지고 효자동 조황의 집으로 가서 발송한 바인즉 이 돈을 가지고 발송하였다는 말을 듣더래도 황옥의 선전이 확실하며, 또는 피고 동생의 말을 듣더래도 경찰부로 돌아와서 매우 분한 태도로 이번은 조치 못하겠다 한 일이 있었다 한 즉 검거코자 하지 아니한 사심이 분명하다.[27]

검사의 판단으로는, 황옥은 "한편에서는 경관, 다른 한편으로는 독립단"에 양다리를 걸쳐서, "작은 범인"은 경관의 입장에서 검거하도록 하고, 대신 "큰 범인"은 놓아주는 방법으로 처신하려 했다는 것이다. 일제의 입장에서 가장 경계해야 할 종류의 인사가 되는 셈이다. 끝으로 검사는 이 사건

---

27 조선일보 1923. 8. 12.자 "의열단 사건의 계속 공판. 경기도 경찰부 형사가 증인으로 출석, 휴직 경부까지 징역 10년, 김시현·류석현도 10년에 구형, 정탐극의 과실이 폭로, 김해에서 布施씨의 장문전보".

에서와 같이 조선독립운동이 "점점 극도에 달하는 것을 심히 유감"으로 생각한다고 하면서 각 피고에게 구형을 했다.[28] 김시현, 황옥, 유석현은 각 10년, 남녕득, 유병하, 유시태, 홍종우는 각 8년, 이현준은 7년, 백염우는 6년, 조황은 5년, 조동근은 3년, 이경희는 1년 6개월 등이었다.

④ 변호사의 변론이 시작되었다. 7인 변호사들은 열렬한 설봉舌鋒으로 총독정치를 공격하고 의열단원들은 민중을 위한 자기희생을 했다고 옹호했다.[29] 변론은 무죄론과 감형론으로 대별될 수 있겠다.

먼저 감형론을 보자. 감형론은 원강일原剛一, 고교무부高橋武夫, 최진崔進 변호사가 주창했다.

원 이 사건이 일어난 동기는 무엇보다도 (일본이) 조선민족을 죽임으로 인하여 일어난 것이다. 이것은 일시적으로 일어난 문제가 아니라 오래 전부터 일어난 사실이오. 또는 이후에도 계속할 일인데 일개인이나 이개인의 일이 아니므로 다 처벌할 수는 없는 바이다. 아울러 이들은 어떠한 실행한 일이 없고, 폭탄을 수비함에 지나지 못한 것인즉 검사의 구형은 너무 심하다.

고교 (황옥에 대한 감형론을 주창하면서) 이번 피고 중 김시현이나 황옥은 그 범죄 사실을 확인할지라도, 국가심리國家心理로 보면 죄라 하겠으나 민족심리로 보면 죄가 아니요, 사람이 마땅히 할 일이라. 만약 현재 상태를 전혀 바꾸어 일본 사람이 조선 사람의 상태에 있다 하면 일본 사람은 어떻게 생각하겠는가.

그에 반해 처음부터 무죄론으로 끌고 간 변호사들이 있다.

김병로는 "조선민족의 참상과 이번 사건이 일어난 동기를 말하고 총독

---

28 조선일보 1923. 8. 12.자.

29 조선일보 1923. 8. 13.자 "의열단 계속 공판의 후보. 7변호사의 열렬한 설봉은 이구동성으로 총독부 정치를 공격/의열단 계속 공판의 후보. 7변호사의 열렬한 설봉은, 민중을 위하여 희생, 황옥의 진의, 황옥 흉계를 금내각득, 황옥을 타매, 독립운동이 기한 이후에 죽은 조선 사람들이 얼마나 되는지, 진술서를 제출, 판결 언도는 금월 21일".

부당국의 행정에 대하여 공격을 시작한 후" 무죄론으로 귀결시켰다. 청년 변호사 이인은 "현재 세계정세와 각국에 유행하는 각 주의에 대하여 매우 명백하고도 철저한 언론을 열렬히 토로"한 후 무죄론을 주창했다. 김용무는 "어떤 나라 사람이든지 좋은 생활을 하고자 하는 것이 무슨 죄가 되겠느냐는 논박을 시작하여 유창한 일본말로 열변을 토하였다"고 한다.[30]

모든 변호사가 피고인의 이익을 위해 변론을 하나, 변론의 방향에서 뚜렷한 차이를 보이고 있다. 의열단원들은 가식으로라도 회개한다든가 하는 언동이 일체 없었고, 조선민족독립의 대의에 추호의 흔들림도 없었다. 이런 피고인을 위한 최선의 변론은 무죄변론일 것이다. 정상론과 감형론도 피고인의 이익을 위한다고 하지만, 이같은 피고인의 앞에는 무언가 구차스러운 감이 있다. 따라서 무죄변론은 의열단원들의 의지와 용기에 보다 합당한 변론방식일 수 있다. 다만 무죄변론을 적극적으로 펼 경우 일제 법정에서 변호인에게 무형의 중압감이 클 수 있다. 그럼에도 김병로, 이인, 김용무 등 항일변론의 중심인물들이 그런 태도를 일치하여 취한 것은 주목할 만하다.

한편 첫 공판엔 출정하였으나, 이 날 주위 사정으로 인하여 시골에서 올라오지 못한 포시진치 변호사는, 이인 변호사에게 장문의 전보를 보냈다. 포시진치가 일본에서 가진 영향력이 매우 컸던 만큼, 언론은 그러한 전보에 대해서도 비중 있게 보도하였다. 그는 황옥 사건의 배경에는, "독립운동에 대한 교활한 형사대책," 즉 "정탐(스파이)의 잘못된 연극이 폭로"된 것으로 파악했다. 따라서 그러한 "잘못된 사상대책"을 버릴 것을 촉구했다. 황옥은 그러한 연극에 빠진 피고에 불과한 것이어서, 죄에 걸리게 하지 말 것을 요청했다. 피고들은 "조선인을 위하여 초월한 인격, 독립의 사상을 가진 이들"이란 점을 양해하여 공정한 판결을 구할 것을 촉구했다.[31] 일제

---

30 동아일보에서는, 김병로는 "조리있고, 힘있고, 열렬한 변론"을 했다고 하고, 이인은 "간단 명료하고도 요점을 잡아낸 변론"이라고 평하였다. 김용무는 "조리 명료한 간단한 변론"을 했다고 한다.

31 동아일보 및 조선일보(조선일보 1923. 8. 12.자 "김해에서 포시[布施]씨의 장문전보")에 전문을 그대로 소개하고 있으나, 약간의 차이가 있음을 확인하고 두 신문을 대조하여 조정하였다; 포시진치는 첫 공판기일(1923. 8.

의 사상대책, 형사대책을 통박하면서, 무죄론에 적극 가담하고 있다고 할 수 있을 것이다.

포시진치는 또한 김시현과 재판장에게 각각 전보를 보냈다. 김시현에게는 위문의 전보를 보냈다. "모든 일을 운명에 맡기고 심기 자약하여 평안히 있으라. 감옥 안에 있으나 바깥에 있으나 마찬가지가 아닌가"하는 내용이었다. 재판장에게는 "공정한 재판을 바란다"는 전보를 보냈다. 일반 변호사들을 대신하여, 이인 변호사가 감사의 답전을 보내기로 했다.[32]

⑤ 변호사의 변론이 끝난 후에 재판장은 피고들에게 대하여 무엇이든지 할 말이 있으면 말하라 하자, 김시현부터 최후진술을 시작했다. 그는 자신의 행동은 모두 진술한 바이고, 변호사들이 피고의 이익될 점을 말했으니 특별히 할 말이 없다고 태연하고 무겁게 말하였다.[33] 다만 검사의 논고 중에 '직업적' 독립운동가 혹은 '직업적' 군자금 강탈분자로 말한 부분에 대하여 분명히 반박했다.

김시현 검사의 말에 우리를 직업적 독립운동자라고 하나 우리는 결코 직업적으로 무엇을 하려고 하는 체면보는 자가 아니오. 민중을 위하여 희생코자 하는 사람이므로 징역 10년은 고사하고 백년이라도 거기에는 불복을 하려고도 하지 않소. 그러나 내가 국제연맹회의에 가담하여 로국까지 갔다는 것은 독립운동에 가담코자 함이 아니라. 일방으로는 태평양회의를 반항코자 함이오, 일방으로는 무산대중의 약한 자를 구하고자 하는 것이 나의 본 목적이었소. 피고중에 조동근은 사실 무죄한 사람이오. 그가 폭탄을 자기 집에 두었던 것이 죄라고 하더라도 그는 순전히 폭탄으로 안 것이 아니라 모과수동으로 속았던 것이 사실인데 그것을 죄라고 하는 것은 너무도 심한 일이다. (자기의 형벌에 대하여는 조금

7.)에는 출정하였다(동아일보 1923. 8. 9.자 참조).

32 동아일보 1923. 8. 12.자.

33 동아일보 1923. 8. 13.자.

도 말하지 아니하고 다른 피고의 사실을 말한 후 천연히 앉는 것은 보는 사람으로 하여금 의기의 남아 있는 것이 뵈이게 되더라)[34]

문제의 황옥은 다음과 같이 최후진술을 하였다.

황옥 (눈에 눈물을 머금고 방금 울 듯한 태도로) 자기가 천진에 출장하였다가 경찰부에 돌아와 부장과 과장들에게 책망을 당하고 자기의 심사를 알아주지 못함에 분함을 이기지 못하여 자살까지 하려고 하였으나 그러나 본마음을 변치 않고 이번 사건을 교묘히 운용하여 대대적으로 검거를 행하는 동시에 자기의 수완으로 보이면 책망하는 부장이나 과장이나 또는 경무국장까지도 자기를 칭찬하고 따라서 경시까지라도 승급을 시켜주리라고 굳게 결심하고 모든 사실을 말하지 아니한 후 안동현에 있던 폭탄이 경성으로 들어오기만 기다렸더니 필경은 경찰부에서 모든 사실을 탐지하고 안동현에 있는 폭탄까지 압수하여 마침내 오늘같이 의열단을 이용하려던 자기로, 의열단의 공범자라는 말을 듣게 되었다.

황옥 자신은 경찰로서 의열단을 대대적으로 검거하여 승진과 칭찬을 바라면서 교묘하게 운용했는데 되려 자신이 의열단의 공범자로 몰린 것을 억울해하고 있다. 이어 유석현, 이현준, 남영덕 등은 의열단원으로서의 자부심을 갖고, 형벌에 대해 연연하지 않음을 당당하게 선언했다. 아울러 황옥에 대한 동지로서의 신뢰를 준 데 대해 분노를 표시하고 있다.

이현준 (눈에 불길이 번쩍하며 몸을 부들부들 떨며) 나는 신성한 의열단이오. 나는 황옥과 친한 지가 1년이 되었소. 지금까지 나는 황옥을 조선의 훌륭한 남자, 뜻있는 사람, 그가 경찰관이나 경부라는 것은 다만 거짓으로만 알았소. 그러나

---

34 동아일보 1923. 8. 13.자.

이 자리에서 황옥의 말을 들으니 황옥과 같이 이 자리에 선 것을 심히 부끄러워 하오. 우리를 모두 잡아주고 자기의 사복을 채우겠다는 악마의 행동을 이제야 알게 되니 분하기 그지 없소. 나의 형벌에 대하여는 사형이라도 좋고 그 무엇이도 좋소이다. 아무 말도 아니하니 재판장 맘대로 하기를 바라오.

남영덕 역시 나는 의열단이오. 검사의 말이 우리의 행동을 직업적이라 하나 우리는 절대로 그렇지 않소. 나는 일한합병에 불평과 불만을 품고 의열단에 가입한 후 전혀 조선을 위하여 생명을 바쳤소이다. (다만) 나는 군자금을 모집하지 아니하였으며 더욱이 의열단은 군자금을 모집하지 아니합니다. 나는 조선민족에게 각성을 주기 위하여 오늘날까지 살았은즉 나의 형벌에 대하여는 사형도 좋소이다. 더 말하지 아니하오.

유시태 황옥을 진정한 자기 동지로 알고 경찰서에서 수없는 고초를 당하면서도 황옥을 가리워주고 황옥을 두호하여 주었으나 사실 오늘날 알고 보니 분하기 짝이 없소.[35]

의열단원들의 법정태도는 이렇듯 한결같이 의연하였다. 형벌이 십년이든 백년이든 사형이든 상관하지 않을 것이고, 판결에 불복하며 상소한다든지 하는 구차스런 짓은 하지 않겠다는 것이다. 사실관계에 대해서는 독립운동 관여사실을 분명히 인정하고, 다만 틀린 사실관계는 바로잡고, '직업분자'와 같은 오명은 확실히 바로잡는 정도의 언급만 했다. 의열단원이 아닌 연루된 피고인에 대해서는 사건과 무관함을 역설하기도 했다. 황옥의 태도에 대하여는 배신감과 분노를 표하고 있다. 이들의 법정태도를 한마디로 한다면, "나는 신성한 의열단원이다"는 것으로 압축될 수 있겠다.

⑥ 1923년 8월 21일 조선천지를 진동시켰던 의열단원에 대한 판결이 선고되었다.[36]

---

35 동아일보 1923. 8. 13.자 "의열단판결언도, 이경희이외는 전부 구형대로".

36 김시현 등[유시태, 홍종우, 백영무, 조동근, 조황, 이경희, 유석현, 이현준, 남영득, 김시현, 유병하, 황옥] 판결

형량은 김시현, 황옥 10년, 유석현, 남영득 8년, 유시태 7년, 유병하, 홍종우 6년, 이현준, 백영무, 조황 5년, 조동근 1년 6월, 이경희 1년이었다. 대부분 검사의 구형과 거의 다름없는 판결이 내려졌다.[37] 황옥의 변명은 전혀 받아들여지지 않았고, 가담사실이 경미하다 할지라도 경찰로서의 임무로 인해 가중되어 김시현과 동등한 징역 10년의 중형을 선고받은 것이다.

김시현, 유석현, 이경희는 판결에 불복하고 항소하였으나, 곧 항소를 취하하였다. 김시현은 자진할 결심으로 단식을 하였으나,[38] 노부모가 먼저 죽겠다고 하니 어쩔 수 없이 다시 먹기를 승낙하였다. 그로부터 6년을 지나 김시현은 1929년 1월 29일 대구형무소에서 출옥하였다.

황옥은 처음부터 항소하지 않았다. 그는 서대문형무소에서 복역하다가 신경쇠약과 위장병으로 1925년 12월 16일 형집행정지로 출옥하였다. 1928년 5월 30일 황옥은 보석이 취소되면서 다시 서대문형무소에 수감되었다. 일제하에 그에 관한 기록은 더 이상 나오지 않는다.

⑦ 사건 후일담

먼저 이 사건이 변호사 이인에게 남긴 인상이다. 사건 자체가 엄청난 것인데다, 이인으로서는 변호사 사무실을 처음 차린 게 1923년 5월인데, 그로부터 2개월이 지난 7월에 이 사건을 맡게 된 것이다. 변호사가 된 지 2개월만에, 그것도 국내외 이목을 집중시켰던 사상사건에 대해, 처음으로 변론을 맡았기에 그로서는 "잊을 수 없는 처녀변론사건"이었던 것이다.

법정에서 만난 애국지사들은 그 사람됨이 모두 의젓해서 모두를 놀라게 했

문(대정 12년 형공제467호), 경성지방법원[의열단과 고려공산당의 일원들로 조선의 독립을 위해 폭발물 취체규칙을 비롯하여 대정8년제령 제7호 위반 및 강도 등의 활동을 전개한 인물들에 대한 판결문], 1923. 8. 21. (전문출처: 공훈전자사료관 http://e-gonghun.mpva.go.kr).

37 동아일보 1923. 8. 22.자.

38 조선일보 1923. 12. 16.자 "의열단 사건으로 철창생활하는 김시현의 단식에 대해".

다. 그중에서 김시현, 유석현은 훤칠하게 잘 생긴 청년들인데, 조금도 자기를 내세워 선전하려는 티가 없고, 반면에 비굴한 내색도 없었다. 나는 이들을 보면서 저렇게 티없는 청년이 관공서를 부수고 일인을 죽이는 데 앞장서 온 사람들이라고 얼른 믿어지지가 않았다. 이에 비하면 홍종우는 힘이 장사요, 25관은 됨직한 위장부로, 그 의젓한 품이 법정을 압도하는 듯했다. 이들은 모두가 재판장 앞에서 이로정연하게 거사하려던 본뜻을 밝히고 또박또박 할 말만을 간단히 하는 것이었다. 다만 황옥만은 의거행동에 가담한 것이 아니라고 극구 변명을 했다. 그러나 황옥의 변명은 한마디도 인정이 되지 않았다.[39]

검사의 구형과 별다름 없는 판결이 내려진 데 대하여, 이들의 변론은 아무 효과가 없었던 것일까. 그에 대해 이인 변호사는 다음과 같이 정리하고 있다.

우리의 변론은 아무런 효과가 없었다고 할 수가 있다. 사실 우리의 변론내용은 피고들과 공명해서 우리가 독립을 하자는 한 방편으로 한 것이니 순수한 법이론으로는 어떨는지 모르나 변론내용을 도하 신문이 대서특필해서 모든 사람에게 알리니 개개사건을 제쳐놓고라도 우리가 소기했던 목적은 달성이 됐다고 볼 수가 있는 것이다. 그러하기에 우리는 유죄가 떨어질 줄을 뻔히 알면서도 법정에 나가 힘써 말을 하고 그럴 때는 피고석에 앉은 애국지사와 우리들은 동지처럼 느껴졌던 것이다.[40]

이인 변호사의 술회에서 명백하듯이, 항일변호사의 법정은 현실의 법정과 동시에 여론의 법정에 호소하는 것이고, 신문을 통해 전국적으로 사건의 파장이 퍼져가도록 했다. 그들의 개입을 통해 단순한 법정사건을, 여론의 초점을 끈 문제적 사건으로 끌어올리는 데 진력했던 것이다. 또한 피고

---

39 이인, 반세기의 증언, 25면.
40 이인, 반세기의 증언, 26면.

인의 자세를 고취시켜 법정이란 적대적 공간을 투쟁의 공간으로 전환시키는 것이 변호사들의 주요한 몫이었던 것이다.

3. 평북 희천사건: 경찰고문의 진상을 폭로해내다

1920년대 초는 무장독립운동이 가열차게 전개되었던 시기였다. 한편으로 주로 평안북도의 국경지대를 넘어와 주재소를 습격하여 일제 경관을 죽이는 독립군의 흐름이 있었고, 다른 한편으로 의열투쟁의 일환으로 폭탄과 권총으로 일제를 타격하는 흐름이 있었다. 그에 대해 일경은 관련자 색출에 나서면서 사건과 무관한 주민들에게 죄를 씌우는 일이 적지 않았다. 죄를 씌우는 방법은 물론 전가의 도구인 고문이었다. 잔학한 고문을 통해 범죄사실을 자백 받고, 여러 사람들을 '범죄'에 연루시켰고, 그로 인한 피해가 양산되었다.

사건의 대부분은 일제 경찰과 검사의 의도대로 법정에서 유죄 및 중형을 받는 것으로 귀결되었다. 그러나 모든 사건이 그들의 의도대로만 되어진 것은 아니었다. 피고인 혹은 그 가족들이 처참한 고문사실을 고발하거나 여론화한 경우가 있었다. 이를 받아, 변호사가 고문사실을 법정에서 폭로하고 고문의 진상을 밝히라고 적극 변론할 때, 고문을 둘러싼 법정공방이 가열화되었다. 법정공방이 가열화 될수록, 예리한 촉각을 곤두세운 언론의 지면에 낱낱이 게재되었다.

1924년에 그러한 공방의 정점에 있었던 두 사건이 있다. 하나는 평안북도 희천경찰서의 고문사건(흔히 "희천사건"이라 불렀다)이고, 다른 하나는 경상북도에서 일어난 복잡한 사건(흔히 "경북중대사건"이라 불렀다)이 있다.[41] 이

---

41 희천사건에서 변호사의 활약에 대하여는 김이조, "광복군의 희천경찰서 창참주재소 습격사건의 공소심(2심) 재판—우리 변호사의 법정투쟁활동," 인권과정의, 2010. 7, 113~119면을 아울러 참조.

두 사건에서 당시의 수사의 실태 및 공판과정에서 변호사의 역할을 제대로 음미할 수 있다. 희천사건의 항소심에는 김병로가 마지막에 가세했으며, 경북중대사건의 제1심에는 이인 변호사가 적극적 역할을 했다. 물론 그 지방의 유능한 변호사들이 사실관계를 조사하고, 피고인들의 개별적 변론을 뒷받침함으로써 소기의 성과를 거둘 수 있었다. 경성의 변호사와 지방의 변호사가 효과적인 역할분담을 한 사례로 이야기될 수도 있을 것이다. 그중 김병로가 관여한 희천사건에 대해서 살펴보기로 하자.

① 1923년 9월 21일 평북 희천군 북면 명문동 창참에 약 30여 명의 무장 독립단이 출몰하여 경찰관 주재소(창참주재소)와 면사무소를 습격하였다. 독립단과 경관 사이에 격렬한 총격전이 일어났고, 순사 한 명이 총에 맞아 죽었고, 주재소는 불에 타버렸다. 면소와 민가 이십여 호도 불에 탔다. 밝혀진 바에 따르면, 당시 주재소를 습격한 독립단은 천마사령관 최시흥의 부하 최오산이 거느린 광복군이었는데, 그 주모자들은 체포망을 벗어났다.

평북 경찰부에서는 사건이 발생한 이래 희천경찰서의 경관대와 연락하여 밤낮으로 범인수색에 노력하여 수십 명을 검거하고 문초하였다. 그리고 호젓한 곳에서 독립단들이 숙박하기 쉽다는 이유로 민가에 불을 놓아 태워버리는 만행까지 저질렀다. 경찰은 독립단들과 기맥을 통한 혐의로 그 부근의 동리 사람 오륙십 명을 취조하여, 결국 그 동리 조준룡 등 28명으로부터 범행관여사실을 자백 받고, 그들을 신의주지방법원에 기소했다.

제1심에서 피고인들은 항변다운 항변을 하지 못했고, 언론에서도 제1심 공판에 관한 기사는 거의 없다. 여론의 주목을 받지 못한 가운데 경찰과 검찰은 아무 저항없이 자신들의 의견을 판결로 관철시킬 수 있었다. 1923년 12월 28일 제1심판결은 방화살인죄 등으로 조준룡, 송영진, 송영수, 최운기 등 4명에게 징역 7년, 조삼룡 등 21명에게는 각각 징역 5년, 백정국 등 3명에게는 무죄판결을 내렸다. 유죄판결을 받은 26명의 피고인들은 이 판결에 불복하고 평양복심법원에 항소하였다.

② 1924년 5월 1일 항소심이 개정되었다. 평양복심법원에서 입천立川 재판장, 삼정三井 검사, 변호사 김형숙, 한근조, 이희철, 이동초, 이희적, 최창조 등 제씨의 입회로 개정하고 사실심리가 진행되었다.

변호인들의 조력에 힘입어, 피고들은 사실심리에서 피의사실을 전면 부인하였다. "최오산의 권유로 독립청년단을 조직하였다는 일과 주재소를 습격할 때 같이 가서 도와주었다는 일이며 또는 최오산 일파에게 길을 인도하여 주고 경관의 동정을 정찰하여 밀고하였다는 등"의 사실을 완전히 부인한 것이다. 그러면 경찰에서의 자백은 어떻게 이루어졌는가? 그들은 처음 경찰에 체포되었을 때부터 열하루동안이나 지독한 고문을 당했다고 진술했다. "독한 매와 악형에 못이기에 경관의 묻는 대로 그렇다고 대답만 하였을 뿐이요 (그런) 사실은 전혀 없다"고 부인하였다.[42] 어떤 피고인들은 "손과 팔이 못쓰게 되었다고 하고 어떤 피고는 다리가 병신이 되었다 하며 또 어떤 피고는 불덩이나 혹은 화저火箸로 살을 익히어서 그 흔적이 아직도 완연하다고 옷을 벗어보이고 또는 음경에 화침火針, 손톱눈에 죽침竹針을 맞아 이제는 불구자가 되었다"고 고문당한 참상을 울며 호소하였다. 이에 변호사들은 증인신청을 하였다. 김형숙, 한근조 변호사는 "피고들의 답변에 의한 즉 경찰의 고문이 사람으로서는 능히 견딜 수 없는 극도에 미치어 없는 사실을 있다고 대답한 피고도 있고 또한 고문 당시에 정신을 차리지 못하여 신문조서에 영문도 모르고 도장을 찍은 피고도 있으니 그 고문정도를 한번 자세히 검증하여 보아달라"고 신청하였다. 당시의 법정 분위기를 기술한 기사를 보자.

"피고들의 답변에 의한 즉 경찰의 고문이 사람으로서는 능히 견딜 수 없는 극도에 미치어 없는 사실을 있다고 대답한 피고도 있고 또한 고문 당시에 정신을

---

42 조선일보 1924. 5. 19.자.

차리지 못하여 신문조서에 영문도 모르고 도장을 찍은 피고도 있으니 그 고문정도를 한번 자세히 검증하여 보아달라"고 신청하였다. 입천 재판장은 즉시 피고들의 옷을 벗기고 나체검사를 하여본 결과 과연 참혹스러움으로 법관들도 얼굴을 찡그리었고 방청인들도 낯빛을 변하였는데, 피고들은 좁은 가슴속에 서리고 맺혔던 깊은 원한이 일시에 폭발되었던지 갑자기 대성통곡을 하게 되어 법정 안은 구슬픈 울음소리와 함께 눈물의 바다로 변하였다.[43]

뜻밖에도 입천 재판장은 변호인의 고문감정 요청을 수락하였다. 그는 배석판사들과 함께 협의실로 들어가서 한참동안 협의한 후 다시 법정에 나타나서 "5월 3일에 다시 공판을 개정하고 의사를 청하여 고문의 정도를 검증케 하겠노라" 한 후 곧 폐정하였다.

③ 1924년 5월 3일 제2회 공판이 열렸다. 재판장은 출정한 평양자혜의원 의관 급천及川 씨를 감정인으로 선정하고, 그에게 피고들의 고문당한 정도에 대해 자세히 검증한 후 1주일 안에 감정서를 재판소에 제출해달라고 하고, 검증은 평양형무소에 가서 하게 하고, 다음 공판에서 그 감정서를 중심으로 다루기로 하였다. 변호사들은 감정인(급천 의관)에 대한 기본적 신뢰를 갖고 있었다. 김형숙 변호사는, "급천 의관은 매우 진실한 학자이며 또한 가장 신뢰할 만한 인격자이다. 물론 감정에 대하여 절대 공평할 것을 확신하는 바이며 또 그 감정서 여하에 의하여 피고 26인의 사형 무기 혹은 무죄 방면까지 달리였으매 급천 의관은 가장 감정을 엄밀히 하여 사실의 흑백을 일호 유감없이 판단하여 줄 줄로 안다"고 언급했다.

1924년 5월 17일 제3회 공판이 열렸다. 피고 중 송찬보는 병으로 인해 출정할 수 없었고, 25인이 출정했다. 급천 의관은 감정서를 법정에 제출하였다. 그 요지는 다음과 같다.

---

43 동아일보 1924. 5. 4.자 "경찰고문을 법정에서 호소".

"이관도, 이찬지, 김중보 등 세 사람은 악형당한 흔적이 보이지 아니하나 그 외의 피고 23인은 전부 반년이상 일개년 이내의 타박상과 박승縛繩 자리가 아직도 넉넉히 남아있다. 이로써 볼지라도 피고들의 악형당한 사실을 넉넉히 짐작할 수 있거니와 피고들의 말을 듣건대 박승으로 결박을 하고 높은 곳에 매어달아 인사불성이 된 일은 여러 번이고, 화젓가락으로 살을 익히며, 손톱눈에 죽침질과 음경에 화침질과 같은 형언할 수 없는 갖은 악형을 다하여 정신이 없는 중에 소위 심문조서에도 도장을 찍게 하였다는 것이다."[44]

이어 감정서는 피고들의 상흔의 정도를 구체적으로 기록하였다. 예컨대, "조준룡 화상 3개소, 긴박상 1개소, 좌상 6개소, 타박상 1개소," "이지선 긴박상 1, 좌상 7, 화상 1 등." 개개인별로 피고들은 8개월이 경과한 시점에도 화상, 긴박상, 좌상, 타박상 등의 흔적이 완연히 남아있어 심한 자는 15개소의 상처가 조그마한 몸둥이 위에 푸릇푸릇하게 된 피고도 있다.[45]

재판장은 이 감정서의 내용을 일일이 설명해주었다. 고문사실 및 상흔의 내용을 낱낱이 정리한 이 감정은 피고와 변호인에게는 대단한 승리를 의미하는 것이었지만, 검사에게는 엄청난 타격을 초래했다. 검사는 "아직 그 감정서가 완전하다고 할 수가 없으니 다시 감정의를 불러 어느 상처는 고문한 자리요 어느 상처는 평소에 자기가 당한 흔적인지를 명확하게 하여달라"고 신청하였다. 재판장은 그 점에 대해 의관의 감정을 받기로 하고 폐정하였다.[46] 1924년 5월 23일 입천 재판장으로부터 증거조사를 하명 받은 수명판사 송본 판사는 검사와 변호사(김형숙, 이희철, 한근조) 및 감정의사의 입회하에 증거조사를 하였다. 피고인들을 다섯 혹은 여섯 명씩 차례로 불러들여 옷을 벗기고, 피고들의 몸에 난 상처자리와 감정서를 일일이 대

---

44 동아일보 1924. 5. 18.자 "고문을 의관이 증명, 피고 이십오명중 이십이명은 반년이상 일년의 중상을 당해, 창참주재소습격사건공판/불인문할 악형방법, 손톱 눈에 죽침, 음경에도 화침".

45 동아일보 1924. 5. 19.자.

46 동아일보 1924. 5. 19.자.

조해가며 세밀히 조사하였다.[47]

1924년 6월 6일 제4회 공판이 열렸다. 그 사이에 피고인의 수가 26인에서 25인으로 줄었다. 피고인 중 김중보가 사망했던 것이다. 김중보는 평양형무소에 재감 중 폐렴으로 인해 생명이 위독하여, 평양 자혜의원에서 입원치료케 하였으나 병세가 위중하여 1924년 5월 29일 세상을 떠나고 말았다. 김형숙 변호사는 입원치료를 위한 비용을 담보했고, 사후엔 매장인가를 내고 매장까지 주선하였다.

공판에서는 의관으로 하여금 감정한 바를 설명하게 하였다. 검사는 감정인에게 "자세한 바를 질문"하였다. 상처가 있다 하더라도 언제 어떻게 생긴 것인가, 반드시 고문으로 인한 것이라고 확신할 수 있는가 하는 질문이었을 것이다. 의관은 "확실하다고 할 수 없으나 상처는 분명하며, 대개는 고문으로 그렇게 되었다"고 답변하였다. 변호사는 증인에 대한 환문신청을 하였고, 재판장은 그중 김두성 외 15명을 증인으로 부르기로 하였다. 더욱이 (고문사실 여부에 대한 질문을 위해) 직권으로 이 사건 책임자인 희천경찰서 경부보인 원부차랑 외 5인을 부르기로 하였다.[48]

그간 피고인들의 주장과 기자의 취재를 종합하면, 사건의 전모는 대략 다음과 같았다. 경부보 원부차랑 외 다른 경관들의 주장에 따르면, 사건의 단서를 얻게 된 동기에 대해서는, 김두성이라는 주민에게서 "사건이 발생하던 그날 밤에 군복입은 독립단 외에 흰 옷 입은 조선사람도 섞여 있는 듯하다"는 말을 듣고 당시 독립단이 주재소를 습격한 이유가 그 주재소에 구금되어 있던 독립단 수령 임성율을 탈취해가려는 것이라고 생각하고, 그 임성율의 주소가 본래 명문동 요참이라는 동리이므로 그 동리 사람들이

---

47 언론은 이 대목에서, "감정서의 내용이 틀림이 없고, 그 상처들이 고문으로 말미암은 것임을 의심할 여지가 없게 되었다."고 보도하고 있다(동아일보 1924. 5. 26.자 "일반방청을 금지하고 법정에서 나체검사, 급천의관의 감명과 다름업는 극악무도한 희천서고문사건").

48 동아일보 1924. 6. 8.자 "고문사건책임자로 희천서원오명소환결정, 작일에 열린 희천군 창참주재소 습격사건 공판뎡에서".

독립단과 같이 왔을 것임에 틀림없다고 생각하여 즉시 요참에 가서 연약한 부녀자들로부터 사실을 자백하라고 했던 것이다. 그 여자들 중에서 혹은 매에 못 견뎌서 "그렇다"고 대답한 것을 유일한 증거로 삼고 검거에 착수하여 피고 삽십여 명을 검거하는 동시에 피고의 집에 모조리 불을 놓았던 것이다. 그러니까 민가에 방화는 독립단원들이나 주민들이 아니라 경관의 손으로 이루어진 것이며, 거기에 더하여 피고와 그 가족까지 끌어다 경찰서에 잡아넣고는 참학한 고문을 가하여 취조서류를 꾸몄던 것이다. 피고인들에 대한 고문 이외에 가장 끔찍한 고문사실은, 피고의 한 처(33세)에게는 고문을 하다 못 해 나중에는 음부에 심지를 꽂고 불을 질러놓아 국부에 큰 화상을 입혀 그로 말미암아 몇 개월이 지나도록 신고辛苦하는 중에 있었던 것이다. 이것이 "신인공노神人共怒할 죄악"이자 "모골이 송연한" 사태의 전말인 것이다.[49]

④ 1924년 6월 21일 제5회 공판이 열렸다. 먼저 증인신문이 있었다. 경찰 증인에 대한 재판장의 신문이 진행되었다.[50]

재(판장) 직업이 무엇이냐.

증인石田正平 순사를 다니다가 그만두었다.

재 피고들을 심문할 때 자백시키기 위하여 폭행 또는 구타하여 화침 같은 것을 준 일이 없느냐.

증인 없었다.

재 그러면 다른 순사가 그 같은 짓을 하지 않았느냐.

증인 그것은 모른다. 그 당시에 창참주재소에 있었는데 습격을 당했으므로 도무지 원기가 없어서 고문할 기운도 없었다.

---

49 동아일보 1924. 6. 9.자 "신인공노할 죄악, 주택에 충화 부녀도 악형, 한명의 고발로 위션".

50 동아일보 1924. 6. 23.자 "희천군창참주재소습격사건의 공판, 조준룡등 피고들은 법뎡에서 방성통곡/「사실업다고」/「그런놈들?」…/민가방화는 경관소위가 분명하다고/계속공판은 칠월삼일에 고문명도 또 감명".

증인으로 나선 다른 경찰관 4명도 여러 사람을 심문하였으나 고문사실은 없다고 부인하였다. 경관증인의 신문이 끝나자 재판장은 피고 일동의 생각은 어떠냐고 물었다. 피고 일동은 한 입으로 "그런 놈들이 어데 있겠소. 우리를 때려 병신을 만들고 우리 집에 불을 놓으며 총으로 닭을 쏘아 잡아먹는 등 갖은 폭행을 다하고도 아니하였다는 말이 왠 말이요" 하면서 너무도 억울하여 목을 놓아 울기 시작하여 법정은 눈물의 바다로 변하였다.

재판장은 간신히 피고들의 울음을 진정시킨 후, 피고 혹은 변호사들의 신청으로 호출한 증인들을 신문하기 시작했다. 재판장은 피고들을 진정시킨 후 피고 혹은 변호사들의 신청으로 호출한 증인들을 신문하였다. 원천 경부보는 일전에 김두성이라는 자로부터 창참 주민들의 연루 혐의를 들었다고 했는데, 이 날 증언에 나선 김두성은 원천 경부보에게 아무 말도 한 적이 없었고, 또한 주재소가 습격당하던 9월 21일 밤에는 피고 중 6인이 자신의 집에 같이 있었다고 증언함으로써, 경찰의 주장에 반박했다. 주민 중 김기섭을 신문했는데, 동리에 불을 놓은 것은 창참주재소 경관들의 소행이었으며, 이 사건의 피고인인 조준룡 등 6인의 집이 탔다고 답변하였다.

이러한 증인신문이 끝나고, 변호사들은 추가로 증인 요청을 하였고, 반면 검사는 피고들의 상처가 당시의 고문으로 인한 것인지 여부는 제출된 감정서로 불충분하니 다시 전문의사의 감정을 받자는 신청의견을 진술하였다. 재판장은 검사와 변호인의 신청을 모두 기각하고, 이미 출두명령을 낸 증인만 추후 증언하기로 하고 폐정하였다.[51]

⑤ 1924년 7월 3일 제6회 공판이 열렸다. 전회에 이어 증인신문이 계속되었다. 증인으로 나온 주민들은 피고들에게 유리한 증언을 하였다. 그리고 검사의 논고와 구형이 있었다. 제1심과는 달리 치열한 사실 공방을 벌인 탓이라 검사 측은 수세에 몰렸다. 삼정 검사는 "피고 측 증인의 진술은

---

51 조선일보 1924. 5. 26.자 "상흔이 볼수록 분명 희천경찰의 고문사건. 말만 드러도 안이 놀날 수 업는 끔직 끔직한 흔적을 재차 감정".

대개 피고들에게 유리한 진술이나 여러 증인의 하는 말이 서로 일치되지 못하여 모호한 점이 많고, 또 피고들을 고문하였다는 의관의 감정도 모호한 점이 많아, 고문을 당하였다고 인정하기 어려우니, 제1심의 판결과 같이 언도하기 바란다"고 하였다.

변호인들은 이제까지 죽 사건을 맡아 진행해오던 최창조, 이희적, 김형숙, 한근조 변호사 이외에 한 명이 추가되었다. 김병로 변호사였다. 김병로는 조선변호사협회 차원에서 이 희천사건에 대한 조사와 대책강구의 책임을 맡았던 것이다. 이미 이 사건은 신의주(제1심), 평양(항소심)의 지역 차원을 넘어 전국의 쟁점으로 부상했던 것이다.

변론은 김병로로부터 시작되었다. 그는 "열정을 다하여 국경에 있는 우리 동포들의 가련한 상태를 말하고 본 건 피고의 무고함을 역설하여 무죄를 주장"하였다. 이어 최창조, 이희적, 김형숙 변호사들은 "비창하고도 열성을 다한 어조로 역시 피고들의 무죄함과 경찰관들의 불법행동을 규탄"하였다. 피고인에 대한 고문사실은 "의관의 감정에 의해" 명백한 것이고, "피고들은 형벌에 못 이기어 없는 사실도 억지로 진술한 것"이라는 취지였다. 매듭은 한근조 변호사가 했다.[52]

1924년 7월 12일 판결이 선고되었다. 항소심에서 많은 새로운 증거가 나왔고, 의관의 감정에다, 증인들의 증언 모두 피고인들에게 압도적으로 유리했던 만큼 원심판결의 파기에 대한 기대가 어느 사건보다 컸다. 재판부도 증인신청을 충분히 받아주었고, 의관의 감정에 대한 검사의 재감정 신청도 물리쳤던 만큼, 절차상으로 공정한 면모를 보여주었다. 그러나 역시 식민지 법정은 그로써 번복되지 않았다. 제1심에서 징역 7년을 선고받은 4인(조준룡, 송영진, 송영수, 최운기)은 모두 2년씩 감형되어 징역 5년이 선고되었다. 그 외 20명은 모두 1심판결대로 각기 징역 5년이라는 선고가 있

---

52 조선일보 1924. 7. 5.자 "희천사건 계속 공판. 검사는 1번 판결과 같이 구형, 변호사는 피고의 무죄를 주장"; 동아일보 1924. 7. 6.자 "검사는 1심대로, 증인은 피고에게 유리하게 증언, 무죄주장/변호사들이 주장".

었다. 무죄판결을 예상하고 있었던 피고인들과 변호사들은 매우 낙망했고, "피고 25명은 다시금 억울한 생각을 참지 못하여 법정안은 또다시 울음소리에 잠긴 눈물의 바다로 화하였다."[53] 곧바로 피고인들은 상고했지만, 최종심인 조선고등법원에서 상고는 결국 기각되었다.[54]

⑥ 조선변호사협회는 평안북도 희천경찰서 고문사건이 법정과 언론에 폭로되자 분연히 일어나 대책을 강구하고 전 조선민중의 여론을 환기하기로 하였다.[55] 협회는 1924년 5월 25일 돈의동에 있는 명월관에서 열린 제3차 정기총회에서 이 문제를 토론에 붙이고 여러 설명 및 협의를 3시간동안이나 진행하였다. 그 결과로서 다음과 같은 결의를 하였다.[56]

선결문제로서 사건의 진상을 철저하게 조사하기 위하여 평양에 있는 이기찬, 김지건 양 변호사 및 신의주에 있는 최창조 변호사 등 3인을 조사위원으로 선정한다. 이·김 변호사는 평양복심법원에서, 최 변호사는 희천경찰서에서 철저히 조사하도록 한다.

조사위원은 조사결과를 조선변호사협회 이사회에 보고한다.

금후에 취할 태도 및 방침은 협회 이사회에서 결정한다.

충분한 조사를 마친 뒤에는 즉시 평양을 중심으로 하여 전조선적으로 사건을 널리 민중에게 알리기 위하여 강연회를 개최하는 등 여론을 환기하도록 한다.

고문책임자에 대하여는 면직을 권고하고, 직접 고문을 한 자에 대하여는 형

---

53 동아일보 1924. 7. 14.자 "조준룡, 송영진, 송영수, 최운기등 희천창참주재소습격사건의 언도, 거의 일심과 가치 판결/법정은 루해화, 무죄를 예료한 변호사들도 모다 락심".

54 조선일보 1924. 10. 18.자 "희천사건. 조준용등 독립단일행이 희천 주재소와 사무소 습격 日순사 총살한 사건, 고등법원에서 상고 기각".

55 동아일보 1924. 5. 24.자 "희천서고문사건에 변호사협회분기, 명이십오일 뎡긔총회석상에서 대책을 협의하고 여론을 이르켜".

56 결의내용은 동아일보 1924. 5. 27.자 "희천서고문사건으로 분기한 변호사협회의 결의조항; 전도임시대회도 개최/죄악의 종자를 배양하는 형사등 개폐를 단행, 위원을 션뎡하야 계획을 진행/간담회로 개회, 임원도개선"; 경성 종로경찰서장, 희천(熙川)경찰서 고문사건에 대한 변호사협회의 태도에 관한 건[경종경고비(京鍾警高秘) 제7045호의2], 1924. 6. 2.(원문: 국사편찬위원회 한국사데이터베이스 http://db.history.go.kr); 경성지방법원 검사정, 희천경찰서 고문사건에 대한 변호사협회의 태도에 관한 건[지검비(地檢秘) 제622호], 1924. 6. 3.

법상 수속을 밟아 고발을 할 것이며, 상급관청에 교섭하여 전선적으로 관헌당국의 죄악을 기탄없이 발표하도록 한다.

이 사건의 주인공인 피고 일동에 대하여는 극력 변호하도록 노력한다.

법률상으로나 인도상으로 도저히 용서할 수 없는 집권자의 숨은 죄악을 규탄하는 동시에 공중의 정당한 판단으로서 금후에는 또다시 이러한 일이 없도록 한다.

이렇게 경성-평양-신의주의 변호사들의 합동적인 노력과 언론의 기세, 법정변호사들의 활약, 피고인 및 증인들의 적극적 자세에 힘입어, 고문사실이 적나라하게 표출되어, 분노의 불길이 퍼져나가게 되는 것이다. 그 전반적 사정은 다음의 기사를 통해 잘 파악할 수 있다.

아 귀에 듣기에도 살점이 떨리고 붓으로 기록하려는 손끝이 방향을 모르게 된다. 우리의 단장의 통분과 비애가 어찌 이에 그치랴마는 이와 같이 비인간의 만행을 마음대로 행하며 거룩한 사람의 생명을 죄없이 죽임에야 무엇을 들어 변명을 요구하며 사과를 바라랴. 이것이 소위 문화정치의 산물이며 신성하다는 도덕과 법률의 가르침이냐. 아! 이천만의 조선사람아 이와 같은 참담한 사실과 철천의 원한과 모욕을 무엇으로써 보답하려는가.[57]

희천경찰서의 지긋지긋한 고문사건은 우리의 살을 떨게 하고 피를 끓게 한다. 피를 빨아먹는다는 흡혈귀, 사람을 지옥에 쳐넣는다는 악마 이상의 그 지독하고도 잔인한 몹쓸 짓에야 한끝가는 우리의 분노를 표현시킬 글과 말이 없음을 한할 따름이다.

이미 드러난 사실도 그러하거늘 어제 신문에 보도한 새로운 사실에 이르러서야 우리는 다시 무슨 말로써 우리의 감정을 형용할 것인가. 아무리 도마 위에 얹

---

57 동아일보 1924. 6. 10.자 "희천사건을 보고 이것이 문화정치의 산물인가".

힌 고기와 같은 신세라 할지라도 이것만은 견딜래야 견딜수 없다. 참으랴 참을 수 없다. … 생각해보라 부녀를 빨가벗기는 것만 하여도 용서할 수 없는 만행이거든 하물며 연약한 몸에 매질함이랴, 더구나 귀로 차마 들을 수 없는 당근질로 국부를 지짐에랴. 몇 달을 지난 오늘날에도 그 곳이 썩어들어가는 중이라 하니 그 방법이 얼마나 지독하고, 심악하고, 흉측하고, 악착한 것을 상상할 것이 아니냐. 천도가 이렇케도 무심한가! … 우리의 목숨을 내어놓는 한이 있더라도 이것만은 기어이 유중하고야 말 일이다. 하되 우리의 이른바 유중은 결코 폭력을 의미함이 아니요 가장 적절한 방법으로 철저하게 그 책임자를 벌주자는 것이다. … 우리의 모든 힘을 합하여 조선민족의 이름에 있어 이 지극원통한 일에 조리정연하게 또는 전고戰鼓당당하게 운동을 시작하여 믿을 수 없는 당국자를 독촉하여서 책임자를 법으로 묻게 하자.[58]

이같이 공격의 예봉은 필경 총독정치 자체로 향해지고 있다. 이토록 잔학무도한 고문사실은 폭로된 이상 어떤 명분으로든 정당화할 수 없다. 일제경찰도 다만 고문하지 않았다고 증언할 뿐이지, 고문 자체를 정당화할 법리는 없는 것이다. 더욱이 부녀자에 대한 끔찍한 고문의 참상에 이르게 되면, 당국자에 대한 책임추궁의 요구 자체를 금압할 수 없게 되는 것이다. 그리하여 다음과 같이 일제의 소위 '문화정치'의 허울을 폭로하고, 사이토오 총독의 문화정치가 과거 테라우치 총독하의 무단정치와 무슨 차이가 있느냐고 꾸짖을 정도가 된 것이다.

---

58 시대일보 1924. 6. 9.자 "오늘일 내일일, 참으랴 참을 수 업는 이 사실".

제6장

변호사들의 조직적 활동

고려혁명당 재판의 변호인, 피고인 가족과 방청인들(동아일보 1928. 3. 21.)

제6장

변호사들의 조직적 활동

변호사들의 항일변론이 본격화되는 1923~24년을 전후하여, 변호사의 단체 구성과 집단적 활동에 대해서도 일대 변모가 생겨났다. 그 간의 사정을 접근하기 위해 1924년 종로경찰서장이 경성지방법원 검사정에게 보낸 비밀문건을 우선 소개해본다.[1]

(조)선인변호사의 태도에 대한 비난의 건

조선인변호사로 조직되어 있는 변호사협회㉠는 권리옹호를 구실로 불근신한 행동에 나서고 있어 (조)선인 유식자 사이에서 점점 중대시함에 이르고 있는 데 그 말을 종합하면 다음과 같이 일시(적 시류에) 영합하는 언사와 달리 애심우려哀心憂慮하고 있어도 다른 말을 들을까 걱정하여 말하기를 꺼리고 있다.

1. 내선인 변호사의 불화에 의해 (조)선인 측에서 변호사협회를 설립㉡하고도 그 하는 짓을 보면 사회적 유익사업을 행하는 것과 거리가 멀고 북경 기타 국제변호사회에 출석하여 조선의 지위를 인정받으려다㉢ 실패하고, 가까이는 평북 희천경찰서 고문사건의 조사㉣를 인수하고, 또한 11단체의 각파유지연맹의 박춘금 폭행사건에 붙여 시민대회 개최에 간섭㉤하고, 우리들에게 그 이름도 잘 모르는 전남 암태면 소작쟁의문제에 가담㉥하고, 언론집회자유압박에 대한 당국탄핵회의 한 분자㉦로 분주하지만 그 결과는 보는 바와 같이 하등 조선사회를 유익하게 한 것이 아니었고, 도리어 그들이 가담한다고 해서 세인의 기대를 높

1 검찰행정사무에 관한 기록(1) - [조]선인 변호사의 태도에 대한 비난의 건[경종경고비[京鍾警高秘] 제7684호의 2], 발신: 경성 종로경찰서장 1924. 6. 16., 수신: 경성지방법원 검사정 1924. 6. 17.

여 오해를 증대시켰을 뿐이다. 그러한 무리들을 제1위의 식자로 떠받들 수 있게 되어 있는 조선의 문화는 비관밖에 할 수 없다는 것이다.

2. 변호사협회가 점차 시류에 편승하여 경솔한 태도로 변천하고 있음에 대하여 당국이 어떻게 관찰하고 있는가는 우리들이 아는 바 아니지만 협회원중 모모와 같이 일종의 협잡배로 세상의 신용이 전혀 없어 누구도 상대해주지 않는 인물이 어쩌다 변호사가 되어 사법관헌 혹은 당국에 맞섬으로써 매명의 수단으로 인기책으로 단체에 가맹함은 타기해야 할 것으로 서글프다 할 것이다. 조선의 현상황에서는 그 내부사정을 아는 자가 몇 있으나 … 일반민중은 관헌에 대항하는 유일한 아군◎이라 믿고 있다. 그 변호사들은 직접 검사정의 감독하에 없음을 기화로 협회의 이름으로 … 그 지위와 기대를 이용하여 야망을 추구하려 함은 흡사 호랑이에 날개를 다는 것과 같이 갈수록 현사회를 악화 혼란시키고 있어 장차 조선을 위해서 심히 우려스런 추세라 할 것이다.

일경의 입장에서 변호사협회와 협회원들을 매도한 것이지만, 이를 뒤집어보면 변호사들의 맹활약을 오히려 잘 소개해주고 있다. 그 기록에 등장한 내용과 배경을 정리하면서, 1920년대 초의 변호사의 단체적 활동과 항일법률운동을 정리해보기로 하자.

1. 경성조선인변호사회의 출범

1910년 일제의 조선강점 직전까지 한국의 변호사회는 경성제일변호사회(일본인), 경성제이변호사회(한국인)의 두 회가 있었다. 테라우치 총독시대에도 그런 양 변호사회체제는 유지되었다. 1913년의 한 기사를 보면, 경성제이변호사회의 정기총회가 개최되었고, 그 회장에 최진, 부회장에 정명섭, 상의원에 태명식, 박승빈, 박만서, 허헌, 심종대 등 변호사가 선임되었다.

1919년 4월에 이르러 경성지방법원 검사정이 양 변호사회를 통합할 것을 권고하여 '경성변호사회'의 창립총회를 개최하게 되었다. 당시의 회원은 조선인이 31명, 일본인이 34명이었으므로 일본인이 근소한 우세를 유지하고 있었다.[2]

그런데 3·1운동의 폭발과 새로운 세계사적 조류로 인해 조선인 변호사들은 이제 긴 잠에서 깨어나 적극적으로 임하게 되었다. "조선인변호사들은 오래 쌓였던 불평과 함께" 새로 조직되는 경성변호사회에서 단결하여 조선인 변호사를 회장으로 내세우고자 했다. 일본인들이 추천하는 대구보아언大久保雅彦과 조선인들이 추천하는 장도張燾가 팽팽히 맞섰다. 조선인들이 전부 결속하여 임한 결과 장도 변호사가 1표 차이로 경성변호사회 회장에 당선되었다. 일본인과 같은 자격을 갖춘 변호사로서 조선인이 회장이 될 수 없다는 규정은 없었으나, 일본인들로서는 상상도 할 수 없는 일이 벌어졌던 것이다.

일본인들은 총독부에 진정서를 제출한다. "사법당국에 특별한 운동을 한다 하여 격렬히 조선인회장 반대운동을 하였으나" 당국에서는 조선인은 회장이 되지 못할 아무 이유를 찾을 수 없으므로 부득이 허가하였다. 하지만 일본인 편에서는 항상 조선인 편과 반대로 나가며 회장반대운동을 하니, 회의 운영이 마비되고 양측의 불화만 증폭되게 되었다. 결국 만 1년을 경과한 1920년 4월 24일 경성지방법원 검사정은 경성변호사회를 종전대로 나누어, '경성조선인변호사회'와 '경성일본인변호사회'로 분립허가를 내게 되었다.[3]

1920년 4월 24일 남산의 경성호텔에서 '경성조선인변호사회'의 총회가 열렸다. 회장에는 장도, 부회장에 박만서, 상의원장에 최진, 상의원에 정

2 조선 전체로 보면, 1919년 말 현재 조선인변호사는 97인, 일본인변호사는 90인으로, 모두 187인의 변호사가 조선 내에서 활동했다. 대한변호사협회, 대한변협50년사, 2002, 46면.

3 동아일보 1920. 4. 26.자 "조선인이 회장된 이유로 분립한 변호사회, 분립하는 마당에 비통한 회장의 고별연설, 분립을 주장한 편에서 도리혀 융화를 말해, 그네들의 얼굴빛에 낫하나는 이상한 우슴".

구창, 박승빈, 김찬영, 이승우, 김종건, 김우영 등이 선출되었다. 회장으로 선출된 장도 변호사는 감개무량한 어조로 다음과 같이 말했다.[4]

"우리 변호사회는 원래 경성 안에 일본인변호사가 조직한 제1변호사회와 조선인이 조직한 제2변호사회가 있었던바 한번 당국의 지휘를 받아서 합동되었다. 그러나 다행이라 할까 불행이라 할까 작년 4월 이래로 역원선정 문제로 분경에 분경을 더하여 그동안의 경과는 말하기도 신산할 만큼 지리멸렬하였었다. … 결국 분립치 아니치 못하게 되었으나 우리는 이로 인하여 아무 감정을 둘 것이 아니라 피차 동업자 간에는 더욱 친밀하여지기를 간절히 바라는 바이라고…."

일본인 변호사들로서도 자신들이 대표를 할 수 없을 바에야 차라리 분립이 낫다는 태도였지만, 조선인으로서는 분립을 통해 조선인변호사회의 정체성을 분명히 할 수 있었으므로 환영할 만한 진전이 아닐 수 없었다. "다행이랄까 불행이랄까" 하는 장도 회장의 언급에도 있듯이, 분립은 내심 조선인변호사들로서는 불감청 고소원의 입장이 아닐 수 없었던 것이다. 경성에서 조선인변호사의 분립체제는 1936년 조선변호사령이 공포되어, 내선일체의 방침 하에 단일화되기 전까지는 계속 유지되었다.

2. 조선인변호사협회 창립과 국제변호사대회 참가

1921년에 이르기까지 조선인 변호사들을 전국적인 차원에서 통일 협력할 기관은 없었다. 1921년 5월에 전조선변호사회 회장회의를 개최하였다. 박승빈·장도·이승우 씨 등의 발기로 조선인변호사협회를 창립하기로 하고

---

4 동아일보 1920. 4. 26.자.

연락을 취하여, 1921년 10월 2일 창립총회를 개최하였다. 협회를 대표하는 총무간사로는 박승빈 변호사가 선정되었고, 이사는 이승우, 윤태영, 장도, 김찬영, 이동초, 허헌 씨 등 6인이, 의원은 최진, 유문환, 김병로, 박만서, 홍우석, 김태영, 권혁채, 문택규, 이기찬, 강세형, 손태환, 신서정, 박해극, 이조원 등 15인을 선정하였다. 또한 협회의 유지비로 약 천여 원을 거출하였다.

조선인변호사협회의 목적은 '정의의 발전, 인권의 옹호, 법제의 개선, 회원의 친교 증진'에 있었다. 언론에서도 '법조계의 단합은 인권옹호의 전제'라고 하면서 창립의 쾌거를 축하하였다. 법률가는 교육가와 언론가보다 활동적이며 활동함에 편의와 자유가 많은 만큼 법조계에 대한 기대가 다망하지만, "과거를 회고하면 법조계의 인물로서 조선사회에 공헌한 바가 미미한 것은 사실"이었음을 지적하고, 이 점은 법조계 인사 뿐 아니라 조선인 전체가 유감스럽게 생각해왔다. 이제부터 사회적 기대에 부응하는 변호사의 적극적 역할을 요청하는 것이다. 다음 사설을 인용해본다.[5]

변호사는 사회적 공직이라. 사리를 모하는 것이 본래의 목적이 아니오 인민의 권리를 옹호하고 사회의 공익을 도하는 것이 본래의 목적이 되나니 조선사회에 재在하여 이 목적을 달함은 실로 난사중의 난사이라. 개인적으로는 경제조건이 족치 못하고 사회적으로는 사법의 독립이 확실치 못하니 비록 본래의 목적을 달하기 위하여 진진불기進進不已한다 할지라도 주위의 사정이 그 정성을 수遂치 못하게 함에 내하奈何리오. … 이제 법조계의 인물이 단결하여 변호사협회를 조직하고 본래의 목적을 달코자 하나니 성력만 피력하면 기히 속전束箭이 된지라 가히 절折치 못할지오.

법률은 민중의 양심으로 출래出來하는 여론을 형식화한 것이라. 고로 사회적 양심이 즉 법률이니 그 법률이 만일 사회적 양심과 배치된다 하면 차는 법률로

---

5 동아일보 1921. 10. 5.자 "조선변호사협회의 창립, 법조계의 단합은 인권옹호의 전제".

존재할 가치가 무한 것이라. 하고오 하면 법률은 사회생활을 율律하야써 안녕질서를 보지하고 인권을 확충하는 것이니 사회적 양심과 배치하면 사회생활을 가히 율치 못하며 차 인권을 확충치 못함으로써이라.

변호사들이 성력을 다하고 단결한다면, 묶은 화살(束箭)처럼 부러뜨릴 수 없으리라는 기대를 표하고 있다. 또한 사회적 양심과 인권보장에 저촉되는 법률은 존재할 가치가 없다고 하면서 사회적 양심에 부응하는 변호사의 적극적 활동을 당부하고 있음을 본다.

조선변호사협회는 이러한 일반적 기대를 충족하기 위한 목적에서 결성되었지만, 실제적으로 눈앞의 현안에 대한 한 대응이라는 성격을 갖고 있었다. 1921년 10월 23일 북경에서 개최되는 국제변호사대회에 조선변호사들의 독자적인 대표성을 확보하기 위해 독자적 단체가 필요했던 것이다. 이 북경 변호사대회의 개최사실을 알고 전 조선 차원에서 변호사를 대표하는 기구로서 조선인변호사협회를, 대회 직전에 결성하게 된 것이다.

국제변호사대회란 (아시아 각국의) 변호사들이 국제적인 친목 도모와 모든 나라 민중의 권리를 정당하게 옹호하자는 취지로 만든 것으로, 제1회 대회는 1919년 필리핀에서 개최되었다. 그때는 그다지 주목을 받지 못하고 일종의 위원회 정도로 맺어졌다. 제2회 대회는 중국 북경에서 열기로 했다.[6] 그 북경대회를 위한 일종의 예비회의가 1920년 초 동경에서 열렸다. 조선의 변호사들은 이 대회를 주목하여, 7인의 변호사들이 참석했다. 이 회의에서 조선 변호사들은 다른 나라의 호의를 얻기 위해 적극적으로 노력했다. 그 과정의 주역이었던 박승빈 변호사의 회고를 보자.[7]

---

6 조선의 언론은 "국제변호사(대)회"라고 한결같이 지칭하는데, 일본의 비밀자료에는 "극동변호사대회"라 쓰고 있다. 변호사들의 참석범위를 보면, 후자가 더 정확한 것이라 생각된다.

7 박승빈, "국제변호사대회에 갓다가, 중국북평에서 개최," 삼천리, 제3호, 1929. 11, 6면.

1920년에 일종 예비회의라고 볼 조고만한 회의가 동경에서 열니엇는데 그때는 「비율빈」이나 중국, 조선 등 여러 곳에서 대표들이 상당히 만히 모엿섯습니다. 조선으로서는 나와 고 정구창, 장도 씨 등 일곱사람이 참석하엿는데 그때에 우리는 중국대표와 비율빈 대표들을 수차 연석에 초대하여 노코서(중간략-원문) 그리하야 이와 가치 심중을 피차에 상통하여 노흔 뒤 우리들은 엇든 성산成算을 기지고 즉시 도라와서 전 조선에 흐터저 잇는 변호사계에 일대 예론의 환기에 분주하엿든 것입니다.

즉 북경에서 열리는 제2회 대회에 조선인으로서의 대표성을 얻기 위해 타국 대표들과 열심히 교섭하였으며, 그 결과 심정적 공감을 얻었다는 것이다. 그리하여 서울로 돌아와 "전 조선에 흩어져 있는 변호사계에 일대 여론의 환기"에 분주했던 것이다. 그 여론이란 바로 조선 전체를 대표하는 변호사조직이 필요하다는 것이다. 북경대회에서 조선인의 대표성을 확보하기 위해서이지만, 그를 계기로 조선인 변호사들의 전국적 결속기관이 필요하다는 것이다. 이런 경위로 조선인변호사협회를 창립하여, 그 활동을 전국적 차원으로 할 수 있는 조직적 토대를 마련한 것이다.

북경대회는 1921년 10월 23일에 개최되었다. 중국 측은 각 지방 대표자 5백명을 위시하여, 일본에서 50명, 필리핀에서 15명, 상해 거주 미국인 4명, 러시아인 4명이 출석하였다. 조선인 변호사는 모두 21명이었으니 "굉장한 다수"에 속했고, "원기가 왕성"하였다.[8]

대회 참석 직전에 조선인변호사협회를 조직하여 하나의 독립된 단체의 대표로서 출석함을 자임하였고, 정식으로 국제변호사단체의 한 단체로 가맹하기 위하여 북경에 도착한 그날부터 맹렬한 활동을 했다. 이 대회의 대표인 국제변호사협회장(중국인 왕유령)에게 가맹요구서를 제출하고, 각국

---

8 동아일보 1921. 11. 1.자 "국제변호사회 경과, 조선인변호사회 단체의 독립적 참가가 일본측 반대로 문제되어 의사는 결국에 중지".

대표자들에게 하나의 독립단체로 가입에 협조할 것을 부탁하였다. 그중에서 필리핀 대표자는 (서로 식민상태에 있던 만큼) 극히 동정을 표하여 이번에 가입을 찬성함은 물론, 다음해에 열리는 필리핀 대회에 독립단체로 초대하겠다는 화답을 받았다.[9] 그때 변호사들은 "정말 있는 힘을 다하여 열심히 획책했고 진정으로 활동"했다고 회고하였다.

이 같은 활동소식에 일본인 측은 경악하였다. 일본인 변호사들은 이러한 조선인들의 정식대표성의 인정은 "일본을 이반離反하는 행동"이라 하여 중국 측 대표에 강경한 반대를 제출하고, 만약 조선인변호사들의 독립단체를 인정하면 일본인 변호사들은 전부 탈퇴한다고 하였다. 일본 공사는 중국 법부에 말하여 대회를 열지 못하도록 압박하였다. 대회를 열어 의사를 진행하면 조선인 의결권 여부가 쟁점화될 것이기 때문이다. 중국 측은 원만히 해결하고자 하였으나, 일본 측의 눈치를 보지 않을 수 없었다. 이것이 대회의 가장 커다란 쟁점으로 부상하여, 결국 회의 전체가 제대로 된 논의와 결정, 심지어 폐회선언도 없이 유야무야 종결되고 말았다.[10]

왜 일본 측은 조선인에게 정식 대표성을 인정하기를 완강하게 거부했던가. 당연한 일이지만, 조선은 일본의 식민지였고, 일국에 두 개의 대표가 있을 수 없다는 논리였다. 아무튼 일본 측에게 그러한 일은 상상할 수 없는 일이었다. 대회에 참가한 허헌은 그에 대해 세 가지 반박논리를 준비하고 있었다. 첫째 조선은 재판소구성법부터 법률영역이 다르다, 둘째 국제대회라 해도 사적 회합인 만큼 한 국가가 아닌 한 민족의 대표를 보내는 것은 정당하다, 셋째 (식민지 하에 있는) 인도나 필리핀 역시 대회의 결의권을 갖고 있다는 점에서 조선이 대표를 가지지 못할 이유는 없다.[11] 하지만 논리적 타당성이야 어쨌든, 일본인으로는 이는 상상할 수 없는 파국으로 보였을 것이다.

---

9 동아일보 1921. 11. 1.자.

10 박승빈, "국제변호사대회에 갓다가, 중국북평에서 개최," 삼천리, 제3호, 삼천리사, 1929. 11, 5~7면.

11 "허헌씨 개인좌담회," 동광, 제39호, 수양동우회, 1932. 11, 32~34면.

이렇게 대회는 "이상한 결과로 끝이 나고" 조선인 변호사들은 귀국하였다. 이러한 행동을 형법에 무슨 조항에 저촉된다든가 하는 것도 아니기 때문에 그로 인한 보복 같은 건 없었다. 그러나 "기미 직후"의 시대적 분위기는 조선인 변호사로 하여금 일본과 대등한 차원의 독립된 대표성을 대외무대에서 확보하기 위해 분투할 만큼의 열성을 쏟게 했던 것이다.

1923년 1월 필리핀에서 제3회 국제변호사대회에 참석하고자 했다. 출석희망자는 10명 정도[12]였는데, 일제당국은 대회참가자격에 대해 주의를 주고 참가 자체를 포기할 것을 종용하다가, 결국엔 여권 발급을 불허함으로써 대회 참석을 좌절시켰다.[13] 그 후 조선변호사협회의 국제적 활동의 시도에 대한 흔적은 보이지 않는다. 3·1운동이후 고양된 분위기 하에서 변호사들의 적극적인 분투가 독립된 조선인에 의한 지방 및 전국단위의 변호사단체의 결성과 국제적 활동의 노력은 특기할 만한 사실이 아닐 수 없다.

3. 평북 희천사건의 고문사실 조사

1924년 평북 희천경찰서의 악독한 고문사건과 극악한 죄상이 세상에 발포되자 일반의 여론이 비등하였다.[14] 이에 조선변호사협회가 선두에 나섰음은 앞의 희천사건 재판에서 다룬 바 있다. 앞서 정리했듯이, 조선변호사협회는 1924년 5월 25일 정기총회에서 희천사건의 진상을 철저히 조사하

12 최진, 박승빈, 허헌, 이기찬, 김찬영, 변영만(이상 경성), 김지건, 이찬, 강세형 및 이동초(이상 평양), 고경, 제4018호, 1922. 12. 19.

13 "허헌씨 개인좌담회," 동광, 제39호, 수양동우회, 1932. 11; 불령단관계잡건-조선인의 부-재구미(6) - 국제변호사회 조선인변호사 출석의 건[高警 제4118호], 발송: 丸山鶴吉(조선총독부 경무국장) 1922. 12. 23.

14 동아일보 1924. 5. 24.자 "희천서고문사건에 변호사협회분기, 명이십오일 뎡긔총회석상에서 대책을 협의하고 여론을 이르켜".

고, 평양 및 신의주의 변호사 조사위원들은 그 조사결과를 조선변호사협회 이사회에 보고하며, 금후의 방침은 이사회 중심으로 결정한다는 것을 의결한 바 있다.

이 회의에서는 특히 조선변호사협회의 이사진을 개선하였다. 이사회원으로 김병로, 김용무, 허헌, 이기찬, 김종건, 양대경, 윤태영이 선임되었으며, 김병로가 이사회의 장으로 선정되었다.[15] 이 이사회는 희천사건에 대한 보고를 받고, 금후에 취할 태도와 방침을 결정하는 기관인데, 김병로, 김용무, 허헌 등이 포진함으로써 상당한 추동력을 갖게 되었다고 할 수 있을 것이다. 김병로가 희천사건의 변호인으로 직접 가세한 것은 조선변호사협회 이사회의 장으로서, 이 사건 조사와 처리의 책임을 맡았기에, 단순히 한 사건의 변론 참여의 정도가 아니라 조선변호사협회 차원의 개입의 의미를 띠게 된 것이다.

조선변호사협회는 또한 이 희천사건과 같은 경찰관의 고문이 조선에 특유한 증거방법에 연유하는 것으로 보았다. 조선에서는 "사법경찰의 피고에 대한 청취서가 재판소에서 유일한 확실한 증거"로 간주되는 까닭에, "경찰서에서는 온갖 횡포한 만행을 함부로 하며, 무리한 고문으로 없는 사실도 있게 만들어 무참한 희생을 짓게" 만든다는 것이다. 이렇게 조선에서 사법경찰관의 청취서(조서)가 절대적 효력을 갖게 된 것은 조선형사령의 조항 때문이다. 실로 이 조선형사령상의 경찰조서의 효력은 경찰의 권력남용과 고문과 같은 "죄악의 종자를 배양하는" 근본악에 해당하며, 따라서 그 관련조항의 개폐가 필요하다는 인식이었다. 바로 이러한 조선형사령의 일부에 대한 개폐를 단행하기 위하여 변호사들 중에서 조사위원을 선정하여 조사한 후에 당국에 건의하여 "조선에서만 실행되는 (조선형사령상의) 특별법의 개폐를 단행하고자 한 것이다.[16]

---

15 동아일보 1924. 5. 27.자 "간담회로 개회, 임원도 개선".
16 동아일보 1924. 5. 27.자 "죄악의 종자를 배양하는 형사등 개폐를 단행".

이러한 변호사협회의 결의에 대해 언론은 "변호사협회의 궐기"로 지칭하면서 법조계에 대해 "동감"을 표시하는 동시에 향후의 변호사협회의 "태도에 대해 일반민중과 같이 주의하여 보고자 한다"는 표현을 하였다. "동감"은 쉽게 이해할 수 있지만, 왜 "주의"라는 표현을 썼을까. 그것은 그간의 법조계의 태도가 문제가 많았기 때문이다. "종래의 조선에 잇어서 법률상으로나 인도상으로 도저히 묵과하지 못할 중대한 죄악이 공연히 발생함에도 불구하고 이에 대한 제1차적 인권책임자인 법조계는 관권 하에 전전긍긍하여 감히 일언을 발하지도 못하고 유야무야 … 해버린 실례가 한둘에 그치지 아니한 까닭"이라고 하고 있다. 달리 말하자면, 이번의 변호사협회의 결의는 그동안 인권옹호라는 천직에 충실치 못한 과거와 대조되어 과감하게 나선 첫 걸음으로 적극 평가할 수 있다는 것이다. 언론의 법조계, 변호사회에 대한 당부는 다음과 같이 이어진다.[17]

금번에만 있는 것은 아니지만 희천고문사건과 같은 포악하고 무도하며 잔인하고 참혹한 만행이 어디 있으랴. 과연 이러한 사실 위에도 법치국가의 의의가 있고 법률의 행사가 있다 할까. 우리는 길게 논의코자 아니한다. 그 정상을 회상할 시에는 절절히 골수에 사무치는 분노와 반감과 전율과 비애가 착잡하여 심신을 어찌하지 못한다. 어찌 우리만 이러하랴. 양심이 있는 모든 사람은 동일한 감격과 자극에 공통한 의분이 있을 것이다. … 거기다가 조문상으로도 허락하지 못하는 악행을 감히 하는 소위 사법자가 있다 하면 국법의 권위가 문제요 인민의 사활의 문제라. 이 때 제군이 궐기한 것은 당연한 일이요 또 피치 못할 일이다. … 목하 문제는 시종일관한 입법문제가 아니요. 직각적으로 받는 의분의 발로로 용인할 수 없는 죄악에 대한 해결과 그러한 폐해를 거출하는 근인近因에 당한 법규개폐를 목적함이니 제군의 태도는 공정하고 책임은 막중하다. … 제군

17 동아일보 1924. 5. 28.자 "변호사협회의 궐기, 그 천직에 충실하라".

의 천직이 인권옹호에 있으니 시대의 요구에 응하고 민중의 의사를 존중하여 그 책임에 충실하기를 바란다.

이같이 조선변호사협회의 적극적 관여의지의 표명은 언론의 보도와 서로 상승하면서, 희천사건의 항소심에 사회의 대중여론을 비등시키게 되었다. 그러면서 항소심 공판정에서 고문사실의 폭로와 입증에 기세를 더하게 되었다. 이러한 배경하에서 1924년 6월 6일 이후 고문사실이 법정에서 적나라하게 드러나게 되었다. 이렇게 경성-평양-신의주의 변호사들의 합동적인 노력과 언론의 기세, 법정변호사들의 활약, 피고인 및 증인들의 적극적 자세에 힘입어, 고문사실이 적나라하게 표출되어, 분노의 불길이 퍼져나가게 되는 것이다. 변호사 개인 및 단체가 그 천직(인권옹호)에 걸맞은 자리매김을 하고 있으며, 그에 따라 사회적 평가도 크게 높아졌다.

4. 각파유지연맹 박춘금의 폭행에 대한 대처

1924년 4월 2일 동아일보의 송진우, 김성수 등의 간부들이 요리점 식도원에서 유민회 이풍재의 저녁초대를 받아 참석했다가, 박춘금으로부터 육혈포와 실탄으로 공갈당하고 폭행당한 사건이 발생했다. 박춘금은 일제하 친일인사의 대표자로서, 1924년 3월 '반일사상 박멸과 일선융화'를 표방한 각파유지연맹에 노동상애회 대표로 참가했다. 동아일보는 각파연맹의 발족에 대하여 다음과 같은 비판적 사설을 썼다.[18]

소위 각파유지연맹에 대하야

근일 "각파유지연맹"이란 것이 발기됨에 일부인사는 이로써 우려할 현상이라

---

18 동아일보 1924. 3. 30.자.

하야 다소 주목 중에 있는 듯하다. 그러나 우리가 그 실질에 대하야 검토의 시선을 투할 시에는 이것은 일종 특수부락의 예정된 행동임으로 사건 자체가 특별히 주목할 만한 가치조차 발견할 수 없다.

그러면 소위 각파유지라는 것은 어떠한 단체에 속한 인물들이며 연맹의 취지는 무엇인가. 왈 유민회, 소작인상조회, 국민협회, 동광회, 교풍회, 청림교, 대정친목회, 조선경제회, 노동상애회, 유도진흥회, 동민회 등 종래 색채가 분명하던 11단체이며 그 소위 강령이란 것도 1. 관민일치 시정개선, 2. 대동단결 사상선도, 3. 노자협조 생활안정의 3개조라 한다.

이는 감히 민중운동에 거슬리고자 한다는 것보다도 당국에 대한 효용설명이다. 즉 이를 적나라하게 말하자면 "우리는 동취미가 유취하야 일선융화와 노자협조의 간판을 걸었으니 사리도모에 편의를 좀 주시오" 하는 의미에 불과하다. 이를 다시 축조설명하면 관민일치는 즉 일선융화가 아니냐 그네의 소위 사상선도라는 것은 일선융화의 선전이 아니냐 노자협조는 좌경운동의 방지인 동시에 조선에 있어서는 실질상으로 보아서 역시 일선융화의 알선이다. 그리고 시정개선 생활안정은 즉 그네의 이익도모를 의미하는 것인즉 총이언지(한마디로 말하)하면 "우리는 일선융화를 표명하고 선전하고 알선할 터이니 그 보수를 좀 주시요"하는 말에 불과하다. […]

소위 각파유지연맹의 친일적 본질과 모리배적 속성을 여실히 묘파한 명논설이다. 각파유지연맹이란 게 사리사욕을 도모하는 특수집단의 결합에 지나지 않는 것이고, 그들이 주장하는 관민일치란 일선융화이고, 사상선도란 일선융화의 선전이다. 한마디로 일선융화를 표방하는 단체들이 일제히 떡고물을 기대하고 만든 모리배단체라는 것이다. 각파유지연맹의 정체를 이렇듯 적나라하게 폭로하였기에 민중들은 시원할 수 있었지만, 반면 각파유지연맹의 주도자들은 동아일보에 대해 엄청난 적대감을 갖게 되었을 것은 불문가지다. 그들은 즉각적 보복을 획책하였다. 친일깡패의 거두인 노동상애회의 대표 박춘금 등은 4월 2일 동아일보의 송진우와 김성수를 폭행하고 협박하여, 각서를 쓰도록 강요했다.

이러한 사태에 대하여 동아일보에서 사실의 대강을 기사로 썼더니, 각파연맹 측에서는 총독부 기관지인 매일신보에서 오히려 동아일보를 공격하였다.[19] 사장의 필적으로 사죄문을 썼다고 하면서 필적을 사진동판으로 게재하고, 박춘금에게 3천 원을 주겠다고 애원을 했으나 연맹파에서 이를 거절하였다는 취지였다. 사실 여부를 차치하고, 폭행협박한 자들이 내놓은 자료를 갖고 오히려 피해자들을 공격하는 적반하장의 폭로 앞에 사회적 여론이 물 끓듯이 일어났다.

이에 격분한 각 민족단체의 40여 명이 모여 각파유지연맹이라는 불량단체를 응징하기 위해 민중대회를 열 것과 폭행을 방관하는 당국의 태도를 규탄하기로 하고 63명의 실행위원을 뽑았다.[20] 변호사들도 전조선변호사협회에서도 각파유지연맹사건에 대하여 응징의 실행방법을 검토하기로 하였다. 4월 22일 천도교교당에서 민중대회를 열기로 준비를 끝냈으나, 관할 종로경찰서장의 집회금지로 유회되었고, 민중대회의 신문광고를 낸 서성달은 구속되기까지 했다.[21]

이에 조선변호사협회는 4월 22일 저녁에 김병로의 자택에서 임시회의를 개최하여, 허헌 외 20여 명이 모여 장시간 협의를 한 결과 소위 각파연맹의 폭행사건에 대하여는 그대로 둘 수가 없으니 대표를 선정하여 경무국장과 법무국장과 검사정을 면회한 후에 이 사건에 대하여 반성을 촉구하기로 결의하고 장문의 결의문을 통과하였으며 교섭에 대하여는 이사에게 일임하기로 하였다.[22] 결의안의 문구는 다음과 같다.

---

19 사죄문의 내용은 "(각파연맹의) 주의주장은 (동아일보에서는) 반대하나 (각파연맹 인사들을) 인신공격한 것은 온당치 안타 인함"이란 것이다.

20 동아일보 1924. 4. 11.자 "민중대회를 발기, 불량단체 응징결의".

21 동아일보 1924. 4. 23.자 "민중대회는 금지".

22 조선일보 1924. 4. 24.자 "변호사회. 각파연맹문제로 당국 교섭하자고 이사회에 일임함".

결의문[23]

조선총독부의 원조하에 재한 소위 각파연맹단원 등이 횡포한 태도를 지하야 그들의 의사에 불합하는 인사에게 대하야 단체적으로 공연히 폭행 협박 및 금전의 강요를 감행하야 사회의 질서를 교란케 함은 실로 용서치 못할 죄악이오 민중이 공히 분노하는 바라. 그런데 그에 대한 당국의 태도는 극히 완만에 실失하여 음연이 그들의 악행을 조장함과 여如함.

오인은 관계당국자의 책임을 문하고 그 맹성을 요구하야 인권옹호의 실행을 완전케 함을 기함.

임시총회가 끝난 뒤 곧 이사회를 열고 실행방법을 강구한 결과 당국에 대해 결의서를 제출하고 그 책임을 질문하며 그 변명을 구하기로 결정하였다. 결의서를 제출할 당국은 조선총독, 정무총감, 경무국장, 법무국장, 검사장, 검사정 등이다.[24]

이 사건에서 조선변호사협회는, 특정 사건에 대하여, 다른 사회단체, 특히 언론계와 보조를 같이하고 결의를 끌어내는 변호사단체가 사회운동의 진영으로 한걸음 나아간 모습을 보여주었다. 앞의 인용에서 "시민대회 개최에 간섭하고"ⓜ라는 일제 경찰의 불만은 변호사회의 새로운 참여형태를 각별히 의식하고 있는 증좌가 될 수 있을 것이다.

5. 암태도 소작쟁의에 관여

1924년경부터 전국 각처에서는 소작쟁의의 물결이 일어났다. 그중 대표적이고 끈질기게 투쟁한 것이 암태도 소작쟁의였다. 암태도 소작쟁의와

---

23 동아일보 1924. 4. 24.자 "변호사단결의".
24 동아일보 1924. 4. 24.자.

관련하여 소작인 간부들이 구속되자, 암태도 소작인들과 주민들은 면민대회를 개최하고 목포에 진출하여 항쟁하게 되었다. 1924년 6월 4일 4백여 명의 농성단은 목포경찰서 마당에서 밤을 새웠고, 이튿날은 법원마당에서 밤을 새우면서 검찰국을 상대로 구속자 석방시위를 벌였다. 7월에 이르면서 6백여 명이 배를 타고 목포로 건너와 법원마당에 집결하여 아사동맹을 맺고 단식투쟁에 들어갔다. 언론은 암태도 쟁의의 경과를 꾸준히 보도하였다. 이렇게 되자 전국적인 여론이 고조되었다.[25]

암태도 소작쟁의에 관련하여 서태석 이하 십수 명이 소요죄, 상해, 주거침입 등의 혐의를 씌워 검거 입감됨에 이르러, 조선노농총동맹이 본격적으로 관여했다. 조선노농총동맹에서 조사한 바로는 "목포경찰서의 조사는 사실과 크게 반하는 점이 많고 소작인은 지주에 대하여 어떤 폭행 협박을 한 사실이 없는데 구속되었고, 사실을 날조하였다"라는 것이었다. 조선노농총동맹은 일반사회의 여론을 환기시키려고 여러 가지로 준비했다. 그중 하나는 변호사협회와 접촉, 협의한 것이다. 협의의 결과, 사건의 종국에 이르기까지 무료변호를 해줄 것을 결정하였고, 담당변호사로 김병로를 지정하였다.[26]

실제로 김병로는 암태도사건의 변론을 맡게 되었다. 이렇게 변호사단체와 사회운동단체가 서로 협의하고, 변호사의 무료변호라는 적극적 개입을 한 데 대해, 일경이 예민한 촉수를 곤두세우고 있음을 ㉥을 통해 알 수 있다. 암태도 쟁의 뿐 아니라, 1924년 전후하여 항일변호사들은 소작쟁의와 같은 집단운동에 대해 직접 변호에 본격적으로 나서게 된다. 김병로는 특히 전라도 일대의 소작쟁의를 맡아서 분투하였다.

---

25 암태도 소작쟁의의 흐름에 대하여는 박찬승, "1924년 암태도 소작쟁의의 전개과정," 한국근현대사연구, 2010; 독립운동사편찬위원회 편, 독립운동사 제10권: 대중투쟁사, 독립유공자사업기금운용위원회, 1978. 11, 383~389면.

26 검찰행정사무에 관한 기록(1) – 암태리 소작인 소요에 관한 건[경종경고비[京鍾警高秘] 제7535호의2], 발신: 경성 종로경찰서장 1924. 6. 13, 수신: 경성지방법원 검사정 1924. 6. 13.

6. 옥구 소작쟁의의 변론

김병로는 소작쟁의의 변론에 깊이 관여하였다. 그 대표적인 것이 옥구의 소작쟁의였다. 1927년 11월 27일 "옥구 농민조합 간부 30여 명 총검거"[27]라는 기사가 실렸다. 사건은 매우 복잡한 것이었다. 먼저 11월 25일 밤 8시경에 농민조합의 간부 장공욱 씨가 군산경찰서 임피역전주재소에 갑자기 검거되었다. 이에 분개한 농민 수백 명이 즉시 주재소에 쇄도하여 그 이유를 따졌으나 순사들로부터 하등의 대답을 듣지 못하여서 군중들은 흥분한 나머지 주재소를 습격하여 순사를 난타하고 포승을 끊어버리고 장공욱 씨를 업고 만세를 부르며 동네로 돌아왔다. 또한 인근의 서수주재소에서 역시 간부 박상호 씨를 검거해갔다는 소식을 듣고 군중들이 서수주재소로 달려가 박상호 씨를 내놓으라고 고함을 쳤다. 주재소 순사는 박상호 씨를 내어놓았으나, 군중들은 주재소에 돌을 던졌고 순사들은 모두 도망을 쳤다. 한편 주재소가 습격당했다는 급보를 받고 군산경찰서에서는 그날 밤 10시경 바로 수십 명의 경관대를 파견하여 농민들을 닥치는 대로 검거하였다. 농민조합 간부들과 조합원들 약 30여 명이 피검되었다. 다음 날인 26일 밤 농민들은 군산경찰서에 쇄도하였다. 경찰이 총출동하고 소방대까지 총출동하여 군산시 밖으로 농민들을 축출하였다. 그러나 농민들은 다음 날인 27일 오후에 다시 군산경찰서에 몰려와서 왜 죄없는 사람들을 검거하였냐고 외치며 구속자들을 내놓아야만 돌아가겠다고 하다가 검거하려면 우리까지 모두 검거하라고 소리를 쳤다. 경관들은 군중들을 강제해산시켰으나, 농민들은 군산시가를 배회하면서 자신의 주장을 소리높여 외쳤다.[28] 이렇게 한 지방에서 사흘에 걸쳐 진행된 사건은 식민지하에

---

27 옥구농민조 간부 삼십여명 총검거, 이엽사농장의 소작료 문데로 작 이십 육일 아츰 옥구군에서 교섭 중에, 군산서경관 총동원, 동아일보 1927. 11. 27.

28 동아일보 1927. 11. 27. 및 11. 29.

서 상상하기 힘든 정경이었고, 더욱이 경찰과 정면으로 맞선 면모는 매우 이례적이었다.

어떻게 이토록 격정과 분노의 정서가 분출될 수 있었던가. 그 배경에는 옥구의 서수, 임피면의 소작쟁의를 둘러싼 갈등이 내재해 있다. 옥구소작쟁의의 대상이었던 것은 이엽사농장이란 곳인데, 옥구를 비롯한 전북지역의 비옥한 지대에는 일찍부터 일본인들이 진출하여 농장을 경영하고 있었다. 서수면의 토지들은 그 가운데 이엽사농장이 경영했는데, 이 농장은 특히 수단 방법을 가리지 않고 이식추구에만 급급하여 가장 전제적인 소작경영방식을 구사했다.[29] 1927년 11월 20일경 이엽사농장은 조선인 소작인들에게 75%의 소작료를 현물로 납부하라는 통고를 내린다. 아무리 식민지 소작제 하에서라지만 이는 유례가 없을 정도로 높은 비율이었다. 당시 조선 전역에서 평균 소작료는 48%였으며, 전북의 경우만 한정해보더라도 45% 내외였다.

그러나 소작인들은 이에 맞설 조직적 준비를 막 갖춘 상태였던 것이다. 농민조합 서수지부가 만들어진 것이 그 전 해인 1926년이었고, 서수청년회가 창립된 것이 1927년 8월이었다. 장공욱은 이 서수청년회의 집행위원장을 맡았다. 서수청년회는 강연회를 개최하려다 경찰에 의해 저지되자 수백 명의 군중이 주재소를 포위하고 항의하는 일까지 있었다. 이렇게 농민조합과 청년회의 결성과 활동으로 왕성한 전투력을 갖춘 상태였다. 이렇게 고율 소작료를 일방적으로 통고받은 소작인들은, 옥구농민조합 서수지부에서는 위원장 장공욱을 비롯한 간부들이 수차에 걸쳐 농장 사무소를 방문하여 항의하였다. 소작료율이 너무 가혹하니 45%까지 감액할 것을 요구하면서 여러 번 농장을 방문하여 누누이 교섭하여 왔으나 농장 측은 조금도 감해줄 의사가 없음만 확인할 따름이었다. 그러자 소작인들은 감해주는 날짜까지 소작료(도조)를 불납하겠다는 의사를 모아 농장에 통지하였

---

29 김민영, "1920년대 군산·옥구지역의 농촌사정과 옥구소작쟁의," 군산대학교 논문집, vol.24, 1997, 248면.

다. 농장 측은 그 소작료불납동맹의 통지를 무시하고, 농장대지에다 집을 짓고 사는 소작인들에게 집을 헐어가라고 위협도 하고, 또 개별적으로 회유와 기만책을 구사했다. 이에 서수지부에서는 임시총회를 열고 대책을 강구하려는데, 이번에 경찰이 개입했다. 25일 밤에 조합간부인 장공욱을 포박하여 가게 되었으므로, 조합원들이 그 이유를 물었으나 별다른 답이 없으므로, 소작료 문제로 인한 갈등이 장공욱의 불법체포를 계기로 경찰과의 정면충돌과 며칠에 걸친 대사건으로 폭발하게 된 것이다.[30]

소작농민과 일본지주의 갈등에다 농민과 경찰의 정면충돌은 그 지역사회는 물론 전국적으로 비상한 관심을 집중시켰다. 언론도 대단한 지면을 할애하여 그 전개와 배경을 상세히 보도하였다. 언론도 경찰의 태도에 대해 힐난하고 있으며 보다 조직적인 항의를 준비하기도 했다.[31] 지역의 사회운동단체들도 경찰에 항의방문을 하였다.

그러나 일이 이렇게 된 이상 경찰로서는 강경일변도로 밀고 가는 것이 정해진 수순이었다. 총 검거자 80여 명 가운데 51명을 군산검사국에 송치하였다. 그들의 혐의는 소요죄 및 구금자탈취죄라는 것이었다.[32] 그 가운데 결국 기소된 자는 34명이었다. 이렇게 "쟁의관계론 초유의 대사건"이자, 대량적 기소사태를 빚어낸 사건은 당연히 전국적으로 변호사들의 주목을 끌게 되었다.

공판은 1928. 2. 1. 군산지청에서 열렸다. 공판정 안팎의 분위기는 대략 다음과 같았다.

---

30 옥구군 서수면의 소작쟁의에 대하여 여러 편의 논문, 저서가 나와 있다. 사건의 소개는 이 연구들로부터 가능했다. 김민영, "1920년대 군산.옥구지역의 농촌사정과 옥구소작쟁의," 군산대학교 논문집, vol.24, 1997, 237~255면. 김양규, 옥구지방항일운동사, 옥구문화원, 1993. 김용달, 한국독립운동의 역사, 제28권, 농민운동, 2009.

31 전북기자단은 이리회관에서 집행위원회를 열고 다음 사항을 결의하다. 1. 옥구소작쟁의에 있어 이엽농장의 태도를 감시하는 동시에 이면의 흑막을 폭로할 것. 2. 도내 각 지주의 착취를 조사할 것. 동아일보 1928. 1. 11.

32 동아일보 1927. 12. 10.

"이 날 군산지청 부근에는 상투짜고 백립白笠 쓴 촌농부들을 비롯하여 어린 자식들을 다린 부녀들이며 멀리서 온 피고의 동지와 각지 농민단체의 대표들을 수백 명으로 일대혼잡을 이루었는데 … 피고가 많은 관계상 오전 열시부터 개정된 공판이 오후 5시에 이르도록 끝나지 아니하였으므로 법정 안에는 등불을 켜고 공판을 진행했으며, 멀리서 왔던 수백 명은 … 점심도 안 먹은 채 종일 헤어지지 않고 혹독히도 추운 날 법정 부근을 배회. 변호사 기타의 희망으로 이날 기어이 결심을 하고져 하여 오후 10시가 지난 뒤에야 폐정. 이날 개정시간은 열두 시간 이상에 달하였다."[33]

주범으로 꼽힌 장태성의 죄목은 협박 및 명예훼손이었다. 사실 가혹한 소작료율에 항의했던 그에게 적합한 죄목일리 없지만, 일제는 그에게 이엽농장 지배인의 명예를 훼손하고 협박이 든 광고를 써서 붙였다는 것을 씌웠다. 그에 대해 장태성은 "꿈에도 모르는 일"이라 부인한 후, 검사국에서 "이 글씨를 써보라"고 해서 쓴 것을 증거물로 내놓았다고 반박하였다. 시위한 농민 33명의 경우는 소요 및 구금자탈취죄의 죄목을 내걸었다. 피고들은 폭행, 소요를 부인하고, 다만 "장태성이 서수주재소에 잡히었을 때 사오백 농민이 가서 빼앗아오는 광경을 보았을 뿐"이라고 답변하였다. 과연 누가 소요 및 탈취에 가담했는지에 대해 직접증거를 들이댈 수 없는 검사 측에 곤란을 안겨주는 답변이었다.

이 사건 변론에 김병로는 적극 개입하였다. 그는 반박하였다. "이 사건이 발단된 피고 장태성의 체포사유를 분명히 하지 않고는 사건진상을 포착할 수 없는 즉" 당시 장태성을 협박죄로 체포했다는 순사들을 증인으로 호출해달라고 증인신청을 했다. 장태성에 대한 혐의는 체포 이후에 엉뚱한 사유를 새로 찾아 덮어씌운 게 아닌가 하는 점을 들어, 검사의 주장을

---

33 동아일보 1928. 2. 3.

탄핵하려는 것으로 생각된다. 재판장은 이 증인신청을 각하해버리고 검사에게 논고와 구형을 하라고 했다.

검사는 장태성의 경우 광고지의 필적이 검사국에서 장태성이 쓴 필적과 동일하다. 따라서 명예훼손적 게시물은 장태성이 작성한 게 틀림없다고 역설하였다. 33인에 대하여는 비록 피고들이 사실을 부인하지만, 다른 피고들의 진술로 증명되고, 공판정에서 부인하지만 경찰서 또는 검사국에서 모두 자백한 것이기에 그 사실에 대해 의심할 여지가 없다고 했다. 즉 경찰 및 검사 단계에서의 피의자신문조서에 자백사실이 적시되어 있다는 것이다.[34] 검사는 징역 1년에서 징역 6개월 사이의 구형을 했다.

이어 변호인의 변론이 개시되었다. 여러 변호사의 변론은 "일종 이채를 발하여 만장을 감격케 하고" 나아가 일반 방청자 중에서 "잘한다 잘한다"는 소리까지 나올 정도의 변론이 쏟아졌다. 다음은 변론의 요지이다.[35]

재등 당시 문제의 발단이 된 장태성의 체포가 현행범을 체포한 것이 아닌 이상 정식으로 구금자라고 볼 수가 없고 그렇다 하면 장태성을 빼내었다 할지라도 결코 구금자탈취죄에 걸릴 수 없다.

조규박 이엽사가 천기농장을 인수하여 갑자기 소작료를 올린 것부터 문제다. 소작인에 대한 여러 비행을 저질렀다. 경찰이 장태성을 검거할 때 구인장을 발붙이 아니하였기에 구금자탈취죄는 성립하지 않는다. 체형은 절대로 불가하다.

그중에 압권은 김병로 변호사였다.

조선민중에 관한 형사범죄사건을 보면 그 태반이 사상범이나 정치범이니 이것

---

34 일제하 조서재판주의의 폐해를 그대로 드러내주는 것이다. 그러나 이렇게 피의자 단계에서의 자백을 조서에 담고, 그 조서의 증거능력 및 증명력을 그대로 인정하는 풍토가 해방 후 거의 최근까지 답습되었다.

35 동아일보, 1928. 2. 4.자 "각 변호사 열변에 만장 방청객 감동".

을 근본적으로 해결하지 아니하고 제1착에는 경찰의 폭압으로, 그 다음으로 형사재판에 부쳐 그것을 해결코저 하니, 뒤집어 생각하여 본다면 민중으로 하여금 죄를 짓게 하는 것은 실로 경찰이다. … 장태성의 광고지에 대한 사건은 본인이 그것을 부인할 뿐 아니라 본인이 그것을 하였다 하더라도 조선문의 해석상 결단코 협박이 아니다. … 빈궁한 농민을 폭압으로만 대하면 천하 일이 다 될 줄 아느냐. … 당시 사오백 명 농민이 장태성을 주재서로부터 데려왔는데 지금 와서 34인을 잡아다가 법정에 서게 하니 이것은 흡사 제비를 뽑아서 죄를 주는 격이다.

김병로는 먼저 경찰의 태도를 통박하였다. "빈궁한 농민을 폭압으로만 대한" 경찰은 "민중으로 하여금 죄를 짓게 하는" 실제 원인을 제공한다는 것이다. 다음 증거도 없이 사오백 명 중에서 34인을 뽑아낸 제비뽑기식 소추를 비난하고 있다. 장태성의 경우 본인이 썼다는 증거도 없고, 썼다고 해도 그 내용을 한글로 보면 협박에 속하지 않는다고 비판했다. 김병로가 변론을 할 때 "입추의 여지도 없는 방청석이 쥐죽은 듯 고요하였"고 "씨의 독특한 변론을 토하여 무죄를 주장하매 방청석에 잘한다고 소리를 치는 사람도 있었다." 반면 일제로서는 이 날짜의 동아일보 기사를 "불온기사"로 꼽을 만큼 문제의 변론이기도 했다.[36]

당일로 결심이 되고, 판결은 1928. 2. 29.이었다. 당일 "가족들과 친지들은 좁은 법정의 뜰에 쇄도하였으며 때가 때임으로 만일을 염려한 다수의 정사복경관은 법정내외의 경계를 한층 더 엄중히 하는 등 자못 복잡하였다. … 법정안에는 방청객들이 쇄도하여 유리창이며 교의 등이 깨어져 장내가 대혼잡을 이루었다." 판결선고에 들어가 1년(1명), 10개월(3명), 8개월(8명), 6개월(6명), 4개월(13명)이 내려졌으며, 4개월을 받은 13명은 집행유예 2년으로 풀려났다.[37] 이 중 항소를 제기하여 항소심판결까지 받은 자는

---

36 언문신문 불온기사개요, 동아일보, "각변호사의 열변," 발송일 1928년 2월 4일.
37 동아일보 1928. 3. 1.자 "옥구소작쟁의 피고 31명 유죄판결, 봄비를 무릅쓰고서 쇄도한 방텽객들 법뎡류리창

모두 9명이었다.[38] 식민지체제하에서, 변론이 어떠하든 이런 사건에 무죄 판결이 내릴 리는 만무하였지만, 김병로를 비롯한 변호사들의 분투는 민중과 함께하는 그 자체였던 것이다.

7. 언론집회압박탄핵운동에 관여

일제는 3·1운동 이후 소위 문화정치를 표방하면서 제한된 범위내에서 언론·집회를 일부 허가했지만, 그러면서도 언론과 집회·시위를 철저히 탄압했다. 언론의 경우 사전검열을 제도화하고, 삭제·압수·정간 등의 행정처분을 통한 통제를 일상화했다. 일제는 그에 그치지 않고 이미 출판된 언론에 대하여도 사후적으로 사법적 처벌을 가하는 탄압조치를 실행했다. 1922년 들어 잡지 〈신천지〉와 〈신생활〉의 필화사건을 일으켜, 필자와 사장을 구속하고 처벌하였다. 1924년 들어 일제는 더욱 탄압을 가중했다. 또한 앞서 보았듯이 각파유지연맹의 언론계 인사에 대한 폭행·협박·공갈행위에 대하여 가해자를 묵인 내지 비호하는 형태를 보여, 소위 문화정치에 대한 공격을 자초했다. 조선변호사협회와 언론계 인사들이 각파유지연맹의 행태를 규탄하고 이를 비호하는 당국자를 문책할 것을 결의하였다. 이들이 시도한 '민중대회'가 일제에 의해 금압되었다.

그 시점에 막 결성된 조선노농총동맹(1924년 4월 17일) 및 조선청년동맹(1924년 4월 21일) 등 전국적 연결망을 갖춘 대중운동조직은 언론압박의 문제에 주목하였다. 또한 그들 조직에 의한 집회에 대한 탄압으로 어떤 의미있는 대중활동을 하기에 절대적인 장벽을 절감하고 있었다. 따라서 그들은 신생단체로서의 존재감을 드러내고 활동의 공간을 만들어낼 필요가

과 결상이 부서지며 야단".

38 항소심판결문은 김양규, 옥구지방항일운동사, 옥구문화원, 1993.

있었다. 이렇게 하여 각파유지연맹사건을 계기로 결속된 언론계와 법조계, 그리고 모든 종류의 집회를 금압하는 데 항거하고자 한 사회운동단체들은 공동으로 대응하고자 연결하였다. 마침내 1924년 6월 7일 31개 단체의 대표 1백여 명이 '언론집회압박탄핵회'를 결성하였다. 참가단체는 다음과 같다.[39]

조선노농총동맹, 조선청년총동맹, 변호사협회, 신흥청년동맹, 신사상연구회, 무산자동맹회, 개벽사, 기독교청년연합회, 천도교청년당, 조선지광사, 민우회, 신생활사, 조선여성동우회, 노동대회, 노동공제회, 조선교육협회, 조선여자청년회, 조선학생회, 불교청년회, 천도교유신청년회, 염군사焰群社, 고학생갈돕회, 여자고학생상조회, 건설사, 민중사, 조선경제회, 여자교육협회, 형평사衡平社, 혁신동맹, 시대일보사, 조선일보사, 동아일보사

이와 같이 탄핵회에는 언론계, 법조계, 종교계, 사회운동단체, 교육, 여성 등 각 방면의 단체들이 결속하였다. 이렇게 각계의 많은 단체들이 공동으로 참여한 것은 일제하에서 초유의 일이었다. 회의에서는 모임의 이름을 확정짓고, 언론과 집회에 대한 압박의 사례에 대한 각 단체의 보고가 있었다. 이어 탄핵회는 결의문 초안 작성을 위한 기초위원으로 김병로, 이정윤, 한신교, 권오설, 김찬을 선정하였다. 결의문은 다음과 같다.

결의문

1. 우리는 언론 및 집회에 대한 당국의 무리한 압박을 공고한 결속으로써 적극적 항거할 일.
1. 언론 및 집회의 압박에 대한 항거 방법은 실행위원에게 일임할 일.

---

39 동아일보 1924. 6. 9.자.

이 결의문이 통과됨에 따라 앞으로 탄핵회의 항거방법을 담당할 실행위원을 선정하기 위한 절차에 들어갔다. 먼저 각 방면의 인사를 망라할 필요가 있다는 의견에 따라 먼저 전형위원을 뽑았다. 전형위원은 이영, 서정희, 김병로, 신일용, 강택진姜宅鎭이 선정되었다. 이들이 논의하여 실행위원 13인을 선정하였다.

△ 실행위원

서정희徐廷禧, 한신교韓愼教, 이종천李鍾天, 윤홍열尹洪烈, 안재홍安在鴻, 이봉수李鳳洙, 차상찬車相讚, 김병로金炳魯, 김필수金弼秀, 신명균申明均, 김봉국金鳳國, 이종린李鍾麟, 이인李仁[40]

6월 8일 실행위원회를 열어 협의한 결과 탄핵실행의 방법을 정했다.[41] 그 방법으로는,

1. 실제상으로 본 언론과 집회의 압박에 관한 전후사실을 조사할 일.
1. 입법적 견지로서 일본과 조선과 내외각지의 언론집회 압박에 관한 사태를 조사할 일.
1. 위 조사를 11일 이내로 한 후 그 실행절차에 착수할 일.

그리고 조사위원으로는 이인, 김병로, 이봉수, 윤홍렬, 안재홍의 5인이 선출되었다.[42] 이봉수는 조선일보, 윤홍렬은 동아일보, 안재홍은 시대일보

---

40 이들은 종교계(김필수, 김봉국, 이종린, 차상찬, 이종천, 신명균), 변호사(김병로, 이인), 언론계(윤홍렬, 안재홍), 사회주의청년계(한신규, 서정희, 이봉수) 등으로 분류될 수 있다. 이애숙, "1922~1924년 국내의 민족통일전선운동," 역사와 현실, 제28호, 1998. 6, 119면.

41 시대일보 1924. 6. 10.자 "언론집회압박탄핵 실행위원의 결의, 11일까지 사실을 조사 후 실행절차에 착수키로 결의".

42 언론집회압박 탄핵회 제1회 실행위원회의 건[경본고비[京本高秘] 제4362호의1], 발신: 경성 본정경찰서장 1924. 6. 9., 수신: 경성지방법원 검사정 1924. 6. 11.

에 소속되어 있고, 이인과 김병로는 법조인이니까, 실제 조사는 언론인과 법조인에게 맡겨진 것이다.

또한 6월 11일 실행위원회에서는 조사위원들의 조사를 토대로, 탄핵대회를 개최하기로 결의하였다. 또한 탄핵대회는 서울에서 하지만, 장차 전국에 걸쳐 확대할 것을 결의하였다.[43] 여러 준비작업을 거쳐, 6월 20일 서울시내 경운동 천도교당 안에서 대대적으로 언론압박탄핵을 위한 민중대회를 개최할 것을 결의했다.[44]

그러나 이러한 민중대회는 총독부 경찰에 의해 원천봉쇄되었다. 종로경찰서에서는 "상사의 명령에 의해 절대적으로 금지한 것으로 (탄핵회의) 간부의 한 사람인 이인 변호사에게" 사전에 그 사실을 통보했다. 그 이유는 "치안을 방해할 염려가 있을 뿐 아니라 보안법에 위반되는 까닭"이라는 것이다. 그러나 당일 저녁 8시 반부터 개최될 예정이던 천도교당 쪽으로 수많은 군중들이 밀려들었다. 경찰은 강당에 불을 끄고 봉쇄한 뒤 밀려드는 군중을 무리로 쫓아내고, 기마순사와 사복과 정복순사들을 동원해 군중을 해산시켰다. 그리하여 "부근 일대의 주민은 물론이요, 모여드는 군중은 신경이 흥분되어 말없는 가운데 일대 살육장을 이룬 듯이 당시의 광경은 참으로 살기가 넘치는 참담한 지경에 이르렀다."[45] 그리고 회장에 와 있던 실행위원 중 이종린, 한신교, 서정희, 신명균, 이현보 등을 "모이지 말라는 곳에 모였으니 금지명령에 위반한 것"이라 하여 종로경찰서로 검속하였다. 이들은 6월 22일에야 풀려날 수 있었다.

집회가 원천봉쇄되고 강제해산된 후 쌍방의 논전이 오갔다. 경찰 측은 "당국에서는 당초부터 언론 집회를 압박함이 아니고 다만 법령이 허락하는 범위를 벗어나면 용서 없이 금지하는 것인데, 이번 각 단체가 계획한 것

---

43 검찰행정사무에 관한 기록(1) — 언론집회압박 탄핵회 제2회 실행위원회의 건[경본경고비[京本警高秘] 제4362호의2], 발신: 경성 본정경찰서장 1924. 6. 11., 수신: 경성지방법원 검사정 1924. 6. 13.

44 동아일보 1924. 6. 19.자.

45 동아일보 1924. 6. 22.자.

은 아무 내용도 없이 무단히 민중을 선동함으로써 목적을 삼는 줄로 짐작합니다."라는 입장을 취하였다. 다음은 탄핵대회의 금지에 대한 조선인들의 비통한 느낌 중 일부이다.[46]

△ 전제를 유일한 무기요, 수단으로 믿는 조선 당국자들은 그네의 명령 이외는 아무것도 보이지 아니하는 것은 당연한 일일는지는 알지 못하거니와 조선 경찰은 과연 무엇을 위하여 있는 것인지 묻고 싶다.

△ 오늘날 그네들이 행하는 무리한 압박에는 아무리 참기 잘하는 조선 사람이지마는 어찌 한마디 불평이 없을 수 있으랴.

△ 온건한 태도와 언론으로써 시비를 비판하려고 하는 상당한 단체의 연설회를 마치 일대 내란사건이나 돌발한 것처럼 눈에 불을 박아가지고 살기가 충천하게 사람을 사람으로 보지 못하리 만큼 열광하였던 경관들은 모였다 헤어진 천여 명의 가슴에 무엇을 암시하였으며 자극하였는가.

△ 비일비재로 당하는 일이지마는 우리의 비통과 절분과 치욕을 어디다 풀어 보면 가할는지.

언론탄압에 대한 비난이 경찰의 태도에 대한 비난으로 이어지고 있다. 동아일보는 〈탄핵대회 금지〉라는 제하의 사설로써 당국의 주장을 반박하였다.[47]

당국의 금지하는 이유는 의례히 치안 관계를 말한다. … 그런데 우리의 언론과 집회를 금지하면서 이를 치안유지라 하니, 묻노라 자기를 표준하는 이 치안이 과연 우리의 인정할 바일까. 그들이 그들을 표준하나 우리가 우리를 표준하나 각기 다를 것이 없다 하겠으나 그들의 일은 무리함을 존속하랴 함이요. 우리

---

46 동아일보 1924. 6. 22.자.
47 동아일보 1924. 6. 22.자 "언론집회압박 탄핵대회금지".

의 일은 천부함을 발로하랴 함이다. 이 어찌 서로 같다 하랴. 그런데 그들로도 압박이라 아니하고 반드시 치안이라 하는 것을 보면 압박을 자인 하지 않을 뿐 아니라 이를 옳지 않게 하는 증적證跡이 아닌가,

압박을 치안으로 미화하는 것을 논리적으로 공박하고 있다. 이렇게 무리하고 무도하게 금압하는 데 대해 어떻게 할 수 없는 '우리의 비통과 절분과 치욕'을 풀 길이 없는 것이다. 하지만 아무리 그래도 이러한 압박에 대해 아무 일도 없었던 듯이 물러설 수는 없는 일. 이리하여 1924년 6월 28일 다시 1백여 명의 각 대표자들이 출석하여 언론출판압박탄핵회의 각 단체 대표회의가 열렸다. 여기서 그동안 수집한 언론집회에 관한 압박의 실례가 공표되었다. 1924년 1월부터 당시까지의 사례를 보면 다음과 같다.

압수사례: 개벽 4회, 조선지광 4회, 시대일보 11회, 조선일보 13회, 동아일보 15회

집회금지사례: 3월부터 6월가지 경성 시내에서 13건이며 경찰서에 검속된 인사도 수십 명에 달함.

법령의 문제: 대정 8년의 제령 제7호, 집회취체령, 보안법 제2조는 조선사람으로 손끝 하나를 마음대로 움직이지 못할 만치 얽어놓고 있음.[48]

지난번 실행회원들이 의무를 다하지 못했다는 책임관념에서 총사직을 하고, 새로 실행위원 13인이 선출되었다. 새로운 실행위원은 한신교, 국기열, 이종린, 신일용, 강우, 서정희, 김정진, 김병로, 김영휘, 이종대, 이봉수, 신명균, 최창익 등이었다. 몇 언론인과 함께 김병로는 연임되었다. 그리고 지난번 민중대회에서 제출될 예정이었던 결의문과 실행사항이 낭독되었

---

48 조선일보 1924. 6. 30.자; 정진석 편, 일제시대 민족지 압수기사모음 Ⅰ, LG상남언론재단, 1998, 182~183면.

다. 탄핵회의 핵심주장을 이를 통해 알 수 있을 것이다.[49]

결의문

언론은 생존의 표현이요, 집회는 그 충동이라. 우리의 생명이 여기에 있고 우리의 향상이 여기에 있다. 만일 우리의 언론과 집회를 압박하는 자 있다 하면 그것은 곧 우리의 생존권을 박해하는 자이다. 현하의 조선총독부 당국은 직접으로 우리의 언론을 압박하며 집회를 억제한다. 그러므로 우리 민중은 우리의 생존을 위하여 당국의 이러한 횡포를 탄핵한다.

실행사항

1. 조선 내 각지와 해외 필요지서 7월 20일을 기하여 일제히 언론집회압박탄핵연설회 급 시위운동을 행할 사.
1. 언론 집회 압박에 대한 사실을 거擧하여 세계적으로 선포할 사.
1. 우리는 언론 집회의 자유를 위하여 공고한 결속으로써 최선의 노력을 할 사.

이렇게 7월 20일을 기약하여 조선 각지는 물론이고 해외에서도 일제히 연설회나 시위운동으로 당국의 부당한 압박을 힘 있게 알리려는 결의가 충만하였다. 그러나 그것 역시 좌절되었다. “금번에 사정으로 인하여 부득이 연설회를 당분간 중지”할 수밖에 없었던 것이다.[50] 다만 그 불꽃은 완전히 사그라지지는 않았다. 일본 오사카에서 1924년 8월 5일 언론압박탄핵대연설회가 개최되었다. 오사카에 있는 조선무산자사회연맹, 조선노동동맹회, 남홍예명사, 삼일청년회, 계시조선노동동지회, 조선학우회 등이 이 대회를 주최했다. 청중은 3천 명이나 되었으며, 연사 28명이 연설을 준비

49 정진석 편, 앞의 책, 193면; 동아일보 1924. 6. 30.자.
50 동아일보 1924. 7. 20.자.

했다. 연설자 가운데 무려 25명이 경찰에 검속되었지만, 대회는 무려 5시간동안이나 계속되었다.[51]

언론집회탄핵대회의 줄거리는 대략 이상과 같다. 이 탄핵대회는 주로 언론적 측면에서 비중있게 연구되어 왔고,[52] 최근에는 사회운동적 관점에서 그 중요성을 본격적으로 다루어왔다.[53] 반면 이것이 법조계에서 갖는 의미와 중요성에 대한 언급은 거의 없었다. 앞서 인용한 비밀자료에서 보듯이, 조선변호사협회와 변호사(김병로, 이인)의 적극적 참여는 일경의 우려대로 그 대회에 대한 "세인의 기대를 높여"주었다. 일반민중은 "관헌에 대항하는 유일한 아군"을 믿고 있다면, 그들의 참여가 기대를 높여준 것은 당연하다.

법조계의 입장에서 볼 때, 조선변호사협회는 각파연맹사건부터 탄핵대회까지 일관되이 참여했고, 그럼으로써 다른 단체와 연대하는 모습을 보여주었다. 또한 나름대로 전문성이 요구되는 조사위원회에서는 중심적 역할을 하였다. 변호사들이 조직(조선변호사협회)의 이름을 걸고, 다른 사회단체와 본격적인 유대를 이룩한 것은 전례없는 일이었고, 그만큼 주목할 만한 것이기도 했다.

1920년대 후반에 신간회를 비롯하여 민족 전체의 통일전선 형성을 위한 노력에서 허헌과 김병로가 중요한 역할을 하는 것도 1924년 시점에서의 변호사들의 적극적 참여가 밑받침이 되어 가능했던 것이다. 변호사들은 이제 항일독립운동의 피고인의 무료변론 뿐 아니라, 다른 단체와 연대하여 사회운동의 일익을 담당하는 방향으로 나아갔다. 1924년의 이 탄핵운동의 한가운데, 항일변론을 전개한지 불과 1~3년 밖에 되지 않는 김병로와 이인이 곧바로 중심적 역할을 수행하는 것도, 이들 변호사에 대한 높은 기대를 보여준다 할 것이다.

---

51 동아일보 1924. 8. 10.자.

52 대표적인 것이 정진석, 일제하 한국언론투쟁사, 정음사, 1982; 최영식, "3.1운동 이후의 민족언론," 삼일운동50주년기념논집, 동아일보사, 1969, 719~728면.

53 장석흥, "1924년 언론집회압박탄핵운동의 전개와 성격," 한국학논총, 제21집, 1999, 107~133면.

8. 항일변론의 구심점: 형사공동연구회

1923년경부터 독립운동, 사상사건 관련 재판이 그야말로 폭주했다. 형사변론을 보다 조직적, 체계적으로 전개할 필요가 커졌다. 그리하여 김병로, 허헌을 중심으로 '형사공동연구회刑事共同硏究會'를 결성하였다. 그 취지는 '한 사람에 대한 보수로 5명이 공동연구하여 변호한다'는 것으로 항일변론의 구심점을 만들려는 것이다. 이름은 무색무취하게 '형사공동연구회'[54]이지만, 실제로는 무슨 연구단체에 머무는 것은 아니었다. 법정을 통해 독립운동이 무죄임을 주장하는 한편, 형무소에 구금된 애국투사들에게 사식을 넣어주고, 집에 있는 유족을 돌보는 등 법정 및 바깥에서 변호사 역할을 확대하는 것이었다. 독립운동의 후원단체 같은 역할도 적극 수행하였다.

그런데 형사공동연구회에 대한 기록이 매우 불충분하여 그 전모를 제대로 알기가 어려운 난점이 있다. 우선 일제하의 언론은 물론 일제의 비밀자료에도 그런 명칭의 단체의 존재가 없다. 거듭 인용되고 있는 것은 김진배의 책자인데, 거기엔 다음과 같이 쓰고 있다.

> (A) 김병로는 1923년 허헌, 김태영, 이승우, 김용무 등 당시 명망있는 변호사들과 함께 서울 종로 인사동 75번지에 '형사변호공동연구회'를 만들어 '한 사람에 대한 보수로 5명이 공동연구하여 변호한다'는 취지로 항일법조인들의 공동전선을 형성했다.[55]

주소까지 구체적으로 쓰고 있는 것을 보면, 김진배는 나름대로의 취재를 거쳐 쓴 것으로 생각되지만, 그 정확한 취재원은 알지 못한다. 그보다 김병로 자신이 언급한 곳이 몇 군데 있다. 상세한 소개는 〈수상단편〉에서

---

54 김진배는 '형사변호공동연구회'라는 명칭을 쓰고 있다.

55 김진배, 가인 김병로, 42면.

인데 그는 일관하여 '형사공동연구회'라는 명칭을 언급하고 있다. 다음의 내용이다.

(B) 내가 변호사사무실을 개시한 직후부터 대동단사건을 비롯하여 3·1운동의 여파로 계속 발생한 사건, 기타 사상에 관련된 사건에 대하여 모든 원호에 응분의 노력을 하여 왔으나, 이에 요하는 비용은 물론 자담하는 바이므로, 요급한 사건을 돌연히 원거리 지방에 가게 될 때에는 비용관계로 곤란을 느낀 바 있음에 감하여 나의 동료 변호사 중에 보조를 같이하여 오던 <u>이인, 권승렬, 김태영, 김용무, 허헌</u> 등 제씨와 협의하여 이 연구회를 창설한 것인데, 표면으로는 평범한 명칭이었으나, 이면으로는 사상범 원호를 목적으로 하는 결사이며, 원호의 대상으로는 그 당시의 악법인 보안법, 제령 제7호, 치안유지법, 신문지법, 집회취체령에 위반한 사건이었으며, 그 내규로서 본 회원이 변호의 의뢰를 받은 원호의 대상이 아닌 형사사건의 착수금 및 보수금은 개인의 수입으로 하지 아니하고, 그 전액을 공동연구회의 수입으로 하여 원호사건의 제반비용에 사용하기로 하여 기록등사, 지방여비 등은 물론 필요에 따라서는 사식차입까지도 이 금액으로 충당하게 되었던 것이다.

김병로는 〈도산을 말한다〉라는 한 회고담에서 투옥된 안창호의 변론에 대해 증언하면서 '형사공동연구회'의 존재를 말하고 있다.[56]

(C) ㉠ 내가 기억하는 대로는, 우리는 그것을(1932년 안창호의 일차투옥과 재판을 말함) 우리 형사공동연구회의 주관으로 맡았다고 봅니다. 법정에 변호는 두세 사람이 하여도 심의는 같이 하였지요. 그리고 여기서 나오는 비용

---

56 "도산을 말한다[좌담]," 새벽, 1960년 11월호(도산안창호전집, 제13권, 도산안창호선생기념사업회, 2000, 589~590면).

으로 사상범은 무료변호하였고 멀리 평양, 함흥, 신의주 같은 데도 출장해 갔지요. 공동연구회의 금전은 공동관리라 사적으로 쓰고 싶어도 절대 못썼지요. (웃음) 소속 변호사는 이인, 허헌, 권승렬, 이창휘, 나 이렇게 다섯 명이었는데 도산선생 변호에는 우리 다섯이 다 참가했던 것 같습니다.[57] […]

ⓛ 우리 공동연구회에 김영훈이라는 분이 늦게 가입했었는데, 그분이 사상범에 대한 기록을 모두 고려대학에 기부했습니다.

ⓒ 우리 형사공동연구회도 해체하라고 하여 꼼짝 못하고 해체했으니까요. 동우회는 수양단체인데 왜 해체하여야 하는가고 나섰지요. 얼마 지난 후 우리 연구회 한 사람하고 신문기자 한사람이 (안창호) 선생을 만나봤을 때…

필자가 확보한 '형사공동연구회'에 대한 일차적 자료원은 위의 A, B, C 정도이다.[58] 김병로의 회고담은, 내용과 방향은 틀리지 않으나, 시기와 인물에서 상당한 착오가 나는 경우가 적지 않음을 감안해야 할 것이다. 각 기록에는 오류가 적지 않게 발견된다. 그런 점을 감안하면서 이 연구회의 활동에 대해 조심스럽게 정리해보고자 한다.

명칭/목적: '형사공동연구회'(B, C)와 '형사변호공동연구회'(A)의 양 견해가 있는데, 더 이상의 자료가 없다면 창립자의 말을 존중할 수밖에 없다. 따라서 명칭은 '형사공동연구회'로 정리한다. 연구회는 '사상범 원호를 목적으로 한 결사'였다.

참여변호사/결성시기: 1923년 창립되었다면 김병로, 허헌, 김태영, 이승우, 김용무의 5인(A)으로 하는 것이 타당할 것이다. 권승렬은 1926년 7월 이후

57 이 부분에 대해 김병로의 기억에 착오가 있다. 안창호의 변호인은 이인, 신태악, 김용무, 김병로, 양윤식으로 되어 있다. 허헌은 유죄판결을 받고 복역중이었다.

58 형사(변호)공동연구회를 언급하고 있는 많은 글(예컨대 박원순, 70~71면; 최종고, 김학준, 심지연, 허근욱)은 모두 A, B, C 중 어느 출처에 의거하여 정리하고 있다. 따라서 이들 글에 대하여 개별 논평은 여기서 하지 않겠다.

本報筆禍事件
검사원심대로구형
륜뎐긔는압수청구

연긔되어오든 본보필화 사건김동성(金東成)김형원(金炯元)량씨와 및륜뎐긔(輪轉機)의 공소공판은 긔보한바와가티 금이십삼일 오전열시부터 경성복심법원(京城覆審法院)데칠호법뎡에서말송(末松)재판장의심리와립정(笠井)검사의 립회하에 개뎡되엿다 뎡각이되자 재판장은례에의하야 피고량씨의 주소성명 직업 등을 무른후 사실심문에 드러가 사건의 증거물인 대정십사년 구월 팔일부 본보(露國과朝鮮의政治的關係)라는 데목의 사설이게재된경과와 당시 사정에대하야 재판장과 피고량씨간에 장시간동안의 심문과공술이 잇슨후 검사로부터피고는 원심과가티 김동성은 징역사개월、김형원은징역삼개월의판결이 당연하며 륜뎐긔는몰수하는것이뎍당하다고인뎡한다는구형이잇섯다

言渡는三十日

辯護士六氏
열렬하게변론

이상과가티 심문공술과 및구형이끗난후출뎡하엿던
橋本庄之助 崔鎭 金炳魯 李仁 金用茂 朴勝彬
등변호사제씨가차례로열렬한장시간의변론이잇섯스나필항과가티 공개금지의재판인동시에재판

三氏辯護自擔
북률사건에대하야
황해도 봉산군북률면(鳳山郡北栗面)소작쟁의사건(小作爭議事件)의희생자인 최소환(崔昭煥)외네사람에 대하야 변호사김용무(金用茂)리인(李仁) 김병로(金炳魯)등삼씨는그들의변호를무보수로 담당하엿다더라

黑旗事件公判에
삼변호사무료변호
흑긔련맹(黑旗聯盟)사건의 피고아홉사람에게대한 공판은 불일간 개뎡하게되엿는데 변호사리인(李仁)김병로(金炳魯)김용무(金用茂) 삼씨는 무료변호를하리라더라

김병로, 허헌, 이인, 김용무 등의 연대변론은 1920년대 중·후반의 일상적인 풍경이다.

변호사로 개입했으므로, 1923년 시점에는 연구회 구성 변호사가 될 수 없었다. 이인은 1923년 5월에 갓 변호사를 시작했다. 1920년대 후반기의 활동시점을 기준으로 본다면, 이승우는 항일변론의 대열에서 빠져나가므로 자연적으로 배제되었을 것이며, 항일변론의 선두에 선 이인, 이창휘, 권승렬이 참여한 것으로 정리할 수 있겠다. 그렇다면 1923~24년에 연구회가 결성되었다고 추론하는 것이 온당하다고 본다. 1923년에 이르면 사건이 폭주하여 공동의 노력이 절실해지고, 지방출장의 필요성이 잦아지는데 그렇게 되면 공동변론 및 비용조달의 필요성이 절실해진다. 따라서 1923~24년 사이에 연구회가 만들어졌을 가능성이 가장 크다. 실제로 많은 사건들에서 이들 변호사의 이름이 공동으로 들어가 있는 것도 우연이 아닐 것이다. 하지만 그 인원이 고정된 것은 아니었으며, 이후 참여의 정도에 따라 일부 변호사가 빠진 대신 새 변호사들이 함께하는 형식으로 유지된 것 같다.[59]

---

59 다만 김병로가 여러 번 이 연구회의 존재와 활동을 언급하는 데 반해, 상세한 증언을 많이 남긴 이인 변호사의 글에서 그런 취지의 활동을 함께 했다는 언급은 자주 있어도, '형사공동연구회'라는 명칭을 한 번도 언급하지

관련법령: 항일변론을 조직적으로 할 목적으로 결성된 것인만큼, 그 대상은 확연했을 것이다. "원호의 대상으로는 그 당시의 악법인 보안법, 제령 제7호, 치안유지법, 신문지법, 집회취체령에 위반한 사건"(B)이었다. 이 사건들은 당시 '사상사건'으로 주로 분류되었다.

활동방식: 사상범 원호를 위해서는 많은 비용이 든다. 소송수행을 위해서 필요한 기록을 등사해야 하고, 지방출장을 위한 여비도 많이 소요되었고, 연고가 없거나 형편이 어려운 구속자를 위한 사식 차입과 때로는 치료비 등도 필요했다. 그런데 사상범에 대해서는 대개 무보수변론(무료변론)이 대다수였으므로, 변호사들은 소송비용 조달을 위한 압박을 받았다. 그래서 일반형사사건의 변호사보수를 공동관리하면서 그 금전으로 사상범 원호를 했던 것이다. 물론 비용만 드는 것이 아니다. 대규모 사건도 많고, 일제와 치열하게 다투기 위한 법리의 개발에도 지혜를 짜냈다. 공동으로 사실과 법리를 탐구하고, 법정에 나간 변호사들이 그것을 반영했다.

담당사건: 김병로의 회고에 따르면,[60] 이들 참여변호사들이 관여한 사건은 대개 이 연구회가 주관했다고 한다. 그러나 반드시 그러했는지는 김병로의 회고 이외에는 알 길이 없다. 아마도 수많은 사상사건, 독립운동사건들의 변론의 중심에 이들 변호사들이 있었음은 사실이며, 그 경우 직접 연구회 차원에서 무슨 결정 같은 건 없어도 당연하게 공동으로 한다는 느낌으로 개별 사건들에 임했을 것이다.

존속기간: 김병로는 일정의 가혹한 탄압에도 불구하고, 공동연구회의 원호사업은 미동한 바 없이 추진되어 10유여 년을 계속했다[61]고 회고한다. (B)(C)의 출처를 보면, 대략 1930년대 후반까지 지속된 것으로 말하는 것 같다. 그러나 1932년부터 김병로/이인의 합동변호사사무실 시대가 열리

않고 있음이 흥미로운 대조를 이루고 있다.

60 김병로, 수상단편, 267~268면.

61 김병로, 수상단편, 268면.

는데, 이 경우 형사공동연구회 같은 모임이 없어도 자연스레 구심점 역할을 할 수 있다. 또한 30년대 중반 이후엔 다른 변호인들(김용무, 권승렬, 이창휘, 김태영)[62]과 함께 수임한 사건이 거의 보이지 않는다. 1941년에 이르면 사상사건에 대한 자유변론권 자체가 박탈당하므로, 이러한 연구회의 조직 자체가 무의미하다. 결국 1923년 후부터 약 10년 이내가 형사공동연구회가 의미있는 활동을 한 연도가 아닌가 짐작된다.

요컨대 '형사공동연구회'의 창립과 활동은, 항일변론을 조직화하고 장기적인 활동이 가능한 인적 유대를 만들고 물적 기반을 만들어냈다. 이러한 변호사들의 팀워크는 애국적 연대의 기반 위에 실질적 변론을 가능케 했다는 점에서 커다란 의의가 있다.[63]

---

62 이창휘(1897~1934) 변호사는 사망.

63 이러한 정리는 필자의 것이다. 한편 권승렬의 활동을 중심으로 연구한 한 논자는 다음과 같이 정리한다. "연구회의 명칭은 형사공동연구회이고, 창설시기는 1926~1927년 전후이며, 회원은 김병로, 이인, 허헌, 권승렬, 이창휘(내지 김태영, 김용무) 등 5~6인이었다고 하겠다"(서용태, "1920~1930년대 권승렬의 변호사 활동," 지역과 역사, 제25호, 부경역사연구소, 2009.10, 254면). 그러나 창설시기, 회원에 대해서 권승렬을 염두에 둔 정리라는 지적을 받을 수 있을 것이다.

제7장

법정에서 사회로 :
신간회 운동과 실지조사

신간회문패와 역대 위원장
(위로부터 이상재, 허헌, 김병로의 순)

제7장

법정에서 사회로: 신간회 운동과 실지조사

1927년 2월 15일 신간회라는 사회단체가 탄생했다. 신간회는 『우리는 정치적, 경제적, 사회적 각성을 촉진함』, 『우리는 단결을 공고히 함』, 『우리는 일절 기회주의를 부인함』이라는 3대 강령을 내걸고, 기회주의에 속하는 친일파 혹은 자치주의 등을 배제한, 광범한 민족단일당 혹은 협동전선의 성격을 띠고 있었다. 신간회 출범 이후 민족주의와 사회주의 사이의 항쟁이 완화되고 협동의 기운이 높아졌다. 민족주의 우파가 배제되었기에, 신간회의 방향은 "민족적 좌익사상" 혹은 민족협동전선의 성격을 띠고 있었다. 그러나 조선의 엄혹한 경찰정치 밑에서 실제로 어떤 적극적 활동을 하기란 쉽지 않았다. 중앙의 주요간부인 회장(혹은 위원장)은 이상재, 권동진, 허헌, 김병로의 4대까지 이어갔다.[1]

신간회가 창립된 이래, 신간회는 타협적 우파를 제외한, 민족진영과 사회주의진영의 두 흐름의 합류기관으로 구심적 역할을 하게 되었다. 내면적으로는 조선독립을 목적으로 하고, 운동방식도 비타협적으로 한다고 하면서도, 신간회는 공개적이고 합법적인 활동을 지향하였다. 운동을 장기적으로 이끌어가기 위함이었다. 일제가 파악한 대로, 신간회는 각종의 집회에서 시사문제를 정면으로 논의하고, 각처의 지방행정에 간섭하고, 민족의식을 고조시켜 배일적 기운의 양성에 노력했다. 각종사건이 발생할 경우 이를 확대분규화시킨 사례가 많았다.[2]

---

1 황강, "신간회해소와 운동선의 망전[望展]," 동광, 제23호, 수양동우회, 1931. 7.

2 조선총독부 고등법원 검사국 사상부, "朝鮮ニ於ケル思想運動概觀," 사상월보 제1권 제2호, 1931. 5, 172면.

신간회의 활동이 공개적, 합법적인 외양을 지향하는 만큼, 변호사들이 참여할 여지가 있었다. 특히 1920년대 초반 이래 항일변론을 통해 허헌과 김병로는 공개적 활동을 할 수 있는 최고의 활동가-명망가 대열에 섰다. 그들은 이미 변론활동을 통해 항일운동의 주역들인 사회운동가들과 긴밀한 인간적 유대감을 맺고 있었다. 때문에 전국 규모의 신간회의 운동을 적어도 표면에서 이끌어가기에 적임이었다. 이인 변호사의 경우, 최고지도자급의 정도에까진 이르지 않았지만, 그의 열정과 추진력은 충분히 신뢰받을 수 있는 위치에 도달해 있었다. 이리하여 3인의 변호사들은 열렬한 법정투쟁에 더하여, 신간회를 중심으로 한 사회운동에 한 축을 담당하게 된다.

아래에서 신간회 활동 전반에서 이들이 담당한 역할과 그것의 민족사적 의미에 대한 설명은 최소한으로 할 것이다. 이미 역사학 쪽에서 뛰어난 업적들이 나와 있기 때문이다.[3] 그러나 그런 연구서에서도 허헌, 김병로의 '법률가적 활동'의 '법적 측면' 및 법사회학적 의미에 대해 충분한 접근을 하고 있지 않다. 1920년대 후반기의 주요 재판투쟁과 항일변론에 대해서는 다른 장에서 다루기로 하고, 이하에서는 공판정의 변론활동을 제외한, 사회운동과 융합된 법률운동의 측면을 추출하고자 한다.

첫째, 변호사들의 실지조사활동이다. 소작쟁의, 노동쟁의, 악법에 대한 항쟁 등에서 3인변호사들은 현장에 달려가 조사활동을 하고, 불법을 지적했으며, 대책을 촉구했다. 신간회 지회에서 조사를 요청하고, 현지조사에도 동행함으로써, 변호사의 실지조사는 개인 차원이 아니라 하나의 운동적 성격을 더하게 되었다. 공판투쟁에서 사후변론은 여전히 강도 높게 수행했지만, 이제 분쟁의 과정 속에 직접 뛰어드는 적극성을 더하게 되었다.

둘째, 실지조사에 더하여 본격적인 사회운동 그 자체에 뛰어드는 형태

3 이균영, 신간회 연구, 역사비평사, 1993; 신용하, 신간회의 민족운동, 한국독립운동사연구소, 2007 등.

로의 진전이다. 신간회의 활동 자체가 사회운동적 성격이 강하지만, 법조인으로서 활동을 중심으로 하는 한 사회운동가와 똑같은 방식의 활동은 외형상 자제하는 태도를 보여왔다. 그러나 어느 시점을 넘어서면 민족운동의 폭발성은 그러한 단순관여자의 위치에 머무는 것을 용납하지 않았다. 이리하여 곧바로 민족운동가로의 적극적인 변신을 감행하는 면모가 나타난다.

셋째, 민족운동에 직접적으로 뛰어들게 되면서, 그들의 변호사로서의 활동에도 중대한 타격이 다가왔다. 허헌의 경우 유죄판결을 받으면서 변호사 자격이 박탈되고, 이인, 김병로 변호사도 정직처분을 받게 되었다.[4]

1920년대 후반의 이 같은 흐름 속에서, 김병로의 신간회 간부로서의 활동, 변호사의 실지조사활동, 광주학생사건의 연장선상에서 일어난 민중대회사건 및 사건주역에 대한 재판, 경성에서의 여학생시위 재판, 광주 현지에서의 학생 등에 대한 재판을 다루고자 한다. 법률가로서의 자의식을 분명히 갖고 이루어진 활동과 수난을 부각시켜 정리하려는 것이다.

1. 신간회 간부로서의 활동: 허헌과 김병로

허헌과 김병로는 처음부터 신간회 활동에 적극 관여하면서, 신간회를 중심으로 자신의 활동반경을 만들어갔다. 1929년도에 이들의 활동도 절정에 이르렀다. 1929년 1월 20일 신간회 경성지회에서는 회장에 허헌, 부회장에 홍순필을 선출하였다. 같은 해 5월 31일 신간회 경성지회는 대표위원회를 개최하고 복대표에 허헌, 후보에 이원혁을 선출하였다. 1929년 7월 1일 신간회는 2차 전체대표회의(복대표대회)를 개최하였다. 이 대회에서 신

---

4 징계에 대하여는 장을 바꾸어 논하기로 한다.

신간회문패와 역대 위원장
(위로부터 이상재, 허헌, 김병로의 순)[7]

간회의 중앙조직을 간사제에서 집행위원제로 개편하고, 중앙집행위원장에 허헌을 선임하였다.

이즈음 허헌은 자신의 본업을 변호사로부터 사회운동으로 궤도수정하는 각오를 보였다. 그는 1928년말부터 "변호사업을 그만두고 민족적, 사회적인 큰 일에 진력하고 싶은 생각이 불붙는 듯하다"[5]는 포부를 피력했다. 이러한 허헌이 신간회를 실질적으로 이끌어가는 중앙집행위원장에 당선된 것은 자연스러운 일인 듯하다. 실제로 참가들은 허헌이 "마땅한 인물"이라는데 별 이견이 없었다.[6] 김병로는 중앙집행위원 중의 1인으로 선출되었다.

1929년 7월 1일 복대표대회를 계기로 신간회의 질적 변화가 뚜렷히 감지된다. 일제의 기록에 의하면, "신간회 자체의 행동도 일변하여 적극적 수단으로 각종 사회문제에 용훼하여 특히 분쟁을 지원하는 행동으로 나온다든지 혹은 직접 관청의 조치나 시설 방치에 항의하는 등 항상 반항적 행동으로 나온다든지…"[8] 하는 면이 두드러지게 된 것이다. 활동 3개년을 거치면서, 더욱이 1920년대 민족/사회운동의 고조에 따라, 민족유일당으로

---

5 조선일보 1928. 12. 23.자.

6 이균영, 신간회 연구, 178~179면.

7 황강, "신간회해소와 운동선의 망전望展," 동광 제23호, 1931. 7.

8 박경식, 조선연구자료집 6권, 아시아문제연구소, 1983, 305면; 원문은 경기도경찰부, 치안개황, 1931의 것임(이균영, 신간회 연구, 181면에서 재인용).

자임한 신간회로서는 훨씬 적극적으로, 반항적으로 행동하지 않으면 안 될 단계에 이르기도 했다.

신간회의 전국적 확대와 활동역량 강화에 따라, 신간회 내부의 사회주의진영과 민족진영 사이의 갈등도 표면화되었다. 복대표대회를 통해 개편된 본부의 간부진의 구성이 전자에 경도되어 있음에 반발하자, 집행위원의 선임에 있어서는 민족진영을 대폭 배려하는 인적 구성을 취하였다. 즉 1929년 7월 4일 중앙집행위원회를 열고, 서기장으로 황상규, 회계(재무부장)으로 김병로, 교육부장으로 조병옥 등을 선임하였다.

이렇게 재편된 신간회 본부의 간부들은 다소 '온건화' 노선으로부터 비타협적이고 실천적인 노선으로 이행하게 되었다. 사회문제에 직접 뛰어드는 실천적 활동을 본격화한 것이다. 1929년 7월 갑산화전민사건에서 신간회 본부가 직접 실지조사단을 파견하고, 그 조사단의 보고를 토대로 규탄과 항의를 조직화하고 여론화한 것이 그 첫 사례일 것이다. 이어 각처의 쟁의에 대해 조사단파견과 직접적인 간섭을 감행하게 되었다. 그러한 흐름의 절정에 있던 것이 1929년 11월 광주학생들의 항쟁에 대한 현지조사였다. 현지조사에는 신간회의 집행위원장 허헌, 서기장 황상규, 회계 김병로가 광주에 방문조사를 하고 구속학생 석방에 노력하는 등 실로 신간회 본부의 핵심이 광주학생사건에 직접 개입하는 양상을 띠었다.

신간회 본부는 지회와 본부에 광주의 실상을 널리 알리고, 조사를 토대로 민중대회를 소집하려는 움직임을 본격화했다. 1929년 12월 10일 허헌의 사무소에서 신간회 간부들은 광주학생사건에 대해 신간회 차원의 대책을 위한 회동을 했다. 허헌(신간회 중앙상무집행위원장), 권동진(신간회 검사위원장), 송진우(동아일보 사장), 안재홍(조선일보 부사장), 이시목(중외일보), 손재기(천도교), 신간회 측의 조병옥(신간회 경성지회 상무집행위원장), 홍명희, 이관용, 한용운, 주요한 등 11명이 회동하였다. 신간회 뿐 아니라 가장 큰 영향력을 갖고 있던 언론대표들도 함께였다. 이들은 "광주학생사건에 관련하여 관헌이 취한 조치를 비난하고 이를 규탄하기 위하여, 연설회 광고에 관한 격문을 인쇄 살포하고, 청중을 모아 대로에서 공개 연설회를 열고, 계속하여 청중을 거느리고 시위운동을 감행하자"[9]고 하였다. 대낮에 '민중대회'를 개최하고, 삐라 2만 매를 살포하겠다는 것은 정면대결의 선언이었다. 연설과 삐라에 쓰여질 표어는 "광주사건의 정체를 폭로하라/ 구금한 학생을 무조건 석방하라/ 경찰의 학교유린을 배격하자/ 포악한 경찰정치에 항쟁하자." 등이었다.[10]

구체적 준비계획도 다음과 같이 마련되었다. "광고격문의 인쇄물 발포의 책임은 허헌이 지고, 연사 권유는 조병옥이 책임지며, 청중에 대한 유도는 이원혁이 담당한다. 동아·중외·조선일보는 사건 직후에 2회에 걸쳐 호외를 낸다. 신간회 지방지회는 본부와 동일한 행동을 하도록 지령한다."는 내용이었다. 조병옥은 연사 섭외에 나섰다. 권동진, 허헌, 김항규, 이관용, 홍명희, 조병옥, 이원혁, 한용운, 주요한, 손재기, 김무삼 등 국내의 명사들이 두루 섭외되었다. 허헌은 김무삼(김동준)에게 자금 50원을 제공하고 격문의 표어를 지시하였고, 김무삼은 결의문 내용이 포함된 격문을 인쇄했다.

이대로 진행되었다면 3·1운동이나 6·10만세운동에 비견되는 대규모의 시위항쟁으로 비화되었겠지만, 일제는 바로 다음날 이 계획을 탐지하였다. 12월 12일 경기도 경찰부는 홍명희와 김항규를 불러 엄중 경고하였다.[11] 준비위원들은 이 경고에 대해 논의했지만, 이미 화살을 떠난 시위와 같은 형국이 된 지라, 이들은 그대로 결행하기로 결정했다. 그러자 일경은 일제 검거에 나섰다. 민중대회 예정일인 12월 13일 새벽 6시에 일경은 허헌을 비롯한 20명을 체포했다. 신간회 본부는 수색당하고, 각종 인쇄물이 압수되었다.

---

9 "민중대회 판결문," 독립운동사편찬위원회, 독립운동사자료집 14: 대중투쟁자료집, 독립유공자사업기금운용위원회, 1978, 843면.

10 "민중대회 판결문," 843면; 이균영, 신간회연구, 역사비평사, 1996, 209면.

11 이균영, 신간회연구, 209면.

허헌이 체포된 뒤 일차검거를 면한 이관용, 홍명희, 조병옥, 김무삼, 이원혁은 이 날 오후 회동했다. 우선 압수된 격문의 내용을 적은 통고문을 작성하여 각 신문과 신간회 각 지회에 배포하기로 했다. 이 날 중으로 이관용, 홍명희, 조병옥, 이원혁은 체포되었다. 그러나 체포를 면한 김무삼은 통고문을 각처에 배포하였고, 특히 인사동 조선회관에서 관람객 다수에게 '제군은 들으라'고 고함을 지르며 격문 중 20매를 살포하였다. 그 며칠 후 김무삼도 체포되었다. 허헌의 체포로부터 김무삼에 이르기까지, 모두 91명이 체포되었다. 일제의 입장으로 보면, "정치에 관하여 누차 반항적 태도를 보여오던" 피고인들이 이 사건에서 "정치에 관한 불온한 언론 동작으로서 치안을 방해"[12]한 것이다.

1929년 12월 24일 경기도 경찰부 고등과 삼윤三輪 기밀계주임의 손에 취조를 마치고, 1930년 1월 7일 경성지방법원 검사국으로 송국된 피의자는 권동진, 허헌, 홍명희, 조병옥, 주요한, 한용운, 이관용, 이원혁, 손재기, 김무삼의 10인이었고, 불구속은 4인이었다.[13] 그중에서 검사는 1931년 1월 6일에 들어 9명은 불기소로 처리하고,[14] 6명을 구속상태로 예심에 회부하였다. 이리하여 민중대회 재판의 주역이 된 인사는 허헌, 홍명희, 조병옥, 이관용, 김동준(김무삼), 이원혁의 6인이었다. 검사는 이들을 제령 제7호 위반으로 예심에 회부하였다.[15]

이 피고인들은 모두 조선내의 사회·문화 방면에 명망있는 지도적 인사들이고, 신간회의 중추적 인물들인 만큼 내외의 관심이 매우 컸으며, 여론에 미치는 영향이 다대하였다. 때문에 일제로서도 이 사건 취급에 있어, 나름대로 고심하고 또한 정치적 영향을 고려하여 재판에 임한 흔적이 역력하다.

---

12 "민중대회 판결문," 844면.

13 동아일보 1930. 1. 7.

14 권동진, 한용운, 주요한, 김항규, 손재기 등은 1930년 1월 6일 석방되었다.

15 동아일보 1930. 1. 7.

김병로는 광주학생운동의 진상을 확인하기 위하여 실지조사를 주도한 중심인물이다. 그런데 민중대회 검거자 명단에 그의 이름은 빠져있다. 12월 10일자 비밀회의에서, 김병로는 "(광주) 학생사건으로 피검된 다수 학생에 대한 원호와 (신간회) 중앙본부의 직무에 관한 사건후 처리"를 역할분담하게 되었기 때문이다. 그래서 김병로는 가두연설 강행에 직접 관여한 바가 없어, 나중에 경찰부의 신문을 받을 때에 그는 "일관되게 사실대로 말하였고, 다른 간부들의 신문조서도 김병로의 신문조서와 일호의 차이도 없었기 때문에 석방"되었던 것이다.

민중대회 기도 사건은 그리 까다로운 사건이 아니고, 사실도 거의 밝혀져 있으므로, 예심에 그리 시간이 소요될 것도 아니었다. 그러나 '근래 희유의 대사건'으로 여론의 주목을 받고, 재판의 향배가 또한 시국에 미칠 영향도 있어 그런지, 예심은 종결된다 종결된다고 하면서 막상 종결에까지는 꽤 시일이 소요되었다. 예심에 소요된 기간만도 1년 반이나 되었다. 허헌, 이관용, 홍명희, 김무삼 등 4인은 병세가 위독하여 병감에서 신음해야 했고, 변호사들의 보석 신청에도 재판부는 아무런 답변이 없었다.[16]

1931년 4월 6일, 첫 공판이 열렸다. 구속된 지 1년 반이 지나서였다. 민중대회사건의 변호사는 이인, 양윤식, 김용무, 이창휘 등 20명에 달했다.[17] 경성 뿐 아니라 지방각처에서도 변호사들이 변호를 자청했다. 변호사들은 적용법령에 대하여 대논전을 벌였다. 사건의 쟁점이 비교적 간단한 데 20명이 모두 변론에 나서는 것은 재판 지연을 초래한다고 하여, 경성변호사회에서 1인, 지방대표 1인, 일본인대표 1인(松本)의 3인이 대표변론하는 것으로 낙착되었다.[18]

1931년 4월 14일, 드디어 1년 5개월을 끌어온 민중대회사건 피고인에

---

16 조선일보 1930. 11. 26.

17 이인, 양윤식, 이승우, 김용무, 심상필, 이종성, 정구영, 최병석, 김찬영, 손치은, 한국종, 강세형, 한영욱, 권승렬, 이병우, 이창휘, 진직현, 신석정, 松本正寬 등 20인(조선일보 1931. 4. 6.).

18 조선일보 1931. 4. 17.

대한 판결이 내려졌다. 모두 유죄판결이었다. 허헌, 홍명희, 이관용의 3인은 검사의 구형과 똑같이 징역 1년 6개월, 조병옥, 이원혁, 김무삼의 3인은 징역 1년 4개월을 선고받았다.[19] 각 피고인에게는 미결구류일수 중 200일을 통산하였다. 거의 1년 가까운 기간의 미결구류 일수는 징역기간에 산입되지 않은 셈이므로, 실제 총 복역기간은 만 2년 2개월 이상이었다.

판결이유의 첫머리는 다음과 같이 시작한다.

"피고등은 언제나 조선의 독립을 희망하고 있는 자들로써"[20]

판결문을 보면, 재판부는 신간회의 성격에 대하여 다음과 같이 판시하고 있다.

신간회는 1927년 2월 15일 경성 종로 2정목 중앙기독청년회관에서 피고 이관용·홍명희의 발기에 의하여 그 해석이 극히 자재한, '아등我等은 정치적 경제적 각성을 촉진함' '아등은 단결을 공고히 함' '아등은 기회주의를 일체 부인함'이라는 강령을 내 걸고 조직한 표현단체임에도 불구하고 그 이면 근원에 있어서는 현 정치에 대하여 치열한 불만과 민족자결의 견고한 사상을 품고 활약하고 있었다. 그러나 다수 사회주의 운동자를 회원으로 함에 이르자 그 세력은 점차 강고하여 졌다. 그러나 수차로 동 주의자 검거의 사건이 있어서 이래 재차 민족운동주의자의 세력이 대두하여 이래 민족적 특수한 입장으로 정치에 관하여 누차 반항적 태도를 보여 오던 바…

이는 검사가 논고한 바, "신간회는 설립취지가 조선독립을 목적"으로 한 것이라는 주장에 대하여, 재판부는 표면상의 목적은 해석이 다양할 수 있

19 판결문, 앞의 글, 844면.
20 "신간회음모판결사건," 사상월보 제1권 제3호, 1931. 6.

고, 내면에서는 "현정치에 대한 치열한 불만과 민족자결의 견고한 사상"을 품고 있다고 하여 검사의 논고보다는 신간회의 목적을 약간 완화시켜 이해하고 있다. 일제의 총독정치에 대하여 '불만'과 '반항'은 하지만, 그 자체로써 독립운동을 직접 추진하는 기관이라는 데 대해서는 유보적 입장을 보여주고 있는 것이다. 이는 신간회의 활동이 (조선독립이라는 궁극목적을 내면에 가지고 있을 수 있지만) 실제 활동 면에서는 총독정치하의 구체적인 정책에 초점을 맞춰 반항하는 방식을 취했기 때문이다. 또한 신간회가 처음부터 제령 제7호의 '정치의 변혁'을 목적으로 했다면, 왜 거의 5년간이나 그런 단체를 해산하고 간부를 엄벌하지 않았는가 하는 모순에 빠질 수 있다. 따라서 신간회 자체가 아니라, 민중대회 기도사건이 '정치에 관해 불온한 언동'을 했다는 것으로 보안법 위반으로 판시한 것이다. 1심판결에 대해 아무도 항소하지 않아 그대로 형이 확정되었다. 이들 6명은 1932년 1월 22일 가출옥으로 출감했다.

민중대회는 광주학생운동을 민족적, 민중적 운동으로 전국적으로 확산시켜나가려는 시도였다. 이렇듯 민중대회는 일제의 일제 사전검거로 좌절되지만, 신간회의 본부와 각 지회는 청년총동맹, 근우회 등과 더불어 1929년 12월부터 1930년 2월에 이르는, 전국적 규모로 항쟁이 확산되는 데 주도적 역할을 하였다.[21]

민중대회와 관련된 간부들의 일대 검거로 신간회 본부는 심각한 타격을 받았다. "민중대회"를 준비하던 신간회 지도자들은 예비검속되었고, 허헌 등 신간회의 주역들은 옥고를 치르게 된다. 이 조직을 재정비하여 끌어갈 책임은 다행히 체포를 면할 수 있었던 김병로의 몫이었다. 김병로는 1930년 1월 김병로는 신간회의 재정부장 겸 회계에다, 사무부장과 조사부장을 겸직하였다. 일제가 보기에, 김병로는 다소 온건파/합법파의 이미지를 보

---

21 이균영, 신간회 연구, 212면.

여주고 있는 편이었다. 그러나 일제의 탄압이 본격화되고 중앙의 간부들이 대량 검거된 상황에서, 전국적 공개단체로서의 신간회의 존속 자체에 위기가 도래한 국면에서, 신간회를 유지갈 수 있었던 것은 절대적으로 김병로의 공헌이었다. 김병로도 1930년 초의 위기를 잘 극복하고 조직을 발전시켰다고 자평하고 있다.[22]

내가 집행위원장 사무를 대행하여, 회의 업무는 침체된 바 없이 지방조직의 확장과 투쟁의 강화로 날로 견실한 진보를 보게 되었으며, 그 익년에 이르러 전국대의원회를 소집하려 하였으나 경무당국이 본회 간부에 대한 형사사건의 미결을 이유로 대의원회의 소집을 불허하므로, 부득이 나는 다른 간부와 일치하여 회세의 진작에 비상한 노력을 경주한 결과, 그 익년, 전국대의원회(복대표제)를 소집할 때에는 지회 수가 138개소에 달하고, 회원이 근 10만 명에 이르렀던 것이다.

이 시기에는 신간회의 재정 자체도 김병로가 자담하다시피 하고 있다.[23] 신간회의 살림살이에 대한 다음 인용을 살펴보자.

신간회본부의 경비가 만흔 것은 사실입니다. 그러고 그것이 회원의 회비를 거두어 드리어 지텡하여 갓든 것이 아닌 것도 사실입니다. 그러면 그 돈이 대체 어데에서 나왓느냐 할 것이외다. 여기 대하야 교차점 기수가 조사한 바에 의하면 대개는 간부 그중에도 주석들이 만히 자담하엿다하는데 들니는 말에 전 집행

---

22 김병로, 수상단편, 276면.

23 김병로 자신의 증언도 그러하다. "광주학생사건 직후에서부터 내가 중앙집행위원장의 직무를 대행한 이후에는 나의 독력으로 경비를 지출하여온 것인바, 신간회의 경상비는 그다지 다액이 아니었으나, 그 수년간의 실정으로는 해외운동자들의 잠입이 빈번하였으므로 그 연관관계에 소요되는 경비가 적지 아니하였고, 상임위원 중에는 생활의 보조를 하여야 할 사람도 있는 관계로 매월 총 경비로는 다액을 요하였으나 나는 그 수년동안에 물질관계에 있어서는 남의 원조를 받아본 일이 없고 원조를 요구하여 본 일도 없었던 것이다"(김병로, 수상단편, 280면).

위원장 허헌이 광주사건으로 드러가기까지에 약 4천원을 썼고 그 뒤를 이는 제2차집행위원장 김병로 씨가 이럭저럭 6천원 갓가운 돈을 썼다고 합니다.[24]

허헌과 김병로가 신간회에 소용되는 각종 경비(사무소, 사무비, 인건비, 파견비)를 충당했다니 놀랍다.

이 시기에 신간회의 노선과 관련하여, 김병로가 온건화/합법화로 선회하였다는 평가가 있다. 일제의 기록에서도, 종래의 신간회 운동을 반성하면서 최린 일파가 주장하는 자치운동과 협력하는 합법운동을 주장한다는 언급도 있다.[25] 그러나 온건화노선이 자치운동으로 변질이나 일제방침에의 추수로 보는 것은 매우 잘못된 것이다. 한편으로는 투쟁의 욕구가 더욱 높아진 각 지역의 운동이 있고, 다른 한편에서는 탄압을 본격화한 일제 사이에 끼어, 신간회 본부는 "공황과 민중대회사건의 실패에 따라 예상되는 대탄압을 선방先防"하여 조직역량을 보존하자는 전략적 고려를 하지 않을 수 없었다.[26] 강경파, 사회주의파와 비교하여 온건화/합법화로 보이는 것이지, 자치운동이나 변절파와 전혀 차원을 달리하는 민족운동의 흐름에 속하는 것은 두말할 여지가 없다. 물론 이들의 노선에 대해 "소부르조아 개량주의의 영도"라는 정치적 비판은 또한 충분히 제기될 수 있는 일이었다.[27] 김병로는 1930년 11월 9일 신간회 전체대회를 대행하는 중앙집행위원회를 소집하여, 정식 집행위원장으로 선임되었다. 사실 그 이외에 그 자리를 맡을 만한 인사가 없기도 했다.

이 시기 김병로 개인에게도 탄압이 가중되었다. 신간회 비밀결사 혐의로 가택이 수색당하기도 했다(1930년 4월). 나아가 사소한 민사사건을 트집잡아 일제는 김병로에 대해 6개월 동안 변호사 자격을 정지시켰다(1931년 1

---

24 "교차점," 삼천리, 제17호, 삼천리사, 1931. 7.
25 이균영, 신간회 연구, 382면.
26 이균영, 위의 책, 397면.
27 이균영, 위의 책, 396면.

월 23일~7월 22일). 그는 신간회에 누를 끼치지 않을까 하여, 정직처분이 내려지자 즉각 중앙집행위원장직 사표를 제출했지만, 그 사표는 반려되었다. 그러나 그런 처분이 그에 대한 평판이나 의기를 일부 꺾는 효과는 없지 않았을 것이다.

이러한 상황에서 신간회의 운명은 해소론의 대두로 거대한 소용돌이에 휩싸이게 된다. 해소론은 주로 청년 사회주의파에 의해 제기되었는데, 외부적으로는 코민테른의 지하운동화 방향으로의 노선수정에 따른 신간회 해소론이었고, 일제는 신간회의 존속에 대해 더 이상 용납하기 어렵다는 입장으로 압박하고 있었다. 계급운동적 관점에서 신간회를 비판하는 쪽의 요지는 다음과 같은 것이었다. 즉, "신간회는 결성된 지 4개년이 넘은 오늘날까지 아무 것도 한 것이 없다. 신간회는 소小뿌르조아지의 집성단체이므로, 따라서 대중의 계급적 의식을 말살시키는 것이다."[28]

그가 변호사 정직 도중에, 신간회 해소론과 반해소론를 둘러싼 논쟁이 가열되었다. 김병로는 신간회 해소론을 확고하게 반대하는 중심에 있었다. 김병로는, 계급운동자들이 신간회의 운동전선상에서 헤게모니를 전취하려는 것이 근본목적인데, 그 목적이 달성되지 아니함으로 차라리 해소하는 방향으로 이론을 편다고 보았다. 그러나 신간회를 해소한다고 투쟁력을 사실로 나타낼 조직으로 전화할 수 있다고 보지 않았다. 신간회 자체가 "각층 각파의 투쟁요소를 통하여 가지고 진용을 결성한 것"이고, "대중의 당면이익을 위해서 가능한 최대한도의 투쟁"을 하기 위한 조직이니만큼, 그러한 조직은 필요불가결하다는 것이었다. 엄혹한 정세하에서 신간회의 진영을 훨씬 더 강화하는 것이 급선무라고 보았다.[29]

현하 조선의 정세가 각 방면으로 질식된 상태에 잇는 이때에 잇어서 신간회의

---

28 고영환, "신간해소선후책," 동광 제23호, 1931. 7.

29 김병로, "신간회의 해소론이 대두함에 제際하야," 동광 제18호, 1931. 2.

과거의 투쟁의 방법과 전술에 결함이 잇다고하면 그 결함을 지적하고 이를 교정하야 더욱 힘잇는 운동으로 전개시킨다면 모르거니와 그나마인들 이미 조직된 힘을 해소한다고 주창하는 것은 그나마 이미 결성된 진용을 교란하며 그나마 조직된 투쟁력을 여지없이 비산시키는 것 밖에 아무 다른 효과가 없을 것이다.

일언이폐지一言而蔽之하건대 현재의 신간운동이 조선의 현실과 조선민중의 현재 정세에 잇어서 오로지 해독을 끼치는 물건이라고 하면 이를 해소하여야 할 것이고 다른 어떤 운동으로 전환하야 일층 투쟁력을 실현케 할 수 잇거나 없거나 이것을 문問할 필요도 없을 것이다. 그러나 어느 계단까지 어느 정도까지 민중의 당면의 이익을 위해서 투쟁의 가능성이 잇다고 인정한다고 하면 금일今日의 정세하에서는 이것만큼 이라도 잔루형해殘壘形骸까지 스스로 없이하고 훼손하는 것은 하등 의미가 없는 한낮 이론적 유희에 불과한 것이요 도리어 이미 결성된 힘을 분산하야 조선의 전선을 혼란으로 들어가게 하는 것이다.…

그러면 신간회가 해소를 아니하고 적극적으로 운동을 전개한다 하면 앞으로 할 일이 무엇인가. 우리가 입으로 투쟁 투쟁을 말하기는 쉬우나 참 힘잇는 투쟁은 오직 힘잇는 진영에서만 생기는 것이다. 오늘날 신간회의 진영은 아직도 더 결성되고 더 질서화하고 더 공고하게 하는 것이 급선무다. 내부의 결속력이 박약해 가지고는 아무리 투쟁하고 싶드라도 사실 불가능한 것이다. 현재도 그 투쟁의 힘이 잇는 정도까지 에서는 투쟁을 행하고 잇는 것이니 앞으로 내부의 결속이 강대화할수록 투쟁력은 증진될 것이다. 이러한 시기에 잇어서 이론만 가지고 해소를 창唱함은 운동의 전선을 궤산潰散 분화의 계정階程으로 끄을어가는 것이니 도리어 투쟁력을 감소케 할 우려가 잇는 것이다.

김병로의 주장은, 신간회의 결함교정과 편달의 의미에서의 해소론은 환영할 바이나, 신간회 자체의 해체를 기도하는 사람은 자발적으로 신간회를 떠나면 해결될 문제라는 것이다. 그러나 전국의 유수한 지회들이 해소론의 입장을 채택함에 따라 전반적 분위기는 존속론에 불리하게 형성되어

갔다.

1931년 5월 15일 신간회 제2회 전체대회가 열렸다. 이는 창립대회 후 처음 열리는 전체회의이자 동시에 해소대회였다. 일제는, "1930년 이래 본부가 합법운동으로 전향하고 각 지회가 찬부 양론으로 대립, 내부통제를 잃은" 신간회를 "조종하는 의미에서 대회를 개최시킴으로써 무언가 얻는 것이 있으리라"는 판단 아래 대회 개최를 허용하였다. 반해소론의 입장을 가진 본부의 간부들은, 이 대회를 통해 해소론을 비판하여 신간회를 안정적으로 존속시키기를 희망했다. 본부의 인사들은 "하등 통제된 행동이 없고 확고한 신념이 없이" 그저 잘되겠지 하는 막연한 믿음만 갖고 안이하게 대처한 반면,[30] 해소론은 매우 조직적으로 움직였다.

제3대 중앙집행위원장인 김병로의 사회로 개회를 선언하고, 임시집행부를 선출하고, 중앙간부진의 선임에 들어갔다. 중앙집행위원장은 강기덕, 그리고 위원들의 선정이 있었다. 본회의로 들어가 제1안건으로 신간회 해소안이 제출되었다. 해소안과 존속안 사이에 "획기적 이론전개와 충분한 토의"가 기대되었으나, 일경은 토론 자체를 봉쇄했다. 해소안에 대한 거수표결의 결과 찬성 43, 반대 3, 기권 30으로 해소안이 가결되었다. 해소론자 중에서는, 신간회와 같은 운동기구를 완전히 철폐하자는 게 아니라 혁신적 재구축을 지향하는 의견도 많았지만, 일제는 기민하게 개입했다. 해소안이 가결되자말자 경찰은 해소된 이상 더 이상 집회가 필요없다며 일체의 집회를 금지함으로써, 해소안의 통과가 곧바로 해체로 귀결되어버린 것이다. 해소는 해체가 아니고, 해소는 "신간회라는 구형태가 다른 신형태로 지양하는 순간에 완성될 것이며 그때까지는 해소운동이 지속될 것"이라는 입장이 있지만, 그러한 실천은 관념상으로 가능하되 실천상으로는 불가능한 것이다. 해소의 가결과 동시에 해체되어버린 것이고, 남은

---

30 황강, "신간회해소와 운동선의 망전," 동광 제23호, 1931. 7.

것은 잔무처리뿐이다.[31] 해소를 즉석에서 가결하여 금후의 신간회의 일체 집회 봉쇄의 구실을 지어준 것은 실수 가운데 가장 큰 실수였다고 할 것이다.[32] 또한 다음과 같은 논평을 보자.[33]

신간회의 사멸은 자타가 공인하는 바와 같이 타살이 아니라 자살이엿다! 차라리 그것이 만일 타살이나 되엇드면 세인의 이목을 다소간 자극시켯을는지도 모르겟지마는 그것이 싱거운 자살이엇기 때문에 일막의 희비극이엇다.

즉 타살당했다면 그로 인한 분노가 조선인의 가슴에 사무쳤을 것이고 그것이 민족운동의 새로운 동력이 될 수 있었을 텐데, 자살을 선언하고 보니 일제로서는 손 안 대고 코푼 격이 된 셈이다. 해소론 이후의 치밀한 대안이 결여된 가운데 해소론만 통과시킴으로써, 결국 해소론은 단일화된 민족운동역량에 엄청난 손실을 초래한 셈이다.[34] 신간회 해소 직후의 한 논평은 다음과 같이 안타까움을 표하고 있다.[35]

누구던지 질풍상심자疾風喪心者가 아닌 바에는 게딱지만한 움집에서 생활하는 것을 기뻐하지 않을 것과 마찬가지로 이 미지근한 신간운동에는 무슨 만족을 느낄 청년은 별로 없엇을 것이다. 그러나 우리가 이 게딱지만한 움집을 때려부시어 헐어바리려면 적어도 삼간두옥三間斗屋이라도 다시 한 채 건축할 만한 예산을 먼저 세워야 할 것이다. 만일 그러치 아니하고 하등의 준비도 없이 남들은 2, 3층 양옥의 문화주택에서 호화로운 생활을 하고 지내는 이때에 창피하게 움집 생활을 하고 잇단 말이냐는 수작으로 기왕의 움집만 헐어버리고서 남의 집

---

31 김기림, "해소가결전후의 신간회, 5월 15일 어경성전체대회광경," 삼천리 제16호, 1931. 6.
32 황강, 앞의 글.
33 고영환, "신간해소선후책," 동광 제23호, 1931. 7.
34 이균영, 신간회 연구, 561면.
35 고영환, 앞의 글, 24~25면.

대문밖에 잇는 쓰러기통 근처의 신세나 지게 된다고 할 것 같으면 우리는 그 사람의 용맹과 기상을 감탄하는 것보다도 먼저 그의 정신에 이상의 유무를 진찰하여 보려고 하지 아니할 수 없을 것이다.

과거 4, 5년간의 신간운동에 하등의 볼 만한 것이나 혹은 자랑할 만한 것이 없은 것만은 누구던지 부인치 못할 사실이다. 그러나 이 점에 관하야는 우리의 객관적 정세가 천하무비天下無比로 비상한 것을 간과하여서는 문제의 중심점을 잃은 담론으로 될 것이다. 그뿐만 아니라 과거의 신간회가 우리 사회에 대하야 적극적으로 많은 이익을 주지 못한 대신에 또는 무슨 해독을 크게 끼친 것도 없다고 생각한다. 다만 그것이 우리에게 큰 해독을 끼치지 안는 이상 그나마도 잇는 것은 없는 것보다는 낫다는 이유 하에서 오인吾人은 그것을 지지하려고 하엿다. 물론 소위 해소파의 의견에 의하면 신간회는『계급의식을 말살시키는』막대한 해독을 사회에 끼치고 잇다고 주장하나, 신간회가 다른 모든 집회나 결사에 대한 통제적 권능을 가지고 잇든 것이 아닌 이상, 100개의 신간회가 잇드라도 다른 운동이나 혹은 결사에 대하야 추호만한 장해로도 될 까닭이 없은테인즉 그 따위의 의견은 더 문제시할 가치도 없는 것이라고 생각한다.

해방 이후 좌-우의 격돌과 민족분단으로 귀결된 사태악화를 돌이켜볼 때, 좌-우를 포용한 민족단일전선으로서 신간회의 존재가 크게 부각되지 않을 수 없다. 신간회의 존재는 민족진영의 우경화와 계급진영의 좌경화에 제동을 걸고, 공동전선으로 묶어내는 구심력을 지니고 있었다. 신간회의 사멸 이후 표면적 활동을 지속해야 했던 민족진영은 보다 타협적으로 퇴행하고, 지하운동 일면으로 매진했던 계급진영은 모진 탄압, 그리고 세력위축으로 귀결되었다. 조선의 객관적 정세는 좌익민족주의의 결성체의 출현을 불가능하게 했던 것이다.[36] 물론 일제의 탄압정책이 절대적 요인임

---

36 김기림, 앞의 글, 1931. 7.

은 분명하지만, 통합적 역량의 붕괴로 인해 그에 대해 더 이상 대응할 수 없었던 점은 그것대로 아쉬운 것이다.

신간회 해소론에 대한 김병로의 반대론에 대해서는 다음의 기사가 있다.[37]

(김병로) 군은 변호사로 법정에 나서는 외에 신간회 집행위원장으로 단상에 서서 젊은 사회주의자들과 이론투쟁을 한 일도 적지 아니하다. 작년 추秋에 신간회 해소문제를 토의하는 신간회대회가 개최되엇을 때는 김병로 군은 좌경청년들이 토하는 불같은 이론에 고군분투한 것은 실로 이채를 도두웠다.

김병로의 회고에 따르면, 신간회 활동 4~5년간 신간회의 운영과 강화에 민족주의자와 공산주의자 모두 일치 협조하였고, 하등의 갈등이나 요동이 없었음에도 불구하고, 한번 코민테른의 지령이 있은 후에는 그 태도를 표변하여 이면으로는 도리어 그를 적대시하는 경향이 있어 그의 반대론이나 회유도 하등 효과를 보지 못했다고 한다.[38]

대회에서 해소론이 통과되자 해소반대자의 다수가 비분한 가운데 일제히 퇴장하였다.[39] 기자와의 대담에서, 김병로는 대회에서의 해소가결이 "전 신간 대중의 의사로 보겠느냐" 하는 점에 대해서 해소를 가결한 지회보다 부결한 지회 수가 많고, 또 연구나 보류키로 한 곳도 많다는 점을 들어 "신간 대중으로서는 해소를 해체라고 본다는 것보다도 한 분해작용"으로 애써 폄하하는 모습을 보여주기도 했으나, 이미 엎질러진 물이었다. 김진배는 "불난 집에 도적이 든 것과 같은 민족운동의 최후의 장면에 중앙집행위원장 김병로의 가슴은 찢어지는 듯했다. 한꺼번에 모든 것이 무너지는 듯했다."고 정리하고 있다. 그는 낙담하여 "당분간 모든 것을 관망하고 있

37 동허자, "변호사 평판기(1)," 동광, 제31호, 1932. 3.
38 김병로, 수상단편, 276~277면.
39 조선일보 1931. 5. 18.자.

겠다"고 애석함을 표하고 있다.[40]

신간회 운동은 민족운동사에서도 특기할 것이었고, 김병로 개인적으로도 각별한 것이었다. 당시 허헌과 김병로 등은 진보적 민족주의자 계열에 속한다고 할 수 있으며, 사회주의 계열과 대화가 통하는 열린 지도자였다. 신간회 운동이 활발해짐에 따라 중앙의 집행위원장 직을 이어받으면서 지도력을 발휘하였다. 그 결과 허헌은 옥고를 치르고 변호사자격을 박탈당하고, 김병로는 변호사 자격이 정지되는 등의 고초를 겪었다. 신간회는 1931년 중반에 이르러 해소-해체되었지만, 몇 년의 기간동안 그들은 좌-우 연대의 소중한 경험을 했고, 양쪽으로부터 인정을 받았다. 해방직후 좌-우 투쟁이 격화되면서도 이들은 좌-우의 편가르기에 힘을 싣기보다는 좌-우 합작 쪽에 힘을 더하는 모습을 보여주었다. 김병로의 경우, 단독정부 수립이 아니라 김규식-여운형과 함께 통일국가수립운동인 좌-우운동을 벌였던 것은 결코 우연한 일이 아니었다. 그 때문에 김병로는 민족통일운동의 선구자들 가운데 한 사람으로 평가받고 있다.[41]

2. 변호사의 실지조사

변호사는 본령 중의 하나는 형사피고인을 위한 법정변론이다. 동시에 변호사는 사실조사의 전문가이기도 하다. 사회문제에 대해 사전조사를 통해 문제를 환기시키고 그 개선책을 촉구하는 것은 변호사의 영역확장이기도 하다. 이러한 실지조사에 적극 개입함으로써 변호사는 하나의 사회운동가로서의 역할을 한다.

변호사가 이런 활동을 용이하게 할 수 있는 것은 그의 합법성 지향과 특

---

40 조선일보 1931. 5. 18.자 "비해소론자 결성도 필요! 나 개인은 방관할 뿐이다. 전위원장 김병로씨 담"; 김진배, 86면.

41 김학준, 가인 김병로 평전, 223면.

별한 지위 때문이다. 변호사가 법률활동을 할 때는 합법성의 외관을 띠므로, 상대측에서는 이를 거부할 명분을 찾기 어렵다. 또한 일제하에서 변호사가 갖는 지위상의 이점이 있다. 문제지역을 방문할 때, 그 지역의 유관단체는 물론 경찰도 그 방문을 거부하기란 쉽지 않다. 변호사가 기자들을 대동하고 방문할 때는 더욱 거절하기 어렵다. 변호사의 방문 자체가 사회적 주목을 자아내게 되며, 변호사의 접촉 여부, 접촉거절 여부 하나하나가 기사감이 될 수 있다. 일반 사회운동가들에게 허용되지 않는 기관과의 접촉이 변호사에게는 허용될 수 있다. 변호사의 조사전문가로서의 공신력으로 인해, 조사결과를 총독부 당국에서 마냥 무시하기도 쉽지 않다.

변호사들의 실지조사는 변호사 단독의 작품이 아니다. 운동단체로서의 신간회의 요청이나 하명에 의해 실지조사가 이루어지며, 실제 현장에서도 신간회의 지회 등의 협조를 받는다. 또한 변호사는 조선인변호사협회로부터 '특파'받는 형식을 취할 경우가 적지 않다. 그래서 변호사 1인이 출동해도, 그 배경에는 신간회라는 영향력이 큰 사회단체, 일제로서도 무시할 수 없는 조선인변호사협회의 후광을 안고 가는 것이다. 따라서 신간회 및 변협의 협조는 실지조사가 가능해지게 하는 배경이 된다. 기자와의 동행은 식민지 조선의 핵심 언론의 영향력과 압력을 동반해서 현지에 간다는 것이 된다. 이 정도의 결합을 통해서만, 비로소 현지조사가 본격적으로 행해질 수 있게 되었다.

변호사의 실지조사는 1930년대에는 거의 찾아볼 수 없다. 1920년대 후반, 즉 사회운동의 절정기인 동시에, 상대적으로 유화국면(소위 문화정치)의 시기 속에서, 변호사로서의 최대치의 역량을 발휘한 것이 일련의 실지조사라 할 수 있다. 신간회의 활동의 일환으로서의 실지조사의 사례는 적지 않다. 실지조사를 할 때 김병로, 이인, 허헌은 신간회 간부라는 지위와 변호사라는 자격을 구사하여 효과적인 조사를 진행할 수 있었다. 신간회 중앙본부의 민족운동의 일환으로서 평가될 이 실지조사의 사례는 대단히 많다.[42] 아래에서는 변호사의 실지조사가 집중적으로 행해진 몇 가지 사례를 들어보기로 한다.

(1) 갑산화전민사건에 대한 실지조사

1920년대 후반에 이르면 조선총독부는 화전정리사업을 추진하면서 화전민들을 주로 화전지대로부터 축출하는 시책을 펴왔다. 그러나 화전민들은 평지에서 이런저런 사유로 내몰려 화전지대에서 근근이 화전을 하며 연명하는 관계로, 아무런 생존책의 대안없이 화전지대로부터 내몰리는 것을 견딜 수 없었다. 그래서 수동적으로 항의하기도 하고, 그 자리에 버티기도 하는 등의 소극적 저항을 펴왔던 것이다. 전국에서 화전민들이 가장 많은 곳은 함경남도이며, 그중에서도 갑산과 삼수 지대였다. 이전에 대표적인 오지이자 귀양처로 꼽힌 '삼수갑산'의 임야지대에 내몰려, 화전으로 근근이 생계를 영위하던 화전민들을 총독부는 다시 대책없이 방축放逐하려 했던 것이다.

그 방축의 한 방법으로 갑산의 삼림을 책임지고 있던 영림서는 대표적인 화전지대인 갑산군 보혜면 대평리의 평평물(룽룽곡) 마을의 주민들을 모두 소개疏開시키려 했다. 대상 주민들은 모두 1천여 명에 달했다. 이들이 애원하고 소극적으로나마 반항하자 영림서원들은 1929년 6월 중순 경찰을 대동하고 화전민가를 몇 십 호를 불태워버리고 강제 축출시켰다. 가옥이 불타고 기아와 생존의 절대절명의 위기를 겪은 주민들은 대표를 뽑아 총독부에까지 와서 진정하였지만 아무 소득을 거두지 못했다. 대표들은 인근 지역의 청년회에도 호소하고, 경성의 신간회 본부에 와서 호소하였다.

이들의 호소에 언론과 사회단체가 즉각 답하였다. 언론에서는 '갑산화

---

42 신용하, 신간회의 민족운동, 한국독립운동사편찬위원회 독립기념관 한국독립운동사연구소, 2007 참조.

전민의 방축'을 '인도상 중대문제'로 크게 다루었다. 동아일보의 1면 사설로, "이것이 사실이라 하면 인민의 생명 재산의 보호를 직책으로 하는 당국자로서 무책임한 행동이라 아니할 수 없다" "법으로 봐도 용서치 못할 행동이다" "구축당하는 화전민의 생활안정의 도途를 급속히 강구함도 당국의 책임이오 영림서의 폭거를 엄격히 조사하야 다시 그런 일이 없도록 계도함도 당국의 책임이다."[43]라는 강한 논조의 비판을 했다. 그러나 아직 이 논조에는 힘이 실리지 않았다. 현지조사를 통한 상세한 내용과 실감을 덜 가진 탓이다. 그래서인지 "이것이 사실이라 하면" 이라 하면서, 가정법을 쓰고 있다.

신간회 본부에서는 사건의 진상을 조속히 조사하여 대책을 강구해야 한다는 데 의견을 집약했다.[44] 또한 각 사회단체의 대표 27명은 '갑산 화전민 구축驅逐 사건대책강구회'를 조직하고 안재홍 등 27인을 선정하여 진상조사원을 파견키로 결의했다.[45] 그러나 총독부의 대응도 신속했다. 7월 19일 오후에 열릴 예정이던 대책강구회는, 종로서 고등계로부터 "위원회를 금지하는 동시에 금후 회로서의 일체 행동을 금지한다"고 통고하였다. 그 이유인 즉 첫째, 그 명칭이 불온하다는 것, 둘째, 아직 사실이 어떠한지 모른다는 것을 들어, "만일 앞으로 무슨 행동이 있다 하면 단호한 처치를 할 것"이라고 위협하였다. 그리하여 동 위원회에서 실제 조사차로 떠나기로 예정된 인사도 출발하지 못했다.[46]

신간회 본부에서는 일차 신간회 북청지회에 사실진상을 조사토록 지령했지만, 시일이 지연될 우려가 있고, 전국적으로 여론조성을 하고 대책강구를 긴급히 해야겠다고 판단했다. 그래서 7월 18일 오후 4시에 긴급중앙

---

43 동아일보 1929. 7. 10.자 "갑산화전민의 방축 인도상중대문제".
44 동아일보 1929. 7. 13.자 "신간회분기 진상을 조사, 형사고소라도 할터이라고 혜산진영림서원 화전민가 충화사건".
45 동아일보 1929. 7. 17.자 "갑산화전민을 영림서에서 방화".
46 동아일보 1929. 7. 21.자 "대책강구회 위원회금지, 갑산화전민 구축문제".

상무위원회를 열고 이 문제에 대한 구체적 토의를 진행한 다음, 조사위원을 급파하기로 했다. '갑산화전민사건 실지조사'의 책임자는 신간회 총무간사장을 맡고 있던 김병로였다. 그가 경성을 출발한 시각은 당일 오후 10시 55분이었다. 실로 신속하고 비밀리에 이루어진 결정이기에 총독부로서도 위의 대책강구회의 그것처럼 미처 제지할 수 없었던 것 같다.

김병로는 혼자 떠난 것도 아니었다. 김병로의 현지조사에는 무려 7인의 동행이 있었다. 동아일보 특파원 박금 기자는 처음부터 김병로와 동행했다. 중외일보 특파원 정인익 기자, 북청의 김영수와 김광, 갑산에서 동행했던 김은서, 특별히 동행을 신청해왔던 갑산군 운흥면의 청년 한남형 등이었다.[47] 신간회의 간부이자 변호사로서 유명한 김병로 한 사람도 감당하기 쉽지 않은데, 거기다 동아일보, 중외일보 기자가 가세하고 보니 이들의 존재를 지방의 경찰서나 영림서에서 상대하기 쉽지 않았다. 더욱이 변호사와 언론인은 모두 사실조사를 전문으로 하는 직종이 아니던가.

이들이 간 길은 그야말로 첩첩삼림이었다. 18일 밤 경성을 출발하여, 함경남도 북청에서 1박한 뒤, 20일 혜산경찰서장을 회견하여 경찰관의 인가방화에 관여 여부를 추궁하고, 21일 혜산진을 출발하여 22일 갑산의 현장에 도착하여 주민들을 상대로 실지조사를 하였다.[48] 서울에서 혜산진까지는 열차로, 혜산진에서 목적지까지는 200여 리의 길을 하루도 비가 개는 날이 없이 수목이 썩어 진흙으로 된 산을 넘고 넘어 쉬지 않고 걸어야 했고, 거기다 경찰과 일본 국경수비대로부터의 신변의 위협과 자연의 위험에까지 힘든 여정을 강행군해야 했다.[49] 이렇게 천신만고 끝에 현장에 이르러 주민들로부터 피해상황을 청취하고 실지조사를 하였다. 다시 고생 끝에 김병로 일행은 27일 밤 8시 30분 경성역에 도착했다. 무려 10일에 걸

---

47 梶村秀樹, "갑산화전민사건(1929년)에 관하여," 淺田喬二 외 7인, 항일농민운동연구, 동녘신서, 1984, 205면.
48 종로경찰서 비밀보고, 269~270면; 일제하사회운동사자료총서4, 222면.
49 김병로, 수상단편, 288~294면 참조.

친 긴 여정이었다.

신간회 본부에서는 바로 다음날인 28일 김병로의 진상조사보고를 들은 후[50] 다음과 같이 결의했다.[51]

결의사항

1. 사실조사 진상조사보고서의 작성 발표
1. 29일 하오 8시부터 종로중앙청년회관에서 실지조사 보고연설회를 개최
1. 책임당국자에 대한 대책 및 구제방법은 가까운 중앙상무위원회를 열어 발표

진상조사가 이루어졌으면 그 결과를 널리 알리는 것이 급선무였다. 그러나 신간회 측의 진상조사보고를 위한 연설회는 곧바로 종로경찰서에 의해 금지당했다. 그 이유인 즉 『신간회가 주책없은 말을 하리라고 미리 예측하고 금지하는 것은 아니지만 우리는 우리로서 그 사건의 보고를 가지고 있음으로 그와 반대되는 보고강연을 허락지 않는다』는 모호한 것이었다.[52] 이어 8월 내내 진상조사의 공개에 대하여는 계속 금지 일변도의 정책을 이어간다.

다른 한편 이 시점에서 언론의 보도가 폭발적으로 증가하였다. 7월 말 8월 초에 걸쳐 각 언론은 진상에 대한 보도와 비판적 사설을 연속해서 실었다. 우선 조선일보는 "사건 발생 이후 제일 먼저 이백여리의 산길을 도보로써 모든 무시무시한 위험을 무릅쓰고 만목참담한"현지에 도착하여 진상

---

50 경성 종로경찰서장의 비밀보고에 따르면, "신간회 총무간사 김병로는 고의로 소재를 감추고 비밀리에 신간회 본부에서 긴급상무집행위원회를 개최하여 허헌 이하 11명 출석리에, 김병로가 실지시찰의 개황을 보고하고, 결의"를 했다고 한다. 출발부터 도착후 처리까지 신속하고 비밀리에 한 것으로 파악하고 있는 것이다. 思想問題ニ關スル調査書類, 268, 19면(국회도서관 MF6025, 분류번호 E58; E56; E131; 원본문서번호 100-010); 한국역사연구회편, 일제하사회운동사자료총서4, 고려서림, 1992, 221~222면에도 수록되어 있다.

51 앞의 비밀보고, 269면; 조선일보 1929. 7. 29.자 "보고연설회와 책임당국에 항의. 조사위원 김병로씨 보고듯고 화전민사건과 신간 회결의".

52 조선일보 1929. 7. 30.자 "갑산화전민사건 보고연설도 금지/모호한 리유로 금지하여/작일 종로서에서".

조사를 한 제 일보를 7월 23일에 냈지만, 곧 압수당하고, 실제조사답사기는 또한 하루를 연재하고 중단을 강요당했다. 그런데 신간회 조사결과와 기자의 조사내용이 일치함에 힘입어 7월 30일자에 '소실가옥' 피해자의 본적, 성명, 가족, 소실간수를 일일이 적시하였다. 특히 현장에 왔던 영림서원과 순사들 17명의 명단과 소속까지 정확히 제시하였다. 이는 김병로의 조사와 조선일보의 조사를 확인하여 정리한 것으로 보인다. 피해의 전체 규모는 다음과 같다.

> 당시 상황을 수자로 보이면 불에 탄 곳은 평평물과 대송가동 두 곳이니 평평물은 6월 16일부터 동 18일까지 삼일동안에 평평물에서 63호가 타고 3호가 파괴되었으며 동 18일부터 19일중까지 대송가동에서 10호가 소실되었으며 파괴가 4호인 바 …[53]

동아일보는 이미 갑산사건에 대하여 "갑산화전민의 방축放逐 인도상중대문제"(1929. 7. 10.)라는 제1면 사설을 기재한 바 있으나, 특파원의 현지조사를 토대로 "다시 갑산화전민사건에 대하야"[54](1929. 7. 31.) 라는 매우 비중있는 사설을 실었다.[55] 두 사설의 논조는 우선 첫줄부터 확연히 다르다. 전자의 사설에는 "… 가 사실이라면 …"이라는 가정법을 쓰고 있는 데 반해, 후자는 "80여 호의 인민가옥을 소훼하였다는 사건으로 세간을 경악케 한 소위 갑산화전민사건은 본사 특파원의 보고에 의하여 그 진상이 판명되었다. 그 결과는 최초 주민대표의 진정한 바를 확인하였고 따라서 당국

---

53 조선일보 1929. 7. 30.자 "폭포동과 송가동 소실호수만 칠십삼 파괴가옥도 칠호나 된다. 갑산화전민사건상/십칠명의 일행, 현장에 왔든 영림서원과 순사//갑산화전민사건 보고연설도 금지, 종로서에서 사건이 생긴 「평평물」 부근".

54 동아일보 1929. 7. 31.자 "다시 갑산화전민사건에 대하야".

55 이 사설은 조선사상통신에 그대로 일문으로 번역게재되었다. "再ひ甲山火田民事件に就いて," 조선사상통신사, 제1016호, 1929.

의 무사려한 처치를 폭로하였다."고 쓰고 있다. 실로 현지조사의 뒷받침으로 힘있는 논조를 펼 수 있게 된 것이다. 그리고 당국의 진상발표 금압에 대하여도 당당하게 꾸짖고 있다.

> 이와 같은 현실문제, 인도상 중요문제에 대하야 공정한 비판과 여론환기의 기회를 방알防遏하는 것은 그들의 양심의 여하를 의심치 아니치 못할 태도다. 이러한 금압의 결과는 일층 민중의 의혹과 분노를 증장할 것 뿐이니 실로 유해무익한 금압이려니와[56]

중외일보는 정인익 기자가 김병로의 실지조사에 처음부터 동행하여 상세한 보고를 쏟아냈다.

조선일보, 동아일보, 중외일보는 당시의 대표적인 언론이다. 이 모든 언론이 특파원의 현지조사를 토대로 각종 보도를 쏟아냈다. 동아일보는 박금 특파원의 〈갑산화전민충화답사〉를 전 11회에 걸쳐 보도했다.[57] 조선일보 역시 7회의 연재를 하기로 예보하고 제1회를 시작했다. 그러나 동아일보의 보도는 막상 현지 피해실태에 대한 부분에 이르러 삭제시켰다. 조선일보의 경우 2회로 연재를 차단했다.[58] 한편 신간회는 연설회와 보고의 배포가 금지되는 가운데에서도, 상무위원회를 열어 다음과 같은 결의를 했다.

> 1. 갑산화전민사건 대책으로 진상조사보고서를 긴급 발표하고 항의위원으로 김병로, 황상규, 이관용 3인을 선거하여 다음 조항에 대해 총독부에 항의키로 하다.
>
> ㈎ 방화 구축에 대한 질문

---

56 동아일보 1929. 7. 31.자 "다시 갑산화전민사건에 대하야".

57 동아일보 1929. 8. 2.자 "평평물물차자, 갑산화전민충화지답사, 북국이천리 무색한 승지강산[제1회, 전10회] (본사특파원 박금 수기)".

58 한홍정, "국경견문기 — 갑산사건 답사를 마치고(전7회)", 조선일보 1929. 8. 9.~1929. 8. 19.자.

(나) 피해화전민에 현경지 배려

(다) 소실가옥 가구 양식에 대한 손해배상

(라) 직접 책임자의 처벌

(마) 5백여만 화전민에 대한 금후 주의

1. 언론압박에 관하야 갑산화전민사건 항의위원들에게 일임 항의하기로.[59]

갑산사건에 관한 신간회의 공세는 8월 내내 이어졌다. 그에 따라 각종 사회단체, 신간회 지회에서 갑산사건의 진상을 알리고, 일제의 행위를 규탄하는 각종 행동들이 이어졌다. 그에 대한 일제 당국은 다음과 같이 대응했다. 첫째, 언론의 보도를 엄금하는 방침. 갑산화전민사건에 대한 총독부의 언론탄압은 당시의 통례와 비추어보아도 특이할 정도로 빈번했다.[60] 이는 갑산사건이 총독부의 취약점을 직접 건드리는 것인데다, 조선민중이 예민하게 반응했기 때문이다. 둘째, 갑산사건의 진상을 알리는 각종 집회의 무조건적 금지이다. 그에 대해서도 종로경찰서 등이 금지사유로 내건 것들이 매우 '모호'하고 '궁색'하다는 비판에 대해서 제대로 반응하지 못했다. 셋째, 총독부에서는 참으로 이례적이게도, 독자적으로 진상을 조사하여 공표했다. 〈갑산사건에 관한 진상조사결과발표〉라는 제하의 발표였다. 총독부 산림부는 대체로 다음과 같이 정리했다. 첫째, 관헌이 방화 운운은 낭설·와전에 불과하다. 둘째, 사실은 주민이 양해 후 각자 공가空家에 방화한 것이다. 셋째, 기정방침은 엄연 불변이다.[61]

언론·집회의 금압에 더하여 총독부가 독자적인 진상조사결과까지 발표한 것은, 조선의 사회단체와 언론기관들이 갑산사건에 대해 보도의 홍수와 논의가 분출하는 상황을 도저히 좌시할 수 없었기 때문이었을 것이다.

---

59 동아일보 1929. 8. 5.자 "신간회 본부에서 제7회 상무위원회"; 조선일보 1929. 8. 8.자 "책임자 처벌과 손해배상 청구. 당국에 항의하기로 결의, 화전민사건과 신간회대책".

60 梶村秀樹, 앞의 책, 207면.

61 매일신보 1929. 8. 13.자 "갑산사건에관한진상조사결과발표".

더욱 독자적 진상발표라는 극히 예외적인 발표를 취할 수밖에 없었던 것은, 그만큼 김병로 일행과 언론보도의 구체적이고 풍부한 내용이 가진 파급력에 대응하지 않을 수 없었던 탓도 있을 것이다.

신간회 본부는 다시 중앙상무집행위원회를 열어 "갑산화전민사건항의문"을 통과시켰다.[62] 항의문이란 제목을 포함하여 그 내용은 식민지하에서 나올 수 있는 최강도의 항의를 담은 것이다. 신간회라는 단체, 실지조사에서 나오는 사실의 힘, 사회적 파장, 변호사의 직접적 관여 등이 그러한 수준의 항의를 가능케 했다. 그 전문은 다음과 같다.

항의문

본회는 함남 갑산군 보혜면 대평리 화전민사건에 대하야 7월 18일 본회 중앙집행위원회 김병로 씨를 사건발생지에 특파하야 별지 조사서와 같은 사건진상을 알게 된 바

당국자의 이러한 잔인한 행동은 인도상 도저히 묵과할 수 없는 일이며

이 사건에 대한 대책강구회를 압박하고 진상의 발표를 방해함에 지至하야는 조선인의 생존을 부인하는 것으로 볼 수밖에 없음.

기아에 우는 피해 화전민의 학대받는 생명을 위하야 만곡萬斛의 동정을 불감不堪함과 동시에 백여만 화전민의 장래를 상급想及할 때 한심과 의분을 금키 난難함으로 이에 별지 진상조사서를 첨부하야 당국의 언어도단한 그 처치에 엄중항의하는 동시에 다음 사항의 실행을 요구함.

좌기左記

1. 피해화전민의 현 경작지 보존

1. 소실가옥, 가구, 양식에 대한 손해배상

1. 방화구축放火驅逐에 대한 직접책임자 처벌

---

62 동아일보 1929. 8. 24.자 "신간회본부 제9회 중앙상무집행위원".

1. 금후 화전민의 안전보장

1929년 8월 31일

신간회 중앙집행위원장 허헌

조선총독 자작 齋藤實 앞(殿)

당국의 “언어도단한 조치에 엄중항의”라는 문구까지 대담하게 삽입할 수 있었던 것은 바로 구체적이고 상세한 “별지 진상조사서”에 담긴, 부인할 수 없는 현장조사였다. 진상조사서의 제목은 〈갑산군 보혜면 송가동 및 롱롱곡 화전민사건 실황〉이다.[63]

갑산사건의 배경, 경과, 그리고 영향에 대한 상세한 분석은 역사학자에게 미룬다.[64] 여기서는 변호사 김병로의 활동의 의의에 대해 언급해보자.

갑산이라는 변방 중의 변방은 갑산화전민사건을 계기로 서울의 신간회와 곧바로 연결되었다. 신간회는 이 사건을 정확히 파악하여 전국적 여론을 조성하고자 했다. 그러기 위해서는 실지진상조사를 필요로 했다. 그 진상조사에는 법률가가 적임이었다. 언론인의 조사도 물론 중요하다. 그러나 법률가는 상대의 증거탄핵을 염두에 두고 진상조사를 하게 되므로 더욱 철저히 조사해야 한다는 직업정신과 전문적 역량을 갖고 있다. 또 하나는 일제하의 변호사라는 직책의 힘이다. 변호사란 직책은 일제의 경찰이나 영림서로서도 무시할 수 없는 권위를 갖는 것이며, 검사를 방문하여 따질 수도 있는 것이다. 그 변호사의 직책을 진상규명을 위해 가치있게 활용할 수 있다. 사회운동 및 민족운동에서 법률가의 가치를 가장 잘 발휘한 사안 중의 하나가 바로 이 갑산화전민사건의 진상조사였다.

---

63 한국역사연구회편, 일제하사회운동사자료총서, 4, 고려서림, 1992, 765~770면에 수록.

64 필자가 확인한 바 갑산화전민사건에 대한 것은 위의 梶村秀樹의 논문이 유일하다. 신용하, 신간회의 민족운동, 경인문화사, 2007, 175~179면에서는 “갑산화전민방화방축사건에 대한 항쟁”이 실려있다.

김병로 개인으로서도 갑산화전민사건은 일생동안 잊을 수 없는 경험이었다. 김병로는 대법원장을 마친 뒤 경향신문에 1959년 3월 20일부터 1959년 4월 30일까지 〈수상단편〉을 통해 자신의 일생을 구술하고 있다. 그중 〈신간회의 조직 및 투쟁〉에서는 장년기의 열렬한 변호사로서, 민족운동의 간부로서의 경험을 생생하게 말하고 있으며, 그때의 '감투정신을 발휘한 사례' 중에 '백두산 화전민박해사건'에서의 현지조사의 경험을 그야말로 생생하게 증언하고 있다.[65] 김병로 자신으로서도 가장 기억속에 오래 남은 사건이었음에 틀림없다.

(2) 광주학생운동에 대한 진상조사

1929년 말은 광주학생독립운동과 그 여파가 전국을 뒤흔들게 된다. 1929년 10월 일본인학생들이 조선인여학생을 희롱하고, 이에 항의하는 조선인들에게 폭행을 가하였다. 평소의 민족감정과 이 사건 처리에서의 차별성에 분개하여, 광주의 조선인 학생들은 11월 3일 대규모의 충돌을 일으켰다. 광주고등보통학교 생도와 일인日人 광주중학교 생도가 광주정차장 부근에서 또 다시 충돌, 수백 명 양측 학생이 난투하여 수10명의 부상을 내다. 경찰에 10여 명이 검거되고 학교는 3일간 휴교되었다.[66] 그런데 그 사건에서 조선인 학생들을 일방적으로 체포하고 탄압하게 되자, 분노가 더욱 격발되었다.

이 사건은 사건발생 다음날인 11월 4일 광주학생사건은 신간회 광주지부로부터 신간회 본부로 보고되었다. 광주의 청년 장석천이 급거 서울로 달려와 신간회 본부를 내방하여 사건의 동기와 내용을 상세히 알려주었다.[67]

신간회의 대응은 매우 신속했다. 사건이 난 뒤 이틀 뒤인 11월 5일에 신

---

65 김진배, 앞의 책, 288~294면.
66 동아일보 1929. 11. 4·5·6·7.
67 조병옥, 나의 회고록, 해동, 1986, 104면.

간회 본부는 중앙상무집행위원회를 열고 광주학생사건에 관한 건을 결의했다. "광주 송정 장성 각지회에 지령하여 사건·내객을 조사 보고케 하기로 하다"는 것이다.[68]

그리고 신간회 교육부장이며 서울 지부장이던 조병옥을 광주 현지에 급파했다. 그러나 광주의 소식이 외부에 유출되는 것을 극력 경계한 일제는 그 조사를 막았다. 조병옥은 광주의 문턱인 송정리까지 갔다가 경관에게 쫓겨서 서울로 되돌아와야 했다.[69] 그 시점에 여러 사회단체들도 광주에 조사차 간부들을 광주에 특파했다. 그러나 조선학생회의 이한성(11월 7일), 조선학생과학연구회의 박일(11월 9일), 중앙청년동맹의 부건(11월 11일) 등은 광주학생사건을 조사하러 갔다가 광주경찰에 구속되었다. 서울에서 광주학생사건에 대한 토의를 하는 것조차 금지당했다.[70]

상황이 이렇게 되자 11월 9일 신간회 본부는 긴급간부회의를 열고 광주학생사건의 철저한 조사와 구속된 학생의 석방을 위해 노력하기로 한다. 장성 송정 광주 지회에 대하여 긴급조사보고를 지령하였다. 중앙집행위원장 허헌, 서기장 황상규, 회계 김병로로 조사단을 구성했다. 3개 언론사의 정예 언론인이 그들과 동행했다.[71] 위원장 이하 신간회 전체의 명운을 걸고 조사활동에 나서기로 한 셈이며, 법조인과 언론인으로 구성된 조사단은 가히 최고의 조사단이라 할 만 했다.

11월 10일 오전에 광주에 조사단이 광주에 도착했을 때 광주역에는 신간회의 4회 지회의 간부들과 동아일보, 조선일보, 중외일보 광주지국 간부 등 약 30여 명이 마중 나와 있었고, 그에 대응할세라 정사복의 경찰관들이 그들의 동태를 감시하느라 나와 있었다. 조사단은 자동차를 대절하여 먼

---

68 동아일보 1929. 11. 7.자.

69 김을한, 신문야화: 30년대의 기자수첩, 일조각, 1971, 219면; 조병옥의 회고록(나의 회고록)에는 이 장면을 쓰고 있지 않다.

70 동아일보 1929. 11. 9.자; 동아일보 1929. 11. 12.자; 동아일보 1929. 11. 13.자; 동아일보 1929. 11. 17.자.

71 동아일보 김동진, 중외일보 서범석, 조선일보 김을한 기자(김을한, 앞의 책, 219면).

저 광주서중학교의 일본인교장을 방문하고 사건의 진상을 물어보았다. 일본인 교장의 대답은, 사실대로 경과를 말해주었고, 교육자로서 일인학생들이 집단적 폭력을 행사하게끔 내버려둔 것은 훈육을 맡고 있는 자기책임이라고 사과까지 하였다. 다음 조사단은 광주경찰서장을 방문하여 사건의 진상을 들었다. 이미 파악하고 있던 내용과 대동소이하였다. 다만 일인학생은 전부 석방하고 한인 학생들만 구류처분까지 했는가 질문하니, 자기도 그렇게 하는 게 편파적이라고 생각했으나, 검사정의 명령이므로 하는수 없이 구속하고 있으며 유감의 뜻을 표했다고 한다. 다음 조사단은 일인 검사정을 방문하여, 왜 한인학생만 구류하고 있는가 힐문하였으나, 그 일본인 검사정의 주장으로는 일인학생은 피상자被傷者가 다수이고 조선인학생은 피상자가 적고 경미하였기 때문에 수사상의 상례로 조선인학생만 구류처분한 것이지 결코 민족적 차별로써 그런 것은 아니라고 변명하였다. 조사단은 조사결과를 토대로 그 변명이 사실에도 맞지 않고, 법률전문가로서 조리에도 합당하지 않다고 따졌지만, 일본인 검사정은 오히려 강경한 태도를 보이면서 범죄수사상 타인의 간섭을 받을 수 없다면서 조사단의 요구를 거부했다.[72]

이렇게 조사단은 만 이틀 동안 학교, 경찰, 검찰을 방문하여 조사하고 질책하였다. 광주의 명사인 현준호를 비롯한 지방유지들은 이들을 위해 만찬연회를 베풀어 주었다.[73] 그러나 조사단이 귀경하고 난 뒤 그 유지들을 불러, 그들을 환영한 것은 "그들의 범행을 방조하는 결과가 되므로 앞으로 절대로 그런 일이 없도록 주의하라"고 경고하였다고 한다.[74]

조사단 귀경 다음날부터 일제는 통제를 강화하였다. 광주의 각 학교는 11월 11일부터 개교하였는데, 다음날 광주고보생 약 3백명과 농고생 250

72 조병옥, 나의 회고록, 해동, 1986, 104~105면.
73 김을한, 신문야화:30년대의 기자수첩, 220면.
74 김병로, 수상단편, 283면; 조병옥, 나의 회고록, 106면.

명이 합류하여 가두시위를 감행하고 이에 합류하려 했던 사범생과 여고보생은 교내에서 제지되었다. 12일 시위에서는 격문이 나타났다. 그 내용은 일제의 학원정책을 강도높게 비판하는 것이었다. 이같은 광주학생들의 운동에 대해서는 11월 12일부터 전면적인 보도관제를 하였다. 그러나 신간회와 청년단체들이 제각각, 혹은 이심전심으로, 광주의 소식을 경성과 전국에 전파하였으므로, 12월에 접어들어서는 경향각처에서 광주학생에 호응하는 움직임이 나타났다. 12월에는 운동의 중심지가 경성으로 옮겨져서, 12월초에는 각 사립고보를 중심으로 격문이 살포되고, 학교별로 동맹휴학과 가두시위가 지속적으로 진행되었다. "경성부내 공사립 각 중등학교는 모두가 극도로 동요하여 소요는 극에 달했으며 학교 밖으로 뛰쳐나가려는 기세를 보여준 바 많았으며 적이 평온한 학교에 있어서도 도저히 차분하게 수업을 계속할 수 없는 상태였으므로 사립학교의 거의가 휴교할 수밖에 없는 지경에 이르렀다".[75][76]

이러한 학생운동에 영향을 주었고, 또 학생운동의 흐름에 호응하기 위해, 신간회 차원에서는 적극적인 움직임을 모색하지 않을 수 없었다. 학생운동의 물결이 사회운동에 영향을 주고, 사회운동의 구심체였던 신간회도 적극 행동해야 할 상황이 된 것이다. 일제의 표현에 따르면, "비판연설회가 당국의 금지를 당하자 더욱 관헌의 태도에 분개하고, 또 신간회의 면목상 당연히 좌시할 수 없다"[77]는 데 의견을 일치하여 신간회의 간부들은 1929년 12월 중순 민중대회의 소집을 준비하게 된다. 일제로서는 신간회와 학생운동의 결합이야말로 가장 우려스런 사태의 진행이었고, 3·1운동에 유사한 사태의 악화를 초래할 염려가 있으므로, 신간회의 움직임을 사전에 봉쇄하기로 했다. 그에 따라 허헌을 비롯한 신간회 간부들을 대대적으로 검거

---

75 조선총독부경무국, 광주 및 경성 기타 학생사건의 개요, 18~19면.
76 조선총독부 경무국소장 극비문서, 광주학생독립운동자료, 고려대 아세아문제연구소 편역, 1995.
77 민중대회사건 예심결정서 중에서 인용(조선일보 1930. 8. 14.자).

하고, 나아가 청년단체 및 여성단체 등의 간부들까지 총검거에 돌입했다.

한편 12월에 동맹휴교와 겨울휴가에 따라 귀향한 학생들에 의해 광주학생사건의 진상이 전국적으로 퍼져나가게 되었다. 1930년 1월에는 개성의 여러 학교들이 만세를 고창하면서 시위를 벌였다. 서울에서는 1월 15일 이화여전을 비롯한 여자학교들이 대거 시위에 가담하였다. 근우회의 지도를 받은 여학생들이 각 학교에 공작하여 일제시위를 벌였던 것이다. 이로부터 전국 각처의 시위, 맹휴의 수는 이루 헤아릴 수 없는 지경이었다. 감옥에는 체포된 학생들과 사회운동 간부들로 가득찼다. 이 서울시위의 중심에는 근우회의 간부로써 허헌의 딸인 허정숙이 중심적인 역할을 한 것으로 일제는 파악하여, 그들을 일제히 체포하였다.

광주학생운동의 전국화와 연관된 형사재판의 상황은 매우 복잡하다. 그중에서 ① 신간회 간부들의 민중대회사건(1929년 12월), ② 광주운동과 관련된 학생집단의 재판(1930년 2월) 그리고 ③ 허정숙 및 경성여학생 시위사건(1930년 1월)에 대한 재판(1930년 3월)이 진행되었다. ①에서는 허헌 자신과 그 신간회 간부들이 피고가 되었기 때문이기도 하지만, 재판투쟁에서도 여러 양상을 보여주었다. ②는 전국학생운동의 도화선이기도 하고, 워낙 피고들이 양산되어 이들에 대한 항일변론의 표출 역시 우리의 주요 관심사가 되었다. ③의 경우는 허헌과의 관련성도 있지만, 당시 항일변호사의 역량이 결집되는 면모가 뚜렷했다.

3. 광주의 학생들에 대한 재판

광주학생운동 관련으로 공판에 넘어간 학생은 전국적으로 3만 명에 달했다. 1930년 초에는 전국 각처에서 광주관련 시위사건 재판들로 넘쳐났다. 먼저 1929년 11월 3일과 11월 12일 광주학생의 시위와 관련되어 검거되어 공판에 넘겨진 학생들에 대해 변호인단을 꾸리는 일도 시급했다. 사건이 사건인 만큼, 변호사들은 김병로, 이인을 위시하여, 20여 명으로 변호인단을 구성하고 준비를 단단히 했다. 변호인들의 열정도 최고조에 달했다. 다음은 이인 변호사의 회고이다.

변호인단은 먼저 광주형무소로 우리 학생들을 찾아가 사건경위를 물었다. 우리와 만나는 학생들은 영어의 몸이면서도 마치 시합을 앞둔 운동선수처럼 의기가 넘치고 왜적을 금방이라도 집어삼킬듯한 기세였다. 이 때 공판에 넘어갈 학생이 150명이나 되므로 일일이 면회를 하기에는 시간이 너무나 걸렸다. 그래서 나는 전례에 없는 집단면회를 신청했더니 형무관은 아무 것도 모르고 이를 허가했다. 하긴 학생들의 범죄사실이라는 것이 모두 비슷한 것이므로 그 내용을 일괄해서 알아봄이 재빨랐다. 나는 학생들의 말을 다 듣고 물러나오면서 "이 정신, 이 기백을 길이 길이 잊지 맙시다"고 격려했다. 면회를 마치고 나와 형무소 사무실로 들어가니까 일인 형무관이 좇아와서 따져 묻는다. "아까 이 선생이 이 정신을 잊지 맙시다 했는데 그게 무슨 뜻이요." 내가 말한 것이야 번연한 것이지만 말한마디로 일이 시끄러워질 것이 귀찮아서, 나는 얼른 말을 받아 넘겼다. "우리 속담에, 호랑이에게 물려가도 정신을 차리면 산다고 했소. 내가 한 말은 이 속담을 두고 이른 말이요."[78]

1929년 11월 3일과 12일의 학생사건에 대해 1930년 1월 29일 예심종결 결정을 하고, 2월 12일에 이르러 폭력행위등처벌의 건, 보안법 및 출판법 위반으로 광주지방법원에서 첫 공판을 열었다. 피고는 49명. 공판을 방청하고자 학교관계자, 학부형, 신문기자, 일반인들이 가득 모여들었다. 변호인들은 사건의 기록열람 미필로 연기신청을 했다.[79]

---

78 이인, 반세기의 증언, 78~79면.
79 광주학생독립운동자료, 153~154면.

첫 공판은 49명에 대한 인정신문과 일부 신문을 진행하는 데 그쳤다. 그러나 재판장은 일인학생이 피해자이고, 한인학생이 가해자라는 요지의 신문으로 일관했는데, 학생들은 이를 맞받아쳐서 법정은 긴장하였다.

2월 18일 광주학생사건의 입회를 위해 변호사들이 경성을 출발했다. 동행한 인사들은 이인, 이창휘, 김병로, 권승렬, 강세형 변호사 등이다.[80] 2월 19일 다시 공판이 개정되었다. 변호사 13명, 학부형과 학교관계자, 신문기자 등 방청인이 92명을 헤아렸다. 피고 39명중 16명의 심리를 마치고 오후 7시가 넘어 폐정했다. 심리에 앞서 한 피고가 "우리들은 3개월동안 형무소에 묶이어" 운운하자 재판장은 발언금지를 명했다. 동아일보 기자는 법정 내의 촬영을 하다 필름이 압수되어 엄중설득 끝에 방면되기도 했다.[81]

2월 20일에는 변호사 18명 출정, 방청인 약 70여 명. 심리가 진행되었고, 학생들은 자신들의 행동이 일종의 정당방위의 호신용이었음을 역설하였다. 보안법 위반의 구성요건에 관한 재판장의 질문에 대한 학생들의 답변을 일부 인용해본다.

재(판장) 예심조서 중 이형우李亨雨의 말을 들으면 피고는 시위운동을 하자고 하였다는데?

노(병주) 시위운동이 아니라 각산各散하여 돌아가는 것은 위험하니까 행렬을 하자고 하였을 뿐입니다.

재 그때에 무엇을 들고 다녔나?

노 장작개비를 들고 다녔소.

재 보내주기 위하여 열을 지어 돌아다녔다는데 집에 돌아간 사람은 없었다니 무슨 일인가?

노 다른 사람의 뜻은 모르나, 나는 다른 사람이 안 가므로 같이 다녔소.

---

80 광주학생독립운동자료, 161면.

81 광주학생독립운동자료, 162면.

재 경관에게 해산하라는 말을 들었는가?

노 병원 앞에서 손에 든 곤봉을 버리라는 말만 들었소.

재 예심조서에 의하면 병원 앞에서 곤봉을 버리라는 말을 듣고 해산 안했다는 것이 씌어 있는데?

노 그것은 예심판사가, 냉정히 판단하면 그렇지 않았느냐고 말하기에, 그럴 듯도 하다고 한 일은 있소.

재 공산주의에 공명하는가?

노 학교에서 안 가르친 일이라 모르겠오. (만장이 대소)

재 총독정치에 반감이 있는가?

노 일찍 생각하여 본 일이 없소.

재 '독서회'에 참가한 일이 있는가?

노 없소.[82]

재판장이 공산주의, 총독정치, 독서회에 대한 질문에는 모두 함정이 들어 있다. 공산주의에의 공명은 치안유지법 위반, 총독정치에 반감이나 독서회 참가는 보안법 위반의 함의를 깔고 한 질문항목들이다. 또한 공판정이라는 환경 속에서, 피고들의 기개를 약화시키고 비굴화시키려는 의도를 가진 질문들이다. 학생들은 그에 대해 대단히 현명하게 답하였다.

권승렬 변호사는 이러한 재판장의 신문방식에 이의를 제기하였다. 재판장이 자문자답으로 범죄사실을 구성함에 필요한 것만 공술을 허용하고, 공술의 자유를 주지 않는다고 주장했다. 그는 피고들에 대하여 6가지 보충신문을 요구하였으나, 재판장이 이를 거부하자 즉시 퇴장하였다.[83]

심리가 끝난 후 검사의 구형이 있었다. 검사는 김향남(제2회 사건의 주모자)에게 징역 10월, 37명에게는 4개월 내지 8개월을 구형했다. 이창휘, 이

---

82 독립운동사편찬위원회 편, 독립운동사자료집 13 : 학생독립운동사자료집, 244~246면.
83 동아일보 1930. 2. 22.자.

인, 김병로 등의 순으로 변호인들의 변론이 밤늦도록 진행되었다. 피고들의 기소사실은 전혀 범죄를 구성하지 않는다는 전제하에 개별 기소조목을 일일이 물어 변명하는 동시에 검사의 논고내용이 부당하다고 논박하였다. 그리고 다시 정책론에 들어가 조선청년의 현상, 학생의 전도에 미칠 영향을 거론하고, 정치적으로나 형사정책적으로나 당연히 무죄를 판결해야 할 것이라고 주장하였다. 또한 재판장의 태도에 대해 길게 문제삼았다.[84]

이인 "본건은 교육제도의 결함, 일본인의 우월감, 당국의 사건 과대시, 조선인의 경우 어린 학생의 통유성通有性 등에서 발단된 것이다. 그 판결은 전 조선 학생사건에 영향을 미칠 것이다. 만약 유죄판결을 내린다면 이는 통치상 구제할 수 없는 화근을 남길 것이다. 피고들은 모두 무죄이다"[85]

김병로는 일정日政의 비인도성을 조선인으로서 좌시할 수 없음을 밝히고, 자신이 참여한 진상조사를 토대로 검찰당국의 편파성을 지적하여 재판사건이 조작되었음을 강조했다. "이 사건의 조작으로 인하여 전 조선에 파급된 수천에 달하는 학생의 희생에 대한 책임은 전적으로 광주 검찰당국이 져야 한다"는 결론으로 장시간의 투쟁적 변론을 했다고 술회하였다.[86]

2월 21일 변호사 10명, 방청인 60여 명. 오전 11시 20분에 개정되었는데, 변호인의 변론이 죽 이어졌다. 변론이 종료된 것은 오후 8시.[87]

2월 26일 판결이 있었다. 공소 및 예심결정의 사실은 대체로 그대로 인정했지만, 적용법조에서 폭력행위 부분은 증거불충분하다고 해서, 상해 및 가택침입, 보안법 및 출판법 위반 등에 의거하여 처단되었다. 징역 8월이 2명, 금고 8월이 2명, 징역 6월이 5명, 금고 6월이 7명, 징역 4월이 8명

84 중외일보 1930. 2. 22.자.
85 광주학생독립운동자료, 163면.
86 김병로, 수상단편, 287면.
87 광주학생독립운동자료, 165면.

금고 4월이 25명이었다. 징역 4월 이하의 33명에 대해서는 집행유예 5년이 부가되었다.[88]

4. 경성여학생, 만세운동사건으로 검거-처벌되다.

1929년 12월 초에 광주의 사건은 경성으로 옮겨 불이 붙었다. 12월 초에 경성제대, 경성제일고보, 중앙고보, 보성고보, 중동학교, 휘문고보 등에서 "조선청년학생대중이여 궐기라하"는 격문이 살포되었다. 또한 동맹휴학에다 가두시위까지 감행하여 경찰관과 충돌하는 사태가 일어났다. 그러한 추세를 보다 진일보시켜 '민중운동의 횃불'을 올리고자 한 것이 앞서 언급한 신간회의 민중대회 기도였다. 이러한 학생운동의 흐름을 차단하기 위해 일제는 보도관제, 엄격한 검열에 더하여 휴교를 시키는 등의 극단적 조치를 취했다. 그러나 그럴수록 광주학생사건의 진상이 각지에 전파되었다. 1930년 1월 들어 광주, 개성, 함흥 등지에서 격문살포, 만세시위를 하다 검거되었다. 경성에서는 준엄한 경계와 단속에도 불구하고, 1930년 1월 15일 학생들의 격문살포와 학내시위, 가두시위가 발생했다. 이화여고보, 이화여전, 여자상업, 동덕, 근화, 여자상업, 실천, 배화, 정신, 여자미술, 보육, 태화 등 각 여학교가 중심이 되어 대단한 항쟁이 일어났다. 구호는 '학교는 경찰의 침입에 반대하자' '식민지교육정책을 전폐시키자' 등이 있었고, 참가자들은 '제국주의타도 만세' '약소민족해방만세' 등의 깃발을 들고 행진했다. 1월 15일부터 1월 20일까지 피검자가 406명에 이르렀고, 그 가운데 135명이 여학생이었다. 1930년의 첫 시점에 경성여학생들의 대대적인 운동이 일어나 사회의 커다란 일대 주목을 받게 된다.

---

88 광주학생독립운동자료, 173면.

경성 여학생들의 시위의 경과와 배후를 추적하던 일경은, 각 학교의 운동학생에 더하여 배후에 근우회라는 여성운동조직이 개입하였음을 확인하고, 근우회의 간부로서 학생들과의 연락하고 지시한 인물로 허정숙(허정자)를 확인하였다. 이화여자고보 대표 최복순은 허정숙의 격려와 실행방법상의 조언, 학교별 접촉명단을 얻어가며 각 여학교의 대표학생들을 규합하여, 1월 13일 일제히 행동으로 나갔다는 것이다.

1930년 1월 16일 오후 경기도 경찰부는 허정숙 등 여러 명을 검거하였다.[89] 여학생들을 취조하여, 1월 30일 보안법 제7조 위반으로 관계 피의자 91명 중 34명에 대하여 유죄의견을 첨부, 관할 경성지방법원 검사에게 송치했다.[90] 검사는 취조를 마치고 20여 인을 2월 20일 20여 인을 출옥시키고, 8인을 기소하였다. 기소된 피고인의 소속을 보면 허정숙은 근우회 본부 서무부장이었고, 이화여자고보 학생 4인(최복순, 김진현, 최윤숙, 임경애)이었고, 이화여전 1인(이순옥), 경성여자미술학교 1인(박계월), 경성여자상법학교 1인(송계월)이었다.[91]

공판은 1930년 3월 18일 개정되었다. 일련의 학생시위만세사건 중 가장 먼저 열린 공판이었다. 이 공판은 제한적으로 공개되었다. 허정숙에 대하여는, 이면에서 학생들을 지도·지휘한 게 아니냐는 질문에 대하여 허정숙은 최복순의 요청에 대해 수동적으로 가르쳐 주었을 뿐이라고 답변하였다. 이 날에 이어 3월 19일 심리를 속행하였다. 허정숙에 대한 재판관의 신문 중 일부를 인용하면 다음과 같다.[92]

재 피고는 근우회 서무부 위원인가? 동 단체는 무엇하는 단체인가? 근우회

---

89 중외일보 1930. 1. 17.자.

90 광주학생운독립운동자료: 조선총독부 경무국 소장 극비문서, 고려대학교 아세아문제연구소 편역, 1995, 305~309면. 일부 관련자(윤옥분, 이순옥)은 치안유지법 위반 혐의도 있으나, 학생운동 그 자체는 보안법위반으로 다루어졌다.

91 광주학생운독립운동자료, 580면.

92 조선일보 1930. 3. 20.자.

전신인 여성동우회에 참가한 일이 있는가?

허 근우회 전신인 여성동우회는 사회주의 연구단체였고 현재 근우회는 조선부인의 지식계발 지위향상을 강령으로 하고 표면에는 계몽운동을 하고 있소.

재 근우회의 근본목적은 그런 것이 아니라 부인민족운동단체가 아닌가?

허 민족운동이라든지 사회운동에는 남녀라든지 부인의 구별이 없소.

재 근우회는 일한합병의 정치를 반대하는 단체가 아닌가?

허 아직 그런 결의는 한 적이 없소.

재 광주학생사건에 대한 피고의 사상은 어떠한가

허 나 자신의 비판으로는 당시 사건관계 학생에 대하여 오직 조선학생에만 엄벌주의 편견에는 매우 부당하다고 생각하고 그에 동정, 아니 조선사람으로서는 무관심할 수는 없었소.

재 이런 기회에 각 여학교와 연락하고 시위운동을 하여 정치적 민족운동을 일으키자는 것이 아닌가? 그리하여 각 학교에 연락분자를 피고가 지도하였지?

허 민족운동을 일으키자는 것은 아니었소. 다만 부당한 검거에 구속된 학생을 석방케 하기 위하여 표면시위운동도 필요할 것이요. …

재 피고는 … 일제히 시위만세할 것을 지도하였는가

허 그 방법을 지도한 일은 없고 격문을 인쇄하고 가두연설을 하지 말자고 하였소. 내가 자진하여 지도한 일은 없소.

여기서 재판장은 피고인(허정자)의 활동이 '정치적 민족운동'을 했고, 시위를 구체적으로 "지도"한 게 아닌가 하고 계속 추궁하고 있다. 허정자는 학생들의 요청에 수동적으로 응했을 뿐이며 적극적으로 행동에 나간 일이 없다고 답변하지만, 재판장은 그렇게 가르쳐준 것이 결국 지도한 것이 아니냐고 정리하고 있다.[93]

---

93 광주학생독립운동자료, 582~583면.

검사논고[94] 본 사건은 개개인의 행위가 집합하여 성립된 것이 아니라 이들 인물이 일개의 시스템(조직)으로서 한 것이다. 결국 단체행동으로 보지 않을 수 없다. 이번 사건의 수범首犯은 허정자, 최복순으로 허는 공판심리에 있어서도 부인운동과 사회운동에는 남자 부녀의 구별이 없다 하였고, 현재 근우회를 배경으로 하여 조선부인운동의 첨단에 서서 활동한 자이다. 다음에 최복순은 이화여고보 4년생이요 동교 여자기독청년회장으로 가워 전교학생을 지도하는 자이다. 그리하여 허와 최 양인은 양단체의 주요인물로 그들을 지도하여 운동을 연락한 것이라 볼 수 있는 것이다. 그리하여 이같은 단체력의 연락을 취하여 지도하고 그 운동을 발기하게 되자 피고인 최윤숙 김진현이 사건연락행위를 취한 자라 하겠다 … 다음에 이 사건은 표면운동과 이면운동의 두 종류가 있으니, 이면운동의 총지도자격으로는 허정자로 남학생 휘문고보 장홍염과 연락을 취하여 과격사상을 학생간에 양성케 하였고 … 표면운동자로는 최복순, 최윤숙, 임경애, 박계월, 송계월 5명이 표면운동에 종사한 것이라 할 수 있다.

이렇게 여학생시위의 전반적 범죄적 특성을 정리하고, 특히 표면운동과 이면운동을 구별하여 이면운동의 총지도자로 허정자를 들고 있는 것이다. 그리고 여자들이 이러한 정치적 운동에 가담한 것은 매우 불온당한 일이라고 하고 있다.

또한 검사는 1930년 1월 이래 이 운동에 가담한 총수가 실로 1천8백여 인이고, 관헌의 손에 검거된 학생이 90여 명이고, 그중에 8명만 기소한 것임을 밝히고, 대부분을 불기소한 것은 증거가 없어서가 아니라 "일종의 정책"이라고 하였다. 다시 말해 당국의 관대함을 보여주는 정책이라는 뜻이겠다. 그리고 구형에 있어서는 허정숙에게 징역 1년, 최복순에게 징역 10월, 기타 6인에 대해서는 징역 6월을 구형하였다. 그중 3인에 대해서는 집

---

94 조선일보 1930. 3. 20.자.

행유예를 구하였다.

이 사건을 맡은 변호사는 김병로, 한국종, 강세형, 양윤식, 이창휘, 이인의 6인이었다. 허헌이 옥중에 있는데다, 허정숙까지 재판을 받게 되는 안타까운 사정을 실감하는 변호사들로서 이 사건 변론에 모든 논리를 동원하여 "열렬한 무죄변론"[95]을 했다. 그 변론의 요지는 '공판기록'의 일부로 남아 있다. 그 요지를 간추려 보자.[96]

먼저 본 사건의 원인遠因이 된 광주학생사건에 대한 의견 개진이 있었다. 다름 아니라 1929년 11월 3일 광주에서의 일차항쟁이 있은 후 진상조사차 파견된 김병로는 자신의 조사결과를 토대로 학생들을 옹호했다. "진상조사를 위해 바로 광주에 도착하여 광주경찰서장에게 학생쟁투사건에 대한 경찰관헌의 조치를 물은바, 경찰서장은 설혹 학생간의 난동이라 할지라도 일단 치안을 해친 이상 일본 조선인의 구별없이 이에 임하여 해산 기타 적절한 조치를 취함은 경찰관으로서 당면직책이라 답했지만…학생 충돌쟁투가 있었을 때 광주서는 이에 해산을 명하고 무사히 참가학생을 귀가시켜 사건은 여기서 원만히 낙착했다. 그런데 광주의 검사는 다음날 갑자기 광주서로 가서 형사를 지휘하여 조선인 참가학생만을 일제히 체포·검거했다."

그 시점엔 아직 경찰로부터 검찰당국 앞으로 한 조각 보고조차 도착하지 않았는데, 검사는 무슨 근거로 60여 명을 체포·검거하였는가? 광주의 사법관헌은 "꿈이라도 의거하여 검거한 것"이 아닌가 하고 힐책했다. 실제적인 근거 없이 이렇게 차별적인 체포·검거가 대폭발의 도화선이 되었고, 검사가 바로 그 원인제공자가 아닌가 하고 꾸짖었던 것이다.

경성 여학생들의 봉기의 동기에 대해서도 모든 변호인들이 빠짐없이 다루고 있다. 광주에서 조선인 학생들에 대한 압박과 차별에 분개하여 학생

---

95 조선일보 1930. 3. 20.자.

96 변론요지는 공판기록, 585~595면 참조.

들이 일어난 것은 "자연히 본능적으로 발로한 동정의 의사표시"에 지나지 않는다(김병로). 만일 이런 방식의 동정의 표현이 아닌 직접 관헌과 충돌하는 것과 같은 행동을 할 수는 없는 것이다. 따라서 이들에 대한 실형은 부당하다(김병로). 학생들이 유언비어를 과신한 나머지 이런 행동을 했다고 하나, 그 말이 맞다고 해도 그 원인은 관헌이 당시 진상보도를 억압했기 때문이다(강세형).

만세라는 방법은 어떤가? "원래 만세는 감정의 발로이다"(한국종). "동정의 의사표시지만 약자가 취할 수 있는 유일한 길은 만세를 부르는 길밖에 없었다"(강세형).

학생들의 만세운동은 '정치에 관한 사안'인가? 그렇다고 한다면 보안법 제7조의 구성요건의 한 부분을 충족시키게 될 것이다. 따라서 변호의 한 초점은 '정치에 관한 사안'이 아니라고 해야 했다. "여학생 등이 자연 감정의 발로에서 나온 한 현상이며 하등 정치적으로 관계된 바 없다"(이창휘) 만일 일한합병에 반대한 것에 배태한 것이라 해도 만약 정부의 정치가 옳지 못하면 정정당당히 그 잘못을 논한 것에 지나지 않는다고 변소했다.

보안법이 적용되기 위해서는 "치안을 방해"할 것이 요구된다. 그런데 이러한 여학생들의 행동 때문에 한 지방의 치안이 방해되었다고 생각되지 않는다. 따라서 기껏해야 이들의 행동은 미수범으로 다루어질 수 있을 뿐이다. 그런데 보안법 제7조는 미수범 조항이 없다. 따라서 본 건은 처벌될 수 없다(김병로). 여학생들이 빨간 기를 흔들며 만세를 부르고 행진한 것이 무슨 치안에 방해될 것인가(이창휘).

보안법 자체의 문제점도 짚고 있다. "원래 보안법이란 것은 구한국시대에 제정된 법규로써 이 유물이 오늘 더욱 현존한 것부터 심히 기이하다." 보안법 폐지론을 역설해온 변호사다운 논리이다. "어거지로 동법에 의거 처단하면 본 건 피고인만에 한하지 않고 누구의 행동도 일체 제한하고 처벌할 수 있는 것과 같은 규정이며 시대에 걸 맞는 것도 아니다"(김병로). 사실 "정치에 관하여 불온한 언동을 한 자"는 그물망이 너무 넓어 어떤 행동도 처벌할 수 있는 심히 기이한 규정인 것이다. 법적용에 있어도 무리한 점이 한둘이 아니다. 그렇기에 "본건의 사안은 무리하게 보안법에 사로잡혀 검거. 기소한 것이며 이치에 맞지 않는 억지"이고 "대단치도 않은 소란을 연출한 여학생에 대하여 체면상 불문에 부칠 수도 없어 오만궁리 끝에 여기에 억지로 보안법 7조를 적용한 것"(이인)이라고 비판하고 있다.

검사의 엄벌처벌 원칙에 대해서도 비판하고 있다. 보안법의 법정형에는 "태형"이 포함되어 있는데, 구한국시대에 태형은 여자에게 과한 적이 없다. 따라서 동법의 입법정신은 여자에게 적용될 수 없다(한국종). "피고인은 연약한 여성이다. 이 점도 고려해야 한다"(한국종). "본건을 사상에 관한 문제로써 취급하려고 엄벌주의로 임함은 도리어 피고인 등에 반발을 일으키켜 법이 요구하는 바와 반대의 결과를 초래할 것이다"(이인).

6인의 변호인의 모든 논리적 항변에 대해, 재판부는 여지없이 이를 무시하는 입장으로 일관했다. 1930년 3월 22일 재판장은 피고인 전부를 기립시키고 그들의 행동이 명확히 범죄구성요건에 해당한다는 점을 들어 장시간 설명했다. 모두가 보안법 위반의 유죄판결을 받았다.[97] 허정숙은 징역 1년, 최복순은 징역 8월을 선고했다. 6인은 징역 6월에 집행유예를 모두 받아 석방되었다. 각자에게는 미결구금일수 20일이 통산되었다. '공판기록'에는 피고인 중에는 "감격의 눈물을 흘리는 자"가 있었다고 쓰고 있으나, 그 눈물은 여러 의미로 해석될 수 있을 뿐 감격의 눈물이란 말은 당치 않은 것이다. 아무도 상소하지 않았다.

당시 허정숙의 옥살이는 훨씬 힘든 일이었다. 그녀는 임신상태였고, 임신 6개월에 이르러 산고로 말미암아 1930년 5월 16일 형집행정지로 출옥한다.[98] 아이를 출산하고 만 1년이 지나지 않아 1931년 6월 5일 다시 서대

---

97 중외일보 1930. 3. 23.자.
98 조선일보 1930. 5. 17.자.

문형무소에 수용되어, 부녀가 다같이 옥살이하는 진기록을 갖게 되었다. 허헌이 출감한 것은 1932년 1월 22일이었는데, 허정숙은 그로부터 2개월이 지나 1932년 3월 18일 형만기로 출감할 수 있었다.[99]

---

99 조선일보 1932. 3. 19.자.

제8장

대형 사상사건에 대한 연대변론투쟁

조선공산당사건을 맡은 변호사 28인 중 7인이 종로경찰서 경관들의 고문사실에 대한 고소장을 제출하면서 대파란을 일으켰다. 앞줄 오른쪽부터 김병로, 김태영, 고옥정웅 변호사, 뒷줄 오른쪽부터 허헌, 이인 변호사
(조선일보 1927. 10. 18.)

제8장

대형 사상사건에 대한 연대변론투쟁

1. 조선공산당사건과 변호사들의 공판투쟁

1925년 11월 22일 신의주의 한 음식점에서 일단의 청년들이 다른 실에 있던 손님들을 구타하여 상해를 가하는 사태가 일어났다. 피해자 편에는 신의주의 변호사, 의사, 지역유지들이 포함되어 있었고, 더욱이 신의주경찰서에 근무하는 순사(일본인 1인, 조선인 1인)도 심하게 구타당했다. 사고 다음날 경찰은 폭행을 일으킨 청년들의 당일 거동에서 볼 때 이 사건이 일시적 돌발사건이 아니라고 생각하고, 이들을 붙잡아 강력히 취조했다. 가해자 측 청년들이 신만청년회新灣青年會의 회원들임을 밝혀내고, 그중 김경서의 집에서 '고려공산청년회' 중앙집행위원회의 회원자격 자료와 함께 통신문 3통을 발견했다. 그 출처를 확인하니 조선일보 신의주지국 기자 임형관에게서 맡아가지고 있다고 진술했다. 임형관을 조사하니, 그 문건은 경성의 박헌영으로부터 상해로 우송을 의뢰받은 것이라고 했다.[1] 이리하여 경성의 박헌영은 그의 부인 주세죽과 함께 종로경찰서에 검거되었고, 그 직후부터 대대적인 검거선풍이 불기 시작했다. 검거된 이들은 종로경찰서와 신의주경찰서 경찰관으로부터 각기 취조를 받았다. 연행된 자로부터 증거를 수집하기 위해 혹독한 고문이 자행되었다. 냉수나 고춧가루를 탄 뜨거운 물을 입과 코에 들이붓고, 손가락을 묶어 천장에 매달고 가죽채찍으로

---

1 고려공산청년회검거에 관한 건, 1925. 11. 27.

때리고, 의자에 무릎을 꿇어앉힌 다음 막대기로 관절을 때리고 하는 일은 예사였다.[2]

1925년 12월 3일 7인의 고려공산청년회 간부들은 경성으로부터 신의주로 압송되었다. 신의주경찰서에서 사건관계자 일동을 모아서 한꺼번에 취조하려 했던 것이다. 12월 12일 치안유지법 위반, 명예훼손 등으로 박헌영 등 44명이 신의주지방법원 검사국으로 송치되었다. 수사의 첫 초점은 고려공산청년회의 활동 및 관여사실이었으나, 일련의 취조과정에서 박헌영 등이 '조선공산당'을 결성한 사실이 드러났다. 1925년 4월 17일 경성에서 창립된 조선공산당은 그제야 비로소 일제에 발각되었고, 그에 따라 사건의 비중은 더욱 커지게 되었다. 제1차 조선공산당의 책임비서 김재봉 이하 30여 명이 검거되었다.

그해 연말이 되기 전에 박헌영, 김재봉 등 조선공산당, 고려공산청년회의 간부들은 경찰 및 검사의 조사를 거쳐, 치안유지법위반, 제령 제7호위반 혐의로 검찰을 거쳐 예심으로 회부되었다. 이들에 대한 예심판사의 조사는 해를 넘겨 한창 진행되었다.

제1차 조선공산당은 이렇게 경찰의 검거와 탄압에 의해 붕괴되었지만, 조선공산당은 강달영을 후계당조직의 책임자로 한 조직을 재가동할 수 있게 되었다(제2차 조선공산당). 그런데 1926. 4. 25. 순종이 별세하였다. 그로 인한 조선인들의 애도의 분위기가 점증되자, 조선공산당은 권오설을 중심으로 3·1운동과 같은 대규모의 만세시위를 펼치기로 하고 치밀한 준비작업을 진행하였다. 권오설은 천도교 측, 조선노농총동맹, 조선학생과학연구회 등 종교인·노동자·학생의 통일전선을 구상하고 역할을 분담하였다.[3] 그러나 만세시위가 일어나기 직전인 1927년 6월 5일 '불온문서'가 발각되었고, 문서인쇄소를 중심으로 취조하던 경찰은 그 주역인 권오설을 6

---

2 임경석, 이정 박헌영 일대기, 역사비평사, 2004, 106면.

3 안동독립운동기념관 학예연구실, 권오설 1: 신문기사와 신문 공판조서, 푸른역사, 2010, 33~34면.

월 7일 체포했다. 이어 대대적인 공산주의자 검거선풍이 불었다. 강달영 등의 지도부도 모두 체포되었고, 엄청난 고문을 받았다. 이를 제2차 조선공산당 사건이라 한다. 1926년 7월 2일 종로경찰서에서는 이들에 대한 취조를 일단락짓고, 경성지방법원 검사국으로 사건을 송치하였다.

2차공산당사건의 주모자들이 1차사건의 주모자와 긴밀한 인적, 조직적 연관이 있었으므로, "결국은 두 사건을 한 곳에서 심리하는 것이 여러 가지로 편리하다"는 생각에서 일제는 대규모 사건을 처리할 인적-전문적 역량을 갖춘 경성 쪽으로 사건을 집중시키기로 했다. 구체적으로는, "조선총독"이 "신의주 지방법원장"에게 이 사건을 "경성지방법원 예심"에 이송할 것을 "명령"했다. 그에 따라 1926년 7월 12일 "신의주지방법원 예심괘 조선총독부 판사 월미진남越美眞男"은 이 사건을 "경성지방법원 예심"으로 이송하였다.[4]

일부 미검거자를 제외한 대다수에 대한 예심종결결정이 내려진 것은 1927년 3월 31일이다. 8월 22일 추가 검거자에 대한 예심종결처분이 내려졌다. 공판 직전까지 검거된 인원은 220여 명이었으며, 공판에 회부된 인원이 101인이었다. 때문에 이 재판을 "101인사건"이라 부르기도 했다.

공판이 개시된 것은 1927년 9월 13일이었다. 이 때부터 조선의 신문은 조선공산당사건재판의 기사로 가득 채워진다. "천하를 용동한 조선공산당대공판" "천하의 시청을 집중한 사건"이라 불릴만큼 이 재판은 가히 전조선의 이목을 사로잡았다. "기미(3·1)운동 이후 조선초유의 비밀결사사건"이고, "조선의 3대사건"[5]의 하나로 꼽혔다. 왜 그렇게 불릴 만했을까?

우선 사건 및 관련자의 규모가 압도적이었다. 피고인의 수가 101명에 이르는 사건은 초유의 규모라 할 만 했다. 예심종결 당시 99인의 피고인에

---

4 조선일보 1927. 9. 15.자 "대공판벽두에 돌발한 피고불법이송문제".

5 1912년 테라우치 총독 암살음모를 덮씌운 105인 사건, 기미년 3·1운동의 주역인 48인재판과 조선공산당재판을 3대 사건이라 지칭한다. 조선일보 1927. 9. 14.자.

다가, 공판 이전에 체포된 2인을 더하여 101명이었다. 피고인에 대한 취조 기록만도 4만 쪽에 달하는 대기록이고, 일본인 재판장이 이 기록을 열람하는 데만 4개월이 걸렸다고 한다. 더구나 이 사건은 (1911년 105인 사건처럼) 일제에 의해 억지로 조작된 것이 아니라, 비밀결사로서 일제가 가장 위험시했던 공산주의운동을 직접 목적으로 창립된 것이었다. 피고인들의 면면은, 당시 사회운동과 사상운동의 중심에 있던 신진기예들을 망라했다. 또한 첫 체포에서 공판개시일까지 22개월이나 소요된 것도 유례가 없는 일이었다. 공판은 1927년 9월 13일부터 시작하여 모두 48회를 거듭하였고, 1928년 2월 13일 판결이 내려졌다. 더욱이 수사과정에서 혹독한 고문의 풍문이 이미 널리 퍼져 있었고, 공판이 개정되기 전에 이미 옥사한 피고인도 있었다. 육체적으로 혹은 정신적으로 중증 질환으로 공판에 임할 수 없어 분리심리해야 했던 피고인도 여럿 있었다. 이 하나하나가 주목할 일이자 안타까움, 충격과 분노 속에 공판을 주시하지 않을 수 없었다.

변호인단도 이 사건의 규모와 중대성에 주목하였다. 질과 양적 측면에서 모두, 일제하의 어떤 사건보다 최강의 변호인단이 집결하였다. 관여한 변호인은 모두 28인에 달했다. 거기엔 당시의 사상변호에 열성적으로 임했던 변호사들이 총집결하였다. 1920년대 초부터 본격화된 항일변론의 논진들이 지식과 경험, 영향력에서 거의 절정기에 달한 상태에서 이 사건을 맡게 되었던 것이다. 그중에서도 실제로 변론을 주도한 변호사는 허헌, 김병로, 김태영, 이인 등이었다.

조선인 변호사뿐만이 아니었다. 일본에서 탁월하고 영향력이 컸던 변호사들이 경성에 와서 직접 변론을 함께 했으며, 그 변론을 통해 얻은 사실, 재판의 경과와 문제점을 일본 내 언론에 널리 전파하였다. 물론 105인사건, 3·1운동사건 등 일련의 사건에서도 일본인 변호사들이 관여했지만, 그런 사건에서 일본인 변호사들은 조선인 변호사와 별개로 변론했던 것이다. 그러나 이 재판에서 보여준 조-일 변호사의 인적 유대감과 조직적 연대

는 타의 추종을 불허했다.[6]

변호인들의 연합한 법률전선과 피고인들의 끈질긴 공판투쟁으로 인해, 조선공산당사건의 재판은 시종 집요한 논전의 연속이었다. 변호인들은 당시에 가능했던 법정투쟁의 기법을 총동원했으며, 투쟁의 수위도 한계선상을 넘나드는 수준이었다.

변호인들의 법정투쟁은 그들만의 외로운 싸움이 아니었다. 각계의 단체와 시민들로부터 열띤 성원이 답지했고, 그 범위도 조선은 물론 일본과 대만에까지 걸친 것이었다. 공판의 대부분은 비공개로 진행되었음에도 불구하고, 언론은 이 사건에 대해 중계방송 하듯 소상히 보도하고자 애썼다. 일제하 재판사건 중에서 가장 상세하고 장기적으로 보도가 이루어진 것이 조선공산당사건 재판이었다.

조선공산당사건의 결성과 조직 자체는 비밀리에 이루어졌기에, 세인의 주목을 받을 수 없었다. 그러나 공판과정의 각종 파란과 파동으로 인해, 피고인들이 법망에 걸려들기 전보다도 그 후에 끼친 결과가 오히려 많을 정도가 되었다.[7] 공판과정에서 "갖은 파란과 어려운 문제가 뒤를 이어 거듭 일어나서 비밀재판 5개월만에 겨우 판결"에 이르렀다. 판결이 내려진 뒤 "이 사건의 심리는 조선사회에 얼마나 많은 충동을 주었는지" 회고하면서 "역사적 중대시기를 통과"해왔다는 감상이 생겨날 정도였다.

변론투쟁의 구체적 양상에 대하여는 다른 곳에서 상세히 서술했으므로 그를 참조했으면 한다.[8] 여기서는 변호인의 관여를 중심으로 몇 가지 특징적인 면모를 정리하고자 한다.

---

6 일본의 노동농민당의 집행위원회에서 고옥 변호사를 특파변호사로 하여 파견하였고, 일본의 자유법조단에서는 포시, 중촌의 두 변호사를 파견하였다(동아일보 1927. 9. 12. "일본에서 오는 변호사 제군에게"). 일본에서 특파된 변호사들은 일본에서도 운동사건, 사상사건의 변론을 선도했던 인사들이고, 조선인의 고통에 대한 연대감과 독립운동에 대한 애정을 갖고 있던 변호사들이었다.

7 조선일보 1927. 11. 20.자 〈사설〉 "기피의 영향".

8 한인섭, 식민지 법정에서 독립을 변론하다, 경인문화사, 2012, 321~383면.

조선공산당사건의 수사와 예심은 완전히 밀실에서 이루어졌고, 피의자 전부가 무자비한 고문을 받으며 장기구금상태에 있었다. 그러나 공판과정은 그럴 수가 없다. 변호인들은 공판과정의 하나하나를 쟁점화함으로써, 총력적인 공판투쟁을 전개하였다.

첫 공판일은 1927. 9. 13.이었다. 피의자들이 구금된 지 20개월 후에 비로소 재판이 열린 것이다. 가족들과 지인들, 각계 인사들로 이미 공판정과 그 주변에는 사람들로 가득 찼다. 경비경찰은 계엄이나 내린 듯이 삼엄하게 경호를 했다. 공판정에는 변호인으로 김병로, 이승우, 이인, 김태영, 고옥 등 18인의 변호사가 들어섰고, 사법기자(동아, 조선, 중외 기타 18인)이 착석했다. 공판을 개정하자마자, 동경에서 자유법조단의 대표로 출정한 고옥정웅 변호사가 경계가 지나치게 엄중하다고 통론痛論하였다. 검사가 공소문을 낭독하였다. 피고인들의 죄명은 치안유지법, 제령, 출판물취체령 등의 위반이라 하였다. 출정한 피고인은 총 94인으로, 7명이 신병 때문에 출정할 수 없었다.[9]

피고인들에 대한 긴 호명이 끝나고 재판장이 사실신문을 진행코자 할 때, 김태영 변호사가 일어났다. 피고 박헌영 외 19명(1차공산당사건 관련자)은 사건이송상 형사절차가 위반되었으니 경성지방법원에서는 공판을 진행할 권한이 없다는 것이다. 즉 관할위반이므로 공소기각의 항변을 제출한 것이다.

좀 더 자세히 보면 논지는 대략 이러하다. 즉 제1차공산당사건 관련자(박헌영 외 19인)은 신의주경찰에서 취조를 받고, 신의주 검찰국에서 수사하여, 신의주지방법원 예심판사로부터 취조를 받았다. 그런데 제2차공산당사건이 경성에서 폭로되면서 치안당국은 제1차 사건과 제2차 사건을 병합하여 처리하기 위해, 신의주지방법원의 사건을 경성지방법원으로 이송하

---

9 양재식, 신철수, 김중부, 백광흠, 조이혼, 임정관 등은 폐병, 늑막염, 맹장염, 정신쇠약 등의 악질에 걸려 출정할 수 없었다(조선지광, 61면).

도록 했다. 그때 조선총독의 명령으로 작성된 이송명령은 다음과 같은 문안이었다. 문서의 수신처는 '신의주 지방법원장 동 검사정'이었다. 그런데 이 명령에 따라 이송조치를 한 것은 신의주지방법원에서 이 사건을 맡고 있던 '예심판사'의 명의로써였다.

김태영 변호사는 〈항변서〉를 통해 이 점을 문제삼았다. 즉 총독의 이송명령장은 행정관인 지방법원장, 동 검사정에게 발한 것일 뿐, 예심판사에게 직접 발한 것이 아니다. 그런데 이 사건은 예심판사가 맡고 있으므로, 이송할 권한을 가진 자는 예심판사이지 행정직제상의 장인 법원장/검사정이 아니다. 예심판사는 사법관으로서 어디까지나 독립적으로 권한을 행사하는 것이다. 지방법원장은 그 법원의 행정사무를 정리한 행정관인 반면, 특정한 형사사건에서 그 사건을 맡은 예심판사는 그 사건에 관한 한 그 지방법원을 대표한 독립관청이다. 따라서 예심판사의 사법사무(이송업무도 사법사무의 하나이다)에 대하여 지방법원장은 이를 예심판사에게 지휘감독하거나 간섭할 권한 자체가 없다. 따라서 예심판사가 아닌 법원장/검사정에 내린 명령은 형사소송법상 아무런 효과를 가질 수 없고, 따라서 그 명령은 무효이다. 경성지방법원 예심괘의 판사는 바로 그 법률상 무효인 결정에 의거하여 사법적 행위를 하고 있는 것이다. 법률적 관점에서 볼 때 사건은 경성이 아니라 아직 신의주에 계류되어 있는 것으로 봐야 한다. 따라서 경성지방법원에서 낸 검사의 공소제기는 무효이므로, 절차적 요건을 갖추지 못한 이 사건은 마땅히 공소기각판결을 내려야 한다. 이런 취지였다.[10]

이런 항변은 수사기관과 재판소의 여러 실태失態가 "변호인들의 예리한 눈"에 발각되어 일대 파란을 일으킨 사례이다. 제2회 공판(1927. 9. 15.)에서 연이어 이 쟁점을 제기하자 재판부도 당황하였으나, 피고인 측에서 공판을 진행해달라는 요구를 제기하여, 이 쟁점은 수면하에 가라앉은 형국이

10 조선일보 1927. 9. 16.자 석간 5면 공소기각 문제, 구체적 항변서 내용.

되었다. 재판의 첫 머리부터 법률논전의 일합을 주고받으면서, 이 재판이 팽팽하게 진행될 것임을 예고해주었다.

더 실질적인 쟁점은 공개재판 여부를 둘러싼 논전이었다. 9. 13. 첫 공판에서 검사는 이 공판을 비공개로 할 것을 재판부에 요구하였다. 이 공판의 사실심리를 일반에게 공개할 때는 공안에 적지 않은 방해가 있을 듯 하니 방청을 금지해달라는 것이었다. 이인 변호사가 즉각 반박했다. "치안방해 주장을 하나 사건 전체가 벌써 드러났을 뿐 아니라 그 내용이 그리 크지 않은 것이니 공개를 금지해서 일반사람으로 하여금 사건이 퍽 큰 것 같이 놀라게 하는 것보다는 공개하는 게 낫겠다"는 것이었다. 김병로 변호사가 가세했다. 이어 고옥 변호사는 공개금지 주장에 대해 반박하면서, 덧붙여 법정의 외부에 대한 삼엄한 경계를 문제삼았다. "오랫동안 감옥에 있어서 여러 피고들의 몸이 비상히 약하여 졌을 터인데 법정안의 경계를 보니 이러한 경계밑에 과연 피고들이 자유롭게 공술을 할 수 있을지 의심되니, 경계에 대해 재판장의 고려가 있어야 한다"는 취지였다.

사건이 사건인 만큼 형사사법 관계자들은 피고인의 사기를 꺾고 이 사건의 사회적 파장을 축소하기 위해 부심했다. 그리하여 제1회, 제2회 공판에서 △ 외부경계는 거의 계엄 수준으로 엄정하게 하고, △ 일반인들의 방청을 제한하여, 공개재판의 원칙을 저버리고, △ 법정 내에 경찰과 간수들을 대거 끌어들여 자리를 차지하도록 했다. 경관들이 다수 들어와 착석하고, 사복경관도 부지기수이고, 헌병대의 대원과 감옥소 경찰서 직원들이 같이 좌정했던 것이다. 더욱이 재판관들의 등 뒤로 소위 특별방청석을 만들어놓고, 거기에 다수의 인사를 앉도록 했다. 그 특별방청석에서는 법무부 관계자, 경성복심법원 및 경성지방법원의 법원장과 검사정, 그리고 경찰간부로서 종로경찰서 서장을 선두로 각서 서장과 경부들의 다수, 그리고 서대문형무소의 소장이 착석하였고, 심지어 헌병대 사령관이 군복을 입은 채로 특별방청석에 들어와 좌정한 것이다. 이러한 특별방청인들은

"재판장의 등 뒤를 누르는 듯한" 느낌을 주었다.

공개재판의 원칙을 침해하는 이와 같은 공판정 운영에 대해 변호인들은 강력히 항의했다. 마치 헌병대, 감옥소, 경찰서 등을 옮겨놓은 것 같아 피고인들이 자유롭게 진술할 수 없다는 것이다. 또한 공판의 비공개화는 오히려 많은 의혹만 자아낼 것이므로, 공개를 원칙으로 하되 부득이한 경우엔 금지하되, 그 경우에는 일반방청인과 함께 경관도 다 내보내달라고 주장하였다. 그리하여 변호인들은 다음과 같이 요구사항을 정리했다. 즉, ① 법정 내 경관을 퇴정시키고 간수를 내보낼 것, ② 법정 밖에 철조망의 철폐, ③ 특별방청에서 일반관리를 전부 퇴정시킬 것, ④ 가족과 신문기자들의 방청을 허락하라 등이었다.

변호인의 항변에 대해 재판부는 그저 약간의 성의를 보이는 시늉을 했을 뿐이다. 변호인들과 재판부는 절충한 결과 재판장은 경찰관의 입정은 금하고, 특별방청자는 판검사 이하 2~3명을 허가하며, 신문기자와 피고의 친족은 방청불가 정도의 결정을 내렸다. 약간 진전된 점은 특별방청석을 유지하되, 그 방청객의 범위를 사법관계자와 형무소 관계자에 국한시킨 것이다. 재판부는 이 결정에 따라, 일부 인사들에게 특별방청권을 취소시키느라 분망했다. 특히 경찰관계자의 특별방청을 재판부가 금하자, 경찰 측에서 불평을 하고 억울함을 경무국에 하소연했다는 풍설이 나돌았다. 경찰의 입장에서는 피고들을 체포하는 데 많은 공로가 있고 앞으로도 유사사건에 참고가 될 것인데, 이처럼 경관의 방청까지 금하는 데 대한 자존심의 상처를 받을만 했다.[11]

그러나 공판공개의 금지는 더 근본적인 문제였지만, 재판장은 이 점에 대해 완강했다. 재판장이 변호인들의 방청공개요구에 대하여는 다만 하나의 의견으로 듣겠다고 하자, 당장 피고인 측에서 반발이 제기되었다.

---

11 조선일보 1927. 9. 17.자 "경찰방청금지로 사법과 경찰반목?".

갑자기 『재판장! 박헌영으로부터 말 한마디 하겠소 하리까?』하는 소리가 나며 박헌영이 일어나니 재판장은 말하라 하매 박헌영은 유창한 일본말로 『나는 피고로서 경계에 대한 감상을 한마디 말하겠소. 경계에 대하야는 우리는 적어도 전 무산계급의 전위분자로 이 공판에 나서게 되었는데, 우리를 다수의 경관으로 이같이 위압하는 것은 전 무산대중을 위압하는 반증이다. 만약 이 경계를 해제하지 않고 일반방청을 허락하지 않을 때에는 우리는 변호사도 필요없고 사실심리도 필요가 없고, 차라리 재판장이 하루나 이틀동안 너는 징역 얼마, 너는 얼마 하고 즉결언도해주기 바란다. 이것이 나의 요구하는 것이오』라고 말을 마치니, 재판장은 무어라 할 말이 없어 휴정에 들어갔다.[12]

공개재판하지 않으려면 차라리 즉결언도하라는 것은 재판부에 대한 중대한 모욕에 다름 아니다. 그런데도 재판장은 공안방해할 염려가 있어 일반공개를 금지하고 필요한 경우에만 잠시 공개한다고 선언하였다. 그러자 변호인들이 극도로 흥분하여 서로 일어서서 항변하고자 나섰다. 재판장은 "우선 방청자들을 내보낸 후에 말을 하라"고 하니, 김병로가 "변호인이 하는 말을 (재판장이) 들을 필요가 없다고 하면 우리는 전부 퇴정하겠다"고 선언하고 분연히 퇴정하였다. 9. 13.과 9. 15. 제2차에 걸친 공판은 사실심리는 근처에도 못 들어가고 재판관과 변호인 간의 치열한 논전만 되풀이된 채 폐정되었다. 앞으로 재판공개금지가 행해지고, 그에 따라 기자들의 참관도 금지된 것이다. 언론에서는 법정중계를 할 수 없게 되었다.

기자들의 참관이 저지된 가운데 열린 제4회 공판은, 9월 20일 오전 9시 10분부터 개정되었다. 그런데 개정한 지 겨우 15분이 지난 시점에 돌연 재판장을 비롯하여 배석판사와 검사 법정 밖으로 나와 각각 자기 방에 들어가 버렸고, 뒤이어 변호사들이 법정 밖으로 나왔다. 도대체 무슨 일이 갑자

---

12 동아일보 1927. 9. 16.자; 조선일보 1927. 9. 16.자.

기 일어난 것일까.

기자들이 밖에서 관찰한 바에 의하면, "법정 안에서 큰 소리로 통곡하는 소리가 새어나"왔다.[13] 곧이어 "피고 중 박헌영을 여러 간수가 끌고나와 간수휴게소로 들어가고 얼마 지나지 않아 졸도한 염창열을 간수 여러 사람이 들고 나와 역시 간수휴게소로 들어가 일시 공판진행이 중지"되었다. 11시10분경에 판사와 검사가 다시 입정하고 박헌영도 입정하여 다시 개정되었는데, "박헌영은 평소 근시안으로 안경을 끼고 있었으나 그날 간수에게 끌리어 나올 때는 안경이 보이지 아니하였"다.

그것으로 끝이 아니었다. 재개정한 지 20분밖에 안 되어 또다시 재판장이 퇴정하고 변호사일동도 전부 나왔다. 도저히 재판의 진행이 불가능했던 것이다. 9월 22일 재판장은 변호사 중 김찬영 씨를 전화로 청하여 피고 중 박헌영이 22일 새벽 2시부터 돌연히 신체에 이상이 생기어 출정치 못하게 되었는데, 박헌영이 돌연히 나오지 아니한 것을 보면 다른 피고들이 오해를 일으키기 쉬우니 잘 양해를 시킨 후 개정하자고 하였다. 변호사들은 즉시 박헌영의 상태를 확인하기 위해 허헌, 김병로, 고옥정웅 그리고 박헌영의 부인 주세죽은 형무소에 가서 박헌영을 면회하였다. 면회한 변호사들은 "내용에 대하여는 변호사의 처지로 도무지 말을 할 수 없은 즉 여러 사람의 추측에 맡긴다"고 하였다. 어떤 "외상" 같은 건 보이지 않는다. 박헌영의 "신체에 이상은 없을 뿐 아니라 무슨 견고한 결심을 가지고 있는 모양인 듯하고, 당분간 출정치 않을 의사를 가지고 있는 듯하다"가 보도할 수 있는 전부였다.

박헌영은 제2차 공판(9월 15일)에서 공판진행에 대한 불만을 공개적으로 표출한 바 있다. 공산주의자의 목적을 당당하게 진술하고, 엉터리 재판을 할 양이면 즉결처분하라고 신랄하게 비꼰 것이다. 이 공판이 끝난 뒤 박헌

---

13 동아일보 1927. 9. 21.자.

영은 "감옥에 돌아와서 심한 고문을 당했다"고 한다. 그때까지 당했던 장기구금과 옥살이, 그리고 수사과정에서의 고문에다 공판직후의 심한 폭행은 그의 정신적 자제력을 한계상황으로 몰아넣었던 것 같다. 그런 정신상태에서 9월 20일 공판이 시작되자말자 박헌영의 광란이 폭발된 것이다. "법정 안에서 큰 소리로 통곡하는 소리"는 바로 박헌영의 소리였다.[14]

박헌영이 끌려나올 때 "안경이 보이지 아니하였"던 것은 공판정에서 대소란을 일으키는 과정에서 안경을 집어던진 때문이다. 공판이 진행되면서, 피고인들은 4명의 동지가 보이지 않고, 그중에서 옥사한 박순병 등의 소식을 알게 되면서 미칠 지경이 되었을 것이다. 그리고 열악한 대우와 공판중의 폭행, 그리고 동지의 옥사 소식이 겹쳐, 박헌영이 아니어도 누군가 정신이상을 초래할 정도의 심리상황이 나올 것은 쉽게 예견될 수 있는 일이었다. 이 광경을 보던 염창렬이 홍분해서 졸도한 것도 나올 수 있는 반응이었을 것이다. 그리하여 잠시 흥분이 가라앉은 후 재입정하여 공판을 계속하고자 했으나, 또다시 고래고래 고함을 지르게 되니 더 이상 공판진행이 불가능하게 되었던 것이다.

이후 박헌영은 다른 피고인들과 함께 재판을 받을 수 없는 상태여서 분리심리를 하게 되었다. 실제로 조선공산당사건 재판이 끝나기까지, 박헌영에 대한 심리는 지속될 수 없었다. 정신과 의식이 명료치 못한 박헌영에 대하여 변호인들은 거듭 보석을 요청하였다. 10월 10일부터 시작된 변호사들의 보석요청은, 거듭 거부당하다가, 결국 11월 22일 병보석으로 출감하여 병원에 입원하게 되었다. 박헌영의 광태狂態는 피고인들이 처한 심신상태의 불안정을 표출한 것인 동시에, 이 사건 재판이 얼마나 험난한 기로를 걸어갈 것인가에 대한 예고편이기도 했다.

9월 22일 제6회 공판정에서 종로서 경관이 방청하면서 필기한 사건이

---

14 이 광경은 김철수, 박갑동 등의 전문을 재정리한 것이다(임경석, 이정 박헌영 일대기, 126~128면 참조).

있었다. 변호사들은 이를 사법권독립을 침해하는 중대문제로 간주했다. 재판장은 공판공개를 금지하면서 특별방청석에 경찰관을 앉히지 않겠다고 변호인단에 약속한 바 있었는데도 거듭 경찰의 특별방청을 방관 내지 허용한 것은 재판장의 약속위반일 뿐 아니라 사법부독립의 견지에서 일종의 사법권침해라고 본 것이다. 더욱이 필기한 경관은 사건수사를 직접 담당했던 경관이라 피고인들에게 압박적인 영향을 주어 자유로운 공술을 방해할 수 있다고 보았다. 그에 대해 재판장은 "변호사들이 떠드는 사법권침해문제는 당연 이상의 당연한 일인 줄 안다. 그러나 장소가 조선이니 모든 것을 묵인케 바라며 중간에 끼어 곤란을 당하는 재판소 당국자의 고충을 양해해주기 바란다"고 했다. 식민지 조선이란 장소에서 사법권은 총독부와 경찰을 무시할 입장이 되지 못한다는 취지였다. 변호사들은 그러한 고충의 논리에 더욱 분개하였다. 그리하여 변호인들은 재판소 측에서 태도를 고치기 전에는 절대로 공판정에 출정치 않겠다는 강경한 입장을 표하였다.[15] 변호사들은 이제는 장외에서, 사법권침해 규탄연설을 준비하려는 기세였다.

제7회(9월 27일) 공판에서 재판장은 변호인들의 입정을 요구하였으나, 변호인들은 경관필기문제가 해결되지 않은 채 그대로 입정할 수는 없다고 버텼다. 한명의 변호사들도 법정 안에 들어가지 않았다. 그렇다고 변호사들도 마냥 그대로 버틸 수는 없는 일. 고옥, 김병로 양 변호사를 대표로 뽑아 재판장에게, 문제의 경관을 그대로 방청시킬 것인가에 대한 확답을 달라고 압박했다. 재판장은 창졸간에 답할 수는 없다고 답했다. 한편 검사와 종로경찰서의 삼륜 주임은 이 문제에 대해 장시간의 구수회의를 했다. 재판장의 확답을 받지 못한 채 물러나온 변호사들은 장시간의 논의 끝에 오후 3시반에 이르러 항의의 표시로 개별적으로 사임할 것을 결의하였다.

---

15 조선일보 1927. 9. 25.자.

변호인들은 다음날인 28일 아침부터 경성지방법원장과 복심법원장, 고등법원장, 법무국장, 경무국장, 정무총감대리, 총독사무대리를 두루 방문하고 경찰의 사법권침해에 대하여 장차 어떠한 처치를 하겠는가를 질문하기로 결의했다. 방문할 위원으로는 고옥정웅, 최진, 김병로, 김용무, 허헌, 이인, 정구영, 권승렬, 김태영 등을 선정했다. 경관필기가 경무국장이 명령한 것이냐 아니면 종로경찰서에서 자발적으로 한 행동이냐를 따지고, 그에 따라 관계 경찰간부가 책임을 져야 한다는 것이다.

한편으로 이인, 허헌 변호사는 9월 28일 오전 서대문형무소로 가서 피고들을 일일이 역방하고, 이제까지 변호인 측과 당국과 교섭의 전말을 보고하고, 변호사의 사임이유를 자세히 설명하였다.

9월 28일 이승우, 김태영, 권승렬, 한국종, 김찬영, 최진, 김용무의 7변호사가 우선 사임원을 경성지방법원장에게 제출하였다.[16] 법원과 검찰에서도 뜻밖의 사태진전에 황망하였다. 재판장으로서는 (변호인의 사법권침해주장을 완전히 무시하는 게 아니라) 경관의 활동으로 인해 피고인의 자유공술이 위압하는 형적이 있다고 인정되면 그 경관을 물리치겠다는 정도의 다소 유보적 의견을 갖고 있었고, 변호인들도 재판장에 대해서는 그런대로 후한 평가를 내리는 입장이었으나, 이렇게 되자 사실상 공판의 계속이 어려워지는 교착상태에 빠지게 된다. 앞으로 재판이 어떻게 흘러갈지 암담한 지경에 이른 것이다.

9월 29일 공판은 개정되었지만 사임한 변호사는 물론이고 모든 변호사들이 변호사휴게실에서 나가지 않았다. 재판장은 피고들을 개별적으로 불러 변호사 없이도 자유로운 공술을 할 수 있다고 하면서 피고인들을 설득했으나, 피고인들은 재판장의 권고에 응하지 않았다.

변호사들은 이렇게 재판장이 피고인들을 따로 단독으로 호출하여 공술

16 동아일보 1927. 9. 29.자.

을 강요하는 것은 위법이라고 맞섰다.[17] 이 날 정구영, 이인, 심상붕, 강세형, 허헌, 한상억 변호사가 사임함으로써, 사임한 변호사는 모두 13인이 되었다.

사태가 이에 이르자 검사정이 돌연 중재를 자청하여, 변호사들의 사임을 철회하고 재판에 임할 것과 함께 문제의 경관은 자발적으로 법정에 나오지 않겠다는 안을 제안했다. 변호인들은 특별석에 다시는 경관을 앉히지 않겠다는 것과 필기금지를 약속할 것으로 응수했다. 우여곡절 끝에 9월 30일 변호사 요구에 대하여 재판장의 답변이 나왔다. 재판장은 이번에 변호사측이 요구한 사항, 즉 특별방청석으로부터 경관을 퇴정시켜달라는 주장에 대하여, 이후부터는 누구든지 경관의 특별방청은 금지할 것이며, 이미 사임한 변호사는 다시 변호사계를 계출하면 이전처럼 변호사로 받겠다고 언명함으로써 문제의 일부가 겨우 해소되었다.[18] 변호사들로서는 작은 성과를 거둔 셈이었다.

반면 경찰로서는 변호인에 대한 태도가 극히 사나워졌다. 9월 30일 밤 열린 공산당공판 변호사 초대회 석상에서 종로경찰서 고등계형사들이 식장으로 무단히 들어가니, 김태영 변호사 등이 형사가 왜 무례히 들어오느냐고 힐문을 한 것을, 그 형사들은 명예훼손을 당했다며 개인 자격으로 종로경찰서에 명예훼손죄로 고소하는 일까지 있었다. 김태영 변호사가 피고소인으로 종로경찰서에 불려다니며 취조 받게 되는 어처구니없는 일까지 일어난 것이다.[19]

한편 그동안 일본 도쿄에서 조선의 독립운동가에 대한 변론을 자청해온 일본의 명망 있는 변호사 포시진치布施辰治는 조선공산당사건의 중요성에 특히 주목하고 이 공판에 변호인으로 참여할 것을 준비하고 있었다. 이인

---

17 동아일보 1927. 9. 30.자.
18 동아일보 1927. 10. 1.자.
19 동아일보 1927. 10. 7.자.

변호사와 사건의 진행경과에 대해 계속 서신을 교환하면서, 정확한 정보를 얻는 한편 소송전략을 숙의하고 있었다. 그러나 그의 조선행은 예정된 공판이 자꾸 지연되면서 계획이 어긋나곤 했다. 그러나 일본에 있으면서도 그는 동경에서 항의서를 내는 등 여론조성에 관여했다. 민권변호사로서 그의 명성은 일본에서 매우 높았으므로, 조선의 변호사들은 포시의 등장이 변호인단에 활력을 더해주고, 조선과 일본에서 여론의 주목을 더욱 높여주는 효과를 기대하고 있었다.

10월 8일 포시진치는 경성에 도착했다. 이제 제1단계의 변론투쟁이 일단락되고, 본안심리에 들어가는 초입을 맞아 포시의 직접 관여는 변호인단의 힘과 사기를 배가시켰고, 여론의 관심도 쏠렸다. 포시진치는 경성에 도착하면서 역에서부터 환영단을 맞았고 당일 저녁 환영만찬이 베풀어졌다. 포시의 첫 발언은 이러했다.[20]

"조선공산당 공판은 일부 민중만이 중대시하는 것이 아니라 전일본의 각계급에서 다 같이 중대시하는 것입니다. 이번에 나의 래경來京을 자유법조단 특파라고 하나, (나는) 어느 한 단체의 대표가 아닌 줄로 믿습니다. 공산당공판의 공개금지는 실로 무법하기 짝이 없는 일이며, 사법권침해에 대한 경과도 자세히 들었는데 이를 탄핵함은 정당한 일인 줄 알며, 기회만 있으면 이에 대한 나의 감상을 발표하겠습니다. 공산당공판을 하루 걸러 여는 것은 조선에서만 볼 수 있는 것으로 그 이유는 재판장이 공판조서 정리와 법정(공간확보)문제라고 하나, 이는 정당한 이유라고 볼 수 없으니, 공판조서는 언제든지 공판이 다 마친 후에 정리하는 것이고 법정은 달리 변통하려면 얼마든지 할 수 있는 것이니 아무쪼록 공판을 매일 계속하도록 요구하여 보겠습니다."

---

20 동아일보 1927. 10. 10.자.

포시진치는 '재판의 공개금지'에 대해 특히 문제로 생각하고 있었다. 도착한 지 곧바로 〈공판공개에 대한 감상〉을 장문의 성명서를 통해 발표했다. 그 성명서의 전문이 언론에 상세히 보도되었다.[21] 일본에서는 사상범에 대한 비공개재판을 일러 '암흑재판'이라 칭하곤 했는데, 포시는 일본에서도 여러 공산당관련 재판이 공개리에 진행되고 있음에도 조선에만 유독 비공개하는 이유가 무엇인가 비판하고 있다. 전 조선의 일반민중의 귀를 먹게 하고 눈을 멀게 하는 암흑재판을 하지 말고 진리 앞에 당당한 재판을 하라고 촉구하고 있는 것이다.

포시 변호사는 또 다른 기고에서 피고인에 대한 장기구금의 문제점을 통박하였다.[22] 체포된 지 만 2년 가까이 장기간의 미결구금을 무제한으로 계속하여 피고인의 건강까지 잃게 하는 것은, 형사소송법상 구류기간 2개월 제한의 원칙을 완전히 유린하고 있다는 것이다. 이렇게 사실심리를 핑계삼아 미결구류를 무제한으로 계속함은 그 자체가 "일개의 형벌이며 제재"이다. 이렇게 포시진치는 언론을 통하여 비공개재판과 장기구금의 문제점을 사회 속으로 확산시키고 있다.

도착 다음날인 10월 9일 포시는 이인 변호사와 함께 곧바로 형무소를 방문하여, 설병호, 이호, 이석, 강달영, 김약수 등 5인 피고를 면회하고 공판전략을 수립했다. 제11회 공판(10. 10.)에서 변호사들은 다음의 4개 요구사항을 결의하였다. 포시의 결합과 함께 제2단계의 변론전략을 분명히 잡은 것이다.

1. 공판을 매일 개정할 것.
2. 피고 박헌영을 보석할 것.
3. 병중의 피고 전부를 보석할 것.

---

21 동아일보 1927. 10. 12.자.
22 조선일보 1927. 10. 13.자 "공산당사건은 언제나 결심될까, 변호사 포시진치".

4. 속기자를 법정에 입정케 할 것.

5. 중요피고에게는 공술서를 자필로 기록하여 제출케 할 것.

이러한 요구들은 '제2단계'의 변론투쟁의 목표를 정리한 것이며, 피고인들의 요구를 체계화한 것이다. 이제 신속한 재판을 하면서, 정확한 기록을 남길 수 있도록 해야겠다는 것이고, 또한 박헌영을 비롯한 병중 피고들을 보석할 것을 주장했다.

위의 4개 요구에 대한 재판장은 휴정시간에 변호사단에 답변했다. 재판장의 권한에 속하는 것에 대하여는 대개 불가의 입장을 표시하였다. 변호사들은 요구 관철 때까지 계속 요구하기로 의견일치를 보았다. 재판장이 제시한 이유는 구실에 지나지 않으므로, 재차 요구하기로 한 것이다.

약간의 진전이 없는 것은 아니었다. 박헌영 보석건에 대해서는 형무소측의 병상보고가 제출될 것이고, 자필공술서는 형무소측에 지필을 차입하여 10명의 피고들이 자필공술서를 작성하여 제출하기로 되었다.[23]

10. 12.에는 포시, 고옥, 김병로, 김태영 등 4변호사가 고옥-김태영, 포시-김병로의 2파로 나뉘어, 피고 13인을 면회하고 사건에 대하여 여러 가지를 청취하였다. 피고인의 자필공술서를 받고 청취한 결과, "일찍이 예상하였던 모종의 새로운 중대사실"이 확실히 드러났다. 변호사들은 한층 더 묘사를 충분히 하여 이 중대문제를 구체화시키기 위해 여러 활동을 전개하기로 하였다.[24]

또한 피고인 중 중태에 빠진 박헌영, 조이환, 신철수, 백광흠의 네 명을 면회하였던바, 이들의 증상이 극히 위중함을 확인했다. 감옥의사의 진단상으로도 박헌영(심신상실), 조이환(폐결핵), 백광흠(건성늑막염과 폐삼고증 결핵성복막염)으로 생명이 위독한 상태에 있음이 확인되었다. 그들의 병상에

---

23 동아일보 1927. 10. 12.자.
24 조선일보 1927. 10. 14.자.

대하여 변호사들은 세밀히 조사하고 감옥의사의 진단을 확인하였다.

이러한 조사를 바탕으로, 포시, 고옥, 권승렬, 한국종, 이인 변호사들은 재판장을 면회하고 중병의 피고인을 보석해줄 것을 요청하였다. “중병의 피고를 보석치 않는 것은 인도적으로 보아서도 결코 용서할 수 못할 것이며, 법률로 보아서도 형집행이 불가능한 처지에 빠져 있을 정도인데 그대로 두어서 책임을 어떻게 할 작정이냐”고 맹렬하게 몰아쳤다. 변호사들의 맹렬한 노력은 곧바로 일정한 효과를 보았다. 10. 13. 오후 1시반 백광흠에 대한 보석이 허가되었다.

10월 13일 피고인들에 대한 면회를 계속했다. 10. 12. 면회를 통해 ‘중대한 결과’을 얻게 되었기 때문이다. 김병로, 김태영, 포시진치, 고옥정웅에 이인 변호사까지 합류하여 보다 세밀한 조사에 들어간 것이다.

10월 14일 오전에 포시, 김병로, 허헌, 고옥 변호사가 형무소로 방문하고, 피고인 13인을 면회했다. 이로써 며칠 사이에 변호사들이 면회한 피고인은 모두 26인에 달했다. 연일 서대문형무소에 출동하는 변호인의 태도와 관계해서는, “네 변호사는 또 형무소에 출장중”이라며 “안비막개眼鼻莫開의 변호인단”이라고 보도하고 있다.[25] 이렇게 눈코 뜰새없이 분주한 까닭과 관련하여, 언론에서는 ‘대문제 폭발의 전조’라고 묘사하고 있다.[26]

10일 15일 변호사들은 회의를 열고 밀의한 결과 ‘대문제’를 제대로 접근하기로 의견을 모았다. 또한 포시, 고옥 양 변호사는 검사정과 재판장을 방문하여 매일 재판할 것과 병중 피고의 보석을 열렬히 요구했다.

10월 15일 저녁에는 불쌍한 공산당사건의 피고가족을 위하여 ‘피고가족위안회’를 주최했다. 포시, 고옥, 김병로, 허헌, 이인, 김태영의 여섯 변호사가 주최했으며, 천도교, 신간회, 형평사, 청총, 노총, 농총의 대표자들도 참석했다. 피고가족 30명, 각 사회단체 대표가 신문기자 등 합쳐 70여

---

25 조선일보 1927. 10. 15.자.
26 동아일보 1927. 10. 16.자.

명에 달했다. 다수경간의 감시중에 감개무량한 정담이 오갔다. 그중에 제일 노년인 박일병 부친의 답사는, "우리는 비관은 커녕 무산계급을 위한 운동에 수금된 것을 광영으로 알고 배가 부르도록 먹겠다"고 했다고 한다.[27]

포시진치가 경성에 머무른 기간은 불과 1주일이었다. 그러나 이 일주일 사이에 재판의 전개와 변호인의 소송전략에서 하나의 질적 비약이 이룩되었다. 제1단계에 해당하는 시기(9. 13.~30.)이 관할위반, 공판공개, 특별방청 등 절차적이고 재판환경에 관련된 측면이었다면, 제2단계(10. 10.~16.)에서는 보다 사건 및 피고인과 관련된 내용적 측면으로 무게중심이 옮겨졌다. 무엇보다 사건에 대한 접근방법에서 진일보된 면모를 보였다. 포시진치는 도착 다음날부터 구속피고인들을 면회하였고, 그 개별면회를 통해 일부 피고인들의 심각한 질병사실을 구체적으로 알게 되었고, 이를 토대로 보석신청을 했으며, 그 일부에 대해 보석허가까지 얻어낼 수 있었다. 더욱이 면회를 통해 심각한 "중대사실"을 알게 되었으며, 그 사실을 정확히 밝혀내기 위해 면회대상범위를 더욱 확대했다. 그리고 이 조사를 토대로 '대파란'을 일으킨다. 형사변호사의 기본이 '피고인과의 면회'와 '피고인의 석방을 위한 노력' 그리고 '피고인의 인권침해에 대한 법적 항변'임을 그는 단기간의 변론활동을 통해 보여주었다. 또한 사상변호사로서는 그 사건 재판의 부정의함을 사회적인 여론을 통해 확산시키는 임무에도 충실했다. 또한 피고가족위안회의 밤까지 개최함으로써, 변호인으로서의 정서적 지원 역할까지 다하였다.

'대문제'는 10월 16일에 이르러 그 정체를 드러냈다. 변호사들은 경성지방법원 검사국에 고소장을 제출했다. 피고들을 취조한 종로경찰서 고등계의 요로경찰을 폭행, 능학, 독직죄로 고소한 것이다. 고소인의 명의는 권오설, 강달영, 전정관, 홍덕유, 이준태의 5인의 피고인들로, 2차공산당사건

27 동아일보 1927. 10. 17.자.

조선공산당사건(피고 101인)을 맡은 변호사 28인 중 7인은 악명 높은 종로경찰서 경관들의 고문사실을 조사하여 1927년 10월 16일 〈고소장〉을 제출, 대파란을 일으켰다. 앞줄 오른쪽부터 김병로, 김태영, 고옥정웅 변호사, 뒷줄 오른쪽부터 허헌, 이인 변호사(조선일보 1927. 10. 18.)

으로 종로서에 체포되어 모진 고문을 받았다는 것이다. 이들은 1926. 6. 14. 경찰서 신문실에서 갖은 폭행을 당하여 권오설은 앞니 두 개가 부러지고 여러 중상을 입었다. 피고소인은 주임경부 삼륜화삼랑, 경부보 길야등장, 김면규, 순사부장 대삼수웅의 5인이었다. 이들은 독립운동사에서 가장 빈번히 등장하는 악명 높은 고문경찰관들이었던 만큼 그들을 고소한다는 것은 엄청난 용기를 필요로 하는 일이었고, 나라 전체에 엄청난 충격파를 안겨줄 만한 일대 사건이었다. 피고인의 고소대리인은 포시진치, 고옥정웅, 김병로, 이인, 김태영, 허헌, 한국종의 7인이었다. 〈고소장〉의 대강은 다음과 같다.[28]

… 피고소인들은 고소인들에 대하여 형사소송법 제248조에 의한 사법경찰관으로서, 그 직무를 행함에 대하여 동법 제135조 "피고인에게 대하여는 정녕 친절을 그 취지로 하여 그 이익이 될 만한 사실을 진술할 기회를 줄 것"이라는 규정에 명백한 것과 같이 적어도 고소인들에 대하여 조폭 불친절한 태도를 계신戒愼할 직무상의 의무를 가지고 있다.

그럼에도 불구하고 고소인들이 피고소인들의 혐의사실 신문에 대하여 그 진실(전연 자신에 기억 없는 진상)을 답변하여 이를 부정하자 불법부당하게도 그 신문사실 긍정의 답변을 강요하기 때문에 전기와 같이 고소인들에 폭행능학을 가한 피고소인들의 행위와 고소인들의 헌법에서 보장된 인권을 유린하여 형사소송법에서 보장된 피의자의 보호권을 무시하고 다시 사법재판의 공평진실을 그르치게 되는 법률파괴로서 법률상, 인도상 단연히 허치 못할 중대범죄라고 확신하고 이에 본 고소를 제기한다.

한편 고소장 제출의 소임을 다하고, 경성을 떠난 포시진치 변호사는 다음과 같은 소감을 밝혔다.

"관헌의 횡포가 한량없는 조선에서 피고를 형무소에 쓸어넣은 사법경찰관을 상대로 '폭행, 능학, 독직죄'의 고소를 제기한 것은 조선에서 처음 있는 일일지도 알 수 없습니다. 그러나 법률이라는 것은 결코 지배계급관헌이 피지배계급인

---

28 여기서 '고소사실'의 전문은 포시진치 식민지관계자료집 Vol. 2 조선·대만편, 布施辰治資料研究 準備會, 2006, 176~177면에 실려있다. 조선의 언론에서는 상당부분이 '생략'되어 있거나 검열에 걸려 일부가 ×× 식으로 삭제되어 있다.

민중을 취체하거나 탄압하는 데만 편의를 주기 위하여 존재하는 것은 아닙니다. 지배계급인 관헌이나 피지배계급인 민중이나 모두 법률의 앞에는 평등하게 공정한 보호를 받는 동시에 부정한 일이 있으면 처죄를 받지 않으면 안될 것입니다. 그런고로 지배계급인 관헌일지라도 법률에 위반되는 부정한 일이 있으면 당연히 그 제재를 받지 아니하여서는 안될 것인데, 오히려 지배계급인 관헌의 법률위반은 피지배계급인 민중의 법률위반보다 그 정상이 더욱 중한 것입니다.

이번에 우리들이 대리인이 되어 공산당사건의 피고들을 취조한 사법경찰관, 그중에도 극히 더 횡포무쌍한 종로경찰서의 삼륜, 길야, 대삼, 김 등의 경찰관을 상대로 고소한 사실은 그 증거가 역력하여 의심할 것 없는 점으로 보아 당연한 일입니다. 만일 이러한 고소사건이 성립되지 아니한다면 (중략) 법률의 ××를 슬퍼하지 아니할 수가 없습니다. 어제 장미 검사정과 원 경성지방법원장을 방문하고 고소제기에 대한 자세한 사정과 금후의 취조방침에 대한 희망을 자세히 말하였더니, 장미 검사정도 원 지방법원장도 경찰관들 사이에 가끔 그러한 문제가 있다는 말을 듣고 항상 경계하는 터인데, 금번의 공산당사건 피고가 나에게 보낸 사건변호참고서에 ××사실을 하소연한 일이 있는 것도 미리부터 들었은 즉 충분히 신중하고 엄중한 태도를 취하겠다고 하였습니다. 우리들 고소대리인의 요구한 증거까지도 충분히 취조하여주면 반드시 고소가 성립되리라고 믿어 의심치 아니합니다. 우리들은 일반사회와 함께 법률의 위신을 위하여 이 사건의 취조를 감시하여 조선에서 형사재판의 극폐인 ××××경찰관에게 단호한 제재를 내리기 희망해 마지 않습니다.[29]

고소장 제출에 대한 반응은 엄청났다. 언론은 "산우욕래山雨欲來 풍만루風滿樓! 경찰과 변호사간에 정면 충돌," "변호사단 분연 궐기," "종로서 네 경관은 천하 주시중에 필경 도마위에 오르다," 는 등의 제목을 뽑아 그야말

29 조선일보 1927. 10. 18.자.

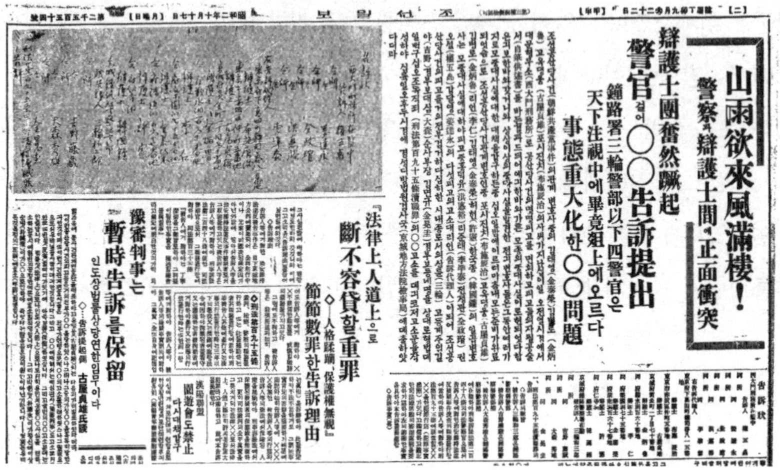

山雨欲來風滿樓!

警察과辯護士間에正面衝突

辯護士團奮然蹶起

警官에○○告訴提出

鍾路署三輪警部以下四警官은

天下注視中에畢竟俎上에오르다

事態重大化한○○問題

『法律上, 人道上으로

斷不容貸할重罪

節節數罪한告訴理由

豫審判事는

暫時告訴를保留

고문경관을 고소한 변호사들(조선일보 1927. 10. 17.)

로 대서특필하였다.[30] 이러한 "괄목할 사건의 전개"에 대해 사회적 성원도 빗발같이 답례하였다. 변호사단에 대한 격려문, 당국에 대한 항의문이 이 날을 계기로 훨씬 증폭되었다.

이 고소가 그토록 폭발적인 반응을 불러일으킨 것은 종로경찰서의 특별한 지위에 관련된다. 종로경찰서는 일제의 조선통치를 그대로 상징하는 기관이고, 독립운동사건 사상사건을 다루는 경찰의 총본산이었다. 허다한 애국자와 지식인, 주의자들이 검거 투옥되었다. 심문에는 무자비한 고문이 필수적이었다. 그 가운데 미와三輪 경부와 요시노吉野 경부보는 악질 중의 악질로 악명 높았고, 웬만한 조선인치고 그의 악명을 접하지 않는 사람이 없을 정도였다.[31] 이들을 직접 고소한다는 것은 통상 도저히 예기할 수 없는 사건이었다.

과연 그들은 고소를 당해도 표면상 흔들림이 없는 듯이 보였다. "모든

---

30 조선일보 1927. 10. 17.자; 동아일보 1927. 10. 18.자.

31 지중세 역편, 조선사상범검거실화집, 돌베개, 1984에는 미와와 요시노가 사상범들을 어떻게 체포하고 어떻게 심문했는지에 대한 상세한 경험담이 나온다. 또한 김을한은 당시 조선일보 기자로서 종로서를 출입하였는데, 종로경찰서에 대한 여러 묘사가 나온다. 그가 본 바로는, "미와 경부는 조그만 체구에 상냥한 얼굴을 하였지만 성이 나면 금시에 독사처럼 표변하는 간악한 자였고, 요시노 경부보는 능글능글한 눈에 웃으면 누른 이빨이 내보이는 것이 흡사 능구렁이 같은 자였다"(김을한, 신문야화—30년대의 기자수첩, 일조각, 1971, 128면).

拷問警官告訴로 警察側物議紛紛
刮目할此事件의展開如何
社會各方面注目喚起

「登廳하는即時로 被訴警官을取調」
◇취급여하는취조해야알일◇
責任者長尾檢事正談

「拷問햇다면 犯罪는確實」

問題의中心人物

天道教聯合 幹部三人

朝鮮速記術研究會創立

고문경관 고소 기사(동아일보 1927. 10. 18.)

것은 사실을 조사해본다면 자연히 진상이 밝혀질 것"이란 게 그들의 입장이었다.[32] 또한 종로경찰서장은 "그러한 큰 사건의 피고들이 고문으로 인해 자백한 것으로 말미암아 그와 같은 큰 범죄가 구성되었다는 것은 조금 상식 있는 사람으로서는 곧이 듣지 않을 것"이라며 더 이상 말을 회피하기도 했다.[33]

변호인들은 고소장을 정식 제출한 후 10월 16일에 경성지방법원 검사정과 법원장을 각각 방문하고 이 고소사건에 대한 증거를 철저히 조사하고 공평한 처치를 해달라고 요구하였다. 장미 검사정은 그렇지 아니해도 종래 경찰관들이 형사피의자의 취조를 할 때 가끔 그 같은 일이 있다는 말을 들은 일이 있어 그런 일이 없도록 신칙하여 오던 터인즉 신중히 조사하여 공정히 처리하겠다고 언명하였다. 한편 총독부 경무과장은 "고소를 했다는 말을 들었으나 이것이 사실인지 아닌지 알 수 없을 뿐 아니라 사법권이 발동하는 것이니까 재판소의 경과만 볼 뿐 우리는 아직 아무 간섭을 하지 않습니다. 그러나 재판소의 경과를 보아 필요로 인정할 시에는 우리도 감

32 조선일보 1927. 10. 18.자 "미와 담".
33 조선일보 1927. 10. 19.자 "종로경찰서장 담".

독책임자로서 조사를 하여보고자 합니다."라는 관망적 태도를 표명했다.[34] 이 고소의 의미에 대해 변호인단은 어떻게 생각했는가? 고옥 변호사의 말을 들어본다.

"이번 고소사건은 … 보통고소사건과는 대단히 다른 중요성을 지닌 것입니다. 종래 경찰관의 고문사건은 세상에서 가끔 떠들은 일은 있었으나 그 대부분은 유야무야한 속에 장사하여 버렸습니다. 특히 조선에서는 더욱 그러한 까닭에 어떠한 사정이 있더라도 법의 신성을 확보치 아니해서는 안될 책임과 의무를 가진 검사국은 이런 것을 취조할 때에 공평한 입장에서 가장 엄격한 태도를 갖고 취조를 진행하여 그 결과를 공표해서 일반민중의 의혹을 풀도록 할 책임을 가진 것입니다. 그런데 검사정은 본건은 증거 여하가 문제라 하나, 그 증거의 수습은 범죄수사권을 가진 검사의 노력 여하를 기다리는 것이 당연한 일입니다. … 검사는 모름지기 공산당사건을 검거함과 같은 민활한 수사방법으로 스스로 자진하여 본건의 증거수집에 노력하여 본 고소에 대한 태도를 결정해야 할 것입니다."[35]

일본인 변호사들의 성원도 이어졌다. 포시진치 변호사가 일본에 돌아간 직후인 10. 18. 일본노동농민당에서 다시 대표로 가등관일 변호사를 특파하였다. 그는 사법권침해문제, 고문문제 등의 진상을 규명하고, 당사자의 태도, 사법당국의 태도는 어떠한가를 자세히 조사하고, 민간의 여론과 태도를 듣고, 노동농민당에 보고하고자 했다. 공판에도 될 수 있는 대로 참여하여 변론하기 위해, 도착 다음날인 10월 19일 변호사계를 제출하여 제16회(10월 20일)부터 제19회(10월 27일)까지 공판정에 출정하였다. 역시 짧은 기간에 열성적으로 변론과 기타 활동을 하고 10월 28일 동경으로 돌아

---

34 조선일보 1927. 10. 19.자.
35 조선일보 1927. 10. 20.자.

갔다.

검사는 과연 이 고소사건에 대해 얼마만한 성의를 갖고 임할 것인가가 주시의 대상이었다. 사건을 맡은 원교 검사는 10월 20일부터 증거보충조서를 얻기 위해 5인의 고소피고인을 상대로 여러 번 취조를 했다. 그러나 피고소인(경찰관)에 대하여는 형식적으로 한두 번 불러 취조하는데 그쳤다.[36] 어쩌면 식민지의 형사사법을 담당하고 있는 검사와 경찰 사이에 이 정도 형식적 취조로 그칠 것은 충분히 예상될 수 있는 것이었다. 변호인들은, 엄정조사를 계속 촉구하였고, 또한 경찰 이외에도 폭행을 한 혐의를 받고 있는 오정 예심판사가 다른 유사사건의 예심을 맡지 못하도록 압박을 가하였다.[37]

고문고소의 또 다른 영향은 피고인들의 법정태도에도 미쳤다. 비밀재판이 계속되었기에 법정에서 피고인들의 답변은 일반 언론에 공개되지 않았다. 그러나 당시 작성된 공판조서를 보면, 고소가 제출된 뒤에 변호인들은 피고인에게 고문당한 사실이 있는지 여부를 계속 질문하고 있으며, 피고인들의 고문피해사실을 거리낌 없이 진술하고 있음을 볼 수 있다. 그 공판조서 중에서, 고문피해자의 중심인물이었던 권오설의 진술을 예시해서 보기로 한다.[38]

변호인 김병로의 질문을 요구하므로, 재판장은 피고인 권오설에게 질문함.

문(재판장) 경찰에서 고문당한 사실이 있는가? 있다면 그 상세한 내용 및 예심판사의 신문조서에는 임의로 서명하고 무인(지장)을 찍었는가 아닌가 진술

---

36 조선일보 1927. 11. 23.자.

37 피고들을 고문한 형적이 있는 오정 예심판사가, 간도공산당사건의 예심을 맡는 것은 위태한 일이며, 법원장에게 그에 대해 경고문을 보낸다. 이인 변호사는 "검사도 고문은 하지 아니하는데 더군다나 예심판사가 고문을 하였다는 것은 해괴한 일 중에 해괴한 일. 판사가 피고를 고문하였다는 것은 조선에 법원에 설치된 이래 공전절후의 괴변입니다"라고 말함(조선일보 1927. 10. 23.자).

38 권오설의 답변은 안동독립운동기념관 학예연구실, 권오설, 도서출판 푸른역사, 2010, 552~553면의 번역을 토대로, 〈공판조서〉를 같이 확인하여 약간 다듬은 것이다.

하라.

답(권오설) 경찰에서 취조받은 것은 여름이었는데 처음에는 학대당하지 않았지만 1주간 정도 경과되었을 때부터 무엇이든 숨김없이 말하라며 둥근 의자를 옆으로 눕혀 그 위에 나를 앉혔다. 그때 길야 경부보는 나의 무릎 끝을 발로 찼기 때문에 나는 쓰러져 앞니를 다쳤다. 그 이후 앞니가 끄덕끄덕 움직여 바람이 스치면 통증이 있다. 그 후 왠일인지 모르겠지만 동대문서에 연행되었을 때인데 몇 시간을 기다려도 저녁식사를 주지 않기에 요구하니까 종로서로부터 가지고 올 때까지 주지 말라고 하니 결국 다음날까지 식사를 할 수 없었다. 다음날 길야 경부보가 와서 또 나를 종로서로 연행하여 계단위의 동쪽편 끝방에서 창유리에 신문지를 펴 거리로부터 실내가 보이지 않게 하고 또 둥근 의자를 옆으로 눕혀 나를 그 위에 앉혀 양손을 목 뒤로 접어 끈으로 결박했다. 길야 경부보 이외에 5~6명의 경관이 각자 죽도로 나를 마구마구 구타했다. 다음에는 앉은 다리의 안쪽에 각목 2개를 끼우고 하루 밤낮을 계속하여 고문했다. 다음날 각목 중 1개는 빼냈지만 그로 인해 상반신이 붓고 다리는 마비되어 접고 펴고를 제대로 할 수 없었다. 머리는 어지러워 잠을 이룰 수 없었다. 그러자 "우두머리도 별 수 없군"이라 야유하면서 또 구타했다. 그리고 또 다리에 전과 같이 각목을 끼우고 이틀 밤낮을 계속했다. 그리고나서 고등과의 아랫방에 집어넣고 1주간 가두어두었다. 조사하는 사이사이에 부채와 손바닥으로 뺨을 몇 백 차례나 때렸다. 또 손가락 사이에 부채를 끼워 양 방향에서 꽉 쥐었는데, 이건 얻어맞는 것보다 더 고통스러웠다.

그런 고문을 받았기 때문에 경찰에서는 묻는 대로 거의 엉터리로 답했다. 마지막으로 검사정, 예심정에 가서도 경찰에서 말한 그대로 진술하라고 말했다.

권오설은 이렇게 경찰에서 당한 고문을 낱낱이 법정에서 진술하고, 경찰의 고문으로 인해 허위진술을 하게 된 경위를 말할 수 있었다. 다른 피고인들도 마찬가지였다. 권오설은, 또한 검사와 예심판사도 경찰과 다름없는 태도를 보였다고 진술하였다.

검사정에 가서는 나이든 검사가 크게 화를 내면서 신문하기에, 다시 참혹한 꼴을 당하면 나만 바보로 보일까봐 묻는 대로 거의 답변했다.

예심판사는 나를 조금 심문하고 난 뒤 조서에 서명날인을 시키고 다시 신문을 시작하면서 종이에 펜으로 써서 서기에게 쓰게 하였다. 그 가운데 틀린 부분이 있어 정정하고 싶다고 말하자 판사는 화를 내면서 정정하고 싶다고 판사가 일일이 정정해주면 5년이고 10년이고 예심에 사건이 걸려있을 것이라고 말하기에 어쩔 수 없이 묻는 대로 답하였다. 예심판사가 종이에 쓴 것을 보여주거나 읽어주거나 한 것은 없다. 본 조서를 보여주거나 읽어준 적은 한 번도 없다. 금년이 된 뒤 예심판사에게 틀린 점이 있어 정정하고 싶다고 했더니 이 판사는 이제 다시 그런 식으로 말하면 사면에 회부될 것도 회부되지 않을 것이라고 말하면서 받아들여주지 않기에 모든 것을 공판에서 진술하려고 생각하고 있었다.

이와 같이 경찰은 물론, 검사에게도 임의로 진술할 수 없었으며, 더욱이 예심판사마저도 말한 대로 조서에 작성하지도 않고, 조서의 정정요청도 위압적으로 묵살했음을 구체적으로 진술하였다.

한편 고문고소사건에 대해 애매한 태도를 취하고 조사에 열의를 보이지 않은 검사의 태도에 대해 각계에서 불만을 쏟아냈다. 재일본조선노동총동맹은 집행위원회를 열고 검사정에게 엄중한 경고문을 발송하고, 종로경찰서의 고문진상을 상세히 기재한 삐라를 20만 장이나 인쇄하여 내외 각지에 산포한다는 결의를 했다.[39] 일본 내 단체들은 검사 뿐 아니라 조선총독 및 일본내각에까지 항의하고자 했다. 동경에 있는 일본노동농민장과 일본노동당은 서로 제휴하여 "전중 수상과 조선총독에게 공동항의"할 것을 성명서로 발표했다.[40] 포시진치 변호사는 일본정부당국에 또다시 항의를 제출했다. 조선총독과 정무총감, 경무국장 등이 고문금지와 고문사실을 제

39 동아일보 1927. 11. 6.자.
40 조선일보 1927. 10. 30.자; 동아일보 1927. 10. 30.자.

대로 조사하지 않고 있음은 광직(직무유기)이 아닌가 하고 질타한 것이다. 조선의 변호사들은, 고문조사가 시늉만 내는 형세로 진행되자, 추후 고문사실이 확정되는대로 제2차, 제3차 고소까지 제기할 것이며, 그때는 예심판사도 고소대상에 포함시킬 것이라고 압박했다.[41]

검사는 11월 13일 피고소인들(경찰)을 차례로 검사실에 불러 극비리에 취조를 한 후 돌려보냈다. 이로써 (형식적인) 조사과정이 일단락되었다. 고소장을 제출한 지 정확히 한 달 만인 11월 16일 원교 검사는 불기소처분을 내렸다. 그 사유는 고문의 혐의가 없다는 무혐의였다. 증거불충분도 아니고 무혐의의 처분을 내린 데 대해 변호인단은 더욱 분개하여, 즉시항고를 했다.[42] 하지만 결국에는 그 항고마저 기각(12월 8일)됨으로써 고문고소사건은 절차법적으로는 종결되었다.

경찰폭력을 근간으로 삼는 식민지 형사사법제도 하에서 경관, 그중에서도 가장 중추적 역할을 했던 종로경찰서의 핵심간부들에 대하여 검사가 기소한다는 것도 생각할 수 없는 것이었을 것이다. 불기소와 항고기각은 그 점에서 당연했다. 그러나 변호사들은, 통상 상상하기 어려운 고소제기를 통해 식민지경찰의 활동에 대해 견제구를 던졌고, 이를 관철하기 위해 결속하여 강력히 대응했다. 조선 전국에서는 물론 일본과 해외에서까지 보여준 엄청난 반향은 이 고소의 중요성을 일깨워주는 동시에, 변호인단의 노력을 더욱 돋보이게 하는 것이었다. 형사사법권을 장악한 권력의 불기소와 항고기각은 식민지권력의 폭압성을 그만큼 두드러지게 드러나게 만들었다. 변호인단의 시도는 제도적-법적으로는 패배했지만, 민중의 마음속에서 결코 패배한 것이 아니었던 것이다.

온갖 우여곡절을 겪었던 피고인신문절차가 종료된 것은 11월 12일 제26회 공판이었다. 병중에 있던 다섯 피고인(박헌영, 이재익, 신철수, 조이환, 백광

---

41 동아일보 1927. 11. 1.자.
42 조선일보 1927. 11. 17.자.

흠), 종적을 감춘 1인(주종건)을 제외한 나머지 피고인 전부에 대한 신문이 종결된 것이다.

그에 대해 재판장은 증인신청을 모두 각하해버렸다(11월 17일). 검사의 고문경관 불기소처분(11월 16일)에 이어, 재판장의 증인신청 전부 각하(11월 17일)는 식민지 형사사법 당국들이 이제 이 사건을 무조건 종결시키자는 결의가 섰다는 것을 의미한다. 증거신청이 각하되자 그에 대해 변호인단은 강력히 반발했다. 마침내 그들은 식민지하에서 누구도 시도하지 않았던 카드를 던진다. 공판정을 분연히 퇴정[43]한 변호인단은 재판장에 대한 기피신청을 제기한 것이다. 이로써 공판은 중지되었다.

11월 19일 변호인단은 7인 변호사[44]의 연명으로 '기피신청이유'를 정식 제출했다. 아울러 일반사회에 기피신청의 이유를 해설한 장문의 〈성명서〉를 발표하였다. 다음은 그 일부이다.[45]

> … 우리 변호인은 경찰서 검사국 예심정 및 공판정에 있어서의 각 공술을 대비하고 또 각 증거를 참작하여 각 피고인과 협의한 후 숙려에 숙려를 거듭하여 범죄의 유무를 결정함에 필요한 증거의 신청을 하였다. 그런데 재판장은 공판기록이 아직 완성하지 못하였고 따라서 증거결정에 있어서 각피고인의 공판정에서의 공술의 내용을 아직 명백하게 하지 못하였음에 불구하고 우리 변호인이 신청한 필요한 반증의 전부를 냉정하게 각하하였다. 이와 같이 하는 것은 피고를 위하여 피고의 변소를 주로 하여 사실의 진상을 규명하지 아니하면 아니 되는 공판중심주의 직접심증주의의 직임職任을 저버리고 사건의 망단妄斷을 감행하고자 하는 것이라고 단언할 수 있다. 그것은 경찰서 검사국 예심정의 각 기록에 사로잡힌 일종의 예단에 기인함이 아니고 무엇이냐?

---

43 조선일보 1927. 11. 18.자 "기피는 만부득이萬不得已".
44 변호사 고옥정웅, 김병로, 김태영, 허헌, 강세형, 정구영, 한국종.
45 동아일보 1927. 11. 20.자에 전문 게재.

이같이 편파한 재판장의 태도에 대하여 우리는 도저히 묵과할 수 없다. 고로 우리들은 그 기피를 신청하게 된 것이다.…

11월 19일

조선공산당사건 변호인

고옥정웅, 김병로, 김태영, 허헌, 최진, 김찬영, 강세형, 정구영, 한국종

기피신청재판은 그동안 경성지방법원 민사부 근본 재판장의 주심과 익산 지전 양판사의 배석으로 재판을 진행하여 오던 중 12월 3일 기피신청의 이유가 없다는 이유로 결국 각하되었다.[46] 변호인단은, 피고인에게 미칠 영향, 즉 소송지연으로 인한 피해의 우려 때문에 이 건에 대해 항고하지 않을 방침을 밝혔다. 이로써 기피신청재판 자체는 종결되었지만, 재판부의 판단에 대한 의구심을 객관화하고 증폭시키는 효과를 낳았다.

기피신청이 기각된 후 공산당공판은 12월 15일부터 속개되었다. 12월 16일(제30회)과 17일(제31회) 검사의 논고와 구형이 있었다. 변호사의 변론은 12월 17일부터 시작되었다. 변호사의 변론은 연말에 잠시 쉬고 해를 넘기면서까지 계속되어 변론이 끝난 날은 1928년 1월 13일이었다. 총 18회의 기일동안 19인이 최종변론에 참여했다. 고옥정웅과 포시진치는 변론을 위해 잠시 경성에 왔다.[47] 피고인의 최후진술에는 하루가 허용되었다. 모두 참으로 유감스럽게도, 비밀재판 하인지라, 이들 변호사들의 변론내용은 정확히 알 수 없다.[48] 피고인의 최후진술도 마찬가지로 어떤 기록도 남

---

46 조선일보 1927. 12. 6.자.

47 조선일보 1927. 12. 21.자 "(寫)포시布施, 고옥古屋 양씨 입경" /조선일보 1927. 12. 23.자 "포시씨 퇴경退京".

48 다음의 이인 변호사의 소감을 통해 당시 변론내용의 일부를 짐작해볼 수 있을 것이다. "내가 관계한 형사사건 중에 이번 공산당사건처럼 모순당착이 많은 사건은 처음 보았습니다. 현저한 예를 들어 말하면, 공소 중에 피고가 범행하였다는 시일과 장소가 없는 것이 태반이나 됩니다. 1심에서 유죄되는 피고가 있어서 상고까지만 간다면 여지없이 파기될 사건입니다. 그동안 사법권침해문제라든지 증인 전부를 각하한 것이라든지 헤일 수 없도록 불쾌한 일이 많았지만 판결의 여하에 따라서 혹은 다소간 그 불유쾌하였던 것을 회복하게 될는지도 모르겠습니다"(조선일보 1928. 1. 15.자).

아있지 않아 크게 유감스러운 일이다.

변호사들의 이 사건에 임한 태도는 그야말로 특기할 만한 일이었다. 변호사 28인이 보수 한 푼도 없이 공판에만도 거의 4개월에 걸쳐 "침식을 잊고 변론하는 열성"을 보였다.[49] 일본인 변호사의 열정도 상상을 뛰어넘는 것이었다. 고옥 변호사는 사실심리 전 과정에 주도적으로 관여했고, 변호인의 최종변론 만을 위해 포시, 고옥 변호사가 다시 경성에 왔다. 통상 한 번에 끝날 변론을 무려 18회동안 계속한 것을 보면, 그야말로 혼신의 힘을 다해 변론했음을 알 수 있게 한다. 변호인들의 "결속적 항쟁"은 변호인들이 통상 보이기 마련인 "직업적 소부르조아지의 의식을 떠나" "시종일관 정의를 향한 항쟁"을 수행했다는 평가를 받았다.[50] 변론 종료 직후 각계의 유지들이 '조선공산당사건 변호사위로회'를 개최한 것도 그 감사의 한 표현이었다.[51]

"천하의 이목을 용동했던 조선공산당사건"의 판결은 1928년 2월 13일 내려졌다. 김재봉 등 1차공산당사건 관련자들은 '사유재산 부인의 단체결성 및 가입으로 치안유지법 제1조 위반이고, 2차공산당사건 관련자들은 대중시위를 실행하고 불온유인물을 제작·배포했으므로, 치안유지법 위반에다 제령 제7호, 출판법 위반이 추가되었다. 양형은 징역 6년(2명)부터 집행유예(2명), 그리고 무죄(12명)까지 다양했다. 무죄판결을 받은 12명과 집행유예자 중 2명은 2월 13일 석방되었다. 미결수로서 판결까지 실제복역 일수가 26개월에 이르렀으나, 미결구금기간의 산입을 극히 인색하게 책정하였기에, 곧바로 석방된 자의 수는 이 정도에 불과하였다.

판결서의 분량은 대단히 많지만 그 전문이 언론에 실릴 정도로 관심이 집중되었다.[52] 비공개재판 하에서 일반인들은 그 사건의 전모를 제대로 파

---

49 조선일보 1928. 1. 15.자.
50 조선일보 1928. 1. 16.자.
51 조선일보 1928. 1. 15.자.
52 "조선공산당 판결서 전문(전14회)(1)~(14)" 조선일보 1928. 3. 4~1928. 3. 26.; "조선공산당판결원문" 동아일

악할 수 없었기 때문에, 비록 많은 부분이 왜곡되어 있지만, 전반적 사정을 알기 위해 이 판결서에 의존할 수밖에 없었던 것이다.

"피고 등은 일찍부터 사회운동에 참가하여 그 태반은 본래 공산주의에 공명하고 또는 조선민족주의자에서 공산주의로 전화한 자인데, 모두 널리 우리 조선 현대사회제도에 대하여 심사숙고하지도 않고 헛되이 민족적 편견에 사로잡혀 그 극단만을 나쁘게 보아 그 사회조직에 수많은 심대한 결함이 있어서 점차 필연적으로 조선무산대중의 자멸을 유치하는 중이라 망단하고 종전의 소위 조선민족해방운동에 대하여는 도저히 소기의 목적을 달성하기 불능하을 깨닫고 순수한 민족해방운동과 대립하여 조선민족해방관념에 공산주의사상을 혼화한 일종의 공산주의운동을 감행함이 더 낫다고 하고 아래와 같은 범행을 한 자로서…"[53]

판결서에 따르면, 제1차, 제2차의 공산당사건 주역들은 "조선민족해방의 관념에 공산주의사상을 혼화"한 것이고, 궁극적 목적은 민족독립이라는 것이다. 장문의 판결서 속에는 피고인의 죄상을 열거하고 있을 뿐이고, 변호인단이 제기한 쟁점에 대해서는 일체 답하고 있지 않다.

판결에 대해 검사는 항소하지 않았다. 피고인들의 대부분도 마찬가지였다. 1심판결을 승복해서라기보다는, "순전히 덮어놓고 벌을 주지 않으면 안 된다"는 관념으로 일관했기 때문이고 항소한다고 사정이 달라질 것 같지 않아서였다. 상소한 이들도 있었다. 5인(정운해, 윤덕병, 박일병, 김연희, 김약수)은 항소했으며, 1인(장순명)은 상고했다.[54]

그러나 항소심이 개정되기 전에 모두들 항소를 취하하여 제1심의 형이 그대로 확정되었다.

보 1928. 3. 6.~3. 10.(전5회 연재); 중외일보 1928. 3. 4.~3. 18.(16회 연재)에 판결 전문이 실렸다.

53 조선일보 1928. 3. 4.자.

54 조선일보 1928. 2. 29.자.

판결이 선고된 후 당일 무죄와 집행유예를 받은 14인이 석방되었다. 형무소 앞에는 수많은 인파들이 이들을 맞았고, 경성에서는 '출옥자위로회'의 환영연이 베풀어졌으며, 곳곳에 환영회가 열렸다. 마산에서는 출옥한 공산당원에 대해 환영하는 행렬이 이어졌다. 수백 명 시민이 환호하는 속에 각종 단체회기를 선두로 행렬을 벌였으며, 환영회를 진행했다.[55]

조선공산당사건은 이렇게 단지 직접 관계한 변호인, 피고인의 범위를 넘어서, 전 조선 그리고 일본에서까지 주요한 관심사가 되었다. 변호인단들의 열렬하고 끈질긴 공판투쟁에 대하여 해내, 해외 각지에서 성원이 답지하기 시작했다. 구체적으로는 변호인단에 대해 〈격려문〉 발송과, 총독부와 사법부, 경찰에 대한 〈항의문〉을 전달하는 움직임이 속출하였다.

첫 움직임은 공판이 시작된 지 1주일이 지난 1927년 9월 19일에 나타난다. 이 사건 공판에 참관하기 위해 일본의 여러 단체들이 입경하였는데, 이들은 동경의 각 단체에서 직접 발송한 격려문을 휴대하고 있었다. 격려문의 내용은 "변호사 일동에 감사하다는 뜻과 더욱 분투하여 달라는 뜻"을 담고 있었다.[56] 그에 이어 국내의 여러 단체들이 변호사들에게 격려문을 발송하였다. 신간회 소속의 지방단체, 그리고 각지의 청년단체들이 앞장을 섰다.[57] 격려문 발송은 몇 달 동안이나 이어졌다. 격려문 보내기가 신간회 차원에서는 하나의 운동방법의 하나가 되었고, 여러 지역에서 하나의 사회운동의 표출방법이 되고 있기까지 하다. 표출의 방법은 〈격려문〉, 〈항의문〉, 〈경고문〉 등 여러 방식으로 나타난다.

격려문은 변호사들의 다대한 노력에 대한 감사의 내용을 담고 있다.

"(변호사들이) 불굴의 분투를 해주심에 대해 감격하고, 마지막까지 사법의 공

---

55 조선일보 1928. 2. 20.자.

56 조선일보 1927. 9. 20.자.

57 신용하, "신간회의 민족운동," 한국독립운동의 역사, 제46권, 한국독립운동연구소편, 2013, 214~215면.

변호사 환영회(동아일보 1927. 10. 2.)

정을 꾀하고 동시에 세계대중을 무시하는 약소민족에 대한 차별적 전단에 강력히 항쟁해줄 것을 대중을 대신하여 격려함"(신간회 해주지회, 1927. 9. 27)[58]

〈경고문〉은 주로 검사나 판사를 향하고 있다.

"**원고 검사 앞** 조선공산당사건에 관계자 권오설 이하 5명에 대한 종로서경관 삼륜三輪 길야吉野 외 3명의 고문 능학 독직사건은 만인주목의 대사건인 바 이 사건의 고소에 대한 처리가 심히 지완遲緩함은 일반민중으로 하야금 적지 않은 의아를 불감케 하는 바이다.

아무쪼록 이 사건을 조속히 처리하는 동시에 조금이라도 불공정한 태도를 취치 말기를 이에 경고함"(함흥노동연맹 1927. 11. 11.)

격려문은 조선 내에 국한된 것이 아니었다. 일본에서 온 내용은 변호사

58 격려문 우송의 건, 경종경고비京鍾警高秘 제1116호.

에게 보내는 〈격려문〉뿐 아니라 총독정치에 대한 〈항의문〉까지 포함하고 있는 경우가 오히려 일반적이었다. 식민지 모국의 경우 비판의 수위를 더 높일 수 있는 이점을 갖고 있었을지 모른다. 일본거주 조선노동자들, 사회단체들은 보다 정교한 격려와 항의를 보내고 있다.

격려문[59]

조선공산당, 공산청년회 사건 공판이 언어도단의 폭압경계, 공개금지 중에 개정된 이래 이 사건 변호인 여러분들은 용감하게 공판의 공개를 주장하고, 재판장의 급소를 찌르고, 혹은 주장이 통하지 않자 분연히 총퇴정하여 재판관의 간담을 서늘하게 하여 일진일퇴의 선전 쾌투한 일을 만강의 성의로써 감사의 뜻을 표함.

하지만 적의 힘이 강대한 고로 일층 분려해서 조직적 법률 전선을 공고히 하고 통일적 보조로써 변호인 여러분들은 모두 최선의 노력을 다하여 공개금지의 해제를 전취해 멀리 나아가 적의 아성에 돌진하여 악법령인 치안유지법 및 제령 제7호를 완전히 격파하여 피억압민중의 개방전사인 101인의 무죄의 승리를 완전히 전취해주실 것을 열렬히 희망하며, 변호사 여러분들의 다년 적극적 성원해 드릴 것을 서약함.

1927년 9월 25일

일본 가나가와현 재류조선노동자

가나가와현 조선노동조합

조선공산당공판 변호사 여러분 귀하

일본의 자유법조단 소속 변호사들은 조선공산당사건에 대해 비상한 관심을 갖고, 사법당국의 태도를 앞장서서 공격하고 있다. 포시, 가등 변호사

59 京鍾警高秘 제11274호, 소화2년(1927년) 10월 4일.

들이 직접 이 사건의 변호인으로 뛰어들고 있었고, 일본에서도 유사한 사상사건을 취급하고 있었던 만큼 이들의 관심은 지극하였다. 자유법조단의 한 결의문은 당국에 대한 강력한 항의와 변호사들에 대한 격려가 잘 포함되어 있다.

조선공산당사건에 참렬하엿든 동경자유법조단의 포시 씨와 송곡 씨 외 수명의 변호사는 십일 오후 두 시부터 자유법조회관에서 임시총회를 열고 다음과 같은 결의를 하였다더라.

1. 경성지방법원에서 폭로된 공산당사건에 대한 경찰관으로서 그의 직무를 행한 삼륜 이하가 피의자에게 가한 불법수단은 사법이 보증하는 인권을 유린하고 또한 형사소송법이 보호하는 피의자의 변호권을 무시하고 법을 파괴하야 법률, 인도상 용허키 어려운 중대범죄라고 인정함.
2. 담당변호사가 (경관을) 고소한 것은 정당한 조치라고 인정하고 그 (고소사건의) 장래를 감시하는 동시에 엄정, 신속히 기소처분을 희망함.
3. 피의자에게 대한 당국의 태도를 태만하다고 인정하고 재판소의 반성을 구함.
4. 이 사건에 대하야 변호사 여러분이 횡포한 관헌과 싸워서 진실히 그의 사명을 발휘하였음에 경의를 표하고 겸하야 조선변호사 자유법조단의 조직을 희망함.[60]

격려문은 일본 뿐 아니라 대만에서도 발송되고 있다.[61] 이와 같이 조선 일본 대만에서 분투하는 변호사들에 대한 격려문이 쏟아지고 있다. 가장 어려운 사건이었지만, 변호사들로서는 그만큼의 보람을 느끼지 않을 수 없었고, 힘든 변론을 이끌어가는 데 커다란 격려와 자극이 되었을 것은 틀

---

60 조선일보 1927. 10. 22.자.
61 공산당사건변호사에게 격려문. 전대만총독 ㅇㅇ정치ㅇㅇ대회에서.

림없다. 변호사와 민중이 혼연일체로 연대했고, 그 연대의 수준은 조선과 일본 대만에까지 미쳤던 것이다.

변론투쟁의 역사적 의미에 대해서 요약해보자.

조선공산당사건의 변론투쟁은 일제시대 전체를 통해 하나의 정점이라고 할 수 있다. 우선 참여변호인의 수가 가장 많았다. 모두 28인의 변호사들이 관여했으며, 그중에서 10인 이상은 시종 적극적인 역할을 수행했다. 조선 변호사들과 일본 변호사들이 합작하여, 시종 변론을 이끌어간 것도 매우 주목할 만하다. 공판 이전단계부터 조선 변호사들은 일본 변호사들과 긴밀한 연락을 해왔으며, 변론의 방법 및 수위에 대해서도 사전에 치밀한 검토를 거쳐 진행했다.

여러 변호사들이 관여하면 그중에서 관여의 밀도에서 약간씩의 차이를 보이기 마련이다. 누가 실질적으로 전 과정에 주도적으로 참여했을까 하는 질문을 제기할 수 있다. 현재 공판조서는 제1회~제21회까지 공개되어 있는데, 그 공판조서에는 출석변호인의 명단이 나와 있다. 또한 중요한 단계, 즉 사법권침해 항의방문, 고문경관고소, 증인신청, 재판장기피신청 등 변호사의 이름으로 행해진 각종 법적 활동에의 참여도를 두루 검토해보면, 김병로, 허헌, 고옥정웅 3인의 참여도가 완벽하며, 이인, 한국종, 김태영, 권승렬, 강세형, 김용무 등이 주요한 역할을 한 것으로 볼 수 있다. 언론과의 대담 등을 정리해보면, 고옥정웅, 포시진치, 김병로, 이인, 김태영의 이름이 가장 빈번히 등장한다. 이를 종합하면, 변론의 주역은 김병로, 허헌, 이인, 김태영 그리고 고옥정웅, 포시진치 등이 가장 주역이라고 할 수 있을 것이다. 조선인 변호사들은 '형사공동연구회'의 구성원변호사들이고, 따라서 이 사건은 형사공동연구회의 주도적 개입을 생각해볼 수도 있을 것이다.

담당변호사들뿐 아니라, 조선변호사협회 차원에서 여러 개입이 있었다. 1927년 당시 조선변호사협회의 회장은 이승우, 부회장은 김병로였다. 이승우 변호사도 이 사건에 적극성을 보였다. 조선변호사협회에서는 사법권 침해탄핵대연설회를 주최하고 선전지를 배포하는 등 이 사건 변론을 음양으로 지원했다. 조선변호사협회에 격려문이 답지하기도 했다. 이렇게 조선인 변호사들, 그리고 변호사협회 차원에서의 지원과 연대 속에 개개의 변론이 이루어진 것이다.

변론투쟁의 수위에 있어서는, 고문경관 고소와 재판장 기피신청에서 보듯, 일제시대 법률가로서 구사할 수 있는 최강의 법률투쟁을 한 사건으로 꼽힐 것이다. 고소장과 기피신청의 내용을 보면, 단지 상징적으로 그런 방법을 택한 것이 아니라, 사전에 면밀한 피고인조사와 법적 검토를 거쳐 제기하는 것을 볼 수 있다. 또한 변론과정에서 변호인들은 피고인에 대한 성실한 면회와 고충의 청취, 중병에 걸린 피고인을 위한 거듭된 보석신청 등을 통해 변호인의 본령이 무엇인지 잘 보여주었다. 또한 변호사 보수를 일체 받지 않음은 물론이고, 보석보증금이 없는 피고인들을 위한 비용까지 만들어주기도 했다. 구속자가족을 위한 위안의 밤을 마련하거나, 구속인 가족과 면담하여 격려하는 등 인간적인 배려도 잊지 않았다. 이러한 변호인들의 헌신적 자세는 내외로부터 수많은 격려의 원천이었다.

변론투쟁과 언론의 합작 역시 매우 주목할 만하다. 일제하 어떤 재판도 이 정도의 지면이 할당된 적이 없었다. 언론은 공판 벽두부터 헤드라인에 이 사건 재판을 실었고, '조선천지를 용동한' 과 같은 수식어를 통해 사건의 중요성을 부각시켰다. 법정안의 보도가 어려워지자 법정 바깥의 여러 풍경을 전함으로써 재판에 대한 보도를 이어갔다. 옥중에서 중병으로 신음하는 피고인들의 정경에 대한 묘사는 민중들의 심금을 울렸다. 기피신청서, 판결문 등은 전문을 실어 상세한 내용을 전하려고 애썼다. 변호사들의 변론투쟁은 신문을 통해 사회 곳곳으로 전파되었고, 그에 자극받은 민중들은 변호사에 대한 격려와 총독부에 대한 항의로 답하였다. 언로가 극히 제한된 일제하에 총독부나 식민지사법부가 항의문의 전보로 시달린 경우는 거의 없다. 그만큼 변호사들의 열성은 민중들의 열띤 반향을 불러일으켰고, 언론은 매개적 역할을 매우 충실히 수행했다고 할 것이다.

1945년 해방 직후부터 격심해진 좌우 대립 속에서 조선공산당사건의 피고인들 중 다수와 이들을 변호했던 변호사들은 각기 길을 달리하고 만다. 박헌영을 두 차례나 변론했던 김병로와 박헌영의 관계가 한 예일 것이다. 그러나 1927~28년의 시점에서, 그러한 사태는 도저히 예견될 수 없었던 것이다. 그 시점에서, 공산주의자와 항일변호사는 일제라는 공동의 적에 맞서, 최선의 투쟁을 합작으로 해냈다고 할 것이다.

2. 고려혁명당사건: 피고인의 법정투쟁과 '불온한' 변론

1926년 12월 28일 만주 장춘경찰서의 일본인 순사는 장춘경찰서장에게 〈불심자동행보고不審者同行報告〉를 제출했다. 당일 거동수상자를 발견하고 순사는 그의 주소와 씨명을 물음에 반항적으로 말하고, 특히 소지품을 은닉하려고 하여, 그 소지품을 검사했던 바 놀랄 만한 문건이 다수 발견되었다. '고려혁명당'이란 이름이 붙은 〈고려혁명당선언서〉가 나왔다. 그 뿐 아니었다. 〈고려혁명당강령〉, 〈고려혁명당략〉, 〈고려혁명당규약〉이 나왔고, 개개인들이 서명한 〈맹약〉이 있었다. 1926년 2월 26일 당시 만주의 독립운동의 통합을 위해 힘쓰던 양기탁梁起鐸을 위시한 6인이 연서한 〈고려혁명당발기록〉, 〈결당대회결의서〉까지 한꺼번에 압수할 수 있었다. 서류는 언문(조선어)으로 되어 있어 모두를 한꺼번에 해독할 수 없었던 경찰은 모든 소지품을 증거품으로 "일시 제공받고" 그 소지품휴대자를 취조차 경찰서로 동행했다. 그의 이름은 이동락李東洛(당 39세)이었다. 그는 고려혁명당의 서기로 이 문건들을 보관하고 있다가 모든 서류와 함께 경찰에 고려혁명당의 전모를 고스란히 노출시키는 뼈아픈 실수를 저지른 것이다.

장춘영사관의 경찰서는 이동락을 취조했다. 이동락에 대한 취조청취서는 1927년 1월 5일과 동 1월 8일에 작성되었다. 취조결과 이동락은 고려혁명당의 결당과 그 조직에 속함을 자백했다. 체포시점부터 첫 취조청취서를 작성할 때까지 거의 10일이 걸린 것을 보면, 이동락은 끈질기게 버텼고, 경찰은 당시에 보편화되어 있었던 온갖 고문방법을 동원했을 것임이 틀림없다. 그러나 고문뿐만 아니라 명백한 증거물 앞에서 버티는 데는 한계가 있을 수밖에 없었을 것이다.

장춘영사관 경찰서장은 만주의 독립운동관련 사건을 취급하던 신의주경찰서, 사상경찰의 총본산이던 경성 종로경찰서 등에 이동락의 체포와 고려혁명당 관련자의 내용을 통보했다. 이리하여 대대적인 검거가 시작되었다. 만주 봉천에서 김봉국金鳳國이 체포되었고(1월 8일), 경성에서 송헌宋憲이 체포(1월 19일)되었으며, 만주 하얼빈에서 … 차 모였던 인사들이 한꺼번에 체포(3월 11일)되었다. 그 가운데는 고려혁명당의 책임비서였던 이동구李東求, 천도교 및 형평사에서 고려혁명당을 조직했거나 가입한 유공삼柳公三, 이한봉李漢鳳, 박기돈朴基敦 등이 체포되었다. 고려혁명당 발기인이면서, 만주의 무장독립항쟁의 첨병이었던 정이형鄭伊衡(정원흠)과 이원주李元柱 등의 체포는 특히나 결정적이었다.

경찰 취조는 신의주경찰서에서 이루어졌고, 검사의 취조도 신의주에서 이루어졌다. 독립운동가들에 대한 취조인 만큼 취조과정은 혹독했지만, 피의자들의 저항도 실로 대단했다. 그러나 경찰과 검사는 (나중에 공판정에서 다툼으로써 드러나지만) 피의자의 진술(공술)을 강작하거나, 위협적인 분위기에서 허위진술을 강요하거나, 공술하지도 않은 내용을 조서에 기입하거나 하였다. 그 경찰 및 검사작성의 조서는 나중에 공판정에서 그 내용을 부인함에도 고스란히 유죄의 증거로 활용되었다. 그리고 예심단계로 넘어가 예심판사로부터 대개 3~5회의 취조를 받았다. 이미 물증이 확보되어 있어서인지, 예심취조기간은 당시의 다른 독립운동사건보다 짧은 편이었다.

예심절차는 1927년 10월 3일 예심이 종결되었고, 15인이 제1심공판에 회부되었다. 첫 공판은 신의주 겨울바람이 살을 에는 연말(1927년 12월 19일) 개정되었다. 제1심 판결이 내려진 것이 1928년 4월 20일이니까 제1심공판은 약 만 4개월 지속된 것이다. 물론 제1심판결에 불복하고 상소하여 평양복심법원에서 항소심판결이 내려진 것이 1928년 10월 18일이었다. 15명 중 제1심에서 2인이 무죄판결을 받았고, 항소심에서 다시 2인이 더 무죄판결을 받았다.

고려혁명당사건에 대해서는 당시 일제 관헌의 자료,[62] 독립운동사 관련 몇몇 논문 및 전기[63]를 통해 사건의 윤곽과 독립운동사에서의 의의에 대해 알 수 있다. 여기서 주목하고자 하는 것은 고려혁명당사건의 재판과정이다. 피고인들은 매우 열정적으로 공판에 임하였고, 실로 당당하게 자신의 입장을 밝히고 있다. 수사 및 공판과정의 문제점에 대해 날카롭게 문제제기를 했다. 무엇보다 그들은 재판의 '객체'가 되기를 거부하고, 존중받아야 할 존재로서 피고인의 권리를 쟁취하려는 열정을 보여주었다. 피고인들의 적극적 자세와 결합하여 변호인단은 그야말로 최선의 소송투쟁을 했다. 파란이 연속된 소송투쟁을 통해 펼쳐진 법률전선은, 다른 어떤 사건보다 열정적으로 보도한 언론들에 의해 전국으로 파급될 수 있었다. 실로 이러한 법률전선을 통해 비로소 몇 명의 독립운동가들의 비밀활동이 전국민의 마음속에 공감을 불러일으키게 된 것이다. 여기서는 재판투쟁의 구체적 내용 가운데, 김병로와 이인의 변론을 중심으로 정리해보도록 하겠다.

고려혁명당 사건의 변호인은 현지의 두 변호사(이희적, 최창조)에다 경성에서 출장 온 이인 변호사가 참여했다. 이인 변호사는 무보수변론을 자청하여 출정하였고, 공판이 끝날 때까지 시종 참여하여 변론을 이끌었으며, 제2회부터 김병로 변호사가 가세하여 변론을 함께 이끌었다. 신의주의 변

---

62 高等法院檢事局, 高麗革命黨事件の研究.
63 박환, 잊혀진 혁명가 정이형, 새미, 2004.

호사들은 구체적 내용에서 변론을 뒷받침했다.

제1회 공판에서 피고인 중 일부(정원흠)는 답변을 거부했다. 재판장은 정원흠의 답변이 없는 가운데, 홀로 심문을 하여 정원흠에 대한 경찰조서, 검찰조서, 예심조서 등의 낭독을 끝내고 잠시 휴정을 선언하였다. 그대로 공판조서가 작성되면, 마치 피고인이 수사조서 및 예심조서에 기재된 사실을 그대로 인정하는 식으로 정리될 가능성이 다분했다. 이인 변호사는 이 점을 지적하면서 항의했다. 그는 피고가 함구불언(진술거부)한 후 두 차례나 일어나 "피고로 하여금 의견진술의 기회를 주어 공판을 충분히 해야 한다"고 항의했다. 또한 "피고의 진술이 있고 없고는 다른 피고에게 직접간접으로 영향을 주어 이 사건의 전도에 있어 중대한 결과를 가져올 것"이라고 주장했다. 이런 상태에서 공판조서가 작성되어버리면 결국 조서에는 혐의사실을 모두 시인하는 것같이 조서가 작성될 것이므로, 이는 매우 부당하다는 것이다. 특히 고려혁명당 관련 부분에 대해서도 다른 피고인에게까지 불리한 영향을 미칠 것이라는 우려였다. 이인 변호사는 피고인이 공술을 거부하는 사유와 상황을 공판조서에 기록해둘 것인가 하고 재판장에게 항의했다.

잇따른 항의에 재판장은 한발 물러섰다. "지금 피고는 다소 생각을 잘못하고 대답을 아니하는 것 같으니" 그러면 "피고에게 불리한 것인즉 심문에 대하여 대답하라"고 말했다. 그에 대해 피고는 "어느 때든지 자기로 하여금 충분한 진술을 줄 때에 답변하겠다" 하고 또다시 충분한 진술기회를 요구했으나, 재판장은 직권으로 이를 불허하였다. 그러나 재판부는 가장 중요한 피고인인 정원흠의 공술을 확보하지 못하였고, 이러한 상황을 공판조서에 올리기도 꺼려져 공판진행에 난감한 상황이 조성되었다.

제2회 공판에서는, 김병로 변호사가 출정했다. 개정벽두에 재판장은 피고들이 다수일 뿐 아니라 취체상 필요하다는 이유로 피고들의 수갑을 모두 채운 채 두고, 다만 한 사람 한 사람씩 심문할 때에만 수갑을 풀겠다고 했다. 위에 든 이유 이외에도, 재판부로서는 지난 1회 공판정에서 피고인의 예기銳氣를 꺾지 못한 점에 대해 소송지휘상의 대책을 강구할 필요도 있었을 것이고, 더하여 무장독립운동가들이 탈출하거나 외부로부터의 탈출원조 등의 불안을 생각했을 수도 있다. 그에 대해 김병로 변호사는 "공판정에서 피고의 신체를 구속하는 것은 불법"이라고 엄중한 항의를 제출하였다. 피고의 신체를 구속하느니, 그럴 것 같으면 차라리 감시인원을 증원하라고 하였다. 이어 당시 경성에서 진행 중이었던 조선공산당사건의 예[64]를 들면서 피고인들의 법정내 신체구속은 불법이라고 맞섰다.

그 주장을 듣고 재판장은 간수에게 피고 전부의 수갑을 끄르라고 명령했다. 그러나 간수는 만일의 일이 있을지 모르니 형무소 측과 의논해보아야겠다고 하고 전화로 형무소와 협의한 결과 응원간수 4명을 더 불러오겠다고 되었다. 재판장은 응원간수가 올 동안 휴정을 선언하였다. 잠시 휴정 후에 공판은 재개정되었는데, 입회검사가 일어서서 "형무소에 응원간수 4명을 청하였으나 2명밖에 올 수 없다고 하면서, 수갑을 풀고 심리하는 것보다는 공판을 연기해달라"는 의견을 진술하였다. 재판부는 잠시 퇴정하였다가 "간수가 부족하여 위험한 일이 생기면 안 되겠으니 검사의 의견을 들어 (공판을) 연기한다"고 선언하고 퇴정해버렸다.

이렇게 간수 2명이 부족하다는 이유만으로 공판을 연기하는 것은 "재판소의 무성의"라는 비난이 높았다. 이 사건의 피고인들은 벌써 미결상태로 2년이나 끌었을 뿐 아니라, 경성에서 신의주까지 무보수로, 일부로 비용을 들여가며 출석한 변호사들을 괴롭히는 것이며, 이러한 "박약한 이유" 혹은 "우스운 이유"로 공판을 연기하는 것은 참으로 어처구니없는 일이었다. "재판소 당국의 무성의한 태도에 대해서 변호사는 물론 일반이 다같이 분개"하는 것도 당연했다. 이렇게 무리한 공판연기를 한 실제적 이유 중의

64 당시 진행 중이었던 조선공산당사건의 피고인은 모두 100명을 넘었다.

하나는 담당검사가 출석치 않은 상태에서 중요한 쟁점에 대해 결정하기 어려웠던 사정도 지적되고 있다.

제5회 공판에서 최종진술이 있었다. 변호사들은 열렬히 변론했다. 첫 테이프를 끊은 이인 변호사는 재판장과 검사에게 하나의 부탁을 먼저 했다. "혹 귀에 거슬리는 말이 있더라도 노하지 말라"는 것이었다. 이렇게 아예 예고를 하고 열렬히 변호를 진행하였더니, 변론 도중에 검사가 벌떡 일어나 변호사의 변론이 지극히 불온하다고 말을 잘랐다.[65] 재판장은 변론을 중지시키고 잠시 기다려달라고 퇴정하였다가 잠시 후에 출정하여 "이인 변호사의 변호는 불온하다"고 인정하고 변호를 중지시켰다. 그때의 법정 분위기를 언론은 다음과 같이 보도하고 있다.

> 이인 변호사의 변호는 불온하다고 인정하고 변호중지를 결정하였다는 통고를 이인 씨에게 하자 법정은 갑자기 긴장되고 방청석에서는 이 재판장의 선언에 대하여 비난의 수군거리는 소리조차 들리었으나 재판장의 결정이었으므로 하는 수 없이 이인 씨는 착석하고, 이어서 김병로 씨가 일어나 먼저 변호중지까지 하지 아니하면 아니 될 이인 씨의 불온한 변호가 과연 있었든가? 또는 만일 변호중지를 하려면 먼저 주의를 준 뒤에 논조를 고치지 아니하면 중지하는 것이 항례인데 한마디의 주의도 없다가 중지를 결정한 것은 재판장이 너무도 재판도덕을 무시한 것이며 후일 변호사에게 참고가 될른지도 알수 없스니 이인 씨의 변호중 어떠한 점이 불온당한 것이라고 말하여 달라고 요구하였으나 재판장은 그것은 말할 수 없다고 어름어름 피하고 말아 일시 법정은 소란하였는데 …[66]

정말로 궁금한 것은 그 변론내용이다. 당시 언론이 변론중지된 변론의 전문을 소개할 수 없었음은 물론이다. 조선일보에는 "『우리는 현대의 (중

---

65 이인, 반세기의 증언, 59면.
66 중외일보 1928. 3. 21.자.

략) 북만주로 류리하게 되는 현상에 있다』 여기까지 말하였을 적에 재판장은 이 씨에게 변론중지를 시켰다"고 한마디를 가까스레 보도했다. 변론의 윤곽은 두 가지 자료로부터 재현할 수 있다. 첫째는 고등법원 검사국이 작성한 문건이 있는데, 그 문건 가운데에서 '1심공판중에서의 행장'이란 항목이 있다. 거기에는 이인 변호사의 변론의 요지가 다음과 같이 실려 있다.

일본은 조선을 위해 동양평화를 위해 일청, 일로전쟁을 했다고 말하지만, 추호도 조선을 위해 동양평화를 한 것이 아니며, 또 일본은 조선을 위해 일한합병을 했다고 말하지만 일한합병을 함에서 이익을 얻은 것은 일본뿐으로 조선은 하나도 이익을 얻지 못하고, 병합 이래 내지로부터 다수가 조선에 들어온 반면 조선인은 다수 만주에 축출되었다.

이 문건과 조선일보 보도를 같이 검토해보면, 이 문건의 내용이 변론의 대체를 잘 정리한 것으로 보인다. 그러나 이 변론이 불온하기는 해도, 뭔가 그들을 결정적으로 자극시킨 무언가가 빠져있는 느낌이다. 그것을 이인 변호사의 회고록의 관련 부분에서 보충할 수 있다.

먼저 변론을 시작한 내가 "일본은 동양평화를 위한다는 미명美名 하에 한국을 합병하였으나 한국에 대한 식민정책은 양두구육羊頭狗肉에 흡사…"하는 순간 검사가 벌떡 일어섰다. 이 자는 일본인 차석으로 표독하기로 호가 났고 이름은 모도지마本島라고 했는데 내 변론이 지극히 불온하다고 노기등등하게 나온 것이다. 이렇게 되자 혼다本多公男 재판장은 나의 변론을 중지시키고 가인街人이 다음 변론을 하라고 했다. 점심 후 공판이 재개되자 재판장은 나를 들어오라 해서 동양평화의 미명이니 양두구육이니 한 말의 진의가 무엇이냐고 묻는다. 분통이 터지는 심정대로 하자면 사실대로를 말했을 뿐이다 하고 싶은데 그렇게까지 정면으로 맞서가지고는 오히려 피고들에게 불이익이 될 것 같다. 나는 둔사遁辭를 꾸몄다. "미명이니 양두구육이라고 평하는 자가 혹 있을지 모르나 … 이렇게 말하려던 차에 검사가 변론을 방해한 것"이라고 돌려대고 변론의 전체 뜻을 듣지 않고 몇몇 낱말만을 들어 불온하다 함은 부당한 것이라고 오히려 항의한 것이다. 재판장은 한참동안 배석판사와 귓속말을 주고받더니 이 문제는 이 정도로 한다고 나의 변론계속을 허락했다.[67]

즉 전체 변론의 맥락이 '불온'한데다가, 결정적으로 자극한 것은 '양두구육'과 같은 자극적인 단어였던 것으로 짐작할 수 있다.

변론중지를 당한 상황에서 다음 김병로 변호사가 일어나 어떤 내용을 부당하다고 한 것이냐의 내용문제, 변호중지를 하려면 먼저 주의를 준 후에도 논조를 고치지 않으면 그때 변론중지를 할 것이지 처음부터 곧바로 변론중지를 한 것은 재판도덕을 너무도 무시한 것이라고 항의했다. 그 재판장 결정에 대하여 당일 김병로 변호사는 기자에게 "조선법조계에 처음으로 발생한 사실"이며, "상서롭지 못한 전례를 지어낸 재판장이 얼마나 재판도덕을 무시한 것"이냐고 "실로 경박한 처사"라고 맹비판을 가하고 있다. 이렇게 변론중지사태까지 난 것은, 이인 변호사의 용어선택 및 맥락에서 일본의 침략성을 강하게 비판한 데서 생겨난 것이지만, 고려혁명당사건 재판에서의 파란중첩한 긴장의 한 폭발이기도 했다고 볼 수 있을 것이다.

이인 변호사의 변론중지에 대하여 열렬히 항의한 다음, 김병로 변호사는 본격적인 변론에 들어가 대략 다음과 같은 변론을 폈다.

본건을 치안유지법위반에 적용한 것은 법리상으로 보아 크게 잘못된 것이다.

사건내용으로 보아 피고등의 행위가 결코 범죄를 구성하지 아니함으로 무죄를 주장한다. 피고들의 행위는 일본을 대상으로 한 것이 아니라 전세계의 00을

---

67 이인, 반세기의 증언, 59면.

달성코자 한 것이다. 가령 전 세계 사람을 다 죽이려고 한 사람이 있었다 할지라도 그를 살인미수죄로 벌할 수가 없다. (실제로 불가능하기 때문에) 그와 같이 전 세계의 ○○을 성취코저 하던 이들도 벌할 수가 없을 것이다.

이렇게 치안유지법의 해석과 적용에 대하여 "여러 가지 묘한 법리"로써 피고들에게 유익한 논변을 하던 도중 돌연 재판장으로부터 별다른 조건 없이 한 시간동안 휴정을 선언하게 되었다(이는 김병로 변호사가 논박했던, 이인 변호사의 변론중지에 대하여 이인 변호사를 불러 변론의 진의를 확인코자 했다. 그 과정에 약 1시간 정도의 휴정이 필요했던 것이다). 그런 다음 다시 개정하여, 김병로 변호사는 변론을 계속할 수 있었다.

"피고들의 환경에 대한 여러 가지 말이 있은 후 사실에 들어가서 선언, 강령에서 나타난 것은 막연하여서 세계를 포함한 것이다. 그런 점으로 보아서도 치안유지법 적용은 근본입법한 정신에 비치되는 것이다."

그러한 취지를 이야기한 다음, 개별 피고들에 대한 변론에 들어갔다. 대략 다음과 같은 취지이다.

오성환, 송헌, 장지필, 홍병기, 조귀용 등은 이동구, 김봉국 등을 대리로 보내어 조직에 참여케 했다는 것인데, 조직자와 가입자 간의 구별이 없이 치안유지법 제1조를 적용한 것은 부당한 것이며, 이들의 행위는 형법상으로 적용할 조문이 없다고까지 생각된다.

정원흠이 대정 14년(1925년) 3월중에 벽동여해경관주재소를 습격하였다 하나 자기도 부인하였고 증인 오동진도 그 사람이 한 것이 아니라고 함에도 불구하고 일개의 귀순자인 김병룡의 증언을 강빙하는 것이 잘못이다. 더욱 김의 말에 3월 18일에 압록강을 독목주로 건넜다고 하니 지금도[68] 보는 것과 같이 얼름

위로 배가 건너올 수 없는 것이다. 이것을 보아도 무책임한 증인의 말인 것을 알 수 있다."

오전 중에 변론이 불온당하다고 재판장의 직권으로 중지시킨 이인 변호사에게, 휴정 중에 이인 변호사의 의견을 청취하고 김병로 변호사의 변론이 끝난 뒤, 이인 변호사에게 변론의 재개를 허용했다. 이인 변호사는 다음과 같은 취지로, 개별 피고에 대한 변론을 펼쳤다.

고려혁명당의 십여 명을 단죄하는 데 유일한 증거인 강령 선언의 내용이 치유법을 적용하기 불충분하다. 당칙에는 정식 당원이 되기 위한 절차로, 일단 후보로 6개월을 지낼 것을 요한다. 그때에는 당원의 권리가 없는 것이다. 개인으로 들어가서 이동구가 서울온 때에 장지필은 시골에 머물고 있었기에 양인은 만남의 기회 자체가 없었다. (장지필의) 인격으로 보더라도 (이러한 공술은) 충분히 존중되어야 할 것이다. 홍병기 같은 육십노인이 무엇을 요할 것이냐? 요컨대 오직 조선인으로서의 생존권을 요(청)하는 것이다.

이렇게 파행을 거듭한 이인 변호사의 변론이 끝나자 시간이 오후 6시에 이르렀다. 결국 오후 내내 이인-김병로-이인의 변론이 이어진 셈이었다.

변호사들은 ① 사실관계 자체에 대해 도전했고, ② 사실관계가 인정되는 경우(2인)에는 고려혁명당이 "인류애를 표방하는 종교적 색채"로 보아서나 "평화사회 건설, 공존공영을 표방"한 것이어서, 치안유지법을 적용함은 부당하다는 것이었다. 사실의 면에서나 법적용의 면에서 모두 무죄가 당연하다는 무죄변론을 펼쳤던 것이다.

김병로, 이인 등 변호사들의 법정투쟁의 의미를 정리해보자.

---

68 3월 18일이니 대략 3월 중순경이라고 하면 될 것.

일제의 지배하에서 독립운동은 대체로 비밀리에 전개하며, 특히 혁명운동은 더욱 그러하다. 일제의 촉수에 걸려 체포되고 수사받게 되면 그제야 식민지 조선의 일반대중이 알 수 있는 계기가 생긴다. 처음 검거·체포사실이 언론에 보도되면서 대중은 주목하게 된다. 예심결과가 나오면 비교적 상세하게 그 내역이 알려진다. 그러나 아직 독립운동가들의 목소리는 감옥에 갇혀서 차단된다. 그리고 드디어 공판이 개정된다. 공판은 일단 '공개'하에 진행되고, 방청인들이 법정에 몰려든다. 주요한 사건에서 가끔 비공개재판을 하지만, 언제나 그럴 수 있는 것은 아니다. 재판의 공개화는 재판의 정당화의 한 필수요소로 종종 여겨지기 때문이다.

공판과정에서 독립운동가들은 자기 목소리를 가질 수 있다. 실질적인 규문주의적 심리절차에서 재판장이 수사 및 예심결과를 토대로 심문을 하며, 피고인(독립운동가)들은 수동적으로 예/아니오 등의 답변을 하도록 구조화된다. 그러나 그에 대한 저항이 왕왕 일어난다. 공판정에서의 질문과 답변의 다이나믹한 전개는 그 자체 여론의 폭발적 관심을 불러일으킬 소지를 안고 있다. 모든 사안들이 쟁점화의 가능성을 안고 있다.

고려혁명당사건의 피고인들은 '공판의 쟁점화'에 가장 성공한 사례의 하나에 속한다. 인정신문부터 아무도 수동적으로 임하지 않았다. 피고인들은 매 공판마다 소송진행에 일대 파란을 불러일으켰다. 성명을 제대로 불러라, 재판장이 경어를 쓰라, 자신의 직업은 독립운동가 라는 진술은 이미 온갖 고초를 치른 피고인들이 쉽게 할 수 있는 말이 아니었을 것이다. 충분한 진술의 기회를 주지 않으면 아예 진술을 거부하겠다는 고리를 걸어, 그들의 공술이 반드시 필요했던 재판부를 당혹스럽게 했다.

공판의 쟁점화가 이루어지면, 언론의 보도가 더욱 활성화되었다. 우선 언론의 보도량이 폭발적으로 늘었다. 조선, 동아, 중외일보 등에서 고려혁명당 사건에 관한 보도량은 (쟁점화에 그리 성공하지 못한 다른 사건에 비하여) 이례적인 수준에 속한다. 언론은 법정의 보도를 통해 독립운동의 전개를 알릴 수 있게 되었고, 독립운동가들의 기개를 호흡할 수 있도록 해주었다. 또한 보도의 방식도 피고인들의 독특한 주장들을 거의 중개방송 하듯 인용하기도 했다. 다른 한편으로 언론의 보도는 매우 정서적이고 공감적으로 접근했다. 단어와 비유의 선택도 그러했다. 물론 언론은 일제당국에 의해 심하게 통제되었고, 일제하 보도금지의 단어들도 있었다. 그러나 "조선 ○○"라고 했을 때 "○○"가 무엇인지 모를 독자는 없었을 것이며,[69] "중략" "삭제"된 부분에 대해 추측하는 과정을 통해 독자들을 더욱 사로잡을 수 있었을 것이다.

독립운동사에서 재판은 매우 큰 비중을 차지한다. 첫째, 재판이 없으면 독립운동가들에 대한 수많은 기록들이 만들어질 수 없다. 독립운동을 연구하기 위해서는 ① 재판자료, ② 언론보도, ③ 관련자의 회고, ④ 원래의 활동기록 등이 있을 텐데, 그중에서 ④는 매우 위험한 일이었다. 이 사건에서도 조직기록을 갖고 있다가 일망타진되었던 것을 생각해보면 기록화는 가능한 꺼리는 일이었다. ③은 매우 임의적이고 소략하다. 예컨대 일제하에서 죽어간 이동구, 김봉국 등은 자신의 회고를 남길 수 없었다. ②는 지하활동, 해외활동에 대해서 접근할 수 없다. 따라서 ②는 관련자의 형사사건화, 특히 재판과정에 매우 의존한다. 결국 ①의 자료는 양적으로 가장 풍부하고, 육하원칙에 입각한 매우 구체적인 기록들이다. 물론 일제의 고문과 조작에 의해 왜곡된 부분이 적지 않지만, 그래도 가장 풍부한 자료원임은 말할 것도 없다. 수많은 독립운동사자료집의 상당부분이 재판자료로 채워지고 있음을 봐도 그 중요성을 알 수 있다. 그러면 '수사', '예심', '재판'의 진행단계에서, 독립운동가들의 육성과 저항을 이해할 수 있는 가장 좋은 계기가 재판과정이다.

재판투쟁의 효율화는 언론을 통해 대중에게 독립운동을 '확산화'시키는

69 혁명, 독립, 해방 등의 단어는 ○○처리되어 보도되었다.

데 결정적 역할을 한다. 언론도 피고인들의 효과적인 재판투쟁이 없이는 쓸 재료를 얻을 수 없다. 피고인들과 재판부 사이에 호칭 문제, 경어사용 문제, 진술거부 문제, 수갑착용 문제, 활동성격에 대한 논쟁, 알리바이 입증 문제, 증인신청 수용 문제 등의 쟁점이 끊임없이 제기된 사건이라면 기자 앞에는 엄청난 소재가 저절로 보이는 것이다. 독립운동가들의 지하투쟁은, 그들이 피고인이 되어 법정에서 쟁점화시키고, 언론이 이 쟁점을 대중에게 전달함으로써 식민지 민중에게 공감과 분노와 안타까움과 결의로 이어지는 '확산효과'를 불러일으킨 점이다. 따라서 '재판투쟁'은 독립운동의 주요한 한 장이자 방법으로써 새로이 음미되어야 할 필요가 있다. 고려혁명당사건의 재판투쟁은 그 가장 집약적인 예라고 할 수 있는 것이다. 그러한 재판투쟁은 용기있는 피고인과 열렬한 변호인의 합작품이었다고 할 수 있다.

제9장

변호사 징계처분

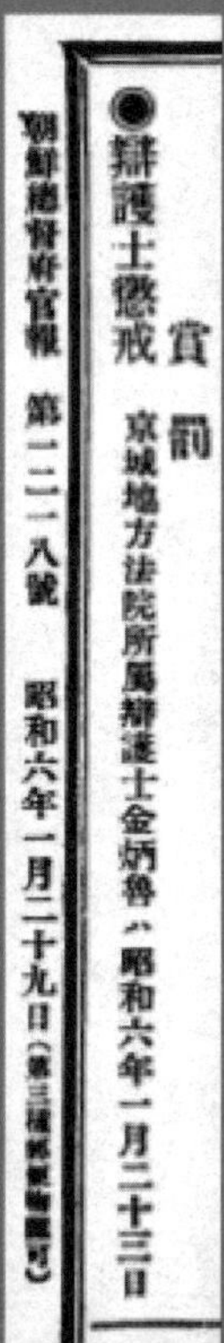
賞罰
◉辯護士懲戒 京城地方法院所屬辯護士金炳魯ハ昭和六年一月二十三日
朝鮮總督府官報 第一二一八號 昭和六年一月二十九日（第三種郵便物認可）

김병로의 변호사징계 사실이 실린 조선총독부 관보
(조선총독부 관보 제1218호, 1931. 1. 29.)

제9장

변호사 징계처분

항일변호사들의 수난은 1929년 말부터 시작된다. 항일변론의 수장격이던 허헌 변호사가 민중대회사건으로 투옥되고, 유죄판결을 받음으로서 변호사등록이 취소된다. 이인 변호사는 수원고농사건에서 한 법정변론이 불온시되어 정직 6개월의 징계가 확정되어, 1930년 5월 5일부터 1930년 11월 5일까지 변호사활동을 할 수 없게 되었다. 김병로 변호사의 경우, 민사변론에서 자신의 의뢰인이 위조위임장을 작성, 사용하는데 이를 방조했다는 혐의를 씌워 변호사정직 6개월에 처해져서, 1931년 1월부터 7월까지 변호사활동이 불가능해졌다. 이 시기는 시국사건, 사상사건이 가장 폭주했던 시기인데, 사상변호사의 할 일이 넘쳐났다. 하지만 그 필요성만큼이나, 일제는 항일변호사의 활약을 봉쇄하고자 했던 것이다.

일제가 활용한 무기의 하나가 변호사징계처분이었다. "변호사의 품위 및 신용을 유지해야 한다"는 변호사윤리에 관한 규정을 위배했다고 하여 각종 징계권을 발동한 것이다. 변호사의 징계처분권은 조선총독에게 일임되어 있었던 만큼 사소한 꼬투리라도 잡으면 곧바로 징계하는 데 어려움이 없었다. 징계절차에서 적법절차 같은 것은 전혀 없었다. 시국사건수가 가장 폭주했던 1930년의 기간동안 허헌은 구속으로 사건수임이 불가능했으며, 이인과 김병로는 각각 6개월간의 정직을 받았다.

	주요활동	징계사유	징계내용
허헌	신간회 중앙집행위원장	민중대회 관련으로 징역 1년6월(보안법 위반)	1931. 4. 25. 변호사등록취소
김태영	원산총파업 위원장대리	토지사기관련 공범으로 피소되어 징역 1년(수회, 독직죄)	1931. 5. 9. 변호사등록취소
이인	경성조선인변호사회 간부	수원고농사건에서 법정변론이 불온하다는 이유	1930. 5. 5. 정직 6월에 처함
김병로	신간회 간부(회계, 중앙집행위원장)	민사소송사건에서 피고 측(82인) 중의 일부가 타인의 위임장을 위조, 행사한 점을 방조했다는 혐의	1931. 1. 23. 정직 6월에 처함

김병로의 징계의 사유와 그 배후의 동기를 검토해보기로 한다.

1930년을 전후한 시점에 김병로의 변호사로서의 명운은 임계치에 있었다. 변호사로서 맹활약하면서 사상사건의 전면에 언제나 뛰어들었고, 신간회의 활동 그중에서도 조사활동을 통해 총독부와 직접 대결했다. 민중대회사건에서 그도 체포되었다가 다음날 풀려난 것이 다행이라면 다행이었다. 1930년 4월경에는 신간회 비밀결사사건의 혐의로 가택을 수색당했다. 총독부 전체 차원에서 신간회 총검거를 계획하기도 했다.[1] 이 같은 거듭된 위험 속에서도 그는 감옥행을 면했다. 김병로의 회고를 보면,

근자에 신문, 잡지 기자들이 나에게 옥중투쟁의 경력을 묻는 이가 있었으나, 나는 옥중에 있는 사람을 위하여 투쟁한 일은 있었으나, 나 자신은 옥중생활의 체험은 없다는 것을 말하였기 때문이다. 그리하여 내가 생각하기로는 옥중생활도 역시 기수氣數인가 하는 의문이 없지 아니하여 … 나의 과거를 스스로 회상하여 볼 때, 미미하게나마 나는 마땅히 행할 길을 걸었을 뿐이고, 나에게 닥쳐올 고난에는 그다지 관심이 없었으나 결과적으로 보아서 큰 고난에 봉착되지 아니하였다는 것은 우연한 것인지 본연적 기수인지 알려고도 하지 아니하였다."[2]고 술회하고 있다.

---

1 김병로, 수상단편 304~310면에는 김병로를 투옥시키려는 일제의 여러 음모들을 소개하고 있다.
2 김병로, 수상단편, 1959; 김진배, 가인 김병로, 304~310면.

즉 감옥은 그의 근처에서 배회했으나, 그를 감옥에 데리고 가게 하지는 못했다는 것이다. 그러나 그를 박해하려는 당국의 기도는 멈추지 않았다.

그중 하나가 위의 징계처분의 사유가 된 의뢰인 위임장의 위조 및 동행사의 혐의였다. 그런데 이 사건에 대해서는 김병로 자신도 특별한 언급을 하지 않고 있으며, 다른 글에서도 그런 언급이 없다.[3] 총독부관보에 나온 징계이유를 인용해보자.

변호사 징계[4]

경성부 서대문정 1정목 153번지

경성지방법원소속 변호사 김병로

위 사람은 경성조선인변호사회 회원으로서 변호사사무에 종사중 1929년 8월 조응환, 한인교 등의 알선에 의해 경성지방법원 1929년 民제2850호 원고 장학순, 피고 조응환 외 81명 사이의 보수금청구 민사소송사건에서 피고 측의 소송대리인으로 일하던 중 피고중 김응준, 김기봉, 김홍준, 백호종의 4명은 김병로에 대하여 소송대리를 위임하지 않음으로 김병로는 수차 조응환 등에 대하여 우 김응준 등에 있어서 다른 피고와 마찬가지로 자기에게 소송대리를 위임하면 동인 등을 위한 이익이라는 취지로 말하고, 1930년 2월 18일 경성부 황금정 1정목 70번지의 동 변호사사무소에서 역시 마찬가지로 권유한 바 있고, 조응환, 한인교는 전기 4명의 인장을 멋대로 제작함으로써 위임장을 작성할 것을 착상하고 동일 같은 동소에서 김병로에 대하여 그 형사상의 책임 여하를 질문한 즉, 김병로는 위임장위조로는 될 수 없고 오로지 김응준 등의 이익을 위해 하는 것인 까닭에 처벌될 우려는 없다는 취지로 답하여 암암리에 그 결행을 종용하는 바 있

---

3 김병로, 수상단편에서 그에 대한 언급이 전혀 없고, 김병로가 쓴 어떤 글에서도 그에 대한 언급이 없다. 김진배의 전기의 연표에서는 "1934년 변호사 자격정지"란 언급만 있다. 김학준의 전기에서는 "막상 공판(민중대회)이 시작되었을 때는 가인은 정직 상태에 있어서 변론에 나설 수 없었다"는 언급만 있고, 정직의 사유에 대한 언급이 없다(김학준, 217, 486면).

4 조선총독부 관보 제1218호, 1931. 1. 29.

던 까닭에, 조응환, 한인교 등은 공모하여 전기 김응준 등 4명의 위임장위조를 결의하는 정을 알지 못하는 인각사 김정표로 하여금 김응준 외 3인의 인장을 조각시켜 익 2월 19일 그 위조인과를 김병로사무소에 휴대하여 즉시 동소에서 김병로의 사무원 백원신으로 하여금 그 인장을 사용하여 김응준 등 4명 및 기타 1명 연서 명의의 김병로에 대하여 전기 민사소송사건의 위임장을 작성하게 하여 그것을 백원신에게 교부함에 이른 것으로 하여 김병로는 앞서와 같이 조응환 등의 결의를 확고히 하여 동인 등의 범행을 방조하고 또 그 위조위임장인 정을 알지 못한 사무원 백원신으로 하여금 그것을 경성지방법원에 제출행사하도록 한 것이 되어 전기 민사소송사건은 1930년 3월 12일 피고전원 패소의 제1심판결선고 있었고, 김응준 등은 그것을 알지 못하여 물론 항소의 신립도 하지 못하여 김병로도 역시 하등의 조치도 강구하지 않아 당해 판결은 김응준 등에 대해 그 확정됨으로써 원고 장학순은 1930년 5월 9일 김응준 소유의 동산 및 부동산에 대하여 강제집행을 함에 이르러 김응준은 동년 6월 조응환등에 대하여 문서위조, 행사, 사기의 고소를 함과 동시에 경성지방법원에 재심의 소를 제기했지만, 그 후 동년11월 김병로는 장학순에 대하여 금2천원을 제공하여 김응준에 대한 차압을 해제하게 하고 또 김응준은 전기 고소 및 재심을 취하한다.

위 사실에 붙여 경성지방법원검사국에서 수사의 결과 김병로는 전기 범죄의 혐의 있는 것으로 인정되어 소화 5년(1930년) 11월 29일 기소유예의 처분에 부附되었던 것이다.

이상의 소위는 변호사로서 그 품위 및 신용을 실추시킨 것 심한 것으로 되어 경성조선인변호사회 회칙 제45조, "회원 및 객원은 변호사로서의 품위 및 신용을 유지해야 한다는 규정에 위반하고, 변호사규칙 제26조 및 제27조의 규정에 의하여 정직 6월에 처함.

이 징계사유에 나온 것을 봐도, 김병로가 변호사로서 어떤 이권을 얻기 위해 위임장위조를 주도했다고 되어 있지는 않다. 82명이나 되는 소송의뢰인 중 일부(4명)가 위임장을 제출하지 않았을 때, 변호사로서 사건의뢰를 주도하는 인사에게 위임장을 온전히 갖추도록 권고하는 것은 당연하며, 위임장을 주도자들이 만들어서 내도 좋으냐고 물을 때 곤란하다고 답함이 정석이겠지만, 추정적 동의를 예상하여 당사자의 이익을 위한 것이니 별 문제 없지 않겠느냐고 답할 수 있을 법하다. 적어도 김병로가 위임장작성에서 위조/행사를 공모했거나 사주했던 점은 분명히 아닌 것이고, 굳이 따지자면 약간의 불찰이 없지 않았다고 볼 것이다.

둘째, 그는 사건의 의뢰인이 아닌 자들이 패소하여 강제집행 등의 불이익을 받을 때, 차압을 막기 위하여 자신의 비용을 제공하면서 고소 및 재심을 취하하도록 했다. 그것도 2천원이란 적지 않은 돈으로 강제집행을 막도록 한 것이다. 자신이 피고소인이 된 것도 아닌데도, 피고들이 부담할 몫까지 변호사인 그가 부담한 셈이다. 그 점에서 금전 문제에게 아주 깨끗하다는 그의 정평이 틀리지 않음이 확인된다. 따라서 전-후 처리를 종합하면, 그가 변호사의 품위 및 신용을 훼손했다는 징계사유는 지나친 처사가 아닐 수 없다. 그러나 징계 여부는 오직 총독의 소관이므로, 이 사안에서 김병로가 위임장위조를 '방조'한 정도로 곧바로 6개월 정직이라는 강력한 징계처분을 내린 것이다. 이를 감수하는 길 이외의 다른 방도는 없었던 것이 식민지 체제의 한 비극일 것이다. 전체과정을 보면 김병로를 대상으로 한 표적사정의 혐의를 지울 수 없다.

김병로가 우려한 것 중의 하나는 이 사건으로 인해 신간회에 누를 끼치지 않을까 하는 것이었다. 그래서 그는 정직처분이 내려지자, 곧 신간회 중앙집행위원장직을 사표를 제출했다.[5] 그에 대해 신간회 중앙집행위원회에서는 사표를 반려했다.

그 정직기간 동안 그는 휴식한 게 아니라, 오히려 한참 더 바빴다. 민중

5 동아일보 1931. 1. 30.자 "위원장사직이유는 변호사정권停權으로, 신간회에 루가 미칠까봐, 신간회중앙의장 김병로씨".

대회사건의 재판이 1931년 4월로 다가오자 뒤에서 적극 도왔다. 특히 1931년 5월에는 신간회 해소를 쟁점으로 건 신간회 전체대회가 열렸다. 그는 신간회 해소를 반대하는 토론을 전심전력으로 주창했으나, 그의 의지와 달리 신간회는 해소의 결의로 그 종막을 고하고 말았다.

1931년 7월 23일 변호사 정직처분이 풀리면서, 그는 또한 쉼 없이 사건에 뛰어들었다. 제3차 간도공산당사건 관련자들을 변론한다. 정직은 잠시 그의 법정변호사 역할을 멈추게 할 수는 있어도, 그의 법률가적·사회적 역할을 멈추게 할 수는 없었음이 명백하다.

제10장

사회적 평판과 자기인식

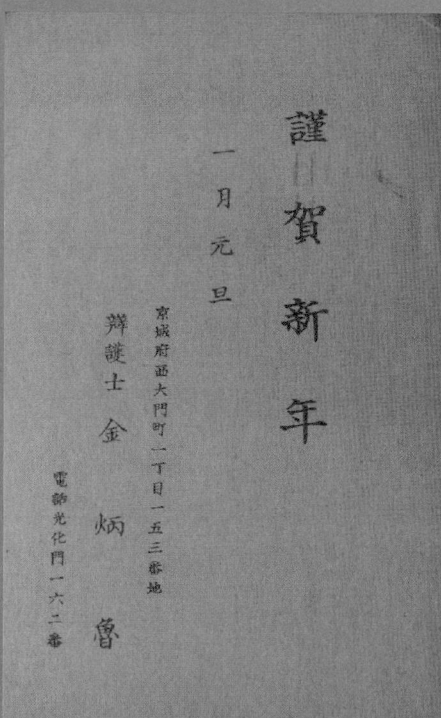
謹賀新年

一月元旦

京城府西大門町一丁目一五三番地

辯護士 金炳魯

電話光化門一六二番

김병로가 지인에게 보낸 신년인사장

제10장

사회적 평판과 자기인식

1930년을 전후하여 김병로는 법조계, 사회운동계는 물론 조선 천지에 널리 알려진 인물이 되었다. 그를 둘러싼 사회적 세평이 여러 방식으로 나왔다. 변호사 정직을 전후하여 그는 스스로의 활동을 자기점검하는 기회를 가졌고, 정직 이후에 그러한 점검이 말과 글로 나왔다. 형사피고인들, 즉 항일운동가들과는 법정에서, 감옥에서, 서간을 통해 이어졌고, 출옥 이후에는 그들을 돌보기도 했다. 물론 생사를 넘어 항일운동의 대의를 추구해온 독립운동가들과 일제가 준 변호사자격으로 활동하는 변호사의 관계가 늘 우호적인 동지관계가 된다는 보장은 없었다. 그러기에 변호사 김병로, 사회운동가 김병로, 지식명망가 김병로가 사회속에서 어떻게 자리매김되었고, 자리매김하려고 분투했는가는 다차원으로 접근되어질 필요가 있겠다. 여기서는 바로 사회 속의 김병로에 대하여 여러 평가 내지 자리매김에 대하여 자료를 통해 살펴보고자 한다.

1. '가인'이란 호

김병로에게는 '가인'이란 호가 붙어다닌다. 안창호에게 '도산'이, 김구에게서 '백범'이 붙어다니는 것과 같이. 본명은 부모가 지어주는 것이지만, 호는 스스로 작명하는 것이기에 자기인식을 이해할 수 있는 최상의 단서가 된다. 가인街人이란 거리의 사람이란 뜻인데, 달리 말해 집없는 사람이고, 속되게 말해 걸인이란 것이다. 왜 그는 그런 호를 택했을까? 그 호를 쓴 지 몇 십 년이 지나 그는 〈가인의 변〉을 통해 아호의 내력을 적고 있다.[1]

내 나이 20 전 글을 읽고 공부할 무렵엔 별호를 소석小石이라 하였었다. 옛글에 남자란 담은 크되 마음은 작게 하여 몸을 귀히 하라는 데에서였다. 더구나 나 자신 체구도 크지 못한 데서 소심, 신소하되 적어도 돌과 같이 강해야만 하리라는 생각에서 돌 石자를 택하여 小石이라 한 것이었다. 그 후 나라가 일본과 합병이 되고 쪼달리는 사회에서 세월을 보내게 되어 항상 절망적인 국가민족의 장래와 현실을 누구보다도 뼈저리게 느껴왔다. 이미 잃어버린 땅과 좀먹어가고 있는 경제를 회복시켜 나라를 찾고 독립을 얻기 전에는 어느 한 곳 거처할 곳이 없이 거리를 방황하는 거지와 같은 사람이 된 셈이었다. 이러한 생각이 오랫동안 머리 속에 감돌아 가셔지지 않았다. 여기에서 나는 독립을 희구하는 마음과, 현실을 개탄하는 뜻에서 가인街人이라고 별호를 고쳐버렸다. 街人이 街人으로 행세하여 어느덧 40여 년이라는 세월이 흘렀고 …

이 아호풀이를 쓴 게 1957년이니까, "40여 년" 전이라면 1910년대에 가인의 호를 택한 셈이다. 나라는 절망적이고, 개인적으로도 쪼들리는 상태에서, 나라 없는 백성은 집 없이 거리를 방황하는 거지와 같은 신세다. 그 가인의 호 속에는 절망의 현실과 함께 독립을 희구하는 진정이 스며있다. 그러면 독립 이후엔 왜 그 호를 버리지 않았던가. 가인의 변은 이어진다.

나라를 찾아 독립도 얻었다. 그러나 나는 아직도 나의 가인街人을 버리지 못하고 있다. 땅이 두 동강이가 난 채 그리고 독립된 나라의 경제는 여위어가는 것 같아 나는 끝내 가인街人을 버리지 못하고 죽어 갈 것만 같다. 그러나 설혹 남북

---

1 동아일보 1957. 4. 14.자. "가인의 변".

이 통일되고 국가가 부富한 다음에도 내가 가인街人을 버리지 않으리라. 그것은 인간이란 결국 우주 간에 방황하는 하나의 작은 유의한 물건일 뿐이라는 데서일 것이다.

독립이 되었다고 해도 분단의 현실, 결핍의 경제로 인해 아직도 집이 아닌 거리에서 방황할 수밖에 없는 심경을 가인의 호에 담고 있는 것이다.

현재 가인 김병로 선생의 묘소는 수유리에서 북한산으로 올라가는 산길에 바로 붙어있다. 묘소 치고는 이례적이다. 혹자는 살아서도 가인이요, 죽어서도 가인이란 우스개 아닌 우스개를 한다. 가인이란 호 속에는 이렇듯 민족독립과 경제회복에의 비원悲願이 깔려 있는 것이다.

2. 변호사의 사명은 '민중의 권익옹호'

왜 김병로는 변호사가 되고자 했던가. 앞서 몇몇 부분에서 언급했지만, 김병로 자신의 변호사 인식을 정확히 정리할 필요가 있겠다. 김병로는 1959년 자신의 생애를 자술한 〈수상단편〉에서 이를 요약하고 있다.

원래, 내가 변호사자격을 얻기에 유의하였다는 것은 생활 직업에 치중한 것도 아니요, 재산을 축적한다는 생각은 추호도 없었으며, 다만 일정의 박해를 받아 비참한 질곡에 신음하는 동포를 위하여 도움이 될 수 있는 행동을 하려 함에 있었다. 변호사라는 직무가 그다지 큰 것도 아니지만, 그 당시의 현실에 있어서 첫째, 가장 우리에게 잔혹하던 경찰도 변호사라면 용이하게 폭행이나 구금을 하기 어려웠다는 것, 둘째로 그 수입으로써 사회운동의 자금에 충당할 수 있는 것, 셋째로 공개법정을 통하여 정치투쟁을 전개할 수 있는 것 등이 약자인 우리에게는 한 무기가 될 수 있다는 것이었다. 뿐만 아니라, 나는 생각하기를 변호사라는 직무가 자기의 생활 직업으로만 하지 아니한다면 인권옹호와 사회정의에 실로 위대한 사업이 될 수 있다고 믿었던 것이다. 그리하여, 나는 곧 동지를 규합하여 집단활동을 추진한 바도 있고, 비밀계획을 시도한 바도 있어 미력이나마 해방 직전까지 30년이란 기간을 끊임없이 시련한 바 있었다.[2]

이 입장은, 그가 변호사가 되려고 한 원초적 동기이겠지만, 일제시대 내내 항일변론과 인권옹호, 사회정의를 위한 옹호자로서의 삶으로 일관함으로써, 그 초심을 지켜냈다. 변호사의 자격은 그러한 활동을 수행하기 위한 열쇠였다.

첫째, 그는 변호사의 상대적 특권적 지위를 지적한다. 일제하에서 변호사는 그 수가 매우 적었고, 적어도 공인된 특권적 지위를 향유한다고 볼 수 있다. 그러나 그 지위를 개인적 영달이 아니라, 사건의 피고인 나아가 약자인 조선민중을 위해 그 특권을 활용했다는 점이 두드러진다. 가령 갑산화전민사건, 광주학생항쟁의 실지조사에서, 다른 사회운동가나 언론인들이 뚫을 수 없었던 현지조사 및 당국자 면담을 하고, 여론화시키며, 나아가 총독부 당국에까지 항의할 수 있었던 것은 변호사로서의 지위를 최대한 활용한 한 예일 것이다.

둘째, 변호사로서 일정한 수입이 있었다. 그 수입은 아마도 민사사건을 맡아 처리하고 받은 보수일 것이다. 변호사가 극히 드문 일제하에서 변호사의 법적 조력은 의뢰인에게 유리한 결과를 얻는 데 도움이 되었고, 그로 인한 수입을 얻을 수 있었다. 그러나 그는 그 수입을 개인적 치부를 위해 축적하지 않았다. 형사사건, 특히 항일운동에 관여한 피고를 위해서는 무료변론을 했고, 피고의 가족이나 출옥인사들을 위해 많은 돈을 썼다. 무료변론을 제대로 하기 위해, 형사공동연구회 등을 조직하여 변론활동에 소

---

2 김진배, 앞의 책, 265면(경향신문 1959. 3. 20. ~ 5. 30.자에 연재된 내용 중 일부).

요되는 경비를 모아서 운용할 정도로 투철한 자세를 보였다.

또한 그들이 관여하는 사회운동을 위해서 그들은 아낌없이 돈을 썼다. 신간회활동에는 허헌, 김병로 등의 변호사들이 실제적 비용을 부담하였다. 이인의 경우 조선어학회, 물산장려회 등의 활동에 열중함은 물론 그 후원자금을 댔다. 그들은 피고인의 가족이 겪는 경제적 어려움도 도외시하지 않았으며, 출옥인사들의 정착을 위해서도 많은 돈을 썼다.

공개법정을 통한 법률투쟁은 피고인 자신을 위한 것이기도 했지만, 항일 독립투쟁의 일환이었다. 그들이 택한 독립운동의 일차적 방법은 법정투쟁이었던 것이다. 법정은 종종 독립운동의 사건을 처음으로 대중에게 알리고, 그 대의를 옹호하는 공적 공간이었다. 물론 수많은 사건들이 밀실재판으로 차단되었지만, 김병로 등은 변론투쟁을 통해 사건의 내용과 의미를 일제와 다른 방식으로 규정하고, 그것을 가능한 대중에게 널리 알리고자 한 것이다. 피고인의 경우에도 공판정은 매우 소중했다. 그들의 운동은 대개 지하나 해외에서 이루어졌으므로 대중과의 접촉점을 갖기 어려웠다. 수사와 예심은 밀실에서, 고문과 혹형을 받으며 치러졌다. 공판정에서 그들의 존재를 드러내고 목소리를 낼 기회가 주어지나, 공판의 진행방식에 익숙치 못하다. 변호사들의 전문적 식견과 법정투쟁의 기법에 의해 그들의 주장과 대의가 증폭되어 전달될 수 있는 것이다. 그 점에서 항일 변호사들이 그들의 법정변론을 "합법을 이용한 독립운동"으로 자기규정할 만큼, 그들은 새로운 항일운동방식을 개척했다.

김병로는 변호사의 사명과 자신의 변론활동을 어떻게 자평했을까. 회고록에는 여러 차원이 나온다. 하지만 활동에 너무도 바빴던 당시에는, 이를 말할 여유도 기회도 없었던 것 같다. 그러나 김병로는 1932년에 변호사의 직책에 대해 한편의 정리를 하고 있다. 1931년 변호사정직을 당한 직후에 쓴 글이어서 나름대로의 성찰을 통하여 변호사의 사명을 정리한 것으로 보여진다. 한마디로 변호사는 "민중의 권익옹호"에 헌신해야 한다는 것이다.

변호사의 직책은 무엇입니까? 형사소송에 있어서는 변호인이란 기관이 되어 피고인의 권익을 옹호하기 위하야 방어의 방법과 판단의 재료를 제창하여 재판의 적정을 기하기에 주력합니다. 현행 형사소송에는 피고인을 당사자로 인하여 공술을 자유롭게 하야 방어의 권리를 부여하였고 검사도 법률의 정당한 적용을 청구하는 것이오, 재판소는 진실을 발견하여 적정한 재판을 기하고저 하는 것이나, 피고인은 법률상 지식과 소송상 경험이 있는 이가 적을 뿐 아니라 피고인의 지위에 있어서는 심경의 고난을 받는 영향으로 지력활동이 충분치 못하여 도저히 그 대수對手되는 검사와 대항하기 불능하고 검사는 피고인에게 대하여 범죄의 혐의를 인認하고 공소를 제기하였으므로 그 착안이 피고인에게 불리한 데로 향할 우려가 있는 것이오. 재판소는 다수의 사건을 심리함에 있어서 전專히 한 사건에 전력을 경주하기 불능한 소이로 변호인이란 특별기관을 설하여 피고인의 권익옹호에 전임케 할 필요를 감感하게 된 것입니다. … 사실에 있어서는 변호인에 대한 보수관계로 변호인을 선임치 못하고 공판을 종결하는 사건이 얼마나 많습니까! 재판소로서 변호인을 선임한 경우에도 기록이 방대하고 사실이 복잡한 사건에 있어서는 비용의 방도가 없어서 변호인의 책임을 다할 수 없는 사건이 많습니다. 그러므로 피고인의 권익을 옹호하기 위하여 변호인제도를 설한 법의 효능도 많이 유명무실에 돌아가고 맙니다. 변호인제도에 관한 법의 효능을 철저히 실현케 하려면 형사소송에 있어서는 중죄 경죄를 물론하고 재판소로서 변호인을 선임하여 변호인에게 대한 수수료 기타 비용을 지급하고 이것을 공소비용에 포함케 하여야 할 것이라고 생각합니다. 이것은 법의 개정문제이므로 한 이상에 불과합니다.[3]

이 글을 통해 김병로는 형사변호인의 사명을 깔끔하게 정리하고 있다. 피고인의 권익옹호를 위해 앞장서야 한다는 것. 그리고 당시엔 기대난망

3 김병로, "민중의 권익옹호," 신동아, 1932. 4, 16~17면.

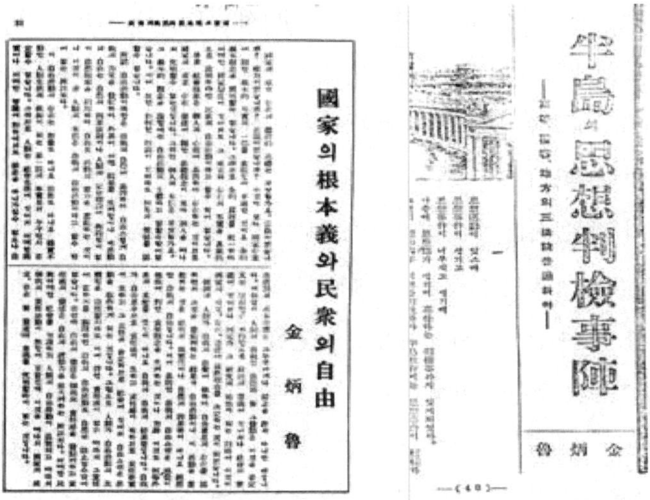

國家의根本義와民衆의自由

金炳魯

半島의思想判檢事陣

金炳魯

국가의 근본의와 민중의 자유(1931), 반도의 사상판검사진(1935)

이었지만, 법개정을 통하여 형사소송에서 필요적 변론주의를 실현해야 한다는 것을 피력하고 있다. 오늘의 국선(전담)변호인, 공익변호인과 같은 제도일텐데, 그러한 제도의 구현을 주창하고 있는 것이다.

또한 김병로는 일제강점기에 국가의 근본적 존재의의에 대해 고민한 글을 남겼다. 국가의 성립존재의 총체적 기초는 "민중의 자유활동"을 보장하는 데 있다는 것이다. 개개인의 자유의 발달은 책임감의 발달과 함께하는 것이다. 개인의 자유와 책임의 발전과 국가의 발달을 한가지로 보되, 개인의 자유를 강조함은 매우 법률가다운 논리로 이해될 수 있겠다.

국가의 성립 존재의 총괄적 기초는 무엇일가요. 종교이겟습니까? 권력이겟습니까? 정의이겟습니까? 이것이 모다 국가존립에 관한 근본적 사실의 일부를 표징함에 불과한 것이요 전적 근본관념을 천명할 수 없습니다. 그러므로 전적 진리全的 眞理를 통일하야 어떠한 국가제도에 잇어서도 그 성립과 존재의 사실을 구상적으로 설명하랴면 민중의 자유활동이라고 할 수밖에 없습니다.

무릇 사회현상은 개인의 심리에 기인하야 존재하는 것이므로 국가의 성립 존재 발달에 관한 기초관념이 모다 개인을 떠나서 구명할 수 없는 것입니다. 그러면 개인의 본질은 무엇일가요. 그 근본적 관념을 논함에는 자유활동의 주체라고 말할 수밖에 없습니다. 이에 반한 여하한 이론이 잇더라도 하등의 가치를 인認할 수 없습니다.

소위 자유활동이라 함은 자아의 자각에 기인하야 자유스럽게 자아의 역량을 발휘하야 외계에 어떤 결과를 생케 함이니 이 활동의 자유는 자연의 인과법칙이나 인류의 정명이론에 구애됨이 없이 자연현상을 이용하야 자유로 활동의 의력意力을 야기하는 것이니 이것이 곳 인류의 본질은 자아의 자유활동이라고 할 수밖에 없는 소이외다.

이 자유활동의 존재는 상상도 아니요 공상도 아니요 확실부동한 인류생활의 근원이 되는 제일단의 사실로서 누구던지 부정할수 없습니다. 그러므로 인류는 사회생활에 잇어서 어떠한 현실에나 어떠한 지식에 대하여서도 의념疑念을 아니 가질 수 없으나 자유활동의 기본사실은 그 누구에게나 의념을 허許치 아니한 배입니다. 이와 같이 인류의 자아인 자각과 및 그 발동은 이것을 부정 또는 회의함을 부득不得함으로 정치의 의의에 잇어서나 사회의 의의에 잇어서나 국가가 그 연구의 시점始點이 되는 동시에 이것이 국가의 성립, 존재, 발달에 최종이유를 결정하는 것이 되겟습니다.… 요컨대 자유의 발달은 개아個我의 책임감을 발동케 하고 책임감의 발달은 자유의 활동력을 강대케 하는 소이외다. 어떠한 민족 어떠한 사회를 물론하고 인류의 자유활동이 저상되고 따라서 개아個我의 책임감동이 무無함에 지至할진대 이것을 떠나서 국가의 성립, 존재 및 발달의 의의를 구명할 바이 없는 것입니다.[4]

1930년대 초의 이 두 글은 김병로의 변호사관, 국가관을 중간정리하는 듯한 느낌을 갖게 한다. 한 가지 뚜렷한 느낌으로 남는 것은, 동시대의 다

4 김병로, "국가의 근본의와 민중의 자유," 동광, 제29호, 1931. 12.

른 논설과 문투와 내용에서 매우 다르다는 것이다. 1930년대 초반에는 사회주의적 개념과 논법이 압도했다. 그런데 김병로의 글은 매우 고답적이고 자유주의적 논법을 구사하고 있는 것이다. 아마도 김병로가 법학적 지식체계를 익혔던 1910년대 초반에는 사회주의적 풍조가 유행하지 않았던 데다, 법학적 논변에서는 사회주의적 요소가 들어올 공간이 거의 없었던 것 같기도 하다. 현실세계 속에서 변호인으로서, 그는 사회주의, 공산주의, 무정부주의, 민족주의를 가리지 않고 그 운동가들과 인간적 연대와 민족적 유대를 강력히 추구했다. 그의 변론을 받은 피고인들은 실로 진폭이 넓다. 김시현, 이춘숙, 안창호, 여운형, 박헌영, 이재유, 이광수, 김윤경 등 다채로운 인사들에 대한 변론을 통해, 그는 좌-우를 가리지 않고 열린 민족주의자-민주주의자로서의 입지를 갖고 변론했던 것이다.

다른 한편으로 김병로는 변호사로서 확고한 직업의식을 갖고 있었다. 그의 일차적 귀속감은 사회운동가, 정치가, 혁명가가 아닌 '변호사'였던 것이다. 다음의 문답을 한번 살펴보자.

기자: 당신은 꿈을 꾸면 무슨 꿈을 만히 꿈닛가.

김: 나는 꿈이 별로 업지만은 꾼다면 직업이 변호사이닛가 항상 법정출입을 많이 하게 됩니다. 어떤 때에는 남의 변호를 하다가 형사사건 같은 때 무죄판결 받는 것을 보면 속이 시원하야 그 이튼날까지 기분이 퍽 좋습니다.[5]

과연 변호사다운 답변이다. 무슨 꿈을 꾸는가에 대한 질문에, 그는 무죄판결 받아내는 꿈을 말하고 있다. 당시 무죄판결은 참으로 기대난망이었던 시절이다. 사상사건이 아닌 일반사건에서, 무죄판결은 변호사의 전문지식과 함께 탁월한 방어기법을 적절히 구사함으로써 겨우 얻어질 수 있

---

5 일문일답기(4), 별건곤 제33호, 1930.10, 18면.

는 것이다. 살인사건에서 무죄판결이라면, 피고인의 생명을 죽음에서 건져내는 것이므로 그 보람은 매우 클 것이다. "꿈"에 대한 질문에서 "무죄판결"로 답하는 것을 보면 그는 또한 무엇보다 변호사로서의 자기위치를 늘 의식하고 있음을 알 수 있다.

잡지 〈별건곤〉의 기자가 "가장 통쾌하였던 일"이 무엇인가를 유명인사들에게 회고케 하거나 그 수기를 받아 특집을 만든 적이 있다. 그중에 다음 답변을 보자.

> 통쾌 말임닛가? 조선사람에게는 너나 할 것 업시 통쾌한 일이 별로 업섯슬 듯 함니다. 이리밀니고 저리 쫒기는 조선사람의 처지에 통쾌가 무슨 통쾌겟슴닛가? 아직것 통쾌를 늣긴 적이 별로 업고 압흐로 통쾌를 바라보고 잇슴니다.[6]

여러 가지로 의미심장하다. 식민지하의 조선인에게 무슨 통쾌한 일이 있겠느냐 하며 식민체제를 은근히 비판하고 있다. 마지막 부분에 "한가지 큰 통쾌"는 틀림없이 기미독립운동 때를 가리키는 것으로 생각되는데, 그건 "말해야 될 수가 없"는 일이다. 하지만 "그때야말로 정말 통쾌하였"음을 재강조하고 있다.

그런데 김병로의 답변은 다른 인사들의 답변과 무척 대조적이다. 나용환, 한용운 등과 같이 독립운동 관련사건을 에둘러 언급하는 것이 아니라, 자신의 노력으로 무죄판결을 받아낸 사건을 구체적으로 언급하고 있다.

사건내용은 가족 내의 부동산이전등기와 등기부(공정증서)에 허위사실을 기재케 하여 공문서를 위조한 혐의로 제1심 및 항소심에서 유죄판결을 받은 두 여인의 상고심 변론을 맡은 것이다. 부동산이전등기가 가족 사이에 이루어졌고, 내용상의 진실성을 갖고 있기에 그는 무죄가 된다고 확신

---

6 나용환, "갑기지년의 이대통쾌," 별건곤, 제8호, 1927. 8.

하였다. 그러나 당시의 재판관행상 제1심(판사, 검사), 항소심(판사, 검사)을 거친 유죄판결을 번복하기란 거의 불가능했다. 그의 소감을 들어본다.

> 우리 변호인으로서 법률상 견해의 취미로 보던지 혹은 당사자의 원한을 푸는 점으로 보든지 통쾌한 결과를 보는 일이 종종 잇다. (…) 2심에서도 재판장과 양 배석판사와 검사의 의견이 1심판결과 동일한 해석을 하야 1심과 같은 판결을 하엿다. 그러나 그 당시 변호인 된 나로는 일심 판·검사 2인과 2심 판·검사 4인 도합 6인의 법률해석이 부당함을 논쟁할 자신이 잇섯슴으로 즉시 상고를 제출하엿스니 (…) 그런데 고등법원[7]에서는 과연 나의 상고 이유를 시인하고 2심판결을 깨트리고 사실심리를 행한 결과 박차옥과 김진옥은 무죄가 되어 형사로는 청천백일을 다시 보게 되고 민사로도 승리하게 되니 당사자의 통쾌는 물론이고 나는 1·2심법관 6인과 호상 고집논전하여 최후 승리를 얻으니 매우 통쾌하엿다.[8]

제1심과 항소심의 유죄판결을 최고심에서 파기자판을 하여 무죄판결이 확정되었다. 이렇게 최후승리를 얻으니 매우 통쾌하였다는 것이다. 참으로 통쾌한 순간으로 무죄판결을 떠올릴 만큼 그는 무엇보다 변호사였던 것이다.

하지만 식민지 하의 변호사로서 통쾌한 일이란 예외적인 것일 테고, 실제로 수많은 애환과 통분 속에서 살았을 것이다. 그러한 기분을 당시에 언급할 방법도 별반 없었다. 예외적으로 주어진 지면을 활용하여, 그는 "법정에서 운 일"이란 제목 하에 자신의 경험을 집어넣고 있다. 민중대회 사건으로 잡혀갔다가 김병로는 구속을 면하고, 다른 간부들은 구속 송치되었다. 전원이 검사영장을 받아 서대문형무소에 투옥됨을 알고, 그는 법원 유치장 앞에서 기다리고 있다가 느낀 소감을 쓴 것이다.

---

7 일제하에 조선고등법원은 제3심이자 최종심이었다. 오늘날의 대법원에 해당하는 위치이다.

8 김병로, 가장 통쾌하엿든 일: 죄 벗은 두 여인, 별건곤 제8호, 1927. 8.

내가 변호사의 몸으로 법정에 나섯다가 눈물을 흘리여 본 적은 여러 번 있었다. 나 어린 학생의 몸으로 일에 뜻 두었다가 심판의 마당에 선 그 모양을 대할 때나 또는 어제까지 사회에서 우러러 보든 일대의 인격자가 법정에 나서서 일언일구를 토할 때라든지 그밖에도 실로 감感이 극하게 되는 때가 여러 번 있었다. 그러나 가장 최근의 인상으로는 연로하신 권동진權東鎭 씨가 형무소 가는 수차囚車를 탈 때에 그 광경을 바라보든 내 눈으로는 두 줄 눈물이 흘러나림을 금할 길이 업섯다.

그것은 바로 작년 섯달일이다. 민중대회 사건으로 허헌, 홍명희, 한용운, 주요한, 이관용 등 열 두 사람인가가 경기도 경찰부에 잡히여서 취조를 받고 아마 섯달 열흘날이든지 그날 아침에 경성지방법원 검사국으로 송치가 되었다. 그런 것을 검사가 취조하고 밤 9시경에야 서대문형무소로 보내게 되었던 것이다. 그 날은 일기日氣는 들었으나 연일하여 내린 눈이 땅 위에 척여尺餘를 쌓였는데 귀를 에일 듯이 추운 엄동 바람이 방안에 이불을 덥고 안즌 사람조차 떨리게 하든 때이라 혹은 기소유예나 되여 나오지 않을까 하여 다수한 친척들이 경찰부로부터 같이 따라와서 재판소 유치장 앞에서 보들보들 떨면서 종일 기다리고 있었었다. 그것이 아츰부터 밤 9점까지였은 즉 오즉하엿스랴.

희미한 전등불이 설풍雪風에 언 정동재판소 법정을 적막하게 비칠 때에 검사의 영장으로 여러 사람은 모다 형무소에 수감하기로 되어 감옥자동차를 타고 있었다. 여러 사람도 여러 사람이지만은 그중에 권동진 씨만은 칠순 나는 노령에 포승을 밧고 추워서 우둘우둘 떠르시면서 모여선 사람을 휘-휘- 돌려 보고는 차에 오르는 모양이 실로 무엇이라 말할 수 업섯다. 씨의 과거 한 평생을 생각하여도 그러할 일이지만은 이제 몸도 건강하지 못하고 나이도 젊으시지 못하는 터에 한번 가면 몇 달 몇 해가 걸릴는지도 모르는 이 걸음에 오르는 모양을 바라볼 때 무어라 말할 수 업는 빼근한 생각이 돌앗다. 그때 인상은 영원히 내가 변호사를 고만둔 뒤까지라도 영원히 잊어지지 않을 것 같더라.[9]

---

9 김병로, "법정에서 운 일," 삼천리 제10호, 1930. 11.

3. '조선 좌경변호사'로 첫 사람

여러 잡지와 신문에서는 자주 변호사에 대한 평판기를 올렸는데, 허헌, 김병로는 가장 빈번히 평판기의 대상이 된다. 그만큼 국내의 민족지도자의 일인으로 꼽히고 있기 때문이다. 그들의 법정태도 뿐 아니라, 그들의 태도나 활동 등이 두루 주목을 받는다. 부정적인 의견은 거의 없다. 그것은 그들의 헌신적인 태도, 독립운동 진영에 대한 공적, 사적 헌신이 널리 인정을 받고 있기 때문이다. 그중에서 김병로, 이인 부분을 인용해본다.[10]

김병로 군君

변호사 노릇을 하여 가지고 번 돈을 사회운동에 얼마간이라도 쓴 이는 김병로 군일 것이다. 김 군은 전수학교 교수로 부산지방법원 판사를 지내고 대정大正 11년 봄에 재야법조계의 일원이 되엇다. 군은 성격이 호담하야 자기를 누가 비난하던지 군은 자기의 주장대로 나아가는 기질을 가젓다. 군은 금일까지에 맡아본 사건이 약 5, 6백 건에 달하는데 그 7, 8할은 사상사건이 점령하엿다.

군은 변호사로 법정에 나서는 외에 신간회 집행위원장으로 단상에 세서 젊은 사회주의자들과 이론투쟁을 한 일도 적지 아니하다. 작년 추秋에 신간회 해소문제를 토의하는 신간회대회가 개최되엇을 때는 김병로 군은 좌경청년들이 토하는 불같은 이론에 고군분투한 것은 실로 이채를 도두었다.

김 군은 사회운동관계로 단상에 선 일이 많은 까닭에 법정에 세서 변론을 하는 때에도 조금만 흥분이 되면 단상의 웅변식으로 흘러 상을 두다리며 연설하듯 하는 태도를 가지는 때가 드믈지 아니하다.

김 군의 고향은 전라도이다. 그는 말의 「까듸」사투리를 어느듯 일본 말에도 나타내어 「데스 겐데」하는 때가 잇어 엄격한 법관으로 하여금 미소를 금치 못

---

10 허헌에 대한 세평에 대해서는 한인섭, 식민지 법정에서 독립을 변론하다, 627~628면 참조.

하게 하는 때가 잇다.

크지도 않고 적지도 않은 키에 두 볼이 홀쪽 빠진 김 군 — 그는 조선좌경변호사로 첫 사람이 될 것이다.

이인 군君

절늠뱅이 변호사 — 이군은 변호사로도 특징을 가진 인물이거니와 육체적으로도 다리저는 특징을 가저 변호사계의 독특한 존재를 가젓다.

이군은 대정大正 11년 10월에 동경서 변호사시험에 합격하고 동경東京 적판구赤坂區에서 개업을 하엿다가 경성으로 올마온 사람이다. 이군이 오늘까지 맡아본 사건은 600여 건인데 8할은 사상사건이다.

공산당사건의 피고로 이군의 얼굴을 법정에서 보지 않은 사람이 드믈 것이다. 소장변호사로 또는 좌경변호사로 사회운동이 죄가 아니 된다고 열렬히 주장한 이는 이군일 것이다.

재작년 12월 6일 이군은 8개월 정직을 받앗다. 수원고농학생사건 변호시에 ××사상은 ×××이 전부가지고 잇는 사상이니 이에 관한 글을 써서 일반에게 보엿다고 할지라도 치안을 어지럽게 하지 않엇다고 주장한 일이엇다.

이군은 마음에 먹은 일이면 그냥 내어쏘는 성질이 잇다. 그러므로 이군은 이것으로 이익을 보는 때도 잇거니와 손실을 보는 때도 잇다. 다시 말하면 이 성품은 이군의 장점도 되거니와 결점도 되는 것이다. 무슨 일에던지 남아답게 처하는 그 태도 — 절늠절늠하는 그 모양과 함께 우리는 잊을 수 없다.

김병로, 허헌, 이인 등의 변호사를 당시에는 "사상변호사"로 주로 일컬었다. 이들이 1932년까지 맡아본 사건이 6백여 건인데, 그중 7~8할이 사상사건이라는 것이다. "사상"이란 단어는 1925년 무렵부터 사회주의 색채가 가미된 각종 운동, 특히 공산당관련 사건에서 쓰여졌고, 이러한 좌파적 사회운동이 1920년대 말부터 30년대 초까지의 민족운동에 널리 파급되므로,

이러한 사상사건을 변론하게 되는 관계상 사상변호사가 되는 것이다. 사상사건이 "좌경"의 색채를 강하게 띠므로 사상변호사는 "좌경변호사"로 지칭되기도 했다. 항일변론의 최전선에서 열렬한 변론을 전국각처에서 했던 김병로는 "조선 좌경변호사로 첫 사람"으로 꼽혔다.

김병로에 대한 다른 세평도 인용해본다.

김병로 씨는 법정에서 변론할 때이면 열심으로 변론을 하는 맛치 언제나 입에서 허연 침이 맛치 가재 침 모양으로 질질 흘르는 특색이 잇다. 취한 뒤는 또 각금 모자를 벗어 버리고 그대로 집에 곳잘 가는 기벽奇癖이 잇다고 한다.[11]

김병로 씨의 변론 시에 땀 잘 흐리고 침 겁품이 질질하는 것은 그의 열심적으로 하는 기분이 뵈힌다.[12]

차상찬: 변호사 말이 낫스니 말이지 김병로는 열성이 잇서. 내가 보전普專 법과에 다닐 때 그가 그때 강사로 시간을 보앗는데 하학종이 친 지 한참 되도록 한 구라도 더 알려 줄려고 입가에 춤을 티티 티우면서 강의하는 것을 보면 명강사라고는 못해도 열심스러운 강사란 느낌을 주데. 그 뒤 사회객이 되면서도 신간회를 맡으면 거기 열성, 법정에 나서면 거기 열성, 좌우간 성력誠力잇는 분이야.

류광렬: 누구누구해도 법정에서 하는 변론에는 가장 조리잇는 말을 하는 이가 김병로와 신태악일걸.[13]

살끼 업는 그의 체격은 뒤에서 보아도 역시 체약하야 뵌다. 모자를 고깔같이 푹 뒤집어 쓰고 인력거 위에서 팔장 끼고 가는 것을 보면 뒤에서 멀리 보와도 그

---

11 관상자, "명사기벽전람회," 별건곤, 제28호, 1930. 5.

12 관상자, "경성의 인물백태," 개벽, 제48호, 1924.6, 110~115면.

13 "천하대소인물평론회," 삼천리, 제8권 제1호, 1936. 1.

를 잘 알 수 잇다.[14]

위의 여러 인용에서 잘 볼 수 있듯이, 김병로 변호사에 대한 특징적인 인상평은 "열성", "열심", "최열렬"과 같은 수식어이다. 그는 누구보다 열렬하고 성실하게 변론하였다. 변론할 때면 입에서 허연 침이 질질 흐르고, 강의할 때도 "입가에 침을 티티 티우면서"하는 열심은 그의 인물평에 늘 붙어나온다. 그러면서 법정에서 가장 조리있게 설득력을 갖고 변론을 했다. 변호사의 자질로서 성실과 열정 두 가지를 거론할 수 있는데, 그런 자질을 최고도로 발휘한 변호사였던 것이다.

항일운동가들은 해외에서, 지하에서 활동하다가 적발, 체포되어 혹심한 고문취조를 당하는 만큼, 그들을 제대로 변론하고 옥바라지하기도 어려웠다. 따라서 김병로 등 사상변호사들에게는 "무료변호" 혹은 "자진변호"라는 말이 따라다녔다. 해외에서 독립운동가들이 잡혀오면, 감옥에 먼저 찾아가 변론을 맡겠다고 나섰고, 그들의 해외활동을 국내에 이런 저런 경로로 전파하여 독립의식을 고취시켰다. 그들이 관여한 각종 운동이 죄가 되지 아니한다고 법정에서 열렬히 주장했을 뿐 아니라, 사식과 옷도 차입하고, 그들의 서신을 언론에도 소개하고 하면서, 사회 전반에 독립운동의 대의를 전파하는 매개적 역할을 했다.

(1) 街頭에서 본 人物
—金炳魯氏—

김병로 인물평[15]

14 관상자, "각계명남명녀, 뒤로 본 인물학," 별건곤, 제63호, 1933. 5.
15 "가두에서 본 인물(1) — 김병로 씨," 혜성, 제2권 제1호, 1932. 1.

참고로 "민족변호사"라는 명칭은 어떠한가. 허헌, 김병로, 이인 등의 전기작가들은 민족변호사란 부제를 붙이곤 한다.[16] 항일변론을 민족적 차원에서 했고, 민족독립의 대의를 갖고 했기에 김병로 등에 "민족변호사"의 타이틀을 붙이는 것은 합당하다. 그들의 사상도 진보적 민족주의-민주주의에 속하는 것이며, 일제하에서 사회주의에 경도된 흔적은 거의 없다. 하지만 그들의 의뢰인들이 사상사건 관련자가 아주 많으므로, 김병로는 늘 사회주의, 공산주의, 무정부주의 등 혁명적, 계급적, 사상적 조류와 접하고 있었다. 피고인들의 주장과 사상과 일체적이지 않더라도, 그들의 주의·운동에 충분한 공감을 갖지 않고서는 제대로 된 변론 자체가 불가능하다. 해방 이전에는 "민족변호사"라는 명칭도 쓰여지지 않았음을 감안할 필요도 있다. 김병로는 "사상변호사"이면서 "민족변호사"였다고 하는게 더 통시대적 평가가 아닌가 한다.

1920년대 말 1930년대 초 김병로의 교류의 폭은 매우 넓었다. 변호사의 업무와 관련하여 형사사건의 피고인들이 사회운동과 민족운동의 영향력 있는 지도자들, 그리고 기백이 넘치는 청년엘리트들이었고, 지역과 계층을 망라하고 있었다. 신간회를 중심으로 한 사회운동의 중앙구심점이 되었다는 사실이 그러한 교류의 폭을 더했다. 변호사든, 신간회 간부로서든, 그 교유의 범위는 전국을 무대로 했다. 사회운동가, 지도자, 그리고 출옥한 인사들이 무시로 그의 자택에 드나들었다. 신간회 활동에 소요되는 경비도 허헌과 김병로가 대다시피 했다. 허헌의 지갑은 늘 어려운 타인을 향해 열려 있었다고 하며, 김병로나 이인, 김용무의 경우도 대차 없었다.[17] 또한 "너르고도 너른 사랑 전체를 개방하여 불평객들의 싸론salon으로 제공하

16 김학준, 가인 김병로 평전: 민족주의적 법률가.정치가의 생애; 허근욱, 민족변호사 허헌, 지혜네, 2001 등.

17 "우리 조선에 잇서는 박사가 생각하는 변호사로는 김병로, 김용무, 이인 씨 등이 가장 사회를 위하야 자기 주머니를 배불닐 줄 모르는 점잔하신 어른으로만 알고 잇다. 그것은 박사 뿐만 아니라 세상이 공인하는 것이니 더 말할 필요가 없고"(배상철, "골상학상으로 본 조선의 역군의 얼골(제4회)," 별건곤, 제35호, 1930. 12).

는 이"로 "서대문정에 김병로 씨가 있다"[18]는 세평도 있듯이 그는 양산박형 호걸형으로 사람을 넉넉하게 대우했던 것이다. 1932년도에 경성을 떠나 경기도 창동으로 이사할 때, 신간회의 각종 회합에서 지출된 설렁탕 값을 갚으니 집 한 채 값이 나갔다는 이야기까지 있을 정도였다.

이렇게 그들은 변호사로서 번 수입과 개인적 재산을 항일변론을 위해, 사회운동을 위해, 어려운 피고인과 그 가족을 위해 아낌없이 쓴 것이다.

4. 독립운동과 변호사의 관계

식민지 통치권력의 눈에, 항일변호사의 존재는 매우 못마땅한 존재였을 것이다. 불온하고 불경스런 독립운동가들의 사기를 끌어올리고, 법정을 투쟁의 장으로 몰아가고, 언론 및 사회단체와 연계해가는 그 모습이 달가울 리 없었다. 다른 독립운동가들과 달리, 변호사라는 법적 신분과 그에 따른 사회적 지위는 그들 활동에 일정한 안전판이 되었다. 일제로서는 이들을 압박할 여러 수단은 있지만, 그들의 활동을 아예 봉쇄하거나 처벌하기란 만만치 않았다. 물론 일제 말기에 이르면 그들의 활동영역도 법적으로 통제하고, 독립운동에의 관여사실을 찾아내어 자격박탈과 형사처벌에까지 이르렀다. 하지만 그러한 극단적 탄압의 시기를 제외하고는, 변호사로서 법정투쟁에 관여하는 것이 가능했다. 많은 조선인들이 그들의 활약을 존경의 염으로 대하였던 것이 분명하다.

독립운동가의 입장에서 변호사에 대한 태도는 한결같지 않다. 개개인의 기질과 성향에 따라 다른 적응형태가 보여진다. 지조와 절개를 중시한 불굴의 독립운동가 심산 김창숙 선생은 피체되어 재판에 임하게 되자 변호

18 종로 네거리, 삼천리, 제4권 제9호, 1932. 9. 1.

사이 도움을 단연코 거부하였다. 거듭 변론하겠다는 변호사에게 김창숙은 다음과 같이 선언했다.

"내가 변호를 거절하는 것은 엄중한 대의이다. 나는 대한 사람으로 일본 법률을 부인하는 사람이다. 일본 법률을 부인하면서 만약 일본 법률론자에게 변호를 위탁한다면 얼마나 대의에 모순되는 일인가? 군(김완섭)이나 손(치은), 김(용무)은 마찬가지로 일본법률론자이다. 일본법률로 대한인 김창숙을 변호하려면 자격이 갖추어지지 않은 것이다. 자격이 갖추어지지 않았으면서 억지로 변호하려는 것은 법률의 이론으로 또한 성립될 수 없을 것이다. […] 나는 포로다. 포로로서 구차하게 살려고 하는 것은 치욕이다. 내 지조를 바꾸어 남에게 변호를 위탁하여 살기를 구하고 싶지 않다."[19]

항일의 취지를 갖고 변론을 하더라도, 변호사는 역시 '일본법률론자'라는 것이다. 아무리 자기실력으로 합격했다고 해도, 변호사자격을 부여한 것은 일제권력이다. 변호사는 일제 법정에서, 일본판사를 상대로, 일본어로, 일본법률을 통해 변호하게 된다. 판사 중 조선인이 드물게 있었지만, 피고인의 입장에서 볼 때 그들은 조선인이 아니라 조선총독부 판사일 뿐이다. 자신을 변론하겠다는 조선인 변호사를 물리치면서, 김창숙은 '일본법률론자'에게 변호를 위탁한다는 것 자체가 대의에 모순되는 것으로 보았던 것이다.

김창숙 선생 못지 않게 순결한 지조로 일관했던 만해 한용운 선생도 비슷한 일화를 남기고 있다. 한용운은 3·1운동으로 옥살이를 하고 있을 때, 〈옥중투쟁 3대원칙〉을 설파한 바 있다. 그 3대원칙은 △ 변호사를 대지 말 것 △ 사식을 먹지 말 것 △ 보석을 신청하지 말 것 등이다. 옥중에 구금된

---

19 심산사상연구회, 김창숙 문존, 성균관대학교 출판부, 2001, 356~358면.

동료 가운데, 일제가 자기들을 모두 죽일 것이라는 소문을 듣고 통곡하는 사람을 보고, 한용운이 감방에 있던 똥통을 들어 그 머리에 퍼부은 일화는 유명하다. 그로서는 한마디로 일본법이나, 일본행형당국과의 어떠한 타협도 허용치 않겠다는 것이다. 실제로 3·1운동재판에서 여러 변호사들의 적극적 관여가 있었지만, 한용운의 기본적 자세는 그러했던 것이다.

의열투쟁가들은 폭렬투쟁에 임함에 있어 이미 죽음을 각오하였다. 최후까지 힘을 다하도록 싸우다 장렬하게 전사하는 것이 그들의 각오였다. 그러니 재판 따위는 아예 안중에 없었다. 일제의 법률에 따른 재판 자체에 어떤 정당성도 애초에 부여할 수 없었던 것이다. 1926년 동양척식회사에 폭탄을 투척한 나석주 의사는 장렬한 시가화전을 한 뒤에 자살하기로 맹세했다. "왜적의 법률은 우리에게 정의를 주려고 만들어놓은 것이 아닌데 불행히 왜경에게 생포되면 … 세계에 없는 야만적 악형을 줄 것이 명백하므로 불복하는 뜻으로" 말이다.

1927년 의열투쟁을 하고 체포된 이수흥은 1심에서 사형선고를 받고 항소를 거부하였다. 그는 대한민국 임시정부 소속 참의부의 명령을 받고, 일제의 소굴을 도륙하기 위해 잠입했다. 그는 "독립군"의 일원으로 일제와 "전쟁"을 치르다 "포로"가 된 것이다. 이렇게 시종 당당한 자세로 임한 이수흥은 제1심에서 사형선고를 받았다. 재판장이 항소 여부를 묻자 "포로가 된 것만도 수치이거늘 하물며 어찌 목숨을 구걸하란 말인가"라고 응수하며 항소를 거부했다. 그는 변호사의 자진변론도 거부하였다. 나중에 쓴 편지에서 그는 그 이유를 다음과 같이 밝혔다.

> 내가 한 일에 대해 구구히 변호함은 불가하오. 설사 살아날 길이 있다 할지라도 더러운 세상에서 구차히 생명을 이어간들 끝내는 치욕일 뿐이니, 단두대를 선혈로 물들일지언정 나의 정령精靈을 보존함만 못하외다. 비루한 세상에 남아 하루라도 구차스럽게 연명할 일이 없소이다. 변호해 주기를 바라는 마음이 나

에게는 조금도 없으니, 어찌 구차히 명분을 뒤집을 일이 있겠소이까?[20]

재판을 통해 연명하는 것은 “치욕”스러운 일이고, “구구히 변호”하는 것은 의열단원의 자존심상 용납되지 않는 것이었다.

그러나 변호사의 도움을 일체 거부하는 순정투쟁가만의 길이 있는 것은 아니다. 대의를 지키되 재판을 통해 불이익한 재판을 방지하거나 시정하고, 양형상의 다툼을 하기 위해 변호사를 활용하는 유형은 얼마든지 있을 수 있다. 변호인 활용 및 상소권 활용이 그들의 독립운동의 대의를 훼손하는 것은 전혀 아니다. 1930년 공산주의자 정백은 ML당 사건에 관련되어 옥살이하고 있던 중에 김병로에게 다음과 같은 서신을 보낸 바 있다.

정백鄭栢으로부터

근일 우리들의 공판으로 인하야 더욱 다망 중에 괴로움을 받으심을 감격으로서 다만 감사할 뿐이올시다.

두어 말슴 엿줄 것은 제弟의 예심결정서에 제弟가 1928년 2월 말경에 시내 서대문정에서 공산당 경기도대회를 하엿다고 한 것에 대하여 제가 공판정에서 공술한 것을 들었을 줄 암니다만은 경기도대회를 한 일이 전연 없사온 즉 예심결정서에 써 잇는 것과 같이 경기도대회를 하엿다고 한 피고들의 예심공술과 이낙영(저와 함께 피고된 사람)의 공술과 공판 때 법정에서 공술한 것을 일일이 참고하여 보시면 사실이 없는 것을 아실 줄 밋슴니다. 이낙영이가 첫날 공판 때 법정에서 공술한 것을 들으셨을 줄 압니다. 당원으로서 형을 바들 것은 스사로 각오하고 잇는 바외다. 귀체만복하심을 앙축함니다.

9월 1일

서대문형무소내

---

20 송상도, 기려수필, 383면에서 재인용.

정백鄭栢

김병로 씨[21]

정백은 ML당(맑스레닌당)의 당원으로서, 당시의 치안유지법 등에 따른 "형을 받을 것은 스스로 각오"하고 있었다. 그러나 없는 일까지 덮어쓸 수는 없는 것이었다. 즉 "공산당 경기도대회"를 개최한 전연 없었다는 것이다. 예심단계에서 분명히 그런 사실이 없었음을 밝혔고, 공동피고인들의 공술을 통해서도 그런 사실이 없음을 안다. 따라서 정백은 김병로 변호사의 도움을 통해 사실무근한 혐의에 대해 반박하고자 하는 것이다.

다음 만주에서 무장독립항쟁을 펼쳤던 이웅서와 변호사와의 관계를 보자. 어느 날 이인 변호사에게 옥중 엽서가 도착했다. 이웅서로부터 온 것이었다. 이인 변호사는 그를 면회하고 재판에 관여한 전말을 간단히 기록하였다.

"나는 엽서로 된 변론의뢰를 받고 통의부사건의 이웅서를 변론했다. 이웅서는 (오동진과는 달리) 알아보기 어려운 엽서를 쓰지 않고 나는 통의부 아무개인데 한번 면회를 하고 싶다고 적어보냈다. 이때 이웅서는 이미 신의주지방법원에서 사형, 평양복심법원에서도 사형을 선고받은 뒤였다. 나는 곧 평양형무소로 그를 찾아갔다. 그의 인상은 한마디로 해서 요조숙녀 같았다. 얼굴이 여자처럼 예쁘게 생겼고 손 또한 여자처럼 고운데 목소리도 청아하다. 이렇게 선비처럼 생긴 사람이 15년간이나 통의부의 독립군을 영솔했다니 곧이 들리지가 않는다. 더구나 만주일대의 일본영사관과 경찰관 파견소를 습격, 파괴하기 150회요 일본관헌을 살해하기 백여 명에 이르렀다니 놀라운 일이 아닐 수 없었다. 나는 그를 한 번 보고 경복해버렸다. 이웅서는 숙연한 태도로 나에게 말하기를 "내가 한

---

21 "在獄巨頭의 最近 書翰集," 삼천리, 제9호, 1930. 10.

일은 우리 국민이 일제에 대해 쌓고 쌓은 원한의 만분지일도 못되오. 그러나 내가 이 일로 과연 일제법률에 의해 사형을 받아야 되는 것인지를 돌봐주오" 하는 것이다. 나는 소송기록을 자세히 읽어보고 충분한 상고이유가 있다고 판단했다. 그것은 어느 날 어디서 일제관헌을 죽였다 하는 기록 중에 일자만 표시하고 시간이 없는 것, 죽은 사람을 성명불상자로 표시한 것, 불타버렸다는 일본관서의 장소조차 표시 않은 것이 수두룩한 것이다. 나는 이 이유를 들어 경성고등법원에 상고했다. 경성고등법원은 상고 심리 끝에 원심을 파기하고 무기징역을 선고했다."[22]

이응서는 1922년 중국에 건너가 참의부, 통의부의 지휘부에 있으면서 직접 행동을 통해 독립투쟁을 전개하다가, 1929년 5월 체포되었다. 법에 저촉된 사건이 327건에 달했다고 한다. 제령위반, 치안유지법위반, 강도, 살인, 폭발물취체규칙위반, 상해, 방화 등을 저질렀다는 죄목이다. 예심결정서에 나타난 범죄사실 중 살인사건만 해도 43건에 달하였다. 만 2년이 지난 열린 제1심 공판에서 그는 혐의사실에 대해 극력부인으로 일관했다. 검사는 사형을 구형했지만, 신의주 지방법원은 이응서, 김여련, 손용준 3인게게 각각 무기징역을 선고했다.[23] 항소심에서는, 이응서는 무기징역, 김여련, 손용준은 징역 15년을 선고했다.[24] 그들은 범행전부를 극력부인하는 전략을 썼으므로 상고하였다. 이인 변호사에게 편지를 보낸 것은 상고심 단계에서였다. 그가 보기에, 이응서 등의 행위는 모일모시에 성명불상자를 죽이고, 모 관서를 방화했다는 식이어서 공소사실이 특정되어 있지 않다는 점을 공박할 수 있는 것으로 보였다. 그는 이응서 등의 상고심을 맡기로 하였다.[25]

---

22 이인, 반세기의 증언, 62면.

23 동아일보 1931. 7. 26.자 "이응서등 삼명에게 무기징역을 언도, 구형의 사형만은 피하게돼, 삼명은 공소를 제기?"

24 동아일보 1931. 12. 17.자 "이응서판결 일심대로 무기 공범은 십오년 징역에 상고까지 제기할듯 조선○○군사령장관".

25 동아일보 1932. 1. 13.자 "무기에 불복, 이응서 상고, 변호는 이인 씨가 담당 일월십팔일에 공판".

최고심인 조선고등법원은 1932. 2. 16. 개정되었다. 상고심에서는 이응서에 대하여 원심과 같이 무기징역을 선고했다. 다만 몇 가지 부분에 있어서는 항소심판결을 파기한 것도 있었다.[26]

이응서 사건에 대한 이인의 회고는 세부에서 틀린 부분이 있다. 이인은 이응서가 항소심에서 사형선고를 받은 상태였다고 했지만, 당시 기록을 보면 제1심과 항소심에서 무기징역을 선고받은 상태였다. 그렇다고 그의 노력이 허사인 것은 아니었다. 상고심에서 몇 가지 사실에 대해 무죄임을 확인받은 공로도 있다. 무기징역 판결이 그대로 유지되었기에, 사형에서 무기로 감경된 것과 같은 극적 효과는 사실이 아니다. 하지만 이러한 중대범죄(?)의 대부분을 인정하고도 무기징역으로 확정된 것에 변호사의 기여를 무시할 수 없다.

어떤 때는 본인보다 가족이 변호사의 도움을 간절히 원한 경우가 훨씬 많다. 가족으로서는 변호사를 통하지 않고 제대로 소식을 듣기도 어렵고, 법적 변론을 통해 형량을 낮추거나 석방되는 것을 바라는 심리가 당연히 있기 때문이다.

만주지역에서 적극적인 항쟁을 한 정의부의 독립운동 지도자 오동진은 신의주감옥에 갇혀 누구보다도 오래 고생하였고 정신이상의 징후마저 여러차례 보였다. 그의 부인은 다음 장면을 술회하고 있다.

"이번 면회할 때에 그이가 다만 한 가지 부탁하는 일이 있었습니다. 지금 변호사로는 신의주 박영휘 씨 한 분이 붙어 있는데 그이 말이 신의주에서 다섯분 서울(경성)서 다섯 분 변호사로 전부 열다섯 분만 대여달라고 하는데 곧 길림으로 가야 하겠으니 어떻게 하면 좋겠습니까" … 하며 기자의 눈치를 살핀다.[27]

---

26 동아일보 1932. 3. 15.자 "이응서무기역 금일 고등법원의 판결 만주참의부의거두".
27 동아일보 1928. 2. 13.자 "吳東振夫人 李陽淑女史 會見記(三)".

서신이나 기사로 이러한 딱한 사연이 알려지면, 김병로나 이인 등의 변호사는 적극 나서서 변론을 해오곤 했다. 이인의 회고록에서도 오동진이 이인에게 서신을 보내어서, 면담한 다음, 사건을 맡았음을 상세히 쓰고 있다.

일제의 경찰에 체포되면, 재판을 받고 처벌되지 않을 수 없다. 그러나 그 처벌은 일제의 법령 및 일제의 재판소, 일제의 형사절차에 따라 이루어진다. 그러한 법적 환경 하에서, 최대한의 변호사의 지원을 필요로 하는 것이다. 일제도 근대적 법적 외양을 갖고 지배하고자 했으므로, 변호인의 주장이 일본법에 의해 정당화될 때는 그들도 일부 양보하지 않을 수 없었다. 이런 점에서 변호사의 활동의 일정한 성과를 거둔 면이 있다. 위 오동진과 이응서의 경우, 사형을 면하고 무기징역을 선고받을 수 있었던 것도, 변호인의 적극적인 변론에 힘입은 바 크다고 생각된다.

독립운동을 추구한다고 해서 어떤 처벌도 감수한다는 자세는 될 수 없다. 증거에 의해 드러난 만큼의 처벌만을 기대하는 것은 당연한 일이며, 증거가 아니라 실제로 하지 않는 부분에 대해서는 억울함을 토로하는 것은 너무도 당연하다. 이 때 변호사의 적절한 도움이 없이 그 억울함을 해소하기 어려운 경우가 너무나 많다.

애국지사들 중에서 변호사거부형과 변호사활용형의 양 극단만 있는 것이 아니다. 현실에서는 다양한 관계맺음의 양상이 나오고 있다. 안창호 선생의 경우를 예로 들어보자. 안창호 선생은 1932년 윤봉길 의사의 거사 직후 상해에서 일제에 피검되어 선내로 압송되었다. 당시 정치범에 대한 예심절차는 "1년 이상 2년가량 걸리는 법"이어서 외부의 도움이 절실했다. 친지의 음식 차입도 그러하지만 변호인의 조력도 매우 필요한 것이었다. 그러나 안창호 선생은 변호사의 도움을 거절한다. 안창호 선생을 매우 존경했던 주요한이 쓴 편지를 보면 그 사정을 짐작할 수 있다.

"변호사 김병로 씨가 A선생(안창호를 가리킴)의 사건을 자진하야 변호하기로 지원을 하시고 그를 옥중에서 제1차로 면회하엿습니다. 그런데 A선생은 변호사를 대기를 목하 절대 거절하시는 고로 특히 김씨로부터 거기 대해서 권면을 하섯스나 앞으로 태도를 어떠케 고치실는지 보아야 알겟습니다. 그리고 변호인은 김씨 외에도 여러 사람이 자진하야 무보수로 변호코저 하는 이가 있은 즉 특별히 성탁할 필요는 없겟습니다. 또 외국이나 일본서 변호인을 고빙해올 필요도 절대로 없습니다."[28]

김병로 변호사가 자진하여 변론을 나섰을 뿐 아니라, 여러 변호인이 무보수로 나선 것을 보면, 식민지하 조선의 변호사들이 확고한 변론의지를 가진 정황은 정확히 포착된다. 안창호 선생은 변호사의 변호를 일체 사절[29]하였다. "숙원인 민족과업을 성취 못하고 적에게 사로잡힌 몸이 민족을 대할 면목조차 없다. 무슨 구구한 변론이 필요하겠느냐"[30]는 뜻이었다. 그러나 김병로 이인 변호사는 지성스럽게 옥중면회를 하고 변호인선임계를 제출하였다.

서대문형무소에 수용된 도산 안창호가 변호사를 대지 말라고 그 친족에게 부탁햇다는 것은 신문에도 발표되엇거니와 경성 변호사 김병로 씨가 처음으로 옥중에서 면회하고 변호를 자청햇드니 전언대로 사절, 그 후에 다시 이인 씨가 면회하고 변호문제를 꺼내니까 여전 사절하는 것을 그러면 법정변호만은 그만두고 수속상 처리만이라도 맡은 사람이 잇어야 한다 하야 법정변론을 아니할 조건부로 변호계를 맡는 데 성공햇다.[31]

---

28 "주요한이 보낸 편지"(1932. 7. 26), 독립기념관, 자료번호 1-H01203-000.
29 조선일보, 1932. 12. 19.자 "검거 이래 8개월에 도산 안창호 공판".
30 이인, 반세기의 증언, 명지대학출판부, 1974, 111면.
31 "신문구문," 동광, 제37호, 1932. 9, 7면.

김병로는 형사공동연구회의 주관으로 안창호 사건을 맡았다고 회고한다. 이인, 허헌, 권승렬, 이창희, 그리고 김병로의 다섯이 공판정에 참가했다고 회고한다.[32] 안창호에 대한 신문에는 참여하지 못하였으나, 그래도 이인, 신태악, 김용무, 김병로, 양윤식 변호사는 1시간에 걸쳐 변론을 진행하였다. 판결은 검찰의 구형대로 징역 4년이었다.

안창호 선생은 공소권控訴權, 즉 항소를 포기하였다. 일제의 재판정에 선처를 호소하는 것은 있을 수 없는 일이었기 때문일 것이다. 김창숙 선생 역시 마찬가지였다. 14년 징역을 선고한 1심판결에 대하여 공소控訴하라는 주위의 요청에 대하여, "변호를 거절한 사람인데 하물며 공소(항소)를 하겠느냐"[33]고 막았다.

제1심과 항소심에 대하여, 독립운동가들의 태도는 표면상 다를 수 있다. 제1심이야 일제가 강제하는 것이므로 공판은 강제된다. 그러나 상소 여부는 대개 피고인의 선택이다. 그런데 상소하게 된다면, 일제의 법정이 내린 원심판결을 일제 법정에 호소하여 바로잡자고 하는 셈이 되니 상소를 꺼릴 수 있다. 많은 독립운동가들이 이 점을 생각하여 항소를 포기했다. 사형선고를 받고도 상소를 포기했던 안중근의 예가 그러하고, 김창숙, 이수흥, 안창호 등이 항소를 포기한 것도 스스로에게 용납되지도 않고 구차하다고 생각해서일 것이다. 물론 상소심에서 사실관계를 바로 잡거나, 대의를 적극 역설하는 경우도 얼마든지 있다. 고려혁명당의 피고인들이 그러하듯이 말이다.

조선공산당사건의 경우 대부분이 상소를 포기했지만, 상소를 제기한 경우도 있다. 김약수가 그러하다. 상소심에서는 변호사가 더더욱 필요하게 된다. 다음은 1930년 김약수가 김병로 변호사에게 보낸 서신이다.

---

32 "도산을 말한다," 새벽, 1960. 11.
33 김창숙, 앞의 책, 358면.

소생에게 대한 판결은 더욱 의외料外의 것이 잇슴으로 부득이 항소를 제기하엿삼이다. 이 공소(항소)에 대하여는 결코 다른 사의私意가 업는 바이옵고 다만 저의 신조를 위함과 아울너 본건에 대한 입장을 가급적 명확히 하고저 하는 그것임을 양찰하시고 소생의 금번의 항소에 더욱 동의하여 주심을 바라옵나이다. 원래로 승패는 역도逆賭치 못할 것이라 하기보다도 … 그것이 십분 명확하다고 하겟사오나 이러한 위험을 무릅쓰고도 다시 항소를 하게 되는 것은 도시都是 선생의 애호가 게시는 까닭이오니 더욱 애호하여 주심을 바래옵나이다. 차입差入하시는 것은 여전히 잘 드러옵나이다.

2월 24일

서대문형무소

김약수

김병로 선생[34]

"선생의 애호", 즉 김병로와 같은 변호사가 있기에, 상소를 힘있게 할 수 있다는 것이다. 원심판결의 사실관계 인정 자체에 대한 불복과 함께, 신조와 입장을 더욱 강력히 펼치기 위해 상소심이 필요하다고 본 것이다.

김창숙 선생의 말대로, "일본법률론자"가 "일본법률"에 따라 독립운동가를 변호할 수 있는가? 이것은 일제하 변호사에게 주어진 무거운 질문이었을 것이다. 1945년 해방될 때까지, 조선인 법률가들은 일본법을 배우고 익혀 일제하에서 법조인으로 활동해야 했다. 그들이 조선 독립을 변론할 때에도, 법정에서 일본어를 쓰고 일본법의 조문을 인용하면서 변론하지 않으면 안 되었다. 일본어를 모른 채 법정에 서야 했던 대다수 조선인들이 보기에 '일본법률론자'인 조선인 변호사들은 침략자의 언어와 침략자의 법률로 조선인들이 알지 못할 논리를 구사하는 이방인으로 비쳐졌을 수도 있다.

---

34 "在獄巨頭의 最近 書翰集," 삼천리, 제9호, 1930. 10.

이러한 독립운동가들의 의문에 대하여, 일제로부터 변호사자격을 받아 변호사가 된 이들은 어떻게 답해야 할까? 그것은 개인의 실존적 결단이자, 매순간의 선택의 문제였다. 그러한 질문에 대하여 김병로와 그 동료 변호사들이 어떻게 응답했는가를 다른 책에서 파고든 바 있다.[35] 그들은 독립운동가의 변호에 충실하다보니, 종래는 일본법률론자(변호사)의 자격도 박탈 내지 상실당함으로 답했다. 그럼으로써 그들은 순정 민족주의자의 대열에 끝내 합류하고, 민족운동 전체에 한 지도적 역할을 담당할 수 있었다. 다만 이들의 탁월한 예를 내세워 일제하 일본법률론자 전체가 정당화될 수 있다고 강변한다면 이는 큰 오산이다. 일본법률론자와 독립운동가 사이의 객관적 괴리는 엄연한 사실이며, 그 간격을 어떻게 극복하고 법률의 가치와 이념을 최대치로 실현해냈는가는 법조인 개개인별로 판단되지 않으면 안 될 것이다.

5. 조선의 '대심원장'감

1931년 한 잡지에 〈동서고금 인물좌담회〉라는 기사가 나온다. 좌담회의 사회는 주요한이었고, 출석자는 박찬희(동아일보사), 차상찬(개벽사 주간), 문일평(역사가), 유광렬(중앙일보사), 이광수(창작가), 이용설(의사) 등과 김병로 등이었다. 김병로의 직함은 '전 신간회위원장'이었다. 중간에 '현대조선과 인물'을 말하는 중에, 이런 문답이 나온다.[36]

주요한 대심원장[37]을 고른다면 누구가 될까요?

---

35 한인섭, 식민지 법정에서 독립을 변론하다, 경인문화사, 2012.
36 "동서고금인물좌담회," 동광, 제29호, 1931. 12, 33~44면.
37 대심원은 일제의 대법원이다. 식민지 조선의 대법원격은 고등법원이었고, 대심원은 동경에만 있었다.

유광렬 여기 계신 김병로 씨로 하지오.

김병로 나는 된다 해도 안 하겟습니다.

차상찬 김병로 씨는 안 돼요. 이론만 할 터이니 될 수 잇습니까. (웃음)

일제의 기준으로 은근히 불편한 내용일 것이다. 조선이 독립되어야만 '대심원'같은 최고법원을 설치할 수 있기 때문에, 독립을 전제한 논의처럼 보이기 때문이다. 그런데 한국인 사이에 그런 희망섞인 질문을 던질 수 있다. 과연 때가 되어 정부를 수립할 때 사법부는 누가 이끌어갈 것인가. 실제로 해방이 된 후 그에 대해 거의 이견이 없었다. 한마디로 가인 김병로가 아니면 안 되겠다는 것이다. 일제하의 그의 활동에 대한 중간평가의 결과로도 김병로는 독립~건국이후의 대법원장감으로 올려놓기에 손색이 없다는 것이다.

그러면 김병로는 일제하에서 해방이후 사법부에 대한 꿈을 갖고 있었을까. 다음 인용이 그에 대한 하나의 답일 수 있겠다.

해방 전에는 내가 혼자 우리나라가 독립되면 법정은 어떻게 구성해야 하느냐 이런 것을 여러 가지로 생각을 했었습니다. 나는 그때 생각에 원탁회의 격으로, 법관이고 검찰관이고 변호사고 피고인이고 그렇게 하는 것이 좋겠다고 생각했습니다. 법복에 관한 것도 사람이란 것이 인격과 양심의 힘이 발로하는 것이므로 옷을 입어서 위신을 갖추자는 것도 좀 어떨까 하고 사실은 군정 때에도 이 법복문제가 나왔습니다마는 내가 반대했습니다. 그런 시대에 늦은 것은 하지 말아라."[38]

이렇게 그는 일제시대 때부터 해방이후의 사법부의 내용을, 아주 구체

---

38 신동운 편, 형사소송법 제정자료집, 한국형사정책연구원, 1990, 135면.

적인 데까지 구상하고 있었다. 물론 그 구상대로만 되었을 리는 없다. 하지만 그는 실무적으로 뿐 아니라, 법이론적으로, 그리고 법제도적으로 누구보다 준비가 되어 있었다. 때문에 미군정하 사법부장을 역임하고, 초대 대법원장을 맡아 법제 및 사법의 기틀을 잡아갈 때, 그는 일제하 자신이 체험했던 폐해를 바로잡고, 자신이 구상했던 바를 구체화하는 데 진력했던 것이다. 김병로에게 몇 십년간 식민지체험은 해방 후의 사법-법률의 구상의 기간이기도 했던 것이다.

제11장

1930년대의 항일변론

여운형(1930)

안창호(1932)

박헌영(1934)

이재유(1936)

김병로의 변론은 좌우를 가리지 않았다. 1930년대 김병로의 피고인들

제11장

1930년대의 항일변론

1920년대 일제의 탄압에 맞서, 독립운동가들을 열렬하게 변호했던 항일 변호사의 선두에 허헌, 김병로, 이인이 있었다. "3인"이라 애칭되기도 한 그들의 변론활동은 1930년에 들어 커다란 타격을 받게 된다. 허헌 변호사는 신간회 활동의 일환인 민중대회 사건으로 옥고를 치르면서, 변호사자격을 박탈당하였다. 김병로와 이인은 각기 다른 사건으로 정직 6개월의 징계를 받았다. 1930~2년 사이에 항일변론이 필요한 곳이 가장 많았는데, 일제는 변호사들의 활동을 영구적 혹은 일시적으로 불가능하게 함으로써 그들의 활동을 위축시키려 했던 것이다.[1]

김병로 개인에게도 특히 1931년은 시련의 해였다.

1930년대에도 그의 변론을 필요로 하는 일은 아주 많았다. 그런데 그는 1930년대 초반에 활동의 중심무대인 경성을 떠나 그 외곽의 경기도 남양주군 노해면 창동리에 이주했다. 제적등본을 통해보면, 그의 경성 주소지는 "경성부 서대문정 1정목 153번지"였고, 이주한 곳은 "경기도 양주군 노해면 창동리 282번지"이다. 오늘날 서울 도봉구 창동역 근처인데, 당시는 경성에서 떨어진 한적한 시골마을이었다. 그때부터 김병로는 창동에 '은거' 혹은 '은인자중'하면서 변호사 활동을 접었다는 회고를 여러 차례 했으며, 그 회고에 의거하여 1930년대에 김병로는 항일변론의 세계를 떠난 것으로 기존의 김병로 연구들은 언급하고 있다. 그러나 이는 다른 각종 자료와 증언

---

1 한인섭, 식민지 법정에서 독립을 변론하다: 허헌 김병로 이인과 항일재판투쟁, 경인문화사, 2012 참조.

을 수집해서 볼 때, 전혀 사실이 아님을 이 책에서는 밝히고자 한다.

아울러 그가 1930년대에 변론했던 주요 사건들을 소개한다. 1930년대 말에 이르기 전에는 주로 사회주의, 공산주의를 추구하는 사건의 변호인이 될 기회가 많았다. 당시의 독립운동의 흐름이 그러했기 때문이다. 김병로는 그러한 사건의 변론을 맡는데 어떤 주저함이 없었다. 1930년대에 "좌경"이라 함은 무엇인가. 피고인이었던 공산주의자, 좌경 딱지가 붙은 변호사들은 공산주의라는 것을 어떻게 받아들였던가, 그것이 민족독립운동에 있어 갖는 함의는 무엇인가 하는 점을 정리하면서, 그 의미를 짚어보기로 하겠다.

1. 김병로-이인의 합동법률사무소 시대

김병로는 1930년대 초중반, 경성의 집을 팔고 외곽의, 경기도 양주군 노해면 창동리로 이주했다. 10여 명의 가족을 거느리고, 창동에서 농사짓고 닭치고 하는 생활을 해방될 때까지 한 것이다. 오늘날 서울 도봉구 창동역 근처인데, 당시는 경성으로부터 떨어진 한적한 시골마을이었다.

그런데 기존 연구들은, 창동 이주 이후 김병로가 완전히 "은인자중" 자세로 농사를 지으면서, 일제에 타협하지 않고 '수절'했으며, 대신 어떠한 변론활동 내지 사회활동을 하지 않았음을 쉽게 인정하고 있다.[2] 그러다 보니, 1930년대 김병로의 주요한 사회활동 및 항일변론활동을 빠트리는 치명적 오류를 범하게 된다.

일반 공직과는 달리 변호사는, 비록 창동에 이사했다고 하더라도 활동 가능한 자유직종이다. 창동은 기차역이 있어서 청량리를 거쳐 서울시내까

---

2 김진배(1983)는, 창동 이주 이후에 김병로가 변호사활동을 접었다고 하고 있으며, 김학준(2013)은 안창호 재판, 동우회 사건에의 관여 등 두어 가지 사실을 적시하고 있을 뿐 김진배의 '은거설'과 유사한 정리를 하고 있다.

지 출퇴근이 가능한 거리이다.[3] 여러 번잡한 사무에는 발을 뺄 수 있으면서, 주요한 문제나 사건에는 관여하겠다는 의지를 보였다고 볼 수도 있을 것이다.

김병로는 '촉탁강사'의 자격으로 보성전문에서 법률 강의를 맡았다. 창동 이후엔 강좌를 점차 줄여가긴 했어도, 1938년 정도까지는 경성의 보성전문(안암동 소재)에 와서 촉탁강사로서 '형사실무' '실무' 등 과목을 강의했다.[4] 김병로는 서울에서 만날 수 없는 인사가 아니라 "만날 수 있는 부류의 인사"에 포함된다는 기사도 있다.[5]

다만 1930년대에 이르면 일제의 압박 때문인지, 일간지에는 재판사건 관련 보도가 현저히 줄어들고, 1937년 이후엔 아예 김병로, 이인 등에 대한 언급이 거의 보이지 않는다. 아마 일제의 보도지침 같은 것이 있어, 사상사건에 대한 언급이나 항일적 변호사활동을 아예 보도하지 못하도록 한 것이 아닌가 여겨질 정도이다.

이인 변호사는 1930년대 김병로의 법률활동에 대해 명백히 증언하고 있다. 김병로와 함께 청진동에서 합동법률사무소를 열고 함께 했던 것이다.

① 가인과는 동경유학 시절부터 친숙한 사이인데 1932년부터는 합동사무실을 차려 내가 조선어학회사건으로 피검되기까지 11년간을 주소상종晝宵相從한 처지이다. 이처럼 오랫동안 합동사무실을 지속할 수 있었던 까닭은 우리 둘 사이는 나라의 독립을 위한다는 대국적인 견지 이외에 사사로운 금전관계는 따지지 않은 것이라고 생각된다.[6]

---

3 일제 말에 창동에서 김병로와 가깝게 살았던 홍명희의 아들 홍기문은 "아침이면 창동역에서 기차를 타고 청량리역에서 내려 다시 전차로 조선일보사까지 갔다"가 퇴근했다고 한다. 장덕조, 일곱장의 편지, 우주, 1981, 75면.

4 「보성전문학교 일람」의 각 연도를 통해 확인했다. 「보성전문학교 일람」은 고려대 중앙도서관 박물관에 보관되어 있다. "촉탁강사"로서 "실무"를 담당했다는 기록은 1935년, 1936년, 1937년, 1938년이고, 1939~42년은 "실무" 담당이되 "휴강중"으로 나온다. 따라서 실제 강의는 1938년까지 했다고 보는 것이 타당하다.

5 "機密室(우리 社會의 諸內幕)," 삼천리 제10권 제10호, 삼천리사, 1938. 10. 1, 13면.

6 이인, 반세기의 증언, 명지대학 출판부, 1974, 77면.

② 1941년 10월, 가을바람이 쌀쌀한 날이었다. 고하(송진우)가 청진동 나의 집에 들어서자마자 … 내 앞에 책상을 나란히 하고 앉아있던 가인(김병로)이 "그런 말 조심하게" 하니 고하는 웃으면서 "무슨 말인지 누가 아나" 했다.[7]

이인 변호사가 조선어학회 사건으로 피검되어 옥살이를 시작한 것은 1942. 12. 23. 이다.[8] 1932년부터 10여 년간 김병로, 이인의 청진동 사무소는 변호사 사무실임과 동시에 새로운 항일변론의 거점이 되었다. 숱한 민족지사들이 이 사무실을 사랑방처럼 활용하였다. 실제로 많은 사건에서, 김병로와 이인은 한 팀으로 활동했다.

1930년대 김병로의 변호사 활동을 증언하는 자료는 그 밖에도 있다. 가령 고재호의 증언이 있다.

③ 나는 서울에서 대학을 다닐 때 1년에 한두 차례 (김병로 선생) 댁으로 인사차 갔고, 청진동을 지날 때는 그가 애산 이인 변호사와 함께 하던 합동법률사무소에 들렀다. 그럴 때마다 가인은 내게 사법관이나 변호사가 되려면, 고등시험에 꼭 합격해야 된다고 늘 말씀하시곤 했다.[9]

④ 내가 대구지방법원에 근무할 때 그 분이 애산 선생과 함께 수임한 손해배상 청구사건을 재판한 일이 있다. 법정에서 두 분은 한복 위에 변호사복을 걸치고 있었다. 재판장은 조진만 부장판사였는데, 개정 벽두에 내가 기록을 재판장에게 드려 맨 먼저 심리를 마치도록 하고 점심시간에 변호사 대기실에 들러 바둑을 두고 계시는 그 분께 인사를 드렸던 기억이 난다.[10]

고재호가 ③에 나오는, 경성제국대학에 다닌 시기는 1932년부터 1937

7 이인, 위의 책, 123면.
8 한인섭, 앞의 책, 2012, 573면.
9 고재호, 법조반백년, 박영사, 1985, 20면.
10 고재호, 위의 책, 20면.

년 3월까지이다. 그때 청진동을 지나면서 청진동 사무실에 들렀다고 한다. 그가 대구지방법원에 판사로 근무한 것은 1941년 10월부터 1945년까지이다. 이인 변호사와 함께 대구에 갔으므로 ④의 상황은 1941년 10월부터 1942년 12월 사이에 일어날 수 있다. 이 시기에 치안유지법 등 사상범 사건은 맡을 수 없었지만,[11] 민사소송의 변론을 맡았음을 알 수 있다.

다음은 김갑수 변호사의 회고이다.

⑤ 내가 가인 선생을 처음 뵈온 것은 공주지방법원에서 판임관 견습으로 서기사무를 수습하고 있을 때였다. 살인사건의 변론을 하신 것 같다. 원래 정당방위론에는 일가견을 가지고 계신 듯 했는데 그때도 이 정당방위론을 펴신 것 같다.[12] … 김병로 선생이 공주로 내려 오셨다. 한인 직원들은 김병로 선생이 오셨다고 법석을 떨었고 일도 쉬고 방청을 가곤 했다. 그때 김병로 선생은 이렇게 인기가 있었다.[13]

김갑수가 재판소 판임관견습을 한 것은 1935~6년 사이의 일이다. 그때 정당방위 등 정당화 주장에 일가견이 있었다는 것이며, 한국인 직원들이 일도 쉬고 방청갈 정도로 인기가 있었다는 것이다. 김병로가 이 시기에도 왕성하게 변론활동을 했고, 그것이 소문에 소문을 낳고 있음을 짐작케 해준다.

다음은 양회경 변호사의 회고이다.

⑥ 그때 안국동 경기고교 입구에 큰 집이 하나 있었는데 가인선생과 (김)홍섭,

---

11 1941년 '사상사건 지정변호사제'가 만들어져, 소위 사상사건에 대해서는 총독부가 지정한 변호사 이외엔 사건수임을 할 수 없었다. 김병로, 이인은 당연히 지정변호사에서 배제되었다. 한인섭, 앞의 책, 2012, 543면 이하 참조.

12 김갑수, 법창30년, 법정출판사, 1970, 159~160면.

13 김갑수, 위의 책, 30면.

나 이렇게 셋이서 고생스러우면서도 보람있는 생활을 같이 했어요. 그때도 홍섭은 사무실에서 문학서적, 종교서적을 탐독하면서 나더러도 종교서적을 빌려주어서 읽던 기억이 나요.[14]

양회경에 따르면, 김홍섭은 안국동에 있는 김병로의 사무실에서 시보생활을 했다. 아마도 이인 변호사의 구속으로 청진동 시대가 마감되고 난 뒤의 일이니 1940년대 초반인 것으로 짐작된다. 이 시기 김병로는 가끔 사무실에 들러 격려했다. 그리고 김홍섭을 보고 그의 친구인 김준연의 딸과 김홍섭의 혼인 중매를 서기도 했다. 여기서 알 수 있는 것은, 일제 말에 이를수록 김병로는 소송사건의 범위를 줄여갔으나, 거의 마지막 단계까지 손을 뗀 것은 아니라는 점이다.

2. 해외 지도자의 체포와 재판: 여운형, 안창호, 조용하, 박헌영의 변론

1920년대 중반 이래로 일제는 중국에 대하여 침략의 기세를 높여갔다. 그에 따라 중국을 주무대로 삼던 독립운동가들의 입지가 좁혀지게 되었으며, 중국 영토에서도 일제의 체포 위협도 높아져갔다. 해외의 지도자들이 검거되어 조선내 법정에 서게 되는 사례가 빈발했다. 특히 해외 지도자들은 독립운동의 전반적 흐름을 만들어낸 주역들이기에, 일제는 그들을 경성으로 압송하여 그들의 피의사실 뿐 아니라 독립운동 전반의 흐름을 파악하려 했다.

여운형, 안창호, 조용하, 박헌영이 그 예이다.[15] 1920년대 후반에서 30년

---

14 최종고, 사도법관 김홍섭, 육법사, 1985, 51~52면(최종고가 양회경의 구술을 받은 것은 1975. 1. 27.이다).

15 이 부분은 필자의 식민지법정 책의 제8장의 부분을 발췌한 것이다. 제8장에는 김창숙, 여운형, 안창호의 예를

대 초반에 이들은 독립운동의 각 방향을 뚜렷이 이끌어간 주축들이었다. 여운형은 1929년, 안창호는 1932년, 박헌영은 1934년에 각각 상해에서 체포되었다. 그들을 조선내로 압송하여, 일제는 집중적인 취조를 하였고, 그에 따라 상당한 재판기록을 남겼다. 이들의 기록은 독립운동사를 기술할 때도 일차자료로서 중요도가 매우 높다. 비록 강제연행된 상황이라 해도, 이들의 조선내 출현은 대중의 엄청난 관심을 불러일으켰다. 언론도 충분한 지면을 할애하여 이들의 동정을 보도하고자 했다. 해외의 독립운동 전반에 대해 널리 알리고자 하는 의지를 갖고서였다.

변호사들은 해외 민족지도자들에 대해 경외감을 갖고 대하였다. 자진해서 변론에 나서겠다는 결의가 충만하였다. 그러나 해외로부터 압송된 이들 지도자들은 스스로를 '포로의 신세'로 생각하고, 변호사의 조력을 받겠다는 것을 거부하는 입장이었다. 그러나 식민지 법정 및 감옥환경에서 변호사의 필요성을 절감한 변호사들은 기꺼이 변론을 맡고자 했다. 그중에서 김병로가 변론을 맡았던 사건을 살펴본다.

(1) 여운형 재판(1929~1930년)

여운형은 1929년 7월 6일 상해에서 돌연히 일경에 체포된다. 그가 상해의 영국의 관할에 속하는 공동조계에서 야구시합을 구경하다가 일본 영사관원에 검거된 것이다. 검거는 순순히 이루어지지 않았다. 운동선수로 다져진 몸매를 갖고 있었던 그는 체포에 반항하며 격투를 벌였다. 관람객들이 몰려들어 대소동이 벌어졌고, 그 틈을 이용하여 그는 일본관헌의 손을 벗어나 피신하려 한 것을 공동조계의 영국순사가 잡아서 먼저 조계의 공무국으로 압송하였다가 그를 일본영사관으로 넘겨주었다.

상해에서 여운형의 행적은 다른 독립운동가보다 훨씬 활달한 편이었다.

들어 비교하였으나, 본서에서는 김병로 변호사의 관여도를 중심으로 하기에 일체의 변론을 거부한 김창숙의 예를 빼고, 여운형과 안창호를 발췌했으며, 조용하와 박헌영 부분을 추가하여 내용을 재구성하고 있다.

그의 존재는 1919년부터 일본 정계와 언론에도 널리 알려져 있었으며, 중국에서 복단대학의 체육코치 자리를 갖고 있었고, 중국인 국적의 여권도 소지하고 있었던 것이다. 심지어 일본의 영사관과도 나름대로 접촉을 유지하고 있었다. 다른 독립운동가와 달리, 그는 공개적이고 폭넓은 만남을 통해 나름대로의 공간을 확보하고 있었기에, 프랑스 조계를 벗어나서도 자신의 신변에 직접 위협이 닥쳐오리라고 예상하지는 않았던 것이다.[16]

여운형은 10일 가까이 상해에서 취조를 받았고, 7월 15일 상해를 출발하여 일본 나가사키長崎로 호송되었고, 17일 부산에 상륙, 곧바로 열차로 경성으로 압송되었다.

여운형의 소식은 조선의 여론에 엄청난 반향을 불러일으켰다. 조선일보, 동아일보, 중외일보 등 각 신문은 여운형과의 인터뷰를 먼저 성사시키기 위해 치열한 경쟁을 벌였다. 여운형의 존재는 식민지 조선인에게 특별한 의미를 지닌 것이었다. 여운형이란 개인의 활동상 자체가 거대하거니와, 그가 관여하지 않은 운동이 없을 정도이므로, 그에 대한 기사화를 통해 '큰 무대의 움직임', 즉 해외 독립운동 전반을 여운형 기사를 통해 넉넉히 말할 수 있으리란 기대 때문이었다. 또한 그를 통해 극동의 국제정세의 여러 측면을 말할 수도 있는 가장 적절한 인물이었다.[17] 그 때문에 취재경쟁은 매우 뜨거웠던 것이다.

7월 17일 야간에 경성에 도착한 직후부터 여운형에 대한 경찰의 취조가 시작되었다. 경찰심리를 10여 일을 하고, 7월 29일 그는 경성지방법원 검사국으로 송국되었다.[18] 지방법원의 중야中野 검사와 고등법원의 이등伊藤 검사가 같이 붙어 교대로 취조를 계속했다. 고등법원 검사가 끼어든 것은 매우 예외적인데, 내란죄에 관련된 혐의를 추궁할 수 있을까 해서 관여한

---

16 이정식, 여운형—시대와 사상을 초월한 융화주의자, 서울대출판부, 2008, 405면.
17 홍종인, "여운형 사건과 검사와 나 —예심결정서 엇으려 쓰레기통에—," 삼천리, 제3권 제10호, 1931. 10.
18 동아일보 1929. 8. 2.자.

것으로 생각된다.

여운형은 여러 차례 집중적인 취조를 받았다. 다만 그는 독립운동가들이 당하게 마련인 심한 고문을 받지는 않았다. 이미 상해의 일본영사관에서 취조를 받았을 때, 일본 형사와 일차 접전한 바 있다. 이만규는 이렇게 소개한다.[19]

> 상해 일본영사관에서 율본栗本 형사가 취조를 할 때 내지(일본)와 연락관계를 묻는데 연락이 없다고 하였더니 형사가 "부인하면 고문을 하겠다"고 하였다. 몽양은 "고문은 네 자유니 마음대로 하라"하고 다음부터는 일절 입을 다물고 두시간 취조에 한마디도 대답을 아니하였다. 형사는 할 수 없이 영사에게 보고를 하였다. 영사가 몽양을 불러가지고 "왜 취조에 응치 않느냐?"고 물었다. 몽양은 "나는 혁명가다. 있으면 있다고 없으면 없다고 할 것 뿐이다. 그런데 형사가 처음부터 고문을 하여 없는 일도 맹근다 하기에 맹글기를 기다렸다"고 하였다. 영사는 "귀의貴意를 존중히 하겠으니 응답하라"고 하였다.

여운형의 의연한 면모가 돋보이는 대목이다. 경기도 경찰부에서 여운형은, 대답을 하면서도 한 명의 증인도 불지 않았다고 한다. 사상전문검사인 이등헌랑伊藤憲郎과는 상당한 투쟁을 하였다. 여운형은 국제정세에 대한 이해나, 사상적 지식에나 검사를 압도하였다. 검사 자신이 이 취조장을 일종의 토론승부장처럼 여겼다는데, 여운형도 이 점에 대해 질 이유가 없었다. 오히려 여운형은 자신의 활동에 대해 호쾌하게, 약간은 자랑처럼 진술하였다. 검사와의 논전의 상황에 대한 이만규의 전언이 흥미있다.

> 이등은 가끔 몽양에게 견모見侮를 당하였다. 한번은 몽양이 잠깐 착각이 들어

---

19 이만규, 여운형투쟁사, 총문각, 1946, 108면.

계급투쟁의 저자 독일인(Kautsky)의 스펠을 물을 때에 Ka를 Ga로 대답하였더니 검사는 큰 승리나 얻은 할 듯이 좋아했다는 에피소드도 있다. 검사가 원적을 물을 때에 "상해라"고 답하고, 현주소를 물을 때에 "현저정 101번지(형무소)라"고 하였더니 검사가 조소한다고 노하였다. 몽양은 정색하고 "집 떠난 지가 20년이니 호적지가 어찌 되었는지 모르겠고, 잡혀서 곧 옥중으로 들어갔으니 다른 현주소가 없지 않은가" 반문하니 검사가 함구하고 말았다.[20]

독립운동에 대한 입장을 묻는 데 대해서도 여운형은 거침이 없었다. "일본은 조선민족으로부터 착취만 위한 정치를 하고 있는 것이니 조선민족은 살기 위해서 부득이 독립하지 않으면 안 될 것이다. 저 노방에 피로곤비한 민중을 보라. 빈부가 문제가 아니라 어떻게 먹느냐가 절박한…"이라고 하면서 맞섰다. 앞으로 "합법적으로 역시 민족해방운동에 정진"하려 하고, 그것도 용인되지 않으면 향리로 돌아가 호미를 잡겠다고 했다.

중야 검사(지방법원)와 이등 검사(고등법원)가 교대로 취조했던 여운형 사건은 1929년 8월 8일 최종취조를 마치고 검사가 기소했다. 기소한 죄명은 제령 제7호위반 및 치안유지법 위반이었다. 제령위반에 해당하는 행위는 대한민국 임시정부의 조직, 의정원조직에서 산파역을 했다는 점, 그리고 조선독립운동을 적극 원조하거나 직접 활동한 점을 들었다. 치안유지법 위반은 제1차 조선공산당운동의 주요인물들과 연락을 취하고, 음양으로 원조하여 제3국제공산당(코민테른)과의 인적 연락을 취해주었다는 것이다.

예심판사 오정五井 판사는 철저히 조사하면서도, 다른 한편으로 몽양을 회유하려고 했다. 과거의 일이 잘못되었다는 입장을 보여주면 면소해주겠다는 제안까지 했다. 몽양은 정색을 하고 "기소는 당연하다. 법제도 그러하고 자신도 그러하다"고 응수했다. 검사(이등)와 예심판사(오정)는 여운형

---

20 이만규, 여운형투쟁사, 110면.

에 대해 남긴 인터뷰 기사를 보면, 여운형에 대해 받은 인상을 짐작할 수 있다.

이등 검사 "인물은 진실하고 학구적인 태도를 가지고 있었는데 신문이 조금이라도 미상한 점이 있으면 답변치를 않고 또 알지 못하는 것을 물으면 오히려 사정을 알고저 묻는데 특히 계수計數에 경청하는 태도가 있었는 것이 주목되었습니다. 그의 취조로 근래 조선인의 사상의 변화, 조선 최근사의 이면을 알 수 있어 어떤 연구의 재료도 다소 얻었다고 말할수도 있습니다. 인물은 또 세계적 색채를 갖고 사회의 어떤 무엇을 확실히 인식한 바 있음을 볼 수 있었습니다."[21]

오정 예심판사 "취조하는 동안의 태도를 보면, 결코 적은 일에 구애치 않고 있는 마음을 그대로 하고 하고 싶은 말을 다 말하며 끝끝내 말하는데 대단히 진실한 사람이라고 말하겠습니다. 취조결과로 보아 조선의 사상운동과 최근조선역사에 대하여 아직 모르던 바를 알게 된 바도 많습니다. 인물은 항상 세계적으로 관찰을 하고 있는 이만큼 생각하는 바로 독특한 바도 있었습니다. 예심판사로 최초로 당하여본 인물이요 금후에도 다시 그런 인물을 예심정에서 대할 수 없을 듯 합니다."[22]

검사와 예심판사의 몽양에 대한 인상은 거의 일치한다. 먼저 진실한 사람이고, 탐구적이라는 점, 하고 싶은 말을 마음껏 다하고, 적은 일에 구애치 않는 사람이라는 점, 세계적인 수준에서 사고하고, 자기의 독특한 생각을 펼치기도 한다는 점, 검사와 판사 모두 조선의 사상운동의 추이는 물론 조선의 최근세사에 대한 정확한 지식을 얻게 되었다는 점을 지적한다. 금후에도 다시 대할 수 없을 정도의 인물이라는 데 공감하고 있다. 검사와 예심판사의 조서를 정독한 이정식 교수는, 마치 "일제당국이 우리를 대신해

---

21 중외일보 1930. 3. 12.자.
22 중외일보 1930. 3. 12.자.

서 면담 또는 인터뷰를 해준 것"이라는 인상을 받았다고 하면서, "피의자 여운형은 관헌들과의 대화를 즐겼다"고 평하고 있다.[23] 즐겼다는 말까지는 어폐가 있지만, 절대로 기죽지 않으면서, 민족운동 전반에 걸쳐 풍부한 이야기를 펼쳐나간 것은 틀림없고, 그 면에서 다른 독립운동가들과는 전혀 다른 호방한 면모를 느끼게 한다. 그러면서도 그는 구체적 정보를 제공하지는 않았다. 오정 판사가 예심을 끝내면서 여운형이라는 인간에 대해 인격자로 곳곳에 추장推奬하였다고 한다.[24]

예심이 종결된 날은 1930년 3월 11일이었다. 세간의 관심에 부응하여 예심결정서의 전문이 각 신문에 실렸다. 피고(여운형)는 1914년 중국에 건너가서 "일한병합은 동양의 평화를 교란하고 조선민족의 복리를 장애하는 것이라고 망신妄信하고 이래爾來 조선을 일본제국으로부터 독립케 할 기도의 범의를 계속하여 좌기左記 범행을 감행하게 되어 안녕질서를 방해하였다"는 것이다. 구체적인 행위로서는, ① 신한청년단의 조직과 활동, ② 상해임시정부의 조직, 의정원의 설치, 외부부 취임 및 임시의정원의 조직과 활동, 이후 각종 독립운동에 주도적 관여, ③ 공산당 입당, ④ 한국노병회의 조직에 관여를 들었다.[25]

이러한 활동 이외에도, 여운형의 가장 유명한 활동 중의 하나는 일본 동경에 직접 가서 정치인들을 만나 조선독립의 필요를 역설하는 회담 및 연설을 한 것이다.[26] 이같이 그의 활동은 실로 다방면에 걸치며, 장소도 상해와 만주, 러시아, 남방(필리핀 등)에까지 폭넓게 뻗어있다. 일본도 이미 여운형의 행적에 대한 많은 자료를 축적해놓고 있었지만, 여운형에 대한 취조를 통해 독립운동사에 대한 전반적 맥락을 파악할 수 있었던 것으로 보인다. 여운형 역시 독립운동에 대한 자부심을 갖고 자신의 활동상을 당당

---

23 이정식, 앞의 책, 408면.

24 이만규, 여운형투쟁사, 111면.

25 가령 동아일보 1930. 3. 12.자 이하; 중외일보 1930. 3. 13.자 이하.

26 강덕상, 여운형평전 1, 역사비평사, 2007, 355면 이하에서 더할 나위 없이 상세하게 정리하고 있다.

하게 말하고 있다. 이상 ①~④는 모두 제령 제7호 위반으로 처단할 범죄이고, 각 항목은 전체적으로 연속범(연속한 수개의 행위로 동일한 죄명에 저촉할 때는 연속범으로 일죄로 처단한다)으로 1개의 연속적 일죄로 처단된다.

중요한 법적 쟁점으로 떠오른 것은 ⑤ 조선공산당이 제3인터내셔널의 승인을 얻도록 도운 행위에 대한 것이다. 그 행위가 치안유지법 위반이 되는가 하는 점이다. 검사는 구 치안유지법(1925년) 위반으로 보았으나, 예심판사는 그 행위에 대하여 다음과 같이 견해를 정리했다.

> (여운형은) 조선공산당 조직의 방조를 위하였다. 지旨의 점에 대하여는 요컨대 제3국제공산당의 승인을 득하는 행위는 조선공산당의 조직행위 그 자체라고 해석하기 보다도 차라리 조선공산당의 목적 수행을 위하여 한 일 행위라고 간주하는 것이 타당하다. 그리하여 조봉암이가 제3국제공산당으로부터 그의 승인을 득한 것은 구치안유지법 시행할 당시에 속한 것은 일건기록에 의하여 명료하다. 그런데 구 치안유지법하에 있어서는 그 같은 행위에 대하여 과할 죄조罪條가 없는 것은 구 치안유지법 제1조 제2조와 현행 치안유지법 제1조 제2조와를 비교대조하면 석연釋然하다. 과연 그러면 피고는 위와 같이 그 행위를 방조하였다 할지라도 죄를 구성할 것이 아닌 것을 말할 것도 없는 것임으로 형사소송법 제313조에 칙則하여 면소를 언도할 것이라고 한다. 의하여 주문과 여如히 결정함.[27]

⑤의 행위에 대한 치안유지법 적용 여부에 대하여, 검사와 예심판사의 의견은 이처럼 상이했다. 검사는 예심판사의 면소결정에 대하여 불복의 입장을 밝혔다. 다만 불복의 방법으로 항고를 제기하지는 않고(그 이유는 피고의 미결구류기간이 길어지는 점을 들었다), 공판과정에서 치안유지법 적용을 주장하기로 방침을 세웠다. 이렇게 하여 치안유지법 적용 여부는 최대의

---

27 동아일보 1930. 3. 13~14.자.

쟁점으로 남았다.

예심종결과 함께 예심결정서가 공표되면, 그 결정서에 나타난 내용을 토대로 기사화가 가능해진다. 각 언론은 이 기회에 여운형의 활약 및 그를 통해서 본 독립운동사 전반을 대중들에게 알릴 수 있게 되는 만큼 기자들은 언제 예심결정이 나는지, 거기에 담길 내용이 무엇인지 촉각을 곤두세웠다.

여운형이 가진 위상에 걸맞게 변호인들이 자진해서 변론에 뛰어들 것은 분명했다. 예심에 회부되자 김병로, 김태영, 허헌, 이인, 이창휘, 한상억 등이 각각 변호계를 제출하였다.[28] 여운형은 원래 건강체질이고 운동을 좋아하였으나, 체포 당시의 격투로 인한 부상과 옥중 건강악화로 고생하였다. 그러한 소식은 이인, 김병로 변호사가 면회를 통해 밖으로 소식을 알렸다. 공판을 맞아 변호인의 수는 더욱 늘어났다. 자진해서 변론하겠다고 하는 변호사가 20인에 달했고,[29] 첫 공판정에 열석한 변호사는 김용무, 김병로, 권승렬, 이창휘, 강세형姜世馨, 한국종, 양윤식, 이종성, 송영상宋永祥의 9인이었다.[30] 공판 시점에 허헌은 이미 옥중에 있었기에 변호를 할 수 없었고, 이인의 경우 당시의 다른 사건들로 눈코 뜰새없이 바쁜 중이었다. 하지만 1930년 시점에 항일변호사들이 거의 집결한 형세를 보였다.

1930년 4월 10일 천하의 이목이 집중된 가운데 여운형에 대한 공판이 개정되었다. 식전부터 방청객으로 대혼잡을 빚었다. 여운형은 건강이 좋지 못해 의자에 앉은 채 진술하였다. 인정신문과 독립운동 이전의 행적에 대한 진술은 공개리에 행해졌지만, 본격적인 사실심리는 방청을 금지하고 비밀리에 진행하였다. 처와 자녀, 늙은 고모 등 가족과 가까운 친지에게만 방청이 허용되었다. 대신 특별방청석에는 복심법원장을 비롯하여, 경성지

---

28 동아일보 1929. 8. 12.자 "변호사4씨 변호계제출, 여운형사건에 이인 김병로 허헌 이창휘씨등"; 중외일보 1929. 9. 9.자 "각 중대사건 담임변호인".

29 이만규, 여운형투쟁사, 112면.

30 동아일보 1930. 4. 10.자 "변호사 9씨가 자진하여 변호 담당".

방법원장, 고등법원 검사들 이하 경성재판소 판검사들이 열석하였다.[31]

여운형은 옥중에 있는 동안 치질과 신경통으로 오랫동안 신음했다. 심지어 치질은 수술까지 받았으나 완쾌되지 못하고, 신경통까지 심하여져서 왼편 몸은 감각마저 둔해졌다.[32]

공판중에 재판장이 "피고는 지나 애국자더군"하고 약간 비꼬는 듯이 질문하자, 여운형은 답하였다.

> 나의 반생의 전성시대를 조국에서 쫓겨나가 중국에서 보냈다. 학업이나 사업이나 다 중국서 겪었고 친구가 거기 많고 강산이 익었다. 지금도 눈을 감으면 양자강 흐르는 물결이 눈앞에 보이고 있다. 내가 어찌 중국을 잊을 것인가! 나는 조선을 사랑하고 다음으로 중국을 사랑하노라.[33]

이 말을 할 때 그 어조가 어찌도 비장하고 강개하였던지 재판장으로부터 방청까지 만좌가 다 울었다고 한다. 몽양 자신도 눈물을 씻고 한참 침묵하였다. 김용무 변호사가 "그날 법정에서 한 말은 참으로 웅변이었다"고 회고한 바 있다.

공판은 당일 오전, 오후로 하여 종결되었다. 검사의 논고가 있었다. 검사는 예심판사와 달리, 다음과 같이 정리했다. 첫째, 신한청년당, 임시정부, 고려공산당, 노병회勞兵會 관련 단체행동은 치안방해로 제령 제7호 위반에 해당한다. 둘째, 임시정부와 노병회 관련 단체행동은 계속범으로 치안유지법 위반으로 인정된다고 봐야 한다. 셋째, 조선공산당의 방조를 한 것은 사실이다. 다만, 그에 대한 예심결정의 판단에 대해서는 어쩔 수 없다고 본다. 이렇게 제령 제7호위반과 치안유지법 위반(1928년 개정치안유지법)

---

31 동아일보 1930. 4. 10.자.
32 중외일보 1930. 4. 10.자.
33 이만규, 여운형투쟁사, 112면.

으로 논고하였다. 그리고 징역 5년을 구형했다.

변호인들은 검사와 판이한 해석론을 전개했다. 김용무, 이창휘 변호사가 정상론, 정책론 또는 법률해석을 둘러싼 법리론 등으로 열렬한 변론을 했다. 마지막으로 여운형의 최후진술이 있었다. 시간관계도 있고, 피고인의 희망도 있고 해서, 그 밖의 많은 변호사들의 변론을 계속하지 않도록 한 점[34]은 아쉬운 대목이다. 변호인의 변론기록이 남아있지 않은 것은 아쉬움을 더한다.

1930년 4월 26일 제1심 판결이 내려졌다.[35] 판결은 예심결정과 마찬가지로, 4개의 주된 사실 — 즉 ① 신한청년단, ② 임시정부 관여(1919년~1923년), 임시정부를 위한 헌금(1926년) ③ 고려공산당 입당, ④ 노병회조직 — 을 피고인의 자백에 의해 명백하다고 판시했다. 이 행위들은 일련의 연속선상에 있으므로 사실의 증명은 충분하다는 것이다. 법적용과 관련해서, 위 각 행위들은 범죄시에는 제령 제7호 제1조 위반인데, 각 행위는 연속범으로 1개 범죄로 총괄될 수 있다. 중간법으로는 구 치안유지법 제1조 제1항에 해당하며, 현행법상으로는 치안유지법(1928년) 제1조 제1항에 해당한다. 범행후 법률에 의해 형의 변경이 있는 경우에는 경미한 형을 선택하게 되는데, 범죄시와 중간시에 법정형이 동일하다. 그 경우 범죄시법 원칙에 따르게 되는데, 결국 여운형의 일체 행위는 제령 제7호 제1조 제1항 위반으로 처단된다. 그 형기 범위 내에서 피고는 징역 3년에 처하고, 미결구금일수중 150일을 본형에 산입한다.

한편 쟁점이 된 조선공산당의 코민테른과의 연계 방조의 행위는 조직행위 자체가 아니라 방조행위인데, 그 행위는 앞서 인정한 범죄사실과 병합죄의 관계가 있으므로 형소법 제364조에 따라 공소기각하기로 한다. 이 부분에 대하여는, 제1심판결은 예심결정과도 다르고(처벌될 범죄사실은 인정하

---

34 동아일보 1930. 4. 11.자.
35 판결문 전문은 중외일보 1930. 5. 4.자 "여운형 판결내용" 참조.

여, '면소'가 아니라 '공소기각'을 선택), 검사의 논고와도 다르다(검사는 치안유지법 위반을 주장했으나, 판결은 치안유지법위반을 택하지 아니하였다).

판결에 대해 여운형은 항소를 포기했다. 체형[36]은 각오한 지 오래라는 것이다. 전 방면에 걸친 그의 폭넓은 독립운동 활동상을 생각해보면, 당시 분위기에서 3년은 장기형이라고 할 수도 없는 일이었다. 그러나 검사는 항소했다. 치안유지법 위반의 적용을 받아야겠다는 것이다. 항소심인 경성복심법원의 공판은 1930년 6월 3일 한 차례 열리고 결심되었다. 판결은 1930년 6월 9일 이례적일 정도로 신속하게 나왔다. 형량은 동일하나, 검사의 항소가 이유있다는 것으로 원심판결을 일부 파기한 것이다. 법리 부분을 정리하면 다음과 같다.[37]

㉠ 대한민국 임시정부에 금품을 공여한 행위(1926년)는 치안유지법(1925년) 발효 이후의 행위이므로 치안유지법 제5조[38]에 해당한다는 것이다. 항소심은 치안유지법 위반에 명백히 해당한다고 본 사실을 별도로 추출해냈다.

㉡ 대부분의 행위(①~④)는 치안유지법 위반에 해당될 수도 있으나, 경미한 범죄시법을 적용하여 제령 제7호위반으로 함이 타당하다. 이는 원심과 같다.

㉠과 ㉡의 행위 역시 동일목적 하의 연속행위로서 연속범으로 함이 타당하다. 결과적으로 적용법조는 제령 제7호 제1조 제1항의 일죄로 처단한다.

여운형 재판에서 적용법조와 관련하여 여러 언급이 있다. 독립운동에 대해 치안유지법을 적용한 첫 판결례[39]라는 언급은 오도될 가능성이 있다. 치안유지법 적용사례는 1925년부터 나타나며, 사회주의적 경향을 띤 독립

36 당시엔 집행유예 없는 징역형을 '체형'이라 흔히 불렀다.

37 항소심 판결 원문은 공훈전자사료관에 있다.

38 제5조 제1조 제1항 및 전3조의 죄를 범할 목적으로 금품 기타 재산상의 이익을 공여…한 자는 5년 이하의 징역 또는 금고에 처한다.

39 이만규, 여운형투쟁사, 113면.

운동에는 빈번히 적용되었다. 임시정부 지원활동이 치안유지법 위반이 된다고 본 항소심의 판결도 첫 사례라 보기 어렵다. 이 활동은 치안유지법 공포 이후의 행위이기에 제령이 아닌 치안유지법이 적용된 것이다. 상해임시정부는 일본의 입장에서는 당연히 '국체의 부인'에 해당하는 조직이므로, 그와 관련된 활동에 치안유지법이 적용되는 것은 이상하지 않다.

오히려 예심 및 1심, 항소심판결에서 주목하고 싶은 것은 제령 제7호의 '정치의 변혁'과 치안유지법상의 '국체의 변혁'을 동일시하고 있다는 점이다. 여운형의 제반 행위(①~④)는 제령위반이기도 하고 치안유지법이란 신법이 적용될 수도 있다고 본다. 따라서 식민지하에서는 별달리 치안유지법이 필요없을 정도로 이미 통제형법이 완비되어 있는 상태였다고 할 수 있다. 다만 치안유지법은 다른 법령보다 형기가 높고, 개정치안유지법은 더더욱 높다는 사실을 여운형 판결을 통해 확인할 수 있다.

여운형은 징역 3년을 선고받고, 서대문형무소에서 대전형무소로 이감되었다. 처음에 그도 괴롭고 힘든 심정이었음을 토로한다.

> 영어의 몸이 된다는 것은 나같이 성미급한 사람에게는 참으로 괴로운 일이다. 첫 한 주일동안은 밥 한술 떠넣을 수가 없었다. 기가 막히고 안타까와서 심화만 나서 혼났다.[40]

당시에 감옥생활은 건강에 직접적인 위협을 주었다. 병사하거나 옥사한 이들이 적지 않았던 것을 봐도 알 수 있는 것이다. 여운형도 적지 않은 고생을 했다. 대전형무소에서 그는 날마다 감방에 앉아 어망을 엮는 그물뜨기 일을 했다. 소화불량증으로 고생하고, 쇠약한 모습으로 지냈다.

40 주요섭, "여운형 옥중기," 신동아, 1932. 9(몽양여운형전집 2, 한울, 1993, 191면).

감옥소 덕에 얻은 병이 다섯 가지이다. 맨 처음 상해서 잡힐 적에 운동장에서 경관과 격투하다가 귀를 몹시 얻어맞았는데 그때 고막이 상하여 한편 귀는 아주 병신이 되고 말았다. 그 다음에는 옥에서 주는 조밥을 먹다가 돌을 깨물어서 이 한 개가 고만 부스러지고 말았다. … 소화불량은 대단하다. 얼골이 이처럼 수척해지고 늙어졌으며 나왔던 배가 쑥 기어들어간 것이 모두 그 때문이 아닌가 한다. … 옥에 갇힌 지 며칠 못가서 신경통이 격렬히 일어났다. 그 통에 머리와 수염이 이렇게 하얗게 싀어버렸다. 들어간 지 6개월 이내에 이처럼 싀어버린 것이다. 신경관계인지 불면증도 대단하였다. 출옥 이후에도 별로 차도가 있는 것 같지 않다. 여전히 잠을 이루기가 참으로 힘이 든다. 그리고 마지막으로 감옥 안에서는 누구나 앓게 되는 치질에 걸리어 퍽 고생하였다. 네 번이나 수술을 했는데 그것은 완치된 모양이다. 그러고 보니 옥살이 3년에 나는 병쟁이가 되어버린 셈이다. 청년은 몰라도 성장기를 지난 중노급 사람은 옥에 갇히면 참으로 속히 늙어버리는 모양이다.[41]

그러나 그가 우울하고 절망적으로 감옥생활을 한 것은 아니다. 감옥을 심신단련을 위한 수련장으로 여기고, 수형기간을 수양의 기간으로 여기며 지냈다. 여러 가지 불편과 불평을 극복하면서 항상 명랑하고 쾌활하게 지낼 수 있어, 간수나 다른 직원들의 존경을 받기까지 하였다. 어떤 일본인 간수는 "내가 7년간을 간수로 있는 동안 수많은 정치범을 대해 왔지만 여운형같이 고상한 인격자는 처음 보았다. 모두가 분노와 번뇌와 불평으로 지내는데 선생은 항상 명랑 화평한 기운으로 지나니 퍽 이상스럽게 생각된다"고 말했다 한다. 그에 대해 몽양은 "나의 한 일이 양심적이고 자각적이므로 남을 원망하지 않고 나를 후회하지 않는다. 스스로 기쁠 뿐이니 불평이 있을 까닭이 없다"[42]고 답하였다 한다.

---

41 주요섭, 앞의 글(몽양여운형전집 2, 한울, 1993, 191면).
42 이만규, 여운형투쟁사, 114면.

어떠한 고난 속에서도 씩씩하고 쾌활하게 적응하는 것은 여운형다운 면모이기도 하다. 누구와도 격의없이 어울리는 사교적 품성이 몸에 배인 데다, 누구에 대해서든 기본적인 존중감을 갖고 대하였기 때문이다. 대전형무소는 서대문형무소보다 처우가 그나마 나았다고 한다. 전옥(형무소장)도 일본인 관리치고는 온후한 편이었다. 동생 여운홍에 따르면, 면회를 가면 전옥의 방으로 안내한 후 형님(여운형)과 자유롭게 담화할 기회를 제공하는 특전을 주기도 하였다고 한다. 여운형의 모범적 생활과 어울리는 성품의 반영일 것이다. 다만, 이러한 모습이 다른 관점에서는 비판되어질 수 있을 것이다. 꼿꼿한 기개로 일관했던 김창숙은 다음과 같은 증언을 남기고 있다.

전에 안도산 및 여운형이 모두 서대문형무소서 이 곳(대전형무소)으로 옮겨왔었다. 여(운형)는 옥리를 보면 반드시 머리가 땅에 닿도록 절을 하고, 안도 감방 규칙을 잘 지키는 것으로 소문이 나서, 여는 상표를 세 개 타고 안(창호)은 두 개 타서 모두 가출옥의 특전을 받았다. 간수는 내가 고통받는 것을 딱하게 여겨 종종 안과 여의 일을 들어 회유하였으나, 나는 웃으며 "그는 그고 나는 나다"라고 대답하였다.[43]

김창숙 선생의 기개는 존경받아야 할 태도이겠지만, 형무소라는 전체주의적 수용공간에서 개인의 적응에는 여러 방식이 있기 마련이다. 여운형이 "상표를 세 개 타"는 것은 그의 일상적 부지런함과 타인과의 적극적 관계맺음을 통해 타인까지 감복시키는 긍정적 태도에 기인한 바가 클 것이다. 그는 심지어 1920년엔 일본 동경까지 직접 가서 조선독립의 필요성을 일본 언론, 지식인, 정치인에게 설파하고 다시 상해로 돌아올 정도의 자신감을 갖고 돌파구를 여는 인물이었기 때문이다.

---

43 심산사상연구회, 김창숙 문존, 361~362면.

그런 여운형이기에, 그는 자신에게 강제된 그물뜨기 작업에도 나름 의미를 부여하였다. 동생 여운홍에게 보낸 편지에서 그는 『임연선어 불약퇴이결망臨淵羨魚 不若退而結網』이란 맹자의 일구一句를 써보내어, 그 의미에 대해 화제가 되었다.[44] "물가에서 고기를 부러워하는 것보다는 물러나 그물을 짜는 것이 낫다"는 내용은, 독립을 바란다면 그대로 앉아 독립만을 부르짖을 것이 아니라 독립을 쟁취하기 위한 적극적 준비를 해야 한다는 취지로 이해되었다.

옥중에 있을 때도 그는 전혀 잊혀진 인물이 아니었다. 예컨대 "철창리의 거물들"을 소개한 한 잡지에서도 그는 가장 비중깊게 다루어지고 있다.[45] "동서고금인물좌담회"에서는 현대의 인물을 자유분방하게 언급하고 있는데, 김병로의 다음 언급이 주목을 끈다.

주(요한) 현대의 인물을 말슴하여 주십시오. …

김(병로) 내외사람을 물론하고 계별系別할 것 없이 나는 소질로나 경험으로나 여운형이가 제일이라고 보앗습니다.

일동 그러나 …

류(광렬) 김준연金俊淵이가 날른지도 모를걸?

김 여운형이 아니면 누구가 잇습니까?

박(찬희) 중국에서는 햇는지 모르나 조선朝鮮서야 …

김 그러면 치안유지법으로 감옥에서 오래 들어가잇는 사람을 처야지오.…

주 외교인물으로는 누굴까요?

이(용설) 여운형이겟지오.

김 나는 이러케 알아요. 감옥생활에서 그의 인격과 언어의 조리라던가 체격이라던가를 보고 여운형 이상은 보지 못하엿다고.

---

44 "철창리의 거물들," 동광, 제21호, 1931. 5.
45 "철창리의 거물들," 동광, 제21호, 1931. 5.

채(상찬) 법정에서는 할 수 없으니 누구나 버티는 수밖에 잇어요? 법정에서만 보고야 압니까(웃으면서).

김 다른 사람은 버티지도 못하니. 나 본 중에는 여운형하고 채蔡 그리고 리가 제일 인상에 남앗습니다.

여운형의 변호사이긴 해도, 김병로의 여운형에 대한 거듭된 격찬이 이례적일 정도다. 소질로나 경험으로나 제일이라고 보고 있는 것이다. 외교인물로도 최고의 인물이라는 이용설의 찬사에, 김병로는 "감옥생활"에서도 인격, 언어의 조리, 체격 면에서 여운형 이상은 없다고 단언하고 있는 것이다. 수많은 사상범, 정치범의 변론을 맡아 그들을 직접 대면할 기회를 여러 번 가졌던 김병로의 평은 매우 인상적이다. 체포와 압송 당시부터 여운형은 단연 화제의 초점이었으며, 심지어 수형생활을 할 때에도 사회에서 그에 대한 기대치는 더욱 높아만 갔던 것이다.

1932년 7월 28일 여운형은 만기 4개월을 앞두고 가출옥했다. 가출옥 때 몰려온 기자들에게 다음과 같은 소감을 밝혔다.

감옥에서는 그물뜨기와 조히긔구 만드는 것을 해서 아주 익숙하게 잘 합니다. 건강은 얼마 전 빈혈증으로 말미암아 졸도한 일이 있었으나 지금은 소화도 잘 되고 해서 관계치 않습니다. 감상이란 것은 아무 것도 없고 다만 앞으로 무엇을 해야 할지가 근심됩니다. 처음 조선으로 올 때에는 잡혀오는 몸으로 징역할 생각을 하야 아무러한 근심도 없더니 지금 와서는 퍽으나 앞일이 근심됩니다. 조선에는 19년 동안이나 있지 않아 모든 것이 서투릅니다. 지금 가족들도 모두 조선에 와 있으니까 다시 해외로 나갈 것 같지는 않습니다.[46]

이제부터 국내에서 여운형의 활동이 개막될 것이었다. 석방 직후 그에

46 동아일보 1932. 7. 28.자 "철창 삼년 만에 여운형출옥, 만긔 4개월 두고 가출옥, 작일대전감옥에서".

대한 기사가 쏟아져 나왔고, 그는 거의 '민족의 영웅'의 취급을 받았다. 석방된 지 반년 정도 지난 1933년 2월 16일 그는 조선중앙일보 사장으로 취임하여 일약 3대 언론사 중의 하나의 사장이 된다. 신문사 사장으로 경영적 성과도 뛰어났고, 스스로 기행문도 발표파고 전국을 순방하면서 강연을 하고 다녔다. 상해에서도 그의 별명은 '무사분주'였는데, 1935년 정도에 그는 '다사분주'한 '감초사장'이었던 것이다.[47] 조선중앙일보는 1936년 (동아일보보다 앞서) 손기정 선수의 가슴에서 일장기를 말살시켜버린 사건을 일으켰고, 그것이 문제되자 자진폐간을 했고, 그로써 여운형의 사장 자리도 끝났다. 그처럼 여운형은 1929년 이전에는 해외에서 독립운동의 선두에 섰고, 1932년 이후에는 국내에서 독립운동과 문화운동의 중심이 되었던 것이다. 일제하 피고인과 변호인으로 만난 여운형과 김병로의 사이는, 일제 시대는 물론 해방 후까지 이어진다. 여운형이 주도한 건국준비위원회와 인민공화국 설립을 둘러싸고 김병로의 비판을 여운형은 수긍했고, 1946~7년 사이 여운형이 한 축이 되었던 좌우합작운동에 김병로도 지원하는 역할을 맡았던 것이다.

(2) 안창호 재판(1932년)

도산 안창호는 일생동안 독립운동에 매진하였고, 독립운동의 중추적 인물로 추앙받았다. 그는 1910년 초 한국을 떠나 미국과 중국을 중심으로 활동하였다. 1919년 5월에는 상해에 도착하여 대한민국임시정부의 설립을 실질적으로 주도하였다. 1923년에는 국내외 정국변화와 임시정부의 내분을 수습하기 위해 국민대표회의 소집에 적극 가담하여, 독립운동의 통일과 임시정부의 개조에 진력하였으나 창조파와 개조파의 치열한 갈등으로 대표회의는 결렬되었다. 미국에서 흥사단을 창립(1913년)하였고, 중국 상

---

47 그에 대해서는 이정식, 여운형, 서울대학교출판부, 2008, 422면 이하에 상세하다.

해에 그 지부로 원동위원부遠東委員部를 두어, 흥사단운동을 미국, 중국, 시베리아까지 넓혔다.

1926년부터는 분산된 독립운동단체를 통합하기 위하여 길림과 북경 등을 순회하면서 민족유일당운동民族唯一黨運動을 전개하던 중 1927년에는 길림에서 중국관헌에 의해 감금되어 일제의 마수에 넘어갈 뻔 했으나 여러 압력으로 석방될 수 있었다. 민족주의 진영의 지도자들을 중심으로 한 일련의 통합운동은 1930년에 성과를 보아 상해에서 한국독립당韓國獨立黨이 결성되었다.

그의 활약은 국내에도 상당한 영향을 미쳤다. 이광수, 주요한 등은 해외에서 안창호를 여러 차례 만났고, 그들을 통해서도 안창호의 존재와 활약은 더욱 널리 알려졌다. 해외에서 활약한 독립운동가 중에서 국내에도 가장 널리 알려진 인사의 한 분이었다.

1932년 4월 29일 오전 윤봉길의 거사가 있었다. 윤봉길은 상해 홍구공원虹口公園에서 일본의 경축일에 폭탄을 터뜨려 시라카와 대장 등 다수의 일본인을 살상했다. 윤봉길은 현행범으로 즉시 체포되었고, 곧바로 일경의 대대적인 검거가 시작되었다.

매우 당혹스런 일 중의 하나는 프랑스관헌의 태도였다. 1919년 이래 임시정부는 프랑스 조계 내에 자리잡았다. 프랑스는 한국인들을 법적으로 보호하자는 입장이었다. 일본관헌이 한국의 정치망명객들을 강도, 살인범, 사기취재자로 몰아서 해외의 범죄로 체포장을 발부한 후 프랑스관헌에게 체포협조를 청구함이 수차 있었으나 프랑스관헌들은 이러한 청구를 단호히 거절하였다. 1932년 이전까지 프랑스관헌들의 한인에 대한 보호는 주도면밀하였다. 때문에 제국주의 세력하에 안식처가 없던 한국의 독립운동자들에게는 프랑스관민들이 다시없는 고마운 지주였다.[48]

---

48 신한민보 1932. 9. 1.자 "홍구안 전후에 상해한인의 형형".

그런데 홍구사건 이후 프랑스인들의 태도는 이전과 완전히 달라졌다. 이번에는 한국독립운동자 전부를 체포하기로 작정한 일본관헌들의 체포 기도에 대하여 프랑스관헌들은 협조를 쾌락하였을 뿐 아니라 솔선 자진하여 한인의 체포까지 나선 것이다. 그중에서 프랑스 정탐 1인이 중국형사 3~4인을 대동하고 이유필李裕弼의 댁을 급습하였다. 이유필은 민단장이며, 수년간 민족운동의 주요인사임을 잘 알면서도 그리한 것이다.[49]

안창호는 김구로부터 사전에 피신하라는 연락을 받았으나, 당일 오후 상해 대한인 교민단장 이유필을 방문하러 갔다.[50] 이유필의 귀가를 기다리던 경찰들은 그를 체포하였다. 압송하여 조사해본 즉 의외에 안창호라는 거물임을 확인하였다.[51] 거사 직후 검거된 인원은 모두 11명에 달했으나, 독립운동에 관여한 대부분의 거물들은 검거의 화를 피했다.

윤봉길의 거사는 당장 중국의 여론에 엄청난 반향을 불러일으켰다. 중국 언론의 논조는 대체로 매우 호의적이었다. 아울러 안창호 등의 피체被逮에 대하여도 안타까움을 곁들여 보도하였다. 국내언론에도 안창호의 피체는 크게 다루어졌다. 그는 윤봉길 사건의 직접 관련자가 아닐 뿐더러, 그는 그를 아는 모든 이들로부터 높이 평가받고 있었기 때문이다. 또한 그동안 프랑스조계지역에서 안전하다고 여겨졌던 한국인 망명객들을 무차별 체포한 프랑스경찰에 대한 비난도 높았다.

안창호 피체와 관련하여 당장 떠오른 법적 쟁점은 다음과 같다. 첫째, 불조계 당국이 안창호를 체포하여 일인에게 인도한 것은 국제법례를 위반한 것이라는 점이다. 이 점에 대하여 많은 항의가 제기되었다. 안창호의

---

49 신한민보 1932. 9. 1.자.

50 김구에 따르면, 이유필은 "민족운동자로서 당시 교민단 단장의 직을 가지고 있었을 뿐 그 외에는 전혀 별 거동이 없었다. 만일 조국의 혁명을 위하여 노력한 것이 죄라고 한다면 이 씨도 당연히 이 죄를 면치 못할 사람이지만 폭탄사건과는 하등의 관계도 없었고 더욱이 법조계(프랑스조계) 경찰에게 직접 체포를 받을 아무런 이유도 없었다." 상해폭탄사건후의 백색공포[안창호선생의 수난, 안창호씨의 해괴한 체포, 안창호씨의 운명여하](김구, 도왜실기屠倭實記)".

51 태평양주보 1932. 6. 1.자 "안창호선생의 체포경로".

미국인 변호사는 안창호가 식민지 직전에 조선반도를 떠났기 때문에 "일본당국에 등록된 적이 결코 없는 한국인"이라는 사실, 그가 윤봉길 폭발사건과 연루되어 있지 않다는 점을 역설했다. 중국 외무부는 프랑스 총영사에게 강력히 항의하였다. 항의의 다른 이유는 안창호가 귀화한 중국시민(이라고 주장)했기 때문이다. 안창호에 대한 재판관할이 중국이나 프랑스에 있지, 일본에 있지 않다는 것이다. 임시정부 구미위원부에서도 "상해 프랑스조계에 거류하는 한인들은 반드시 프랑스 정부의 완전한 보호를 받아야 하며, 체포된 한인을 석방하여 프랑스조계로 돌아오도록 (프랑스 정부는 일본정부에) 요구하여야 한다"고 주장했다.[52] 그 항의는 어떤 의미있는 결과를 초래하지는 못했지만, 프랑스와 일본은 어느 정도는 곤경에 처한 점은 분명하다. 일본은 다음과 같이 그 입장을 정리하였다.

> 그러나 당 (영사)관으로서는 그 체포수속에 관하여는 영장은 불관헌佛官憲의 요구에 의해 각 신병 인도를 받기 전에 송부한 것이며 그 체포는 불관헌의 협력에 의하였던 것이므로 별로 문제로 하지 않으며 또 안창호는 晏彰昊라는 명의의 민국民國 십이년[53] 칠월 중국정부 내무부가 발급한 중국에 귀화한 증서를 소지하나 한편 한국 국적을 이탈해 있지 않으므로 당연 한국인으로 처치하기로 하고 중국 변호사 기타의 조회에 대하여는 일본 신민된 신분을 상실한 자가 아니라는 뜻으로 응수하였다.[54]

즉 안창호는 중국귀화증서를 갖고 있지만, 한국 국적을 이탈하는 조치가 없었으므로 당연히 한국인으로 처치할 수 있다는 것이다.

둘째, 그러한 체포가 그런대로 정당화되려면, 안창호가 "홍구공원 폭탄

---

52 태평양주보 1932. 6. 1.자 "상해에서 체포한인 석방을 법국대사에게 요구한 구미위원부 공문".
53 (중화)"민국"의 기원년은 1911년이며, '민국 12년'은 1922년이다.
54 "홍구공원폭탄사건범인의 연루혐의한인의 심문 전말[1932년 6월 4일자로 재상해총영사가 외무대신에 보고한 요지]," 한국민족운동사료(중국편), 9-AH0807-000.

사건에 직접 관련"되어 있다는 분명한 혐의가 있어야 한다. 처음부터 홍구 폭탄사건 관련에 대한 근거를 확보하지 못하였기에, 일본영사관은 12명 모두에 대해 "무계無届 거주의 이유에 의해 관령館令 위반으로 우선 구류 각 이십구일에 처"[55]하여, 그 구류기간을 이용하여 폭탄사건 및 기타 독립운동 관여를 추궁하는 편법을 취하였다. 1개월 동안 집중신문을 한 끝에, 일제의 처리결과는 다음과 같았다.

1. 12명 중 5명은 폭탄사건에 전연 관여하지 않은 자로 인정되어, 5월 14일 가출옥으로 석방함.
2. 남은 7명중 4명도 폭탄사건에 관계가 없고, 이 "흉행계획兇行計劃"에 관하여도 아는 바가 없는 것으로 인정되었으므로 5월 29일 구류만기를 기다려 방면.
3. 남은 3명(안창호, 장현근, 김덕근)의 3명 역시 폭탄사건 범인과의 관계가 없는 것으로 인정.[56]

그러나 일제는, 폭탄사건과 관련이 없다고 해도, 이 독립운동의 거물을 풀어줄 마음이 전혀 없었다. 상해총영사관 경찰은 안창호의 혐의점을 다음과 같이 정리하였다.

안창호는 이미 약 삼십년 전부터 한국독립운동에 종사하여 그 후 미국에서 1914년 한국독립운동을 할 인물양성을 목적으로 흥사단을 조직하여 스스로 단장이 되어 활동하고, 그후 1919년 5월 상해로 와서 임시정부 내무총장이 되었는데 당시 국무총리 이승만이 미국에 있었으므로 그 대리가 되었고 이어 노동국총판 등을 담임하여 독립운동에 활약하고 계속 운동중 최근에 있어서는 지난 연말

---

55 위의 자료.
56 앞의 자료.

일중사건에 휘말리어 조직한 임시정부 외교위원회 및 경제후원회의 위원장이었다. 또 한국독립당 집행위원으로 활동하며 또 지난해 년 11월 중 광동으로부터 내호來滬한 한인 왕억王億이라 칭하는 권국빈權國彬(당년 삼십오세가량)]과 모의하여 중국 측과 연락한 혐의가 있는 대일전선통일동맹계획안이란 과격운동을 기도하고 활동 중인 자이다.[57]

(안창호는) 이미 약 삼십년간 시종일관하여 전 한국민족은 일본의 기반羈絆으로 부터 이탈하여 국토와 주권을 광복하여 완전한 독립국가를 건설하려고 하는 목적하에 활동하고 있었던 자이다.[58]

혐의점 모두가 임시정부 관련 활동이거나 아직 조직되지 않은 안에 대한 것이다. 이런 혐의점이라면 불조계가 안창호의 체포에 협력한 사실이 더욱 문제가 아닐 수 없다. 그러나 일제는 치안유지법이 공포된 1925년 이후의 안창호의 독립운동 관여사실을 들어 치안유지법 위반으로 처벌하고자 했다. 중국 영토내의 활동에 대해 치안유지법 적용이 타당한가 하는 일각의 의문점에 대비하여, 일제는 자신들이 처리가 용이한 조선국내로 이송하고자 했다. 이리하여 상해와 경성의 관련기관들은 분주히 연락을 취하였다. 안창호는 장현근張鉉瑾, 김덕근金德根 등 2명의 청년 독립운동가들과 함께, 종래의 관행에 의하여 모두 한국에서 심리하는 것이 득책이라 인정하였던 것이다. 상해총영사관은, 경성지방법원 소속 검사가 구인장을 발부하여 전보로 보내도록 촉탁하였다.[59]

안창호 역시 냉엄한 현실을 직시하고 있었다. 자신이 체포된 이상 무슨 방법을 쓰든지 풀려날 수 없고, 조선으로 압송될 것이라는 점을 분명히 알고 있다. 그러면서 "자신에 관한 것은 자연에 맡기고" 스스로 마음을 다스

---

57 한국민족운동사료(중국편), 위의 자료.

58 한국민족운동사료(중국편), "안창호등의 재류금지[1932년 6월 4일자로 재상해총영사가 외무대신에 보고한 요지]".

59 앞의 자료.

리도록 노력하겠다는 것이다. 자신을 위하는 사람들에 대한 배려하는 마음도 자상하다.

이런 곡절 끝에, 영사관은 안창호를 포함한 3인을 조선으로 압송하였다. 3인에 대하여는 앞으로 3년간 "당 지방(상해)의 안녕을 해할 우려가 있는 것으로 인정하고 … 앞으로 3년간 중국에 재류하는 것을 금지하였다"는 점을 분명히 했다.

1932년 6월 2일 안창호 등 3인은 상해에서 경안환에 태워졌다. 상해 부두 일대에는 삼엄한 경비가 펼쳐졌다. 그들은 6월 7일 인천에 도착하여, 즉시 경기도 경찰부 자동차에 태워져 경성지방법원 검사국에 구치되었다. 안창호가 한반도를 떠난 게 1910년이니, 실로 23년 만의 귀국이었다. 〈거국가〉를 부르며 떠난 그는 이제 백발이 드뭇드뭇하게 늙은 채, 수금된 몸으로 고국땅을 밟게 된 것이다.

언론은 도산의 강제귀국을 계기로 보도를 쏟아냈다.[60] 먼저 안창호의 체포경위를 소개하면서 윤봉길 의거를 자연스럽게 상세히 소개했다. 도산이 피체된 이유필의 집에 가게 된 이유를 소개하면서, 그가 9세 소년과의 약속을 지키려 갔다고 체포되었음을 쓰면서 그가 어린이와의 약속까지 중시하는 인격자임을 은근히 부각시켰다.[61] 이어 인천에 마중 나온 사람은 가족들을 포함하여, 조만식曹晩植, 김동원金東元, 허헌許憲, 이덕환李德煥, 김성업金性業, 김병연金炳淵 씨 등 삼십여 명이었다. 경찰은 도산 친척 이외의 출영인은 잔교 가까이 하지를 못하게 하였다. 이렇게 그가 얼마나 거물인지를 간접적으로 보여주려 애썼다.

---

60 동아일보 1932. 6. 8.자 "해외풍상 23년 유설縲絏로 고토밟는 안창호".

61 동아일보 1932. 6. 8.자 "어린이와 약속을 지키려다 피착/도산의 집은 선종로인데 체포되던 이유필 집까지는 약 2리가량 상거라고 한다. 이유필 집에 가게 된 까닭은 그 전날 밤 이유필의 아들 이만영(9)이란 소년이 도산을 찾아가 5월 1일의 어린이날 기념식에 쓸 비용의 연조를 청하였던바 도산은 마침 돈을 가진 것이 없어서 내일 그 집으로 전해주마고 약조하고 어린이와의 약속을 어길 수 없다하여 연조할 돈을 가지고 오후 1시경 그 집을 찾아갔더니 이유필은 없고 그 집에 혼자 앉아서 신문을 보고 있을 때에 돌연 경관대가 달려들어 체포한 것이라고 한다."

안창호는 경성지방법원 검사의 구인영장에 의해 상해에서 경성에 압송되는 절차를 밟았다. 안창호 등은 현행범이 아닌 까닭에 (현행범에게 적용될 수 있는) 구류장이 아니라, 검사가 발부한 구인장에 의한 압송이었다. 6월 7일 오전 9시에 경성지방법원 구류장에 수용되어 검사국의 좌좌목 검사의 신문을 받고, 형사소송법 제89조[62]에 의해 일단 석방되었다. 검사의 신문을 마친 다음에는 검사가 발부한 구인장의 효력은 소멸되기 때문이다. 그러나 이는 법적 형식일 뿐, 경기도 경찰부에서 그의 신병을 바로 확보하여 경기도경찰부 유치장에 유치되었다. 다음날부터 삼륜 경부의 담임으로 경기도경 경찰부 사찰계에서 본격적인 취조를 진행하였다.[63] 그들은 안창호에 대한 30여 년간의 행적 전체에 대한 본격적 조사를 진행하였다. 경찰의 취조는 6월 8일부터 6월 17일까지 6차례에 걸쳐 이루어졌고, 7월 4일에 취조를 일단락했다. 경찰 사진반은 안창호에 대한 사진을 찍어 수형자기록을 만들었다.

그는 7월 15일 검사국으로 송치되었다. 19일부터 25일까지 사상검사가 형무소에 출장하여 취조하였다.[64] 7월 25일 구류만기와 동시에 안창호는 치안유지법 위반으로 기소되어 경성지방법원 예심에 회부되었다. 안창호와 같이 연행되어 왔던 두 청년은 기소유예처분을 받아 7월 26일 석방되었다. 그들을 처벌할 만한 혐의가 없었던 것이다.[65] 이렇게 취조받는 동안 안창호의 건강은 매우 악화되었다.

예심에 회부된 뒤 서대문형무소에 수용중인 안창호를 김병로, 이인 변호사가 면회하였다. 그들이 각각 확인한 바에 따르면, 안창호는 "신경통과

---

62 형사소송법 제89조 구인한 피고인을 재판소에 인치한 시로부터 48시간 내에 이를 신문할 것이다. 그 시간 내에 구류장을 발치 않는 시는 피고인을 석방할 것이다.

63 동아일보 1932. 6. 9.자 "검사국에선 석방형식, 경무부재차구금".

64 동아일보 1932. 7. 20.자 "검사가 출장 안창호취조".

65 장현근과 김덕근은 기소유예처분을 받아 7월 26일 석방되었다(동아일보 1932. 7. 26.). 이와 같이 3인 모두에게 중죄의 혐의를 걸 만한 사안이 거의 없었던 것이다. 안창호가 독립운동선상에서 가진 무게감 때문에 국내에 압송했다고 볼 수 있을 것이다.

소화 불량으로 안면安眠을 하지 못하여 신체가 매우 쇠약하였다"고 한다. 감방에서는 매일 감옥 의사의 진찰과 시약을 받는 중이나 원래 노구이므로 매우 염려된다고 한다.[66] 그에 따라 김병로는 안창호에 대한 보석원을 경성지방법원 예심계에 제출했지만, 8월 8일 그 보석원은 불허되었다.

이미 예심과정은 구속기간의 무기한 연장의 수단으로 악용되고 있었기에, 안창호의 구금도 적어도 1년 이상 걸릴 것으로 예상되었다. 변호사들은 안창호의 변호를 다투어 신청하였다. 그러나 안창호는 변호인의 도움을 받기를 거절하였다. 안창호에 대한 옥중면회를 자주 했던 주요한의 서신을 보면 그런 면이 뚜렷이 나타난다.

> 변호사에 대해서는 예심으로 넘어간 뒤에라야 의탁을 하는 법인데 도島씨(도산을 지칭, 필자)가 가족 면회 시에 천번만번 부탁이 음식을 차입하지 말라는 것과 변호사 고빙雇聘 말라는 것인 즉 아마 외부에서 변호사를 위임하더라도 본인이 절대로 승낙을 아니할 줄로 생각이오며 또 차처此處 일류 변호사들 중에서 벌써 자진하여 무료로 변호하겠다는 사람이 여러 사람 있사오며 그밖에 우리 동지들 중에도 변호사가 있고 기타에도 자진 무료 변호할 사람이 다수될 듯 한 즉 우리가 그들을 위로 또는 사례하는 연회나 선물 같은 것은 할 필요가 있으되 그밖에 특히 유료변호사를 고빙할 필요는 절대로 없겠사오니 그리 조량照諒하시기를 바랍니다. 그밖에 의복과 음식의 차입에 대하여서도 이곳 있는 동우同友들뿐 아니라 일반 사회적으로 향응이 많이 있음에 조금도 염려할 것이 없습니다.[67]

이와 같이 안창호는 사식차입을 하지 말 것과 함께 변호사를 고빙하지 말라는 것을 "천번만번 부탁"한 것이다. 다른 동포 재소자에 비해 어떤 특권적 대우를 받지 않겠다는 자세로 임한 것으로 생각된다. 변호사를 대지

66 동아일보 1932. 7. 31.자 "예심의 안창호 감옥에서 신음".
67 주요한이 홍사단에 보낸 편지(1932. 6. 22.) [자료: 독립기념관].

말라는 것은, 해외의 독립운동가로서 "숙원인 민족과업을 성취 못하고 적에게 사로잡힌 몸이 민족을 대할 면목조차 없다. 무슨 구구한 변론이 필요하겠느냐"[68]는 취지에서였다.

그러나 항일변론을 지속해온 변호사들로서는 안창호를 변론하지 않는 것 역시 참을 수 없는 일이었다. 김병로는 "안창호 선생의 사건을 자진하여 변호하기로 지원"하고 옥중에서 그를 면회하였다. 김병로는 안창호에게 변호사를 댈 것을 권면하였다. 김병로 뿐 아니라, 여러 변호사들이 자진하여 변론하겠다고 앞 다투어 나선 것이다.

> 금일 차지此地의 변호사 김병로 씨가 A선생(안창호를 지칭, 필자)의 사건을 자진하여 변호하기로 지원을 하시고 그를 옥중에서 제1차로 면회하였습니다. 앞으로 자주 면회할 기회가 있을 듯합니다. 그런데 A선생은 변호사를 대기를 목하目下 절대 거절하시는 고로 특히 김 씨로부터 거기 대해서 권면을 하셨으나 앞으로 태도를 어떻게 고치실는지 보아야 알겠습니다. 그리고 변호인은 김 씨 외에도 여러 사람이 자진하여 무보수로 변호코자 하는 이가 있은 즉 특별히 부탁할 필요는 없겠습니다. 또 외국이나 일본서 변호인을 고빙해 올 필요도 절대로 없습니다.[69]

김병로는 변호사로서 면회를 통해 안창호와 대화를 하고, 근황을 외부에 알리는 역할을 했다. 또한 건강상태를 확인하고, 건강악화를 이유로 보석을 신청하기도 했다.[70] 그러나 공판이 개시되기 직전까지 변호사선임을 거절하였다. 그러나 2년 이상 징역형의 중요 피고인의 공판에는 변호사 없이 개정하지 못하는 규정에 따르면, 관선 변호사를 선정하는 형식을 갖추

---

68 이인, 반세기의 증언, 111면.

69 주요한이 보낸 편지(1932. 7. 26.) [자료: 독립기념관].

70 "산옹은 서대문 형무소에 그냥 계신데 건강은 크게 염려할 것은 없사오며 전일 변호사 김병로 씨를 통하여 보석원을 제출했사오나 불허가가 되었습니다"(주요한이 보낸 편지, 1932. 8. 19).

어야 하는 문제가 있었다.[71]

변호인의 존재는 실상 여러모로 필요했다. 옥내외 상황의 연락도 필요하고, 건강상태를 확인하고, 심리적 안정감을 위한 면회도 필요하다. 이인 변호사의 회고는 다음과 같다.

> 그의 뜻이 이러함에(변호인 거절, 필자), 모두 변호인될 것을 단념하고 돌아왔다. 그로부터 한 열흘 지났을까. 뜻밖에도 '잠깐 상의할 것이 있으니 면회오시오'는 전보를 받았다. 나는 혹시 신환身患이라도 나셨나 하고 급히 찾아갔더니 법정변론은 필요없으나 옥내외 연락할 사람이 필요하므로 나를 변호인으로 선임하겠다 하신다.[72]

변호인들의 지극한 정성, 친지들의 권유, 변호사를 필요적 요건으로 하는 규정 등 여러 가지 관계로 변호인들은 옥내외 연락의 담당, 최소한의 법정변론 등의 역할만 하기로 하고 변호인계를 제출하였다. 법정에 출정한 안창호의 변호인은 김병로, 김용무, 이인, 양윤식, 신태악 그리고 평양의 김지건 등 모두 8인이었다.[73]

안창호에 대한 수사기록은 남아있지 않으나, 예심과정은 기록으로 남아있다. 예심판사(增村文雄)는 1932년 9월 5일 제1차 신문을 개시했으며, 10월 19일까지 총10회에 이르도록 예심을 진행하였다. 10월 26일 예심종결 결정을 내린다. 주문은 물론 "본 건을 경성지방법원의 공판에 부친다"는 것이었다. 예심의 기록은 "안창호신문조서"로 상세하게 되어 있다.[74]

이 신문과정을 통해 일제는 안창호라는 개인의 전반적 활동궤적을 파악

---

71 조선일보 1932. 12. 9.자 "변호를 거절하야 관선변호선임, 래 19일 경성서 개정되는 안창호 1회판"; 중앙일보 1932. 12. 9.자 "도산 안창호 변호를 거절".

72 이인, 반세기의 증언, 111면.

73 중앙일보 1932. 12. 19.자 "19일 오전부터 도산 안창호 공판"; 동아일보 1932. 12. 20.자 "도산안창호공판 금조今朝 제4호 법정에서 개정".

74 조선사상운동조사자료, 안창호신문조서, 1932. 9. 5.~10. 19.

함과 함께, 구한말로부터 1932년까지 수십 년간의 반일독립운동의 전반과 세부를 파악하고 있다. 일제는 이미 치밀한 정보를 구축해놓고 있었기 때문에 상세한 신문이 가능했다. 안창호는 신문과정에서 새로운 정보를 제공하기보다는, 이미 파악된 정보를 기초로 한 질문에 대하여 확인성 답변 및 배경설명을 더하는 형태로 답변하고 있다. 이 신문조서는 안창호 개인에 관한 사실을 이해하는 데 도움이 될 뿐 아니라 독립운동사 연구에도 귀중한 자료로서의 의미를 갖고 있다.

법률적으로는 공소시효의 범위 내에 속하는 사건들에 대해 혐의점을 집중하지 않을 수 없다. 예심종결결정에 따르면 안창호의 혐의점은 3가지로 집중되었다.[75] ① 임시정부 경제후원회 창설에 관여하는 등 임시정부에 자금공여했다. ② 한국독립당 조직에 관여했다. ③ 대일전선통일동맹의 조직하려고 운동했다(미수).

예심판사에 따르면, ①의 행위는 (구)치안유지법 제5조에 해당하고, (현)치안유지법 제1조 제1항 후단에 해당한다. 범죄시와 재판시 형의 변경이 있으면 경미한 쪽의 법률을 적용하게 되므로, 경미한 구법의 형에 따라 처단되어야 한다. ②의 행위는 1929년의 일이므로 (현)치안유지법 제2조 제1항 전단의 결사조직의 소행이 된다. ③의 행위는 (현)치안유지법 제1조 제1항 전단 제3항에 해당한다. ②와 ③은 연속범이고 [②③]과 ①은 병합죄가 된다. 세 행위 모두 치안유지법에 따라 규율된다.

상해의 영사관, 검사, 예심판사가 수십 차례 신문하여 얻은 결과물을 보면, 안창호에 대한 '기소유예' 의견이 제기될 만도 했다. 시종 독립운동을 한 것은 명백하지만, 공소시효 범위내의 행위 속에는 어떤 무장폭력적 요소도 없고, 치안유지법의 일차대상인 공산주의·무정부주의와 연결시킬 근거도 없었다. "독립운동"을 위한 모금 및 단체결성을 처벌하겠다면 당연

---

75 안창호에 대한 예심종결결정(결정일은 1932. 10. 25), 원문은 "安昌浩に對する豫審終結決定," 사상월보, 제2권 제8호, 1932. 11, 55~70면.

히 그 범위에 속하지만, 위의 ①②③의 행위만으로는 처벌의 당위성을 역설하기에 미흡한 느낌이 없을 수 없다. 그래서 예심판사도 "적용 법률은 예심 결정에 있어서 치안유지법 신구新舊를 모두 적용했으나 장차 공판에 있어서 어찌될런지 예단할 수 없는 것이다"[76]고 언급하는 실정이다.

공판은 1932년 12월 19일 오전 10시 반부터 종일 개정되었다. 상해에서 검거된 지 8개월 만이고, 조선으로 압송된 지 만 6개월이 지나서였다. 물론 지체된 것이지만, 당시 관행과 비교해볼 때 예심과정은 그리 긴 기간이 아니었다고 볼 수 있을 것이다. 그가 법정에 들어서기까지의 모습을 한번 음미해보자.

오전 십시 삼십분이 되자 산하山下 재판장을 선두로 유원柳原, 천기川崎 양 배석 판사 좌좌목佐左木 검사, 서기, 통역 등이 순서로 착석하고 그 뒤를 이어 특별 방청으로 죽내竹內 경기도 경찰부장, 삼륜三輪 수사계 주임, 복부服部 서대문 서장 등 7인의 착석이 있은 후 다음에 길야吉野 경부의 지휘로 일반 방청객의 입정이 있었는바 먼저 도산의 가족 박치선朴致善 외 6씨를 지명입정시키고 그 뒤로 일반 방청객의 입정이 질서정연하게 있었다.

변호사석에는 평양의 김지건金志健 씨를 비롯하여 김병로金炳魯, 양윤식楊潤植, 김용무金用茂, 신태악辛泰嶽, 이인李仁 등 6씨가 열석하여 이로써 법정 안 공기는 피고 도산 안창호의 출정을 앞에 두고 찢어질 듯한 긴장 속에 파묻혔다.

10시 41분경 입구의 문이 열리며 게다를 끌고 용수를 쓴 피고 안창호가 간수 두 명에게 호위되어 법정 안에 발을 들여 놓았는데, 용수를 벗은 피고의 안색은 예상 외로 건강한 혈색을 보여 주었다. 공판은 처음 피고의 신분, 다음에 범죄사실에 들어가 심리가 진행되었는바 피고는 침착한 태도로 재판장의 심문에 일일이 자세한 답변을 하였다. 동 11시 30분경 재판장으로부터 앞으로의 심문은

---

76 동아일보 1932. 10. 28.자 "안창호공판회부 산하재판장담임 공판은 래월 하순경".

치안에 방해될 우려가 있다는 이유로 피고의 가족 7인만 세워놓고 그외 일반 방청을 금지한다고 선언을 하였는데…[77]

재판은 사실심리에 들어가기 전 인정신문과 교육 등에 대한 간단한 신문을 하고, 이어 공소사실에 대한 간단한 요점식 질문을 하고, 1시간이 채 되지 않았을 때 재판장은 본건심리가 치안을 방해할 염려가 있다고 하여 방청금지를 선언하고, 특별히 친족 7명에 대해서만 특별방청을 시킨 채 비밀심리를 하였다.[78] 1시간여의 점심시간을 가진 다음, 오후 2시에 공판을 재개하였다. 역시 비밀리였다. 오후 5시 40분에 이르러 피고인의 진술이 끝났다.

피고의 진술이 끝나 좌좌목佐左木 검사로부터 4년의 징역을 구형이 있은 후 즉시 합의를 하고 휴정한 지 10분 만에 변호사 제씨의 변론에 들어가 동 5시 40분에 변호사 이인 씨로부터 신태악, 김용무, 김병로, 양윤식 씨 등이 순서로 일어나 간단한 변호를 하고 6시 40분에 결심結審을 보게 되어 폐정하였는데 판결언도는 오는 26일이라 한다.[79]

이같이 변론에 소요된 시간은 60분에 불과했다. 변론 자체를 원치 않았던 도산의 입장도 반영되었을 것이고, 주요사실에 대해 다툼의 여지가 없기 때문이기도 했을 것이다. 도산의 법정태도는 어떠했던가. 공판조서가 남아있지 않다. 다음은 이인의 회고이다.

법정에 선 도산은 의연하고 근엄하여 일호의 궁색함이 없었다. 재판장이 묻

---

77 중앙일보 1932. 12. 20.자 "도산 안창호의 공판외".
78 동아일보 1932. 12. 20.자 "도산 안창호 공판 금조今朝 제4호 법정에서 개정".
79 동아일보 1932. 12. 20.자 "비밀리공판속행 당일결심사년구형".

는 말에는 간략한 대답 뿐 구구한 변해辯解가 없으니 일본 재판관들도 과연 안창호는 다르다, 국사적國士的 풍도風度가 있다 하여 감탄하는 빛이 역력하였다. 재판장이 "이등박문이 피고에게 외국에 가서 시찰하기를 권한 일이 있다고 하는데 왜 거부하였소"라고 묻자, 선생은 "이등은 일본인이 아니었소?"하고 한마디로 대답하였다.[80]

단 1회의 공판으로 결심이 되고, 1주일 후인 1932년 12월 26일 안창호에 대한 판결이 선고되었다. 새벽부터 모여든 방청객들이 2백여 명에 달하여 정사복경관이 엄중경계를 하였다. 이날 방청에는 중국 국민당 간부 수명이 섞여 있어 이채를 발하였다.[81]

판결의 주문은 다음과 같다. "피고인을 징역 4년에 처한다. 미결 구류 일수 중 50일을 상기의 이 형에 산입한다."

형량은 검사의 구형과 똑같이 징역 4년이었다. 미결구금일수는 4월 27일 체포로부터 계산하면 만 8개월에 걸친 기간이었으나, 불과 50일만 형기에 산입하였다. 양형의 측면에서는, 재판장은 "태도와 연령을 고려하여 작량감경한 것"이라 언급하였다. 즉 치안유지법의 법정형이 높지만, 경찰에서부터 공판정까지의 태도가 점잖았다는 사실과 55세라는 연령을 감안하여 비교적 관대한 형을 선고한다는 취지였다.[82] 여운형과 비교하자면, 여운형의 공소사실은 1918년부터 1926년까지의 사실이기 때문에 제령위반과 치안유지법(1925년) 위반에 해당하여 징역 3년이 선고되었으나, 안창호의 경우 치안유지법개정법(1928년)이 적용되었기에 더 가중될 수밖에 없었다.

판결을 받은 안창호는 방청석을 돌아보고 일반인과 친지에 대해 미소와

---

80 이인, 반세기의 증언, 112면.
81 동아일보 1932. 12. 27.자 "도산안창호판결 구형대로 4년언도".
82 동아일보 1932. 12. 27.자.

목례로 감사한 뜻을 표하였다. 퇴정 직전에 김용무 변호사가 일어나 "항소를 어떻게 하시겠습니까" 하고 물었다. 안창호는 얼굴에 미소를 띠고 "지금 말 못하겠소. 가족들과 의논해보겠소"하고 방청석을 휘둘러보다가 간수들에 끌려 퇴정하였다.[83]

판결문을 보면, 판결이유의 기조는 예심종결결정과 같고, 표현 및 분량도 마찬가지다.[84] 안창호의 약력을 죽 언급한 뒤에, "순수한 민족운동의 입장에서 조선독립운동의 통일을 기하여야 한다고 생각한 피고인"은 다음과 같은 몇 가지 활동을 했다고 적시하고 있다. 예심종결처분과 비교해보면 약간의 차이가 있다.

첫째, 임시정부에 자금공여(예심종결결정 ①)는 (구)치안유지법 제5조에 해당하는 바, 이 행위는 공소시효기간(형사소송법 제281조 제4호)이 완성되었다고 판시하였다. 따라서 이 부분은 면소판결(형사소송법 제363조 제4호)을 내렸다.

둘째, 한국독립당 조직에 관여(예심종결결정 ②)하였고, 이 당의 이사로 취임하여 목적수행을 위한 다양한 활동을 하였음을 인정하였다.

셋째, 대일전선통일동맹(예심종결결정 ③)의 미수를 인정하였다.

그리고 ②와 ③은 연속범에 관한 법리를 적용한다. 요컨대 한국독립당(기수), 대일전선통일동맹(미수) 밖에 처벌할 행위를 찾을 수 없었던 것이다. 자금공여부분(①)이 유죄의견(예심판사)이 기각되고 면소판결을 받게 된 데는, 변호인들의 변론이 주효했는지 여부는 자료가 없어 판단을 유보하고자 한다.

12월 27일 김용무 변호사는 서대문형무소로 가서 안창호를 면회하였다. 안창호의 항소 여부에 대한 결심을 알기 위해서였다. 안창호는 김 변호사에게 대하여 이같이 말하였다고 한다.

---

83 중앙일보 1932. 12. 27.자 "도산안창호에게 구형대로 4년언도".
84 "상해 가정부 안창호 사건 판결(확정)," 사상월보 제2권 제11호, 1933. 2. 12~18면.

"죄의 경중은 물론하고 항소할 의향은 없소. 판결받는 즉시에 항소권 포기를 언명치 아니한 것은 나를 위하여 애쓰시는 변호사 여러분에게 미리 의향을 말하여 양해를 구하는 것이 정당한 줄 안 까닭이오.…이번 나를 위하여 여러 가지로 동정하여 주신 친지와 동포 여러분께는 깊이 감사함을 드리고 또 내게 관해서는 안심하기를 바란다고 해주시오."

하여 김 변호사에게 이 말을 일반 친지와 동포에게 전해 달라는 부탁을 하고, 도산은 경찰부로부터 검사국과 예심과 공판을 거쳐 감옥에 가기까지에 관헌들의 동정적인 호의를 감사한다 하고, 최후로 건강에 대하여서는 허리에 신경통이 있어 기거가 어려우나 만나 이야기하는 동안에는 항상 유쾌한 웃음을 보이더라고 한다.

또 작일(12. 26) 그를 형무소에 방문한 신태악 변호사에게 대하여는 유머있는 어조로, "삼십년 ○○운동이 겨우 사년 징역 밖에 남은 것이 없소."하고 대소하였다고 한다.[85]

안창호의 인격의 면모를 잘 볼 수 있는 대목이다. 처음부터 그는 변호인의 도움도 필요 없다고 여겼다. 적에게 사로잡힌 포로로서 무슨 구구한 변명이 필요하겠느냐는 취지였다. 그가 변호인들의 선임을 받아들인 건 변호인들의 지성과 주위의 요청에 따른 수동적 수용이었을 뿐이다. 변호인들과 적극적으로 공판투쟁을 하려고 했다면, 공판기일이 단 하루로 끝났을 리도 없었을 것이다. 이렇듯 일제와의 비타협적 투쟁의 원칙을 견지했지만, 그는 언제나 온화한 인격자였다. 그러기에 심지어 일제 "관헌들의 동정적 호의에 대한 감사"를 표할 정도로 도량이 넓었다. 그 때문에 그를 대한 검사, 예심판사, 재판장은 한결 같이 그의 고매한 인품에 대한 존경을 표하였다. 한 민족의 지도자로서 그가 보인 '국사적 풍도'는 개별 쟁점 하

---

85 동아일보 1932. 12. 28.자 "도산안창호 공소권포기".

나하나에 대한 치열한 논쟁이 아니라, 인정할 것은 인정하고 그러면서도 독립운동의 대의와 자신의 의지를 표현하였다. "30년 독립운동에 겨우 4년 징역이냐" 하는 유머는 인격적 수양이 바탕이 된 위에서 나오는 것이 아닐 수 없다.

항소권 포기는 변호인 거절과 같은 맥락에서 이해될 수 있다. 기소되는 것이야 자신의 의지가 아니지만, 항소는 자신의 의지가 개입된다. 물론 항소심을 재판투쟁의 장으로 활용하는 적극적 투쟁의 사례도 필자가 여럿 소개했지만, 도산의 입장에서는 그런 것은 구차한 일로 여겼음직하다. 변호인들의 의견을 존중하는 바탕위에서 부드럽게 포기하는 방식도 도산의 인격의 발로라 함직하다.

안창호는 서대문형무소에서 복역하다가 1933년 2월 대전형무소로 이감되어 복역하던 중 1934년 2월 은사로 1년이 감형되어 1935년 2월 10일 2년 반 만에 대전형무소에서 가출옥하였다.[86]

도산의 옥중생활은 어떠했을까. 가출옥하면서, 그를 출영나간 기자에게 다음과 같이 언급했다.

> 몇 해 동안 형무소 생활을 하다가 이렇게 나오고 보니 제일 반가운 것은 여러분과 낯을 대하는 것이올시다. 옥중에 있을 때에는 소화 불량으로 매우 곤란을 받았기 때문에 앞으로는 우선 심신정양에 힘쓰겠습니다. 감옥에 있을 때에는 여러 가지 일을 배웠습니다. 지함紙函도 만들어 보았고 그물도 떠보았고 그밖에 여러 가지 일을 해 보았지요 … 앞으로 무엇을 경륜하느냐구요? 그것은 무엇이라고 말씀드릴 수 없습니다. 아직 자유로운 몸도 못 되었거니와 앞에 일을 경홀히 단정해 말씀할 수도 없는 일입니다. 당분간 심신수양에 전심하여 보겠습니다.[87]

---

86 조선일보 1935. 2. 11.자 "도산안창호 금일 대전서 가출옥".
87 조선중앙일보 1935. 2. 12.자 "안도산 가출옥".

가출옥하면서 그는 대전에서 기차를 타고 경성으로 갔다. 그가 경성역에 도착하자 역두에는 언론계, 실업계 기타 각 방면 유지들의 출영이 있었다. 안창호는 고동색 두루마기에 로이드 안경을 쓰고 감개무량한 표정으로 각 방면 인사들과 굳은 악수를 교환했다.[88] 경성에서 1박하고, 다음날에는 평양으로 향했다. 평양의 유지들은 황주까지 마중을 나가 그를 맞았고, 평양역에는 수많은 인파가 그를 환영했다.[89] 그는 병세가 심해 요양을 위해, 지방을 순회한 후 평안남도 대보산 송태산장에 은거했다. 그러나 그는 은퇴하지 않았다. 그를 찾아오는 사람도 많았고, 그의 역량을 동우회의 활성화에 힘을 보탰다. 자아혁신운동을 역설하고, 동우회운동을 진작하기 위한 노력을 했다.

1937년 6월 28일 동우회사건으로 일경에 체포되었다. 11월 1일 서대문형무소에 수감되었다. 1937년 12월 24일 위장병 및 폐결핵 증세로 보석출감했다. 1938년 3월 10일 자정에 경성제국대학 부속병원에서 심중한 위장병 및 폐결핵증세로 서거하였다. 향년 61세.

장지는 생전의 유언에 따라 평안남도 대동군 대보산의 사유묘지로 설정했다가 양주군 망우리 공동묘지에 묻혔다. 장례절차도 일제의 압력과 간섭으로 축소되었다. 조문객의 명단까지 일제는 다 파악했으며, 장례절차도 최소화하도록 압력을 가했다. 조문객은 조만식 등 60여 명(변호사는 김병로, 김용무 양인 포함)이었고, 장례식은 기독교식 고별례로 했다. 장지까지의 고별행렬은 가족에 한해 허락되었다. 안창호의 형 안치호는 동생의 모습을 영구히 보존하기 위해 데드마스크를 제작, 장례행렬에 참여하려 했으나 그것도 당국의 저지로 동대문경찰서에 보관시켰다. 그의 서거에 대해 일제는 신경을 곤두세워 반응을 탐지하였다.[90]

---

88 조선중앙일보 1935. 2. 12.자.
89 조선중앙일보 1935. 2. 12.자.
90 정치 요시찰인 사망에 관한 건[경종경고비京鍾警高秘 제1070호], 1938.3, 312면 등.

안창호에 대한 변론을 하고 그 뒤에도 여러 번 도산을 옥중에서, 사회에서, 법정에서 만났던 김병로의 도산의 인간성에 대한 회고를 모아보면 다음과 같다.

> 선생은 그 후 일본 경관에 피검되어 오셨는데 자주 찾아 뵈었습니다. 얼마나 고통스러우냐 물으면 「나야 뭐 괜찮은데」 하시고, 무엇보다 밖에 있는 동포를 걱정하셨지요. 이성을 잃지 않고 자각하여 살아 나가기 바라면서… 무엇보다 조선사람(그 당시의 말)으로서의 자각이라는 것을 늘 말씀하셨습니다. 공판 때에도 조금도 변치 않는 엄연한 태도를 취하셨습니다. 동우회 사건으로 재차 피검 당하셨을 때도 그랬었지요.…참 그 분은 다정다감하시고 세심한 분이셨습니다. 감옥에서 나오신 후 자주 화계사나 미륵동 같은 데 교회관계 분이나 조만식, 백관수, 인촌(김성수) 같은 분과 함께 가셨습니다. 나도 같이 갔었지만 늘 한적한 곳을 좋아하셨습니다. 이야기 하시기를 좋아하셨지만 자기가 잘했다든지 어떤 일을 과장한다든지 또는 남을 비난하시는 일 같은 것은 전혀 없었습니다. 다만 국내외의 동포들의 형편을 염려하시며 통합해야 한다는 말씀이 주였지요.… 그 분은 언어와 행동이 조금도 그릇된 점이 없는 분입니다. 남을 포섭하는 힘도 많으시고 거짓을 모르시고 남을 평가한다든가 편파적으로 생각하고 행한다든가 하는 것과는 아주 거리가 먼 분이에요.[91]

인간적으로 다감하고 세심하고, 자기자랑이나 남의 비난을 전혀 하지 않았으며, 거짓을 모르고, 동포를 걱정하는 인물, 그를 적대시하는 일본관헌의 존경까지 끌어내는 감화를 가진 인물이 김병로가 겪은 도산의 모습이었다. 해방 후 민족구성원간의 분열이 격화되어갈 때, 분열적 심성이 아니라 통합적 지혜와 인격을 갖춘 인물이 무엇보다 아쉬웠을 때, 도산의 부

---

91 "島山을 말한다[좌담]," 새벽, 1960. 11, 32면 이하에서 김병로의 언급 발췌.

재를 안타까워한 분이 한둘이 아니었던 것이다.

(3) 조용하 재판(1932~1933년)

조용하는 1905년 을사늑약이 체결되자 북경으로 망명하여 항일활동을 하다가, 1913년에 도미하여 하와이에서 독립활동을 하고 각처의 독립운동을 원조하였다. 특히 상해임시정부와 연계를 맺고, 임시정부의 기관지 '한보韓報'를 하와이 거주 한국인에게 배포하고, 한인협회를 조직하였다. 하와이에서 조선독립단의 지단장으로 선출되어 기관지 "태평양시사"를 발행하기도 하였다. 그는 또한 친동생인 상해임시정부 외무총장 조소앙趙素昂과 긴밀한 연락을 유지하며 외교 및 홍보활동을 전개하였다. 1932년 4월 그는 조소앙으로부터 중한동맹회中韓同盟會 조직의 선언 및 입회용지의 송달을 받고 하와이 재류 동지를 권유하여 가입시켰으며, 임시정부와 유대를 갖고 독립운동을 계속하였다.

1932년 10월에는 보다 본격적인 활동을 위하여 미국 기선 프레지던트 후우버호를 타고 상해로 가던 도중 고베神戶에 기항하였다가, 1932. 10. 11. 이 정보를 입수한 일경에게 체포되었다. 국제공법상 선객을 체포할 때에는 선장의 동의를 요하는 것이 원칙인데 그러한 동의도 없이 선객을 체포한 것은 불법이라고 하여 상해 미국영사는 일본 외무성을 향하여 항의했다는 소식도 있었다.[92]

조용하는 1933년 1월 경성으로 압송되어 조사를 받았다. 1933. 3. 31. 경성지방법원에서 공판이 진행되었고, 다음날 속개된 공판에서 징역 2년 6월을 선고받고 옥고를 치렀다. 그에 대한 변호는 김병로, 이인이 자진하여 무료변론을 맡았다.[93] 조용하에 대한 혐의는 다음과 같았다.

---

92 동아일보 1932. 11. 4.자 "해외중요인물 조용하 피체 선장동의 업시 잡앗다고 미령사항의제출 : 미주에서 상해 항행중 신호에서 피체".

93 "하와이 조용하 군자금 모집 사건 공판조서," 한민족독립운동사자료집 42권 독립군자금모집 11, 국사편찬위원회, 1986.

- 1929년부터 한국독립당의 기관지 「한보韓報」를 송부받아, 하와이의 조선인 사이에 배포하여 그 민족운동을 앙양시켰다.
- 1930년 하와이의 조선인 단체인 대한교민단, 대한독립단, 국민동지회를 한 덩어리로 하여 상해의 대한민국 임시정부 소위 가정부를 지지 후원하고 이로써 조선으로 하여금 제국의 기반으로부터 이탈시킬 것을 목적으로 하는 한인협회라는 결사를 조직하여 피고는 그 위원장이 되고 또한 종종 선전 등을 인쇄, 반포하여 민족의식의 앙양에 노력함으로써 동 결사의 목적 수행을 위하여 활동하였다.
- 친동생 조소앙으로부터 동인 등이 중일사건의 발발을 기화로 하여 상해에서 중한 양 민족을 결합하여 항일운동을 하고 조선으로 하여금 제국의 기반으로부터 이탈시킬 것을 목적으로 하여 조직된 중한동맹의 선언서 5부, 입회신청서 3통 등의 송부 및 동지 획득의 의뢰를 받고 동년 4월 중순경 호놀룰루시 이오라니 거리의 자택에서 태병선, 김경준에 대하여 그 정황을 말하고 가입할 것을 권유하였다.
- 여러 인사들로부터 임시정부에 대한 납부금, 소위 인구세를 징수하여 하와이은행의 어음으로 상해에 보내어 임시정부의 목적수행을 위해 활동하였다.[94]

재판장은 "공안을 문란하게 할 우려가 있다"고 하여 재판의 공개를 정지하고 일반방청인들을 퇴정시켰다. 1930년대에 이르면, 독립운동가 사건에서 비공개재판이 원칙처럼 운용되었다. 그러나 그런 와중에도, 김병로 변호사는 "근친자에 한하여 방청을 허용해야 한다"고 했고, 결국 재판장은 근친자들을 방청하도록 허용했다. 그에 따라 그의 친제와 상해에서 귀국

94 "하와이 조용하 군자금 모집 사건 조용하 신문조서(제2회)," 한민족독립운동사자료집 42권 독립군자금모집 11, 국사편찬위원회, 1986.

한 조용하의 자녀 등 가족 4~5명이 방청하게 되었다.[95]

일제는 이 시점에 이르면, 사회주의 공산주의 무정부주의적 색채를 띠지 않는 독립운동에 대해서도 치안유지법의 법망을 펼치게 된다. 상해에서 한국독립당이라는 결사를 조직하고, 기관지를 배포하는 것은 "(대일본) 제국의 기반으로부터 조선을 이탈, 독립"시키기 위한 결사를 조직한 것이고, 이를 배포하는 것은 "결사의 목적수행을 위한 활동"이 되어 치안유지법 위반을 구성하게 된다. 그 기관지 10여 부를 하와이에서 받아서 배포한 것 역시 결사의 목적수행을 위한 활동이라는 게 기소의 요지였다. 일제 법정이라는 불리한 환경 하에서도, 조용하는 자신의 활동을 대체로 시인하면서도 의연하게 대응하였다.

「한보」뿐만 아니라 상해 기타로부터 보내어 온 것, 혹은 하와이에서 발행된 것과 함께 회람에 공여한 사실은 있었으나 결국, 민족의식을 높이기 위해서 한 일이라고 해석되어도 할 수 없다. 그러나 나는 「한보」를 회람에 돌린 일이 한국독립당의 목적 수행을 위해 활동한 일이 된다고는 생각하지 않았으나 법률적으로 보아 그러한 일이 되는 것이라면 이것 또한 할 수 없다.[96]

"중한동맹에 대하여 피고는 희망을 걸고 있었는가"는 재판장의 질문에 대하여 그는 "일의 성부는 별개로 하고 우리들 조선인으로서는 나쁜 일은 아니라고 생각하고 있었다."고 답하였다. 이봉창, 윤봉길 사건에 대하여 "동정을 보내고 지사로서 원조하고 싶은 것 같은 기분이 아닌가"의 질문에 대하여도, 그는 "조선의 독립을 위해서는 조선 2천만 민중의 지력智力, 경제력을 충실하게 해서 진지하게 쌓아 나가고 실력이 있으면 독립이 될 수

---

95 동아일보 1933. 4. 1.자 "일반방청 금지리 조용하 공판개정, 피고 가족에만 방청허락".

96 "하와이 조용하 군자금 모집 사건 공판조서," 한민족독립운동사자료집 42권 독립군자금모집 11, 국사편찬위원회, 1986.

있다고 생각하고 있으므로, 교육 방면에서 전력을 경주해서 조선인의 문화를 향상시키는 일에 전력을 쏟아야 한다"고 답했다.[97] 재판장의 유도성 질문에 끌려 들어가지 않으면서도, 완곡하게 자신의 희망을 피력한 것이다.

> 독립이라고 하는 것은 사람의 힘과 신의 힘이 결합하여 신의 명령에 의해 독립을 허락받았을 때에 독립이 될 수 있는 것이라고 생각하고 있다. 그리하여 조선인의 실력을 충실하게 한 그 날에는 그러한 때가 반드시 온다고 믿고 있으므로 조선인의 진지한 노력을 기대하면서 독립의 희망은 버릴 수는 없는 것이다.[98]

변호인들은 30분에 걸쳐 변론을 했다[99]고 하는데, 상세한 변론내용은 알 수 없다. 이인 변호사는 "본건은 어느 것이나 범죄를 구성하지 않으므로 무죄"라는 무죄변론을 하고, 김병로 변호사는 "집행유예"의 변론을 하는 식으로 역할분담을 했다. 조용하에게는 징역 2년 6월이 선고되었다.[100] 치안유지법 위반이긴 하지만, 하와이에서 이루어져 영향이 크지 않다는 점과 수사 및 공판에서 사려 깊은 태도가 참작이 되었을 것으로 보인다. 또한 조용하의 체포과정에서 미국 측의 동의도 없이 체포한 점이 하나의 부담으로 작용했을 것이다. 피고는 상소를 포기하였다. 상소포기는 여운형, 안창호 등과 마찬가지의 대응이다.

이인 변호사는 조용하에 대한 법정태도에 대한 소감을 남겼다.

> 그(조용하)는 법정에 선 태도가 장중하면서 겸허하고, 겸허하면서도 숙연하였

---

97 "하와이 조용하 군자금 모집 사건 공판조서," 한민족독립운동사자료집 42권 독립군자금모집 11, 국사편찬위원회, 1986.

98 "하와이 조용하 군자금 모집 사건 공판조서," 한민족독립운동사자료집 42권 독립군자금모집 11, 국사편찬위원회, 1986.

99 동아일보 1933. 4. 1.자 일반방청 금지리 조용하 공판개정, 피고 가족에만 방청허락.

100 "재포왜조용하사건판결," 사상월보 제3권 제2호. 고등법원검사국 사상부, 1933. 5., 11~13면에 판결문 전문이 수록되어 있다.

다. 그의 의연한 자세는 법정에 선 사람의 가식이 아니라 천연 그대로 였으므로 그의 기품은 온 법정을 위압하고도 남음이 있으니 그 인품은 내가 법정에서 만난 독립지사 중의 으뜸이다. 일본인 재판장은 그에게 "고국에 돌아온 감상이 어떠냐"고 물었다. "이렇게 된 몸이 더 말할 게 있겠소"였다. 패군지장敗軍之長은 부담병법不談兵法인데 너희에게 접혀 노수虜囚의 욕을 보면서 무슨 할 말이 있겠느냐 함이니, 조금도 과장이 없고 눈꼽만한 변명도 없다.[101]

이인에 따르면, 재판장이 고국에 돌아온 감상을 물은 것은 일본인일망정 조용하의 인물에 감탄해서 형량을 조금은 가볍게 해줄 속셈이 아닌가 싶었던 것이다. 이인 변호사는, 선고를 앞둔 어느 날 조용하를 면회한 자리에서 "법정에서는 조금 화和하게 했으면 싶습니다"고 하였더니, 그는 "내 천성이 그런 것을 어떻게 합니까" 라고 답했다고 한다.[102] 조용하의 법정태도를 보면, 적대적인 감정을 분출함이 없이 의연하게 답할 것은 답하는 태도였으므로, 이것이 무죄변론(이인)과 함께 선처변론(김병로)의 여지를 충분히 낼 수 있는 것이었다. 실제로 그의 활동상에 비해 경미한 형을 받은 것은 그의 장중하면서도 겸허한 법정태도에 기인한 바와 무관치 않는 듯도 하다.

조용하는, 옥고를 치르고 출소한 뒤, 더 이상 사회적 활동의 소식은 들려오지 않는다. 그의 마지막 소식은 1939. 4. 22. 별세라는 안타까운 소식이다.[103]

(4) 박헌영 재판(1934년)

제1차 조선공산당사건의 주역 중 1인이었던 박헌영은 1927. 9. 첫 공판에서 정신이상의 징후를 일으켜 1927. 11. 22.에야 병보석으로 출감할 수

101 이인, 앞의 책, 1974, 108면.
102 이인, 앞의 책, 1974, 108면.
103 동아일보 1939. 4. 23.자 "조용하씨 별세[초]".

있었다. 각처에서 치료와 요양에 힘썼지만 회복가능성이 없어 100여 명의 피고인 중 그에 대한 공판은 무기 연기되었다.[104] 그러다 그와 부인(주세죽)은 1928. 11. 15. 함경도에서, 일제의 일상적 감시와 해안에 대한 엄중한 경비를 돌파하여, 배를 타고 국경을 넘어간 것으로 알려졌다. "벌써 고비원주高飛遠走하여 로서아 혹은 중국 방면으로 간 듯한 것이 확실하다"[105]고 했지만, 실제로 어디로 가서 어떻게 되었는지 종적이 묘연했다. 일제의 치밀한 감시망에도 불구하고 그의 존재는 포착되지 않았다. 1934년의 한 기사는 다음과 같이 쓰고 있다.

박헌영의 잠적

그는 형을 받고 복역 중에 병이 위독하야 가출옥되어 나왔다. 그래서 서울에서 얼마동안 의약에 친親하다가 산수 좋은 애인 주세죽 여사의 고향인 함경도 함흥으로 가서 정양하든 중 하루 아침 바람같이 사라졌다. 들리는 풍문에 주여사와 함께 모스꾸바에 갔다 하나 지금쯤 어디 있는지 아모도 아는 이가 없다.[106]

그런데 그 박헌영이 1934. 7. 돌연 나타났다. "상해 법조계에 박헌영이 있다"는 것을 알게 된 일경이, 상해 일본 총영사관 경찰부에 수배하여 그를 검거했다는 것이다. 일제는 공산당 혐의로 김형선을 취조한 결과, 그가 해외로부터 잠입할 시에 박헌영에게서 조선공산당 재건의 지령을 받아가지고 왔다는 것을 밝혀내고, 김형선으로부터 박헌영이 상해에 소재하고 있음을 파악한 것이다.[107] 그러나 사실은, 상해 일본영사관은 조선공산당을 해외에서 지도하던 김단야를 체포하기 위해 잠복하던 중 한 인물을 체포

---

104 한인섭, 앞의 책, 372면 이하.

105 조선일보 1928. 11. 15.자 "조선공산당 박헌영 탈주".

106 "출두거두의 그 후 ,제1 · 2차 공산당사건의 수뇌자, 민중운동자대회사건의 수뇌자," 삼천리 제6권 제5호, 삼천리사, 1934. 5. 1.

107 조선일보 1933. 8. 8.자 "김형선 관계 이외는 박헌영 함구 불언".

했는데, 그 사람이 김단야가 아니라 박헌영이었음을 알게 되었다.[108] 이때가 1934. 7. 5.로 위의 기사와 달리, 박헌영은 우연히 체포된 것이다.

박헌영은 1933. 7. 초순과 중순에 걸쳐 재상해 일본영사관 경찰부에서 엄중 취조를 받았다. 1928년 국외 탈출부터 1934년 체포될 때까지의 행적 모두가 집중취조의 대상이 된 것이다. 박헌영은 "블라디보스톡에 도착하여 그곳 조선인들로부터 병치료의 도움을 받고, 소학교 교사로 고용되어 근무하다가 하얼빈으로 갔다가, 상해로 왔다. 자신은 정신병자이기 때문에 전연 공산주의 운동에 가담하지 않았고, 같은 주의자들로부터도 정신병자로 취급받는데 문제가 없었고, 상해로 온 것도 어떤 목적도 없고 별 뜻 없이 온 것"이라고 진술하였다. 경찰은 박헌영으로부터 어떤 물증도 찾지 못했다. 그리하여 그가 실제로 한 일, 즉 소련의 모스크바에 가서 국제레닌학교를 졸업하고 명실공히 공산주의 지도자가 되었다는 점, 조선공산당을 해외에서 지도했던 사업 등을 은폐하는데 성공했다. 만일 그가 한 일을 그대로 진술했더라면, 그 파장은 엄청났을 테지만 이번에도 필사적인 '심문투쟁'은 성공했다.[109]

경성으로 압송된 뒤 종로경찰서에서의 취조에서도 박헌영은 이런 일관된 심문투쟁을 이어갔다. "박헌영이 해외에서 활동한 내용은 아무 물적 증거도 없을 뿐더러 본인이 그것에 대해 함구불언하므로 (일경으로서는) 알 수 없다 하며, 다만 김형선 관계만 진술한다."[110] 김형선 관계는, 김형선이 이미 경찰취조에서 밝힌 정도를 인정하는 정도였을 것이다.

경성지방법원 예심에 회부된 것은 1933. 8. 26. 예심이 종결된 것은 1934. 3. 29.로 7개월만이었다. 그는 치안유지법 위반과 출판법 위반 등으로 공판을 받게 되었다. 1934. 12. 10. 제1회 공판은 박헌영, 김형선 등 7명에 대한 것이었다. 당일 공판정에는 친척들로 대만원을 이루었으며, 공판

---

108 임경석, 이정 박헌영 일대기, 역사비평사, 2004, 183면.

109 임경석, 위의 책, 175~176면.

110 조선일보 1933. 8. 8.자 "김형선 관계 이외는 박헌영 함구 불언".

정 내외에는 서대문서 경관들로 엄중한 경계를 보게 되었다.[111]

그런데 박헌영은 1927년에 연기해둔 재판까지 함께 해야 했던 터라, 박헌영만 분리심리를 받게 되었다. 김형선 등 6인의 재판은 1934. 12. 20. 종료했다. 박헌영의 공판은 1934. 12. 21. 개정되었다. 공판 개정한지 불과 3분 만에 일반의 방청을 금지하고 심리를 진행하였다. 그리하여 공판의 방청을 허락받은 사람은 박헌영의 친형 1명 뿐 이었다. 12. 27. 박헌영은 징역 6년(미결통산 550일)을 받았다. 박헌영은 즉석에서 항소할 의사를 표했으나, 1935. 1. 15. 항소를 취하하기로 수속을 마쳤다. 박헌영은 6년 동안 복역 끝에, 1939년 9월에 출옥하였다.[112]

이 박헌영 사건의 변론을 맡은 이는 김병로 변호사였다. 김병로로서는, 1927년 여러 변호사들과 함께 공산당사건의 변론을 맡은 이래, 이번으로 박헌영만 두 번째로 변론을 맡게 된 것이다. 1927년에는 20여 명의 변호사가 함께 맡았지만, 이 때는 김병로 단독으로 박헌영을 맡았다. 그가 자진해서 맡았는지, 박헌영의 의뢰가 있었는지는 기록이 없지만, 아마도 김병로의 변론 의사와 박헌영의 수락에 의해 이루어졌지 않을까 한다. 박헌영으로서는 김병로 변호사의 결기와 열정을 이미 접한 바 있고, 김병로는 독립운동 옹호라는 차원에서 그의 변론을 자청할 만했던 것으로 판단했을 것이다. 그가 어떻게 변론했는가는 기록이 없다. 이 시점에 이르면, 언론에서는 변호사의 변론내용을 거의 소개할 수 없었던 것으로 보인다.

3. 경성제대 반제동맹사건 변론

1930년대 전반에 학생들의 비밀결사는 '독서회'와 '반제동맹'으로 대별

111 조선중앙일보 1934. 12. 11.자 "공산당재건 획책한 7명의 공판 개정".
112 임경석, 앞의 책, 2004, 180~181면.

된다. 독서회가 사회주의 이론학습을 위한 준비단계라면, 반제동맹은 1931년 일제의 만주침략 이후에 반전운동을 벌인 실천적 조직이라는 보다 적극적인 성격을 띠고 있다.[113] 이 시기 학생들의 비밀결사는 대개 사회주의적 색채를 띠고 있었는데, 반제동맹은 조선공산당 재건운동과 다소간 연관을 맺으며 진행되었다. 일제는 독서회조차도 관용하지 않고 적발, 처벌을 꾀하였는데, 반제동맹의 형태를 띨 경우에는 그 뿌리까지 뽑고자 심혈을 기울였다.

당시의 비밀결사로 가장 대표적인 것이 경성제국대학 반제동맹이다. 일제가 조선에 만든 최고의 교육기관인 경성제대의 엘리트 청년들이 반제동맹을 결성했다는 사실은 엄청난 충격을 안겨주었다. 경성제대 개교 이래 가장 규모가 크고 조직이 갖춰진 운동이었고, 일본인 학생까지 주역으로 가담한 사건인데다, 만주침략을 전면으로 공격하는 내용이기에 세인의 이목을 끌었다.[114]

1930. 6. 경성제대생으로 독서회를 끌어가던 신현중은 조선공산당 재건운동을 하던 이종림을 만나, "지금은 독서회에서 이론연구를 할 시기가 아니라 이미 실천의 시대다. 학생간의 공산주의운동은 반제운동이어야 한다"는 조언을 듣고, 독서회 수준을 넘어서 반제동맹을 결성하기로 했다. 1931. 3.에 이르러 반제동맹을 만들고, 거기에 경성제대생은 물론 경성치과의전 등 경성의 주요 학교의 학생들을 동참시켜 반제경성도시학생협의회를 결성했다. 1931. 9.에 가면 노동자들로 '적우회'를 조직하여 반제격문을 뿌리기까지 했다. 학생들은 물론이고 총독부, 은행, 의원, 신문사 직원까지 망라된 나름대로의 대규모 조직이었다. 그리고 거기엔 조선인 뿐 아니라 일본인까지 가세했기에, 더욱 세인의 이목을 집중시켰다.[115]

---

113 홍석률, "일제하 청년학생운동," 한국사 15 : 민족해방운동의 전개 1, 한국사편집위원회, 1994, 331~332면.
114 이충우, 경성제국대학, 다락원, 1980, 195면.
115 김호일, 한국 근대 학생운동사, 선인, 2005, 328~329면.

신현중 등에 대한 검거는 1931. 10. 시작되어, 1931. 11. 17. 21명에 대한 치안유지법 위반, 출판법 위반으로 예심에 회부되었다. 예심이 종결된 것은 1932. 8. 16.에 이르러서였다.

예심종결되어 기소된 19인 피고인의 명단을 보면 경성제대 법학과(5인), 경성제대 의학부(1인), 문학과(1인), 예과(1인), 경성치의전 생도(1인), 경성제2고보(3인), 급사(총독부 급사 2인, 조선일보 1인, 동일은행 1인, 천일의원 1인), 기독청년학교 생도(2인), 한성도서주식회사 직공(1인), 농업(1인)으로 실로 다양했다. 연령은 24세부터 18세까지의 청년들이었다. 이 중 고교생 2명과 예과생 1명은 예심면소처분을 받고, 19인이 공판에 회부되었다.[116]

반제동맹사건의 제1회 공판은 1932. 11. 4. 경성지방법원에서 개정되었다. 피고들은 신현중 등 수용 중에 있는 11명과 시천조언市川朝彦 등 보석중인 8명. 도합 19명이 전부 출정하였다. 그들의 담임변호사 김병로 씨 등 아홉 변호사[117]도 출석하였다.

방청석은 특별과 보통, 두 좌석을 만들어 특별방청석에는 경성제대 교수 등 20여 명이 열석하고, 보통석에는 피고들의 친족 등 백여 명이 몰려와서 대혼잡을 이루어서 서대문경찰서에서는 길야吉野 고등계주임 이하 정사복경관 수십 명을 출동시켜 법정내외를 철통같이 경계하였다. 재판장은 치안방해의 이유로 일반방청을 금지하여, 특별방청원 20여 명을 그대로 두고 보통석은 전부 퇴출시켰다.[118]

이 사건이 만주사변을 계기로 일어났던 것이니만큼 공판정은 매우 긴장되었으며 또 검사가 공소사실 설명과 심리청구까지 방청금지에 부친 것은 사상공판에 있어서 일찍 그 전례가 없는 것이라고 한다.[119]

---

116 이충우, 앞의 책, 1980, 183면.

117 조선인 변호사는 5인(최병석, 원택연, 김병로, 이종하, 이인)이고 일인 변호사가 4인(동아일보 1932. 11. 4.자 "경성제대생을 주체로 학생공산당 공판"). 조선인 학생들은 조선인 변호사를, 일인 학생들은 일본인 변호사를 선임했다. 이충우, 앞의 책, 193면.

118 동아일보 1932. 11. 5.자 "제대교수등 방청 피고 십구명 출정".

119 동아일보 1932. 11. 5.자 "제대교수등 방청 피고 십구명 출정 피고들의 가족 친지 쇄도로 혼잡".

1932. 11. 24. 판결이 내려졌다. 19명 피고인 중에서, 실형을 받은 피고는 단 3명이었고, 16명은 기소유예를 받았다. 실형인 경우에도 신현중(징역 3년), 이형원(징역 2년), 안복유(징역 2년) 등이었다. 전체적으로 관대한 판결로 평가가 내려졌다. 조선공산당사건이라면 중형을 선고하는 게 관례였던 데 비하면 이러한 관대한 판결은 처음이라는 게 중평이었다.[120] 일본인 학생들은 전원 집행유예를 받았다. 경성제대 산전삼양山田三良 총장이 "모든 것은 본인의 부덕한 소치이니 학생들의 장래를 보아 관대히 처분해 달라"며 요로를 찾아다닌 덕이 컸다[121]고도 한다. 사회적 이목이 집중되었고, 일본인도 관여했으며, 일제가 만든 최고교육기관에 대한 배려 등이 작용하여 이렇게 관대한 형으로 귀결된 것으로 보인다.

4. 이재유와 공산당재건운동사건 변론

이재유는 일제하에서 가장 파란만장하고 극적인 생애를 거쳤던 공산주의자였다. 그는 1905년 오지 중의 오지인 함경남도 삼수에서 태어났고, 우여곡절 끝에 1924년에 보성고보에 입학했으나 자퇴하였다. 이듬해 송도고보에 편입했으나 학내에서 사회과학연구회를 조직하여 퇴학처분을 받았다. 1926년엔 도일하여 일본에서 노동학교에 등록하고 고려공산청년회에서 활동하다가 제4차 조선공산당 사건으로 체포되어 경성으로 압송되었다. 그는 경성지법에서 치안유지법 위반으로 징역 3년 6월을 선고받고, 1932. 12. 22. 경성형무소에서 만기출소하였다.

출소 직후부터 그는 경성 지역의 공장과 학교에 세포조직을 만들고, 현장지도자를 키우고, 기관지(적기)를 간행, 배포하는 등 정력적으로 활동하

---

120 동아일보 1932. 11. 25.자 "성대공당 반제동맹판결 16명 집유, 피고 3명에게만 체형언도 최고형은 3년징역".
121 이충우, 앞의 책, 193면.

였다. 러시아나 중국의 국제공산주의와의 연결선에 의존하지 않고, 자생적으로 공산주의의 기반을 공장과 학교 등 하부층의 현장 내에서 만들어 갔다. 그의 노력은 조선공산당재건운동으로 나타났다.

그에 대한 경찰의 체포노력은 집요하였다. 1934. 1. 22. 서대문경찰서에 행정검속 명목으로 체포되어 취조 중에, 3. 11. 경찰서에서 일단 도주했으나, 인근의 재판소 앞의 미국영사관에 들어간 채 기절했다가 다시 서대문경찰서에 붙들려왔다. 그러나 4. 14. 다시 탈출하여, 이번에는 평소 '조선에서 공산주의운동 및 세계 공산주의 운동의 상세 등'에 대해 깊이 의견교환을 했고 동지애를 나누었던, 경성제대 삼택녹지조三宅鹿之助 교수의 동숭동 관사에 은신했다. 이재유는 한 달 이상 그 집 마루창을 뜯고 속에 들어가서 거적을 깔고 삼택三宅 교수 부부가 하루 세 끼 가져다주는 죽을 받아먹으며 독서하기를 38일이나 하다가 5. 21. 오전에 삼택 교수가 검거되자 탈출해서 행방을 감추었다. 당국이 집중적인 검거노력을 기울인 조선인 혁명가를 일본인 교수가 장기간 은닉시킨 그 자체는 나라 전체를 뒤흔든 센세이셔널한 사건이었다.[122]

이재유는 도주기간 중에 박진홍, 이관술, 박영출 등에게 '조선내 공산주의 운동의 통일방법'에 관해 의견을 나누고, 학생운동 및 노동운동에 대해 세밀한 지도를 하고, 공장에서의 운동에 대해서도 세밀한 지도를 하였다. 그에 대한 검거망이 좁혀지자, 서울을 떠나 경기도 양주군 노해면 공덕리로 은신하여 활동하다가 1936. 12. 25. 창동 제2우이교 부근의 산중에서 체포되었다. 그는 "농군, 장돌뱅이, 노동자, 학생 등 여러 가지로 변복"한 수십 명의 사복 경찰의 포위망 속에 잡혀서, 무참하게 짓밟히고 얻어맞으면서 24시간동안 일체의 자백 없이 버텨냄으로써, 동료들이 검거망을 벗어날 시간적 여유를 확보해 주었다.

---

122 동아일보 1935. 8. 24.자 "경성제대 연구실 관사가 금번 공산운동의 총본영, 조선공산운동의 초유사, 삼택교수 관사 지하굴에서 은신해 비밀계획, 공산운동 통일, 재건결의 등".

일제경찰의 입장에서, 이재유의 체포는 "그에 의해 키워지고 있던 반도 공산당운동의 생사를 건 대체포"였다. 30여 명의 수사대는 "참혹할 정도로 눈물겨운 개가를 올리면서 개선장수와 같이 수사본부로 되돌아왔다"고 한다. 그의 검거소식은 언론에 곧바로 보도되지도 못했다. 후속 수사와 관련자 체포를 위해서였다. 그가 4개월에 걸친 악독한 취조를 받고 기사가 해금되자, 일본인신문 경성일보는 "집요흉악의 조선공산당 마침내 괴멸하다"는 표제 하에 "이로써 조선공산당운동에 의한 모든 화근은 완전히 궤멸, 종식되었다"고 보도하였다.[123] 매일신보는 "조선공산운동 궤멸의 최후진"이라면서, 그를 일컬어 "마인魔人" "적색음모 화신"이라며 "20년 역사 최후 거물" "조선의 사회운동은 이재유의 검거송국으로 드디어 마지막 조종을 울리게 되고 말았다. 이재유 사건의 총검거 송국과 그 취체의 성질 혹은 소위 역사적 사명이란 것이 조선공산당운동의 고성낙일孤城落日같은 싸늘한 잔광을 자취도 없이 소멸케 하고 마는 것이니 … 이 일파의 공산당재건운동사건이야말로 조선사회운동사의 최후의 한 페이지를 마지막으로 삭탈해버리고 마는 것이라고 볼 수 있는 것이다."라고 평했다.[124]

이재유의 몇 년간의 행적은 온갖 신화를 풍성히 낳았다. "루팡 이상 교묘한 변장술로 전후 6차 기록적 탈주" "동원경관만 전조선으로 수만명의 다수" "신출귀몰, 탐정극같은 경로" 등.[125] 이렇게 그의 일대기, 주변 이야기 모두가 언론의 대서특필 감이었다.

그는 체포의 순간부터 최악의 고문에 시달렸다. 약 4개월 동안 공식 취조만도 14차례나 받았고, 검찰에 송치된 게 1937. 4. 23.이었다. 검사의 공식수사는 4차례 진행되었다. 1937. 5. 1. 검사의 공식수사가 종결되고 이재유는 예심에 회부되었다. 예심에 들어간 것은 1937. 11.이고 1938. 2. 3

---

123 김경일, 이재유, 나의 시대 나의 혁명, 푸른역사, 2007, 248~249면.

124 매일신보 1937. 4. 30.자 "조선공산운동궤멸의 최후진 고루사수, 지하에 4년".

125 매일신보 1937. 4. 30.자 "조선공산운동궤멸의 최후진, 학교·공장에 뿌리박은 반제동맹과 적색노조 이재유 기획호번한 적색망 검거만 십칠건 인원이오팔명".

회로 예심이 종결되었다. 예심이 종결되면서 접견과 서류접수를 금지하는 조치가 비로소 풀렸다.

제1회 공판은 1938. 6. 24.에 경성지방법원에서 열렸다. 체포된 지 18개월 만에 공판단계에 들어선 것이다.

일제식 표현대로라면 "집요흉악한 공산주의 거물"이자 "적색음모의 화신"인 이재유의 변론을 맡은 이는 김병로와 신태악 두 변호사였다. 김병로로서는, 박헌영에 이어 조선공산당운동의 거물에 대한 재판을 연이어 맡은 것이다. 검사는 이 시기 사상사건을 도맡아 하던 장기우삼長崎祐三이었다. 재판장은 황권창지荒卷昌之 판사였다.

장기간의 고난과 혹독한 처우에도 불구하고, 공판정에서 이재유는 전혀 굽힘과 위축됨이 없이 당당했다. 검사의 공소사실의 진술이 있은 후 사실심리에 들어가기에 앞서 이재유는 "오래간만에 만난 동료간의 인사를 요구"[126]하였으나, 장기長崎 검사로부터 반대를 맞았다. 그는 "이재유의 태도로 미루어보아 심리 중 선동연설을 하는 등 기타 방법으로 소위 법정투쟁을 하여 신성한 법정을 소란케 할 염려가 있으니 금후 이러한 불온한 기색이 보일 때는 일반의 방청을 금지하여 달라"고 요구하였다. 결국 피고인 사이의 인사가 없이 사실심리가 진행되었다.

이재유는 "공산운동에 공명케 된 동기와 원인은 무엇인가"는 재판장의 질문에 "1922년 피고가 사숙하던 박기춘이 모 사건의 혐의로 사형을 당하였을 때부터 피고의 가슴에는 ㅇㅇ적 사상이 싹트기 시작했다"고 진술했다.

이어 피고가 사상운동에 가담, 공명하게 된 동기와 환경 등의 심리가 끝난 후 재판장으로부터 계속하여 다시 피고가 조선공산당재건을 목표로 경성을 중심으로 하여 각 주요공장과 농촌 혹은 학교 등에 잠입하여 동지규

---

126 매일신보는 이를, "개정벽두에 그들의 상투수단인 법정에서 의리론투쟁을 시작하다가"로 쓰고 있다. 그동안 만날 수 없었던 동료피고인들과의 인사요청을 "의리론투쟁"이라 칭했던 것이다. 매일신보 1938. 6. 25.자 "개정벽두에 파란 이재유등심리오후에 속행".

합 연락과 좌익그룹결성의 실천투쟁을 해온 과정에 대한 세세한 사실심리 문답이 계속되었다.

그런데 심리 중 돌연 이재유는 "신성한 법정에 피고를 취조하던 경찰이 방청하고 있는데 이것은 사법권의 신성을 침해한 것일 뿐 아니라 피고들의 자유로운 공술을 방해할 염려가 있으니 그 경찰관의 방청을 금지해 달라"고 하여 장내가 소란하여졌다. 재판장은 휴정을 선언하고 다시 오후에 공판을 재개하기로 하였다.[127]

이재유는 속행 벽두부터 "법정의 신성과 피고들의 공술의 자유를 위한다"는 이유로 끝까지 취조경관의 퇴장을 요구할 뿐 아니라 계속하여 당일 "병으로 인하여 출정치 못한 피고 서구원의 병상태를 알려달라"고 요구하여 장내가 소란해졌다. 검사로부터 피고의 불손한 태도를 감안하여 일반의 방청을 금지하고 심리를 계속해달라는 신청이 있었으나, 재판장은 일단 모두를 각하하고 사실심리를 계속하였다. 재판장은 피고 이재유에 대한 사실심리의 필요성을 더 느낀 것이다.

이렇게 우여곡절 끝에 이재유의 조선공산당재건을 목표로 한 적색노동조합과 농민조합, 학교 내의 좌익그룹 결성과정 등 지하운동의 경과심리를 마쳤다.

이어 피고 고병득의 심리에 들어갔는데, 고병득 역시 건강이 좋지 못하여 재판장의 허락으로 의자에 앉은 채 간단한 사실심리가 있었다. 계속하여 변우식이 공산운동에 공명하여 실천운동을 한 동기와 경과에 대한 심리가 있었다. 재판장으로부터 "현재 피고의 공산운동에 대한 심경은 어떠냐" 한즉, 변우식은 "오류임을 깨닫고 이미 청산하였다" 하여 전향을 선언하였다. 그에 대해 이재유는 단지 미소를 띠우고 있었다고 한다. 계속하여 최호극, 양성기, 민태복 등의 심리가 있었던바 이들은 모두 이미 적색사상

---

127 동아일보 1938. 6. 25.자 "이재유사건 수개정 취조경관의 퇴장을 요구하야 장내소란 일시휴정".

을 청산하고 전향하였다고 진술했다.[128] 이재유를 제외한 다른 피고들이 '전향'을 법정에서 할 정도면, 수사과정에서 얼마나 혹독하게 심문받았는지 짐작할 만하다.

제2회 공판은 1938. 7. 5. 오전에 열렸다. 이 날 역시 방청석에는 입추의 여지가 없었다. 첫 공판에서 지병으로 출정하지 못하여 분리심리키로 한 피고 서구원에 대한 사실심리부터 시작되었다. 서구원은 전향을 표방하였다. 이어 검사로부터 준열한 논고가 있었고, 최고 징역 8년부터 1년까지의 구형이 있었다. 이재유에게 징역 8년, 변우식, 최구원, 최호극 각각에게 2년 6월, 양성기, 고병득에게 각각 징역 1년 6월, 민태복에게 징역 1년을 구형했다.

장기長崎 검사의 논고는 매일신보에 다음과 같이 소개되었다.

> 이 사건은 세인의 주목을 여간 끈 것이 아니다. 그중에도 피고 이재유가 사회적으로 미친 바 해독을 말하면 이재유의 관계로 경찰에 검거된 인원이 542명이고, 그 가운데서 306명이 검사국에 송치되었는데, 그중에서 기소된 피고가 84명, 기소유예처분을 받은 자가 95명이고 그 외에는 불기소와 기소중지처분을 받은 것이다. 이와 같이 1개인이 미친 해독이 극심하였다 … 조선공산운동의 역사를 들어 피고의 행동과 사상을 말한 다음, 피고 이재유에게 삼택 교수의 방향전환서와 박렬의 성명서를 낭독하여 주의를 환기시키고, 이어서 지나사변에 언급하여 피고와 방청인에게 일대각성을 촉진한 다음 전기와 같이 구형이 있었다.[129]

다음 변호사의 변론과 피고들의 공술이 진행되었다. 이재유를 제외한 다른 피고들의 진술이 있었다. 오후 1시 반부터 이재유의 공술을 듣기로 하고 휴정하였다. 변호사의 변론내용은 언론에 나타나 있지 않다.

마지막 피고인의 최후진술을 맞아, 일반 방청객이 좌정하였다. 그러나

---

128 동아일보 1938. 6. 25.자 "지하운동경과를 심문 검사의 방청금지신립도 각하 이재유 이외의 5명은 전향".
129 매일신보 1938. 7. 6.자 "이재유에게 8년역구형 기타최하로 1년역".

이재유의 최후진술은 "안녕질서를 해칠 언동을 할 우려가 있다가 생각되므로 일반의 공개를 금해달라"는 검사의 요청이 받아들여져, 일반 방청인을 퇴정시킨 가운데 진행되었다.[130] 이재유의 최후진술은, 공판조서에 그 요지가 실려 있다.

현재의 사회제도에는 모순이 많다. 전과의 형으로서 복역중 형무소 내에서 확실한 공산주의 사상을 파악하게 되었고, 한편으로는 공산주의 사상을 탄압하고 다른 한편으로는 그것을 조장하는 제도라는 것이 그 일례이다. 우리들 공산주의자가 항상 주장하고 있듯이 가까운 장래에 반드시 일본제국도 노동자의 최저임금을 법률로 정하는 시기에 이를 것이고 또한 금회의 일지사변 때문에 일본 농민의 중견은 거의 전부 소집되기 때문에 금후 농촌에 대혼란을 낳게 될 것을 단언하는 바이다. 사변 때문에 일본제국은 모든 산업부문을 통제하고 대사업은 국가를 위한 것이 되어 점차 공산제 사회에로 진전하고 있어 장래는 토지도 국유로 될 것이고 또 그렇게 되는 것이 자연이다. … 내가 출옥 후 수백명 사람들과 회합한 것은 물론 공산주의운동을 위한 것이라고 해도 그들에게 서로 제휴하여 공산주의운동을 하자는 것을 권유한 것으로 피고인 변우식, 서구원, 최호극 등은 누구도 공산주의자라고 칭할 만한 의식수준에 달하지 않으므로 그들과 함께 공산주의운동을 한 것은 아니다. 우리들 공산주의자들은 운동을 위해 생명을 버릴 결심이고 또 그러한 자가 진실한 공산주의자다.[131]

그가 여기까지 진술했을 때 재판부는 폐정을 선언하였다. 이재유는 극히 일부만을 진술했다는 항의를 했지만, 재판부는 폐정을 통해 그의 최후진술의 충분한 기회를 봉쇄해버렸다. 이재유는 이로써 포기하지 않았다. 그는 3일후에 "형사소송법 규정에 의해 최종진술의 기회를 피고인에게 주

---

130 "공판조서 제2회," 김경일, 앞의 책, 2007, 486~487면.
131 김경일, 앞의 책, 487면.

어달라"는 〈청원서〉를 냈다. 그 이유는 다음과 같다.

경찰조서는 고문의 위조가 많았고, 검사의 조서는 검사가 경찰서에 출장하여 경관과 합동으로 고문하면서 작성한 것이고, 예심조서는 도변渡邊 판사의 때에 경찰조서를 그대로 낭독해 피고인의 진술 없이 소림小林 판사에 회부하여 거의 그대로 종결된 것. 또 금회의 공판 중 사실신문은 너무나 지나치게 간단하게 하고, 또 이 사건에 대한 경찰적 여론과 그에 의한 관변의 여론이 피고인 사건의 내용과 너무나도 천양지차로 다른 까닭에 피고인의 자백적인 최종진술에 의해 피고인 사건의 정체를 명백히 진술하기를 바라는 바임.[132]

수사과정과 예심과정에서의 불법과 문제를 폭로하고, 오도된 언론에 대한 교정을 하는 장으로 최후진술의 기회를 활용하고자 했으나, 재판부의 봉쇄로 불가능하게 되었다는 것이다. 그 청원에 이어 그는 다음날, 〈재판장에 대한 기피신립서〉를 법원에 제출하였다.

재판장이 피고인을 사실 심문하는데 구체적 심문을 기피하고 계획적으로 추상화함으로써 피고인을 불리하게 하였을 뿐만 아니라 피고인의 구체적인 의견 진술을 일일이 억압, 중지시킨 사실. 이에 대한 피고인의 직접적 질문에 재판장은 방청인이 있으므로 허락할 수 없다고 답하고 피고인을 위해서는 방청을 금지해도 좋다고 (이재유가) 말하자, 재판장은 자신이 묻는 바에 예, 아니오로 답하기만 하면 된다고 하여 일체를 중지시킨 사실.

재판장이 피고인 사건의 취조고문 주임경관인 경기도 경찰부 사찰계 고촌高村 주임을 특별석에 착석시켜 피고인의 심문에 입회시킴으로써 피고인을 위협하고 피고인의 공술을 불리하게 한 것. 또한 피고인이 형사소송법 제339조에 의

132 1938. 7. 8. 이재유 작성, 경성지방법원 앞. 김경일, 앞의 책, 2007, 487~488면에서 재인용.

해 그를 퇴정시켜줄 것을 청원하여도 매일 입회시켜 피고인을 불리하게 하고 행정권이 사법권을 침입한 것을 공공연하게 인정한 사실.

재판장이 검사의 구형에 대한 피고인의 법률적 반박변론을 현장에서 반박하고, 검사를 대신하여 검사 구형 연수의 정당성을 변호하면서 다음의 합의적 결의에 의한 언도(선고)가 필요없는 것처럼 언동한 것. 검사가 8년을 구형한 것에 대하여 피고인이 7년 이하로 규정된 법률 이상의 부당한 구형이라고 변론 반박하자, 재판장은 "전과가 있으므로 지당하다"고 현장에서 반박하고 사법권의 독립성과 재판의 합의성을 무시한 사실.

피고인이 최종진술한 때 재판장은 예심정, 검사국, 경찰서의 취조법 및 고문, 기타 추태의 폭로를 저지하기 위하여 피고인의 언론을 억압하고 피고인과 서로 대립하여 부분적인 논쟁을 거는 것에 의하여 피고인을 흥분시키고 또 재판장 자신도 감정화한 사실. 동시에 피고인이 최종진술이 상당한 장시간을 요한다고 신립하였음에도 피고인의 변론을 계획적으로 정체화시켜 덥다고 하는 이유로 무리하게 폐정시킨 사실.[133]

〈청원서〉와 〈기피신립서〉를 보면, 이재유는 매우 세밀하고 정확하게 수사 및 재판상의 문제점을 짚어내고 있다. 조문의 인용까지 해가면서 말이다. 이는 이재유 자신이 명민한 데다 이전에 재판경험이 있어서 짧은 기간 내에 체계적인 법적 자기변론을 펼쳤다고 볼 수도 있을 것이다. 그러나 이 문건들은, 너무나 법률적인 항변이고, 법적인 측면에 집중하고 있어, 이재유 자신이 직접 그 내용의 구상을 다듬었다고 보기보다는, 변호사의 작품이라 봄이 더 합당할 것이다. 이재유가 썼다면, 자신의 사상과 공산주의의 정당성, 동료에 대한 감정 등을 포함시키는 게 자연스러웠을 것이다. 그러나 위 문건에는 그런 내용적 측면에 대한 언급이 전혀 없이, 오직 형사절

---

133 1938. 7. 9. 이재유 작성. 경성지방법원 앞. 김경일, 앞의 책, 488~489면.

차적 문제에 집중하고 있다.

비법적 요소를 걸러내고, 오직 법절차적 측면에 집중하는 것은, 법률가적 전문성의 발현이다. 또한 그 법적 쟁점에 대한 언급은, 1927~28년에 정점에 달했던 조선공산당 재판에서 변호인들의 다채로운 소송전략의 일환이기도 했다. 그 부분에 대한 전문적 역량은, 당시 재판에서 주역이었던 김병로 변호사를 능가할 인사도 거의 없었을 것이다. 요컨대, 위의 문건은 아마도 김병로의 최종변론의 내용과도 합치되었을 것이며, 문건의 작성 및 내용에 있어 김병로가 직접 작성했거나 김병로와 협의를 거쳐 이재유가 작성했을 것으로 봐도 무방할 것이다.

재판부는 위의 청원서 및 기피신립서를 받아들이지 않았다. 제3차 공판에서 재판부는, 피고인을 모두 불출석시킨 가운데, "재판장 기피신청은 형사소송법 제26조 규정을 위반하고 또 소송을 지연시킬 목적으로 한 것이 명백하므로 각하"한다는 취지를 선언했다. 그리고 재판장은 판결의 주문을 낭독하고, 구두로써 그 이유의 요지를 고해 판결을 선고했다.[134]

이재유는 징역 6년에 미결구류 150일의 판결을 언도받았다.[135] 이재유는 이에 불복하여 항소를 신립하였다가, 14시간 만에 상소취하서를 제출했다. 그는 재판이란 무대를 투쟁의 장으로 활용하려는 의지를 가졌던 것 같으나 이렇게 상소를 취하한 것은, 김경일의 지적대로 "강압과 폭력에 의한 것으로 자신의 의사는 결코 아니었을 것"으로 판단된다.[136]

그는 옥중에서도 전향하지 않고 가열찬 옥중투쟁을 벌여나갔다. 끝까지 전향하지 않았기에, 그는 형기 만료 후에는 조선사상범예방구금령[137]에 따

---

134 공판조서 제3회(1938. 7. 12. 경성지방법원). 김경일, 앞의 책, 490면.

135 전향자로 된 5명에게는 집행유예가 선고되었고, 변우식은 징역 1년 6월이 선고되었다(동아일보 1938. 7. 13. "이재유 6년언도 전향자 5명은 집행유예"). 전향자에 대한 파격적인 집행유예와 이재유의 형을 대비시킴으로써, 전향의 유도에 힘쓰려 한 형으로 해석될 수 있을 것이다. 매일신보는 "구형보다 모두 관대"라고 그 의미를 짚고 있다. 매일신보 1938. 7. 13. "이재유에 6년역 언도, 구형보다 모다 관대".

136 김경일, 앞의 책, 252면.

137 조선사상범예방구금령 [시행 1941. 3. 10.] [조선총독부제령 제8호, 1941. 2. 12., 제정].

라 청주보호교도소에 수용 중, 그만 1944. 10. 26. 40세의 나이로 옥사하고 말았다.[138]

5. 사상변호사와 공산주의자의 관계

김병로는 1920년대 후반부터 사회주의, 공산주의 계열의 사건에서도 적극 관여했다. 1930년대 들어 박헌영에 이어 이재유까지 변론함으로써, 혁혁한 공산주의자(일제의 입장에서는 가장 악명높고 영향력 있는 공산주의 지도자)의 변론을 도맡아 한 셈이다.

경성제대 반제동맹사건은 국내 및 일본의 배경을 갖고 있지만, 박헌영은 해외에서, 이재유는 지하운동 과정에서 체포되었고, 그들을 물질적으로 지원할 친지나 후원자가 나타나기 어려웠다. 그 때문에 김병로는 아마도, 다른 독립운동 사건에서 그러했듯이, 이 변론을 자원해서 무료변론을 했을 가능성이 크다. 박헌영에 대한 법적 대응에 대하여는 아무런 자료가 없으나, 이재유의 경우 청원서, 기피신립서를 통해 볼 때, 대단히 치밀한 법적 조언을 아끼지 않은 흔적이 역력하다.

오늘날 관점에서 한 가지 질문이 제기될 수 있을 법하다. 김병로는 "공산주의 지도자"를 무슨 마음으로 변론했을까 하는 것이다. 김병로는 이들의 변론을 공산주의자에 대한 변론으로 생각했을까, 아니면 항일(독립)운동의 연장선상에서 변론에 임했을까.

1. 우선 기록이 상세한 이재유의 수사, 재판기록을 통해, 이재유의 입장을 한번 살펴보는 것이 도움이 될 것이다.

---

138 김경일, 앞의 책, 252면.

검사 조선독립을 희망한 것은 조선 적화의 수단으로 독립하려고 생각한 것인가?

피의자(이재유) 처음에는 단지 민족의식에서 조선은 독립되어야 한다고 생각했습니다. 형을 받고 나온 뒤 공산주의자가 된 후 조선독립과 공산제도의 실현은 함께 이루어져야 할 것이라고 생각했습니다.

검사 출옥(1932. 12. 22.) 후 조선독립 및 공산화를 목적으로 운동한 것인가?

피의자 우선 조선독립이 근본문제라고 생각해 그 취지에서 활동하였습니다.[139]

검사 피의자의 근본사상은?

피의자(이재유) 나의 근본사상은 조선에 공산주의 국가를 만드는 일입니다.

검사 공산주의 사회를 만드는데 조선 독립은 무슨 까닭으로 필요한가?

피의자 내가 조선독립을 목적으로 함은 일본으로부터 독립하지 않는 이상 언제까지나 조선은 공산주의 국가가 될 수 없고 또 설령 공산주의 국가가 된다 해도 일본적 공산주의 국가가 되기 때문입니다.[140]

이재유는 조선의 독립이 그 자체로도 필요하고, 공산주의라는 궁극적 목표를 위해서도 필요한 단계라고 본다. 조선독립 없이 공산주의가 달성될 수도 없거니와, 그렇게 된다고 해도 그것은 '일본적 공산주의국가'이기에 받아들일 수 없다는 점도 분명히 한다. 그러한 진술이 치안유지법 위반 등 명백히 불리한 상황에서의 진술이란 점에서 그 진술에 확고한 신뢰를 더할 수 있다. 일제하 공산주의자의 대다수는 식민지하의 민족적 차별에서 출발했으며, 그 기저에는 기본적으로 민족주의사상이 내재하고 있었다.[141] 물론 이재유와 같은 견결한 공산주의자는, 공산주의자로 인정되기를 바랐다. 그들은 그 방법으로 식민지하의 노동자, 농민, 학생에 대한 헌

139 이재유에 대한 검사의 피의자신문조서 제2회, 1937. 4. 24. 김경일, 앞의 책, 370면 수록.
140 이재유에 대한 검사의 피의자신문조서 제4회, 1937. 5. 1. 김경일, 앞의 책, 401면 수록.
141 김경일, 앞의 책, 293면.

신하는 자세를 갖고 있었다. 내부의 파쟁과 시행착오는 엄청났지만, 희생을 각오한 헌신성은 다른 집단의 그것을 훨씬 능가하는 면을 갖추고도 있었다.

일제는 이들이 공산주의를 표방해서 뿐 아니라, 식민지체제유지에 가장 위험하고 적대적인 세력으로 꼽아 상상할 수 없는 가혹한 탄압으로 일관하였고, 그 조직과 사상을 괴멸시키려고 전력을 다했다. 이재유의 체포와 조직와해에 대해 일제가 그토록 엄청난 의미를 부여한 것도 그 때문이다. 특히 이재유에 이르면 민족적 혁명의 관점을 확실히 녹여내려고 했던 점이 두드러진다.[142] 그렇기 때문에, 이재유의 행적이 남북한 양쪽에서 모두 헌창되는 것도 이해될 수 있을 것이다.[143]

다른 사건의 피고인들 역시 유사한 취지에서 이해된다. 경성제대 반제동맹사건의 학생 주역인 신현중의 다음 회고를 보자.

미국 윌슨 대통령이 민족자결주의를 부르짖었으나 우리나라는 해당되지도 않았다. 그때는 약소민족을 돕고 식민지 해방을 밀어줄 수 있는 나라는 소련

142 김경일, 앞의 책, 294~295면.

143 해방이후 남북분단과 좌익배격의 분위기 속에서 일제하 사회주의계열의 훈장 수여에 주저해왔다. 그 사이에 북한은 이미 이재유에게 훈장을 수여한 바 있다. 그러다 국가보훈처는 광복 61주년(2006년) 광복절을 맞아 만주·노령 지역의 무장투쟁가 박영(1887~1927) 선생을 비롯해 평남 강서에서 3·1 운동을 전개하다 체포돼 옥중 순국한 고지형(1859~1927) 선생, 국내에서 항일운동을 전개한 이재유(1905~1944)선생, 여성 독립운동가로 최고령 생존자인 이효정(93)선생 등 313명의 순국선열과 애국지사를 포상했다. 포상되는 독립유공자의 훈격은 건국훈장 145명(독립장 3, 애국장 43, 애족장 99), 건국포장 47명, 대통령 표창 121명 등이다. 이 광복절 포상자 313명 중 232명은 정부에서 자료를 찾아 포상하게 되었다. 이재유는 "국내항일" 운동으로, "건국훈장 독립장" 훈격의 포상을 받았다. 그의 공적개요는 다음과 같다. "1925년 개성 사립송도고등보통학교 재학 중 사회과학연구회를 조직했다가 퇴학 처분을 당한 후 동년 도일하여 고려공산청년회 일본총국에 가입하여 활동하다 일경에 체포되어 징역 3년 6월(미결 500일 통산)을 받고 1932년 12월 출옥한 후, 1933년 7월 조선공산당재건 경성트로이카를 결성하여 활동하다 1934년 1월 일경에게 체포되었으나 동년 4월 탈옥하였으며 1936년 6월 조선의 절대독립, 일본제국주의타도 등을 목적으로 조선공산당 경성지방협의회를 조직하여 활동하다 1936년 12월 일경에 체포되어 징역 6년(미결 150일 통산)을 받고 1942년 9월 형기가 만료되었으나 출옥하지 못하고 1944년 10月 옥중에서 사망한 사실이 확인됨"(공훈전사자료관 http://e-gonghun.mpva.go.kr/user/ContribuReportDetail.do?admNum=951238; news.naver.com/main/read.nhn?mode=LSD&mid=sec&sid1=100&oid=021&aid=0000159984 2015. 2. 20. 최종방문).

뿐이었다고 믿었다. 공산주의운동이 곧 민족해방운동과 일치했던 것이다. "당시의 민족운동가들은 대개 같은 생각이었지만 나의 학생때 경우에도 조선독립과 광복을 찾기 위한 수단방법으로 공산주의 이론을 접했고 그들을 이용했을 뿐이다."[144]

2. 다음 일제의 기록을 한번 살펴보자. 일제는, 1930년대에는 치안유지법의 적용대상(사상범은 대개 이 범주에 든다)에 무정부주의, 공산주의 이외에, 조선의 독립을 명시적으로 지향하는 자들도 포함시켰다. 일제의 영토의 일부를 떼어내어 독립시키려는 것은 일제의 국체를 부인하는 것이라는 판례가 확립되면서부터이다. 그에 따라, 일제의 탄압자료에서는 민족주의적 독립운동가와, 민족주의에서 한걸음 더 나아가 공산주의사상을 전파한 자의 두 부류로 나누곤 했는데, 다음의 자료는 그 경향 및 분포에 대하여 적시하고 있다.[145]

조선에서의 사상범과 (일본) 내지에서의 사상범과의 사이에는 그 범죄동기에 있어 큰 상위相違가 있는 듯하다. (일본)내지에서는 민족주의 사상으로 치안유지법 위반에 걸린 자는 거지반 없으나, 조선에서는 민족주의 사상에 의하여 치안유지법 위반으로 처벌된 자가 상당히 많다.

조선에서의 공산주의운동이 가장 왕성한 것은 1928년경부터 1932년까지이었고, 그 뒤 1933년경부터 1937년말까지의 사이에도 상당한 수효에 달하였다.

작년(1938년) 4월 총독부 법무국 발표에 의하면 사상범 수형자가 1937년 중 전선全鮮 형무소에 입옥入獄한 치안유지법 위반이 247명, 그중에 조선민족주의 사상이 동기가 되어 치안유지법 위반으로 처벌된 자가 41명이며, 또 민족주의

---

144 이충우, 경성제국대학, 다락원, 1980, 179~180면.

145 「민족주의와 사상범」이라는 제하에 "경성지방법원 검사였으며 현 경성보호관찰소장인 堤良明氏가 최근 이러한 一文을 발표하였기 역재한다."는 소개와 함께 실린 글이다. 삼천리 제11권 제1호, 삼천리사, 1939. 1.

사상을 포회抱懷한데서 다시 공산주의 사상에 달해 마찬가지로 치안유지법 위반에 걸린 자가 104명에 달한다.

다시 그 이전부터 형무소에 복역 중인 자로서 1937년 말에 전선 각 형무소에 재在한 치유법 수형자 658명 중

1. 단순히 치안유지법 위반 154명

2. 민족주의 사상을 포회하였다가 공산주의 사상에 간 자가 323명

이상과 같이 조선에서의 사상범의 대부분은 민족주의 사상이 주요한 동기가 되어있음을 알 수 있다. 그러기에 조선에 있어서는 이 민족주의 사상을 제거하면 사상범의 대부분은 소멸할 모양인데 … 원컨대 조선민족주의사상을 포회한 제씨여! 또는 민족주의사상이 기조된 공산주의사상을 포회한 제씨여- 속히 그 민족적 편견과 공산주의사상을 청산하고 충량한 황국신민이 되여 남(차랑)총독 각하의 소위 내선일체의 실적을 올리고 이 비상시국 극복에 매진하기를 바란다.

이 자료에 따르면 1937년을 기준으로, 당시 형무소에 치안유지법 수형자가 658명에 달하며, 이들은 민족운동가(단순 치안유지법 위반)와 공산사상가(민족주의 → 공산주의사상에 달한 자)로 나뉘어진다. 그중 전자보다 후자가 2배 이상 많이 투옥되어 있다는 점이 두드러진다. 더욱 주목할 것은, 일제의 입장에서 볼 때, 이 두 유형의 사상범은 민족주의사상을 주요동기로 함에 공통된다는 점이다. 공산주의사상가도 민족주의사상을 제거하면 그 기반을 붕괴시킬 수 있다는 것이다. 일제의 입장에서 볼 때, 좌-우를 막론하고, 조선독립을 목표로 하는 민족주의사상을 공통분모로 하고 있음을 파악하고 있는 것이다.

3. 김병로, 이인 등 대표적인 항일변호사들은, 공산주의자가 아니면서 이들 공산주의자들과 소통할 수 있는 매우 희귀한 기회를 가진 인물들이었다. 조직과 활동, 사상에서 비밀유지를 생명으로 하는 개인들과, 가장 가

까이에서 이들의 사상을 숙지하고 행적을 공감하고 이해하지 않고서는 변론 자체가 불가능하다. 이들 공산주의자들이 김병로, 이인을 기꺼이 자신들의 변호사로 맞아들였던 것도 그 변호사들과의 소통이 가능했고 유용했다고 판단했기 때문일 것이다.

김병로, 이인은 "사상사건"의 변론을 도맡아 하다시피 하였던 것이고, 그 사상사건의 대다수가 사회주의, 공산주의 계열의 운동이었던 만큼 이들에게는 "사상변호사," "좌경변호사"의 별칭이 따라다니게 되었다. 그러한 평가에 따른 부담과 고난도 컸겠지만, 그들은 전혀 그에 개의치 않고 사상사건의 변론이 금지되는 1941년까지, 사상사건의 변론을 기꺼이 맡았다. 따라서 반제동맹이든, 박헌영이든, 이재유든, 이들이 검거되어 재판에 이르게 되면 이들도 변호사로서 김병로, 이인의 존재를 자연스럽게 떠올렸을 것이다. 좌경운동가에 사상변호사, 좌경변호사는 한 파트너로 인식되었을 것이다.

물론 변호사가 의뢰인의 사상과 활동을 이해하고 공감한다고 하더라도, 그것으로 바로 그런 '주의자'라고 간주할 수 없음은 물론이다. 변호인은 의뢰인을 변호하는 자이지, 의뢰인과 동업자이거나 사상공유자로까지 말할 수는 없다. 사상변호사, 좌경변호사로까지 지칭된 정황에 대하여 이인 변호사는 다음과 같은 글을 남겼다.

결국 내가 변론하는 취지는 좌익사건이나 민족운동사건이나 그 취지가 같다. 내가 적극 변론하고 나섬은 일제탄압에 시달리는 같은 동포를 구하자 함이요, 민족독립운동을 옹호하자 함이지, 공산주의운동을 돕자는 것이 아니었던 것이다. 당시에는 공산주의자라 하더라도 좌익운동을 표방하지를 않았다. 앞에 내세우기는 민족해방이니, 그 뒷 속에서 딴 생각을 품은 경우 아니면 자기도 모르는 사이에 약간씩 물이 들어 있었을 뿐이다. 더구나 '코민테른'의 지시가 있었던 탓으로 그들은 민족진영과 한 때나마 보조를 함께 했다.

이런 관계는 앞서 말한 간도폭동사건에서도 그러하다. 간도폭동 사건에서는 그곳의 우리 동포들이 국내와 연락하는데 일부 좌익과 선이 닿고 있었던 모양이나 본질적으로는 민족운동사건이었던 게 분명하다.

아무튼 민족운동이 앞서는 만큼 이들 사건을 맡긴 했는데 이런 관계는 당시에 흔히 들을 수 있었던 경부선의 비유로 설명이 된다. 우리가 경부선을 타고 가는데 부산까지를 1천리로 잡고, 대구까지가 7백리라면 우리는 대구 가는 승객이요, 공산주의자들은 부산까지 가겠다는 승객과 같다. 기차를 같이 탔으니 그들과 동행임에는 틀림이 없으나, 목적지를 같게 할 수 없는 것이다. 이 비유는 내가 갑자기 만들어 낸 것이 아니요 당시에 드문드문 쓰던 말이나, 나는 공산주의자들을 만나면 "부산까지 가지 말고 대구에서 함께 내리세" 하는 말을 곧잘 했다. 그때마다 그들은 "네, 그럽시다" 하곤 했다. 이 말은 민족주의로 전향하라는 뜻인데, 전향이란 말이 자주 쓰이던 시절의 이야기다.[146]

'경부선의 비유'는 그 시대 독립운동의 흐름과 일치하는 매우 탁월한 비유로 생각된다. 앞의 이재유의 진술과도 정확히 일치한다. 독립의 대의에 일치하되, 그를 위한 방법론이 달랐을 뿐이다. 독립 이후의 국가의 모습에 대한 상은 물론 다르지만, 사상과 주의가 시대적 흐름에 따라 부동浮動하기에 "자기도 모르는 사이에 약간씩 물이 들어 있는"것은 그 시대의 반영일 것이다. 1910년대에 민족자결주의나 미, 영에의 의존도가 있었다면, 1920년대에는 식민지독립에 대해 우호적 손길을 뻗치는 유일한 강국인 소련과 그 표방이념인 공산주의에의 다소간 경사는 거의 대부분에서 발견되는 시대적 조류였던 것이다. 그 점에서, 이인 변호사의 배경 설명은 또한 분단체제가 공고화된 뒤에, 다소 우익적으로 착색하여 식민지의 분위기를 전달하는 점에서의 일부 변형도 없지 않은 것 같다.

---

146 이인, 앞의 책, 1974, 106~107면.

1948년 분단된 채로 남북한에 정부가 수립되면서, 상쟁-갈등하는 상황 속에서 대법원장을 맡은 김병로에게 기자가 남북과 관련된 각종 질문을 제기했을 때, 김병로는 자신의 정신과 의도에 대해 다음과 같은 언급을 하고 있음이 특히 주목을 끈다.

> 예전 변호사 시절이나 신간회 시대에 법정에서 혹은 사회에서 일본관헌들과 싸울 적에 공산주의자를 늘 비호하였고 암묵리에 그네들과 공동전선을 펴서 日관헌에 대항하여 왔지요. 그때의 우리 묵계가, 우리는 조선사람 독자의 '민족국가'를 만들려 함에 있었지요. '민족국가'! 주권을 찾아 우리 손에 쥐고, 아무 타력他力에 침범받은 바 없는 민족국가를 만든 뒤에, 3천만의 민의를 물어서 사회제도나 경제제도를 점진적이요 비혁명적인 합법적 방법으로 개혁하여 나가자 함이 나의 목표였지요. 오늘도 이 신념은 마찬가집니다. 나는 이 신념 밑에서 이 의자(대법원장)에 앉았고 또 일을 해 나갑니다.
>
> 이제 내외의 여러 가지 착잡한 관련으로 국토가 두 쪽에 갈라졌다 하나 역사적으로 보나 혈통, 문화, 관습 무엇으로 보나 한 덩어리였던 것이요, 장차 한 덩어리로 지향하고 있는 터이니 남북 사이에 '적이요 동무요'가 애당초부터 없을 바라고 봅니다. 언젠가 대통령의 말씀과 같이 '우리는 한데 뭉쳐 우선 주권을 완전히 찾아내자' 하는 데에 기조를 두고 남북의 모든 정치가와 그 국민이 나갈 바라고 생각해요. 그러니까 피를 보는 일 없이 동포간에 상쟁이 없이 조속히 통일되어 그 빛나는 민족국가를 하루 급急히 이루어야 하겠어요.[147]

주권을 찾아 "조선사람 독자의 민족국가"를 만들자. 일본관헌에 대항하여 그런 목표를 위해 공동전선을 펴자. 일제하에서 김병로는, 이런 관점에서 공산주의자들을 법정에서나 사회에서 "늘 비호"하였다는 것이다. 김병

---

147 김병로, "회견기: 반민법 실시와 대법원측 구상, 신법전의 발포와 기타에 대하야," 삼천리, 제6호, 삼천리사, 1948. 10. 1.

로가 박헌영, 이재유 등 지도적 공산주의자들을 변호하고 비호했을 때, 그는 독립민족국가를 추구하는 항일 애국자로서의 공감대를 갖고, 최대한의 열정을 갖고 임했음은 틀림없다. '조선 제일의 좌경변호사'라는 별칭은 이러한 관점에서 이해될 수 있다.

1930년대 김병로의 변론사건 중 상당수는 공산주의를 표방한 지도자들에 대한 것이었다. 이들의 변론을 도맡아 하다시피 했으므로 김병로와 이인 등에게 "사상변호사" "좌경변호사"의 별칭이 따라다녔다. 그러나 당시의 공산주의를 표방한 인사들의 운동은 수사, 재판자료를 통해서 보거나, 일제 관헌의 사찰문건을 통해 보거나, 기본적으로 민족주의적 기조를 깔고 거기에 공산화를 추가하는 것이었다. 민족독립이 없는 공산주의는 무의미하다는 이재유의 진술이 이를 극명하게 보여준다. 또한 이인 변호사는 '경부선의 비유'를 통해, 김병로 변호사는 민족국가, 주권을 찾자는 공통목표를 갖고 공동전선을 펴기 위해 그들을 변호사로서 늘 비호하였다고 한다. 최종의 목표점은 다를 수 있지만, 항일 및 독립의 대의를 추구하는 공동전선의 동지로 이해했던 것이다.

김병로는 변론활동을 통해 조선 공산당의 지도적 인물들에 대해 일찍부터, 가장 가깝게 알 수 있었던 민족진영의 인사였다. 수사와 재판이란 힘든 과정에서 만난 변호인은 그 의뢰인에 대해 보다 속속들이 알게 된다. 또한 그는 일제하에서는 신간회 운동을 통해, 미군정하에서는 좌우합작운동을 통해, 분열이 아니라 민족통합에 힘을 쏟았다. 김병로는 정치적으로 우익으로 분류되지만, 좌익 측 인사들과 소통을 틀 수 있던 드문 지도자였다. 다시 말해 좌익과 소통가능한 진보적 우파 지도자에 속한다고 할 수 있을 것이다. 해방 정국하의 분열상 속에서도 좌익 측에서조차 김병로를 그만큼 인정한 것은, 김병로가 일제하에서 가열찬 변론을 통해 좌익계 인사들에게 깊은 신뢰감을 심어주었기 때문일 것이다. 또한 1930년대 말에 이르러 김병로는 이인과 함께, 민족주의 계열의 중요한 부분인 동우회 사건의 재판에서 최선을 다해 결국 무죄판결을 받아내기도 했다. 일제하 김병로의 변론은 좌/우에 따른 어떤 편가름이나 편향이 없었음은 매우 분명한 사실이다.

제12장

동우회사건, 사상변론의 봉쇄

안창호 (1937)

이광수 (1937)

김윤경 (1937)

제12장

동우회사건, 사상변론의 봉쇄

1936년 조선총독으로 부임한 남차랑南次郎은, 만주사변에 이어 중일전쟁으로 이어지는 대륙침략의 과정에서, 총동원체제를 조선에 수립하고 실행한 주역이었다. 중국침략을 위해 조선을 대륙의 병참기지로 하기 위한 기초로써 식민지 조선의 통치의 기조를 내선일체로 잡고, 이를 위해 신사참배, 창씨개명, 황국신민화를 밀어붙였다.

일제의 치안정책은 종래 공산주의자의 탄압에 주력하고 민족주의자의 행동에 대한 탄압을 보조로 하였지만, 1930년대 후반에 이르면 공산주의자에 대한 지속적인 탄압으로 위축되고 소멸될 지경에 이르자, 종래엔 관망세를 갖던 민족주의계열에 대한 탄압의 본격화로 눈을 돌렸다. 종래 민족주의계열의 기반이었던 기독교계, 문화, 언론 등에 대하여도 내선일체의 방침과 적극 배치되므로, 그에 대한 본격적 손보기가 진행될 수밖에 없었다.

그 첫 단계가 1937. 6.부터 시작된 동우회 사건에 대한 대대적인 탄압이었다. 동우회는 안창호의 흥사단 계열의 국내조직으로 이광수 등에 의해 지도되었다. 1938년 3월까지 모두 181명이 치안유지법 위반으로 검거되고, 그중 49명을 기소했다. 이렇듯, 동우회에 대한 탄압은 일제하 형사재판 중에서 대규모의 피고인이 관여된 최후의 사건이었다. 김병로와 이인 변호사로서도 법정투쟁의 대미를 장식하는 사건이었다고 할 수 있다. 동우회 사건의 적발 계기를 일제는 다음과 같이 적고 있다.

민족운동단체인 수양동우회修養同友會의 정체가 발각되어 간부들이 종로경찰서에 검거되다. 동사건의 발단은 전월에 기독교청년면려회가 금주운동을 전개하기 위하여 전국 35개 지부에 발송한 통고문의 내용에 민족운동의 색채가 있다 하여 면려회본부의 간부가 검거되어 취조 중 수양동우회의 정체가 발각되었으며 또한 미국선교부에서 조선장로교 교육부 총무 정인과鄭仁果에게 송부되어 온 거액의 자금내용을 수상히 여긴 종로경찰서가 이를 계기로 금일 (1937. 6. 7.) 이광수李光洙, 주요한朱耀翰, 박현환朴玄環, 김윤경金允經, 신윤국申允國, 한승인韓昇寅 등을 검거하다.[1]

동우회의 본거지가 서울과 평양에 있었던 만큼, 서울에서의 1차 조사에 이어 경찰은 평양에 가서 안창호, 조만식, 최윤호, 최능진, 조명식 등 5명을 6. 16. 구속하여 서울로 압송했다. 이어 6. 28. 김동원, 장리욱 등 25명이 구속되었다. 구속이유는 동우회가 수양단체라는 가면을 쓰고 독립운동을 하였으니 치안유지법에 저촉된다는 것이다. 이렇게 검거망을 계속 확대하여, 1938. 3. 에 이르면 181명이 동우회 관련으로 치안유지법 위반 혐의로 구속된 것이다.

1. 고문과 악형, 예심의 지연

검거된 자에 대해서는 일경은 갖은 악형을 다하여 고문하였다. 그 고문에 대하여 김윤경은 다음과 같이 증언하고 있다.

상체만 벗으라 하여 긴 걸상 위에 하늘을 향하여 반듯이 누우라 하더니 포승

1 동아일보 1937. 6. 9.자; 조선일보 1937. 6. 8.자; 朝鮮總督府警務局 編, 最近に於ける朝鮮治安狀況, 372면.

으로 다리를 상에 옭아매고 두 손을 상 밑으로 제치어 매어놓고, 김의수라는 부장 놈이 배 위에 걸타고 앉아서 수건인지 걸레로 입을 덮어 두 끝을 두 손으로 쥐어 요동하지 못하도록 누르더니, 구보다라는 놈은 바께쓰에 물을 담아 가지고 와서 코 위로 나비물로 줄줄 쏟아 붓는다, 잇대어 붓고 있으니 그동안 숨을 쉬지 않을 수 없는 것이다. 그리하여 물이 숨 쉬는 바람에 한없이 폐로 들어가게 되어 생리적으로 숨통을 막고 위로 삼키게 된다. 그리하여 숨은 막히어 질식하게 되고 배는 점점 부르게 된다. … 고통이 지나쳐 기절하게 된다. 의식을 잃게 된다. 이 때에는 물 붓기를 중지하고 의식이 깨어남을 기다리어 목적을 바로 대라는 것이다. 이 때의 심경은 자포자기가 되어 '억울하게 10년 징역을 당할지언정 이 고통은 못 견디겠다'고 '마음대로 하라'고 하게 된 것이다.[2]

동우회 관련자들은 대개, 이같이 물먹이기, 비행기 태우기, 개처럼 팔다리로 땅을 짚고 엉거 주춤하고 서게 하는 것, 죽검으로 내리패기, 불등걸로 맨 몸을 짖기, 뺨치기, 목졸라매기 등 갖은 악형을 당했다.[3] 악랄한 고문으로 최윤호, 안창호, 이기윤 세 분이 목숨을 잃었고, 김성업은 불치의 몸이 되었다.[4] 가장 안타까운 것은, 동우회 사건의 주모자로 끌려온 도산 안창호 선생이 갖은 악형으로 건강이 극도로 악화되어, 병보석 출감한 지 만 3개월이 못되어 61세의 일기로 사망한 것이다. 그러나 그는 그런 상태 하에서도, "조선의 독립이 가능하다고 생각하는가"에 대한 검사의 취조에 대하여, "대한의 독립은 반드시 된다고 믿는다. 대한민족 전체가 대한의 독립을 믿으니 대한이 독립될 것이오, 세계의 공의가 대한 독립을 원하니 대한의 독립이 될 것이오, 한울이 대한의 독립을 원하니 대한은 반드시 독립할 것이다"고 실로 당당한 답변을 남겼다. "대한의 독립을 주장하는 것은 동

2 도산안창호전집, 9권: 동우회 1, 516면(김윤경, 동우회 수난기); 김원모, 799면에서 재인용.
3 김윤경, 사상계 131호.
4 김원모, 798면.

양의 평화와 일본의 복리까지도 위하는 것이다"는 차원높은 대의와 함께.[5]

일제가 악형 끝에 예심에 붙인 이가 42명이고(1938. 8. 15. 예심결정), 치안유지법 위반으로 기소하여 공판에 붙인다는 이유서는 다음과 같았다.

亡 안창호는 … 1910년에 조선을 탈출하여 북경 청도를 거치어 우라디보스톡에 이르렀을 때에 한국합병의 소식을 듣고 심히 실망하고 다시 도미하여(1911. 9) 1912년에 샌프란시스코에서 송종익 외 7명의 동지와 함께 흥사단을 조직하여 장래 일본이 국제적 위기에 빠진 시기를 엿보아 일거에 혁명을 일으킬 투사의 양성을 꾀하게 되었다. 본부를 로스안젤스에, 지부를 쌘프란시스코.뉴욕.시카고.멕시코 등지에 두고 이래 그 목적 달성을 위하여 활동하던 중 1919년 3월에 한국 안에서 독립만세운동이 발발하매 동년 4월 상해에서 민족주의자 이광수들이 혁명수단에 의한 한국독립을 목적하는 결사 대한민국임시정부를 조직하매, 안창호는 동년 5월 상해에 이르러 이에 가입하고 내무총장에 선임되어 이래 그 목적 수행을 위하여 활약하던 중 1920. 12.경에 그 속에서 이광수들과 회합하여 한국 안에서도 흥사단과 같은 목적의 결사를 만들어 장래는 이와 합병하기를 협의하고 그 결과로 이광수들은 귀국하여 1922. 12. 경성에서 흥사단과 같은 목적·강령으로 수양동맹회를 조직하고, 일변 대성중학교를 중심으로 하여 미리부터 안창호에게 사숙하던 민족주의자 김동원은 1923. 1. 16.에 평양에서 흥사단과 같은 목적·강령으로 동우구락부를 조직하게 되었다.

그 뒤 안창호에게서 위의 두 결사는 이명동체인 고로 대동단결하여 흥사단운동의 확대강화를 꾀함이 좋다는 종용으로 인하여 1925. 10. 10.에 동우구락부를 해산하고 수양동맹회에 합하게 되어, 1926. 1. 8. 그 명칭을 수양동우회라 고치고, 1929. 7. 20. 전회원의 투표와 11. 23. 의사부회의 통과로 다시 '동우회'라 고치었으나 여전 종전의 목적.강령으로 흥사단과 서로 호응하며 그 자매단체로서

5 강제환, 도산안창호웅변전집, 서언, 7~8면; 김원모 799~800면에서 재인용.

수시 회합하여 회원의 획득, 회세의 진흥 등에 대하여 협의하였다. 그동안 안창호는 직접 간접으로 이를 지도하였는데, 1928년경에 수양동우회 간부로부터 동회 개조안에 대하여 의견을 물음에 곧 개조하면 당국으로부터 해산을 당할 우려가 있으므로 당분간 종전대로 한국독립의 기초를 준비하는 투사양성기관에 그치고 장래 자기가 조직하려는 혁명당의 일부분을 담당할 것을 지령하였고, 다음 1929년 중·미국의 흥사단에 서신을 보내어 〈미국에 체류하는 동지 각위에게〉라는 제목 밑에 흥사단 조직 당시의 정황과 목적·강령들을 자세히 설명하고 또 한국 안에서는 수양동우회라는 결사가 있어서 처소의 관계로 표면은 수양단체임같이 가장하여 당국을 속이고 있으나 본시부터 흥사단과 같은 목적·강령으로 조직된 것이므로 금후는 서로 제휴하여 소기의 목적 달성에 매진하지 아니하지 못할 뜻으로 격려하고 그 뒤 상해에서 민족주의자 한국빈들과 함께 대일전선통일동맹을 조직하려고 한 때문에 검거되어 서울로 와서 12월 16일 경성지방법원에서 치안유지법 위반죄로 징역 4년에 처형되어 대전감옥에서 복역하다가 1935. 2. 10. 출옥되자 경성을 위시하여 평양·선천 등지에 유세하여 동우회원에게 한국독립을 달성하게 함에는 먼저 자아혁신을 급무로 하여야 한다는 뜻으로 선동하여 온 것이다(이하 각 개인 41명의 소위 범죄사실이 실려 있음).[6]

안창호가 생존했다면 주범을 안창호로 삼았겠지만 그의 죽음으로, 동우회 사건의 취조 중심은 완연히 이광수에게 쏠렸다. 이광수의 회고에 따르면, 안창호의 생전에는 안창호를 따라가면 고만이었으나, 이제부터는 이광수 자신에게 전 책임이 달렸고, 이 사건의 앞 길잡이를 하지 않으면 안 됨을 느꼈다고 한다.[7]

동우회는 1938. 8. 5. 해산되었다. 경무부 당국은 이광수를 대표로 한 동

---

6 김윤경, "여기 일제의 잔학상이! 김병로 선생의 부음을 듣고 동우회사건을 회상한다," 사상계, 제131호, 사상계사, 1964.3, 48~49면.

7 이광수, 나의 고백, 1948, 최종고 편, 나의 일생: 춘원 자서전, 푸른사상, 2014, 445면.

우회의 회원 검거 및 단체해산의 이유로 다음과 같이 적시하고 있다.

일찍이 1919년 3월 독립소요사건 당시 상해 임시정부에 있었고, 안창호의 심복이 되어 독립신문의 주필로서 한국광복의 독필毒筆을 휘둘렀던 이광수가 그 후 당국의 귀순허가를 얻고 조선으로 돌아와서 1922년 1월 겉으로 청년남녀의 수양기관이라고 주창하며 동지를 규합해서 결성한 수양동맹회가 그 시초이며, 이어 1926년 1월 평양에 있는 동우구락부와 통합해서 수양동우회가 되었고, 다시 1929년 11월 간략하게 동우회라고 명칭을 변경하여 현재에 이르렀으나 … 전기 수양동맹회는 당시 상해에 체류 중이던 안창호의 지시를 받은 이광수가 고의로 전향을 위장하여 당국의 귀순허가를 받고 조선으로 돌아가 이른바 조선내 흥사단으로서 조직했던 일, 평양 동우구락부와의 통합, 또는 안창호의 지령에 따라 운동의 통제강화를 꾀할 목적 아래 추진했던 일, 회칙도 흥사단 약법을 당국이 용인할 정도로 개정했고, … 단적으로 말하면 미국에 있는 흥사단, 상해에 있는 흥사단 원동위원회, 조선내 동우회는 그 명칭과 지역은 다르다 해도 완전히 한 덩어리로 뭉친 '혁명단체'이며, 일본제국이 장차 국제적 위기에 봉착하는 일이 있을 경우, 결연히 혁명을 위해 봉기하려고 교묘히 합법을 가장하여 정예 투사의 양성에 힘쓰고 있는 사실이 분명히 드러나게 되었으므로 취조의 종료와 동시에 전후 3회에 걸쳐 치안유지법위반으로 송치 … 십수년의 오랜 세월에 걸쳐 교묘한 민족운동을 계속했고 사회의 각층 특히 교육방면 내지 기독교 방면에 뿌리깊은 기반을 갖고 있던 동우회 일파는 이번의 철저한 검거로 인해 명실공히 완전히 괴멸하기에 이르렀으나 … 또 다시 모반을 획책하는 일이 없다는 것을 보증하기 어려우므로 계속 그들의 동태에 대해서는 엄중히 경계중임.[8]

---

8 경고특비 제1217호(경기도 경찰부장), 동우회 및 동 지회의 해산에 관한 건(1938. 5. 28.), 도산안창호자료집 1, 531~533면. 김원모, 영마루의 구름: 춘원 이광수의 친일과 민족보존론, 단국대 출판부, 2009, 828~829면에서 재인용.

수사단계에서 피의자 및 피의집단에 대해서는 매우 강경한 표적공격이 있기 마련임을 감안하더라도, 기본적으로 동우회에 대하여 강도 높은 비난을 가하고 있음이 주목된다. 1921년에 이광수의 국내유인공작은 철저히 총독부의 기획작품이었지만, 그것조차도 "고의로 전향을 위장"했다고 하며, 조선의 내외와 연결된 국제적 조직의 일환으로 조선내 홍사단으로 교묘히 자리잡았음을 지적한다.

동우회는 조선공산당 활동과 같이 비합법, 지하, 비공개의 것이 아니다. 언론에서도 동우회가 소개되고, 이광수의 역할에 대해서도 공공연하게 소개된 바 있다.[9] 그런 경우에 당국의 제지 같은 본격적인 간섭이나 압박은 없었다. 동우회의 활동에 대해서는 당국이 알고 있었고, 다년간 용인해왔다. 동우회가 조선독립을 내세우거나 비밀활동을 추구하는 결사체가 아니었기 때문이다. 그런데 동우회를 탄압하고자 할 때에는, 이조차 "교묘히 합법을 가장한 혁명단체"로 단죄한다. 1937~8년의 내선일체, 황도친일의 단계에 이르면, 과거의 공개리에 이루어진 합법적 교육·문화·종교적 활동조차 불법화시키고 범죄화시켜야겠다는 총독부의 치안정책을 여실히 드러내었다. 이러한 신방침하에서는, 오해의 시정이나 합리적인 항변 따위는 도저히 먹여들지 않았고, 오로지 혹독한 처우와 죽임이냐 아니면 전향이냐의 선택밖에 없는 듯이 여겨졌다.

안창호의 죽음으로, 동우회사건에서 피고의 중심은 단연 이광수였다. 당국의 집중적 취조도 그러했고, 세인의 관심의 초점도 그랬다. 이광수는 일개 인물이 아니라, 당시 조선내의 각계각층에 가장 영향력이 컸던 문필

---

9 1935년 한 잡지의 예를 들어보자. "(이광수) 씨는 현재 동우회同友會의 대표로 잇습니다. 동우회는 조선 내에서 창립된 지 벌서 10년, 회원수의 증가, 자체 훈련의 진보 등 모다 꾸준하게 예정의 길을 거러가고 잇는데 이 동우회의 생장발전에 잇서 이광수李光洙씨의 힘이 많았습니다. 동우회는 수양단체임으로 정치운동에 간여하지 안키 때문에 외부에 그 존재가 뚜렷하지 못하지만, 오직 뜻을 가치하는 인사로 조직되어, 민족의 한 완전한 분자되기에 필요한 기준을 닥거가지기에 노력합니다. 그런데 이광수 씨의 회會에 대한 열심, 성의에 대하여는 단체원 전부가 크게 만족하고 잇는 터이외다"(이용설, "성誠과 재才의 인人 이광수," 삼천리 제7권 제3호, 1935. 3. 1.).

가이자 아이돌이었던 것이다. 이광수 자신은 검거와 문초로 건강이 극도로 피폐해졌다. 연약해진 마음과 견딜 수 없는 육신으로 그는 저항할 의지와 능력이 없었다.

이 사건 처리에서 한 특별한 점은 예심기간이 지나치게 길었다는 점이다. 제1차로 체포된 자들이 예심에 회부된 것은 1937. 8. 20.이었다. 김윤경에 따르면, 예심회부한다는 소식은 "청천벽력"같이 느껴진다고 한다. "원래 예심은 기한 없이 죄 없이 법외의 벌을 받는 기간이지만, 한 번도 부르는 일도, 묻는 일도 없이 가두어두는 것이다. 같은 방안의 사람과도 말할 자유가 없고 운동, 좌와, 기거 식사 … 들의 온갖 행동의 자유를 박탈당한 수도囚徒들은 판사가 불러내기라도 하여주고 간수가 소제 같은 노동이라도 시켜주었으면 하고 갈망하게 되는 것이다."

예심제도야말로 악법 중에도 악법이다. 이는 기한이 없이 얼마든지 아무 묻는 일도 없이 몇 해고 몇 달이고 가두어두는 것이다. 그리하여 어떠한 경우에는 판결의 결과 징역기한보다 구류통산일수가 더 많게 되어 바로 놓이게 되는 경우가 있는 터인 즉 이는 무법하게 인권을 유린하는 것이다.[10]

예심은 1938. 8. 15.이 되어서야 종결되었다. 기소된 이는 모두 41명이었다. 일제는 이광수를 핵심에 놓고 김종진, 박현환, 김윤경, 주요한을 주요인물로 배치했다. 제1심 공판은 그러고도 두 달 가까이 지난 1939. 10. 3.이었다. 예심까지 1년 이상 경과하고, 예심이 끝난 후 재판을 대기하는 기간이 무려 1년 이상이었다.

10 김윤경, 동우회수난기, 7면; 안창호, 517면.

2. 전향의 강요

예심이 종결되는 전후에 피의자들에 대한 보석을 했다. 1938. 7. 에 32명이 보석되었고, 8명은 사실을 부인한다는 이유로 보석이 못되었다가 약 7개월 뒤에 마저 보석되었다.[11] 그러나 일제는 보석과 함께 훨씬 더한 흉계를 꾸미고 있었다.

이광수의 경우는 1938. 7. 29. 예심보석으로 석방되었다. 그러나 당국은 가만두지 않았다. 그해 11. 3. 일본 명치절을 맞이하여 재판소의 허가를 받고 석방된 28명의 동우회 회원들을 회합, 이른바 사상전향회의를 개최했다. 황거요배, 기미가요 주악, 황군장병에 대한 묵념 등 의식을 거행한 후, 일동이 남산 조선신궁에 참배를 끝내고, 사상전향 신술서를 작성하여 재판장에게 제출하였다. 자발적인 외양을 띠었지만, 총독부의 강압에 의해 기획되었음은 말할 것도 없다.[12] 이광수 자신으로서는 '동지를 구출하기 위해 다른 선택의 여지가 없는' 방안이었다고 하지만, 총독부로서는 사회적 영향력이 가장 컸던 이광수의 전향을 통해 내선일체의 프로젝트에 질적 진전을 이룩해낸 셈이었다.

이러한 전향의 대가는 무엇이었던가. 첫째, 이 같은 집단적 전향으로 완전히 형사면책시키는 시책이 있을 수 있다. 물론 그 뒤에는 전향에 따른 후속행동(노골적 친일행동)을 추동하는 것이다. 둘째, 전향서를 받고도 범죄혐의를 집요하게 추궁하여, 장기간 고생시키면서 끝내 처벌의 압박을 병행하는 악질적인 괴롭힘이 있을 수 있다. 형사소추가 계속되는 기간동안 잠시도 다른 행동의 여지를 허용하지 않는 방식으로, 면종복배자 혹은 이쪽저쪽 회의주의자들을 대하는 방식이다.

민족주의 우파의 계열 중에서 그 첫째 사례는 흥업구락부를 대하는 방

---

11 김윤경, 동우회수난기, 8면; 안창호, 518면.

12 김원모, 827면.

식이었다. 미국의 이승만과 연계를 맺고 YMCA와 기독교 중심으로 세력을 만들어온 흥업구락부는 1938년 검거선풍이 몰아쳤다. 신흥우, 윤치호, 정춘수 등이 주도적으로 관여한 흥업구락부는 대규모의 검거와 취조가 이어졌으나, 그 법적 귀결은 불기소처분이었다. 일제는 흥업구락부사건 관련자 전원(54명)을 사상전향서[13]를 받은 후 기소유예처분으로 석방했다. 전향서의 내용은, "동아 발전의 신방향을 무시하는 민족자결이라는 몽상을 버리고 소위 식민지조선을 지향해서 조선을 새로운 일본구성의 유력한 일원으로 하기 위해, 또한 조선인과 일본인을 민족으로서 일원화시켜 인류사회의 발전과 신동아건설"에 봉사시키기 위해 "내선일체의 사명을 구현시키는 것이 조선민중의 유일한 진로"라는 내용이었다.[14]

왜 그런 방식으로 종결지었을까. "다수 유식인사를 사회적으로 매장해버리지 말고 자발적 협력을 하게 하여 충량한 제국 인민으로서 갱생시키는 것이 일반의 정세로 보아 가장 적절 타당한 것으로 믿기 때문에…"(경무국장의 말)라는 것이었다.[15] 더 파고들어 가보면, 흥업구락부 사건이 기소유예로 신속하게 종결된 데는 첫째, '기독교계 민족주의 진영의 거물 윤치호의 역할에 힘입은 바가 컸다. 윤치호는 자신이 회계를 맡고 있던 흥업구락부 사건에 대해 각별히 신경을 곤두세웠다. 당국은 윤치호에 대한 위협과 회유를 병행하면서, 윤치호의 영향력을 악용했다. 윤치호는 이번 사건이 일본인이 원치 않는 모든 조선인 조직의 분쇄를 겨냥하고 있다고 판단하여, 총독의 타협안을 수락했다. 즉 "과거의 것은 불문에 부치는 대신, 내선일체와 충량한 일본신민화로 조선청년들을 지도하겠다는 약속을 하고, 윤치호가 보증인이 되어 흥업구락부의 해산과 회원 전원의 전향 성명문 발

---

13 사상전향서의 내용은 동아일보 1938. 9. 4.자 "경무국장의 말도 그 신문"; 김상태, "1920~30년대 동우회, 흥업구락부연구," 한국사론, 258면.

14 사상휘보, 제18호, 1939. 3, 10면, 양현혜, "근대한.일관계사속의 기독교," 148면에서 재인용.

15 사상전향서의 내용은 동아일보 1938. 9. 4.자 "경무국장의 말도 그 신문"; 김상태, "1920~30년대 동우회, 흥업구락부연구," 258면.

표라는 조건으로 투옥자들 모두를 석방시킨 것이다.[16]

둘째, 홍업구락부의 주요 성원 자체가 그 시점에 활동정지 상태에 있었고, 일부회원들은 이미 친일화의 길을 노정하고 있었으며, 자산가적 배경으로 일제의 정책과 친화감을 보여주고 있었던 것이다. 따라서 홍업구락부 사건은, 이러한 진행과정에 협박과 회유를 통해 그들의 잔존하는 민족의식을 꺾고 친일화와 일제의 지배정책의 보조세력으로 동원되는 지경에 이르게 되는 것이다.[17]

윤치호의 중개란 형식을 통해 관련자들 전원이 기소유예처분을 받아내긴 했지만, 그 대가는 참으로 쓰라린 것이었다. 모든 회원들이 (자신의 내심의사와 관계없이) 집단적 전향을 했을 뿐 아니라, 장차 내선일체와 전향의 전형을 창출함으로써 이후 민족진영의 친일화의 노골화에 대로를 열어낸 것이다. 이후 민족주의계열의 친일화는 거칠 게 없이 진행되는 느낌이 있고, 민족의식의 와해가 이루어지는 것이다. 그들이 속한 기독교계(감리교계)의 추세는 말할 것도 없다. 물론 그 개인/세력을 일률적으로 매도할 수 없는 것이, 수년뒤 다른 사건으로 투옥되는 인사와 항일건국을 준비하는 인사들이 그중에서 또 출현하기 때문이다. 따라서 하나의 경향으로서, 내선일체를 내세우는 친일화의 조류를 만들어내는 계기가 되었다는 점에서 경고점을 찾아야 할 것이다.

그러나 동우회에 대한 취급은 홍업구락에 대한 것과도 달랐다. 사상전향서를 받긴 했어도, 일제에게 동우회원의 경우 훨씬 못 미더운 것이었다. 전향과 친일의 약속을 했다고 해도, 고문과 회유 속에서 얻어진 지라 그들이 기회가 되면 "또다시 모반을 획책하는 일이 없다는 것을 보증하기 어려우므로" '엄중히 경계"할 필요는 여전한 것이었다. 따라서 이들에게는, 은전의 회유와 함께 혹독한 감옥행이라는 채찍을 함께 구사했던 것이다.

---

16 양현혜, 근대 한.일관계사 속의 기독교, 148~149면.

17 김상태, 261면 참조.

3. 제1심 무죄와 항소심 유죄

동우회사건은 그 수사와 예심에 만 2년이 걸렸다. 제1심 공판이 개시된 것은 1939. 10. 3.이었다. 사흘간에 걸친 열띤 법정공방을 거쳤다. 검사의 구형은 이광수 7년, 조직자 4~5년, 그밖에는 3년 혹은 2년씩이었으나, 1939. 12. 8. 판사(釜屋英介)는 증거불충분을 이유로 41명 전원에 대해 무죄 판결을 내렸다. 실로 2년 6개월만의 일이었다.

검사는 항소하였다. 다음해인 1940년 7월 1일부터 항소심공판(경성복심법원)이 열려 11회 개정으로 심문과 공판과 변론이 진행된 끝에, 8월 11일 41명 전원에 대해 유죄판결을 내렸다. 죄명은 치안유지법 위반, 제령 제7호(정치에관한범죄처벌에 관한 건) 위반이었다. 이광수의 범죄사실의 개요는 다음과 같다.

1919년 임시정부에서 독립신문의 주필이 되어 7가살七可殺 등의 글을 게재하고, 독립신문을 세계각처에 배포함으로써 정치의 변혁을 목적으로 다수 공동으로 안녕질서를 방해했다(제령 제7호 위반).

1919~1921년 사이에 상해에서 흥사단에 가입하고, 흥사단의 여러 목적달성을 위한 일을 협의하였다. 흥사단은 "조선독립운동의 투사를 양성하고 궁극에 있어서 조선의 독립을 도모할 것을 목적으로 하여 조직된 것"이다. 이 역시 정치변혁을 목적으로 안녕질서를 해한 것으로 제령 제7호 위반이다.

1920~1926년 수양동맹회-수양동우회-동우회의 결사를 하고, 결사의 목적수행을 위한 다양한 행위를 장기간 수행했다.

이광수 등 피고인들도 자신의 동우회 가입 및 활동사실을 부인하지 않았다. 쟁점은 동우회의 목적 및 수행활동이 '독립운동'에 해당하는가 하는 점이었다. 그 목적 및 활동이 '독립운동', 즉 대일본제국의 영토의 일부를 떼어내는 행위에 해당하고, 천황제를 직접 부인하게 되면 치안유지법 위반에 해당되어 조직해산 및 조직원의 형사처벌이 불가피하다. 그런데 동우회는 그 활동의 지속성을 위하여, "동우회는 수양단체이므로 정치운동에 간여하지 않는다"는 원칙을 매우 세심하게 지켜왔다. 1심에서는 그 점을 인정했으나, 항소심에서는 동우회가 정치변혁을 목적으로 한 독립운동 단체임을 공인한 것이다. 가장 유력한 증거로 든 것은 안창호의 편지에서 "수양이 곧 독립운동"이란 내용이었다. 도산이 마닐라에서 미국에 있는 동지에게 한 편지가 일본경찰에 압수되었는데, 거기엔 "홍사단의 인격, 단결 수양운동이 곧 유일무이한 독립운동이요, 또 모든 정치운동의 모체"라는 구절을 유죄의 최대증거물로 삼은 것이다.[18]

4. 조선고등법원: 무죄판결

이번에는 피고 측 전원이 상고하였다. 식민지하에서 최종심인 조선고등법원은 1941년 5월 22일에 개정하였다. 상고심의 변호사는 모두 13인을 헤아리는데, 김병로, 이인은 그 중심이었다.[19] 조선인 변호사는 경성(이인 김병로, 홍순엽, 이승우=개명하여 오촌승우)과 평양(안성기, 김익진, 정재원)의 변호사들로 구성되었는데, 이는 유력한 동우회원들이 경성과 평양에 걸쳐 있었기 때문이다. 일본인은 동경에서 온 영목의남 변호사가 중심이 되고, 경성에서 영도웅장, 태재명, 협철일, 환산경이랑, 길전평치랑 등 오랫동안 변론을 해온 인물들이 합류했다.

변호사의 변론과 검사의 상고기각 요구가 있었다. 그런 뒤 7. 21. 고등

18 이광수, "나의 고백"; 김원모, 848면.

19 동우회 사건 제3심(경성고등법원)의 변호인단은 다음과 같다. 총 13인이다. 매일신보 1941. 10. 7. 영목의남鈴木義男, 영견웅장永見雄藏, 태재명太宰明, 협철일脇鐵一, 환산경이랑丸山敬二郞, 길전평치랑吉田平治郞, 오촌승우梧村升雨, 이인李仁, 김병로金炳魯, 홍순엽洪淳曄, 안성기安城基, 김익진金翼鎭, 정재원鄭在元.

법원에서는 매우 이례적이게도 항소심판결을 파기하고 다시 사실심리를 하겠다는 판결의 통지가 각 피고에게 전달되었다.

이 시점에 이르러 이광수는 "목전의 위급을 모면하고 동지의 구출을 위하여" 〈진정서〉를 제출했다.[20] 이 진정서는, 이광수의 필력으로, 우선 수사 사정에서의 고문의 실상을 손에 잡힐 듯이 생생하게 폭로했다.

경찰은 시국상 너희들과 같은 비국민은 몇 명을 죽여도 문제가 안 된다고 하며, 또는 서내에서 죽이는 따위 서투른 짓은 안하지만 걸레를 뺀 바께쓰 물을 많이 먹여놓으면 출감 후 만 반 년이 못되어 폐병에 걸려 죽는다는 등 위협을 했다. 사생의 경계를 헤매고 있는 자에게 그와 같은 위협을 한다면 어떤 강심장의 소유자라 하더라도 공포심을 갖는 것은 당연한 일로써 경찰은 폭행 협박도 부족하여 사술詐術을 씀을 서슴지 않았다. 그 밖의 피의자들은 모두 자백을 했으니 너도 자백을 하면 방면해 줄 테다 한 것 등이 그것이다. 그래서 피고인들은 경찰에서 자기들과 죄상을 같이하는 자들이 자백을 하고 방면·출감하는 많은 예를 목격함으로써 이 사술에 걸려들어 허위자백을 한 것도 무리 없는 일이다.

경찰단계에서 이렇듯 폭행, 협박, 사술을 동원하여 유죄의 자백을 받아냈다. 다음 검사는 종로서에 출장하여 피의자를 심문했을 때, 피의자의 다수 자백은 어떻게 볼 것인가. 검사가 직접 고문한 정황도 없으니, 그 자백은 유효한 것이 아닌가. 그에 대한 이광수의 항변은 다음과 같다.

주임검사長崎祐三는 종로서에 출장하여 제1회 신문을 한 바 있다. 경찰서에서는 검사의 출장취조를 알자 미리 피고인들에 대해 검사 앞에서 부인할 때는 검사가 돌아간 후 따끔한 맛을 보여주겠다고 협박해 두었다. 검사 취조 때 (취조경

---

20 진정서의 내용은 독립운동사자료집, 독립운동사편찬위원회, 1977, 12, 1397~98, 1414~16 등. 김원모, 851~855면.

관의) 얼굴을 보는 것만으로도 끔찍한 데다, 지난 날 자기에게 가혹하기 짝이 없는 고문을 자행하던 경부보(齊賀) 이하 많은 형사들이 좌우에 울을 치고는 피고인들이 부인하려는 기색을 보이자 화살과 같은 시선을 내쏘았다고 한다. 이럴 경우 (경찰 앞에서의) 허위의 자백을 (검사 앞에서) 뒤엎을 자유가 없었을 것이라는 것은 상상하기 어렵지 않다. 그리하여 검사하에 부인했기 때문에 검사가 귀청한 후 다시 고문을 당한 자가 적지 않다고 한다. … 검사는 예심에 회부할 양으로 이른바 구류신문의 정도에 그쳤으므로 여기서는 사건 진상을 포착할 방도가 없다.

검사 앞에서의 진술은, 고문경관들이 좌우에 울을 친 가운데서 진행되었기에, 경찰에서의 허위자백을 번복할 엄두를 내지 못했다는 것이다. 다음에 이광수는 자신이 처한 신체적 한계상황과 함께 고문 앞에 바스라져 가는 자신의 참상을 현실감 있게 기술했다.

본 피고인은 폐렴, 늑골의 수술, 폐렴 카다르, 척수 키리에스 등으로, 혹은 입원, 혹은 칩거 통원 등으로 6월 7일에야 검거되었던 것이다. 종로에서의 제1회 신문에서 본 피고인은 황실과 국가에 대해 종래 충성이 부족하였음을 솔직히 참회하였고, 그 밖의 신문에 대해서는 하나를 물으면 자진하여 둘을 대답하는 식으로 사실을 일사천리로 공술하였다. 상해에 있어서의 독립운동, 흥사단, 동우회에 대해 경찰이 아직 모르고 있는 것까지 자진해 말해주었다. 그런데도 본 피고인은 유치를 당하고, 제2회 이하의 신문에서는 동우회의 목적이 독립이 아니냐는 답변을 강요받았다.

그러나 본 피고인은 그것은 전혀 사실에 위배되는 것이기 때문에 부인했다. 당시 본 피고인은 발열과 더불어 격렬한 카리에스 신경통을 앓아 오래 앉아 있지도 못하는 상태에 있었다. … 일본인 심문관인 경부보 사이카齊賀八郎 앞에 불려가서 "주요한은 바로 독립이 목적이라고 자백했다. 안창호도 자백하고 있다"

하면서 주·안 양 피고인의 신문서 첫 페이지만 보이게 책상 위에 조서를 내놓고 있었다. "그럴 리가 없습니다. 주요한도 안창호도 그런 거짓말을 할 사람이 아닙니다. 나는 형벌이 두려워서가 아니라 거짓말을 두려워하기 때문에 독립이라는 것은 인정할 수가 없습니다."라고 진술하였다.

이어 그는 물고문과 동료들이 당하는 고문의 고통소리를 듣고 물고문의 위협하에, "자기가 앓고 있는 폐에 물을 들이키는 것은 죽음과 같다는 느낌이 들었다"고 한다. 안창호, 주요한의 예를 들면서 사이카 경부보가 압박하자 그는 무너졌다.

본 피고인도 결국 단념하고서 "그렇다면 당신이 요구하는 대로 대답하겠습니다. 그 대신 그것은 죄다 거짓입니다." 사이카 경부보는 웃음을 띠면서 본 피고인에게 앉는 것을 허용했다. "그러면 (동우회의) 민족전도 대업이라는 것은 조선의 독립을 가리키는 거지?" "그것은 너무도 엄청난 거짓이 됩니다." 사이카 경부보는 조서를 쓰려던 손을 멈추고 다시 새침해지면서 "또 그따위 소리를 해?" 하고 대성일갈했다. "민족전도대업은 생존 번영을 말하는 것이므로 만일 '독립'이란 것이 민족의 생존번영에 필수한 조건이라면 결국에 있어 그것도 포함될는지 알 수 없습니다."고 말하자, "그것은 대답이 되지 않아. 독립이라면 독립, 아니라면 아니라고 분명히 말해." 이와 같은 장시간의 실랑이 문답 끝에 결국 조서에 기재된 것과 같은 해답이 되었다.

압박에 못 이겨 한걸음 물러서자 그것은 곧 동우회의 목표가 '조선독립'이라는 것이 되고, 그것은 곧 치안유지법 위반으로 귀결된다. 이광수가 가정법으로 애매하게 답변하는 쪽으로 물러서자, 일단 승기를 잡은 경부보는 더 윽박질러서 마침내 조선독립을 인정하는 진술을 얻게 되고, 이를 피의자신문조서에 박아넣음으로써 소기의 성과를 얻게 된 것이다. 이광수는 조서에서 '조선독립'이라는 자백의 획득과정의 불법성을 세세히 지적함으로써, 항소심 판결 번복을 위한 사실적 기반을 제공한 것이다.

조선고등법원 본안심리는 1941. 10. 2. 공판이 열리게 되었다. 10. 3., 10. 6. 모두 3회로 사실심리는 종결되었다.

10. 7. 검사의 2시간 20분에 걸친 지리한 논고가 이어졌다. 그는 사실심리 면에서 볼 때 "1심에서는 외형적 증거만으로는 진상을 알 수 없고 범죄증명이 없다고 무죄판결을 내린 모양이나, 이 사건은 외형적 증거나 예심까지의 자백만으로 판단할 것이 아니라 본질적 문제를 구명할 필요가 있다"고 한 후 본 사건의 발단과 자초지종을 역사적으로 논하면서 조선사상운동사의 일면을 정리했다.[21] 즉 "을사보호조약부터 시작하여 폭도(의병)봉기, 이등박문암살, 이완용 자상, 합병직후 테라우치 총독암살음모사건, 불평분자의 해외탈출로 여러 가지 일으킨 운동, 제1차대전 평화조약때 미국대통령 윌쓴의 민족자결주의 주창에 자극을 받아 일으킨 독립만세운동, 안창호 계통의 동우회 운동이 죽 계속된 것이라 하며 형사정책상 처벌이 필요하다고 주장하고 또 동아연맹의 사상이 상층지식계급에 침투된 듯하여 검거사건을 일으키지 않은 학교가 없는데 1938년으로 39년 상반기까지 불온선전 삐라가 가장 많았음과 작년에 하와이에서 조선 사람들이 일미전쟁이 일어난다면 우리는 미국을 위하여 싸우겠다는 선언서를 발표함이 외무대신에게 보고들어온 것과 같은 정세를 망라하며 항소심대로 구형하였다."[22]

개별적인 부분에 들어가 검사는 이광수의 죄를 증명하는데 논고의 대부분을 바쳤다. 그는 "민족주의 계통의 범죄로 취급된 조선청년의 7 내지 8할이 피고의 저서에서 감염되었다는 것을 자백하였으니, 그렇게 많은 청년을 그르친 것만 하여도 이광수는 죽어도 아깝지 않다" 하였다. 또한 "피

---

21 매일신보 1941. 10. 8.자.

22 김윤경, "동우회수난기,"도산안창호선생기념사업회, 도산 안창호 전집, 제9권, 2000, 519면.

고가 근래에 천황 중심을 말하고 내선일체를 말하는 것은, 그가 진심으로 하는 것이 아니라 그의 민족운동의 한 방편에 불과하다. 이 시국에서는 그러한 형식이 아니고는 민족운동을 할 수가 없는 까닭이다." 그리고 "피고는 죽어도 민족주의를 버릴 자는 아니니, 재판소는 그에게 속아서는 아니된다" 하였다.[23] 검사가 보기에, 이광수가 내선일체를 말해도, 그것이 진심이 아니고 다른 민족운동을 할 수 없는 최악의 여건하에서 나름대로 민족운동의 한 방편으로서 이를 추구하기에 속아 넘어가서는 안 된다는 것이다. 검사는 "교묘한 방법적 결사이나 결국은 불온한 것을 목적으로 한 결사에 해당한다. 증거상 틀림없는 사건이고 사회에 대한 영향도 크므로 개정치안유지법에 의하여 처벌하여야 한다"고 결론짓고, 항소심과 같은 구형을 했다.[24]

검사의 논고를 듣는 피고인(김윤경)에 따르면 "어떻게 하여서라도 범죄가 구성되도록 옭아넣으려는 듯한 악마의 주문같은 가혹한 논고와 구형"[25]이었던 것이다.

변호인의 변론의 요지는 다음과 같았다.

> 인격수양과 단결이 (동우회의) 규약에나 실행에나 뚜렷한 목적임에도 불구하고 그것은 무엇하려고 함이냐고 추궁하되 온갖 고문과 갖은 수단으로 받은 자백을 범죄사실의 재료로 삼아서 목적의 목적을 처벌하려 한 원판결은 중대한 위법이다.

여기서 '목적의 목적'이라 함은, 동우회의 공식목적(개인의 수양)에 대해, 그 목적을 추구하는 목적이 무엇이냐고 묻고 따져서, 동우회의 궁극목적

---

23 이광수, "나의 훼절," 최종고편, 455~456면.
24 매일신보 1941. 10. 8.자.
25 김윤경, 앞의 글, 519면.

은 결국 조선독립 아니냐고 비약과 억측을 하는 것에 대한 변호인의 비판이다.

일제말기, 1941년의 상황이니만큼, 종합변론은 일본인 스즈끼鈴木 변호사가 맡았다. 그는 세 시간에 걸친 역사적·철학적·사회학적 각 방면으로 고찰한 과학적 변론을 했다고 한다. 그가 한 변론의 내용 중에서 김윤경이 가장 인상깊은 구절로 기억하고 있는 것은, 그릇된 판결로 예수의 십자가 사형을 실례로 든 것이었다.

로마총독 빌라도는 예수가 유대 독립의 지도자라는 바리새 교인의 무고만 믿고 예수를 십자가의 사형에 처하였지만, 예수는 유대를 독립시키려는 것이 아니라 영혼의 해방과 구제를 위하여 희생적으로 노력한 것이다. 그런데 이를 이해할 수 없던 그는 마침내 유대인들의 무고대로 처형하였다. 이는 세계 사법사상에 남긴 가장 잘못된 판결로서 누누이 인용되어온 바다. 이같이, 신성한 사법사상 오판례를 남기지 말기를 바란다.

동우회 회원들이 마음 속으로 조선독립을 희망하지 않는다고 말할 수는 없다. 그러나 동우회 활동은 어디까지나 무실역행과 수양활동에 그치는 것이다. 예수의 경우에도, 영혼해방과 구제를 목표로 활동한 것이지, 유대의 독립 그 자체를 위해 운동한 것은 아니다. 마찬가지로 동우회의 활동 자체를 두고 법적 평가를 해야 한다는 취지로 보여진다.

다른 변호사들은 수사과정에서의 고문과 허위자백을 지적하고, 심지어 공판단계에 있는 사건에 대하여 종로경찰서에서 불법하게 개입한 실례들을 폭로하였다. 예컨대 이영학은 105인사건(1911년) 때부터 독립사상을 갖게 되어 여태 계속된 사상이라는 의견을 제출하였는데, 당시 그는 겨우 6세에 불과한 유아였으니 사실의 성립 여부도 살피지 않고 선입견에만 지배됨을 증명한다. 또한 2심때 종료경찰서의 사이카 경부는 불법한 증인조서를 꾸며 검사에게 제출한 것이라든지, 정인과를 불러 법정에서 사실을 자백하면 동정을 받아 집행유예의 관대한 처분을 받을 것이라고 꼬여 자백서를 받아 제출한 것은 신성한 사법권을 모독한 것인데, 이를 공판정에서 재료로 쓴다는 것은 위법이라고 변호사들이 공격하였다. 그에 대해 판사는 이 사실은 참고뿐이요 공판의 기록에는 올리지 않을 것이라 하여 변호사들에게 변명하게 되었다.

1941년 11월 17일 최종판결이 선고되었다. 상고한 피고인 36인 전원에게 무죄판결을 선고, 확정지었던 것이다.[26] 동우회는 창립이래 어떤 위법행위도 저지르지 않았다. 법은 행동의 잘못을 처벌하는 것이지 마음을 처벌할 수는 없다, 어느 피압박민족에나 마음속에 독립과 자유를 원하는 마음은 있겠지만 마음만으로 처벌할 수는 없다는 취지였다.[27] 또한 이광수의 경우 문제삼은 제령 제7호와 관련된 사건(3·1운동 전후 활동, 임시정부에의 관여)에 대하여, 검사는 그때부터 현재까지가 동우회의 연속적 활동인 까닭에 '연속범'임을 주장했으나, 이 부분은 공소시효가 지난 것으로 판단하여 면소판결이 내려졌다.[28]

이런 독립운동 관련의 대사건에서 전원 무죄라는 판결은 참으로 의외에 속한다. 김병로 등으로서도 뜻밖의 결과였을 것이다.[29] 몇 년동안 말할 수 없이 곤욕을 치른 피고인으로서는 "식민지의 재판소일망정 일본은 사법권의 독립이 확립되어 있다는 것을 처음으로 감득했다"[30]는 감상도 나올 지경이다.

피고인들에게 절대 유리한 이러한 판결은 변호사의 힘을 빌지 않고는 될 수 없는 일이다. 피고인 중 한 사람이었던 김윤경은 다음과 같이 회고하

---

26 매일신보 1941. 10. 3·4·7·8·10·11. 9·18 소화15년(1940년) 형상刑上 제102 내지 104호 판결문.

27 동우회 사건에는 여러 회고가 있다. 그중에서 김윤경, "여기 일제의 잔학상이! 김병로 선생의 부음을 듣고 동우회사건을 회상한다," 사상계, 131호, 사상계사, 1964. 3, 46~53면.

28 고등법원 형사부. 소화15년 刑上 제102 내지 104호(1941. 11. 17.).

29 "변호사들도 이 판결을 의외라고 하였다"(이광수, 나의 훼절, 최종고, 456면).

30 조병옥, 나의 회고록, 126면.

고 있다.[31]

5년이란 긴 세월에 걸친 이 사건을 법이론적으로 변호한 변호사들의 덕택이라 아니할 수 없다. 그러하나 이 사건의 피고들은 5년이란 긴 세월동안 실직하게 되었으니 자기 생활고에 허덕이게 되는 형편에 변호비를 낼 힘은 없었다. 이런 큰 사건에 본인이 변호인을 세우지 못할 때에는 관선 변호사를 세워주거나 변호사가 무료로 자진하여 변호하여 주게 되는 것이다. 그러한데 일본 사람들은 변호보수를 받고 나오는 것이지마는 김병로, 이인 이하 우리나라 사람 변호사는 대개 무료로 변호한 것이다. 애국운동을 돕기 위함이다.

5년이나 긴 세월동안 인내하면서 다툰 피고인들도 그러하지만, 변호사로서 열정과 치밀성을 갖고 사실론과 법리론을 펼쳐 무죄판결을 받아낸 것은 대단한 것이라 하지 않을 수 없다.

동우회사건에 대한 최종판결은 이렇게 전원 무죄였다. 다만 무죄판결을 받았다고 해도 일제의 치안당국의 의도가 실패한 것은 전혀 아니다. 최종판결 자체에 주목할 것이 아니라, 최초 검거로부터 최종판결에 이르기기까지의 긴 과정을 종합적으로 살펴볼 때, 동우회사건의 진면목이 온전히 드러난다고 생각된다.

동우회사건을 일으킴으로써, 일제는 민족진영에서 하나의 거점 역할을 했던 조직 자체를 해산시켰다. 만주로 다시 중국 전체로 침략의 정책을 획책함에 당하여 더 이상 "조선에 소화불량제가 조금이라도 있어서는 안되겠다는 정책으로 동우회에 대한 만행적 박멸책"을 감행하였다.[32] 최종적으로 무죄판결이 확정됨과 상관없이, 조직 자체는 괴멸시켜버린 효과를 거두었던 것이다.

---

31 김윤경, 앞의 글, 52~53면.

32 김윤경, "동우회수난기," 6면; 안창호, 자료집, 516면.

대규모의 검거작업을 통해 일제는 조선독립의 의지를 완전히 꺾어버리는 효과를 갖고 있었다. 가장 중심인물일 수 있던 안창호의 옥사 이후 이광수는 위기시의 고난을 이겨낼 강인한 의지를 갖고 있지 못했다. 갖은 악형과 고문은 모든 관련자들을 괴롭혔으며, 최윤호, 이기윤이 목숨을 잃었고, 김성업은 언어장애의 불구자가 되었다.

동우회사건, 흥업구락부사건의 주요 관계자들을 전향선언을 하게 하고, 내선일체에의 협조를 강제로 이끌어내고, 그럼으로써 민족진영 계열의 움직임을 급속도로 친일화하는 계기를 만들어냈다. 동우회사건은, 전향에도 불구하고, 지속적인 고난과 괴롭힘을 안겨주었으며, 이를 견디기에 전전긍긍해야 했다.

첫 검거로부터 고등법원판결까지는 무려 4년 6개월이 소요되었다. 일제하 형사재판 중에서 거의 최장기간이 소요되었던 것이다. 수사와 예심에 든 기간이 무려 2년으로, 이전의 다른 사건보다 훨씬 길었다. 예심은 기한이 정해져 있지 않아 무한정의 불안감과 고통을 안겨준다. 이러한 예심의 불확정성, 그리고 기소/불기소의 재량권을 통해, 일제는 피의자들의 마음을 조롱하고 통제하였다. 무자비한 고문과 공포를 확대함으로써 관련자들이 입은 신체적, 정신적, 가족적, 물질적 고통은 말할 수 없이 컸다. 수사와 재판과정에서 인간은 권력의 강제에 매우 취약해지고, 인간적으로 비굴한 상태에 놓이게 되며, 이를 연대하여 이겨내기도 어려운 환경이었다. 더욱이 항소심에서 유죄판결까지 받고 보면, 최종판결까지 내내 가슴졸이며 지내야 했다. 그 점에서 무죄판결은 장기간의 미결구금기간, 항소심에서의 유죄판결의 고통 뒤에 주어진 한 가닥의 위로제였을 뿐이다.

무죄와 유죄, 그리고 무죄로 오가는 과정은 관련자들의 피를 말린다. 사회활동, 경제활동도 제대로 할 수 없다. 일제의 계속적인 의심의 눈초리 하에서, 관련자들은 자신이 '독립운동'과는 무관함을 계속 정황적으로 입증해야 한다. 전향선언을 한 것도 그래서이고, 그 전향조차 위장전향 아니냐는 의심의 눈초리에 전향보다 더한 것도 해야 했다. 이광수의 경우, 친일단체에 이름이 올라야 했고, 마침내 창씨개명(1940. 2. 11.)을 하고 그 사실을 언론에 크게 올렸다.[33] 민족문학에서 국민문학으로, 민족운동에서 황민화운동으로 친일전향한다는 공식표명도 하였다.[34] 이광수로서는 이를 '무죄운동'의 차원에서 한다고 했지만,[35] 일제는 동우회 재판을 이용해서 손쉽게 요리할 수 있었던 것이다. 수사-재판에 4년 6개월을 계류시킴으로써, 총독부 권력은 이광수를 손바닥 위에 올려놓고 친일전선으로 끌어들이는 데 잘 활용했던 것이다.[36]

일제는 무죄판결을 통해, 그래도 사법부 독립의 홍보효과를 거둘 수 있기에, 일제는 무죄판결 자체를 일제사법의 우월성을 과시하는 것으로 활용할 수도 있었다.

무죄판결로 확정되었다고 해도, 일제는 이를 유죄판결과 달리 취급하지도 않았다.

이광수 무죄판결을 받은 이튿날, 종로서 고등계에서 호출장이 왔다. 가보니 고등주임은 심히 불쾌한 사색으로 말하기를 재판소에서는 네게 속아서 무죄판결을 하였지만 너는 무죄가 아니니 조심하라 하고, 무죄가 되었다고 축하를 하거나 떠들면 가만히 두지 아니할 터이라고 엄포를 하였다. 그후 과연 총독부나 검사국은 우리를 여전히 죄인대우를 하여서, 학교나 교회나 이러한 기관에 복직

33 이광수, "창씨와 나," 매일신보, 1940. 2. 20.자 "나는 천황의 신민이다. 내 자손도 천황의 신민으로 살 것이다. 이광수라는 씨명으로도 천황의 신민이 못 될 것이 아니다. 그러나 향산광랑香山光郎이 조금 더 천황의 신민답다고 나는 믿기 때문이다. 내선일체를 국가가 조선인에게 허하였다. 이에 내선일체운동을 할 자는 기실 조선인이다. 조선인이 내지인과 차별 없이 될 것밖에 바랄 것이 무엇이 있는가…."

34 김원모, 앞의 글, 940면.

35 창씨개명의 동기에 대해 한 유력 일본인에게 보낸 편지에서 이광수가 다음과 같이 말하는 게 눈길을 끈다. "門生은 황공하옵게도 천황의 어명의 독법을 본받아 향산광랑이라고 창씨개명하여 오늘 호적계에 신고했습니다. 이상으로써 문생의 마음속 회포를 살펴보셨을 줄 압니다. 재판의 진행을 거스르기 어렵고, 아울러 아직 병이 낫지 아니했을 뿐 아니라 형기를 남겨두고 있는 만큼, 이 생명을 이제부터 문장보국에 바치기로 결심한 것입니다"(김원모, 앞의 논문, 962~963면).

36 김원모, 앞의 논문, 936면 참조.

이나 취직하는 것을 허하지 아니하였다.

장리욱 상당수의 인원들을 "특수범이라고 하여 소위 대화숙 명부에 올려놓고 자유를 구속"했다.[37]

조병옥 일정당국은 우리가 무죄판결을 받고 형무소에서 출감되었다고 해서 그대로 두지는 않았던 것이다. 항상 요시찰대상의 인물로서 주목을 받고 또 감시를 받았던 것이다.[38]

그러면 김병로, 이인 등 항일변호사의 입장에서 보면 어떤가. 어떤 시대이든, 변호사는 자신의 의뢰인의 억울함을 풀어내기 위해 최선을 다해야 하는 것이다. 일제의 경찰과 검찰이 총력을 기울여 치안유지법 유죄판결을 이끌어내고자 한 데 맞서, 끝까지 무죄판결을 이끌어낸 변호사들의 기개와 집념은 그 자체로서 충분히 상찬할 가치가 있는 것이다. 특히 20년동안 항일민족변론을 이끌어온 김병로, 이인 변호사에게, 이 사건은 일제하 항일변론의 대미를 장식하는 사건이었다. 더 이상 그들은 사상사건에 대한 변론권 자체를 봉쇄당하기 때문이다.[39] 그 점에서 이 사건에서의 무죄판결 확정은 김병로 등이 사법의 무대에서 최고의 실력을 발휘한 대사건이라고 할 수 있을 것이다.

5. 사상사건에 대한 변론권을 박탈당하다

김병로 변호사는 1932년 이래 은거상태에 들어갔다는 회고를 한 바 있

---

37 장리욱, "나의 옥중투쟁," 국민보 1959. 2(3458호).

38 조병옥, 나의 회고록, 126~127면.

39 개정치안유지법에 의하면 치안유지법 사건에서는 총독부가 미리 지정한 변호사 중에서 변호인을 선임해야 한다. 그에 따라 새로이 치안유지법 사건에 대해서는 미지정변호사는 사건을 수임할 수 없다. 김병로, 이인 등은 당연히 지정되지 못했다. 한인섭, 식민지 법정에서 독립을 변론하다, 543~546면 참조.

지만, 그것은 오류 혹은 지나친 겸손의 탓이고, 실제로는 왕성한 활동을 수행했음을 자료들은 보여주고 있다. 그런데 자료정리를 해보면, 1936년 이후에 신문이나 잡지 등에 그들의 이름을 찾아보기 쉽지 않다. 활동이 있었는데도 이름이 나오지 않음은 어쩐 일인가 무척 궁금하다.

먼저 김병로의 회고이다. 그에 따르면 "1936년께 우리 공동연구회 회원에 대하여 변호권을 제한한 바 있었으니, 즉 총독부당국이 지정한 변호사 외에는 사상에 관련된 사건의 변호를 담당하지 못한다는 것인바, 우리 회원 중에는 한사람도 그 지정을 받을 수 없었다"[40]고 한다.

여기서 "총독부의 지정한 변호사 이외에는 사상에 관련된 사건의 변호를 담당하지 못한다"는 근거는 무엇인가, 사실상의 제약인가 법적 제약인가를 자료로써 검토할 필요가 있다. 먼저 다음의 1941년의 조선총독부 고시를 보자.[41]

조선총독부 고시 제1141호

국방보안법 제29조 및 치안유지법 제29조의 규정에 따른 변호사를 다음과 같이 통지정通指定함.

1941년 7월 30일

조선총독 남차랑[42]

그리고 지정변호사의 이름이 나열되어 있다. 1941년과 1943년에 지정변호사의 수를 비교하면 다음과 같다.[43] 1941년에는 경성변호사회 20인을

---

40 김진배, 가인 김병로, 268면.

41 國防保安法第29條及治安維持法第29條ノ規定ニ依ル辯護士左ノ通指定ス[조선총독부고시 제1141호, 1941. 7. 30.].

42 여기서는 편의상 담당변호사의 수를 썼지만, 관보에는 한명 한명의 성명이 나열되어 있다. 이 중 조선인변호사는 전체를 통틀어 극소수에 불과하다.

43 1943년의 경우는, 國防保安法第29條及治安維持法第29條ノ規定ニ依ル辯護士左ノ通指定ス[조선총독부고시 제1358호, 1943. 11. 25.].

포함하여 전국적으로 68인을 지정했는데, 1943년에 이르면 경성변호사회 6인을 포함하여 전국적으로 22인으로 현격히 줄어든다.[44]

이 고시는 국방보안법 및 치안유지법 위반사건을 맡을 수 있는 변호사를 사전에 지명 통지하는 것이다. 물론 김병로, 이인과 같은 사상변호사들을 총독부에서 포함시킬 리가 없다. 다시 말해 김병로, 이인 등은 치안유지법 사건을 원천적으로 맡을 수 없게 되어버린 것이다.

그 법률적 근거는 1941년의 치안유지법개정이다. 치안유지법(1941년 개정)[45]에는 변호사의 선임, 인원, 소송서류의 등사 등에 대하여 특례규정을 신설하였다. 그동안 치안유지법 적용을 둘러싸고 변호인들의 법정투쟁과 그 영향을 누누이 실감했기에, 아예 치안유지법 전문의 사상변호사들이 사건에 개입할 여지를 원천적으로 차단해버리고자 한 것이다. 문제의 조문은 다음과 같다.

치안유지법(1941)

제29조 변호인은 사법대신[46]이 미리 지정한 변호인 변호사 중에서 선임해야 한다. 단 형사소송법 제40조 제2항의 규정을 방해하지 않는다.

제30조 변호인의 수는 피고인 1인에 대해서 2인을 초과할 수 없다. 변호인의 선임은 최초에 정한 공판기일에 관련된 소환장의 송달을 받은 날부터 10일이 경과했을 때는 할 수 없다.

제31조 변호인은 소송에 관한 서류의 등사를 하려고 할 때에는 재판장 또는 예심판사의 허가를 받아야 한다.

---

44 신의주변호사회 소속 이희적 변호사는 1941년 7월에 지정되었으나, 1942. 1. 15.자로 그 지정을 취소한다는 고시가 내려지고 있는 것이 이채롭다.

45 개정 1941년 3월 8일, 법률 제54호.

46 동 치안유지법 제38조에서 조선에 적용할 때의 원칙이 있다. 그 조문에 따르면 "조선에서는 본장 중 사법대신에는 조선총독…으로 한다"고 규정한다. 즉 조선총독이 치안유지법 재판의 변호인을 특정한다는 것이다.

즉 특정한 변호사만 치안유지법 사건을 맡을 수 있게 하며, 담당변호사의 수도 제한하여 여론형성적 효과를 봉쇄하였다. 변호인의 지위는 서류등사에도 판사의 허가를 받아야 하는 존재로 격하되었다. 이렇듯 개정치안유지법 이후에는 법률의 규정 및 그 법에 따른 조선총독의 고시(1941년 7월 30일 이후에 적용됨)에 따라 김병로, 이인 등은 법적으로 치안유지법 사건을 맡을 수 없게 된 셈이다.

그 이전에는 어떠했을까. 사실상의 제약은 매우 컸겠지만, 법적 제약까지 있었다고 보이지는 않는다. 다만 남차랑 총독의 부임 이래 시정방침이 내선일체의 동화정책으로 전환되었으므로, 치안유지법 등의 사상사건의 변론에 여러 종류의 탄압이 가해졌고, 따라서 일본인 관선변호사가 사건담당을 주도하는 식으로 변해갔을 것을 짐작할 수 있다.[47]

47 수양동우회 사건의 상고심의 경우를 보면 일본인 변호사들이 오히려 주역을 하는 것으로도 알 수 있다.

제13장

창동시절 :
일제 말 퇴경과 수절

일제 말 창동에 은거한 항일지사를 기려 창동역사문화공원에 조성된 김병로, 송진우, 정인보의 동상(2017)

제13장

창동시절: 일제 말 퇴경과 수절

1. 창동으로 이사하여 농촌생활

김병로는 1932년 경성(서울)을 떠나 경기도 양주군 노해면 창동리(오늘날 도봉구 창동역 근처) 731번지로 이주했다. 15명 이상의 대식구를 거느리고였다. 이주한 배경에 대해 김병로는 다음과 같이 술회하고 있다.

내가 농촌으로 돌아간 것은 일본이 만주사변을 일으킨 익년, 즉 1932년이었다. 그 당시에는 벌써 각 사회단체는 모조리 해산을 당하였고, 우리 변호사협회까지도 그 행동이 불순하다 하여 해산의 운명에 이르렀으며, 또 기왕 말한 형사공동연구회 회원들은 모두 다 사상 관련 사건의 변호권을 박탈당하였을 뿐 아니라, 일본이 만주사변을 일으킨 것은 소위 '대동아공영권'이라는 허울 좋은 간판을 내걸고, 동아 전역을 침공하여 패권을 장악하려는 야망과, 결국에는 제2차세계대전도 불사한다는 대담한 계획에서 시작된 것임을 우리는 이미 상정할 수 있었고, 그 직후 국제연맹에서 조사된 '리튼 보고서'의 내용에 의하여 국제정세의 추이와 그 결과까지도 추상할 수 있었으니, 그것은 그 당시 일본 군부의 발호와 참월한 정정으로 보아서 아무리 국제연맹의 힐난이 있다 하여도 만주사변을 중지할 리 만무하고, 그것을 확대할 필연성이 확인되는 바이며, 그 결과로는 제2차세계대전이 반드시 일어나고야 말 것이니, 우리가 아는 범위의 국제정세로 하여금 일본이 저희 생각으로는 천하무적이라는 망상을 갖고 있지만, 온 세계를 상대로 하는 전쟁이 일어나면 필망내이必亡乃而라는 것도 능히 알 수 있었으므로, 우리는 일정日政의 무도한 폭압으로 인하여 극도로 침체된 상태에서 항일투쟁을 계속하는 것보다, 당분간 은인자중하여 국제정세의 추이를 관찰하면서 일본의 패망의 날을 기다리는 것이 완전한 계책이라고 생각하였던 것이다.[1]

해방 전 일본이 대동아를 정복할 야망으로 중일사변 즉 만주사변 북지사변 상해사변을 일으킬 준비공작을 할 즈음 우리 한국에 있어서는 언론기관이나 각 사회단체 어느 것을 막론하고 배일사상을 가졌다고 저희가 의심하는 것은 모조리 탄압을 가해서 정간, 폐간, 해산 등을 강행하였기 때문에 그때에 우리는 벌써 세계 제2차 대전의 기운이 조성된 것으로 알고 당분간 국내에 있어서는 항일투쟁을 적극적으로 할 수 없을 것으로 생각하여 국제동향을 정관靜觀할 수밖에 없게 되었습니다. 그리하여 나는 양주 노해면으로 퇴거하여 농업에 종사하는 한편 독서로 시간을 보낸 것이 해방까지 13년이란 긴 세월이었습니다.[2]

두 글 모두 농촌 은거로부터 25년 이상이 지난 시점에서 회고조로 쓰여졌기에, 한꺼번에 많은 내용을 담고 있다. 이를 정리해보면 주요사실은 다음과 같다.

① 가인의 언급대로라면, 가인 가족이 농촌(양주 노해면)으로 퇴거한 것은 1932년이다.

② 일본의 만주침략이 그 주요한 배경이다. 만주사변(1931), 상해사변(1932), 북지사변(1937) 등 일본의 중국침략이 본격화 했다. 일본의 만주침략과 만주국 건설을 규탄한 국제연맹의 조사보고서(리튼 보고서)가 나온 게 1932년이다. 일본군부는 만주침략을 계기로, 이후 전쟁을 확대할 것이며, 2차대전에 이르는 침략전쟁을 확대할 것으로 가인은 예상했다.

---

1 김병로, 수상단편, 300~301면.

2 조선일보 1958. 1. 8.자 1면 "가인 김병로 옹 노변담爐辺談 — 독서생활 13년".

③ 그 시점에 이르면 국내적으로 항일투쟁을 적극적으로 할 수 없게 되었다. 여러 사건이 혼재되어 있으나 가인의 입장에서 정리하면 다음과 같다. 사회단체 해산은 가인이 전력을 쏟았던 신간회의 해산(1932)을 염두에 두고 있다. 1930년부터 독립운동 자체를 치안유지법 위반으로 단죄하면서부터 표면적 활동을 하는 사회단체는 합법적 존립이 불가능하게 되었다. 또한 변호사협회가 해산의 운명에 당면하는 것은, "변호사협회는 단체행동을 금지하는 새 총독 미나미(남차랑)의 탄압으로 1936년부터 유야무야가 되고 말았다."에서 볼 수 있듯이 대략 1936년 이후의 일이다.

④ 형사공동연구회 회원들은 변호권을 박탈당했다. 이는 1930~31년 사이에, 허헌(수형과 유죄판결로 자격상실), 이인(6월정직), 김태영(6월정직), 김병로(6월정직) 등으로 변호사활동에 큰 타격을 받았다. 그러나 김병로와 이인은 정직 기간을 종료한 뒤 사상사건의 변호사로 활동한다. 따라서 이 언급은 사상사건의 조직적 변론에 큰 타격을 받았다는 의미일 것이다. 실제로 1932년부터 김병로와 이인의 항일변론은 계속 이어진다. 법적으로 사상사건의 변호권을 사실상 박탈당한 것은 1941년부터라 할 수 있다.

⑤ 언론기관은 정간, 폐간, 해산을 당했다는 것은 한 시점이 아니라 단계적이다. 1930년 이후 정간회수가 특히 늘어나며, 1936년 손기정 선수의 일장기 말살사건 때에는 유례없이 긴 기간 정간당했고(동아일보), 폐간당하기도 했으며(조선중앙일보), 1941년에 이르면 동아·조선일보가 폐간당한다.

⑥ 김병로가 퇴경退京한 이유는, 국내의 항일운동이 극도로 침체된 상태에서는, 국제동향을 정관하면서, "은인자중"하여, 일제에 대한 협력을 거부하면서 해방의 날을 기다리자는 것이다. 개인적으로는 전력을 쏟아부었던 신간회가 해산되고, 변호사도 정직당하자 사회적·직업적으로 할 일이 정지된 듯한 느낌으로 그럴 때 일을 정리하고 귀농하자는 심사가 진하게 들 수 있다.

김병로의 퇴경은 다른 인사들보다 훨씬 빠른 시점에서의 결단이었고,

그 덕분에 가인은 어떤 친일의 압박에서 조금 비껴날 수 있었고, 친일의 오점으로부터 자유로울 수 있었던 것이다.

종래 가인의 창동 이사 시점과 관련하여 1932년설, 1934년설, 1936년설 등이 제기되어 왔다.[3] 가인이 직접 쓴 바 "1932년"을 무시할 수 없다. 너무나 명백한 진술이기 때문이다. 창동에 이사했다고, 이제까지 해오던 역할을 방기한 것은 아니다. 1932년 이후에도 경성에서의 항일변론이 계속 이어지는 데다, 신문과 잡지에도 가인이 기고자로, 또 대담자로 빈번히 등장하기 때문이다. 종합적으로 정리하자면, 가인이 경기도 양주군 노해면 창동으로 귀농한 것은 1932년이다. 그러나 그 시점이 모든 사회적 활동을 그만두고 완전 은거, 은둔한 것은 전혀 아니다.

요컨대 장래의 암흑을 예견하면서, 가인이 창동으로 이사한 것은 1932년이지만, 경성을 무대로 한 그의 법정투쟁과 사회활동은 여전히 계속되었고, 그 관여의 정도는 1920년대보다는 조금 줄었다고 정리할 수 있다.

농촌으로 돌아갈 것을 결심했다고 해도 정착을 위한 경제적 기초가 필요하다. 당시 가인의 경제사정을 가인의 회고를 통해 본다.

> 그 당시 나 개인의 형편으로는 기왕 향리에 있던 많지 않은 토지는 은행에 저당하였다가 경매되어 버렸고, 경성에 있는 주택까지도 은행에 저당되어 이를 처분하여도 은행 채무를 청산하면 별로 남을 것이 없었으며, 다른 재산으로는 가재도구 외에는 아무 것도 없고, 도리어 타인에 대한 채무가 수천 원 있었으니, 농촌생활의 경영에도 방도가 없었다.[4]

---

3 김진배는 1932년, 1934년, 1936년으로 기록. 김진배는 1934년설을 보다 따르고 있다. 가인의 둘째 며느리 이필기 여사는 1934년이 확실한 것으로 증언한다. 김학준은 가인의 언급대로 1932년을 받아들이는 것이 마땅하나, 그의 회고에서 연수에 관한 착오가 적지 않으므로, 여러 정황을 살핀 다음 1932년부터 1936년 사이에 농촌으로 돌아간 것으로 믿어도 좋겠다고 결론짓고 있다. 김학준, 앞의 책, 238~239면.

4 김병로, 수상단편, 301면.

그러나 신간회 등에도 거금을 내놓기도 하는 변호사로서 자신의 경제형편을 남에게 호소할 형편은 아니었다. 자식들과 함께 대가족이 같이 살지만, 가족 중에서 그 문제를 풀어갈 사람도 달리 없었다. 가인은 하나하나의 문제를 스스로 풀어가야 했다. 먼저 서대문정[5]에 있던 주택을 처분했다. 은행 저당 채무를 청산하고 보니 남은 것이 금 3천원이었고, 그때 마침 개성에 있는 어느 소송당사자가 2년 전의 소송사건에 대한 보수로 금 2천원을 가져왔다. 총액 5천원 중에서 개인빚 2,400원을 갚고 보니, 결국 자신의 총재산이 2,600원 남았다. 개인빚이 이례적으로 많은 것으로 보이는데, 이 중 상당부분은 변호사사무실 옆에 설렁탕집 외상을 갚는데 썼다. 독립운동 하는 분이나 신간회 관련자들이 왔다갔다 하다보면 식사를 하게 되는데, 설렁탕집에 외상을 달아놓기 일쑤였다는 것이다.[6] 그런 일체의 빚부터 갚은 것이다.

(남은) 총재산이 2,600원이어서, 이것으로 양주군 노해면 창동에 가서 대지도 사고 주택건축의 청부도 맡기고, 그와 동시에 3천 평의 자경답도 매수하여 계약금을 지불한 후, 도로 그 토지를 은행에 저당하여 잔금을 지불하게 되었다. 그 정도로 농촌생활의 기초를 마련했다. 토지를 담보로 은행융자를 얻는데 용이했다고 그는 회고하는데, 일반사람은 저당물이 있어도 그리 쉽게 융자를 얻을 수 없는 시대였다.[7]

가인(및 그 가족들)은 이렇듯 3천 평의 농사를 지었다. 또 부업으로 양계, 양돈을 경영하였다. 1943년경의 상황을 보면, 양계를 1,500여 수 하고 매일 처분하는 산란이 5~6백 개에 달했다.[8] 일제 말에 이르면 축산 사료도 배급제로 했는데, 그나마 배급량도 감소되었다. 사료를 확보하려면 군청 직원에게 아쉬운 소리 하고 닭도 갖다주면서 특별히 부탁해야 하는 상황이

---

5 주소는 경성부 서대문정 1의 153.
6 김종인 대담, 2013. 5. 20.
7 김병로, 수상단편, 301~302면.
8 김병로, 수상단편, 302면.

되자 가인은 그럴 바에야 "차라리 축산을 폐지할 것을 결정하고, 일시에 전부를 처분"했다. 이렇듯 전반적 경제사정은 "비교적 중농 정도의 생활을 계속"할 수 있었다. 항산이 항심의 기초라면 그는 타인에 의존하지 않고 견딜 수 있는 자립적 경제기반을 마련했던 것이다.

가인은 애연가, 애주가로 이름이 나 있었다. 1936년에 〈삼천리〉에서는 몇 명의 명사들로부터 "애연기"를 받은 적이 있는데, 김병로의 글이 첫머리에 실렸다. 거기서 그는 18세 되던 해에 담배를 피우게 되었다고 한다. 그때는 1905년 을사조약이 체결된 때였는데, "시국이 급변하는 통에 그만 머리를 깎아버리고 읽던 책을 집어치우고, 홀몸으로 목포에 나와서" "학원 비슷한 것을 설립해놓고, 외국어를 배운다, 법률학을 배운다 하며 한참 떠들던 때에 비로소 처음으로" 담배를 피웠다고 한다. 마음을 둘 데 없이 어수선하고 급변한 때이기도 하고, "새로운 것에 대한 일종의 호기심"도 있고 해서 목포에서 '히로' 한 갑을 사서 피우게 된 것이다. 그때 이래로, 매일 두 갑, 40개비의 담배를 피워댔고, 애연가로 세평을 얻기에 이르렀다.

앞서 소개했듯이 그는 중도에 금연을 실행한 적이 있었다. 1910년대 동경에서 학교 다니던 때 여러 학우와 금연회를 조직했다. 김병로는 총 3년 동안 금연을 실천했다고 한다. 그런 그가 학업을 마치고 도쿄 정거장에서 귀향차에 오르면서 다시 담배 한 갑을 사서 피어물었다가 그만 골초가 되고 말았다. 스스로는 "담배 피우는 맛도, 취미도 모르는 사람"이면서도 "담배가 몸에 이로운 점이라고는 털끝만치도 없는 줄 알고도" "구태여 끊으려는 안타까움은 조금치도 없을 뿐 아니라 끊어버리고 싶지 않은 심정"으로 애연했다고 한다. 이러한 자술을 한 것이 1936년도이다.[9]

그는 애주가로서도 이름이 있었다. 1932년 삼천리에서는 "금주법이 실시되면 장안 주객은 장내하將奈何"로 설문을 모은 적이 있다. 김병로는 술

9 김병로, "애연기," 삼천리, 제8권 제8호, 삼천리사, 1936. 8, 74~77면.

은 두 되는 하고, 반주도 즐겨 하는 편이니, 세상에서 애주가의 행렬에 넣어도 이의가 없다고 했다. “술은 슬픈 때에 먹으면 그 슬픔이 씻은 듯 사라지고 기쁜 때에 먹으면 그 기쁨이 한층 더 돋궈지”며, “술 못 먹는 사람은 그야말로 세상을 너무 무미건조하게 지내버리는 것”이라 했다. “금주법이 실시된다면 그 법망을 뚫고까지 술먹을 용기는 없”다고 하면서도, “인천 바다에나 배 띄워놓고 (몰래) 먹을지도 모르지요, 하하”라고 유머섞인 반응을 하고 있다.[10]

이렇게 애주가, 애연가로 자평하고 세상의 평판을 받던 그는 1938년경 술과 담배를 딱 끊었다. 창동 시절 그는 철저한 절제로서 내핍생활을 견디어 나갔다. “해방 전 7년 동안 금주와 금연을 단행했”던 것이다.[11] 일제 당국으로부터 무엇이든지 배급받기가 괴로울 것이기 때문이다. 그가 술과 담배를 다시 시작한 것은 해방된 직후였다. 일제 말, 극도의 내핍이 필요했던 데다, 일제에 배급받기 등의 어떤 종류의 구차한 관계를 맺고 싶지 않았기 때문이다.

김병로의 창동 생활에서 제일 큰 가족적 비극은 그의 차남의 사망이었다. 차남 김재열은 1914년 6월에 태어나 보성전문학교와 일본의 구주제국대학 법문학부 법학과를 졸업하고, 일본고등시험 사법과에 합격하여 변호사시보까지 마쳤다. 가인은 그 차남의 법률가로서의 행로에 큰 기대를 걸었던 것인데, 김재열은 변호사 개업을 하기 직전 병마로 창동집에서 작고(1942. 5. 3.)했다.[12] 재열 군이 살아 있었다면, 그 아버지의 대를 이어 법조인으로서 크게 활약했을 것이라고 아쉬워했다.[13]

---

10 김병로, “인천 바다에 배 띄워 놓고,” 삼천리, 제4권 제7호, 1932. 7, 270면.

11 김병로, 수상단편, 302면.

12 김병로의 제적등본을 통해 날짜확인. 차남의 원래 이름은 운성雲聲이었는데, 1934년 3월 서울지방법원의 허가를 받아 재열載烈로 개명하였다.

13 고재호, 법조반백년, 20면.

2. 민족지사들의 구심점으로서 창동

일제 말에 이르면 일제는 전방위에 걸쳐 지식인과 유식자들을 압박했다. 1930년대 후반에 들어 사회주의 계열의 민족운동을 초토화시켰고, 사회주의자들은 감옥이나 전향, 혹은 지하로 잠적해야 했다. 그러자 일제는 1930년대 후반에 들어 소위 민족주의 계열의 민족운동을 파괴하는 단계로 들어섰다. 기독교와 일정한 연관을 맺고 있던 인사들에게까지 탄압의 마수를 뻗친 것이다. 특히 이들은 언론과 학교, 종교 등 나름 합법적인 영역에서 활동하면서, 일제와 크게 마찰을 빚지 않은 채 활동해온 터라, 이들에 대한 탄압은 이제 좌-우를 가리지 않고 민족운동 전체를 초토화시킴을 의미했다.

그에 따라 조선 내에 있던 영향력 있는 명망가들은 투옥이냐 전향이냐를 택일을 강요받는 상황 속으로 내몰렸다. 창씨개명의 강요, 조선어 사용의 금지에 이르기까지, 종래의 문화운동과 사회운동의 활동공간을 없앴다. 이광수, 최남선 등으로 상징되는 인사들의 훼절과 전향은 이 시기의 개인적 수치이자 민족적 아픔이기도 했다. 처음엔 반강제로 전향한 인사들도 1940년대 초에 이르면 자발성의 요소까지 띠면서 학병 권유나 내선일체, 동조동근론을 합리화하고 황국신민론을 유포하는 민족적 죄악까지 범하게 되었다. 노골적인 저항은 불가능했다. 하지만 강제라고 하더라도 어쨌든 전향과 친일의 행적을 지울 수 없어, 이들은 친일파로 지탄받음을 면할 수 없었던 것이다.

다른 길은 없었던가. 김병로는 친일로 훼절하지 않고 버텨낼 수 있는 틈새를 스스로 만들어냈다. 그는 일찌감치 일제가 전쟁의 길로 달려가고, 어떤 합법적인 사회운동이나 적극적 독립운동의 길이 불가능할 정도로 악화일변도로 진행될 것으로 예견하고, 일단 경성시내를 벗어나 '은둔'의 길을 택했다.

그러나 그가 완전히 은일지사隱逸志士로 지낸 것만은 아니었다. 만일 그런 길을 택하고자 했다면, 고향인 전북 순창이나 경성으로부터 먼 오지로 가는 편을 택했을 지도 모른다. 그러나 그가 택한 창동은 경성에서 다소 떨어진 한적한 시골 마을이었지만, 동시에 경원선의 창동역이 있어 거기서 서울(청량리)까지 당일로 오갈 수 있었다.[14] 그의 창동 가택도 창동역에서 십여 분이면 닿을 수 있는 곳이었다. 이와 같이 그는 퇴경한 모양새를 갖추되, 경성과의 연결을 확보하는 절묘한 위치에 자리를 잡았던 것이다.

동시에 그는 일제의 경제에 의존하지 않고 자립적 가계경영의 틀을 조성했다. 일제 말에 이르면 물자의 부족과 전면 통제로, 일제의 배급에 의존하지 않고서는 생계 자체가 어려운 지경에 이르렀다. 창씨개명을 하지 않고는 배급을 타먹을 수도 없었다. 그러나 김병로는 창동에서 농사를 짓고, 양계를 하면서 식구들이 배급에 의존하지 않고 먹고 살 수 있는 생계의 터전을 조성했다. 술, 담배에 대한 배급통제가 실시되자, 그는 그렇게 애용하던 술과 담배를 단칼로 끊어버리고, 해방될 때까지 일체 술, 담배를 가까이 하지 않았다. 이렇게 자립과 절검, 의지로 일제말기의 폭압을 견뎌낼 수 있었던 것이다.

김병로가 이렇게 창동에서 나름 자립하면서 터전을 닦자, 일제에 어떤 형태로도 영합하지 않겠다는 의지를 가진 동지들이 창동에 주목하게 되었다. 다음은 김병로의 회고이다.

> 내가 창동에 안착한 뒤를 이어 송진우, 정인보, 홍명희 등이 그곳에 안주하게 되었고, 그 외 청년 동지들도 그곳에 정주한 사람이 있었으며, 경성에서 심방하는 손님들은 거개가 경찰의 요시찰에 있는 분이었으나, 나의 거주하는 곳은 주위에 인가가 희소할 뿐 아니라, 정원이 넓고 심수深邃하기 때문에 고담탁론高談

---

14 창동역은 1911년에 경원선 용산-의정부 구간이 개통되면서 문을 열었다. 일제하에서는 경기도 양주군 노해면으로 서울에 포함되지 않았다.

卓論도 외인에게 들리지 아니하였으므로, 우리에게는 지리地利를 얻었다고 할 만하였던 것이다. 그러나 경무당국은 내가 창동에 거주하게 된 후로 양주경찰서에 고등계를 설치하고, 창동주재소에 고등계 형사를 상주하게 되었으므로, 우리도 거기에 대비하는 경계심을 게을리하지 아니하였었다.[15]

가인의 뒤를 이어 여러 민족지사들이 창동에 안착하게 된 과정을 살펴보자.

송진우의 경우. 1936년 동아일보의 '손기정 일장기 말살사건'의 충격파로 동아일보사를 떠난 송진우는 '두문불출'의 길을 택했다. 이 시기 많은 지도자들이 일제의 협박과 회유에 못 이겨서 혹은 일제의 전승에 편승하여 이른바 '황민화운동'이 앞잡이가 되어 전쟁참여와 물자지원을 문필이나 강연, 심지어 몸소 행동으로 강권했다. 그러나 송진우는 학병이나 근로보국대 등 동원참가권유 연설을 끝내 거부하고 지조를 지켜냈다.[16] 외부의 강권에 대하여 그는 "내 입을 봉해놓고 날더러 말하라면 말할 수 있소?" 이 한 말로 모든 것을 거절했다고 한다.[17] 어려운 시대에 자신을 보전하려는 방책이기도 했지만, 일제의 패망을 '선견'했기 때문이다. 그는 1938년 김병로에 이어 창동으로 이주하였다. 송진우의 주소는 창동리 281-1번지였다. 또한 그는 원동苑洞 자택에 칩거하여 '원동거사 두문불출'[18]의 조어를 남기기도 했다. 아마도 그는 서울 원동 자택에 칩거하면서도, 창동에서 가인(김병로), 위당(정인보), 지헌(장현중) 등을 찾아나서는 것을 유일한 즐거움으로 여겼다고 한다.[19] 일제 말에는 총독부 측의 유혹에 대하여, 그는 칭병을 위

---

15 김병로, 수상단편, 302면.

16 고하선생전기편찬위원회 편, 독립을 향한 집념: 고하 송진우 전기, 동아일보사, 1990, 4 15. 면. 이 저서의 집필자는 김학준이다.

17 임병철, "인물소묘 — 송진우," 신천지, 1946. 1.창간호(고하송진우전기편찬위원회편, 거인의숨결, 고하 송진우관계자료집, 동아일보사, 1990, 187면)에서 재인용.

18 고하송진우전기편찬위원회, 거인의 숨결, 187면.

19 고하선생전기편찬위원회 편, 독립을 향한 집념, 415면.

장하면서 이를 모면하였다.[20] 이러한 꿋꿋한 자세와 지도자적 영향력으로 인해, 송진우는 일본의 패전 직전에 총독부로부터 정권이양을 받을 것을 교섭받았으나, 이마저 꿋꿋하게 거부하여, 타협없는 지조를 지켜냈다.

홍명희의 경우. 소설 〈임꺽정〉으로 유명한 벽초 홍명희 역시 사회적 명망도가 높았던 만큼이나 일제의 협박과 회유의 압박 하에 놓이게 되었다. 그는 1935년에 이미 마포 강변으로 거처를 옮겨 반쯤 은둔하는 자세로 들어갔지만, 이후 더욱 악화된 시국과 지식인들의 변신을 목격하면서 홍명희는 사회활동을 중단하고 신병을 핑계로 완전히 칩거하는 단계로 들어섰다. 그는 1939년에 식구를 전부 데리고 창동역에 가까운, 창동 244번지로 이주하였다.[21] 홍명희는 1910년대 도쿄 유학시절부터 가인과 친교를 맺었고, 신간회 시절에는 동지적 관계를 가졌으며, 서로를 지극히 친애하는 관계에 있었다. 홍명희가 창동으로 이주한 것은 이같은 가인과의 인연과 주선으로 옮긴 것이다.[22]

정인보의 경우. 국학자이자 시인으로 유명한 위당 정인보와 그 일가가 1940년 말에 창동 733번지로 이주했다. 정인보는 김병로 및 홍명희 모두와 자별한 인연을 갖고 있으므로 창동으로 옮긴 것이다.[23]

박명환의 경우. 박명환은 홍명희, 김병로를 따라 신간회 활동을 함께 했는데, 이후 김병로와 노선을 같이하였다. 그는 일제 말 은신처를 구하던 차, 김병로의 배려로 바로 김병로의 집 별당에서 지내게 되었다. 위 김병로의 글에서 '청년동지'라 함은 박명환을 가리키는 것 같다. 박명환의 처인

---

20 "동아일보 폐간 후 댁에서 쉬고 계시는 고하 선생 댁을 찾아가니까 풍로에 한약을 달이고 있더군요. 어디 편찮으시냐고 묻자 고하의 대답이 '귀찮은 손님이 자주 찾아와서'라고 대답하시더군요. 조금 후에 안 사실이지만 총독부 관리들이 당시 일제의 패색이 짙어지자 학병모집을 하는데 고하를 연사로 동원하기 하여 자꾸 찾아오니까 꾀병을 앓으시던 모습이었습니다. 그들에게 약탕기를 가리키며, 몸이 아파 불가능하다고 손쉽게 물리치더군요"(이상돈 의원의 회고. 독립을 향한 집념, 417면).

21 강영주, 벽초 홍명희 연구, 352면.

22 강영주, 벽초 홍명희 연구, 352면.

23 강영주, 벽초 홍명희 연구, 352면.

소설가 장덕조에 따르면, 일제 말(1944년) 소개령에 따라 시골로 피난가려 해도 오갈 데가 없던 차에 "가인 김병로 선생이 창동에서 살고 있다는 사실을 알았을 때 천우天佑를 만난 듯했다"고 썼다. 가인 선생을 찾아가 청을 드렸더니, "가인 선생은 여러 말을 하지 않고, 승낙을 해 주셨다."고 한다. 장덕조는 창동 생활을 생생한 수필로 남겼다.

우리가 얻어 살게 된 (가인 선생의) 초당은 바로 앞에 큰 연못이 있고, 개나리 울타리와 대(竹)로 깐 마루가 매우 풍경있는 정자였다. 집 앞은 창동역으로 통하는 큰 길로, 역에서 바로 보면 바른 편에 연극배우 문예봉의 집이 있었고, 그 다음이 홍기문의 아버지 벽초 홍명희의 조그만 초가집이었다. 길 건너편은 논과 밭으로, 우리가 이사를 갔을 때는 논에 모가 푸르게 자라고 있었다.

홍기문은 조선일보사에 다녔다. 아침이면 창동역에서 기차를 타고 청량리역에서 내려 다시 그 전차로 신문사까지 간다고 했다.

홍명희는 〈임꺽정〉이란 대하소설로 이미 문명을 높이고 있었다. 그는 여름이나 가을이나 꼭 한복을 입고 다녔다. 여름이면 고운 모시 적삼에 모시 두루마기를 바쳐 입고 옥색 허리띠, 대님에 두루마기 아래는 아른아른 옥색 주머니까지 차고 다녔다. 남자들은 소위 국민복에 여자들은 몸빼로 버티던 일제말기에 벽초의 그같은 차림새는 이색적인 것이었다. 그러나 나는 단 한번도 그가 풀기 없는 옷이나 고운 때가 묻은 옷을 입고 다니는 것을 본 일이 없었다. 한번은 벽초 부인을 만나

"바깥 양반들 수발하시기에 얼마나 힘이 드세요?"

하고 인사말을 한 적이 있었다.

벽초부인은 "당연한 일이지요" 하고 대답했다.

먼 곳 출입을 하는 일이 별로 없는 벽초는 자주 나를 찾아 주었다.

산책을 나온 길에 훌쩍 들르는 것처럼 개나리 울타리 안으로 들어서는 것이었다.

우리는 오랫동안 연못가 바위에 걸터앉아 문학이야기도 하고 세상 돌아가는 이야기도 했다.

안채에 사시는 가인 선생이 정자로 나와 합석하는 일도 있었다. 공산주의가 무엇인지도 잘 모르고 좌익이니 우익이니 하는 것도 없던 시절이라 화제는 언제나 공통했으며 일제에 대한 분노로 목소리가 격해지기도 했다.

가인 선생은 우리가 사는 별당과는 150미터 쯤 떨어진 안채에서 살았고, 안채와 별당 사이에는 개간한 밭과 개간되지 않은 공지空地들이 끼어 있었다. 원체 넓은 집안이라 울타리 안에는 여기저기 채소밭과 감자밭과 보리밭이 있었고 가인 선생 이외의 식구들이 나서서 농사를 지었다. 가인 선생의 며느님 되는 분이 내게도 농사를 지어보라고 해서 나도 별당 뒤의 공지를 일구어 거름을 넣고 고추와 감자와 콩 같은 것을 심었다. 감자밭에 너무 거름을 많이 주어 열매보다 잎사귀가 지나치게 무성했던 것을 기억한다. 그때도 가을에는 적지 않은 수확을 올렸다.

우리 아이들과 가인 선생의 손자 손녀들은 참 잘 어울려 놀았다. 그들에게 가장 신나는 때는 늦가을 연못에서 연근을 캐는 날이었다. 인부들이 연못 속에 들어가 물을 품어내고 물고기들을 한 곳으로 몰면 은빛 비늘을 번득이며 수많은 물고기들이 한 쪽으로 몰린다. 아이들은 달려들어 손으로 물고기를 잡아올리기도 했다. 연근을 뽑아내는 일도 도시에서 나고 자란 우리 아이들은 무척이나 재미있어 했다. 넓은 연못 속에서는 어른의 팔뚝 같은 연근이 수없이 올라왔다.[24]

그림같은 묘사 속에는 많은 사실이 들어 있다. 우선 홍기문의 출근길에 대한 것인데, 창동역에서 청량리를 거쳐, 전차로 서울시내까지 진입하는 것을 알 수 있다. 일찍이 창동에 자리잡은 김병로도, 이렇게 서울시내로 당일치기로 출퇴근을 할 수 있었음을 넉넉히 짐작할 수 있다. 비록 불편하지

---

24 장덕조, 일곱장의 편지, 우주, 1981.

만, 가능했던 것이다. 홍명희가 한복 차림으로 일제 말을 지냈음은 여기저기 밝혀져 있으나, 이 기술을 통해 홍명희가 언제나 한복을 입었으며, 그것도 완전한 정장차림으로 풀기를 넣고 때도 없이 차리고 있었음도 알 수 있다. 벽초와 가인, 그리고 박명환 부부가 수시로 합석하여 일제에 대한 분노를 교환했음도 알 수 있다. 가인 가족이 일구어놓은 농사터는 새 식구들이 합류해도 남을 만큼 넉넉하게 채비되었음도 짐작할 수 있다. 하지만, 일제말의 엄혹한 외부 분위기에는 어떻게 견뎌냈을까. 장덕조의 글을 계속 보자.

일본군인들은 항상 대열을 지어 역을 향해 뚫린 우리 집 앞길을 군가를 높이 부르며 지나다녔다. 저녁때 훈도시 바람으로 길에 나오기도 해 부녀자들이 놀라 대소동을 벌이기도 했다. 그러나 창동의 일군들은 마을 부녀자들에게 추잡한 행패는 하지 못했다. 그것은 가인 선생이 계시기 때문이라고 사람들은 말했다.

가인 선생은 거의 외출을 하는 일도 없었고, 일인들과 대화를 가지는 일도 없었지만, 그가 이 마을에 살고 있다는 사실만으로 일인들은 두려움을 느끼는 듯했다. 그러니까, 내가 대문도 없는 별당에서 무사히 살 수 있었던 것이나, 벽초가 종전이 될 때까지 한복으로 버틸 수 있었던 것은 모두 가인 선생의 덕분이었는지도 모른다. 인접한 다른 동리에서는 학병 문제, 징용 문제, 정신대 문제 같은 것으로 부당한 핍박을 받는 일이 많았고, 그 같은 사람은 밤중에 몰래 가인 선생을 찾아와 하소연을 하기도 했다.[25]

집 앞길까지 일본군들이 군가부르며 설치고 속옷 바람으로 길에 나서는 그런 험악한 세상에서도, 강제징집이니 징용이니 정신대니 하는 것은 말할 것도 없고, 부녀에 대한 행패도 부릴 수 없도록 한 무형의 분위기가 창

---

25 장덕조, 일곱장의 편지, 우주, 1981.

동에서 형성되었다는 것인데, 그것은 가인 선생이 가진 무형의 영향력 덕분이었다는 것이다. 홍명희가 한복으로 버텨낼 수 있었던 데도 바로 그러한 분위기가 작용했던 것이다.

김병로의 글 중에서 '경성에서 심방하는 사람'이란 표현이 있는데, 예컨대 안창호, 한용운, 유진태 선생 등이 그들이었다. 안창호 선생은 1935. 2. 10. 가석방된 후 1937. 6. 28. 동우회 사건으로 다시 체포·수감될 때까지 경성과 평양을 오갔고, 평안남도에 은거했다. 그러나 그는 은퇴하지 않고 여러 사람들을 만났다.[26] 그는 자신의 변호인이기도 했던 김병로의 창동 집을 찾아와, 근처에 집을 하나 구해주었으면 하는 말을 했고, 가인은 원당리에 집 한 채를 도산 선생을 위해 계약까지 했다.[27] 만일 일제의 재검거와 옥사가 없었다면, 안창호 역시 창동 근처에 살았을 것이다.

유진태 선생은 가인과는 신간회 활동을 통해 특히 가까워졌다. 그는 조선내에서 환난상조의 기치하에, 구제사업의 공로자로 이름이 높았다.[28] 만해 한용운 선생과는 항일운동의 과정에서 깊은 교분을 쌓았다. 안창호, 유진태, 한용운 등은 일제 말의 혹독한 상황 속에서 해방을 보지 못한 채 눈을 감았다.

이렇게 가인을 중심으로 한 창동 커뮤니티는 민족지사들을 묶는 구심이 되었다.[29] 어려운 시절을 같이 이겨내는 가운데, 이들 사이의 연대감과 교

---

26 한인섭, 식민지법정에서 독립을 변론하다, 512~513면.

27 김진배, 가인 김병로, 94면

28 서정희, "구제사업의 공로자 유진태," 삼천리 제7권 제3호, 1935. 3. 1.에 소개된 유진태에 관한 부분은 다음과 같다. "옹은 우리 사회에 유일의 구제사업가인 줄 암니다. 밤낫으로 항상 사회사업 때문에 노심초사하여 왓슴니다. … 기호학회畿湖學會 발기인으로 중앙학교中央學校를 창립하여 경영하엿고 또 민립대학民立大學 발기인으로 만흔 활동이 잇섯고 일시는 파란 중의 조선일보朝鮮日報 사장으로 만흔 활약이 잇섯고 지금까지 꾸준히 난관이 중첩한 교육협회教育協會 회장의 중임을 가지고 잇슴니다. 이런 모든 것을 추구하여 볼 때 누구보다도 구제사업에는 翁이 천만번 적임이라고 생각합니다. 이 경탄할 만한 과거는 오로지 구제사업에 대한 열성의 결정이라고 생각합니다. 과거의 모든 공적도 놀납지만은 압날에 잇서서도 일생을 이 구제사업에 매진하여 주섯스면 합니다."

29 오늘날 창동이 속한 서울 도봉구에서는 도봉구 도봉역사문화길, 제7코스로 '도봉 현대사 인물길 코스'를 개발하여 홍명희-송진우-김병로-정인보-문예봉-함석헌-전태일-계훈제-김수영 등 민족지도자와 민주화운동가를 연결하여 근현대 문화유산을 교육적으로 활용하고 있다.

분도 깊이를 더해갔다. 창동에 거주하거나 내왕이 잦은 인사들(김병로, 홍명희, 정인보, 송진우, 박명환, 유진태, 한용운, 안창호) 들은 창씨개명을 하지 않고 한복차림으로 버텼는데, 그렇게 버틸 수 있던 데에는 가인의 존재감도 한 몫을 하였다.

김병로가 일찌감치 자립경제의 토대를 닦아놓은 것도 무시할 수 없다. 창동의 지사들은, 경제적 궁핍을 다소간 겪었지만, 절대적 의존-궁핍상태로까지 돌입하지는 않았던 듯하다. 이 역시 가인이 닦아놓은 경제기반이 한몫했을 것으로 짐작된다.

일제말기 엄혹한 시절, 명망 있는 민족지사에게 전향과 변절의 압력과 회유는 통상적으로 버텨낼 수 있는 정도가 아니었다. 1930년대 후반까지 버텨내던 인사들도 속절없이 넘어졌고, 적어도 외형상으로는 일제에 협력하지 않으면 안 되었다. 그런데 가인의 창동 그룹이 버텨낼 수 있었던 것은 단지 지리적 이점과 가인의 존재감만으로는 도저히 설명될 수 없다.

인간은 이런 경우에 어떻게 버텨낼 수 있는가 하는 점은, 특정인에 대한 폄훼 여부를 떠나, 어떤 교훈을 도출해내지 않으면 안 될 듯한 절박한 질문이기도 하다. 가인의 경우를 예로 들어 보자면, 그는 남보다 일찍 미래의 향방을 읽어내는 일종의 선견력을 지니고 있었다고 보여진다. 일제가 결국엔 멸망하겠지만, 앞으로 상당한 기간동안 오히려 더욱 독수를 펼 것을 예견하고, 그에 대한 응전을 치밀하게 준비한 것이다. 1940년쯤이 되어야 은거행을 택하는 다른 지사들과 비교해볼 때, 가인은 실로 몇 년 일찍 은거행을 준비하였다. 그것도 변호사라는 공적 직분을 겸하면서 말이다. 단순히 은일지사의 길이 아니라, 대가족 전체를 책임지고 생활기반을 만들어 대비하는 것은 아무나 흉내낼 수 있는 것이 아니다. 선견력을 갖추되, 책임 있는 기반조성으로 뒷받침한 것이다.

둘째는, 국제정세를 제대로 파악하려고 각별한 주의를 기울인 일이다. 20세기에 들어 하나의 민족단위의 향방은 고립된 투쟁이나 전망으로 이해될 수 없고, 국제정세의 종속변수인 측면이 적지 않다. 특히 식민지 조선의 독립과 해방은 3·1운동과 같은 거족적인 내부투쟁으로도 곧바로 성취할 수 있는 게 아니었다. 독립을 대비하되, 국제정세의 흐름에 맞추어 대비할 필요가 크다. 유학생활을 마치고 귀국한 후 김병로는 한반도 밖으로 나간 적이 없지만, 그는 국제정세를 계속 예민하게 주시하였다. 1932년에 한 잡지에서 "조선의 정치적 장래를 비관하는가 낙관하는가"의 질문을 명사들에게 던진 바 있다. 그에 대한 김병로의 답은 다음과 같다.

현금現今 국내정세로 보아서나 국제정세로 보아서나 금후今後 10년을 1기로 하면 전 세계를 통하야 정치적으로나 경제적으로나 문화적으로나 무슨 변동이 잇슬 것은 누구나 예기豫期하는 바이니 우리의 현실에 잇서서 무슨 더 큰 비관될 장면이 잇슬가요? 그래도 이 궁극에 잇서서는 세계적 변동이 잇다면 우리에게 낙관적 희망을 갓게 될 줄 밋습니다.[30]

이 답변은 무심히 넘길 수도 있으나, 김병로가 그 답변 직후에 경성을 떠나 창동으로 이주하였기에, 그 시점에 김병로의 세계인식을 이해할 필요가 있다. 그는 "금후 10년"에 걸쳐 "무슨 변동이 있을 것은 누구나 예기"하는 바이니 현실적으로 비관할 필요가 없다는 것이다. 왜 그런지 아무 근거를 말하고 있지는 않으나, 그 10년의 세계적 변동이 "우리에게 낙관적 희망"을 갖게 해준다고 했으니, 일제의 침략확대 일변도가 결국 일제의 패망을 부를 것이라는 예견을 하고 있음을 짐작케 한다. 그러나 침략확대는 조선인들에게 엄청난 탄압의 가중을 의미하고, 유식자들에게 감당할 수 없는 압박을 가져올 것임을 그는 예견하고, 본인은 물론 가족 전체가 농촌으로 이주하는 큰 결단을 내렸던 것이다. 그 시점에서 퇴경과 농촌정착은 아

---

30 삼천리 전체회의. 조선의 정치적 장래를 비관호, 소관호.

무도 생각지도 않았던 시점이기에 가인의 결단은 더욱 주목할 만하다.

일제 말에 이르자, 일제의 탄압이 더욱 가중되면서, 압박과 회유에 못이겨 친일화, 전향의 추세가 진행되었다. 그럴수록 지사들에게는 전쟁의 향방과 국제정세에 대한 정확한 지식이 절실하게 요청되었다. 그런 정황을 가장 잘 보여주는 것이 일제말기의 단파방송 사건[31]이었다.

일제는 중국에 이어 미국, 영국, 프랑스와의 전쟁에 돌입하면서 조선어 신문을 폐간(1940. 8.)시켜 후방안정을 위한 대외정보의 유입을 차단했다. 엄격한 보도관제를 실시하고, 일본의 공식발표 외의 어떤 보도도 엄금했다. 실제로 일본은 전쟁 초에 승승장구하였고, 그 때문에 일본의 승전보도도 나름 근거를 갖고 있었다. 그러나 물샐틈없는 보도통제 속에서도, 하나의 틈새가 있었으니 그것은 단파방송이었다. 단파라디오를 통해 미국의 소식, 중경의 임시정부 소식을 들을 수 있었던 것이다. 문제는 단파라디오가 극히 희귀했다는 사실이다. 그중에서 미국인 선교사들이 소지하고 있던 단파라디오, 이후엔 경성방송국을 통한 방법이 거의 전부였다.

송남헌 등의 청년지사들은 이들 전파라디오를 통해 국제적 전황보도를 몰래 청취한 다음 그 소식을 청진동의 합동법률사무소(김병로, 이인)에 들러 알려주었다. 그 청진동 사무소는 민족인사들의 일종의 집결지 내지 사랑방 역할을 했으므로, 이를 통해 소식이 퍼져갈 수 있었다. 일제로서는 엄격한 보도통제에도 불구하고, 불리한 전황소식이 퍼져가자 그 출처를 알기 위해 총력을 기울였다. 마침내 경성방송국의 직원들, 그리고 이를 매개한 송남헌 등이 걸려들었다. 결국 이들은 외부의 배후인물로 거물인 허헌을 지목했고, 허헌은 혹독한 문초에도 불구하고 더 이상의 이름을 대지 않았다. 이로써 허헌과 늘 소식을 공유했던 민족지사(김병로, 이인, 송진우 등)들은 간신히 화를 면할 수 있었다. 이후에도 정확한 정보를 얻기 위한 이런

---

31 이하 단파방송 사건에 대한 보다 상세한 소개는, 한인섭, 식민지법정에서 독립을 변론하다, 564~570면; 허근욱, 민족변호사 허헌, 지혜네, 2001, 322면 이하 참조.

저런 노력을 통해, 카이로 회담의 결과를 비롯하여 일본이 수세에 몰려든 전황의 소식을 애써 얻을 수 있었다. 한국 독립에의 희망의 소식들은, 절망의 시대를 견뎌낼 힘이 되었음은 말할 나위가 없다. 전향과 훼절한 인사들에게는 그런 위험한 소식이 제대로 가지 않았을 것이다. 이로써, 정확한 정보의 획득과 국제정세에 대한 판단력이야말로, 친일전향과 훼절의 압력을 이겨낼 수 있었던 한 동력이었음을 확인할 수 있다.

3. 일제 말의 김병로

일제 말 일본이 패망해갈수록 일제의 발악이 극성에 달할 것은 의심할 나위가 없었다. 실제로 1945년 3월경엔 "일정의 경무당국의 '요시찰인'으로 지목되어온 70여 명을 학살할 계획을 가지고 있다"는 것을 알게 되자, 피난처인 창동도 위험하게 되었다. 그는 다시 "가족도 모르게 가평군 조종안이라는 촌락에 피신하고 서울과 연락만 취하고 있었다." 그는 8월 7~8일경에 일본의 항복문제가 소위 어전회의에서 논의되었다는 정보를 듣고, 11일에는 일본의 항복결정에 관한 정보를 들었다. 그는 "즉시 가평을 떠나 어둠을 틈타서 창동 집에 돌아와 골방안에만 숨어 있기를 나흘"을 경과했다. 그는 그 나흘이 그대로 4년이나 되는 것 같았다고 회고한다.[32]

8월 15일 천황의 중대방송이 있다기에 '드디어 해방은 왔구나' 하고 짐작하였으나, 역시 밖에는 나가지 못하고 손자를 시켜 동네 방직공장의 라디오를 듣고 오라고 하였다. "과연 그것은 해방의 기쁜 소식이었다." 8·15는 가인에게 하나의 새로운 역사이기도 하고, 그대로 "이 사회의 첫 탄생이기도 하였다."[33]

---

32 동아일보 1954. 8. 12.자 2면.
33 이 부분 인용은 전적으로 김병로가 집필한 다음 기사에 의한다. 동아일보 1954. 8. 12.자 2면.

장덕조 작가는 그 날 창동 풍경을 이렇게 쓰고 있다.[34]

해방이 되었다는 소식이 전해지자 김병로 씨 댁은 갑자기 웅성거리기 시작했다. 동리사람들이 축하를 겸해 인사를 들어오고 서울에서도 그를 추대하려는 사람들이 밀어닥쳤다. 세태는 일변했다.… 그러나 가인선생 댁에는 항일운동하던 옛 동지들이 모여 기세를 떨치고 있어 다른 사람들은 접근조차 할 수 없었다. 당장 무슨 일인가 이루어지는 듯했다. 우리 집 개나리 울타리 위에는 태극기가 나 걸리고 집 앞 길에 대열을 지어 지나다니던 일본군들도 자취를 감추었다.

---

34 장덕조, 일곱 장의 편지, 80면.

제14장

해방과 미군정기 : 사법부장 김병로

미군정기 한국인 법조 3인.
왼쪽부터 이인(검사총장), 김용무(대법원장), 김병로(사법부장)

제14장

해방과 미군정기: 사법부장 김병로

1. 미군정기 사법부장 김병로

해방직후 가인 김병로는 법률적 직책이나 법조인으로서의 활동이 아니라, 일종의 정치적 역할부터 시작하였다. 그는 한국민주당의 결성에 중요한 역할을 했고, 일정한 정당인으로서의 역할을 수행하기도 하였으며 중요한 정치적 역할을 하였다. 해방직후 몇 개월간의 활동을 보면, 가인을 일종의 정치인으로 분류할 수도 있을 것이다.[1]

그러나 정치인적 역할은 그의 체질이나 성향에 그리 맞는 것이 아니었다. 당시의 급박한 시대상황에서, 가인은 일제하 수십 년간의 활동을 통해 많은 정치적 인물들과 폭넓은 신뢰관계를 형성하고 있었기에, 해방 초기의 정국에서 가인은 마땅히 해야 할 정치적 역할을 상황적으로 수행한 것이라 볼 수 있다. 정치에 대하여는, 다음과 같은 가인의 회고가 있다.

> 동서고금을 통하여 소위 영웅이니 정치가니 하는 사람들은 거개가 자기의 목적을 달성하기에는 수단을 가리지 않는다는 것으로 인도를 무시하고 정의에 패려悖戾하는 행동을 다반사로 알고 행하는 그 죄악상을 엄숙히 생각할 때에 나는 결국 '정치는 죄악이다'라는 단안을 내리게 되었으므로 우리나라가 독립될 경우를 상상하면서도 나로서는 무엇이든지 권력이나 지위나 공리로 투쟁하는 정치

---

1 김학준, 가인 김병로 평전, 1988 참조.

적 각축장에는 관여하지 않겠다는 마음을 상당히 굳게 가졌던 것입니다.

해방후에도 … 부득이한 정세에 대응하기 위하여 정당을 결성하였으나 결국엔 뒤로 물러났었고 또 군정에 사법부장으로 책임을 맡게 된 것도 부득이한 경로가 있었던 것이요[2]

이 술회에서도 드러나듯이, 그는 일제시대 때부터 '정치는 죄악'이라는 부정적 관념을 갖고 있었다. 스스로는 그런 '정치적 각축장'에는 관여하지 않겠다는 게 그의 기본적 입장이었다. 따라서 해방직후의 정치적 관여는 시대상황에 따른 부득이한 관여였고, 그때의 관여도 권력장악을 향한 적극적 활동을 추구하는 편은 아니었다.[3] 이 때문에 가인을 '정치가'에 초점을 맞추어 접근[4]하는 것은 가인 연구에서 가장 온당한 것이라고 하기 어렵다고 생각한다.

그가 해방직후 결성한 한민당(한국민주당)의 경우에도, 1946년 초에 이르러 사실상 결별하게 된다. 그 이유는 첫째, 그가 정치적 활동에 적극 관여하려 들지 않은 개인적 지향 때문이다. 둘째, 한민당의 지나친 우경화 노선이 그의 뜻과 합치하지 않았기 때문이다. 특히 당시의 절대적인 국민적 염원이었던 토지개혁과 관련하여, 한민당은 매우 소극적 태도를 취했다. 그러나 가인이 보기엔 토지개혁의 온전한 수행이야말로 시대적 여망이었고, 또한 민족의 통합과 경제적 활로를 열어갈 수 있는 절대적 과제라 보았다. 일제하 소작쟁의 관련 피고인의 변론에 힘을 쏟았던 그로서는 토지문제의 심각성을 지주 편이 아니라 소작인 편에서 보고 있었다.[5] 그는 한민당의 토지개혁안에 결정적으로 실망을 느껴, 한민당을 탈퇴할 시기와 명분을

2 조선일보 1958. 1. 8.자 "가인 김병로옹 노변록(6)".

3 "전적으로 정무에 관여하기를 회피하는 터"라는 가인의 언급도 마찬가지다. 조선일보 1958. 1. 9.자 "가인 김병로옹 노변록(7)".

4 가령 김학준은 〈가인 김병로 평전〉을 쓰면서, 그 부제로 '민족주의적 법률가 · 정치가'라고 쓰고 있다. 정치학자인 김학준으로서는 가인의 '정치가'적 측면에 더 주목하여 서술하고 있다.

5 김진배, 가인 김병로, 128~129면.

찾고 있었던 것으로 보인다. 1946년 중반, 그의 정치적 관여는 한민당이 아니라, 오히려 원세훈, 김규식 등 민족주의적 중간파의 그것과 궤를 같이 하는 것이었다.

다음 김병로의 법률분야의 관여에 대해서 살펴보자.

미군정의 초기부터, 미군정은 법률가 김병로에 대한 존중하는 마음을 일찍부터 갖고 있었으며, 그를 한국의 사법-법무를 이끌 지도적 인재로 보고 있었음은 틀림없다. 다음과 같은 가인의 회고를 우선 살펴보자.

그때에 사법부장이 미인美人 우돌이라는 사람이었는데 처음 김영희金永羲 박사를 보내어 나를 청하였으나 당내 회무가 있어서 못가겠다고 하였고 2, 3일후 또 다시 김 박사를 보내어 청하기에 사교상 거절할 수 없어서 우돌 씨를 심방하였던 바 우돌 씨의 말이 대법원 기타 하급법원의 법관을 임명하려는데 자기로서는 그 자격의 적부를 알 수 없으니 모든 적의適宜한 사람을 추천하여 달라는 것이었으나 나는 그것을 거절하면서 군정에 관계없는 나로서 '인사문제를 논의하는 것은 부당한 일이라'고 말하고 돌아왔는데 수일 후 우돌 씨는 또 다시 나를 청하여 하는 말이 '우리가 가까운 장래에 수립될 한국독립정부의 기초를 준비하기 위하여 노력하는 것인바 무엇이든지 당신네들의 협력이 없고는 실정을 모르는 우리로서 어떻게 일을 하겠느냐'는 반문이 있었습니다. 이에 대하여 숙사熟思한 결과 사리가 그러하다고 생각되어 부득이 중요한 책임자를 추천하였고 그대로 임명되었던 것입니다.[6]

미군정이 한국인 법조인과 처음 접촉한 것은 서울주둔 직후부터였다. 1945년 9월 11일 재조선미군사령부 정보장교인 헤이워드 중령이 조선의 법조계 대표로 강병순, 소완규, 이홍종을 초청하여, 조선 법조계의 실정을

6 조선일보 1958. 1. 8.자.

청취하였다. 이어 다음 날에는 소다早田 법무국장을 만나 사법기관의 접수를 논의하였다.[7] 미군정은 군정청 조직에 관해 성명을 발표하면서, 법무국은 일단 일제 말기의 조직을 그대로 유지하는 것으로 했다.

군정장관은 1945년 10월 9일 법무국의 한국인 최고위직인 법무국장의 보좌관으로 김영희를 임명하였다. 그리고 1945년 10월 11일 대법원장에 김용무, 대법관에 서광설, 이종성, 심상직, 이인을 임명하고, 이어 이상기, 노진설, 양대경을 대법관으로 차례차례 임명하였다. 초기의 대법원 및 하급법원의 요직을 맡은 인사들은 한민당 계열의 인사였다. 김용무 대법원장은 임명과 동시에 한민당을 탈퇴하겠다고 발표했다.

미군정하에서 사법부문의 중책을 처음 맡은 사람은 우돌J. Woodall 소령이었다. 그는 1945년 9월 29일부터 11월 20일까지 '법무국장'으로 재직하면서 법무국과 재판소의 정비를 위해 노력하였다.[8]

이런 사정을 감안해볼 때, 앞의 인용에서의 상황은 대략 1945년 10월경인 것 같다.[9] 우돌 법무국장은 김병로에게 거듭 청하여, '대법원 및 하급법원의 법관' 인사를 추천해달라는 요청을 하였다. 그는 당시 한민당의 당직을 맡고 있었으므로, 인사문제에 관여하지 않으려 했으나 우돌의 요청에 따라 '중요한 책임자를 추천'했고, 그의 추천이 존중되었음을 회고한다. 대법원장 및 대법관이 일제하에 그와 가까운 인사들이었음을 보면, 그의 회고가 사실임을 짐작케 한다.

이 단계에서 김병로는 사법-법무 분야의 고위직을 사양하였으나, 1946년 들어 두 번째 접촉을 받게 된다. 다음 인용을 보자.

---

7 김병화, 한국사법사(현세편), 일조각, 1982, 7면.

8 법원행정처, 법원사, 1995, 166면; 윤남근/조상희, "사법행정가로서의 가인 김병로 선생," 가인 김병로 서세 50주기 학술심포지엄 : 가인 김병로와 21세기 사법부, 법원행정처, 2014, 355면.

9 당시 우돌은 최고위직이긴 하지만, 사법부장이 아니라 법무국장이었음을 유의. 아직 '사법부장'이란 직책은 존재하지 않았다.

그 후 우돌[10]씨는 또다시 나를 청하여 자기는 고문으로 있고 한국인을 사법부장으로 하여 사법운영을 위양하게 되었는데 여론조사에 의하거나 법관들의 총의에 의하여도 당신이 사법부장이 되어 사법기관의 기초를 확립하겠다는 것이 일치되었으니 승낙하여 달라고 강청하였으나 나는 이를 거부하고 당에 돌아왔던바 다수 친지의 의견도 사법에 관한 한 그 기초를 굳게 하여야 영구히 독립 후 사법권의 기반이 될 것이니 군정이라고 하여 등한시하여서는 아니 될 것이라고 역설하므로 나도 역시 일리가 있다고 생각하여 그 책무에 당하게 된 것입니다.[11]

우선 전제할 것은, 1946년 3월 29일 법령 제64호에 따라, 정부 각 부처의 명칭을 국에서 부로 승격 개칭했다는 점이다.[12] 그에 따라 법무국은 사법부司法部로 하여, 모든 법적 직능이 사법부장 직속으로 통합되었다.

당시에 사법, 법무, 법제, 검찰의 기능은 오늘날처럼 분화되어 있는 상태는 아니었다. 1946년의 '사법부'는 오늘날 법무부, 법원행정처, 법제처의 기능이 통합되어 있는 것과 같은 모양이었고, 법관임명 및 검사임명에까지 두루 걸치는 것으로, 가히 법률관련 사법-행정부처의 통합부처와 같은 것이었다. 법원의 재판업무를 제외한 사법행정 관련 업무 역시 '사법부'의 관장이었다. 그 사법부의 책임자인 사법부장은, 직제상 대법원장 및 검사총장의 상위에 위치했으므로, 명실공히 법분야의 최고위직이라 할 수 있다.[13]

당시 군정기구표를 보면, 사법부장은 미국인 사법부장과 한국인 사법부장이 병치倂置되게끔 직제가 짜여져 있었다. 미국인 부장은 군정장관의 법률고문으로서 사법행정에 대한 최종책임을 지고, 한국인 사법부장의 결정

---

10 당시 언론에는 '우달'로 나오기도 한다.

11 조선일보 1958. 1. 8.자.

12 미군정관보 1946. 3. 29. 제64호 조선정부 각 부서의 명칭; 윤남근/조상희, "사법행정가로서의 가인 김병로 선생," 358면.

13 '법적으로 사법부장은 민정장관의 부하이고, 대법원장은 사법부장의 부하'라는 설명임. 이 설명은 군정 측의 사법부장을 역임했던 J. Connelly 작성의 memorandum(1948. 2. 5.)에서 나온다. 윤남근/조상희, "사법행정가로서의 가인 김병로 선생," 360면에서 재인용.

에 대해 승인권을 갖는 것이다. 초대 사법부장에는 1946년 4월 2일 우돌 중령이 취임하였다. 미군정이 최종책임을 지지만, 이렇게 사법부장을 직제화한 것은 한국인 사법부장에게 권한을 위양하려는 과도기적 조치임을 우돌은 충분히 인지하고 있었을 것이다. 그의 핵심임무는 가장 적합한 한국인 사법부장을 구하고 임명하는 것이었을 것이다. 그는 "여론조사"를 하고 "법관들의 총의"를 들어서, 김병로를 사법부장으로서의 임무 수행을 위한 적임자로 강청하였다. 몇 개월 동안 어떤 사법-법무적 직분을 수행하지 않았어도, 수십 년 동안 쌓인 가인의 법률가로서의 평판은 그를 사법부장으로 끌어올린 셈이다.

사법부장 김병로의 명함

사법부장 김병로의 명함

처음 강력히 사양하던 가인은, 그러나 우돌의 설득과 주변 인사들의 의견을 들어 사법부장직을 승낙하기에 이르렀다. 무엇보다 미군정하에서라도 '사법기관의 기초를 확립'한다는 것은 '독립 후 사법권의 기반'을 마련하는 것이라는 생각에서였다. 이리하여 김병로는 한국 사법, 법무, 법제의 기초를 확립할 중차대한 직분을 맡게 된 것이다.

김병로가 사법부장으로 취임한 것은 1946년 6월 27일이었다. 미국인 측 사법부장으로는, 사임한 우돌에 이어, 코넬리John W. Connelly 소령이 부임했다.[14] 김병로의 취임에 대하여 여론은, "오랫동안 결원 중이던 사법부장은 물망이 높던 한민당의 김병로 씨로 결정"되었고, 이로써 사법부는 "명

14 미국 측 사법부장은 Matt Taylor 소령, John W. Connelly 소령, 그리고 이어 Denny F. Scott 씨의 순으로 맡았다. 최종고, "현대 한국법제의 형성과정고," 서울대학교 법학, 제32권 1-2호, 1990.8, 55면.

미군정청 법률고문과 나란히 선 법조 3거두
왼쪽부터 이인(검사총장), 김용무(대법원장), 김병로(사법부장)(1948. 4. 30.)[15]

실상부하게 조선사람에게 인계된 것"으로 의미 있게 평가한다.[16] 그리고 특히 미군정이 한국인에게 각종 자치권을 이양하는 과정에서 가장 먼저 실질적 자치권을 넘겨준 영역이 바로 사법행정[17]이라는 점에서, 김병로는 행정의 한국화, 자치화의 첫 단계의 임무를 수행하게 되었다고 할 수 있다.

가인이 사법부장으로 취임할 시점에, 대법원장은 김용무, 검사총장은 이인이었다.[18] 이들은 일제하 항일민족변론에 앞장섰으며, 중요한 항일운동관련 사건에서 단독 혹은 공동으로 변론을 다수 전개하였다. 한편 경무부장의 책임을 맡고 있던 조병옥은 신간회에서 같이 활동하기도 했고, 깊은 인간적 연계를 갖고 있었다. 장택상 수도경찰청장과의 인연도 깊었다. 이렇게 법원-법무-경찰 전반에 걸쳐 지도적 위치에서 상호 협력하기에 적

---

15 대한변호사협회지, 1983. 11/12, 2면.

16 "초대의 사법부장 김병로金炳魯씨 첫 등청," 자유신문, 1946. 7. 3.자.

17 신동운, "가인 김병로 선생과 법전편찬 : 형법과 형사소송법을 중심으로," 법학연구 제25집, 2007.10, 전북대학교 법학연구소, 16면.

18 1945. 10. 11. 김용무는 대법원장에, 이인은 대법관에 임명되었다. 당시 김용무는 한국민주당 문교부장, 이인은 당무부장이었다. 1946. 5. 24. 이인은 대법원 검사총장(오늘날 기준으로는 검찰총장)으로 자리를 옮겼다. 김병로가 1946. 6. 27. 사법부장에 임명되었다(문준영, 법원과 검찰의 탄생, 역사비평사, 2010, 621면).

당한 인적 유대감을 갖는 구성이었다.

조직의 얼개가 막 짜이고 있던 당시의 시점에서 경찰과 검찰, 검찰과 법원, 일반행정과 사법 사이의 갈등은 도처에 폭발의 소지를 안고 있었으나, 수뇌부 인사들의 깊은 인간적 유대감으로 인해 갈등의 소지를 억제하고 비교적 원만하게 업무협조를 이끌어낼 수 있었다고 볼 수 있다.[19] 중평과 여론에 의해 압도적인 지지를 확인하고 김병로를 임명한 미군정 역시 김병로의 의견을 시종 존중하는 입장을 취했다. 김병로, 김용무, 이인은 미군정이 끝날 때까지 직책을 유지하면서, 제도적으로 인적으로 협력했다. 이들의 경력과 실력, 명망에 대해 미군정은 법조계의 "Big Three"로 인정하고 이들이 주축이 된 사법행정의 기반작업을 기본적으로 존중하는 입장에서 있었다고 할 수 있다.[20]

김병로의 사법부장 시절은 정치적으로 다사다난했다. 정판사 위폐사건의 재판을 전후하여 사법부에 엄청난 회오리가 밀어닥쳤는데, 그런대로 수습에 이를 수 있었던 것은 김병로의 존재감에 적지 않게 힘입었다고 평가받고 있다.

김병로의 공직생활에서의 신조는 청렴결백이었다. 그는 사법부 요원들이나 재판 종사자들에게 공사 간에 민족정기의 앙양이 절실하다고 강조하면서, 스스로 몸가짐을 깨끗이 할 것을 당부하였다.

그는 미군정청이 있는 현재의 중앙청에 큼직한 사무실을 가지고 있고, 미군 고문관 외에 여러 사람의 관계 미군장교들을 거느리고 있었지만, 특별한 경우 외에는 한복을 즐겨 입었다고 한다.

사실 그는 지난 10여 년 동안 양복을 별로 입지 않았을 뿐만 아니라, 새로 양

---

19 김학준, 가인 김병로 평전, 118면.

20 브루스 커밍스는, 미군정이 '천만다행으로 발견한 협력자층인 보수주의적 한인이었다'고 평가했다. 브루스 커밍스(김동노 외 역), 브루스 커밍스의 한국현대사, 창작과 비평사, 2001, 272면; 문준영, 법원과 검찰의 탄생, 622면에서 재인용.

복을 지어 입으려면 그 당시로서는 사법부장, 즉 장관의 한 달 월급을 들여야만 사 입을 정도였다. 보통 사람으로서는 양복을 입는다는 것은 상당한 출혈을 하거나 부정한 수입이 아니면 어려운 일이었다. 사법부장 때에도 그는 자기 사무실에서 도시락을 먹을 만큼 어떻게 보면 괴팍한 습관을 가지고 있었다고 한다. 그러나 그의 생각과 행동은 다른 데에 있었던 것이 아니다. 지금 우리의 형편에서 민족정기를 세우는 일이 급한 일이며, 고위 공직자일수록 스스로 청렴결백을 보여주어야 한다는 것을 공직자의 신념으로 가지고 있었기 때문이다.[21]

일제가 물러가고 재산상황은 극히 혼란했다. 일제가 남기고 간 적산을 불하하거나 재산을 차지하는 예가 허다했고, 공권력을 갖고 있으면 그런 일은 매우 수월했다. 김병로는 그런 짓에 일체 관여하지 않았다. 다음의 일화가 사정을 이해하는 데 한 도움이 될 듯하다.

어느 날 군정청의 조병옥 경무부장이 김병로 사법부장을 관사로 찾아왔다. 조병옥은, "사법부장의 관사가 그리 누추해서야 어떻게 해방조선의 사법의 장으로 영을 세울 수 있겠는가"고 하면서 필동 관사(사법부장)와 북창동 관사(경무부장)를 맞바꾸자고 제안했다. 북창동 관사는 정원도 넓고 관저도 훨씬 컸다. 더욱이 해방정국의 경찰에 대해 워낙 말이 많고 원성의 표적이 된 터라, 총독부 경무부장이 살던 악마의 소굴에 해방조선의 경무부장이 들어가 산다는 것도 소란거리였다. 개인적으로는 존경하는 가인의 관사보다 큰 관사에 산다는 것도 죄송스럽다는 것도 보태서 설득했다. 그에 대해 가인은 다음과 같이 타일렀다고 한다.

"유석, 이 집이 어때서, 내가 살기에는 엄청나게 커. 유석이나 나나 서울에 집 한 칸이나 있었나. 나는 도봉산 밑 산언저리를 일구어 닭을 치고 고구마를 심었

---

21 김진배, 가인 김병로, 가인기념회, 1983, 144면.

어. 어쩌다 서울에 오려면 기차 타고 와서 하루 이틀 친구집에 묵고. 자네는 서울은 물론 고향 공주에도 그런 집 한 칸도 없었고. … 지금 우리가 이런 분수에 넘치는 큰 집에 살면서 누추하다 어떻다 말하게 되었나 말일세."

총독부 관리가 살던 곳에 해방 후 경무부장이나 사법부장이 들어가 사는 데 대한 논란에 대해서는,

"미 군정청이 총독부 자리에 들어가 있고, 우리가 그 왜놈들이 탄압하던 그 자리에서 건국작업을 하고 있지 않은가. 내 집이 아닌데 집이 크고 작고가 무슨 문제가 되겠는가."

조병옥이든, 김병로든, 해방 정국에서 위세를 지녔다고 할 만한 그들은 큰 집은커녕 작은 집 하나도 불하받지 않았다. 일본인들이 살던 집, 적산가옥을 적당히 차지하고, 군정청과 줄을 대기만 하면 자기 것이 되는 풍조에서, 그들은 공직의 청렴성을 철저히 지켜갔고, 그 공직을 남용하여 재산불리기의 시도를 일체 하지 않았던 것이다.[22]

그랬기에, 1948년 8월 정부수립 직전까지의 사법부의 행적에 대해 이렇게 자신 있게 술회할 수 있었던 것이다.

그 후(사법부장 취임 후)에도 전반적 혼란은 그칠 줄 모르고 파행적으로 운영되는 군정이었지마는 3년이란 기간에 법원 검찰 행형에 있어서 부정사실이나 오직汚職행위가 없었다는 것은 다행이었음을 말씀하고자 하는 것입니다.[23]

---

22 위의 상황 묘사는, 김진배, 두 얼굴의 헌법, 폴리티쿠스, 2013, 367~369면의 대화를 압축한 것이다. 김진배는 가인이 1959년부터 가인과 가까이 지낸 젊은 기자였다. 50년 전이지만, 워낙 생생한 이야기로, 기억하여 이번에 기록화했다.

23 조선일보 1958. 1. 8.자.

2. 미군정기 헌법 및 법전의 편찬작업

1945년 8월 15일 일제가 패망하면서, 주권은 바로 한국인에게 넘어오지 않았다. 첫 단계에서는, '행정적·법적 진공상태'가 생겨났고, 38선을 경계로 미국과 소련의 군정이 각각 들어섰다. 미군정은 남한 내의 유일한 정부를 표방했고, 군사점령자이자 행정권을 장악하고, 법령선포권을 장악했다. 일제하 조선에 통용되던 법령의 효력의 지속 여부에 대하여, 미군정은 '가능한 한국 내에 현존하는 실체법 및 절차법을 존속시키는 방향'에서 법제를 정비함을 원칙으로 했다. 하지만 일제의 법령 중 억압적·차별적 법령의 폐기는 불가피하다고 보았다.

군정법령 제11호 및 제21호를 통해 미군정은 일제법령에 대한 단절 혹은 연속의 원칙을 제시했다. 군정법령 제11호는 '조선인민과 그 통치에 적용하는 법률로부터 조선인민에게 차별과 억압을 가하는 모든 정책과 주의를 소멸하고 법률상 균등을 회복하기 위하여' 일련의 악법을 폐지했다. 정치범처벌법, 예비검속법, 치안유지법, 출판법, 사상범보호관찰령, 신사법 등이 폐지법령의 목록에 적시되었다. 아울러 '법률, 조령, 명령으로서 그 사법적·행정적 적용으로 인하여 종족·국적·신조 또는 정치사상을 이유로 차별'을 하는 것도 폐지하였다.[24]

그러나 군정법령 제21호는 '법률 제 명령의 존속'을 원칙화했다. 즉 그간 폐지된 법령을 제외하고는 일제하 법령들은 '군정의 특수명령으로 폐지될 때까지 효력이 있'음을 공포했다. 이리하여 일제하의 기본법률들, 즉 '의용依用'법률들은 해방 이후에도 여전히 존속되었다. 민법, 형법, 민사소송법, 형사소송법, 상법 등 기본법률들은 그대로 해방 이후 한국의 법률로 존속되어, 일상생활 및 재판의 근거규범이 되었다. 당시 변호사시험을 준비하

24 한인섭, 한국 형사법과 법의 지배, 한울아카데미, 1998, 59~60면.

기 위해서는, 일제하의 법률, 법서, 법이론을 여전히 공부해야 하는 특이한 사정이 지속되었던 것이다.

이러한 상황이 매우 부적절함을 누구나 인식하는 바였다. 일제가 떠나갔는데도 일제 식민지법령을 유지하는 것 자체가 면목 없는 일이었다. 따라서 당시의 법률가들에게 일제법령의 조속한 청산과 새 법령의 정비는 최대의 당면과제였다. 다른 한편 과거와의 전면단절을 표방했던 북한은 '식민지 지배하에 실시된 제반 악법과 규정은 영구히 그 효력을 상실'시켰다. 식민지법은 일종의 범죄문건으로 규탄되었다.[25] 그러나 남한에서는 일제법령 그 자체의 지속성을 원칙으로 설정했던 만큼, 새로운 법제정은 개별 법령의 원칙과 조항 하나하나에 대해 꼼꼼히 심사·수정하는 방식으로 진행되었다. 그 작업은 지지부진하였다. 전문가의 부족이 한 이유라면, 정치갈등이 법문제를 압도했던 해방정국의 특수성은 다른 상황이었다. 1948년 7월 제헌헌법의 통과 이후에야, 그 헌법의 기준과 원칙에 부합하는 법률제정의 대원칙이 설정될 수 있었다.

① 미군정기에 법률가의 최대의 임무 중의 하나는 헌법의 제정이었다. 김병로의 이름은 초기 헌법제정과정에서도 여러 차례 등장한다. 첫 단계는 1946년 초 비상국민회의에서 각계 권위자 22명으로 구성된 '헌법·선거법수정위원회'를 만들었는데, 그중 김병로는 위원회의 '위원장'으로, 그리고 '헌법분과위원회'의 10명 위원 중 1인으로 선정되었다.[26][27] 그 위원회에서는 동년 3월 초순에 이미 헌법안 초안이 대개 다 성안되었다.[28] 두 번째

---

25 한락규, 공화국 형사립법의 발전, 평양, 국립출판사, 1960, 22~24면.

26 김수용, 건국과 헌법, 경인문화사, 2008, 63면.

27 "비상국민회의 헌법 및 선거법수정위원은 1946. 2. 8. 22명으로 결정," 자유신문 1946. 2. 9.자; "2. 10. 위원장에 김병로, 부위원장에 이인 씨를 호선. 분과위원으로 〈헌법과〉 최동오·김준연·김용무·강병순·김병로·안재홍·김약수·조만식·원세훈·김붕준. 〈선거법과〉 조경한·이인·장택상·한근조·조병옥·고병국·유진오. 〈의원법과〉 신익희·고창일·이봉구·김정설·정인보," 자유신문 1946. 2. 13.자.

28 "비상국무회의서 3분과 개최," 한성일보 1946. 3. 11.자, 김수용, 건국과 헌법, 63면에서 재인용.

는, 1947년 사법부 내의 법전기초위원회에서, '헌법기초분과위원회'에서 사법부장 김병로가 직접 분과위원장을 맡았다.[29] 1948년 4월 20~28일 사이에, 헌법의 요강이 제출되고 결정되었으며 헌법초안까지 마련되었다. 제헌국회가 구성되자 이들이 다듬은 헌법초안은 국회의 '헌법기초위원회'에 참고자료로 제출되었으며, 이 초안은 유진오 안과 함께 제헌헌법의 골격이 되었다.[30]

이들 위원회에서 김병로 위원장과 함께, 부위원장을 맡아 주요한 역할을 수행했던 이인 검찰총장의 언급은 훨씬 구체적이다.

> 중경임시정부가 환국한 뒤에 12월 2일이던가… 11월 초에 인촌 김성수, 김규식, 최동오 등 제씨가 한·미호텔에서 회동하여 헌법초안을 만들어 보자고 한 일이 있습니다. 임시의장에 김규식 씨를 내가지고 기초위원회를 만들었는데 한민당 사람들로 주동이 되었지요. 그래 기초위원장에 김병로, 부위원장에 내(이인)가 되고 기초 후에 축조심의를 하는데 조소앙 씨가 그때 정부 편에 가서 국무위원은 독립혁명운동을 20년 이상 한 사람이라야 한다고 이야기한 일이 있어서 김준연 씨한테 호되게 핀잔을 먹은 일이 있었지요. 그 후에 기초위원회 자체가 유야무야가 되고 말았지만….
>
> 그 후에 앞으로 독립은 될 터인데 헌법준비라도 없어서야 되느냐고 김병로 씨 보고 이야기를 해가지고, 그때 군정사법부장인 미국인을 통해서 8개월이나 걸려 77개국 헌법을 구하였지요. 이래 가지고 김병로, 한근조(당시 사법차장), 권승렬, 유진오…. 그때 나는 검찰총장이었는데 나하고 여럿이 초안을 만들어 원안과 참고안 두 개(당시문헌을 제시)를 가지고 심의를 했습니다. 결국 바빠서 이호 씨에게 수정을 맡겼지요…. 하여간 미리부터 준비를 하기는 했습니다.[31]

---

29 김수용, 건국과 헌법, 177면.
30 김수용, 건국과 헌법, 191~192면.
31 이인, 애산여적, 제1집, 세문사, 1961, 94~95면.

위의 언급에 따르면, △1946년 초에 김병로의 주도로 헌법초안을 제정했고, △비교헌법적 자료를 수집 · 정리했으며, △이를 토대로 헌법원안 및 참고안을 만들었다고 한다. 적어도 3개의 조문화된 헌법안이 김병로, 이인의 주도하에 만들어졌다는 것이다. 이와 같이 김병로는, 헌법제정의 기초에도 실질적으로 관여하였다.

② 김병로의 법전제정과 관련된 구체적인 참여는 법전기초위원회에서 활동한 것이었다. 1947년 6월 30일에 이르러, '법전기초위원회'라는 조직이 만들어졌다. 이는 남조선과도정부 행정명령 제3호로 '법전기초위원회'라는 규정이 공포·시행된 데 의거한 것이다. 이 행정명령의 규정은 다음과 같다.[32]

남조선 과도정부 사법부司法部 내에서 수개월에 긍하여 각 심리원 심판관 및 검찰관의 기초법전의 기초사업을 통괄, 조정, 촉진하며 조선재래在來의 사법행정을 현대화하며 민주주의화하기 위하여 법전기초위원회를 이에 설치함.

1. 법전기초위원회는 민권, 재산권, 친족관계, 상업관계, 범죄의 처벌, 법률의 시행 및 사법행정의 제수속에 관한 현행법에 대체하여 채용될 기초법전의 완전한 초안을 작성할 사명이 유함. 기초에는 조선의 관습법과 전통에 특히 유의하여 민주주의적 원리와 건전하고 현대적인 경향이 있도록 작성할 것임.
2. 법전기초위원회는 그 사업진행에 관하여 군정장관에게 정기보고를 제출하며 개개의 법전이 완성되는 시는 남조선과도입법의원에 회부하며 군정장관의 동의를 얻기 위하여 군정장관에게 제출하여야 할 것임.
3. 법전기초위원회는 그 사무의 조성을 위하여 남조선과도정부의 관리 또는

32 미군정관보 1947. 6. 30. 남조선과도정부 행정명령 제3호 법전기초위원회; 법원행정처, 주요 구법령집 하, 1988, 347면; 최종고, "현대 한국법제의 형성과정고," 56~57면.

애국적 민간인사로 법률지식이 있는 자를 위원으로 임명할 권한이 있음.

4. 법전기초위원회는 남조선과도정부의 각부, 처, 대행기관 및 보조기관으로부터 원조 및 정보를 요구할 권한이 있으며 국립도서관, 시립도서관, 국립법률도서관 각 심리원도서관 및 국립서울대학도서관에 자유로 출입하여 서적을 열람할 수 있음.
5. 아래 제씨를 법전기초위원회의 위원에 임명함. 그에 대하여는 봉급 이외에 부가보수는 지불치 아니함.

   위원 및 위원장 (대법원장) 김 용 무

   위 원 (사법부장) 김 병 로

   위 원 (대검찰총장) 이 인
6. 법전기초위원회의 기타 위원은 필요에 응하여 수시 임명함.
7. 본령은 공포일부터 효력이 생함.

1947년 6월 30일

법전기초위원회는 '기본법전의 완전한 초안을 작성할 사명'을 띠고 출발하였다. 그 방향성은 '조선의 관습법과 전통에 특히 유의'하되 '민주주의적 원리와 건전하고 현대적인 경향이 있도록 작성'하는 것이었다. '행정명령'이란 법령에, 법전기초위원으로 직함과 함께, 김용무, 김병로, 이인의 이름까지 명기한 것은 특기할 사항이다.[33] 그만큼 그들의 직책상 지위 뿐 아니라 인물 자체에 대한 비중과 신뢰를 엿볼 수 있는 대목이다. 사법, 법무, 검찰의 책임자들이 함께 법전기초를 위한 위원이 되는 것은 이후에는 볼 수 없는 모습이다. 그만큼 법전편찬이 국가 차원에서 중차대한 일임을 시사한다.

기타 위원들은 필요에 응하여 임시로 임명한다고 규정되어 있었다(제6

33 신동운, "가인 김병로 선생과 법전편찬," 17면.

조). 당시 '법전기초위원회'는 '법제편찬위원회'로도 널리 불렸다. 주요 법령별로 분과위원회를 구성했다. 그중에서 '형법분과'에는 양원일, 이천상, 김찬영이 법원 측 위원으로, 엄상섭, 조재천이 검찰 측 위원으로, 김광근이 변호사 측 위원으로 배치되었다.[34]

이와 같이 한국의 기초법률을 제정한다는 야심찬 포부로 출발했지만, 위원회의 진도는 매우 느렸다. "그 발족이 있은 후 제1차의 회합에서는 별무소득이었고, 제2차 회합에서는 근근히 분과위원의 결정과 법전편찬위원회의 처무규정處務規程이 작정되었을 뿐"이고, 이후 동면상태에 있다가 1948년 4월 20일에 제3차 회합을 개최하는 정도였다.[35]

이렇게 지지부진하게 된 배경으로는, 우선 미군정기에는 정치적 긴장과 갈등이 극도에 달했고, 형사사법의 정치화가 극심했음을 들 수 있다. 사법행정기구도 이제 초기형성 단계였기에, 차분하게 법률의 제정에 전념할 여건이 되지 못했다. 법전기초위원회의 핵심으로 지명된 3인의 수뇌부의 경우, 자신의 본래 업무만 해도 상상을 초월하는 격무였을 것이다. 따라서 법률요강 및 조문의 작성에 차분히 시간을 낼 수 없었을 것으로 짐작할 수 있다.

업무의 실질로 들어가서 보면, 우선 예산편성이 전혀 되지 못했다. 위원장 김용무는 "법제편찬위원회는 6법을 일제히 제정편찬하기 위하여 착수 진행하고 있으나 그러나 예산이 없으므로 용지도 사지 못하는 형편이며 현 사법부문에 있는 사람들이 이것을 맡아보고 있는 형편"이라고 토로하였다.[36] 김병로 역시, 예산과 인력 부족을 별무성과의 원인으로 지목하고 있다.

조선법률을 전부 만들려다가 예산부족으로 못한 것이다…. 전 법령을 새로

---

34 분과 및 위원의 명단은 "법제편찬위원회 분과 설치," 법정, 제2권 11호, 1947. 11, 법정사, 36면에 나와 있다. 최종고, "해방후 기본법제의 제정과정," 법제연구, 제8호, 1995. 5, 한국법제연구원, 107~108면에서 재인용.

35 효당학인, "법전편찬에 대하여," 법정, 제3권 제6호, 1948. 9, 법정사, 1948, 10면; 이 글은 신동운 편저, 효당 엄상섭 형사소송법논집, 서울대학교 출판부, 2005, 53~61면에 현대어로 재수록 됨.

36 향적산인, "김대법원장 대담기," 법정, 제3권 제6호, 통권 제20호, 1948. 6, 법정사, 31면; 최종고, "현대 한국법제의 형성과정고," 61면.

제정하려면 물적, 인적 요소와 상당한 시일을 요하는 중대사업이므로 부득이하여 군정법령으로써 일정시대의 조선인에 대한 차별법령 기타 제종諸種 악법을 폐지하고 기여其餘의 법령을 아직까지 적용하여 온 것이다. 그리고 앞으로 성립될 독립정부에 있어서는 정부성립 직후로 과거의 법령을 일소하고 새로운 법령으로만 국민에게 적용하는 것이 정상적일 것을 느끼고 과정過政 재직 중에 나로서는 신법령을 완전히 준비하여 국회에 통과케 하여 이것을 실시케 하려는 충심으로 법전편찬에 착수하였으나 여기에는 1천만 원 이상의 재용을 소요하였으므로 그 목적을 달성치 못하였다.[37]

법전기초위원회가 애초에 표방한 사명을 실행하려면, 그것은 1~2년의 작업이 아니라 "앞으로 10년 동안은 걸려야 어느 정도 완전히 될 것"(김용무)[38]이라는 게 솔직한 입장이었다. 예산과 인력의 부족의 문제를 차지하고라도, 1947년 단계에서 한국인 법률가들의 법학 및 법제의 지식의 수준으로는 근본적으로 여러 법률의 시급한 제정이란 목표에 도저히 도달할 수 없었다.[39]

③ 한편, 새로운 법률의 제정은 절박한 민족적 과제로 인식되었다. 김병로를 비롯한 당시의 지도적 법조인들은 이 상황을 이렇게 인식하였다.

"일본법은 우리의 형극 같다. 이를 국민에게 적용한다는 것은 나로서는 심통心痛 할 일이었다."(김병로)[40]

---

37 국사편찬위원회, 자료 대한민국사 7, 탐구당, 1974, 805면.

38 향적산인, "김대법원장 대담기," 법정, 제3권 제6호, 통권 제20호, 1948. 6, 법정사, 31면; 최종고, "현대 한국법제의 형성과정고," 61면.

39 "편찬위원의 대부분은 법률실무가이고 순전한 학자도 없다. 학자가 있다고 하여도 왜제의 억압 때문에 마음놓고 연구할 기회를 가지지 못하였던 것을 긍정 아니할 수 없다. 우리의 법학수준으로서 무모한 개혁을 주장한다는 것은 지식답지 못한 경거(輕擧)이거나 외세추종의 비난을 면치 못할 것이다"(효당학인, "법전편찬에 대하여," 10면; 신동운 편저, 효당 엄상섭 형사소송법논집, 55면).

40 국사편찬위원회, 자료 대한민국사 7, 참구당, 1974, 805면.

"그러나 현재 왜놈이 만든 법제를 그대로 쓰고 있으니 이것은 자손에게도 치욕이 되므로 불완전하드래도 우리나라 법전을 우리나라 말로 하루 속히 편찬하여…."(김용무)[41]

"해방 이후 3년에 가까운 광음이 흘렀다. 짧다면 짧은 기간이었을는지 모르나 즉시 독립을 희구하는 우리에게 있어서는 상당히 장구한 기간이었다. 그럼에도 불구하고 우리는 왜어로 된 법전을 사용하고 있으니 해괴한 일이 아니냐? 불행히도 참으로 불행하게도 아직 우리가 미군 점령 하에 있으니 왜제시대의 법전을 쓰면서도 변명할 여지가 있을는지 모르나 진작 우리가 독립정부를 세웠던들 침식을 잃고라도 벌써 우리의 법전을 내어 놓고야 말았을 것 아닌가?"(효당학인)[42]

이와 같이 1948년까지 최대의 당면과제는 '조선말로 된 법전'이라도 우선 가져야 하겠다는 것이다. 해방이 되었는데도 일제 법전을 그대로 쓴다는 것은 형극荊棘같은 심통함을 안겨주는 것이며, 해괴한 일이고, 치욕적인 상황임에는 의견이 일치했다. 침식을 잊고라도 '우리의 법전'을 가져야 하겠다는 책무감에는 누구도 이의가 없었다. 그러면 제한된 인적-물적 여건 하에서 구체적으로 어떤 작업의 단계에 이를 수 있을 것인가.

(1) 형법: 기초요강의 작성

법전기초위원회에서 먼저 주력한 일은 각 법률의 기초요강의 작성이었다. 1948년 4월에 이르면 일부 법률의 요강이 기초되고 있다. 저간의 사정은 다음 기사에서 짐작할 수 있다.

---

41 향적산인, "김대법원장 대담기," 법정, 제3권 제6호, 통권 제20호, 1948. 6, 법정사, 31면; 최종고, "현대 한국법제의 형성과정고," 61면.

42 효당학인, "법전편찬에 대하여," 법정, 제3권 제6호, 1948.9, 법정사, 1948, 10~11면. 여기서 '효당학인'은 효당 엄상섭의 필명임을 신동운 교수가 밝혀낸 바 있다.

사법부에서는 일정시대의 법률이 가지고 있는 폐단을 일소하고 우리 국정에 알맞은 법률을 제정하고자 법제편찬위원회 내에 각 분과위원회를 조직하고 형사소송법을 위시하여 형법 헌법 상법 등 제법을 공포하고 있었는데 편찬한 요강이 완성되어 4월 28일 각 분과위원회에서는 그 요강을 편찬위원회에 회부하였다. 그런데 이번 편찬에 있어서 주로 국어로 된 법률제정과, 내용에 있어서 왜색이 농후한 조문을 삭제하고, 일반적으로 민주주의의 장점을 반영시켰다 하는데, 각 조문은 5월 20일까지 제출하기로 되었고, 결정된 초안은 수립될 국회의 통과가 있어야 비로소 효과를 나타내게 되는데 그렇게 되려면 장구한 시일이 필요하게 되므로 그때까지 이 초안을 통용하게 될 것으로 보이고 있다.[43]

위 기사에서 보듯이, 1948년 4월 28일 법전기초위원회의 각 분과위원회에서는 그동안 작성한 요강을 전체 위원회에 회부하였다.[44] 그러나 "각 조문을 5월 20일까지 제출"하여 제헌"국회의 통과"까지 성취하고자 했던 갈망은 이루어지지 않았다. 조문화의 정도에 이르기까지 시간이 너무도 촉박했기 때문이다.

미군정하에서 형법 제정과 관련하여 성취한 최종점은, 법전편찬위원회에서 〈형법기초요강〉을 확정, 통과시킨 일이었다. 〈형법기초요강〉[45]의 내용에 대해서는 다음과 같이 정리할 수 있다.[46]

먼저 '총괄적 요강'이 있다. 모두 12개가 나열되어 있으나, 주요사항만 제시하면 다음과 같다.

---

43 "신조선법의 요람 —사법부서 형법요강 등 결정—," 경향신문 1948. 4. 29.자.

44 이후의 회의에 대한 소식이 없다는 점. 분과위원회에서 회부한 내용(경향신문, 조선일보 1948. 4. 29.자 보도)과 법제편찬위원회 형법기초요강(법정 1948. 7. 전문게재)의 내용이 동일하다는 점을 가지고 추론해보면 그렇다.

45 형법기초요강의 전문은 신동운, 형법제·개정자료집, 한국형사정책연구원, 2009, 12~18면에 수록되어 있다. 이 전문의 출처는 법정 편집부, "조선법제편찬위원회 기초요강(2)," 법정, 제3권 제7호, 통권 제21호, 1948.7, 법정사, 45~46, 49면이다.

46 기초요강의 전문을 필자의 기준으로 재선별, 구성한 것이다.

1. 용어는 언문일치체로 하여 왜색이 농후한 직역어와 일반적으로 사용치 아니하는 한자와 기괴한 언사를 피할 것.
2. 각 조문의 내용에 있어서 왜색을 일소하고 한국고유의 미풍양속을 순화 앙양하도록 할 것.
3. 각 조문의 내용에 있어서 세계대세에 역행하지 아니하도록 유의할 것.
4. 형의 경중의 민족의 존엄성과 복리증진상 미치는 영향의 강약에 상응하도록 할 것.
5. 현재 단행법으로 되고 있는 형벌법규중 자연범(형사범)적 성질을 가진 것은 형법에 총괄할 것.
6. 각칙의 장章 순은 죄질의 공익적인 것으로부터 시작하여 사익적인 것에 미치도록 할 것.[47]

형법 전체의 골격에 해당하는 편·장 편제에 대하여 엄상섭 분과위원은 다음과 같이 해설하고 있다.

의용형법과 다른 점이 많다. 그렇게 한 이유는 중국, 불국, 이태리, 독일, 서서, 인도 등의 각국의 성문형법을 참고로 하여서 이론적으로 장章 순을 정하려는 데 있다. 법례를 제1장으로 하는 것은 각국의 거의 공통되는 바이고, 과형의 전제조건이 죄이므로 제2장에 '죄'를 배치하였다. 만일 이론적인 개념분류로 일관한다면 죄의 장 하에 미수범, 공범, 누범, 경합범을 넣는 것이 좋을 터이나 너무나 너저분하게 되므로 그들을 각각 1장으로 한 것이다.

죄의 다음에는 필연적으로 '형'을 배열하여야 할 것이며 이론적인 개념분류의 방식을 취하지 아니하고 형의 적용, 선고유예 등을 모두 1장식으로 하였다. 그러나 형의 적용, 선고유예, 형의 집행유예, 가석방, 형의 시효, 복권의 순으로 배

47 신동운, 형법 제·개정자료집, 14면.

열한 것은 이론적 순서에 따른 것이다.[48]

형법총칙의 개정요강을 보면, 범죄론 부분에서 부작위범, 정당행위, 자구행위, 불능범, 중지미수 등의 신설을 예정하고 있다. 그중에서 자구행위 부분은 법전기초위원회 총회에서 부결되었다고 한다.[49] 그리고 공범에서 "단체주의적 처벌을 받을 특수공범, 개인주의적 처벌을 받을 특수공범"을 처벌할 별도의 조문을 두고자 한다.

형벌론 부분에서, 형의 종류 중의 하나로 '거주제한'을 두고, '부정기형'을 삽입하였다. 보안처분의 포함 여부에 대하여는 혼선이 있었다. 〈법정〉지에 발표된 바에 따르면[50] '보안처분'을 두고 그 종류로 '감호처분(심신장애자 및 농아자)', '교정처분(주정酒精중독자 및 마약중독자)', '노작처분(부랑자 및 노동혐기자勞動嫌忌者)', '예방처분(우범자)'을 설정한다. 이는 구일본형법과도 매우 다른 점인데, 일본의 개정형법가안을 대폭 끌어온 것이다. 이런 조항들은 주관주의 형벌이론에 따라, 형벌에 못지않게 사회방위처분적 요소를 활용할 것을 상정하고 있는 것이다. 그러나 엄상섭에 따르면, 이 보안처분(제14장)은 "형법분과위원회에서 통과하였을 뿐이고 총회에서 부결되었다"고 명확히 증언하고 있다.[51] 그에 따르면, "우리나라의 현실상태로 봐서 그를 실행함에는 다대한 곤란이 예상되므로 그만두기로 하였다."[52] '상습범에 대하여 형을 가중하는 범위를 확대할 것'도 주관주의 형벌이론과 같은 취지로 볼 수 있다.

---

48 엄상섭, "형법요강해설(1)," 법정, 제3권 제9호, 1948. 9. 법정사, 18~19면; 신동운, 형법 제·개정자료집, 20면에서 재인용.

49 "자구행위도 위법성이 결여한 것으로 규정할 것이 게기(揭記) 되었으나 총회에서 부결되었다. 그 이유는 위원 다대수가 자구행위의 개념을 정확하게 파악치 못함에 있는 듯하였다"[엄상섭, "형법요강해설(1)," 19면].

50 법정 편집부, "조선법제편찬위원회 기초요강(2)," 45면.

51 엄상섭, "형법요강해설(1)," 18면.

52 다만 "그 시기가 성숙하게 되면 형법의 일부 개정 또는 단행법으로 제도화시켜야 한다는 것은 거의 일치된 견해였다"고 부연한다. 엄상섭, "형법요강해설(2)," 법정, 제3권 제10호, 통권 제24호, 1948.10, 법정사, 12면; 신동운·허일태 편저, 효당 엄상섭 형법논집, 서울대학교 출판부, 2003, 55면.

'사형 및 무기를 법정형으로 하는 범위를 가급적 축소할 것'은 세계대세에 부응하는 견지에서 이해될 수 있다.

형법각칙 부분에서 논란되었던 대목은 간통죄의 삭제 여부에 대한 것이었다. 1948년 법전기초위원회 분과위원회에서 간통죄 부분은 1) 친족상간을 처벌하는 규정 2) 간통죄를 삭제하는 규정 등에 대하여 분과위원회에서 의견이 나왔으나, 의견이 상반되어 결정을 보지 못했다.[53] 그리하여 전체위원회에 회부했던 바, 거기서는 "간통죄는 남녀평등의 이념에 비추어서 남녀를 동일한 조건으로 처벌하기로 하되 친고죄로 할 것"으로 결정되었다.[54] 이는 일제하의 단벌주의로부터 쌍벌주의로의 이행을 의미했다. 이는 분과위원으로서 각칙을 담당하고 있던 엄상섭 위원의 제안이기도 했다.[55] "간통행위를 전연 불문에 부친다는 것은 도리어 여성에게 불리한 결과를 초래하게 될 것이므로 남녀를 동등한 조건으로 처벌함이 타당하며, 가정의 평화유지를 위하여 친고죄로 하여야 한다"는 것이 그 논리적 근거였다.[56]

이 형법기초요강에 대한 김병로의 기여도는 어떠했던가. 이 단계에서 김병로가 어떤 역할을 했는가에 대해서는 특별한 언급을 찾을 수 없다. 다음 몇 가지를 단서로 하여 접근해볼 수 있겠다.

첫째, 법령별 소위원회를 살펴보면, 형법의 경우 양원일 판사가 총칙을,[57] 엄상섭 검사가 각칙을 기초하기로 하였고, 형사소송법의 경우는 정윤환 판사가 전반부를, 이호 검사가 후반부를 기초하기로 하였다.[58] 형법분과위원회에는 양원일, 이천상, 김찬영, 엄상섭, 조재천, 김광근이 위원으

---

53 "신조선법의 요람 —사법부서 형법요강 등 결정—," 경향신문 1948. 4. 29.자.

54 신동운, 형사법제정자료집(1) 형법, 한국형사정책연구원, 1990, 11면.

55 엄상섭은 간통죄 쌍벌주의의 "원안 제안자"임을 밝히고 있다. 엄상섭, "간통죄 철폐와 그 사회적 영향," 민성, 제6권 제2호, 통권 제43호, 1950.2, 고려문화사, 49면; 신동운·허일태 편저, 효당 엄상섭 형법논집, 187면에서 재인용.

56 엄상섭, "형법요강해설(2)," 14면; 신동운·허일태 편저, 효당 엄상섭 형법논집, 62면.

57 "총칙부는 그 기초책임을 양원일 판사가 분담하였기 때문에 그 요강안도 주로 양판사가 결정한 것이다"[엄상섭, "형법요강해설(1)," 18면].

58 신동운, "제정형법의 성립경위," 형사법연구, 제20호, 2003년 겨울, 한국형사법학회, 13면; "신동운, 제정형사소송법의 성립경위," 형사법연구, 제22호, 2004.12, 한국형사법학회, 161면 이하.

로 관여하였다고 되어 있지만, 기초위원으로서는 총칙 부분을 양원일 판사가, 각칙 부분은 엄상섭 검사가 책임을 맡았고, 실제로도 양인이 대부분의 역할을 다 한 것으로 보인다. 엄상섭은, 총칙의 "요강안도 주로 양판사가 결정한 것"이라고 명시하고 있다.[59] 다만, 구형법에는 없는 조항들, 가령 부작위범, 정당행위, 자구행위, 불능범 등의 조항에 대해서는 (1949년의 작업에서 후술하듯이) 김병로가 조문의 자구 하나하나에까지 자신만의 견해를 주입하고 있는데, 요강안에 이 항목들이 등장하는 것을 보면 김병로가 요강 단계에서도 실질적으로 관여했음을 짐작할 수 있다.

또한 각칙 부분에서, 김병로의 특색적 관여 부분도 잘 간취되지 않는다. 예컨대 1948년 기초요강에는 간통죄를 남녀평등하게 처벌하는 것으로 하고 있음에 반하여, 1949년 김병로가 법전편찬위원장으로 적극 관여했을 때는, 간통죄 삭제 면으로 위원회 의견이 확정되었다.[60] 그리고 그는 1953년 국회 본회의에서도, 정부원안(쌍벌주의)에도 불구하고 법전편찬위원회에서 폐지론 쪽으로 결론을 내렸음을 특별히 언급하고 있다.

다른 한편 엄상섭의 형법요강해설(1)에서도 알 수 있듯이, 분과위원회의 안에 대하여 전체위원회는 일정한 부분을 수정하는 역할을 했다. 되풀이되는 감이 있지만, 다시 한번 정리해보면, 첫째, 자구행위 조항 포함안을 부결시켰다. 둘째, 보안처분 장에 대해서는 우리 현실상의 곤란을 이유로 부결시켰다. 셋째, 간통죄의 포함/삭제 여부에 대해 분과위원회는 찬/반으로 나뉘어 결정내리지 못하였으나 전체위원회에서는 쌍벌주의 포함으로 결정했다. 1949년 김병로가 주도한 형법초안과 비교해보면, 당연히 포함되기 어려운 보안처분 장을 제외하고는, 자구행위/간통죄 등에 대해 형법초안과 상반되는 결론을 내리고 있다. 이 역시, 1948년 단계에서 김병로가

---

59 엄상섭, "형법요강해설(1)," 18면.

60 김병로는, 간통죄 불벌 주장, 동성동본 결혼 허용 등의 입장을 지론을 갖고 있었다(김진배, 가인 김병로, 129면). 이 부분들에 대해서는 그의 의견이 입법으로 관철되지 못했다.

전 단계에서 주도적으로 개입한 것은 아님을 추측케 한다 할 것이다.

(2) 형사소송법: 인권옹호에 관한 '형사소송법의 개정'

형사소송법은 형사사건의 처리절차에 관한 법률임과 동시에, 인권보장을 위한 규범이다. 한나라의 법적 인권 수준은 형사소송법을 보면 일차적으로 짐작할 수 있다. 식민지 치하의 형사소송법과 형사악법, 그 적용실태를 극복하고, 새 민주국가의 수준에 합당한 형사소송법의 제정은 법률가들에게 으뜸가는 과제였다. 그러나 입법작업은 실로 전문성을 요하는데다, 다양한 형사사법기관과 해방-분단정국의 정치적·사회적 각축상태에서 형사소송법을 성안해내는 것은 결코 쉬운 과제일 수 없었다.

형사소송법의 제정은 1948년 [형사소송법의 개정]이라는 제하의 군정법령 제176호에서 결정적 전환점을 마련한다. 이는 일제의 형소법 중 특히 인신구속과 영장주의 부분에 대한 기본원칙을 일신하여, 피의자-피고인의 인권을 보장하고 식민지 형사사법의 폐해를 극복하려는 염원을 압축한 것이었다. 제176호의 제정은 미군정의 협력을 받아 이루어졌지만, 당시 대법원과 사법부, 검찰 수뇌부의 적극적인 관여가 있었다. 김병로는 미군정 하에서 사법-법무를 책임지는 사법부장으로서 적극 관여했음은 물론이다.

여기서 군정법령 제176호(이하 "제176호"로 약칭함)에 특별히 주목할 필요가 있다. 이는 [형사소송법의 개정]이라고 지칭되었는데, 1948년 3월 20일에 공포되고, 1948년 4월 1일 효력이 발생하였다. 여기서 '개정'이라 함은 일제하 의용형소법 중에서 '오로지 인권옹호에 관한 부분을 수정'한 것으로, '참으로 영·미식 인권옹호의 기본이념을 섭취'한 것[61]이라고 김병로는 높이 평가한다. 이렇게 제176호가 미군정 말기에 급작스레 제정될 수 있었던 것은, 특히 당면한 "총선거를 앞두고 자유선거를 보장하기 위한" 요청

61 제18회 국회 정기회의 속기록(제18차 회의), 대법원장 김병로 발언(신동운, 형사소송법제정자료집, 한국형사정책연구원, 1990, 265~266면에서 재인용).

을 충족시키기 위함이었다. 여러 문제 중에서, "특히 UN한국위원단은 선거에 필요한 자유로운 분위기"의 보장을 요청했고, 미군정과 한국 사법기관이 그에 적극 부응했기 때문이다.

이로써 일제하에서 없던 새로운 제도가 대폭 도입되었다. 즉 법관에 의한 영장발부, 구속피의자에 대한 변호인선임권, 구속의 적부를 법원에 청구하는 구속적부심사제도, 피의자에 대한 구속기간의 제한, 보석제도, 압수수색시 법관영장제도, 검찰관의 유치장감찰권의 제도화 등 하나하나가 획기적이었다.

제176호의 범위는 피의자의 구속에 대한 인권보장 장치의 도입이다. 개설서에서는 "공판계속 이전의 수사단계에 있어서 주로 수사관헌의 강제처분을 제한하기 위하여 제정된 것"이고, "공판 계속 이후에 재판소가 '고유의 권한으로' 행사하는 종래의 형사소송법상에 인정된 직권은 제한하지 못하는 것"임을 명확히 하고 있다.[62]

제176호는 민주주의와 권리장전, 법의 지배 등의 시민적 민주주의의 핵심개념들을 한국의 법률에 수용하게 되었다. 인권의 관점에서 볼 때 제176호는 미군정기 동안 남한에서 일어났던 일 중에 가장 획기적인 사건 중의 하나였다. 특히 수사절차상의 강제처분 영역에서 위와 같은 시민적 민주주의의 중심개념들을 시민적 민주주의의 구상이 전무하였던 종래의 식민지적 형사절차 풍토에 삽입시키려는 입법상의 시도였다.[63]

제176호에 대한 미군정과 한국인 법률가의 관여는 어떠한가. 심희기는 제176호의 입안과 공포는 "미군정당국과 한국인 사법관 실무가들의 합작품"의 성격을 갖고 있다고 한다. 그중에서도 "미군정당국은 좀 더 미국적 이념에 가까이 다가가려고 하였으나 한국인 사법관 실무가나 검찰관들은 좌익세력의 활동이 활발했던 시기에 우익적 국가체제를 유지시키기 위해

62 민복기·정윤환, 형사소송법개정법개설, 조선출판문화사, 1948, 79면. 이하 〈개설〉이라 칭한다.
63 심희기, "미군정법령 제176호 형사소송법의 개정," 법사학연구 제16호, 1995, 163~164면.

서는 적극적인 범죄통제정책이 불가피하다는 현실론에 기초하여 제176조가 급진적인 개혁이 되지 못하도록 극력 저지하였다."[64]고 대립적 모습을 부각시키고 있다. 그러나 "극력 저지"로 단정하기엔 좀 더 세밀한 사실 검토가 필요하다고 본다.

확실히 당시의 보수우익 정치집단은 이러한 급진적 법안에 반대하는 편이었다. 한민당은 "이상적 법이론으로는 훌륭하나 오늘날 한국의 현실에는 도리어 부적당한 법"이라 하지 않을 수 없다면서, "우리나라는 준전시상태, 반계엄상태에 있는 것이 사실"인데, "심판관의 영장을 가져오는 데 3일이나 걸리는 경찰서에서는 도피하는 범죄자를 보고도 손을 댈 도리가 없다"는 식으로 비판하였다. "법률을 초안해낸 사법당국자가 벌써 경찰에 대해서 편견 내지 모욕감을 가지고 있는 것을 알 수 있으니 경찰은 사법관을 신뢰하고 범인을 취급할 용기가 나지 않을 것"이고, 결국에는 "경찰의 활동을 극도로 견제하고 공산당원들에게 파괴, 방화, 살인 등 행위를 마음대로 하도록 무경찰상태를 만들어주는 것밖에 아무 것도 없을 것"이라는 논지였다.[65] 이를 통해서도 알 수 있듯이, 군정법령 제176호는 경찰의 권한 남용을 견제하고, 형사사법에서 법관의 통제력을 제도화하는 것이었다.

이러한 정치적 반발과는 별개로, 제176호의 초안에 관여한 한국의 법실무가들은 반드시 그렇지 않았다. 제176호의 공식 해설서에 해당하는 〈형사소송법개정법개설〉[66]의 서문에서는 그 의의를 다음과 같이 표명하고 있다.

> 우리나라에서는 아직 국헌國憲의 제정이 없으니 헌법상으로 규정된 국민의 기본권은 없으나, 그러나 민주주의국가의 근본원칙인 기본권은 순시瞬時라도 소홀히 못하는 것이다. 이러한 의미 하에서 대법원은 해방 이후 국민의 인신자

---

64 심희기, 앞의 글, 163~164면.

65 국사편찬위원회, 자료 대한민국사 6, 국사편찬위원회, 1973, 756~757면.

66 심희기의 연구에서는 〈형사소송법개정법해설〉로 인용하고 있으나, 이는 〈형사소송법개정법개설〉의 오기이다.

유 보장에 관한 권리헌장을 제정하고자 각국의 입법례를 비교검토하여 성안成案을 작성하여 군정수뇌부 및 과도정부와 교섭한 결과 법령 제176호가 공포된 것이니 법령 제176호는 실로 조선인민의 자유를 보장하는 성전聖典일 것이며 이 법령제정에 노력한 대법원의 지고한 업적은 실로 우리나라 민주주의 발전사상에 찬연한 금자탑을 건설한 것이라 할 수 있는 것이다.[67]

여기서 '성안을 작성'했다는 것은 1947년 3월의 '긴급한 인권옹호에 관한 조선형사령의 관계조문개정'을 말한다. 이는 대법원에서 해방직후부터 종래 법제의 개폐에 대한 연구와 토의의 산물이라고 한다. 성안을 갖고, 군정당국자와 사법부, 대검찰청 및 경찰부와 토의한 결과 1948년 총선거를 앞두고 공포한 것이라 한다. 따라서 제176호는 1948년의 선거국면에 대한 응급대응이 아니라 적어도 2년 이상 준비해온 것의 결실임을 알 수 있다. 한국의 법실무가들은 미군정의 적극성에 마지못해 끌려간 형태가 아니라, 적극적으로 인권옹호장전을 만들기 위해 주도적으로 관여했던 것이다.

이러한 작업에 김병로의 관여는 어떠했던가. 위의 인용에서는 '대법원'이 성안의 작성을 주도했다고 쓰고 있다. 미군정하에서 대법원장이었던 김용무는 〈개설〉의 '서문'에서 "금번 군정법령으로 일정시대의 악법인 조선형사령을 개정하여 인권옹호를 강화한 신법령을 공포하였으니 사법의 직에 재한 자로서는 신법령을 충분연마하여 형사사법에 있어서 국민의 권익보장에 유감됨이 없도록 흠흠자계欽欽自戒하여 정의형평의 완미한 실현에 공헌하여야 할 것이다."라고 쓰고 있다. 김용무로서는 대법원의 주도성을 충분히 강조하고 있는 셈이다. 하지만 동시에 이 법령은 사법부, 대검찰청과도 긴밀한 협력 하에 이루어졌음을 유의해야 한다. 〈개설〉에는 김용

67 〈개설〉 自序, 1~2면.

무(대법원장), 김병로(사법부장), 이인(검찰총장)의 서문이 나란히 실려 있다.[68] 사법부장 김병로는 "전국민의 기본권리를 보장함에 가장 중요한 것을 규정한 것임으로 전국민이 그 내용에 통효通曉하여야 한다"고 했고, 이인 검찰총장은 "만시의 감이 있기는 하나 가장 기의機宜의 조치"라 하였다.[69] 또한 〈개설〉의 작성자는 민복기, 정윤환으로 되어 있는데, 당시 민복기는 사법부 법제국장이었고, 정윤환은 서울고등법원 판사였다. 따라서 제176호는 미군정당국의 지도하에 성립되었지만, 한국인 법실무자가 직접 성안하고, 또 김용무, 김병로, 이인 등 사법 수뇌부들의 적극적인 후원하에 이루어진 공동작품이라 할 것이다.

1954년 형사소송법 제정에 즈음하여, 김병로는 제176호의 시행이 "우리로서는 큰 다행한 일"이었고, 그것이 없이 "만일 순전한 전前 일본형사소송법(의용 형소법)을 지금까지 갖고 나왔다고 하면 인권옹호에 큰 유감"이 있었을 것이고, 따라서 "그 형사소송법의 개정법률이 우리에게 기여한 공적이 자못 크다"고 발언하고 있다.[70] 이는 형소법개정에 대한 객관적 평가인 점과 함께, 김병로 자신이 제176호의 제정에 깊이 관여하였고 그에 대한 자부심을 갖고 있음을 짐작할 수 있다.

---

68 김병로의 서문은 다음과 같다.

"삼천리의 화려한 강산 삼천만의 웅위한 민족 오천년의 찬연한 문화 이것이 우리의 천부요 자긍이다. 누구든지 침략이나 분열은 절대로 허용할 수 없는 것이다. 그럼으로 통일국가의 완전독립과 민주주의의 정권확립이 우리에게 부과된 긴급사명이다. 이 사명을 완수함에는 그 기본을 국헌에 의거하여야 할 것이오 민주주의의 기본이념은 인권옹호와 자유보장에 있다. 금반 형사소송법의 개정도 인권옹호와 자유보장에 대한 임시조치에 불외不外한 것이다. 개정의 내용이 전국민의 기본권리를 보장함에 가장 중요한 것을 규정한 것임으로 전국민이 그 내용에 통효하여야 한다. 차제에 법제국장 민복기 군과 고등법원 판사 정윤환 군이 공무의 가극暇隙을 이용하여 본서를 간행함에 이른 것은 시의에 적절한 것임을 느끼고 추상推賞함을 불석不惜하는 바이다."

69 〈개설〉 서문, 1~2면.

70 제18회 국회 정기회의 속기록(제18차 회의), 대법원장 김병로 발언(신동운, 형사소송법제정자료집, 265~266면에서 재인용).

제15장

초대 대법원장 취임 전후

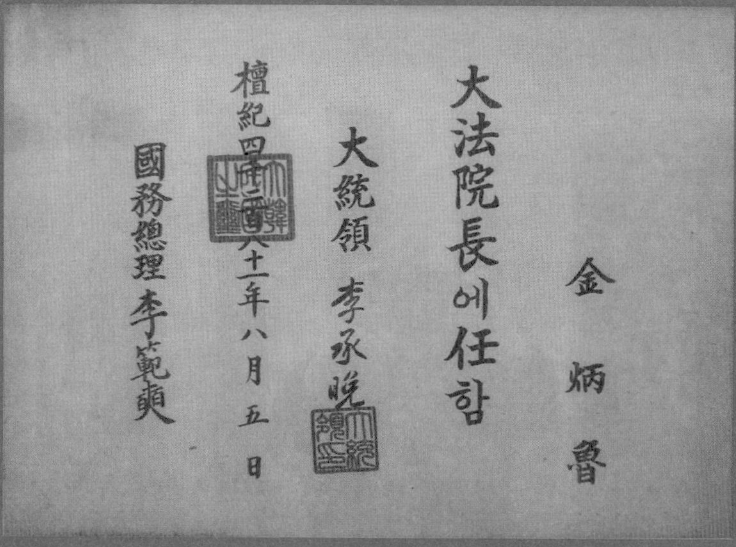

金炳魯

大法院長에任함

大統領 李承晩

檀紀四千二百八十一年八月五日

國務總理 李範奭

김병로의 대법원장 임명장(1948)

제15장

초대 대법원장 취임 전후

제헌헌법상 대법원장은 "대통령이 임명하고 국회의 승인을 얻어야 한다"(제78조). 규정에 따르면, 누가 대법원장이 되는가는 이승만 대통령의 의중에 일차적으로 달려 있는 셈이었다. 미군정하에서 2년간의 사법부장의 직무를 끝낸 김병로는 스스로 마음을 비우고 있었다. 자신은 "밖에서 정부를 도울지언정 행정부에 참여할 생각은 전혀 없었"[1]다는 것이다.

김병로의 입장에서 볼 때, 이 대통령이 자신을 대법원장으로 애써 임명할 리 없다는 여러 정황이 있었다. 해방 3년의 복잡다단한 정치과정에서 김병로는 이승만과 사이가 원만하지 않았던 것이다. 김병로는, 1946년의 한 사례를 소개하고 있다. 이승만이 민주의원의 의장에 취임한 후의 일화이다.

"이 박사로부터 김성수 씨와 나와 같이 곧 돈암장으로 오라는 전화가 있어 우리 두 사람이 급히 돈암장을 방문했더니 이 박사는 그때 감기 기운으로 침방에 계셨는데 그 자리에서 나에게 말씀하시기를 내(이승만)가 기왕은 사인私人이었지마는 이제부터는 공인으로 일을 출발할 것인바, 연로한 소치로 무슨 사물에 건망증이 많고 또 복잡한 사물을 나 혼자 처리하기에 곤란할 것이니 고문이 되어주기를 청하셨으나, 그 의미가 시종 자기의 측근에 상거常居하여 달라는 말씀인 줄 알고 그때 한민당 내부사정으로 내(김병로)가 전연 떠날 수 없을 뿐만 아니

1 조선일보 1958. 1. 9.자 "가인 김병로 옹 노변담爐辺談 — 병각을 무릅쓰고".

라, 내 자신이 그와 같이 전적으로 정무에 관여하기를 회피하는 터이므로 이 박사에게 대하여 무슨 필요가 있을 때에 전화로 알려주시면 언제든지 와서 사무를 처리하여 드리겠다고 말하고 이 박사의 측근에 상거할 수 없는 형편을 말씀드렸으나, 이 박사께서는 그런 정도로는 일을 하기 어려우니 적당한 사람을 추천하여 달라고 말씀하셨으므로 적당한 사람이 있으면 말씀드리겠다하고 퇴거할 때 이 박사께서는 못마땅한 기색이었으나 나의 사정이 그러한 만큼 이 박사의 말씀에 응종應從하기 어려웠을 뿐만 아니라"[2]

즉 1946년 초에 이승만은 가인에게 "고문"이란 명의로 사실상 측근 비서장의 형태로 도와줄 것을 청하였지만 가인은 이를 정중하게 거절했던 것이다. 이승만의 "못마땅한 기색"과는 별개로, 김병로 역시 이 제안에 대해 탐탁찮게 여겼던 것 같다. 그 시점에 이미 김병로에게는 누구의 고문이나 비서로 요청받는 것 자체가 일종의 모욕으로 느껴질 만하기 때문이다. 해외파들의 국내파에 대한 경시의 일단을 여기서도 엿볼 수 있을지도 모른다. 이러한 사실을 이승만은 죽 못마땅하게 기억했던 것 같다.[3]

보다 중요한 정황은, 가인의 정치적 노선 내지 행보와 관련된 것이다. 해방 직후 김병로는 한민당 등 우익정당을 창당하는 데 앞장섰지만, 1946년에 들어 이들 정당과는 거리를 점점 멀리하고 있었다. 지주나 가진 자들의 이익을 지나치게 편향되게 대변하는 한민당은 특히 토지개혁에 대해 미온적이고 심지어 적대적인 태도로 일관했다. 그러나 일제하 소작쟁의의 변호를 통해 소작인의 참상을 체득한 김병로에게 토지개혁은 절대적 과제였다. 김병로는 지주로부터 땅을 사서 소작인에게 거저 주는 '체감매상, 무상분배'를 주장했지만 한민당은 이런 주장을 끝내 받아들이지 못했다.

정치적으로는, 해방정국을 달궜던 신탁통치 쟁점에 대해서 김병로는 처

2 조선일보 1958. 1. 9.자 "가인 김병로 옹 노변담 — 병각을 무릅쓰고".
3 조선일보 1958. 1. 9.자 "가인 김병로 옹 노변담 — 병각을 무릅쓰고".

음엔 "제국주의적 침략으로 규정하고, 3천만 민중의 심혈을 다하여 최후의 일인까지 분투할 각오"를 피력했으나, 1946년 3월 이후 미소공동위원회에 참여하면서 그 쟁점에 대해 비교적 유연한 입장으로 선회하였다. 이는 김구, 이승만의 적극반대 입장과는 다소 상치되는 듯이 여겨졌다. 특히 김병로는 1946~7년 사이 좌우합작운동에 깊이 관여했으며, 한민당을 떠나 김규식 중심의 민중동맹, 그리고 민족자주연맹을 결성하는 데 가담했다. 김병로의 정치노선은 극우적인 입장이 아니라 좌우합작과 통합을 추진하는 김규식, 원세훈, 김약수, 홍명희 등과 궤를 같이하고 있었던 것이다. 다만 그는 사법부장의 재임기간동안, 정치활동에 직접 뛰어들지는 않으면서 좌우합작의 추진과정에서 방향을 잡는 역할을 했다. 현실주의자로서 그는 국제연합의 남북한 동시선거에 의한 정부수립방안을 지지했으나, 그것이 실패한 뒤에는 남한만의 단독선거에 의한 정부수립안을 지지하는 입장을 취했다.[4]

요컨대 정치적으로 김병로는 좌우합작을 통한 남북통합의 기조 위에 있었던 것이며, 정치적으로는 김규식 편으로 여겨질 소지가 있었다. 한민당의 반개혁적 노선이나 이승만의 단독정부 노선에 처음부터 동조할 수는 없었던 것이다. 그러한 상황은, 1948년에 이르러 대법원장 임명권을 갖고 있던 대통령 이승만에게 결코 좋게 보였을 리 없었다. 그러한 상황은 또한 일부 인사들에 의해 중상모략당할 빌미가 되기도 했다. 김병로의 회고에 따르면, "그 즈음(조각 즈음)에 무슨 이유이었든지 나를 김규식 박사의 고문격이라느니 또는 소위 중간노선에 가깝다는 등 이 대통령에게 여러 가지로 중상하는 사람이 있어서 이 대통령도 나를 정부에 등용하려는 의도는 없었던 것으로 추측되었던 것"[5]이다. 김병로는 스스로의 판단에 따라 하나하나 결정해나간 것이지, 누구의 추종자였던 적이 없다. 김규식, 홍명희와

---

4 이상의 설명은 김진배, 가인 김병로; 김학준, 가인 김병로 평전, 318~330면을 토대로 요약한 것임.
5 조선일보 1958. 1. 9.자 "가인 김병로 옹 노변담 — 병각을 무릅쓰고".

정치적으로 가까운 결정을 내린 적이 더러 있지만, 그것도 건건마다 시시비비를 가린 끝에 나온 정치적 결정일 뿐이다. 또한 미군정하의 사법부장의 중책을 2년간 맡음으로써 정치전선에 주된 당사자로서 활동하지 않았던 면도 있다. 그러나 이승만의 정치노선에 추종하거나 일치한 적은 별로 없었다. 결국 정황적으로 볼 때, 김병로의 대법원장의 가능성은 높지 않았을 수도 있던 것이다.

그런데도 이승만은 김병로를 결국 대법원장으로 임명하지 않을 수 없었다. 그것은 일차적으로 이인 초대 법무장관의 강력한 추천과 슬기로운 응변으로 말미암은 것이었다. 일제하에서 이인은 김병로와 함께 항일변론의 최전선에 서서 늘 협력했던 동지 중의 동지였다. 1948년 당시 이인은, 이승만에게 국내정세에 대한 판단과 필요한 고언을 제공하는 측근의 위치를 갖고 있었다.[6] 때문에 조각 단계에서 "법무장관"은 이인의 것으로 기정既定되어 있었고, 어떤 잡음도 없이 법무장관에 임명되었다. 대법원장 임명을 둘러싼 정황에 대하여는 이인의 회고가 가장 상세하고 또 정확하다고 보여진다.

조각이 마지막 단계에 들어섰던 8월 3일(1948년)이다. 저녁이 돼서 내가 집에 있노라니까 동산(윤치영)이 찾아와서 노진설의 집을 묻는다. 나는 왜 그를 찾는지 쉽게 짐작이 갔다.

"대법원장 시키려고…. 내가 그의 집을 모르거니와 이 박사에게 직접 여쭐 터이니 그리 아시오."

그 이튿날 일찍 이화장에 가서 조각 문제를 말하는 중 나는 대법원장 문제를 이박사에게 물었다.

"노진설을 시킨다지요."

---

6 정부수립 이전까지 이인은 이승만과 주 3회 정례면담을 계속했고, 조각인선을 위한 인물조사를 했으며, 국무총리를 비롯한 각부 장관의 인사에 대해서도 의견을 개진했고, 그중 상당부분이 직접 반영되었다. 이인, 반세기의 증언, 명지대학 출판부, 1974, 178~188면.

"그걸 어디서 들었소. 또 (윤)치영이가 말했구먼."

"그래서는 안 됩니다. 인사가 곧 최고정치인데…."

나는 노진설의 대법원장 지명을 긍정하기가 어려웠다.

노진설은 해방직후 월남했고 군정 때는 내가 고법판사로 천거했던 이인데 5·10선거 때는 중앙선거관리위원장을 지냈다. 그러나 법원 안에서는 연공年功이 있는 터라 아무리 새 정부를 이룩하는 마당이라 해도 정평定評의 순서를 건너 뛰지는 못하는 것이다.

이 박사는 그러면 누구를 했으면 좋겠느냐고 한다. 나는 이 물음이 있을 줄 짐작했던 터이므로 즉시 대답을 했다.

"물론 김병로지요."

"김병로는 김규식 사람인데…."

이 박사는 선뜻 마음이 내키지 않는 눈치다. 나는 계속해서 말했다.

"설사 그렇다면 어떻습니까. 김병로만한 대법원장 감은 없는 줄로 압니다. 김병로를 안 쓰시겠다면 저도 법무장관 그만두겠습니다."

나는 더욱이 할 일 많은 건국 초이기 때문에 법원과 법무부가 서로 호흡이 맞아야 일이 되겠다는 신념 때문에 이렇게 강경한 진언을 했던 것이다.

"쓸데 없이…. 괜한 객기요."

격한 듯한 이 박사의 목소리를 뒤로 나는 이화장을 나왔다.[7]

위의 인용을 통해 볼 때, 이승만은 김병로에 대하여는 부정적 언급만 하고 있음을 알 수 있다. 김병로를 의중에 두지 않는 상태에서, 이승만은 노진설을 예정하고 있다. 그러나 이인은, "최고정치"에 해당하는 인사에서, "대법원장 감"이 누구인가를 기준으로 김병로와 비견될 만한 인사가 있을 수 없다고 정리하고 있는 것이다. "김규식 사람"이라는 부정적 언급에 대

---

7 이인, 앞의 책, 188~189면.

하여, 이인은 이미 수십 년간 김병로와의 공동활동, 해방 후 사법부와 검찰에서 같이 일한 경험 등을 토대로 최고의 대법원장으로 의심할 나위 없이 김병로로 확신하고 있다. "연공"과 "정평"의 면에서도 김병로와 비견할 인물은 없다고 보았다.[8] 그렇기에 법무장관의 직을 걸고라도, 대통령의 의중에도 불구하고, 김병로를 천거한 것이다.

바로 다음날 8월 5일에 내각모임이 열렸다. 공식적으로는 첫 각의가 되는 날이다. 8월 15일에 정부수립선포식을 가지려면 사법부를 구성해야 정부조직 인선이 완성되는데, 아직 대법원장 인선이 이루어지지 않은 상태였다. 대법원장 인선을 둘러싼 국무회의의 대강을 이인은 다음과 같이 정리한다.

> 대법원장 문제는 이 박사가 먼저 꺼냈다.
>
> "대법원장을 빨리 뽑아야 할 터인데…. 서광설이 어때?"
>
> 이 말이 떨어지자 창랑(장택상)이 벌떡 일어났다.
>
> "일제 때 충성하던 사람을 대법원장이라니. 말이 안 됩니다."
>
> 일정 때 판사를 지낸 서광설은 군정이 대법관으로 임명했으나 취임을 거부했었다.
>
> 나는 이 기회를 놓치지 않고 가인(김병로)을 들고 나왔다. 그러나 이에 대한 이 박사의 생각은 이미 알고 있는 터이므로 이 박사는 쳐다보지 않고 철기(이범석)를 향해 말했다.
>
> "어떻습니까 가인이…."

8 노진설은 1900년 평안남도 생이다. 명치대 법과를 졸업하고, 조선변호사시험에 합격하여 1928년 평양에서 변호사등록을 했다. 주요 사건에 활발히 변론했는데, 1937년에 변호사등록을 취소했다. 조선총독부관보에는 "변호사 노진설의 청구로 인해 1937. 11. 30. 평양지방법원 검사국에서 변호사명부의 등록을 취소함"으로 기록. 미군정하에서 대법관에 임명(1946. 5. 24.)되었고, 1948. 11. 1. 대법원 대법관에 임명되었다(법원행정처, 법원사, 1995, 248면). 이러한 경력을 김병로와 비교해 본다면, 김병로는 연령상으로 13세 연상이고, 법조인 경력은 8년 앞서고, 항일변호사로서의 경력은 압도적으로 우월할 것이며, 민족지도자로서의 경력 면에서도 압도적이다. 김병로가 대법원장으로 되는 것은 연공과 정평 면에서 누구도 이의를 제기하기 어렵지만, 노진설의 경우라면 다른 법조인들이 쉽게 수긍하기 어려운 점이 있을 것이다.

"무난하겠죠."

총리가 찬성하자 뒤이어 창랑과 상산(김도연) 등이 모두 "좋겠지요" 한다. 이렇게 되지 이 박사도 "여러분이 정 그렇다면 할 수 없지" 하고 동의했다.[9]

첫 국무회의의 생생한 분위기를 알 수 있다. 대통령이 압도하는 분위기가 아니라, 그런대로 자유로운 토론이 오가는 모습이다. 앞의 인용과 함께 살펴보면 이승만의 견해 변경이 감지된다. 8월 4일 오전에 이승만의 의중은 노진설이었지만, 이인의 강경한 주장이 절반은 주효하여 이승만은 대법원장 후보로 노진설이 아니라 서광설을 언급하고 있다.

이승만이 어떤 경위로 서광설을 생각했는지는 알 수 없으나, 그 경위에 대해서는 다음과 같은 유진오의 언급이 있다. 유진오는 이미 법제처장으로 내정되어 있는 상태였다. 1948년 8월 3일 그는 이 대통령을 만났다고 한다. 이 대통령은 그에게 "서광설이란 분이 어떤 분이지? 대법원장으로 임명하려는데 말이야"라고 말했다고 한다. 그는 즉각 "공평무사한 점잖은 분입니다. 정치적 추진력이라 할까 그런 것은 잘 모르겠습니다." 이 대통령은 좋아하면서 "그러면 됐어. 대법원장이 공평무사하면 됐지 추진력은 있어 무엇하나"하고 곧 비서관을 불러 기자들에게 발표하라고 시켰다. 그때 유진오는 "헌법에 대법원장은 국무회의 의결을 거쳐 임명하도록 되어 있습니다. 조각이 이제 끝나서 국무회의가 곧 열릴 것이니까 이왕이면 헌법절차를 밟아서 하시는 것이 좋을 것입니다"고 조언했고, 이 대통령은 그에 따랐다고 한다. 유진오의 조언이 없었더라면, 서광설 안으로 대외적 공표까지 될 뻔 했던 셈이다.[10]

---

9 이인, 앞의 책, 189~190면.

10 다음날 열린 첫 번째 국무회의에 유진오는 조금 늦게 참석했고, 그 사이에 대법원장 임명안이 가결되었다고 한다. 유진오는 "서광설 씨 말이죠?" 물었더니, 김동성 공보처장이 "김병로 씨가 되었습니다"고 알려줬다고 한다. 유진오는 "하루밤 동안에 어떻게 서 씨가 김 씨로 바뀐 것인가"하고 충격을 받았다고 술회한다. 유진오의 회고 중 8월 3일은 "8월 4일"로 정정되어야 할 것 같다. 국무회의가 열린 날이 8월 5일이기 때문이다. 유진오, 양호

그런데 이승만이 서광설 안을 첫 국무회의에 피력했던바, 국무위원들로부터 반발을 받았다. 서광설은 "일제에 충성"한 전력이 첫째 문제라면,[11] 군정기에 사법관료로서 뚜렷한 족적을 내지 않아 존재감이 크지 않다는 점도 작용한 듯하다.

이렇게 국무회의에서 김병로를 대법원장으로 정하자, 다음엔 절차에 따라 진행되었다. 먼저 이 대통령은 "비서를 보내어 대법원장에게 임명하겠다는 통지"를 했다. 김병로는 이러한 통지를 전혀 예상하지 못했으므로 "돌연히" 통지받았다고 회고한다.[12]

대통령은 당일로 국회에 긴급하게 대법원장 임명승인에 관한 공문을 발송하였다. 공문의 내용은 다음과 같다.[13]

> 정부문서 제3호
>
> 대한민국 30년 8월 5일[14]
>
> 대한민국 대통령 이승만
>
> 대한민국 국회의장 귀하
>
> 대법원장 임명승인에 관한 건
>
> 대한민국헌법 제78조에 의하여 김병로를 대한민국 30년 8월 5일 대법원장으로 임명하였으니 승인하여 주심을 앙청하나이다.

기 : 보전·고대 35년의 회고, 고려대학교 출판부, 1977, 220~222면.

11 서광설은 1918년 일본대학 법률학과를 졸업하고, 경성지방법원 판사(1920~23)를 거쳐 1923년 변호사가 되었다. 암태도 소작쟁의, 광주학생운동, 형평전위사건 등 굵직한 항일사건에서 변론을 했다. 하지만 1940년 전후하여 홍아보국단, 조선임전보국단 등 친일단체에 관여하고, 1941년에는 국방보안법, 치안유지법의 지정변호사가 되었다(친일인명사전편찬위원회, 친일인명사전, 제2권, 민족문제연구소, 2009, 242~243면 참조). 1930년대 중반까지 항일변론의 대열에 섰다고 할 수 있으나, 1940년 전후하여 친일행적이 기록된다. 1941년부터 시행된 '사상사건의 지정변호사'는 일제에 적대적인 변호사에게는 허용될 수 없는 것이었다.

12 조선일보 1958. 1. 9.자 "가인 김병로 옹 노변담 — 병각을 무릅쓰고".

13 제1회 국회의사속기록 제40호, 1948. 8. 5, 21면.

14 한국의 공식문서에서 공식적인 연호로 단기나 서기를 쓰지 않고 '대한민국 30년'으로 쓰고 있는 것도 지금 시점에서 보면 특기할 만하다.

원래 의사일정에도 없는 중대한 문제가 갑자기 제출되면 곧바로 표결하기 어렵다. 더욱이 인사 문제라면, 그 인물이 어떤 인물인지를 알아볼 시간적 여유가 필요하기 마련이다. 그에 대하여 장면 의원은, "지금 승인에 대해서 잠깐 개인으로서 여러분에게 제의하고 싶은 것은 김병로 씨라고 하면 여러분 다 아실 것입니다. 그러한 만큼 그 인물에 대해서 가부를 여기서 논란할 필요는 없다고 생각하므로 토론을 폐지하고 곧 표결에 들어가"자고 제의하였다. 김병로라는 인물에 대해서는 어떤 설명도 필요가 없을 정도로 공지의 인물이었음을 확인할 수 있다. 즉석에서 승인의 가부를 결정하자는 안에 대해 "재석의원 143, 가에 112, 부에 5"로 다음날 투표하자는 안(재석의원 143, 가에 20, 부에 82)을 물리치고, 곧바로 투표에 들어갔다. 동의안을 투표한 결과, 재석원수 157인에, 가에 117표, 부가 31표, 무효 6표, 기권 3표로 압도적으로 국회의 승인을 얻었다.[15]

정부수립 다음날인 1948. 8. 16. 김병로는 국회를 방문하여 대법원장 취임인사를 했다.[16] 이로써 짧지만 복잡했던 대법원장의 인선이 이루어졌던 것이다. 다시 한 번 날짜별로 정리해보면 다음과 같다.

① 8월 3일까지: 노진설 안(이승만)

② 8월 4일 아침: 노진설 언급(이승만)-노진설 반대(이인) 및 김병로 천거(이인).

③ 8월 4일 주간: 이 대통령은 노진설에서 서광설로 결심 변경, 유진오와의 면담에서 서광설 언급.

④ 8월 5일 국무회의: 서광설 언급(이승만), 서광설 반대(장택상), 김병로 추천(이인)에 찬동(이범석, 장택상, 김도연), 이승만의 김병로 수용. 비서관 보내어 김병로에게 임명사실 통지.

⑤ 8월 5일 국회: 김병로 임명동의안 가결.

⑥ 8월 16일: 김병로 대법원장 국회방문 취임인사.

---

15 제1회 국회의사속기록 제40호, 1948. 8. 5, 20면.
16 제1회 국회의사속기록 제41호, 1948. 8. 16, 736~738면.

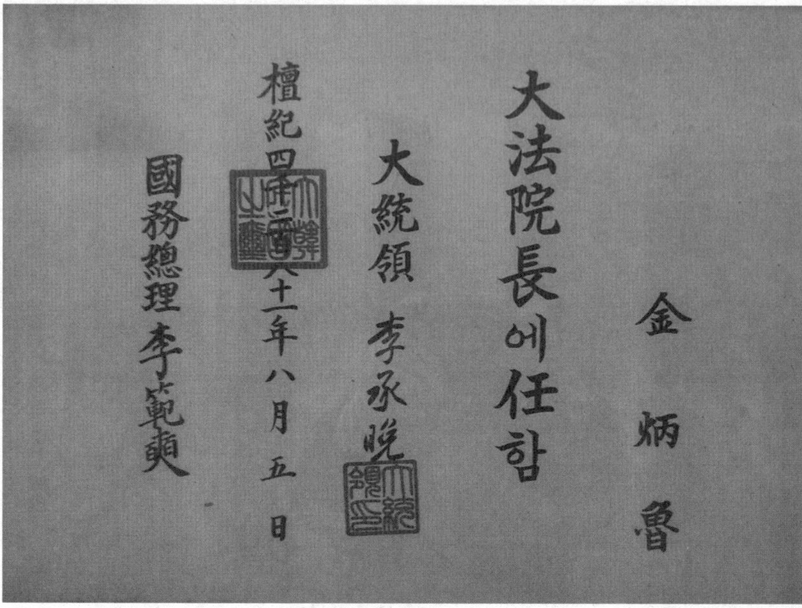

金炳魯

大法院長에任함

大統領 李承晩

檀紀四[illegible]十一年八月五日

國務總理 李範奭

대법원장 임명장(1948)

국회에서 김병로가 한 대법원장 취임인사는 대략 다음과 같다. 먼저 그는 국회의 인준에 대하여 감사와 두려움을 표명하고, 해방 후에 "약 1년 동안 정당에 몸을 두고" 있다가, 1946년 7월부터 군정 하에 사법부장으로 "사법사무에 책임"을 갖게 된 뒤엔 "정당관계를 다 끊고" 사법사무에 종사했음을 환기시켰다. 군정 하이지만 "우리의 정식 정부를 수립하고 앞으로 독립국가를 건설하는데 기초사업이 되는 것으로" 믿고 성의를 다해서 사무에 종사했다고 한다. 그리고 먼저 법관이 갖추어야 할 자세를 다음과 같이 역설했다.

원래 사법사무라는 것은, 어떠한 관공직에 있는 이가 모두가 자기의 인격수양과 또는 기술적 훈련에 힘을 안 써서는 안 될 것은 물론이지만, 이 사법기관이라는 것은 직접적으로 온 국민의 생명과 신체 재산과 명예와 온 국민의 허용한 헌법에 규정된 권리 의무를 최종적으로 결정하는 중대한 일을 가지기 때문에 더욱이 제일로서는 자가自家의 수양을 더욱 긴급히 아니하면 안 될 것입니다. 자가의 수양이라는 것은 물론 한도가 있고 말로서는 쉬워도 실천에 옮겨서 일반국민에게 정성스럽게 임하기는 과연 용이한 일이 아닙니다.

그 다음에 기술적 단련을 받지 않으면 안 될 것입니다. 기술적 단련을 갖지 않으면 안 될 것은 여러분이 국민의 총의에 의지해서 제정해 주신 법을 적당하게 해석하고 공정하게 제정하고 온 국민으로 하여금 거기에 대한 신뢰심을 떨어뜨리지 말고 온 국민으로 하여금 부족한 감을 주지 않도록 반드시 거기에 심심深甚한 연구와 단련이 있지 않으면 안 될 것입니다.

그러기 때문에 사법에 몸을 두는 사람은 제일 첫째는 자가수양을 배倍일층 더 해야 되겠습니다. 그 다음에는 단련을 더욱더욱 날로 심심한 주의를 갖지 않으면 안 될 것입니다. 이러한 점에 있어서 사법에 몸을 두는 사람은 제일 첫째에 자기 몸을 갖는 데 있어서 어떠한 사람도 의심하지 않는 확신성을 가져야 되겠습니다. 그러나 그 점에 있어서는 만일 나 자신에 있어 맹서하라고 하시면 내 한 사람으로는 과거나 현재나 장래를 물론하고라도 국민의 총의에 어그러짐이 없이 내가 실천궁행해서 국민의 기대에 맞도록 능히 용감스럽게 나가겠다고 하는 것을 맹서할 수 있습니다마는 온 사법기관에 있어서의 여러 판관 법관은 … 여러분들은 모두 아시는 바와 같이 두 가지 요건을 마음 가운데에 넣어서 국민 앞에 신뢰를 얻고 국민의 기대에 어그러짐이 없이 하는 것은 대단히 어려운 일입니다. 그와 같은 것은 오늘날까지 우리 신흥국가의 정세에 아직도 안정성을 가지지 못한 우리 국가에 있어서 오늘날에 급속스럽게 그와 같은 것을 실현하는 것은 어렵다고 하지 않을 수 없습니다. 차차 일보일보 장래에 앞으로 신뢰감을 주고 내 마음껏 여러분의 기대에 어그러짐이 없도록 결정하는 것입니다.[17]

즉 사법기관은 국민의 생명·신체·재산·명예를 보호하고 헌법상의 권리의무를 최종적으로 결정한다. 따라서 법관은 무엇보다 자기수양과 법기

---

17 제1회 국회의사속기록 제41호, 1948. 8. 16, 736~738면.

술적 단련에 힘써야 한다는 것이다. 높은 윤리성과 전문성을 갖추도록 노력함으로써 국민의 신뢰를 얻어야 한다. 이렇게 국민의 신뢰와 기대에 부응할 수 있도록 사법종사자들의 자세를 갖출 것을 대내외적으로 역설한다. 다음 그는 사법부의 독립에 대해 역설한다.

사법기관은 자기가 법을 제정하는 것도 아니고 또 자기가 법을 제정할 권리도 없습니다. 다만 국민의 총의에 의지해서 국회의원 여러분이 제정해 주시면 그 제정한 법률을 잘 적당하게 적용하는 데 그치고 마는 것입니다. 그러기 때문에 여러분 국회의원은 온 국민을 대표하고 국회의원 여러분은 이 시기에 적당하게 법관으로 하여금 마땅히 이것을 적당할 만한 법률을 제정해 주시면 거기에 우리는 의준依準해서 일반국민의 공복으로 그것을 공정하게 운영하는데 노력을 게을리 아니할 것을 결심하고 있습니다.

거기에 끝으로 한 말씀을 드리고자 하는 것은 … 그렇기 때문에 이 사법기관은, 법관의 운영에 관한 사업에 대해서는 반드시 엄정한 독립성을 가져야 되겠습니다. 만일에 다른 방면에 간접이나 직접으로 강제를 받는다든지 어떠한 정신이 거기에 첨부된다고 할 것 같으면 아무리 수신을 갖고 나간다 하더라도 거기에 지장이 없지 않을 것입니다. 현명하신 국회의원 제의원께서는 헌법에다가 기본원칙을, 3권분립원칙을 뚜렷이 내세웠습니다. 그 원칙에 따라서 만반의 법령을 제정하실 때에 거기에 기준해서 제정하셔서 사법기관으로 하여금 유감없는 소신과 그 능력을 발휘하게 하여 주시기를 간절히 바라는 바입니다.[18]

즉 사법부는 입법, 행정으로부터 엄정한 독립성을 가져야 하고, 입법부도 적정한 법률의 제정을 통해 사법부로 하여금 제대로 법적용을 할 수 있도록 뒷받침해달라는 당부를 한다. 짧지만, 단순히 사법부의 수장에 머무

---

18 제1회 국회의사속기록 제41호, 1948. 8. 16, 736~738면.

르지 않고 3권 분립과 헌법원칙에 맞게 입법권을 적정히 행사해달라는 당부까지 하고 있다.

이렇듯 김병로의 취임인사는 의례적인 인사에 더하여, 법관의 자세와 사법부의 독립에 대한 소신이 담겨있다. 그는 "사법행정은 보통 행정과는 성격을 달리하는 것"이고, "헌법의 이념을 수호하고 염결공정하게 엄격히 실행한다면 사법의 기초를 확립할 수 있을 것"이라고 믿었다.[19]

대법원장으로서 김병로는 정치적 압력과 외풍에 맞서 사법부의 독립을 수호하고, 사법제도와 기풍을 만들어갔다. 더욱 의미 있는 것은, 대법원장 스스로가 청렴 강직한 법관상의 모범을 보여준 것이다. 그의 취임인사에서의 약속과 소신을 그대로 실천했다는 점에서 그 의미를 찾을 수 있다고 하겠다.

---

19 조선일보 1958. 1. 9.자 "가인 김병로 옹 노변담 — 병각을 무릅쓰고".

제16장

반민특위 특별재판부장 김병로

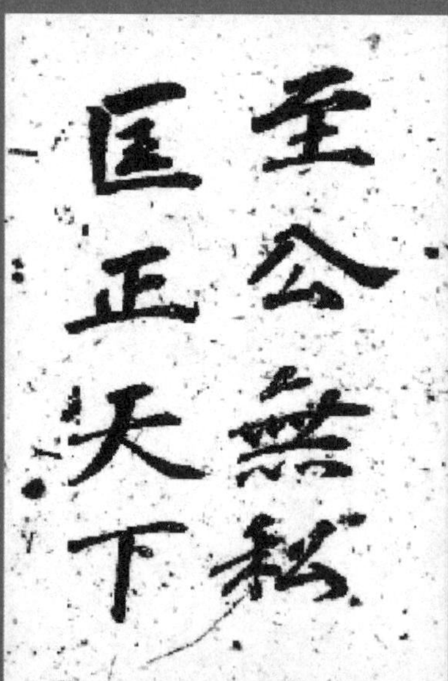

김병로가 즐겨 썼던 휘호.
지공무사(至公無私) 광정천하(匡正天下)

제16장

반민특위 특별재판부장 김병로

1. 반민족행위처벌법 제정의 경과

해방 이후 친일파 및 민족반역자의 처단은 민족정기를 위한 국가적 과제로 인식되었다. 그러나 미군정기에 그러한 작업은 제대로 추진되지 못하였다. 제헌국회에서 헌법을 제정하면서 친일파를 처단하기 위한 헌법적 근거를 두자는 움직임이 본격화되었다. 8·15해방 이전의 반민족행위를 처벌하되, 그중에서 '악질적인' 자에 한해서 처벌하자는 방향이었다.

제헌국회의 논의과정에서는, "8·15 이후의 악질적인 간상배"도 처벌범위에 포함시키자는 수정안이 나왔는데, 이는 주로 좌익분자를 겨냥한 일종의 물타기였다. 그러나 중론은, 헌법에 포함되어야 할 것은 최소범위이고, 광복 이후에는 행위시법에 따라 처벌할 수 있다는 것이었다. 반면 일제강점기에는 반민족행위를 처단할 법령이 없고, 처단할 사람도 없다는 점이 거론되었다. 결국 친일파 처단의 근거가 되는 제헌헌법 규정은 "이 법을 제정한 국회는 단기 4278년(1945년) 8월 15일 이전의 악질적인 반민족행위를 처벌하는 특별법을 제정할 수 있다."(부칙, 제101조)로 귀착되었다. 이 조항에 대하여 표결에 부친 결과 재석원 154인, 가 85인, 부 34인. 이렇게 과반수로 원안이 가결되었다.[1]

반민족행위처벌법(이하 "반민법"으로 약칭함)의 제정은 신속하였다. 제헌

---

1 제1대 국회 제1회 제26차 국회본회의 속기록, 1948. 7. 6, 38~39면.

국회는 반민법 제정을 위해 특별위원회를 설치하자는 동의안을 1948년 8월 5일 통과시켰다(재석 155명 가운데 찬성 105명, 반대 16명). 표결 뒤 바로 특별법기초위원회의 위원을 구성하였다.[2] 특위위원들이 만든 초안은 8월 16일 국회에 상정되어 심의에 들어갔다. 9월 7일 초안의 일부 조항의 수정을 완료하고 찬성 103명, 반대 6명으로 반민법을 통과시켰다.[3]

국회의 반민법안은 정부로 이송되었다. 국무회의에서 대다수는 아직 반민법을 시행할 시기가 아니라는 이유로 국회에 환부하기로 결정하고 이의서를 작성하였다. 이의서의 내용은 ① 특별재판부에 국회의원을 포함한 것은 3권 분립정신에 위배되는 사법권 침해이며, ② 법관을 아무렇게나 정하는 것은 법관의 자격을 법률로 정한다는 헌법에 위배되는 것이며, ③ 선악의 행위를 불문하고, 직위에 따라 일률적으로 처벌하는 것은 위헌이라는 것이다.[4] 반민법의 규정이 모두 위헌의 소지를 안고 있어서 대통령의 거부권을 행사하는 것이 타당하다고 본 것이지만, 정부 입장에서는 반민법의 신속한 시행이 너무나 부담스럽기도 하고 또 국회 주도의 반민법의 제정과 시행이 그만큼 부담스러웠기 때문이다. 반면 국회로서는, 공무원 중에서 반민법의 적용대상자들이 상당수 포함되어 있어서, 통상의 범죄사건처럼 행정부나 사법부에 일임해서는 도저히 소기의 목적을 달성할 수 없을 것이라는 우려를 짙게 갖고 있었다.

그러나 정부는 반민법에 대한 거부권을 결국엔 행사하지 못하였다. 정부가 제출한 법안(양곡매입법안)이 국회를 반드시 통과해야 할 상황이어서, 국회와 다른 쟁점에서 마찰을 빚기를 원치 않았기 때문이다. 1948년 9월 22일 대통령은 반민법에 서명하고 법령 제3호로 공포하였다. 그리고 그 법은 11월 26일 몇 개 조항이 개정되어 법률 제13호로 12월 7일 공포되었다.

---

2 허종, 반민특위의 조직과 활동: 친일파 청산, 그 좌절의 역사, 선인, 2003, 133면.
3 허종, 위의 책, 141면.
4 허종, 앞의 책, 141면.

반민족행위처벌법은 제1장 죄, 제2장 특별조사위원회, 제3장 특별재판부 구성과 절차 등으로 되어 있다. 제1장의 죄 부분은 다음과 같다.

제1조 일본정부와 통모하여 한일합병에 적극협력한 자, 한국의 주권을 침해하는 조약 또는 문서에 조인한 자와 모의한 자는 사형 또는 무기징역에 처하고 그 재산과 유산의 전부 혹은 2분지 1 이상을 몰수한다.

제2조 일본정부로부터 작을 받은 자 또는 일본제국의회의 의원이 되었던 자는 무기 또는 5년 이상의 징역에 처하고 그 재산과 유산의 전부 혹은 2분지 1 이상을 몰수한다.

제3조 일본치하 독립운동자나 그 가족을 악의로 살상박해한 자 또는 이를 지휘한 자는 사형, 무기 또는 5년 이상의 징역에 처하고 그 재산의 전부 혹은 일부를 몰수한다.

제4조 좌의 각호의 1에 해당하는 자는 10년 이하의 징역에 처하거나 15년 이하의 공민권을 정지하고 그 재산의 전부 혹은 일부를 몰수할 수 있다.

1. 습작한 자
2. 중추원부의장, 고문 또는 참의 되었던 자
3. 칙임관 이상의 관리되었던 자
4. 밀정행위로 독립운동을 방해한 자
5. 독립을 방해할 목적으로 단체를 조직했거나 그 단체의 수뇌간부로 활동하였던 자
6. 군, 경찰의 관리로서 악질적인 행위로 민족에게 해를 가한 자
7. 비행기, 병기 또는 탄약등 군수공업을 책임경영한 자
8. 도, 부의 자문 또는 결의기관의 의원이 되었던 자로서 일정에 아부하여 그 반민족적 죄적이 현저한 자
9. 관공리 되었던 자로서 그 직위를 악용하여 민족에게 해를 가한 악질적 죄적이 현저한 자

10. 일본국책을 추진시킬 목적으로 설립된 각단체본부의 수뇌간부로서 악질적인 지도적 행동을 한 자
11. 종교, 사회, 문화, 경제 기타 각 부문에 있어서 민족적인 정신과 신념을 배반하고 일본침략주의와 그 시책을 수행하는데 협력하기 위하여 악질적인 반민족적 언론, 저작과 기타 방법으로써 지도한 자
12. 개인으로서 악질적인 행위로 일제에 아부하여 민족에게 해를 가한 자

당시의 분류법대로 하면, 반민족행위의 범주는 크게 두 가지로 나뉜다. 하나는 당연범인데, 제1조부터 제4조 3항까지, 그가 가졌던 직책에서 당연히 도출되는 범죄자 군이다. 다른 하나는 '선택범'인데, 이는 그 행위에 의거하여 범죄가 성립되는 경우를 말한다. 위 조항 제4조 4항으로부터 12항에 이르는 행위자를 말한다. 당연범에 대해서는 논란이 별로 없었으나, 선택범의 범위에 대해여 논란이 많이 제기되었다. "악질적", "현저한 죄적" 등의 문구가 포함된 것은 그러한 논란의 산물이었다.

반민족행위자(이하 "반민자"로 약칭함)를 처벌하기 위해서는 우선 철저한 조사작업이 선행되어야 하는데, 이를 위해 국회의원들로 '반민족행위 특별조사위원회'를 둔다. 이 조사위원회를 약칭하여 "반민특위"로 널리 불렸다. 조사위원들의 조사방법은 문서조사, 실지조사의 2종으로 한다. 문서조사는 관공문서, 신문 기타 출판물을 조사하여 피의자명부를 작성하고, 실지조사는 이를 기초로 현지출장 기타 적당한 방법으로 증거를 수집하여 조사서를 작성한다. 특별조사위원은 조사상 필요에 의하여 사법경찰관리를 지휘 명령할 수 있다. 조사를 완료하면, 10일 이내에 위원회의 결의로 조사보고서를 작성하고, 의견서를 첨부하여, 특별검찰부에 제출해야 한다(제17조).

반민자를 처벌할 기관은 대법원에 특별재판부를 부치附置하는 것으로

되었다. '반민족행위 특별재판부'는 국회에서 선거한 특별재판부 부장 1인, 부장재판관 3인, 재판관 12인으로써 구성한다. 총 16명의 재판관은, 국회의원 중에서 5인, 고등법원 이상의 법관 또는 변호사 중에서 6인, 일반 사회인사 중에서 5인으로 구성한다(제19조). 특별검찰부는 특별재판부에 병치倂置한다. 특별검찰부장은 국회에서 선거하며, 특별검찰부는 검찰관장 1인, 차장 1인, 검찰관 7인으로 구성한다.

특별위원회가 조사한 후 검찰에 의견서를 작성하여 송치하면 검찰은 수사한 뒤 20일 이내에 기소 여부를 결정하고, 기소되면 30일 이내에 첫 공판을 개정해야 한다고 규정하였다.

이와 같이 특별위원회, 특별재판부, 특별검찰부의 구성에서 두드러진 것은 국회의원의 역할이다. 국회는 특별위원회를 통해 조사작업을 하고 의견서를 작성하여 특별검찰부에 제출하며, 특별재판부, 특별검찰부의 부장을 선출한다. 국회의원은 16인의 재판관 중에서 5인으로 그 수가 3분의 1 가까이 된다. 반면 통상 형사사건을 처리하는 일반검찰은 개입하지 않는다. 행정부나 대통령으로서는, 입법부가 재판부 및 검찰부의 구성, 부장의 선정에까지 관여하므로 3권 분립원칙의 위배 혹은 위헌이라는 주장을 할 법도 하다. 한마디로 입법부가 입법권을 전횡한다는 비판을 제기하면서, 이를 계기로 반민법 자체를 흔들어보자는 술수가 작용할 수 있게 되는 것이다. 반면 국회로서는, 행정부가 반민법의 통과와 집행에 매우 미온적. 소극적 태도를 보일 것을 우려하였기에, 국회 주도형으로 가지 않으면 안 된다고 판단하였다.

2. 반민족행위 특별재판부 부장 김병로

반민특위의 조사위원은 친일파. 민족반역자를 처벌하는 데 일차적으로 실질적 역할을 하도록 예정되어 있었다. 조사위원들은 대상을 선정하고 조사를 하였으며, 그들의 작업 없이는 아무리 죄질이 무겁더라도 처벌할 도리가 없기 때문이다. 특위는 또한 중앙사무국을 두고, 도별로 조사부를 조직하였다.

특별재판관의 구성에 대해서는, 반민법상으로는 16인을 둔다는 것만 있었고, 그 선정방법이 마련되어 있지 않았다. 국회에서는 논의 끝에 특별재판관 15명(부장재판관 3인, 재판관 12인)은 국회, 일반사회, 법조계에서 각 5명씩 선출하기로 하였다. 특별검찰관 9명(검찰관장 1인, 차장 1인, 검찰관 7인) 역시 국회, 사회, 법조계에서 각 3명씩 선출하기로 하였다. 각 분야에서 배수로 추천된 인물을 국회 본회의에서 상정하여 무기명 투표로 선출하기로 하였다.

특별재판부 부장 및 특별검찰부 검찰관장은 반민법에 따라 국회에서 선거하기로 되어 있었다. 반민특위 조사위원회에서는 특별재판부장 후보로 김병로, 함태영 2인을 추천하였다. 함태영에 대해서는 "구한국시대에 판사로 계신 일이 있고, 3·1운동 당시에 그 운동을 직접 추진한 분으로 48인[5] 가운데 한 분"이라고 소개하였다. 김병로에 대해서는 "우리 국회에서 투표 선정한 현 대법원장으로 그 분에 있어서는 특별히 더 소개할 것이 없겠다"고 하였다.[6] 현 대법원장으로서의 존재감, 그리고 반민자 처벌에 있어서 적임자임에 대해서는 특별한 소개조차 필요로 하지 않았던 것이다.

특별검찰관장 후보로는 권승렬 검찰총장과 이종성(다년 변호사계의 일을 보았고 전전 검찰총장으로 있던 분) 2인을 추천하였다. 권승렬은 "사법부 차관으로 있었고 우리 헌법기초위원회 전문위원으로 있었던 분"으로 소개하였다. 본회의에서 투표결과 '재판부장'은 김병로가 85점, 함태영이 38점이어

5 "48인"은 1919년 3·1운동의 주모자로 재판받은 인사 중에서 서명자 33인과, 운동을 실질적으로 준비한 15인을 합쳐서 부른다. 이들은 "만세소요사건"의 주모자로 재판을 받았다.

6 제1대 국회 제1회 국회속기록 제121호, 1948. 12. 4, 10~11면.

서 김병로가 특별재판부장으로 선정되었다. 특별검찰관장은 권승렬이 99표, 이종성이 23표로 권승렬이 검찰관장에 선정되었다.[7] 이로써, 일제하 항일변론의 선두에 섰던 김병로, 권승렬 양인이 재판부 및 검찰부를 주도하게 됨으로써, 기본적 모양새는 잘 갖추어졌다.[8] 언론에서도 "반민족행위자 처벌의 날은 박두하게 되었다"는 커다란 기대를 표하였다.[9] 법관 및 검사들의 다수가 일제하에서 항일이 아니라 친일 혹은 중립적 인사였음을 감안하면, 독립 후 첫 친일청산작업과 관련하여 재판 및 검찰의 수장을 뽑는 데는 최선의 선택을 하였음을 보여준다.

특별재판부, 특별검찰부 인원[10]

특별재판관	**재판부장: 김병로** 서순영 · 노진설 · 강세형 · 신현기 · 김장렬 · 오택관 최국현 · 홍순옥 · 정　준 · 조옥현 · 김용무 · 김찬영 이종면 · 최영환 · 김병우 · 신태익 · 윤원상 · 고　평 김호정 · 이춘호 · 정홍거
특별검찰관	**검찰관장: 권승렬**(~ 49. 7.), **김익진**(49. 7. ~) 노일환 · 곽상훈 · 김웅진 이종성 · 신현상 · 정광호 · 서성달 서용길 · 심상준 · 이의식 · 홍익표 · 조병한

김병로는 1948년 10월 초에 이미 반민법의 실시에 대한 소견을 밝힌 바 있다. 반민법의 실시에 관여하는 사람의 "자격은 독립운동에 경력이 있거나 절개를 견수堅守하고 애국의 성심이 있는 법률가와 학술덕망 있는 자"로

7 제1대 국회 제1회 국회속기록 제121호, 1948. 12. 4, 11면.
8 권승렬의 항일변론에 대하여는 서용태, "1920~1930년대 권승렬의 변호사활동," 지역과 역사, 제25호, 2009 참조.
9 조선일보 1948. 12. 5.자 2면 "반민자는 누구냐? 판관 김병로 권승렬씨 결정".
10 허종, 앞의 책, 181~190면.

할 것이다. 각 방면에서 대량으로 반민망反民網에 걸린 사람들을 처리하게 된다면 사회에 주는 파동이 비상이 커지지 않을까 하는 우려에 대해서, 김병로는 "독립한 마당에 민족정기民族正氣를 살리기 위해서 일부분 희생은 불가피한 일"이라고 답하였다. 이 문제를 속히 결말지어서 국내의 공기를 명랑하게 하여야 할 것이고, 개인의 행동을 경솔하게 운운하여 사회인심을 필요 이상으로 미리 혼란케 하지 말기를 당부하였다.[11] 이와 같이 김병로는, 반민법의 시행이 민족정기를 살리기 위해서 반드시 필요하며, 반민법을 다룰 자로 독립운동 경력과 절개 고수를 들었는데, 김병로 자신이 바로 이 조건에 가장 부합하는 인선임은 말할 것도 없다.

3. 반민특위의 활동과 방해

여러 곡절 끝에 탄생한 반민법이지만, 그에 대한 국민들의 관심과 성원은 대단했다. 다음의 글을 보자.[12]

민족정기를 바로잡기 위한 반민족행위자 숙청의 반민법이 공포된 지 3개월이 지난 오늘(1949년 1월 8일) 드디어 추상같은 반역자 처단의 막이 열리었다. 36년간 일제의 앞잡이로 조국과 동족을 좀먹던 친일파 민족반역자에 대한 불타는 원한과 울분을 이제 태극기 날리는 하늘 아래 우리 소리쳐 푸는 날이 돌아왔다.

생각하면 우리는 얼마나 비분에 가슴을 두드리면서 이들 매국도배들의 난무亂舞에 유린당하며 또한 조소를 받아 오며 오늘이 올 것을 기다리며 참아왔던가! 이 땅의 모든 산천초목이 또는 말없이 흐르는 구름마저 이들에 대한 원한에 불타고 있었으니 비록 군정 3년간의 후덕으로 이들 친일파와 반역자들이 뼈를 깎

---

11 김병로, "반민법 실시와 대법원측 구상," 삼천리, 삼천리사, 1948. 10. 1.
12 고원섭 편, "민족의 이름으로 반역자는 처단된다!!," 반민자죄상기, 백엽문화사, 1949.

는 듯한 참회 대신 간교한 변명을 일삼고 대로를 활보하는 양을 주먹을 처가며 보아왔으나 오늘 모든 요운妖雲이 걷혀버린 푸른 하늘 아래 우리 등에 채찍을 내리고 주검의 터전으로 우리를 몰아내던 이들 매국도배를 조국과 민족의 이름으로써 우리 손으로 심판 처단하는 날이 돌아왔다.

1949년 1월 8일 첫 사건으로 '친일주구의 거두 박홍식'이 특별검찰부장 권승렬의 지시에 의해 화신백화점 별관에서 체포되었다. 그는 간단한 문초를 받고 서대문형무소에 호송 수감되었다. 그는 반민법 통과 직후에 미국으로 탈출하려 하였으나, 특별검찰대는 여권을 빼앗고 그를 구금하였다.[13]

그러나 반민법의 충실한 시행 앞에는 엄청난 암초가 도사리고 있었다. 반민법의 주요한 대상이 될 경찰의 경우 특히 그 반발의 강도는 상상할 수 없는 정도였다. 일제때 고등경찰관이나 고관 군인들이 해방 후 경찰이나 국군에 들어가 있다면 처벌되지 않을 것이라는 소문에 대해, 반민특위 측은 "순전히 자기방어를 위한 데마デマ"에 지나지 않는다고 반박하였다.[14] 더욱 문제는 반민법의 시행을 제대로 지원해야 할 이승만 대통령이 근본적으로 반민법의 처리에 강력하게 반대하는 입장을 갖고 있으면서, 실제로 강력한 제동을 지속적으로 걸어온 데 있었다. 반민자들은 이승만 대통령의 태도에 크게 고무되어, 반민법의 시행을 집요하게 방해하였다.

그에 반해 대법원장이자 특별재판소 부장으로 반민법의 사법처리를 책임지고 있던 김병로는 반민법의 의의를 적극적으로 평가하면서 충실한 시행을 다짐하였다. 박홍식의 체포와 조사로부터 시발된 본격적인 조사의 단계를 맞아, 김병로는 다음과 같은 담화를 발표하였다.

"해방 후 즉시 우리 정부가 있었으면 곧 착수하였을 것이다. 해방 후 3년이나

---

13 서울신문 1949. 1. 11.자.
14 조선일보 1949. 2. 1.자 2면 "일제 악질 경, 군인 해당. 반민특위 김부위원장 담".

경과하여 오히려 늦은 감이 있고 그 후 여러 가지 주위 사정과 정부사정에 변동이 있어서 이 사업을 추진하는 데 유감스럽고 곤란한 것이 없지 않았다. 그러나 시일이 갈수록 더 곤란을 가중할 것이므로 반민법에 규정된 바와 같이 단시간에 이 사업을 완결하여 민족정기를 부식하는 동시에 전민족의 분의憤意를 일소하고 완전한 민족통합으로 국가의 만년대계에 매진하여야 할 것이다.

나는 이러한 사건을 처단함에 있어서 첫째 전국적으로 반민자라고 낙인을 받은 자를 주로 하고, 둘째 각 지방적으로 반역자를 주로 하여야 할 것이다. 결국은 순정純正한 민족 총의의 반영으로 결정될 것이고 처단될 것이라고 믿는 바이다. 그러므로 개인의 사감私感이나 편파한 관념으로 흐르는 것은 절대적 금물이요, 만일 그러한 폐가 있어서 이 중대한 사무 수행에 혼란을 야기하여서는 안 될 것이다."[15]

반민자 처벌을 막기 위한 음모는 갖가지로 전개되었다. 첫째는 반민특위 및 정부요인 암살음모 사건으로 나타났다. 수도청 수사과장 최난수, 부과장 홍택희, 전 중부서장 박경림 그리고 노덕술 등 4인은 반민법이 국회에서 토의됨에 따라 테러기술자이자 우익청년인 백민태를 매수하여 국회에서 반민법을 주도하고 있는 의원들을 감금, 살해할 것을 공모하였다. 실제로 백민태에게는 권총, 탄환, 수류탄과 함께 보증수표와 현금까지 교부하였다. 암살대상에는 주요 인물들이 망라되어 있었는데, 심지어 김병로, 권승렬도 명단에 들어 있었다.[16]

이들의 암살공작은, 반민특위에 관여한 국회의원들과 재판관, 검찰관들을 직접 표적으로 삼은 것이다. 국회 특위, 특별재판소 및 특별검찰의 수뇌를 망라한 표적이었다. 심지어 반민법 제정을 역설하는 국회의원(김웅진,

---

15 서울신문 1949. 1. 13.자. 또한 조선일보 1949. 1. 13.자 2면 "민의로서 처단. 특별 재판 소장 김병로(김병로)씨 담".

16 암살대상 명부에는 김병로, 권승렬, 신익희, 유진산, 서순영, 김상덕, 김상돈, 이철승, 김두한, 서용길, 서성달, 오택관, 최국진, 홍순옥, 곽상훈의 이름이 있었다(경향신문 1949. 2. 15.자).

김장렬, 노일환 등)들을 납치 감금한 후 강제로 "나는 이남에서 생활할 생각이 없어 이북으로 간다"는 요지의 성명서를 자필로 작성케 한 후, 38선 부근까지 끌고 와서 살해하려는 엽기적 공작까지 획책했다. 거사소요자금은 친일파 박흥식으로부터 받아놓은 수표를 백민태에게 제공하였고, 경찰 수사관들이 암살무기까지 제공하였다는 것이다. 그런데 나름대로 애국심이 투철하였던 백민태가 양심의 가책을 느껴 이 사실을 폭로함으로써 세간에 드러나게 된 것이다.[17] 경찰과 친일분자들이 용공조작과 살해기도까지 꾀한 것은 실로 경악을 금치 못할 사실로, 이들은 살인예비죄 및 폭발물취체규칙 위반 등의 죄명으로 기소되었다.[18]

둘째는 이승만 대통령의 노골적이고 지속적인 방해였다. 이승만은, 반민법 심리가 거의 끝나가던 1948년 9월 3일 담화를 통해, "이런 문제로 민심을 이산시킬 때가 아니다…. 무익한 언론으로 인신공격을 일삼지 말고 친일파 처리는 민심이 복종할 만한 경우를 마련해 조용하고 신속히 판결할 수 있는 제도를 마련해야 할 것"이라고 밝혔다.[19] 반민법이 국회를 통과해 정부로 회부되었을 때, 이승만과 내각은 "친일파 처단보다는 나라의 토대를 튼튼히 하는 일이 더욱 중요하다"며 거부권을 행사하려 하였으나, 다른 법안(양곡법)의 우선 처리로 국회의 협력을 구하는 것이 선결문제였으므로 양보하였다.

반민법이 1949년 초부터 본격 시행되자, 이승만은 다시 담화를 발표하였다. 그 요지는 "입법부에서는 사법부에서 왕사往事에 대한 범죄자의 수량을 극히 감축하기에 힘쓸 것이요, 또 증거가 불충분한 경우에는 관대한

---

17 경향신문 1949. 2. 15.자; 조선일보 1949. 2. 16.자.

18 이중 노덕술은 각각 1심과 2심에서 무죄가 선고되었고, 대법원에서는 2심 판결이 파기 환송되었다. 1심 : 동아일보 1949. 6. 22.자 "노덕술에 무죄, 최란수엔 2년", 2심 : 동아일보 1950. 1. 1.자 4면 "노덕술 씨 무죄 암살음모사건", 대법원 : 경향신문 1950. 4. 22.자 2면 "요인암살사건재심". 노덕술의 무죄는 소위 '실패한 교사'에 해당한다는 논지로 보인다.

19 길진현, 역사에 다시 묻는다: 반민특위와 친일파, 삼민사, 1984, 48면.

편이 가혹한 처벌보다 동족을 애호하는 도리가 될 것이다"[20]는 것이었다. 요컨대 반민특위 활동의 축소와 온정주의적 접근을 말한 것이다. 그에 대해 반민특위 부위원장인 김상돈 의원은 "누구를 막론하고 특별조사위원회의 처사에 대해 간섭할 수 없다"는 반박성명으로 맞섰다.[21]

반민특위의 활동이 친일경찰 쪽으로 정조준해가자, 정부와의 갈등이 첨예화되었다. 반민특위는 1949년 1월 25일 전 수도청 수사과장 노덕술을 체포하였다. 그는 일제하에서 경시를 지냈고, 27년간의 경찰활동을 통해 수많은 독립운동가들을 검거하고 고문하는 데 악명을 떨쳤다. 특히 1948년에 고문치사사건으로 경찰 자리를 떠나 검찰의 수배를 받고 있는 처지였다.

그런데 이승만 대통령의 노덕술 비호는 유별났다. 노덕술이 체포된 다음날 이승만은 김상덕 등 6명의 특위위원들을 불러 노덕술을 석방하라고 종용하였다. 그가 해방 이후 군정경찰에 투신, 치안확보에 힘써온 경찰의 큰 공로자라는 것과 노덕술의 체포를 방관할 경우 앞으로 더욱 많은 경찰간부들이 걸려들 것이기 때문이었다.[22] 사실 당시에 노덕술 수사과장은 최운하 수도청 사찰과장과 함께 초창기 국립경찰에서 쌍벽을 이루는 존재였다.

이승만은 심지어 담화문까지 냈다.

사무분담 명백히 하라, 반민법 실시에 대하여

조사위원들이 법을 범한 자를 비밀리에 조사해서 사법부에 넘기면 사법부와 행정부에서 각각 그 맡은 책임을 진행하여 처단할 것인데, 이러하지 않고 입법부가 행정부와 사법부의 일을 다 혼잡하여 행한다면 이것은 삼권분립을 주장하는 헌법과 위반되는 것이니 설령 국회에서 특별법안을 만들고 그 법안에 대통령

---

20 길진현, 위의 책, 34면.
21 동아일보 1949. 1. 8.자 2면 "김 특조부위장담 관직고하를 불문 반민자는 엄숙히 처단".
22 길진현, 위의 책, 53면.

이 서명하였다 할지라도 이것은 헌법과 위반되므로 성립되지 못하는 것이 되므로 지금이라도 조사위원들은 조사에 그치고 검속하거나 재판하고 집행하는 것은 사법과 행정부에 맡겨서 헌법 범위 내에서 진행시켜 정부와 국회의 위신을 보전하며 반민법안을 단기간 내에 완료하도록 하여야 할 것이다.

또한 중요한 것은 조사할 책임을 극비밀리에 진행하여 범법자가 몇 명이나 되는지 다 연락해서 검찰부로 넘긴 다음 재판을 행해서 규정을 낼 것인데 만일 그렇지 못하고 몇 날만에 한두 명씩 잡아넣어서 1년이나 2년을 끌고 나간다면 이것은 치안에 관계되는 문제이므로 이를 다 교정해서 비밀리에 조사하고 일시에 진행되도록 함이 가할 것이다.

다음 한 가지 더 말하고저 하는 바는 치안에 관계되는 문제를 중대히 보지 않을 수 없으니 지금 반란분자와 파괴분자가 처처에서 살인 방화하여 인명이 위태하며 지하공작이 긴밀한 이 때 경관의 기술과 진력이 아니면 사태가 어려울 것인데 기왕에 죄범이 있는 자라고 아직 보류하고 목하의 위기를 정돈시켜 인명을 구제하며 질서를 유지하는 것이 지혜로운 정책이 아닐까 한다.

만일 왕사를 먼저 징계하기 위하여 목적의 난국을 만든다면 이것은 정부에서나 민중이 허락지 않을 것이므로 경찰의 기술자들을 아직 포용하는 것이 필요하며 따라서 기왕에 반공투쟁이 격렬할 때에 경찰의 기술자들이 직책을 다하여 치안에 공효가 많을 때에는 속죄한다는 성명이 여러 번 있었으므로 정부의 위신상으로나 인심수습책으로 보나 조사위원들은 이에 대하여 신중히 조처하기를 바란다.[23]

요컨대 반민특위 활동은 삼권분립에 위배되어 위헌이라는 것이고, 반민특위는 조사만 하고 수사, 재판에 관여해서는 안 된다는 것이다. 또한 좌익 반란분자들이 살인 방화 등 지하공작을 하고 있어 경험있는 경관의 기술이 필요한데 마구 잡아들이는 것은 부당하다는 요지였다.

---

23 "사무분담 명백히 하라, 반민법실시에 대하여," 1949. 2. 4. 이 담화는 공보처, 대통령 이승만 박사 담화집, 1953. 12, 12~13면에 수록되어 있다.

심지어 이승만은 국회의 특위위원들을 직접 불러 "노덕술을 내놔야 해. 이유는 기술자요, 경험가로 보니, 이 사람을 제거해놓고 보면 이 신생국가의 치안을 유지할 도리가 없으니 모름지기 내놔야 한다"고 하였다. 그에 대해 김상덕 특위위원장은 "기술 경험이 있다면 왜정 시절에 우리 동포를 말살시키게 하려던 기술경험은 있을 지 언정 신생국가의 민주주의 건설에 이바지될 기술 경험의 이유는 도무지 우리가 인정할 도리가 없으니 대통령께서 이는 망발의 말씀이오니 부득이 (그런 말씀을) 말아주십사" 하고 대답하였다고 한다. 그에 대해 이승만은 "그러면 당신은 당신네대로 하시오, 나는 나대로 하겠다"고 성을 내어 결렬에 이르고 말았다.[24]

이어 이승만 대통령은 '반민법 실시와 일부개정에 관한 대통령 담화'(1949년 2월 15일)를 국회에 제출하였다.

반민법 실시와 일부개정에 관한 대통령 담화

반민법에 관하야 국회에서 특별조사위원을 선출하야 조사케 할 것은 일반이 다 아는 바이어니와 대통령이 과거에 위원 제씨를 청하야 협의적으로 논의한 내용은 전에 발표한 바와 같이 국회에서 법률만 만들어 당국에 넘겨서 행정부와 사법부에서 각각 그 책임을 진행하게 하지 않으면 삼권분립의 헌장과 모순이 되므로 어떠한 법률이 있을지라도 그것이 헌법과 모순되는 법률이면 성립되지 못하나니 조사위원들이 조사하는 일만 진행할 것이요. 입법원의 책임에 넘치는 일은 행하지 아니하는 것이 옳다고 권고하였다고, 또 범법자를 비밀리에 조사해서 다 조사한 결과를 사법부에 넘겨서 속히 재판케 할 것이오.

만일 지금 진행하는 바와 같이 며칠에 몇 사람씩 잡어 가두어서 1, 2년을 두고 연시延施하여 나간다면 이는 치안의 중대한 영향을 주는 것이므로 지금 진행하는 방법을 다 정지하고 우리의 의도와 합동하야 처리하면 정부에서 협조해서 이

---

24 제1대 국회 제2회 제33차 국회본회의(1949년 2월 17일), 특별조사위 부위원장 김상돈 의원 발언.

법안을 속히 해결되도록 힘쓰겠다고 설명한 것이다.

근자에 진행되는 것을 보면 이런 의도는 하나도 참고치 않고 특별조사위원 2, 3인이 경찰을 다리고 다니며 사람을 잡어다가 구금 고문한다는 보도가 들리게 되니 이는 국회에서 조사위원회를 조직한 본의도 아니요, 정부에서 이를 포용할 수도 없는 것이므로 대통령령으로 검찰청과 외무부장관에게 지휘해서 특경대를 폐지하고 특별조사위원들이 체포 구금하는 것을 막아서 혼란상태를 정돈케 하라 한 것이다.

이 반민법안을 국회에서 정하고 대통령이 서명한 것이니까 막지 못한다 하는 언론에 대해서는 가장 중요한 문제가 첫째로 치안에 대한 관련성이니 이것이 상당한 법안이라 할지라도 전국 치안에 관계될 때에는 임시로 정지하는 것이 마땅한 일이며 또 이 법을 정할 적에 국회에서나 대통령이 조사위원들에게 권리를 맡겨서 행정부 사법부의 일까지 맡아 가지고 2, 3인의 자의로 사람을 잡아다가 난타 고문하라는 문구나 의도는 없는 것이니 즉시로 개정하는 것이 옳은 것이다. 이런 사실을 국회에서 소상히 알기만 하면 즉시 법안을 교정해서 그러한 행동을 막을 줄로 믿는 터이므로 이미 법무부와 법제처에 지시해서 법안의 일부를 고쳐 국회에 제출케 하는 중이니 위선 조사원들의 과도한 행동을 금지하기로 작정한 것이다.[25]

입법부의 반민특위에서 직접 조사하고 구속하는 것은 위헌이고, 조사위원들이 불법적으로 구속, 고문한다는 문제를 지적하였다. 그러면서 특위의 사법경찰관리인 특경대를 폐지하고, 특별조사위원들이 체포 구금을 막기 위한 입법적 개정을 강구하겠다는 것이다. "전국의 치안문제"에 관련될 때에는 법률의 임시정지도 마땅하다는 것이다.

이와 같은 이승만의 2·15 특별담화는 국회와 반민특위는 물론 사회 전

---

25 제1대 국회 제2회 제33차 국회본회의, 1949. 2. 17, 반민족행위처벌법실시와 개정에 관한 대통령 담화의 건.

반에 커다란 충격을 안겨주었다.[26] 이승만의 반-반민특위의 입장이 노골적으로 드러났기 때문이다. 그에 대해 국회는 정면으로 반발하였다.[27] 국회는 "반민족행위처벌법 실시에 관한 대통령 담화는 부당하므로 이것을 취소할 것을 요청함", 이를 결의에 붙여 재석 119, 가에 60, 부에 11표, 과반수로 가결하였다.[28]

김병로는 이승만 대통령의 담화에 대하여 2월 17일 다음과 같은 담화를 발표하였다.

대통령 담화에 대하여 일반은 구구한 견해를 가지고 있는 모양인데 내가 해석한 바에는 반민특위에서 반민법에 의하여 행동을 취하고 있는 것은 합법적이라고 본다. 그러나 반민법 자체가 헌법정신에 위반되니까 수정을 말한 것으로 생각하나, 특위조사부는 조사를 하여 특별검찰부에 넘겨 특별재판에 회부하라는 것이다. 그런데 명령이나 규칙이 법률에 위반되는가 어떤가는 대법원에서 최종심리할 것이고, 법률이 헌법과의 위반 여하는 그 문제가 여하한 사건을 판정하는 데 전제조건이 되는 경우에는 헌법위원회에서 이를 판정하기를 요청하게 된다. 대법관 5인은 헌법위원회에 참석하게 되어 있으나 나로서는 이같은 중대한 문제를 헌법위원회서 판정하기 전에 무엇이라고 말할 수는 없다.

그리고 대통령 담화 중 특경대 해체와 조사원의 체포중지라는 것은 특별법을 수정할 것을 요망하는 의미 하에서 말한 것으로 생각된다. 그렇더라도 반민법이 존속하는 한 특위에서 반민법에 의하여 행동하는 것은 불법이 아니라고 생각하며, 특별법 개정 여하는 국회에서 결정할 사항이므로 무엇이라고 의견을 말할 수 없다.[29]

---

26 길진현, 앞의 책, 59면.

27 조선일보 1949. 2. 16.자 2면 "고문을 한 사실은 없다, 이 대통령담에 특위당국담".

28 제1대 국회 제2회 제33차 국회본회의, 1949. 2. 17, 18면.

29 동아일보 1949. 2. 17.자, 2면 "특위행동은 합법, 위헌여부는 헌위에서 판정할 것"; 서울신문 1949. 2. 17.자; 길진현, 앞의 책, 61면. 이 세 문건에 의거하여, 정리함.

대법원장이자 특별재판부장으로서 김병로의 견해는 나름의 힘을 가졌다. "무엇이라고 의견을 말할 수 없다"고 점잖게 대하면서도, 법리적 측면에서 깨끗이 정리한 것이다. 즉 위헌 시비에 대하여는 헌법위원회에서 판정하기 전에는 합법적이라는 것이다. 법률에 따른 행동 역시 불법이 아니다. 특경대 해체나 조사원의 권한에 대하여는 특별법을 개정하기 전에는 합법이므로, 정 문제를 삼으려면 대통령의 개인적 의견이 아니라 입법적 개정안을 제출해야 한다는 것이다. 법률가에게는 일종의 상식적 발언이라 하겠으나, 그런 법적 상식을 시의적절하게 표현함으로써 대법원장/특별재판부장으로서의 소임을 충분히 한 셈이다. 다른 한편, 대법원장으로서 김병로가 대통령 이승만과 정면으로 맞서는 첫 모습이기도 할 것이다.

이승만과 내각은 1949년 2월 15일 국무회의를 열고 반민법 개정의 구체적인 논의에 들어갔다. 일제하에서 일정한 고위직을 역임한 자는 공소시효 전에는 공무원에 임명할 수 없다는 규정을 바꾸어 '악질의 행위'를 한 자로 축소시키자는 것, "특별재판부에 특별검찰부를 병치한다"는 규정을 "특별검찰부는 대검찰청에 부치附置한다"고 고쳐서 검찰활동에 대통령 및 행정부의 간섭이 투입될 수 있도록 하는 것, "조사위원, 특별재판관, 특별검찰관은 국회에서 선거하여 대통령이 임명하도록 한다"는 규정을 추가하여, 대통령이 인사에 직접 개입하도록 한 것, 이것이 개정안의 골자이다. 이러한 개정안은 모두 반민법에 담긴 '특별'한 부분을 삭제함으로써 반민법 집행에서 대통령의 개입 여지를 열자는 것이다.[30]

---

30 경향신문 1949. 2. 16.자, 4면 "특경대 폐지할 터 조사원의 월권은 부당. 이 대통령 반민법 실시에 언급".
반민법 실시와 일부 개정에 관하여 이 대통령은 다음과 같은 요지의 담화를 발표하였다.

근자 조사위원회에서 진행되는 것은 조사위원 2, 3인이 경찰을 데리고 다니며 사람을 잡아다가 구금 고문한다는 보도가 들리게 되니 이는 국회에서 조사위원회를 조직한 본의도 아니요 정부에서 이를 포용할 수도 없는 것이므로 대통령령으로 검찰청과 내무부장관에게 지휘해서 특경대를 폐지하고 특별조사위원회 회원들이 조사 구금하는 것을 막아서 혼란 상태를 정돈케 하라 한 것이다. 이 반민법안을 국회에서 정하고 대통령이 서명한 것이니까 막지 못한다 하는 언론에 대해서는 가장 중요한 문제가 첫째로 치안에 대한 관련성이니 이것이 상당한 법안이라 할지라도 전국 치안에 관계될 때에는 임시로 정지하는 것이 마땅한 일이며 또 이 법을 정할 적에 국회에서나 대통령이 조사위원들에게 권리를 맡겨서 행정부 사법부의 일까지 맡아가지고 2, 3인이 마음대

이승만은 개정안을 통과시키기 위해 2월 18일 국회의장(신익희)과 대법원장(김병로)를 경무대로 불러 3부 수뇌회담을 열고는 반민법 개정의 필요성을 역설하였다. 그러나 두 사람으로부터 어떤 지원 약속도 얻어내지 못하였다. 행정부에서 낸 개정안에 대해, 국회는 대통령이 직접 출석하여 해명하라고 하였다. 대통령 대신 출석한 국무총리(이범석)는 "반민특위의 활동을 정면으로 거부하려는 것은 아니다. 공산당의 테러가 격화되고 사회가 안정되지 않은 이 때 반민특위의 활동으로 인한 다소의 부작용이 있는 것으로 판단되므로 이를 미연에 방지하려는 것"이라고 해명하였다. "일에는 완급이 있으며… 특별히 우리나라에는 인적으로 물적으로 모든 것이 모자란다"고 하여 반민법 개정의 필요성을 역설하였다.[31] 다만 반민법의 부당성을 적극 강변하는 정도에 이르지는 않았는데, 무장항일투쟁을 비롯한 독립운동의 중심에 섰던 이범석 총리로서는 곤혹스러운 자리였을 것이다. 국회는 그러한 개인적 처지를 인정하면서도, 2월 24일 행정부의 결의안을 부결시킴으로써 이승만에게 정치적 패배를 안겨주었다.[32] 이승만도 그제서야 '국회의 의도를 존중한다'며 한발 물러났다.[33]

1948년 말 3개월에 걸친 예비조사를 끝낸 반민특위는, 1949년 1월에 들어 본격적인 활동에 나섰다. 1~3월 사이에 검거선풍이 일었고, 특위의 조사와 특검의 수사를 거쳐 3월에 이르러 기소가 이루어지기 시작하였다.

특별재판소 부장으로서 김병로는 3월 4일 특별재판관 전체회의를 소집하고, 반민자 재판이 민족적인 성업임을 강조하고, 민족의 총의에 따라 공정하고 신속하게 재판할 것을 당부하였다. 3월 12일 김병로는 반민특위의 특별재판부의 결의를 다음과 같이 밝혔다.

로 사람을 잡아다가 난타 고문하라는 문구나 의도는 없는 것이니 즉시로 개정하는 것이 옳을 것이다.

31 제1대 국회 제2회 제39차 국회본회의, 1949. 2. 24, 6~7면.

32 위의 회의록, 13면. 재석 157인, 가 59표, 부 80표로 부결되었다.

33 길진현, 앞의 책, 61~62면.

반민자들에 대한 심판은 해방 후 우리의 자주정부가 들어섰다면 곧 착수했을 것이나 3년 이상이나 공백이 있어 혼란 속에 방치되어 왔다. 그 후 여러 가지 주변사정과 정치정세의 변동이 있었던 것은 유감스럽고 곤란한 점도 없지 않았다. 그러나 시일이 갈수록 더욱 곤란이 가중될 것으로 반민법에 규정한 바와 같이 단시일 내로 이 사업을 완결하여 민족정기를 부흥하는 동시 전민족의 분의憤意를 일소하고 완전하고 순정한 민족통합으로 민족국가의 만년대계에 매진할 것이다.

본인은 이러한 사건을 처단함에 있어 첫째로 전국적으로 반역자의 낙인이 찍힌 자를 주로 하고, 둘째로 각 지방별로 반역자의 낙인을 받은 자를 주로 할 방침이다. 결국 순정한 민족의 총의를 반영하여 결정될 것이고 처단될 것으로 믿는다. 따라서 개인의 사감이나 편파한 관념에 흐르는 것은 절대 금물이요, 만일 그러한 피해가 있어서 이 중대한 사무수행에 혼란을 야기해서는 안 된다.[34]

반민특위의 활동이 본격화되면서, 악명 높은 친일파들이 속속 법정에 서게 되었다. 박홍식, 최린, 이광수 등의 유명인사들이 법정에 끌려나와 재판받는 그 자체만 해도 대중들에게 커다란 통쾌감을 안겼다. 그들의 변명과 회피의 진술은 대중의 분노를 더하였고, 죄상에 대한 자기고백으로 숙연하게 하는 인사도 적지 않았다.

그런데 경찰간부, 그중에서도 서울 경찰국 사찰과장 최운하의 체포에 이르러 경찰은 일대 반격을 개시하였다. 정권은 이를 비호함으로써 반민특위 활동의 파괴에 전방위적으로 나서게 되었다. 첫째는 국회프락치 사건을 일으켰다. 국회의원들을 남로당이 국회 안에 심어놓은 프락치라며 잡아들이기 시작한 것이다. 이 사건은 반민특위 활동을 가장 적극적으로 추진하였던 국회 소장파 의원들을 집중적 대상으로 하였다.

---

34 길진현, 앞의 책, 77면.

둘째는, 친일경관으로 노덕술과 함께 악명높았던 최운하 사찰과장, 조응선 종로경찰서 사찰주임을 구속하자, 경찰이 무력으로 반격을 감행하였다. 6월 6일 경찰은 반민특위의 본부를 습격하고 특위 요원들을 연행하여, 서류를 압수하고 특경대를 해산시키는 폭거를 저지른 것이다. 친일경찰들로서는 반민특위에 언제 잡혀갈지 안절부절하는 중에, 친일경찰의 상징이자 현직경찰의 구심이었던 최운하가 체포되자 반민특위 사무실 습격이라는 초강수를 써서 특위의 활동을 무력화시키려 든 것이다.[35] 이들의 폭거는, 이 급보를 받고 특위 본부로 달려온 권승렬 검찰총장(겸 특검관장)의 권총마저 탈취할 정도로 극단적이었다. 이는 후에 "6·6사건" 혹은 "경찰쿠데타"로 기록된다. 그만큼 충격적인 사건이었다.[36]

그에 대해 국회는 대통령을 항의방문 하였던바, 대통령은 "특경대 해산은 내가 지시한 것이고 특경대를 해체하였다 해서 특위 업무에 지장은 없을 줄 안다. 내가 몸이 불편해 국회에는 나갈 수 없다"고 응수하였다. 국회는 "국무총리 이하 전 각료의 퇴진, 압수한 반민특위의 무기와 문서의 원상회복, 특히 사건을 지휘한 내무차관 및 치안국장의 파면"을 요구하고, 이 요구가 제대로 이행되기 전에는 "모든 법안 및 예산안의 심의를 일체 거부할 것"을 결의하였다.[37]

6월 6일 경찰쿠데타는 반민특위의 기세를 꺾는 역할을 하였다. 특히 이승만 대통령은, 법개정이 실패하자, 아예 경찰폭력을 지시하고 조장하였고 국회를 능멸하였다. 그에 맞서, 김병로는 사건의 현장에까지 출장하고 난 뒤, 6월 7일 기자회견까지 열었다.

(문) 중부경찰서의 특위에 대한 행동의 명령계통이 어디 있다고 생각하는가?

---

35 허종, 앞의 책, 352면.

36 김학준, 가인 김병로 평전, 개정판, 민음사, 2001, 370~371면; 동아일보 1984. 9. 24.자 5면 "법에사는 사람들 4 김병로씨".

37 제1대 국회 제3회 제13차 국회본회의, 1949. 6. 6, 49~50면.

(답) 중부경찰서의 행동은 자의로 행한 것이 아니고 내무부 명령에 의한 것이라고 본다.

(문) 무기회수는 어떻게 생각하는가?

(답) 소위 특경대에 경찰 당국으로서 공여하였다는 무기라면 온건히 회수할 수 있겠지요. 또 어떠한 사람을 물론하고 무기를 소지하는 법적 수속이 없이 소지하는 무기라면 또한 경찰로서 회수할 수 있겠지요. 그러나 검찰총장을 비롯한 각 공무원으로서 호신하기 위하여 법적 수속에 의하여 정당히 소지한 것을 압수하는 것은 특별한 법령에 의거치 아니하는 한 불법일 것은 물론이다.

(문) 경찰이 반민특위조사부·재판부·검찰부를 수색하여 서류를 압수하고 혹은 검찰관·재판관·조사관의 가택을 수사했다는데 어떻게 생각하는가?

(답) 수사한 것과 서류 약간을 압수하였다는 것은 나도 들어서 다 아는 바이다. 그러한 행위는 직무에 초월한 과오이므로 그 과월過越한 행위는 불법이다.

(문) 이상의 경찰행동에 대한 사법기관의 법적 조치는 어떻게 할 것인가?

(답) 나는 이 문제를 전국민에게 미치는 영향이 중대한 것으로 보기 때문에 국회와 정부당국으로서 비상시국에 감하여 적당한 정치적 조치가 있으리라고 믿는 바이다. 사법기관으로서는 불법한 행위에 대한 수사기관으로서 적응한 행동에 의하여 법의 판단을 요구하는 때에는 물론 가차없이 법에 비추어 판단을 내릴 것이다.[38]

김병로는 몇 가지 점을 분명히 하였다. 일선 경찰의 소행이 아니라 내무부의 명령에 의한 것이고 따라서 정치적 책임의 소재를 분명히 하였다. 무

---

38 조선중앙일보 1949. 6. 8.자. "김병로金炳魯 대법원장, 경찰의 반민특위反民特委 습격과 관련 적당한 조치를 취할 것이라고 기자회견".

기회수, 서류압수, 가택수색 등은 '직무를 초월한 과오로서 불법'이라 못박았다. 수사기관의 '불법한 행위'에 대해서는 가차 없는 법적 심판을 추궁할 의지를 천명한 것이다.

한편 특경대 습격사건에 대해서는 여러 정치적 공세와 타협을 거친 끝에, 이승만이 6월 13일 국회에 출석하여 국회의 협조를 당부하고, 국회의 체면을 세워주는 선에서 일단락되었다. 그러나 이 사건은 행정부 권력에 의한 '힘의 간섭'이라는 전례를 헌정사에 남김으로써 불행한 전례가 되었고, 안팎의 도전에 시달리던 반민특위에 치명타를 가하였다.[39]

이렇게 반민특위의 활동은 이승만 정권의 집요한 방해와 파괴공작으로 추동력을 잃게 되었다. 국회 프락치사건으로 의원들을 솎아내고, 특경대를 해체한데다, 항일의 구심점이었던 김구 선생의 암살(1949년 6월 26일)로 그 기세가 꺾여버리고 만 것이다. 국회 내의 반민특위 위원들도 사임을 거듭하고 국회 내의 와해공작이 작용하여 내부의 단결도 여의치 않았다. 특별검사와 특별재판관의 교체도 잇달아서 강한 응집력을 가질 수 없었다. 이러한 분위기 속에서 검찰총장 겸 특검의 수장이었던 권승렬이 법무장관이 되면서, 특검의 수장의 공백이 이어졌다. 이는 후임 검찰총장인 김익진이 이어받음으로써 특검은 이어졌지만, 그 기세는 잔무처리의 정도에 지나지 않게 되었다.

4. 반민특위의 와해

반민특위를 통한 친일파 청산의 동력이 사실상 사라진 데 이어, 7월 6일 반민법의 공소시효를 단축하자는 곽상훈 의원의 개정안이 제출되었다. 처

---

39 길진현, 앞의 책, 185면.

음엔 반민법의 공소시효는 법률 공포일로부터 2년이 경과하면 완성되는 것으로 되어 있었는데, 이를 1949년 8월 31일까지로 단축시키자는 안이었다.[40] 이 개정안은 즉시 표결에 붙여져 재석 136인 중 가 74, 부 9표로 가결되었다. 이것은 개정이라고 하지만, 사실상 반민특위의 추가적인 활동을 봉쇄하는 효과를 가져왔다. 이어 1949년 7월 7일 국회는 재석 124 중 가 66, 부 20표로 김상덕 등 초창기 특별조사위원들이 낸 일괄사표안을 가결하였다.

새로운 반민특위 위원이 선임되었다. 위원장은 법무장관을 사임하고 1949년 3월 보궐선거를 통해 국회의원이 된 이인이 선출되었다. 한편 검찰총장이던 권승렬이 법무부장관이 됨에 따라 제2대 검찰총장에 임명된 김익진을 특위 검찰관장으로 뽑고 새로이 검찰관을 선정하였으며, 특별재판관 공석을 채우기 위한 보궐선거에서는 김병로 대법원장이 천거한 배정현, 윤원상 둘 중에서 윤원상을 선출하고, 7월 말에는 강세형 씨가 추가되었다.

이인 의원으로서는 그 시점에 반민특위 위원장직은 달갑지 않는 일이었다. 반민특위를 반대하던 행정부의 법무부장관으로 재직하였을 뿐 아니라, 파장에 접어든 특위의 위원장을 새로이 맡는다는 게 달가울 리가 없었다. 그는 사임서를 국회에 두 차례나 제출하였지만 국회는 이를 수락하지 않았다. 그는 1949년 7월 11일 신상발언을 통해, 자신은 법전편찬위원회에서 시급한 법전편찬사무만 갖고도 도저히 다른 일을 더 이상 감내할 수 없는 형편임을 내세워 고사하였다. 그러나 국회 본회의는 이인의 사임원서를 가 58, 부 69표로 부결시켰다. 이른바 법조계에 몸을 두고 있는 권위자로 독립운동에 경력이 있다는 이유에서였다.[41]

---

40 반민족행위처벌법 제29조는 "본법에 규정한 범죄에 대한 공소시효는 본법 공포일로부터 기산하여 2년을 경과하므로써 완성된다."라고 되어 있다. 공포일은 1948년 9월 22일로 당일부터 시행되었다. 그런데 1949년 7월 20일 개정법률 제29조는 "제29조 본법에 규정한 범죄에 대한 공소시효는 단기 4282년 8월말일에 완성된다."로 단축되었다.

41 이인, "반민특위 350일," 세대, 1970년 10월호, 241면. 이인의 항일변론 및 항일운동의 경력에 대해서는 의심할

반민법의 공소시효 단축에 대하여, 김병로 특위장은 담화를 발표하였다. "입법부에서 개정된 만큼 그를 운용하는 기관은 오로지 그를 운용함에 충실하여 할 것이다"라는 원론을 언급하면서, "그 기간은 짧은 것 같으나 약 6개월간이나 일을 한 조사부와 검찰부는 그간에 대체로 반민자를 조사하였을 것이니 이를 기소함엔 간단히 할 수 있을 것이다"[42]라고 하여 그간 조사한 반민자라도 신속히 기소할 것을 독려하였다.

한편 이인 위원장은 반민법의 공소시효가 완료된 1949년 8월 31일 담화문을 발표하였다. 그는 반민법이 "민족적 중대과업의 하나"이고 "3천만의 공통된 염원"임을 말하면서도, 반민특위 사업에 대한 견해는 사람에 따라 다르다고 하였다. "일방에서는 용두사미에 그친다는 비난의 소리도 높고, 다른 한편에서는 시기도 아니고 너무 세밀히 한다고 불평을 말하는 이도 있다. 그러나 가장 심했던 자만 처단하고 나머지는 관대히 할 것이 인정을 펴고 민심을 수습하는 도리가 되는 것이다. 사람을 벌하려는 것이 아니요 반민족정신인 죄를 징계하는 것이 목적이니 이 정도의 처단으로 족히 이일징백以一懲百의 효과를 거두어서 민족정기를 바로잡을 수 있으리라고 생각한다. 더욱 38선이 그대로 있고 시국이 혼란하고 인재가 부족한 이때에 반민족행위 처단을 지나치게 하는 것은 도저히 민족과 국가를 위해서가 되지 못한다는 것을 생각하지 않을 수 없다. 이러한 견지에서 교육자와 공무원에 대해서는 특별한 고려를 하였음을 부연하여 둔다."[43]

1949년 9월에 이르러 반민특위는 모든 공식적인 일정을 끝내고 잔무처리의 단계에 들어섰다. 9월 21일에는 이인 의원 외 48인의 이름으로 "반민특위 특별조사기관 조직법 및 반민족행위 특별재판부 부속기관 조직법" 폐지안을 냈다. 또한 특위가 진행해왔던 업무는 대법원과 대검찰청에서

나위없이 항일독립운동의 구심점 중의 하나였음을 인정할 수 있다.

42 동아일보 1949. 7. 10.자 "시일 충분하다, 김 대법원장 담".

43 길진현, 앞의 책, 194~195면.

계속 수행할 수 있도록 하는 반민족행위처벌법 개정안을 국회에 제출하였다. 이인 의원은 제안의 이유를 다음과 같이 설명하였다.

… 지금 재판관을 빼놓고는 별로 하는 일이 없습니다. 이제 잔무를 정리할 따름이니까 막대한 금전을 써가면서 이 기관(반민특위)을 존속시킬 필요가 없다고 생각해서 우리 반민특위 위원들뿐만 아니라, 검찰 일부 위원까지도 의논이 되어서 이것을 시급히 폐지해버리고 반민법을 일부 수정하자고 하는 것이 결의되었습니다. 이 반민법 자체는 법률로서 남겨두고 그래가지고 앞으로 도피자라든지 조사지역에 잇는 사람은 앞으로도 처단할 것이고, 그러니까 그 나머지 8조 이하의 조문을 전부 삭제하고 말았으면 제일 좋겠다고 생각하고…"[44]

그러니까 요지는 반민특위는 문닫자는 것이다. 그 방법으로, 특별조사위원회, 특별재판부, 특별검찰부는 법개정을 통해 일거에 폐지하고, 향후 반민법에 따른 재판은 대법원에서 행하고, 수사 및 기소는 대검찰청에서 맡는다. 이 개정안은 9. 22. 국회본회의에서 통과되었고, 10. 4.부터 시행에 들어갔다. 그런데 그 권한을 이양받게 된 대법원, 대검찰청은 이를 원만히 처리할 수 있을 것인가. 그에 대해 대법원장과 검찰총장 모두 유감을 표하고 있다.

대법원장 김병로 씨 나한테는 이에 대하여 사전 연락이 없었다. 특위·특검·특재 3부의 존폐 문제라면 한 번쯤은 나에게 의논이 있었을 것인데 아마 이인 씨 등은 국회의원의 자격으로서 독립적 행동을 한 것 같다. 특별재판부의 업무를 전부 대법원에 넘긴다면 현재의 대법원 상태로는 도저히 신속히 동 사업을 처리하기는 어렵다.

---

44 이인, "반민특위 350일," 세대, 1970년 10월호, 234면.

> **검찰총장 김익진 씨** 내게도 아무 사전 연락이 없었다. 대검찰청으로는 아무 준비도 계획도 없었다. 나도 신문에 난 것을 보고 아는 정도나 지금 당장에 무어라 대답할 수는 없다. 더구나 대검찰청에는 현재 나를 제외하고는 하나밖에 검사가 없는데 이 일을 앞으로 어떻게 처리하여야 할지 갈피를 못 잡겠다.[45]

한마디로, 두 유관기관의 장에게 한마디 사전연락조차 없었다는 것이다. 특별기구로도 어려웠는데, 통상적인 대법원, 대검찰청에서 처리하기란 더욱 어렵다고 난색을 표한 것이다. 특히 김병로의 입장에서는 이인 등 국회의원의 태도를 납득하기 어려웠던 듯하다. 이인 의원은 일제하에서 항일변호사로 이십년간 보조를 함께 해왔고, 건국기에도 사법 및 검찰의 일에 보조를 맞추었으며, 김병로의 대법원장 선임과정에서도 결정적 역할을 해온 사이다. 당시에 법전편찬위원회의 위원장(김병로), 부위원장(이인)으로서도 매일 얼굴을 맞대고 공동작업을 하고 있던 처지다. 그런데 "국회의원의 자격으로서 독립적 행동"을 한 데 대해 유감을 표하고 있다. 생각해보면, 이인은 법무부장관으로서 그리고 국회의원, 제2기 특위 위원장으로서의 접근은 보다 이승만적 입장에 서 있었던 것 같고, 김병로는 민족정기를 강조하면서 반민특위를 통한 반민자의 엄정한 처벌에 강조점을 두었다.

항간에는 이 개정안에 대하여, "이 개정안으로 말미암아 반민자에 대한 법적 처리는 정상적인 사법기관인 대검찰청과 대법원으로 돌아가게 되었는데 아직도 반민자에 대한 국민의 격분을 완전히 설분시키지 못한 느낌이 있어 새 출발을 한 두 기관에 대하여 일반은 많은 기대를 가지고 있다"[46]고도 하였지만, 실제적인 추동력은 이로써 끝났다고 볼 수 있다.

---

45 한성일보 1949. 9. 24.자 "김병로金炳魯 대법원장 · 김익진金翼鎭 검찰총장, 반민족행위처벌법 개정에 대해 기자회견".

46 서울신문 1949. 10. 7.자.

그러나 대법원으로서는 위임받은 일을 중단할 수도 없었다. 그리하여 12월 9일부 대통령령으로 공포 시행된 반민족행위재판기관임시조직법에 의하여 불원 다시금 그 사무개시를 보게 되었다. 이번 공포 실시된 반민행위재판기관임시조직법을 보면 반민족행위처벌법에 규정된 범죄자를 심판하기 위하여 대법원에 5인의 재판관으로 구성된 임시특별재판부를 두게 되었으며, 재판관은 7년 이상 판사, 검사 또는 변호사의 직에 있던 자 중에서 대법원장의 상신에 의하여 대통령이 임명키로 되어 있다. 한편 대법원 측에서는 신속한 공판재개를 위하여 방금 신임할 재판관들을 엄선중에 있으며 지난 10월 5일 현재로 미제중未濟中에 있는 건수는 피고 이성근을 비롯한 205건으로, 동 처단 공판은 불원 속개를 보아 대체로 내년 3월 말까지 완료를 보게 될 것이라고 한다.[47] 하지만 그 이후의 재판은 그다지 진행되지 못하였다.

특별재판부에서는 공소시효가 끝난 1949년 8월말까지 총41명이 재판을 받았고, 그중에서 실형선고를 받은 자가 15명이었다. 사형, 무기징역 등 최중형을 선고받은 자는 고등계형사들이었고, 거물급 반민 피의자들은 무죄, 집행유예, 병보석 등으로 거의 석방되었다. 이승만 정권이 총동원되어 반민특위의 활동을 조직적으로 방해한 데다, 좌익의 공세에 대응하는 신생국가의 정치적 위기를 내세우는 상황 속에서 반민특위의 활동은 매우 위축될 수밖에 없었다. 재판에서는 증거확보의 어려움도 적지 않았고, 피고인 측의 다양한 공세를 이겨나가기도 쉽지 않았다.[48] 이렇게 하여 결국 반민특위 재판은 애초의 기대에 훨씬 미흡한 상태로 종결되었다고 할 수 있다.

---

47 서울신문 1949. 12. 21.자.

48 이강수, "반민특위 특별재판부의 조직과 활동," 한국근현대사연구, 제25호, 한국근현대사학회, 2003, 562~563면 참조.

5. 반민특위와 개인 김병로

반민특위 재판을 책임진 위치에서 김병로 개인으로서 괴로움도 적지 않았다. 공적 입장에서 김병로는 반민자에 대한 엄정한 처벌의 필요성을 역설하고 그러한 방향으로 재판소를 운용하고자 하였음은 확실하다. 그러나 그가 일제하에서, 유학기간을 제외하고 줄곧 국내(한반도 내)에서 활동하였던 만큼, 주요 반민자 중에서 그가 모를 인물도 별로 없었을 것이며, 일제하에서 한때 그와 활동을 같이한 이들도 한둘이 아니었다.[49] 그러나 김병로는, 매사에 그러하였듯이, 반민자의 처리에서도 선공후사의 자세로 일관하였다. 훗날 기자에게 김병로가 술회한 바는 다음과 같다.

> 재판은 공정해야 할 뿐만 아니라, 한 시대의 정신을 반영해야 합니다. 지난날 독립운동이나 민족운동에 참여했던 사람마저 변절하여 일본인을 위하여 협력하였다는 것은 그 동기가 어떻든 간에 적어도 공적으로는 조금도 동정할 수가 없는 것이었소. 나는 이 때문에 몇몇 친구들로부터 비정한 사람이라는 빈축도 받았지만, 민족의 정기를 바로 잡는 데는 이러한 의연한 자세가 있어야 하는 것이오.[50]

또한 몇몇 친일파들이 찾아와 지난 날을 후회하는 이야기를 하면 “당신이 정말로 후회한다면 조용히 벌을 받을 생각을 해야지 무슨 면목으로 이곳저곳 찾아다닌단 말이요. 하늘이 부끄럽지도 않소”라고 꾸짖었다.[51]

다른 한편, 반민특위 자료를 보면 김병로 자신의 일제하 행적에 관한 언

---

49 이승우 변호사의 경우 일제말 창씨개명에 앞장서고 중추원참의를 하였다. 그러나 그 이전에 그는 김병로 등과 함께 항일변론의 대열에 서기도 하였다. 그의 재판 때 김병로가 “인간적으로 너무나 괴로워했다”고 한다(김학준, 가인 김병로 평전 개정판, 민음사, 2001, 369면).

50 김진배, 가인 김병로, 가인기념사업회, 1983, 156면.

51 김학준, 가인 김병로 평전, 개정판, 368면.

급도 여럿 나온다. 한반도 내에 있었다면 적극적이든 소극적이든 친일하는 길 밖에 없지 않았겠느냐는 질문에 대하여, 반민특위의 초기 조사는 다음과 같이 반박하고 있음을 본다.

이 조사를 진행하는 도중 본 조사소 동인 일동이 수차 느끼고 이야기한 바 있었는데, 그는 8·15 이전 그렇게 전쟁협력에로의 진출을 전 민족에게 향하여 강요하고 있는 그때에 있어서 우리 민족의 선구 항일자로서의 거성들인 홍명희씨는 창동 혹은 괴산에 누어, 조병옥 씨는 극도의 빈궁리에 서울서 친구의 집 바둑판 앞에서, 김병로 씨는 소개疏開라는 빙자로 가평에 내려가, 김준연 씨는 마름꾼의 이름으로서 금곡에 내려가, 이영 씨는 북청 농촌의 한 농민으로서, 박헌영 씨는 광주 벽돌공장의 한 감독으로서, 정백 씨는 광산업을 빙자하고, 김약수 씨는 서울 하숙집을 전전하면서, 이인 씨는 칭병 보석의 몸으로, 이묘묵, 최용달, 백남운 제씨는 대화숙 일을 돕는다고 각기 유혹과 위협을 당하면서 국민총력연맹부 과장 등의 지위를 교묘히 단호히 배척하였고, 원세훈 씨 또한 혹시는 서울 혹시는 지방 농촌에서 극도의 빈궁생활을 하면서, 송진우, 여운형, 안재홍 제씨 또한 많은 유혹과 위협을 교묘히 모피謀避하면서, 이관술, 이현상 등은 백절불굴 적극 항쟁으로써 일관하여 전시 9개년간에 감옥생활을 3, 4차씩 반복하는 등 그 간난과 은인隱忍 속에서 결백히 8·15를 맞이한 그들에 대한 존경의 염과…[52]

가장 어려운 시대에 친일파의 행적과 대조인물로 언급한 인물들은, 대체로 극도의 빈궁에 시달리면서 수많은 유혹과 위협을 슬기롭게 피해가면서, 혹은 도피생활과 감옥생활을 거쳐 해방을 맞이하였던 것이다.

피고인들의 조사기록에도 김병로의 이름이 가끔 언급된다. 예컨대, 김병로는 신간회 활동의 일원으로 함경남도 갑산화전민 사건의 실지조사에

---

52 민족정경문화연구소판, 친일파 군상, 이 책은 길진현, 앞의 책의 부록에 실려있다. 그중 209면 인용.

관여한 적이 있는데, 산간오지로 현지조사를 하는 김병로 일행에게 위해가 잇달았다. 김병로는 다음과 같이 회고하였다.

바로 그 날 밤에 괴이한 일이 있었으니, 즉 밤이 너무 늦었으므로 나는 자리에 누웠으나 그 현지 참상이 머릿 속에서 떠나지 아니하여, 피곤하면서도 잠을 이루지 못하고 있던 그때였다. 이와 같이, 나는 누워있고 박금 군(동아일보 기자)은 아직 앉아 있었는데, 난데없이 평복을 입은 괴한 2명이 나타나 권총에 장탄하여 박금 군에게 겨누면서 '당신들이 이곳 화전민을 몰아내고, 무슨 비밀회의를 하였느냐'고 힐문하였다. 그러나, 박금 군은 태연하게 '우리는 우리 동포의 피해상황을 조사하기 위하여 이곳에까지 왔은즉, 그들에게 피해상황을 물어 기록했을 뿐이다. 무슨 비밀회의가 있겠느냐?'고 응답하면서 누워있는 나를 가리키며, '이 사실을 조사 기록한 분은 변호사인 김병로 씨인즉, 당신들이 더 할 말이 있으면 깨워도 좋다'고 말한 즉, 그들은 한참동안 생각하다가 '그럴 필요는 없다'고 하면서, 날이 새거든 다시 오겠노라 하고 권총을 도로 집어넣은 채 어디로인지 가버리고 말았다. 그 순간 나는 잠이 들지 아니하였으나 자는 척하고 누워서 그 광경을 보았지만, 실로 일경의 음흉한 행동에는 분개하지 아니할 수 없었다….

이와 같은 환경에서 현지조사를 마치고 귀로에 오르게 되었는데 그때 마침 어떤 정보가 있었으니, 그 내용인즉 '귀로에는 도중에서 휴식할 생각을 하지 말고, 밤낮 없이 빨리 혜산진까지 돌아와야 한다'는 것이요, '만일 도중에서 유숙을 한다면 큰 위험이 있을 것'이라는 것이었다.[53]

위의 정보는 총독부 경찰 내에서만 탐지될 수 있는 성질의 것이다. 1949년 반민특위 관련 기록을 보면, 최탁에 관련된 기록 중에서 이 부분이 발견된다. 최탁은 일제하 총독부 경부국 고등과에서 재직하면서 '국내

---

53 김병로, 수상단편, 291~192면.

저명인사 및 일반민정의 동향을 지적하여 이를 일제 총독정치에 제공'하고 '일어상용이라는 식민정책 수행에 공헌'하고 '징용·징병 등에 적극 추진한 사실' 등이 기소대상이었다. 그러한 기소내용에 대응하여 최탁은, 화전민 시찰을 갈 때 "김병로의 신변에 위험이 있지 않을까 하고 염려"하여 신변위해 우려를 김병로에게 직접 알려주었고, 그에 대해 김병로는 "자기는 민족 국가를 위하여 하느니만큼 그것은 이미 각오"하고 있으며, "본인(최탁)에게는 민족적 견지에서 그리 알려주는 것을 깊이 느낀다 하고 사의를 표하였"다고 한다.[54] 이 사실은 증인(백관수 의원)에 의해서도 확인되는바, 그는 "김병로가 화전민 조사를 하러 갈 때 총독부 당국에서 탐지하여 김병로를 시해하려고 계획하였던바 최탁이 이를 탐지하고 비밀리에 연락을 하여 그 위기를 회피하여 무사히 부과된 사명을 완수하고 돌아온 사실도 있다"고 증언하였다.[55]

여기서 김병로가 민족과 국가를 위하여 신변의 위협, 혹은 살해의 위협을 각오하면서 현지조사를 감행하였던 모습이 새삼 부각된다.[56] 비단 이 사건에서뿐 아니라, 일제하에서 여러 위협에 개의치 않고, 열성과 지조를 확고히 하면서 일제치하를 이겨냈음이 반민특위 재판에서 새삼 부각되는 것이다.

---

54 정운현 편역, 풀어서 본 반민특위 재판기록 IV, 최탁편, 선인, 2009, 94~95면.

55 정운현 편역, 위의 책, 88면.

56 이러한 사실조사를 바탕으로 최탁은 "신간회 사건, 광주학생사건 발생 이후 우리 민족에게 음으로 양으로 많이 구출하였을 뿐 아니라 독립운동자 정계원 등을 상해로 도피시켜 그 체포를 면하게 알선한 사실이 현저하며 우리 민족에게 해를 가한 사실은 없"고 일어상용이나 징용·징병에 대하여는 "추진한 사실은 인정하나 상사의 명에 의하여 의법 도행한 데 불과하며 특별히 악질행위를 하였다는 반증이 없으므로" 결국 기소유예로 결정되었다. 정운현 편역, 위의 책, 69~71면.

6. 맺음말

김병로는 해방 후 우리 민족의 숙원사업 중 하나였던 친일파 및 민족반역자 청산에, 반민특위 특별재판부 부장으로서 활동하였다. 당시 그는 대법원장으로서 재판과 사법행정의 기초를 다지는 데만 해도 쉴 틈이 없었던 때이다. 거기다 우리의 기본법률도 갖추어지지 않은 상태에서, 법전편찬위원회 위원장으로 법률의 초안을 만드는 데만 해도 너무나 바빴다. 그러나 반민특위의 재판부장의 역할이 그에게 맡겨졌을 때 역시 피할 수 없는 일이기도 하였다.

김병로가 반민특위 재판부장을 맡게 된 것은 실로 남다른 의미가 있다. 일제하 항일변론의 선두에 나섰고, 시종일관 그런 기조를 유지하였으며, 특히 일제말의 폭압 속에서 지조를 지켜낸 법조인사는 드물었다. 반민특위를 좌초시키려는 세력이 막강한 상태에서, 재판부장은 친일과 관련된 어떤 빌미를 주지 않는 인사여야 하였으며, 그 점에서 그만큼 재판부장으로서의 명망을 인정받을 만한 인사는 달리 찾을 수 없었을 것이다. 또한 김병로는 친일파의 처벌에 대한 확실한 소신을 갖고 있었다. "독립한 마당에 민족정기를 살리기 위해서 일부분 희생은 불가피한 일"로 보았던 것이다. 사법부의 수장이라는 위치는 특별재판부를 뒷받침할 배경이 되기도 하였을 것이다.

반민특위는 국민적 여망을 안고 출범하였으나, 이승만 대통령과 경찰 내 친일파의 집요한 방해책동으로 시종 아슬아슬하였다. 반민특위 위원들의 인적 교체도 잦았고, 특별검찰부 역시 마찬가지였다. 반민특위의 핵심인사 가운데, 처음부터 끝까지 한 자리를 고수하였던 인사는 김병로 한 사람 뿐이었다 해도 과언이 아니다. 어떤 의미에서 보자면, 그는 반민특위의 권위 및 무게를 상징하는 위치에 있었다고 볼 수 있다.

이승만 정권은 반민특위의 약화 및 와해를 위해 갖가지 수단을 구사하였다. 처음엔 권력분립의 원칙에 어긋난다고 위헌론을 제기하고 특별담화를 발표하기도 하였다. 그에 대해 김병로는 위헌시비는 헌법위원회에서 판정할 일이고, 법률에 따른 반민특위의 행동 역시 불법이 아니며, 문제가 있다면 입법개정안을 제출해야 할 것이라고 깨끗이 정리하였다. 이렇게 법리논쟁이 정리되자 이승만 정권은 아예 노골적인 실력행사에 들어갔다. 경찰간부가 체포되자 경찰은 반민특위 사무실을 습격하고 검찰총장이 휴대한 권총까지 탈취할 정도에 이르렀다. 당시 이 사건은 '6·6사건' 혹은 '경찰쿠데타'로 불렀다. 이승만 대통령 본인이 이를 비호하는 데 이르자, 김병로는 기자회견을 자청하여 이와 같은 조치는 '직무를 초월한 과오로서 불법'이고 가차 없는 법적 심판을 받아야 함을 명언하였다. 그러나 반민특위는 만 1년이 지나지 않아 파장국면에 이르렀고, 결국 1949년 10월 4일에 이르면 반민특위 자체가 해체되면서, 반민법에 따른 재판은 대법원에서 맡게 되었으니, 대법원장으로서 김병로가 처리해야 할 일로 돌아온 것이다. 그러나 반민특위의 해체국면에서 김병로는 자신에게 "사전 연락"도 없었음을 유감으로 표하고 있다.

반민특위의 활동과 관련하여, 김병로는 이승만 대통령과 대립각을 분명히 하였다. 김병로는 위헌론을 잠재우고, 경찰의 횡포를 불법이라 선언하였다. 일제하 항일변론의 동반자였던 이인이 반민특위를 결국 잠재우는 데 앞장선 데 대해, 김병로는 유감을 표하였다. 당시 격변하는 정세 속에서, 정치가가 아닌 법률가로서 김병로는 특별재판부장으로서 할 수 있는 역할을 최대치로 한 것으로 생각된다.

그는 의연히 자리를 지켰고, 직책에서 나오는 권위를 수호하였으며, 자신의 소신을 국면마다 선명하게 밝혔다. 재판관은 사건이 오면 재판하는 역할로서 대체로 판결 이외의 다른 방법으로 목소리를 내기 어렵지만, 김병로는 재판의 전제인 반민특위의 활동을 확보하기 위해 무게를 실어주는 면모를 보였다. 이승만 대통령이 보기엔 가장 반민특위 활동의 와해에 가장 저해되는 인사 중의 한 사람이었을 것이고, (대법원장을 임명할 때 우려하였던 대로) 김병로가 자기편이 아님을 확실히 각인하는 계기가 되었을 것이다. 그러나 반민특위 자체는 정치의 과잉 속에서 용두사미가 되어버렸고, 김병로가 바랐던 "민족의 정기를 바로 잡는" 과업은 미해결의 숙제로 남게 되었다.

제17장

청렴강직 · 지공무사의 대법원장

취임 직후 대법원장 집무실에서(1948. 8. 11.)

제17장

청렴강직·지공무사의 대법원장

1. 정부수립부터 6·25전란 전후한 시기

김병로는 어떤 자세로 대법원장을 맡았을까. 대법원장을 퇴임할 때, 그는 그 자세의 일단을 다음과 같이 피력한 바 있다.

> 나는 그때 생각하기를, 사법운영은 보통 행정과는 성격을 달리하여 헌법의 이념을 수호하고 염결공정하게 엄격히 실행한다면 사법의 기초를 확립할 수 있을 것이라고 믿고 … 취임승낙을 하였던 것입니다.[1]

김병로의 첫 임무는 '사법의 기초를 확립'하는 것이었다. 그것을 위해서는 '헌법의 이념을 수호'하면서 사법운영을 '염결공정하게 엄격히 실행'하고자 했다. 김병로는 '염결공정한 사법운영'과 '헌법의 이념을 수호'하는데 소홀함이 없었다. 그런 자세로 대법원장 취임 1년 동안 사법 전반에 걸친 인원의 배치 및 기존 사무의 정비에 분망하였다.

그러던 중 1949년 가을에 김병로는 왼쪽 다리에 마비증세가 와서 입원하게 되었다. 처음엔 개인병원에 입원했는데, 거기서 오진을 했던지 제대로 치료를 하지 못했다. 제대로 했다면 발가락을 자른다거나 신경수술을 본격적으로 해야 된다거나 하는 정도로 완치되었겠지만, 개인병원으로서

---

1 조선일보 1958. 1. 9.자.

는 환자의 지위나 권위에 눌렸던지 아니면 실력이 부족했던지, 어쨌든 신체일부의 절단에까지 결단하지는 못했다. 그렇게 시간을 끌다가 상태가 더욱 악화되어 서울대 병원에 입원하여 보니, 환부가 다리 위에까지 올라가 있어 결국 왼쪽 다리를 무릎 위까지 절단할 수밖에 없는 지경이 되었다. 그는 "좌각이 부변되어 절단에 이르기까지 병원생활로 비상한 고통"을 받았던 것이다.[2] 1950년 2월 20일 경이었다.[3] 퇴원 후 그는 처음엔 액장을 짚고 다니다가 의족을 하고는 지팡이를 짚고 다녔다. 신체적 고통이 심할 수밖에 없었고, 날이 궂으면 절단된 무릎이 아파 만지곤 했다.[4]

그가 입원하고 수술하던 기간 중에 공무상 애로가 적지 않음은 물론이다. 그러나 김병로는 정신적으로 강인하였다. 그는 "입원치료하는 수주간을 제외하고는 법원의 전반사무에 관하여 심사결재를 결하지 않았음"을 퇴임사에서 밝히고 있다. 퇴원한 뒤엔 남창동 대법원장 관사에서 치료하다가, 병각이 쾌유하지 못한 채 출근 시무하였던 것이다. 하지만 재판업무는 어느 정도 분장이 가능했지만, 법전편찬사무는 특히 지장을 받았음을 부인할 수 없다. 1950년 초에 이르러, 법전편찬업무는 거의 김병로가 위원장으로서 절대적 역할을 떠맡고 있었기 때문이다.

다른 한편 김병로의 수술과 입원, 그리고 다리 절단은 신생국가의 취약한 사법부에 하나의 암운을 던질 수도 있었다. 이승만 대통령과 행정부 인사들도 문병하면서, 노골적으로 사임 권유까지는 하지 못했어도 대법원장의 사임을 원하는 듯한 뉘앙스를 풍겼다. 실제로 권승렬 법무부장관이 중간에서 마음고생을 했다고 한다.

역설적으로 김병로의 대법원장 사임 종용의 분위기는 예기치 않은 6·25전쟁의 발발로 인해 쟁점이 되기를 멈추었던 것 같다.[5]

---

2 조선일보 1958. 1. 9.자 1면 "가인 김병로 옹 노변담 — 병각을 무릅쓰고".

3 동아일보 1950. 2. 2.자 2면 "김병로 대법원장 좌각절단수술".

4 김종인 회고담, 2013. 5. 20.

5 전쟁이 나지 않았다면, 김병로가 대법원장을 사임했을 지도 모른다는 것은 기존의 김병로 연구에서 지적되어온

6·25전쟁이 갑작스레 발발했고, 이승만 대통령은 극비리에 남하의 길에 오르면서 국민들에게는 공산군을 격퇴하고 있는 중이니 안심하라는 방송을 되풀이했다. 이러니 정부 차원에서의 체계적인 피난계획도 전혀 수립하지 못한 상태에서, 국회는 수도사수결의만 공허하게 한 채 각자 도주하였다. 사법부의 인사들에게는 체계적인 연락이 가지도 않았다. 때문에 많은 판사들이 적 치하에서 신음해야 했고, 포로로 잡혀 처형되거나 나중에 납북대열에 끌려가야 했으며, 그로 인해 사법부 운영에도 엄청난 인적 공백이 생겨났던 것이다.

대법원장에게 정부의 피난소식이 들려오면서, 피난해야 한다는 결정이 내려진 것은 1950년 6월 27일 아침이었다. 그에게 딸린 사람은 십여 명의 가족과 대여섯 명의 비서와 경호경찰까지 합치면 스무 명이 넘었다.[6] 오전 10시경 김병로는 어리둥절하며 모인 가족들에게 다음과 같이 통보했다. "나는 정부의 한 사람이니 정부를 따라 피난을 하는 게 도리다. 며칠 있으면 저놈들을 반격할 것이니 우리가 잠시 떨어져 있을 수밖에 없다. 모든 가족들은 각자 알아서 하라"고 했다. 그러면서 "예전에도 난리가 나면 몸이 가벼워야 되는 법이야. 이것저것 보따리 크게 싸지 말고 옷가지나 몇 개 가지고 가면 돼" 하고 주의를 주었다.

대법원장에게 배정된 것은 세단 승용차 한 대였는데, 거기에 운전사와 수행비서 2인이 탔고, 가족 중에는 큰 손자 원보 한명을 태웠다. 제사를 안 지낸 지 오래였기에 대를 잇는다는 것보다는, 다리가 절단된 건강상태라 옆에서 수발들 건강한 사람이 하나 필요했던 듯했다.[7] 다음은 당시 대법원장 비서관의 회고이다.

바이다(김진배, 가인 김병로, 156면 등).

6 김진배, 가인 김병로, 157면.

7 이상 김종인 회고담(필자와 대담), 2013. 5. 20.

그때의 대법원장님 차는 닷지였어요. 사법부장 때 타시던 차를 대법원장이 되고 나서도 줄곧 그대로 탔지요. 나는 그때 대법원장님이 다리가 불편해서 집에서 쉬는 일이 많았기 때문에 남창동 관사로 출근했습니다. 대법원장님의 승용차에는 원장님을 비롯하여 정순봉 서기장과 내가 타고 가족은 장손 원규 군만 태웠죠. 27일 점심을 먹고 나서 서울을 출발해 수원의 지원장 관사에서 하룻밤을 잤는데 새벽 4시에 방송을 들으니 한강 다리가 끊겼다고 하더군요.[8]

대법원장 일행은 6. 27. 수원에서 하루 자고, 대전으로 가서 대전지방법원장 관사에 머물렀다. 거기서 호남선 열차를 타고 갔다가 강경지원장 집에서 며칠을 묵으면서 정세를 살피고는 자동차를 타고 대구로 내려갔다. 부산에 도착한 게 7. 1.이었고, 그때부터 9. 28. 서울수복 때까지 약 3개월을 부산에 머물렀다. 이후 서울에 올라왔다가 1·4후퇴 시에 다시 부산에 남하하여, 전시 기간동안 부산의 임시 청사에서 대법원장 업무를 수행하게 되었던 것이다.[9]

그럼 가인의 가족들은 이 시절을 어떻게 보냈던가. 당시 11살이었던 손자 김종인에 따르면, 그날 오전에는 아직 대포소리가 들리지 않았지만, 저녁에는 인민군이 미아리까지 왔다고 해서 가족끼리 급히 저녁을 먹고 피난을 떠났다. 한강다리 쪽으로 접근했더니 헌병이 길을 막고 통행을 시키지 않았는데, 인도교에서 한참 기다리니 상부에서 연락에 왔는지 피난민들 빨리 건너라고 해서 다리를 건너 노량진에 이르러 거기서 아는 집을 찾아 잠시 잠을 붙이는 사이에 뻥하고 다리가 폭파되는 굉음을 들었다고 한다.

다른 고관대작들이 국민은 놔둔 채 가족들을 우선 챙겨 피난하는 모습과는 달라도 너무 달랐다. 어떻게 보면 참으로 비정한 가장이지만, 지공무사至公無私라는 김병로의 자세를 이보다 더 생생하게 보여주는 모습도 달리

---

8 이강원의 회고. 김학준, 가인 김병로 평전, 신판, 381면.

9 김학준, 가인 김병로 평전, 신판, 381~383면 요약.

없다고 할만하다. 사실 가족들로서는 진즉부터 가장의 대법원장 자리에 대해 달다 쓰다 할 것도 없었다. 김종인에 따르면, "집안 분위기가 할아버지가 잘 되었다고 기뻐하고 그런 건 일체 없었어요. 가족으로서는 할아버지로부터 덕 보자는 것 같은 건 전혀 기대하지 않았지요. 할아버지는 들어오는 선물은 모두 퇴退하셨고요. 청탁하러 오는 사람도 없었어요. 찾아와봐야 꾸중만 들으시니 말입니다"라고 할아버지의 성품을 회고하였다.

김병로가 부산에 있던 기간에, 다른 가족들은 뿔뿔이 흩어졌다. 대식구가 한곳에 모여 살 수도 없거니와 생계를 유지할 방편도 없었기 때문이다. 부인 정 씨는 친정이 있던 전라남도 담양에 있다가, 9. 28. 서울수복 며칠 뒤에 마을을 덮친 공비에 의해 무참하게 살해되었다.[10] 피난 중에 애들 셋을 잃어버렸다가 나중에 겨우 찾았다. 김종인의 회고에 따르면,

할머니는 친정인 담양에 계시다가 인천상륙작전 이후 빨치산이 총살시켜 돌아가셨고, 나머지 식구들은 근근이 살다가 수복 이후 나와 살았어요. 큰 어머니, 우리 어머니는 각자 자기 친정으로 가셨고요. 나(김종인)는 어머니, 누님과 같이 담양 창평면으로 갔어요. 동생은 피난 중에 잃어버렸는데 그 동생이 작은 어머니 친정을 물어물어 가서 석 달을 견뎠다고 해요. 할머니는 걸어서 수원까지 가서, 거기서 기차를 얻어타고 대전으로 가서 할아버지를 한 차례 만났는데, 할아버지가 '희생된 줄 알았는데 반갑다' 그리 말씀하시곤 다시 부산으로 가셔서, 할머니는 전남 담양 지곡으로 혼자 가셨는데 거기서 돌아가신 거지요. 저는 담양 창평에 있다가 1·4후퇴 후 목포로 가서 거기서 배타고 부산으로 가서, 거기서

---

10 가족들은 정 씨가 학살된 정확한 날짜를 알 수 없어, 친정 사람들의 회고를 바탕으로 양력 10. 8.을 기일로 지켜오고 있다고 한다(김학준, 가인 김병로 평전, 신판, 384면). 그러나 당시 언론을 보면 "전남 담양군 남면 지곡리(느시골)에서 피신중인 대법원장 김병로 씨 부인 정 씨(당시 69세)를 1950년 10월 8일 총살"했음을 구체화하고 있어(동아일보 1952. 3. 23.자. 2면, "대법원장 부인 살해범 사형언도에 불복상고") 희생당한 일자는 10. 8.로 보면 정확할 것이다. 한편 정 씨를 총살한 혐의로 동면 외동리 정국조(당시 27세, 북괴 내무성 남면 분주소장)는 1, 2심에서 사형선고를 받고 1952. 3. 21. 대법원에 불복상고하였지만, 상고기각되어 사형이 확정되었다(동아일보 1952. 7. 31.자. 2면 "대법원 상고기각, 김병로씨 부인 살해범 사형 확정").

할아버지를 만나 관사에서 살았어요.[11]

현직 대법원장의 부인이 공비에게 희생당했다는 사실은 한국전쟁의 한 비극을 보여줌과 함께 김병로의 공인의식을 여실히 보여주는 대목이다. 인천상륙작전으로 초조의 극에 달한 공비들은 다락에 숨어있던 정 씨를 끌어내 대법원장 부인이라고 반동분자라고 죽이고, "시체를 치우는 놈은 누구든지 다 죽인다"고 위협 때문에 바로 묻지도 못하고, 열흘 이상 길바닥에 있다가 동네 노인네가 시체를 둘둘 말아 뒷산 아무데나 표적도 없이 임시로 파묻었다고 한다. 정 씨의 무덤을 담양 선산에 모신 것은 그로부터 한참 지난 1956. 6.에 이르러서였다. 장사를 빨리 지내지 않는다고 욕도 많이 들었다고 하는데, 김병로는 "정부 고위층에 있는 사람의 부인 중에서 그렇게 죽은 사람은 혼자인데, 그게 알려지면 정부가 욕먹는다"고 했다. 그는 대법원장으로 재임 중에 부인의 산소에도 가지 않았는데, "어떻게 갔던 간에 그것은 개인의 운명이며, 공직을 가진 대법원장이 부인의 묘소에 간다면 관계당국이나 여러 사람들에게 폐를 끼친다는 것이 그 이유였다"고 한다.[12] 6·25 전란으로 희생당한 이가 한둘이 아닌데, 자신의 아내가 희생당한 일이 널리 언급되는 것 자체를 삼간 게 아닌가 여겨진다.

부인 정 씨가 희생당한 때가 만 69세이고, 김병로가 정 씨와 결혼한 게 1899년이다. 김병로가 1887년생이고, 부인이 1883년생이니 부인이 김병로보다 4살 연상이었다. 구시대인데다 10대 초반의 조혼인지라 부부관계가 다정다감한 면은 없었고, 가인은 부인에 대해 언제나 근엄한 자세를 보였고, 부인은 남편의 하는 일에 전혀 상관하지 않았다.[13] 하지만 김병로가 일본에 유학할 때인 1910년대에 한국인 유학생들 사이에는 조혼타파와 자

---

11 김종인 회고담, 2013. 6. 20.
12 김학준, 가인 김병로 평전, 신판, 385면.
13 김학준, 가인 김병로 평전, 신판, 385면.

유연애가 풍조처럼 휩쓸 때, 김병로는 그러한 풍조에 일절 가담하지 않았다. 그의 몸에 배인 선비적 소양도 있거니와, 대인관계에서도 철저했다. 인격과 수양을 갖춘 인격자이자 어떤 사사로운 요소와 타협하지 않는 철저한 의무감이 체질화된 공인이었기에, 전시하의 위태로운 상황에서도 그는 원칙에서 조금도 벗어나지 않았다.

말이 나온 김에 김병로의 공인의식에 관련된 예화들을 언급해보자. 원래 가족관계에서, 특히 위기시에 공인의식을 시종일관 지켜낸다는 것은 정말 힘든 일이 아닐 수 없다. 그때까지 가족들은 가인의 공직생활로 관련하여 어떤 혜택을 본 적도 없었기에 그런 혜택 따위를 아예 기대하지도 않았다. 자신의 질녀가 호남 대부호의 며느리가 되었는데, 1950년대에 토지소송이 많자 아예 관사에 출입 자체를 못하게 막았다. 손자 종인이 부선망독자라 군면제를 받으려면 받을 수도 있었는데, 가인은 '남자가 국가에 대한 의무를 충실히 우선해야 한다고' 하도 강조해서, 김종인은 신체검사를 받기도 전에 자원해서 20살에 군대에 가서 현역복무를 했다.[14]

다시 6·25 전쟁판으로 돌아가본다. 부산에서 3개월간 머물던 김병로의 대법원은 9. 28. 서울수복 후 서울로 돌아왔으나, 중공군의 남침으로 다시 1·4후퇴 때 서울을 떠나 부산에 정착한다. 이때는 정부도 전국에 계엄령을 선포하고 정부 및 각 기관은 체계적으로 부산으로 이전했다. 부산에 세워진 임시수도는 1953년 7월 휴전협정 때까지 지속했다. 사법부는 부산 부민동에 있던 경남도지사 관사에서 업무를 보았다. 대법원청사가 별도로 있을 리 없었다. 서울에서 피난 온 법원, 검찰 모두 부산지방법원청사에서 사무를 보았다. 김병로는 거기서 밤늦게까지 재판기록을 보고, 법전을 편찬하는 일에 몰두하였다. 대법원장 퇴임직후 김병로는 다음과 같이 당시의 상황을 회고한 바 있다.

---

14 김종인 회고담, 2013. 6. 20.

천고의 유한遺恨인 6·25동란이 발발하여 갑자기 서울을 떠나게 되므로 일반 보관서류를 취합할 여유를 갖지 못하였을 뿐 아니라 법관 기타 직원도 다수가 한강을 건너지 못하고 적에게 납치살상의 참경을 당하고 말았습니다.

이와 같은 혼란 속에서 그 행동을 나와 같이한 대법관과 함께 수원, 대전, 대구를 거쳐 부산에 낙착되었으나 각 지방과의 교통은 두절된 상태였고 부산시는 정부, 각 기관, 군관계 기타 모든 피난민의 집중처가 되어 각 기관의 직원들은 집무할 처소도 마련하기 곤란하였고 직원들의 숙식할 곳도 마련될 수 없는 상태였으므로 우리 대법원과 서울고등법원, 서울지방법원 및 이에 대응한 3검찰청이 모두 부산지방법원청사의 일우一隅에 병설하고 당면사무를 수습처리하였으며 그때 나는 주로 밤낮없이 각 통신기관을 연락하여 각지의 전황의 추이와 외원군外援軍의 동향을 고찰하기에 종사하는 한편 아직 적의 침공을 받지 아니한 대구 고등법원 관하의 각 법원과 사무연락을 긴밀히 하기에 분망하였던 것입니다. 그러는 동안 영천에서의 한미합동작전의 맹타와 미美 제5공군의 낙동강폭격과 아울러 적에 대한 반공反攻작전이 급속한 승리를 얻었으며 이에 신속한 인천상륙작전의 성공으로 수도 서울을 탈환하게 되자 9월 27일 오후 10시경에 이르러 대통령 임시관저에서 소집된 정부요인회합에서 극비리로 맥아더 사령부 지시에 의하여 그 익일 벽두에 특별비행기로 (부산) 수영을 출발하여 김포비행장에 도착하였는데 그 날에도 동대문을 기점으로 시가소탕전이 계속 중에 있었음에도 불구하고 동일 오전 10시를 기하여 거의 파괴되어있는 중앙청에서 입성식을 거행하게 되었고 수삼일을 경과하여 부산으로부터 선편을 이용하여 정부 각 기관 직원들이 속속 수복함에 이르렀으나 각 청사는 혹은 소실되고 혹은 파괴되어 형언할 수 없는 상태에 있을 뿐 아니라 관공서나 개인을 물론하고 모든 기구와 서류 등은 전부 멸실되어 급속한 수습처리가 불가능한 상태에 있었던 것입니다. 서울법원 및 검찰청 건물도 요행히 전적 파괴는 되지 아니하였으나 내부 부분적 파괴가 심하였을 뿐 아니라 기구 서류 등은 거의 멸실되었으므로 사무집행이 극히 난관에 있었을뿐더러….

12월 초순부터는 중공군의 침공으로 정부 각 기관이나 민간인을 물론하고 다시 남하하지 아니하면 아니 될 참경에 이르렀으니 그 엄동설한에 민간인은 물론 정부 각 기관에 있어서도 공무원 및 그 가족의 수송상태가 극도의 위험에 봉착하였으며 우리 법원 및 검찰은 기결 미결에 관한 기록의 보존 및 재감자의 수송 등 그 혼란상태는 이루 형언할 수 없었던 것입니다.

우리 법원은 다시 부산에 이전하게 되어 9·28수복전 상태를 반복하게 되었는바 여기에 검찰이나 법원이 가장 곤란을 받은 것은 서울 각 형무소뿐만 아니라 다시 철수 남하한 각 지역에서 부산으로 수송된 기결수와 미결수가 혼잡이 되어 번호수도 알 수 없는 죄수가 각 감방에 충만하였으므로 검찰의 조사와 공판의 심리가 진척되지 않는 점이었습니다. 그 결과는 그 전 재감자명부에 의하여 매일 수 백명씩 호출하여 그 성명에 부합되어 출정한 자에만 심리를 하게 되었던 것입니다.[15]

전시 초기, 준비 없이 피난하고, 서울 수복과 1·4후퇴로 이어지는 미증유의 고난 속에서 사법부의 정상적 운영은 실로 어려웠다. 이 와중에서 김병로는 사법행정의 책임자로서 최선을 다해야 했다.

대법원장으로 재임할 당시에, 그는 전시하 사법행정의 상황을 다음과 같이 요약한 바 있다. 다음 기사는 1952년 12월 12일의 것이라, 바로 전시 상황에서 "사법감독관회의"에서의 "훈시"이므로, 훨씬 객관적이고 책임감 있는 언급이라 할 말이다.

북한 역도와 중공 적노의 침략으로 인하여 인명의 살상이나 우리 문화의 파멸이 유사 이래 가장 비참한 상태를 보게 된 것은 절치 통분함을 형언하기 어렵거니와, 우리 사법부 소관에 있어서도 … 법관 전원의 약 30퍼센트가 피살, 또는

---

15 조선일보 1958. 1. 9.자 1면 "가인 김병로 옹 노변담 — 병각을 무릅쓰고".

납치를 당하였고, 그 외 직원 다수도 역시 피살, 납치를 당하였습니다. 뿐만 아니라, 우리 법원 본사 또는 각 지원 청사가 소실 혹은 대파로서 새로운 건축이나 대수선을 요하게 되는 것이 약 50퍼센트 가까운 숫자를 보게 되었습니다. 그 외에도 각 법원 각 지원에 비치되었던 도서, 집기, 기타 등기, 호적에 관한 서류 등 거의 전부가 멸실을 당하였습니다. 이러한 사태에 있어서 수복되는 지역에 따라 지체없이 사무를 개시하여 모든 사무를 처리하기에 얼마나 곤란한 사정이 있겠습니까? 하물며 전반 직원의 생활상태는 아무리 최저한도일지라도 유지하기 불가능한 경우에 있는 한편, 수복과 동시에 군, 경, 검의 민속한 수사에 의하여 부역자, 또는 오열의 검거가 날로 격증하여서 그 처리에는 실로 초인간적 능률을 요청하지 않으면 아니 되게 되었던 것입니다. 한두 가지 예를 든다면, 9·28 서울 수복 후 1·4후퇴까지 2개월 남짓 되는 시일에 서울지방법원에서만 취급된 형사사건이 약 3천6백여 건에 달하였으며, 그 후에 계속하여 서울지방법원에서 오늘날까지 … 형사사건만도 1만 1천여 건을 돌파하게 되었습니다.

또 부산지방법원의 예로 보아 6·25사변 이후의 형사사건은 종전의 몇 배가 증가되어서 과거 2년동안 부산지방법원 사건 중 형사가 3만 2천여 건, 민사가 5천여 건, 이와 같은 천문학적 숫자를 나타내고 있었습니다. 이러한 현실에서 과거 2년동안 사법부에 큰 오점이 없이 오늘에 이른 것은 오로지 감독관 제위의 비상한 노력과 검찰청을 비롯한 각 수사기관의 간곡한 협력, 기타 행정 각 부문의 원조의 결과를 실로 감사하여 마지 않는 바입니다.[16]

인적 피해, 물적 손실, 자료의 멸실, 생활유지의 어려움이라는 "초비상적 곤란" 하에서, 엄청나게 격증한 중대사건을 처리하느라 실로 분망했음을 알 수 있다. 이와 같은 상황에서 그는 "대한민국 국민된 자는 공생동사의 원칙"을 알아야 함을 역설했다. 살면 다 살고 죽으면 다 죽는 실정 하에

---

16 사법감독관회의, 훈시, 대법원장 김병로, 1952. 12. 12(김진배, 가인 김병로, 385~386면).

서, "누구 한 사람이 자신의 사리사욕을 추구하여 잘 살아보겠다고 해본다 할지라도, 절대로 불가능하다는" 믿음을 역설하면서 사법관들을 격려하고 있다. 전시하라고 해서 모든 공직자들이 공생동사의 자세로 임했다고 단언할 수는 없지만, 적어도 김병로는 이러한 기준에 한 치의 어긋남이 없었다.

2. 전시하의 법전편찬: 불식지공의 의지로

1949년 들어 본격화된 법전편찬작업은 1949. 11.에 이르러 형법 초안의 완성으로 하나의 결실을 맺었다. 형법이 제정되면 그 절차법인 형사소송법의 제정에 급박하게 착수해야 한다. 절차법 없는 실체법은 소기의 성과를 낼 수 없는 것이다. 더욱이 형사소송법은 식민지 법체제를 벗어나기 위해, 그 식민지적 억압성을 씻어내고 인권보장을 원칙으로 한 새로운 국가규범의 정립을 위해 필수적인 것으로 인식되었다.

그러나 형사소송법의 즉각적 편찬은 여의치 않았다. 무엇보다 법전편찬위원장인 김병로의 건강이 악화되어 입원과 수술, 다리 절단과 같은 힘든 상황을 맞았기 때문이다. 형사소송법의 중요성에 비추어, 형소법의 제정작업은 위원장인 김병로의 절대적 역할을 기대하던 터라, 그를 빼고는 어떠한 추진력을 가질 수 없기도 했다. 김병로 자신의 회고를 빌려온다.

> 우리 법전편찬위원회는 발족은 4281년(1948년)에 발족했다고 하지만 사실은 불가항력으로 몇 달 안 되어 거기 책임자인 내가 병으로서 한 반년 동안을 병원에 있었습니다. 그 뒤로 또다시 병원에서 나와서 착수를 할려고 했지만 불과 몇 … 얼마 안 되어 곧 6·25사변이 났습니다.[17]

---

17 1957. 11. 6. 민법안 심의를 위한 제26회 국회 본회의에 출석하여 제안설명한 서두.

가인의 병고에 이어 6·25가 나면서 위원회 차원의 작업은 더 이상 진척될 수 없었다. 그러나 부산 피난처에서 그는 불굴의 의지로 형사소송법, 민법, 민사소송법 등 기본법률의 초안을 만들어갔다. 그때의 자세에 대하여 김병로는 몇몇 곳에서 언급하고 있다.

그러다가 6·25동란에 부산을 내려갔습니다. … 그러나 그때에 다 알으시는 바와 같이 법조계의 사람도 많이 저 공산역도의 손에 살상 또는 납치를 당하고 사법부 자체의 운영에 있어서도 인원의 부족이라고 말하는 것보다도 가위 사무를 집행하기에 가능치 못한 지경에까지 이르렀습니다. 그래서 사실은 본인으로서는 거기에 법전편찬위원회의 책임자의 한 사람입니다만, 혹은 다행일는지도 몰라요. 이 다리가 불구가 되어서 어디 출입이라는 것은 전연히 없습니다. 그저 법원에 나갔다 오는 그 외의 시간, 일요일이나 밤이나 아침이나 무슨 다른 데는 한 시간도 빌릴 새 없이 그 시간을 이용해서 … 불식지공不息之工으로 참 기안을 시작했습니다.[18]

전시하에 임시 거처에서, 다른 전문위원을 제대로 활용할 수도 없는 가운데, 김병로는 거의 단신으로 기본법전의 조문을 만들어갔다. 어디 출입도 하기 어려운 불구의 다리를 오히려 다행으로 여기면서, 법원직무 이외의 일체의 시간을 쏟아부어 쉬지 않는 공력(불식지공)으로 한 조항 한 조항을 붓끝으로 써내려간 것이다.

전쟁이 났을 때 급박하게 철수한 지라 그동안의 참고자료를 가져갈 수도 없었다. 이인(법전편찬위 부위원장)이 개인적으로 일부를 챙겨갔고, 또 다른 자료가 조금씩 있었겠지만 절대적인 자료부족과 보조인력 부족상태에서 김병로는 법전편찬을 해갔던 것이다.

---

18 제26회 국회정기회의속기록 제30호, 1957. 11. 6.

여러분이 아시는 바와 같이 피난 중에, 혹은 밤에 불이 없으면 머리로 숙려 고찰을 하고, 불이 있고 날이 되면 외국서적과 나의 생각과 비교를 해서 이래서 총망 중에 이것(형사소송법안: 필자 주)이 편찬된 것이니까 그 점은 누구나 다 인정하실 줄로 생각합니다.[19]

전시하 부산에서는 수시로 야간정전이 되었다. 김병로는 정전이 되면 "머리로 숙려 고찰"하고, 불이 들어온 야간이나 혹은 주간에는 그 생각을 "외국서적과 비교"를 해가며 조문을 만들어간 것이다. 그 점에서 우리의 기본법률에는 단순한 번역, 번안이 아닌, 비교고찰이 들어있고, 무엇보다 김병로 자신의 숙려고찰이 바탕이 되어 있음을 잊을 수 없다.

김병로 자신은 "약간 서류를 참고하면서 내가 또 조년早年부터 오늘날까지 한 40년동안 머리 속에 항상 떠나지 않고 있던 그 관념을 냉철하게 생각해서 이 법안을 기안에 착수하게 되었다"(앞의 26회)고 한다. 즉 그가 법전문가로서 길을 걷던 1910년대 중반부터 40년동안 늘 염두에 두고 있던 그 관념을 법률안 속에 녹여냈다는 것이다. 따라서 그의 법전편찬작업은, 시대적 사명일 뿐 아니라, 개인적으로 몇 십년동안의 염두과제의 실현이기도 했던 것이다. 전시의 참담한 고난의 세월동안, 그는 가정의 횡액과 신체적 불편을 딛고 기본법전 편찬이라는 대역사를 일구어내는 데 바친 것이다.

3. 법관윤리의 정립과 실천

김병로는 1948년 대법원장 취임인사를 하면서, 사법기관의 종사자는 "자가의 수양"과 "기술적 단련"에 힘써야 함을 역설했다. "사법에 몸을 두

---

19 신양균, 형사소송법 제·개정자료집, 한국형사정책연구원, 2009, 124면.

는 사람은 자기 몸을 갖는 데 있어서 어떠한 사람도 의심하지 않는 확신성을 가져야" 한다고 역설했다. 자가수양은 법관의 윤리성이고, 기술적 단련은 법전문가로서의 실력을 말함이니, 모름지기 법관이란 윤리성과 전문성으로 국민 앞에 신뢰를 얻어야 한다는 것이다. 우선 대법원장 자신부터 어그러짐이 없도록 하겠다고 다짐했다.

대한민국 정부가 출범하면서 첫 단계에 사법부의 위상을 확립하고 법관의 자세를 확립하는 것은 무엇보다 중요하다. 대법원장으로서 김병로는 초창기 사법부의 독립과 함께, 법관의 자세 정립에도 각별히 힘썼다. 대법원의 주도로 매년 '사법감독관회의'나 '법관훈련회동' 등의 모임을 개최하고, 그 첫 머리에 대법원장의 '훈시' 등의 형태로 법관의 정신, 자세, 재판에서 유의할 점 등을 역설했다. 자신이 "그동안 법관으로서의 소양과 자격을 구비하기 위하여 노력해온 경험을, 법관으로서의 실제 면에 비추어" 말하므로, 그 내용이 구체적이고 실감이 있었다. 어떤 외국 학자나 실무가의 인용이 일체 없이, 자신에게 체화된 내용을 전달하고 있는 것이다. 그 훈시나 기념사는 대법원장 본인이 직접 쓰거나 구두로 하였던 것이다.[20]

김병로에게 법관은 무엇보다 '정의의 수호자'이다. 법관은 정의의 수호자로서의 역할을 다해야 한다. "법관은 다른 직업에 비해 참으로 의의가 깊고 위엄이 있는 직책의 수행자"이다. '법원은 신성한 전당이요, 법관은 정의의 상징이다'라고 하는 것은 법원은 사람의 정당과 부정당, 즉 사람의 선악을 구별하여 선언하는 곳이며, 법관은 모든 사람의 선악 시비를 판단하고 결정하고 선언하는 중책을 수행한다. 법관은 어디까지나 정의의 상징이라는 자부 밑에 양심을 통해서 양심이 지지하는 대로만 행동해야 한다.[21] 모든 것을 정의에 입각해서 행동하지 않으면 법관으로서는 타락된 것이다.

김병로 대법원장은 법관들에게, 한마디로 법관은 "정의의 상징"이란 자

---

20 김제형, 가인 — 그 의연한 사표, 인권과 정의, 92, 1981.11 · 12, 대한변호사협회.
21 대법원장 김병로, 1954년 법관 훈련 회동 훈시, 1953. 3. 20.(김진배, 가인 김병로, 401~402면).

부심을 갖고, 양심에 입각해서 판단해야 하는 신성한 직업임을 역설하고 있다. 정의의 상징으로서의 법관은 완전무결해야 한다. 심지어 김병로는 다음과 같은 절대적 주문을 내놓기까지 한다.

세상 사람이 다 부정의에 빠져간다 할지라도 법관만큼은 정의를 최후까지 사수해야 한다.[22]

법관은 사법권 독립을 위하여 책임이 큰 것이며, 그러므로 질 수 없는 책임이라도 져야 된다는 것입니다. … 사법관은 짝할 사람이 없습니다. 우리 사법관들은 오직 '정의의 변호사'가 됨으로써 3천 만이 신뢰할 수 있는 사법의 권위를 세우는 데 휴식이 있어서는 안 될 것입니다.[23]

폭군적인 집권자가 형식상인 법에 의거한 행동인 듯이 입법기관을 강요하거나 국민의 의사에 의한 조작하는 수법은 민주법치국가에서는 있을 수 없는 일이며 이를 억제할 수 있는 것은 사법부의 독립뿐이다.[24]

세상의 부정의, 심지어 폭군적 지배자의 강요를 억제시키기 위해서는, 법관이 정의의 변호사로서 국민의 신뢰를 받고, 사법부의 독립을 확고히 하는 것 뿐이다. 정의를 최후까지 사수하는 법관, 사법부의 독립과 권위를 확립하는 것은 대법원장 김병로의 지상과제였던 것이다. 김병로 대법원장의 사법권 독립에 대한 자세가 워낙 확고했기에, 이승만 대통령도 한국의 사법부는 세계에 없는 권한을 행사한다는 불만과 함께 가인의 고집이 심하다는 투정섞인 불평은 하였으나, 감히 사법부에 간섭하지는 못하였다.[25]

---

22 대법원장 김병로, 1954년 법관 훈련 회동 훈시, 1953. 3. 20.(김진배, 가인 김병로, 403면).

23 대법원장 김병로, 1957년도 사법 감독관 회동 훈시, 1957. 4. 26.(김진배, 가인 김병로, 417면).

24 김진배, 〈특집〉 사법부독립의 토대를 확립한 초대 대법원장 김병로, 인권과 정의, 92, 대한변호사협회, 1983. 11·12, 24면.

25 당시 관습에, 정초에 이승만 대통령을 예방하실 때 대법관들과 함께 선생을 모시고 몇 차례 따라간 일이 있었는데, 대통령을 대하는 자세가 3권의 一府인 사법부의 장으로서 과함이나 부족이 없는 늠름한 자세였다. 오만도 비굴도 없는 오직 의연하고 당당한 자세였던 것이다(김제형, 가인 — 그 의연한 사표, 인권과 정의, 92, 대한

대통령이 이러니, 국무위원이나 정부기관은 더 말할 것도 없었다. 김병로 대법원장은 온몸으로, 당당하게, 사법부를 지켜냈던 것이다.[26]

참다운 법관이 되기 위해서는 또한 법지식의 구비 뿐 아니라, 법관으로서 숭앙받을 만한 인격을 구비해야 한다. 항상 양심에 의거하여 책임있고 자유롭게 임해야 한다.[27] "세상의 모든 권력과 금력과 인연 등이 법관을 둘러싸고 법관을 유혹하며, 법관을 정궤正軌에서 일탈하도록 한다. 내 마음이 약하고 내 힘이 모자라서 유혹당하게 된다면 인생의 파멸을 의미할 뿐 아니라, 법관된 존엄성에 비추어 도저히 용인할 수 없는 심각한 문제가 된다. 그러므로 법관은 이성에 입각한 정의감으로 사리를 판단해야 한다."[28]

여러 유혹 중에서도 정실에 이끌리는 것은 예나 이제나 문제다. 김병로는 "특히 법관된 자로서는 정실에 끌려서는 안됨"을 거듭 훈시하고 있다. "사건의 전후 관계와 진실을 파악하지 않고, 정실 등에 휩쓸려 소홀한 판단을 내리게 된다면, 법관으로서는 더할 수 없는 과오를 범하게 된다." 법관은 "어떠한 사건에 있어서든지 친분, 감정을 초월하여 이성에 입각한 공정한 판단을 해야" 한다. 법관은 '양심과 이성'을 생명처럼 알아야 하며, 이를 굳게 지킴으로써 법관된 책임을 다하게 되는 것이다.[29]

대법원장 훈시를 통해, 김병로는 법관윤리의 요체에 대해 역설했다.

> 법관은 세상 사람으로부터 의심을 받아서는 안 된다.[30]
>
> 법관 한 사람의 명예실추는 법관 전체의 명예실추가 된다.[31]
>
> 판단을 하기 전에 법정 내외를 막론하고 (의견을) 표시해서는 안 된다.[32]

변호사협회, 1983. 11 · 12, 21면).

26 김제형, 가인 — 그 의연한 사표, 인권과 정의, 92, 대한변호사협회, 1981.11 · 12, 21면.

27 대법원장 김병로, 1953년도 법관 훈련 회동 훈시, 1953. 10. 12.(김진배, 가인 김병로, 396면).

28 대법원장 김병로, 1954년도 법관 훈련 회동 훈시, 1954. 3. 20.(김진배, 가인 김병로, 402면).

29 대법원장 김병로, 1953년도 법관 훈련 회동 훈시, 1953. 10. 12.(김진배, 가인 김병로, 396면).

30 대법원장 김병로, 1953년도 법관 훈련 회동 훈시, 1953. 10. 12.(김진배, 가인 김병로, 396면).

31 대법원장 김병로, 1953년도 법관 훈련 회동 훈시, 1953. 10. 12.(김진배, 가인 김병로, 396면).

32 대법원장 김병로, 1953년도 법관 훈련 회동 훈시, 1953. 10. 12.(김진배, 가인 김병로, 397면).

법관은 냉철하고 공정하고 불편부당한 공허한 심정을 가지고 임하지 않으면 아니 될 것이다.[33]

이 같은 추상적 명제에 더하여, 김병로는 법관의 일상에서 저질러질 실수나 잘못에 대해, 훈도하듯이 세세하게 지적하기도 했다. "음주를 근신해야 한다"거나 "특히 유희 문제(특히 마작, 화투 등)으로 실패한 사람이 적지 않"음을 들어 경계시키고 있다.[34] 법관의 사교관계에 대해서도 마찬가지다.

법관이라 해서 사교가 없을 수 없는 것입니다. 그러나 어떠한 사건을 심리하는 동안에 그 당사자나 소송 관계자들과 사적 회합을 한다는 것은 근신해야 할 것이라고 생각합니다. 이것은 일방으로는 그 사건의 상대방이나 다른 일반 사람에게 오해를 사게 될 우려가 있고, 또 사람이라는 것은 일상 감정이 움직이기 쉽기 때문에 사적 교합이 빈번하다면, 아무리 해도 그 감정에 끌려 가지고, 냉철한 판단을 하기에 장애가 될 가능성이 있다는 것을 생각하는 것입니다.[35]

오늘날 법관의 사적 회합에 대하여 세세한 법관윤리의 기준이 만들어져 시행되고 있다. 법정외 변론이나 전화청탁 등이 문제시되고 있는데, 김병로는 일찍이 사적 회합을 통한 일방적 소통의 위험성을 일깨운다. 냉철한 판단에 장애가 될 뿐 아니라, 법관의 공정성에 대한 오해를 불러일으킬 수 있기에 이런 점을 근신시키고 있는 것이다. 김병로가 즐겨쓴 휘호(좌우명) 가운데 "계구신독戒懼愼獨"[36]이 있는데, 이는 늘 경계하고, 두려워하고, 홀로

---

33 대법원장 김병로, 1952년도 사법 감독관 회의 훈시, 1952. 12. 12.(김진배, 가인 김병로, 390면).

34 대법원장 김병로, 1953년도 법관 훈련 회동 훈시, 1953. 10. 12.(김진배, 가인 김병로, 397면).

35 대법원장 김병로, 1952년도 사법 감독관 회의 훈시, 1952. 12. 12.(김진배, 가인 김병로, 387~388면).

36 계구신독은, 이율곡의 〈자경문〉의 한 부분이기도 하고, 김병로가 소년시절에 사숙했던 간재 전우 선생이 즐겨 쓰던 글귀의 하나라 한다. 계구란, 매사에 진실하게 임하고, 매사에 두려워할 만큼 엄히 경계하라, 신독이란 홀로 있더라도 매사에 신칙(申飭) 삼가라는 뜻이다. 양승태 대법원장은 2012. 4. 2. 신임법관 임명식에서 "계구신독"을 거론하며, 법관의 자세를 일깨웠다고 한다(서울신문 2012. 4. 3.자.). 이처럼 계구신독은 대법원장을

있을 때도 신중해라는 것이니, 법관은 언제나 신중하고 삼가는 태도로 임해야 한다는 것이다. 다산 정약용 선생이 형사재판에 관하여 책을 펴내면서 늘 삼가고 삼갈 것(흠흠)을 일깨운 것과 일맥상통한다고 할 것이다.

김병로는 사법운영에서 제일 중요한 문제의 하나로 "형의 양정의 균형"을 꼽았다. 형의 양정은 각 법관의 독립심판의 직권에 속한 것이지만, "사법의 위신과 인권 옹호에 큰 영향을 주는 문제"가 아닐 수 없는데, 실제 양형에서의 불균형이 극심하다고 판단했다. 불균형이 두드러진 것은 집행유예 여부였다. 집행유예는 범죄의 동기나 정상에 특수한 사정이 있고, 재범의 우려가 없을 것임을 확인하는 경우에 할 수 있는 것인데, 법관들이 자신의 직권에 속한다고 하여 이를 남용한다면 외부로부터 "불미한 혐의"를 면치 못할 것으로 본 것이다. 그중에서도 업무상 횡령 등 중죄에 대해 집행유예를 한다는 것은 금물이어야 한다고 주장했다. 법관의 임무 중의 하나는 "공무원의 비행을 응징하여 이것을 일소하는 것"이다. 그런데 공무원범죄 기타 고위층 범죄에 대하여 집행유예를 남용한다면, 공무원범죄를 일증케 하는 결과를 초래할 것이다. 공무원범죄를 강력히 응징하지 못하면, 사법의 전당을 출입하면서 "무슨 마음으로 사회에 대할 용기가 있겠습니까"[37]까지 말하고 있는 것이다.

4. 성실한 재판, 박람강기의 지식

김병로는 법관들에게, 윤리성과 함께 전문성을 겸비할 것을 거듭 강조하였다. 전문성에 관한 한, 김병로 자신이 가장 해박하고 탁월하였음은 여러 법관들이 일치하여 증언하고 있다. 우선 1950년대 중반에 대법관이 되

비롯하여 법원장들이 자주 인용해오고 있다.

37 대법원장 김병로, 1955년도 사법 감독관 회의 훈시, 1955. 12. 1.(김진배, 가인 김병로, 408면).

어, 김병로와 함께 재판을 했던 고재호 대법관의 증언을 보자.

> 가인 김병로 대법원장은 해박한 법률지식과 열성을 겸한 훌륭한 법관이기도 했다. 내가 근무할 당시 가인은 형사와 행정사건만을 맡고 있었는데도 언제나 민사기록까지 훑어보고 자신의 노트에 깨알 만한 글씨로 몇 줄 요점을 적어놓고 나름대로 결론까지 내리곤 했다. 그러다가 선고된 민사판결의 초고를 가져다 보고 주심의 결론이 자기와 다르다 싶으면, 주심을 원장실로 불러 토론하곤 했다. 물론 기각이냐 파기냐 하는 주문이 달라지는 경우는 극히 드물었으나, 대법원장으로서 기록을 읽고 메모하고 연구하는 그의 자세는 예나 지금이나 드문 일이다.[38]

당시 대법원의 재판업무는 민사부와 형사부(행정사건도 분담처리)의 2개 부를 각각 대법관 4인과 대법관직무대리 1인 등 5인으로 구성하고, 형사부는 대법원장이 직접 재판장을 맡았다. 사건 합의에는 대법원장이 형사사건과 행정사건에만 관여했다. 대법원장은 사법행정 전반을 책임지고 있었던 만큼 개별 사건의 재판에 실질적으로 관여한다는 것도 쉬운 일은 아니었을 것이다. 그러나 김병로는 자신이 맡은 형사, 행정사건에 직접적으로 관여하여 재판에 임했다. 그는 형사사건, 행정사건의 기록을 미리 다 보고 요점을 정리해놓고, 나름대로 결론까지 내리고 있었다. 형사·행정사건에서 합의 시에는 자신의 비망록을 보면서 주심대법관의 사건설명을 경청했고, 그 설명이 미흡할 때에는 대법원장 자신이 직접 설명을 더하곤 했다는 것이다.[39]

민사사건에서는 민사부에서 합의를 하여 판결문을 작성한 다음, 당사자에게 송달하기 전에 대법원장에게 보고했다고 한다. 그런데, 김병로 자신

---

38 고재호, 법조반백년, 박영사, 1985, 18면.
39 김제형, 가인 — 그 의연한 사표, 20면.

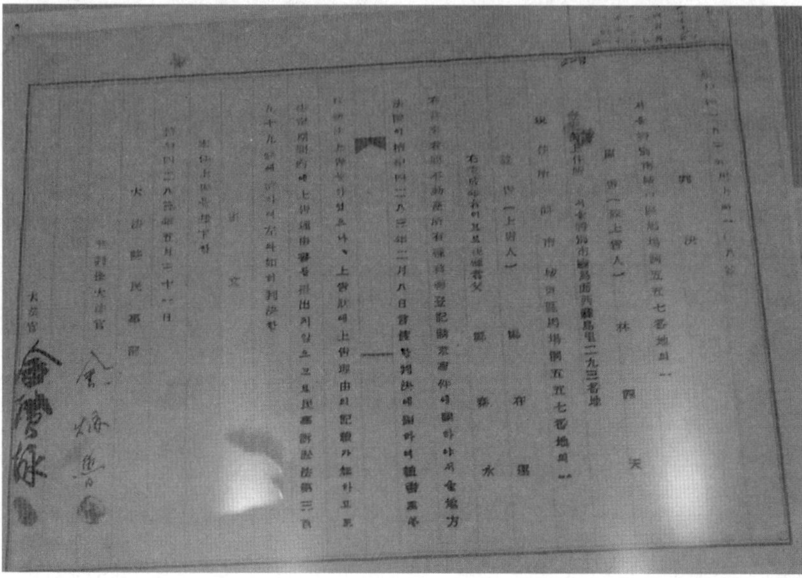

대법원판결문(1951)

은 형사·행정사건 뿐 아니라, 이미 민사사건의 기록까지 훑어 본 다음 메모를 해놓고 있었다. 민사판결문을 대법원장에게 보고하면, 김병로는 그 판결문 중 주문을 보고 자신이 메모해둔 것과 일치하면 더 이상 판결문 전문을 읽지 않고 넘어갔지만, 판결문 주문과 자신이 메모해둔 견해와 다르면 판결이유까지 세심히 읽었다. 판결문 주문과 이유 모두 자신과 견해가 다르면, 주심대법관을 불러 함께 그 판결문을 검토했다.[40] 그리하여 대법원의 심판사건 전체에 대하여 소홀함이 없이 관여했던 것이다.

이것은 그냥 실력만으로 되는 것이 아니고, 끝없는 성실성으로 뒷받침되어야 가능할 것이다. 실제로 김병로는 등청한 경우는 물론 사저에서도 "언제나 기록과 서류를 검토"하였다. 대법원에서 대법관직무대리의 자격으로 재판에 관여했던 김제형의 본 바에 의하면, 자신이 "대법원장실이나 집무실로 찾아뵈올 때마다 언제나 기록을 보고 계셨던 것을 생생히 기억

40 김제형, 가인 — 그 의연한 사표, 20면.

한다"[41]고 회고한 바 있다.

다시 김제형에 의하면, 대법원장의 말씀은 "이로理路가 정연하셨다. 형사사건을 합의할 때 그 분이 설명하는 것을 들으면 특히 그랬다. 공소사실은 이렇고, 원판결이유는 이런데 상고이유는 이러하니 상고기각 또는 파기 아니냐 하시면 그것이 바로 판결문이 될 만큼 정확, 분명한 것이었다."[42] 또한 법관들이 법해석이나 법내부 논리에만 사로잡혀 입법의 취지나 해법의 맥점을 놓치는 경우가 없지 않는데, 그 면에서 김병로는 전혀 달랐다.

그분은 또 법률가이면서도 법률가가 빠지기 쉬운 편협함이나 형식논리를 초월하고 계셨다. 당시 내가 소속해 있었던 민사부에서 농지개혁법 사건으로 분배대상농지의 정부에 매수되는 시기에 관하여 견해가 대립되어 있었다. 이렇게 결론을 내지 못하고 있던 중, 민사부 대법관들이 나에게 그 점에 대한 대법원장의 견해를 들어오라고 하여 찾아뵙고 여쭈어본 일이 있었다. 내 설명을 들으시고 그분은 즉시 말씀하시기를 도대체 농지개혁법이라는 법률은 사인의 소유농지를 정부가 강제로 매수하여 농민에게 분배한다는 것이니 혁명적인 법률인 것이다. 그러므로 그 해석도 그 법률의 혁명적 입법취지에 맞도록 해야 한다고 하시면서, 농지개혁법 공포와 동시에 다른 행정행위가 필요 없이 당연히 정부에 매수된다고 해석해야 한다는 결론을 내시는 것이었다. 이렇게 하여 대법관들이 오랫동안 갑론을박하던 것은 대법원장에 의해 너무도 쉽사리 결론이 나버릴 수 있었던 것이다. 민사부가 견해를 따라 처리하였음은 물론이고, 현재도 누구에게도 이의가 없는 당연한 이론으로 확립되어 있다.[43]

가인은 판사로서 탁월한 법해석자였을 뿐 아니라, 입법의 취지까지 꿰

---

41 김제형, 가인 — 그 의연한 사표, 21면.
42 김제형, 가인 — 그 의연한 사표, 21면.
43 김제형, 가인 — 그 의연한 사표, 21면.

뚫고 있었다. 실제로 그는 기본법률의 제정자였을 뿐 아니라, 농지개혁법과 같은 혁명적 입법에 대해서는 농지개혁의 필요성을 주창하였고, 법률의 취지가 온전히 관철될 수 있도록 해야 함을 역설했다. 그러나 적법절차를 무시하고까지 농지개혁법이 강행될 수 있도록 하는 데는 지원의 손길을 주지는 아니하였다. 농지개혁법에서, 농지분배를 받은 자가 상환금을 납입하지 않는 경우에 정부는 그 농지의 반환을 요구하기 위하여 법원에 제소할 수 있다고 규정하고 있는데, 그때 "최종법원은 2심 상급법원까지로 한다"고 규정하고 있었다. 그에 대해 대법원은 위헌제청을 하였고, 헌법위원회에서는 "최종심으로서 대법원의 심판을 받을 권리"라는 국민의 기본권을 박탈한 것으로 위헌이라고 선언했다.[44] 대법원의 장이자, 헌법위원회의 위원으로서 실질적으로 헌법위원회를 주도하고 있던 김병로는 혁명적 입법이라 하더라도 국민의 재판청구권이란 기본권을 침해해서는 안 됨을 선언하였다. 이와 같이 입법취지와 헌법적 권리 사이의 균형을 취하고 있는 것이다.

김병로의 법률분야의 지식의 깊이가 넓이가 제일이었지만, 그의 지식과 관심은 법률분야 뿐 아니라 전 분야에 폭넓게 펼쳐져 있었다. 고재호 대법관은 가인의 '총명'이 제일이라고 보았으며, 대법관의 직무대리를 오래 했던 김제형 판사는 이를 '박람강기' '만물박사'라 회고한 바 있다.

언젠가 가인이 우리들과 잡담을 하는 자리에서 원로 변호사 중 머리 좋기로는 첫째가 김명수, 그 다음은 정구창을 꼽는다고 말한 일이 있었는데, 나는 그분 자신의 총명이 가장 뛰어난 쪽이 아니었던가 생각한다.[45]

가인街人 선생을 말함에 있어 빼 놓을 수 없는 것 이 박람강기博覽強記하심이

---

44 1952. 9. 9. 4285헌위1.
45 고재호, 법조 반백년, 18면.

다. 선생은 워낙 박학하시어 법률이론이나 실제는 물론 정치, 경제, 국제문제에도 막힘이 없었다. 도시 모르는 것이 없는 분 같았다. 그래서 당시 모시고 있던, 우리들은 그분을 만물박사라고 한 일도 있었다. 언젠가는 신문이나 잡지 따위에 나오는 지식으로는 그 분을 감당할 수 없으니 신문이 미처 보도하지 못 한 신무기를 연구하여 이야기해야 비로소 그 분을 당할 수 있을 것이라는 농담을 서로 나눈 적도 있다. 그러나 그분의 박학은 단순한 박람이 아니며, 그분의 비상한 기억력 또한 당신을 나타내기 위함이 아니었던 것이다.[46]

실제로 가인은 입법과정에서도 동서고금의 다양한 예를 들어 논리를 보강하는 모습을 보여준다. 또한 법관들을 상대로 한 훈시에서는 국제관계에 대한 판단과 민족의 진로에 대한 걱정을 빈번하게 피력하였다. 또한 남북관계에 대한 깊은 우려를 종종 표현하면서, 정치적 대안을 종종 피력하였다. 다음이 그 한 전형이다.

"해방 후 10년을 경과한 오늘날까지 우리의 최고사명인 통일사업을 이루지 못하고, 국민의 생활안정도 전도 요원한 바 있으며, 더욱기 잔인무도한 공산박해에 헤매는 북한동포의 참상을 생각할 때에 심골에 사무친 비애와 통분을 금할 수 없습니다.… (국제동향과 자유세계의 약소국가들이 가질 위구심에 대해 말하고…) 이러한 정세에 놓여있는 대한민국 국민된 자는 우리에게 있는 모든 문제는 우리의 힘으로 해결하여야 한다는 각오를 새롭게 하여 남에게 부화하거나 의존하는 헛된 생각을 버리고, 각자의 정신력을 일치 강화하여 국력을 증대함에 매진하여야 할 것입니다.

그리하여, 국력태세를 강화 정비함에는 개선을 요할 문제가 허다하지마는 과거 1년간의 실증을 고려하여 나의 절실히 요청하는 바는, 첫째 외교진영을 강화

46 김제형, 가인 — 그 의연한 사표, 21면.

하여 대외문제 해결에 주도적 역량을 발휘하여야 하며, 둘째 군관계 법령을 급속 정비하여 군기를 숙정하고, 병역의무의 기피를 근절시켜야 하며, 셋째 세제개혁과 세무행정을 강화하여 국민 담세의 균형 및 징수의 정확을 기하여야 하며, 넷째 문교행정을 강화하여 학원모리를 절대 금단하고, 교육의 질적 향상을 기하여야 하며, 다섯째 기구의 폐합과 행정 정리를 단행하고, 공무원의 최저생활을 유지케 할 방도를 급속 실현할 것 등입니다.[47]

그가 단순히 법률가가 아니라 우국지사로서 진실로 나라걱정을 흉중에 늘 갖고 있었기 때문에 나오는 논리이기도 하다. 다음은 김제형의 회고의 한 부분이다.

언젠가 주한 미국대사가 우리 대법원장을 예방한 일이 있었다. 공교롭게 내가 그 자리에 배석하게 되었는데 나는 그분들의 대화의 추이를 유심히 지켜보게 되었다. 그런데 놀랍게도 대법원장께서는 미국의 대공산권정책, 대중동정책, 대일본정책 등에 관하여 그 분의 견해를 당당하게 피력하셨고, 주한미국대사는 열심히, 그리고 정중히 경청하는데 꼭 한국인 젊은이가 존경하는 어른의 말씀을 듣는 자세를 방불케 하는 것이었다. 그는 아무런 반론이나 사족을 붙이지도 못하면서 그저 감탄만 연발하고 있었다.[48]

이와 같이 김병로의 식견은 해박한 법률지식 뿐 아니라, 다방면에서의 박람강기로 뒷받침되어 있으며, 거기에 우국지사로서 민족지도자로서의 식견을 두루 갖춘 것이었다. 그의 말은 그러한 식견에 의해 뒷받침되어 거칠게 없이 당당하게 펼쳐졌던 것이다.

---

47 김병로, 연두사, 자주적으로 국력을 배양하자! 타력의존은 허망虛妄된 생각. 법률신문, 1956. 1. 2.자.
48 김제형, 가인 — 그 의연한 사표, 22면.

김병로 대법원장 다우링 미국대사 접견 악수(출처: 국가기록원)

김병로 대법원장 다우링 미국대사 접견 담화(출처: 국가기록원)

5. 청렴강직, 지공무사한 법관상

대법원장으로서 김병로의 평가에는 '청렴·강직'이란 단어가 붙어다닌다. 그에 관한 일화도 풍성하다. 초대 대법원장 재임기간동안 김병로가 철저하게 강조하는 것은 법관의 청렴과 강직이다. 단순히 말로써 강조하는데 그치지 않고, 스스로 확실한 모범을 보였다.[49] 그 때문에 불평도 적지 않았고, 안타까운 일도 적지 않았지만, 김병로는 청렴을 법관의 절대적 덕목으로 시종일관 강조했다.

가인은 공과 사를 철저히 분리하여, 선공후사를 실천했다. 대법원장 시기에 국가 전체의 살림이 형편없었지만, 그중에서 사법부에 대한 예산배정은 너무나 인색했다. 그러나 그 인색한 형편 가운데서도 물자를 극히 아껴 썼다. "나라가 어지럽고 경제가 어려울 때 연필 한 자루, 잉크 한 병, 종이 한 장이라도 국산을 써야 겠다"는 자세를 견지했다. 다른 곳은 다 흐린데 사법부만 깨끗하다고 우리 사회가 깨끗해질 수 있겠느냐 하는 냉소적인 시선도 있을 수 있지만, 김병로는 "다른 곳이야 어떻든 간에 자기가 맡은 위치에서만이라도 깨끗해진다면 그 자리만이라도 깨끗해지지 않겠느냐."[50]는 자세로 일관했다.

대법원장직인

예산을 극히 아껴 써서 예산이 남으면 부처 내에서 이리저리 유용해서 활용하는 것은 오래된 폐습이다. 그러나 김병로 체제하의 사법부에서는 대법

---

49 김진배, 〈특집〉 사법부독립의 토대를 확립한 초대 대법원장 김병로, 인권과 정의, 92, 대한변호사협회, 1983. 11·12, 25면.

50 김진배 의원 담. 가인 김병로 특집, 인권과 정의, 92, 대한변호사협회, 1983. 11·12, 10면.

원 예산이 남으면 꼭 돌려주었다. "우리나라 관청으로서 이렇게 하는 데는 없었을 것"[51]이라는 당시 대법원의 자부심이었다. 법원의 자동차 수리를 위해서도 대법원장의 결재를 받아야 했기에, "빵꾸 때우는 데도 대법원장이 관여한다"는 소문이 날 정도였다고 한다.

가인은 외제품을 극력 배격하고 국산장려를 했다. 그것은 물자의 절검에 더하여 특별한 내력이 있었던 듯하다. 김병로는 이인과 더불어 일제하에 물산장려운동에 적극 뛰어들었다. 당시 김종근, 한근조, 이인, 김병로는 조만식이 중심이 된 물산장려운동의 적극적 동반자였던 것이다. 물자절약과 국산품애용이 몸에 배인 것이다. 다음 일화가 있다.

> "당시 정치적 사건 같은 것은 특무대에서 다루어 넘어오는 것이 상당히 있어요. 그래서 특무대장인 김창룡 씨가 법원을 자주 드나들게 되었는데, 가인 선생께서는 이것을 아주 탐탁하게 생각하지를 않았어요. 그러나 이 박사의 신임을 얻고 있는 사람이고 하여 어쩔 수는 없었는데 하루는 가인 선생이 담배를 피울려고 필터가 없는 담배를 반을 짤라서 파이프에 꽂아 피울려고 하니까 김창룡 씨가 "담배 여기 있습니다" 하면서 주머니에서 양담배를 꺼내서 권하면서 라이타로 불을 켜니까 "나는 그런 담배 맛이 없어 안 피워" 하면서 "국가의 중요한 직책에 있는 사람이 양담배를 피우면 되는가"하고 점잖게 타일렀다 하는 얘기도 있어요."[52]

가인은 일제 때부터 애연가로 이름이 있었다. 그런데 담배를 피울 때 늘 필터가 없는 담배를 반을 잘라 파이프에 꽂아 피우는 습관이 있었다. 담배는 늘 국산이었다. 그런데 고위공무원이 양담배를 피우면 되는가로 일침을 가하면서, 특무대장의 오만함을 견제했다. 나는 새도 떨어뜨린다는 소문을 갖고 있던 특무대장 김창룡으로서는 뜨끔한 순간이었을 것이다. 이

---

51 고재호 담. 가인 김병로 특집, 인권과 정의, 92, 대한변호사협회, 1983. 11 · 12, 9면.
52 이병용 변호사 담. 가인 김병로 특집, 인권과 정의, 92, 대한변호사협회, 1983. 11 · 12, 11면.

와 같은 자세를 통해 전국의 법관들에게 소신껏 재판할 수 있는 기풍을 세워주는 것이기도 했다.

가인은 법관의 기본자세는 청렴이어야 한다고 확고히 믿었다. 1공화국 당시에 법관의 봉급은 형편없었다. 법관의 봉급으로 가계를 제대로 꾸려갈 수가 없었다. 그러나 가인은, 법관은 "아무리 배가 고프고 옷이 차다고 할지라도, 일시라도 사법관이라는 것을 망각할 수는 없는 것이다."는 점을 시종일관 역설했다.[53] 그의 어록 가운데 다음이 자주 인용된다.

사법관으로서 청렴한 본분을 지킬 수 없다고 생각될 때는 사법부의 위신을 위하여 사법부를 용감히 떠나야 한다.[54]

이 말은 1954. 10. 11. 전국법원 수석부장판사 회동에서 한 말이다. 김병로는, 오늘날 사법부가 일반국민으로부터 얼마나 신뢰를 받고 있는가 하고 자문한다. 매일같이 언론에 나타나는 사회상을 보면 참으로 절망할 지경인데, 그중에서도 특히 사법부도 병들고 말았다고 하는 사실 등은 사법의 장래에 일대 경종이 아닐 수 없다. 그런데 사법부마저 그러한 비경悲境, 즉 비참한 지경에 다다르고야 말았다는 것에는 통분함을 금할 수 없다고 한탄했다.

여기서 비참한 지경은 무엇을 특히 염두에 두고 있는가. 대법원장의 한탄은 얼마 전에 일어난 김 지방법원장의 수뢰사건[55]을 계기로 직접 나온 언급이었다. 수사결과에 의하면, 이모씨의 구속적부심사 신청에서 신순언

---

53 대법원장 김병로, 1957년도 사법 감독관 회동 훈시, 1957. 4. 26.(김진배, 가인 김병로, 415면).

54 대법원장 김병로, 전국 수석 부장판사 회동, 1954. 10. 11.(김진배, 가인 김병로, 406면).

55 "변호사 신순언 씨 사건에 관련되었다고 전하여진 서울지법 김준원 원장은 지난 9월 1일 사표를 제출하였다고 한다. 김 원장의 사표제출에 대하여 9월 2일 상호 김 대법원장은 '법원의 명예와 위신에 관계되는 만큼 사건의 사실 여부와는 별 문제로 사표는 수리하겠다'고 비공식적으로 말했다는데, 한편 동 사표를 접수한 대법원에서는 긴급회의를 개최…결국 수리될 것으로 보이고 있다"(동아일보 1954. 9. 3.자. "김 서울지법원장 사표제출").

변호사는 직접 김준원 서울지법원장에게게 7만 환을 수수하였고, 또한 신 변호사의 부인이 김 지법원장의 부인에게 35만 환(십만 환짜리 수표 3장과 현금 5만 원)을 수수하였다. 이같이 신 변호사가 총 42만 환의 뇌물을 전달한 외에도, 신 변호사가 사건을 담당할 때마다 김 법원장에게 수차례에 걸쳐 증뢰한 사실이 드러났다는 것이다.[56] 이는 뇌물수수죄에 해당할 수 있고, 이는 "법권을 물질과 바꾼 상인적 태도로서 도저히 용인될 일이 아니다"[57]는 지탄을 받을 만한 비리였다. 그것은 일개인의 법관의 사직에 그칠 일이 아니라 신성한 사법권 전체를 혼탁케 했다는 점에서 크게 유감된 일이었다. 이러한 배경에서 김병로 대법원장은, 사법부의 비경에 통분하면서, 청렴을 지킬 수 없으면 사법부를 떠나야 한다고 질타한 것이다.

대법원장의 "준열한 훈시"는 언론의 주목을 끌었고 사법부의 신뢰회복에도 일부 도움이 되었을 것이다. 다만 그 훈시가 너무나 준열하여, "너무 냉혹한 경고"이고 "무리한 주문"이 아닌가 하는 반응도 나왔다. 당시 법관에게 문자 그대로의 청렴을 요구하기엔, 법관의 관봉으로 일가의 생계나 자녀교육을 시키기에 너무나 어려울 정도로 법관 대우가 박복했던 것이기에, 오히려 언론에서 법관에게 이러한 청렴한 본분을 주문하기 위한 전제로 최소한의 "응분의 생활방도를 차려주어야 한다"는 사설이 나올 지경이었던 것이다.[58] 김병로 대법원장이 법관에게 훈시한 청렴의 수준은 상황윤리적 차원의 양해가 아니라 절대윤리였다.

김준원 지법원장은 구속수사를 받았고, 그가 낸 구속적부심사신청을 법원은 각하했다. 그 뒤 그는 병보석으로 나와서, 법정에서 문제의 돈이 뇌물성질이 아님을 주장했다. 공판에서 김, 신 두 피고인은 무죄판결을 받았다. 금전을 수수한 사실은 인정되었으나, 친분관계로 수수한 것이고, 그 금

---

56 동아일보 1954. 9. 7.자. "신순언씨 구속연장, 김준원씨 입건여부 미정".
57 동아일보 1954. 10. 13.자. "김대법원장의 훈시, 법관의 자세에 대해 [사설]"(김진배, 가인 김병로, 344면).
58 동아일보 1954. 10. 13.자. "김대법원장의 훈시, 법관의 자세에 대해 [사설]".

전이 뇌물이라는 확증이 없고, 뇌물죄의 범의를 인정할 증거가 불충분하다는 이유에서였다. 다만 재판부는 두 피고인의 무죄사유가, 무혐의가 아니라 증거불충분으로 인해 의심날 때는 피고인의 이익으로의 원칙에 따라 무죄판결을 내렸음을 첨언하였다.[59] 그러면서, 재판부는 "동기나 모략성 여부를 불문하고, 이러한 불미스러운 의혹을 받았다는 사실만 해도 사법부에 대한 도의적 책임을 져야 한다"고 훈시하고, 신 변호사도 동일한 책임을 지고 차후 이런 일이 없도록 해야 할 것이라고 덧붙였다. 법관윤리는 단지 실정법 위배 여부를 떠나, 엄격한 도의적 책임에 기초해 있음을 재확인한 셈이다.

이와 같이 김병로는 법관의 윤리에 대하여 가혹하리만큼 엄격한 기준을 세우고, 법관의 기강확립과 품위를 중시하였다. 다음은 김제형 판사의 회고이다.

목포에서 도정업을 하는 문모씨에 대한 정부미 횡령사건을 광주법원의 모 판사가 담당하게 되었다. 심리중 판사가 그 사건 증인조사를 위하여 목포에 간 일이 있었는데, 그때 그 사건 담당 변호사가 목포의 법원과 검찰청의 판·검사들과 담당 판사를 같이 초대하여 점심을 같이 한 일이 있었다. 뒷날 그 사건이 무죄가 되자 공교롭게 회식사건이 문제가 된 일이 있었다. 이것이 대법원장에게까지 보고가 되었던지, 내가 무슨 회합차 서울에 왔을 때, 대법원장께서 나를 불러 그 회식 건을 물으시는 것이었다. 나는 담당판사가 회식에 초대되어간 것은 사실이나, 그 사건의 무죄판결과는 부실不實한 인과관계가 없으며 지원과 지청이 있

59 동아일보 1954. 11. 20.자. "김, 신 양 피고에 무죄언도 뇌물확증, 범의증거불충분이유 김준원 씨 사건 어제 판결공판". 판결문에는 "범죄사실을 인정할 자료가 불충분하여 무죄를 언도한 것이나, 양 명에게 죄가 전혀 없다기보다는 의심이 있을 때에는 피고인에게 유리한 해석을 한다는 원칙에 입각하여 판결한 것이다." 그러나 재판부는 김 법원장에 대하여 "동기나 모략성 여부를 불문하고, 이러한 불미스러운 의혹을 받았다는 사실만 해도 사법부에 대한 도의적 책임을 져야 한다"고 훈시하고, 신 피고도 동일한 책임을 지고 차후 이런 일이 없도록 충분한 자격을 가지라고 경고하였다.

는 소재지에서는 외지에서 판·검사가 출장 오면 그 지원 소재 변호사가 그 지방 판사·검사들과 같이 초대하여 회식을 하는 것이 관례로 되어 있다는 것과 함께 지금은 현지에서도 오해가 완전히 풀렸다고 말씀을 드렸다. 그랬더니 대법원장께서는 나에게 대단한 호통을 치시면서 "관행은 무슨 관행이며 사건담당 변호사로부터 비록 현지 판·검사들과 함께, 한 끼의 주식晝食을 대접받았다고 하더라도 그것이 담당판사로서 될 말이냐"는 것이었다. 결국 그때 그 담당판사는 그로 인하여 지원으로 쫓겨남을 면치 못하였다.[60]

사건심리를 맡은 판사가 증인조사나 현장검증을 위해 다른 지역으로 출장할 때 변호사가 식사와 편의를 제공하는 것은 이후까지 지속된 관행이고 그 때문에 사법비리와 사법파동이 종종 일어나기도 하였다. 그러나 가인에게 있어서 그런 관행은 용납될 수 없는 것이었다. 사건담당 판사가 변호사로부터 대접받는 "관행이 무슨 관행"이냐 하는 것이다. 수차례의 법조비리 사태를 겪으면서, 오늘날 법관윤리강령에서는 "사건관계자나 변호인으로부터 음식, 향응을 받는 것을 금지"[61]하고 있다. 위 에피소드는, 가인의 기준이 당시의 법관 일반의 기준보다 훨씬 엄정했음을 잘 보여준다 하겠다.

김병로 대법원장 시절, 법관들의 가장 큰 현실적 애로는 박봉이었다. 당시 나라살림이 워낙 어려웠지만, 법관은 박봉으로 생활고에 시달렸다. 다른 공무원의 경우, 박봉이었어도 워낙 일상화된 부패로 그 부족분을 충당해 나갔다. 그러나 법관은 월급 이외에는, 다른 부수입을 기대할 수도 없

60 김제형, 가인 — 그 의연한 사표, 19~20면.

61 법관윤리강령(시행 2006. 5. 25., 대법원 규칙 제2012호) 제3조(공정성 및 청렴성) ① 법관은 공평무사하고 청렴하여야 하며, 공정성과 청렴성을 의심받을 행동을 하지 아니한다.
제4조(직무의 성실한 수행) ④ 법관은 재판업무상 필요한 경우를 제외하고는 당사자와 대리인등 소송 관계인을 법정 이외의 장소에서 면담하거나 접촉하지 아니한다.
제6조(경제적 행위의 제한) 법관은 재판의 공정성에 관한 의심을 초래하거나 직무수행에 지장을 줄 염려가 있는 경우에는, 금전대차등 경제적 거래행위를 하지 아니하며 증여 기타 경제적 이익을 받지 아니한다.

고, 부패의 혜택(?)도 받을 수 없는 위상에 있었다. 도저히 박봉을 견딜 수 없으면 변호사로 전직하는 길이 있었다. 전직이야 개개인의 마음이겠지만, 사법행정의 책임자로서는 유능한 법관을 확보하는 것도 큰 일이었기에, 법관을 떠나려는 것을 적극 만류하는 것도 대법원장의 소임이었다. 아래의 방순원 판사의 예는 당시 법관들이 처한 일반적 상태의 한 모습일 것이다.

> 나는 … 박봉으로 … 생활고에 더 이상 버텨나갈 길이 없어서 대한민국 수립과 동시에 발족되는 사법부 발령을 모면하여 사임하고 변호사를 개업할 결심을 세웠다. 변호사직이 돈벌이 직업은 아니지만, 최소한도의 생활은 할 수 있으리라고 생각하였다. 그래서 나는 당시 대법원장이었던 김병로 선생의 원장실을 찾았다. 나의 사의辭意를 들은 선생은 "무엇이오? 당신이 그만두겠다구요? 당신은 일정日政하에서도 법관으로 지냈고, 미군정하에서도 법관으로 봉사해 오면서 왜 우리 대한민국 사법부에는 협력을 못하겠다는 겁니까?" 하시면서 노기마저 띠는 것이었다. 그래서 나는 하는 수 없이 나의 생활형편을 말씀드렸더니 "나도 죽으로 살고 있어요. 서로 죽을 먹어가면서 일해 봅시다." 하면서 나의 사의를 받아드릴 기색이 없었다. 나는 하는 수 없이 대법관실을 방문하여 여러 대법관에게 개별적으로 진정하여 사표 수리를 이루었다.[62]

"서로 죽을 먹어가면서" 일하자고 붙잡는 대법원장이 그런 가운데서도 조금도 기개를 잃지 않는 대법원장! 유사한 일화는 거듭 확인된다. 1956년 1월에 장준택 경남 진주지원장이 업무연락차 대법원장실에 들렀다. 당시 진주지원 청사는 지리산 공비습격 등으로 비바람을 가리지 못하는 형편이었다. 지원장으로서는 청사 보수와 관련한 도움을 요청하러 방문한 것이

---

62 방순원, 나의 길, 나의 선택, 법조반백년, 한국사법행정학회, 1994, 66~67면.

다. 그런데 대법원장실에는 스팀은 물론이고 스토브조차 없었다. 대법원장의 옆자리엔 작은 목탄화로가 놓여 있을 뿐이고, 화로에도 간신히 불씨를 유지하는 정도였다. "선생님 춥지 않으십니까"라는 질문에 대해 대법원장은 "뭐, 요즘 추위가 어디 추윈가. 요즘 젊은 사람들은 조금만 추워도 호들갑을 떤단 말이야." 하고 웃었다. 그 모습을 본 장준택 지원장은 진주지원 청사 문제는 거론할 엄두도 못하고 돌아섰다고 한다.[63]

남창동 대법원장 관사는 석유난방이 되어 있었다. 그러나 그는 만약 자기가 기름을 때게 된다면 다른 법원장 관사에서도 기름을 때야 할 것이고 그렇게 되면 그만큼 관사가 있는 고위 법관과 그 아래 법관들 사이에 공평을 유지하기 어렵다는 생각에서 대법원장 자신이 기름을 때지 않고 톱밥이나 연탄을 때면서 견뎌냈다. 예나 이제나 솔선수범은 지도자의 제1덕목인데, 실제로 지키기 쉽지 않음을 감안하면, 대법원장의 한결같음을 주목할 수 있다.[64]

김병로는 법관의 청렴이 강직과 통한다고 믿었다. "판사는 가난해야 해. 판결문은 추운 방에서 손을 혹혹 불어가며 써야 진짜 판결이 나오는 거야."[65] 라는 말을 자주 했다고 한다. "우리 법원은 이조 때의 사헌부, 사간원과 같은 것이어서 본래 청렴한 인사들이 맡아서 하는 곳이다. 생활이 어렵더라도 근검 절약하고 어려움을 참아가며 사명을 다해달라"는 게 법관들에 대한 그의 당부였다.[66]

판사가 과연 가난하기만 해야 하는가 반드시 수긍하기 어려운 면이 있지만, 가난할 수밖에 없는 여건 하에서 굴하지 않고 강직하게 임하는 가인의 청렴강직은 사법부의 한 표상이었음은 분명하다. 그는 청렴강직을 강

---

63 박수만, 검은 법복의 대부들 — 역대 대법원장들의 영관과 오욕 —, 정경문화, 경향신문사, 1983.7(김진배, 가인 김병로, 479면).

64 김진배, 가인 김병로, 163~164면.

65 이택돈. 가인 김병로 선생님을 회고한다, 인권과 정의, 92, 대한변호사협회, 1983.11 · 12, 32면.

66 박수만, 검은 법복의 대부들 — 역대 대법원장들의 영관과 오욕 —, 정경문화, 경향신문사, 1983.7(김진배, 가인 김병로, 480면).

조했을 뿐 아니라 스스로 그 모범을 확실히 보였던 것이다.

사실 자유당시절의 판사들은 박봉에 고생을 많이 했다. 박봉으로 인해 금전적 유혹을 느낄 수도 있는데, 김병로는 그 점을 거듭 경계했다. "현하 공무원의 생활난을 이용하여 소송 관계인들의 유혹 수단이 교묘하여서 심약한 사람은 부지중 그 유혹에 끌리는 일이 없으리라고 누가 보장할 수 있겠습니까. … 이러한 불미한 사고는 역시 숙련되지 못한 법관에게 있다는 것을 우리는 더욱 주의할 필요가 있는 것입니다."와 같은 훈시가 그것이다.[67] 그렇지만 그렇기 때문에 현직에 연연하지 않았다는 역설도 있다. 가난하게 살면서도 자존심은 강했다. 판사들은 자기의사에 반하여 전근발령이 되면 거의가 사표를 냈다. 그러한 풍조이고 보니 대법원도 판사의 인사이동은 함부로 하지 못했다. 그렇게 판사는 으레 가난한 사람으로 인식됐었다. 워낙 박봉이다 보니 많은 판사들이 가난하게 살았으며 그것이 흉이 되지 않았다. 판사들이 과감하게 사표를 내던진 풍조는 판사들의 월급이 박한 데다 변호사개업을 하면 금방 돈을 벌어 잘 살 수 있었고 변호사의 숫자도 많지 아니하여 사회적으로도 대우를 받았기 때문이다.[68]

대법원장으로서 김병로는 유능한 법관들의 이직을 막는다고 했지만, 사실 법관의 박봉은 심각한 문제였고, 법관의 수장으로서 그는 이 문제를 심각하게 생각했으며, 여러 번 법관 처우의 개선을 역설했다.

법관 가운데 현 봉급으로 살 수 없는 사람들은 그 자리를 떠나고 있다는 것입니다. 사퇴하는 이유는 부모 밑에 있는 사람이 생활을 자담하게 되는 경우 사법에 누를 끼칠까 염려하고, 또 사법관 재직 중에 기존 재산이 다 되었으니 사법의 이

---

67 대법원장 김병로, 1952년도 사법 감독관 회의 훈시, 1952. 12. 12.(김진배, 가인 김병로, 388면).

68 변정수, 법조여정, 관악사, 1997, 29~30면. 변정수에 따르면, 이러한 판사에 대한 처우는 4·19의거로 탄생한 장면 정권때 대폭 향상되었다. 장면 정권은 법관직무수당을 신설하여 판사의 대우를 다른 공무원에 비하여 월등히 향상시켰으며 이때의 처우개선이 기초가 되어 지금까지 판사들이 다른 공무원보다 우월한 대우를 받아온 것이다.

념과 발전을 위하여 불안한 공포심으로 법관 자리를 물러나간다는 것입니다.[69]

법관의 처우수준의 개선을 위해서는 행정부와 대통령과의 관계개선이 현실적으로 필요하고, 대통령에게 호소할 필요도 있었다. 그도 이 문제로 몇 번 접촉을 시도하지 않은 건 아니다. 하지만 원체 꼬장꼬장한 성품이라 아쉬운 소리를 입에 담기 어려웠고, 자칫 사법부 독립 및 법관의 기개에 부정적인 영향을 끼칠까봐 그럴 수도 없었다. 그 점이 못내 목에 걸려, 퇴임사에서 절박하게 법관의 처우개선을 입법부 및 행정부에 역설하는 내용을 담은 것이다.

김병로가 즐겨쓴 휘호 중의 하나는 '지공무사'至公無私였다. 통상 '선공후사'先公後私라는 말을 쓰는데, 가인의 지공무사는 선공후사보다 훨씬 엄격한 공적 자세를 상징한다. 대법원장 김병로에게서, 개인적, 가족적, 연줄적 배려는 아예 생각할 수도 없는 것이었다. 다음은 고재호 대법관의 회고이다.

(가인 선생은) 공사와 사의 구별이 아주 엄격했습니다. 그 분께는 인사문제를 말을 할 수도 없고 또 가족을 통해서 말씀드려 달라고 해도 전혀 통하지 않는 분이었어요.[70]

가족에 대한 사적 배려는 전혀 없었다. 가족 가운데서 대법원장 승용차를 타본 사람은 아무도 없었다. 언젠가 추운 겨울날 초등학교 2학년인 손자에게 대법원장 차를 태워준 운전기사는 대법원장으로부터 호통을 들어야 했다. "이 사람아, 이 차가 대법원장 차이지, 대법원장 손자 차인가?"하고.[71]

---

69 대법원장 김병로, 1957년 사법 감독관 회동 훈시, 1957. 4. 26.(김진배, 가인 김병로, 416면)

70 고재호 담. 대한변호사협회지, 1983. 11. 12. 가인김병로특집, 9면.

71 김진배, 〈특집〉 사법부독립의 토대를 확립한 초대 대법원장 김병로, 인권과 정의, 92, 대한변호사협회, 1983.11 · 12, 25면.

법원의 수장으로서는 늘 나라살림을 최우선으로 생각했고, 법원의 체면이나 예우에 대해서는 아예 무관심이었다. 다음은 고재호 대법관의 회고이다.

가인 재임 중 입법부와 행정부의 장에 비해서 대법원장에 대한 판공비나 접대비 같은 경제적 대우는 형편이 없었다. 그러나 그 분은 그런 것에 거의 무관심이었다. 우리 젊은 사람들은 심히 불만으로 여겼지만, 그분은 항시 우리나라 재정형편으로 보아서는 현재 받는 것도 과한 것이라고 우리를 나무랐다. 그리고 예나 지금이나 행정관청에서는 연도 말에 예산이 남으면 소속 직원을 위로출장을 보낸다든지 또는 다른 명목을 붙여서 다 써 버리지만, 가인은 남은 예산을 고스란히 국고에 돌리곤 하였다.[72]

이러한 대법원장을 모시고 있는 대법관이나 법원행정처의 당국의 고충은 말이 아니었다. 대법관들은 출퇴근마저도 지프차 2, 3대를 돌아가면서 탔다. 지방법원 순회재판 판사들은 산간벽지에 버스를 타고 다니면서 재판해야 했다.[73]

법관의 체면을 유지할 정도의 대우는 받아야 하겠다는 게 대법관들의 공통된 생각이었다. 다음은 김갑수 대법관의 회고이다.

해방 후 민주주의는 유행어가 되었으나 사법에 대한 인식은 형편이 없었다. 사법관의 처우는 거론조차 되지를 않았다. 정부가 수립된 뒤에도 여전했다. 사실은 처우를 생각할 시간적 여유를 주지 아니하고 사변이 터지고만 것이다. 피난중이야 더 말할 나위도 없으려니와 그 당시는 생사가 문제였지 처우가 문제가

---

72 고재호, 법조 반백년, 18~19면.

73 김진배, 〈특집〉 사법부독립의 토대를 확립한 초대 대법원장 김병로, 인권과 정의, 92, 대한변호사협회, 1983.11 · 12, 26면.

아니었다. 전국도 휴전을 앞두고 소강상태를 보이고 있었다. 또 환도까지 하게 되었으니 이번에는 체면을 유지할 정도의 대우는 받아야겠다, 이것이 대법관의 공통된 생각이었다. 우선 실室 문제만이라도 해결하겠다고 상의가 되어 대법원장에게 건의를 했다. 대법원장은 따로 방을 쓰게 되면 심심해서 어떻게 할 것이냐, 한 방을 쓰면 합의하기도 좋을 텐데 속을 모르겠다는 눈치였다. 대법원장실조차도 제대로 설비하는 것을 허락하지 않는 대법원장의 성품으로서는 당연한 생각이라고 하겠다. 그러나 명색이 대법관인데 방 하나 제대로 없어서야 되겠느냐고 나는 생각했다.

… 승용차 문제. 털털이 차라도 두 대가 있으니까 출퇴근에는 큰 지장이 없었다. … 대법원장은 법관이란 집에서 법원에나 왔다 갔다 하면 되는 것인데 차는 해서 무엇하느냐는 말씀이다. 수양이 부족한 탓도 있었겠지만 나(김갑수)는 차가 꼭 있어야겠다고 생각했다. 행정관과 같은 대우를 하라는 것은 아니지만 대법원이 합승출근을 한 대서야 사법의 위신에 관한 문제가 아니냐고까지 생각을 했다.[74]

사법부의 위신을 어떻게 세울 것인가는 쉬운 것 같으면서도 쉽지 않은 문제다. 누구는 집무실의 크기, 차량 지원 등에 법관의 대우를 관련시키겠지만, 김병로는 그러한 외적 대우에 대해 아예 신경을 쓰지 않았다. 그렇다고 그가 법관의 열악한 처우 상황에 대해 완전히 도외시한 것은 아니다. 다음과 같은 일화가 전한다.

1956년 1월 전국 부장판사급 이상의 법관들에게는 모두 1만 환씩의 떡값이 내려졌다. 당시 1만환이면 부장판사급의 월급에 해당하는 큰 돈이었다. 또 봉급 외에 떡값은 당시 법원의 실정으로는 상상도 못할 일이었다. 그것은 가인이 대

---

74 김갑수, 법창 30년, 법정출판사, 1970, 181~182면.

법원장의 판공비를 아껴쓰고, 남은 것을 구정 떡값에 보태쓰라고 나누어 준 것이었다. 법관의 청렴을 강조했던 가인의 가슴에는 이런 자상함도 곁들여 있었던 것이다. 그때, 전국의 법원장들은 나누어 받은 돈을 다시 추렴해 제니스 라디오 한 대를 구입해 대법원장실에 선물로 전했다고 한다.[75]

---

75 김진배, 가인 김병로, 481면.

제18장

기본법률을 기초한 법전편찬위원장

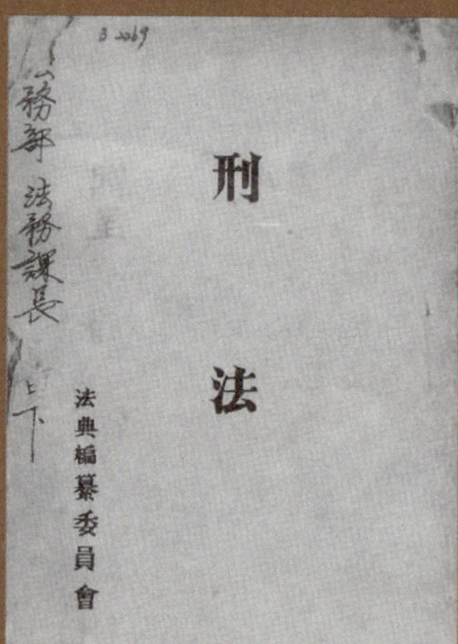

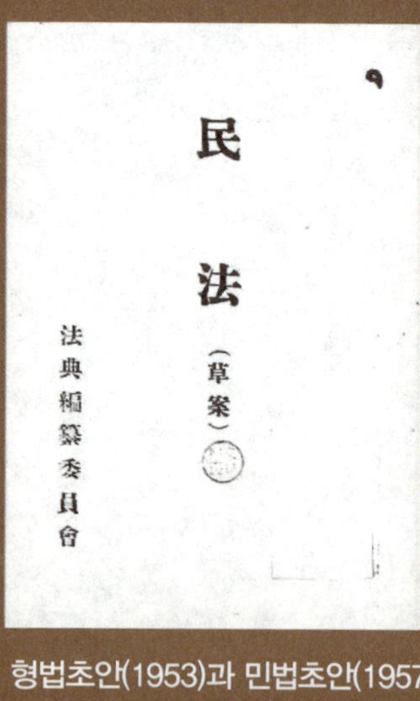

형법초안(1953)과 민법초안(1957)

제18장

기본법률을 기초한 법전편찬위원장

미군정 하에서 법전편찬사업은 애초의 목표대로 추진되지 못했다. 예산과 인력의 부족, 격심한 정치 갈등, 급박한 정부수립을 위한 현안의 처리에 급급하여, 진지하고 세밀한 검토를 요하는 법률제정사업은 아무래도 뒷전에 놓일 수밖에 없었다. 그러나 독립국가에서 신정부 하에서 일제하의 구법령을 그대로 적용할 수밖에 없다는 사실은 참담하였다. 군정말기의 일반적 상황에 대하여 김병로는 다음과 같이 술회하였다.

나는 2년 유여의 재직 중에 일신의 병고와 생활상 곤란을 고려할 여념이 없이 심정을 다하여 노력해 왔으나 특수정정特殊政情의 제약 하에 있었을 뿐 아니라 일반정계에 미치는 사상 급 경제의 혼란으로 예기한 바와 같은 성과를 얻지 못하고 항상 현상유지에 그쳤을 뿐이다.[1]

과정시대에… 법제편찬위원회라는 구상을 했으나, 실지에 있어서 편찬사업에 착수하지 못하고 대한민국이 수립됨에 따라 모든 법전이 헌법을 기초로 하지 않으면 아니 되기 때문에 정식 기초하고 착수하는 것은 헌법이 시행된 후에야 착수가 되는 것은 자연한 이치일 것입니다.[2]

---

1 국사편찬위원회, 자료 대한민국사 7, 805면; 한인섭, 한국형 사법과 법의지배, 68~69면.

2 김병로, 형법안 제1독회 석상에서의 발언, 제15회 국회정기회의속기록 제55호, 1953. 4. 16, 2면; 신동운, 형법 제·개정자료집, 113면.

1. 법전편찬위원회의 구성

정부수립과 동시에 기본법률의 편찬작업을 맡은 기관은 법전편찬위원회였다. 1948. 9. 15. 〈법전편찬위원회 직제〉[3]가 공포되었다. "사법司法에 관한 법전을 편찬하기 위하여 법전편찬위원회를 둔다"고 했고, 그 기구는 대통령의 감독에 속한다(제1조). 법전편찬위원회의 임무는 "민사, 상사 및 형사의 기초법전과 기타 소송, 행형 등 사법법규의 자료를 수집·조사하여 그 초안을 기초, 심의한다"(제2조). 이 법전편찬위원회는 1961년 5·16 군사쿠데타 직후 구법령정리에관한특별조치법에 따라 폐지될 때까지 존속하면서, 법전편찬의 기초사업을 수행하였다.[4]

법전편찬위원회의 구성은, 위원장 1인, 부위원장 2인, 위원 50인 이내로 했다. 법률마다 분과위원회를 두고, 임시적 필요가 있을 때에는 임시위원을 둘 수 있다. 이 직제규정에는 법전편찬위원의 명단도 열거하고 있다. 위원장엔 김병로, 부위원장은 이인, 그리고 위원은 권승렬, 김용무 등 50인이었다.[5] 법률안심의위원으로는 김병로(위원장), 이인, 권승렬(이상 부위원장), 그리고 위원으로 최병주, 김갑수, 엄상섭, 정윤환 등 4인이었다.[6]

위원장 및 위원의 구성은, 어떤 직책을 갖고 있음에 따른 당연직은 아니었던 것 같다.[7] 예컨대, 김병로는 대법원장 재임기간 내내 법전편찬위원회의 위원장이었고, 대법원장을 그만두면서, 동 위원회의 위원장도 사직한 것으로 생각된다. 이인은, 법전편찬위원회가 해산되는 1961년까지 부위원장에 이어 위원장직을 역임하였다.[8] 따라서 이 법전편찬위원회 위원장, 부

---

3 〈대통령령 제4호, 법전편찬위원회 직제〉 1948. 9. 15. 정부 관보 제4호(대한민국공보처)에 대통령령 제4호로 공포.

4 구법령정리에관한특별조치법은 1961. 7. 15. 제정되었다. 그 부칙에는 "법전편찬위원회 직제는 폐지한다. 법전편찬위원회의 소관사무는 본법 공포일로부터 10일 이내에 법령정리위원회에 인계하여야 한다."고 규정했다.

5 〈대통령령 제4호, 법전편찬위원회 직제, 법전편찬위원 명부〉 〈출처 : 관보 제4호 1948년 09월 15일〉

6 신동운, 형법제·개정자료집, 33면.

7 이 점에서, 법전기초위원회의 위원장, 부위원장이 대법원장, 사법부장, 검사총장 등으로 명시되어 있음과 대비된다.

8 이인, 반세기의 증언, 명지대학 출판부, 1974, 206면.

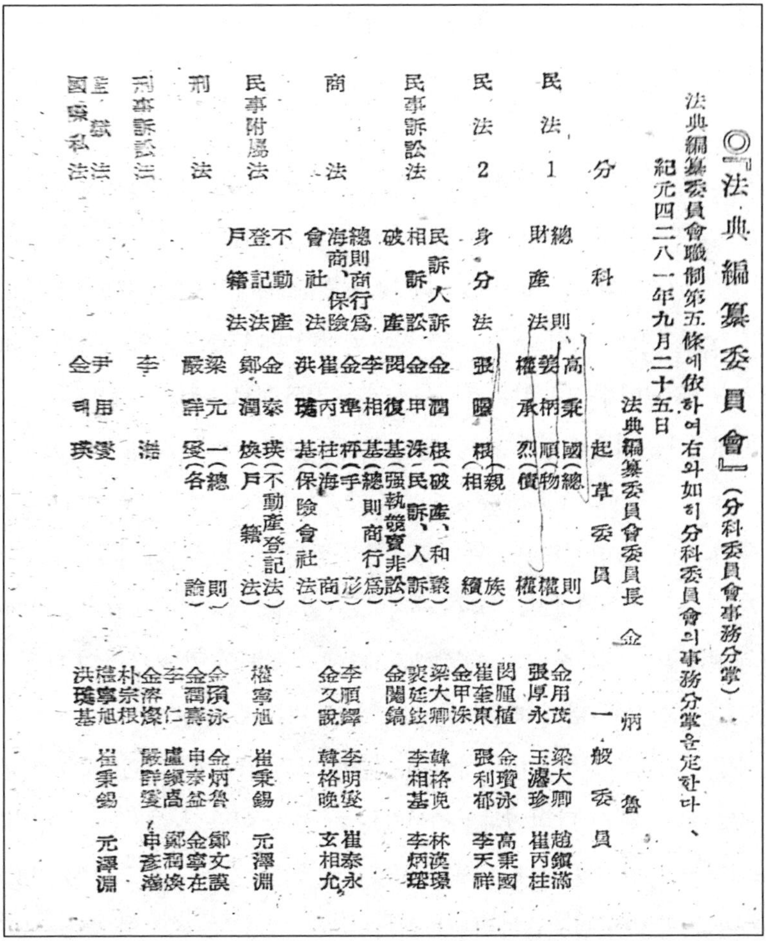

◎『法典編纂委員會』(分科委員會事務分掌)

法典編纂委員會職制第五條에依하여右와如히分科委員會의事務分掌을定한다、

紀元四二八一年九月二十五日

法典編纂委員會委員長 金炳魯

分	科	起草委員	一般委員
民法 1	總則、財產法	高秉國(總則) 姜柄順(物權) 權承烈(債權)	金用茂 張厚永 梁大卿 玉璿珍 趙鎭滿 崔丙柱
民法 2	身分法	張暻根(親族相續)	閔腫植 崔奎東 金瓚泳 張利郁 高秉國 李天祥
民事訴訟法	民訴人訴、相訴訟、破產	金潤根(破產、和議) 金甲洙(民訴、人訴) 閔復基(强執競賣非訟)	金甲洙 梁大卿 裵廷鉉 金闊鎬 韓格晩 李相基 林漢環 李炳璐
商法	總則、商行爲、海商保險、會社法	李相基(總則商行爲) 金準枰(手形) 崔丙柱(海商) 洪璡基(保險會社法)	李順鐸 金又說 李明燮 韓格晩 崔泰永 玄相允
民事附屬法	不動產登記法、戶籍法	金泰瑛(不動產登記法) 鄭潤煥(戶籍法)	權寧旭 崔秉錫 元澤淵
刑法		梁元一(總則) 嚴詳燮(各論)	金頌泳 金禰壽 金炳魯 申泰益 鄭文謨 金寧在
刑事訴訟法		李浩	李仁 金濟燦 盧鎭高 嚴詳燮 鄭潤煥 申彦瀚
監獄法		尹用燮	朴宗根 權寧旭 洪璡基 崔秉錫 元澤淵
國際私法		金[illegible]瑛	

법전편찬위원회 구성(1948)[9]

위원장은 직책과 실력을 두루 고려한 인선이었다고 할 수 있다. 법전편찬위원회의 임무에, 정치적으로 직접 관련을 갖는 법률(가령 선거법, 정치관계법 등)은 포함되어 있지 않으며, 법원, 검찰, 교정 등에 관련된 '사법법률'의 초안작성이 주 임무이기에 이렇게 정평있는 법전문가에게 장기적인 입법 기초작업이 맡겨질 수 있었다고 생각된다.

---

9 법정, 제3권 제10호, 1948. 10, 49면.

김병로 대법원장은, 법전편찬위원장으로서 당면문제 관한 소신을 다음과 같이 밝혔다.

> 9월 14일 정오 이후에 행하여지는 재판은 신정부의 헌법에 의한 사법재판이다. 헌법에는 현존 법령, 기타 여러 가지 법률이 헌법에 저촉되지 않는 한 계속 사용될 것이라고 규정되어 있는데, 속히 우리나라의 형법, 기타 법률을 제정하여야 할 것이다. 군정이 남긴 법령 중에서 포고령은 가장 범위가 넓은 것으로 적용 여하에 따라서는 일반에게 적지 않은 불편을 주게 될지도 모르는 터이므로 그중에서 필요한 내용만을 선택해서 단행법을 제정하도록 정부와 국회에 요청 중에 있다.[10]

출범과 함께, 법전편찬위원회에서 추진한 일은 미군정하에서 이룩된 입법기초작업을 추인하고, 심의·확정하는 일이었다. 법전편찬위원회에서는 각 법률의 '요강'을 심의, 확정하고, 그에 기초하여 법률 초안의 작성, 그리고 그 초안을 정부에 제출하는 것을 기본 임무로 했다.

이렇게 '요강' 작성단계에서의 법전편찬위원회의 기본방침은, 역시 '일본어로 된 법전'의 탈피였다. '조선말로 된 법전'이라도 갖자는 것이었다. "현재의 일본법전을 토대로 하고 이것을 번역하는 정도로도 속히 기초하자는 실천방침이 법전편찬위원회에서 결정되었다"는 점은 확실하다.[11] 동시에 그런 수준의 요강을 만들어내긴 했어도, 그것의 한계점 역시 누구나에게 분명했음은 실제 입법에 종사한 인사들의 평가에서도 분명하다.

> 말이 민사소송법 요강이지 실질에 있어서는 현행 민사소송법의 개정요강에 불과하다. 교지巧遲보다는 졸속, 정 부득이하다면 번역 정도의 입법이라도! 이

---

10 "김병로金炳魯 대법원장, 법전편찬위원회 구성하여 각종 법령제정할 것을 밝힘," 호남신문 1948. 9. 19.자.

11 홍진기, "새 회사법의 요강해설," 법정, 제3권 제11호, 통권 제25호, 1948.11, 법정사, 13면; 최종고, "현대 한국법제의 형성과정고," 73면.

러한 구호 밑에 발족한 법전편찬위원회 밑에서는 필연적인 귀추이다.[12]

군정당국으로부터 언제까지 일본문의 육법전서를 쓰기 어려우니 조선의 법률을 만든다는 것보다 조선문朝鮮文 법률을 만드는 의미에서 군정법령에 의하여 현행되는 상법을 중심으로 요강을 하나 만들어보라는 지시가 있었으므로 이러한 각도에서 여가에 만든 것이 본 요강이다. 그러므로 법률요강이라는 것보다 현행 상법개정요강이라고 말함이 적절하겠다.[13]

2. 형법 초안의 확정단계

1948년 후반기 및 1949년 전반기는, 대체로 각 법률의 '요강'을 작성하는 단계였다. 제일 미군정하에서 작성된 '형법요강'이 1948. 12. 11. 법전편찬위원회에 재제출되어, 원안대로 통과되었다. 이어 1949년 1월 '형사소송법요강안'이 심의되고 확정되었다.[14] 한편 1948. 12. 20. 민사소송법 분과위원회에서 '민사소송법 요강'을 작성하여 위원회에 제출했다. 민법의 경우, 1948년 4월 내지 5월경, 총칙 및 물권 편의 일부를 작성하여 '조선임시민법전 편찬요강'을 작성[15]한 바 있다. 이어 1948. 12. 15. 민법전 기초작업에 착수했고, 1949년 어느 시점에서인가 '민법전편찬요강'을 작성하였다.[16] 이

---

12 김갑수, "민사소송법요강해설," 법정, 제3권 제11호, 통권 제25호, 1948. 11, 법정사, 20면; 최종고, "현대 한국법제의 형성과정고," 72면.

13 김준평, "상법총칙 及 상행위법 요강 해설," 법정, 제3권 제9호, 통권 제23호, 1948. 9, 20면; 최종고, "현대 한국법제의 형성과정고," 73면.

14 신동운, "가인 김병로 선생과 형법 및 형사소송법의 편찬," 가인 김병로 서세 50주기 학술심포지엄 : 가인 김병로와 21세기 사법부, 법원행정처, 2014, 323면.

15 총칙 및 물권 편의 일부 작성. 1948. 8. 이전에 작성된 것이라 추정할 수 있을 뿐, 구체적인 작성완료일자를 알 수 있는 자료는 없다. 김재형, "민법의 기초자 가인 김병로 ― 민법 제정에 관한 그의 업적과 사상 ―," 가인 김병로 서세 50주기 학술심포지엄 : 가인 김병로와 21세기 사법부, 법원행정처, 2014, 183면.

16 완성일을 정확히 기록하고 있는 자료는 없다. 위 요강이 실려있는 장후영 변호사의 현행 민법총론(동연사)이 1950. 5. 15.발행되었으므로, 그 이전에 요강이 작성되었음을 알 수 있다.

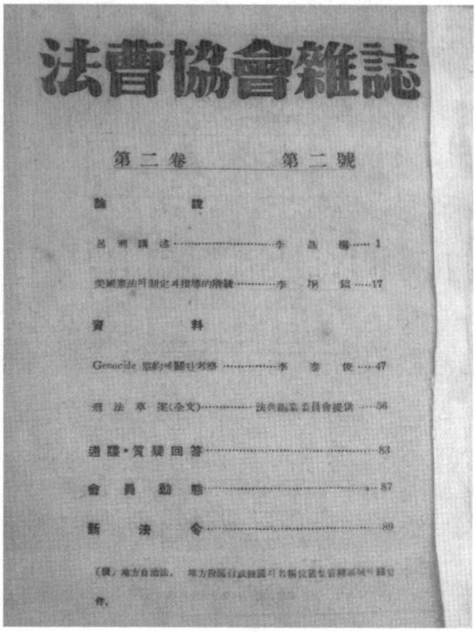

法曹協會雜誌

第二卷 第二號

論 說

資 料

Genocide 條約에關한考察 …… 47

刑法草案(全文) …… 法典編纂委員會提供 …… 56

通牒·質疑回答 …… 83

會員動態 …… 87

新法令 …… 89

형법초안전문(법조협회잡지 제2권 제2호, 1950)

와 같이 형법, 형사소송법, 민법, 민사소송법은 1948년 말 내지 1949년에 이르러 '요강안'의 작성단계까지 확정지었다.

이 중에서 1950년 6·25 이전에 조문화된 '초안'까지 확정한 것은 형법 밖에 없다. 형법은 1949. 11. 12. 형법초안을 최종결정하였다. 여론은 거듭 법전편찬사무의 지연을 비판했지만, 제대로 진도를 내기 어려웠던 내부사정도 충분히 수긍할 만하다.[17]

구체적으로 들어가면, 형법은 법전기초위원회의 사업을 계승하였다. 총칙의 기초는 역시 양원일 위원이, 각칙의 기초는 엄상섭 위원이 분담하였다. 그런데 조문화를 위한 초안을 작성하는 과정에서 돌발변수가 발생했다. 1949년 3월 3일 양원일 위원이 서거[18]하는 변고가 발생했다. 그런 상황에서 김병로 위원장은 총칙의 기초를 "자담"하게 되었다.[19] 그러면 양원일 위원은 사망 직전까지 총칙 부분에서 얼마 만한 진도를 내고 있었던가. 그다지 진전을 내고 있지 못했던 듯하다.[20]

---

17 "당국자 말에 의하면 현법전편찬위원은 전부가 정부관리 및 현직자이며 특히 법관들의 예를 들어볼 때, 현하 사태로 인하여 1인당 평균 1일 2,3건을 담당하여야 할 것임으로 그 일만도 감당키 어려우니 법전을 편찬한다는 것은 도저히 불가능한 일이라고 한다"("형법 총칙만 완성 —법전편찬위 사무지지—," 자유신문 1949. 9. 6. 자).

18 당일 밤 양원일 판사는 술을 마시고 종로구 인현동 숙소로 가던 도중, 헌병이 카빈을 들이대고 '누구냐'고 소리쳤다. '내가 바로 양원일이다. 너는 누구냐?'면서 허리에 찬 권총을 뽑으려는 찰나, 헌병이 카빈총으로 발사하여 양원일은 즉사했다. 그때 초소헌병은 살인혐의로 기소됐으나 무죄판결을 받았다. 신동운·허일태 편저, 효당 엄상섭 형법논집, 250면. 엄상섭은 "양원일군을 보내면서"라는 애도사를 썼다. 법정, 제4권 제4호, 통권 제30호, 1949.4, 법정사, 32~33면; 신동운·허일태 편저, 효당 엄상섭 형법논집, 249~259면에 수록. 김갑수, 법창 30년, 법정출판사, 1970, 107면 아울러 참조.

19 신동운, 형법제·개정자료집, 34면.

20 신동운 교수는 "형법총칙은 모든 형벌법규에 공통적으로 적용되는 극히 중요한 준칙이다. 형법총칙의 기초는

결국 김병로는 총칙의 규정 한 조문 한 조문을 만들었다. 엄상섭 위원은 각칙을 기초했다. 그 첫 성과로 우선 제1가안을 탈고했다. 이 가안은 법률안심의위원회에 제출되었는데, 이 위원회는 위원장(김병로), 부위원장(이인, 권승렬), 위원(최병주, 김갑수, 엄상섭, 정윤환)으로 구성되어 있었다. 이 위원회는 1949. 6. 20.부터 동년 9월 12일까지 전후 13차례에 걸쳐 심의를 거듭한 후 제2가안을 완성했다. 이 심의위원회가 계속되는 중에, 먼저 심의가 완료된 형법총칙 부분은 법전편찬위원회에 제출했다.[21]

제2가안은 위원회에서 전후 11회에 걸쳐 토의를 거듭한 결과, 1949. 11. 12.에 법전편찬위원회의 초안이 확정되었다. 그리고 자구와 조문체제에 대한 세밀한 검토는 엄상섭 위원에게 일임되었다.

이렇게 만들어진 법전편찬위원회 초안이 언제 정부로 넘어갔는지, 정확한 일자는 알 수 없다. 첫 초안인 만큼 법전편찬위원회의 초안 확정 및 자구수정과 동시에 정부로 이송되었을 수도 있을 것이다. 그러나 이후 정부도, 국회의 사정은 순탄치 않았다. 당장 1950. 5. 30. 국회의원 총선거가 있었고, 뒤이어 전쟁의 발발로 인해 형법안의 국회 검토 자체가 불가능하게 되었다. 결국 정부가 부산에 피난을 가서 있었던 1951. 4. 13. 정부안이 국회에 제출되었다.[22]

형법 초안 작성에서, "제일 말썽이 많았던" 죄는 간통죄였다.[23] 법전편찬위원회에서는 그에 대해 심의를 거듭한 결과 "현대적인 민주사상으로선 죄의 구성이 곤란하다는 이유로 본 법안에 간통죄를 규정치 않기로 가결"

누구나 맡아보고 싶어하지만 여간한 기량이 없이는 감당할 수가 없다. 양원일 판사의 형법총칙 기초 작업이 지지부진하였던 것도 바로 이 때문이었을 것이라고 생각된다"(신동운, "가인 김병로 선생의 범죄론 체계와 한국 형법의 총칙 규정," 서울대학교 법학, 제49권 제1호, 통권 제146호, 2008.3, 5~6면).

21 형법총칙 부분은 1949. 9. 3. 법전편찬위를 통과했다. 자유신문, 1949. 9. 6.자.

22 신동운, "효당 엄상섭 형법논집 해제," 효당 엄상섭 형법논집, 326면.; 신동운, "불능범에 관한 형법 제27조의 성립 경위," 서울대학교 법학, 제41권 제4호, 통권 제117호, 2001.2, 56면.

23 "명실상부한 남녀 동권! 간통죄 폐지되나? 법전편찬회서 고려 중," 자유신문 1949. 2. 27.자; "간통죄 없어지나? 법전편찬위에선 삭제," 동아일보 1949. 11. 17.자.

했다.[24] 논의과정을 보면, 법전편찬위원회 형법분과위원회에서는 간통죄 철폐의 형법초안이 기초되었다. 그에 대해, 총회에서는 두 가지 개의안이 제출되었다. 그중 '여자만 처벌파'는 총 21명 중 10명의 동의를 얻었고, 엄상섭의 공벌주의(쌍벌주의)는 7명의 찬성을 얻는 데 그쳐, 개의안은 통과되지 않았고, 결국 원안(철폐안)이 총회를 통과했다.[25] 남녀평등이란 민주사상의 실현이란 점이 폐지론의 기본적 논거였다. 그러나 간통죄 폐지에 대한 논란은 여전히 분분하였다.[26] 한 언론에서는 상반된 입장을 다음과 같이 요약하고 있다.

불처벌파 간통이란 법률이 있다고 해서 없어지는 것은 아니니 도의적 문제로 맡기자.

공벌주의자 헌법상 남녀는 동권이니까 따라서 여자만 처벌한다면 불공평하다.

여자처벌파 생리적·심리적으로 남자와 다른 것이며 여자의 마음은 편파적이어서 한 번 다른 남자하고 관계하면 집안을 모르고 두 남자를 섬기지 못하는 법이니 이를 처벌하자는 것이며, 그렇다고 해서 남자도 처벌하자면 남자라는 것은 여자보다 성욕이 강해서 종교로써도 막지 못하는 이것을 처벌하자면 첩妾있는 사람은 물론이요, 대개가 처벌받을 것이니 실태상 부적당한 것이다.[27]

---

24 당시 한 언론의 기사를 소개하자면, "그런데 그에 대해서는 각 방면에서 각각 의견이 다르다는 바, 이것이 국회에 상정되어 여하한 정도의 수정을 받을는지는 예측할 수 없으나 간통죄가 삭제된 것은 우리사회의 일대 민주개혁이라고 하지 않을 수 없다."고 한다("간통죄 없어지나? 법전편찬위에선 삭제," 동아일보 1949. 11. 17.자).

25 엄상섭, "간통죄 철폐와 그 사회적 영향," 50면; 신동운·허일태 편저, 효당 엄상섭 형법논집, 188면 이하 참조.

26 다음은 간통죄 존치론의 한 예이다. "사회부 부녀국장 박승호朴承浩 씨는 다음과 같은 견해를 피력하였다. '간통죄란 개인생활에 관한 것인 만큼 민주국가 법률에서는 당연히 이를 철폐하여야 될 것이다. 그러나 우리의 현 사회실정으로 미루어 보아 만약 이러한 법의 제재가 없어진다면 그나마 존재하던 도의적 인습관은 완전히 소실될 것이며 따라서 이 나라의 정조관념은 여지없이 땅에 떨어지고 말 것'이다"("박승호 사회부 부녀국장, 법전편찬위원회의 간통죄 폐지를 반대하는 견해를 피력," 서울신문 1949. 11. 19.자.).

27 "법전편찬위원회, 간통죄 폐지를 결정(1949. 11. 12.; 괄호 안의 일자는 필자가 삽입함)," 국도신문 1949. 11. 17.자; "최병주崔丙柱 대법관, 간통죄 논란에 대해 기자와 담화(1949. 11. 16.; 괄호 안의 일자는 필자가 삽입함)," 서울신문 1949. 11. 17.자.

이러한 법전편찬위원회의 초안은, 간통죄 부분에선, 어떤 결정이든 간에 이후 정부 및 국회에서의 논란을 예고하는 것이었다.

김병로는 확고하게 간통죄 폐지론 편에 섰다. 반면, 당시 쌍벌주의를 추진했던 엄상섭은, 법전편찬위에서 간통죄가 삭제된 데 대해 울분을 토하고 있다.[28] 법전편찬위원회에서는 각칙의 기초자인 엄상섭의 반대에도 불구하고, 1948년 요강(쌍벌주의)을 뒤집었는데, 거기엔 김병로 위원장의 소신이 강력히 반영되었을 것으로 짐작된다. 이는 김병로가 국회 본회의(1953년)에서 의견을 피력하면서, 간통죄 폐지안이 법전편찬위의 안이었음을 특별히 언급하여, 정부안과 반대되는 입장을 굳이 거론하고 있다는 점에서도 미루어 짐작할 수 있다.[29] 이를 통하여 짐작할 수 있는 다른 한 가지는, 각칙의 경우에도 김병로 위원장이 매우 큰 영향력을 행사했을 것이라는 점이다.

어쨌든, 형법 초안의 확정은, 기본법률 중에서 가장 먼저 조문화 단계까지 완성된 점에서 각별한 의의를 지닌다 할 것이다. 그 형법초안이 (단 1개의 조문을 제외하고는) 그대로 정부안이 되었다[30]는 점에서, 법전편찬위원회 및 김병로 위원장의 권위를 정부가 이의 없이 수용하고 있음을 알 수 있다.

3. 형법초안(1949년)의 내용 검토

이 형법초안에 대해서는 상세한 이유설명이 붙어있지 않다. 그러면서 〈형법초안 이유설명에 갈음하여〉라는 간단한 해명을 첨부하고 있다.[31]

---

28 엄상섭, "간통죄 철폐와 그 사회적 영향," 50면; 신동운·허일태 편저, 효당 엄상섭 형법논집, 189면에서 재인용. 엄상섭에 따르면, "법전편찬위원회 형법분과위원회에서는 갑론을박하다가 결국 남자의 간통행위도 처벌하게 되면 남자들이 견디기 어렵다는 점에서 간통죄를 불문에 붙이게 되었던 것"이라 정리한다.

29 제15회 국회정기회의속기록, 제55호, 1953. 4. 16, 44면; 신동운, 형법 제·개정자료집, 118면

30 신동운, "제정형법의 성립경위," 형사법연구, 제20호, 2003년 겨울, 25면.

31 형법초안 이유설명서는 국회 의안과 자료로서, 신동운 교수는 형법 제·개정자료집, 34~40면에 전재하고

우선, 형법초안은 "당면의 필요에만 끌려서" 작성했기 때문에 "불완전함을 면치 못하였음"을 자인하면서, "입안이유를 붙일 시간적 여유를 가지지 못했"음에 양해를 구하고 있다. "완전무결한 우리 형법법전의 완성은 금후의 과제로 남겨두고 우선 이 초안으로써 면갈지용免喝之用에 공하기로 하였다"는 점을 분명히 한다. 현행법의 기초가 된 이 형법초안은, 당시의 초안자들이 보기에도 갈등을 해소할 정도의 '면갈지용'이란 한계를 갖고 있었음을 인식할 필요가 있을 것이다.

① 그 문건의 첫 부분은 '입안의 근본원칙'을 정리하고 있다.

입안의 근본원칙

1. 세계 각국의 현행법 형법개정초안, 특히 독일형법 및 독일 1930년 형법초안을 많이 참고로 하였고, 제정역사가 새롭고 국정이 우리나라와 유사한 중국형법을 참작하였다.
2. 모든 독재적인 정치요소를 배격하고 국민의 기본권을 옹호하여 자유와 평등의 완전실현을 지향하는 세계적 추세에 적응케 하였다.
3. 신생국가로서의 발랄생신하고 용왕매진적인 국풍과 그러한 국민으로서의 창의력과 진취성을 풍부케 함에 적당하도록 하였다.
4. 목하 우리가 당면하고 있는 위기의 극복, 즉 민족적 분열에서 통일에의 추진방도에 있어서 유감됨이 없도록 하기에 노력하였다.
5. 우리 민족 고유의 순풍양속의 유지향상에 유의하였다.
6. 약자를 보호하여 그들의 낙오성에서 배태되는 사회의 불건전화를 방지함으로써 국가의 기초를 공고히 할 것을 기도하였다.
7. 형법학설의 화려기발함에 편파됨을 피하고 그 건전중정함을 택하여서 현

있다.

실에 적합하도록 하였다. 따라서 세계각국의 입법례와 특히 새로운 형법 초안[32]을 광범위로 참고하였다.

8. 용어는 법으로서의 명확성과 존엄성을 해하지 아니하는 한 될 수 있는 대로 평이하도록 하였다.[33]

② 거듭 언급했듯이, 형법의 조문화 과정에서 결정적인 역할을 한 인사는 김병로(총칙), 엄상섭(각칙)이었다. 위원장이자 대법원장으로서, 또 연륜과 실력 면에서, 김병로의 기여는 총칙의 조문화뿐 아니라 기본원칙의 정비, 각칙 개별 조문에까지 지대한 영향을 미쳤을 것으로 짐작된다. 그러면 다른 위원들의 기여도는 어떤가에 대해서는, 엄상섭의 다음 언급을 통해 짐작할 수 있을 것이다.

필자(엄상섭)도 법전편찬위원회의 한 사람으로서 형법안 작성에는 상당히 깊이 관계해본 일이 있었으나 각 위원들은 자기의 본무의 여가로 하는 일에 불과하고 또 누구든지 깊이 연구하지도 아니하고서 위원회에 출석한 후 생각나는 대로 법률상식적인 견해를 적당하게 발표할 뿐이라는 것이 법전편찬위원회의 실정인 것이다. 기초책임을 맡은 위원만은 책임감을 가지고 있으나 그 밖의 위원들이 그때그때의 생각나는 대로 발표되는 의견은 도리어 일을 망치는 일도 있었다.[34]

결국 기초위원들이 거의 절대적인 책임감을 지고 초안작업을 했다는 것이다. 더욱이 김병로는 실력으로나 영향력으로나 압도적인 위치에 있었다. 그런 그가 초안한 것이기에, 형법총칙은 그대로 김병로의 작품이라 해도 과언이 아닐 것이다.

---

32 여기서 '특히 새로운 형법초안'은 일본의 개정형법가안을 가리킨다는 지적은 신동운, "형법 제20조 사회상규 규정의 성립경위," 서울대학교 법학, 제47권 제2호, 통권 제139호, 2006.6, 192면.

33 형법제·개정자료집, 34면 이하.

34 엄상섭, "신형사소송법의 민주화," 허일태·신동운 편저, 권력과 자유, 동아대 출판부, 2003, 280면.

③ 형법초안은 과연 면갈지용으로 만든 일본법 베끼기 정도의 작품이었을까. 그렇다면 김병로의 기여도는 그다지 높게 평가될 이유가 없을 것이다. 내용 면에서, 형법초안은 단순번역의 모방작인가 아니면 어느 정도의 창조성이 들어 있는가를 면밀히 살펴보는 것은, 우리 형법 및 형법학의 첫 출발로써 중요한 과제가 아닐 수 없다.

1948년 단계에서 김병로 역시, 당시의 당면과제, 즉 '왜어로 된 육법전서로부터 해방'[35]하여 '조선말로 된 법전'이라도 우선 가져야 하겠다는 입장이었을 것이다. 그것이 미군정말기, 1948년 말까지의 일반적 분위기였음이 틀림없다. 그러나 김병로가 총칙을 맡으면서, 이런 기류가 일변한다. 김병로 대법원장이 1953년 국회 형법안 독회에서 발언한 내용을 우선 소개한다.

ⓐ 원래는 법전편찬위원회에서 법전편찬에 대한 최초의 취지는 우리가 지금 편찬사업은 긴급을 요하고 사업 자체는 중요성을 가질 뿐만 아니라 다대한 시일을 요하지 않고는 성취하기 어려운 그러한 사실입니다. 급속주의를 취해야 한다. 좀 내용이 빈약하나 좀 속速하게 하는 급속주의를 취해야겠다. …

ⓑ 이렇게 급속주의로 법전을 편찬하는 경우에는 어느 나라 법을 하나 기초로 하자, 이런 말이 법전편찬위원회에서도 대략으로 말이 되었습니다. 그러면 우리가 아시다시피 정치적으로는 아무리 적이지만 사실 우리에게 오래 동안 효과를 내고 있던 일본 법전 그것을 기초로 해가지고 속速하게 편찬하는 사업을 진행하는 것이 좋지 않을까 이러한 말도 있었습니다마는,

ⓒ 그것을 기초起草하는데 당해서 보니 결단코 어느 나라 한 나라 법을 기초로 해가지고 그것을 표본으로 해서 편성하기가 퍽 어렵다.

ⓓ 그렇지 않더라도 한 나라 뿐만 아니라 어느 나라에도 공통되는 이러한

---

35 엄상섭, "형법요강해설(1)," 18면; 최종고, "현대 한국법제의 형성과정고," 68면에서 재인용.

보통 조문에 있어서는 말을 안 하고 새로 기초를 삼더라도, 우리의 특수성을 생각하고 그 나라 국민적, 사회적 현실에 있어서 필요를 느끼는 특수한 사항에 있어서는 어느 나라 법을 기초로 한다는 것이 근본이론이 틀렸다, 그래서 우리 형법[36]도… 결단코 일본법을 기초로 한 것이 아니고 독일법을 기초로 한 것도 아니고, 어떤 한 나라 법을 기초로 해서 편찬한 것이 아닙니다. 사실은 과거의 여러 나라 법을 모아다가 참고로 보고,

ⓔ 과거에 여러 나라 학설 가운데에 논쟁되어 오던, 특히 대한민국의 과거나 현재나 장래에 있어서 부득이 없어서는 안 될 그러한 특수한 사정을 특수하게 취급해서 종목을 설치하고, 그 외에 알 만한 살인이라든지 절도라든지 이러한 완전한 기초가 되어 있는 것은 어느 나라 법이나 다 기본이 다 일치되고 말았습니다….

ⓕ 총칙 편에 있어서는 … 종전에 학자들이 학설로만 가지고 이러니저러니 다투고 따라서 사실적 판단을 인정人情에 따라서 혹 좌우되는 그러한 이론이 오늘날까지 남아있는 그러한 단계에서 될 수 있는 데까지 우리 대한민국 형법은 그러한 것을 법조로 정하는 이론을 세웠습니다.[37]

위의 인용은 우리 형법의 독자성 내지 창조성을 점검하기 위해 결정적인 대목 중의 하나로 생각한다. 따라서 이를 하나하나 해설하는 식으로, 그 의미를 짚어보기로 하자.

ⓐ: 1948년 말 단계의 상황을 말한다. 법전편찬의 '최초의 취지' 내지 방침은 급속주의를 취할 수밖에 없다는 것이다. 우리말로 된 법률도 없이 정부를 수립한 시점이라, 법전편찬은 중요하고도 긴급한 과제라는 것이다.

ⓑ: 급속주의로 법을 편찬하는 유일한 방법은 수십 년 동안 익숙한 일본

---

36 속기록에서는 '헌법'이라 하고 있으나 '형법'으로 읽어야 맥락상 타당하다. 속기록의 이 부분에서 '형법'을 '헌법'으로 오기한 사례를 신동운은 여러 차례 밝혀내고 있다.

37 제15회 국회정기회의속기록 제55호, 1953. 4. 16; 신동운, 형법제·개정자료집, 115~116면.

법률을 기초로 할 수밖에 없다는 것이다. 독자적 법률을 제정하려 하다가는 다대한 시일이 소요될 것이기에, 일단 일본 법률을 기초로 하는 방법만이 소기의 목표를 달성할 유일한 방법이다. 그것이 당시 법률가들 사이에 널리 퍼져있는 속설이었다. 1948년 말의 단계에서, 김병로도 이 점을 부인하지 않는다.

ⓒ: 그런데 김병로는 1949년 3월 이후 형법총칙을 '자담'하게 될 상황에 처하게 되었다. '자담'이었으므로, 김병로 스스로가 원해서 한 것이다. 그만큼 그는 형법총칙을 스스로 기초하고자 하는 의지도 있었고, 역량에 대한 자신감도 있었다고 생각된다. 막상 '자담'하여 '기초하는 데 당면해서 보니, 일본법을 기초해서 그것을 번역하는 정도로는 도저히 우리의 법다운 법을 만들 수 없음을 절감하게 되었다. 이는, 일본법으로부터의 의식적 단절-도약(take-off)으로 매우 주목할 대목이다. 그러면 어떻게 할 것인가.

ⓓ: 형법의 보편성과 특수성에 대한 입법자로서의 고민과 결단이 나와야 할 것이다. 세계적으로 공통된 조문의 경우 우리 형법의 기초로 삼는 것은 당연하다. 살인죄, 절도죄 등의 경우에는 세계적으로 일치된 규범을 수용해야 할 것이다. 그러나 우리의 국민적, 사회적으로 특수한 현실에 대해서는 다른 나라 법을 기초로 하겠다는 근본이론 자체가 틀렸다고 본다.

ⓔ: 결국 여러 나라 법을 참고로 하고, 우리의 특수사정을 특수하게 취급하여 입법자로서 적절히 편찬해야 한다. 이러한 고민 끝에 만들어진 우리 형법(초안)은 일본법이나 독일법을 기초로 한 것이 아닌, 우리 한국의 형법이 된다.

ⓕ: 형법총칙의 경우, 이론과 학설의 논쟁이 격심하기에, 사실판단과 법률판단에서 객관성을 띠지 못하고 주관적으로 좌우되는 그런 폐단이 적지 않다. 그에 대해 입법자로서는 법률조항의 제정을 통해 이론논쟁을 일단락 하고자 하는 입법적 결단을 내릴 것이다. 이렇게 함으로써, 다른 나라의 형법과는 다른, 대한민국 형법의 특색이 드러날 것이다.

④ 그럼 형법초안(1949)을 기초요강(1948)과 비교해보자.

총칙 분야에서 (의용형법에 나타나지 않는) 새로운 규정들이 즐비하다. 그것은 신동운 교수의 연구를 통해 상세히 밝혀진 바 있다. 요약하자면, 범죄론에서 "독자적 형법총칙의 성안"[38]이라고 할 만한 특색을 표출한 것이다. 김병로 자신의 정리를 토대로, "김병로표 총칙"의 특색을 추출해보자.

총칙에서, 범죄에 관한 일반적 관념에서는 학설과 판례에는 있지만 조문화되어 있지 않던 것을 "조문으로 명백히 한 부분"이 적지 않다. 김병로는 그 예로서 인과관계, 불능범, 독립행위의 경합, 부작위, 피해자의 승낙, 자구행위를 열거하고 있다. 또한 공범에서 공범행위에의 가입행위, 조직행위에 관한 규정을 설치하였다. 공범 중에서는 교사범에서 "교사만 가지고도 독립적으로 죄를 성립시키는 것"(실패한 교사, 효과없는 교사)을 신설했고, 간접정범의 규정(현행형법 제34조)도 학자의 이론이 많은데 이를 조문화했다.[39]

이러한 것들은 일본형법에 없다 하더라도, 외국법(예컨대 독일, 스위스, 스페인 등) 중 한두 나라 이상에 조문화되어 있음을 참고했다. 이와 같이 비교법적 검토를 거쳐, 이론이 막히지 않도록 명백히 법문으로써 총칙규정에 적극적으로 규정하게 된 것이 우리 형법의 특색이라 지적한다.

총칙 중 형벌에 있어서는, 자격상실, 자격정지를 새로 첨부했고, 집행유예의 가능성의 범위를 좀 더 넓혔으며 선고유예를 신설했다. 기왕의 몰수형은 부가형으로만 존재했지만, 우리 형법으로는 몰수형을 독립형으로도 가능하도록 했다.[40]

---

38 신동운, "가인 김병로 선생의 범죄론 체계와 한국형법의 총칙규정," 7면; 그리고 각 조항의 연원에서, 가인의 초기구상과 입법의 관계에 대하여는 신동운의 위 논문 참고. 신동운은 특히 사회상규, 부작위범, 인과관계, 피해자의 승낙에서 가인의 형법이론의 특색을 깊이 논하고 있다(신동운, "가인 김병로 선생의 범죄론 체계와 한국형법의 총칙규정," 20면).

39 신동운, 형법 제·개정자료집, 116면.

40 신동운, 형법 제·개정자료집, 117면.

한편 각칙의 경우에는, 조문화 작업을 엄상섭 위원이 주도했다고 하지만, 전체 위원회에서의 확정과정에서 김병로의 영향력이 중요한 부분에서 반영된 것으로 보인다. 속기록이나 관련기록은 별로 없지만, 법전편찬위원회의 결론과 엄상섭의 견해 사이에 상당부분 차이가 나거나, 김병로가 특별히 의도하여 포함시킨 부분이 확실히 있어 보이기 때문이다. 또한 국회 법제사법위원회의 수정안(1952. 8. 29.)[41]과 김병로의 입장에 대해서는 몇 가지 대립되는 쟁점이 있다.

첫째, 김병로는 국회에서 간통죄를 언급하는 부분에서 미묘한 차이를 보인다. 앞서 지적했듯이, 형법기초요강에서 간통죄는 쌍벌주의로 정해졌음에도 불구하고, 김병로가 완전히 중심이 된 법전편찬위원회에서는 쌍방불벌주의로 확정되어, 법전편찬위원회의 입장이 되었다. 그런데 2년 뒤 정부는 오직 간통죄만 법전편찬위원회와 상반되게, 쌍벌주의로 변경시켜 국회에 제출했다.[42] 그러니까 국회에 계류된 정부안은 쌍벌주의였던 것이다. 그런데 국회 법제사법위원회는 정부안에 대한 중요한 수정안으로 간통죄의 삭제를 포함하고 있다.[43] 요컨대 간통죄의 경우 쌍벌주의(법전기초위, 1948), 폐지주의(법전편찬위, 1949), 쌍벌주의(정부원안, 1951), 폐지주의(국회 법사위, 1952)의 엎치락뒤치락하는 단계에 이르고 있다. 그런데 김병로는 국회 발언에서, 간통죄의 경우 정부원안에 대해 아예 언급을 않으면서, 법전편찬위원회에서는 "이 형법전에는 불문처리하기 위해 삭제하게 되었습니다"[44]라고 명시적으로, 정부입장과 반대되는 견해를 표현하고 있다. 이는 김병로 자신이, 강력하게 간통죄폐지론을 밀어붙였음을 시사한다.

둘째, 국가보안법 및 비상조치법에 대한 특별한 의견표시가 있다. 국가

---

41 "형법안심사보고의 건"(단기 4295년 8월 29일), 형법제·개정자료집, 81면 이하.

42 정부초안은, 법전편찬위원회의 형법초안에다가 간통죄 쌍벌규정 조문을 추가한 것에 불과하다. 신동운 교수는 다른 어떤 내용의 변경도 없었음을 '유인물'의 내용검토를 통해 확인했다는 점을 언급한다. 형법제·개정자료집, 41면.

43 신동운, 형법제·개정자료집, 91면.

44 신동운, 형법제·개정자료집, 118면.

보안법은 1948년 말, 여순반란사건이라는 군사반란에 대응하여 미증유의 위기에 처한 상태에서 비상시의 임시입법의 성격으로 제정되었다. 이 법은 제정단계에서부터 곧 폐지될 운명이었던 것이다.[45] 비상조치법이라 함은, 6·25전쟁 직후인 1950년 6월 25일에 공포된 "비상사태하 임시조치에 관한 특별조치령"(약칭 특조령)을 말하는 것으로, 긴급한 시기에 필요성을 인정할 수 있지만, 그 형이 극단적으로 높고 증거설시를 생략하고 단심으로 판결을 확정하는 등 법치주의적 견지에서는 심각한 문제점을 안고 있는 것이었다.[46] 그에 대해 김병로의 입장은 특별히 주목할 가치가 있다.

우리나라에 지금 6·25사변을 당해가지고 공산도배의 비상한 모략 그러한 것과 또 여러 가지 거기에 부수되는 범죄사실이 많이 있어서 거기에 대한 특수한 법 률로 국가보안법 혹은 비상조치법 이러한 것이 아마 국회에서 임시조치로서 제정해놓고 인정하신 줄로 압니다. 그래서 지금 와서는 여러 가지 그러한 다기다난多岐多難한 그러한 것을 다 없애버리고 이 형법개정된 것만 가지고 오늘날 우리나라 현실 또는 장래를 전망하면서 능히 우리 형벌법의 목적을 달할 수 있겠다 하는 이러한 것으로서 많이 고려를 해보았습니다. 해보았는데 원칙적으로 될 수 있으면 법이 다기다난해서 거기에 각 조항 법이 서로 교착되어서 다기다난한 것을 없애는 것이 원칙적으로 본래에 법전편찬위원회에서 규정을 내린 것입니다.[47]

김병로는 국가보안법, 특조령이 공산도배의 비상한 모략에 대응하기 위한 특수법률임을 인정하면서도, 이것은 어디까지나 "임시조치"인 것이고, 따라서 이러한 다기다난한 특별법적 처벌 필요가 있는 부분을 형법에 흡

---

45 한인섭, 한국형사법과 법의 지배, 1998, 97면 이하.

46 한인섭, "한국전쟁과 형사법 : 부역자 처벌 및 민간인 학살과 관련된 법적 문제를 중심으로," 서울대학교 법학, 제41권 제2호, 2000, 139면 이하 참조.

47 제15회 국회정기회의속기록 제55호, 1953. 4. 16, 34면; 신동운, 형법제·개정자료집, 118면.

수통합하면서, 특별법 자체는 폐지하는 것으로 구상하고 있다. 이러한 특별법 흡수통합과 폐지의 골격은 법전편찬위원회의 결론으로 확정된 것이다. 그러나 법전편찬위원회의 형법초안 확정단계(1949. 11. 12.)에서는, 국가보안법을 폐지대상에 포함시키지 않고 있다. 특조령은 당시 제정되지도 않았으므로 당연히 포함되어 있지 않다. 1951년 정부초안에서도, 국가보안법 및 특조령의 폐지에 대한 부칙 규정은 없다. 요컨대 법전편찬위 초안, 정부초안 모두 그에 대한 아무런 언급이 없는 상태였다. 그런데 왜 김병로는 국회발언단계에서, 과거의 형법 및 특별형법(일제하, 미군정하)은 '다기다난'하기에 폐지되어야 한다면서, 거기에 국가보안법과 특조령을 끼워 넣은 것일까.

형법 제정과 동시에 국가보안법 및 특조령의 폐지할 것을 결정한 것은 바로 '국회 법제사법위원회 형법수정안'에 와서이다.[48] 형법 부칙 제12조는 형법제정과 동시에 삭제될 법률을 죽 열거하고 있다. 거기에 국회 법사위는, "15. 법률 제10호 국가보안법과 법률 제85호 국가보안법 개정법률, 16. 대통령령 긴급명령 제1호 비상사태하범죄처벌에관한특별조치령."을 추가하고 있다. 형법 각칙 중에서 "내란죄, 외환죄, 공안을 해하는 죄 거기에는 국가보안법에 해당하는 각 죄가 빠지지 않고 도리어 중형으로 처하는 형태로 규정되어 있기 때문에 (폐지해도) 하등의 지장이 없을 것이다"[49] 그러면서도 윤길중은 다음과 같이 부언한다. 폐지해도 "법이론적인 문제"는 없을 것이나 폐지할 경우 "국민에게 주는 심리적인 영향"이 있을 수 있기에 지금 폐지하는 것은 좋지 않다, 폐지하면 마치 국가보안법 위반적 행위를 해도 무방하다는 "오해를 살 우려가 있으니까 존치해둘 필요가 있다고 하는 그런 유력한 의견"도 있을 수 있다고 부언하기는 한다.[50] 이어 다

---

48 신동운, 형법제·개정자료집, 94면.

49 제16회 국회임시회의속기록 제19호, 1953. 7. 8, 14면, 윤길중 법사위원장 발언 부분; 신동운, 형법제·개정자료집, 351면.

50 제16회 국회임시회의속기록 제19호, 1953. 7. 8, 14면; 신동운, 형법제·개정자료집, 351면.

른 의원들이, "용공이니 친공이니 하는 여기에 대해서 엄숙하고 준열한 태도를 취하지 않으면 안 될 이런 단계에… 보안법을 이 기회에 삭제한다고 하는 것이 백해무익한 것이 아닌가" 하고 "정책적으로 봐서 졸렬한 것"이라는 비판이 제기되기도 했다.[51] 국회본회의에서 갑론을박 끝에, 결국엔 국가보안법 폐지안은 부결되어 존속되게 되었다.[52]

다른 한편 특조령의 경우, 국회는 그 법령의 남용과 위헌성을 들어 이를 폐지하는 법률을 제정했고, 그에 대해 대통령은 '비토'해서, 국회는 이를 재의결하여 폐지하였다.[53] 그런데도 형법 제정시에 '특조령의 폐지'를 부칙에 삽입하려는 것은, 정부가 입법상으로 폐지된 법률을 계속 강행하는 억지를 쓰고 있기 때문이었다. 그에 대해 국회는, 폐지의 입법적 조치를 다 취했기에, 형법에 포함 여부가 법리상으로 중요한 것은 아니었다.[54]

그러면 김병로는, 왜 국가보안법 및 특조령 폐지에 대해 (법전편찬위원회의 결정과는 상관없이) 동의하는 언급을 국회 본회의에서 하는가. 법전편찬위원회와 정부안을 떠난 상태에서의 국회 법사위 수정안에 대해 김병로의 개입은 있었던가. 그런데 다음과 같은 언급이 특별히 나온다.

> **윤길중** 국가보안법과 그 개정법률안을, 그것을 또 형법상의 내란죄 그리고 공안을 해하는 죄, 이것을 가지고 충분하게 벌할 수가 있다, 그렇기 때문에 이것을 폐지하자는 것입니다. 이것은 대법원장이라든지 연석회의를 해가지고 논의해 본 결과, 이것을 폐지한다고 할지라도 지장이 없다 이렇게 이야기가 되었습니다.[55]

---

51 제16회 국회임시회의속기록 제19호, 1953. 7. 8, 15면, 조주영 의원 발언; 신동운, 형법제·개정자료집, 352면.
52 제16회 국회임시회의속기록 제19호, 1953. 7. 8, 15면, ;신동운, 형법제·개정자료집, 353면.
53 그 경과에 대하여는, 한인섭, "한국전쟁과 형사법," 151면.
54 윤길중, 법사위원장. "여기(국회)에서 또다시 폐지한다는 말은 필요가 없게 되었습니다. 그러므로 이 수정안 낸 것은 자연취소되게 됩니다"(제16회 국회임시회의속기록 제19호, 1953. 7. 8, 10면; 신동운, 형법제·개정자료집, 345면).
55 제16회 국회임시회의속기록 제19호, 1953. 7. 8, 10~11면; 신동운, 형법제·개정자료집, 345면.

김병로가 국가보안법에 대한 견해의 첫 출발은, 국회법사위의 수정안 작성과정에서 '연석회의'를 통해서임을 알 수 있다. 즉 국회 법사위에서는 여전히 김병로와 상의해가면서 수정안을 작성하고 있었음이 여기서 노출된다.[56] 그렇기에 김병로는 국회 본회의에서 편찬위/정부 초안에 대해 설명하면서, 폐지의 당위성을 명료하게 설파할 수 있게 된 것이다.

물론 김병로 자신은, 법전편찬위 단계에서 형법상 내란죄 조문을 다듬고 공안에 관한 장을 신설하는 방향으로 대응할 때, 국가보안법의 폐지를 내심으로 원했다고 볼 수도 있다. 국가보안법이 폐지됨에 따른 입법적 보완장치를 포함시켰기 때문이다. 김병로의 형법초안에 따르면, '형에 가서 다소의 차이가 있을지도 모르나' 신설되는 '형법전을 가지고 국가보안법의 가능한, 국가보안법에 의해서 처벌할 대상을 처벌하지 못할 조문은 없지 않는가 하는 그 정도까지' 생각했다고 밝히고 있다. 물론 국가보안법상의 무고죄의 처벌규정도 결과적으로 삭제되는 셈인데, 그것은 동법상의 무고죄 조문(무고자는 피무고자가 받았을 형과 동등하게 처벌한다는 것)이 "법의 균형상에는 적확"하지 않다고 보았기 때문이다.[57] 이러한 김병로의 주장은 형벌권의 남용을 방지하고 인권보장의 철저화를 기하자는 취지에서 공감가는 면이 크다. 특히 6·25 전시 하에서 그러한 주장을 일관적으로 폈다는 것은, 인권옹호자로서의 김병로의 면모를 드러내는 대목이 아닐 수 없다. 그러나 김병로와 법전편찬위원회의 주장에도 불구하고, 국회 본회의에서 국가보안법은 유지·존속되었다.

---

56 이러한 연석회의가 어느 범위에 걸쳐 이루어졌는지는 알 길이 없다. 그러나 법사위가 결코 국회의 권한을 배타적으로 행사한 것이 아니라, 법전편찬위원장인 김병로와 상의했을 것임을 짐작할 수 있다. 국회 본회의에서 김병로에 대한 깍듯한 존경심의 표시나, 법안 심의의 첫머리에 그의 발언을 경청하는 자세에서도 알 수 있다.

57 사실 이후의 국가보안법개정과정을 보면, 신국가보안법에는 형벌의 강화 외에도 형사절차에서 인권침해적 규정들이 대폭 도입되는데, 이 때 국가보안법을 폐지했더라면 그러한 형벌강화·절차적 특례로 인한 형벌권남용 및 인권침해의 여지를 대폭 제거할 수 있지 않았을까 하는 점에서 김병로의 구상이 관철되지 못한 것은 아쉬움이 크다.

4. 국회의 입법과정과 형법의 공포

법전편찬위원회에서 1949. 11. 12. 확정된 형법초안을 넘겨받은 정부는, 이를 계속 갖고 있다가 1951. 4. 13. 정부형법안을 국회에 제출하였다. 이러한 지체의 원인을 정확히 알 수는 없으나, 1950년 5월 국회의원 선거가 있었음을 생각해보면 정치과정이 법률검토를 압도해버렸기 때문이라고 짐작할 수 있다. 1950. 6. 25. 이후엔 미증유의 상황에 처한 한국의 국회 및 정부의 처지를 생각해보면 형법에 대한 차분한 검토를 하기도 어려웠을 것이다.

국회 법제사법위원회는 정부원안을 신중히 심사하여, 일부 수정안을 붙여 본회의에 냈다.[58] 국회 법사위원들은 '법전편찬위원회에서 참담한 고심을 해가지고 기초해 왔'기에 크게 수정할 점이 없다고 인정하면서, "약간의 견해를 달리하는 법만을 수정"해서 법사위 수정안을 냈다고 한다.[59] 이어 여러 의원들의 개별수정안이 제출되었다. 국회 본회의는 1953. 4. 16.부터 7. 9.까지 형법안 독회를 하고, 7월 9일에 법을 통과시켰다. 자구정리에 관한 부분은 법제사법위원회에 다시 일임했다. 형법안은 1953. 8. 31.에 정부로 이송되어, 동년 9월 18일 법률 제293호로 공포되었고, 1953. 10. 3.에 개천절을 맞이하여 형법이 시행되었다. 기본 법률 중 처음으로, 우리의 형법이 시행되게 된 것이다.[60]

법사위 수정안의 주안점은, (정부원안이) '민주주의적인 정신을 살리는 점이 조금 소홀히 된 점이 상당히 들어' 있어, 그 점을 많이 수정하기로 했다고 한다. 우리 헌법의 정신에 따라 '민주주의적 형법'을 만드는 것에는 법전편찬위원회도 이견이 전혀 없었지만, 형법 기초안을 만들던 시점에 "여

58 '형법안 심사보고에 관한 건,'(1952. 8. 29.) '법제사법위원회 위원장 김의준'의 명의로 '민의원 의장 귀하'로 되어 있다(신동운, 형법제·개정자료집, 81면). 수정안의 조문 내용은 위 자료집 82면 이하에 수록되어 있다.

59 본회의에서 엄상섭의 발언(제15회 국회정기회의속기록 제55호, 1953. 4. 16, 35면; 신동운, 형법제·개정자료집, 120면).

60 신동운, 형법제·개정자료집, 3~4면 참조.

순반란사건 같은 것이 일어나 좌익세력이 굉장히 팽창하고 있는 때"인지라 "모처럼 발족한 신생국가가 그런 반국가적, 반민족적 세력 때문에 혹은 무너지지 않을까 이런 의심이 있는 나머지" 민주주의 정신을 조금 소홀히 한 점이 있다는 배경설명을 하고 있다.[61] 그 예로서 인심혹란죄[62]의 경우 언론자유를 국가적으로 제한하는 것을 들 수 있다. 또한 연좌공범 혹은 의제공범 같은 규정[63]은 남로당 등 반국가적 행위를 하는 단체에 가입하거나 하는 경우 개인의 자유가 다소 저해되더라도 이를 근절하자는 취지에서 들어간 것인데, 이는 근대형법상의 형사책임개별화의 원칙에 배치되기에 삭제하는 것이 마땅하다고 보았다. 그리하여 국회 법사위는 이러한 형법의 정치적 남용가능성을 견제하고, 국민의 인권옹호와 자유존중을 보다 기하고자 하였다. 형법적으로는 형법의 보장적 기능을 중시하고, 형법의 보충성을 염두에 두었다.[64] 형벌에서 관대성의 원칙을 보다 충실화하고자 했다. 이렇게 국회는, 정부원안보다 자유보장적이고 인권존중적인 형법안으로 진일보할 수 있었다.

김병로 역시 이러한 방향성에 대해 별달리 이의가 있지 않았고, 오히려 법사위 수정안의 취지를 반기는 듯한 뉘앙스를 풍긴다. 앞서 언급한 국가보안법, 특조령의 삭제안에 찬동하는 취지의 발언도 그렇고, 내란죄에 대해서도 "내란죄라는 죄에 대해서 여러 가지 형태가 그 전 일본 내란죄와는 좀 형태를 달리했고, 또 공안에 관한 장이 설치가 되어서 거기에도 여러 가지 함축성 있는 조문을 설치하게 되"었다고 의견을 피력한다.[65]

---

61 신동운, 형법제·개정자료집, 121면.

62 형법초안 제123조. 인심을 혹란하거나 경제의 혼란을 유발할 목적으로 허위의 사실을 유포한 자는 5년 이하의 징역이나 금고 또는 5만원 이하의 벌금에 처한다. 전쟁, 천재 기타 사변에 있어서 전항의 죄를 범한 자는 10년 이하의 징역이나 금고 또는 10만원 이하의 벌금에 처한다.

63 형법초안 제30조 후단. 범죄를 목적으로 한 단체의 조직자, 가입자 및 지도의 임무에 있는 자는 전항(정범처벌)과 같다.

64 제15회 국회정기회의속기록 제55호, 1953. 4. 16, 36면 이하, 엄상섭의 발언; 신동운, 형법제·개정자료집, 122면 이하.

65 김병로의 발언, 형법제·개정자료집, 118면.

김병로가 '자담'했던 총칙 편에서의 변경은 어떤가. 대체로 형법초안을 수용했지만, 몇 부분에서의 법사위 수정안이 나왔다.

먼저 형법 제16조(법률의 착오) 부분에서 '형을 감경 또는 면제할 수 있다'는 원안이 '벌하지 아니한다'고 수정되어, 결국 이 안이 현행 법률이 되었다. 그러나 이렇게 법적 효과를 불벌로 함으로써 법률의 착오를 크게 배려한 셈이지만, 실제 판례에서는 형법 제16조의 적용사례를 극히 제한해 버리는 역효과를 낳은 면이 있다. '감경' 규정이 있었더라면, 16조를 폭넓게 적용해도 실제로 별 무리가 없었을 것이기 때문이다.

형법 제21조(정당방위) 및 제22조(긴급피난), 제23조(자구행위)에서 원안은 '필요한 행위는 벌하지 않는다'였는데, 법사위 수정안은 이를 '행위는 상당한 이유가 있으면 벌하지 아니한다'고 하여 '상당한 이유'라는 조항을 삽입시켰다. '필요한 행위'라고 하면 필요한 정도라면 어떤 행위까지 할 수도 있다고 되어 정당방위의 폭을 너무 넓힐 우려도 있고, 그리하여 보통사람들의 상식 내지 양식을 가미해서 판단하는 게 좋겠다는 취지라고 한다. 이러한 수정안은 엄상섭의 제안으로 보인다. 법전편찬위원회에서도 논란이 되었지만, '필요'라 해두고 그 내용은 '학설에다가 맡겨두자'는 취지로 '필요…'가 통과되었는데, "암만해도 그 '필요'라는 글자가 들어 있어서 학설에다가 맡겨두기가 어려운 점이 있어서" 상당한 이유라는 문구를 수정안으로 채택했다고 한다.[66] 아마도 '필요'는 김병로 안인 것으로 생각되는데, 엄상섭은 (법전편찬위에서의 자신의 주장이 부결된 것을) 유력한 법사위원임을 십분 활용하여 자신의 내심의 안을 관철시킨 것으로 생각된다.

연좌공범 혹은 의제공범 같은 규정[67]은 총칙 공범상의 주요부분을 이루는 것이었다. 그런데 그에 대해 엄상섭은 반대입장을 가졌다. 이는 범죄자

---

66 엄상섭의 설명, 형법제·개정자료집, 144~145면.

67 형법초안 제30조 후단. 범죄를 목적으로 한 단체의 조직자, 가입자 및 지도의 임무에 있는 자는 전항(정범처벌)과 같다.

근절의 측면에서 필요할지 모르나, 개인의 자유권을 보호하는 입장으로 보아서도 대단히 곤란이 있고, 집권자에 의해 악용될 때는 중대한 인권침해의 영향이 올 것이라 보았고, 형사책임 개별화의 원리에 배치된다고 보았다. 근대 형법의 불변의 원칙을 침해하는데다가, 실질상 운영에서 중대한 위험이 따른다고 보아 법사위 수정안으로 삭제안을 낸 것이다.[68] 이 수정안은 이의 없이 국회를 통과했다.

그 외의 대다수 총칙 조항은, 문구상의 수정 이외에 내용상의 변화 없이, 국회를 통과했다. 종합적으로 보자면, 형법 제정에 있어 가장 주역이 된 것은 김병로와 엄상섭이었다. 김병로는 형법총칙의 조문화를 자담했으며, 전체 형법의 방향 설정 및 회의체에서 중심적 리더십을 발휘했다. 총칙의 대부분은 그의 작품이었고, 그중에는 김병로표 총칙이라 부를 만한 독창성을 곳곳에 보여주었다. 엄상섭은 형법각칙의 조문화의 초안작업을 했으며, 전체 조문에서도 열정을 갖고 자신의 주장을 관철시켰다. 엄상섭은, 1952년 국회 법사위의 수정안을 통해 1949년에 관철하지 못했던 상당한 부분을 관철시켰고, 1953년 형법제정을 위한 국회 심의에서 독보적인 영향력을 발휘했다.[69] 다른 의원들도 정부원안의 수정작업에 가세한 면이 있다.[70] 김병로의 법전편찬위, 엄상섭의 국회과정을 거치면서, 보다 인권존중과 권력남용의 억제라는 형법의 보장적 기능에 보다 충실히 다가서게 된 것도 인정할 수 있을 것이다. 요컨대 한국의 형법은 김병로와 엄상섭, 양인에 의해 기초화와 입법화가 성취되었다고 할 수 있을 것이다.

---

68 엄상섭의 설명, 형법제·개정자료집, 152~153면.

69 "주로 법제사법위원회에서 형법은 제(엄상섭)가 맡아봤기 때문에" 형법의 수정안에 대한 설명을 엄상섭 의원이 거의 도맡다시피 하고 있음에도 국회입법과정에서 그의 비중이 확인된다(신동운, 형법제·개정자료집 120면 이하).

70 예컨대 정부원안 제119조. 공연히 범죄를 선동 또는 선전한 자는 10년 이하의 징역이나 금고 또는 10만 원 이하의 벌금에 처한다. 이 조항은 막연하고, 국민과 언론의 비판적 의견이나 논설 하나 제대로 쓸 수 없는 지경이 될 것이다. 결국 언론압박, 관권발동의 여지를 주므로 삭제하자는 변진갑 의원의 안이 통과되었다(신동운, 형법제·개정자료집, 209~211면).

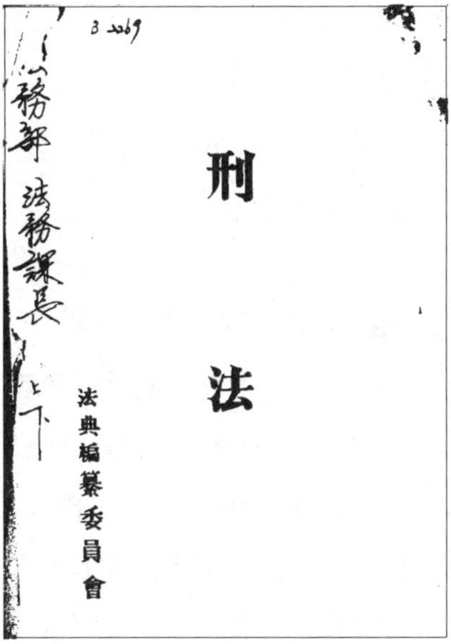

형법초안(1953)

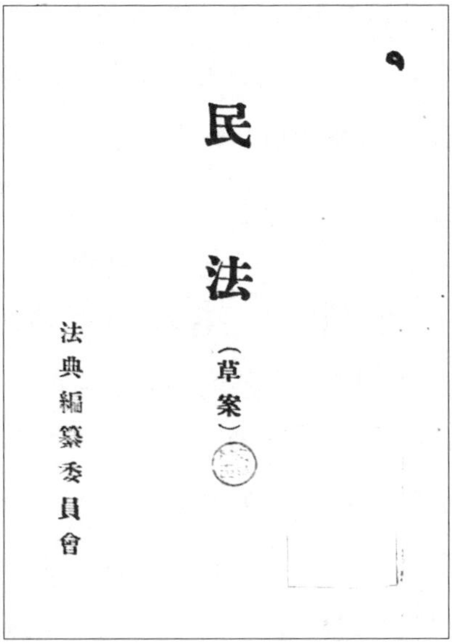

민법초안(1957)

형법의 제정은, 대한민국이 수립된 이래 기본법률 제정작업의 첫 성과였기에 그 의미는 각별했다. 다음 언론보도는 전체적 과정을 잘 요약하고 있다.

국회, 형법안 통과

사법법전의 하나인 형법안이 드디어 국회에서 통과되었다.

미군정시대부터 시작하여 법전편찬위원회에서 입법한 동 형법안은 이번 국회에서 지난(1953년) 6월 26일부터 연일 심의한 끝에 (7월) 8일 국회본회의에서 완전 통과되었다. 동 법안은 정부에서 공포하면 부칙에 규정된 바와 같이 오는 10월 3일 개천절부터 시행하게 된다. 이로써 일제日帝의 유물인 형법 동 시행법 및 군정포고 2호 등이 폐기될 것이다. 그런데 금번 통과된 형법은 대체로 법제사법위원회의 수정안이 통과된 것으로 총칙 각칙 합하여 397조의 법안이다.

이 법의 특색은 국민의 기본권을 옹호하고 약자를 보호하여 사회의 불건전화를 방지함으로써 국가기초를 공고케 할 것에 주안을 두고 있다. 그리고 민족고

유의 미풍양속을 유지 향상시키는데도 유의한 점이 있다. 심의 중에 있어 가장 논란될 것은 간통죄 및 낙태죄의 존폐문제였는데 간통죄에 있어서는 쌍벌주의를 채택하였으며 낙태죄는 존치케 되었다. 그리고 국가보안법도 그대로 존치키로 되었다.[71]

김병로 대법원장은 개천절인 1953년 10월 3일에 특별히 '형법시행 기념식'을 거행했다. 중앙청광장에서 거행된 기념식에는 국회의장, 국무총리, 대법원장 등 3부요인이 모두 참석하였다. 김병로는 기념사를 낭독했다.[72] 법률 통과를 위한 기념식은 이례적이지만, 우리의 기본법률을 처음으로 갖게 되었다는 역사적 의의가 있다. 그중에서도 가장 핵심적인 역할을 했던 김병로로서는 감회가 더욱 남달랐을 것이다. 신형법의 내용에 대해 그는 다음과 같이 압축 요약하고 있다.

다음 말씀드리려 하는 것은 신형법의 내용에 관한 것입니다.

이 형법은 헌법의 기본정신에 의거하여 인류 옹호와 자유 평등의 이념을 구현하고, 유래의 민족적 순풍양속을 유지함에 특별한 주의를 가하였으며, 자유세계의 각국 법전을 고안하여 민주주의 요소를 흡수함에 노력한 것입니다. … 그 내용의 몇 가지를 예시하여 드리면, 첫째로, 종전에 있어서 법문의 규정이 없고, 학자의 논의와 법관의 견해에 의존하여 온 사항을 명백히 규정하여 범죄 성립의 요소를 일반 상식으로 이해할 수 있게 한 것. 둘째로 범죄를 목적으로 한 단체를 조직하거나 가입한 자에 대하여 그 목적한 죄에 정한 형으로 처단할 것을 규정하여 치안확보를 기한 것. 셋째로 공무원의 직무상 범죄에 대한 가중형을 규정하여 공무원의 국민에 대한 책임감을 강화케 한 것. 넷째로 정조에 관한 남녀 동일한 형벌을 규정하여 방임되었던 남자의 정조 이념을 강조한 것을 특필할 수 있으며,

---

71 조선일보 1953. 7. 10.자. "국회, 형법안 통과".
72 조선일보 1953. 10. 5.자. "개천절, 형법시행 기념식 거행".

형에 있어서 (1) 자격상실, 자격정지에 관한 규정, (2) 형의 선고유예에 관한 규정 등을 신설하여 형벌권의 적정한 운용에 신미新味를 가하였고, 종전의 형벌 법규를 이 형법전에 대략 포괄하여 법전 정리의 일단을 실천한 것입니다.[73]

5. 형사소송법 제정의 경과

법전편찬위원회에서 형법 제정에 일차적 노력을 경주했지만, 그와 동시에 시급한 편찬업무로 삼은 것은 형사소송법이었다. 형사소송법은 식민지의 폭압적 법제 및 법실무를 극복하고, 인권보장을 중심으로 한 새로운 형사사법제도를 운용하는데 필수적이었기 때문이다.

그 첫 단계는 요강안의 확정이었다. 1949년 1월 8일, 17개 항목의 형사소송법요강안이 법전편찬위의 총회에 제안되어 심의가 이루어졌다. "형사소송법의 편찬은 현행 (의용)형사소송법을 참고로 하여 민주주의적 형사재판제도를 확립도록 제정할 것."이라는 요강안 제1항과, "인권보장을 위한 법령 제176호 [형사소송법의 개정]은 이것을 형사소송법에 적당히 편입하고 벌칙은 이것을 형법에 이편移編할 것"이라는 요강안 제2항이 원안대로 가결되었다.[74] 이를 통해 새로운 형사소송법은 일제하 의용형소법을 '참고'하되, 군정법령 제176호를 '적당히 편입'하는 것을 요강으로 삼고 있음을 알 수 있다.

이후 법전편찬위원회의 심의는 1949년 1월 요강안 심의 이후, 어느 정도의 진척을 이루었는지 구체적으로 확인할 자료는 잘 보이지 않는다. 6·

---

73 1953. 10. 3. 형법시행 기념식 기념사, 김진배, 가인 김병로, 393~394면에서 인용. 그런데 이 치사에서 "둘째로…" 부분은 사실에 부합하지 않는다. 이 조항은 법사위 수정안에서는 삭제안이 나왔고, 그 삭제안이 본회의를 통과했다.

74 대한법리연구회, "법전편찬위원회 총회 의사록 초(抄)," 법률평론 창간호, 1949, 33~35면(신동운, "제정형사소송법의 성립경위," 형사법연구 제22호, 2004, 209면에서 재인용).

25전쟁으로 서울에 있던 법전편찬위의 자료들이 망실되었기 때문이다. 앞서 보았듯이, 법전편찬위의 1차적 관심사는 형법 초안의 완성이었고, 형소법의 경우 일정한 진척을 보이고 있었다. 그래서 산재한 자료들을 더듬어 진척 상황을 짐작할 수밖에 없다.

1949년 12월 18일에 법전편찬위원회는, "인권옹호의 기본문제라고 할 수 있는 인신구속 즉 (구속)영장 발부의 한계를 명확히 규정하여 피고의 인권옹호에 만전을 기하는 새로운 법의 초안을 결정 통과시켰다." 그 초안을 기존의 법률(일제하의 의용형사소송법)과 비교하면 다음과 같다.[75]

1. 범죄에 대한 증거가 불명확한 경우 또는 도주할 우려가 없는 경우에는 영장을 발부하지 못한다(현행법과 흡사).
2. 신체를 구속했을 때는 인권옹호를 하기 위하여 즉시 변호인을 붙일 것. 만일 피고가 빈곤 기타의 사유로 인하여 변호인을 대지 못할 때는 관선변호인을 댈 수 있다(현행: 무기판결에 해당할 만한 피고에게만 관선변호인을 댈 수 있다).
3. 고문 방지를 위하여 때때로 변호인이 의사로 하여금 피고의 신체를 진찰시킬 수 있다(현행: 특수한 경우에 한한다).
4. 소송당사자인 피고의 지위를 확보시킴으로써 개인 인권옹호를 기하는 동시에 범죄수사를 원활히 한다(현행: 법에는 없음).
5. 구인·구류·소환장의 분별을 명확히 한다(현행: 구인할 피고인에게도 구속영장으로 통용한다).
6. 구인장·구류장에는 공소사실의 요지를 명확히 기입하여야 한다(현행: 영장에 공소사실이 막연히 기입되었다).

75 경향신문 1949. 12. 18.자, 2면, "법전편위서 결정, 영장발부의 한계 확연"; 국도신문 1949. 12. 18.자. 1~6면, "형사소송법 개정초안을 통과"의 내용이 두 신문에서 동일한 것을 보면, 이는 법전편찬위의 공식 배포자료인 것으로 생각된다.

이 초안작업의 실무를 맡은 정윤환 판사에 따르면, "새 법이 공포 실시되면 피고의 인권옹호에 큰 도움이 될 것이다. 더욱 이번에 결정된 영장 한계 등의 법률조항은 일제식 법률과는 전혀 다른 민주주의적인 법률이다." 라고 자평했다.[76]

1950년 1월 현재 "형소법은 기초를 끝내고 제1차 심의는 끝났다"는 정도에 이르렀다. 1950년 1월 14일 법전편찬위원회는 전체총회를 열어, 일부초안을 통과시켰다. 이 날 인신구속에 관한 제문제와 영장, 취조기간 등 인신구속에 관한 주요한 쟁점이 통과되었다. 그 내용의 요지는 다음과 같다.[77]

▲ **수사:** 인신구속에 있어 부정구속에 대한 국민의 자유권을 보장하는데 주안점을 둔다.

▲ **영장:** 영장의 발부가 없는 경우에는 피의자의 출두를 강요치 못한다. 피의자 구속에는 관할법원 판사로부터 발부한 구속영장을 제시해야 한다.

▲ **취조기간:** 구속영장에 의해 사법경찰관은 10일 이내에 수사를 완료하여 검사에게 송치해야 한다. 일정한 수속을 밟아 구속기간을 연장할 수 있다. 다만 그 기간은 10일을 초과하지 않는 범위 내에서 1회에 한하여 가능하다. 검사는 10일 이내에 기소하지 않는 한 피의자를 석방하여야 하고, 계속수사의 필요가 있을 때에는 1회에 한하여 10일 이내의 기간동안 구속기간을 연장할 수 있다.

▲ **긴급구속:** 영장없이 긴급구속할 수 있는 범위는 현행범, 범죄의 실행에 착수하려는 상태에 있다고 믿을 만한 상당한 이유가 있는 때, 기결 수인囚人 또는 법률에 의하여 구속된 자가 도망한 때, 피의자가 도망할 우려가 있을 때, 피의자가 죄증을 없애버릴 염려가 있을 때 등으로 규정한다.

▲ **변호인:** 수사기관은 구속영장에 의하여 피의자를 체포하거나 인치할 때에

76 국도신문 1949. 12. 18.자. 1~6면, "형사소송법 개정초안을 통과".
77 경향신문 1950. 1. 18.자. 2면, "확립된다 인권보장, 법찬위서 형소법 초안 일부 통과".

는 범죄사실의 요지와 변호인을 선임할 수 있다는 취지를 말하고, 피의자에게 변명의 기회를 주고, 유치할 필요가 없다고 인정될 때에는 즉시 석방해야 한다. 변호인은 피의자가 신문을 마친 후 피의자와 면회를 할 수 있다. 의사로 하여금 피의자의 신체를 진찰케 할 수 있고, 그 진단서는 기록에 첨부하여야 한다.

여기서 특기할 사항은 피의자의 신변 및 건강에 대한 보증장치를 도입한 것이다. 변호인은 피의자가 각개의 신문이 끝난 후 피의자와 면회할 수 있다는 것, 의사의 피의자신체 진찰 및 진단서의 기록첨부라는 강제조항이 그것이다. 수사기관이 피의자를 구타했을 때 즉시 증거확보를 위해 변호인과 의사가 개입할 수 있기 위함이다. 의사의 진단서는 기록에 편철되도록 함으로써 그것을 무시할 수 없도록 세심한 주의를 기울였다. 이 조항은 "일본 육법전서에서 보지 못하던 조항이 삽입된 것"이고 "전에는 임의로 행하여진 것이 금번에 성문화한 것이며 이로써 경찰관 및 수사기관에 있어서의 피의자에 대한 구타를 방지할 수 있게 된" 것이라고 언론은 평가하고 있다.[78]

이러한 조항의 삽입에서 김병로의 항일변론의 체험적 영향을 보다 직접적으로 느낄 수도 있을 것이다. 희천고문사건(1924), 경북중대사건(1924), 조선공산당사건(1925~7) 등 일제하 항일운동가에 대한 고문취조의 실상을 규명하기 위해, 김병로 등 항일변호사들은 변호인접견과 의사검진을 집요하게 요구하였고, 접견과 검진의 결과 엄청난 경찰고문의 실체를 폭로하여 천하를 용동시킨 바 있었다. 바로 이러한 변론의 체험이, 고문방지를 위한 제도적 강제 장치를 조문 초안으로 만드는 데까지 이르렀다고 짐작할 수도 있을 것이다.[79]

---

78 동아일보 1950 1. 17.자. 2면, "형사정책도 민주화, 신형사소송법안 기초중".

79 1954년 형사소송법 제34조(피고인, 피의자와의 접견, 교통, 수진) 변호인 또는 변호인이 되려는 자는 신체구속을 당한 피고인 또는 피의자와 접견하고 서류 또는 물건을 수수할 수 있으며 의사로 하여금 진료하게 할 수 있다. 이 조항은 문구 수정 없이 그대로 현행 조문으로 이어지고 있다.

1950년 1월 22일 법전편찬위 총회에서는 형사소송법 제3장 공판에 관한 40여 개 조항을 심의했다.[80] 검사가 공판정에 연속 2회 이상 출정하지 아니하면 검사의 출정 없이 개정할 수 있다. 또한 사형·무기형에 해당할 사건에 관하여는 변호인 없이 개정하지 못한다는 규정이 포함되어 있다. 전자는 사건의 신속한 처리를 위한 것이고, 후자는 특히 중형자에 대한 재판의 공정을 기하여 인권을 보장하기 위함이다. 그리고 피의자신문조서의 증거능력에 대하여 사법경찰관의 조서에 대하여 독립적 증거로서 취택될 수 없다는 조문을 포함시켜, 많은 논란을 예고했다.

법전편찬위는 이렇듯 수사기관의 조서에 대한 증거능력 부분에까지 나아간 듯하다.[81] 이렇듯 심의에 속도를 내던 법전편찬위의 형사소송법 초안에 관한 소식은 1950년 2월 이후엔 나오지 않는다. 법전편찬위로서도 예기치 않은 상황이 전개되었기 때문이다. 1950년 2월 하순 김병로는 왼쪽 다리를 절단하는 수술을 받고 두 달 동안 병석에서 지내야 했다.[82] 위원장에 크게 의존하던 법전편찬위의 상황인지라, 법전편찬은 순탄하게 진행될 수가 없었다. 거기다 6·25사변이 터졌고, 황망히 서울을 떠나는 마당에 법전편찬자료는 서울에 방치될 수밖에 없었고, 결국엔 전혀 활용할 수 없는 상태로 망실되었다. 임시수도 부산에서, 법전편찬을 뒷받침할 인력도 거의 없었고, 참고자료도 거의 없는 상태에서, 김병로는 법전편찬작업을 거의 단신으로 떠맡아 진행했다.

그때의 자세에 대해 그는 "피란 중에, 밤에 불이 없으면 머리로 숙려 고찰을 하고, 불이 있고 날이 되면 외국서적과 나의 생각을 비교를 해서" 형사소송법을 편찬해갔다[83]고 술회한 바 있다. 또 다른 술회에는, 다리가 불

---

80 동아일보 1950. 1. 23.자. 2면, "공판사상 일대변혁"

81 신동운, "가인 김병로 선생과 형법 및 형사소송법의 편찬," 가인 김병로와 21세기 사법부, 법원행정처, 2014, 325면.

82 조선일보 1958. 1. 9.자. 1면, "가인 김병로 옹 노변담: 병각을 무릅쓰고"

83 형사소송법 초안에 대한 공청회(1954. 1. 9.) 속기록, 대법원장 김병로 발언(신양균 편, 형사소송법 제·개정자료집, 한국형사정책연구원, 2009, 124면에서 재인용).

구가 되어 외출이 부자유함을 오히려 다행으로 여기면서 "밤이나 아침이나 무슨 다른 데는 한 시간도 빌릴 새 없이 그 시간을 이용해서 불식지공不息之工으로" 초안을 만들어갔다고 한다.[84] 가장 어려운 여건 하에서, 실로 초인적인 장인 자세로, 법전을 새겨갔던 것이다.

그러나 모든 것을 자담해야 하는 그로서 안타까움이 없을 리 없었다. 1954년 형사소송법안에 대한 공청회에서 김병로는 입법준비작업에서의 애로점을 다음과 같이 술회하고 있다.

> 이 법의 편찬에 있어서는 각국 나라의 입법체계와 법유래를 다 통론해서 거기서 우리나라의 실정에 비추어 가지고 어느 정도의 절차를 정하는 것이 우리 사회에 제일 적절하겠는가?
>
> 그러나 여러분이 아시는 바와 같이 우리의 현실이 사실상 학자가 없습니다. 이느 누가 그 일생을 통해서 40년이라는 반세기에 가까운 이 햇수에 우리가 참말로 학자적 입장에서 각국 법전이라든지 이런 것을 연구할 여지에 있지 아니했고 또 그런 여유를 얻지 못해서 졸지에 조야가 이것을 고심한다고 해도 그 기본이 약하고 실제로 형사소송법 하나만 가지고, 무슨 법이면 그것 한 가지를 가지고, 조문이 굉장히 많습니다만, 설혹 한 조문을 작정하려고 할 때에 중요한 조문에 드러가서는 아마 수십일을 연구검토해야 될 조문도 있을 것입니다. 그러한 시간적 여유를 가지고 참으로 철저히 드러가서 각국법의 유래라든지 또는 이해득실을 잘 참작해서 우리나라 실정에 비추어 자기 생각으로도 심사숙고해서 이래서 비로소 그 조문에 붓이 내려가야만 이것이 법답게 되리라고 생각합니다.[85]

이 진술을 통해, 김병로는 입법작업의 애로점을 누누이 지적하지만, 입

---

84 제3대 국회 제26회 제30차 국회본회의 회의록 제30호, 1957. 11. 6.

85 형사소송법 초안에 대한 공청회(1954. 1. 9.) 속기록, 대법원장 김병로 발언(신동운, 형사소송법제정자료집, 105~106면에서 재인용).

법작업에 임하는 김병로의 모습을 추론해낼 수도 있을 것이다. "40년이라는 반세기에 가까운 햇수"는 바로 김병로 자신을 연상시킨다. 공청회의 다른 부분에서 그는 "해방 전에는 내가 혼자 우리나라가 독립되면 법정은 어떻게 구성해야 되느냐 이런 것을 여러 가지로 생각을 했었습니다."[86]고 말하고 있기도 하다. 그러니 개개의 조문화에는 1910년대 중반부터 당시까지 40여 년에 걸쳐, 우리의 법전을 만들어야겠다는 김병로의 생각과 식견이 반영된 것이다. 또한 입법을 위해서는 각국의 입법체계, 법유례, 각 조항의 이해득실을 참작하고 거기에 "우리나라 실정"에 비추어 "심사숙고"하는 자세로 임했다는 것이다. 아울러 조문화는 "붓"으로 쓰여졌다는 것까지 말이다.

형사소송법의 초안작업은 1952년 중반까지 진행되었다. 1952년 8월 30일 기사로, "국무회의는 법전편찬위원회가 기초안 형사소송법안, 민사소송법안을 통과시켰다."[87]는 것이 있다. 정부는 이 법전편찬위 초안에 대하여 "특별한 고려를 가한 것이 없이 정부안으로 그 안을 즉시 국회에 제출"[88]하였다. 국회 제출일이 1953년 1월 13일이었고, 다음날 국회 법사위에 회부되었다. 그러나 1953년도에 국회는 형법안의 심의 및 공포에 역점을 두었다. 기본법률 중에서 처음으로 국회에서 다루어졌던 만큼, 국회는 본회의에서 형법은 치열하게 축조심의되는 모습을 보였다.

형사소송법의 초안작성에서 김병로의 비중은 어떠한가. 국회 본회의에서 법제사법위원장(김정실)에 따르면, "이 초안은 법전편찬위원회의 안이지만, 여기에 출석하신 김병로 대법원장이 주로 담당집필하신 것"임을 명시적으로 밝히고 있다.[89] 김병로도 그 자리에서 "국회에 나아와 원칙적으로 이 (형소법 초안의) 제안설명을 할 책임은 정부 측에 있을 것"이지만, "이 법전은 법전편찬위원회라고 하는 특별한 기관이 구성"되어서, 거기에서

---

86 신동운, 형사소송법제정자료집, 135면.
87 부산일보 1952. 8. 30.자. "국무회의, 법전편찬위원회가 기초한 형사소송법안 및 민사소송법안 통과".
88 신동운, 형사소송법제정자료집, 264면.
89 신동운, 형사소송법제정자료집, 260면.

이 안을 편성했고, 정부에서는 거기에 대해서 "특별한 고려를 가한 것이 없이 정부안으로 그 안을 즉시 국회에 제출"하게 되었다고 내력을 밝히고 있다.[90] 정리하자면, 정부안은 곧 법전편찬위의 안이며, 법전편찬위의 안은 김병로가 "주로 담당집필"한 것이란 것이다. 김병로는 이렇듯 형사소송법 초안자임을 공인되고 있다.

국회는 정부 초안을 그대로 채택한 것은 아니다. 1953년 1월 14일 국회에 제출된 초안에 대하여, 법사위에서는 소위원회를 구성해서, 엄상섭, 김준태, 김의준, 김종순 등 네 의원에게 위촉해서 1년간 신중히 심의를 계속했다. 그들은 10여 차에 걸쳐 회합을 가졌고, 6차에 걸친 수정안을 다듬었다. 제6차의 최종수정안을 중심으로 해서 다시 법사위를 4차례 열어 심의안을 결정했다. 이 단계에서 국회의 수정작업의 실무를 담당한 것은 서일교 전문위원이었다. 그는 국회 수정안을 작성하는 과정에서 김병로와 수 삼차의 사전논의를 하였으므로,[91] 수정안도 김병로와 무관하지 않았다. 그리고 1954년 1월 9일 정부 각계의 주요인사들이 참석하여 공청회를 열었다. 공청회에서는 9개의 주요쟁점을 선정해서 밀도 있는 심의를 가졌다.[92]

이러한 공청회에서의 의견교환을 거쳐 마지막 심의안을 다듬어 본회의에 회부하였다. 법사위원장의 설명에 따르면, 이 수정안은 "우수한 내용을 가진 초안에 대하여 신중한 검토"를 거쳐 "신진학설과 영·미법계의 장점을 일층 더 수입하여 인권의 보장에 만전을 기하는 동시에 공익의 유지에 유감이 없도록 한 것"이라 자평하였다.[93] 수정안의 작성을 주도했던 엄상섭 의원에 따르면, 법사위 수정안은 "정부안에 없는 형사소송의 민주화와 권력남용 방지를 위한 규정"을 여러 가지로 신설했고, 정부안을 보다 인권

---

90 신동운, 형사소송법제정자료집, 264면.
91 신동운, "제정형사소송법의 성립경위," 171면.
92 신동운, 형사소송법제정자료집, 258~259면.
93 신동운, 형사소송법제정자료집, 260면.

보장의 견지에서 수정했다. 엄상섭은 국회 수정안의 목표를 "형사재판의 민주화와 인권옹호의 강화, 그리고 형소법의 정치적 이용 방지"로 지적했다.[94] 그는 검사로 있을 때는 "형사소송법을 만들 때는 될 수 있는 대로 형사재판과 범죄수사를 하는데 편리한 방향으로 입안이 되어야 하겠다고 생각"하였음을 토로한 후, 국회의원이 된 뒤에는 "이러한 법률은 인권옹호면에 지장이 없는 방향으로 나가야 되겠다는 신념을 가지게 되었다"고 주안점의 전환을 술회한 바 있다.[95]

1954년 1월 9일 국회 법사위는 형사소송법안에 대한 공청회를 개최하였다. 이어 2월 15일에는 국회 본회의를 개최하였는데, 김병로는 법전편찬위원장의 자격으로 정부제안에 대한 이유설명을 하였다. 한편 국회 법사위는 "법사위 추가수정안에 관한 건"을 제출하였다. 이렇게 법사위 수정안이 포함된 법률안은 2월 19일에 국회 본회의를 통과하였다. 그러나 정부는 특히 법사위 추가수정안에 대해 7개 항목의 이의를 달아, 1954년 3월 13일 "형사소송법안 이의에 관한 건"을 국회에 제출함으로써 거부권을 행사했다. 그리고 국회의 재의를 요청하였다. 그에 대해 국회는 재의에 붙여 표결을 통해 원안을 확정하였다. 의원 재석 179명 중 출석의원 149명, 찬성 120명, 반대 27명으로, 재의 요건을 충족시켰다.[96] 형사소송법안은 3월 20일 정부로 송부되었는데, 정부는 법정기간을 넘도록 공포를 하지 않았으므로, 헌법에 따라 형사소송법은 1954년 5월 30일부터 시행되도록 했다.[97] 그러나 정부는 이 법의 공포를 미루었다. 1954년 5월 20일 국회의원 선거가 정해져 있었는데, 관권선거를 획책하는데 신형사소

---

94 신동운, 형사소송법제정자료집, 353~360면.

95 형사소송법 초안에 대한 공청회(1954. 1. 9.) 속기록, 엄상섭 의원 발언(신동운, 형사소송법제정자료집, 108면에서 재인용).

96 당시 헌법 제40조에 따르면, 재적의원 3분의 2 출석과 출석의원 3분의 2의 득표를 하면 법률로 확정된다.

97 법사위원장(김정실)은 제2대 국회가 1950년 5·30총선거에 의해 구성된 국회라는 점을 기념하는 의미에서 1954년 5월 30일부터 시행하자는 제안을 했고, 그 제안을 국회가 받아들여 통과시킨 것이다. 신동운, 형사소송법제정자료집, 330~331면 참조.

송법이 장애물이 될까 염려해서였다.[98] 제3대 국회를 구성한 이후에야 9월 23일 법률 제341호로 공포하여, 1954년 10월 14일 효력을 발생하였다.

우리의 형사소송법은 대통령의 거부권 행사에도 불구하고 법률로서 통과된 드문 법률이었다. 식민지적 경찰의 유산이 건재하고 전시하라는 열악한 인권상황 속에서, 대통령의 거부권 행사에도 불구하고, 이 정도의 법률의 제정은 "수훈 제1급에 속하는 민주과업의 전진을 수행한 것"이라는 평가[99]가 나올 만도 했다. 법전편찬위의 초안, 거기다 국회 법사위 수정안은, "인권옹호의 근본이념에서 가장 많이 부심한 형적이 가득 찼"다고 김병로는 자평한다.

6. 김병로의 형사소송법 구상

다음에는 김병로의 형사소송법 초안상의 특색을 살펴보기로 한다. 김병로가 국회의 공청회 및 본회의에서 행한 발언 속에 그의 주안점이 잘 드러난다고 생각하므로, 그 발언을 충실히 이해하는 방식으로 접근하고자 한다.

(1) 우리 형사소송법의 내력과 계통

우리 형소법은 어느 나라의 법제에 가까운가, 이런 질문을 비교법적으로 해볼 수 있다. 김병로는 우선 우리 형사소송법안의 내력과 계통에 대해 정리한다.

---

98 법사위 수정안 및 형소법 통과에 중요한 역할을 한 엄상섭 의원도 제3대 선거에서 낙선했다. 그는 "정부에서 신형사소송법의 공포에 있어 위헌을 해가면서까지 지연시킨 의도는 5·20선거 때문이었던 모양이다."라고 쓰고 있다. 엄상섭, "형사재판의 민주화 — 신형소법의 입법경위와 관련하여 —" 권력과 자유, 1957, 316~326면 참조.

99 엄상섭, 앞의 논문, 316~326면.

이 형사소송법을 처음 제안할 때에 역시 어떤 나라 법을 특수히 토대로 해서 이것을 기안하느냐 이러한 고정적 의사를 갖고 있지 아니했습니다. 우리 새 형사소송법안이 어떠한 특수한 법률을 꼭 토대한 것이 아니고 과거에 (중략) 우리가 현행 해오는 조례 또는 그 가운데에서 남조선과도정부시대에 시행하던 개정법률을 거기에 역시 흡수하고 또 미국사람이 일본이 독립되기 전에 스캡시대에 미국사람의 손으로 일본형사소송법 전반에 걸쳐서 민주주의를 기본이념으로 하는 개정법률안을 일본정부에다가 지시해서 일본정부에서 그것을 그대로 형사소송법수정법을 넣어가지고 (중략) 가입해서 제정된 것이 있습니다. 그래서 (중략) 우리는 대륙법체계만 섭용攝容한 것도 아니고 꼭 영·미식체계만 섭용한 것도 아니고 역시 우리에게 제일 편의한 이러한 점을 절충해서 이 형사소송법안이 편성되었다고 생각합니다.[100]

여기서 특별히 언급되는 참고 법원法源은 일제하 형소법, 미군정기의 형사소송법의 개정, 미국식 민주주의를 이념으로 하는 일본의 신형사소송법(1948년)이다. 일제하의 의용형사소송법도 당시의 현행법인 만큼 참조되지 않을 수 없었을 것이다. 그러나 대륙법계나 영미법계에 쏠리지 않고, 우리의 필요와 편의에 따라 절충적 섭용이 이루어졌다고 주체적 입장을 강조하고 있다.

형사소송법의 내용의 중요한 사항은 두 가지다. "하나는 범죄수사에 관한 것이고, 다른 하나는 범죄심판에 관한 것"이다. 수사의 사명은 "첫째 신속해야 하고, 그 다음에는 사건의 진실성을 발견해야" 하는 것이다. 김병로는 여기저기서 형사소송의 신속성을 유달리 강조하고 있는 편이다. 그런데 수사기능이 졸렬하면 졸렬할수록, 신속한 기간 안에 사건의 진실성을 발휘하려면 무리가 나온다. 그렇게 되면 피의자의 인권을 유린하는 결

---

100 신동운, 형사소송법제정자료집, 266면.

과를 보게 된다. 따라서 입법상으로는, "어떻게 해서 수사당무자로 하여금 신속하고 사건의 진실성을 발견함에 있어서도 가장 인권을 존중하고 또는 허위된 사실이 아닌 참된 진실성을 정확히 파악하게 할까" 하는 과제에 도전해야 한다.

구체적으로 보면 우선 피의자의 권리 확보의 규정들이 정비되어야 할 것이다. "어떠한 피의자든지 검찰이나 경찰에나 구속되면 반드시 그 구속된 장소, 시일, 사건명, 범죄사실을 피의자의 요구에 따라 알려줘야 하고, 친척이나 변호인에게 3일 이내에 통지하라"는 것을 포함한다. 그래야 피의자를 위해 일할 사람은 "신속히" 피의자가 구속에 관한 건, 죄상에 관한 건을 알아서, 피의자가 "자기의 옹호자로서 자기자신을 보위하는 방법"까지 알 수 있도록 규정하고 있다. 또한 변호인의 조력과 관련하여 "피의자가 취조를 받을 당초부터 변호사를 의뢰할 수도 있고, 취조하는 데 입회할 수도 있고, 또는 그때에 증거를 제출할 수도 있고 여러 가지로 피의자 자신의 보위를 위해서 할 방법을 상세히 다 허락하고 규정"한 것이다.[101]

(2) 피의자신문조서의 증거능력 문제

형사소송법 제정 당시 최대의 실무적 현안은 경찰의 고문을 어떻게 방지할 것인가 하는 점이었다. 당시 경찰의 "고문이라는 것이 대한민국에서 공공연한 비밀"[102]이었기에 그 근원을 꺾어버리는 조치가 필요했던 것이다. 경찰의 공공연한 고문은 식민지경찰의 관습적 행태였던 만큼, 고문의 방지는 일제 경찰로부터 물려받은 습관을 제거하는 것과 함께, 고문을 조장하는데 일조하는 법적 장치를 마련하는 것이 급선무였던 것이다. 형소법 초안의 곳곳에서 이러한 수사기관의 권력남용의 방지를 위해 부심하고

---

101 신동운, 형사소송법제정자료집, 268면.

102 제18회 국회 정기회의 속기록(제19차 회의), 엄상섭 의원 발언(신동운, 형사소송법제정자료집, 290면에서 재인용).

있음이 보인다.

그 한 방법이 경찰에서 작성하는 피의자신문조서의 증거능력을 제한하거나 부인하는 방안이었다. 이는 군정법령 제176호를 통해, 일제의 악법인 조선형사령 제12조 및 제13조가 폐지되었다. 이 조항들은 일제 수사시관에게 강제처분권을 부여하는 근거규정이었을 뿐 아니라, 피의자신문조서에 당연히 증거능력을 부여할 수 있는 법적 근거이기도 했다.[103] 군정법령 제176호를 통해, 수사기관의 조서에 증거능력을 부여할 법적 근거가 소멸되었다.[104] 물론 이러한 상황에 대한 반발도 극심하였다. 수사의 현실로 볼 때 사법경찰관의 피의자신문조서가 사건에 대한 증거서류의 중요부분을 형성하고 있는 바, 수사기관의 조서에 증거능력을 전적으로 부인한다면 범죄의 진압에 차질을 초래하고 치안 상 막중한 위험을 가져올 것이라는 비판이 그것이었다.[105]

법전편찬위에서도 조서의 증거능력 문제에 대해 무척 고심하였다. 1950년 1월 법전편찬위의 심의안에서는 "검사가 작성한 신문조서 이외의 서류 및 사법경찰관리가 작성한 서류는 다른 증거와 종합되는 경우에 한하여 증거가 될 수 있다"는 초안을 작성했다. 이는 공판시에 증거로서 사용될 서류는 검사가 작성한 것을 중심으로 하고, 사법경찰관이 작성한 조서는 독립적인 증거로서 취택될 수 없다는 것이다.[106]

그러나 전시 하에 초안작성을 하면서 김병로는 다시 이 부분을 재구성하였다. 그는 1) 공판조서에 대해서는 증거능력을 조건없이 인정한다. 2) 검사나 사법경찰관이 작성한 피의자신문조서는 "공판준비 또는 공판기일에 피고인의 진술에 의하여 그 성립의 진정이 인정된 때에는 증거로 할 수

---

103 신동운, "가인 김병로 선생과 형법 및 형사소송법의 편찬," 330면.

104 신동운, 앞의 논문(2014), 330면.

105 신동운, 형사소송법제정자료집, 373면에서 검찰의견을 요약함.

106 동아일보 1950. 1. 23.자. 2면, "공판사상 일대변혁". 이 기사에서는 "앞으로 이 조항이 국회에서 그대로 통과된다면 우리나라의 공판사상 일대 변혁을 가져올 것이다"고 그 의의를 높이 평가하고 있다.

있다." 3) 피고인의 진술서는 자필이거나 서명, 날인 있는 것은 공판기일에 피고인의 진술에 의하여 그 성립의 진정함이 증명된 때에는 증거로 할 수 있다. 여기서 특기할 것은, '성립의 진정' 개념을 창안한 것이다. 피의자신문조서에 증거능력을 부여하기 위해서는, '성립의 진정'이 인정되어야 한다는 것과, 그 성립진정의 인정방법은 오직 '공판기일에서의 피고인의 진술'에 의거한다고 하는 점이다.[107] 김병로는 국회 본회의에서 이 점과 관련하여 다음과 같이 설명한다.

> 경찰의 조서를 재판에 가서 그것을 증거로 채용하려면 그 조서만 가지고는 유죄의 증거를 하지 못합니다. 공판준비수속이나 또는 공판에 와서 피고인이 경찰에서 그와 같이 내가 말한 것이 사실입니다 또는 사실내용을 물을 때에 거기에 부합되게 피고인이 진술해야만 경찰이 기록한 조서가 유죄판단의 재료가 되는 것입니다.[108]

성립의 진정이란 달리 말해, 수사기관에서 피의자가 진술한 그대로(진정하게) 기재되었다(성립되었다)는 뜻이다. 수사기관은 모든 조서에 대해 진정하게 성립되었다고 주장할 것이다. 그런데 진정성립 여부의 인정방법은 하나밖에 없다. 피고인이 법정에서 성립진정을 '진술로서' 인정하는 것이다. 피고인이 진정성립을 부인할 때, 법원은 조서의 증거능력을 부인하라는 것이 법조문으로 명문화된 것이다.[109] 김병로는 이러한 장치가 "피의자

---

107 신동운 교수는, 이러한 '성립의 진정'이라는 것은 김병로의 창안임을 면밀하게 밝혀냈다. 여기에서 "한국 형사증거법의 핵심적 개념 가운데 하나인 '성립의 진정'이라는 요건이 가인의 붓을 통하여 우리 형사소송법에 들어온"것이라고 본다. 신동운, 앞의 논문(2014), 331면.

108 신동운, 형사소송법제정자료집, 268면.

109 형소법 제정 이후 수십 년 동안 검찰작성의 피의자신문조서는 원진술자인 피고인이 공판정에서 간인과 서명, 무인을 형사소송법상 절차에 따라 한 사실이 있음을 인정하여 형식적 진정성립이 인정되는 한, 그 실질적 진정성립도 추정되어 왔다. 그러나 2004년에 이르러, 대법원은 대법원 2004. 12. 16. 선고 2002도537 전원합의체 판결을 통해 실질적 진정성립은 형식적 진정성립의 인정으로부터 추정되는 것이 아니라, 공판정에서의 피고인의 진술을 통해 확인되는 것이라고 판시하였다. 이로써 검찰조서의 증거능력을 다투기가 용이하게 되어

가 수사기관의 심의를 받을 때부터 자기를 보위할 방법을 충분히 고려하고 이래서 오늘날 소위 인권을 유린한다는 무슨 고문. 부자연한 진술이니 해서 한다는 폐해를 미리 예방하는 규정"으로 의미를 적극 부여하고 있다.

국회 법사위 수정안은 김병로의 창안을 수용하면서, 한걸음 더 나아갔다. 검찰조서에 대해서는 김병로의 안대로 '성립의 진정'을 '피고인의 법정 진술을 통해' 확인하는 그 방법을 수용하였다. 그러나 당시 고문을 통해 자백을 강요하고 그 자백을 피의자신문조서에 기재하는 것을 습관으로 하고 있던 경찰에 대해서는 그것만으로 미흡하다고 본 것이다. 사법경찰관의 피의자신문조서의 경우에는, 피고인이 법정에서 그 내용을 인정할 경우에 한해 증거능력을 부여하자는 것이다. 엄상섭 의원에 따르면, 경찰조서에 대해서는 "범죄수사를 할 때 단서를 찾아가는 정도"로 봐주고, "재판정에서 유죄의 증빙재료"로서 쓰지 못하게 해야겠다는 것이다. 수사기관에서 진술한 내용은 "피고인이 이의가 없는 한에서만 유죄의 증빙재료로 할 수 있다"는 방향으로 나아가야 한다고 본 것이다. 경찰에서 한 자백은 공판정에서 부인하면 "칠판에다가 써두었던 글을 딱아버린다"는 식으로 아무 효과가 없게 만들었다.[110] 이를 법률조문으로 성안하면, 사법경찰관이 작성한 "피의자의 신문조서는 그 피의자이었던 피고인 혹은 변호인이 공판정에서 그 내용을 인정할 때에 한하여 증거로 할 수 있다"(제312조 단서).

고문 근절을 위한 이러한 방안은 검찰작성의 피의자신문조서에도 마찬가지가 아닌가 하는 논의가 제기될 수 있다. 그에 대해 엄상섭 의원은 "그렇게 나가면 개인의 인권을 존중하는 의미에서는 대단히 좋지만, 비교적 경찰보다는 인적 요소가 조금 우월하다고 볼 수 있는 검찰기관이 작성한 조서에서까지 이러한 증빙력을 주지 않는다면 소송이 지연되고 여러 가지

피의자-피고인에게 큰 도움이 되었다. 그런데 이는 김병로가 제정형소법에 이미 명문화한 것을, 수십 년이 지나 재발견하고, 조문대로 판결이 나온 것에 불과하다. 실로 김병로의 방법론적 창안은 50년이 지나서야 제 빛을 발한 것이다.

110 신동운, 형사소송법제정자료집, 290면.

문제가 있을 것"이라고 보았다. 그리하여 검찰조서는, 김병로의 원안처럼 '그 성립의 진정이 인정된 때'에 증거능력을 부여하는 것으로 규정하였다.

이렇게 피의자신문조서의 증거능력 부인과 제한의 접근은 극심한 반발을 동시에 불러왔다. 정부는 〈형사소송법안 이의에 관한 건〉에서 이의를 하는 제1사유로 이 점을 적시했다. "우리나라의 범죄수사의 실정은 사법경찰관이 중추적인 임무에 당하고 있는데, 그 조서를 공판정에서 피고인이 인정하지 않으면 증거로 할 수 없다면 일반적으로 피고인에게 불리한 진술내용은 거의 전부가 부인될 것이고 이렇게 되면은 공판에 있어서의 진실발견은 도저히 기대하기 어려울 것"라는 점, "검사는 범죄사건의 수사 전부를 처음부터 다시 반복하여야함 될 것이니 이것은 사실상 불가능한 결과가 될 뿐"이란 점, "사법경찰관리의 범죄수사를 법률적으로 무의미하게 만들어서 그 기능을 상실케 하는 결과가 된다."는 점을 들었다.[111] 그에 반해 대한변호사협회는, 인권의 옹호를 사명으로 하는 기관으로서, "고문 기타 부당한 방법이 근절되지 아니하는 현실에 비추어 (중략) 본 규정을 둠으로써 자백의 강요를 방지하는 동시에 과학적 수사방법을 발전시키는 호好결과를 초래할 것"이라며 당연히 채택되어야 한다고 반박했다.[112] 이러한 정부 이의서는 국회의 재의절차에서 받아들여지지 않고, 원안이 그대로 입법이 되었다. 이처럼, 실제로 가장 중요한 증거인 피의자신문조서는 김병로의 창안과 엄상섭의 수정이 더해져, '성립의 진정'(검찰조서), '내용의 인정'(경찰조서)로 구분되어 제정되었고, 그 구분은 지금껏 유지되고 있다.

(3) 구속기간의 단축

구속기간은 피의자, 피고인의 인권에 결정적인 영향을 미치는 것으로, 그에 대한 입법적 결단은 주요한 관심사였다. 1948년(군정법령 제176호)에

---

111 대통령 이승만 외, "형사소송법안 이의에 관한 건(신동운, 형사소송법제정자료집, 240면)".
112 대한변호사협회, "건의서(신동운, 형사소송법제정자료집, 247면)".

는 경찰 20일, 검찰 20일을 상한선으로 하여 도합 40일을 기소 전 구속기간으로 규정하였다. 1950년(법전편찬위 초안)에서도 이 기간은 그대로 유지되었다. 그런데 김병로가 전시 하에 형소법 초안을 단신 작성하면서 경찰 10일(연장 불가), 검찰 10일(1회 연장 가능)으로 총 기간을 30일로 줄였다. 그에 대한 김병로의 의견을 직접 들어볼 필요가 있다.

> (구속)기일문제를 개정법률(1948년을 말함. 필자 보충)에는 40일(경찰에서 20일, 검찰청에서 20일)을 했는데, 그 점에 있어서 너무 길다, 40일이라는 것은 너무 길다는 일반여론도 있고 또 편찬의 책임을 가진 나로서도 좀 생각을 해서 열흘을 경찰에서 줄였습니다. (중략) 총계 30일을 수사하는 기간, 구속하는 기간으로 단축하였습니다.[113]

여기서 주목할 것은 "편찬의 책임을 가진 나로서도 좀 생각을 해서"라는 표현이다. 1948~1950년까지 성안된 총 40일을, 김병로 자신의 결단으로, 편찬위원장의 책임을 갖고, 단축했다는 것이다. 따라서 30일로의 단축은 김병로의 작품임이 명료하다.

경찰 구속수사기간을 10일로 한 데 대해서는 다양한 견해가 나올 수 있다. 적합하다, 혹은 48시간 정도로 대폭 단축되어야 한다, 당시의 규정대로 20일이 주어져야 한다는 각설들이 나올 수 있다. 김병로는 "일본에서는 형사소송법개정안에 보니까" 30일을 취하고 있음을 비교사례로 제시한다. 대폭단축론에 대해서는, "수사기관의 기능문제도 고려 안하고 시간의 단축만 제일인 것으로 알면 인권옹호 문제에는 좋은 영향을 미친다고 하겠지만, 참으로 국가보위 자체에 있어서 범죄수사를 해서 진실한 사실을 발견하려는 목적을 달성하지 못하는 결과에 떨어지고 말기가 쉽다 (중략) 아

---

113 제18회 국회 정기회의 속기록(제18차 회의), 대법원장 김병로 발언(신동운, 형사소송법제정자료집, 268~269면에서 재인용).

직 과학적 수사기능이 충분히 발달하지 못한 이러한 처지"도 참작해야 한다고 보고 있다. 그리하여 법실무의 책임을 진 입장에서 수사기능과 인권보장의 조화선을 30일로 결단한 것이다.[114]

다음 피고인의 구속기간의 제한에 대한 것이다. 식민지하에서 조선형사령상 피의자에 대한 구속기간은 한정되어 있었지만, 구속기간을 그보다 연장하는 것이 가능했다. 일제는 1922년 소위 명치형사소송법을 전면개정하여 대정형사소송법의 시대로 넘어갔는데, 식민지에서는 제령 제14호를 통해 대정형소법상의 인신구속기간 단축에 대한 '제외례'를 두어 일본보다 연장된 구속을 허용했다. 피고인의 구속기간에 대하여 대정형사소송법은 2개월을 원칙으로 하고 특히 계속할 필요가 있는 경우에 결정으로 1개월마다 갱신할 수 있다고 규정하고 있었으나, 조선형사령에서 그 기간을 고쳐 2개월을 3개월로, 1개월을 2개월마다로 연장하였다(제16조).[115] 또한 수사에 이어 예심판사의 구류기간에서 제한이 없었으므로 사실상 무제한의 구속이 가능했다. 무한정 늘어나는 예심기간 중에 혹독한 고문과 가혹수사가 집중되었다.[116] 이같이 일제하에서는 피의자, 피고인의 구속기간이 사실상 무제한으로 관철되었던 것이다. 김병로는 일제치하에 변호사로서, 이러한 무제한의 구속기간에 대한 폐해를 누구보다 절감할 수 있었다. 따

---

114 이 결단은 1954년 이래 지금까지 변함없이 내려오고 있다.
1954년 형사소송법 제202조(사법경찰관의 구속기간) 사법경찰관이 피의자를 구속한 때에는 10일 이내에 피의자를 검사에게 인치하지 아니하면 석방하여야 한다.
제203조(검사의 구속기간) 검사가 피의자를 구속한 때 또는 사법경찰관으로부터 피의자의 인치를 받은 때에는 10일 이내에 공소를 제기하지 아니하면 석방하여야 한다.
제205조(구속기간의 연장) ① 지방법원판사는 검사의 신청에 의하여 수사를 계속함에 상당한 이유가 있다고 인정한 때에는 10일을 초과하지 아니하는 한도에서 제203조의 구속기간의 연장을 1차에 한하여 허가할 수 있다.
이 조항은 문구 수정 없이 그대로 현행 조문으로 이어지고 있다.

115 한인섭, 한국형사법과 법의 지배 — 과거청산과 제도개혁의 과제 —, 한울아카데미, 1998, 32면.

116 예심의 표면상 이유는 사건을 신중히 처리한다는 것이었지만, 실상인즉 피의자들을 장기간 구속하여 골탕을 먹이자는 것에 다름 아니었다. 검사가 구류기간이 있는 것과는 달리, 예심은 몇 해든지 질질 끌 수도 있었던 것이다. "예심을 핑계로 시일을 무작정 끌어서 정식재판에 넘어갈 때까지 감옥에서 몇 년을 고생시키는 일이 허다하였다"(조선어학회 사건에서 이희승의 회고. 이희승, "조선어학회 사건," 일석 이희승 전집 2, 서울대학교출판부, 2000년, 487면; 한인섭, 식민지 법정에서 독립을 변론하다, 581면).

라서 어떠한 방법을 통해 무제한의 구속기간의 폐해를 방지할 것인가는 입법적, 법실무적으로 주요 관심사였다.

우선 예심판사를 통한 구속기간의 연장에 대하여는, 해방과 더불어 예심판사제도를 폐지함으로써 예심과 연관된 구속기간이 아예 사라지게 되었다. 법령상으로는, 군정법령 제176호를 통해 구속기간(경찰 20일, 검찰 20일)이 특정됨으로써 수사단계에서의 구속기간의 더 이상의 연장은 불가능해졌다.[117] 그러나 구속피고인에 대한 구속기간의 상한에 대하여는 해방 후 별도의 규정이 제정되지 않음으로써, 일제하의 피고인 구속기간이 여전히 유효한 상황이었다.

피고인의 구속기간에 대하여 법전편찬위에서도 1950년 초까지 심의되었다. 그 결과는 부정적이었다. 그 점을 정식으로 소개하는 기사는 보이지 않지만, 엄상섭의 기고에서 다음과 같은 문장이 보인다. "필자(엄상섭)는 형사재판을 위한 피고인의 구속기간도 6개월을 넘지 못하도록 하여야 할 것이라는 것을 확신하는 바이나, 일부 현실론자들의 고집이 법전편찬위원회에서 다수의 표를 얻었던 관계로 그러한 규정을 우리 형소 초안에 넣지 못하였음은 천추의 유한사遺恨事다."[118]라고. 법전편찬위원회에서 피고인 구속을 주요쟁점으로 다루었으나, 구속기간 제한을 관철시키지 못했다는 것이다. "일부 현실론자"들의 주장은 아마도 재판의 진도상 불가능하다는 것이었을 것이다.

그런데 1953년 초안에는 구속기간 규정이 삽입되어 있다. "구속기간은 2월로 한다. 특히 계속할 필요가 있는 경우에는 심급마다 2차에 한하여 결정으로 갱신할 수 있다. 갱신한 기간도 2월로 한다."(형사소송법 초안 제90

---

117 해방 후 예심판사제도를 운영하지 않음으로써 예심제도는 사실상 폐지되고 있었지만, 그것이 법적으로 완전히 폐지된 것은 1954년 형사소송법의 제정을 통해서라고 본다. 1954년 형사소송법에 예심제도를 도입하지 않았기 때문에, 완전한 법률적 폐지 시점은 1954년이라고 본다는 것이다(신동운, "일제하의 예심제도에 관하여," 서울대학교 법학 제27권 제1호, 1986, 162~163면).

118 엄상섭, "진범 백명 놓쳐도 1인의 원죄 내지 말라, 신형사소송법과 인권옹호," 경향신문 1950. 1. 23.자.

조)[119] 1950년 형소법 초안에는 다수표에 밀려 빠진 조항이 되살아난 것은, 김병로의 전시 하 초안작성의 성과인 것이 틀림없다고 여겨진다. 김병로는 이 점에 대해 특별한 언급을 하고 있지는 않다. 다만 그는 형사소송법은 두 가지 중점을 두고 생각했다고 하는데, 제1중점이 "수사나 재판에 있어서 너무 지연되지 아니하고 좀 신속하게 처리할 방도가 있을까?" 하는 것이고, 그 다음에는 "수사나 재판에 있어서 아직 죄인이 아닌 피의자·피고인의 기본인권을 옹호해서 최소한도에만 한해서 권리를 제한하는 정도로 그칠까?" 하는 점이었다.[120] 구속기간의 제한은 신속성과 인권옹호를 위한 적절한 규정으로 김병로에 의해 창안된 것이다. 이 조항은 1954년 신설된 이래 지금까지 그 골격이 유지되고 있다.[121] 이러한 피고인의 구속기간 제한은 일본, 미국, 독일 등에도 유례가 없는 것으로, 한국적 형사소송법의 중요한 특징을 이루고 있다.

(4) 각종 경유기간의 법정화

김병로는 신속한 재판을 특히 강조했다. 형사소송의 이념으로 신속성을 먼저 내세우고, 진실의 발견과 인권보장을 다음에 말하곤 한다. 물론 신속성은 인권보장의 한 방편이기도 하다. 또한 그는 대법원장으로서 사법행정의 책임을 맡고 있기에 신속성의 요구는 더욱 책임있는 모습이었다. 법관들에게 내리는 훈시에서 그는 수시로 신속한 재판을 할 것을 강조하고

---

119 신동운, 형사소송법제정자료집, 21면.

120 신동운, 형사소송법제정자료집, 105~106면 등에서 되풀이된다.

121 1954년 형사소송법 제92조(구속기간과 갱신) "① 구속기간은 2월로 한다. 특히 계속할 필요가 있는 경우에는 심급마다 2차에 한하여 결정으로 갱신할 수 있다. ② 갱신한 기간도 2월로 한다." 2007년에 이르러 제1항은 그대로 유지하면서, 2항 이하는 약간의 첨가가 되어 약간의 기간연장이 가능해진 정도이다. 2017년 현재는 다음과 같다. "② 제1항에도 불구하고 특히 구속을 계속할 필요가 있는 경우에는 심급마다 2개월 단위로 2차에 한하여 결정으로 갱신할 수 있다. 다만, 상소심은 피고인 또는 변호인이 신청한 증거의 조사, 상소이유를 보충하는 서면의 제출 등으로 추가 심리가 필요한 부득이한 경우에는 3차에 한하여 갱신할 수 있다. ③ 제22조, 제298조 제4항, 제306조 제1항 및 제2항의 규정에 의하여 공판절차가 정지된 기간 및 공소제기전의 체포·구인·구금 기간은 제1항 및 제2항의 기간에 산입하지 아니한다."

있다. 국회 본회의에서도 그는 "대법원장으로서 머리가 아푸고 아주 여러 가지로 근심하는 것이 무엇이냐 하면 심리가 지연되는 것입니다."[122]고 술회한다.

그는 신속재판을 확보하기 위해 여러 방도를 강구한다. 앞의 피고인 구속기한의 설정도 그 현저한 예일 것이다. 그는 또한 재판서류의 송부기간에 주목하였다. 심리가 지연되는 이유 중의 하나는 소송관련 서류의 송부에 소요되는 기간이 지나치게 길다는 것이다. 서류 송부의 지연이라는 폐습은 공무원들의 태만성도 있지만, 법률에 하등 제한규정이 없다는 문제도 있다. 그래서 "법전편찬을 할 때 거기에 착안을 해서 (기간을) 다소 제한하여야 하겠다. … 그래서 (중략) 중간에 지체하는 기록을 다소 정비할 필요가 있다"고 보았다. 물론 이렇게 개별 송부기간을 법전에다 규정하면 "너무 사무를 구속한다는 감이 있다는 비난이 있을지 모르지만" 공판에서는 신속을 요하는 점에서 세밀하게 명문화할 필요가 있다고 보았다.[123]

그리하여 기간 규정이 상세하게 규정되었다. 예컨대 항소시에는 원심법원은 "14일 이내에 소송기록과 증거물을 그 법원에 대응한 검찰청 검사에 송부하고, 그 검사는 그 송부를 받은 날로부터 7일 이내에 공소(항소)법원에 대응한 검찰청 검사에게 송부하여야 한다(제361조 제1항)." 공소법원(항소법원)에 대응한 검찰청 검사는 전항의 소송기록과 증거물을 받은 날로부터 5일 이내에 공소법원(항소법원)에 송부하여야 한다(동 제2항). 같은 취지의 규정은 대법원에 대한 상고에서도 마찬가지다(제377조).[124] 대륙법계에

122 신동운, 형사소송법제정자료집, 270면.

123 신동운, 형사소송법제정자료집, 270~271면.

124 다만 항소심, 상고심에서 원심법원이 소송기록과 증거물을 바로 상급법원에 송부하지 않고, 검찰청을 경유하도록 한 것은 문제가 있다. 이는 번거롭기도 하거니와, 상소의 심사개시에 소요되는 기간을 늘려 신속한 재판을 저해하게 되고, 경유기간동안 피고인과 변호인의 기록열람·등사권을 사실상 봉쇄하는 등의 문제를 안고 있는 것이다. 결국 헌법재판소에서 형소법 제361조에 대해 위헌결정이 내려졌다(헌법재판소 1993. 11. 30. 92헌마44). 그에 따라 1995년 형사소송법 개정을 통해, 제361조 및 제377조는 '원심법원은 상소장을 받은 날로부터 14일 이내에 소송기록과 증거물을 상소법원에 송부하여야 한다'는 취지로 개정되었다. 김병로가 법적 기한을 부여하여 단축한 기한을, 헌법재판소는 헌법에 합당하게 검찰청 경유를 폐지하여 재정비하였다고 볼

서는 이렇게 송부기간을 정하는 법안은 볼 수 없지만, 김병로는 "우리는 우리의 특수사정에 의해서 이러한 제한을 가하지 않을 수 없다"고 했다. 당시의 태만한 공무 현실에서 신속재판에 일조하는 방법으로, 김병로의 고심을 볼 수 있는 대목인데, 그 규정이 재판의 신속에 도움이 되었음은 말할 것도 없다.

(5) 공판절차에서 직권주의(대륙식)와 당사자주의(영미식)의 관계

일제하에서는 검찰사법의 절대적 우위 속에서, 공판절차는 수사기관의 증거를 확인하는 방식으로 진행되었다. 변호인의 적극적 역할이 없다면, 공판절차는 1~2회 정도로 종결되었다. 그러나 해방 후 미군정과 함께 미국식 제도가 민주주의적이라고 하면서 대폭 소개되었다. 일본에서는 미군정의 압도적 영향 하에서 미국식 제도, 즉 당사자주의적 공판절차가 대폭 도입되었다. 예컨대 검사와 변호사가 소송진행을 주도하고, 법원은 다소 방관적 위치에서 판단을 내리고, 진실발견에 적극적인 직권개입을 않는다는 것이다. 검사는 또한 피고인·변호인과 대등한 위치에 서게 되는데, 일제하에 비하면 검사의 위치가 격하된다는 의미도 담고 있었다. 판사는 검사로부터 독립하고, 또 검사보다 우위에 선다는 뜻도 포함되어 있었다.[125] 이러한 것을 영미식 당사자주의라 지칭했다.

미군정하에서 법전기초위원회 형소법 분과에서는 1948년 4월 대륙법에 의한 심판양식을 변경해 영미법에 의한 미국식 공판중심주의의 심판양식으로 시정할 것을 가결했다. 그러나 4대 3의 아슬아슬한 차이로 가결된 것을 보면, 미군정하라 할지라도 미국식 제도로의 변화는 절대적인 동의를 확보하는 수준은 될 수 없었다.

1949년 법전편찬위원회 총회에서 공판중심주의(당사자주의)의 공판수속

수 있다.

125 문준영, 법원과 검찰의 탄생: 사법의 역사로 읽는 대한민국, 역사비평사, 2010, 688면.

여부는 또다시 쟁점화되었다. 요강안 "7. 소위 공판중심주의(당사자주의)를 채택하여 공판수속을 공판청구서부터 시작하고 검찰관, 변호인에게 직접 신문 및 반대신문의 권한을 인정하고 변호인이 없는 경우에는 피고인에게 그 권한을 인정할 것."이 들어 있었다. 공판청구서는 오늘날 공소장에 해당하는 것인데, 법관의 선입관적인 심증형성을 배제하기 위해서, 법관은 기소장만 보고 선입견 없이 공판에 임해야 한다는 것이다. 그 요강안에 대해 미국식 개혁모델을 지지했던 양원일 판사가 찬동하였다. 그러나 중론은 오히려 반대쪽이었다. 김병로는 (수사자료 없이) 법관이 공개법정에서 복잡다기한 사안에 대하여 신문을 하려고 할 때는 그 기술, 방법, 태도 등에서 능숙을 요하는데 현재 우리의 제일선 법관의 평균기능으로 보아 우려가 있을 수 있고, 또 능숙한 변호인의 뛰어난 신문에 휘둘릴 수 있음을 우려했다. 요컨대 "실제를 무시하고 이론만 가지고 결정지을 수는 없다"면서 완곡한 반대의 입장을 폈다. 권승렬(검찰총장)은, "우리의 현실은 변호사가 없는 지방에서는 검사 편이 승리할 것이고, 피고인은 자기가 자기를 신문치 못할 것이니" 오히려 피고인에게 불리할 것이라고 역시 반대편에 섰다. 이렇게 법조 중진들의 반대 속에서, 양원일은 "우선 원안대로 기초위원들이 초안한 후 조문을 보고 다시 심의하도록 하자"고 물러섰다. 결국 1948년에 공판중심주의(당사자주의)가 "의론백출 끝에 통과시킨 안"은 1949년 1월 22일에 이르러 원안 관철이 쉽지 않음이 확인된 것이다. 1949~50년 사이에, 법전편찬위원회에서 영미식 제도에 대해서는 유보적 입장이 점차 강화되어갔다.[126] 미군정시대를 벗어나면서, 점차 개혁적이라 인식되던 미국식제도는 퇴조하는 한편, 이미 익숙한 대륙식 제도의 틀을 기초로 하되 다소 미국식으로 변용한 모델을 수용하는 분위기였다.

김병로의 인식은 어떠했던가. 1954년 국회의 발언을 통해 그가 이해하

126 문준영, 앞의 책, 708~716면.

는 바는 다음과 같다. 영미식은 검사와 변호인이 서로 공격·방어를 하면 재판관은 그것을 보고 판단만 하는 것이다. 재판관이 직권적으로 적극적으로 진실발견을 위한 활동을 않고 방관적 태도를 가지고 판단한다면, 그것은 판사 입장에서는 쉽고 좋지만, 국가의 범죄예방 및 범인 처벌의 기능을 제대로 달성할 수 있을지 의문이라 보았다. 따라서 "이론적으로 보아서 과연 영미식이 꼭 옳다고 장담하기 어렵다"[127]는 것이다. 다음 그는 현실론을 끌어온다. "사실상 법관의 질이 낮은 우리나라 현실"에서는 아직은 곤란하다는 것을 든다. 또한 피고인의 경제적 사정으로 사선변호인을 세울 수 없고, 국선변호인을 세우기 위해 정부가 경제적 비용을 부담하기도 어려워 피고인은 변호인의 조력을 제대로 받을 수 없다. 그 때문에 당사자주의에 필수적인 전제인 피고인(변호인)과 검사 사이에, "공격방어 방법이나 여러 가지 면에서 대등이 되지 않는다." 그런 까닭에 "반드시 재판관이 진실성을 발견하는 활동을 하지 않으면 안 된다"는 것이다.

> 우리나라 실정에 있어서는 더군다나 반드시 영미식 제도를 가지고 하는 것은 나는 우월하다고 생각 안 해요. 한걸음 더 나가서 과연 범죄를 규탄하는 그 성질에 있어서라도 과연 법관이 자기의 직업적 활동을 하지 않고서 검사와 피고인하고 변호인의 공격 방어에다가 일임하고 그것을 자료로 판단만 한다는 것이 과연 참말로 우월한 제도라고 할까 의문인 것입니다. 그래서 그것은 역시 법률로서 변호사와 검사를 대등하게 규정하는 동시에, 역시 제도는 재판관이 그와 같은 자기의 활동으로 사건의 진상을 발견할 수 있도록 그와 같이 종전에 대륙계주의를 거기에 역시 절충한 감이 있습니다.[128]

요컨대 김병로는, 영미식 당사자주의가 우월하다고 보지 않았다. 당사

---

127 신동운, 형사소송법제정자료집, 271면.
128 신동운, 형사소송법제정자료집, 272면.

자대등주의를 법률로 정하고, 당사자의 공격방어권을 보장하되, 법관의 직권적 진실발견활동을 규정한다. 이것이 김병로가 표현한바, 영미법계와 대륙법계를 '절충'하는 것이다. 그러나 과연 '절충'으로 볼 수 있을까 하는 점은 좀 더 세밀한 검토를 요한다.

우리 형소법 초안은 1954년 형소법 제294조와 내용적으로 동일하다. 거기서는 당사자에 의한 증거신청권을 인정하고 있으며, 법원은 그 증거신청에 대한 결정을 내린다. 또한 제295조에 따라 법원은 당사자와 관계없이 직권으로 증거조사를 할 수 있다.[129] 이러한 규정은, 당사자신청과 직권조사가 대등적·병렬적인 관계임을 규정한 것으로 해석된다. 일본의 경우에는 약간 다르다. 일본 형소법(1948년) 제298조에는 당사자에 의한 증거조사청구가 규정되어 있으며, 그 청구에는 법원의 채택 여부에 대한 결정규정이 없다. 재판소는 '필요하다고 인정하는 때에는' 직권증거조사를 할 수 있다.[130] 양자의 관계에 대해 일본에서는 당사자주의(제298조 1항)가 원칙적이고, 직권조사(동 2항)이 보충적이라고 새기고 있다.[131] 김병로의 초안작업은 미군정 때나, 일본법의 경우보다, 직권주의적으로 약간 물러선 것으로 평가될 수 있을 것이다. 이론이 아니라 당시의 재판실제를 반영한, 불가피한 선택이라고 볼 수 있을 것이기도 하다.

1949년 논란되었던 증인신문의 방법에 대하여도, 직권주의와 당사자주의가 절충이 모색되었다. 영미식이라면 양 당사자에게 공격·방어의 주도권을 주어야겠지만, 그러한 방안은 채택되지 않았다. 김병로의 정부초안에 따르면, "재판장은 각 증인에 대하여 신문하여야 한다." 그리고 "검사·

---

129 제294조(당사자 증거신청권) 검사, 피고인 또는 변호인은 증거된 서류 또는 증거물을 제출할 수 있고 증인, 감정인, 통역인 또는 번역인의 신문을 신청할 수 있다.
제295조(증거신청에 대한 결정) 법원은 전조의 증거신청에 대하여 결정을 하여야 하며 직권으로 증거조사를 할 수 있다.

130 제298조(증거조사의 청구, 직권에 의한 증거조사) ① 검찰관, 피고인 또는 변호인은 증거조사를 청구할 수 있다. ② 재판소는 필요하다고 인정하는 때에는 직권으로 증거조사를 할 수 있다.

131 신동운, "가인 김병로 선생과 법전편찬 — 형법과 형사소송법을 중심으로 —," 30면.

피고인 또는 변호인은 증인신문에 참여할 수 있다." "검사·피고인 또는 변호인은 재판장에게 고하고 증인에게 대하여 직접 신문할 수 있다." 이 초안은 그대로 1954년 법률에 무수정으로 포함되었다. 제162조(개별신문과 대질), 제163조(당사자의 참여권·신문권), 제164조(신문의 청구)이 그것이다. 이 규정들을 보면, 오히려 재판장의 증인신문권이 주도적이고, 당사자들은 '재판장에게 고하고' 직접신문할 수 있다고 하여 후발적·보조적으로 위치지운 것으로 보인다. 공판정에서 피고인신문을 필수적 절차로 포함시킨 것도 영미식 당사자주의와 배치된다. 재판장은 피고인에게 대하여 공소사실과 정상에 관한 필요사항을 신문하여야 한다(제287조)고 규정하며, 검사 또는 변호인은 재판장에게 고하고는 직접신문할 수 있다(제288조). 조문의 표제도 전자는 '재판장의 신문의무'이고, 후자는 '당사자의 직접신문'으로 되어 있다. 이같이 피고인 및 증인에 대한 재판장의 심문권은 신문의무로 규정할 만큼 주도적이고, 검사 또는 변호인의 심문권은 '할 수 있다'고 되어 있으며, 피고인은 신문의 대상으로 되어 있다. 이는 '절충'이라기보다는 오히려 직권주의적으로 경사되어 있다고 해야 할 것이다. 보다 영미식 당사자주의에 접근한 것은 1961년 개정을 통해서이다. 거기서는 증인신문의 순서도 양 당사자들이 교호신문(cross examination)을 하며, 법관은 보충적으로 신문에 개입한다. 1948~9년의 영미모델을 지향했던 개혁가들은 1954년에는 김병로식 직권주의에 밀렸고, 1961년에야 자신이 원하는 대로의 지향을 볼 수 있었다고 봐야 할 것이다. 김병로의 입장에서 보면, 양 당사자가 아니라, 법관주도성을 확보한 셈인데, 대법원의 수장으로서 재판의 급격한 현실변화를 우려한 듯이 보이기도 한다.

(6) 공판정의 좌석배치

공판정에서 판사, 검사, 변호사, 피고인의 좌석배치는 형사소송의 기능적 효율성 뿐 아니라, 지위의 상징으로서의 의미를 갖고 있다. 일제하에서 검사는 판사와 동등하게 법대에 열석하였다. 당사자대등주의를 관철하는 미국식 구조 하에서, 검사는 변호인과 대등한 자리를 차지한다. 일제식 제도를 바꾸어 민주사법의 요소를 공판정 좌석배치에 도입한다면 그 모습은 어떻게 될까? 아마도 검사의 자리를 법대로부터 내려서, 변호인과 대등하게 두는 것이 될 것이다. 그러나 그러한 변화에 대한 검찰 측의 심리적 저항도 충분히 예상될 수 있는 것이었다.

1950년 초까지 법전편찬위에서 공판정 좌석배치에 대한 심의가 있었다는 흔적은 보이지 않는다. 그런데 1953년 법전편찬위 초안(곧 정부안) 제262조에는, "공판정은 판사 및 서기가 열석하고 검사가 출석하여 개정한다"는 규정이 들어왔다. 김병로를 보좌하여 형소법의 초안작성에 깊이 관여했던 서일교 전문위원은 "초안 자체가 현행 (구일본) 형사소송법과 달리 규정하고 있다"는 점을 일깨워주고 있다.[132] 거기에 국회 법사위 수정안은 한걸음 더 나아가 "검사의 좌석은 변호인의 좌석과 대등하며 피고인은 재판장의 정면에 좌석한다"(제275조 제3항)를 포함시켰다.

검찰 측은 그에 대해 반발했다. 법관과 서기는 단상에 있고, 검사는 단하에 두자는 것은 "검찰관을 열등시"하는 것이다, 판·검사 간에 우열감을 조성하는 것이라고 반대했다. 모두 단상에 열석하게 하자는 의견, 아니면 모두 대등하게 원탁회의를 열어달라는 의견 등이 나왔다. 또한 초안상으로는 영미법계가 아니라 대륙법계의 구조를 취하면서 종래의 좌석배치와 굳이 바꿀 이유가 없다, 심지어 형사소송법이 아니라 대법원규칙으로 정할 일이라는 논의까지 제기되었다. 국회 본회의에서 검토 중에 대검찰청에서는 이 조항을 삭제할 것을 주장하기까지 했다.[133] 그에 대해 법원 측 인사는 "재판하는 데 검찰관이 판사 옆에 앉아 있는 것에, 때에 따라서는

---

132 신동운, 형사소송법제정자료집, 132면.

133 정창운, "국회를 통과한 신형사소송법론," 법정 제9권 제3호, 1954, 8~11면(신동운, "제정형사소송법의 성립 경위," 192면에서 재인용).

대단히 불편을 느낀다"고 피력하면서, 열석/출석 구분을 지지하였다. 법사위 수정안이 입법으로 통과되었고, 그에 근거하여 1954년 10월 14일 대법원규칙 제24호에 "검사 및 변호인의 공판정에서의 좌석에 관한 규칙"이 제정되어 시행되었다. "법관은 법정 상단에 정면으로 열석하고 서기관 또는 서기의 좌석은 법관의 전면 중단으로 한다. 검사의 좌석은 법관의 우측 중단으로 하고 변호인의 좌석은 법관의 좌측 중단으로 한다(제2조)."

이 같은 공판정의 좌석변경에 대하여 한국검찰사에서는 "종래 판사와 대응한 위치의 검사 좌석을 일 단계 낮추고 말았다. (중략) 상대적으로 판사의 좌석에 비하여 검사의 좌석위치는 외형상 격하되는 결과가 되어 한때 검사의 공판입회 기피현상을 빚기도 했다"고 기록하고 있다.[134] 다만 이러한 좌석배치의 변경이 피고인의 입장에서는 커다란 의미가 있었는지는 잘 알 수 없다. 피고인은 정면에 판사, 좌우에 검사, 변호인을 맞게 되어 심리적으로 불편하고 취약한 위치에서 방어해야 하는 부담을 안고 있다. 이 점에 대한 반성적 고려에서 1987년 12월 30일에 들어 "변호인은 피고인의 방어권 행사를 위하여 필요하다고 인정하는 때에는 피고인의 옆에 착석할 수 있다(공판정에서의 좌석에 관한 규칙 제2조 제4항)"가 추가되어 피고인을 위한 배려가 약간 더해졌다.[135]

김병로는 열석/출석안으로 검사를 판사와 분리시켜, 검사를 단하로 정리하는 초안을 작성했다. 그러나 굳이 제3항과 같이 구체화하려 들지는 않았을 것이다. 구체적인 부분은 대법원규칙으로 정하면 될 것이었다. 그러나 국회로서는, 검사의 위치에 대해 확실히 쐐기를 박을 필요가 있었고, 그래서 제3항을 추가시켰다. 김병로는 좌석배치에 대하여 국회 공청회에서 다음과 같이 말했다.

---

134 대검찰청, 한국검찰사, 1976, 275면 참조.
135 한인섭, 한국형사법과 법의 지배, 85면.

해방 전에는 내가 혼자 우리나라가 독립되면 법정은 어떻게 구성해야 되느냐 이런 것을 여러 가지로 생각을 했었습니다. 나는 그때 생각에 원탁회의 격으로 법관이고, 검찰관이고, 변호사이고, 피고인이고, 그렇게 하는 것이 좋다고 생각했습니다. 법복에 관한 것도 사람이란 것이 인격과 양심의 힘이 발로하는 것이므로 옷을 입어서 위신을 갖추자는 것도 좀 어떨까 하고 사실은 군정 때에도 이 법복문제가 나왔습니다만 내가 반대했습니다. 그런 시대에 늦은 것은 하지 말아라. (중략) 나는 사실상 생각을 해보았습니다마는 대법원규칙으로 되는데 석席을 같이한다고 해도 검사를 올린다, 내린다는 것이 아닙니다. 변호사를 올리자는 생각을 하고 있어요. 있는 사람을 내린다는 것이 아니라 변호사를 올린다는 생각을 하고 있습니다. 그러나 전국의 법정을 뜯어고칠려면 돈이 많이 먹어요. 이것도 예산문제입니다.[136]

해방 전에 김병로는 변호사의 눈으로 오랫동안 좌석문제를 체감해왔던 것이다. 식민지 법정에서 검사는 재판관과 대등하게 법대에 열석한 반면, 변호사는 단하에 서서 변론해야 했다. 그는 그러한 차등적 구조의 변화를 위해 모든 소송당사자의 대등한 배치(원탁회의식)를 생각하고 있었던 것이다. 변호사의 입장에서 볼 때 적어도 검사와 대등한 만큼, 검사와 변호사를 단하에 혹은 단상에 동등하게 해야 한다는 것이다. 그는 좌석위치의 높낮이, 법복착용에서의 권위주의 같은 데 찬동할 마음이 별로 없었다. 다만 예산문제의 현실, 그리고 자신의 의견만을 고집할 수 없는 문제 등이 있어, 열석/출석 정도로 초안에 포함시켰다고 할 수 있다. 형소법의 출범과 함께, 적어도 검사와 변호사는 대등한 좌석 위치를 갖게 되었고, 법관은 검사와 분리되었다. 이로써 법원의 가시적 우위가 상징적으로 확인되는 부수효과가 있었음은 위의 검찰사의 기술을 통해서도 이해될 수 있다.

---

136 형사소송법 초안에 대한 공청회(1954. 1. 9.) 속기록, 대법원장 김병로 의견(신동운, 형사소송법제정자료집, 135면에서 재인용).

(7) 법관의 구속영장 심사수준

피의자의 인신구속을 위해서는 검사가 구속영장을 청구하고, 법관으로부터 구속영장을 발부받아야 한다. 경찰의 경우에는 검사에게 신청하고, 검사가 청구해야 하며, 경찰이 법관에게 직접 구속영장을 청구할 수 없다. 이러한 내용은 1948년 단계에서 규정화된 것이다. 그런데 검사가 구속영장을 청구할 때, 법관은 구속의 필요성 여부를 실질적으로 심사해야 하느냐(실질심사), 아니면 대부분의 경우 그냥 발부해야 하는가(형식심사) 여부가 문제된다. 전자의 실질심사를 하면 인권옹호적 견지에서 좋지만, 당시의 수사현실에서 많은 문제에 봉착한다. 그래서 당시까지 법관은 형식심사를 거쳐 영장을 거의 자동적으로 발부하곤 했다. 그것이 형소법 제정과정에서 큰 쟁점 중의 하나였다.

공청회에서 대법관 김두일의 말을 빌자면, "형식주의라는 것은 아무 효과가 없는 것"이다. 실제로 긴급구속의 경우 사후영장을 청구할 때에도 "법원소재지에서는 48시간이고, 그 외의 도시에서는 5일간의 여유가 있으면서도 불구하고 한번 청취라든지 무슨 심문이라든지 하지 않고 부당하게 영장을 청구하는 사건이 많이 있"다. 이것은 인권을 유린하는 중대한 일이다. 그래서 법관은 영장청구에 대해 "단지 기계적으로 서명하는 데 그칠 것이 아니라 (중략) 어느 정도의 실질주의를 취해가지고 (중략) 협의사실을 들어서 영장을 청구하는 것이 좋다"는 것이다.[137] 그에 반발하여 검찰총장(한격만)은 법관에게 "실질적 심사권까지를 주면 수사를 진행 못한다. 증거를 전부 갖다가 보여야 되고 하면 (중략) 증거인멸의 우려가 대단히 많다." 실제로 법관이 실질심사를 통제 영장발부를 억제하고 있는가를 통계적으로 본다면, 1만2천여 건 중 15건이 기각되어 영장기각율이 0.1%에 불과한 실정이었다.[138] 이러한 상황은 어떻게 타개할 것인가 하는 것이 입법적 고

---

137 신동운, 형사소송법제정자료집, 124면.

138 형사소송법 초안에 대한 공청회(1954. 1. 9.) 속기록, 서일교 전문위원의 지적(신동운, 형사소송법제정자료

민이었다.

김병로가 보기에, 그 일차적 해결책은 구속적부심사제도였다. 일단 형식만 갖추면 영장을 발부하되, 피구속자가 "절대 나는 이렇게 구속당할 범행이 없소"라고 주장하여 "그 구속이 적당한가 아닌가 하는 심사신청을 재판소에 곧 제출하면 그때에는 비로소" 검사와 피의자를 법관이 다 불러서 심사하고, 기록도 심사해서, 구속의 적부를 심사하여 피의자를 석방허가를 낼 수 있게 하는 것이다. 이러한 구속적부심은 1948년 군정법령 제176호를 통해 이미 시행되고 있으며, 형소법에도 중요한 제도로 도입된다. 아마 전부 실질심사를 할 처지가 아니니, 일단 구속영장은 별 심사 없이 발부하되, 억울함을 호소하는 피의자에 대하여 적부심을 통해 선별적으로 구제하자는 것이다.

그런데 아무래도 그건 구속의 남발을 억제하는 예방적 장치로는 부족하다고 여겨 법사위 수정안이 나왔다. 그에 따르면 검사가 구속영장을 신청할 때 "구속의 필요를 인정할 수 있는 자료를 제출하여야 한다"(제201조 제2항)는 것, 또한 구속영장을 연장신청을 할 때는 "구속기간의 연장의 필요를 인정할 수 있는 자료를 제출하여야 한다"(제205조 제2항)는 것이었다. 그 자료의 심사를 통해 기계적인 형식주의를 극복하겠다는 의지의 산물이다. "어느 정도 신용할 만한 자료를 제공하지 아니하면 영장발부를 거부한다."(법제처장 신태익의 정리)는 받아들일 만 했다. 그에 대해 김병로는 다음과 같은 소견을 본회의에서 피력했다.

> 편찬위원회에서도 그 점도 많은 고려를 했는데 법제사법위원회에서는 거기에 일층 더 영장을 청구할 때에는 재료를 법관에게 제공하라는 데까지 한걸음 더 나가서 상세히 규정이 되었습니다. 그것은 없는 재료를 제출하라는 말은 아니겠지

집, 126면에서 재인용).

요. (중략) 법관이 영장을 교부하는데 재료될 만한, 참고할 만한 것이 있는 대로, 재료를 제공하라는 거기까지 주의를 가加했습니다. 그래서 (중략) 법으로서는 영장신청하는 데 있어서도 아마 상당한 주의를 가加하게 된 것으로 생각합니다.[139]

이렇게 구속자료제출의무 조항을 통해 부당한 영장신청을 억제할 수 있을 것으로 기대하고 있는 것이다. 법사위 수정안 작성에는 1년 정도의 기간이 소요되었고, 그 과정에서 김병로는 서일교를 통해, 혹은 위원들과 직접 수삼차례 논의를 해왔기에, 그 수정안에 대해 쉽게 동의를 표할 수 있었다고 보여진다.

참고로, 서류심사를 통해 구속영장을 발부하던 영장심사방법은 1997년에 이르러 구속영장실질심사제의 도입을 통해 비약적 변화를 맞이한다. 영장담당판사는 "구속의 사유를 판단하기 위하여 필요하다고 인정하는 때에는 피의자를 심문할 수 있다"(제201조의2). 그 뒤 영장심사는 "피의자 등의 신청이 있는 때에는 피의자를 심문할 수 있다"는 신청심사주의를 거쳐, 현재는 모든 영장청구사건에 대하여 "지체없이 피의자를 심문하여야 한다"는 필수적 실질심사주의를 택하고 있다. 영장심사에서 형식주의가 증거제출주의로 바뀌고, 다시 임의적 실질심사를 거쳐 필수적 심사주의로 개정되어가는 과정은, 우리 형사소송법의 인권장전으로의 진화를 보여주는 살아있는 예가 될 것이다.

(8) 법사위 수정안에 대한 기본적 입장

김병로의 정부초안에 대하여, 국회 법사위는 1년간 세밀한 검토를 통해 많은 수정안을 냈다. 법사위 소위원회의 심의과정에서 김병로와 "수 삼차의 사전논의"[140]를 거쳤기에, 김병로는 수정안에 대해서도 잘 알고 있었다.

---

139 신동운, 형사소송법제정자료집, 270면.
140 신동운, "제정형사소송법의 성립경위," 171면.

논의과정에서 자신의 견해를 밝히고 반영도 하였을 것이다. 때로는 자신이 미처 파고들지 못한 쟁점에까지 정리되는 것도 있음을 김병로가 말하고 있기도 하다. 검사의 불기소처분에 불복하는 고소인이 법원의 재판을 통해 그 당부를 판단해달라는 준기소절차(재정신청)이 그 한 예였다. 이 재정신청 관련조항은 생각할 점이 아주 많고, 거의 창안해야 하다시피 하는 만큼, 전 조문을 초안화해야 하는 단계에서는 어려운 일이었다. 다음은 김병로의 언급이다.

이 문제(준기소절차)에 대해서 내가 어째서 초안에다가 규정을 못했느냐 하면 사실은 원칙적으로 형사법의 입법례로는 다른 나라에도 많이 있고 그렇게 해야 하는데 그 이론구성에 가서 퍽 어려운 점이 많이 있고 나의 학력이 부족하고 조사가 불충분해서 못한 것입니다. 이런 고충을 말씀드립니다.[141]

사실 준기소절차의 구성은 매우 어려운 쟁점이며 충분한 조사를 필요로 한다. 이것을 국회 법사위가 해낸 셈인데, 김병로는 비교법적으로나, 당위론적으로나, 규정의 필요가 있음에 손을 들어주고 있다. 이와 유사하게, 김병로는 법사위 수정안에 대해 직접간접으로 힘을 실어주고 있는데, 그것은 수정안 작성과정에서 긴밀한 논의가 오갔기 때문이라고 짐작할 수 있다. 따라서 법사위 수정안을 포함한 형사소송법 전체에 대해 김병로는 직접적으로 만들었거나, 자신의 의향과 배치되지 않는 방식으로 결실을 맺었다고 할 수 있을 것이다.

(9) 법률용어의 한글화, 선서서의 작성

김갑수 전 대법관은 김병로 대법원장에 대해 회고하면서 다음과 같은

---

141 신동운, 형사소송법제정자료집, 130면.

회고를 하고 있다.

형사법정이나 민사법정의 증인선서를 들을 때마다 가인선생의 생각이 난다. 이 선서서의 내용은 가인선생이 직접 다듬고 다듬어서 만든 것이다. 환퇴, 상계, 도급이니 하는 법률용어도 가인 선생이 만든 것이다. 그 외의 법률용어로서 우리 고유의 말이 아닌 것은 그 전부가 가인 선생의 손으로 고쳐진 것이다.[142]

김병로가 법률용어의 한글화에도 지대한 관심을 갖고 개정작업을 했음은 이 회고를 통해서도 충분히 짐작할 수 있다. 민사법정, 형사법정에 공통되게 쓰이는 증인 선서서는 다음과 같다.

"양심에 따라 숨김과 보탬이 없이 사실 그대로 말하고 만일 거짓말이 있으면 위증의 벌을 받기로 맹세합니다."[143]

이를 일본 형사소송규칙과 대비해보자. 일본 형사소송규칙(1949년) 제118조 제2항은 "선서서에는 양심에 따라 진실을 말하고 아무 것도 감추지 아니하고 또 아무 것도 더하지 아니할 것을 서약한다는 취지를 기재하지 않으면 안 된다."[144] 일본의 것과 비교해보면, '숨김, 보탬, 거짓말' 등 순한글용어를 쓴 것이 눈에 뜨인다. 당시 법률용어가 거의 한자어를 썼던 것에 비하면 이례적일 정도인데, 이는 선서서를 보통사람들이 쉽게 알 수 있도록 하는 입법자의 배려가 스며있다. 이렇게 쉽게 하기 위해, '다듬고 다듬

---

142 김갑수, 법창30년, 법정출판사, 1970년, 161면.

143 1954년 형사소송법 제157조 제2항, 현재와 동일; 1960년 민사소송법 제292조. 다만 형사소송법에는 '맹세'라고 되어 있는데, 민사소송법에는 '맹서'라고 한 차이가 있다. 1990년 민사소송법의 개정을 통해 '맹세'라고 수정되었다.

144 宣誓書には、良心に従つて、真実を述べ何事も隠さず、又何事も附け加えないことを誓う旨を記載しなければならない。

어서' 만든 것이라 김갑수는 회고한다. 이 선서서에 따라 수많은 증인들이 법정 선서를 했다.

이 선서서는 현재 형사소송법 제157조 제2항에서 그대로 유지되고 있다. 다만 민사소송법에서는 약간의 수정을 가하여, 현재는 "양심에 따라 숨기거나 보태지 아니하고 사실 그대로 말하며, 만일 거짓말을 하면 위증의 벌을 받기로 맹세합니다."(제321조 제2항)으로 개정하여 쓰고 있다. 2002년 민사소송법의 전면개정의 일환인데, 개정의 동기는 "표현에 있어서도 될 수 있는 대로 우리말을 사용하고 누구든지 그 뜻을 알 수 있도록 문장구조를 개선하는 등 전면적이고 근본적인 제도개혁을 이루려는 것"이다. 그러나 애초의 선서서가 우리 말 사용의 좋은 선례를 보여주고 있고, 그 뜻을 알기에 전혀 어려움이 없는 만큼, 역사성을 보존하는 것이 더 좋았지 않았을까 약간의 아쉬움이 있다.

종합적으로 보자면, 김병로는 법전편찬위원회 위원장을 맡아 기본법률의 정비에 전력을 쏟았다. 1949년부터 1950년 초까지 법전편찬위원회에서 형법초안을 완성해냈고, 이어 형사소송법 분야에서도 인신구속, 영장제도, 취조기간 등 주요한 쟁점을 정비했다. 이 시기엔 미국식 제도에 보다 기울어진 편이고, 일제식 법률과는 뚜렷이 구별되는 민주주의적 요소를 대폭 도입하고자 했다. 이때 김병로는 개별 조문에 직접 관여하는 방식보다는, 위원장으로서의 영향력을 통해 전반적으로 개입하는 방식을 취하였다.

김병로는 형사소송법의 제정과정에 시종일관 주도적으로 관여하였다. 그의 초안을 곰곰이 살펴보면, 식민지 하에서의 변호사의 체험, 법학자로서의 체험, 미군정하에서의 사법부장으로서 형사사법제도를 운용했던 체험, 그리고 형사사법 전반을 관장하는 대법원장의 고뇌 등이 녹아들어 있음을 알 수 있다. 김병로는 명실공히 '형사소송법의 아버지'라 부를 수 있을 것이다. 김병로의 초안을 받아서 엄상섭 등 국회 법사위의 의원들이 수정·추가하였다고 할 수 있다. 김병로는 외국법제와 비교고찰을 하면서도,

자신의 경험과 숙려를 통해, 어느 한 법계에 속하지 않는 절충적 섭용을 해냈고, 그것은 김병로표 형사소송법이라 부를 만한 특색을 보인다고 할 수 있다.

오늘날의 형사소송법은 이후 수많은 현대사의 시행착오를 반영해가며 현재에 이르렀다. 현재의 모습은 1954년의 그것보다 훨씬 진척되어 있음은 당연하다. 입법적 개정작업에다 법원판결을 통한 개선, 그리고 헌법재판소의 일련의 결정을 통하여 개선된 조항도 적지 않다. 그런데 그 개정의 경우에도 원래의 법률체계 속에서 개정되는 것임을 감안하면, 현재 형소법의 체계와 표현 하나하나에 김병로의 영향은 여전하다. 형사법정에서 수많은 증인들이 증인선서를 했을 때 그것이 김병로의 작품임을 아는 이는 거의 없지만, 그 표현의 세미한 곳에 김병로의 흔적은 여전한 것이다.

7. 민법의 제정과정과 한국민법의 특색

민법의 제정은 모든 기본법률 제정의 금자탑이다. 내용상으로도 한 나라의 법률생활의 기본이 되고, 분량으로도 방대하다. "민법의 제정은 당대 최고의 법률가가 부여받은 임무"일 수 있는데, 우리 민법에 관한 한 김병로는 '민법의 기초자'로서의 영예를 누릴 자격이 있다.[145]

1957년 9월 3일 국회 본회의에서 "8. 민법 및 민사소송법안 심사에 관한 건"이 처음으로 논의되었다. 이 회의에서 이인 의원[146]은 한마디로 '만시지탄晩時之歎'이라고 소감을 밝혔다.

---

145 민법 부분의 정리에서는 김재형, "민법의 기초자 가인 김병로 —민법제정에 관한 그의 업적과 사상—," 가인 김병로와 21세기 사법부, 법원행정처, 2014, 159~290면으로부터 많은 도움을 받았다. 김재형 교수(현 대법관)가 그 요지의 폭넓은 인용에 대해 동의해주신 데 대해 감사드린다. 다만 서술과 정리 자체는 필자의 것이다.

146 이인 의원은 법전편찬위원회의 부위원장이기도 했다.

"해방이 된 지 만 12년이 벌써 지났고 우리가 독립이 된지 만 9년 5개월이나 되었습니다. 함에도 불구하고 여전히 왜놈때 쓰던 잔재법률을 그대로 우리가 쓰고 있습니다. 법전편찬위원회에서 민법과 민사소송법안을 기초해서 정부로 이송한 지가 벌써 부산 있을 때의 얘기입니다. 그러니 벌써 정부로 이송해서 법제실로 넘어서 우리 국회로 돌아온지가 상당한 시간을 경과했습니다. … 오늘날 이 때까지 우리 본회의에 내놓지 않습니다. 이 민법이라는 것은 … 3천만의 일상생활 … 그리고 기본법률입니다. … 왜놈때 법률을 그대로 쓰고 있습니다. 일종 굴욕이라고 할 수 있습니다. 외국사람에 대해서도 면목이 없고"[147]

해방된 지 12년이 지난 1957년 현재까지 구일본의 "잔재법률"을 우리의 실정법으로 쓰고 있는 실정이다. 그러다보니 우리의 일상 민사생활은 일제 민법의 규범 하에 이루어지고 있는 셈이었다. 사법시험에 임할 때도 일본법에 대해 답안지를 써야 했던 것이다.

1948년 법전편찬위원회가 출범하여 민법전의 초안("민법초안"이라 함)을 완성한 것이 1953년 7월 4일이었다. 그리고 동년 9월 30일에 민법초안은 정부로 이송되었고, 다음해인 1954년 9월 30일에 그 초안은 국무회의를 통과하여 정부안(이하 "민법안"이라 한다)이 되었고, 이 민법안은 1954년 10월 26일 국회에 제출되었다. 이렇듯 민법안은 정식으로 정부안이지만, "정부의 법무당국에 기안한 것이 아니고, 법전편찬위원회에서 기초된 것"[148] (현석호 의원의 발언)이고, 그 민법안은 김병로의 손을 거쳐 만들어졌다는 것도 널리 알려진 일이다. 다음에는 민법초안이 만들어지기까지의 경위를, 김병로를 중심으로 정리해본다.

우리 민법안을 준비하는 첫 단계는 미군정 시기이다. 기초법전의 초안 작성을 임무를 띤 법전기초위원회가 1947년에 출범하였다. 민법에 대하여

---

147 제3대 국회 제26회 제1차 국회본회의 회의록, 1957. 9. 3, 8. 민법 및 민사소송법안 심사에 관한 건, 22면.
148 제3대 국회 제26회 제30차 국회본회의 회의록, 1957. 11. 6, 3. 민법안 제1독회, 4면.

는 민법을 총칙, 물권, 채권, 친족, 상속의 5편으로 나누어 각 편마다 1인의 기초위원을 두었다. 위원회는 민법의 총칙과 물권편의 일부의 기초요강을 작성하였는데, 이를 조선임시민법전편찬요강이라 한다.[149] 총칙편에 관하여, 요강에서는 "대륙법계의 시스템을 취하며, 주로 독일민법에 의거한 현행민법의 규정을 기초로 하되, 현하 세계문명각국의 입법례와 학설을 참작"하겠다고 했다.[150] 그러나 그것을 어떻게 실현할 것인가는 난제 중의 난제였을 것이다.

1948년 정부수립과 함께 법전편찬위원회가 출범하면서, 민법분과위원회에서는 민법전의 편찬요강부터 작성하기 시작하였다. 기초위원들이 편찬요강안을 작성 제출하면, 매월 총회를 개최하여 편찬요강을 만들었다. 1949년 내내 작업하여 연말에는 민법전편찬요강이 작성된 것으로 보인다. 김병로는 요강 작성과정에서 위원장으로서 회의를 주재할 뿐 아니라, 주요 쟁점에 대해 법률의견을 제시하거나 결정권을 적극 행사했다.[151] 그러나 1950년 초까지 "민법전편찬요강"이 완성된 정도였고, 조문화 작업에까지 착수되지 못했다.[152] 1949년 말까지 형법의 초안이 작성된 데 반해, 민법전은 더 이상 진도를 내지 못했다. 당시까지의 분위기는 "좀 졸속하더라도 신속주의를 취해서 남의 나라 것을 대략 번역이라도 하더라도 일본법이라는 그것은 좀 일소하고 대한민국 법률로서 우리가 제정을 아니하면 안 되겠다는 여론이 높았다"고 회고한다.[153] 그 시점에 민법초안이 만들어졌다면, 그것은 일본법의 번역판으로 그쳤을 것임을 이를 통해 짐작할 수 있다.

---

149 작성원문은 "조선법제편찬위원회 기초요강(3)". 인용은 양창수, "민법안의 성립과정에 관한 소고," 민법연구 제1권, 박영사, 1991, 71면.

150 양창수, 앞의 글(1991), 63면, 김재형, 앞의 글(2014), 166면.

151 김재형, 앞의 글, 169면.

152 제3대 국회 제26회 제30차 국회본회의 회의록, 1957. 11. 6, 3. 민법안제1독회, 4면에서 법전편찬위원회 위원장(김병로)의 발언.

153 위 김병로 발언.

입법화작업이 중단된 사정을 김병로는 다음과 같이 회고하고 있다.

우리 법전편찬위원회는 발족은 4281년(서기 1948년에 해당)에 발족했다고 하지만 사실은 불가항력으로 몇 달 안 되어 거기 책임자인 내가 병으로서 한 반년 동안을 병원에 있었습니다. 그 뒤로 또다시 병원에서 나와서 착수를 할려고 했지만 불과 몇 … 얼마 안 되어 곧 6·25사변이 났습니다. … 6·25동란에 부산을 내려갔습니다. … 그때에 다 알으시는 바와 같이 법조계의 사람도 많이 저 공산 역도의 손에 살상 또는 납치를 당하고 사법부 자체의 운영에 있어서도 인원의 부족이라고 말하는 것보다도 가위 사무를 집행하기에 가능치 못한 지경에까지 이르렀습니다.[154]

이러한 사법부 내외의 난관에 부딪쳐 김병로는 체념하지 않았다. 오히려 그는 단신으로 법률편찬작업을 진행해갔던 것이다. 물론 입법작업이 순전히 혼자만으로 될 수는 없다. 김병로는 "위원 중에 혹은 심사위원 가운데에 (법률초안의) 기안을 위촉해본 적이 있"었지만, 그 위원들이 "본무가 바빠서 겨를을 얻을 수 없는데다가, 이 어려운 난관의 결과 기초사무를 담당하라고 하는 것부터 무리"였고, 실제로 맡겨 봐도 "잘 할 수도 없게 되었"다고 한다. 기안을 받아본 즉 "일본법 그 자체를 그대로 번역하는 것에 지나지 않았"다는 것이다. 그 일본법의 번역도 자구번역이 되어서는 안 되고 체계가 있는 번역이어야 하는데 그것도 만족스럽지 않았다. 번역이 되었다고 해도 "일본법 그것을 그대로 번역해다가 (초안으로) 하기는 어렵다"는 것도 절감되었다. 내용적으로는 "우리의 유래한 역사나 우리나라 문화의 전통 여러 가지 방면을 고찰"해야 하는데 그것도 아니었다. 그는 "절차법 같으면 혹 하여간 문자나 수정해서 내놓을 수도 있지만, 실체법에 있어서

---

154 위 김병로 발언.

는 결단코 그와 같이 해서는 안 된다"는 생각이었다.[155] 김병로가 타인의 위촉이나 실질적 도움을 기대하지 않고, 스스로의 작업으로 민법초안을 준비해갔음이 행간에서 느껴진다.

김병로는 형사소송법을 다루는 국회 본회의에서, 전시하 부산에서 법전 편찬을 하면서, 정전이 되면 "머리로 숙려 고찰을 하고, 불이 있고 날이 되면 외국서적과 나의 생각과 비교를 해서 총망중에 편찬"했음을 토로한 바 있다. 당시 형법, 형소법, 민법, 민소법 등 "4대법전을 전반적으로 일시에 기안하는" 과정이었기에, 형소법 본회의에서 말한 자세는 민사법에서도 마찬가지였다. "숙려고찰"과 "비교법적 고찰" 사이를 왕복하는 과정을 국회 본회의에서는 다음과 같이 술회한다.

> 아무리 졸속주의를 쓴다 하더라도 일본법 그것을 그대로 번역해다가 하기는 어렵다. … 실체법에 있어서는 결단코 그와 같이 해서는 안 된다는 것이 본인의 생각입니다. 그래서 새로 각국 법률과 또는 우리나라의 역사적 전통, 우리나라의 실상, 참 간취하기 어려운 일반적 관습법이라고 인정할 만한 유례의 관례, 이런 것을 뭐 참고서류라는 것이 그렇게 많지 못합니다. 약간 서류를 참고하면서 내가 또 조년早年부터 오늘날까지 한 40년동안 머릿속에 항상 떠나지 않고 있던 그 관념을 냉철하게 생각해서 이 법안을 기안에 착수하게 되었습니다.[156]

번역법률이 아니라 각국법의 비교고찰을 하면서, 동시에 우리의 전통과 관습법을 고려해야 한다. 그리고 김병로는 젊었을 적 "조년부터 40년 동안" 염두에 두고 있던 관념을 숙려고찰하면서 반영했다고 고백한다. 40년이라면, 1910년대 중반, 즉 그가 법률을 처음 배우던 때부터 지금까지의 법률가로서의 생애의 숙고가 민법 초안에 포함된 것이다. 민법초안을 작성

---

155 위 김병로 발언.
156 위 김병로 발언.

하면서 김병로는 평생의 공력을 부었음을 알 수 있다.

민법초안 작성에서 김병로의 역할은 여러 증언을 통해서도 쉽게 확인된다.

유진오 법전편찬 시 친히 붓을 들고 한자 한자를 소홀히 하지 않고 전부 검토.[157]

고재호 나는 대법관이 된 뒤에 (법전편찬위) 위원이 되어 그 전부터 준비해온 민법·형법·상법·민사소송법·형사소송법의 초안을 완성하는 작업에 가담하게 되었는데, 그때 비로소 위 5법의 초안이 거의 위원장인 대법원장의 손에서 정리되었음을 알고 감탄했던 것이다. 조문마다 위원장의 손끝이 안 닿은 데가 없다 해도 과언이 아니다. 참으로 그 분의 큰 공적이었다.[158]

물론 김병로가 법전편찬위를 독단할 수는 없다. "피난지에서도 매일처럼 초안을 검토하는 작업을 했다. … 당시에 대법관들의 노고가 적지 않았던 것이다"는 이인 법전편찬위 부위원장의 회고[159]도 있고, 일단 김병로가 만든 초안을 놓고 "그 후 박차를 가해 매주 한 번씩 대법관들이 대법원장실에 모여 마지막으로 축조심의를 했는데, 이인 선생은 … 부위원장으로 열심히 그 자리에 나오곤 했다"는 고재호 대법관의 회고[160]가 있다. 전반적으로 보면, 김병로의 붓끝으로 만들어진 초안을 놓고, 대법관들이 축조심의의 형태로 내부적 참여가 이루어졌다고 할 수 있다.

물론 모든 초안이 김병로의 뜻대로 된 것은 아니다. 예컨대 혼인의 제한과 관련하여 김병로는 근친혼만 제외하고 그 범위를 넘어서는 동성동본

---

157 김병로 선생 추모 대담 중 유진오의 발언(김진배, 가인 김병로, 461면에서 재인용).
158 고재호, 법조 반세기, 24면.
159 이인, 반세기의 증언, 206면.
160 고재호, 앞의 책, 25면.

혼인 문제는 법률로 규제할 필요가 없다는 초안을 내놓았고, 거기에 고재호도 찬성했지만, "두 사람을 제외한 다른 위원 모두가 한결같이 반대하여 장시간 토론을 벌여야 했고, 결국은 다수 의견대로 '동성동본 금혼'으로 (민법)초안이 확정되었다"[161]고 한다. 이를 통해 볼 때, 장시간의 토론을 통해 그의 의견과 반대되는 초안이 만들어지기도 했다. 하지만 김병로가 전 규정을 직접초안을 기안했고, 전체 논의를 주도하여, 민법초안이 전반적으로 김병로표 작품이라 하는 데 무리가 없을 것이다.

김병로는 전시하인 1951~2년에 기안작업을 했던 것으로 보인다. 외부적으로 보면 1953년 7월 4일 법전편찬위의 민법초안을 완성했다. 이 민법초안은 정부에서 용어의 통일, 기타 조문 정리 정도의 심사를 거쳐, 1954년 9월 30일 국무회의를 통과하여, 10월 13일 국회에 제출되었다. 당시의 초안은 본문과 부칙을 포함하여 총 1,150개로 된 방대한 분량이었으나, 제안이유나 기초이유서 등 참고자료를 만들 여유가 없어, 조문초안만 제출되었던 사정이 있다. 김병로가 술회한 바에 따르면,

> 헌법을 제외한 4대법전을 전반적으로 일시에 이것을 기안하는 이 마당에 있어서는 특수한 기구와 특수한 참 전업적 기구가 아니고 사람이 아니고는 될 … 이유를 진술한다고 큰 방대한 저술과 같은 것을 쓰고 앉아 있을 수는 절대 불가능한 사실을 양해해주시기 바랍니다.[162]

구어체 진술이라 말이 좀 꼬여 있어 한번 정리할 필요가 있다. 김병로가 보기에 민법전에 제안이유서 및 참고자료를 함께 제시해야 마땅하겠지만, 전업적 기구나 전업하는 전문가의 도움을 기대할 수 없는 상황이었다. 조문작성 이유 등을 적자면 거의 방대한 저술과 같은 분량이 나오게 될 것인

---

161 고재호, 앞의 책, 24~25면.
162 위 김병로 발언.

데, 그렇게 하는 것은 절대 불가능한 일이었다. 그래서 그는 해설은 포기하고 조문화 작업 자체에 전념했다는 것이다.

국회는 1954년 11월 6일 민법안심의소위원회를 구성하여 본격적인 심의에 들어갔다. 총 65회의 회의와 3차의 장기합숙심의를 거쳐 수정안을 다듬었다. 법사위 주최 민법안 공청회를 열기도 했고, 국회의 회기 만료도 폐기되었다가 다시 제출하는 등의 과정을 거치면서 1957년 9월 11일에 이르러 법사위의 수정안이 확정되었다. 1957년 11월 5일에서 1957년 12월 17일까지 국회 본회의에서 민법안에 대해 독회를 진행했고, 1957년 12월 11일 본회의 의결을 거쳐, 1958년 2월 22일 법률 제471호로 민법이 공포되었다. 종래와는 전적으로 다른 규정이 많았고, 시민생활에 끼치는 영향이 큰 만큼 민법의 시행에는 시간이 필요했다. 마침내 1960년 1월 1일부터 신민법이 시행되었다.

그 내용의 대강은 어떻게 요약될 수 있을까? 국회본회의에서 정부 측 인사로 나온 법무부차관(배영호)는 다음과 같이 〈민법안 제안설명〉을 했다. "총체적으로 말씀드리면 본 법안은 우리들의 숭고한 국민사상을 단적으로 표현하고 있는 헌법에 충실하고, 또 유구한 우리 국민의 순풍미속을 유지하며 새로운 세계적 법률사조에 적응시키려고 노력한 것"이다. "재산편에 있어서, 본 법안은 대륙법계의 체계를 채용. 현행 대륙법계가 우리의 실정에 맞는 것을 인정한 것"이다. 또한 "극단적인 개인주의를 지양발전시키고 공공복리라는 국민의 경제도의에 적응"시키려는 것이다. 신분편(친족상속편)에서는 "종래의 관습법을 정리함과 동시에 신시대의 이념구현에 특히 노력"하려고 애썼다.[163] 김병로도 이런 취지로 계속 설명하고 있음을 본다. 구체적인 내용으로 들어가 보자.

김병로는 민법전 입법시의 첫 설명에서 "기안한 나의 생각 밑에 생각한

---

163 제3대 국회 제26회 제29차 국회본회의 회의록, 1957. 11. 5.

개요"를 간단히 언급하였다. 그는 그 자리를 조문의 바탕에 있는 생각을 비교적 거리낌 없이 펼치는 기회로 삼았다.

(1) 비교법적 위상, 일본법과의 관계

먼저 우리 민법초안의 비교법적 위상에 대한 것이다. 민법초안을 편찬할 때, 외국법은 얼마나 참조했는가 하는 의문이 당연히 떠오른다. 노골적으로 말하자면, 우리 민법이 일본민법의 모방이나 아류가 아닌가 하는 의문이다. 일단 일본법을 번역이라도 해서 면갈지용이라도 하자는 주장이 무성했던 당시의 현실에서, 또 비교법적 지식이 절대적으로 부족한 한국의 법지식의 제약에서 일본법에 대한 압도적인 의존이 나오지 않았을까…. 그에 대해 김병로는 다음과 같이 답하고 있다.

일본법에 공통되는 똑같은 조문이 많다 혹 이러한 생각을 하실른지 모릅니다마는 그것은 결단코 처음 기안할 때에 일본법이라는 것은 덮어놓고 사실은 그것도 한 다른 나라 법과 같이 참고로밖에는 보지 않았습니다. 그러나 일본법이라는 법 자체가 민법이 불란서법, 독일법 그것을 태반히 갖다가 그대로 번역한 것이라 말이에요. 또 근래에 참고로 하는 제일 가깝게 제정되었다는 중국법 또는 만주국법 이것도 전부 일본 사람이 가서 다 기안하고 일본사람이 한 것이라 그 말이에요. 그럼 인제 여기서 독일 것이나 불란서 것이나 설혹 중국 것이나 만주국법이나 어느 것을 참고하고서 우리나라에 이와 같은 조문이 적당하다고 생각할 수 있는 그것이 자연적으로 일본 것하고 보통에 있어서는 합치되는 조문이 많습니다.

그 외에 어느 나라 법이 되었던 우리나라에는 적당하지 못하다 우리나라 현사태에 있어서 현실에 있어서 우리나라 역사적 발전에 있어서 여러 가지로 문화적 전통에 있어서 이것은 우리가 이걸 수종隨從할 수 없다고 한 것은 하나도 수종하지 안했다 또 설혹 가까운 나라가 아니고 저 먼데 나라라도 어느 나라 것 되든지 말이지 그 조문 조문이 우리나라 지금의 입법에 현실에 적당하다고 보는 조문은 어디서든지 끌어왔습니다. 그래서 결국은 이걸 어느 점에로는 독자적 입장에서 편찬되었다고 하는 것이 지금 여기서 말씀드리는 나의 근본법이에요.[164]

이와 같이 김병로는 다른 나라의 법률을 참조하면서도 "독자적 입장에서 편찬"하였고, 그것이 초안자의 "근본법"임을 강조한다. 실제로 무수히 많은 규정이 "독자적"으로 초안된 것임은 규정을 세세히 들여다보면 알 수 있다. 일본법을 그대로 가져온 듯이 보이는 조항도, 그 조항의 보편성을 고려하여 도입된 것이고, 초안자의 고민을 거쳐서 결단한 것이다. 제정민법의 전체적 구조는 의용민법과 유사하다고 할 수 있고, 그 체계와 내용은 기본적으로 의용민법을 토대로 했다고 볼 수 있지만, 개별 규정에는 의용민법에는 존재하지 않거나 그 내용을 달리 정한 규정이 상당수 존재한다[165]고 요약될 수 있을 것이다. 그중에서 김병로 혹은 우리 민법의 독자성(독창성)이 두드러진 부분을 추출해 본다.

(2) 권리남용의 금지

우리 민법 제2조는 다음과 같다. "민법 제2조(신의성실) ① 권리의 행사와 의무의 이행은 신의에 좇아 성실히 하여야 한다. ② 권리는 남용하지 못한다." 이 조항은 민법제정시의 그것과 동일하다.

이 조항은 김병로의 작품이다. 일본법이나 다른 법에도 이런 규정은 없다. 김병로는 다음과 같이 말한다.

"민법에 있어서는 첫째 지금 머리에다가 권리를 남용해서는 아니 되는 것과 또 사람과 사람 사이에 이 당사자 사이에는 성실 신의의 원칙을 지켜야 한다는

164 위 김병로의 발언, 4~12면.
165 김재형, 앞의 글, 187면.

것을 머리에 내세웠습니다. 그것은 실상 말씀하면 법조문으로 내놓지 않더라도 기본법칙입니다. … 법조문이 없더라도 기본법칙으로 넉넉히 운용할 수 있습니다마는 이왕 법을 편찬하는 지금에 있어서는 그러한 경고적 문구로 내논 데에 지나지 않습니다.[166]

이것은 단순히 경고적 문구로만 독해될 수는 없다. 김병로는 형법 제정에서도 제20조(정당행위)에 "사회상규에 위배되지 않는 행위는 벌하지 아니한다"고 하여 공서양속 개념을 명문의 입법조항에 끌어들인 바 있다. 민법의 신의성실, 권리남용 조항을 민법의 "머리"에 둠으로써, 민사입법의 기본방향 및 해석지침으로서 작용을 기대했던 것이다. 실제로 권리의 한계 사례에서 민법 제2조는 해석의 지침으로서 실제적 효용을 발휘하는 경우가 적지 않았던 것이다. 김병로는 민사법의 개인권 옹호에의 경사에 대하여, "인류공동생활의 향상과 발전"을 위해 법이 기능해야 한다고 여긴 것이 분명하다.[167]

(3) 물권변동에서 형식주의의 도입

의용민법과 가장 큰 차이를 보이는 부분은 부동산물권변동의 요건에 대한 것이다. 의용민법 혹은 일본법에 따르면, 계약당사자의 의사표시로 부동산의 소유권 기타 물권의 변동이 이루어진다. 변동사실을 등기하지 않아도 물권 자체의 변동에는 지장이 없다. 다만 등기하지 않으면 제3자는 물권변동된 사실을 알지 못하므로 예기치 않는 불이익을 입을 수 있다. 그래서 당사자 사이의 계약으로 물권변동의 효과는 이루어졌다고 해도, 그 사실을 갖고 제3자에게 대항할 수 없다. 대항력을 갖추기 위해서는 물권변동의 사실을 등기해야 한다. 즉 등기는 제3자에 대한 대항요건에 불과하

---

166 위 김병로 발언, 5면.
167 위 김병로 발언, 5면.

다. 이를 '의사주의' 혹은 '대항요건주의'라 하는데, 프랑스민법의 전통을 따른 것이므로 '불법주의'라고 칭하기도 한다. 그에 반해 독일민법에서는 당사자의 의사표시에 더하여 변동사실을 등기할 때 비로소 물권변동의 법적 효과가 발생한다. 이를 '독법주의' 혹은 '형식주의'라 한다. 등기부 기재는 곧 부동산의 권리의무에 대한 공신력 있는 기록이다. 등기의 기재사실을 신뢰하고 거래한 제3자는 그 신뢰에 대해 법적 보호를 받는다.

부동산등기제도가 전국적으로 강요된 것은 일제의 토지조사사업의 산물이다. 그런데 처음 등기제도를 전국적으로 실시함에 있어, 등기의 효력은 불법주의에 따라 제3자에 대한 대항요건을 의미하는 것이고, 등기 자체가 부동산물권변동의 성립요건은 아니었다. 그런데 김병로는 이를 독일식으로 성립요건으로 바꾸는 형식주의로 변경한 것이다.

의사주의냐 형식주의냐는 민법제정의 첫 단계부터 주요 쟁점이었다. 1950년 초 민법전편찬요강 작성 시에도, 법전편찬위원회의 위원총회에서는 "형식주의를 채택하려면 등기소 설치를 완비하는 등 여러 조건이 갖추어져야 하는바 이는 현하의 실제에 적합하지 않으므로 선의·악의를 막론하고 현행대로 의사주의를 채택함이 바람직하다"고 했다. "우리의 사회실정은 아직 형식주의를 채용함에는 멀다"는 등의 논의가 외형상 다수를 차지한 것이다. 거래 실제에는 의사표시만으로 물권행위가 이루어지는 경우가 많은데 이를 형식주의에 의거하여 효력을 발생치 못함은 모순이라는 것이다. 그러나 김병로 위원장은 "종전 의사주의에서는 대항요건에 관하여 선의의 제3자를 여하히 규정하느냐에 의론이 많았으므로 이런 점에 관하여 논의하여 주기를 바란다"고 개입했다. 표결 결과 형식주의를 채택했는데, 위원장인 김병로의 의중이 짙게 작용한 것으로 보인다.[168]

김병로는 언제부터 형식주의가 더 바람직하다고 판단을 내린 것일까.

---

168 양창수, "〈자료〉 법전편찬위원총회 의사록(초)," 서울대학교 법학 제35권 제2호, 서울대학교 법학연구소, 1994, 309면.

김병로의 취지를 들어본다.

물권이라는 데에 가서 혹은 일본법을 보시고 또는 불란서법 같은 데를 보신 이는 그 무슨 형식주의를 써가지고 등기를 해야 물권이 이동된다는 그런 것 할 필요가 없지 않은가 … 재래의 일본법이 … 불란서법계통을 받아서 의사주의를 채용했기 때문에, 일본법을 많이 보신 이는 그거 무슨 필요로 등기같은 것을 갖다가 물권성립의 요건으로 했나 이런 말씀을 혹 하실 이가 있는지 모릅니다마는, 본래에 독일은 형식주의를 취했고 불란서는 의사주의를 취해서, 일본법은 불란서주의를 가져온 것입니다. 근데 지금 나로서 보기엔 둘 다가 폐해가 있다고 봤어요.

이것은 오늘날 내가 법을 입법 … 기안할 때의 생각이 아니라 자초지종 내가 법률을 연구할 때에 너무나 절대적으로 형식만 가지고 물권적 효력을 준다는 것은 안 될 말이다. 또 당사자 의사표시로만 물권적 계약을, 물권적 성립을 인정한다고 하면 말이야 … 하면 채권계약과 혼동이 돼요. 그러기 때문에 채권계약과 물권계약이라는 그 분계가 분명치 못해 … 그 법률효과론에서 있어서도 까딱 잘못하면 혼동하고 또 여러 사람들이 거기에 미혹하기가 쉽다.

그러나 이 물권적 관계에 있어서는 될 수 있으면 일반 취인계(거래계)를 안정시키고 확신을 주게 하기 위해서는 형식주의가 장점이 있다. 그래서 우리의 민법에 취한 것은 형식주의를 취하는 동시에, 그렇다고 해서 그 원인이 무효의 … 아주 원인이 효력없는 당사자에 대해서 전연 효력없는 이런 경우에는 거기에 아무리 형식주의라도 신빙력을 주지 아니한다 이런 즉 절충적 의미가 이 속에 되어 있습니다. 그래서 사실상으로 이 우리 민법에 취한 주의가 불란서주의 즉 일본의 민법이나 또는 독일의 절대적 형식주의나 그보다 오히려 우수하다고 나는 혼자 믿기 때문에 이 법안이 그와 같이 편찬을 하게 된 것입니다.[169]

---

169 제3대 국회 제26회 제30차 국회정기회의 회의록, 1957. 11. 6, 6면.

의사주의에서 형식주의로의 전환은 "입법 기안할 때" 다시 말해 1950년대 초에 와서 든 생각이 아니라, "자초지종 법률을 연구할 때" 다시 말해 1910년대부터 수십 년간 쌓여온 생각이고, 따라서 한국형 제도가 프랑스, 독일의 원제도보다 "오히려 우수하다"는 확신을 갖고 편찬했다는 게 김병로의 술회인 것이다.

그런데 김병로는 형식주의라 하더라도 독일식으로 등기에 공신력을 부여하는 완전한 형식주의로까지 가지는 않는다. 형식주의의 장점을 취하지만, "아주 원인이 효력없는 경우"에는 신빙력(공신력)을 부여해서는 안 된다는 것이다. 의사표시에 기초한 채권계약과 등기표시를 중심한 물권계약은 하나로 합체될 수는 없다. 특히 채권적 효력이 전혀 없는 경우에까지 외형상의 등기표시를 갖고 물권적 효력을 부여할 수는 없다는 것이다. 이는 아직 등기상의 권리자와 실제권리자가 일치하지 않는 실제가 광범위한 상황에서 섣불리 공신력까지 부여하다가는 거래상의 커다란 혼란이 일어날 수 있을 것이라는 우려 속에서 '절충'을 취한 것이다. 달리 말해 약한 의미의 형식주의를 취한 것이라 할 수 있다.

의사주의냐, 형식주의냐는 실제 거래사회에서 미치는 영향이 엄청나고 각각 부작용이 적지 않을 것인 만큼 민법전의 국회통과를 전후해서도 많은 논란이 있었다. 소장학자들로 구성된 민사법연구회에서는 형식주의는 시기상조이며, 의사주의를 그대로 따르는 것이 타당하다고 주장했다. 채권계약과 물권적 관계의 획일화가 절대적 가치가 아니라는 점, 등기제도가 제대로 갖춰져 있지 않는 점, 등기의 공신력을 인정할 만한 상황이 아니란 점 등을 그 이유로 들었다. 대한변협도 반대하고 의사주의를 지지하였다. 국회의 독회에서도 크게 논란이 되었다. 그러나 최종적으로 표결 끝에 형식주의를 취한 민법초안이 아슬아슬하게 국회를 통과했다.[170] 이것이 우

---

170 민법학연구회의 안(의사주의 유지)은 현석호 의원을 통해 수정안으로 제출되었고, 그에 대하여는 가 40, 부 0표로 부결되었고, 형식주의의 김병로 안은 재석 109인 중 가 56표, 부 0표로 아슬아슬하게 재석 과반수를 넘

리 민법 제186조이다. "제186조(부동산 물권변동의 효력) 부동산에 대한 법률행위로 인한 물권의 득실변경은 등기하여야 그 효력이 생긴다." 이 조항은 현재까지 개정 없이 유지되고 있으며, 부동산 물권변동의 실제에 엄청난 영향을 미치는 기본조항으로 확고히 자리 잡고 있다.

그럼 형식주의의 장점은 무엇인가. 부동산의 물권변동의 존부와 시기가 명확하다. '등기'라는 객관적인 제도를 통해 물권변동이 명확해지는 것이다. 제3자에 대한 대항요건 여부에 따라 물권의 귀속이 달라지는 불확실성을 제거하고, 법률관계를 획일화시킬 수 있다. 채권과 물권을 개념적으로 분계하여, 물권행위의 독자성을 나름 견지하고자 한다.[171] 물권법과 채권법을 가르는 효과도 가져온다. 물론 당시까지 등기부가 현실의 권리관계를 정확히 반영하지 않고 있거나, 미등기의 권리가 산재해있어, 이를 등기부에 등재하도록 하기 위해 상당한 시행기간이 요구되었다. 제186조가 장기간 시행되면서, 점차 등기 부동산의 비중이 높아지고, 등기부상의 권리와 실제 권리가 일치하는 경우가 현저히 확대되었다. 1990년대에 들어 부동산실명제가 법률적 뒷받침을 받으며 강행되어온 결과, 현재는 부동산등기부와 실제 권리상황이 거의 일치되는 정도에 이르렀고, 조만간 등기부 자체에 공신력을 부여하는 단계에까지 이를 것으로 전망된다. 의사주의로부터 형식주의의 역사적 전환은 민법제정과 함께 이룩되었으며, 거기에 김병로의 절대적 역할을 인정할 수 있을 것이다.

(4) 전세권의 창안

우리 민법에는 용익물권으로서 지상권, 지역권과 함께 전세권을 두고 있는데, 의용민법에는 그런 규정이 없다. 또한 의용민법에는 영소작권이 있는데, 우리 민법에는 없다. 특정 토지에 대한 소작을 함부로 변경할 수

겨 통과되었다. 제3대 국회 제26회 제30차 국회정기회의 회의록, 1957. 11. 6, 13면.

171 김재형, 앞의 글, 219면 참조.

없다는 영소작권은 지주-소작제를 전제로 하는 것인데, 1948년 헌법에서부터 소작제를 폐지하고, 1949년부터 경자유전의 원칙에 따라 토지개혁을 단행하였다. 따라서 영소작권은 "토지개혁의 정신에 비추어 전부 삭제"하는데 이견이 없었다.[172] 그런데 전세권은 어떻게 우리 민법의 일부로 들어온 것일까. 이것 역시 김병로의 창안이다.

> 전세권은 우리나라 방방곡곡에 널리 시행된 것이 아니었는데 왜 그것을 특정물권으로 냈나 이런 생각을 하시는 이가 계실 것입니다만 전세라는 제도가 이 경성(서울)이 제일 오래 또 널리 실시되어 왔고 … 근래의 경향을 보면 각 지방에도 도시에는 이 제도가 차차 시행이 되어갑니다…. 다른 나라 법제(와 비교해보면) 중국에서는 고래로부터 전권典權이란 권리가 있는데 그 내용인즉 우리나라 전세하고 비슷한 것이에요. 우리나라 전세라는 것을 보면 … 한쪽으로는 임대차계약을 형성하고 다른 한쪽으로는 저당권이라는 물권을 갖다가 거기다가 혼동해서 전세라는 효과를 버젓이 유지해 내려왔단 말이에요. 그런 것보다 앞으로 많이 이용되는 그런 것이라고 인정된 이상에는 완전히 전세권이라는 한 물권적 완전한 효과를 주는 것이 좋겠다…. 이래서 전세권이라는 것을 한 특정의 물권으로 입안하게 된 것입니다.[173]

이 서술을 보면, 전세권은 한국의 독창적인 것으로, 김병로가 공들여 입안해낸 것임을 알 수 있다. 널리 시행된 것이 아닌데 "왜 특정물권으로 냈나(창안했나)?" 하는 질문도 예상하고 있다. 김병로는 우선 서울지방을 중심으로 점차 지방도시에로 전세라는 제도가 시행되어가는 관습법임에 주목한다. 이렇게 시행되는 이상 그 관습에 대해 법률관계를 명확히 하여 당사자의 권리를 굳건히 보호하고자 한 것이다. 이를 임대차의 일종이므로 채

---

172 양창수, 법전편찬위원회 총회 의사록(초), 313면.

173 제3대 국회 제26회 제30차 국회정기회의 회의록, 1957. 11. 6, 7면.

권편에 포함시켜야 한다는 논의도 많았지만, 전세권자의 보호를 강화하기 위해 물권적 효력을 규정하는 방식이 좋겠다는 게 김병로의 생각이었다. 다른 나라에 유사한 제도가 있는 듯 보여도, 전세권으로의 개념화는 우리 민법 특유의 독창적 제도라고 민법학자들은 보고 있다.[174] 김병로는, 우리의 관습과 거래상황을 보아, 외국법제를 참고하면서도 필요하다면 이렇게 독창적 입안을 과감하게 내놓고 입법화까지 추진시켰다.[175] 다른 한편, 우리의 관례와 역사에 없는데 일본이 이식시켜놓은 영소작권 같은 것은 입안단계에서 삭제했다.[176] 이러한 작업들은 '한국의' 민법전이 되도록 하는 과정이었던 것이다.

(5) 근저당권의 입법화

1950년 법전편찬위원회 총회에서는 저당권의 한 종류로서 "근저당권에 관한 규정을 세울 것"을 의결했다. "저당권은 그 담보할 최고금액만을 정하고 채권의 확정은 장래에 보류하여 이를 설정할 수 있다"는 것인데, 그러한 취지는 민법초안에도 그대로 반영되었다. 근저당권은 일본민법상의 조문이 없었지만, 식민지 시대에도 판례상 근저당권의 유효성을 인정했고, 해방 후 우리 법원에서도 당연한 것으로 수용했다. 이러한 관습법, 판례법상의 유효성을 인정받은 것에 대하여 민법전에 명문화된 저당권의 일종으로까지 승격된 것이다. 이 근저당권은, 특히 금융실무에서 활발히 이용하여 물적담보 중에서 가장 많이 이용되고 있는 담보수단이 되었다.[177] 일본

---

174 양창수, "민법안의 성립과정에 관한 소고," 94면.

175 1960년 민법 제303조 1. 전세권자는 전세금을 지급하고 타인의 부동산을 점유하여 그 부동산의 용도에 좇아 사용·수익할 권리가 있다. 2. 농경지는 전세권의 목적으로 하지 못한다.

176 영소작권은 일본법에 있고 외국법에도 많이 작성되어 있습니다만 사실상으로 과거에 우리나라에 가위可謂 없어요. 그러한 공문空文이 되고 만 그런 것은 다 빼버리고 그저 우리나라 현실에 적응하고 또 종전에 내려오던 관례에 감鑑해서 가장 적절하다는 것을 갖다가 편찬 입안하게 된 것입니다(제3대 국회 제26회 제30차 국회정기회의 회의록, 1957. 11. 6, 7면).

177 김재형, 근저당권연구, 박영사, 2000, 1면.

은 1971년에 비로소 민법개정법률에 의해 근저당권을 명문화하게 되었다.[178] 당시 우리 입법자들이 관습상의 권리를 입법화하는 역량을 보여주는 예라 할 것이다. 김병로는 이 과정을 전반적으로 이끌어갔다.

(6) 친족상속법: 순풍미속론 및 부계혈통론

민법의 일부로서 친족상속법은 비교법적 자료를 통한 보편적 규범의 추출로부터 출발하기는 어렵다. 그 나라의 가족제도는 그 나라의 사회관습, 문화여건과 긴밀한 관련을 맺고 있기 때문이다. 우리의 경우 민법 제정을 전후하여, 전통적 가족제도에 대한 집착은 거의 보편적이었던 것 같다. 일본법에의 의존을 생각하기도 어려운 영역이었던 만큼, 친족상속법 제정에서는 김병로는 독자적인 자세로 임했다. 먼저 김병로의 기본입장을 확인해본다.

> 친족상속법이라고 하는 것은 참 어려웠습니다. … 어느 나라를 막론하고 입법 역사상의 친족상속법이라는 것은 남의 나라 법을 가져오는 것은 못됩니다. 원래가 … 그것은 오로지 제 나라의 역사와 제 나라 문화의 전통 … 민족적 윤리와 역사적 전통을 가장 귀중히 해가지고 제정하지 아니하면 아니 되는 것입니다. … 그렇기 때문에 외국법을 그대로 갖다가 제정할 수는 도저히 없는 것입니다.
>
> 우리의 민족윤리와 사회도덕 그 방면에 있어서는 우리나라가 중국보다 훨씬 향상되고 훨씬 완전하고 완미하다는 것을 나는 자랑하고 있습니다. 그래도 참고로 하면 중국 것이 보도시(겨우) 참고가 되고, 만주국법도 중국법을 많이 모방해 가지고서 제정된 것입니다. 그런데 만일 여기서 나도 참고로 한 것이라고 하면 중국법과 만주국법 거기에서 약간 참고로 자료 딴 것은 딴 것입니다.
>
> 그 외에는 우리나라 역사의 전통 이러한 데에서 냉철하게 생각하고 또 우리

---

178 김재형, 앞의 글(2014), 236면.

나라의 혹은 중고 혹은 최근 기타에 이조 5백년간 이런 데에서 어떠한 점이 이만한 것은 건실하고 참 순풍미속이라고 인정할 만한 이점을 포착해서 국민의 정신에 별로한 충격이 없고 우리나라 순풍미속을 오히려 조장하고 완성시킬 이러한 의도 하에서 이 친족상속이라는 것에 붓을 잡게 된 것입니다.[179]

그런데 가족법 분야의 설명에서 김병로는 전혀 뜻밖의 모습을 보인다. 재산법 분야에서 신중하고 전향적인 고민은 가족법 분야에 들어가서는 찾아보기 어렵다. 국회 본회의에서의 발언도 진중함이 결여되어 있고, 자신의 개인적 경험과 편견을 여과 없이 드러낸다. 당시 유행하던 댄스, 파마에 대해 극도의 부정적인 언급을 장황하게 이어가기도 하고, 일본의 가家 관념과 그 실제에 대해 극도의 부정적 언사를 하고 있기도 한다. 특히 가족법의 뼈대를 이루는 것에 대하여 "부계계통이라야만 옳은 것"이란 신념에 가까운 입장을 피력하기도 한다.

"문화가 발전발달된 나라는 참 발달될수록 그 문제는 부계주의를 본뜹니다. 오늘날 만일 그 부계주의를 파괴하고 모계주의라든지 혼동주의라든지 한다면 집이라는 근본부터 다 없어져요." "부계계통을 계승하는 것이 우리나라 가족제도, 제사지내는 것, 가족제도라든지 이런 것이 아닙니다. 아주 근본의 골수는 그 부계계통 … 원래 부모의 애비의 몸에서 떨어진 분자니까 그 분자의 종자를 계승한다는 것이 소위 부계주의의 근본이라고 생각합니다. 그렇기 때문에 만일 우리나라에서 일본같은 가족제도와 우리 가족제도를 같은 것으로 알았다가는 그것은 큰일날 것입니다. … 그렇기 때문에 우리나라는 양자養子 같은 것을 할지라도 그 조상으로부터 내려오는 그 단계單系의 종자, 그 종자의 계통이 아니면 양자를 하지 못하는 것이 다 그것과 일치적인 것입니다. 또 그것이 이론적으로

179 제3대 국회 제26회 제30차 국회정기회의 회의록, 1957. 11. 6, 7면.

의제라고 하더라도 꼭 제 아들 대에 와서 딱 닿어야 된다는 것도 다 이런 점과 원리에서 일치되는 것입니다.[180]

오늘날 읽으면 고루하기 그지없다. 부계혈통에 대한 집착도 그러하고, '근본', '종자' 같은 어법도 그러하다. 양자제도도 아동의 복지 같은 게 아니라, 오직 부계혈통 계승의 관점에서만 접근하고 있다. "문화가 발달될수록 부계주의를 본뜬다"는 언급에는 보편적 관점이 아니라, 자기문화 중심주의(ethnocenturism)에 집착하는 고루한 촌로의 모습을 본다. 이 부분은 김병로의 가부장적 가족관이 확실히 드러난다고 볼 수도 있고, 당시의 일반적 분위기가 절대적으로 그랬는데, 김병로 역시 그로부터 조금도 벗어나지 못하고 있다고 문제 삼을 수 있을 것이다. 그러면 그에게 남녀평등관은 어떠했을까.

헌법상 남녀동등라는 것 지금 모두들 오해를 하고 있는 것 같아요. 정치나 문화나 사회적 지위나 무엇을 무슨 남녀 조곰도 차별없이 동등한 기회를 준다는 것이 남녀동등이에요. 우리 역사상 가정의 윤리, 저 무슨 제 존속간의 윤리 또는 사회도덕의 문화이고 이런 것까지 모두 남녀동등에다 혼동해가지고 말하는 그러한 의론은 소용없습니다. … 법앞에 만민이 평등하니까 자식도 애비한테에 뭣 효도할 것도 또 부양할 것도 없이 저 원시적으로 돌아가란 말입니까. … 정치 사회 문화 이 방면에서 균등한 기회를 준다는 것이 남녀동등입니다. 그러면 집안에서 부모나 자식 사이에도 마누라나 남편 사이에도 이것 동등 찾다간 아무 일도 못합니다. 그것이 지금 폐해가 … 벌써 그와 같은 것이 암연중 … 폐해가 얼마가 있는 줄 알아요? 지금 도의가 떨어지고 윤리가 지금 무너져가지고 패덕 패륜지사는 지금 날마다 신문을 더럽히고 매일같이 법정에 나타난 것은 무엇입

180 제3대 국회 제26회 제30차 국회정기회의 회의록, 1957. 11. 6, 11면.

니까.[181]

김병로에 따르면, 남녀평등은 정치, 문화, 사회 등 가정 바깥의 영역에서 통용되어야 하는 것이다. 반면 가정 내의 관계, 즉 부모-자식, 부부관계 등에서는 동등이 아니라, 효도와 부양 등의 도덕/패륜 등의 기준이 통용되어야 한다고 보는 것이다. 이와 같이 김병로에게, 가정 내 관계는 공적 평등이 적용될 수 없는 것으로 보는 것이다. 남계혈통주의도 같은 맥락에서 이해될 수 있을 것이다.

(7) 동성동본 금혼제를 둘러싼 논란

그러면 김병로의 입장은 순풍양속론을 표방한 고루한 전통적 가부장주의와 똑같은가. 순풍양속론의 제도적 뼈대는 남계혈통주의와 그에 의거한 호주제, 동성동본 금혼제 등이었다. 이는 상징적인 것이었을 뿐 아니라 실정법적 뒷받침을 확고히 갖는 것으로 입안되는 흐름이 있었다.

민법제정과정에서 뜻밖에도 가장 첨예한 쟁점으로 대두된 것은 동성동본 간에 혼인을 인정할 수 있을 것인가 하는 점이다. 우리 제정민법상 동성혼 및 근친혼에 대한 규정은 다음과 같이 규정되었다.

> 제809조(동성혼등의 금지) ① 동성동본인 혈족 사이에서는 혼인하지 못한다.
> ② 남계혈족의 배우자, 부의 혈족 및 기타 8촌 이내의 인척이거나 이러한 인척이었던 자 사이에서는 혼인하지 못한다.

위 1항은 동성동본불혼규정이고, 2항은 근친혼금지규정이다. 2항과 같은 금지규정에는 이견이 없으나, 문제는 1항이다. 동성동본의 혈족 전체가

---

181 제3대 국회 제26회 제30차 국회정기회의 회의록, 1957. 11. 6, 12면.

금혼규정에 묶임으로써, 혼인의 자유를 실로 광범하게 제한한다. 이는 우리 고유의 순풍양속이므로, 실정법에 넣는 것이 타당하다는 게 이 조항을 삽입한 자들의 취지였다. 이 조항은 호주제 조항과 함께, 우리 제정민법의 '전통존중론'을 표상하는 대표적인 것이고, 이후 여성계를 중심으로 한 가족법 개정의 물결 속에서 가장 비판의 과녁이 되었던 것이다.

여성계로부터 전통존중론을 대표한다고 비판받은 김병로는 또한 동성동본조항을 삽입한 논자로서 일컬어지기도 하는데, 입법자료를 면밀히 보면 그것은 사실이 아니다. 이 쟁점에 대한 김병로 자신의 입장과 민법제정과정에서의 법전편찬위원장, 민법초안 작성의 주역으로서의 김병로의 입장이 어지럽게 교차하는 면이 있다. 따라서 이를 찬찬히 살펴볼 필요가 있다.

김병로는 비교적 일찍이 혼인의 제한 혹은 금지에 대해, 비교적 일찍 자신의 입장을 표명한 바 있다. 1947년 '친족상속에 관한 관습의 비판'이란 글인데, 이 글의 중요도에도 불구하고 여태껏 소개되지 않은 것 같다. 거기서 김병로는 혼인 제한의 범위에 대해 다음과 같이 피력했다.

> 본종 혈족간에 있어서는 원래 조선에는 대수代數의 원근을 물론勿論하고, 국조사기國朝史記나 자가自家의 계보에 조선祖先의 계통이 명료한 자는 상호간의 혼인을 허치 아니하였으나, 근대 법률사조에 비추어 전기前記 친족의 범위까지를 법률상 제한으로 하고, 그 외는 사회윤리에 매끼는 것이 어떠할가 합니다. 외당 및 처당 혈족에 있어서는 방계혈족의 제한이 관습상 명료치 아니하였으나 전기 친족의 범위까지는 제한하는 것이 어떠할가 합니다.[182]

즉 '원래 조선'에서는 동성동본 간에 혼인불허가 원칙이지만, '근대 법률사조'에 비추어 근친자 간의 혼인만 법률상 제한하고, 그 외는 '사회윤리'에

---

182 김병로, "친족상속에 관한 관습의 비판," 법정 제2권 제4호, 1947. 4, 5면.

맡기는 게 타당하다는 것이다. 근대 법률사조는 개인의 자유를 기반으로 하며, 그 가운데는 혼인의 자유가 당연히 해당한다. 김병로가 유학했던 1910년대에 일본에서는 자유연애·자유결혼의 풍조가 광범하게 유포되었으며, 조선인 청년유학생들도 그에 휩쓸리는 편이었다. 김병로 자신은 자유연애론에 개인적으로 쏠리는 행동은 않았지만, 전반적으로 당시의 자유주의적 풍조 자체에 대해서는 공감하는 편이었다. 해방 후 김병로의 출발점이 동성동본혼인에 대한 불간여임이 여기서 명백하다.

1949년 민법 친족편의 기초요강사안(원요강) 에는 "14. 동성불혼(同姓不聚)의 관습은 폐기하고, 친족 또는 친족이었던 자 간의 혼인을 금지할 것. 단 배우자이었던 자는 그렇지 않다"는데 합의를 보았다.[183] 그에 대해 한 해설은, "동성불혼의 관습은 중국의 고래습속에 유래하는 것으로 한국고대부터 존재하였던 것이며 … 이조에 있어서는 유교적 입장에서 … 동성불혼을 엄수하고 위반자를 처벌하였다. 그러나 이러한 유교도덕적 입장에 있어서의 광범위한 혼인금지의 관습은 현재에 있어서는 그 합리적 근거를 상실하고 있는 것으로, 다만 우생학적 견지와 종래의 도덕적 전통을 참작하여 일정한 범위의 근친혼을 금지하는 것이 타당하다"는 취지를 담은 것이라 한다. 이렇듯 1948~9년에 김병로는 동성혼에 대해서는 관여하지 않지만, 근친혼은 금지하자는 입장이었고, 자신의 영향력을 그러한 방향으로 행사했음을 알 수 있다.

그런데 1954년의 민법초안에는 요강과 확연히 달라졌다. 초안 제802조는 "동성동본인 혈족 사이에는 혼인하지 못한다. 그러나 조선祖先의 계통이 분명하지 아니한 경우에는 그러하지 아니하다. 남계혈족의 배우자, 부夫의 혈족 및 기타 4촌 이내의 인척이거나 이러한 인척이었던 자 사이에는 혼인하지 못한다"고 하여 동성불혼을 명문화한 것이다. 이렇게 달라진 내

---

183 양창수, 법전편찬위원총회 의사록(초), 319면.

력은 무엇이고, 김병로의 입장선회도 있었을까? 그에 대해 고재호 대법관의 회고가 있다.

법전편찬과정에서 특히 내 기억에 남는 것은 민법 친족편의 동성동본의 금혼문제이다. 나는 기본적으로 동성동본 혼인문제는 현대 사회의 구조로 보아 너그럽게 보아야 한다는 생각을 갖고 있었고, 대법원장도 마찬가지였다. 그래서 가인과 나는 "친족은 8촌까지만 금혼토록 하고, 외척은 6촌까지만 금혼토록 한다"는 의견을 내놓았다. 그러나 이 문제는 우리 두 사람을 제외한 다른 위원 모두가 한결같이 반대하여 장시간 토론을 벌여야 했고, 결국은 다수의견대로 '동성동본 금혼'으로 초안이 확정되었다.[184]

이를 통해 보면 김병로의 개인소신, 즉 동성동본 간의 혼인 여부는 '너그럽게' 즉 개인의 자유에 맡기자는 입장에는 변함이 없지만, 법전편찬위원회에서 김병로, 고재호를 제외한 "다른 위원 모두가 한결같이 반대"하여 동성동본불혼규정과 근친혼금지규정이 동시에 포함되게 되었다. 다른 조문에 대해서는 별다른 이견이 없던 법전편찬위에서 이 쟁점에 대해서 법전편찬위원장에 반대하는 목소리를 강하게 낼 만큼, 이 쟁점이 주는 충격파는 당시에 컸다.

그런데 국회 법사위의 심의과정에서 동성동본 조항은 삭제되었다. 독일, 스위스, 중화민국, 일본 등 외국의 일반적인 입법례에는 근친혼규정만 두고 있다는 이유도 있었다. 그런데 국회 본회의에서, 의원들은 이 쟁점에 대해 다투어 발언하였다. 다른 조문들이 무사통과된 것에 대비해보면, 이 조항을 둘러싸고 매우 이례적인 열기를 띠면서 이 조항의 존폐 여부에 논의가 백출했던 것이다. 형법 제정시에 간통죄 규정의 신설 여부를 둘러싼

---

184 고재호, 법조반백년, 25면.

열기어린 논쟁과 비견할 만하다. 둘 다 "순풍양속"에 터 잡고, 유림 등의 강렬한 지지세에 힘입은 전통론자들이 논의를 오히려 주도한 감이 있다.

심지어 국회 본회의에서는 민법초안 중 동성동본 규정에서 단서까지 삭제하여 불혼의 범위를 더 넓혔고, 근친혼 금지의 범위를 '4촌'에서 '8촌'까지 더 넓혔다. 표결 결과 110 재석에 찬성 90, 반대 0로 이 조항이 통과되었다. 이같이 동성혼금지조항은, 김병로의 의사에도 불구하고, 압도적으로 관철되었다. 김병로가 국회에서 민법초안을 설명하면서 "자신의 의견과는 달리 (법전편찬위에서) 확정된 초안대로 통과를 요청하게 되었다"[185]는 언급도 있으나, 국회회의록을 면밀히 읽어보면, 김병로는 근친혼 언급은 하고 있어도, 동성동본혼 금지를 지지하는 발언은 아예 없음을 알 수 있다. 다음은 회의록 중 일부이다.

"처음 금수와 사람의 구별이 생기기를 처음 거기서부터 기초가 되었습니다. 그래서 어느 나라든지 처음에는 가까운 근친만이 … 참 제 부모라든지 제 누이라든지 이런 데서 차차 차차 서로 그 교제를 한다든지 해서는 안 된다는 … 이런 교접을 해서는 안 된다는 이러한 것이 되어 오다가 차차 인문이 발달되어 갈수록 차차 그 계통을 밝혀가면서 이것을 서로 피해야 할 것이다 이것이 우리나라의 본래 근친혼인 … 친족간 혼인을 금지하게 될 인류문화의 발달의 시초서부터 가장 최고문화로 내려온 것입니다. 그러기에 나는 보고 있기를 인제 이것이 서양 각국이라든지 다른 나라도 차차 인제 진화가 … 문화가 더 그 도덕문화 윤리문화가 생리상 생리학의 연구와 더불어 발전 향상됨과 동시에 우리나라를 차차 모방해 오리라고 나는 생각합니다."[186]

동성불혼을 말하는 듯하면서도, 구체적으로 지적하는 대목에서는 "근

---

185 고재호, 법조반백년, 25면.
186 제3대 국회 제26회 제30차 국회정기회의 회의록, 1957. 11. 6, 9면.

친", "친족간 혼인"만을 언급하지, "동성혼"이란 단어를 올리고 있지 않다. 김병로는 근친혼, 친족간 혼인의 금지의 당위성을 역사적, 문화적, 생리학적 측면에서 주장하고 있다. 그러나 김병로는 동성동본 불혼의 당위성에 대해서는 한마디도 하지 않고 있다. 그 점에서 그의 소신(동성간결혼 허용)은 내면에서부터 변한 것이 아님을 짐작할 수 있다.

이렇게 제정된 동성혼 금지 조항은 민법 제정 이전부터 여성계 중심으로 강력한 반대의견이 개진되었으나, 당시의 국회 원내에서는 강한 목소리를 가질 수 없었다. 그러나 동성불혼은 호주제 조항과 함께 가족법개정운동의 표적이 되었고, 여러 개정안이 제기되었다. 동성간 혼인 불허에 따른 수많은 현실적 문제를 미봉하기 위해 기간을 정해 혼인신고가 가능하도록 하는 편법도 여러 차례 이루어졌다. 그러나 강력한 가족법개정운동도, 호주제와 동성혼금지라는 골간을 건드리기엔 역부족이었다. 국회는 유림단체의 강렬한 반발을 의식하여 수십 년간 몸을 사렸다.

국회가 해결 못한 이 쟁점은 결국 1997년에 이르러 헌법재판소에서 헌법불합치결정[187]을 받았다. "개인의 존엄과 양성의 평등에 기초한 혼인과 가족생활의 성립·유지라는 헌법규정"에 정면으로 위배되고, 남계혈족에만 한정하여 성별에 의한 차별로써 헌법불합치가 선언되었다. 금지되는 범위가 너무 광범위하다는 점, 현대사회는 신분적 계급제도와 남존여비사상을 배척한 자유민주주의사회라는 점, 혼인이 집안과 집안의 결합이라는 관념으로부터 당사자의 자유의사를 존중한 인격 대 인격의 결합이라는 관념으로 바꾸었다는 점, 남녀평등관념이 정착되어 있다는 점, 가 내지 본관에 관한 관념이 차츰 희박해지고 있다는 점 등을 고려했다. 이 조항은 헌법규정에 정면으로 배치될 뿐 아니라, 금혼범위를 남계혈족에만 한정하여

---

187 헌법재판소 1997. 7. 16. 선고 95헌가6 내지 13(병합). 1. 민법 제809조 제1항(1958. 2. 22. 법률 제471호로 제정된 것)은 헌법에 합치되지 아니한다. 2. 위 법률조항은 입법자가 1998. 12. 31.까지 개정하지 아니하면 1999. 1. 1. 그 효력을 상실한다. 법원 기타 국가기관 및 지방자치단체는 입법자가 개정할 때까지 위 법률조항의 적용을 중지하여야 한다.

비합리적인 성별 차별을 하고 있어 헌법불합치라는 결론이었다. 국회는 이 결정을 받고도 법개정에 합의를 이루지 못해, 이 조항은 1999년부터 효력을 상실하였다. 법개정은 2005년에 가서야 이루어졌는데, 동성동본혼 금지조항은 폐지되고, 근친혼금지제도로 전환하되, 근친혼제한의 범위를 합리적으로 조정하는 것이었다.

1960년 민법	2005년 민법
제809조(동성혼등의 금지) ① 동성동본인 혈족 사이에서는 혼인하지 못한다.	(삭제됨)
② 남계혈족의 배우자, 부의 혈족 및 기타 8촌 이내의 인척이거나 이러한 인척이었던 자 사이에서는 혼인하지 못한다.	제809조(근친혼 등의 금지) ① 8촌 이내의 혈족(친양자의 입양 전의 혈족을 포함한다) 사이에서는 혼인하지 못한다. ② 6촌 이내의 혈족의 배우자, 배우자의 6촌 이내의 혈족, 배우자의 4촌 이내의 혈족의 배우자인 인척이거나 이러한 인척이었던 자 사이에서는 혼인하지 못한다.

김병로의 소신은 민법제정 당시에 좌초되었지만, 그로부터 40년이 지나서야, 여론을 직접 의식해야 할 국회가 아니라 헌법재판소에서 인권 관점에서 결국 관철된 셈이다. 이 핵심쟁점에서, 적어도 김병로는 당시의 풍토보다 훨씬 앞서나간 편이다. 따라서 일률적으로 김병로를 완강한 수구주의자처럼 묘사하는 것은 맞지 않다.

(8) 가족법 논쟁: 김병로와 이태영

제정민법 중 가족법 분야는 이렇듯 남계혈통 중심주의, 호주제, 동성동본불혼제, 상속에서 남녀의 차이 등 가부장적 요소를 골간으로 하고 있다. 김병로의 가족법 틀은 오늘날 민주주의 및 양성평등의 가치에 현저히 반하는 것으로 비판받을 수 있다.

바로 이러한 문제의식에서 가족법 분야에서 법률개정운동이 촉발되었다. 당면한 친족상속법 초안 및 국회의 심의요강에 반대하기 위해서 1953

년 '전국여성단체연합회'라는 이름으로 여성단체가 결성되었다. 이 단체에서는 민법 초안/요강은 "대한민국 헌법정신에 배치되는 규정이 허다하므로, 이것을 시정하고 명실공회 남녀평등원칙에 일치하도록 수정하여 대한민국 1천 5백만 여성의 행복은 물론 자손만대의 행복을 위한 민법을 제정하여 주심을 경망"하면서 수정안을 냈다.[188] 수정안의 골자로는 호주제 폐지, 동성불혼 원칙의 폐지, 부부별산제 및 미분명재산에 대해서는 부부공유 추정, 이혼배우자에 대한 재산분여청구권 인정, 가계승계를 위한 양자이외에 친, 자를 위한 양자제도의 도입, 처의 상속법상 지위 향상, 출가여성의 재산상속 인정 등이었다.

이러한 가족법개정운동의 주역은 무엇보다 이태영 변호사였다. 그는 위 의견서를 만들고, 캠페인을 벌였으며, 공청회 등에서 주요한 역할을 했다. 이태영은 그의 후원자격인 정광현 교수, 그리고 황신덕, 장화순, 표정조 등 여성계 선배와 상의하여, 개정안을 남편인 정일형 의원 외 33인의 수정안으로 국회에 제출했다. 그러나 이승만 대통령은 "내가 살아있는 한 가족법은 못 고친다"는 성명을 발표했다. 그래도 남녀불평등 초안 중 일부를 제정의 형식으로 개정 통과되었다. 나름의 성과는 없지 않았지만, 민법 제정까지 여러 차례 좌절을 맛보았던 것이다.

이태영은 해방 이후 여성에게 허용된 대학교육(서울대학교 법과대학)을 받고 사법시험에 합격한 최초의 여성 법조인이었다. 그가 법관 시보로 있을 때 법전편찬위원회에서 가족법이 대단히 남녀불평등하게 제정되고 있음을 알게 되었다. 그는 여성계 인사 몇 분과 함께 상의한 결과 김병로 대법원장이라면 자신들의 뜻을 존중해줄 것으로 믿고 여성단체 개정안을 준비하여 대법원장을 면담하여 취지를 설명했다. 다음은 이태영의 회고이다.

---

188 "친족편 · 상속편 초안 및 심의요강에 대한 의견서(1953)," 이태영, 가족법개정운동 37년사, 한국가정법률상담소, 1992, 395~404면.

김 대법원장은 굳은 얼굴로 "내가 살아 있는 동안은 그 법의 일자 일획도 못 고칩니다"고 잘라 말했다. 그리고는 나를 향해 "법조계의 초년생이면서 건방지게 법을 고치라고 나서다니 어디서 배운 버릇이냐"고 호통을 쳤다. 내가 놀라 떨고 있는 동안에도 선생님의 꾸중은 계속 떨어졌다. "조그만 것이 법률 줄이나 배웠다고 벌써 꼬리를 휘젓고 다니느냐. 1천5백만 여성들이 불평 한마디 없이 다 좋다고 살고 있는데 어째서 평지 풍파를 일으키느냐?"고 했다. 얼마나 놀라고 무섭고 슬펐는지 나는 눈에서 눈물이 아닌 핏물이 쏟아지는 듯했고 목이 콱 막혔다. 다리가 후들후들 떨려 제대로 걸음을 걸을 수조차 없어 나는 동행했던 황신덕 선생과 장화순, 표정조 선생의 부축을 받아 가까스로 그 방을 물러나왔다.[189]

그로부터 이태영은 여성계를 대표하여 가족법개정운동을 수십 년간 펼쳐나가게 된다. 건의서를 만들고, 입법안을 만들고, 여성단체를 규합하고, 반대여론을 뚫고나갔다. 1979년에 이르러 가족법은 일차로 크게 개정되었고, 1990년에 대부분의 내용이 개정되었다.[190]

그러나 그때까지 난공불락이었던 것은 동성동본불혼제와 호주제였다. 이 중 동성동본불혼은 1997년에 이르러 헌법불합치가 선언되었다. 2005년에 이르러 호주제는 "당사자의 의사나 복리와 무관하게 남계혈통 중심의 가의 유지와 계승이라는 관념에 뿌리박은 특정한 가족관계의 형태를 일방적으로 규정·강요"하는 것으로, 양성평등과 개인의 존엄에 반한다고 하여 헌법불합치가 선고되었다.[191] 결국 가족법 속의 남계중심주의, 불평등한 요소는 반세기에 걸친 입법투쟁의 결과 제거될 수 있었던 것이다.

김병로는 헌법상 남녀동등은 공적 생활에 적용되는 것이고, 가정 안은 동등이 아니라 전통적 관습과 도덕의 영역이라고 보았다. 가정에는 남계

---

189 이태영, 나의 만남, 나의 인생, 정우사, 1991, 166~167면.
190 이태영, '정의의 변호사' 되라 하셨네, 한국가정법률상담소, 1999, 174면 이하.
191 헌법재판소 2005. 2. 3. 선고 2001헌가9·10·11·12·13·14·15, 2004헌가5(병합).

혈통 우월주의가 관철되어야 할 것이었다. 그에 대해 이태영은 "사생활에서 자유롭지 못한 사람이 어찌하여 공생활에서 자유로울 수 있으며, 사생활에서 평등권을 향유하지 못하면서 어찌하여 공법상 평등하다고 할 수 있겠는가? 모든 일은 작은 일에서부터 시작되는 것이어늘, 신분법에서 평등의 원칙이 존재하지 않는 한 헌법상의 남녀평등은 공염불에 불과하다"[192]고 논박하였다. 김병로의 관점은 1950년대 당시에 일반적인 여론이고 관습이기도 했겠지만, 오늘날 시점에서는 이태영의 논변의 가치를 드러내는 대조사례로서의 의미를 지닐 뿐이다.

민주주의에 충실한 가족법의 제정, 이 과제는 김병로의 소임이 아니었다. 그 고난의 역정과 성취의 영광은 김병로의 다음 세대, 그중에서도 이태영으로 대표되는 여성법률가, 여성운동가들의 몫이었다. 그들에게 김병로는 수구적 전통주의자의 모습 그것이었을 것이다.

이 점에 관해 김병로를 위한 변명은 가능할까. 그는 자신의 집무실을 방문한 이태영을 면전에서 왜 그런 심하게 모욕했을까. 가장 강력한 영향을 가진 김병로 자신도 동성혼의 허용원칙을 관철하지 못한 분위기도 모른 채, 덮어놓고 이상적 주장만 한다고 여기지는 않았을까. 실제 국회에서 통과된 민법은 가족법 분야에서는 김병로의 초안보다도 더 후퇴된 수정안이 통과되었다. 그런 애로 많은 분위기에서, 변호사 자격 하나 땄다고 설쳐대는 신출내기에 대해 원로로서의 경고를 거칠게 보낸 것은 아니었을까. 몇십 년의 여성운동, 가족을 둘러싼 사회여건의 변화, 사회인식의 변화 등을 거쳐 비로소 도달가능한 목표를 너무나 앞질러 이루려는 조급증에 대한 질타가 아니었을까.

김병로와 이태영의 인연은 사실 그 전으로 거슬러 올라간다. 이태영이 최초로 사법시험에 합격한 뒤 시보를 마치고 판사시험에 합격하여 서울지

---

192 "친족편·상속편 초안 및 심의요강에 대한 의견서(1953)," 이태영, 가족법개정운동 37년사, 한국가정법률상담소, 1992, 395~404면.

방법원에 취임할 예정이었다. 그러나 남자 동기들이 판사 임용이 되었지만, 그에게는 임명소식이 없었다. 그에게만 '예외'라는 꼬리표가 달려왔던 것이다. 이승만 대통령은 "여자는 아직 시기상조이니 가당치 않다"는 부전附箋을 붙여 이태영의 판사 임명만 거부했다. 당시 법관임명은 대법원장의 제청으로 대통령이 임명하게 되어 있었다. 이태영은 그에 대해 대법원에 엄중 항의했다. 그 항의를 전해들은 김병로 대법원장은 매우 이례적으로 몸소 경무대를 방문하여 이 대통령과 면담을 갖고 설득을 시도했지만, 대통령은 "야당집 마누라를 판사 자리에 놓았다가 무슨 일이 생길지 알 수 없다"며 단호히 거절했다고 한다. 이태영의 남편 정일형은 당시 국회의원(무소속)이었다. 김 대법원장은, 갓 시험에 합격한 판사가 지방법원 배석밖에 안 되니 재판엔 별 영향력을 행사하지 못할 것이므로 원칙에 입각하는 것이 좋겠다고 설명했지만, 이승만 대통령은 '여성'에다 '야당성'까지 걸어 끝내 판사직을 거부해버린 것이다. 이태영은 이러한 경위를 잘 알고 있었고, 그로 인해 김병로 대법원장에 대한 존경심을 더 갖게 되었다. 그러한 기대하에 김병로에게 건의했다가 혼줄 난 것이다. 그러나 이태영은 이 점을 마음깊이 간직했다. 몇 십 년 뒤, 가족법개정을 상당한 정도로 달성한 원로변호사로서 이태영은 김병로에 대하여, 다음과 같이 회고했다.

인간은 평등하다 하면서 그 속에 여자를 포함할 줄 몰랐던 루소처럼 한때 가인 김병로 대법원장도 그와 생각이 비슷했던 탓에 가족법개정을 반대한 일도 있었으나, 지금 살아 있다면 아직까지 인간해방에 위배되는 남녀불평등한 법과 제도들 앞에서 크게 분노할 분이다. 지난 1985년에 그분의 21주기를 맞아 영전에 꽃 한 송이를 올리고 분향을 하면서 다짐을 드렸었다. "꼬마 이태영이 더 열심히 여성의 해방에 힘을 기울이겠습니다." … '가족법개정운동사'를 그 어른의 영전에 바치고 싶은 심정은 변함이 없다.[193]

---

193 이태영, 나의 만남 나의 인생, 167~168면.

한국 현대사에서 위대한 법적 성취를 남겼다고 할 만한 두 인물, 즉 김병로와 이태영은, 이렇게 각기 다른 시대적 과제를 만났고, 생애에 걸친 고투를 했다. 다만 김병로가 설정한 자신의 시대적 과업에는, 사적 영역에서의 남녀평등은 들어 있지 않았던 것이다. 재산법 분야에서의 한국형 모델을 진전시킨 그의 성과는, 가족법 분야에서는 두드러진 한계를 보였다. 그의 시대를 뛰어넘지 못한 그 개인의 한계였다.

제19장

대통령의
헌법파괴에 맞선 대법원장

김병로 대법원장과 이승만 대통령

제19장

대통령의 헌법파괴에 맞선 대법원장

1. 글머리에

민주국가는 3권 분립을 뼈대로 정부조직을 나눈다. 그중에서 사법권은 집행권도 예산권도 없고, 오직 재판을 한다. 통상 사법부는 3권 중에서 가장 취약한데, 신생국가의 국가형성단계에서는 특히 그러하다. 정부수립을 전후한 정치적 소용돌이, 6·25전쟁이라는 미증유의 재난 속에서 사법부는 정치적 외풍과 시대상황의 압력 속에서 부침할 수밖에 없었다.

국민 속에서 대법원의 존재감도 찾기 쉽지 않았다. 부산 피난 시절에 경찰들의 검문에 걸린 대법관들이 "우리들은 대법원에 있는 사람들이다"고 하자, 경찰관들은 "대법원이 어디에 있는 절입니까? 우리는 부산에 그런 절이 있다는 말을 들어본 일이 없습니다"라고 했다고 한다.[1] 이러한 에피소드에서도 짐작할 수 있듯이, 일반 국민들에게 대법원은 잘 보이지 않거나, 미미한 존재였을 수 있다. 그런 속에서 대법원과 사법부가 입법, 행정에 대하여 뚜렷한 위상을 정립하고 국민들에게 나름의 존재감을 확립할 수 있었던 것은 김병로 대법원장의 공적에 힘입은 바 현저하다 할 것이다.

사법부의 독립은 주로 행정부, 그중에서도 압도적인 힘을 가진 대통령과의 갈등관계를 함의하는 것이었다. 행정부와 대통령은 사법부를 순치시키고 굴종시키려 든다. 정치적으로 예각적인 사안에 이르면 특히 그러했

---

1 고재호, 법조반백년, 4면.

다. 그러나 김병로 대법원장은 "법관은 재판으로 말한다"는 정도의 수동적 위치에 머무르지 않았다. 반민특위의 재판부장으로서 민족정기의 구현과 엄정한 재판의 원칙을 거듭 밝혔다. 법원조직법의 제정과정에서도, 행정부의 의도에 맞서 사법부의 독립성 확보를 위한 여러 조치를 관철시켰다. 법전편찬위원회의 위원장으로서 기본법률을 초안하는데 중심적인 역할을 했다. 이와 같이 그 활동의 폭이 역대 대법원장과 비견할 수 없을 정도로 넓었고, 법률 분야에 관한 한 가장 중심적 역할을 했다. 사법권 독립을 수호하기 위해서는 행정부, 입법부를 비판하고, 때로는 대통령과 정면으로 맞서기도 했다.

1950년대에 이르면, 이승만 대통령의 정권장악 및 정권연장을 위한 여러 책동이 노골화되면서, 때로는 심각한 헌법파괴행위까지 서슴지 않았다. 그럴 때 김병로 대법원장은 수동적, 방관적 태도에 머무르지 않았다. 그는 대통령과 집권당이 헌법을 직접 침해하는 단계에 이르면, 헌법 및 법률의 해석을 통한 방법으로 권력남용의 반민주성, 반헌법성을 뚜렷이 밝혔다. 그 발언들은 정치권과 언론권에서 상당한 위력을 발휘했고, 권력남용을 억제하는 데 어느 정도의 효과를 발휘하기도 했다. 아래에서는 1950년대에 행정부, 대통령 및 입법부를 향한 김병로의 메시지를 정리해 볼 것이다.

2. 1952년 발췌개헌을 전후한 대법원장의 언행

(1) 소위 국회의원 소환 동원에 대한 비판

1948년 제헌헌법 초안작성 단계에서 권력구조는 내각책임제를 기틀로 했지만 이승만의 강력한 반대에 부딪쳐 좌초되었고, 이승만이 바라던 바대로 대통령제가 도입되었다. 1948년 6월의 시점에서 초대 대통령은 이승만 대통령으로 정해진 것과 다름없는 정치국면이었다.

제헌의회에서는 이승만을 압도적 다수로 대통령으로 뽑았지만, 국회는 아직 이승만이 좌지우지할 상황이 아니었다. 대통령의 첫 조각작품인 총리의 인선부터 대통령 뜻대로 되지 않았다. 이승만은 정치적 동반자였던 한민당이 의중에 둔 인물이 아니라, 정치적 지지기반이 없는 의외의 인물, 즉 이윤영 씨를 총리로 내정하였다. 그러나 1948. 7. 27. 국회는 102표로 이윤영을 부결시켰다. 이 대통령으로서는 처음부터 국회로부터 일격을 맞은 셈이고, 권력 독주에 제동이 걸린 셈이다. 우여곡절 끝에, 결국 독립운동의 경력이나 전체 연륜에서 별로 흠잡을 데 없는 이범석 씨를 국무총리로 내정했고, 8. 2. 국회는 이를 인준했다. 찬 110, 부 84, 무효 3표로 만만찮게 관문을 통과한 셈이다.[2]

1948년 제헌헌법 하에서 대통령 임기가 만 4년이므로, 1952년에 이르면 새 대통령을 선출해야 한다. 제헌헌법상 대통령의 선출기관은 국회인데, 1950년 5·30총선으로 구성된 제2대 국회가 바로 그것이었다. 이승만은 국회를 통해 대통령에 중임될 것을 도저히 기대할 수 없는 형편이었다. 제2대 국회의 흐름은 기본적으로 반이승만적 기류가 더 강했다. 따라서 이승만은 재집권을 위해서는 국회 선출이 아닌 방법으로 대통령을 선출하는 길을 찾아내야 했다.

전시 하에서 이승만에 필적할 야당 인사는 없다고 생각되었으므로, 이승만은 직선에 의한 대통령선거로 헌법개정안을 내고자 했다. 그것만으로는 너무 속보이니까, 국회의 양원제를 끼워넣은 개정안을 강구했다. 이승만은 〈대통령 직선제와 국회 양원제 정부 개헌안〉을 1952. 1. 17. 국회 본회의에 상정했다. 이것은 오직 이승만의 재선을 위한 꼼수에 불과한 것이 분명했으므로, 국회는 1. 18. 본회의의 투표로 이를 부결시켰다. 개헌안 반

---

2 동아일보 1948. 8. 3.자 "이범석씨 총리결정 작일국회서 투표승인 찬 110, 부 84, 무효 3[초]".

대가 143표, 찬성이 19표로 절대다수로 부결된 것이다.

그러나 이승만 대통령은 양보하지 않았다. 정부는 대중들을 동원하여 국회의원들을 규탄하는 짓을 감행하였다. 부산 시내를 비롯하여 지방 각처에서 '민의를 배반하고 개헌안을 부결시킨 국회의원을 소환하라'는 벽보를 붙이고, 실제로 소환하겠다는 대중 동원을 자행하였다. 그에 대해 국회는 회의를 열어 이 문제를 다루었다.

국회는 대체로 도의적·법률적 견지에서 국회의 정당한 결의에 대하여 법에도 없는 국회의원 소환 운운의 운동은 민주정치에 위배되고 헌법유린이라고 규탄했다.

이승만 대통령의 입장은 판이했다. 국회가 아니라 민중이 스스로 대통령을 투표할 수 있어야 자신들의 권리를 정당하게 행사할 수 있다고 주장했다. 국회가 결정하는 것은 국민의 신성한 권리를 소수인이 사용하는 것이고, 이는 민국의 토대를 위태롭게 한다, 그러니 국회의원들은 민의의 소재를 소상히 알고 헌법개정안을 부결시킨 것을 다시 교정할 것으로 믿는다고 응수했다. 또한 국회의원 소환에 대한 아무런 법적 근거가 없다는 주장에 대해, 이승만은 "국회의원을 소환하는 조건이 헌법에 없다고 말하나 소환하지 말라는 조건이 없으므로 민주국가의 주인 되는 투표자들이 자기 대표를 소환한다는 것은 이론으로나 법리적으로나 누가 막을 사람이 없을 것이요, 또한 이런 조건이 없이 대표를 뽑아내서 이 사람들이 국사에 화복禍福 안위를 불계不計하고 사리사욕에만 급급 한다면 이런 위험한 일이 없으니 국민의 주인 되는 유권자들은 자기 권리를 사용해서 조리 있게 처단하는 것이 정당할 줄 인증하는 것이다"로 반응하였다.[3] 국회의 대의제 민주주의론에 대해 이승만은 국민주권에 의거하여 국민의 직접적 정치참여를 옹호한 듯한 외양을 보이지만, 실상은 관권을 동원하여 관제데모를 통

---

3 민주신보 1952. 2. 18.자 "이승만 대통령, 국회의원 소환은 법적으로 정당하다는 담화 발표".

해 국회를 핍박하여 자신의 정치적 야심을 관철시키겠다는 것에 다름 아니었다.

관제여론의 동원은 곧이어 가시화되었다. 2월 18일에 이르면 '국민의 기본권리를 박탈하는 국회의원을 추방하자'라고 쓴 플래카드를 한파에 휘날리게 높이든 한청원을 중심으로 한 약 4~500명으로 추산된 군중은 중앙청 정문으로부터 국회의사당을 향하여 행진하였다. 군중들은 제지하는 경찰관을 밀어붙이다시피 하며 국회의사당 주위를 왔다 갔다 하며 기세를 높이며 "민의를 무시하는 국회를 해산하라!"고 외치고 손에 손에 들었던 삐라를 여기저기 뿌렸다. 군중은 일시 국회 정문을 때려 부술 기세까지 보였다.[4] 한편 지방에서는 "민의에 반역한 국회의원들을 소환하라"는 군중들의 데모가 일어나고, 그 지방 선출의원을 규탄하는 대회를 열기도 했다.[5]

국회는 두 차원으로 대응하였다. 국회는 국무위원들을 불러 벽보사건의 법적·정치적 문제점에 대해 따졌다.[6] 또한 특별조사위원회를 열어 이 대통령 소환 건으로 대통령에게 12대 항목에 걸친 질의서를 작성, 전달했다.[7] 다른 하나는 국회의원 소환의 적법성 여부에 대하여 대법원장을 국회로 불러, 대법원장의 견해를 청취하기로 한 것이다.

이리하여 김병로 대법원장은, 1952. 2. 21. 국회에 나와, 견해를 피력하였다. 김병로는, 소환설에 대한 정치적이고 복잡한 문제는 놔두고, 소환설에 대한 법리학적 근거 및 입법상 문제의 범위 내에서 답변을 하는 방식을 취하였다. 김 대법원장의 요지는 다음과 같다.[8]

오늘 여러 나라에 있어서…국회의원 뿐만 아니라 공무원 전체에 대한 소환권

---

4 민주신보 1952. 2. 20.자 "국회의원 소환 데모".
5 민주신보 1952. 2. 20.자 "국회의원 소환 데모".
6 "국회, 국회의원 소환 벽보사건으로 국무위원과 갑론을박," 자료대한민국사 제24권, 1952. 2. 16, 국사편찬위원회 한국사데이터베이스.
7 민주신보 1952. 2. 22.자 "국회, 국회의원 소환 건으로 대통령에게 질의서 전달".
8 제12회 제20차 본회의 회의록, 1952. 2. 21, 2~3면. 국회의원 소환설에 대한 대법원장의 법적 견해 청취.

리를 헌법에 규정한 헌법의 나라도 있고, 또 다수의 국가는 그 문제는 헌법에다가 규정치 아니한 나라도 많이 있습니다. … 헌법에 규정 아니한 경우에 다른 법률로써 그와 같은 권리, 기본권리를 성문화해서 정할 수가 있겠느냐 없겠느냐 그 문제는 아마 우리 대한민국 헌법정신 뿐만 아니라 다른 나라의 법학자 간에도 이론異論이 있습니다. 할 수 있다는 이론도 혹 나올 수 있고, 없다는 이론도 나올 수 있고 하기 때문에, 그 문제는 여기서 내가 단언할려고 하지 아니합니다.

그러면 만약, 헌법 혹은 다른 법률로써 그와 같은 권리를 규정한 경우에는 어떻게 되는가? 김병로는 답변한다.

(한국에는 아직 그런 소환권을 규정한 헌법, 법률 규정이 없다)

그 기본법만 가지고는 곤란하다 반드시 거기에 상당한 절차법이 있어야 될 것입니다.…예를 들면 중화민국 헌법 같은 예는, 헌법에다가 그와 같은 권리를 규정해놓고(즉 말하자면 국회의원뿐만 아니라 공무원 전체에 대해서, 국민대회 전의원에 대해서 그러한 규정을 해왔습니다), 여기에 대한 절차는 법률로 다시 정한다는 것을 명백히 규정했습니다. 일본헌법의 경우에는 헌법상 명문규정이 없고 법리학적 인정법칙을 통해 그러한 권리의 존재를 암시만 하는 정도이고, 헌법상 명문규정이 없고 그에 대한 절차법도 없다. 소련의 헌법에서는 소환이란 규정을 규정해놓고, 절차법에 의해서 선거민의 과반수로서 결정한다는 문자가 있다.…

이러한 내용을 설명을 곁들여 요약하면 다음과 같다.

첫째, 김병로는 대법원장으로서, 구체적인 정치쟁점에 직접 답하는 게 아니라, 원리론적으로 법적 견해를 정리했다. 법이론적 측면, 인정법칙의 측면에서 볼 때 국민의 대표자 소환권을 인정할 것이냐 하는 것은 민주국가의 국민이 정할 사항이다. 국민소환권이라는 게 절대 불가능한 게 아니다. (그런 점에서 이승만 측의 주장이 일견 제기될 수 있다)

둘째, 국민의 소환권은 중요한 문제이므로 규정한다면 반드시 헌법에 규정해야 할 것이다. 중국헌법, 소련헌법이 그러하다. 일본과 같이 헌법에 명문으로 규정하지 않을 경우에는, 법리학적으로 그런 국민의 권리를 인정할 수 있다 할지라도 현실의 세계에서 그것을 주장·관철할 동력은 상당히 취약할 것이다. (우리 제헌헌법에는 소환에 대한 명문규정이 없다. 따라서 이승만 등의 주장은 실정법적인 효력을 갖기 어렵다)

셋째, 헌법에 소환을 규정해도 그 소환을 실행시킬 절차법(가령 국민소환절차법)이 없이는 소환권은 작동할 수 없다. 실행면에 있어서는 반드시 절차법 없이는 안 된다는 것이 법률로 이의가 없는 것이다.

김병로는 이렇게 원리론적으로 법리적 견해를 제시하고, 1952년 초의 구체적 쟁점에 대해 판단을 표명하지 않았다. 그러나 그 뜻하는 바는 명백했다. 국민소환권 여부를 둘러싼 당시의 법적 상황은 ① 헌법상 명문의 근거규정이 없다. ② 국민소환법과 같은 법률이 없다. ③ 가장 직접적 판단 잣대로서, 국민소환 절차법 규정이 없다. ④ 따라서 국민주권주의에 의거한 법리학적 근거만으로 이상의 결함을 돌파할 수 없다. 한마디로 '국회의원 소환' 주장은 법률적-법리적 근거가 없다는 것이다.

국회는 대법원장의 발언에 큰 힘을 얻었다. 며칠 뒤(2. 26.) 국회의 질문에 대하여 이 대통령은 답변을 국회에 제출했다. 그 답변을 검토한 뒤, 국회는 특별위원회를 열어 결의문 초안을 작성하여 국회 본회의에 제출했다. 이 결의문은 이 결의문은 1952. 2. 29. 본회의에서 통과되었다. 총투표수 165인, 가에 110, 부에 49, 기권 6으로 결의문은 원안대로 가결되었다.[9]

국회의원 소환운동에 관한 대통령 언명에 대한 결의안

정부제출의 헌법개정안을 부결하였다는 이유로써 감행된 국회의원 소환운동

---

9 제2대국회 제12회 제24차 국회본회의 회의록, 1952. 2. 29, 14면, "국회의원소환설에 관한 대통령의 언명에 대한 결의안".

에 관하여 국회는, 「민의 아닌 것」이 「민의」라는 가면을 쓰고 국헌과 국법을 문란케 하여 국가의 기초를 파괴하고 민주주의 육성을 저해할 위험성이 있음을 염려치 않을 수 없어 이의 보장을 위하여 확고한 태세를 갖추고 있으며, 대법원장도 「헌법과 절차법률이 제정되지 않는 한 국회의원을 소환할 수 없다」고 국회에서 증언하였을 뿐 아니라, 원래 민주주의 입헌국가에서는 국민이 법적 절차에 의하여 선거한 국회의원으로 구성된 「국회의 의사」는 「민의」로 간주함을 그 본질적인 요소로 할 수밖에 없는 것이어늘, 본 문제에 관한 대통령의 언동은 일관하여 이런 종류의 운동을 옹호 도발하는 느낌을 가지게 하는 것…

누가 능히 민의를 무시하리요마는 "자유롭게 발로된 진정한 민의"는 오직 현행 헌법이나 현행 법률로 규정되어 있는 절차에 의하여서만 정당하게 파악된다는 것이 민주정치국가의 절대적인 존립요건인 것이다.

이 조건이 부정될 때마다 "민의를 구실로 하여 권력자의 자의를 강행하는 억압정치의 정당성이 옹호되는 반면에, 국민은 반드시 공포 속에서 전율하는 비극에 빠지게 되었다"는 것은 인류역사가 소명昭明하게 실증하는 바이다. 이러한 사리에 비추어 국회는 금후에 있어서 대통령의 이같은 언동과 이에 호응하는 무지몰각한 정객 및 관료들에 의하여 "민의 위반"이라는 막연하고 가공적이며 가장적 이유 밑에서 헌법상 국민의 대표기관인 국회의 직능을 무시함으로써 헌법을 부인하는 전율할 결과를 초래할 위험성이 농후함을 지적하여 대통령과 그 보좌관들에게 대하여 엄중한 경고를 선언하는 동시에 헌법수호만이 국민의 자유와 복지를 보장하는 유일한 일인 것을 자각하고 호헌을 위하여 결사 항쟁할 것을 주권자 국민 앞에서 엄숙하게 맹서한다.[10]

이 결의안은 흔히 '호헌결의안'으로 불린다. "민의 아닌 것을 민의라는 가면을 쓰고" 라는 적확한 표현을 통해, 민의를 구실로 권력자의 독재를 꾀

---

10 "국회의원소환설에 관한 건," 제2대국회 제12회 제23차 국회본회의 회의록, 1952. 2. 27. 이것은 특별위원회가 준비한 결의안이고, 2. 29. 본회의에서 통과된다.

하려는 이승만의 기도에 대해 국회는 확고한 태도로 일격을 가했다.

이 정도로 사태는 일단락되어야 마땅하지만, 그러지 못했다. 이승만의 재집권의지는 절대적이었기에, 이승만은 중대결의라는 담화로 반발했다. "국회의 결정을 민의로 간주하는 것이 옳다는 것은 정당한 말이나, 국가의 중대 문제에 이르러서 민중은 시민의 신성한 권리를 가지고 자기들의 대통령을 직접 투표하여 선거하는 것이 옳다", "소수인의 독단을 버리고 전 민족의 공의를 따라 하자는 것이 대통령의 독재인가"라고 반문하면서, 국회의 결의를 "소수의 독단"으로 치부해버리고, "각 지방에서 연판장과 권고문, 각처에서 군민대회를 열고 선언하는 등 발표가 정당한 민의의 발표"라고 강변하였다. 따라서 국가 중대 문제에 대한 민의에 반항하는 의원들 소환할 수 있게 하고, 대통령 직선제·양원제의 헌법개정"을 해야 한다고 주장했다. 그렇다면 금년 대통령 선거만은 국회에서 표결할지라도 협동할 것이라는 양보적 제스처까지 덧붙였다.[11]

이승만의 중대결의는 단순한 엄포만이 아니었다. 관제민의를 동원하여 국회의원을 규탄하는 소환운동을 계속 전개하였다. 심지어 어린이까지 동원했다.[12] 그러나 관제민의의 총동원으로도 개헌을 성사시키는 것은 불가능했다. 이승만은 1952. 5. 25. 피난수도인 부산에 비상계엄을 선포하여 국회를 직접 위협하고, 국회의원들을 구속하는 등 정치협박을 일삼았다. 심지어 국회의원들이 탄 버스를 헌병대로 끌고 가서 일부 의원에게 국제 공산당과 결탁했다고 공격했다. 소위 발췌개헌안을 만들어 무술경위들이 포위하고 겁박하는 가운데 1952. 7. 4. 마침내 출석 166, 가 163, 기권 3으로 헌법을 개정했다. 부산정치파동이라 불렸던 일련의 사태는 대통령의 집권연장을 위해 헌법을 개정하고, 그에 항거하는 헌법개정권자인 국회를 군대, 경찰, 깡패, 관제민의를 총동원하여 겁박하는 최악의 선례를 만들었

11 서울신문 1952. 3. 8.자 "이승만 대통령, 국회의원 소환사건에 대해 중대 결의 표명".
12 경향신문 1952. 5. 7.자 "정부제출 개헌안 부결시킨 국회의원 소환운동 점입가경".

다. 이 부산정치파동을 둘러싼 전반적 사정에 대한 법적 평가는, 김성수 부통령의 〈사임청원서〉에 가장 압축적으로 표현되고 있다.

> 그런데 이 박사는, 대통령직선제를 압도적으로 부결하고 국무원책임제를 재적의원 3분지 2의 연명으로 제안한 국회를 '민의배반'이니 '의회독재'니 '반민족적'이 하여 험구악설할 뿐 아니라 무지각한 일부 정상배를 선동하고 관력官力을 이용하여 소위 소환운동, 국회의원규탄운동을 개시하였던 것입니다. … 그(이승만)의 일련의 행동은 가장된 민의와 군중심리를 이용하여 건전한 이성을 말살하고 절대권력을 장악하려는 전형적인 독재주의의 노선을 걷는 것이었습니다.… 그러나 나는 이때까지도 아직 대한민국의 최고집권자가 그래도 완전히 사직을 파괴하려는 반역행동에까지 나오리라고는 차마 예기하지 못하였습니다. 그랬더니 돌연 비상계엄의 요건이 하등 구비되어 있지 아니한 임시수도 부산에 불법적인 비상계엄을 선포하고 소위 국제공산당과 연관이 되어 있다는 허무맹랑한 누명을 날조하여 계엄 하에서도 체포할 수 없는 50여 명의 국회의원을 체포 감금하는 폭거를 감행하였습니다. 이것은 곧 국헌을 전복하고 주권을 찬탈하는 반란적 쿠데타가 아니고 무엇입니까?[13]

국회의 헌정수호의 노력, 대법원장의 국회의원 소환의 불법성 발언과 같은 합법적 노력들은, 절대권력을 차지하고자 혈안이 된 대통령의 강권에 의해 좌초되었다. 정확히 말하자면 이것은 '반란적 쿠데타'이고 국헌문란의 내란죄의 구성요건에 해당하는 것이다.[14] 이러한 내란적 폭거를 통해 대통령의 권한은 훨씬 강화되었고, 국회는 국정의 주도자로부터 국정의 통제

---

13 한인섭, "한국전쟁과 형사법," 서울대학교 법학 제41호, 서울대학교 법학연구소, 2000, 172면.

14 5·26정치파동을 "반란적 쿠데타"로 정의할 때 이는 이후의 5·16군사쿠데타(1961년), 헌법의 근거없이 국회를 해산하고 헌법개정을 단행한 유신쿠데타(1972년), 군대를 동원해 군사반란을 감행하고 이어 국권을 찬탈한 12·12사태(1979년), 5·17내란죄(1980년)에 이르는 일련의 쿠데타적 내란의 서막을 연 헌정파괴행위의 단초를 이루는 것이다. 한인섭, "한국전쟁과 형사법," 172면.

자로 한 단계 역할이 축소되게 된다. 김병로의 입장에서 보면, 대법원장으로서 정치현안에 대해 거리를 둘 수밖에 없는 속에서도, 적어도 헌정파괴적 쟁점에 대해서는 의견을 표명하는 선례를 보인 셈이다.

(2) 서민호 의원의 구속과 석방: 안윤출 판사와 김병로 대법원장

1952년 대통령 직선제 개헌안을 둘러싼 정국의 논란이 치열한 상황에서, 서민호 의원의 구속 건이 터져 나왔다. 서민호 의원은 당시 이승만의 직선제 개헌안을 반대하는 국회의원들의 선봉에 서 있었고, 국회의 내무위원장이란 중책을 맡고 있었다. 그가 지방선거 시찰 차 4. 24. 전라남도 순천에 들렀다가 저녁회식을 하게 되었다. 그 자리에 술에 취해 난입한 서창선 대위란 자가 서 의원에게 시비를 걸고 권총을 빼들었고, 생명의 위협을 느낀 서민호 의원은 소지하고 있던 호신용 권총을 쏘아 반격했다. 서창선 대위는 현장에서 절명하였다. 다음날 오전에 서민호 의원은 경찰에 자진 출두하여 사실을 말했다. 그런데 서민호 의원을 살인죄의 현행범으로 구속했다. 5. 10. 검찰은 서민호를 살인죄로 기소(구속)하였다. 당시 국회가 개원 중이었는데, 국회는 이를 정치탄압으로 여겨 5. 14. 서민호 의원에 대한 석방결의안을 통과시켰다(국회결의 제177호). 국회의장은 즉시 이 국회결의를 대법원장 앞으로 통고하였고, 대법원장은 5. 15. 부산지방법원에 이첩하였다.

검찰은 국회의 석방결의를 그대로 이행하여 석방지휘를 하지 않았다. 서민호 의원은 현행범이므로 국회의원의 불체포특권이 적용되지 않는다는 점과, 국회의 석방결의는 피고인의 구금/석방에 관한 법원의 권한을 기속하는 효력을 발휘하지 못한다는 취지에서였다. 서민호 의원은 국회결의에도 불구하고 여전히 구속상태에 있었다.

사건을 이첩받은 부산지방법원 합의부의 재판장은 안윤출 수석부장판사였다. 안윤출 판사는, 헌법상 국회의원의 불체포특권은 "정부가 권력을 남용하여 범죄를 구실로 의원의 직무를 방해하지 못하게 함을 그 취지로 하는 것"이라고 이해했다. 다만 의원이 현행범일 경우에는 일단 법관의 영장없이 그 신체를 48시간동안 구속할 수 있는 점에서, 그때는 불체포특권이 적용되지 않는다. 그러나 일단 체포된 뒤에, 48시간을 넘어 신체구속을 계속할 필요가 있는 경우에는 비현행범과 달리 취급할 까닭이 없다. 따라서 의원이면, 현행범체포와 같은 긴급한 상황이 일단 종식되면, 누구나 불체포특권을 누릴 수 있게 된다. 안윤출 판사의 논지는 다음과 같다.

> 무릇 국회의원에 대하여 소위 불체포특권을 부여함은 전前 설시說示와 같이 회기 중 그 직무수행의 자유를 허여許與함이 그 취지일진대 그 신체구속의 시기에 따라 차이가 생길[生할] 수 없으므로 특정한 범죄나 기타 법정法定된 제외사유가 없는 헌법 제49조의 해석으로서는 국회의원의 신체구속 여부를 국회의 의사에 전임傳任하고 있는 것이라 할 것이다. 그러므로 국회가 구속된 국회의원에 대하여 석방결의를 하고 법원에 대하여 석방을 요구한 이상 법원으로서는 그를 거부할 수 없다는 것이 헌법 제49조의 취지라 할 것이다.[15]

즉 국회의 석방결의는 법원을 전적으로 기속한다는 것이 안윤출 판사의 견해였다. 1952. 5. 19. 안윤출 부장판사는 피고인 서민호 의원의 석방을 명하는 석방명령서를 발부하였다.[16] 판사의 석방명령에 의하여 서민호 의원은 석방되었다. 그러자 검찰은 그에 불복하여 항고하였는데, 항고심인 대구고등법원은 원심을 파기하고 검찰 측의 항고를 인용하는 결정을 내렸다. 서민호 의원은 다시 구속되었다.

이승만 정권은 서민호 의원을 파멸시키기로 작정하였다. 정당방위의 요건을 충족시킨다는 주장도 배척하고, 사건 다음날 자진출두한 자를 현행

---

15 안윤출 판사가 항고법원인 대구고등법원에 제출한 의견서의 일부. 신동운, "국회의원의 불체포특권과 구속영장의 집행정지," 형사정책연구, 18(3), 한국형사정책연구원, 2007 가을, 683~684면에서 재인용.

16 신동운, "국회의원의 불체포특권과 구속영장의 집행정지," 681면.

범으로 간주하는 억지도 썼다. 국회의 석방결의도 무시하고 집행하지 않았다. 그러한 상황에서 서민호의 석방 여부를 판단해야 할 안윤출 판사에게 엄청난 압력이 느껴졌다. "경무대에서도 서민호 사건에 감시가 많다"면서 경무대 비서가 판사실까지 감시하며 경무대와 연락보고하는 지경이었다. 그러나 그는 자신이 아는 바, 법논리에 기초하여 석방명령서를 발부하였던 것이다. 그는 당시의 심경을 다음과 같이 회고한 바 있다.

그 당시의 서민호 사건이 얼마나 정계에 심대한 관심이 많았는가를 가히 짐작케 되는 것이다. 이렇듯 주위에 날카로운 감시를 받으면서도 내 딴에는 양심을 잃지를 아니하였다. 다시 말하면 나는 법관의 사명을 망각치를 않았던 것이다. "군인이 전장에 나가서 전사하는 것이나 판사가 판사의 의무를 감당하다가 죽는 것이나 피차 마찬가지다. 양심이 명한 대로 법령을 적용하자"하고 비장한 결심을 하였다.

이리하여 나는 5월 19일 — 드디어 석방결의의 명령을 내렸다. 정말이지 나는 석방결의에 도장印을 찍을 때 죽음을 각오하였다. 심장은 마구 뛰었고 고뇌에 얽힌 머리는 빙빙 돌기만 하였다. 오로지 나는 양심이 명하는 대로 법을 적용하였을 뿐이었다.[17]

여기서 왜 죽음을 각오한다는 말까지 나오는가. 당시 분위기는 그야말로 흉흉했다. 이승만 정권은 조선방직 직공 3천 명 등 관제 시위대를 동원하여 법원을 포위하고는 "서 의원을 죽여라"라고 소리치게 하고, 법원 주위에는 "서의원을 석방하면 안 판사를 죽인다"는 벽보를 내붙였다. "석방조치를 하면 너는 귀신도 모르게 죽는다"는 충고를 친지들이 할 정도였다. 그런 분위기에서 안윤출 판사는 실로 죽음을 각오하고 법관의 사명을 다

---

17 안윤출, "서민호씨의 징역 8년은 오판이었다," 진상, 1960년 6월호, 37면. 신동운, "국회의원의 불체포특권과 구속영장의 집행정지," 681면에서 재인용.

한 것이다. "양심이 명한 대로 법령을 적용하자"는 판사의 마땅한 의무를 다하였다. 백골단, 땃벌떼, 민중자결단 등 정체불명의 단체가 이끄는 시위대는 법원으로 몰려와 "민국당 주구 안윤출을 죽여라"고 외치고, 그의 하숙집이 피습되었다.[18] 이승만은 이 혼란을 빌미로 계엄령을 선포하고, 부산정치파동을 일으키는 등의 강수 끝에 발췌개헌안을 통과시켰다.

안윤출 판사의 재판을 보고 받은 이승만 대통령은 "사람을 죽인 놈을 어떻게 석방하느냐"고 대노하여 당시 내무부장관(장석윤)과 법무장관(서상환) 그리고 검찰총장(한격만)을 불러 서 의원의 재수감과 안윤출 판사의 체포를 지시했다.[19] 그러나 법에 의해 어찌할 도리가 없어 법무, 내무 장관은 인책, 사임했으며, 이승만은 계엄령을 선포했다. 서민호 의원은 계엄사령관에 의해 재수감되었다.[20] 서민호 의원은 군사법정에서 사형을 선고받았다가, 나중에 8년형으로 확정되었다. 그는 이승만 정권 내내 빛을 볼 수 없었고, 4·19 이후에야 석방될 수 있었다. 1958년 들어 법관연임법에 따라 연관연임 여부를 결정할 때, 이승만 대통령은 안윤출 판사의 연임발령을 내지 않음으로써 법관을 탈락시키는 보복을 감행하게 된다.

안윤출 판사의 석방결정에 대하여 이승만 대통령은 김병로 대법원장에게도 불만을 표했다. 그에 대해 김병로 대법원장은 "판사가 내린 판결은 대법원장도 이래라 저래라 할 수 없는 것이다. 판결이 잘못되었다고 생각하면 절차를 밟아 항소하시오"로 의연히 응수했다.

부산지역에 계엄령이 선포된 직후, 헌병대에서 안윤출 판사를 체포하려고까지 했다. 안윤출 판사는 우선 불법체포를 면하려고 법원에 나오지도 못하고 3개월간 시골의 처갓집으로 피신했다. 그 대신 배석판사들이 특무대로 끌려가 곤욕을 치렀다. 안 판사는 그 후에 돌아와서 다른 법원으로 전

18 조선일보 1971. 8. 17.자.
19 경향신문 1973. 4. 5.자 "동암 한격만 씨, 내가 겪은 20세기".
20 경향신문 1973. 4. 5.자 "동암 한격만 씨, 내가 겪은 20세기".

임발령이 난 바 있다. 나중에 안윤출 판사가 법관연임에서 제1호로 탈락했을 때 그 사유와 관련하여 김병로는 "세상에서는 그것(장기결석)이 금번 연임되지 못한 원인이 아닌가 하고 의심하는 모양이다. 그러나 안군은 하등 불법이 없고 헌병대가 체포하려고 하므로 잠시 소속 법원장에게 말하고 피신하였던 것뿐이다"[21]라고 그 부분이 문제없음을 밝혔다. 김병로 대법원장은 안윤출 판사의 장기결석(?)을 문제삼지 않았을 뿐 아니라, 오히려 그 신변을 걱정하여 피신을 용인하였다. 안윤출 판사가 이렇게 소신껏 판결할 수 있었던 데에는, 그 배경에 법관의 독립을 지켜내는 대법원장의 병풍이 있었기 때문이라고 할 수도 있을 것이다.

실제로 서민호 사건과 부산정치파동 직후 김병로 대법원장은 대법관들에게 다음과 같이 강조했다고 한다. "폭군적인 집권자가, 마치 정당한 법에 의거한 행동인 것처럼 형식을 취해 입법기관을 강요하거나 국민의 의사에 따르는 것처럼 조작하는 수법은 민주 법치국가에서는 있을 수 없는 일이며, 이를 억제할 수 있는 길은 오직 사법부의 독립뿐이다." 대통령이 노발대발해도 이를 막으며 판사들을 지켜주고 사법부를 지켰다는 점은 대법원장이 취해야 할 가장 중요한 과제 중의 하나를 실천한 것으로 이해할 수 있을 것이다.

3. 헌법위원회에서 최초의 위헌 선고(1952년)

2차대전 후에 제정된 각국의 헌법에는 헌법재판 기능을 구비하게 되었다. 국민의 기본권 보장은 법해석 뿐 아니라 법제정의 적정성을 보장하도록 되어야 하며, 행정권의 남용 뿐 아니라 입법권의 남용으로부터 기본권

---

21 조선일보 1958. 12. 14.자 "법에 미치는 권력 〈이런일도 있었다(12)〉".

을 수호해야 할 책무를 헌법재판의 이름으로 담당하게 될 것이다. 한국에서 헌법재판의 기능은 1987년 헌법에 의해, 헌법재판소가 설치되고, 그 헌법재판소가 민주주의와 인권의 가치에 입각하여 활발한 헌법심사를 함으로써 대중들에게 헌법의 가치가 구체적으로 인각되었다. 1987년 이전엔 헌법 제·개정투쟁이었다면, 1987년에 민주헌법의 기본을 채우게 됨에 따라 이후에는 헌법해석논쟁으로 전환되었고, 위헌법률심사의 기능이 크게 활성화되었다.

그러면 1987년 이전에는 헌법재판 내지 헌법심사기능은 어떠했던가. 우리 제헌헌법을 제정하기 위한 구상 속에서 이미 헌법재판의 구상이 현실화했다는 것은 충분한 의미가 있다. 일제하 식민지하에서는 헌법재판이란 상상도 할 수 없는 것이었는데, 독립이 되자마자 첫 헌법 속에 헌법재판을 뿌리내리겠다는 것은 민주주의와 입헌주의 확립에의 의지를 읽을 수 있기 때문이다.

헌법 제정기에 위헌법률심사권을 어디에 부여하는가를 둘러싸고 미국형 사법심사제도를 도입하자는 안과 독립된 헌법위원회가 담당해야 한다는 안으로 대립되었다. 대법원장이 헌법초안 작성과 관련하여 제출한 의견서에 의하면 위헌심사권한은 권력분립원칙에 따라 당연히 사법부에 속하는 권한이라고 하였다. 정쟁에서 초연한 법원이 국회 다수파의 권력남용을 시정할 의무가 있으며, 사법부는 소극적으로 권한 행사를 하기에 남용의 폐도 없을 것이라 하였다.[22] 사법부의 강력한 요구에 따라 헌법초안에는 대법원이 위헌심사를 담당하는 것으로 초안을 정리했다. 그러나 이승만 국회의장은 위헌법률심사권을 헌법위원회에 부여해야 한다고 주장했다. 유진오는 "헌법위원회라는 새로운 제도를 생각해 냈"다고 하면서,[23] 위헌제청권을 법원에 주고, 헌법위반 여부의 재판은 헌법위원회에서 한

---

22 헌법재판소, 헌법재판소 20년사, 2008, 64면.
23 "헌법기초위원회의 보고 및 헌법안(제1독회)," 제헌 1회 17차 국회본회의 회의록, 1948. 6. 23, 12면.

것이라고 취지를 설명한 바 있다. 그에 반해 법원에 위헌심사권을 전속시키는 것은 "미국에 특수한 것으로서 이를 모방하는 나라가 거의 없"음을 지적하였다.[24]

제헌헌법 제81조[25]에 따르면, 명령 규칙 등에 대한 위헌심사는 대법원이, 법률이 헌법에 위반되는지 여부는 헌법위원회가 재판한다. 법률이 헌법에 위반되는지 여부가 재판의 전제가 되는 때에 법원은 헌법위원회에 제청한다. 오늘날처럼 당사자가 직접 헌법소원을 할 수는 없고, 법원이 헌법위원회에 제청할 때 헌법위원회가 위헌심사를 하는 것으로 정리했다. 헌법위원회는 모두 11인의 위원으로 구성하는데, 대법원 5인과 국회의원 5인으로 구성되며, 부통령이 위원장이 된다(다른 한편, 탄핵재판소는 헌법 제47조에 따라 구성하도록 되어 있었다). 사법부의 요구를 일정부분 수용하면서도 새로운 헌법재판 모델을 만들어낸 것이다.

이렇게 헌법이 제정되었지만, 헌법위원회는 바로 조직되지 않았다. 1950. 2. 21.에 이르러서야 헌법위원회법이 제정되어, 법원의 제청방식 및 그 효력, 헌법위원회의 의사 및 의결, 그리고 위헌결정의 효력 등이 동법에서 규정되었다. 위헌결정에는 위원 3분의 2 이상의 찬성을 요하였고, 위헌결정은 장래에 향하여 효력을 발생하지만 형벌조항은 소급하여 효력을 상실하였다(헌법위원회법 제20조, 제22조).[26]

헌법위원회의 첫 인선이 완료된 것은 1951. 8. 3. 이었다. 헌법위원은 위원장에 함태영 부통령, 위원에 김병로 대법원장을 포함하여 김찬영·김동

---

24 헌법재판소, 헌법재판소 20년사, 2008, 64면.

25 제81조 대법원은 법률의 정하는 바에 의하여 명령, 규칙과 처분이 헌법과 법률에 위반되는 여부를 최종적으로 심사할 권한이 있다.
법률이 헌법에 위반되는 여부가 재판의 전제가 되는 때에는 법원은 헌법위원회에 제청하여 그 결정에 의하여 재판한다.
헌법위원회는 부통령을 위원장으로 하고 대법관 5인과 국회의원 5인의 위원으로 구성한다.
헌법위원회에서 위헌결정을 할 때에는 위원 3분지 2 이상의 찬성이 있어야 한다.
헌법위원회의 조직과 절차는 법률로써 정한다.

26 헌법재판소, 헌법재판소 20년사, 2008, 66면.

현·김두일·백한성 등 5인의 대법관, 소선규·남송학·김봉조·이도영·정헌주 등 국회의원 5인이었다.[27] 그런데 1952. 7. 7. 제1차 헌법개정으로 국회의원 몫은 민의원 의원 3명, 참의원 의원 2명으로 바뀌었다. 그런데 헌법과는 달리 실제로 참의원은 내내 구성되지 않았다.[28] 인원 구성의 내용을 보면, 대법원의 원장 및 대법관의 인원이 절반을 차지하였고, 법전문가로서의 역량 면에서 대법원 측이 압도적이므로, 대법관들을 실질적으로 이끌고 있던 김병로 대법원장의 영향이 가장 클 것임은 미루어 짐작할 수 있다.

헌법위원회는 위원들이 선임된 지 얼마 지나지 않아 두 개의 사건에서 주목할 만한 위헌결정을 내렸다. 최초의 위헌결정은 1952. 9. 9.에 내려졌다. 농지개혁법 제18조 제1항은 농지분배를 받은 자가 정당한 이유없이 상환금을 납입하지 아니하는 경우에는 정부가 당해 농지의 반환을 요구하기 위하여 법원에 제소할 수 있다고 규정하였다. 이 경우에 "최종법원은 2심 상급법원까지로 한다"고 규정하였는데, 그에 대해 대법원이 위헌제청을 한 것이다. 대법원은 "어떠한 경우에도 최고법원인 대법원의 심판을 받을 권리를 박탈할 수 없고, 법률로써 하급법원인 특별법원을 조직할 지라도 최종심은 최고법원인 대법원에 통합귀일하여야" 하는데 동 조항은 바로 그러한 대법원의 심판을 받을 권리를 박탈한 것이어서 "헌법 제22조(재판

---

27 헌법재판소, 헌법재판소 20년사, 2008, 66면; 부산일보 1951. 8. 8.자. "헌법위원회 구성". 한편, 헌법위원회법(시행 1950. 2. 21, 법률 제100호) 제6조에 따르면 "위원과 예비위원의 임기는 대법관인 자는 4년, 국회의원인 자는 그 임기중으로 한다"고 규정하고 있었다.

28 참의원 선거는 1960. 7. 29.일에 처음 치러졌다. 따라서 1960년 전에는 참의원 2명을 헌법위원으로 두고 있는 헌법의 해석에 대해 논란이 있었는데, "헌법위원 2인을 참의원이 구성될 때까지 민의원이 대선 할 수 있느냐 없느냐는 논란이 생겨서 이를 법사위원회에 연구를 위임하였던 것으로써 이날 윤만석 법사위원장은 민의원에서 할 수 있다는 법사위의 결의를 주장하는가 하면 여당의 정갑주 위원 역시 이를 강력히 주장하였다. 그러나 야당계의 윤형남, 김의준 등 의원은 헌법부칙에는 확실히 참의원에 관련된 규정은 참의원이 구성된 날부터 시행하도록 명문화 되어 있는 만큼 이를 부정할 수는 없을 뿐 아니라 비록 결의가 되더래도 그 결의는 헌법을 초월할 수는 없는 것"이라고 하였다는 기사(동아일보 1954. 6. 30.자) 및 국회회의록(제3대 국회 제19회 제12차 국회본회의 회의록, 1954. 6. 29, 3~9면)을 보면 참의원은 아직 구성되지 않았고, 단지 민의원 몫인 3인은 국회에서 선출하였던 것으로 보인다.

청구권)의 정신에 위반된다"는 것이었다.[29] 그에 대해 헌법위원회는 다음과 같이 판시하였다.

법률에 정한 법관에 의하여 법률에 의한 심판을 받을 권리는 헌법 제22조에 명시된 국민의 기본권이고, 헌법 제76조 제2항의 최고법원과 하급법원의 조직을 규정한 법원조직법은 3심제의 대원칙을 확립하여 무릇 소송이 최종심으로서 대법원의 심판을 받는 권리를 인정하고 있으며, 2심제인 행정소송은 물론이고 단심제인 선거소송까지도 최고법원인 대법원의 심판을 받게 한 각 법률규정에 비추어 볼 때 최종심은 최고법원인 대법원에 통합귀일케 함이 헌법 제22조 및 제76조 제2항의 대정신이다. 그런데 농지개혁법 제18조 제1항 및 제24조 제1항이 최종심을 2심 상급법원인 고등법원까지로 한 것은 무릇 국민이 최고법원인 대법원의 심판을 받을 수 있는 기본권을 박탈한 것으로서 헌법 제22조, 제76조의 정신에 위반된다.

같은 1952. 9. 9.자 위헌심판사건은 '비상사태하의 범죄처벌에 관한 특별조치령'(약칭 특조령)에 관한 것이었다. 6·25 전쟁이란 미증유의 비상사태를 맞아 급히 제정된 특조령은 그 필요성에도 불구하고 너무나 예상을 넘어서는 것이었기에 내내 문제가 되었다. 특조령은 비상사태 하에서 살인, 방화, 강간, 주요시설 파괴 등은 사형에 처하고, 타인의 재물을 강위, 갈취, 절취하면 "사형 무기 또는 10년 이상이 유기징역에 처한다"고 하여 매우 엄중한 처벌을 규정했다. 그리고 특조령 위반사건에 대하여는 "기소 후 20일 이내에 공판을 열어야 하며 40일 이내에 판결을 언도하여야 한다." 거기다 판결에서는 "증거설명을 생략할 수 있다"고 하였고, 특히 특조령 위반죄의 심판은 "단심으로 하고, 지방법원 또는 지원의 단독판사가 행

---

29 헌법재판소, 헌법재판소 20년사, 2008, 71면.

한다"(제10조)까지 규정해버렸다. 이렇게 초중형에다가 형사재판의 기본원칙(증거재판주의, 심급제 원칙)을 철저히 무시하였다. 그 결과 소위 부역자재판에서 지나칠 정도로 사법살인 내지 법률적 학살이 행해졌다는 비판을 면할 수 없었다. 유병진 판사는, 특조령을 적용해야 하는 부역자재판의 문제점을, 재판관의 고민이란 글로 내기까지 했을 정도였다. '엄혹한 법에 (빨갱이는 씨를 말려야 한다는 식의) 비등된 여론'에 의해 재판은 압도당했다는 것이다.

특조령의 적용을 담당하게 된 법관 중 일부는 이를 위헌제청하게 되었다. 1951년 서울고등법원에서는 특조령 중에서도 제9조(단심제)에 대한 위헌 심사를 헌법위원회에 제청했다. 이 사건은 피고인이 인천에서 등화관제 실시 중에 재물을 절취하여 특조령 위반으로 형을 선고받아 비약상고했으나 인천지방법원에서 단심제가 적용된다는 이유로 상고각하결정을 하자 서울고등법원에 항고한 경우였다. 서울고등법원은 이 단심제 규정에 대해 위헌 제청을 한 것이다. 헌법위원회에서는 위의 농지개혁법의 위헌성 심판과 같은 취지로, 같은 일자로 위헌을 선고한 것이다.[30]

제1공화국의 헌법위원회에서 위헌결정이 내려진 건은 위의 2건에 불과하다. 그러나 다른 사건에서도 위헌결정은 내려지지 않았지만, 위헌취지로 내려진 사건도 있다. 위헌결정이 내려진 사건은 모두 '대법원의 최종심'을 선언하는 것으로 그 의미는 적지 않다. 우리의 헌정 초기만 하더라도 농지개혁, 특조령과 같이 신속재판을 위해 대법원의 최종심급을 인정치 않는 입법이 적지 않은데, 이와 같은 위헌결정으로 그런 사고 및 입법에 쐐기를 박았기 때문이다.

또 한 가지 특징적인 것은 위헌결정이 내려진 두 사건에서 모두 김병로가 '위원장 대리'의 자격으로 임한 것이다. 행정부의 부통령이 관여하지 않

---

30 헌법재판소, 헌법재판소 20년사, 2008, 73면.

은 상태에서 위헌결정이 내려질 수 있었고, 더구나 그 사안이 대법원의 최종심급을 선언하는 내용이란 점에서, 김병로 대법원장의 영향이 절대적이었음을 추단할 수 있다.

원래 건국과 제헌의 단계에서 대통령과 행정부, 입법부의 권위가 막강하며, 사법부는 가장 취약한 기관일 수밖에 없다. 사법부는 (행정부의) 칼도, (입법부의) 입법권과 예산통제라는 지갑도 갖지 못하고 있기에, 인원·예산·집행력에서 행정부 및 입법부에 비할 바가 아니다. 그러한 취약한 상태에서 헌법재판기능이 있다고 해도 이를 제대로 행사한다는 것은 매우 힘든 일임을, 1961~1987년까지의 위헌법률심사의 실태를 살펴보면 알 수 있다.[31] 자칫 잘못하면 대통령과 행정부의 심기를 건드려, 그것이 사법작용의 위축을 초래할 수 있을 것이다. 그러나 그런 상황에서도 위헌결정을 내림으로써 졸속입법에 대한 사법통제가 작용할 수 있음을 확인시킨 것은 건국초기의 업적이라 하지 않을 수 없다.

더욱이 특조령의 일부조항의 위헌은 인권적 측면에서도 대단한 의미를 갖고 있다. 6·25전시하에서 '부역자는 씨를 말려야 한다'는 격앙된 여론하에서, 재판하는 판사들에게도 공포감을 느낄 정도였던 것이다. 군법회의에서, 때로는 군법회의에 차출된 법관들은 증거설시를 생략하고, 단심제로, 초단시일내에 최중형의 판결을 내리지 않을 수 없었다. 그러한 상황에서, 비록 가장 남용된 시기를 경과했다고 하더라도, 특조령의 핵심조항 중 하나인 단심제 재판에 대해 정면으로 위헌을 선언함으로써, 인권옹호와 재판권남용에 대해 강력한 견제구를 던진 것이었다.

뒤이어 1954년에 이르러 대법원 형사부는 특조령상 사형, 무기형에 해당하는 중대범죄는 반드시 변호인을 두어야 하는 것이 형사소송법의 규정

---

31 이 27년간 위헌 판결이 내려진 것은 국가배상법 사건 하나 밖에 없었고, 그로 인해 박정희 정권은 사법파동을 거쳐 대규모로 법관들에 대한 재임용 탈락이란 횡포를 자행했다. 그만큼 법원에 의한 위헌판결의 후폭풍이 컸던 것이다.

에 의해 명백한바, 이러한 범죄에 대하여 변호인 없이 개정한 원심판결을 파기하였다. 부역자재판에서 대부분이 변호인 없이 진행되었던 만큼, 대법원의 이 판결은 뒤늦었지만 그간의 재판진행이 위헌·위법하게 진행되었다고 판단한 것이다. 이와 같은 헌법위원회의 위헌결정 및 대법원의 판결은 의미심장한 것이었으나, 이미 수많은 재판이 종료되고 처형까지 빈번했던 점에서 뒷북을 치는 격이 아닐 수 없었던 안타까움이 있다.[32] 그러면서도, 헌법재판을 통한 위헌결정의 선례를 남긴 것은, 이후 1988년 이후 헌법재판의 만개를 기약하는, 기념비적 작품이라 평가할 수 있을 것이다. 헌법적 가치와 조문을 유달리 강조한 김병로로서도, 이 위헌재판은 남달리 의미 있는 판결이었다고 자평할 수 있을 것이다. 전시하의 결정적 부분에 대해 위헌선언을 한 것 자체가 적지 않는 용기와 확고한 헌법관의 소산일 것이기 때문이다.

4. 4사5입은 "도저히 이해할 수 없는 말"

김병로 대법원장은, 1954년 개헌안에 대하여 이례적으로 두 차례나 의견을 표명하였다. 그것은 그 개헌안이 이승만 대통령에 한하여 중임제한 규정을 철폐하고, 종신집권을 보장하는 독소조항을 포함하고 있었기 때문이다. 민주헌정의 기본 그 자체가 도전받는 상황에 처하여, 좌시할 수 없다고 확고히 느끼고 있기 때문이었다. 이러한 개입적 견해표명은, 이후의 대법원장과 비교해볼 때, 김병로에 한하여 나타나는 현상으로 주목된다.

1954년 총선에서 이승만 대통령은 여당인 자유당을 결성하여 대규모의 선거부정을 통해 137석을 확보했다. 총 203석 중에서 2/3 이상을 확보하

---

32 한인섭, 한국전쟁과 형사법, 158~159면.

였으므로, 개헌정족수에 달하여 처음부터 노골적으로 종신제 대통령을 추진하였다. 1954. 11. 17. 헌법개정안을 상정하였다. 개정안조항은 상당히 광범위했지만, 그중 초점은 단연 대통령의 임기에 관한 것이었다. 당시 헌법 제55조 제1항에는 "대통령의 임기는 4년으로 한다. 단 재선에 의하여 1차 중임할 수 있다"고 규정되어 있었다. 이 조항에 따르면 이승만 대통령의 임기는 1948년 시작하여, 1952년 재선되었으므로 1956년에는 만료되는 것이었다. 그러나 이승만의 종신집권의 야욕을 드러낸 개정안에는 "이 헌법 공포 당시의 대통령에 대하여 제55조 제1항 단서의 제한을 적용하지 아니한다"를 부칙으로 예정했다.

이러한 개정안에 대하여, 사회여론은 물 끓듯 소연하였다. 특정인에 대해서만 대통령 중임의 예외를 둔다는 것도 있을 수 없거니와, 독재로의 대로를 열어젖히는 것이었기 때문이다. 사실 이승만의 경우, 1952년에도 5·26정치파동, 다시 말해 내란적 쿠데타를 통해 대통령 선출방법까지 바꾸어가며 집권한 데다, 향후 집권에 대해서도 이렇듯 무리하고 비상한 방법을 동원한데 대해 여론이 고울 리가 없었다.

그에 대해 김병로 대법원장의 첫 번째 의견표명은 개헌안에 대한 국회표결을 앞두고 있을 때 나왔다. 1954년 개헌은 대통령 중임제한 철폐에 대한 개정안만 있는 것이 아니고 실로 많은 조항의 개정을 포함하고 있었다. 개정이 필요하다고 보였던 여러 조항을 한꺼번에 통과시키면서, 그 속에 중임제한철폐규정을 포함시키는 일종의 꼼수를 쓴 것으로 보인다.

그에 대해 김병로 대법원장은 이례적으로 "사적 견해"를 표명했다. 1954. 11. 22. 법조기자단과의 회견석상에서는 그는 "나는 하루속히 개헌안 표결이 있을 것을 희망한다. 그러기 위해서 각 조항별로 표결하는 것도 좋을 것이다"고 하였다.[33] 중임제한철폐규정과 다른 조항 개정을 분리하여

---

33 동아일보 1954. 11. 23.자 1면. "개헌안 조항별 표결을 희망, 김대법원장의 사적 견해".

표결하도록 의견표명을 한 것이다. 이는 중임제한 규정에 대한 완곡한 반대 표시로 이해할 수 있을 것이다.

1954. 11. 27. 제90차 본회의에서 국회는 헌법개정안을 투표했다. 재석 202명, 가에 135표, 부 60표, 기권 7표였다. 최순주 국회부의장(자유당)은 "부결되었습니다."고 선포하고 산회하였다. 자유당 의원 중에서도 일부가 부표를 던진 결과였다. 그러나 이승만 대통령은 135표면, 정족수를 충족시킨 것이라고 억지해석했다. 재석 203명 중 3분의 2는 135.333…이니 그 숫자를 4사5입하면 135명이 되니, 정족수를 충족시킨다는 논리였다.

그 다음날인 1954. 11. 28. 제91차 회의는 다음과 같이 진행되었다.[34]

> 부의장(최순주) 제91차 회의를 개의開議합니다. 90차 회의록을 낭독하기 전에 정정訂正할 사항이 있어서 여러분에게 석명합니다. 지난 12월[35] 27일 제90차 회의 중에 헌법개정안통과여부 표결 발표시에 가 135표, 부 60표, 기권 7표로 부결을 발표했습니다. 그러나 이것은 정족수의 계산상 착오로써 이것을 취소합니다. … 재적 203명의 3분지 2는 135표로써 통과됨이 정당함으로써 헌법개정안은 헌법 제98조 제4항에 의하여 가결통과됨을 선포합니다. … 동시에 의사록의 정정을 요망합니다.

이와 같은 불법, 편법에 대해 각계의 반발이 컸지만, 이승만 정권은 이를 유권적 통과로 알고 강행하였다. 헌법개정이란 정치사안 중에서도 정치사안에 해당한다. 이것이 소송사안으로 되지 않을 경우에 법원이나 법관의 반응은 매우 쉽지 않는 것이었다. 그런데 그에 대해 김병로 대법원장은 방관자적 자세에 머무르지 않았다.

그는 기자들의 질문에 답하는 형식을 통해 반응했다. 그는 정족수 문제

---

34 "헌법개정안정족수에관한건," 제3대국회 제19회 제91차 국회본회의 회의록, 1954. 11. 29.

35 11월이나 인쇄된 국회속기록에는 12월로 잘못 기재되어 있음. 위의 국회 회의록 1면.

는 "정부나 법원이 관여할 문제가 아니고 어디까지나 원내에서 국회 자체가 해결할 문제"라고 전제하면서도, "원칙적으로 이 문제는 헌법규정과 수학적 원리에 의하여" 해결되어야 할 것이라고 언명했다. 공식적으로 상세히 언급함을 회피한다고 하면서도 김병로의 입장은 확고하였다.

> 나온 표수가 135표냐 136표냐 하는 표수의 차이 문제가 아니고, 엄연히 나타난 표수가 있는 만큼 그것을 수학적으로 계산해보면 자명한 것이고 또 그 해석은 언제까지나 두고두고 변동이 없을 것이다. 수학에는 아무런 에누리도 없는 것이고, 수학의 계산에는 조그만치도 거짓이 없는 것이다. 그렇다면 203의 3분지 이상이란 몇 표가 되는 것인가 하는 것은 수학원리상 스스로 밝혀질 문제이다.[36]

「數學엔 외누리없다」

四捨五入이란 理解할수없는것」

大法院長 金炳魯氏 私的見解

金大法院長은昨二十九日『改憲案通過是否問題』에關한 記者質問에對하여 그것은 政府나法院이 關與할問題가아니고 어디까지나 院內에서 國會自體가解決할問題다』고 前提한다음 原則的으로 同問題는『憲法規定과 數學的原理에依하여』解決되어야할것이라고 言明하였다 이問題에對하여 公式的으로 詳細히 言及하기를 廻避하면서 金大法院長은 大要다음과같이말하였다『나온票數가 一三五票나 一三六票냐하는 票數의 差異問題가아니고 嚴然히 나타난票數가 있는만큼 그것을數學的으로 計算해보면 自明한것이고 또그解釋은 언제까지나 두고두고 變動이없을것이다 數學에는 아무런에누리도 없는것이고 數字의計算에는 조고만치도 거짓이 없는것이다 그렇다면 二〇三票의 三分之二以上이란 몇票가되는것인가하는것은 數學原理上 스스로밝혀질問題이다』이어金大法院長은 二〇三의 三分之二인『一三五·三三三…이라는數字를 四捨五入을하여 一三五로看做한다』는 一部見解에言及하여 自己로서는『到底히 理解할수없는論法이다』고말하면서 다음과같이 敍述하였다 나는數學者는아니지만 元來『四捨五入』이라는것은 넷(四)까지는『남지만』이를버리고 다섯(五)以上은『모자라도』하나 더 넣는다는것으로서『四捨』란 結局多少間『남는境遇』에도 이를버린다는것인데 모자라는境遇의『四捨』란 理解할수없는말이다

수학에 4사5입은 없다
(동아일보 1954. 11. 30.)

그러면서 135.333…이란 숫자를 사사오입을 하여 135로 간주한다는 일부 견해를 언급하면서 "자기로서는 도저히 이해할 수 없는 논법"이고, "나는 수학자는 아니지만 원래 4사5입이라는 것은 넷까지는 남지만 이를 버리고, 다섯 이상은 모자라도 하나 더 넣는다는 것으로서 4사란 결국 다소간 남는 경우에도 이를 버린다는 것인데 모자라는 경우의 '4사'란 이해할 수 없는 말"이라고 강조했다. 김병로 대법원장의 의견표명은

---

36 동아일보 1954. 11. 30.자 1면 "수학엔 외누리 없다 사사오입이란 이해할 수 없는 것, 대법원장 김병로 씨 사적 견해".

매우 이례적이고 강경한 것으로 커다란 주목을 받았다.

한편 제헌헌법의 기초자요 당시 최고의 헌법학자였던 유진오의 견해도 마찬가지였다.

헌법이 규정한 재적 3분지 2 이상이라는 말은 이번 경우에 있어서 135.333…을 최저로 한 그 이상의 것을 의미하는 것으로, 개헌가표인 135는 3분지 2 최저선인 135.333에 0.333 부족으로 3분지 2가 못되는 것이다. 법이론상 0.0001이 부족이라 해도 부족은 부족인 것이다. 그리고 독일을 위시한 기타 여러 나라는 이런 경우를 우려해서 부표(부 기권 무표)가 3분지 1이 넘느냐 못되느냐를 명백히 하기 위해서 정확한 부否표수에다 1을 가한 숫자, 즉 이런 경우 67.666에서 소수점 이하 대신 1을 가한 68이 전체 203의 3분지 1을 넘느냐 못되느냐로 가부를 결정하는 것을 아무런 분쟁도 없이 통례로 삼고 있는 것이다. 이런 경우 사사오입이란 있을 수 없으며 개헌은 부결된 것이다. 가령 한국의 헌법위원회나 탄핵재판소는 11명으로 구성되어 있고, 그의 3분지 2 이상을 8명으로 하고 있는데 만일 모당 이론을 여기에다 적용한다면 11의 3분의 2는 7.333이니 7명이 3분의 2선이라는 결론이 될 것이다. 결국 국회부의장이 선포한 대로 이번 개헌은 부결이다.[37]

이와 같이 김병로 대법원장은, 정권의 전횡이 지나쳐 헌법규정 및 수학원리라는 자명한 원리에 정면으로 반하는 궤변에 대해서는 이를 반박하는 형태로 자신의 견해를 표명한 것으로, 커다란 주목을 끌었다. 적어도 헌법규정 자체를 무시하는 정권의 농단에 대해서는, 최고 지위의 법률가로서 김병로는 의견을 정면으로 천명한 것이다.

---

37 동아일보 1954. 11. 30.자 1면, "'개헌改憲은 부결否決된 것이다 결국국회부의장 선포한대로다' 헌법학자 유진오 씨 담談".

5. 이승만의 국회 메시지에 대한 정면 반박(1956년)

이승만 대통령은 1956. 2. 20. 제22회 국회 개회식에 '대통령 멧세-지'를 보냈다. 그 메시지는 국회와 법원을 향한 것으로, 대통령과 행정부의 입장에서 본 불만을 아주 노골적으로 표현한 것이다. 국회에 대한 언급하면서, 대통령은 국무위원들의 국회 출석을 정지해달라는 것과 재정에 관해서는 행정부의 전권에 속한다고 고집하였다. 먼저 국무위원들의 국회 출석에 대하여는, "국무위원들을 불러다가 조인광좌稠人廣座[38]에 세워놓고 … 물으며 장관이 한번 불려가면 참혹한 지경을 당하고 올 때가 있으니 국회에서 불러간다는 것은 정지해줘야겠다"고 했다.

바로 다음날 국회는 본회의를 열어 이 주장을 공박했다.[39] 조재천 의원에 따르면, 국회가 국무위원의 출석을 요청해서 질문할 수 있는 권한은 헌법상의 근거를 가진 것이고, 전 세계의 민주국가가 대정부감독권을 부여하고 있는 것이다. "참혹한 지경"에 대해서는, 국무위원이 맡은 바 임무를 잘 수행하면 국회의원의 질문에 대해 얼마든지 떳떳한 답변을 할 수 있고, 그의 수고에 대한 감사의 뜻을 표할지언정 무슨 참혹한 지경을 당하도록 하겠는가 하고 반박했다. 다른 의원들도 유사한 취지로 발언을 보탰다.

대통령의 국회에 대한 두 번째 불만은, "물건을 사고 파는 값을 행정부가 해나가는데 국회에서 물건값을 암만 받어라 사라 하는, 형편에 맞지 않는 일을 만들어 가는데 이것은 행정부에 속한 권리"란 것이다. 물정을 모르는 국회가 물가에 대해 왈가왈부하지 말라는 것이다. 그에 대해 국회에서, 조재천 의원은 "국회가 재정법, 양곡관리법 등의 법률상의 근거에 의해서 국회 자신의 당연한 업무를 수행하는 것"이고 따라서 "행정부의 권리가

---

38 여러 사람이 빽빽하게 모여앉아.

39 이하 국회의 발언에 대해서는 "1. 국회개회식에 보낸 대통령 멧세-지에 관한 건," 제3대 국회 제22회 제1차 본회의 회의록, 1956. 2. 20, 1~16면.

아니라 입법부의 권리를 행사하는 것"으로 일축했다.

이렇듯 대통령의 국회에 대한 불만은 법적 근거도 없고 상식에도 맞지 않기에 크게 쟁점화될 것도 아니었다. 대통령의 불편한 심기를 드러내는 정도의 효과에 그쳤다고 할까. 그런데 사법부에 대한 불만은 매우 교묘하게 표현되어 있고, 대법원장까지 묘하게 물고 들어갔다. 정확성을 기하기 위해 번호를 매겨가며 내용을 살펴본다.

① "삼권분립한 중에서 사법부의 형편이 말이 아니니 경찰이나 검찰에서 조사해서 법원에 넘기면 법원에서는 그냥 백방白放하여 판결은 범행과 상관이 없는 판결을 한다. 여러 해를 두고 본 결과 사법부의 재판관 되는 사람들은 세계에 없는 권리를 가지고 행사하고 있으니"

② "다행히 대법원장이 그 폐단을 심히 양해해서 무슨 중대한 문제가 생길 적에는 행정부와 협의해서 정부의 위신과 법률을 공평히 참고해서 판결하는 까닭으로 큰 위험은 없는 것이다."

③ "법이 제대로 시행되도록 어떤 방편으로든지 재판장의 권한에 한정이 있어야 되겠다."

당장 대통령 메시지가 전해진 다음날 국회 본회의에서 의원들은 이 부분을 집중적으로 따졌다. ①의 부분을 염두에 두고 한 조재천 의원의 발언은 다음과 같다.

이 대통령 멧세-지에 의할 것 같으면 경찰과 검찰을 법원 이상의 권위있는 기관으로 인정을 해가지고 있습니다. 또 그 취지에 의할 것 같으면 재판소는 경찰이나 검찰이 조사해서 넘길 것 같으면 그대로 재판을 할 일이지 거기에 대한 독자적인 판단을 해서 경찰과 검찰에서 보낸 의견과 다른 그런 재판을 해서는 아니된다 하는 관념을 표시를 하고 있는 것이올시다. 그렇다고 할 것 같으면 우리 국민은 법원의 재판을 받을 권리가 있는 것이고 법원 이외의 기관이 어떠한 재판을 한다는 경우에는 그것을 받을 의무가 없는 것으로 헌법상 명명되어가지고 있음에도 불구하고, 그 메시지에 의할 것 같으면 국민들은 법원의 재판을 받아야 하는 것이라기보다는 도리어 경찰관의 재판이나 검사의 재판을 받고 판사의 판결이라 하는 것은 결국 사무적인 형식절차에 지나지 아니하는 것이라고 되는 것이기 까닭에, 이것은 사법권의 독립을 말살할 우려가 있는 것이요 민주주의의 근본을 파괴할 우려가 있는 것이요 또 나아가서는 경찰국가로 화할 그러한 중대한 우려를 가지지 아니할 수 없게 하는 것이올시다.

재판소에 대해서도 물론 더 사법권의 독립을 확보하고 공정한 재판을 해주기를 바라는 것이지마는 그보다도 앞서서 경찰과 검찰에 대해서 반성을 촉구해야 할 것이고, 이 경찰과 검찰이야말로 대통령의 지휘감독하에 있는 기관이라는 것을 생각을 할 때에 … 자기 반성을 할 것은 고사하고 사법권의 독립을 말살하려는 것이 아니냐 하는 것을 생각할 때에 그 중대성에 대해서 심각한 느낌을 가지지 아니할 수가 없습니다.

이와 같이 이 대통령의 메시지는 경찰과 검찰의 판단을 법원의 판단보다 우선시하는 것이고, 법관의 독립을 말살하고 사법권의 독립을 말살하려는 의도를 가진 것이었다. 이는 중대하고 심각한 발언이 아닐 수 없다.

더욱 문제는 ②의 부분이다. 대통령의 메시지에는 대법원장은 중대한 문제가 생길 때에는 행정부와 협의해서 재판한다는 사실관계의 언급이 있는데, 이것이 사실이라면 "사법권의 독립이란 것이 어디로 갔느냐 하는 것을 우려하지 않을 수 없는 중대한 구절"(조재천 의원)인 것이다. 그냥 일반적 언급이 아니라 대법원장을 적시하고 있기에, 뜻밖에도 대법원장이 유탄을 맞은 꼴이 되었다. 다시 조재천 의원의 발언이다.

이 구절이 사실무근이 아닐 것인 이상에는 이것은 우리나라의 사법권의 독립이라는 것이 이미 없어졌거나 없어져 가는 것이라 하는 것이 대통령의 멧세지로 입증해준 것이올시다. 이것은 권력분립의 기본원칙을 파괴하는 것으로서 우리에게 중대한 관심사가 아닐 수가 없는 것이올시다.

요컨대 조재천 의원의 발언에도 나와 있듯이, 이 대통령의 메시지는 국회가 보유한 헌법상 권한을 정지하고, 재판소가 판결할 때에도 행정부와 사전 협의를 하라는 취지이다. 이는 권력분립의 기본원칙을 말살하고, 삼권을 대통령에게 통합하라는 셈이 된다. 이러한 관념의 시사야말로 "국책의 근본을 흔들리게 하는 중요한 문제"이고, "민주주의와 헌법의 근본을 동요시키는 위헌적 위법적인 내용을 가진 구절"이기에 국회가 이를 그대로 승인하는 태도로 나아가서는 안될 일이었다. 특히 대법원장의 행정부와의 협의의 사실 여부에 대하여는 대법원장을 국회에 출석시켜 견해를 들을 필요가 있음을 역설했다.

실제로 대법원장 국회출석요청에 대한 의원들의 동의안까지 성립되었다. 다만 표결 결과 그 동의안은 미결로 통과되지는 않았다.[40] 김병로 대법원장은 이런 논의의 와중에 선다는 그 자체가 모욕적이었을 것이다.

김병로 대법원장은 그 발언에 대해 대응했다. 대통령의 메시지가 전달된 다음 날이었다. 1956. 2. 21. 그는 "이 대통령이 말하는 바와 같이 재판에도 간혹 과오가 있을는지도 모른다"고 전제한 다음, 최근 여론화된 바 있는 밀수사건 피의자에 대한 석방결정 혹은 보석허가결정 문제를 예로 들고 그에 대해 "대법원으로서도 밀수범에 대하여는 엄중처단해야 한다는 의견은 가지고 있으나 그렇다고 일선재판에 이를 시달 또는 간섭할 수는 없는 것이며, 또한 그 결정이 만약 잘못된 것이라고 하더라도 그것은 법관이 재판을 그르친 것 뿐이지 그 밖의 아무 것도 없는 것이다"라고 반박했

---

40 재석 199, 가에 35표, 부에 1표로 미결. "2. 대법원장 국회 출석요청에 관한 건," 제3대 국회 제22회 제1차 본회의 회의록, 1956. 2. 21. 16면.

다. 하나의 재판에는 담당재판관만이 판단할 수 있을 뿐이며, 개별 재판에 대하여는 대법원이 시달이나 간섭할 수 없다는 당연한 원칙을 천명했다.

둘째, 이 대통령이 사법부가 행정부와 협의해서 법을 운영한다는 뉘앙스를 준 표현에 대하여 정면 반박했다. 김병로 대법원장은 "사법부가 행정부와 협의해서 법을 운영하는 것은 있을 수 없는 일"로 단호하게 일축한 것이다.

셋째, 대통령이 "어떤 방면으로든지 재판장의 권한에 한정이 있어야 겠다"는 입장에 대하여 "그것은 입법부에 속하는 문제로서 사법부로서는 무어라고 말할 성질의 것이 아니다"라고 하면서도 "그러나 그러한 특수입법조치란 있을 수 없는 것"이라고 부언하였다.[41]

정치인이 아닌 사법부의 수장으로서, 그 정도의 발언이면 정중하지만 충분히 이례적인 강도의 반박을 한 것으로 평가할 수 있다. 그러나 언론이나 법조계에 대해서는 그 정도의 반박으로 파장을 잠재울 수 없었다. 대법원장의 반박이 "너무 소극적이고 미온적이라는 소리"도 나왔다.[42]

대한변협은 2. 24. 임시총회를 소집하고 이 문제를 논의한 끝에 대통령의 메시지가 삼권분립원칙을 해치고 사법의 위신을 손상한 점을 규탄하였다.[43]

제22회 국회에 보낸 이 대통령의 메시지에는 입법부를 무시하는 부분도 있어서 이를 심히 유감으로 생각하거니와 특히 사법권에 대한 부분에 대하여는 법조인의 집합체인 본 회는 법적 양심과 평소의 체험, 그리고 국정운용에 대한 양식에 비추어 이를 묵과할 수 없 … 다.

(1) "경찰이나 검찰에서 소상히 조사해서 담당한 것을 재판소에서는 이것을

---

41 동아일보 1956. 2. 22.자 1면. "법 운영의 대정부 협의 있을 수 없다, 김 대법원장 이 대통령 멧세지 언급".

42 이영근, 김충식, 황호택, 법에 사는 사람들, 삼민사, 1984, 186면(김학준, 가인 김병로 평전, 민음사, 2000, 421면에서 재인용).

43 대한변호사협회, 대한변협 50년사, 2002, 131면. "이 대통령의 국회 메시지에 대한 성명서" 전문은 대한변협50년사, 812~813면. 다만 그 전문의 발표일자는 "1956년 5월"로 되어 있는데, 이는 "1956년 2월 24일"로 수정되어야 할 것이다. 자료정리하면서 착오를 빚은 것으로 보인다.

막론하고 백방白放해서 범행과 관련없는 판결을 한다"는 것은 "경찰 또는 검찰에 의한 억울한 처사가 법원에서 광정됨으로써 도리어 인권이 보장되어 왔다"는 엄연한 사실을 몰각한 견해이다.

(2) "헌법에 재판관은 마음대로 할 권한이 있고 또 재판관의 잘못된 일이 있더라도 벌을 줄 사람이 없다"는 것은 법관에 의한 탄핵 징계 소추 등의 제도가 엄재嚴在함을 망각한 견해로서 재판관인 까닭에 "세계에 없는 권리"를 가졌다는 것은 법제상 또는 사실상으로 보아 어불성설이다.

(3) "대법원장이 중대한 문제가 생길 적에는 행정부와 협의해서 판결을 한다" 운운의 언명에 이르러서는 실로 아연실색치 않을 수 없는 것이다. 왜냐하면 대법원장이 만일 재판직무에 관하여 행정부 기타 기관과 협의한 일이 있다면 이는 위헌·위법임이 자명하거늘 국민들도 모르는 사이에 행정부 고위층과 이면협의를 한다는 것은 그 동기 여하를 막론하고 삼권분립의 원칙을 스스로 파괴하는 것일 뿐더러 국민들로 하여금 재판에도 정치적 편파성이 개재한다는 의심을 가지게 하는 화근이 되기 때문이다.

이러한 기본입장을 천명한 다음, 대한변협은 대법원장의 태도를 비판한다. 이렇게 중대한 문제에 대해 "대법원장은 적당히 그 책임 여하를 밝혀야 할 것이어늘 '대통령이 사법부에 관한 관심을 표명한 것으로 해석한다'는 정도만으로 사태를 호도하려 함에 대하여는 거듭 아연치 않을 수 없는 것이다"고 하면서, 결의사항을 공개했다.

① 대법원장은 중요한 판결에 관하여 "행정부와 협의한 사항"이 없음을 밝히지 못하는 한 인책함이 당연하다.

② 법관의 권한을 현재보다 축소시키기 위하는 "헌법·법원조직법·소송법 등의 개정 기도"에 대하여는 절대 반대한다.

③ 본회는 비상한 결의로써 사법권독립의 확립을 위하여 적극 노력하기로

한다.

위의 결의사항 중에서 ②와 ③은 대통령의 횡포에 대하여 사법권의 독립에 힘을 실어주는 것이었으나, ①에는 이제까지 한 번도 제기된 적이 없는 대법원장의 "인책"까지 거론하고 있다. 이는 대법원장의 보다 적극적인 해명과 태도를 요하는 것이었다. 마침내 김병로 대법원장은 공식적으로 대통령 메시지를 반박하였다. "나는 단언하노니 오늘날까지 재판에 있어나 기타 사법운영에 있어서 나의 소신과 양심에 어그러진 판단을 한 일은 한 번도 없고 장래도 없을 것을 확신한다." 그러면서 비통한 어조로 "독립된 사법권운영에 대하여 추호도 양심의 가책을 받을 일이 없다"고 단언하였다.[44] 이렇게 공식적으로, 그리고 단호하게 반박하자 이 문제를 둘러싼 파문은 가라앉았고, 더 이상 거론되지 않았다.

그러면 행정부와의 협의 운운한 것은 아무런 근거가 없는 것이었던가? 첫째, 당시 대법관을 지냈던 인사의 증언을 보자. 고재호 대법관은 회고록에서 "가인은 어느 재판에서나 행정부의 입장을 전달한 일이 없고 판결에 영향을 미칠 간섭을 한 일도 없다"고 단언한다.[45] 둘째, 김병로와 이승만은 대법관 임용과정에서도 그렇고, 반민특위 활동, 전시 하에서, 내내 긴장관계를 유지했다. 대법원장은 대통령에게 고분고분하지 않았고, 대법원장으로서의 직분에 전념했다. 4사5입개헌의 과정에서 대법원장은 이승만 정권의 폭거를 정면으로 비난했다. 사법행정상 행정부에 부탁해야 할 일이 있어도 대법원장이 고분고분한 태도를 전혀 보이지 않았고, 행정부는 법관의 처우개선을 위한 지원을 한 적도 없다. 셋째, 이 대통령의 메시지의 내용 자체가 사법부가 경찰이나 검찰과 매우 불편한 관계에 있음을 보여주고, 따라서 경찰·검찰의 최상부인 대통령과 불편함을 보여준다.

---

44 동아일보 1956. 2. 29.자 1면 "양심에 가책 없다, 김병로 대법원장 사법부 비난반박".
45 고재호, 법조반백년, 23면.

상황이 이렇듯 명백함에도 불구하고, 대통령의 "대법원장과의 협조" 운운은 사법부 내의 이간질이고, 국민과 대법원을 이간질하는 책동에 다름 아니었다. 대법원장은 강력하게 정면 반박함으로써 사법부에 대한 의혹을 씻겨주었고, 개별 재판에 대한 외부의 간섭은 물론 상부의 간섭도 배제하는 전통을 재확인함으로써 사법부 독립의 원칙을 확고히 하였다. 대통령이 던진 파문을 1주 이내에 가라앉힐 수 있었던 것은, 그간 사법부와 대법원장이 보여준 투철한 3권분립의 자세에 대한 대중의 신망이 쌓여 있었기 때문일 것이다.

6. 의연하고 당당한 기개

위에서 본 것처럼 김병로 대법원장은 사법부의 독립, 재판에서 외풍의 차단을 위해 헌신했다. 당시에나 지금에나 사법부 독립과 재판독립에는 행정부, 그중에서도 대통령의 압박으로부터 얼마나 당당한 자세로 독립을 지켜내는가가 일차적 관건이 된다. 그 점과 관련하여, 특정한 사건에서 독립을 지켜내는 것 못지않게, 사법부의 수장인 대법원장의 평소의 처신과 자세도 중요한 것이다. 그와 관련된 회고를 보자.

이승만 대통령도 한국의 사법부는 세계에 없는 권한을 행사한다는 불만과 함께 가인의 고집이 심하다는 투정석인 불평은 하였으나, 감히 사법부에 간섭하지는 못하는데, 국무위원이나 정부기관은 더 말할 것도 없었다. 이는 가인 선생이 온몸으로 당당히 사법부를 지킨 데 연유하는 것이었다.… 내가 모시고 있는 동안, 정초에 이승만 대통령을 예방하실 때 대법관들과 함께 선생을 모시고 몇 차례 따라간 일이 있었는데, 대통령을 대하는 자세가 3권의 1부인 사법부의 장으

이승만 대통령과 김병로 대법원장(출처: 국가기록원)

로서 과함이나 부족이 없는 늠름한 자세였다. 오만도 비굴도 없는 오직 의연하고 당당한 자세였던 것이다.[46]

"오만도 비굴도 없는" 의연하고 당당한 자세! 이것이 김병로 대법원장이 보여준 모범이었다. 고재호 대법관도 김병로 대법원장을 "높은 품격, 의연한 자세"[47]로 요약한다. 사법부의 구성원들에게 이러한 가인의 자세는 실로 든든한 기둥이었을 것이다.

당시의 관행과 관련하여 몇 가지 해명되어져야 할 대목이 있다. 이 대통령과 김 법원장의 관계에 대하여, "두 사람이 서로 예의를 갖추어 상대한 것은 분명하다. 이 대통령은 가인을 '대법원장님'이라 부르며 사법부의 수장에 대한 예우를 깍듯이 했고, 가인도 이 대통령에 보내는 문서는 친필로 썼으며 끝마디는 '복망하나이다'라는 말로 맺는 등 극진한 예의를 베풀었

46 김제형, 가인 — 그 의연한 사표, 대한변호사협회지, 92, 1983.11 · 12, 대한변호사협회, 21면.
47 고재호, 법조반백년, 23면.

다"는 것이다.[48] 이렇게만 보면 대법원장이 대통령에 대해 과공過恭한 게 아니냐는 다소 찜찜한 느낌이 남는다. 그러나 당시 관청의 용어에서 '복망, 앙청, 앙원'이란 말은 상투적으로 쓰였다. 이승만 대통령이 국회에 보내는 서한에도 이런 표현이 적지 않고, 대법원장에게 보내는 서한이나 문서에도 이런 표현이 나타나고 있다. 변호사들이 법정에 제출하는 서류에서도 하나의 상투적 표현으로 쓴 것이다. 이영근 기자 등은, "이 대통령과 김 대법원장이 서로 어려워하고 존중하는 관계에서 대법원의 초석이 놓여졌"[49]고, 그 긴장관계가 있는 동안에는 확실히 사법부의 독립성이 유지되었다는 평도 있다. 그러나 사법부는 본연의 업무(독자적 재판)을 당연히 수행했을 뿐이고, 그 재판작용에 불평을 갖거나 기묘한 폄하를 하려고 했던 것은 주로 대통령 측이었다. 다른 대법원장이라면 이러한 발언을 묵과하고 넘어갔겠지만, 김병로는 이와 같은 불평이나 폄하에 대해 좌시하지 않고, 명료하게 반박하였다.

대법원장 재직기간동안 김병로의 발언은 재판 및 사법행정에 관한 부분, 헌법수호자 혹은 민주수호자로서의 발언 부분으로 대별된다. 헌정의 위기에 처할 때 헌법·민주수호자로서의 역할이 종종 나왔고, 그것은 언론과 대중의 김병로에 대한 기대의 반영이기도 하다. 거기에 더하여 김병로는 법률가적 측면을 넘어서서, 시국 일반 혹은 한일관계나 대공산권 관계에 있어 가끔 이례적일 정도로 적극적으로 발언하는 경우가 있었다. 국내태세의 정비를 거론하면서 외교진영을 강화할 것, 군관계법령을 정비할 것, 세제개혁과 세무행정을 강화할 것, 문교행정을 강화할 것, 기구의 폐합과 행정정리를 단행할 것, 공무원의 최저생활을 유지방도를 실현할 것[50] 등에 이르면, 사법관의 수준이 아니라 정치지도자로서 우국의 변을 펼치

---

48 이영근, 김충식, 황호택, 법에 사는 사람들, 6~9면.

49 홍승만 대한변호사협회장의 술회라고 한다. 이영근, 김충식, 황호택, 법에 사는 사람들, 216면(김학준, 가인 김병로 평전, 신판, 379면에서 재인용).

50 대법원장 김병로, 신년사, 1956. 1. 1. 김진배, 가인 김병로, 411면.

는 느낌마저 갖게 된다. 그러한 면모에 대한 당대와 후대의 평가도 한결같지는 않은 것 같다. 가인이 서거한 뒤 20년이 지나 이루어진 인터뷰에서 그 평가를 엿볼 수 있다.[51]

고재호 정치적으로 쇽킹한 사건이 생기면 대법원장으로서 코멘트를 하시고 잘못된 것을 지적하셨는데, 그때는 나라를 위해서 하신 것이 아닌가 이렇게 생각합니다. 그런데 우리들은 저렇게 꼬박꼬박 그때마다 반대발언을 하셔도 되는 것인가 하는 것을 마음으로 느꼈습니다.

김진배 …지금 엄격하게 보며는 대법원장이 코멘트할 수 있는 성질의 것은 아니지요. 그러나 그때는 대통령이 함부로 했으니까 함부로 하는 데는 함부로 할 수밖에 없었겠지요. 그리고 또 대법원장이 국회에서 귀속재산처리 문제로 논쟁을 벌인 일이 있었습니다. 그때 국회의 심의과정에 대해서 뭐라 했느냐 하면 … 하여간 국회 전체를 가리켜 무식하다고 했던가, 당돌하다고 했는데 국회에서 아무도 반박하는 사람이 없었어요.

이병용 사법부의 수장은 오로지 피동적으로, 수동적으로 사건 내지는 판단이 왔을 때에도 판결을 통해서 해야지 그 밖의 수단으로써는 할 수 없는 것입니다. 그래서 그때 나름대로 생각을 해보면서 우리나라는 행정부도 위법이고 사법부도 권한유월權限踰越이 아니냐, 행정부의 수장도 카리스마적인 지도자이니까 사법부의 수장도 역시 카리스마적인 인재가 아니냐, 이 박사야 물론 법률가가 아니니까 그렇다고 하더라도, 법률가인 이 양반이 여기까지 얘기하는 것은 한계를 벗어난 것이냐 아니냐 하는 생각도 하셨을텐데, 그것을 넘어서 하는 데는 당신도(이승만도) 외국에서 주권을 찾기 위해서 노력한 애국자이지만 나도 국내에서 나라의 독립과 국가를 지키려고 노력한 애국자인데 못할 것이 뭐 있느냐. 충고의 의미로 나는 한다 하는 식으로

---

51 〈좌담회〉 가인 김병로 선생, 대한변호사협회지, 1983, 11/12, 6~18면.

한 것이 아니겠느냐.

김진배 건국과정에서 행정부의 장이 된 이 대통령과 사법부의 장이 된 김 대법원장님하고는 나이로 보면 12년 차이가 나는데 그럼에도 불구하고 이 두 분이 다같이 건국공로자이다 하는데 대한 각기의 긍지도 있었고 서로 상대방을 그만큼 존중해주는 그런 것도 있었을 것입니다.

재판업무를 중심으로 하는 사법부의 수장이라면, 재판이나 사법행정에 관계없는 의견표명은 일종의 권한유월일 수 있지 않는가 하는 것이다. 그래서 김병로도 재판/사법행정 이외의 언급은 삼갔다. 위헌의 상황에 대해 사법부의 수장이 위헌/합헌 여부에 대해 언급하는 것도, 이례적이지만 오히려 하나의 적극적 역할을 한다고 강변될 수도 있다. 그러나 그 자체로 정치적 쟁점, 정책적 쟁점에 대해 적극 발언하는 경우가 있다면, 그것은 사법부의 수장이라기보다는, 나라를 걱정하는 애국지도자로서의 자리매김의 배경 하에서 발언한 것이라 할 수 있다. 카리스마적 지도력, 이승만과 맞설 수 있고, 가끔은 국회를 질타할 수 있는 위치는, 김병로의 공적 지위에 더하여 그의 삶 전체가 주는 카리스마적 후광 속에서만 이해될 수 있을 것이다.

제20장

대법원장 퇴임 전후 :
사법권독립의 지원자

(2)

街人 金炳魯翁의

司法精神은 永久히 빛나리

—愛國愛族과 法治發展에 一生을 獻身—

金炳魯 大法院長

燦然한 功績을 靑史에 남기고 可惜定年退任

김병로 대법원장의 퇴임사(1957)

제20장

대법원장 퇴임 전후: 사법권독립의 지원자

1. 대법원장의 정년퇴임, "사법의 창조주"

김병로는 1957. 12. 15. 법원조직법 제39조 2항에 의거하여, 만 70세로 정년퇴임하였다.[1] 그의 퇴임을 맞아 한 언론은 "해방 전후를 통하여 한결같이 사법운영과 법치발전에 헌신하시어 이룩한 눈부신 그 공적은 실로 열거할 수 없을 정도로 허다하다"고 칭송하였다. 일제하에서는 "근 30년을 이른바 사상변호사로서 왜경의 혹독한 감시를 받아가면서 일제에 항거한 애국투사의 변호에 전력을 다하여 조국의 독립전취에 아낌없이 한 몸을 바쳤다." 또한 "민족해방의 기치가 휘날리자 사법부장의 요직을 맡아 가장 혼란한 시기에 능히 오늘날의 사법부 창설의 기초를 닦"은 점을 평가했다. 그 후 "신생 민국의 초대 대법원장에 취임하여 민주국가의 건설을 위하여 오직 사법권 독립의

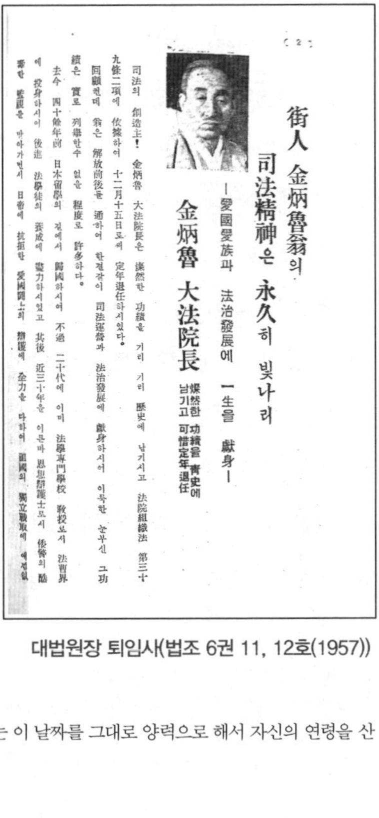
(2)

街人 金炳魯翁의

司法精神은 永久히 빛나리

—愛國愛族과 法治發展에 一生을 獻身—

金炳魯 大法院長

燦然한 功績을 靑史에 남기고 可惜定年退任

司法의 創造主! 金炳魯 大法院長은 燦然한 功績을 기리 기리 歷史에 남기시고 法院組織法 第三十九條二項에 依據하여 十二月十五日로써 定年退任하시었다。回顧컨데 翁은 解放前後를 通하여 한결같이 司法運營과 法治發展에 獻身하시어 이룩한 눈부신 그 功績은 實로 列擧할수 없을 程度로 許多하다。

去今 四十餘年前 日本留學의 길에서 歸國하시어 不過 二十代에 이미 法學專門學校 敎授로서 法曹界에 投身하시어 後進 法學徒의 養成에 盡力하시었고 其後 近三十年을 이른바 思想辯護士로서 倭警의 酷毒한 監視를 받아가면서 日帝에 抗拒한 愛國鬪士의 辯護에 全力을 다하여 祖國의 獨立戰取에

대법원장 퇴임사(법조 6권 11, 12호(1957))

---

1 김병로는 1887년 12월 15일 태어났다. 음력 기준인데, 그는 이 날짜를 그대로 양력으로 해서 자신의 연령을 산정하였다.

김병로 대법원장 퇴임식(1957)(출처: 국가기록원)

확립에 쇄신碎身하였고 또한 사법질서의 유지 및 확립에 진력"하였다. 대법원장으로 그는 "고령 병구病軀를 돌보시지 않고 공판에 나가고 밤늦게까지 손수 판결문을 작성하는 등 솔선 사법사무 처리에 근려勤勵하였"다. 또한 "일제법령에 대신할 새로운 우리 민주법전의 편찬을 위하여 법전편찬위원장직을 맡아 형사 민사법전을 초안하여 법제사에 불멸의 금자탑을 이루었다." 이를 종합하여 "청사에 길이 빛날 찬연한 공적을 남기고 퇴임"한다고 하면서 "애국애족과 법치발전에 일생을 헌신"한 "가인 김병로 옹의 사법정신은 영구히 빛나리"로 그 공을 기렸다. 그 업적을 요약하여 김병로에게 "사법의 창조주"라는 영예스런 타이틀을 붙였던 것이다.[2]

12월 16일 그는 법원 회의실에서 그가 즐겨입던 한복 두루마기에 운동화를 신고, 지팡이를 짚고[3] 퇴임사[4]를 했다. 민의원 의장, 정부 각료까지 참

---

2 "가인 김병로 옹의 사법정신은 영원히 빛나리," 법조, 법조협회 발행, 제6권 제11-12호, 1957. 12, 2~3면.

3 김진배, 〈특집〉 사법부독립의 토대를 확립한 초대 대법원장 김병로, 인권과 정의, 92, 대한변호사협회, 1983. 11·12, 24면.

4 김대법원장 퇴임사, 법조, 제6권 제11-12호, 1957. 12. 4~9면.

석한 가운데 국회에서 대법원장의 퇴임사를 하게 한 것은 각별한 호의를 베푼 것이라 하지 않을 수 없다. 그만큼 김병로 대법원장의 위상에 대한 존중과 경의의 뜻이 함축되어 있는 것으로 해석할 수 있을 것이다.

김병로 대법원장 퇴임식(1957)(출처: 국가기록원)

김병로는, 이 자리에서 일제 36년의 1단계를 회고하면서, 독립을 위해 모든 활동은 했지만, "우리나라가 반드시 독립이 되고 우리 생전에 이 목적을 달성해서 독립국가를 재건"하는 결과를 보리라고는 누구도 상상하지 못했음을 회고한다. 그는 일본이 태평양전쟁에 뛰어들었을 때부터 "자작해서 정보도 수집하고 해서 일본이 날로 날로 망해가는 걸음을 걷고 있는 것을 미리 알게 되었"다고 한다. 장택상 등이 "그때에 비밀히 이불 속에서 라디오를 들어서 그것을 믿을 만한 동지들에게 전해"준 사실, "와싱톤 통신이라든지 모스크바 통신이라든지 세계의 어느 통신이고 우리 지방운동을 하는 사람들로서는 일본이 그때에 조석으로 망해가는 것을 확연히 알았던 것"을 말하면서, 일제 말기에 변절 않고 견딜 수 있었던 내력을 말하고, 일제 말에 "우리나라를 재건하는 데 머리를 쓰기 시작했음"을 회고한다. 그런데 "해방 후 38선이 그어지고, 6·25동란이 일어나고, 남북이 갈리고 북한동포가 신음하고 있는 이런 현상을 누가 상상했겠습니까"하고 회고한다.

그런데 국회, 행정 요인들이 좌석한 이 자리에서, 김병로 대법원장이 특별히 강조한 것은 법관의 처우와 인적 확보의 어려움에 대한 것이었다. 이런 주제는 입법부와 행정부의 절대적인 협력이 필요한 만큼, 사법부를 떠나는 마당에 '사법부의 책임자'로서 간곡한 당부를 특별히 하고 싶었을 것이다. 또한 사법부의 판사들이 겪는 생활난과 그럼에도 사법부를 지켜온 것에 대한 감사를 표하는 의미도 있었을 것이다.

우리는 인적 자원을 얻지 못해 사무비례에 대해서 법관의 비례수가 훨씬 부족한 상태에 있었음에도 불구하고 항상 여러분에게 사건을 신속히 처리하지 않으면 안 된다고 해서 심지어는 형사사건에 대해서는 전례에 없는 구속기간을 정해가지고 복잡하고 중대한 사건에 있어서는 거의 불능에 가까운 이런 무리를 요구하고 또 인권옹호상 이를 위반해서는 안 된다는 그와 같은 신념 하에서 여러분이 항상 신속히 사건을 처리해주신 것을 고맙게 여기고 이런 무리한 요구를 한 것이 한 두 가지가 아니었다는 것을 생각하게 되는 것입니다.

법관 수는 부족한데 사건은 신속히 처리해라는 게 김병로 대법원장의 끊임없는 주문이었다. 재판의 지체는 당사자에게 고통을 가중시키는데 특히 형사사건에서는 말할 나위가 없다. 가인은 일제하에서, 수많은 피고인들이 예심의 무한한 지체와 재판의 지체를 통한 고통을 익히 알아서, 형사소송법 제정 당시에 피의자, 피고인의 구속기간(상한)을 법정화했다. 이로써 소송당사자들의 고통은 줄었으나 판사 수가 극히 부족한 상태 하에서 판사들에게 거의 불능에 가까운 무리를 요구했음을 언급하고 있는 것이다.

그 다음 김병로는 법관의 보수와 생활보장의 곤란에 대해 이례적으로 상세하게 지적했다.

지금 자식 하나 대학에 보내려면 꼭 필요한 책값을 합해서 1년에 적어도 25만 원은 가져야 되고, 4년동안 가르치려면 100만 원이 필요한데, 이 돈을 어떤 공무원이 낼 수 있습니까. 중·고등학생도 똑같고 소학교도 말이 의무교육이지 최하 한 달에 2천 원 3천 원이 듭니다. 그러니 더군다나 우리 사법부로 말하면 그저 직장에 앉아서 사무를 보는 것뿐이지 돌아다니는 일이 없어요. 부수사업도 없고, 그럼에도 항상 근면하고 규율을 엄격히 지켜야 된다고 요구하고, 심지어 굶어 죽는 것은 사람으로서 중대한 일이 아니라고 하는 말까지 내가 했는데, 부정한 일을 하는 것보다도 굶어죽는 것이 도리어 영광이다. 이것이 사람의 근본이라고 하는 것을 여러분께 말하는 한편 누구든지 먹을 것을 구해서 변호사 간판이라도 걸고 나가겠다고 하면 내가 허락했든 것이고, 옳지 못한 일을 할 경우라면 이 자리에서 물러나가라고 하는 이런 요구까지 했는데, 이것은 내가 결코 민정民情을 몰라서 한 말이 아니고 아무리 무리가 있더라도 그보다 더 큰 무리가 있으니까 참고 나가야 된다고 하는 것을 여러분께 요구하지 않을 수 없었던 것입니다.

그동안 사법부의 수장으로서 김병로는 법관들에게 "너무 가혹하고 무리한 요구를 했음"을 자인한다. 그러면서도 "보통 개인이라고 하면 좀 부정한 일을 해도 괜찮지만 사법부의 직책을 가지고 있는 사람이 그런 일을 저지르면 전국의 사법부를 망치는 것이기 때문에 그것이 과도하고 무리한 요구였다고 하더라도 앞으로 일해 나가는데 있어서 여러분이 스스로 이 점을 많이 깨달으시고 근면하셔야 될 줄 압니다. … 입법부나 행정부나 다 같이 협력하셔서 공무원의 생활확보 문제에 있어서는 선결문제로서 해결하는데 노력해야 할 것입니다"라고 호소한다. 마지막으로 법관의 인원확보 문제와 질의 향상 문제에 있어, 사법부를 많이 원조해줄 것으로 퇴임사를 마치고 있다.

이어 김병로는 1957. 12. 18. 국회 민의원 본회의에서 '전대법원장의 퇴임인사'를 하게 되었다. 이 자리에서 그는, "제헌국회의 인준을 받아서 사법부의 중요한 책임"을 맡아보게 되었는바 "하등 보고할 결과를 내지 못하고" 자리를 떠난다는 말씀을 하게 된 데 대해 "크게 송구하고 또는 뭐라고 말씀을 드릴지 실로 눈 뜨거운 느낌을 금할 수 없습니다"고 겸양한 다음, "사법부의 예산 면에서 무한한 동정과 원조를 많이 애끼지 아니하심에 대해 진실로 감사의 뜻을 드려 마지 않습니다"고 예의바른 감사를 표하였다. 그런 다음 그가 정작 하고 싶은 말씀을 다음과 같이 표현했다.

단지 과거는 말씀드릴 필요가 없거니와 앞으로 내가 성실한 마음으로 국회 각위에게 대해서 말하고저 하는 것은 무론 사법부에만 그치는 일이 아닙니다마는 사법관이라는 그 근본성격을 잘 아시는 각위께서 이 사법관이라고 하는 것은 내가 항상 말하는 바와 같이 반드시 이렇다는 비행에 있어서만 나쁠 뿐이 아니라 만일은 국민이 그 법관의 재판이라는 것을 신뢰할 수 없다는 의아심만 갖게 되어도 법관은 책임을 다했다고 할 수가 없습니다. 그러니 거기에 있어서는 그러기에 어떠한 나라에 있어도 물론 사법부의 예산이라든지 또는 거기에 대한 여러 가지 대우 문제라든지에 있어서 물론 행정부에 일괄해서 행정부에서 취급을 하지마는 내가 아는 범위에서는 형식만 그렇지 실질에 있어서는 사법부가 제안하면 그대로 이 안에 대해서 주는 것이 아마 많은 예가 아닌가 합니다.

국회에서는 많이 동정을 해주셨지마는 국회는 예산에 대해서도 삭감하실 권한을 가지시고 증가할 권한을 가지시지 못했기 때문에 사법부에 대해서 아마 많은 고려를 실천에 옮기지 못한 때가 많이 있었는 줄로 생각합니다.

어떻든지 우리 대한민국의 사법의 운영을 앞으로 향상 발전시키기 위해서는 국민대표로 계신 의원 각위께서는 어떻든지 사법관에 대한 최저의 생활보장과 또는 인적 자원 문제에 있어서 많은 고려를 해주시기 바랍니다.

사실상 과거의 말은 않기로 했으니까 말씀 안합니다마는 지금에 와서도 인적 자원이 부족하고 또는 지금 여러 가지 관계에 난점이 많이 있습니다. 그점에 있어서는 군의 법무관 관계와 이 사법부의 법관의 관계를 명확히 정하시고 해서 또 고시제의 관계를 국회에서 많이 고려하셔서 우리나라의 아직은 불안전한 법학도의 진로라든지 또는 그에 따라서 사법의 질적 향상에 있어서 많은 고려를 해주시기를 끝으로 또 여러분에게 여러분을 신뢰하는 나머지 그와 같은 희망을 한 말씀남기고 간단히 인사에 가름합니다.[5]

사법부의 독자성을 존중하여 사법부의 예산 및 법관의 대우 등에 있어서, 행정부에서 편성하는 방식대로 일괄적으로 취급하지 말고, 예산 및 대우에서 독립적 고려를 해달라는 것이었다. 특히 법관에 대한 최저생활 보장 및 법관의 인적 자원 확보에서 "많은 고려"를 해달라는 것이다. 김병로에게, 사법부의 독립된 예산편성 및 법관의 생계 보장은 재임 시에는 물론 퇴임 때까지 미해결의 안타까운 과제였던 것이다.

재임 중에 사법관들에게는 청렴불굴의 법관의 길을 유달리 강조했지만, 그러한 의기와 자세만으로 그 문제에 대한 근본처방이 되지 못함을 누구보다 잘 알고 있었다. 한편으로 사법부 구성원에게는 사법부 독립과 법관의 의연한 자세를, 다른 한편으로 입법부 및 행정부에 대해서는 사법부의 예산 및 법관의 생활보장에 대한 특별한 고려를 마지막까지 요청하고 희망한 것이었다. 그러나 이 두 과제 사이에 양자택일해야 한다면, 그는 주저없이 전자(독립과 청렴)를 강조했다. 그만큼 신생국가에서 사법부 독립과 사법정신을 구현하는 법관의 도는 중요했던 것이고, 그가 지켜가야 할 으뜸가치였기 때문이다.

2. 제2대 대법원장 임명을 둘러싼 갈등과 김병로

김병로는 퇴임식을 거행하는 1957. 12. 16. 아침 이 대통령을 예방하고, 이틀 뒤 국회를 방문하여 퇴임인사를 하였다. 퇴임 당일의 예방에서도, 대

---

5 국회정기회의 제26회 제63차 본회의 회의록, 1957. 12. 18, 1~2면.

법원장의 임명권자인 대통령은 차기 대법원장에 대해 어떤 언급을 하지 않았기에, 김병로는 후임자도 임명되지 않은 채로 퇴임식에 임할 수밖에 없었다. 퇴임식을 마친 직후인 낮 12시 30분, 대통령은 공보실을 통해 위와 같은 담화를 발표하였다. 다음은 대통령 담화의 요지이다.

민주정치라는 것은 우리나라에서 민국정부가 수립된 후 4천년 연내 처음으로 시행되었는데 그 이전에는 완전한 민주정치라든지 3권 분립제도라는 것은 전연 시험 못해봤던 것이다. 이것이 시작된 후 김 대법원장은 명의상 정당관계로는 나하고 밀접하지 못하였는데 불구하고 과거 9년 동안 우리 두 사람 사이나 행정부와 사법부 사이에 한 가지도 문제가 없이 지내왔으니 이것은 우리들이 민주정치 수립에 많은 노력을 하여온 것을 증명하는 것이며, 또한 오늘 퇴임하는 김 대법원장의 노력도 있을 것을 말하는 것이니 나로서는 이것을 치하하는 바이다.

우리 모든 사람은 정당관계나 대인관계를 막론하고 3권 분립은 나누어서 싸움하자는 것이 아니고 각각 헌법이 정한 바 범위 안에서 맡은 바 직책에 따라 나라 일을 하기를 손발과 같이 하여 이것을 더욱더 공고히 하자는 것이다.

우리가 이 뜻을 살려서 일해 나간다면 헌법상 국가 권위와 민중의 자유가 더욱더 공고히 될 것이며, 또한 모든 자유국가들의 복리를 증진시키는 데 그게 도움 될 것이며, 우리 정부의 행정, 입법, 사법 3부가 다 합심노력하면 나라 발전에 큰 이바지가 될 것이다.[6]

언뜻 보면 퇴임대법원장에 대해 의례적 존경을 표하는 것으로 보일지 모르지만, 여러 가시가 그 속에 들어 있는 것 같다.

첫째, 퇴임하는 시점에서 대통령이 대법원장과 사이가 멀었다는 점을 굳이 거론하는 까닭이 우선 석연치 않다. '명의상 정당관계로는 밀접하지

---

6 동아일보 1957. 12. 17.자 "이 대통령, 김대법원장 퇴임에 담화…사이가 멀었으나 별고 없었다".

못하였다'는 것은, 이승만이 김병로를 자기 사람으로 여기지 않고 "김규식 사람인데"(1948년)라고 한 점에서 사실임은 분명하다. 그런데 퇴임하는 마당에서까지 이 대통령이 굳이 임명 시에 정당관계 운운함은 김병로의 사법부에 대해 무언가 불편감을 암시하는 듯하다.

둘째, 재임 중 행정부와 사법부의 사이에 "한 가지도 문제없이 지내왔다"는 것은, 세상 사람들도 믿지 않고 이승만 자신도 믿지 않았을 것이다. 대통령과 행정부의 권력남용, 그중에서도 특히 헌법침해에 대하여 김병로 대법원장은 강력하게 비판하였고, 그 점에 대해 대통령은 대단히 불편해 하였다. 이런 사례가 한둘이 아니다. 그런데 왜 "문제없다"는 표현을 굳이 썼을까. 단순히 덕담일까, 혹은 크게 보아 양자의 협력이 신체의 손발처럼 다르지만 조화롭게 했다고 보아서일까. 그러나 이 말은 과거의 회고라기보다 장래에 향해져 있는 것으로 보면 언중유골言中有骨의 느낌도 없지 않다. 앞으로 대법원은 행정부와 손발처럼 조화로운 관계로 만들자는 사고를 슬그머니 드러낸 것이다.

김병로의 퇴임 당시 최대의 현안은 당연히 후임인 제2대 대법원장 인선이었다. 1949년에 제정된 법원조직법에 따르면 "대법원장의 보직은 대법원장, 대법관, 각 고등법원장으로 구성된 법관회의의 제청으로 대통령이 이를 행한다"(제37조)로 명시했다. 이 규정에 따라, 1957. 11. 23. 법관회의를 개최했다. 당시 법관회의 구성원은 대법관 8명과 고등법원장 3명으로 모두 11명이었다.[7] 대법관 중 선임자인 김두일 대법관의 사회로 진행했는데, 당일 표결에 들어가 김동현 9표, 김두일 1표, 백한성 1표[8] 이렇게 김동현 씨가 압도적으로 당선되었다.[9] 법관회의에서는 김동현을 11. 25. 대통

---

7 고재호, 법조반백년, 박영사, 1985, 26면. 그런데 고재호는 이 법관회의가 김병로 대법원장이 정년퇴임한 다음 날 법관회의를 열었다고 하는데, 이것은 당시 언론기사와 맞지 않다. 고재호의 회고록에 날짜의 착오가 있다. 1957. 11. 25. 법관회의에는 김병로도 법관회의 구성원의 자격을 갖고 있는데, 아마 그는 이 회의에는 참석하지 않은 것 같다.

8 고재호, 위의 책, 26면.

령에게 제청했다.[10] 퇴임하는 대법원장으로서는 후임을 제청할 수 있게 되어 홀가분한 면이 있었을 것이다. 김동현의 경우 충분한 중망이 있고 자격이 있는 것으로 생각되기에, 법조계 내에서도 반발이 없었다.

그런데 이승만은 김병로의 퇴임일까지 그 제청에 대하여 어떤 결정도 공표하지 않았고, 어떤 언급도 하지 않았다.[11] 그렇다면, 위 담화에서 전임 대법원장에 대한 불편한 내력을 굳이 언급한 것은, 차기 대법원장은 대통령 자신의 뜻대로 관철하겠다는 의사를 표명한 것으로 이해할 만도 하다. 대법원장의 임기 중에 후임문제를 쟁점화시키는 것이 좋지 않으리란 정치적 계산도 있었을 것이다.

이승만의 의중은 12. 18. 기자회견을 통해 곧바로 드러났다. 후임 대법원장 임명이 얼마나 지연될 것인가 묻는 기자들의 질문에 대해, 이 대통령은 "지금 사람을 구하고 있으니 얼마 안 있어 임명될 날이 올 것이다"고 답변했다. 이 말은 김동현에 대한 불찬성 의사를 명백히 한 것으로 해석되었다.[12] 내용적으로는, 김동현은 "가인 김병로 계열이므로 임명되지 않을 것이다"는 말이 떠돌았다고 한다. 그러나 고재호 대법관에 의하면, 이 말을 도저히 이해할 수가 없었다고 한다. "김병로 씨 계열이라는 말이 무슨 말인지도 모르겠거니와, 김병로 씨 계열이라고 해서 왜 경무대 측이 탐탁치 않게 생각한다는 말인가" 하는 의문으로, 그 사태를 회고하고 있다.[13] 생각건대, 신임 대법원장의 인선을 둘러싼 갈등에서 이승만 대통령이 가진 불만의 근원은, 기존의 법과 절차를 따를 경우 전적으로 자신의 의지대로 대법원장을 임명할 수 없다는 점이었다.

대법원장의 선임 방법 여하는 정치적, 사법적 갈등의 한 표출이었다. 이

---

9 동아일보 1957. 11. 25.자 "대법원장 후임 25일 제청 김동현 씨 선출 법관회의서 압도적으로 [초]".

10 고재호, 앞의 책, 26면.

11 동아일보 1957. 12. 17.자 "이 대통령, 김대법원장 퇴임에 담화. 후임 문제 불언급".

12 동아일보 1957. 12. 19.자 "김동현씨엔 불찬 대법원장임명에 시사".

13 고재호, 앞의 책, 26~27면.

승만으로서는 이번이 세 번째 전투였던 셈이다. 초대 대법원장의 임명과 관련된 것이다. 이 대통령은 국무회의에서 중론에 밀려 자신의 뜻을 관철시키지 못하고, "정당관계로는 밀접하지 못한" 김병로를 대법원장으로 선임하게 되었다. 그 결과 10년 가까운 기간 동안, 사법부는 대통령에 고분고분한 수족이 되지 않았다. 한마디로 '김병로의 사법부'였지, '이승만의 사법부'가 아니었다.

두 번째 전투는 1949년 법원조직법을 제정할 때였다. 정부가 제출한 법률안에 대해 국회 법제사법위원회는 위원회 대안을 만들었다. 통과된 법률은 정부안이 아니라 국회안이었다. 대통령은 그에 반대하여, 이의서를 첨부하여 국회로 환부하였다. 대통령의 이의 가운데 핵심은 '대법원장의 보직'에 관한 조항이었다. 국회를 통과한 법률에는, "대법원장의 보직은 (대법원장, 대법관, 각 고등법원장으로 구성된) 법관회의의 제청으로 대통령이 이를 행한다"는 것으로, 대법원장의 실질적 선출방법을 대통령이 아니라 법원으로 하게 된다. 이러한 조항은 대통령의 헌법상 임명권을 제한하므로 위헌이라고 정부 측은 주장했다. 제헌헌법상으로는, "대법원장인 법관은 대통령이 임명하고 국회의 승인을 얻어야 한다"(제78조)고 규정하고 있다. 그에 따르면 대법원장 임명권한은 대통령의 전속 권한이므로, 법관회의 제청을 사전 절차로 삽입하는 것은 헌법상의 대통령의 임명권을 법률로써 제약하게 되어 위헌이라는 것이다.[14]

대통령의 이의에 따라 1949. 9. 19. 국회 본회의에 법원조직법의 재의再議안이 상정되었다. 권승렬 법무부장관이 정부의 입장에서 재의 요구에 관해 설명했고, 김병로 대법원장이 의견을 표하였다. 김병로 대법원장은, 헌법은 대법원장의 임명에 관한 원칙적 규정으로서, 임명자격이나 절차는 법률로 정하는 것이므로, 이 법률안은 위헌이 아니라고 했다.[15] 원 법률안

---

14 제헌 5회 1차 국회본회의, 5~6면.
15 제헌 5회 1차 제1호, 10~11면.

이 재석의원 156명 가운데 가 117표, 부 37표로 출석원의 3분의 2를 넘어 통과했다.[16] 1949. 9. 26. 법원조직법이 공포되었다.[17] 이같이 대법원장의 임명절차를 둘러싸고 대법원과 대통령은 직접 부딪친 것인데, 국회는 사법부 편을 확실히 들어주었고, 대통령으로서는 또 다시 패배한 셈이다.

세 번째 전투는 바로 후임 대법원장의 인선을 둘러싸고 진행된 셈이다. 바로 두 번째 전투(법원조직법)의 효력이 처음으로 구체화되는 순간이기도 했다. 이승만으로서는, 이러한 법률절차에 승복하고 싶지 않았던 것이다.

먼저 김동현에 대한 트집잡기식 시비를 걸었다. 김동현 피제청자는 대법관을 지내다가 대법관정년인 65세를 맞아 정년퇴직한 상태였다. 그런데 법원조직법 제15조에 따르면 "대법원장은 대법관으로써 보한다"고 되어 있는데, 대법관이 될 수 없는 자(65세 정년)는 대법원장에 임명될 수 없다는 논리를 폈다. 그러나 대법원장 정년은 70세이므로, 대법원장 임명과 동시에 대법관으로 보補하면 별 문제가 없을 것이다. 대한변협은 이러한 견해를 공개적으로 지지하는 결의를 발표했다. 국회는 해석상의 의문점을 해소하기 위해 곧바로 법률개정으로 대응했다. 법원조직법 개정법률은 "대법원장은 대법관이 된다"(제15조)로 명확히 했다.[18] 또한 "대법원장의 보직"이란 용어를 삭제하고, 대신 "대법원장의 임명"을 대통령이 행한다고 고쳤다(제37조). 이를 통해 법관회의의 제청권을 그대로 보장하면서, 대통령은 그 제청을 받아 임명권을 가진다는 것으로 논란의 여지를 없앴다.[19]

법리적 대응과 법률적 대응이 실패하자, 이승만은 아예 횡포의 단계로 돌입했다. 대통령의 임명권을 구사하여, 법관회의가 제청한 김동현에 대

---

16 제헌 5회 1차 제1호, 21면.

17 법원행정처, 앞의 책, 249~250면.

18 법원조직법 제15조 대법원에 대법원장을 둔다.
대법원장은 제33조의 자격이 있는 자로써 임명한다. 〈개정 1957. 12. 23.〉
대법원장은 대법관이 된다. 〈신설 1957. 12. 23.〉

19 법원조직법 제37조 대법원장과 대법관의 임명은 대법원장, 대법관, 각 고등법원장으로 구성된 법관회의의 제청으로 대통령이 이를 행한다. 〈개정 1957. 12. 23.〉

해 노골적으로 거부권을 행사한 것이다. 이승만은 1958. 1. 16. 국무원 사무국장 명의로 법원행정처장 앞으로 문서를 전달했다. "귀하가 대법원장으로 제청한 김동현 씨는 임명하지 않기로 하였습니다."는 짧은 문면이었다.[20] 아무런 이유도 첨부하지 않았다. 대통령이 임명권을 가졌다고 하지만, 국법상 독립한 사법기관의 유효한 법적 행위를 대통령이 하등의 법적 이유를 제시하지 않고[21] 무시하는 것은 국가기관 상호존중의 원칙에 어긋날 뿐 아니라, 더욱이 사법부 독립과 3권 분립에 직결된 사안이라는 점에서 이러한 거부권의 행사는 대통령의 횡포라 아니할 수 없다.

이 대통령은 한 걸음 더 나아갔다. 이 대통령은 '법관회의' 앞으로 친서를 모냈다. 내용은 "이우익 씨는 학식과 덕망이 높은 분이니, 이 분을 대법원장으로 제청하여 주시기 바랍니다"라는 것이었다. 이 친서를 본 대법관들을 사이에는, "아무도 입을 열지 않고 침묵이 흘렀다"[22]고 한다. 고재호 대법관은 "모두가 착잡하고 침통한 분위기였다"고 회고하지만, 그건 분노와 걱정이 뒤섞인 감정이었을 것이다.

1958. 1. 21. 법관회의에서 논의 결과, 대통령의 제안을 단호히 거부하기로 했다. 고재호 대법관은 이우익 씨의 대법원장 후보 제청에 공개적으로 반대했다. 이우익은 현재 집권 자유당의 경북도당 위원장이기에, 정당에 몸담고 있는 사람을 사법부의 수장으로 모실 수는 없다는 점이 주된 이유였다. 거기에 해방 직후 좌익계열인 민주주의민족전선(민전)의 경북의장단의 한 사람으로 보도된 일이 있음을 들었다. 다른 대법관들도 모두 동감을 표시했다. 아마 후자의 사유는 대통령이 다른 말을 할 수 없도록 하자는 것이겠고, 실질적으로는 대법원장의 감이 아니라는 점, 그리고 정당관계자를 대법원장으로 할 수는 절대로 없다는 점이 더 주된 이유였을 것이다.

---

20 고재호, 앞의 책, 27면.

21 국회의 법률안을 거부할 때는, 대통령은 재의를 요구하는 이유를 첨부하여 국회에 반송한다. 그것과 대비해보면 문제의 심각성을 알 수 있다.

22 고재호, 앞의 책, 27면.

대법원장 직무대행을 맡고 있던 김두일 대법관은, 배정현 대법관과 함께 이 대통령을 방문하여, 부적격사유를 전달했다.[23]

대통령의 김동현 거부에 대하여, 대통령의 임명권의 남용을 비판한다고 할지라도 제도상으로는 대통령의 임명권에는 임명하지 않을 권한도 포함될 수밖에 없기에, 사법부는 다시 소정의 법관회의를 열어 후임자를 선출하는 절차를 거치지 않을 수 없었다. 1958. 1. 28. 후임 대법원장을 선출하기 위한 법관회의가 다시 열렸다. 투표결과 조용순[24] 씨를 만장일치로 대법원장으로 뽑았다.[25] 그를 택한 이유는 최선이 아니라 차선이라는 느낌이 있다. 고재호의 회고를 본다.

> 조 씨는 대구고등법원장과 대법관을 지내고, 법무부장관을 거쳐 사정위원장으로 재직하고 있었다. … 나를 포함한 많은 법관회의 구성원들은 그가 대법원장이 된다면, 훌륭한 업적이나 큰 공을 세우지는 못하더라도 최소한 사법부에 위해를 끼치지는 않으리라고 믿었다. 그리고 조용순 씨 같으면, 김동현 씨를 비토당한 우리로서도, 그리고 경무대로서도 받아들일 수 있는 최소한의 인물 선정은 되리라고 믿었다.[26]

대통령의 의중을 무시하면서 대법원장을 제청할 때, 그때는 대통령의 거부권을 염두에 두지 않을 수 없었다. 경무대에서 받아들일 수 있는 범위 내의 인물이어야 한다는 것이다. 조용순의 경력 중에서 법무부장관의 경력 같은 것이 선택의 한 이유가 되었음직도 함을 고재호의 회고록은 시사하고 있다. 그것이 법관회의 구성원들의 공통된 고민이었던 것이다. 훌륭

---

23 고재호, 앞의 책, 28면.

24 조용순 약력. 본적 : 서울특별시 종로구 궁정동 72. 단기 4231년 출생. 경기고, 경성전수학교 졸업. 1922 판임관견습. 1923 경성지법. 판사해주지법. 평양지법판사. 광주지법순천지청판사. 1941 변호사. 1945 대전지방법원장, 대구고등법원장 대구고등법원장. 대법관(1953). 법무부장관(1954~55). 사정위원회위원장.

25 동아일보 1958. 1. 29.자 "조용순 씨를 선출 법관회의, 후임대법원장에". 고재호, 앞의 책, 28~29면.

26 고재호, 앞의 책, 28~29면.

한 업적을 낼 최선의 안이 아니라, 사법부에 누를 끼치지는 않을 만한 "최소한"의 인물을 고를 수밖에 없다는 것. 그것이 임명권(혹은 거부권)을 가진 대통령과의 타협이었을 것이다. 때문에 당시의 제도(법관회의 제청권, 대통령의 임명권) 하에서는, 최선이 아니라 차선, 혹은 최악을 방지하는 정도에서 인물이 선정될 수 있음을 김동현-조용순의 사례에서 충분히 알 수 있다.

그러나 제2차 제청이 있은 후에도 이승만 대통령은 이를 곧바로 받아들여 임명하지 않았다. 오히려 법원조직법의 개정을 들고 나왔다. 1958. 2. 21. 조경규 의원 외 10명은 "대법원장 임명에 있어 법관회의의 제청절차를 삭제하는 내용의 법원조직법 중 개정안"을 발의했다. 이는 1949년에 대통령의 거부권 행사 때의 위헌론을 되풀이하는 것이었다. 사법부의 개입 없이 순전히 대통령의 의지대로 대법원장을 임명해야겠다는 것이다.

사법권에 대한 대통령의 침해기도가 전면적으로 표출되자, 각계의 여론이 끓어올랐다. 그중에서 대한변호사협회와 서울변호사회에서는 2. 24. 긴급간부회의를 개최하고 "법원조직법중개정안"에 대한 반대하는 결의문을 냈다.[27]

결의문

1. 사법권의 독립을 유린하는 것으로 3권분립제도에 위배된다. 대법원장 임명에 관한 법관회의 제청권이 박탈되면 법관은 행정부에서 임의로 임명하게 되는 것이므로 사법부는 실질적으로 법관임명에 관하여 전권을 가진 행정부에 예속되어 그 지휘명령에 복종하게 될 것인즉 헌법에 명정한 3권분립제도에 위배되는 것이다.

1. 법원조직법에 대법원장 임명에 관한 법관회의의 제청을 규정하는 것은 헌법 제78조에 배치되는 것이 아니다. 대법원장인 법관은 대통령이 임명하고 국

27 동아일보 1958. 2. 26.자 변협서 결의문 「삼권분립에 역행」 대법원장 제청권의 삭제반대, 법원조직법.

회의 승인을 얻어야 한다는 헌법 제78조는 국회의 승인을 얻을 것을 중점으로 규정한 것이고 국회의 승인을 구하기 전에 행하는 임명에 있어서는 대통령은 헌법과 법률에 정하는 바에 의하여 공무원을 임명한다는 헌법 제62조에 의거하여야 할 것이다. 그러므로 사법권 독립을 보장하기 위하여 공무원인 법관임명에 대한 제청조항을 법원조직법에 규정할 수 있는 것인즉 이것이 헌법 제78조에 위반된다는 것은 어불성설이다.

이어 대한변호사협회는 1958. 3. 13. 시립극장에서 '대법원장임명제청권 삭제 개정 법률안 반대 전국변호사대회'를 개최했다. 언론은 이 날의 분위기를 다음과 같이 쓰고 있다.

의장단에 최백순, 양대경, 한봉세 3씨를 추대하고, 열렬한 토의가 벌어졌다. "대법원장의 임명제청권을 삭제한 개정법안을 제출한 장본인들을 국민의 이름으로 처벌하라"고 외치는가 하면, "국법을 유린하면서까지 어느 사람의 비위에 맞는 행위를 한다는 것은 민주주의의 반역자"라고 규탄하였다. 만약 임명제청권을 삭제한다면 3권분립은 완전히 무너지며, 그 결과는 '네로의 야심'에 비길 수 있을 것이라고 주장하는 사람도 있었으며, 만약 현 제도를 고쳐서 행정부에서 임의로 임명된 대법원장은 다른 법관을 채용하기에 그와 같은 의도에서 이루어질 것이며 그렇게 되면 법관들은 언제나 대법원장의 눈치만 보고 재판에 임할 것이니 이런 결과는 참을 수 없는 노릇이라고 개탄하기도 했다. 또한 행정부에 굴종하고 있는 대법관들은 마땅히 인책사직하라고 외치기도 한다. 이 토의에는 태윤기, 박정수, 양병호, 김춘봉, 홍승만, 이태영, 홍극식, 한격만, 변재성, 신태악 제씨가 참가하였는데 이 토의에 이어 김병로, 이종극 양씨의 강연회로 들어갔다.[28]

---

28 동아일보 1958. 3. 14.자 "법원조직법개정안 자진철회를 촉구".

이 날의 하이라이트는 단연 김병로 전 대법원장이었다. 그로서는, 이제 재야 법조인의 자격으로, 처음 주요한 법적 문제에 대해 공식적으로 발언하는 셈이었다.[29] 그는 "지금까지는 대법원장의 자리에 있었기 때문에 말 못했다"고 전제한 후, 법률개정안을 낸 의원들을 향해 "입법권을 가진 사람들이 방자하다"고 참았던 비판을 시원하게 쏟아냈다.

김병로는, "그와 같은 개정안이 무슨 국가의 장래와 국민의 복리를 위한 것이며, 또 그들은 사법부 자체의 조직법을 개정하는 법률안을 내면서도 사법부에 대하여 한마디 의견조차 물어보지 않았다"고 통렬히 비판하면서[30] "그와 같은 처사는 주인에게는 물어보지도 않고 자기 혼자만 결정을 내리는 것과 같이 방자한 짓"이라 말하고, 개정안을 발의한 의원들이 그 제안설명에서 "헌법위반이기 때문에 개정한다"고 지적하고 있으니 웃음을 금할 수 없다고 공박했다. "발췌헌법이니 개정이니 하여 빈번히 헌법을 개정하고 더구나 숫자를 자기 마음대로 세서 개정하고 하니 헌법을 개정하려면 좀 더 신중히 연구해야 하며 이것이 개정됨으로써 다음 세대에 대해서 복리를 누리도록 해야 할 것이다"고 언급했다. 끝으로 "모든 입법태도가 이와 같이 방자하니 그들의 행위는 곧 주먹이 올라가야 할 것이나 남북통일이라는 대과업이 남아있으니 그것을 이룬 후에 점차 시정해가야 할 것이다"고 말을 맺었다.[31]

전국변호사대회에서는 결의문을 채택하고, 대통령 국회의장 그리고 전국민 및 언론계에 메시지를 보내어 대회의 실천을 호소하자고 결의했다.

---

29 대한변호사협회, "대법원장 임명제청권삭제 개정 법률안 반대 전국변호사대회 특집," 「법률평론」, 1958년 4월호, 40~58면에 대회 전체의 발언이 수록되어 있다.

30 동아일보 1958. 3. 15.자 "입법부 처사 방자, 김병로씨 제청권 삭제기도를 힐난"; 조선일보 1958. 3. 14.자 "그릇된 입법정신 〈변호사대회서 김병로씨 지적〉".

31 동아일보 1958. 3. 15.자 "「입법부 처사방자」 김병로 씨, 제청권삭제기도를 힐난".

「立法府處事放恣」

金(炳魯)氏、提請權削除企圖를 詰難

金炳魯氏

대법원장 임명제청권 삭제기도를 힐난(동아일보 1958. 3. 15.)

결의문

대법원장 임명에 관한 법관회의의 제청권을 삭탈하는 법원조직법개정법률안은 헌법의 기본인 삼권분립원칙에 위배되는 것이므로 우리는 사법권의 독립을 확보하기 위하여 이를 극력 반대한다.[32]

전국변호사대회까지 개최하면서 보여준 법조계의 맹렬한 반대는 금방 효과를 나타냈다. 이 법률안의 발의자인 조경규 의원은 제안의원들의 동

---

32 동아일보 1958. 3. 14.자 "법원조직법 개정안 자진철회를 촉구 전국변호사대회 「제청권」 삭제에 반대 사법부 굴종배격 일인비위영합은 민주반역".

의를 얻어 동 법안을 3. 18. 정식으로 철회했다.[33] "국회에서 충분한 검토를 꾀할 시간적 여유가 없기 때문"이라고 철회이유를 적시하고 있지만, 사실상 여론에 밀려 백기를 든 것이었다.

이렇게 하여, 법원조직법개정을 통해 법관회의의 제청권을 삭제하려던 대통령의 기도(자유당의 기도)는 실패하였다. 김병로로서는, 대법원장을 퇴임한 지 3개월 만에 공개석상에서 가장 강도 높은 비판을 제기함으로써, 개정안 철회에 커다란 힘을 실어주었고, 대법원장 선임을 둘러싼 대통령의 외압에 대하여 또 한 차례 사법권의 독립을 수호하는 데 확실히 힘을 보탠 것이다.

법원조직법 개정안도 좌절되었으니, 남은 것은 신임 대법원장의 임명 여부 뿐이었다. 법관회의가 조용순을 대법원장 후보로 뽑은 것은 1958. 1. 28.인데, 이우익과 달리 조용순은 처음엔 대통령의 의중에 있는 인물이 아니었다.[34] 그러나 대법관들이 요지부동인 데다, 법률개정을 통한 방법도 한계에 부닥치자, 이승만 대통령은 1958. 6. 9. 조용순을 대법원장에 "임명"하고, 국회에 대법원장 승인요청을 국회에 회부하였다.[35] 국회는 총투표수 216명, 가 210, 부 6표로 압도적으로 가결했다.[36]

처음 대법원장 임명절차를 개시한 때로부터 따지면 7개월이 걸렸고, 조용순 씨를 후보로 뽑은 때로부터 4개월이 지나 대법원장으로 임명되었으니, 김병로의 퇴임 이래로 대법원장의 자리는 6개월 동안 공석에 있었던 것이다. 김병로의 퇴임과 함께, 사법부의 장악의지가 노골화되었으나, 법관회의의 원칙론 고수 및 대한변협을 위시한 맹렬한 반대로 인해 이승만은 자신이 원하는 방법으로, 자신이 원하는 인물을 대법원장으로 심지는

33 동아일보 1958. 3. 19.자 "조씨 정식으로 철회".

34 당시 법무부장관 홍진기는 이 대통령이 조용순에 대하여 거부권을 행사할 것 같으니, 지난번 제청을 철회하고 권승렬 씨를 대법원장으로 추천해달라는 요청까지 했다. 대법관들은 공식적으로 제청한 것을 어떻게 철회할 수 있는가 하고 맞섰다(고재호, 앞의 책, 29면).

35 동아일보 1958. 6. 10.자 "대법원장에 조용순 씨 정부, 9일자로 임명 즉시국회에 승인을 요청".

36 제4대 국회 제29회 제3차 국회본회의 회의록, 1958. 6. 16.

못했다. 다만 그 과정에서 대통령의 거부권이란 칼을 씀으로써, 자신이 지명은 못해도 결정적인 영향을 미칠 수 있음을 각인시켰고, 근 반년이 지나서야 대법원장을 정식임명하는 심술[37]을 부리기도 했던 것이다. 대법원도 어려운 여건 하에서도, 법원조직법상의 법관회의 제청이란 절차를 지켜내고, 자신의 제청권을 행사함으로써, 사법부 독립의 의지와 역량을 보여주었다. 그러나 김병로의 퇴임 이후 이승만의 사법부 장악의지는 노골화되는 단계에 이르렀다.

김병로는 퇴임 직후에도 사법부 독립의 상징인 대법원장 선임에서 대통령의 비합리적 영향을 배제하는 데 역점을 두었고, 김병로의 사법원로로서의 가세는 사법부 독립에 일정한 힘을 더해준 것은 분명하다.

1958. 6. 20. 조용순 대법원장의 취임식이 있었다. 조 대법원장은 취임사[38]에서 입법, 사법, 행정의 3권이 서로 건실하게 성장하고 균형 있게 행사되도록 상호 이해하고 협조하는 것만이 국가목적 수행의 순리인 동시에 각각에 부과된 책임이며, 법치국가에서는 사법권의 독립이 중요한 조건이지만 사법관이라고 하여 국가목적 달성에 관한 숭고한 정신을 망각하고 편협하며 주관적인 견해만을 고집하여 국리민복을 도외시한 처사가 있다면 이는 권력분립이 기도한 국가목적 달성 이념에 배치되는 것으로서 단연 배제 반성해야 할 것이라고 했다.[39]

이 취임사는 제2대 사법부와 대법원의 방향에 관련된 것으로 보여 한번 비판적인 음미가 필요하다. 3권 간의 견제보다는 "이해와 협조"를 우선시하는 점에서, 10년 전 김병로의 취임사와는 판이하고 6개월 전 김병로의 퇴임 시에 보였던 이승만의 성명서와 거의 궤를 같이한다. 더욱이 사법부의 본연의 임무인 '인권의 최후의 보루'와 같은 언급이 일체 없이, 오직 "국

---

37 동아일보 1971. 8. 5.자 "헌정의 보루, 수난 23년".

38 동아일보 1958. 6. 21.자 "권력의 간섭 배제".

39 사법발전재단 편, 역사속의 사법부, 2009, 57면.

가목적"을 제일 목적으로 내세우는 면에서 기본권 보호의 후퇴가능성을 시사하는 것으로 보인다. 법관의 양심과 소신에 입각하여 사법부 독립을 내세우는 게 아니라, 이를 "편협하고 주관적인 견해만을 고집"하는 것으로 폄하함으로써, 향후 대법원이 개별 법관들의 소신을 지켜주는 방파제의 역할을 하지 않고, 훨씬 순치된 법관상을 원하고 있음을 내외에 천명했다고 보여진다. 한마디로 권력과 맞서지 않고, 고분고분한 사법부로의 미래를 보여주는 것이라 하겠다.

3. 법관 연임파동과 김병로의 비판

1958년도에 이르면, 이승만과 자유당은 권력재창출을 위한 정지작업으로 사법부 길들이기가 절실했고, 수동적이고 순치된 법관들이 절대적으로 필요했다. 그러기 위해서는 강골 법관들을 축출시키고, 남은 법관들을 위축시킬 필요가 있었다. 대법원장 선임과정을 지배하지 못한 대통령이, 다음 단계에 구상한 것은 바로 법관재임용을 통한 선별작업이었다.

우선 제헌헌법은 "법관의 임기는 10년으로 하되 법률의 정하는 바에 의하여 연임할 수 있다"(제79조)라고 했다. 그런데 1957년까지 법관 연임에 관한 법률 자체가 제정되지 않고 있었다. 법관 연임 여부에 대한 실질적 심사 및 임명의 권한을 사법부에 두느냐, 아니면 대통령에 두느냐에 따라 법관 개인 뿐 아니라 사법부 독립과 관련하여 중대한 쟁점이 될 수 있었다.

어쨌든 법률의 제정 자체는 헌법상의 필수적인 요건이었다. 1957년에 이르러 대법원은, 별도의 연임법률을 제정할 필요가 없고, 법원조직법의 개정으로 족하다는 의견을 정부에 회신하였다. 법관은 임기만료까지 대통령의 퇴직발령을 받지 않으면 연임하고, 그 퇴직은 법관회의나 대법관회의의 제청에 의한다는 규정을 신설하면 된다는 것이다. 말하자면 법관의 연임이 중임이나 재임이 아니라, 일종의 기간연장이나 갱신 정도로 볼 수 있다는 것이다. 이는 법관의 신분보장은 헌법상으로도 보장된 것이고, 법관 직무의 성질상 안정성을 보장하지 않으면 사법의 사명을 완성할 수 없다는 것이었다.[40] 한편 대한변호사협회는 1957. 9. 법관연임법안을 마련하였다. 연임을 희망하는 법관이 법원장을 통하여 대법원장에게 연임신청서를 제출하고, 대법원장이 대통령에게 연임을 제청하며, 제청이 각하되지 않고 2개월이 경과하면 연임된 것으로 간주한다는 내용이었다.

국회에서는 1958. 6. 24. 엄상섭 의원 등 10인이 법관연임법안을 발의했다. 임기가 만료된 법관은 대통령의 연임불가 통지가 없으면 연임할 수 있고, 대통령은 법관회의의 제청이 있어야 연임불가 통지를 할 수 있는 것으로 되었다. 이 법안에 따르면, 특별한 사유가 없으면 법관의 연임은 당연한 것으로 하고, 연임을 거부하려면 법관회의 연임거부 제청을 거쳐 대통령의 연임거부행위가 있어야 한다는 것이다. 이는 법관의 임기제는 '불가피한 한도 내에서만 활용되어야 하고, 이 한도를 추호라도 넘을 때에는 사법권의 독립이 무너져 교각살우의 우를 범할 수 있으므로 특별한 사유가 없으면 연임되어야 함이 헌법정신이라는 취지'[41]였다. 반면 1958. 9. 18.에 이르러 제출된 정부안은, 연임을 원하는 법관이 연임원서를 대통령에게 제출하고 법관회의나 대법관회의가 연임을 제청하면 대통령이 자신의 의사에 따라 연임 여부를 정한다는 것이다.[42] 이 경우에는 연임의 제청이 있어도, 연임의 발령 여부는 대통령에게 달려 있는 것이다.

그에 따르면 대통령은 연임권을 통하여 사법권 및 법관을 얼마든지 통제할 수 있었다. 논란 끝에 1958. 10. 16. 국회를 통과한 법관연임법[43]에 따르면, "임기가 만료된 법관은 법관회의의 제청에 의한 대통령의 연임발령

40 법원행정처, 앞의 책, 273면.
41 사법발전재단 편, 앞의 책, 58면.
42 사법발전재단 편, 위의 책, 58면.
43 법률 제499호, 1958. 10. 16. 제정, 시행 1958. 10. 16.

으로써 연임한다"(제2조)고 규정했다. 이 법률에 대하여 조용순 대법원장은 "이 법률이 사법부가 원하는 것과는 거리가 멀고 법관의 신분을 보장하는 것으로 보기는 어렵다"고 했다. "사법부의 제청권은 존중되어야 한다. 연임 여부의 발령을 받을 때까지 직무를 집행한다는 규정이 운영의 묘를 얻지 못할 때에는 법관의 신분보장이 위태로워질 것"이라고 우려를 표했다. 한편 윤학노 부장판사는, 법관연임법은 '어느 법에서도 찾아볼 수 없는 전율할 만한 가공할 정치적 야망의 독소가 잠재하고 있음을 간과해서는 안 될 것'이라고 규탄[44]하면서 법관연임법에 의한 연임을 원치 않는다는 의사를 통해 강도 높게 항의하였다.

통상적인 경우라면, 법률의 규정은 법관회의를 거쳐 제청된 경우에는 대통령은 특단의 사유가 없는 한 연임발령으로서 응해야 한다는 것으로 되겠지만, 자유당 말기의 대통령은 확실히 달랐다. 오히려 이 기회에 자신들의 비위에 거슬리는 법관들을 솎아낼 절호의 기회로 활용하겠다는 의지를 분명히 갖고 있었으니 말이다.

이러한 법관연임법에 따라, 법관의 연임절차가 이루어졌다. 그 경과는 다음과 같다.

① 1958. 10. 대법원은 연임대상법관 57명에 대해 대법원장의 제청 여부를 검토한 다음, 52명에 대해 일괄적으로 연임을 제청했다. 5명에 대해서는 연임제청을 하지 않기로 결정했다. 그 5명 중에는, 위의 윤학노 부장판사가 포함되어 있었다.
② 1958. 11. 5. 임기가 만료되는 법관으로 최초의 연임대상 법관은 3명이었다. 그중 안윤출 부장판사 1명에 대해 연임발령을 내지 않았다.
③ 1958. 12. 10. ~ 12. 13. 임기가 만료되는 법관은 20명이었다. 그 가

44 경향신문 1958. 12. 12.자 법관연임거부와 사법권 독립.

운데 8명에 대해 연임발령을 하지 않았고,[45] 12명이 연임발령을 받았다. 연임받지 못한 8명 중 유병진 판사가 포함되어 있었다.

④ 1958. 12. 22. 임기만료된 법관 29명 가운데 4명이 연임발령을 받지 못했다.

⑤ 요컨대, 1958년에 연임제청된 법관은 모두 52명이었다. 그중 13명(1+8+4)이 연임발령을 받지 못하였다.

⑥ 1959. 12. 20. 임기만료된 법관 24명 중에서, 17명이 연임발령을 받고, 7명이 연임발령을 받지 못하였다.

⑦ 1958~1959년을 종합적으로 볼 때 대법원 측에서 연임제청을 하지 않은 법관이 총 5명이었다. 연임제청한 인원은 총 76명(52+24) 중에서 연임탈락시킨 인원은 총 20명(13+7)이었다. 약 26%의 탈락률이니, 4명의 법관 중 1명이 연임을 받지 못한 것이다.

연임 탈락에서 가장 주목받은 법관은 안윤출과 유병진 판사였다.

안윤출의 연임탈락에 대하여, 정부는 어떤 사유를 발표하지 않았으나, 상당기간 법정에 출석하지 않고 도피한 사정 등을 결함사유로 흘렸다. 그러나 모든 언론들은, 그의 연임탈락이 1952년 서민호 의원 사건에서 정부 측에 불만족한 결정을 하였다는 사실에 비위에 맞지 않아 퇴임시킨 모양이라고 일제히 꼽았다.[46]

---

45 12. 10. 유병진, 김진권, 옥황남, 조건묵, 추진수, 김영환 등 6인 연임 비토됨(동아일보 1958. 12. 11.자 "사법부에 커다란 충격"); 연임이 비토된 법관 가운데 정치적 의도가 분명한 것으로 지목된 것은, 진보당사건, 문리대 필화사건을 담당했던 유병진 부장판사, 함평환표사건의 재판장이었던 추진수 부장판사, 대구시 선거부정사건의 재정신청을 맡았던 조건묵 부장판사 등이 포함되어 있다(경향신문 1958. 12. 12.자 "법관연임거부와 사법권 독립"). 자유당의 부정선거에 대하여 엄정한 입장을 취한 법관들을 솎아냄으로써, 1960년 정·부통령 선거를 포함한 향후의 선거에서 부정선거를 마음껏 획책하려는 공작적 발상이 연임비토의 배후동기를 이루고 있다고 할 것이다.

46 동아일보 1958. 11. 5.자 "법관7명 연임 사령, 안윤출 부장판사만 제외". 서민호 의원 사건에서 안윤출 판사의 역할에 대해서는 이 책의 제19장 참조.

유병진 판사는 6·25직후 소위 부역자에 대한 관대한 판결과 함께 이를 기록한 〈재판관의 고민〉이란 저서를 남겼다. 유 판사는 유근일 사건 재판과 특히 진보당사건의 제1심 판결로 유명했다.[47] 진보당사건은 이승만 정권 말기에, 조봉암을 중심으로 만들어진 혁신정당에 대하여 간첩죄와 국가보안법의 혐의를 씌워 제거하려한 악명 높은 사건인데, 유병진 판사는 그 사건의 제1심 재판장을 맡았던 것이다. 1958. 7. 2. 제1심 판결에서, 재판부는 검찰의 기소사실 중 극히 일부분만 인정했다. 사형 구형을 받았던 조봉암에게는 징역 5년이 선고되었다. 특히 간첩죄의 공소사실을 인정하지 않고 국가보안법 위반만 적용한 결과였다. 평화통일론은 무죄이고, 진보당이 불법단체라는 것도 인정하지 않았다. 세간에서는 진보당사건에 대하여 사실상 무죄판결을 내린 것으로 평가했다.

그로부터 사흘 뒤 1958. 7. 5. 정치깡패 이정재 등의 관제데모단 1백여 명이 "진보당사건 판결규탄 반공청년총궐기대회"란 이름으로 법원 청사 안까지 난입하였다. 이들은 "공산자금을 받은 조봉암 일파에 간첩죄를 적용하라" "공산판사 유병진을 타도하자"는 등의 글이 쓰인 3개의 플래카드를 들고, 짚차에 단 스피커에서 선창하는 구호를 부르며 서울지방법원 정문을 경유, 정원까지 들어섰고, 정문 앞의 수위와 정복경찰관의 제지를 뿌

---

47 유병진(柳秉震, 1914~1966)은 1950년 불의의 남침에 가족을 남겨두고 홀로 부산으로 떠난다. 9·28 수복 이후 서울에 돌아온 그에게는 자녀의 죽음이란 가혹한 현실이 기다리고 있었다. 재판관으로서 그에게 닥친 첫 임무는 적치하의 소위 부역자의 처벌 문제였다. 이미 정부는 「비상사태하범죄처벌에관한특별조치령」이라는 긴급명령을 제정하여, 부역자에 대하여는 사형·무기 등 초중형을 선고할 수 있도록 하였으며, 재판은 단심으로, 그것도 40일 이내 선고하고, 증거의 설시를 생략할 수 있도록 규정하였다. 거기다 "부역자는 씨를 말려야 한다"는 여론의 압력과 부역자를 관대하게 처리했다간 스스로 부역자혐의를 덮어쓸 수도 있는 엄혹한 상황이었다. 유병진은 엄혹한 법과 비등한 여론에 맞서 '법률의 노예'냐 '법관직의 사표'냐의 택일을 강요받던 상황에서, 최선의 법리와 사실심리를 통해 재판관의 임무를 수행했고, 그 과정에서의 자신의 논리와 심경을 〈재판관의 고민〉(고시학회, 1952)이라는 책에서 정리하였다. 유병진은 그 뒤 "모색-무산대중체로의 지향"이란 글을 교내신문에 쓴 대학생 유근일에 대한 국가보안법 혐의에 대해 무죄를 선고하였다. 피고인의 평화통일 주장은 북괴에 호응한 것으로 볼 수 없고, 피고인이 가입한 학술서클이 국가변란을 목적으로 한 불법단체라는 증거가 없다는 이유에서였다(위의 정리는, 한인섭 엮음, 정의의법 양심의법 인권의법, 박영사, 2004, 24~25면에 수록). 유병진의 저서는 재간행되었다. 신동운 편, 재판관의 고민: 유병진 법률논집, 법문사, 2008.

리치고 법원구내까지 침입하여 "죽여라"고 외치며 공포어린 소란을 피웠다. 이들은 "9·28수복 이후 부역자들을 수없이 풀어준 유병진은 「유근일 사건」을 무죄라 하더니 이제 조봉암을 간첩이 아니라고 하니 용공판사가 틀림없다"고 주장했다. 이들은 서울고등법원장을 면담하고, 항의문을 제출했다. "유근일 사건 무죄" "용산 교감사건 무죄" "조봉암을 간첩이 아니라"고 한 유병진 판사는 공산판사가 틀림없으니 곧 축출하라고 항의하면서 "만약 우리들의 항의가 이루어지지 않으면 전국에 있는 전 반공청년들을 서울로 오게 하여 관철될 때까지 투쟁하겠다"는 엄포를 놓았다.[48] 이들은 1시간이상 소란을 피우다 퇴각하였다. 유병진 부장판사는 배석 이병용, 배기호 양 판사와 함께 일시 다른 곳으로 피신해야 했다.

법원난입사건은 사법부에 커다란 충격파를 불러일으켰으며, 일반사회에서도 중대한 관심사가 되었다. 조용순 대법원장은 "확정판결도 아닌 1심 판결만을 가지고 그런 난폭한 짓을 한 것은 경거망동한 짓이며 유감스러운 일이다. 확정판결이라 해도 국민의 자격으로 판결에 대해 비판할 수는 있으나 폭력으로 데모한다는 것은 있을 수 없는 일이며, 사법부 장래를 위해서 치안국에다 데모한 자들을 엄중단속할 것을 요청하였으며, 법관을 '공산판사' 운운으로 모욕한 데 대해서는 관계감독관에게 적절히 할 것을 일임하였다"고 담화했다.[49] 대체로 나올 만한 의견표명으로 보이지만 "1심 판결만을 가지고" 운운은 약간 의아스러운 느낌이 들지 않을 수 없다.

서울지방법원장은 "판사 개인에 대하여 공격하는 시위는 처음 보는 일이다. 판결내용에 대해선 언급하기 곤란하나 유병진 판사 개인에 대하여 '친공' 운운하는 것은 터무니없는 유감된 일이다."고 자못 점잖은 대응으로 나타난다. 이같이 사법부의 상층부는 사건 주모자들을 지탄하면서도 그 논조는 미온적인 느낌이 없지 않다.

---

48 동아일보 1958. 7. 6.자 "판결에 거역하는 시위대".
49 동아일보 1958. 7. 7.자 "반공청년들 판결항거『데모』주모자 5명을 긴급 구속".

가장 강력한 반응은 전 대법원장인 김병로로부터 나왔다.

> 다른 부문에 있어서 그런 일은 있었지만 사법에 대해서는 미개한 나라에서도 유례가 없었다. 평생을 법률에 종사한 법관이라 하여도 재판한 결과에 대해서 3인 내지 5인이 모여 오랜 시일을 두고 합의한 끝에 판결을 내리는 것인데 하물며 기록 한 장도 보지 못한 무지한 자들이 옳으니 그르니 하고 더욱 난폭한 행동까지 한다는 것은 법치국가 사회에서는 상상도 못할 일이다. 데모한 자들의 배후엔 누가 있어서 조종하였기 때문에 그들은 공공연하게 삐라 속에도 법관 자신들도 모르는 지나간 사건의 결과까지도 기입하여 데모한 것이 분명하니 우리나라 사법이 있느냐? 없느냐? 하는 중대한 관건이 되는 문제이므로 철저히 사건진상을 규명해야 한다. 법관을 가리켜 '공산판사' 운운한 것은 '모욕죄' 중에도 가장 악질에 속하며 그들의 행동은 '살인강도'에 비할 바 아니다.[50]

마디마디 뼈가 들어있는 지적이라 아니할 수 없다. "법치국가에서 상상도 할 수 없는 일"이고, 특히 깡패가 아니라 사법을 잘 아는 자들이 배후조종자로서 작용했음을 증빙하고 있다. 살인강도보다 더한 악질임을 지적하면서, 이 사건 진상규명에 "우리 사법이 있느냐 없느냐"의 근본질문까지 던져 강력한 처벌을 주문하고 있다. 언론기사도 소제목으로 김병로의 언급을 뽑아내고 있음은 당연할 것이다.

그러나, 그로부터 3개월 뒤 1958. 10. 25. 항소심에서는 1심판결을 파기하고 조봉암, 양이섭에게 사형판결을 내리고, 다른 피고인들에게도 모두 유죄판결을 내렸다.

법정난입 당일 열린 국무회의에서 이승만 대통령이 직접 제1심판결 법관들을 원색적으로 비난했다. 대통령은 "법관들만 무제한 자유가 허용된

---

50 동아일보 1958. 7. 7.자 "폭력으로 사법부 위협, 살인강도 이상; 법조인들 데모사건 맹비난".

다는 것은 이해할 수 없다. 이러한 판사들은 처리하는 방법이 없는지 모르겠다 … 조봉암 사건 1심판결은 말도 안 된다. 그 판사를 처단하려 했으나 여러 가지 점을 생각해 중지했다. 같은 법을 가지고 여러 사람들이 판이한 판결을 내리면 국민들이 이해가 안 갈 것이고 나부터도 물어보고 싶은 생각이 있다. 헌법을 고쳐서라도 이런 일이 없도록 시정해야 한다." 이러한 대통령의 말에 대하여, 홍진기 법무장관은 "이번 임기만료된 법관 중 대법원이 제청하지 않은 자가 있고 몇 명은 부적당한 자가 있어 연임을 명하기 전에 조사를 하고 있으며 진보당사건 1심판결의 책임판사도 이번 임기만료자 중에 들어 있습니다."로 답하고 있다.[51] 바로 연임 규정을 통해 유병진 부장판사를 탈락시키겠다는 흉계가 국무회의 차원에서 진행되었음을 보여준다.

조봉암 사건에서 유병진은 소신을 충분히 발휘할 수 있었던가. 4·19직후 기자들이 그에게 "1심에서 조봉암 피고인에게 선고한 징역 5년은 너무 무거운 것이 아니었나"고 하자 그는 "그 정도 해주면 상급심에서 정당한 판결이 내려질 걸로 믿었다. 기록을 살펴보니 '무엇 때문에 조 씨를 간첩이라고 하는가'를 엿볼 수 있었다. 내가 선고한 징역 5년이라는 것도 마음 아픈 판결이었다. 그 판결은 그때나 지금이나 죽을 때까지 잊을 수 없을 것 같다"[52]고 회고했다. 지방법원 부장판사에게 밀어닥친 엄청난 압력에 대하여, 조봉암을 죽음(사형)이 아니라 살려냄(간첩죄 무죄)으로써 그는 일개 법관으로서 지탱할 수 있는 극한의 부담을 감당해냈다. 그것이 정권의 적대감을 사서 판사직을 떠나게 했지만, 그때의 연임탈락은 개인적으로는 물론 한국사법사에서 빛나는 영예라고 역설적으로 말할 수도 있을 것이다.

바로 이러한 경력의 안윤출, 유병진이었음은 널리 알려진 사실이었다. 따라서 그와 같은 연임탈락에 대하여 대법관회의를 거쳐 조용순 대법원장

---

51 경향신문 1990. 6. 14.자 "제1공화국 국무회의: 신두영 비망록에 비친 자유당 말기".
52 4·19직후 법정신문과의 인터뷰 일부(동아일보 1984. 4. 10.자 "법에 사는 사람들 25: 유병진씨").

은 이승만 대통령을 방문하여 우려의 뜻을 표하였다. 중견법관의 상실과 법관의 부족으로 재판이 지연되고, 임기만료가 다가오는 법관들의 심리적 동요가 재판에 영향을 미칠 우려가 있다고 한 것이다. 법관들 사이에서도 우려가 컸다. 앞으로 행정부의 의견에 맞지 않거나 검찰·경찰의 보고에 의해 법관의 연임을 거부한다면 대법원장의 제청권이 유명무실하게 되어, 사법권의 장래가 크게 염려된다는 것이다.[53] 또한 임명권이라는 형식을 발동하여, 정치적 이유와 일시적 감정으로 연임 여부를 판단하는 것은 인사행정의 기본 면에서나 권력분립 내지 인사자율의 면에서나 수긍할 수 없는 처사라는 견해도 나왔다.[54] "행정부의 임명권이 사법부의 제청권보다 우위인 현상이 사실로서 여지없이 제시"됨으로써 "3권 분립의 균형을 깨뜨리고 사법권의 독립을 위지危地로 몰아넣고 있음을 부인할 길 없다"는 개탄이 제기되었다.[55]

실제로 법관연임제를 통한 탈락은 현직 법관들에게 실질적 위협으로 다가왔음은 틀림없다. 대통령에 의한 법관의 선별적 연임은 "사법부의 장래에 커다란 암영을 던지게 되어 법원의 표정은 극히 우울하였다."[56] 10년에 가까워지는 법관들에게는 "마치 절망의 순간을 지켜보는 괴로운 약자에 불과"한 신세가 되었고, 양심을 지키며 판결했던 법관들은 "임기가 닥쳐올수록 초조한 마음을 감추지 못했다. 일생을 바친 법관의 양심이 너무나 억울하게 짓밟혀버리기 때문이다." 이러한 환경에서는 법관의 양심을 지켜갈 수 없다는 말이 중견법관들의 입에서 번지기 시작했다. "나는 차라리 연임하지 않겠다"는 항거를 윤학노 부장판사가 공개화한 것도 나름 저항의 표출이었다.[57] 다른 한편 이 같은 대량의 법관 강제퇴진에 대하여 강력

53 법원행정처, 앞의 책, 275~276면.

54 법원행정처, 앞의 책, 276면.

55 경향신문 1958. 12. 12.자.

56 동아일보 1958. 11. 5.자 "법관7명 연임 사령, 만기된 안윤출 부장판사만 제외".

57 경향신문 1960. 12. 29.자 "법관연임, 독재 독아毒牙는 사법부에도, 비위에 거슬리기만 하면 연임거부, 항변 한번 못한 조용순 씨".

히 항거해야 할 조용순 대법원장의 소극적 처신도 안팎의 비난을 누적시켰다.[58]

하지만, 대통령은 이러한 비판과 우려에 아랑곳하지 않고, 연임거부라는 살수殺手를 써서 법관들을 위축시키고 이를 사법부 장악의 지렛대로 삼고자 했다. 자유당 말기에 사법부가 대통령의 압력 앞에 맥을 못 춘 것도 바로 법관연임제의 악용으로 말미암은 바가 적지 않았다고 할 것이다. 거기다 더하여 이승만의 이러한 법관연임제를 통한 법관 걸러내기식의 방법은, 1973년 유신정권에서 법관재임용을 통한 법관의 대량 면직이라는 사태를 통해 이어졌기에, 최악의 선례를 창출한 죄악을 남겼다.[59]

김병로의 역할로 돌아가서 보자면, 김병로는 대법원장 퇴임 직후에 신임 대법원장 임명에서 순전히 대통령의 뜻대로 좌지우지하는 기도를 저지하는데 상당한 역할을 했다. 퇴임 직전에 법대로 후임 대법원장 후보를 선거하여 제청까지의 절차를 마쳤다. 대통령이 이를 비토하고 자신의 뜻대로 하려는 것을 저지하면서 변호사회를 비롯한 각계의 여론을 집약하는데 비중있는 역할을 했다. 이어 진보당사건에 대한 법정난입에 대해 무게있게 꾸짖었다. 법관연임의 수단을 이용하여 법관들을 선별하고 사법부를 위축하는 공작에 대해, 김병로는 주도적으로 비판하는 역할을 자임한 정도는 아니어도 개별적으로 그 부당함을 일깨웠다.

법관연임 여부에 대하여는, 아무래도 대법원에서 주도적으로 사법부 독

---

58 "기념식때 만세3창이나 하는 것이 대법원장이 아니냐?"는 조롱까지 하급 중견법관들 사이에서 오르내렸다고 한다(경향신문 1960. 12. 29.자 "법관연임, 독재 독아毒牙는 사법부에도, 비위에 거슬리기만 하면 연임거부, 항변 한번 못한 조용순 씨)".

59 재임용 탈락을 사법부 길들이기와 정치적 선별작업으로 악용한 또 다른 악랄한 예는 1972년 유신헌법의 제정과 함께, 모든 법관들에 재임용을 받도록 한 법원조직법의 개정이었다. 1973. 4. 12. 대법원판사를 전부 새로이 임명하면서, 종전의 대법원판사 가운데 9인은 의원면직이란 형식으로 퇴임시켰다. 이 9인은 1971년 국가배상법이 위헌이라는 쪽에 섰던 대법원판사 전부였다(사광욱, 양회경, 방순원, 나항윤, 손동욱, 김치걸, 홍남표, 유재방, 한봉세 9인). 그리고 일반법관 중에서 41인을 면직시켰다(법원행정처, 앞의 책, 690~691면). 그 가운데는 백종구, 양헌, 목요상 판사 등 야당 및 언론 관계에서 정권이 원하는 대로의 판결을 내리지 않고 피의자의 석방이나 무죄판결을 내린 판사들이 포함되어 있었다.

립 수호 차원에서 자기방어적 역할을 했어야 하지만, 조용순 체제하에서 이승만 정권의 횡포를 저지하지 못하였다. 조봉암 등 정치적 사법살인사건, 경향신문 폐간사건 등에 대하여 정권이 정당과 언론을 압살하고 심지어 사법살인에 이르는 데 사법부가 하나의 도구로 전락하게 됨은 시대적 비운이라 할 것이며, 두고두고 교정해야 할 과제를 남긴 것이다.

현행 법률에서는 이 부분에 대하여는 연임발령 여부에 대해서는 대통령의 간섭을 아예 배제하는 방향으로 정리했다. "임기가 끝난 판사는 인사위원회의 심의를 거치고 대법관회의의 동의를 받아 대법원장의 연임발령으로 연임한다"(현행 법원조직법 제45조의2). 적어도 사법부 이외의 권력기관이 관여할 여지는 제도적으로는 봉쇄한 것이다.

4. 사법부 독립의 수호자 김병로

한 이승만 연구자는, 이승만 대통령이 독재화와 헌정파행, "권력을 계속 유지하기 위한 편법이나 불법의 사용을 비롯해 관권과 폭력을 앞세운 부정선거를 자행하는 등 헌정사에 오점"을 남긴 점을 여러 차례 인정하면서도, "4년마다 대통령 선거와 국회의원 선거를 시행해 의회민주제도의 원형을 유지하는 등 헌법의 테두리를 벗어나지 않았"음을 지적하여, 적어도 박정희의 유신쿠데타나 의회제도를 형해화한 전두환 같은 독재보다는 나았다고 평가하고 있다. 특히 사법부 독립과 관련하여 다음과 같이 정리하고 있다.

군부독재 시절에는 법관 재임명 절차를 통해 통제하는 등 사법부까지 시녀화함으로써 3권분립의 정신마저 훼손당했으나 이승만 시대에는 사법권의 독립과 권위는 대체로 유지되었다. 경무대 비서였던 민복기는 이 대통령이 법과 제도에 충실하려 노력했고 사법권도 존중했다고 증언했다. 이승만은… 사법부에 대한 간섭배제 원칙을 지켰다.… 이승만은 김병로 대법원장의 7년 임기가 끝난 뒤 후임선정을 두고… 여러 후보자가 경합하고 있을 때도 대법원 판사들의 조용순 추천을 그대로 수용, 그를 제2대 대법원장에 임명했다.[60]

이러한 논평은 사실관계 및 역사적 평가에서 치명적 오류로 점철되어 있다. "공과 과에 대한 평가에서 사실을 가감하거나 평가를 왜곡 또는 미화함이 없이 객관적으로 접근하려는 균형시각을 유지하려고" 자신의 "견해나 관점을 신중하게 개진"하려는 시도를 한다[61]는 저자의 관점에 비추어서도, 이 부분은 심각한 문제를 안고 있다.

첫째, 군부독재시절의 법관재임명 절차를 통한 탈락은 1973년 유신독재의 사법부 장악 공작의 일환으로 행해졌다. 그런데 이승만 정권은, 1958년의 법관연임제도를 통해 1/4 이상의 소신있는 법관들을 탈락시켰다. 1973년의 법관 축출은 바로 1958년의 법관축출을 그대로 본뜬 것이다. 자유당 정권하에서 대통령 비서관, 검찰총장(1955. 9.~1956. 7.) 등을 역임했던 민복기는, 1973년 당시엔 대법원장으로서 법관재임명을 통한 탈락에 역할한 셈인데, 바로 이승만 정권에서 악용한 수법을 박정희 정권의 권력강화를 위해 재활용한 셈이다.

둘째, 이승만 대통령이 사법권을 존중해서 사법권독립이 유지된 것이 아님을 앞의 여러 충돌사건을 통해 여실히 본 바와 같다. 사법권 독립의 일차적 공은 김병로 대법원장에게 있고, 그를 중심으로 뭉쳐있던 법관들의 기여, 그리고 국회, 재야법조계 및 여론의 덕분이었다. 이승만은 김병로로 표상되는 사법부 독립의 아성을 깨뜨리지 못했으나, 김병로의 퇴진과 함께 사법부를 정권의 수족으로 만들기 위한 시도를 본격화했다. 그 시도는

---

60 오인환, 이승만의 삶과 국가, 나남, 2013, 588~589면.
61 오인환, 위의 책, 11~12면.

상당한 성과를 거두었다. 제1공화국에서 10년동안 사법부의 독립이 그런대로 견지되었다면, 그것은 이승만의 사법독립 원칙에 대한 충실과 존중 때문이 아니라, 이승만의 침해기도에도 불구하고 사법부가 지켜낸 것이다.

셋째, 조용순이 대법원장이 된 것은 대법원판사들의 추천을 "그대로 수용"한 것이 아니다. 법관회의에서 추천한 김동현을 이유도 제시하지 않고 배제시키고, 이우익을 대법원장으로 삼고자 했으나, 대법관은 물론 조야 각계의 거센 반대에 부딪쳐 그 본래의 의지를 관철하지 못했을 뿐이다. 이를 두고 "그대로 수용"으로 표현하는 것은 역사의 왜곡이라 할 것이다.

그러면 이승만 정권기, 그중에서도 김병로의 대법원장 재임기(1948. 8. ~ 1957. 12.)에는, 사법부의 독립이 제대로 지켜졌고, 사회적으로도 존중되었다는 것은 어떤 배경 하에서 가능했던가. 그것은 무엇보다 가인 김병로 대법원장의 공적이었다고 할 수 있다. 그러면 가인이 그러한 공적을 가능케 했던 배경은 무엇이었던가.

먼저, 김병로 자신의 무게감이었다. 사법의 영역에서, 연공과 정평을 종합해볼 때, 그와 비견될 만한 무게를 가진 인사는 달리 존재하지 않았다. 일제하 항일변호사로서의 그의 공적은, 그 지속성과 열정, 그리고 구심력에서 추종을 불허한다. 특히 일제말 조선의 유지·지식인들이 변절과 굴종했던 어두운 시대에도 김병로는 민족지사로서 절조를 빈틈없이 지켜냈다.

김병로는 이승만 대통령에 의해 대법원장에 임명되긴 했지만, 그 임명과정에서 개인적으로, 정치적으로 빚진 바가 전혀 없었다. 개인적으로 어떤 타협이나 굴절을 할 인물이 아니었기에, 대통령의 위세에 한 번도 눌린 적이 없이 당당하게 처신했다. 특히 이승만의 정권행사에서 파행이 지나쳐 위헌적 행태가 나오면 지적하고 비판하여 국정의 중심을 잡는 데 기여했다.

대법원장으로서 김병로는 청렴강직한 공직자상을 모범적으로 보여주었고, 사법적 직무수행에 선공후사의 자세를 잘 지켰다. 사법부 예산 확충 협상에는 성공적이지 못했지만, 그를 위해 굴신하지 않았다. 초창기 사법부는 가장 취약한 기관이고, 사법독립에 대한 사회적 인식의 정도도 낮았지만, 김병로의 무게감으로 인해 취약성을 딛고 설 수 있었던 점을 부인할 수 없다. 이승만의 진노를 샀던 안윤출 판사, 유근일을 무죄판결했던 유병진 판사도, 김병로 대법원장 시대에는 자리와 소신을 지켜갈 수 있었다. 어려운 상황일수록 김병로는 사법독립의 방파제가 되었고, 법관들이 소신있는 재판을 할 수 있도록 법관들의 용기를 북돋아주었다.[62]

입법부의 역대 의원들도 김병로에 대한 커다란 존중심을 갖고 있었다. 김병로는 어떤 의원보다도 입법활동에 깊이 관여했다. 제헌헌법의 제정과정에도 관여하고, 법원조직법의 제정단계에서 정부와 맞섰을 때 국회는 법원안에 손을 들어주었다. 김병로는 또한 법전편찬위원장으로서 형법, 형사소송법, 민법 등 기본법률의 제정의 초안작업을 지휘했고, 국회는 이 점을 이의없이 존중하고 수용했다.

역대 대법원장은 언론에의 노출을 극히 꺼리지만, 김병로는 언론에 빈번히 등장한다. 대통령과 행정부의 불법과 월권이 있을 때 언론은 헌법과 원칙을 말해줄 권위있는 원로로서 김병로의 발언을 비중있게 게재했다. 현직 대법원장이자 법실력 면에서도 최고급이었던 김병로의 발언에 대해 공개적으로 비판한 행정부, 입법부의 인사들은 거의 없었다.

김병로의 이와 같은 특징은, 아마도 그에게 특유한 것이고, 단지 대법원장이란 직책로부터 자연스럽게 도출되는 권위는 아니다. 그는 일개 대법원장으로만 받아들여진 것이 아니라, 사법 및 법적 문제에 관한 한 최고의 권위를 널리 인정받았다. 비유하자면, 행정부에 이승만 대통령이 있다면, 김병로는 '사법부의 대통령'이라 할 만하다.

이렇듯 김병로의 존재감과 무게가 특별했기에, 김병로의 대법원장 재임

---

62 장준택 판사의 언급. 김학준, 가인 김병로 평전, 민음사, 377면에서 인용.

시에는 대법원의 구성 및 법관 인사에 대해 정권 차원에서 개입하거나 횡포를 부릴 엄두를 내지 못했다. 정권 차원에서 사법부의 구성 및 인사에 대해 본격적 개입이 기획되는 것은 김병로의 대법원장 퇴임 이후인 것이다. 그러한 사법적 개입의 결과 사법부는 위축되었고, 그로 인한 국민의 자유의 위축, 인권의 침해가 빚어졌다. 사법살인의 선례로 비판받은, 조봉암에 대한 대법원의 판결을 보면서, 김병로가 대법원장이었다면 과연 이런 일이 있었겠는가 하는 생각을 하는 것도 이런 견지에서 이해할 수 있을 것이다.[63]

제1공화국의 사법부 독립과 대법원장 임명의 주제를 반세기 이후에 살펴보면서 오히려 그 갈등 논의에서 개탄에 못지않게 신선함을 느끼게 되는 면도 없지 않다. 1948년에는 대통령의 의중을 알면서도, 각료들 사이에 활발한 토의가 오가고 그런 가운데 대법원장이 결정되었다. 1958년에는 법관회의를 법적으로 거치도록 함으로써, 법원 내의 연공과 평판이 없이는 아예 대법원장의 제청 대상이 될 수 없었다. 적어도 현재보다는 내부적 소통 및 절차적 규정이 마련되어 있었던 것이다. 물론 1957~58년의 갈등을 겪으면서, 대통령의 독단적 의지가 사법부를 멍들게 할 수 있음을 깨달았던 것이고, 그 깨달음은 4·19혁명 직후 제정된 제2공화국 헌법에서 "대법원장과 대법관은 법관의 자격이 있는 자로써 조직되는 선거인단이 이를 선거하고 대통령이 확인한다"(제78조)로 개정되었다. 대법원장 및 대법관이 법조인들의 총의로 선출되고, 대통령은 단지 "확인"만 하는 형식적 인준자로 물러섰다. 이러한 민주적 유산은 단번에 사라지지 않았다. 5·16군부쿠데타 이후 만들어진 제3공화국 헌법에서도 대법원장은 "법관추천회의의 제청"에 의해 대통령이 임명하도록 했다(제99조).

현재처럼 대통령이 사법부 내부의 추천이나 제청 없이 임명하도록 한

---

63 이돈명 변호사는 자신의 판사생활 때를 회고하면서 "(김병로 대법원장 시절에) 사법부에 대한 오늘날과 같은 불신은 없었으며 사명감과 긍지로 흐뭇했습니다. … 조봉암 사건이 일어난 것도 가인이 물러난 뒤의 일이었습니다"라고 술회했다. 김학준, 앞의 책, 449면 참조.

것은 1972년 유신헌법의 산물이다(제103조). 5·16과 유신이라는 두 단계의 헌정쿠데타를 거쳐, 대법원장의 임명은 대통령의 전권처럼 되어버린 것이다. 1987년에는 그에 대한 충분한 반성적 숙고 없이 헌법이 개정되어 버렸다. 당시엔 대통령 직선제에 이목이 쏠렸기에, 이미 조락한 사법부의 수장의 임명절차에 대하여는 역사적 숙고도 없었고 미래를 향한 건설적 의견수렴도 없었던 것은 참으로 아쉬운 대목이 아닐 수 없다. 1961년 헌법에서 보여준 제한적 직선제에는 도저히 비교할 수도 없고, 심지어 1958년, 1963년에 보여지는 법관회의의 제청을 요건으로 한 시대보다 훨씬 퇴조한 채로, 대법원장 임명을 대통령의 전권사항으로 만들어버린 것은 사법부 독립의 견지에서 심각한 문제가 아닐 수 없다. 사법부에서 민주주의의 실현의 과제는 이렇듯 대법원장 및 대법관의 임명에 대하여 보다 폭넓은 참여, 민주적 참여를 어떻게 제도화할 것인가 하는 고민과 함께 달성되어야 할 것이다.

사법권 독립은 절대 행정부, 대통령에 의해 하사되는 것이 아니고, 일차적으로 대법원장과 사법부, 거기다 국회, 여론과 국민들이 합심하여 수호해야 할 가치이다. 김병로가 역대 대법원장 중에서 비교할 바 없이 존경받는 이유가 무엇인가, 어떻게 해서 그것이 가능하게 되었는가 하는 점을 대법원장 뿐 아니라 사법부의 인사들이 거듭 생각하며 교훈을 얻어야 할 것이다. 누구도 그의 후광과 모범을 충족시킬 수는 없을지 모르지만, 오늘날은 개인적 카리스마 대신 합리적인 제도와 구성원들의 합치된 노력으로 성취되어야 할 것이다.

제21장

민주수호자로서 대쪽 비평

法理論的으로본保安法波動

前大法院長 金炳魯翁의 見解

二四通過 保安法등은無效

國民은惡法廢止를 要求할權利가있다

集會禁止는違法 行政訴訟으로應懲하라

軍政法令 이미消滅된것

論壇

京鄕廢刊과言論自由 (上) 金炳魯

論壇

京鄕廢刊과言論自由 (下) 金炳魯

김병로는 반공을 빌미로 한 독재정권의 인권침해, 언론자유 유린, 정당 파괴, 사법부 침탈 등에 대하여 헌법원칙과 민주주의의 이름으로 강력히 비판하였다.

제21장

민주수호자로서 대쪽 비평

"요즘 헌법 잘 계시느냐?"

법무부장관이 대통령 관저에 올라가니 이승만 대통령이 장관에게 이렇게 물었다고 한다. 그 장관이 어리둥절해 "무슨 말씀이십니까?" 하고 되물으니 "대법원에 '헌법'이 한 분 계시지 않느냐?"고 말하더라는 것이다. 가인 김병로 대법원장이 헌법을 내세우며 원칙을 고수하고 비판을 서슴지 않았던 점이 몹시 못마땅해서 그랬다고 한다.[1]

다른 한편으로 생각해보면, 대통령의 언급은 김병로의 한 핵심을 정확히 포착했다고 볼 수도 있겠다. 행정부로부터 독립된 사법부의 수장으로서 김병로는 대통령의 평소 행정적·정치적 행위에 대한 언급을 삼갔지만, 대통령과 집권당이 헌법의 근본을 유린하는 사태에 이르게 되면 엄중한 비판을 꺼리지 않았다. 이는 대통령과 행정부와 정면대립을 공개적으로 펼친 적이 없었던 역대 대법원장과 완연히 대조되는 바로서, 김병로 대법원장의 특유한 면모라 할 만하다. 이럴 때 김병로는 대법원장이라는 직분을 넘어서, 법에 관한 최고지도자로서의 면모를 보여주었다고 할 것이다.

김병로의 이러한 태도에 대해, '대법원장이 주제넘었다'든가 '금도를 잃었다'와 같은 비난이 나오지 않는 점도 독특한데, 이는 법에 관한 한 김병로의 최고권위성을 국민 일반이 이의 없이 인정하는 분위기가 저변에 자

---

1 이영근, 김충식, 황호택, 법에 사는 사람들, 삼민사, 1984, 202~203면.

광복선열추도식(1957)

리잡고 있지 않나 짐작되기도 한다.

입헌주의, 법의 지배라는 기준에 비추어 볼 때 이승만의 제1공화국은 파행과 억지로 얼룩졌다. 그러나 김병로의 입장에서 대법원장이라는 현직에 있을 때는, 입법부와 정권의 불법·위헌적 조치나 발언에 대한 언급은 최소한도에 머물 수밖에 없다. 원래 사법부는 재판 이외의 다른 분야에 선제적인 발언은 삼가야 할 것으로 여겨져 왔다. 사법부는 (행정부처럼) 칼도, (입법부처럼) 지갑도 갖고 있지 않고, 오직 재판을 할 뿐이다. 때문에 아무리 김병로라 할지라도, 그는 사법영역 아닌 분야에서 적극적 발언을 삼가는 편이었다. 다만, 행정부와 대통령이 헌법 자체를 유린하는 상태에 이르렀을 때, 법치를 근본에서 능멸할 때, 비로소 김병로는 무게 있는 비판을 내놓았다.

그런데 김병로가 대법원장을 사퇴하기 전후하여 정권은 후임 대법원장의 인선 및 절차에서부터 압박하기 시작했다. 그리고 1958년부터 이승만 정권 말까지 정권재창출을 위한 일련의 무도한 정치공작을 획책하게 된다. '야인'으로 돌아온 김병로는 이를 좌시하고 있을 수는 없었다. 또한 민주헌정과 헌법의 기본원리가 붕괴되는 상황에서, 법에 관한 한 최고원로로서의 김병로의 발언은 사회적으로 크게 기대되는 편이었다.

그리하여 1958년부터 이승만 정권의 말까지 2년여의 기간에 김병로는 제2의 재야법조활동을 펼치게 된다. 퇴임하면 "집안에서 책을 벗으로 조용히 지내겠다"는 그의 소박한 바람[2]은, 절망적인 시대상황에서 유지될 수

---

2 조선일보 1957. 12. 16.자 석간 3면 "김병로 대법원장 기자에게 밝혀, 책과 신문 벗 삼을 터".

없었다. 오히려 그는 재야법조인으로서 또 다른 '유조리 최열렬'[3]의 시기를 맞이하게 되었다. 당시 그가 펼쳐낸 수준의 말과 글들은, 민주주의 및 헌법론에서 매우 가치있는 기여로서 남게 되었다.

김병로는 헌법 및 법의 원칙을 내걸면서 발언할 때에는 언제나 '헌법'과 '국민'의 관점에서 접근했다. 때문에 언론과 국민들은, 김병로의 언급을 하나의 헌법으로 받아들였다. 헌법재판 활동이 그리 활발하지 않았고, 학문으로서의 헌법학이 충분히 뿌리내리지 못한 1950년대에, 김병로의 발언은 때로 하나의 "헌법"으로 받아들여졌던 것이다.

김병로의 1958~60년 초까지의 주요한 발언은 크게 몇 가지로 분류할 수 있다. 첫째, 1957년 그의 퇴임 전후하여 벌어졌던 대법원장 선임을 둘러싼 갈등과 그에 대한 김병로의 대처이다. 둘째로, 강력한 공안정국 드라이브에 대하여 각 쟁점(정당파괴, 보안법개정, 언론탄압)에 대해 김병로가 펼쳤던 주장들이다. 셋째, 1960년에 이르러 부정선거의 파국과 그에 대한 입장의 표명이다.

여기서는 보안법 개정을 둘러싼 파동(2·4보안법파동) 및 경향신문 폐간에 대한 김병로의 논평들을 집중적으로 정리한다. 이 두 사건에 대한 김병로의 언급이 양적으로 가장 많았고, 내용적으로도 헌법수호자로서의 진면모를 보여주기 때문이다. 이를 통해 헌법 민주주의 원칙이 우리의 현대사 속에서 어떻게 살아 움직이는 담론으로 작용했던가를 살펴볼 수 있을 것이다. 이 시기는 민주주의 법률가로서의 김병로의 한 정점을 보여주는 실례로서 그 의미를 평가할 수 있을 것이다.

---

3 조선일보 1923. 5. 14.자 석간 3면 의열단 사건의 변론을 맡은 김병로 변호사의 모습을 언론은 그렇게 소개했다. "유조리 최열렬한 김병로 씨의 주장".

1. 국가보안법 파동(2·4파동)과 김병로

1958. 8. 11. 자유당은 국가보안법 개정안을 국회 본회의에 상정했다. 그 개정안의 제시이유는 다음과 같았다.

1. 국가보안법 제안이유서

현행 국가보안법은… 국헌을 위배하여 정부를 참칭하는 결사 또는 집단과 기타 범죄단체를 단속하는 것을 목적으로 하는 것이나, 동법은 전문 6조로서 규정형식이 단순하여 현재 북괴의 전쟁에 의하지 아니한 침략을 의미하는 위장평화통일공작을 주임무로 하는 간첩과 국가변란을 목적으로 하는 천태만양의 범죄를 충분히 단속할 수 있는 법조항이 결여되어 국헌문란행위와 같은 중대한 범죄를 방임하지 아니할 수 없는 경우가 있을 뿐 아니라, 법조항의 불비는 자칫하면 인권옹호에도 중대한 지장을 초래할 우려가 있으므로 북한괴뢰정권의 휼계를 철저히 단속 분쇄하는 동시에 인권옹호에도 만전을 기하고자 본 법안을 제안하는 것이다.

2. 본 법안의 특징

① 국가변란을 목적으로 하는 결사 집단 또는 단체의 조직: 북괴 그 자체(결사집단)와 그 지령에 의하여 운영되는 단체(군사행동단체를 포함)를 구분.

② 외국공관 기타 중요시설에 대한 범죄 운수 통신기관 등 국가의 중요시설을 특히 보호하기 위하여 특별규정을 신설.

③ 간첩의 개념의 확대: 종래 군사상의 비밀탐지 만을 의미하던 간첩의 개념을 확대하여 적을 위하여 국가의 이익이 되는 모든 정보의 수집을 처벌하는 규정을 두어 총력전에 대비.

④ 인명 재산의 보호

⑤ 불법선전선동의 방지: (반국가적) 결사 집단 또는 단체의 지령을 받고 그 목적한 사항의 실행을 협의 선전 선동하거나 그 이익을 위하여 동일한 사항을 선

전 선동 … 을 처벌.

⑥ 행위자에 대한 방조: 행위자에 대한 재산 기타 편의제공도 범죄로 규정.

⑦ 헌법상 기관의 명예보호: 괴뢰정권의 수괴와 국가원수를 비교하는 것을 특히 불법화하기 위하여 특정방법에 의한 명예훼손을 엄벌.[4]

요컨대 "위장평화통일공작"에 대처할 조문이 필요하고, "국가변란을 목적으로 하는 여러 가지 범죄를 충분히 단속"할 법조문이 필요하다는 것이다. 기존의 국가보안법은 모두 6개 조항에 불과하여, 다양한 형태로 전개되는 중대한 국헌문란행위 중에서 처벌할 수 없는 "법조항의 불비"가 있어 "북괴의 흉계를 철저히 분쇄"하기에 부적합하다는 것이었다. 이 개정안은 제3차 개정이라고 하지만, 사실상 기존의 국가보안법과는 차원을 달리하는 것이다. 개정이라고 하지만 "폐지제정"의 효과를 가질 정도로 전면개정하는 것이었다.

야당과 언론은 이 개정안에 대하여 격렬히 반발하였다. 이 개정안은 "공산분자를 더 잡을 수 있는 이점보다도, 언론자유를 말살하고, 야당을 질식시키며, 일반 국민의 공사公私생활을 위협할 해점害點이 심대하다"는 것이었다. 가장 비난이 집중된 대목은 첫째, "공연히 허위의 사실을 허위인 줄 알면서 적시 또는 유포하거나 사실을 고의로 왜곡하여 적시 또는 유포함으로써 인심을 혹란케 하여 적을 이롭게 한 자는 5년 이하의 징역에 처한다."(제17조 제5항안)는 조항이었다. 언론자유를 직접 탄압하는 것을 의도한 조항이었다. 그동안 진실보도조차 허위나 왜곡이라고 우겨대고 관권으로 억압하는 것쯤을 능사로 아는 상태에서, 이는 "집권당의 비위에 맞지 않는 언론은 무슨 트집을 잡아서라도 말살"하는 독소조항이라고 비판했다. 둘

---

4 이하에는 무고의 범위 확대, 예비 · 음모, 미수범의 처벌, 자격형의 범위 확인, 형의 감면사유, 수사기능의 강화, 공소보류제도, 국군정보기관의 수사권, 2심제도 등이 있다(제4대 국회 제29회 제29차 국회본회의 회의록, 1958. 8. 11, 부록, 1~3면).

째로, "공연히 헌법상의 기관에 대한 명예를 훼손한 자는 10년 이하의 징역에 처한다"(제22조 제1항안)는 조항이었다. 여기서 "헌법상 기관"은 "대통령, 국회의장, 대법원장을 말한다"(동2항안). 이는 주권자인 국민이 정부나 대통령 등을 비판할 수 없게 하여 "정치비판의 모든 길을 봉쇄"하는 것으로 비판받았다.

셋째, 국가기밀의 탐지·수집·누설 등과 정보수집을 처벌하고 있는데(법안 제11조, 제12조), 그 처벌대상이 되는 '국가기밀'과 '정보'의 개념을 무한정하게 확대하고 있는 점이 있다. "군사 뿐 아니라 정치, 경제, 사회, 문화의 각 분야에까지 확대하여 국민의 공사 생활의 거의 전 영역을 처벌대상으로 하였는바, 아무리 총력전이라고 하더라도 사회와 문화의 영역까지를 국가기밀이라 하여 엄벌해서는 안 될 것이며, 정치와 경제도 군사에 직결되는 특수기밀만 보호하면 족할 것이다"는 것이 반대의 논지였다. 넷째, 국가보안법 사건으로 공소된 피고사건에 대하여는 "형사소송법 제312조 단서를 적용하지 아니한다"(제37조안)는 조항이었다. 형사소송법 제정 시에 가장 논란이 격렬했던 것은, 검사가 아닌 사법경찰관리가 작성한 피의자신문조서의 증거능력 문제였는데, 결국 형사소송법 제312조 단서를 통해 피고인은 자신이 피의자였을 때 작성된 신문조서의 경우 그 내용을 부인하면 곧바로 증거능력이 없다고 규정하게 되었다. 이는 경찰의 고문수사를 뿌리 뽑고자 하는 결연한 의지를 조문화한 것이다. 그런데 이 특례조항 개정안은, 그러한 형사소송법의 취지를 무력화하면서, 경찰 단계의 피의자신문조서에 증거능력을 곧바로 인정하고자 하고 있다. 이와 같은 조항은 "경찰, 헌병, 특무대에서 작성한 피의자신문조서의 증거능력을 부여"함으로써 "자백을 받기 위한 고문을 장려하는 결과를 초래할 것이 명약관화하며" 여타의 개정안과 합쳐볼 때 "국민의 신체자유권을 크게 침해하는 것"이다. 결국 비판론자들은, "진정한 반공은 공산당식 언론탄압을 반대하고 언론자유를 보장하며, 공산주의적 일당독재를 배격하고, 복수정당정치

를 발전시키는 데 있음을 알아야 할 것"이라 주장하였다.[5]

김병로는 국가보안법에 대하여 이미 확고한 주견을 갖고 있었고, 이를 나름 신중하게 펼쳐온 바 있다. 형법 제정단계에서 정부초안의 작성자라 할 수 있는 김병로는, 대법원장 재직시절에 법전편찬위원회 위원장의 자격으로, 국회 본회의에서 형법제정안의 취지를 설명한 바 있다. 거기서 그는 국가보안법을 폐지법률의 목록에 포함시키고 있다.

그러나 국회에서 형법이 제정되면서, 국가보안법은 폐지되거나 개정되지 않고 그대로 유지되었다. 국회에서는 국가보안법의 현실적 필요가 감퇴한다고 해도, 그 상징적 가치의 면에서라도 존속시킬 필요가 있다고 본 것이다. 김병로는 당시 국가보안법의 남용과 폐해에 대한 체험을 바탕으로 폐지론을 입법안에까지 포함시킨 것이다.

1958년 국가보안법의 개정안에 대하여, 김병로는 이제 보다 자유로운 재야 법조인으로서 그리고 국가원로로서, 이를 도저히 받아들일 수 없었다. 그는 국가보안법 개정안에 반대하는 글을 여러 차례 발표했다. 법률의 통과 이전에 한차례 기고를 했고, 법 통과 이후에는 신문기고와 인터뷰, 그리고 본격적인 논문을 통해서 그 문제점을 여실히 지적하면서 강도높게 비판을 했다. 이하에서 차례로 살펴보자.

1958. 11. 25.부터 조선일보는 "보안법과 나의 주장"이라는 각계의 글을 싣고 있는데,[6] 첫 번째로 김병로의 기고를 게재했다. 김병로로서는 대법원장 퇴임 후, 시국 현안에 대해 인터뷰 등이 아닌 직접 기고를 한 첫 글인 셈

5 이상 반대론의 인용은, 반대론을 집약한 '민주당'의 반대성명서에서 추출한 것이다. 민주당, "국가보안법 개정안 반대성명서," 1958. 11. 23. 한국신문연감, 월간 신동아 편집실 편, 한국현대명논설집, 동아일보사, 1979, 291~293면(한인섭 편, 정의의법 양심의법 인권의법. 박영사, 2004, 98~103면에서 재인용.

6 김병로, "명군은 불벌 언론," 조선일보 1958. 11. 25.자; 조재천, "자유당 정권 영속책," 조선일보 1958. 11. 26.자; 조재천, "민권없는 국권없다," 조선일보 1958. 11. 27.자; 윤학로, "양민 짓밟기 알맞은 법," 조선일보 1958. 11. 28.자; 윤학로, "자라나는 민주정치에 역행," 조선일보 1958. 11. 29.자; 김원태, "반공엔 여야초월할 시기," 조선일보 1958. 11. 30.자; 김원태, "이적될 언론만 단속," 조선일보 1958. 12. 2.자; 이주식, "개악이란 한낱 기우, 휴전은 못믿을 위장평화," 조선일보 1958. 12. 3.자; 민운식, "언론봉쇄면 암흑초래," 조선일보 1958. 12. 4.자; 민운식, "엄벌보다 인류애, 경찰조서론 증거박약," 조선일보 1958. 12. 5.자.

인데, 그만큼 그 기고 자체에 사회적 비중을 느끼게 하는 것이었다. 그의 글은 법리적 측면에 주안점을 두면서, 뒷부분에서는 민주주의와 언론자유에 대한 중요성을 언급하고 있다.[7]

김병로가 보기에, 신국가보안법안은 "단순히 공산주의자들의 행동을 엄중히 처단하는 데 그치지 아니하고 파생적 조항을 번잡하게 늘어놓음으로서 공산주의자들의 행동 이외에 모든 국민의 사회활동에 영향을 줄 가능성이 있을 뿐만 아니라, 더구나 절대로 자유스러워야 할 언론에 대하여 그것을 봉쇄하거나 또는 위협할 수 있는 조항을 늘어놓았"다.[8] 그리하여 그는 국민여론과 정의, 기본권 보장의 관점에서 이를 거부해야 한다고 단호하게 역설하고 있다.

우리 국민은 정부가 이러한 법안을 강행적으로 제정하려는 그 진의가 나변(那邊, 어디)에 있는가를 궁금히 여기는 바이다. 뿐만 아니라 주권을 가진 국민의 입장에서 이러한 위험성을 포함한 법의 제정은 어디까지든지 국민의 여론과 정의의 힘으로 거부해야 한다는 결론을 갖게 하는 것이다. 결론적으로 말하면 이 법안은 공산주의자의 행동을 엄벌한다는 입법취지에 너무나 상치되는 점이 많을 뿐만 아니라 오히려 국민의 기본권리를 침해할 가능성이 없지 않으므로 해서 개정의 필요성을 느끼지 않음은 물론 국민으로서는 용인할 수 없는 것이다.[9]

법리적 측면에서 역시 주목한 것은 법안 제17조 5항의 규정이다. 우선 이 내용은 제17조 1항 내지 4항과는 성질을 달리하는 것으로, 이 규정이 필

---

7 김병로, "법으로 국민을 억제말라: 국민의 입장에서," 신태양, 제8권 제1호, 통권 76호, 1959. 1, 64~66면. 글을 비교해보면, 아마도 신태양지의 글이 원래의 글인데, 조선일보 기고는 그중 일부를 생략하고 다듬은 것으로 보여진다. 그러나 발표일자를 기준으로 보자면 조선일보의 기고가 앞서므로 이를 인용하되, 신태양지의 글에만 나오는 부분을 보충적으로 삽입하면서 설명하겠다.

8 김병로, 앞의 글, 64면.

9 김병로, 앞의 글, 65면.

요하다면 차라리 별도의 조문으로 했어야 했음을 지적한다. 그러면서 17조의 제일 끝에 슬그머니 배치한 것은 "무슨 묘계가 잠재한지는 몰라도 나는 독립조문으로 하는 것이 적당하다"고 힐난했다. 그리고 이 조항의 내용에 들어가서, "왜곡"이나 "적을 이롭게 한다"는 어구부터 강력하게 비판하고 있다.

사실을 "왜곡"이라는 어구와 "적을 이롭게 한다"는 어구와 같은 것은 형벌법규상 너무 모호하고 부정확한 것이라 아니할 수 없으므로 이것이 언론을 탄압하자는 계교計巧가 아닌가 국민이 의아하는 바이다. 만일 이러한 조항을 널리 해석하여 신문 잡지상에 공무원의 비행이라든지 강·절도의 발호라든지 국가재정의 남비濫費와 같은 사실을 보도하였을 때에 적이 이런 것을 역용逆用하여 한국의 정치를 비난하는 일이 있다면 일응 우리 신문, 잡지의 기사에 대하여 이적행위라고 수사를 개시할 수도 있을 것이며, 또는 야당에서 정부정책을 혹평하는 문서를 반포한 경우에도 똑같은 이론으로 일응 이적행위라고 수사를 개시할 수도 있을 것이니, 이것이 재판에까지 이르러 무죄의 판결이 있으리라 하더라도 일반언론은 공포심에 사로잡히지 아니할 수 없을 것이므로 결국 언론은 봉쇄되고 마는 상태에 이를 것이다. 그렇기 때문에 위에 말한 바와 같이 "왜곡"이니 "적을 이롭게" 하느니 하는 문어는 다른 정확한 문어로 규정하여야 할 것이다.[10]

"왜곡"과 "이적행위"라는 구절이 모호하고 부정확하여 언론을 봉쇄하고 야당을 탄압하는 용도로 악용될 수 있음을 세세하게 설명하고 있다. 또한 그러한 넓은 개념으로 수사하고 재판할 때 일반언론에 주는 공포감과 위축효과도 적절히 지적하고 있다.

두 번째는, 헌법기관에 대한 명예훼손 조항이었다.

---

10 김병로, "보안법안과 나의 주장(1)," 조선일보 1958. 11. 25.자 1면.

헌법상의 기관이라는 어구는 입법·행정·사법에 속한 공무원을 이름인지 각 기관의 대표자들을 이름인지 또는 공법인인 기관 자체를 이름인지 불분명한 문자이고, 만일 그 기관에 속한 자연인을 지칭한 것이라면 명예에 있어서 특수한 계급을 지정하는 것이 되므로 법률 앞에 국민의 평등을 저해하는 결과가 아닐까 의심하는 바이다. 금반今般 이 대안이 제출됨에 있어서 내가 신문상으로 보고 어마어마하게 놀란 사실의 하나로서는 정당의 성명서 중에 "국가보안법의 개정안을 반대하는 것은 적의 간악한 술책에 빠진 것이라고 아니할 수 없다"는 말이다. 이러한 어법은 국민을 무시하여도 분수가 있는 것이지 미리 반대하는 사람에게 위협을 주는 것이며 자기의 독선도 심한 것이어서 어느 국민이 분격하지 아니할 수 있을 것인가.[11]

헌법상 기관에 대한 명예훼손을 처벌하는 것은 특히 대통령과 행정부의 처사에 대한 정치적 비판을 봉쇄하는 것이라는 점이 흔히 지적되었지만, 김병로는 여기에 "명예에 있어서 특수한 계급"을 지정하는 것이므로 헌법상 평등원칙 위배라는 헌법적 기준을 끌어대어 비판하는데 이 점이 주목된다.[12] 또한 그는 국가보안법의 폐해는 법개정의 타당성 자체에 대한 논의의 자유를 위협함을 지적하고 있다.

끝으로 김병로는, "오늘에 이르러서 언론단속을 숙원으로 하는 사람은 국민으로서는 용인할 수 없을 것이다. 언론의 자유는 절대적인 것으로 특별법규로서 단속하는 규정을 둘 필요는 전연 없"다고 단언하고, 명예훼손이나 내란 간첩 이적행위가 있으면 "현행 형법, 국가보안법 및 국방경비법 등 법규로서도 충분히 제재할 수 있다고 믿는다"고 역설했다. 10년간 대법원장을 역임한 김병로의 이 말에 정면 반박하기는 쉽지 않을 것이다. 끝으

11 김병로, 앞의 글, 1면.

12 당시의 헌법 제8조. "모든 국민은 법률 앞에 평등이며 성별, 신앙 또는 사회적 신분에 의하여 정치적, 경제적, 사회적 생활의 모든 영역에 있어서 차별을 받지 아니한다. 사회적 특수계급의 제도는 일체 인정되지 아니하며 여하한 형태로도 이를 창설하지 못한다."

로 그는 "법의 제정에 대하여 국민이 의구심과 공포심을 가진다는 것은 국민이 위정자를 신뢰하지 않는다는 징조라 할 것인 만큼 법으로서 국민을 억제하지 말고 국민에게 전폭적 신뢰를 얻을 수 있는 시책을 하는 것이 가장 첩경이 아닐까"고 맺고 있다.[13] 법이 국민의 억압책이 되어서는 안 됨을 충고하고 있는 것이다.

그와 전후하여, 야당인 민주당은 외부와 힘을 합쳐 원내외를 병행한 개악반대투쟁을 전개했다. 민주당 의원 81명과 무소속 의원 10명은 1958. 11. 27. '국가보안법 개악반대 원내투쟁위원회'를 구성하여 범야 연합전선을 추진하는 한편, 보안법 통과를 강행하면 예산심의를 거부한다는 데 뜻을 모았다. 각 언론사도 공동성명서를 통해 이러한 방향에 강력한 지지 의사를 보였다.

그러나 동년 12. 19. 법제사법위원회에 모인 자유당 의원들은 민주당 의원들이 점심식사차 자리를 잠깐 비운 틈을 이용하여 자당 의원 10명만으로 개회를 선포하고, 이 법안을 통과시켰다. 그에 항의하여 민주당 의원들은 국회 본회의장에서 무기한 농성에 들어가면서, 법사위 통과를 무효라고 맞섰다. 자유당은 1958. 12. 24. 경호권을 발동하여 무술경관 300여 명을 동원해 국회의사당 문을 폐쇄시키고, 야당 의원들을 강제축출시킨 다음에, 자유당 의원들만 참석하여 국가보안법과 지방자치법 개정안, 그리고 다음 해 예산안 등을 2시간에 통과시켜버렸다. 이를 "보안법 파동" 혹은 "이사파동"이라 하고, 최근에는 "2·4보안법파동"이라 부른다. 이로써 국가안보를 빌미로, 야당 및 언론에 대한 대대적 탄압의 가능성이 현실화되게 되었다.

2·4파동으로 결판난 국가보안법 개정법률 통과에 대하여 김병로는 언론기고, 신년맞이 대담, 법리적 비평에 이어 논문으로까지 전방위적으로

---

13 김병로, 앞의 글, 신태양, 66면. 조선일보의 맺음말도 같지만, 표현의 어구에서 일부 생략되어 있어 신태양의 것을 인용한다.

맹공을 폈다. 여야 간의 대립 속에서, 정파를 넘어서 펼쳐낸 김병로의 논전은 사회적 이목을 집중시켰으며, 언론들은 그의 견해를 다투어 싣게 되었다. 그는 언론인이자, 법조계 원로이자, 최고지성인으로의 식견을 펼쳤던 것이다.

그의 첫 반응은 1958. 12. 27. 조선일보의 〈시론〉을 통해서였다.[14] 첫 구절은 다음과 같이 시작된다.

> 최근 국회의 처사는 나로서는 도무지 이해할 수도 없고 더욱이 여당 의원들은 의원의 직무를 어떻게 생각하고 그 운영에 당하는 것인지 알 수 없다. 앞으로는 민주주의라는 말도 없을 것 같이 생각된다.

한마디로 이해하려 해도 "도무지 이해할 수 없는" 사태이고, 여당 의원들은 의원의 직무를 몰각했다는 것이며, "민주주의"라도 말하기도 참담하다는 것이다. 그러면서 김병로는 자신의 느끼는 바를 간단히 정리하고 있다.

첫째, 이 파동은 다수결 원칙의 진정한 의미에 대하여 성찰하게 만들었다. 자유당 의원들은 다수결에 의해 법이 통과되었으므로 절차상 문제는 없다고 주장한다. 그러나 야당 의원들을 처음부터 완전히 몰아낸 다음, 여당 의원들만 참석하여 과반수로 법을 통과시키기만 하면 다수결원칙을 충족시킨 것인가 김병로는 질문한다. 12. 24.에는 자유당 소속 국회의장이 직권으로 경호권을 발동하여 소수당 의원들을 모조리 체포감금하고 자당 의원만으로 본회의를 열고 불과 몇 시간 동안에 수많은 법안과 총예산안 등을 통과 확정하였다는 것은 도저히 납득될 수 없다. 김병로에 의하면, "국회에서 다수당이라면 소수당원은 없는 것처럼 간주하고 또 그 의안에 대한 국민의 요구가 어디 있는지도 무관하고 자기 마음대로 처결하면 그

---

14 김병로, "도무지 이해할 수 없는 일, 허용못할 집권당의 횡포," 조선일보 1958. 12. 27.자 2면.

만이라는 것인가.” 아마 다수당은 그리 생각하는 모양이지만 김병로는 그에 도저히 동의할 수 없었다.

어느 의안이든지 국민의 여론에 배치되고 의안 자체가 조리에 적합하지 아니하는 경우에는 아무리 다수당이라 할지라도 그 일당으로 독재적 처결을 할 수 없는 것이 헌정의 원칙이다. 그렇기 때문에 이러한 의안일수록 널리 여론에 호소하여 국민의 이해를 얻음에 성숙되어야 하며, 소수당 의원의 의견도 충분히 전개케 하여 그 논의가 여축 없이 성숙된 후에는 다수결에 의하여 처리하여야 하는 것이다. 아무리 다수당이라 할지라도 자기들만으로 본회의를 열고, 심의할 시간적 여유도 없이 손만 들어 결정한다면 그만이라는 것은 헌정의 원칙상 허용할 수 없는 것이다.[15]

김병로가 “도무지 이해할 수 없는” 두 번째 점은, “국가보안법 문제가 있은 후 서울시경국장이 자기 임의로 수도 서울에서 일반집회의 금지령을 발표하여 집회를 금압”한 사실이다. 김병로는 법률가로서, 시경국장의 “그런 행동은 어떠한 법에 근거가 있는가”라고 준엄하게 묻는다. 그러면서 “법에 의거하지 아니하고는 명령으로만도 집회를 금지할 수 없는 명백한 헌법규정에도 불구하고 그 근거법을 명시함도 없이 경찰국장의 그러한 강권이 어디에 있는 것인가”하고 법적 무근거성을 들어 정권의 횡포를 규탄한다. 정권의 입장에서 “일제의 법령이나 군정시대의 법령에 의거할 바 있다”는 주장도 나오는데, 그에 대해 김병로는 최고의 법전문가로서 단호히 이를 배격한다.

민주주의 이념에 기본을 둔 우리 헌법정신에 비추어 그러한 법령의 잔재는

---

15 김병로, 앞의 글, 2면.

구실만으로라도 허용할 수 없는 것이다. 또 그러한 잔재법령이 일개 명령의 성격을 가진 것이라면 우리 헌법상 국민의 기본권을 제한할 수 없음은 누구도 수긍하지 아니할 수 없을 것이다. 그럼에도 불구하고 경찰국장의 명령으로 국민의 헌법상 기본권을 유린하고도 반성할 줄 모르는 현실이니 민주주의를 위해서 또는 헌법의 존엄성을 위하여 참으로 한심스러운 일이라고 아니할 수 없다.[16]

이렇듯 국가보안법 개정안의 통과과정을 볼 때, 국가보안법은 여론과 조리, 민주주의와 헌법의 존엄성에 배치되고, 집회금지에 대해서는 현행 민주헌정체제 하에서 그 법적 근거가 없다는 점을 적시하고 있다. 이와 같은 "국회의 처사와 경찰의 행동을 직시할 때에 참으로 우리의 장래에 대하여 우울한 심정을 금할 수 없으며, 국회 및 경찰당국에 대하여는 맹성을 촉후하여 민주주의의 참된 면목으로 복귀하기를 바라마지 않는다"고 맺고 있다.

1958. 12. 24. 국가보안법 개정법률의 통과 이전에는 김병로는 개정안의 내용 자체에 비판을 집중했지만, 통과 이후에는 그 통과과정의 절차적 문제점 및 통과 이후의 탄압에 대해 비판을 더하고 있다. 곧이어 김병로는 2·4파동의 문제점에 대해 본격적인 법리적 비판을 정교하게 전개하고 있다. 그러면서 이젠 악법폐지를 위한 국민의 권리와 저항권까지 내세우고 있다. 1959년 신년 벽두에 이르러 동아일보는 김병로와의 방담을 크게 게재했는데, 그 제목은 "국민권리 수호하자"는 것이었다. 곧이어 김병로는 "법이론적으로 본 보안법 파동"[17]을 기고했는데, 그 부제로 언론에서는 "국민은 악법 폐지를 요구할 권리가 있다"는 타이틀을 뽑았다. 이제 김병로는 권력의 헌정유린과 입법권 침해에 맞서, 헌법수호자이자 민주주의의 최후 보루로서 '국민의 저항권'을 역설하는 단계에까지 나아간 것이다.

---

16 김병로, 앞의 글, 2면.
17 "법이론적으로 본 보안법 파동, 전 대법원장 김병로옹의 견해," 동아일보 1959. 1. 10.자 3면.

法理論的으로본保安法波動

前大法院長 金炳魯翁의見解

二四通過 保安法등은無効

金炳魯翁

國民은惡法廢止를 要求할權利가있다

集會禁止는違法 行政訴訟으로應懲하라

軍政法令이란 이미消滅된것

법이론적으로 본 보안법파동(동아일보 1959. 1. 10.)

아래에서는 김병로의 두 글을 요약해보기로 한다. 첫째는 동아일보에 나온 "법이론적으로 본 보안법 파동"이다. 둘째는 "이사파동 유감"이란 제목으로 〈사상계〉에 기고한 것이다. 후자는 5면 정도이지만, 그 법리 전개의 정확성 면에서는 하나의 완성된 법학논문으로 읽힐 수 있다. 구체적 지적의 면에서는 추상같은 판결문처럼 보이기도 하고, 법적 판단과 함께 종합적인 고려를 하는 면에서는 우국지사의 정론직필로서 손색이 없다. 한마디로 가장 완성된 명문이되, 미사여구가 아니라 법리분석을 한 법률논설이라 할 것이다.[18] 〈사상계〉의 글이 시간적으로 더 뒤에 쓰여졌지만, 두 글의 논지와 표현은 중복되어 있는 면이 많으므로, 두 글을 하나의 논지로서 맥락화하여 인용·정리해보고자 한다.[19]

① 2·4파동은 국회법에 위반한 결정으로 당연 무효이다.

김병로는 먼저 "다수결의 의미"로부터 시작한다. "여하한 경우를 막론하고 반수 이상의 사람만 모여 결의하면 다수결로서 유효하다고 볼 수 있는가, 혹은 반수 이상의 결의가 있다 하더라도 그 결의가 법의 정신과 조리에 맞지 아니하면 형식상으로는 비록 과반수의 결의라도 실질적으로는 무효라고 볼 것인가 하는 점을 우선 결정해야 할 것"이다.[20] 김병로에 따르면, "국회에서 의안을 처리하는 데 있어서도 언제나 재적의원 과반수만 모여 결의하면 다수결이 되는 것으로 알아서는 아니 된다. 우선 의장이 개의를 선포해야 하며 각 의원의 자유스러운 의견개진이 있은 후라야 재적의원 과반수의 재석과 재석의원 과반수로써 결의가 가능한 것이다. 이같은 국회법의 규정에 위반하고 과반수 의원으로만 개의를 선포하고 결의하였다면 그 결의는 실질적으로 무효이다."[21]

이러한 기준 하에서 당시의 상황을 종합해보면 "당일 의장의 개의 선포도 없이 이른 아침부터 증원된 경위 3백여 명이 국회의사당에 농성 중에 있는 야당의원들을 모조리 끌어내어 구타를 가하고 다른 처소로 납치하여 감금하기를 4, 5시간에 이르렀으며 당시 의사당 내에 있지 아니했던 야당 의원일지라도 입장을 거부하고 일당의 의원만이 개의를 하여 불과 수3시

---

18 그런데 이 사상계의 글은, 그 중요도와 완성도에도 불구하고, 기존의 김병로 연구에서 아직 알려지거나 소개되어 있지 않다.

19 앞의 1958년 말의 기고와도 중복되는 부분이 있지만, 완성된 형태로서 정리하기 위해 약간의 중복은 불가피함을 양해 바란다.

20 김병로, "이사파동유감," 사상계, 제68호, 1959. 3, 16면.

21 김병로, 위의 글, 사상계, 17면.

간 내에 수많은 법률안과 방대한 예산안을 결정했다는 것"이니, 이는 "실질적으로는 국회법에 위반될 뿐 아니라 일반적인 조리에 어긋나는 것이요, 따라서 그 효력은 발생될 수 없다"고 김병로는 단호히 판정했다. 법이론적으로나, 상식적으로나, 적법한 의결에 따른 통과라고는 도저히 수긍할 수 없다는 것이다.

② 소위 경호권의 발동은 국회법에 위반한 것이다.

김병로에 따르면, "한 정당 소속 의원들이 다수라 하여 4대 1이나 되는 수많은 경위로 하여금 다른 정당의원들을 모조리 끌어내 감금한 연후 그 시간을 틈타 자당 의원만으로서 개의를 선포하고 의안을 결정지었다는 것은 법률적으로는 고사하고 상식으로 판단하더라도 그러한 결의가 유효하다고 할 사람은 그네들 외에는 온 국민 중 단 한 사람도 없으리라 생각된다."[22]

그에 대해 여당에서는, 야당의원이 의사진행을 방해하는 까닭에 의장이 국회법에 의거하여 경위권을 발동하여, 의사진행을 방해하는 의원들을 퇴출시킨데 지나지 않는다고 강변했다. 김병로는 "정당한 순서로 본다면 먼저 의장이 개의를 선언하고 의사를 진행하는 도중, 의원 중에서 부당한 방법으로 방해하는 경우에는 그 의원에 대하여 의장이 경위권을 발동하여 퇴출시킬 수 있다는 것이지, 개의도 선포하지 아니하고 처음부터 계획적으로 퇴출시킬 의원의 지명도 없이 야당의원이라면 모조리 끌어다가 감금케 한 것은 아무리 보아도 국회법상의 경호권 발동이라고는 할 수가 없다"고 반박했다. 더욱이 "3백여 명에 달하는 소위 경위라는 자들이 의장의 명령을 오인 또는 착각에 의해서든지 그러한 행동을 하였다는 것은 신성하여야 할 의사당 내에서 만인공노할 죄과를 범한 것이라고 말하지 아니할 수 없다"[23]고 적극 반박하고 있는 것이다.

---

22 김병로, 위의 글, 사상계, 17~18면.
23 김병로, 앞의 글, 사상계, 18면.

③ 국민은 악법의 폐지를 요구할 권리가 있다.

보안법이 통과된 직후 각종 반대가 거세게 일어나자, 정부는 "다수결로 통과한 법률에 대한 반항은 불법"이라고 몰아붙였다. "가령 악법일지라도 공포 실시되면 기성의 법률이므로 국회의 절차에 의하여 폐지나 개정이 없는 이상 국민은 절대로 복종하여야 할 뿐이요, 반대운동은 할 수 없다"는 요지를 편 것이다. 사실 이러한 논리에 대해 정면으로 반박하기란 쉽지 않다. 더욱이 1950년대, 충분한 반박논리 형성을 위한 법철학적 고찰도 제대로 있을 리 없었던 토양에서는 더욱 그랬다.

그런데 김병로는 그에 대해 정면으로 반박하면서, 그 논리를 다음과 같이 압축했다.

원래 '악법도 법률'이라는 말은 적법한 국회 절차를 밟아 제정 공포된 법률을 말하는 것이요, 적법성이 없는 다수결로서 통과된 법안이야 아무리 공포 실시하였다 하여도, 실질적으로는 법률의 효력을 발생할 수 없는 것이므로, '악법도 법률'이라는 논법은 여기에 해당한 것이 아니다. 가사 국회의 절차를 밟아 적법하게 제정된 법률이라 할지라도 그 내용이 헌법정신에 위배되거나 국민생활에 적합하지 아니한 것이라면, 국민은 그 법률의 폐지 또는 개정을 위한 국민운동을 일으켜 입법부의 반성을 촉구할 권리를 행사할 수 있는 것이다. 이러한 국민의 기본권리를 경찰이 억압한다는 것은 민주국가에서는 있을 수 없는 일이다.[24]

적법절차에 의하지 않은 것은 아예 법률이 아니므로, '악법도 법'이라는 말 자체가 해당되지도 않는다. 겨우 적법절차를 거쳤다고 해도, 국민은 법의 개정·폐지를 위한 국민운동을 일으킬 수도 있다. 헌법정신에 위배, 국민생활에 부적합성 등의 경우에 특히 그러하다. 민주국가에서는 악법의

---

24 "법이론적으로 본 보안법 파동, 전 대법원장 김병로옹의 견해," 동아일보 1959. 1. 10.자, 3면. 다만 기존의 인용에서 부정확한 부분이 적지 않음을 원문 대조를 통해 확인한다.

개폐를 위한 국민의 권리를 경찰이 억압할 수 없다. 이와 같은 김병로의 입론은, 실로 그의 평생의 법률관의 한 정점을 압축한다고 할 수 있을 것이다.[25] 더욱이 1950년대 말에 김병로의 입론은, 2·4파동을 계기로 표출된 것이기는 하나, 대담한 명제를 명쾌하고 독창적으로 정리했다.[26] '악법'에 대한 그의 입론은, 아마도 악법의 늪 속에서 투쟁해야 했던 일제 시대의 항일변론활동 이래 수십 년간 법률가로서 그가 구축한 법률관의 자기정리이기도 했을 것이다.

④ 반대집회에 대한 경찰의 탄압은 법적 근거가 없다

소위 2·4파동이 있은 후 야당인사들은 원내외에서 일어난 불상사에 대한 책임의 추궁과 부적법한 결의로 통과되었다는 법안의 무효를 주장하고 대책을 논의하기 위하여 옥내 옥외의 집회를 계획하고, 혹은 그와 같은 사실을 국민에게 표명하기 위하여 시위행진 등을 하려 했다. 그에 대하여 서울시 경찰국장이 일방적으로, 모든 회의 및 시위의 금지조치를 내리고, 무장경관으로써 야당사무소의 출입구 기타 요소요소의 교통을 금지·차단하고, 간판을 철저 소각하는 등의 행동을 자행했고, 심지어는 행진하는 야당인사들을 체포 감금하여 치안재판에 회부하는 등의 조치를 서울 뿐 아니라 각 지방에까지 파급시키고 있었다.

김병로는 이러한 사실을 적시하면서, 경찰의 이런 자의적 조치가 도대체 어떤 법률에 근거하는지를 법률가로서 추궁하고 있다. 그에 대한 당국자들의 말도 전후가 일치되지 않고 있으니 갈피를 잡을 수 없다. 법적 근거라고 내놓은 게 "치안국장의 지시"니 "미군정시의 경무부장 통첩"에 의거한 것이라느니, 경찰직무집행법에 의거하는 것이라느니, 경범죄처벌법에 의

25 김학준은, 이 구절을 두고 "두고두고 인용될 만한 명언"(김학준, 가인 김병로 평전, 2013, 454면)이라고 평가하고 있다.

26 당시 라드브루흐의 법이론이 아직 소개되지도 않았던 시점이고, 악법논쟁이 본격화되지도 않았던 시점임을 감안하고 독해할 필요가 있을 것이다.

거한 것이라느니 마구 갖다 대는데, 김병로는 이러한 법률적 근거를 일일이 논박하고 있다.

첫째, 미군정법령은 효력이 없다. 군정법령은 헌법의 부칙에 따라 예외적으로 효력을 갖는 경우가 있으나, 이는 헌법정신에 저촉되지 아니하는 한도에서 대한민국 국회에서 폐지하지 않은 것만이 지금 유효할 뿐이다. 그런데 인용하는 군정법령은 이미 실효된 것이다. 둘째, 경무부장 통첩이란 군정시대에 나온 것인데, 이는 아예 법령이라고 할 수도 없는 것이다. 그것도 헌법정신에 위배되고 이미 국회에서 폐지하기로 결의된 것이다. 이런 규정들을 내어 들고 집회와 언론의 자유 등을 제한하는 것은 있을 수 없다. 헌법상 기본권은 법률로써만 제한할 수 있는 것인데, 실효된 명령(군정법령)이나 통첩(경무부장 통첩) 등으로 금지하고 제한하려는 것은 "그야말로 위헌적 행위로서 직권남용밖에 안 되는 것이다."[27]로 비판한다. 그러면서 김병로는 헌법원칙으로 정리한다.

> 헌법에 규정된 바에 의하면 대한민국 국민은 법률이 제한하지 않는 한 옥내옥외를 막론하고 자유롭게 집회할 수 있고 또 시위행진도 할 수 있으니 이것이 국민의 기본적 권리이다. 이처럼 헌법에 보장된 국민의 기본권을 폭행이나 특수사고가 없는 이상 경범법 위반이니 교통단속법 위반이니 하는 구실로써 유린할 수는 없다. 또한 집회나 행렬하는 인사들을 경찰이 체포, 구인하려 할 경우에 이를 방위하기 위하여 비록 반격행위가 있더라도 그것은 결단코 공무집행방해라고 논의할 수 없다. 왜냐하면 경찰의 행위가 정당한 공무가 아니고 일개 불법적 직권남용이기 때문이다.[28]

흥미있는 것은 김병로가 이 비판을 하면서, 자신의 왜정시대 체험을 언

---

27 김병로, 앞의 글, 사상계, 19면.
28 김병로, 앞의 글, 사상계, 19면.

급한다는 점이다. 식민지 하에서 한국인의 언론과 집회를 무리하게 제한하기 위하여 일제는 "(구한말) 광무년도의 신문지법이니 집회취체령이니 하는 법률을 그대로 인용하고 또는 치안유지법을 제정하여" 독립사상을 포지하였다는 이유로 사상을 벌하는 등의 처사를 말할 수 없이 빈번하게 행했다. 김병로는 그에 대한 투쟁으로 자신을 포함한 인사들이 "악법철폐 — 즉 광무년대의 신문지법, 집회취체령, 치안유지법 등의 철폐"를 주장하는 일대 운동을 전개하여 서울시내를 비롯하여 각 지방까지 삐라를 살포하였고 악법 철폐, 경찰타도의 연설회, 집회 등을 기회있을 때마다 개최했고, "법정투쟁을 전개하여 왜정에 대한 비판을 공개법정에서도 여지없이 감행"했던 사실을 소개하면서 이를 "악독한 왜경들도 문제 삼은 일이 없었다"고 지적한다.[29] 보안법 파동과 경찰의 집회·시위탄압을 보면서, 김병로는 자신의 1920년대 언론·집회·법정투쟁의 면모와 연결시키면서, 그 당시의 법률운동논리를 1950년대 후반의 사안에 연결시키고 있는 것이다. 그렇다면 김병로에게 악법철폐투쟁은 1950년대의 한 사건에 국한된 것이 아니라, 그의 법률가적 생애의 한 특징적 활동으로 체화되어 있는 것이라 평할 수 있을 것이다. 따라서 김병로는 이 점에 관하여 참으로 단호한 주장을 펼치고 있는 것이다.

> 우리 대한민국과 같이 민주헌정에 기초를 둔 민주주의 국가에서 정당원이나 기타 국민이 악법철폐를 주장하기 위하여 집회와 데모를 비폭력, 무저항으로 평온히 행하려는 경우 이것이 법률상 제한된 바 없음에도 불구하고 경찰에 의하여 만연히 금지하고 탄압한다는 것은 언어도단이라 아니할 수 없다.[30]

⑤ 위법한 경찰처분에 대해서는 행정소송으로 응징하라

---

29 김병로, 앞의 글, 사상계, 19면.
30 김병로, 앞의 글, 사상계, 19면.

이와 같은 위법한 경찰처분에 대한 대응방안과 관련하여, 김병로는 법조인적 처방까지 내리고 있다. 경찰의 위법에 대하여는 "행정소송을 제기하여 그 취소 또는 변경을 청구할 수 있음"을 적시하고, 그 소송을 하기 위해서는 "먼저 처분하는 경찰의 상급청에 대한 소원절차를 경유하여야 할 것"이라는 점까지 일러주고 있다. 경찰의 불법처분에 대하여 그 경찰이나 상급책임자가 반성함이 없으면 어떻게 할 것인가. 그에 대해서도 김병로는 단호하다. "국민은 마땅히 소권訴權을 행사하여 법의 판단으로 이를 경계"해야 한다고 한다. "모든 법적 절차를 취하여 이를 응징하지 아니하면 국민은 이러한 공포 속에서 자기의 기본권리를 포기하는 결과가 되고 말 것이다."[31] 김병로는, 국민에게 권리를 위한 법적 투쟁을 할 의무까지 상기시키고 있다.

⑥ 민주정치의 핵심

김병로의 준열한 비판은 민주주의에 대한 언급으로 맺고 있다.

민주정치는 동의에 의한 정치이다. 그리고 그 동의는 토론과 합법적인 절차에 의하여 주권자인 국민의 주시 하에 행하여져야 하는 것이다. 그것이 비록 소수의 의사일지라도 충분히 검토, 반영되는 점에 민주정치의 우수성이 있는 것이며, 다수결 원리도 이러한 태도에서만 민주정치의 자랑스러운 속성이 될 수 있는 것이다.[32]

이상, 다소 지나칠 정도로 상세하게, 김병로의 보안법의 내용과 절차에 대한 비평을 소개했다. 그 한 줄 한 줄은 법리적으로 적확하고, 민주주의의 요체를 직설적으로 알려주고 있다. 단지 한 사건에 직면하여 분노의 표현

---

31 동아일보 1959. 1. 10.자, 3면 "법이론적으로 본 보안법 파동, 전 대법원장 김병로옹의 견해".
32 김병로, 앞의 글, 사상계, 20면.

을 쏟아낸 것이 아니라, 일제하 항일변호사로서의 절절한 체험에다가 언론자유 및 민주주의의 수호자로서 진지한 변론을 펼쳐낸 것이다. 언론들이 상당한 지면을 김병로의 견해에 할애한 점도 '전 대법원장'으로서 최대치의 법리를 전개하는 것에 대한 각별한 존중심의 발로였다고 생각된다.

2. 경향신문 폐간처분에 대한 김병로의 비판

1959년이라면 1960년 정·부통령 선거를 한해 앞둔 해였고, 이승만 정권의 부정부패와 장기집권에 대한 염증이 전국화되어 있었다. 선거 직전에 유리한 환경의 정비를 위해, 정권은 반대언론에 대한 본격적 탄압을 감행했다. 제1표적은 경향신문이었다. 당시 경향신문은 발매부수 제2위의 영향력 있는 언론으로서, 동아일보와 함께 가장 강력한 비판언론이었다. 특히 가톨릭계 신문으로서 민주당과 장면을 특히 지지하는 '대표적 야당지'로서, 자유당으로서는 '눈엣가시'처럼 여겨지던 터였다. 1959년 이전에도 경향신문은 여러 차례 공격받았다. 그러나 1959년에 밀어닥친 압력은 그런 차원의 정도에 머무르는 게 아니었다. 정권은 아예 신문사의 존립까지 말살하는 원천적 악행을 저질렀다.

1950. 4. 30. 정부 공보실에서는 '경향신문 발행허가 취소'의 처분을 내렸다. 당장 5월 1일부터 신문의 발행이 봉쇄되었다. 그 근거는 미군정법령 제88호 위반이라는 것이었다. 군정법령 제88호 제4조에는 "신문 기타 정기간행물에 법률 위반 등의 사유가 있을 경우에는 발행허가를 취소하거나 정지할 수 있다"[33]고 되어 있었는데, 이 조항에 따라 행정부가 일방적으로 신문발행을 취소할 권한을 갖고 있다고 강변했다.

---

33 군정법령 제88호는 1946. 5. 29. 재조선미국육군사령관의 지령에 의하여(조선군정장관 미국육군소장 아처 엘러취) 공포되었다.

정부가 폐간처분의 사유로 내세운 법률위반은 다음 5가지 기사였다.

① 1959. 1. 11. 사설 '정부와 여당의 지리멸렬상'에서 스코필드 박사와 이기붕 국회의장 간의 면담 사실을 '책임져야 할 사람이 책임져라'는 격렬한 표현으로 날조, 허위사실을 유포하였다.
② 그해 2. 4. '여적'란을 통해 헌법에 규정된 선거제도를 부정함과 아울러 국헌을 문란케 할 목적으로 폭동을 선동했다.
③ 같은 2. 15. '홍천 모 사단장의 휘발유 부정처분' 허위보도로 군의 위신을 손상시켰다.
④ 4. 3. '북괴 간첩 하모의 체포' 기사를 미리 보도하여 공범자들의 도주를 방조했다.
⑤ 4. 15. 이승만 대통령의 기자회견을 다룬 '국가보안법 개정도 반대' 기사에서 허위보도를 하는 등 오보를 일삼아 국익을 해쳤다.[34]

이 중에서 가장 문제시된 것은 ②의 '여적' 칼럼이었다. 경향신문은 1959. 2. 3.부터 미국 노트르담 대학 허맨스 교수의 '다수결의 원칙과 윤리'라는 글을 번역 게재했다. 그와 함께 2. 4. 칼럼 '여적'란에서, 칼럼의 필자는 그 허맨스 교수의 글을 인용하면서 자신의 논지를 전개했다.

"허맨스 교수에 의하면 '다수결의 폭정'이란 있을 수 없다는 것이다. 아마도 이 학설을 보는 한국의 다수당은 아전인수로 해석하려고 달려들 것 같으나 자세히 보면 그의 주장 속에는 하나의 커다란 전제조건이 있다. 그것은 즉 '인민이 성숙되어 있어서 자기 의사를 자유롭게 행사할 수 있다는 것을 전제로 하고 있다는 것이요, 바꾸어 말하면 어제는 다수당을 지지하여 그에게 권력을 준 투표

---

34 경향신문 2014. 12. 14.자 A9면, 한승헌, "의혹과 진실 — 한승헌의 재판으로 본 현대사(10) 경향신문 폐간 탄압사건(상)".

자도 내일은 그것을 버리고 그를 소수자로 전락시킬지도 모르며 … 한국의 현실을 논하자면, 선거가 올바로 되느냐 못되느냐의 원시적인 요건부터 따져야 할 것이다."[35]

이렇게 일침한 다음, 필자는 선거부정 등으로 진정한 다수의 의사를 확인할 수 없을 때를 날카롭게 지적한다.

물론 '진정한 다수'라는 것이 선거로만 표시되는 것은 아니다. 선거가 진정 다수결정에 무능력할 때는 결론으로는 또 한 가지 폭력에 의한 진정 다수결정이라는 것이 있을 수 있는 일이요, 그것을 가리켜 혁명이라고 할 것이다. 그렇다면 가장된 다수라는 것은 조만간 진정한 다수로 전환되는 것이 역사적 원칙인 것이니 오늘날 한국의 위기의 본질을 대국적으로 파악하는 출발점이 여기 있지 않을까.[36]

오늘날 이 구절을 음미해보면, 대규모의 선거부정으로 진정한 다수의사가 현출되지 못할 때 폭력을 포함한 혁명을 초래할 수 있음을 예언적으로 경고했던 것으로 여겨질 수 있다. 가짜다수를 진정다수로 전환시키는 역사적 원칙을 새기면서, 정권이 위기의 본질을 통찰할 것을 통렬하게 직격하는 셈이다.

그러나 각종 선거부정과 (2·4파동과 같은) 법률부정을 획책하고 있는 정권의 입장에서, 이러한 논조의 칼럼을 용납할 리 없었다. 당장 경향신문의 편집국장을 연행하여 조사하고, 신문사에 대한 압수수색까지 감행했다. 당시 논설위원이었던 주요한은 자신이 '여적'지의 필자임을 당당히 밝히고 경찰에 가서 조사를 받았다. 경찰은 주요한에 대한 영장을 신청했으나, 법

---

35 경향신문 1959. 2. 4.자, 1면 "여적".
36 경향신문 1959. 2. 4.자, 1면 "여적".

원은 이를 기각했다. 그럼에도 서울지검은 주요한과 한창우(경향신문 사장)를 '내란선동죄 및 출판물에 의한 명예훼손 혐의'로 불구속 기소하였다. 한편 위 ④의 기사와 관련하여 기자들을 국가보안법 위반 등으로 구속하였다. 개정 국가보안법이 곧바로 언론자유를 옥죄는 칼날로 작동하기 시작한 것이다. 4. 30. 경향신문 폐간조치는, 이러한 일련의 파상적 탄압을 묶어서, 일간신문 자체를 공중분해시켜버리는 최악의 술수였던 것이다.

김병로는 당시 경향신문에 〈수상단편〉이란 제하에, 그의 회고록을 집필하고 있었다. 1959. 3. 20.에 시작된 그의 회고는, 그대로 진행되었다면 김병로의 생애 뿐 아니라 한국현대 법조 및 사법사에 매우 의미있는 기록이 되었을 것임에 틀림없다. 그러나 경향신문의 폐간으로 말미암아 그의 연재는 4. 30.로 아쉽게도 중단되고 말았다. 경향신문이 탄압으로 매우 힘들어하는 와중에, 탄압받는 그 신문에 자신의 생애를 연재키로 한 것은 경향신문의 사기를 진작시키려는 의도도 없지 않았다 할 것이다.

경향신문 사태와 관련된 김병로의 첫 기고는 〈언론의 자유〉라는 제목으로 동아일보 1959. 4. 9.일자로 나타난다. 이 시점은 경향신문의 여러 기자들에 대한 수사와 당국의 여론공세가 한창 진행될 때이다. 이 글에서는 "경향신문"이란 단어를 쓰고 있지 않지만, 전체 내용이 이 사태를 계기로 하여 쓰여진 것은 분명하다. 먼저 김병로는 언론 및 집회의 자유의 중요성을 정리한다.

자유라는 것은 여러 가지로 종별할 수 있지만 가장 자연스럽게 있어야 할 것은 언론 자유와 집회의 자유인 것이다. 이런 것은 사람이 대기의 운화로 태어날 때에 본연적이고 귀중한 것일 뿐 아니라 우리의 상식으로도 능히 다 알 바이다. 사람으로서 기氣의 발동으로 가장 귀중한 말을 자유스럽게 못한다면 소위 반아(半啞, 반벙어리)가 되고 말 것이요, 인류는 본연적으로 집단생활을 영위하는 것이니 집회를 자유스럽게 하지 못한다면 어디로 분산하여야 한다는 말인가? 그러기 때문에 언론의 자유와 집회의 자유는 인위적으로 이것을 제한한다는 것을 쉽게 말하면 사람을 불구자로 만들고, 사람을 분산유리하게 만드는 것밖에 안될 것이다.[37]

그러나 언론, 집회의 자유는 무제한의 것은 아닐 것이다. "자유에 있어서도 특수한 경우에 한하여 제한을 받게" 되는 것인데, 그 제한은 "법률이 최저한도의 제한을 규정하는 것이니, 만일 이러한 제한규정을 불명확하게 하여 수사기관이나 법관의 의식 여하에 따라 모든 민중들로 하여금 자유의 준거에 미혹하게 된다면, 이러한 법규는 제재법규의 확장성을 위반한다는 것이 될 뿐 아니라, 결국에는 인권유린의 결과를 초래하고 만다"고 한다. 제한규정을 둠에 있어서 명확성의 원칙, 최저한도의 제한 원칙을 철저히 준수해야 인권유린의 결과를 막을 수 있게 된다는 것이다.

그러면서 그는 자신이 직접 관여한 형법제정에 대한 자기점검과 반성도 꾀하고 있다.

내가 형법을 기안함에 있어서도 오히려 언론, 집회에 대한 제한규정을 너무 널리 규정하였다는 것을 지금에 있어서도 느끼는 바 없지 아니하나, 그것은 우리 사회정세에 감鑑하여 공산주의자의 모략선전에 대응하기 위하여 부득이한 조치에 불과한 것이고 기본인권의 옹호에 대비하여서는 너무 지나친 주장이었다고 생각하는 바이다. 그러기 때문에 내가 처음부터 소위 개정국가보안법 중 특히 언론에 관한 규정을 악법이라고 주장하여온 것도 그 이유가 여기에 있었던 것이다.[38]

이 언급은 여러모로 주목할 만하다. 우리 형법은 1953년 제정되었는데,

---

37 김병로, "언론의 자유," 동아일보 1959. 4. 9.자 1면.
38 김병로, 앞의 글(언론의 자유), 1면.

김병로는 1949년에 법전편찬위원장의 자격으로, 특히 총칙은 '자담'했으며, 각칙의 제반 규정의 기안에도 주도적으로 관여했다. 그런데 당시의 특수한 분위기에서 언론, 집회에 대한 제한규정을 (통상적인 형법의 경우와 비교해볼 때) 다소간 광범위하게 규정한 점에 대하여, 인권옹호의 관점에서 너무 지나친 면이 있었다는 자기반성을 하고 있다. 따라서 언론규제를 꾀하려고 더 이상의 형벌법규을 통한 확장을 해서는 절대 안 된다는 게 김병로의 소신이었다. 국가보안법 개정에 대한 김병로의 강력한 반대는 바로 형법규정의 확장성의 현실에 대한 비판과 함께 언론자유의 옹호에 대한 자기확신이 결합된 것이었던 셈이다.

또한 당시 정부는 사소한 꼬투리를 갖고 기사내용이 '오로지 진실'하지 않았다며 공격하는 것에 대하여 김병로는 법률가로서 일침을 놓고 있다.

> 보도기관이 반드시 사실의 진실성을 심사 확인한 후가 아니면 무엇이든지 기재할 수 없는 것이라고 한다면, 차라리 일간 신문 같은 것은 그만 둔다는 것과 동일한 결과에 이를 것이요, 보도기관에 대한 당국의 태도가 그 궤도를 잃고 엄혹한 것만을 능사로 한다면 결국 언론자유는 종언을 고하고 말 것이니 이것은 전 국민의 이목을 불구화시키는 결과밖에 안 되는 것이다.

일간지의 신속성과 국민의 알 권리 등을 종합적으로 고려하면, 특히 일간지 등의 경우에는 진실성의 심사 확인의무에서 절대적인 것을 요구할 것이 아니라는 점을 지적하는 것이다. 그는 "이것을 이해하지 못하고, 현실에 입각하고 권력을 남용하여 언론보도의 자유를 봉쇄하기에 이른다면 역사적 문화를 모독하는 범과犯過는 누가 그 책임을 져야 할 것인가, 반성을 촉구하여 마지 않는다"고 맺고 있다. 언론에 대한 지나친 탄압은 바로 "역사적 문화를 모독하는 범과"에 이르게 된다고 경고한 것이다.

그러나 말기적 증상을 보이는 자유당 정권에서 이 같은 신중한 경고에 대해 귀를 기울일 리가 만무했다. 1959. 4. 30. 폐간조치를 하자, 김병로는 바로 다음날 글을 써서 강력히 대응했다. "경향 폐간과 언론자유"[39]라는 칼럼(논단)은 통상적 칼럼의 2배 분량으로써, 5월 2일과 3일에 걸쳐 실렸다. 이례적일 정도로 즉각적으로, 김병로는 신문폐간이란 주제에 강도 높은 대응을 했으며, 그 논조는 "폐간은 위헌 불법"임을 명언하는 것이었다.

어제 아침 각 신문보도에 의하여 우리 언론기관의 하나인 경향신문이 공보실로부터 허가취소의 처분이 있어 폐간의 운명에 이르렀다는 사실을 알게 되어 나는 얼핏 머리에 떠돌기를 대한민국은 누가 그 주인인가, 아무리 생각하여도 우리 국민이 주인이다. ― 누가 주인의 눈을 가리고 귀를 막으려 하는가 ― 그것은 무슨 곡절이 있으리라. 주인을 위하여 일을 한다는 사람들이 주인으로 하여금 듣지도 못하게 하고, 보지도 못하게 하는 것은 그 무엇을 주인에게 은폐하려는 것이 있어서 그 주인의 듣고 보는 것을 기휘忌諱하려는 것이 아닐까 ― 주인된 국민으로서는 국민이 눈과 귀와 같은 언론기관에 대한 당국자의 가혹한 처분을 볼 때에 이러한 의아심이 없을 수 없다.[40]

이 구절은 경향신문의 충격적인 폐간의 소식을 듣고 난 직후의 김병로의 의식의 흐름을 그대로 보여준다. "대한민국은 누가 그 주인인가"라는 가장 근본질문을 던지게 하는 사건으로 그는 이해했다. 당연히 주인은 국민이며, 언론은 그 국민의 눈과 귀다. 그런데 그 눈과 귀를 가리는 것은 무언가를 주인에게 은폐하려는 것이다.

그런 다음 김병로는 폐간이라는 "극형의 처분"의 부당성을 정치도의의 측면과 법률적 관점에서 따지고 있다. 먼저 정치도의 면에서 10여 년간 경

---

39 김병로, "〈논단〉 「경향」 폐간과 언론자유(상)," 동아일보 1959. 5. 2.자 1면; 김병로, "〈논단〉 「경향」 폐간과 언론자유(하)," 동아일보 1959. 5. 3.자 1면.

40 김병로, "〈논단〉 「경향」 폐간과 언론자유(상)," 동아일보 1959. 5. 2.자 1면.

향신문이 "국민의 소리를 높여 우리 국민의 총의를 내외에 선양함으로써 안으로는 국민의 권리를 수호하고, 밖으로는 국가의 위신을 앙양하여 그 공훈이 크다 함은 우리 국민이 주지하는 사실"로 정리한다. 일시적 과오가 있다 하더라도, 그에 대해서는 "국민의 취향과 여론의 동태를 심사한 연후에 그에 대한 교정할 방법을 강구"하면 되는 것이지, "전연 국민의 의사를 도외시하고, 독선적 처단으로 극형을 가하여 우리의 이목을 폐쇄하기에 주저하지 않는 태도야말로 우리는 분개하지 않을 수 없다"고 김병로는 자신의 견해를 강력히 드러내고 있다.

> 주권자인 국민을 위하여 일한다는 사람들이 국민을 이와 같이 무시하고, 이와 같이 독선적 행동을 한다면, 국민이 그래도 이것을 묵인하여야 한단 말인가. 이러한 독선적 행동으로 인하여 수백인의 문필가가 활로를 상실하고, 가두에 방황하면서 정의에 호소한다면, 신을 통한 최후의 판단이 있을 것으로 믿는 바이다.[41]

정부가 국민의 이목을 차단하고 국민을 무시하는 독선적 행동을 한다면 국민은 이를 묵인할 수 없다. 그렇다면 정의에 호소하기 위해서는 언론이 아니라 국민이 가두로 나서게 된다. 결국 실정법의 차원이 아니라 '신을 통한 최후의 판단'이라는 궁극적 정의에의 신념을 드러낸다. 김병로에게 경향신문 폐간사태는 국민주권 행사를 통한 신적 심판을 예고하는 것으로 자리매김되었다. 실로 강력한 저항권의 논변이다.

물론 법률가로서 김병로는 단순히 사회정의와 신적 심판에의 호소만으로 치중하지 않고, 법률적 차원에서의 문제점을 조목조목 짚어낸다. 한마디로 당국의 처단은 "헌법의 정신에 위배될 뿐만 아니라, 법의 적용이 무엇인지를 모른" 과오를 범하고 있다는 것이다.

---

41 김병로, "〈논단〉「경향」 폐간과 언론자유(상)," 동아일보 1959. 5. 2.자 1면.

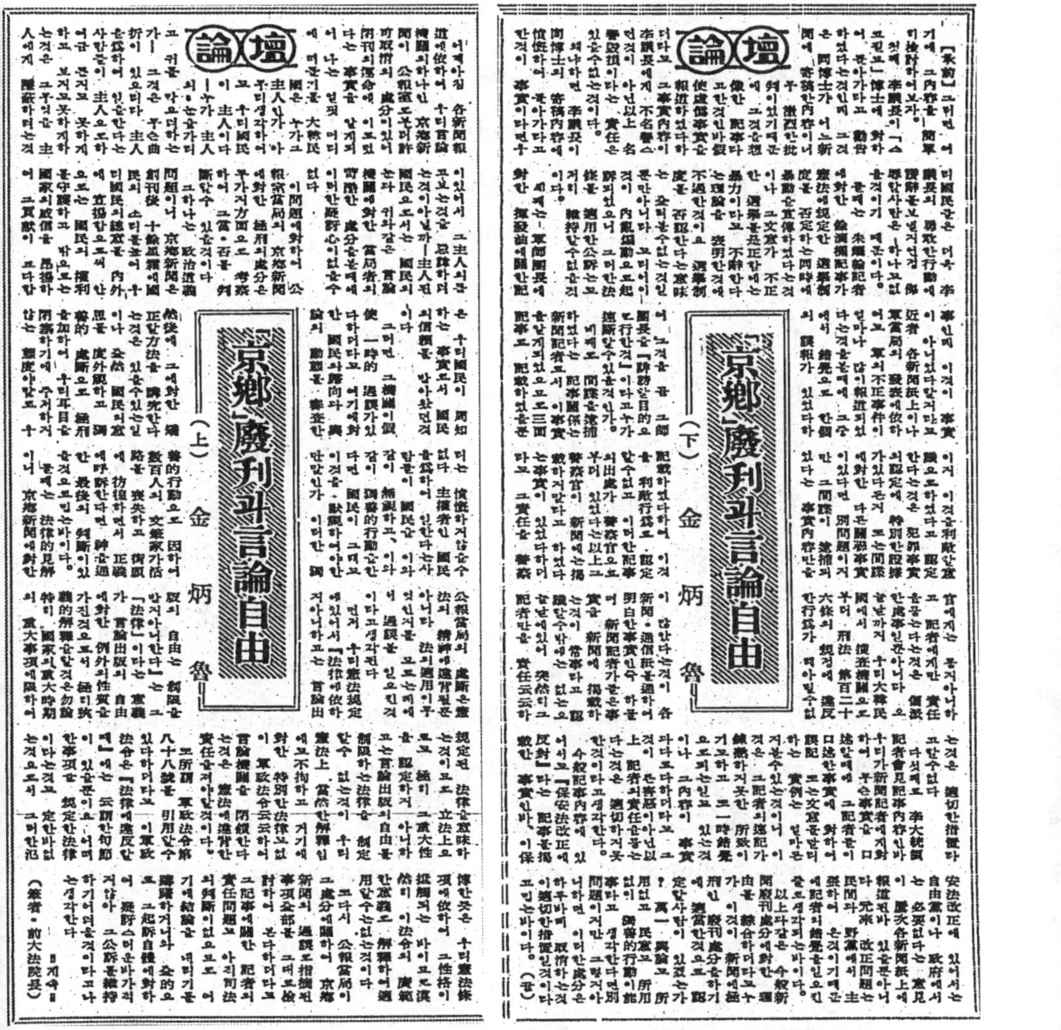

論壇 「京鄕」廢刊과 言論自由 (上) 金炳魯

(筆者·前大法院長)

論壇 「京鄕」廢刊과 言論自由 (下) 金炳魯

경향폐간과 언론자유(동아일보 1959. 5. 3.)

먼저 헌법에서 '법률의 규정에 의하지 아니하고는 언론출판의 자유는 제한받지 아니한다.'는데 그 '법률'의 의의에 대해서이다. 언론 출판의 자유에 대한 제한은 극히 예외적인 경우에 한하여 허용될 수 있는 것이고, 따라서 극히 협의적 해석을 해야 할 것이다. 그런데 미군정법령 운운하며 언론기관을 폐쇄한다는 것은 "헌법에 위배한 책임을 져야 할 것이다."라고 본다. 또한 "소위 군정법령 제88호를 인용할 수 있다 하더라도, 이 군정법령은 '법률에 위배한 때' 운운한 구절이 있을 뿐"이다. 이와 같은 규정은, 군정기의 일시적 필요에 의해 규정된 것으로, 어떤 사항을 규정한 법률이라는 것도 정한 바 없는 것이므로, "그러한 범박한 뜻은 우리 헌법조항에 의하여 그 성격이 저촉되는 바이고 또 막연히 그 법령의 광범한 의의로 해석하여 적용할 수는 없는 것이다." 요컨대, 미군정시기에 제88호는, 정부수립 이후의 우리 헌법조항상의 언론자유를 제약하는 근거규범으로서 도저히 원용할 수 없는 위헌적 규정이라는 것이다.

다음 김병로는, 당국의 처분의 근거가 된 "경향신문의 과오로 지적된 사항 전부"를 하나하나 비평하고 있다. 예컨대 앞의 '여적'지 칼럼의 경우, 이 기사가 "헌법에 규정한 선거제도를 부정하는 동시에 폭동을 선전하였다"는 주장을 반박하면서, 김병로는 "그 문의가 부정한 선거를 시정하지 않으면 폭력이라도 불사한다는 이론을 표명한 것에 불과한 것이요, 선거제도를 부인한다는 의미는 전혀 볼 수 없는 것일 뿐만 아니라, 도리어 이것이 내란 선동으로 기소되었으니, 그러한 법조를 적용한 공소는 도저히 유지할 수 없을 것이다"는 판정을 내리고 있다. 폐간처분을 하게 된 5가지 근거사유를 하나하나 비판하면서, 김병로는 다음과 같이 결론을 내리고 있다.

> 이상과 같은 금반 폐간처분에 대한 이유를 종합하더라도 누가 이것이 신문에 극형인 폐간처분을 하기에 적당한 것으로 인정할 사람이 있겠는가. 만일, 여론도 소용 없고, 민의도 소용 없이 독선적 행동이 능사라고 생각한다면 별 문제이지만, 그렇지 아니하면 이러한 처분은 하루바삐 취소하는 것이 적절한 조치일 것이라고 믿는 바이다.[42]

신문폐간조치를 한 지 이틀 후에 나온 김병로의 장문 논설은, 경향신문

---

42 김병로, "〈논단〉「경향」폐간과 언론자유(하)," 동아일보 1959. 5. 3.자 1면.

폐간이 정치도의나 법률적 견해에 비추어, 국민주권과 헌법정신, 그리고 실정법 적용상에서 과오를 범한 것으로 대쪽 가르듯 명쾌하게 정리했다.

한편 경향신문 폐간에 대한 각계의 반향은 경악과 비난으로 넘쳐났다. 군정법령 제88호는 위헌이고 언론자유에 대한 극한적 질식이라는 각계의 성명과 집회가 잇달았다. 언론단체와 대한변협 등 각 사회단체에서 항의 서명이 나왔다.[43]

경향신문 측은 5. 5. 서울고등법원에 행정처분(발행허가 취소처분) 취소청구소송을 제기했다. 경향신문은 소장에서, 군정법령 제88호는 대한민국 헌법에 저촉되어 이미 효력을 상실한 데다, 설사 유효하더라도 이는 공포 당시 공산당의 파괴 선전언론을 막기 위해 마련된 것인데 법령 본래의 목적을 이탈하여 악용하는 것은 재량범위를 벗어나 위헌이라고 주장했다. 이러한 본안소송과 아울러, 판결이 있기 전까지 우선 그 행정처분의 효력을 일단 정지해달라는 가처분신청을 했다.

6. 26. 서울고등법원은, 법원의 확정판결을 거치지 않고 단순히 형사법 위반 등의 혐의만 가지고 (폐간조치와 같은) 행정처분을 한 것은 잘못이라고 판시했다. 발행허가취소처분의 효력정지 가처분 결정으로 인해, 다시 신문을 발행할 수 있게 되었고, 정부 측은 낭패하여 침묵에 빠지게 되었다.[44]

이러한 소신있는 결정을 내리기까지, 담당 재판장인 홍일원 부장판사는 정권은 물론 심지어 법원 상부로부터 엄청난 압박을 받았다. 서울고등법원장이 하루에도 몇 차례씩 불러 정부쪽 승소를 강력히 종용했고, 김두일 대법관도 같은 요구를 했다. 당시 자유당 간부 중에는 홍 판사를 없애버리라는 말을 한 사람도 있고, 사복형사들이 집주위를 맴돌기도 했다. 결정을 내린 직후에는 처갓집 친척까지 은행계좌를 조사하는 등 보복을 계속했

43 한승헌, "의혹과 진실 — 한승헌의 재판으로 본 현대사(10) 경향신문 폐간 탄압사건(上)," 경향신문 2014. 12. 14.자 A9면.

44 한승헌, "의혹과 진실 — 한승헌의 재판으로 본 현대사(11) 경향신문 폐간 탄압사건(中)," 경향신문 2014. 12. 21.자 A9면.

다.[45] 이런 엄청난 외압을 뚫고 내린 이 결정은 "사법부의 건재를 입증"했고, 국민에게 하나의 통쾌스러운 사실을 보여줬다. "사법부는 살아있다"는 표현의 찬사를 받게 된 것이다.[46]

김병로는 가처분결정이 있은 직후, 기자들의 요청에 따라 다음과 같은 장문의 소감을 말하였다.

경향신문의 폐간문제에 있어서는 이미 나의 견해를 표명한 바 있거니와 소위 폐간의 원유原由라고 하는 기자 및 동사 사장 등의 범행이라는 사실에 있어서도 동사건이 법원심리중에 있기 때문에 나는 그것을 예단하기를 주저한 바이거니와 그 범죄사실이라는 자체에 있어서도 의문되는 바가 적지 않았던 것이다. 그러나 가사 그러한 사실 등이 범죄가 구성된다 하더라도 그 5개 사항의 내용을 검토하여 보면 신문을 폐지한다는 극단의 처분을 할 이유라고는 볼 수 없는 것이 사실이다.

또 폐간처분에 대한 행정소송에 있어서도 아직 심리 중에 있기 때문에 내가 미리 판단을 하려 하지 않지만 이번 가처분신청에 대하여 법원이 이를 허용하였다는 것은 실로 적절한 조치라고 나는 믿는다. 왜냐하면 그 처분이 있은 날부터 날마다 막대한 손실을 받는 자는 누구이며 수삼백명의 종사인사들이 돌연히 생계를 박탈당한 사실만으로도 행정소송판결이 확정될 때까지 폐간처분의 효력을 정지하는 것이 가장 타당성이 있다고 믿기 때문이다.

만일 상당한 시일을 경과한 후에 행정소송에서 원고의 승리판결이 있다고 가

---

45 다음은 홍일원 부장판사의 회고이다. "서울고등법원장이던 오필선 씨는 하루에도 몇 차례나 나를 불러 정부측 승소를 종용했고, 김두일 대법관도 만나자고 하여 찾아뵈었더니 역시 정부 측 승소를 강력히 요구했었다. … 들리는 말에 의하면 이기붕 씨는 당시 자유당 조직부장 임철호 씨에게 임철호 씨는 법무부장관 홍진기 씨에게 말하여 정부승소로 결정되도록 하라는 지령이 내렸다는 것이다. 당시 대법원장, 김두일 대법관, 오 고등법원장은 나의 태도가 명백하지 않기에 매우 초조해 하였다. … 고재호 대법관은 소신대로 하라는 것이었고 … 백한성 대법관은 … 입장이 매우 곤란하니 다시는 들리지 말라고 말씀하시면서 그러나 홍 부장이 정부패소결정을 내리면 위해가 따를 것이 명백한데 이 나라 형편이 홍 부장이 희생된다 해도 바로 집힐 듯 하지 않으니 희생되지 말라는 것이다." 홍일원, 창가에 서서, 발행지 불명, 1995, 151~152면에서 발췌.

46 동아일보 1959. 7. 5.자 5면 "서울고법 홍일원 판사".

정하면 그동안 거대한 손실에 대하여 또 문제를 야기할 것이 아니겠는가. 이러한 몇 가지 뜻에서 이번 법원의 조치는 적절한 것이라고 믿는 바이다.[47]

소감이라고 하기보다는, 하나의 논설을 쓴 것 같은 느낌을 준다. 그만큼 논리가 정연하다. 구체적 사건 자체에 대한 예단적 판단은 보류하여 후배 법관들의 체면을 세워 주면서도, 그 개별기사 몇몇이 범죄가 된다 하더라도 그것으로 신문폐지라는 극단의 처분은 도저히 받아들일 수 없다고 생각하면서 "법원의 조치는 적절"했다고 손을 들어 주었다.

여기서 한 가지 눈길을 끄는 점은, 폐간처분으로 인해 "날마다 막대한 손실을 받는 … 수삼백명의 종사자들이 생계를 박탈당한 사실"에 대한 안타까움을 토로하는 점이다. 물론 그런 지적은 당연히 나올 수 있으나, 김병로의 그 안타까움은 구체적인 데까지 들어가 있는 듯하다. 그와 관련하여, 김병로는 경향신문에 그해 3월 20일부터 매일 〈수상단편〉의 글을 기고하고 있음을 상기할 수 있겠다. 〈수상단편〉에 실린 장문의 글은, 경향신문에 갓 입사한 김진배 기자가 이틀에 한 번씩 김병로의 자택에 출근하여, 가인이 부르는 대로 받아 적은 것이다.[48] 자신의 생애를 상세히 구술하던 신문이 폐간되니 그 자체로 안타깝거니와, 매일같이 대하던 신참 기자의 생계난도 남의 일처럼 여겨지지 않았을 것이다. 그와 관련하여 김진배의 다음 회고담이 있다.

경향신문이 폐간되던 다음날에도 나는 가인을 찾아갔다. 논평을 받으러 온 다른 신문사 기자들이 밖에 서성대고 있었다. 그는 십 분이고 이십 분이고 신문기자들을 문밖에 세워놓기 일쑤였다. 그러나 나는 "접니다" 하기만 하면 무상출

---

47 동아일보 1959. 6. 27.자 1면 "가처분 조치 적절, 김병로 전대법원장 소감".

48 김진배 증언, "가인 선생이 그냥 부르는 대로 그냥 쓰고 그걸 그대로 신문에 냈다." 국회도서관내 5층 의원열람실(2013. 8. 6. 대담자: 필자).

입이었다.

"내년 선거 끝나면 복간이 된다지만 세상 알 수 있나. 그때는 정종 한 고뿌 해야지."

그는 이렇게 위로하며 요 밑에 손을 넣었다. 며칠 전 신문사에서 원고료로 부친 우편환을 내 손에 쥐어 주셨다. 이서裏書란에 조그만 목도장을 꾹 찍고 친히 자신의 주소와 이름까지 써 주셨다.

"왜 선생님 고료를 제가 받습니까. 그건 받을 수가 없습니다."

"벌써 넘어갔어. 내 도장은 아무 데나 찍는 도장이 아니오. 담배값이나 하라는 거요."

손을 내저으며 사양하자 가인은

"무슨 소리! 어른이 주는 것은 받는 법이야."

묘한 법도 다 있나 보다. 그때서야 두 손으로 고맙게 받았다.

수습기자인 내 월급 이만 육천환의 반에 해당되는 돈이었다. 내가 받은 첫 촌지는 가인으로부터 받은 것이었다. 그것이 대필代筆의 보상이었는지 실직의 위로였는지는 아직도 알 수 없다.[49]

김병로는 〈수상단편〉을 집필하여 받은 원고료 전부를, 타의로 실직하게 된 신참 기자에게 주었다. 그 기자는 후일 김병로의 서거 20주년 기념을 맞아, 〈가인 김병로〉라는, 김병로에 관한 최초의 전기로서 보은했다.[50] 이 저서는 이후의 모든 김병로 연구의 출발점이 되고 있다.

한편 경향신문 폐간조치에 대한 집행정지결정으로 경향신문은 소생하는 듯했다. 그러나 정부는 긴급 국무회의를 열고 장시간 논의 끝에, 종전의 처분을 취소하면서 다시 '발행허가정지처분'으로 대응했다. '폐간'이 안 되니 '집행정지'로 완화시킨 듯이 보였지만, 그 '정지'는 무기한이어서 사실상

---

49 "가인과의 대화," 김진배, 당신들의 아픔을, 해동출판사, 1978, 249~250면.
50 김진배, 가인 김병로, 삼화인쇄주식회사, 1983.

폐간이나 마찬가지였다. 고등법원에서 가처분이 떨어진 지 불과 7시간 만에 경향신문은 다시 문도 못 열고 활동정지상태에 빠져버리게 된 것이다. "참으로 야비한 수법"이고 "단말마적인 행위"라는 비난이 속출했다.[51]

경향신문은 다시 서울고등법원에 발행정지처분의 취소를 구하는 소송(본안소송)과 함께, 정부처분의 효력정지를 구하는 가처분신청을 제기했다. 아울러 군정법령 제88호의 위헌심사를 제청해줄 것을 신청했다. 그에 대하여 서울고등법원(재판장 김치걸 부장판사)은 군정법령은 대한민국의 법률이 아니라는 이유로 위헌심사제청신청을 각하하고, 9. 8. 문제의 기사들이 명예훼손과 공범 도피 혐의가 있다고 하여 발행허가정지처분의 취소청구(본안)도 기각했다. 더불어 헌법이 언론·출판의 자유를 법률로써 제한할 수 있도록 했으므로 위헌이 아니라고 했다. 경향신문 측은 대법원에 상고했다.

대법원은 1960. 2. 5.에 이르러 군정법령 제88호의 위헌 여부는 이 사건 재판의 전제가 된다고 하여 위헌심사를 헌법위원회에 제청한다는 결정을 내렸다. 군정법령 제88호에는 신문의 발행허가를 취소·정지하는 요건을 규정하고 있지 않아 위헌이라는 이유였다. 고등법원 판결보다는 한걸음 나아갔지만, 문제는 헌법위원회가 당시 구성조차 되어 있지 않고 있어서, 이러한 대법원의 결정은 헌법위원회에 그냥 미루고 실질적 판단을 회피하려는 꼼수라는 비난을 받았다. 한국편집인협회는, 1960. 2. 27. 성명을 내고 경향신문이 폐간과 무기 정간된 지 열 달이 지났음을 상기시키면서 "대법원이 헌법위원회의 결정을 기다려야 한다며 무작정 방치하고 있는 것은 민주국가의 치욕"이라 공박했다.[52]

이렇게 판결을 무기한 방치하고 있던 대법원은, 공교롭게도 이승만이

---

51 한승헌, "의혹과 진실 — 한승헌의 재판으로 본 현대사(11) 경향신문 폐간 탄압사건(中)," 경향신문 2014. 12. 21.자 A9면.

52 한승헌, "의혹과 진실 — 한승헌의 재판으로 본 현대사(12) 경향신문 폐간 탄압사건(下)," 경향신문 2014. 12. 28.자 A9면.

1960. 4. 26. 오전에 하야성명이 발표된 뒤 몇 시간 뒤인 오후 2시 50분에 경향신문에 대한 발행정지처분의 효력정지 가처분 결정을 했다. 구성되지도 않은 헌법위원회의 결정을 기다리겠다는 대법원이, 대통령 하야성명이 나온 뒤에 허둥대며 가처분결정을 내린 데 대해 내외의 비난과 반발이 빗발쳤다. 서울고법과 서울지법의 판사들은, 조용순 대법원장을 비롯한 대법관 전원의 사퇴권고의 결의를 했고, 대한변협에서도 5. 5. 조 대법원장의 즉각 사퇴를 재촉구했다. "1960. 4. 26. 돌연히 집행정지결정을 한 것은 태도가 표변한 것이고 법령해석이 권세에 좌우된 행적이 소연昭然하다"고 비판했다.[53] 조용순 대법원장은 5. 11. 마침내 사임하였다.[54]

사실 김병로 대법원장의 사퇴 이후, 조용순 대법원장 체제 하에서 대법원은 조봉암에 대한 사형판결 확정, 경향신문 사태에 대한 미루기 식 대응 등에서 보듯, 사법부 독립과 사법정의 구현에 제대로 된 역할을 하지 못했다. 이승만의 대법원 흔들기와 법관재임용 탈락 등으로 법관의 위축사태를 가져온 데 대해, 제도권 법관들은 유병진, 홍일원 등의 사법독립을 수호한 선례善例를 남기기도 했지만, 대체로는 위축되어 정치적 권력남용을 억제하지 못하고 자주 그 도구로 전락했다.

여기서 만약 김병로가 재임하고 있었더라면, 정권이 그런 공작과 꼼수를 자행할 수 있었을까, 김병로 대법원체제 하에서였다면 이를 극복할 수 있었을까 하는 가정적 질문을 던질 수 있다. 적어도 김병로 체제하에서는, 정권은 그런 공작과 꼼수를 자행할 엄두를 내지 못했을 것이라는 짐작은 할 수 있다. 그가 대법원장을 물러나면서, 정권의 대사법공작들이 본격 대두되었던 것을 보면 알 수 있겠다.

한편 문제의 군정법령 제88호, 진보당 해산에 악용된 군정법령 제55호

---

53 경향신문 1995. 4. 19.자(법원행정처, 법원사, 1995, 283면. 글을 전재한 것임).

54 한승헌, "의혹과 진실 — 한승헌의 재판으로 본 현대사(12) 경향신문 폐간 탄압사건(下)," 경향신문 2014. 12. 28.자 A9면.

는, 경향사건에서 드러난 모순으로 인해 대표적인 악법으로 지탄되어 4·19직후에 '신문 및 정당 등의 등록에 관한 법률'이 제정됨으로써 비로소 완전히 폐기되었다.

3. 맺음말

대법원장 퇴임 후 김병로의 역할은 '전직'의 감투를 쓰고 퇴관의 은일隱逸에 자족할 수 없었다. 그는 재야 법조인으로서, 또한 사회적 존경을 받는 국가의 최고원로로서, 독재의 정점으로 치닫는 정권의 말기적 작태에 대해 강력한 비판을 쏟았다. 정권보안법으로 변질되는 국가보안법 개악 기도에 대하여 김병로는, 그 내용 면에서의 반민주성 및 반헌법성을 강력히 비판했으며, '파동'의 형태로 개정법률안이 통과된 뒤에는 그 절차 면에서까지 강력한 비판을 쏟았다. 또한 경향신문에 대한 정권의 탄압에 대응하여, 김병로는 여러 차례의 언론기고 및 인터뷰를 통해 치열하게 비판하였다.

그의 비판의 준거점은 늘 헌법원칙과 민주주의 관점이었다. 그의 글과 말은 국민적 호소력을 갖는 뼈대있는 정론직필이었고, 정교한 법리는 현실 사법부에도 상당한 영향력을 가질 수 있었다. 국민들에게는 민주주의와 헌법의 의미를 깨우치는 교사 역할을 했다고 할 수 있다. 권력의 말기적 증상이 극도에 이른 시점에, 김병로는 이를 좌시하거나 외면하지 않고, 정면으로 맞섰던 점에서 참으로 우뚝한 존재감을 드러냈다고 할 수 있을 것이다. 법률가로서의 그의 최종점은 헌법 및 민주주의 수호자의 면모였다고 할 수 있다. 그리고 국민의 저항권에의 호소는 권력의 맞선 민주주의 법률가로서 귀결점이었다.

"재야" 법조인으로서 김병로의 모습은 그의 호인 "가인"과 매우 상통한다. 대법원장의 관직을 벗어나, 그의 호대로 왕년의 "가인" 그 본모습으로 복귀한 인상을 준다. 자유롭고 거리낌 없이, "힘차고 뼈있는 비판"을 쏟아낼 때, 그것은 바르고 곧은 정론직필 그 자체였다. 그의 발언은 독재의 극단화 속에서 쩌렁쩌렁 울리는 사자후였다고 할 것이다. 가인의 근황을 다룬 다음 기사는 이 점을 분명히 한다.

벼슬이 떨어지면 인생도 추락한다고 믿고 사는 이들이 흔히 있다. 퇴관이자 곧 세상의 뒷구멍으로 쑥 파묻히고 마는 것이다. 그런 이에겐 벼슬이 그의 전부인 것이다. 김병로 옹이 대법원장 자리를 물러선 지도 1년이 넘는다. 그러나 그의 정열은 좀처럼 식을 줄을 모른다. 일이 벌어질 때마다 하야 전보다 오히려 더 힘차고 뼈있는 비판을 들고 나선다. 법관연임법이니 보안법파동이니 큰 사건이 닥치면 가인 김옹은 '가인'답게 앞뒤를 재지 않고 마구 발언하였다. 세상에 5복이 있다지만 하고 싶은 말을 그대로 쏟아놓을 수 있는 이처럼 행복한 사람도 그리 흔치 않을 듯하다. …

왼쪽 다리를 절단하고도 근 10년을 대법원장실서 버텨온 정열은 대견한 것이었다. 운동화에 솜두루마기를 걸친 70이 넘는 김옹은 단장短杖도 모자라서 두세 명의 젊은이에 부축되어 겨우 계단을 디디며 2층을 올라설 정도로 쇠약해진 모양이다. 그래도 회의에서의 그의 '고문顧問발언'은 서슬이 퍼렇게 서서 방안을 쩌렁쩌렁 울리게 하였다. 모두들 "참 억척같은 노인"이라고까지 수군댔다. …

이 나라 민주주의가 송두리째 흔들리는 파동이 연거푸 닥쳐오는 것을 보면 우리의 갈 길이 아직도 파란만장의 어려움을 가진 것이 분명하다. 언젠가 그는 "정치는 일종의 죄악이다"고까지 하고 "권력이나 지위나 공리로 투쟁하는 정치적 각축장에는 관여할 생각이 있어본 적이 없다"고 말하였다. 그러나 우리가 그에게서 부러워하는 것은 그같은 '퓨리타니즘'보다도 슬기로움과 오랜 경험에서 오는 바르고 곧은 판단이 분수처럼 거리낌없이 솟을 수 있다는 그 사실이다. "정치투쟁은 곧 감투싸움이다"라는 편리한 해석을 갖다붙이는 저 아류정치인이 있다면 김 옹의 노변에 앉히고 잡담이라도 들려주었으면 좋겠다. 사법부의 독립도 시류엔 별수 없다고 생각하는 아류 법조인이 있다면 또한 그 곳에 앉혀보고 싶다. 오늘만 믿고 내일을 믿지 않는 군상들을 위해 가인의 발언은 더욱 잦아도 좋을 것 같다.[55]

"하고 싶은 말을 그대로 쏟아놓는" 거의 유일한 인물, 그것이 자유당 말기의 김병로의 모습이었다. 그러면 김병로에게는 아무런 정치적 보복이나 음해는 없었을까. 생애가 온전히 투명하게 드러난 인사에 대해 '음해'란 처음부터 어려웠을 것이다. 더욱이 1958년(조선일보), 1959년(경향신문)의 연재기사에서 그의 생애는 누구보다 상세히 자술되고 있었기에 더욱 그렇다. 그러나 2·4보안법파동을 정면 비판하고, 경향신문 폐간조치를 비판하고, 대법원장 임명 등 사법부에 대한 정치적 압력을 비판하고, 부정선거 획책 기도를 강력히 경고한다면, 그것도 언론과 사회에 대한 영향력이 가장 강력했던 인사가 그러하다면, 그를 겨냥한 정치적 음모나 공작이 대두할 수 있다. 아닌 게 아니라, 그를 겨냥한 음모가 4·19직후 폭로된 바 있다. 그것도 무려 '이중간첩 조작음모'다.

김병로 씨와 이철승 의원을 2중간첩(관제공산당)으로 몰아 검거하려고 한 전율할 음모를 달성시키기 위하여 4292년(1959년) 6월경 전북경찰국 간부들이 모의하여 그 정보비로 5백만 환을 책정하여 공작하였다는 사건이 지난 (1960년 6월) 4일 내전한 이철승 의원에 의하여 폭로되었다. 7일 경찰에서 탐문한 바에 의하면 이와 같은 음모의 대상자는 김병로 씨와 이 의원을 포함한 5명이라고 하는데 음모의 내용은 제헌 국회의원이었으며 국회공산 '푸락치'사건으로 검거되었던 노일환의 동생 노모가 국가보안법 위반죄로 모형무소에서 복역 중에 있는 것

---

55 조선일보 1959. 2. 20.자 1면 "정치인을 싫어하는 「가인」 〈스폿트 라이트(39)〉".

을 전라북도의회 부의장 노장환 씨가 주동이 되어 김 씨와 이 의원이 석방운동을 하게끔 꾸미는 한편 간첩으로 남파된 후 경찰에 검거된 간첩을 이용 접선케 하여 동 계획이 이루어질 경우 이들을 간첩으로 몰아 검거할 음모를 꾸몄던 것이라 한다.[56]

최근에 김병로가 "반공주의 시각"에 있었고, "반공주의에 투철"하였다고 하면서 김병로의 위상을 반공주의로 규정하는 견해가 나와 있다. 그에 의하면, 김병로는 "해방 직후에는 좌우합작운동을 주도하기도 하였지만 가인의 정치철학은 공산주의와는 거리가 멀었다"든지, 전시하 "비상사태에 관한 특별조치령"이 위헌이라고 판단한 것도 "자유민주주의 부정세력에 대한 단호한 입장"과 배치되지 않는다고 언급한다.[57] 그러나 김병로의 글을 충실히 독해할 경우, 김병로는 "반공주의자"로 협소하게 규정될 인물이 아님을 알 수 있다. 그는 일제하에서 민족주의자로서 좌-우의 합작을 꾀했으며, 공산주의 지도자에 대한 변론을 거리낌 없이 맡았다. 미군정하에서도 한민당을 창립했지만 한민당의 지나친 우경화 노선에 반대하여 탈당하고 좌우합작 노선에 입각해 활동했다. 그 때문에 이승만 대통령도 김병로를 자기 편으로 여기지 않았다. 6·25 전시 하에서도 비상사태하범죄처벌에관한특별조치령의 핵심규정에 대한 위헌결정[58]을 내린 데서도 보이는 바와 같이 전쟁과 반공의 이름으로 자행되는 권력남용을 견제하고자 했다. 특히 형법 제정과 함께 국가보안법을 폐지하는 안을 제시했다.[59] 자유당 말기에 국가보안법의 확대, 개악안에 대해서는 강력히 반대했으며, 경향신문 폐간·정간조치에 대해서도 비판을 아끼지 않았다.

---

56 조선일보 1960. 6. 8.자 3면 "김병로·이철승 씨 등 5명, 2중간첩조작음모".

57 윤남근/조상희, "사법행정가로서의 가인 김병로 선생," (가인 김병로 서세 50주기 학술심포지엄: 가인 김병로와 21세기 사법부) 자료집, 법원행정처, 2014, 440~442면.

58 대법원 4287. 10. 5. 4286비상13 판결. 특별조치령에 대한 전반적 분석은 한인섭, "한국전쟁과 형사법: 부역자 처벌 및 민간인 학살과 관련된 법적 문제를 중심으로," 서울대학교 법학, 제41권 제2호, 2000, 135~179면 참조.

59 한인섭, "형법 제정에서 김병로의 기여," 서울대학교 법학, 제55권 제4호, 2014. 12, 349~353면.

이렇게 볼 때 그의 초점은 반공체제의 강화에 주력하는 입장이 아니라, 민주수호자로서 정권의 독재화 경향에 대해 일관되게 반대하는 것이었다. 때문에 1950년대 말 반공체제의 과잉 하에서는, 김병로를 관제공산당으로 조작하려는 음모까지 자행되었던 것이다. 당시의 문맥상으로 반공주의자는 민주주의를 유보·희생해서라도 반공체제를 구축하자는 입장이었고, 이는 곧 독재정권의 강화와 상통하는 것이었다. 그에 맞서 김병로는 반공을 빌미로 한 독재정권의 인권침해, 언론자유 유린, 정당 파괴, 사법부 침탈 등에 대하여 헌법원칙과 민주주의의 이름으로 강력히 비판하고, 국민주권의 이름으로 독재에 대한 저항권까지 역설했다.

김병로는 자신이 무슨 '주의자'로 규정되는 것을 달가워하지 않았던 것으로 여겨진다. 그에게 굳이 무슨 주의자의 이름을 붙이겠다면 그건 결코 '반공주의자'일 수는 없다. 김병로를 '민주주의자' 혹은 '헌법수호자'로서 명명하는 것이 훨씬 적확할 것으로 생각한다.

제22장

4·19 전후의 정치격랑에 뛰어들다

權力濫用排除하자

不正選擧는千秋의恨

제22장
4·19 전후의 정치격랑에 뛰어들다

1. 부정선거는 "천추의 한"이 될 것

우리 역사에서 1960년은 그야말로 다사다난한 해였다. 중심축은 대통령-부통령 선거였는데, 선거일을 택하는 것부터 변칙을 일삼았다. 1956년 정-부통령 선거가 5월 15일에 있었는데, 이승만 대통령은 농번기를 피해 조기선거를 해야 한다는 명분을 세워, 1960년 2월 3일에 이르러 야당과 언론의 반대에도 불구하고 '3월 15일 정부통령 선거를 실시한다'고 공포했다. 자유당의 고민은 이승만 대통령이 연로(당시 85세)하여 재임 중 유고가 발생할 여지가 있는데, 그럴 때 대통령을 뒤이을 부통령감이 야당인 민주당에 비해 현저히 약세라는 데 있었다. 이미 1956년 정-부통령 선거운동 중에 민주당의 대통령후보인 신익희의 급서로 이승만은 쉽게 대통령에 당선되었지만, 부통령선거에서는 민주당의 장면이 자유당의 이기붕 후보를 20만표 차이로 누르고 당선되었다.

1960년에는 민주당이 내분을 극복하고 대통령 후보로 조병옥, 부통령 후보로 장면을 선출하였다. 이러한 정-부통령 조합은 이승만-이기붕과 맞설 수 있는 강력한 진용이었고, 특히 부통령선거에서는 이기붕의 열세가 예상되었다. 자유당의 입장에서 이를 극복하고 승리를 장악하는 방법은 이제까지 점차 도를 더해가던 대규모의 관권선거를 획책하는 것이었다. 공무원 동원, 그리고 투표 및 개표에서 각종 부정선거기법을 총동원하는 것이었다. 자유당 말기에 경향신문 폐간, 국가보안법 개악 등 언론탄압은 이와 같은 부정선거를 위한 기반조성이기도 했다. 1960년의 신년은 바로 이러한 폭풍의 전야의 모습이었다.

동아일보는 1960년을 맞아 '신년방담'의 형태로 김병로의 시국관을 실었는데, 1월 1일자 3면, 1월 3일자 2면에서 거의 통면에 해당할 만큼의 방대한 지면을 할애하였다. 현실 정치인이 아니면서 사회 전체에 무게있는 비평과 방향을 제시하는 데 김병로만큼의 적임자는 달리 없었다. "슬기로움과 오랜 경험에서 오는 바르고 곧은 판단이 분수처럼 거리낌 없이 솟을 수 있는" 인사, 이게 언론의 가인에 대한 비평이었다.[1] '방담'이라 했지만, 김병로의 시국 전체에 걸친 견해의 표명이고, 인터뷰가 아니라 정론을 그대로 집필한 형태를 띠고 있다.

김병로는 "과거 1년간 모든 사회정세가 무엇 하나도 나의 기대에 부응할 만한 것이 없었다"고 회상한다. "국가의 안정과 민족의 행복을 이룩하자면 정치의 운영이 성정誠正의 상도常道에 이탈됨이 없고 자기의 공리심을 초월한 지도자가 있어야만 한다." 그러나 그런 지도자에 대한 국민의 요구와 대비하여 정치현실을 볼 때 어찌 상심번뇌하지 않겠는가. 김병로는 몇 가지 주요한 사실을 지적하면서 당국자의 반성을 촉구하고 있다. 첫째는 당연히 선거문제이다.

선거라는 것은 국민의 가장 귀중한 권리로서 민주정치의 기반이 되는 것이다. 이 선거가 권력 또는 금력에 견제되거나 부정범칙에 의하여 유린된다면 국민의 투표권은 근본적으로 부정되고 마는 것이며 따라서 민주정치는 그 기반을 상실하고 말 것이다. 그러기 때문에 무엇보다도 선거만은 공정하여야 하고 국민의 투표권만은 존중되어야 다른 부면에 결함이 있다 하더라도 민주정치를 말할 수 있고 민주정치로 지향할 수 있는 것이다. 나는 평소에 대한민국의 선거에

---

1 인용은 조선일보 1959. 2. 20.자 1면 "정치를 싫어하는 「가인」".

는 권력이나 금력의 개입을 절대 배제하여 공정선거를 실시함으로써 민주정치의 기반을 확립하고 다른 비민주국가에 대하여 수범되기를 기대하였던 것이다.

선거는 민주정치의 기반이다. 적어도 선거에는 권력이나 금력의 개입이 있어서는 안 되고 공정선거가 이룩되어야 한다. 그런데 우리의 현실은 어떤가.

우리 정부 수립 후 최초선거부터 권력과 금력이 부정에 영향을 미치는 행적이 없지 아니하였으므로 이에 대한 염려가 적지 아니하였던 것인바 5.2(국회의원)선거를 비롯하여 그 재선거에 이르기까지 모든 신문보도와 검찰의 공소, 법원의 판결에 나타난 선거의 내용을 고찰하여 보면 권력·금력의 개입은 차치하고라도 국민의 투표권을 전연 말살하는 범행이 즉 구체적으로 말하자면 국민의 투표지를 절취하고 다른 위조물로 환표도 하며, 유효투표를 무효로 저작하는 등 듣기에도 전율할 악질행위가 현저히 나타난 것을 볼 때에 국민으로서 국가의 장래를 위하여 어찌 상심 처념悽念하지 아니할 자 누구랴. 이러한 악질선거는 부인할 수 없는 확정사실로서 국가의 장래에는 천추의 한이 될 것이며 민주주의 기반이 파멸의 운명에 이르렀음을 생각할 때에 참으로 통탄함을 금할 바 없다.

여태껏 저질러진 선거는 권력·금력의 개입에 더하여, 아예 투표권 자체를 말살하는 범행으로 점차 악화되어 왔던 것이다. 여기서 5·2선거라 함은 1958년의 국회의원 선거를 말함인데, 이때는 종전의 선거운동 방해에다, 투표부정, 거기다 개표부정까지 총동원했다. 개표 도중 전기를 끄고 표 계산에서 부정을 저지르는 올빼미표, 야당 표를 여당 표 다발 사이에 섞어 여당표로 계산하는 샌드위치 표, 야당 표에 인주를 슬쩍 묻혀 무효표로 만드는 빈대잡이 표, 심지어 수면제를 섞은 닭죽을 먹여 야당 참관인을 잠재

新年放談 — 街人坐壇會 (上)

權力濫用排除하자

不正選擧는 千秋의 恨

권력남용 배제하자
(동아일보 1960. 1. 1.)

운 후 조작된 투표로 바꿔치기하는 닭죽개표 등 갖가지 개표부정이 행해졌던 것이다. 이를 김병로는 '국민의 투표권을 전연 말살하는 범행'이고 '듣기에도 전율할 악질행위'라고 비판하고 있다. 1960년의 정부통령 선거에 이러한 범행이 가장 팽배할 것이 익히 예상되었고, 그에 대해 가인은 국가의 장래에 '천추의 한'이 될 것이고, '민주주의 기반이 파멸의 운명'에 이를 것임을 준엄하게 경고하고 있는 것이다. 언론은 '부정선거는 천추의 한'이라는 제목으로 이 지적을 부각시켰다.

다음 그는 공무원의 정당가입 문제를 심각하게 지적한다.

공무원이 정치에 관여할 수 없음은 공무원법에 명백히 규정된 바이니 그 의의는 공무원은 정당관계에 있어서 엄정히 중립되어야 한다는 데 있는 것이다. 그럼에도 불구하고 신문보도에 의하면 어느 장관은 소속공무원에게 선거운동을 지시한 바 있다 하며 어느 정당에서는 공무원이 당원이 될 수 없는 것이면 비밀당원으로 할 것이라는 언명을 하였다고 하니 이러한 언동은 위법 또는 탈법행위를 조장하는 것으로서 선현에 이른바 '法之不行은 自上犯之'라는 말[2]이 이러한 경우를 지칭함이 아닌가 생각된다. 수일 전에 어느 지방공무원이 나에게 말하기를 어느 기관으로부터 입당원서를 교부하여 입당권고를 받았는바 내용인즉 그 정당에 가입하든지 그렇지 아니하면 직무를 사퇴하여야 할 기로에 있으니 어찌할 것이냐는 것이다. 나도 이에 응답하기 곤란하여 만일 그 입당권고가 전날 창씨(개명)의 경우와 같다면 피하기 어려우리라고 말해주고 말았다.

그러고 생각하여 본즉 공무원은 위로부터 말단에 이르기까지 한 정당의 소속이 되어야 한다는 결과를 초래하는 것이니 이것이 소위 일당정치의 구현인지 일

---

2 법이 행해지지 않는 것은 윗사람부터 지키지 않기 때문이라는 뜻. 사마천의 사기에, 상군열전에 나온다. 상군(상앙)은 진나라 효공의 신임을 받아 새 법령을 시행했는데, 시행된 지 1년 만에 법령이 지키기 불편하다고 호소하는 백성이 많았다. 그러던 차에 태자가 법령을 위반하였다. 상앙은 "法之不行 自上征之"라며 태자를 처벌하려고 했다. 그런데 태자는 왕위를 이을 신분이어서 처벌할 수 없었기에 대신 태자를 보좌하던 공자 건을 처형하였더니, 다음날부터 진나라 백성들은 새 법령을 잘 지켰다고 한다.

당독재의 복안인지 이해할 수 없거니와 도대체 이러한 행동이 헌법정신에도 위배되고 공무원법에 위반됨이 명백한 바이니 권력 밑에는 법도 무시되어야 한다는 것인가.

공무원의 정치적 중립과 정당불관여의 명백한 의무를 자유당이 위반하여 위법·탈법을 조장하는 것을 질타한다. 공무원을 특정당의 소속으로 만들어버리는 것은 일당독재를 초래하는 것으로 헌법 및 공무원법에 명백히 위반되는 것이니, 법 위에 권력을 두게 되는 것으로 위법이자 권력남용이라는 질타이다. 3·15 부정선거에 대한 사전 경고적 비판이라 할 수 있다.

다음 그는 정권에 의한 국민의 기본권 침해의 문제를 지적한다.

우리 헌법은 국민의 언론 집회 출판의 자유를 보장하고 예외로 법에 의하여서만 제한할 수 있음을 규정하였기 때문에 이러한 기본권리는 법으로 특별히 제한한 사항이 아니면 명령이나 어떠한 규칙으로써는 절대로 제한을 가할 수 없는 것이다. 그럼에도 불구하고 공보당국이나 경찰에서는 하등 법에 의거함이 없이 언론기관에 대한 처분을 자행하고 국민의 집회와 행진의 금지를 강행하여 국민의 기본권리를 침탈하면서 소위 군정법령이니 군정시대의 경무부장의 통첩 등을 인용하여 헌법의 정신을 유린한 바 있으니 이것이 얼마나 민심의 불안과 충격을 일으켰으며 외인의 모욕을 초래하기에 이르렀으니 선현이 이른바 '人必自侮然後人侮' 라 함이 이러한 경우를 지칭한 바이니 어찌 통탄하지 아니할 수 있으리오. 내가 당국자에게 간절히 바라는 바는 기왕은 물론하고 앞으로 정·부통령 선거에 임할 새해를 맞이하여 마음을 새롭게 하여 국민의 기본권리를 훼손함이 없이 공정선거를 실행함으로써 우리의 민주발전을 남에게 과시하자는 것이다.

1958년부터 정부의 언론탄압과 집회결사의 탄압 등 국민의 기본권을 침탈하면서, 그 근거로서 심지어 미군정시대의 법령이나 경무부장의 통첩까지 끌어대어 헌법을 유린한 점을 질타하고 있다. 우리가 스스로를 업신여긴 결과 남(다른 나라)도 우리를 업신여기게 된 모욕에 대하여 통탄하고 있다. 이렇게 김병로는 선거문제, 공무원의 중립 문제, 국민의 기본권 침해문제를 하나하나 지적하면서, 다가오는 선거에서 공정성과 민주발전을 강조하고 있는 것이다.

김병로의 비판은 그에 그치지 않는다. 국비남용과 국민부담의 과중을 세세하게 지적하면서 "정치의 상도常道는 국비를 절용하고 국민의 부담을 경감함에 있는 것이 대원칙"임을 환기시킨다. 재일교포의 북송문제와 같은 '일본의 비인도적 악행'을 저지하지도 못한 외교적 실패가 정상모리배까지 끼어있는 외교관들의 비전문성을 비판하고 있기도 하다. 또한 흐루시쵸프의 평화공세가 "공산주의의 급격한 붕괴를 저지하려는 흉산"임을 일깨워서 자유세계의 열강들이 상호협조하여 단결을 공고하게 할 필요를 역설한다. 이와 같이 김병로는 선거, 공무원의 중립, 기본적 인권 보장, 경제적 방책, 외교적 방책에까지 전방위로 자신의 견해를 도도하게 펼치고 있다. 일개 법조인이 아니라 나라 전체를 대국적으로 걱정하는 우국지사이자 국가원로로서의 식견을 펼쳐내고 있는 것이다.

2. 4·19를 맞아 이승만 하야를 촉구하다

이와 같은 가인의 경고와 상관없이, 자유당의 부정선거 획책은 가속도로 진행되었다. 그에 맞서 가인은 가만히 보고 있지 않았다. 1960. 2. 7. 에 이르러 민권수호국민총연맹은 정·부통령 선거에 대비하여 "공명선거추진위원회"라는 새 명칭으로 재발족하기로 결정하였는데, 거기에는 각계각층 인사를 망라하여 광범위한 조직체를 예정했다. 서상일, 장리욱, 이관구 등과 함께 김병로는 그 위원회의 고문으로 참여하게 되었다.

그런데 눈앞에 닥친 문제는 민주당의 대통령 후보였던 조병옥의 와병이었다. 1월 29일 조병옥은 "낫는 대로 지체없이 달려오리라"는 다짐을 남기고 김포공항을 떠나 미국으로 향했다. 떠나는 날 오전 10시경 조병옥은 "전대법원장 김병로 옹을 찾아 출발인사를 한 다음 곧 중앙당에 들러 기자들과 작별회견을 하고나서 공항으로 떠났다"고 되어 있다.[3] 조병옥과 김병로는 일제 강점기 신간회 활동을 포함하여 내내 뜻을 같이했던 동지이고, 미군정시대에도 경무부장과 사법부장으로 나란히 치안-사법업무를 분장했던 사이이고, 반독재투쟁에서도 나름의 역할을 분담했던 동지였던 것이다. 대통령 후보로서의 바쁜 일정에도 불구하고, 그가 떠나는 날에 가인의 자택을 방문한 것을 보면, 양인의 우정과 함께 가인의 원로로서의 위치를 짐작케 한다. 가인에 대한 밀접취재를 해왔던 김진배 기자는 그날 동석하여 그 만남을 다음과 같이 상세히 묘사하고 있다.

이윽고, 중절모를 쓰고 외투를 걸친 작달막한 초로의 신사가 수척한 얼굴로 방문을 열었다.

"아이구! 이, 유석이 왠 일이오? 많이 불편하다더니 안색을 보니 괜찮구먼."

다리가 불편하여 앉지도 서지도 못하고, 반가워하는 가인을 두 손으로 붙잡은 유석에 대해 가인은 이렇게 말했다.

"하도 이러고 저러고 말이 많기에 미국에 가서 진단이나 제대로 받고, 혹 좀 안 좋은 데가 있으면 치료라도 받으려 할까 합니다. 오랫동안 못 뵙고 해서 선생님께 인사나 드리고 떠나려고 왔습니다."

"허, 거참, 잘 생각했소. 미국은 의술도 좋고 약도 좋다니 좋은 약 먹고, 기운 내서 한 판 잘 싸워 보시오."

"이 나라 민주주의가 죽느냐, 사느냐 하는 기로에서 최선을 다해서 싸울 작정

---

3 동아일보 1960. 1. 30.자 3면 "패기만만한 조박사".

이니 가인 선생도 힘껏 좀 밀어 주시오."

"하암, 밀다 뿐인가. 하여간 병부터 고치고 빨리 돌아오시오. 유석 신수 환한 것을 보니, 이제 봄이 되면 대한민국에 민주주의는 오게 생겼구만. 길조야 길조, 유석 신수 환해."

가인이 호탕하게 웃는 바람에 유석도 미소를 지었다.[4]

조병옥은 1. 29. 한국을 떠나면서 "나는 이 병마와 싸워, 이기는 대로 지체없이 우리의 민주전열의 최선두로 다시 달려오리라"고 씩씩하게 담화를 냈다. 그러나 가인이 보기엔 "저렇게 안색이 안 좋으니 언제 돌아올지"라고 걱정한 대로였다. 조병옥이 미국 월터리드 육군병원에서 병마와 사투를 벌이는 동안, 자유당은 2월 3일에 '3월 15일에 정·부통령선거를 실시한다'고 확정해버렸다. 이제까지 정·부통령 선거는 5월 중에 행해지는 것이 상례였지만, 이와 같은 3월 조기선거의 강행은 신병치료차 떠난 조병옥과 야당 측이 보기엔 '등 뒤에다 총을 쏘는 격'으로 비인간적인 정치만행이었다.

조병옥은 2월 15일 미육군병원에서 세상을 떠난다. 1956년 신익희 민주당 후보가 투표일 10일 전에 유세차 타고 있던 열차 안에서 심장마비로 숨진데 이어, 1960년 조병옥 후보는 선거운동을 하기도 전에 별세함으로써, 국민들은 또다시 대통령의 선택기회조차 사실상 박탈된 셈이었다. 2월 18일 조병옥의 유해가 도착하자 김병로는 조객으로 그를 맞았다.

야권에서 대통령 후보조차 없어진 상태에서 민주당과 야권에서는 미묘한 움직임이 전개되었다. 조병옥이 속한 민주당 구파에서는 아예 선거를 포기하자는 분위기도 있었고, 장면 부통령 후보가 속한 민주당 신파에서는 장면의 부통령 당선에 주력하면서, 이승만의 1/3 득표를 저지하여 재선거를 유도하여, 그때 장면을 대통령 후보로 내세운다는 전략도 나왔다.[5]

---

4 김진배, 가인 김병로, 179~180면.
5 김학준, 가인 김병로 평전, 개정판, 453면.

다른 한편 자유당이 아닌 야권에서, 그리고 민주당 구파 일부는 김병로를 대통령 후보로 출마 종용에 나서기도 했다. 다음 2월 22일의 동아일보 기사를 보자.

김병로 전 대법원장은 21일 상오 기자에게 "무엇보다도 민주당은 힘을 모아서 부통령선거에서 만이라도 승리를 거두도록 해야 한다"고 강조했다. 한편 김씨는 민주당 구파가 동씨를 지도자로 추대하리라는 설에 언급하며 "공연한 소리"라고만 말하였다. 김 씨는 이날 아침 인현동의 자택에서 기자에게 과거에도 민사당의 전진한, 이훈구 양씨나 반공투위의 장택상 위원장이 부위원장을 보내어 대통령후보로 출마해 달라고 종용해온 사실이 있으나 이를 즉석에서 거절했다고 밝히고 자기로서는 "민주당을 건전야당으로 육성해야 한다"는 점을 역설하였다고 말하였다. 민주당의 전신인 한국민주당의 창당에 노력한 일도 있다고 술회한 김씨는 특히 민주당의 조·장 양파알력에 언급하여 "조병옥 박사가 서거한 금일에 있어서까지 신파니 구파니 하고 떠든다면 민주당의 앞날은 훤히 들여다보인다"고 개탄하고 "비록 부통령만이라도 당선시키도록 협력하는 것이 옳은 길인 줄로 안다"고 말하였다.[6]

잠시지만 대통령 후보라는 제안에 대해 그는 즉석거절과 공연한 소리로 치부함으로써 유혹을 잘 이겨냈다. 민주당 구파로부터 "지도자로 추대하겠다는 교섭"의 여부에 대해서는 그는 "설사 교섭이 있었다고 해도, 나로서 어떻게 하겠는가" 반문하면서, "일을 하려면 사전에 치밀한 계획을 세워서 해야 하는 것"이라고 답했다. 대신 그는 가능한 부분은 부통령의 당선에 집중하여 신파, 구파의 알력 없이 협력해야 함을 역설했다.

가인은 이러한 말로만 그치지 않고, 공정선거의 확보와 부정선거의 분쇄

---

6 동아일보 1960. 2. 22.자 1면 "부통령선거 승리 거두도록".

를 위해 적극적으로 나섰다. 2월 28일에 "공명선거추진 전국위원회 결성대회"가 각계 대표 300여 명이 참집한 가운데 열렸다. 이 대회는 "국민주권을 탈환하여 민주주의를 구출하고 부정선거 분쇄투쟁을 최후의 일각까지 전개한다"는 선언문을 채택하고, 위원장에 장리욱, 부위원장에 김팔봉, 이관구, 고문에 김창숙, 장택상, 김성숙, 고희동, 김준연, 임영신, 최고위원에 김병로, 전진한, 장리욱, 백남훈 등 제씨를 선출하였다. 여기에는 자유당 후보자를 제외한 타 부통령후보자 전원(장면, 김준연, 임영신 씨 등)이 참가하여 앞으로 강력한 공명선거추진운동을 전개하는 한편 자유당 반대투쟁에 주력하게 될 것이다. 선언문은 "지금 일당일파에 의한 사실상의 독재체제가 완성되려는 단계에 이르렀다. 자유당은 평화적 정권교체의 절대적 계기가 되는 정·부통령선거에 있어 조기선거를 공고하고, 부정선거를 음모하고, 초등학교 아동들까지 자유당을 위한 선거운동에 이용하고 있다. 우리들은 말살된 주권을 탈환함으로써 조국의 민주주의를 구출해야 한다. 일절의 반민주세력을 제외한 초당파적 전국민세력을 총집결하여 부정선거를 철저히 분쇄하고 공명선거 실현을 위한 투쟁을 전개해야 한다. 이에 우리는 최후의 일각 최후의 일인까지 한사限死 투쟁할 것이다"라고 선언하였다. 국민에게 보내는 메시지로 "미국독립전쟁 당시 '자유 아니면 죽음을 다오'라고 절규한 감투정신을 본받으라"고 호소하였다. "전 국민이 투표권을 올바르게 행사할 수 있도록 의법혁명을 일으키자"(곽상훈)과 같은 말도 나왔다.[7]

드디어 3월 15일 정·부통령 선거를 맞았다. 3·15 선거는 우리 역사상 최악의 부정선거로 악명이 높았다. 사전투표와 기괴한 방법을 총동원한 개표로, 이승만은 85%, 이기붕은 73%의 절대적인 득표를 한 것으로 집계되었다. 그러나 부정선거운동에 대하여 이미 대구에서는 2. 28. 학생들이 "학원을 정치도구화하지 말라"고 가두시위를 벌였다. 3. 15. 마산지역의

---

7 동아일보 1960. 2. 29.자 1면 "부정선거 분쇄투쟁 선언".

투표소에서 부정선거의 현장을 확인한 민주당 간부들과 시민들은 부정선거 규탄시위를 대규모로 진행하였다. 강제진압에 나선 경찰은 곤봉으로 학생을 두들겨 패고, 마침내 시위대를 향해 총격을 가해 8명의 사망, 80여 명의 부상이라는 참사를 초래했다. 그에 대해 국회조사단 및 대한변협 조사단이 나섰던 바, 경찰은 공산당의 사주로 벌어진 시위라고 발표했는데, 이는 대한변협의 치밀한 조사를 통해 완전히 날조임이 밝혀졌다. 진압과정에서 경찰에 쏜 최루탄이 김주열 군의 사망을 가져오고, 그 시체를 마산 앞바다에 수장시켰다. 4월 11일 김주열 군의 시체가 마산 앞바다에 떠오르자 마산의 2만여 시민들은 제2차 궐기대회를 열었고, 다수의 불상사가 발생했다. 정부는 2차 시위 역시 공산당의 사주로 밀어붙였다.

4월 18일에 이르러 고려대학교 학생들이 "부정선거 다시 하라"며 학교에서부터 세종로에 이르기까지 가두시위를 하였다. 고려대생들은 귀교 길에 깡패들로부터 습격을 받아 유혈낭자하게 쓰러졌고, 이는 다음날 조간지에 일제히 보도되었다. 마침내 4월 19일 서울의 학생과 시민들, 그리고 전국 각처에서 시민들이 궐기하였다. 당일 오후 데모대가 경무대에 접근해가자 발포명령이 내려져 200여 명에 이르는 학생·시민들이 학살당하는 대규모 참사가 빚어졌다. 당일 오후 3시부터 계엄령이 선포되어, 군이 시내로 진입하였다.

4·19 당시 이인 변호사의 집이 효자동 전차종점 바로 앞에 있었기에, 경무대 발포와 경찰진압에 쫓긴 학생들이 마구 집으로 뛰어들었다. 이인은 대문을 활짝 열어놓고 학생들이 집으로 들어오게 했다. 다락방에도 지하실에도 피흘리는 학생들이 가득했다. 급한대로 상처에 된장을 바르고 이불호청을 뜯어 동여매고 병원으로 실어보냈다. 온몸이 피투성이가 되어 피목욕을 한 정도였다.[8] 경찰들이 학생들을 쫓아 집안에까지 달려들어 개머리

---

8 경향신문 1960. 8. 9.자 3면 "참의원으로 통하는 길 ⑤ 이인 씨".

판으로 학생들을 마구 때렸다. 이인은 더 이상 참을 수 없어 "이놈들아, 이 집이 뉘 집인 줄 아느냐"고 소리치며 단장을 휘둘렀다. "이게 어찌 학생들 잘못이냐, 다 위정자 잘못이다"고 고함치면서 애산은 속으로 울었다.[9]

참상을 현장에서 직접 겪은 이인은 여러 곳에 전화를 돌렸다. 다음 날 오전에 "행보가 부자유한 김병로 씨 댁에서 우리 몇몇이 모여 시국에 대한 걱정이라도 하자"는 취지에서였다.[10]

다음날인 4. 20. 오전에 재야의 정치지도자 13인은 김병로의 댁에서 회합하였다. 이들은 일시 타인을 더 설득하기 위해 해산하였다가 오후에 다시 모였다. 이들은 학생데모사건의 수습방안을 결의하였다. 이 건의안은 이날 하오 3시반경 이인, 이규갑, 이관구 등 3대표에 의해서 수석국무위원 홍진기 내무장관과 김정렬 국방장관에게 전달되었다 한다. 언론에서도 가장 비중 있는 기사로 취급했다. 그 전문은 다음과 같다.

금번의 학생데모사건은 드디어 계엄령의 선포까지 보게 되었다. 이른바 이 비상사태는 멀리는 민국정부 수립 이래 12년간 누적된 사회적 정치적 불안에 연유한 것이며 가까이는 3·15선거부정으로 유치된 것임이 명백하다. 그러나 이른바 이 불상사태는 병력으로써 시정될 것이라기보다는 정부당국의 진지한 반성과 국민의 진정한 요구에 부응하는 성의를 표시함으로써 이를 구출할 수 있을 것이다. 그러므로 민주국구의 시급을 통감하는 우리 동지들은 이 중대한 시국

---

9 최영희/김호일 편저, 애산 이인, 애산학회, 1989, 281~282면.

10 경향신문 1962. 4. 22.자 2면 "변영태, 나의 四一九 회상 (1)"(이인, 애산여적, 제2집, 문선사, 1965, 88면에 재수록). 다음은 변영태의 기록이다. "4·19 당일은 화요일로서 필자가 서울상대에 시간이 있는 날이었다. 전교생이 시위행렬에 참가하기 위하여 교문을 뛰쳐나간 관계로 물론 수업은 없고 해서 집으로 돌아오는 도중에 사태가 중대화한 것을 알게 되었다. 오후 3, 4시경으로 기억된다. 이인 씨한테서 돌연 전에 없던 전화가 왔다. "큰일 났소. 우리가 가만히 앉아서 방관할 수 있소. 내일 오전 9시에 행보가 부자유한 김병로씨 댁에서 우리 몇몇이 모여 시국에 관한 걱정거리라도 하게 되니 일석(필자의 별호명색)도 좀 참석하시오" 하는 사연이었다. 시국이 중대하니만큼 신중을 기해야 할 다른 생각에서 필자는 모이는 인사의 성분을 세심히 캐본즉, 비우익정당 대표들도 들어있고 해서 마음이 내키지 않으므로 정객도 아닌 사람이 정당인들이 지배적인 축소회합에 참석하기 싫다는 이유로 참석을 거부하였다."

을 수습하는 당면의 긴급대책으로 다음과 같은 조항을 관철할 것을 성명한다.

① 비상계엄을 즉시 해제하라.

② 학생들의 희생을 이 이상 더 내지 말고 구속된 자를 즉시 석방하라.

③ 국민총의를 존중하라.

회의참석자 김병로 서상일 이인 이규갑 김성숙 이원혁

차재정 이관구 주석균 안정용 장택상 전진한 정화암[11]

4·19 이후에 나온 의견서로는 가장 빠른 것이었다. 민주당 측도 4. 20. 8인대표단을 구성하여, "학생데모의 원인은 3·15부정선거와 누적된 불평에 있음"을 지적하고, 우선 ① 경찰의 무차별사격을 즉각 중지할 것. ② 고문·보복행위의 즉각 중지, ③ 연행자 전원석방 ④ 시체관리 및 부상자 구호의 철저, 적십자사의 활용 ⑤ 비상계엄의 해제 ⑥ 군인을 일선으로 돌아보내라는 것 등을 요구하였다. 다만 민주당으로서는 정치적 대립상대인지라, 그 영향이 덜했음에 반해, 정파로부터 자유로운 재야 지도자들의 시국수습방안은 시국의 흐름을 좌우하는 영향을 미쳤다.

그러나 이승만 대통령은 부상학생들을 위문하는 등 미봉적 수습에 골몰하고 있었다. 당선이 공표된 이기붕을 은퇴시키고, 재선거를 검토하겠다는 것이 그 상한선이었다. 4. 23. 이승만 대통령은 특별담화를 발표했다. 그 요지는 다음과 같다.[12]

1. 국무위원들의 사표는 전부 이를 수리하고 곧 새로운 인사들을 각부에 등용할 것이다. 나는 과거정부 경력에 관계치 않고 인선을 의논하고 있는 중이며 하루 속히 임명할 것이다.

---

11 동아일보 1960. 4. 21.자 1면 "국민총의를 존중 학생희생자 더 안 내고 구속자석방토록 김병로 씨 등 재야정치인 비상계엄령해제등 건의".

12 동아일보 1960. 4. 25.자 1면 "전국무위원 사표수리, 원수·행정수반으로 봉사".

2. 나는 모든 정당관계를 떠나서 다만 국가만을 위해서 일할 것이다.
3. 앞으로 정부의 일반행정과 정당을 완전히 분리 구별한다.
4. 4·19사태로 말미암아 우리는 크게 위신을 떨어뜨렸으며 그날 고귀한 인명을 많이 상실한 것은 크게 슬픈 일이며 사망자 근친들의 슬픔은 모든 동포들의 슬픔인 것이다.
5. 앞으로 나 자신은 대통령으로서 정당관계를 떠나 국가의 원수로서 행정부의 수반으로서 전적으로 나라에 봉사할 생각이다.
6. 이번 사태에 관계된 범법자들을 처벌하는 데 있어서 공정히 처리할 것이며 우리는 아무런 보복행위도 원하지 않으나 살인한 자와 파괴한 자만은 처벌할 것이다.

이승만 대통령으로서는 대통령직을 유지하면서, 다만 정당을 떠나 국가원수로서 나라에 봉사하겠다는 것으로, 사태수습의 알맹이가 완전히 빠져 있다. 이 약속조차도 지켜질 지는 전혀 보장될 수 없는 일이고, 상황을 모면하려는 술책일 수 있었다. 그러나 4·19와 같은 대규모 항쟁과 유혈진압의 상황 속에서 더 이상 미봉적 수습으로 사태를 종결지을 수는 없는 일이었다. 이러한 어정쩡한 교착상태에서 재야인사 68인은 23일 하오 인현동 김병로의 자택에서 다시 회합하여, '시국수습임시협의회'를 구성하는 동시에 이를 상설기관으로 발족시키기 위한 5인준비위원을 선정하였다. 이 날 회합에서는 현 사태에 대한 당국의 위압정책과 회유책은 용납할 수 없다는 성명서를 발표하고 다음과 같은 6개사항의 관철을 결의하였다.[13]

① 현 정·부통령은 하야하라.
② 3·15선거를 무효화하고 재선거를 실시하라.
③ 국회의원은 자진 사퇴하라.

---

13 동아일보 1960. 4. 24.자 1면 "상설기관을 지향 「시국수습임시협의회」 구성".

④ 학생학살의 최고책임자 및 직접 하수자를 살인범으로 즉시 체포 엄단하라.

⑤ 구금된 학생을 즉시 석방하라.

⑥ 계엄령을 즉시 해제하라.

이날 회합에서 선정된 5인 준비위위원은 서상일, 김병로, 이인, 이원혁, 주석균 씨이며, 이날 회합에는 이들과 함께 이관구, 윤재근, 정준 씨등이 참석하였다.[14] 이 성명서는 서상일, 이인 양인이 대표로 내각에 전달했다.[15]

이 성명서는 매우 중요하다. 사태의 미봉적 수습이 아니라 혁명적 변혁의 단계로의 돌입하는 전환점이었다. 모든 책임의 근원이 대통령인 만큼, "정·부통령 하야"를 통해 이승만 대통령의 "하야"를 촉구하는 것이 눈에 확 뜨인다. 대통령을 사임시킬 강제적 방도가 없는 법적 상태에서 대통령 스스로의 퇴진을 "하야"라는 단어로 압축하였다. 또한 부정·불법으로 점철된 "3·15선거를 무효화하고 재선거 실시"라는 최강도의 해법을 내놓고, "국회의원은 자진 사퇴"를 통해 이전과의 질적 단절을 선언한 것이다. 4·19의 유혈진압에 대한 사태의 직접 수습과 관련해서도 "최고책임자 및 직접 하수자를 살인범으로 즉시 체포 엄단하라"고 함으로써, 이승만 정권의 권력핵심을 정조준하였다.

4. 24. 이승만 대통령은 정치적 책임을 지고 자유당 총재직 사임선언을 했다. 4. 24. 민주당은 대통령의 "하야"를 촉구하였고, 4. 25. 하오에 들어 국회에서 민주당은 "이 대통령 하야권고 긴급동의안 제출"[16]하였다. 4. 25. 마침내 대학교수단들이 시국선언문을 발표하였다. 그 내용으로는 "정·부통령을 재선거하라. 3·15부정선거를 조작한 자는 중형에 처해야 한다. 학생살상의 만행을 위해서 명령한 자와 직접 하수한 자는 즉시 체포 처단하

---

14 동아일보 1960. 4. 24.자 1면 "상설기관을 지향 「시국수습임시협의회」 구성".

15 이인, 반세기의 증언, 명지대학, 1974, 218면.

16 동아일보 1960. 4. 26.자 1면 "이 대통령하야권고 긴급동의안 민주당, 25일 하오 국회에 제출".

라. 모든 구속된 학생은 무조건 즉시 석방하라."는 것이 포함되었다. 시국선언을 발표한 뒤 곧바로 교수단들은 "학생의 피에 보답하라"는 기치를 내걸고 시가행진을 하였으며, "이 대통령은 즉시 물러가라. 부정선거 다시 하라. 살인귀를 처단하라"는 구호를 외쳤다. 이 구호는 위의 4. 23. 시국수습방안과 놀랍도록 일치하는데, 그 방안의 내용과 문구에서 참조했을 것으로 보여진다. 시내에 모인 군중들은 갈수록 불어나 4월 26일을 맞았다. 미국도 등을 돌렸다. 이에 이승만 대통령은 4월 26일 오후 1시에 라디오 연설을 통해 "대국민담화문"을 발표했다. 구체적인 내용은 다음과 같다.

- 국민이 원한다면 대통령직을 사임하겠다.
- 3·15 정부통령 선거에 많은 부정이 있었다 하니 선거를 다시 하도록 지시하였다.
- 선거로 인연한 모든 불미스러운 것을 없게 하기 위하여 이미 이기붕 의장에게 공직에서 완전히 물러나도록 하였다.
- 내가 이미 합의를 준 것이지만 만일 국민이 원한다면 내각책임제 개헌을 하겠다.

이어 오후 2시 국회는 이 대통령 즉시 하야, 정부통령 선거 재개, 내각책임제 개헌 등을 만장일치로 결의하였다. 이 대통령의 사임서는 4. 27. 오후 3시에 국회에 제출되었고 즉시 수리되었다. 그보다 앞서 4. 25. 장면은 부통령직을 사임하였다. 그의 부통령으로서 잔여임기는 112일이나 남았으나, 이승만이 자신에게 권력이 승계되는 것을 꺼려하는 만큼 먼저 사퇴함으로써 대통령의 하야가 쉽게 이뤄질 수 있도록 하려는 정치적 복선도 깔려 있었다.[17] 장면이 사퇴한 뒤, 대통령이 하야를 선언함으로써 4월

---

17 오인환, 이승만의 삶과 국가, 나남, 2013, 554면.

25일 외무장관에 임명된 허정이 자유당 정권의 외무장관이 아니라 과도내각의 수장으로 대통령 권한대행에 취임하여 권력의 이양작업을 진행하게 되었다.

전반적 과정을 보면 "부정선거는 천추의 한"이 될 것이라는 가인의 연초의 경고는 정확하게 맞았다. 그 뿐 아니라 가인은 공명선거의 실천과 감시를 위해 조직체 결성에도 관여하였고, 특히 4·19 직후의 비상상황에서 이인 등 재야인사들을 이끌어 시국수습방안을 발표했고, 특히 이승만 대통령의 "하야"를 처음으로 촉구함으로써 사태의 수습 차원이 아니라, 사태를 혁명의 차원으로 질적 전환의 계기를 마련하였다. 또한 민주당의 조병옥 후보, 장면 부통령과 긴밀한 관계를 보여주고 현안에 대해 장면 부통령에게 조언함으로써, 사태를 이끌어가는 적극적 모습을 보였다. 가인의 자택은 정치적 움직임의 구심처가 되었고, 그는 나라의 최고원로로서의 입지를 굳건히 하였다고 할 수 있을 것이다.

3. 자유법조단 결성과 7·29총선에서 낙선

이승만 하야 직후부터 허정 과도정부가 수립되어 활동을 개시했다. 4월 29일에 과도정부는 국무회의를 열어 '비혁명적인 방법으로 혁명을 달성'한다며 행정관리를 진행했다. 자유당은 이승만과 이기붕을 상실한 가운데 정치적으로 회생불능의 치명타를 입었고, 정치적으로는 민주당의 집권시대가 오는 것으로 누구나 예상했던 바이다. 민주당은 오래 전부터 내각책임제를 지론으로 한 개헌을 준비하게 되었다.

4월 29일 장면은 민주당 대표최고위원으로 김병로의 자택을 방문하였다. 김병로는 장면으로부터 "앞으로 많이 도와달라"는 요청을 받고 "힘 닿는 데까지 도와주겠다"고 답하였다. 그날 김병로는 대통령은 "직접선거를 실시하는 것이 국민의 의사를 존중하는 결과가 될 것이라고 언명하여 주목을 끌었다." 내각책임제 개헌이 되더라도 이번만은 대통령직선제로 하는 것이 옳다는 것과, 개헌이 되기 전에 대통령 선거를 실시했으면 좋겠다는 것을 개인적 의견으로 토로하기도 했다.[18] 그는 "내각책임제가 우리나라 실정에 반드시 필요한 것은 아니며 설사 내각책임제라 하여 대통령을 간선제로 하라는 철칙은 없는 것"이라고 표명했다. "그러나 이미 국회에서 내각책임제 개헌을 단행하기로 결의한 이상 이에 대해 더 이상 말하고 싶지 않다."는 의견을 피력했다. 장면 박사로부터 부통령직 사임인사 방문을 받았다는 김병로는, "자기가 굳이 대통령을 직접선거로 실시해야 할 것을 고집하는 것이 아니라"고 전제하고, 지금은 "보수세력이 규합하여 나라를 바로잡아야 할 중대시기"라고 말하였다.[19]

이러한 회견에는 정치적 억측이 수반되기 마련이다. 장면과의 요담내용을 묻는 기자에게 김병로 씨는 "그저 지나간 얘기를 했으며 장박사가 야당의 지도자로 있는데 내가 무슨 결정적인 의견을 가볍게 말할 수 있겠느냐"고 반문하였다. 만일 국민들이 자기를 대통령후보로 추대한다면 어떻게 하겠느냐의 질문을 받은 김씨는 뚜렷한 언질을 주지 않고 다만 "젊은 청장년들이 나라의 일을 맡아서 해야 할 것"이라고 말하였다.[20]

"늙은이는 그만두는 것이 좋다"고 했지만, 그런 질문 자체에 김병로의 정치적 비중을 느낄 수 있기도 하다. 4·19 직후에 혁신세력이 전면에 나서면서 혁신연맹은 그 지도위원으로서 김병로, 서상일, 전진한, 이인, 정화암, 신숙, 유림, 김창숙, 조경한, 장건상 등 10명을 선정했다. 이 선정에는 실제로 혁신세력의 범주에 속하는 인사도 있지만, 민주당계가 아니면서 사회적 존경을 받는 명망가를 두루 열거하였다. 김병로는 여전히 혁신세

18 조선일보 1960. 4. 30.자 1면 "민주당 장면박사 김병로옹 방문".
19 경향신문 1960. 4. 30.자 1면 "국민의사 존중토록, 김병로씨 개헌문제 등에 언급".
20 경향신문 1960. 4. 30.자 1면 "국민의사 존중토록, 김병로씨 개헌문제 등에 언급".

력에서도 존경받는 인물임을 보여주는 것이지만, 그는 그런 "혁신연맹의 성질도 잘 모르고 하니 그때 가서 의견을 얘기하겠다"는 정도로 발을 디디지 아니하였다.[21] 대신 그는 "보수세력이 규합하여 나라를 바로잡아야 할 중대시기"[22]로 파악하였다. 4·19의 성공을 위해서는, 무엇보다 민주당 내의 뿌리깊은 신파와 구파 간의 알력의 해소가 급선무라고 인식한 것이다.

그는 또한 과도정부의 방향에 대하여 무게있는 조언을 했다. 5월 6일 김병로, 김창숙, 신숙, 이강 씨 등 국민각계비상대책위원회는 성명서를 냈다. 이들은 항일운동에서 최고원로급에 해당하는 명망있는 인사들이었다. 성명서의 내용은 다음과 같다.

1. 허정 과도정부는 개편하여야 한다. 정부의 개편에는 비정당계 애국단체와 각계의 양심적 인물과 우국지사의 의견을 청취하라.
2. 현 경찰간부와 모든 공무원의 승진을 중지하고 일정 잔재의 경찰관을 재등용하여서는 안 된다.
3. 친일파 및 이승만 정권에 추종 아부한 각계간부는 과도정부의 전 기구에서 제거 숙청하여야 한다.
4. 공명선거를 방해한 현행법령을 즉시 철폐하라.
5. 자유당 및 동당 산하 사이비 애국단체를 불법화하여 즉시 해체하라.[23]

과도정부의 방향이 항일 및 반독재의 목표하에 추진되어야 함을 명백히 한 것이다. 가인의 전국적 차원에서 정치적 비중이 최고조에 이르게 되자 그에게 정치 일선에 나설 것을 요청하는 인사가 줄을 이었다. 과도정부가 독재의 죄과를 얼버무리려 하거나, 혁명을 민주당의 전리품처럼 여기는

---

21 경향신문 1960. 5. 6.자 1면 "지도위원 십씨 선출, 구국연, 김병로·서상일씨 등".
22 경향신문 1960. 4. 30.자 1면 "국민의사 존중토록, 김병로씨 개헌문제 등에 언급".
23 경향신문 1960. 5. 7.자 1면 "과정개편 요구, 김병로씨 등 4인사".

자들이 발호하는 것도 못마땅했다. 민주당에서도 신파의 장면, 구파의 김도연 등 최고위원들이 가인에게 민주당을 함께하자는 요청을 거듭했다. 학생들도 가인에 대한 열렬한 추대 요구를 냈다. 그러나 이인, 정구영 등 가인을 평생 따르고 존경하던 재야 법조인들은 신구파로 파쟁을 거듭하는 민주당에 들어가서 이용당하느니, 재야 법조인들을 중심으로 구성된 독자적 정치조직을 만들어 정치에 참여하자는 쪽으로 가인을 모시고자 안달이었다. 결국 가인은 '자유법조단'이란 이름의 새 정치조직에 참여하는 쪽을 선택했다.[24]

1960. 6. 18. 선거를 40일 앞둔 상태에서, 자유법조단이 발기했다. 발기인은 김병로를 대표로 하고, 이인, 신태악, 장후영, 전봉덕, 한격만 등 22인이었다. 자유법조단 발기의 취지는 "초당파적 입장에서 국민이 원하는 바를 규찰하고 법조리에 맞추어 이를 주장 천명하여 세기적인 민주개혁에 정성껏 이바지하려는 것"이라 하며, "일당독재의 우려를 불식하기 위하여 법조인이 합심협력 진출하여 다수권의 폭력을 방지할 결심을 굳게 하는 것"이라 지적하였다.[25]

자유법조단은 6개의 강령을 채택했다. ① 엄격한 삼권분립으로 행정부의 독재를 거부하고 국민생활의 자유평등을 보장한다. ② 입법과 예산 및 기타 중요사항의 심의와 결정에 있어서 다수당의 횡포를 거부한다. ③ 재판의 공정과 인권의 옹호에 만전을 기한다. ④ 정상모리배를 구축하고 금융민주화를 완성하여 경제적 균등사회의 건설을 기한다. ⑤ 관기를 숙정

---

24 자유법조단이란 명칭은 1960년의 창작물이 아니었다. 1921년 일본의 일군의 변호사들은 대중운동의 앙양과 노동쟁의 등에서의 인권침해를 조사·항의하는 법률운동에 본격적으로 뛰어들었고, 대중운동의 요청에 부응하여 노동자·농민·근로시민들의 권리의 옹호·신장을 내세우면서 자유법조단을 결성하였다. 이들은 일본내의 쟁의의 원호에 뛰어들었을 뿐 아니라, 1920년대 후반 식민지 조선의 공산주의운동과 각종 쟁의에 직접 변호사를 파견하여, 김병로, 이인 등 항일변호사들과 연대하여 법정투쟁을 전개하였다. 포시진치, 고옥정웅 등의 변호사는 조선의 항일변호사와의 깊은 유대관계를 갖고 있었다(자유법조단편, 자유법조단물어: 전전편, 일본평론사, 1976, 4~5면). 일제 말기에 자유법조단은 해산당했으나, 1945년 이후 재결성되어 인권변호에 뚜렷한 발자취를 남긴, 일본의 대표적인 진보적 변호사단체로서 활약했다.

25 동아일보 1960. 6. 15.자 1면 "자유법조단을 발기".

하고 공무원생활을 보장한다. ⑥ 세제를 개혁하여 국민부담의 공정을 기한다. 등이 그것이었다.[26] 이 내용을 보면 대단히 법률가적 관점에서 제기한 강령이라 할 수 있다. 1960년 연초의 김병로의 '신년방담'과도 그대로 상통하는데, 김병로의 영향 혹은 김병로와 같은 사고를 하는 법조인의 공통분모를 뽑아서 정리한 것 같이 여겨진다. 자유당 뿐 아니라 민주당도 이러한 요구를 충족시킬 수 없다고 보고, 민주당에 대항할 만한 제1야당을 만들 모체가 되겠다는 의욕을 가진 것으로 보인다.[27] 자유법조단에 가입한 변호사들은 모두 40여 명이었다. 자유법조단은 정당으로까지 진척된 상황은 아니므로, 실제로는 '무소속'으로 국회의원 선거에 나가게 되었다. 가인도 선거에 출마하기로 했다.

가인이 출마의 결심을 굳힌 후 어느 지역을 선택할지가 문제되었다. 전국적인 지명도가 높은 인사로서 선택지는 서울 중심권이어야 했다. 법조계는 물론 민주당 원로들은 "기왕 출마할 바에는 종로나 중구, 아니면 서울 어디에서나 출마하라"고 강권하다시피 했다.[28] 그러나 그는 고향인 전북 순창을 택했다. 그러나 말이 고향이지 고향을 떠난 지가 50년이 넘었고, 30년 전에 장사 치르러 한 번 갈 정도로 소원했던 곳이다. 대법원장 재임 중에는 한 번도 순창에 들르지 않았다. 이제 옛날의 친구도 친척도 거의 세상을 떠난 마당인데, 그의 변은 "마지막으로 고향 심부름이라도 하고 싶어서"라는 소박한 것이었다. 라디오, 신문도 귀한 시대에 대법원장이나 민주주의 수호자로서의 가인의 높은 명망이 벽촌의 유권자들에게 숙지되어 있을 리 만무했다. 그럼에도 워낙 명망이 있던 터라, 실제로 순창 선거에서 유권자들은 "인물 대 정당의 대결"의 양상을 띠게 되었다.[29] 민주당 공천의 홍영기와 법조계 원로인 김병로의 선거는 매우 과열된 조짐을 보였는데, 특히 민주

---

26 김학준, 가인 김병로 평전, 개정판, 468~469면 참조 및 재인용.

27 김학준, 가인 김병로 평전, 개정판, 460면.

28 당시 참의원 서울특별시에 출마했던 백낙준, 이인 등은 무소속으로 무난히 당선되었다.

29 경향신문 1960. 7. 16.자 1면 "인물 · 정당의 대결: 김병로, 홍영기 양씨 백열전".

당 신파에서 장차 잠재적 경쟁자인 김병로를 떨어뜨려야 했기 때문이다.

순창에서 유권자에 대한 김병로의 연설은 이러했다.

친애하는 유권자 여러분 정말로 이거 얼마만입니까? 그동안 민족을 위하고 나라를 위하는데 바빠서 50년 동안이나 여러분들 얼굴은커녕 고향 산천마저 제대로 보지를 못했소. 내가 여러분들을 이렇게 뵙게 된 것은 바야흐로 올바른 정치를 하겠다는 학생들이 들고 일어나고, 국민들이 들고 일어났기 때문입니다. 정치는 깨끗한 사람, 올바른 사람, 민주주의 정신에 투철하고 이를 실천할 수 있는 능력있는 사람에게 맡겨야 합니다.[30]

그의 고령의 나이가 당연히 선거쟁점으로 대두되었다. 그는 늘 입던 한복을 벗고 퇴색한 회색 양복에 빨간 넥타이를 매고, 검은 운동화에 의족을 짚고 다녔다. "어떻게 빨간 넥타이를 매셨습니까"는 기자의 질문에 "저 사람들은 노익장이라는 말을 모르는 모양이지. 그래서 좀 더 젊게 보이려고 이걸 맸지." 하고 웃었다. 이 부분에 대한 그의 연설이다.

"옛말에 고목봉출枯木蜂出이라는 말이 있습니다. 고목나무에도 봄이 오면 꽃이 핍니다. 나는 이런 기회에 여러분을 뵙게 된 것만 하더라도 대견하게 생각하지 않을 수 없습니다. 어떤 사람들은 내가 연단에도 못 올라올 것이라고, 온갖 허무맹랑한 중상모략을 하고 있다고 합니다만, 어떻습니까? 못 올라오기는커녕 이렇게 올라와서 여러분들에게 이야기하고 있지 않습니까?"[31]

위아래 틀니 사이로 나오는 70 노인의 말씨만은 분명히 전라도 순창 순수한 전라도 산간 말이오, 마이크 밖으로 카랑카랑 울리는 소리에는 "아직

30 김진배, 가인 김병로, 184면.
31 김진배, 가인 김병로, 184면.

도 팽팽하네" 반응이 나왔다고 한다.[32] 여기서 고목봉출은 가인의 어록에서 눈에 익은데, 1910년대 동경에서 유학생들에게 한 연설에서 한 대목이고, 신간회의 작명에서도 이 말이 나온 적이 있다.

한편 김병로의 상대는 군법무관 출신의 젊은 변호사 홍영기였다. 그는 김병로 후보에 대해 이렇게 말했다.

"가인 선생 같은 훌륭한 분을 가진 것은 우리 순창의 자랑입니다. 저런 분은 우리가 대통령으로 모셔야 합니다. 대통령은 국회에서 뽑도록 되어 있습니다. 우리 가인 선생 빼고 대통령 시킬 사람이 누가 있겠습니까. 저는 국회의원 밖에는 할 째비가 못 되는 사람입니다." 그리고 마침 잊어서 말 안 했다는 듯이 덧붙였다. "가인 선생은 일제 수십년동안 독립운동한 분들을 변론했습니다. 하지만 여러분, 그 분이 형무소 갔다는 말 들었습니까!" 서른 한 살의 청년은 "이 사람은 일제 말기 항일운동하다 히로시마 형무소에 수감됐습니다. 김구 선생 저격범 안두희를 기소한 육군본부 검찰부장 홍영기 소령 그 사람이요" 하고.[33]

7·29 선거는 '볼 것도 없이 민주당의 대승리가 예상되는 분위기'였고, 실제로도 그렇게 나타났다. 민주당은 민의원 233석 중에 175석을 얻었다. 2/3선인 156석을 훨씬 넘은 의석이었다. 순창의 경우 민주당의 홍영기가 19,969표를 얻어 당선되었고, 김병로는 17,244표를 얻어 낙선했다.[34]

선거의 과열과 함께 선거과정에서의 부정행위 역시 심각했다. 실제로 홍영기에 대해, 김병로 지지 청년들이 순창과 서울에서 잇달아 부정선거를 규탄하고 처벌을 요구하는 시위를 했다.[35] 홍영기 측은, "김병로 씨는

---

32 김진배, 왜 가인을 찾는가, 그리고 왜 찾는가, 2014. 9. 29. 가인 김병로의 생애와 기념사업의 의의 심포지움에서 김진배의 구술이다. 김진배는 당시 기자로서 순창까지 찾아가 본 장면을 이렇게 요약했다.

33 김진배, 2014. 9. 19. 구술 요약.

34 경향신문 1960. 7. 31.자 2면; 동아일보 1960. 7. 31.자 2면은 홍영기는 같고, 김병로는 17,144로 되어 있음.

35 김병로 씨를 지지하던 청년 약 30명은 "정치깡패 홍영기는 물러가라"고 쓴 프란카드를 들고 "나이롱 치마, 고무신, 수건과 바꾼 표 도로 찾자"는 구호를 외치면서 데모를 하였다(동아일보 1960. 8. 5.자). 김병로를 지지하

자유당과 야합한 반혁명세력이며 70세의 늙은이로 노망이 심하다, 자유당으로부터 선거비용으로 1,500만 환을 받았다"는 허위사실을 유포하고 유권자들에게 음식을 제공한 혐의로, 홍영기는 국회의원선거법 위반으로 우여곡절 끝에 법원이 준기소명령을 내렸고,[36] 그에 대한 재판에서 무죄가 선고되기도 했다.[37] 김병로의 선거참모들은 상대방의 선거운동의 불법성을 들어 선거무효 및 당선무효소송을 본격적으로 낼 것을 건의했으나, 김병로는 "선거는 한 번 하지 두 번 하나"는 한마디로 거절했다.[38]

언론에서는 김병로의 낙선을 애석해하면서, 종합적인 인물평을 실었다.

> "그 참 그 분이 낙선이 되다니 … 세상 일은 정말 모를 일이야" — 묻는 이마다 김병로 옹의 낙선에 애석의 코멘트를 피하지 않았다. 나이로 보나 학력·경력 그리고 그 무엇보다도 하야 후의 민주투쟁의 관록으로 봐서도 그분이 쓴잔을 마실 줄은 전혀 몰랐을 것이다.
>
> 보안법 파동, 경향신문 폐간 등 노골적으로 드러나는 위헌 독재의 마각에 가냘픈 듯하면서도 무게있는 비판을 행사하여 피압박대중의 공명을 샀던 구수한 '영감님'이었던 것이다. 더욱이 4월혁명 이후의 옹은 과거의 대법원장이었다는 무게가 발전하여 '대통령후보'로 내세우려는 동향까지 일으켰던 것이다. 자유법조단의 영도자는 물론 무소속의 정상頂上 인물로 크게 기대된 바 있었으나 순창의 민의는 민주당의 홍영기 씨에게 2천7백25표나 더 던지고 말았으니 …
>
> '그 분이 국회에 나가신다면 국회도서관의 6법전서의 열람자가 줄어들거야' 이는 결코 어떤 실없는 해학만은 아니었을 것이다. 어쨌든 선거는 시골의 민의와 서울의 민의를 함께 엄버무려 부루도자로 내리미는 평균민의의 상징인지도

는 데모대원 50여 명이 "대법원은 순창의 부정선거를 엄정 판결하라" "부정과 불법으로 당선된 홍영기는 사퇴하라"는 플래카드와 혈서를 들고 연좌대모를 감행했다(경향신문 1960. 8. 9.자 3면).

36 경향신문 1960. 10. 29.자 3면 "세 민의원에 준기소명령".

37 동아일보 1961. 1. 21.자 "황한수, 홍영기 두 의원에 무죄".

38 김진배, 가인 김병로, 183면.

모른다.[39]

만일 김병로가 선거전에 뛰어들지 않았으면, 그는 국가의 제1원로급 인사로서, 당파로부터 초연한 중요한 직책에 끊임없이 거론되었을 것이 틀림없다. 제2공화국의 유력한 대통령 후보 중의 하나였고, 실제로 낙선한 이후에도 대통령 후보로 거론되었을 정도였던 것이다. 그러나 일단 낙선하자 그는 자신의 개인적 감정을 내세우지 않고, 선거 결과에 대해 왈가왈부하지 않고, 당파나 인물에 대해 초연한 자세로 돌아갔다. 선거에 압승한 민주당은 신파의 민주당과 구파의 신민당으로 양분되는 조짐을 보였다. 그에 대해 김병로는 "민주당은 신정부를 속히 수립하여 시국안정에 힘써야 한다. 신구파 간에 이념의 차이가 없는 한 인화로써 굳게 결속하여 경제위기를 극복해내야 한다"[40]는 입장을 보였다.

통합과 결속을 강조하는 그의 모습은 일제 때부터 한결같은 것이었다. 장면이 국무총리로 인준되자, 김병로는 칼럼을 통해, "우리의 정치현실에서 장 박사가 초대 총리의 중임을 맡게 된 데 대해서는 실로 마음 든든한 일로서 이 난국을 극복할 기대성을 갖게 되었다고 생각한다"고 아낌없이 축하했다. 그리고 장면 내각에 바라는 내용을 다음과 같이 정리했다.

나는 우선 조각에 있어서부터 당파나 정실에 구애됨이 없이 이른바 적재적소라는 유일한 신념을 모든 국민에게 보여주기를 바라는 바이며, 모든 행정운영에 있어서 당의 정강과 정책이 많은 종목에 뻗쳤다 할지라도 대내관계에 있어서는 완급선후에 따라 틀림없이 실행할 것만을 국민에게 알리고, 그 알린 사항은 반드시 실천할 것을 신조로 하여 국민의 신뢰를 두텁게 하여야 될 것이요. 국민의 교양방법에 있어서는 우리 문화의 전통을 주로 하여 천부의 근성을 함양함으로

---

39 경향신문 1960. 8. 3.자 3면 "거물급 낙선자: 김병로 옹, 백두진 씨".
40 경향신문 1960. 8. 5.자 1면 "찬반으로 얽힌 각계반향".

써 도의와 윤리의 기강을 엄정히 하여야 할 것이 최급무라고 생각하는 바이다.

재정계획에 있어서는 소비절약을 단행하고 긴축예산을 주로 하여 먼저 기구의 폐합, 인원의 정리를 위한 강력한 소위원회를 설치해서 이를 완성한 후에 공무원의 처우를 개선할 것이요. 실업자에 대한 조절은 그 정리방법에 유의하여야 할 것은 물론이어니와 나의 생각으로는 기구와 인원을 언제까지나 오늘날의 현상대로 계속하고는 공무원의 능률도 기대하기 어려울 뿐 아니라 예산상의 균형을 보지할 수 없으리라고 볼 수 있지 아니할까 한다.

산업면에서는 농촌현황을 파악하여 농산물의 증산과 다각적 부업을 장려함으로써 총국민의 7할 이상인 농민의 생활안정에 희망을 갖게 하여야 할 것이요. 중소기업 육성에 있어서는 그 시설과 생산과정의 현상 및 생산물의 품질 등을 정확히 심사하여 선후완급에 따라 가장 필요한 생산에 중점적 조성을 기하여야 하며, 기간사업 시설에 있어서는 원자 및 외자에 의존 아니 할 수 없으므로 가장 요급한 전력 비료 등의 시설을 우선적으로 하여야 할 것은 물론, 국민경제에 필요성 없는 모든 기업은 축소 혹은 폐지를 단행하여 수입품의 제한을 엄격히 실행하여야 하고, 밀수의 단속은 여하한 방법으로든지 시키지 아니하면 아니 될 것이다.[41]

선거에 낙선한 식후에 이런 글을 쓰기란 웬만한 수양 없이 어려운 법이다. 그러나 그는 마치 자신이 총리이기라도 한 양, 인사, 정책, 교양, 재정, 산업 면에서의 정책방향에 대하여 조언하고 있다. 1960년 1월 초의 '신년방담'에서처럼, 국가의 주요시책과 비전에 대해 성숙한 지혜를 아낌없이 빌려주고 있는 것이다.

이후 제2공화국에서 김병로는 어떤 정치적 행보를 적극 전개하지 않고 정중동의 세월을 보낸다. 낙선했음에도 불구하고 그를 향한 정치적 요구는 적지 않았다. 민주당이 신-구 양파로 분열하여 분당 사태로까지 나아가면서 국민에게 실망을 안겨주는 정도에 이르게 되자, 다시 김병로를 구심

---

41 동아일보 1960. 8. 20.자 1면 "김병로, 장내각에 바란다".

점으로 하여 신당을 만들자는 움직임이 그것이었다. 자유법조단을 확대, 강화하여 새 정당으로 발전시키자는 논의도 여러 차례 제기되었고, 재야의 명망가를 중심으로 새 정당을 만들자는 논의도 있었다. 가인은 이런 새 정당운동의 구심점으로 늘 거론되었고, 자신이 보다 적극적 역할을 시사한 경우도 있었지만, 그는 현실정치에의 관여로부터 초연한 원로로서 자신을 자리매김한 것으로 보인다. 다음 기사는 당시 가인의 심정과 분위기를 잘 보여준다.

황혼이 깃드는 (가인 선생의) 방안엔 율곡·퇴계전집, 서애문집, 동국여지승람 등 한서가 산적해 있고 원곡 김기승 글씨로 가인을 위해서 씌어진 '호연독존浩然獨存'의 묵향이 그득하다. 자리 옆 작은 탁자 위 벽엔 가인의 자명自銘이라 하여 '성정계신誠正戒愼'의 글자가 붙어 있다.

"이 한인閑人을 어찌 찾아 오셨우?"

"신당 하시느라 바쁘실 텐데요?"

"아니야, 이번에 종로 갑구에서도 나오라고 해쌓고 했지만 나가서 어떻거란 말이요?"

"순창보다도 서울이 더 유리하실 거라는 얘기도 있었던 거 아녀요?"

"순창이야 특별한 데 아니요. 내 선대 11대가 살아온 고장이요. 이번에 내가 50년 만에 처음 내려갔소. 아니 30년 전에 상사喪事로 한 번 간 일이 있었지만 … 내 지방엔 일체 안 다니기로 하고 있었던 거지요."

"신당은 … ?"

"신당은 3년 전부터 신당 소리 아니요. 이제 이 늙은 썩어가는 몸보고 무슨 정치요. 내 본래부터 여러 사람들이 와서 하도 여러 차례 말을 하기에 뭐가 되든지 고문에나 응할 정도로 마음먹었던 걸 짜구 내세워 …"

"하긴 하시는 거 아네요?"

"정당을 발족하려면 기초가 있어야 하지 않오. 정강정책도 있어야 하겠고 …

또 제일 중요한 거기에 적응할 물질 관계도 있고…"

물질관계란 정치자금인 모양인데 자금준비가 아직 덜 되었다는 눈치.

"전번에 세상이 하도 씨끄러우니 시국담이나 교환하자고 신흥사에 변영태, 팔봉(김기진) 등 여러 사람이 만났지만 신당의 필요성은 인정하면서도 좀 더 두고보자고 말이 끝난 거요. 그때 난 지금이라도 나올 수 있으면 신당을 만들자고 한 것이었지만…"

가인은 곁에서 설탕 한 알을 꺼내서 입에 넣고 사슴담배 한 대를 반으로 잘라 나눠서 물뿌리에 꽂아 피운다.

"나는 정치 안 하기로 결심한 바도 있었지만 우리나라엔 근백년을 두고 지금 이 나라엔 인재난이요. 사람이 없어 … 지금 나는 세상 되어가는 대세에 크게 위구심을 품고 있소. 장면도 내 잘 알고 있지만 지금까지 하는 것 보니 앞으로 기대하기 어렵겠고 … 하긴 조병옥 군이 있었대도 별 수 없었겠지만 … 여러 사람이 없어졌지만, 고하 송진우가 간 뒤엔 사람이 없어 … 지금 흉흉한 민심이 심상이 아닌데.. 영웅은 필요 없지만 인재가 있어야 할 것 아냐." 가인은 담배를 마지막 끝까지 완전히 태워 재를 떨어버리며 휴우 … 하고 긴 한숨을 내뿜는다.

정치부기자는 자꾸 신당 등 정치현안에 관한 기사를 끌어내려고 하지만, 가인은 신당이나 정치활동에 대해 현실적 이유도 들어가며 더 이상의 적극성을 드러내지 않은 듯하다. 여태까지 가인은 정치를 거부하지는 않아도 정치 그 자체로부터 거리를 유지하는 삶을 살아왔다. 가인의 입장에서 볼 때 자유법조단과 선거 출마가 가장 정치에 적극 임한 경우라 할 수 있는데, 그때조차 "여러 사람들이 와서 하도 여러 차례 말을 하기에 응한 것"이고 스스로 내켜서 하는 일이 아니었다. 미군정 때나 이후에도, 그는 정치에 '고문' 역할 이상의 적극 개입은 삼가는 편이었다. 하지만 세상의 대세와 나라의 운명에 대한 걱정은 평생의 마음인 것도 사실이다. 그는 현실정치에 더 이상 적극 관여하는 것을 피하고 싶었고, 신변을 정리하고 조용히 지내고 싶었던 것으로 보인다. 다음은 그의 손녀사위이기도 한, 이택돈 변호사의 회고이다.

『계구신독戒懼愼獨』…대학노트 반 쯤되는 크기의 흰 종이에 짙은 먹으로 세로 써놓은 가인선생의 좌우명이다. 등 뒤의 책장에 붙여 놓고 틈틈이 바라보셨던 좌우명이다 그 맞은 편에는 『호연독존浩然獨存』이라 크게 쓴 액자가 걸려 있었다. 방이라기보다 서재라고 해야 할 만치 방 안에는 동서고금의 각종 책자가 가득하다. 가인은 여기서 침식을 하시며 거의 매일같이 깊은 밤이 가는 줄 모르고 독서삼매경에 이른 것이다. 이것이 1960년 말의 가인의 모습이었다. 이 좌우명과 액자만 보아도 당시의 노법률가의 주변과 심경이 무엇이었던가를 대강 짐작할 수 있을 것이다.[42]

이렇듯 "노법률가"는 신독愼獨과 독존獨存을 되뇌이면서, 호연한 기개로 독서삼매경에 몰입하였다. 그는 시대를 관조할 뿐 나서지 않았다. 제2공화국의 정치적 백화제방의 시대에 노경에 이른 김병로에게 더 이상 현실적인 책무를 떠맡는 시간은 지난 듯 싶었던 것이다.

---

42 이택돈, "가인 김병로 선생님을 회고한다: 거인의 그림자," 대한변협회지, 1983. 11. 12, 32면.

제23장

반군정 야권통합의 최전선에서

《對談》

民政은 民間人에게 맡기라

— 씨라도 뿌려 놓아야 한다. 荒蕪地로 방치해 두면 안된다 —

— 一九六三年 一月 九日 午前十一時 金翁 自宅에서 —

〈對答者〉 金 炳 魯

〈質疑者〉 梁 好 民

政黨組織에 군인은 관여치 말고 朴의장의 品格이 영원히 빛나려면 공약대로 해야한다. 앞으로의 政黨은 「國民의 정당」이어야 한다. 지금까지의 文敎政策을 답습하면 국가는 크게 悲哀에 빠질 것이다. 言論自由는 타고난 自然的 基本權의 하나다.

大原則은 大同團結

梁·民政復歸의 때를 당하여 몹시 분망하신 이 때에 시간을 내주셔서 감사합니다. 죽었던 정치활동이 풀리자 新黨의 움직임이 활발해졌읍니다. 우선 新黨構成에 대한 선생님의 構想과 黨의 大原則에 관해서 말씀하여 주시면 감사하겠읍니다.

金·軍事政府가 모든 政黨을 해체하여 버린만큼 군정을 민정으로 이양하려면 새로운 정당이 구성되어야 한다는 생각은 어느 누구나 다 하고 있는 것입니다. 그런데 군사정부당국자들이 구상하는 정당의 장래는 民政하여 보면, 그 정당 자체가 군사당국자들을 中樞人物로

(28)

김병로는 정국에 대한 자신의 소견을 1963. 1. 9. 언론대담을 통해 소상히 밝혔다.
사진은 김병로의 자택에서 양호민과의 대담 기사의 일부(사상계 2013. 2.)

제23장

반군정 야권통합의 최전선에서

1. 1963년 정치의 재개

1961년 5·16 군부세력은 쿠데타를 일으켜 민간정권을 붕괴시키고 전권을 틀어쥐었다. 헌법을 폐기하고, 장면 정부를 강제해산시키고 민의원과 참의원, 지방의회를 하루아침에 해산시켰다. 모든 정당은 해산되고 정치인들의 일체의 정치활동을 금지시켰다. 모든 권력은 국가재건최고회의라는 군사혁명사령부가 쥐었다. 민정이 아니라 군정의 시대를 강제 개막한 것이다.

앞으로의 정치 일정이 어떻게 전개될지는 캄캄하고 막막한 상태였다. 민간 정치인과 국민들은 군사정권의 행보를 지켜볼 수밖에 없는 처지가 되었다. 소위 5·16 "혁명공약"에서 군사정권은 군사혁명위원회의 과업이 성취되면 "참신하고도 양심적인 정치인들에게 언제든지 정권을 이양하고 우리들 본연의 임무에 복귀할 준비를 한다"고 한 게 전부였다. 그러나 공약대로 진행될 것이라고는 누구도 믿을 수 없었다. 군사쿠데타로 정권을 탈취한 군부가 민간인에게 다시 정치를 돌려주고 순순히 군문으로 되돌아간 전례도 없었고, 5·16쿠데타세력이 처음부터 정권장악의 의지를 명백히 했기 때문이다.

정치일정과 관련하여 처음엔 1962년 여름까지는 정부를 민간인에게 이양하겠다는 내용의 중대성명도 별도로 발표하였다. 그런데 1962년 3월에 이르러 정치활동정화법을 발동시켰는데, 그 법에 따르면 "구정치인"은 정치정화위원회의 심사를 받아 적합하다는 판정을 받아야 정치활동을 할 수 있도록 했다. 군정은 그해 5월 30일 4,374명을 심사한 결과 1,336명만을 '정치활동적격'의 판정을 내렸을 뿐, 3천 명의 정치인들의 정치활동을 여전히 봉쇄했다.[1]

1962년 12월 17일 대통령중심제 및 국회단원제를 골격으로 한 새 헌법안에 대한 국민투표가 실시되어 확정되었다. 이 제3공화국 헌법은 1962. 12. 26. 공포됨에 따라 대통령중심제 하에서 대통령선거와 국회의원 선거가 1963년에 실시될 것으로 전망되었다. "이 헌법에 의한 최초의 대통령과 국회의원의 선거 및 최초의 국회의 집회는 이 헌법의 공포일로부터 1년 이내에 한다"(헌법 부칙 제2조)고 규정했기에, 1963년 연내에 대선 및 총선은 눈앞의 현실이 되었다. 그해 연말 12월 31일에는 171명의 정치인이 해금되었고, 1963년 1월부터 군정은 민간인들의 정치활동 재개를 허용했다. 실로 1년 7개월 만의 일이었다. 군사정권의 지도자들이 새 헌법 하에서 투표에 의한 정권장악에 나설 것임은 의심의 여지가 없었다. 다만 정치일정을 모호하게 함으로써 군사정권은 정치일정 관리의 주도권을 쥔 채 일련의 정교한 정치공작을 통해 민간정권화를 기획할 것은 명백했다. 정치인의 선별적, 단계적 해금조치 역시 정교한 각개격파작업의 일환으로 이해되었다.

군사정권의 의도야 어쨌든, 제약된 기회라도 정치적 기회는 활용하는 것이 당연했다. 군사정권에 맞설 야권의 상황을 들여다보면, 민간 정치세력 중에서 정치활동정화법(이하 '정정법'이라 한다)으로 지도적인 민간정치인들은 손발이 꽁꽁 묶여 있었다. 군사혁명재판소를 통해 장면 총리를 비롯한 수많은 정치인들이 연금되거나 옥중에 있었고, 허정 과도정부 수반조차도 정정법의 대상으로 묶여 있었다. 정치활동을 기획할 수 있는 능란한

---

1 최영희/김호일 편저, 애산 이인, 애산학회, 1989, 285면.

정치인들, 가령 유진산 전 신민당 간사장, 이상철 전 민주당 간사장 등도 풀리지 않은 채였다. 정치세력 중에서는 혁신계는 궤멸적 타격을 받았고, 제2공화국에서 정권 실세였던 민주당(신파)는 정정법으로 다수가 묶여 있었다. 구민주당 계열 중에서 정정법에 묶이지 않는 주요 정치인은 박순천, 홍익표 등 소수였다. 반면 민주당 구파, 즉 신민당 계열[2]의 인사들은 신파 인사들보다 탄압을 덜 받았던 편인데, 김도연은 묶였지만, 윤보선 전 대통령은 5·16에 대해 소극적이나마 사후협력을 했다고 하여 정정법에 묶이지 않았다. 그는 오히려 군사정권이 내놓은 정정법에 서명한 입장이었다. 정정법에 묶이지 않는 민간지도자로서 제2공화국 때 특정 정당에 소속되지 않는 초당적 명망가로는 김병로, 이인, 전진한 등 재야인사들이 있었다.

김병로는 1960년 7·29선거에 패배한 이후 정계와 법조계에서 은퇴한 인물로서 독서하며 소일하였다. 그러나 5·16쿠데타 이후 정치활동이 재개된 1963년에는 군정에 대항한 민간정치세력의 최고원로이자 구심점으로서의 중망이 그에게 쏠렸다. 그는 대통령이 되겠다는 그런 현실권력에의 욕심을 비워냈기에, 더욱 정치적으로 영향력있는 실세로서 국면을 주도해갈 수 있었다. 그는 반군정의 정당 결성 및 야권단일화에 최선을 다하였지만, 모든 게 그의 뜻대로 되지는 않았다.

여기서는 김병로의 1963년의 정치행적을, 가능한 당시의 자료를 활용하여, 살펴보고자 한다. 군정과 민정이 정면 격돌했던 정치사의 현장으로 들어가는 것은 단지 정치사회적 정리의 의미를 지닐 뿐 아니라, 법학-법조적 측면에서도 상당한 함의를 지닐 수 있을 것으로 생각한다. 우리 현대사에서는 명망있는 법조인이 법조에서의 역할이 일단락된 후에 현실정치에의 길로

---

2 민주당은 1960년 7·29 총선 직후 총리, 대통령, 그리고 각료를 조각하는 8월에 이르러 신파의 주도에 반발하여, 민주당 구파가 분열하였다. 민주당 구파는 1960. 8. 31. 민주당구파동지회라는 별도의 원내교섭단체로 민의원에 등록했고, 11. 23.에 이르러 명칭을 신민당으로 바꿨다. 1961. 2. 20. 김도연을 위원장으로 하고 유진산을 간사장으로 하는 신민당을 공식으로 출범시켰다. 스스로를 '제1야당'으로 자임하면서 정권에 도전할 것임을 선언했다(김학준, 가인 김병로 평전, 개정판, 민음사, 2001, 468면 참조).

뛰어든 사례가 적지 않다. 법은 가치를 지향하지만 현실에 뿌리를 두고 있다면, 법조인의 길도 그런 측면이 없지 않다. 김병로는 현실정치적 요소가 배제된, 사법-법조의 영역에 국한된 삶을 살지 않았다. 시대적 요구에 부응하여 그는 일제하에서 신간회 운동, 해방직후에는 정당활동 및 좌우합작에의 관여, 그리고 대법원장 퇴임이후 정치비판적 언론활동 및 정치활동에 적극 관여했다. 인간적으로도 정치지도자들과의 교류의 폭도 넓었다.

1963년 김병로의 정치활동은 그의 50년에 걸친 공적 인생의 대미를 장식하는 것이었다. 현실정치의 가시밭길에서 김병로가 무엇을 했고, 그 과정에서 자신의 소신과 원칙을 얼마나 관철해냈는가 하는 것은 짚고 넘어가야 할 대목이기도 하다.

2. 1963년 초반 정당활동: 대동단결의 씨뿌리기

1963년 정치활동은 정초의 세배로부터 시작되었다.[3] 원로 정치지도자 중에서 묶이지 않는 인사 중 으뜸격인 윤보선, 김병로의 집이 문전성시를 이룬 것은 자연적 추세였다.[4] 그러나 윤보선의 경우 5·16에 대해 석연찮은 입장과 현실 정치인의 대표격으로 다른 입장에 선 정치인들과 격심한 갈등의 잔재가 아직도 생생하게 남아있던 채였다. 따라서 첫 정치재개의 물꼬는 김병로, 이인 등 초당적 명망가가 열어갈 소임을 받게 되었다. 김병로는 이제 반군정 정치세력의 구심의 역할을 수임하게 되었다. 다만 그는 고령(77세)의 한계와 함께 건강상의 문제로 관심의 초점이던 대통령 후보의 가능성에 대해서는 회의적이었다.[5] 김병로는 "명실상부한 민정을 가져

---

3 김진배, 가인 김병로, 가인 기념회, 1983, 195면.

4 김진배, 위의 책, 195면.

5 "나 자신은 과거 1년동안 병상에서 신음하여 무한한 고통을 받았…"(경향신문 1963. 1. 1.자. 12면 김병로, "국민의 자유보장: 각자의 참된 희구 찾아내라"; "김병로씨는 아마 건강 때문에 (대통령 후보에) 직접 나서기는 어

單一野黨 推進 行動化

尹潽善·金炳魯·李仁·錢鎭漢·

一次로『四者會』

"軍人黨에 맞설民間

朴順天氏不參·下

<사진=左로부터 金·李·尹·錢씨>

단일야당 추진 모임(동아일보 1963. 1. 3.)

오기 위해서는 모든 민간정치인들이 과거의 정파를 초월해서 한데 뭉쳐야 한다"고 내방객들에게 거듭 강조했다.[6] 자신에 대해서는 "내가 해방 직후와 같은 건강만 가졌더라도 일선에 나서서 일을 하겠는데 어디 그래야지. 그러나 말로서 내 견해를 보이고 일할 수밖에" 하면서 "모든 민간정치인들이 뭉쳐야 하며 또 그렇게 될 것"이라고 하고 "그렇게 되면 앞장은 안서더라도 뒤에서 힘껏 밀겠다"는 입장을 밝혔다.[7] 그렇게 널리 인식되었기에, 더욱 사심 없이 야권을 묶을 수 있는 인물로서 가인에게 압도적 신뢰가 모였던 것이다.

야권의 정치활동의 시발점은 1월 3일 '4자회담'으로 즉각 나타났다. 오후 2시부터 윤보선, 이인, 박순천(사정으로 불참), 전진한, 민영수, 조윤제 씨 등 각파 대표들이 김병로 씨 댁에서 자리를 같이하여 야당세력의 대동단결을 위한 첫 의견교환을 가졌다. 야당의 이름까지 거론되었다. 단일야당

려울 것 같습니다"(동아일보 1963. 1. 1.자. A2면 "정치부기자 좌담회: 제3공화국을 내다본다").

6 동아일보 1963. 1. 1.자. 1면 "1년 7개월 만에 정치활동을 재개".

7 동아일보 1963. 1. 3.자. 1면 "세배로 시작된 정치활동, 김병로씨 댁, 민간정당을 역설".

의 당명을 가칭 '민정당'으로 내정하였다. 이는 사전에 많은 실무자들의 사전준비회의를 거쳐 하나의 결실을 이루게 된 것으로, 당명 '민정당'은 군정에 선명하게 대립되는 명칭으로, "민정이양은 민정당으로", "빼앗긴 자유를 되찾자" 등의 슬로건을 내걸 것이라 하였다.[8] 정치활동 해금 사흘 만에 이렇게 급속히 행동함으로써 "범야 단일정당운동은 태동 단계를 넘어서 구체적인 제휴 협상을 위한 각파 대표회담으로" 들어선 것이다.[9] 혹자는 "허허벌판 광야와 같은 황무지에 야당단합의 깃발을 세우고 단일당 형성의 토대를 닦기 시작"한 것이라 평가했다.[10] '4자회담 공동성명'까지 나왔다. "민정民政의 기본을 확고히 하기 위하여 범국민의 대동단결로 신정당(단일) 창당을 촉진하자"는 데 의견의 일치를 보았다. "이 대동단결은 창설적이며 결코 기설旣設 그룹의 연합체가 아님을 명백히 하여 둔다"는 점도 나타내 구연에 얽매이지 않고 새롭게 시작하자는 결의를 밝혔다.[11]

김병로는 이 4자회담의 의미를, 기성 그룹의 연합체가 아니라 과거의 정파와 감정을 떠나 모두가 개인자격으로 가입하여 같이 일해야 하는 것이라고 했다. 한마디로 "민간인이 총규합해서 군인의 당과 맞서보자는 것"이었다.[12] 이 4자회담은 군정에 맞서는, 새로운 정치적 중심체의 가능성을 처음으로 가시화한 것으로 커다란 주목을 받았다.

1월 9일, 김병로의 자택에서 5자회담이 열렸다. 김병로, 이인, 전진한, 류청(윤보선 대리), 이상규(민주당계 홍익표 대리)가 모였는데, 구 신민당계 뿐 아니라, 구 민주당계가 합류한 데서 야권의 단일전선 형성을 위한 확대모임이 된 셈이었다. 이들은 11일 각파 실무자들 포함한 12인의 확대회의를 열어 조기선거 반대와 정정법 해제에 대한 문건을 작성하고 최고회의와

---

8 경향신문 1963. 1. 3.자. 1면 "재야세력 대동단결 논의".
9 동아일보 1963. 1. 3.자. 1면 "단일야당 추진 행동화".
10 동아일보 1963. 1. 11.자. 1면 "민정당의 단일야당 형성공작".
11 경향신문 1963. 1. 4.자. 1면 "창당에 노력, 4자 회담 공동성명".
12 동아일보 1963. 1. 3.자. 1면 "단일야당 추진 행동화".

교섭할 대표를 선정하기고 했다. 이들은 또한 범국민정당의 결성원칙을 재확인하고, 구정치인의 전면해금, 대통령선거와 국회의원 선거를 7월중에 동시에 실시하도록 군정당국에 요청할 것에 합의했다.[13] 주요한 내용은 5인 실무위원회가 회의를 열어 논의해가기로 했다.

1. 11. 다시 김병로의 자택에서 12인의 확대회의가 열렸다. 김병로, 전진한, 이인, 김재학, 김대석, 정진호(이상 무소속), 류청(신민), 박순천, 이상규(민주) 김법린, 김종규(자유) 등이 참석하였다.[14] '단일야당결성'의 원칙을 다짐하고, 창당 준비와 구체적인 당면투쟁계획을 맡을 실무자회의 구성문제를 협의하였다. 그 다음날부터 실무자회의가 이뤄질 수 있도록 하고, 그 인선은 구민주, 신민, 자유, 무소속의 네 계열에서 각각 대표를 뽑아 구성하는 방안을 검토했다. 이러한 창당작업 준비 이외에 조기선거 반대와 정정법 해제에 대한 투쟁계획을 짜기로 했다. 이 확대회의는 창당발기인을 선정하기 위한 주비위원들을 각파 비율을 고려하여 조정했다.[15]

이렇듯 김병로는 1963년 벽두부터 정치권의 중심인물로 떠올랐다. 구정치인들은 신속한 행보를 하기에 주저되는 대목도 많았기에, 무소속계라 할 만한 이인과 전진한이 김병로를 모시고 실제적 움직임을 선도하였다. 더욱 눈여겨 볼 대목은 핵심적 모임장소가 가인의 자택이었다는 사실이다. "가인 댁은 범야단일정상의 산실"이 된 것이다. 그의 "침실이요 거실이자 응접실이기도 한 인현동 안방이 회의실로까지 이용"된 것이다.[16]

이렇듯 4자회담 이후 여론의 성원에 힘입어 순풍에 돛단 듯 출항한 범야단일정당운동은, 그 구체화 단계에 이르자 잠재한 대립이 표면화되었다. 한마디로 대통령 후보자의 선정을 어떻게 할 것인가, 지도체제 구성은 어떻게 할 것인가, 발기인의 비율 등 조직 비율을 어떻게 할 것인가 등의 쟁

---

13 경향신문 1963. 1. 10.자. 1면 "범야각파 단일전선형성에 합의".
14 동아일보 1963. 1. 11.자. 1면 "실무자 회의를 구성".
15 경향신문 1963. 1. 11.자. 1면 "민정당(가칭) 확대회의".
16 경향신문 1963. 1. 12.자. 2면 〈기자석〉.

점에 이르자 분열상이 노정된 것이다. 5인 실무위원회는 1월 12일부터 15일까지 네 차례나 회의를 가졌으나, 원만한 합의에 이르지 못했다. 일단 뭉치고 보자는 명분론에서 출발하여 무소속계(김병로, 이인, 전진한 등)가 이끌어온 회의는, 실무단계에 이르자 현실정치인 정파 간의 분열이 노골화된 것이다. 옛 조직 자체는 가장 크지만 지도자들이 정정법에 묶여 있는 구민주당 쪽은 단일야당 붐을 거스르기 어려운 여론을 살펴보면서, '당조직정비'를 서두르는 한편 시간을 벌어야겠다는 입장이었다. 반면 강력한 대통령후보(윤보선)를 갖고 있다고 자부하는 구신민당 측은 무소속과 손잡고 단일야당이라는 명분론상의 이점을 선점하고자 했다.[17]

김병로 자신은 '선단결 후지도체제 정비'의 입장을 세웠다. 그는 "대통령후보자 선정문제는 지금 논의할 성질의 것이 못된다. 이것은 당대회에서 민주주의 방식으로 결정할 문제이며 지금 이 문제를 운위하는 것은 창당할 당의 대회를 모독하는 것이다. 더욱이 어느 특정인을 지적하여 말한다는 것은 상식에도 어긋나는 것이다. … 우리는 세 번에 걸친 각파 대표자회의에서 새로이 만들어질 정당은 기성정파의 연합체가 아니고 어디까지나 개인자격에 의한 창설적인 정당임을 거듭 확인했다. 그리고 어느 정당이 그대로 들어온다고 말하는 것은 있을 수 없는 일이며 또 지금은 아무 정당도 없다. 누구든지 당을 하는 데에 찬동하는 일들은 같이 들어와서 할 길이 열려있다. 당의 지도체제를 어떻게 하느냐는 그리 중요한 문제가 아니다. 단일지도제이든 또는 단일지도체제이든 다수의견에 의하여 결정되는 대로 따르겠다"는 의견을 피력하였다[18]

여기서 "어느 특정인을 지적하여" 운운은 민주당계에서, 단일야당의 선행조건으로 각파의 대표들을 지칭한 것을 말한다. 민주당(신파)계에서는, 윤보선, 김병로, 이인, 박순천, 전진한, 김법린 등 6인은 대통령에 출마하

---

17 동아일보 1963. 1. 16.자. 3면 "와해반보 전의 단일야당".
18 동아일보 1963. 1. 16.자. 3면 "김병로, 당부터 발족해야".

지 않을 것과, 순수한 재야인사를 옹립할 것을 제안했다. 이 제안의 배경에는, 정정법 때문에 막혀서 자파의 대통령 후보를 생각하기 어려운 민주당계에서는, 조직적 기반을 갖지 않은 변영태를 염두에 두고 있다고 해석되었다. 그것도 변영태 개인을 각별히 선호한다기보다는 "최소한 윤보선은 아니된다"는 게 민주당계(신파)의 속셈이었다. 윤보선 거부론의 논거는, 윤보선이 "(5·16)혁명정부의 대통령을 지냈고 정정법에도 서명"했기에 "박정희와 싸울 적격자가 못된다"는 것이었다. 반면 신민당계에서는 "윤보선 대통령 하면 벽촌에까지 그 이름이 널리 알려져 있고 또 혁명 때문에 임기도 못 마쳤다는 인상도 주고 있기 때문에 당장에는 그밖에 내세울 만한 사람이 없다"는 입장을 견지했다.[19] 민주당계의 '6자 불출마 공동성명'을 내도록 하자는 직선적인 작전에 대해, 회의에서 김병로는 "사람의 인격을 모독하는 행위"라고 호통을 쳤고, 이인은 "또다시 우리들 6명에게 공민권을 제한하려 하느냐?"고 격분했고, 그에 반발하여 구민주당계는 당초에 그들이 예정했던 바대로 회의장을 뛰쳐나와 결별하게 되는 모습을 보였다.[20]

1월 17일 회의에서도 타결점을 찾지 못해, 민주당계 측이 퇴장함으로써 순수한 범야통합노력이 좌절되고 말았던 것이다. 이렇게 하여 "국민의 절대적인 여망"[21]이었던 단일야당 형성은 일단 좌초되었다.

민주당계가 이렇듯 단일정당 논의 대열에서 벗어났지만, 통합협상에 참여했던 인사 중 일부는 잔류했으며, 신민·자유·무소속 3파 회의는 문호를 개방하기로 한 가운데, 범야단일정당운동을 전개하기로 했다. 그 뒤 창당작업은 순조로이 진행되어 1월 27일에 이르러 창당준비발기인대회를 열게 되었다.

이 시점에 정국의 방향타를 잡아간 가인의 시국인식과 단일야당의 추진

---

19 경향신문 1963. 1. 17.자. 1면 "암초에 부딪친 민정당호".
20 동아일보 1963. 1. 18.자. 2면 "구민주계는 왜 퇴장했나".
21 동아일보 1963. 1. 18.자. 3면 "출범도 못한채 난파한 단일야당호".

동기를 보다 세세히 들여다볼 필요를 느낀다. 가인은 정국에 대한 자신의 소견을 1963. 1. 9. 언론대담을 통해 소상히 밝혔다. 가인의 자택에서 양호민과의 대담으로 이루어진 이 대담은 1963년 2월 사상계에 게재되었다.[22] 주제는 활동 가능한 정치인들끼리 정당결성과 정치적 리더십 확보에 분망한 나날 속에서, 군사정부에 대항하여 민간정치인의 활동방향을 어떻게 이끌어갈 것인가 하는 것이었다.

군사정부가 그대로 군문에 복귀하지 않고, 민정에서 정치활동을 주도하고 정권을 영속화하려는 것은 명백했으므로, "필연적으로 이 군사세력에 대응할 범국민적 정당이 있어야 한다는 생각도 누구나 다 알고 있는 것"이다. 그런 범국민정당의 구심점으로서 모두들 가인을 쳐다보고 있는 형국이었다. 가인은 이제까지의 정치활동에 대한 반성을 촉구하면서, "대동단결"이 가장 중요함을 역설했다. "만일 범국민적 정당 내에서 분파나 분당이라는 태도를 지니게 된다면 1대 1의 균형이 없어지고 결국에 가서, 범국민의 정당은 자체내의 분파작용으로 그 역량을 감소하게 될 뿐"이다. 따라서 "범국민적 대동단결으로서 민정에 임한다는 것은 불가결한 현실적 원칙"임을 믿고 역설했던 것이다.

군사정부는 "혁명공약"에 구악과 부패를 일소하고 경제적 기반을 잡는 등 혁명과업이 완수되면 참신하고 양심적인 민간인에게 정권을 이양한 후, 자신들은 본연의 임무로 돌아갈 준비를 갖춘다고 공언했다. 그러나 그 공언이 지켜질 리는 만무한 것인데, 민정이양 여부가 초미의 관심사로 되어 있던 1962년 하반기에서도 종종 민정이양을 하겠다고 공언하기도 했다. 예컨대 박정희 최고회의 의장은 "군인이 정치에 관여한다는 것은 일시적 국가의 위기를 구출하는 데 있는 것이지, 정치는 반드시 양심적이고 능률있는 민간인에게 맡겨야 된다"고 명언한 바도 있다. 그런데 군인들이 군복

---

22 김병로, 양호민, "〈대담〉 민정은 민간인에게 맡기라 — 씨라도 뿌려 놓아야 한다. 황무지로 방치해두면 안 된다," 「사상계」, 1963년 2월, 117호, 사상계사, 28~35면. 이하 인용은 이 사상계의 대담의 일부이다.

만 벗고 민정에서도 중요한 지위를 가지게 된다는 것은 다만 형식상으로만 군정을 종식시키는 것에 불과한 바, 이는 민정이양이 아니라 "군정의 연장"이라고나 할 수 있는 것으로 가인은 진단했다.

《對談》

民政은 民間人에게 맡기라

— 씨라도 뿌려 놓아야 한다. 荒蕪地로 방치해 두면 안된다 —

— 一九六三年 一月 九日 午前十一時 金氏 自宅에서 —

〈對答者〉 金 炳 魯

〈質疑者〉 梁 好 民

政黨組織에 군인은 관여치 말고 朴의장의 品格이 영원히 빛나려면 공약대로 해야한다. 앞으로의 政黨은 「國民의 정당」이어야 한다. 지금까지의 文敎政策을 답습하면 국가는 크게 [illegible]에 빠질 것이다. 言論自由는 타고난 自然的 基本權의 하나다.

大原則은 大國團結

梁·民政復歸의 때를 당하여 몹시 분망하신 이 때에 시간을 내 주셔서 감사합니다. 묵었던 정치활동이 풀리자 新黨의 움직임이 활발해졌습니다. 우선 新黨構成에 대한 선생님의 構想과 黨의 大原則에 관해서 말씀하여 주시면 감사하겠읍니다.

金·軍事政府가 모든 政黨을 해체하여 버린만큼 군정을 민정으로 이양하려면 새로운 정당이 구성되어야 한다는 생각은 어느 누구나 다 하고 있는 것입니다. 그런데 군사정부당국자들이 구상하는 정당의 장래를 展望하여 보면, 그 정당 자체가 군사당국자들을 中樞人物로

(28)

〈사상계〉 대담(1963. 2.)

김병로가 박정희의 권력장악 욕구를 몰랐을 리 없다. 그러나 그는 정치의 목적이 "집권자의 권력이나 지위, 또는 명예에 있는 것이 아니요 오직 국민의 자유와 평화 그리고 생존권의 안정"에 있어야 하는 것이라고 보았다. 그리하여 위의 박 의장의 담화를 통해 "참으로 박 의장을 신뢰하는 마음과 진정한 민정이양의 이행이 가능할 것이라는 든든한 감이 들었습니다. 사실 이렇게만 된다면 군사당국자의 희생으로 빛날 인격과 군사행동의 광채는 영구히 국민의 마음 속에서 빛나게 될 것이라고 믿고 있었습니다"고 대담하고 있다. 박 의장의 담화야 정치술수의 일단이었겠지만, 그것을 기정사실화하는 방식으로 칭찬함으로써 "진정한 민정이양의 이행"을 압박하는 것이라 해석할 수 있을 것이다.

군사정권의 주체세력들은 정치세력 형성을 위해 가칭 '재건당'과 같은 정당조직을 결성하고 있는 중이었다. 그들의 명분은 "구 정치인이 전부 부패하고 무능력해서 도저히 혁명과업을 수행하지 못한다는 것을 근본전제

로 삼고 있는" 것이었다. 그에 대해 가인은, "그런 말은 누가 들더라도 군사당국을 독선적이라고 보게 될 것"이기에 "그런 소리는 하지 않는 것이 현명"하다고 일축했다. 군사정부가 수립한 경제정책이 민정이양 후에도 반드시 그대로 꼭 하라는 것은 말이 안 된다. 민정이양 이후의 정부가 더 능력 있고 역량이 있을지 없을지는 알 수가 없는데 그걸 핑계로 군사정권이 주도하는 정당결성을 정당화한다는 것은 말이 안 된다는 것이다.

군사정권이 추진하는 정당결성을 막을 수 없는 바에야, 과제는 그에 대응할 수 있는 "새로운 범국민적인 정당"의 추진이다. 그런데 과거의 정당과는 여러모로 달라야 할 것이 아닌가. 그러한 질문에 대하여 가인은 우리 정당사에 대해 다음과 같이 종합적으로 비평하고 있다.

해방직후 이승만 정부가 수립되었을 때에 정당이라고 하면 대체로 한국민주당밖에 없었습니다. 당시 한국민주당의 행적에 격찬할 만한 일이라곤 전혀 없었습니다. 그 뒤로 자유당과 몇 개의 정당이 병립되어서, 자유당이 이승만의 여당으로서 국회에 임한 후 헌정이 상도常道에 어긋나는 일이 비일비재하였습니다. 정치파동 때의 발췌개헌문제, 4사5입문제 등이 좋은 예입니다. 그 뿐 아니라 정당은 고사하고 인간으로서 도저히 할 수 없는 비행이 거듭거듭 추행追行속출하였던 것입니다. 이런 모든 것이 4·19학생의 분노를 폭발시킨 직접원인이 아니겠습니까. 민주당도 신파니 구파니 하여 정권쟁탈전을 하는 등 추태를 스스로 시켰었습니다. 그때마다 나도 여러 방법으로 경고와 주의를 하였습니다만 개전하려는 빛은 없고, 결국 국정의 문란과 정책의 빈곤으로 심지어는 북한공산도배의 간접침략이 한국의 위기를 조성케 하여, 종내에 군사세력의 행동까지 일으키게 했던 것입니다.[23]

---

23 김병로, 양호민, 앞의 대담, 31면.

이러한 과거를 정리, 회상하면서 그는 "이러한 전감前鑑을 알고 맹성하여 앞으로의 정당은 국민을 위한 정당, 국민의 총의를 국정에 반영시키는 진정한 대표가 되어서 항시 대원칙인 국민의 자유와 평화와 생존권의 안정을 자기의 책무로 알고 국정운영에 전력을 다해야만 될 것"을 역설했다.

《政治人들의 見解》 가나다順

盟誓를 저버리지 말라

軍政延長과 國民投票에 對하여

金 炳 魯

(130)

〈사상계〉 기고(1963. 4.)

민주국가를 건설함에 있어 언론 정책에 대한 질문에 대해 가인은 다음과 같이 답하였다.

언론과 집회란 사람이 자연으로부터 탄생할 때에 이미 부여받은 기본권 중의 하나입니다. 누구의 힘으로도 이를 제한하거나 박탈할 수 없는 것이 원칙입니다. 비록 한때라도 언론에 대해서 가혹한 제한을 가한다든지 압박을 가한다는 것은 하나님 뜻에 어긋날 뿐 아니라 인류에 대한 큰 모독입니다. 죄악이지요. 허기야 인생질서를 파괴하는 따위의 공산주의에 대해서만은 특별한 고려가 있어야겠다는 것은 예외입니다. … 하여간 언론의 자유가 절대로 보장되는 정책을 써야만 될 것입니다.[24]

그러나 한국은 민도가 낮아 언론의 문을 개방하면 남용되기 쉽다고 하고, 과거에는 정부시책을 비판만 하여도 이를 공산당으로 몰아내려는 경향이 없지 않았다는 지적에 대해서도 가인은 단호하다.

24 김병로, 양호민, 앞의 대담, 32~33면.

아무리 민도가 얕다 하여도 언론의 자유를 주어서 피해가 있을까요? 정부가 잘못 한다는 여러 가지 비난을 듣는 중에서 한 가지라도 반성만 할 수 있다면 그것이 곧 큰 이익이 아니겠습니까. 어쨌든 인생은 태어날 때부터 언론의 자유를 제약받지 못하도록 신의 계시가 있다고 생각합니다.[25]

이렇게 언론자유는 천부인권이고, 그 제약의 논리에 대해 확고하게 반대하는 입장을 피력하고 있다. 가인의 언론자유관은 일제 하에서부터 수십 년간 확고한 입장이 되어 있음을 확인한다. 가인 자신이 학창시절부터 언론활동을 쉼 없이 했으므로, 그에 대한 애착이 유달리 도드라져 보일 정도다.

1963년 가인의 정치신조는 "대동단결"로 압축된다. 반군정의 승리를 위해서는 대동단결이 절대적인 선결과제였기 때문이다. "농어민, 상공인, 청소년, 노장년 할 것 없이 다 통합해야 된다"는 것이다. "능숙한 연장자들과 젊은이들이 한 덩어리로 뭉쳐 젊은이의 박력과 돌진력, 나이 많은 이의 사고력과 침착성 등이 조화되면 무슨 일에 임하든지 훌륭하게 치러나갈 수 있지 않겠는가" 하고 역설한다.

당면의 정치과제는 박정희 최고회의 의장을 대통령으로 공천할 것이 명백하니, 그에 맞서 "범국민적인 세력이 과연 그에 대항할 수 있는 단일 입후보를 낼 수 있는가" 하는 것이었다. 그에 대한 김병로의 답변이다.

소위 4자회담에서 단일대정당을 발표한 후부터는 어느 그룹이고 어느 개인이고 이에 대해서 반대가 없습니다. 가사 현재에는 대동단결이 잘 안되고 파벌적 그룹이 있다 해도 대통령 공천에서만은 일치될 것으로 믿습니다. 그리고 중요한 것은 아무리 (박정희 군부의) 재건당이 추천을 하든지 대야당이 추천을 하

---

25 김병로, 양호민, 앞의 대담, 33면.

든지간에 최종에 가서는 국민들 스스로가 판단할 것이라는 점입니다.[26]

그러나 대동단결을 가로막는 요소는 도처에 있었다. 야당의 각 파벌들이 선거가 임박해지면 과연 대동단결을 성취해낼 것인가는 간단치 않는 정치사이고, 군사정권에 의한 공작과 농간도 부정적으로 작용할 것이다. 군사집단의 조변석개하는 입장의 번의와 각종 정치술수에 대해 어떻게 맞설 것인가. 김병로는 가장 원론으로 돌아가 답변한다.

정의와 대도로 나가면서 국민에게 씨를 먼저 뿌리자. 씨만 뿌려놓으면 앞으로 이 씨를 수호할 사람도 나올 것이고, 또 거둘 사람도 따라 나올 것이다. 씨를 뿌렸다고 해서 반드시 자기가 키워 열매를 거두어야만 된다는 것은 그릇된 생각이다. 씨라도 뿌려놓아야 된다. 황무지로 만들어 놓으면 안 되겠다. 씨라도 뿌려서 대의를 주로 하는 종자를 뿌려 놓아야 국민 가운데서 배양도 하고 후에 수확도 하게 될 것 아니냐.[27]

대통령 선정과 조직확대에 온통 신경을 쏟고 있던 야권에 주는 일침이었다. 가인 자신은, 열매를 자신이 누려야 한다는 생각을 버린 터였다. "정의와 대도로 나가면서 국민에게 씨를 뿌리자"는 게 가인의 자기다짐이었다.

3. 군정에 대항한 '민정당'의 창당

군사정권에 대항할 민간정당의 출범은 "민정당" 결성으로 가시화되었

---

26 김병로, 양호민, 앞의 대담, 34면.
27 김병로, 양호민, 앞의 대담, 34~35면.

다. 민정당의 이름 자체가 군정에 반대하는 의미를 선명히 했다. 민정당의 창당발기인대회의 준비작업은 거의 김병로 자택에서 이루어졌다. 김병로는 대내외적으로 창당의 주역이었다. 그는 "1년 반 동안 군정은 볼 만한 시책을 남긴 것이 없으며 자유민주주의를 억압한 것밖에 없다"고 말하고, 군정의 "주체세력이 군복을 벗는다 해도 집권을 하게 되면 사실상 군정을 계속하는 것이므로 군사 통치를 종결시키는 것이 급선무"라고 강조했다.

그는 민정당의 발기취지문에 "정권의 평화적 교체 보장"을 넣지 않았다. 그 이유는 자유민주주의란 말 속에 그 점은 당연히 포함되는 것이기 때문이다. 공식 대변인이 빨리 결정되어야겠다는 기자들의 말에 김병로는 "대변인이요? 아, 대변인은 바로 나요. 누구의 말도 믿지 말고 내 말만 믿으시오" 라고 밝혔다. 이렇게 가인이 적극적 활동에 나섬에 따라 건강도 나아진 기미를 보였다. 방안에서 날이 춥다고들 하자 가인은 "영하 12도 쯤의 추위에 '춥다 춥다' 하다니, 원 … 그건 추위가 아니야"라고 그의 건강을 증명하듯 호통을 치곤 했다는 에피소드도 나온다.[28] 그는 창당과정을 주도하여, "이제는 살고 죽는다는 것이 대수롭지 않게 느껴지며 여생을 보람있게 이바지해야 겠다"는 인생론도 펼쳤다. 가인의 자택에서 연일 회의를 속개하는 데다, 그의 카리스마가 압도하여, 김병로 씨의 자택회의는 마치 "어전회의를 연상케 했다"고 한다.[29]

민정당의 창당 발기인을 심사하기 위하여 정순봉, 우갑린, 류청, 김종규, 서정귀 등으로 5인위가 가동되었다. 심사 5인위는 1. 20.과 1. 21. 백여 명의 심사를 마쳤다. 그들이 심사를 위해 회합한 것도 역시 가인의 집이었다. △ 발기인의 각파 비율을 무소속 2, 각파 1의 비율로 하고, △ 반공·반독재의 이념이 투철하며 △ 각계를 망라한 학식 덕망이 있는 자로서 △ 발기인 수속을 쉽게 하기 위해 되도록 재경인사 중에서 뽑는다는 4원칙 하에 심사

---

28 동아일보 1963. 1. 19.자. 1면 "당대변인은 바로 나요".
29 동아일보 1963. 1. 21.자. 1면 "보기에도 딱한 김 수반 처지".

를 계속했다.[30]

이러한 준비작업을 거쳐, 1월 27일 아스토리아 호텔에서 민정당(가칭) 창당준비발기인대회를 가졌다. "군사혁명정부에 의해 잃어버린 생존권—자유를 되찾아 당당히 살아야겠다"는 구호를 내걸었다. 이날 대회는 임시의장으로 김병로를 선출하고 그의 사회로 회의를 진행, 경과보고(김법린), 취지문 낭독(이인)에 이어 ① 당 지도체제는 집단지도제로 하여 여섯 사람으로 구성되는 지도위원회를 두고, ② 이들 중 한 사람을 대표지도위원으로 하며, ③ 그 밑에 총무, 재정, 선전, 조직, 정책, 심사의 6개 실무부서를 두기로 했다. 대표지도위원에는 김병로를 앉히기로 내정하였으며, 지도위원회는 각파대표로 구성하기로 했다.[31] 이렇게 기성 각 정당과 무소속을 총망라한 강력한 범야정당으로서의 첫 걸음을 내디뎠다.[32]

발기인 150명이 모인 대회장에서 김병로는 건강이 좋지 못한데도 불구하고 쌍지팡이를 짚고 나왔다. 개회사를 할 때는 젊은이 못지않게 목소리가 쟁쟁했고, 발기인들의 잡다한 발언을 가려가며 의사를 진행시켜 '사회를 잘하는 의장'의 평을 들었다.[33] "오늘 범국민적으로 대동단결하여 신당을 만들려는 것은 이념이나 정강정책 중심이라기보다 우리가 살기 위해서이다. 죽느냐 사느냐의 기로에 선 우리는 사는 길을 찾아야 하는 것이다"고 대회사를 했다. "삶과 죽음의 갈림길에서 살자면 잃은 자유를 찾아야한다. 온 국민이 한데 뭉쳐 범국민정당을 이룩하려는 것은 곧 삶의 부르짖음이라"고 연설하였다.[34]

대회에서는 또한 대정부요구사항을 긴급동의로 채택했다.

---

30 경향신문 1963. 1. 21.자. 1면 "민정당 발기인 백명선".
31 동아일보 1963. 1. 28.자. 1면 "민정당 발기인 대회를 개최 육인지도위원제 채택".
32 경향신문 1963. 1. 28.자. 1면 "민정당 발기를 선언".
33 동아일보 1963. 1. 28.자. 1면 "김옹 즉답에 한바탕 웃음".
34 동아일보 1963. 1. 28.자. 1면 "민정당 발기인대회를 개최".

대정부요구안

현하 정세에 비추어 다음의 3개사항을 시정, 실천할 것을 요구한다.

1. 혁명주체세력은 혁명공약 6항을 아전인수격으로 해석하지 말고 이를 성실히 준수해야 한다.
2. 정부는 물가상승 억제정책을 시급히 세워 민생의 경제적 안정을 기해야 한다.
3. 공명선거와 정치활동의 자유를 보장하기 위해 정부는 계엄령을 실질적으로 해제해야 하며, 군사재판에서 취급하는 민간인 범죄사건을 일반재판으로 넘겨야 한다. 또 최근 정부당국자들에 의해 중앙정보부가 정치에 관여한 사실이 드러났는데 우리는 정치활동의 자유보장을 위해 중앙정보부의 해체를 주장하며, 3군참모총장 및 해병대 사령관은 군의 정치적 중립을 국민에게 선언하여야 한다.
4. 현 내각은 군인장관도 끼어있는데 우리는 엄정중립의 선거관리내각이 될 것을 바라며 선거관리위에도 각 정당원을 넣도록 해야 한다.
5. 정정법을 정략적으로 이용하지 말고 전원 해제하라.
6. 조기선거를 반대하며 7월에 동시선거를 실시해야 한다.
7. 선거법의 운동조항을 개정해야 한다. 2개군 또는 3개군이 한 선거구가 된데 비해 운동조항은 너무 제한되어 있으므로 야당의 선거운동을 위해 개정해야 한다.[35]

1월 27일 김병로는 창당발기취지문의 대부분을 손수 썼다. 그 전날인 26일 아침 약 3천자에 이르는 장문의 창당준비 발기취지문을 손수 써서 기자들에게 나누어주었다. 취지문은 결국 가인이 쓴 초안을 그대로 채택했다.

---

35 동아일보 1963. 1. 28.자. 1면 "물가대책수립등 대정부건의안도 결의".

〈창당발기취지문 요지〉

우리의 광복이념은 위대한 3·1정신을 계승하여 자유민주주의를 향상발전함에 있다.

5·16군사행동은 전광석화적으로 공산간첩의 위험을 극복하였고 소위 정치깡패 정상배의 부정축재 구정권의 부패 등 구악을 급속퇴치함으로써 온 국민은 일시 쾌재를 부르짖었으나 국민의 기대도 찰나에 그치고 날과 달이 갈수록 온 국민이 불안과 공포와 의구가 심각화되어 있다. 이는 군사정부가 자주성과 창의성을 기본으로 한 국민혁명으로 이끌지 못하고 독재와 독선에 자취自醉하여 모든 정책이 균형을 잃게 된 것이며 국내현실을 정시正視하지 못하고 탁상공론에 맹종한 까닭이다.

과거 1년 반동안의 군사정부의 국정운영은 다기다단하여 여기에서 매거하기 어려우나 몇 가지 사실을 지적하여 검토하여 보기로 한다.

첫째 농어촌의 고리채정리문제는 명목은 좋으나 실행방법이 적정하지 못함으로써 결과적으로는 농어촌의 사금융의 길이 완전봉쇄되어 도리어 그들의 생활을 궁지에 빠뜨렸을 뿐 아니라 인보상조의 미덕조차 찾아볼 수 없게 되었으며,

둘째 계획성 없는 화폐개혁을 단행하여 생산의 위축, 물가 앙등, 국민생활의 불안을 초래하였음은 물론 온 국민의 경제생활의 상처는 비할 바 없는 큰 재난으로서 어느 시기에 완전히 치유될 것인지 알 수 없는 상태이다.

셋째 증권파동문제인데 현물시장은 폐해가 적다 하지만 증권시장에 이르러서는 빈곤한 우리 국민에게 사행심을 조장하고 근로정신을 마비시킬 뿐만 아니라 그 파동이 있을 때마다 국민의 울고 웃는 것이 국민경제의 기본적 토대를 붕괴시키는 것 외에 아무 것도 없다.

넷째 언론정책에 대한 것인데 우리나라의 언론기관이 아직 미약한 것이지마는 일정의 폭압이 극심하던 때에도 동아 조선 중앙 3신문은 항일국민과 일체되어 광복의 터전을 마련하는 데 무한한 고난을 극복하여 감인堪忍하여 왔던 것이

다. 군정당국에 묻노니 헌법의 효능을 정지함으로써 일반적으로 언론의 자유가 봉쇄되었거늘 다시 언론기관을 통제할 필요는 무엇인가. 그것도 언론기관의 육성방법이랄까. 함으로 이해할 수 없는 일이다.

다섯째 각급학교에 관한 문제인데 교원의 60세 정년퇴직이란 가당토 아니한 사실일 뿐 아니라 하물며 우리나라 현실에 있어서 교원의 부족과 학자의 희귀함에 있어서랴. 뿐만 아니라 각 대학에 있어서 학생에게 대해 졸업자격시험제도를 실시하여 급락을 결정하는 것이 통례이어늘 특히 자격시험제도를 실시하여 많은 학생으로 하여금 자기가 전문한 바 학리를 탐구하기보다 범박한 소위 객관적 시험문제에 많은 시간을 허비하는 등 무한한 고통을 줄 필요는 무엇인가. 이것이 군정당국이 여론의 귀향을 알지 못하고 한 두 사람의 편견에 맹종하는 것이 아닌가 생각된다.

여섯째 원래 정치운영의 기본문제가 두 가지 있으니 하나는 법령의 복잡화를 피하고 벌칙을 가볍게 하는 것이요, 또 하나는 국비를 절약하고 세금을 경감하는 데 있는데, 법령을 번잡하게 하여 벌칙을 무겁게 하면 국민의 정신상 공포심을 일으켜 생존권의 안정을 얻을 수 없고, 국비를 남용하고 세금을 가렴하면 국민의 생계를 침탈하게 되어 정부가 국민의 원부怨府가 될 염려가 있는 것임에 불구하고 현 군정당국의 처사는 이상 두 점의 원칙에 비추어 과연 어떻다고 할 것인가. 잘못된 것이 있다면 맹성하여야 할 것이다.

민정이양 문제에 관하여 일언하건대 군정최고회의는 자기들이 민정에 참여할 것을 욕구하여 심지어는 군복을 벗고 민정에 참여하느니 하는 논의까지 있었고, 박 의장도 군정주체세력이 본래의 태세로 돌아간다는 공약을 무시하고 군정주체세력인 군인들은 원대로 돌아갈 수 없다는 정반대의 담화를 하였고, 박 의장 자신도 점차적으로 대통령에 입후보할 것임을 암시함에 이르렀으니 그렇다면 말만 민정이양이라 한 것이요 기실은 어느 군정수뇌부가 외지에서 말하였다는 보도와 같이 민정은 과도적이거나 군정의 연장이라고 의아할 수 있는 것이 아닌가.

만일 군정의 주체세력이 집단적으로 오늘 군복을 벗고 내일 곧 민정참여의 정치활동을 하게 된다면 이것이 국리민복을 위하는 공심公心이냐 이기심의 허영을 충만시키는 사심私心이냐, 3척동자도 가히 판단할 수 있을 것이 아닌가. 당국자들은 혁명과업을 완수하기 위함이라는 구실을 삼을는지 모르지만 혁명이 완수된다는 것은 혁명정부가 수립을 완료한 방식을 말하는 거시오, 과업의 완수라는 것은 한계가 없는 것이니 결국은 영구집권에 귀착되고 마는 구실 외에 아무 것도 없다. 이상의 위기를 극복하기 위하여 대동단결의 신정당이 발족하는 과정에 있는 소이이다.

군사정부의 초기 공로를 어느 정도 인정하는 듯하면서도, 초점은 군사정부의 잘못을 열거하고 있다. 농어촌 고리채 정리, 화폐개혁, 증권파동, 언론탄압, 교원정년제, 법령의 가혹성 등을 들어 군사정부의 맹성을 촉구한 것이다. 구체적인 민생현안에 대한 지적과 비판이 세세한 데까지 미치고 있다. 또한 민정이양 문제와 관련하여, 군사정권이 말하는 민정이란 '군정의 연장'에 다름 아니라고 통박했다. 혁명과업의 완수라는 미명하에 군정의 집권연장을 막기 위해서는 대동단결한 민간의 정당이 발족할 필요가 있다는 것이다. 취지문은 다음의 문장으로 끝을 맺고 있다.

원컨대 남녀노소 없이 소아를 버리고 대의의 깃발 아래로 오시라. 청장 속의 기개와 박력을 합하고, 노년의 경험과 침착한 사고력을 협동하여 대동단결이 이루어지는 날에는 무엇을 두려워하며 무엇을 겁낼 것이 있으라![36]

대단한 장문이었다. "고루하고 생기없는 문장이긴 하나 그래도 읽는 이의 분개심은 돋굴 듯"[37]이라는 촌평이 있는가 하면, "마치 3·1독립선언문

---

36 김진배, 앞의 책, 196~197면.
37 동아일보 1963. 1. 26.자. 1면 "오랜만의 최고위원 구실".

을 연상하는 논지였다."는 평도 있다.[38] 특정 정당의 창립취지문이라기 보다는, 가인의 지론과 식견이 흠뻑 들어있는, 국가원로의 시국진단이자 방향제시문 같이 느껴진다.

누구를 민정당의 지도자로 내세울 것인가. 당을 대표할 인사로는 김병로가 유력함은 누구도 의심하지 않았다. 관심이 쏠리고 분열의 씨앗을 내포한 쟁점은 누가 대통령 후보가 될 것인가 하는 데 있었다. 그것은 윤보선 대 반윤보선으로 압축되었다. 그에 대해 김병로는 '선단결 후선정'의 원칙을 확고히 하고 있었다.

이와 같이 1963년 1월, 정치활동 재개의 첫 국면에서 압도적인 것은 김병로의 존재감이었다. 그는 군정에 대항하여 민정의 정당화를 추진한 주역이었다. 그는 전 과정을 주도했고, '범야단일정당'의 명분과 실질을 장악했다. 그의 자택은 야권단일정당의 산실이었고, 주도적 인물들의 정치회담의 장이었으며, 창당실무작업도 거기서 이루어졌다. 언론에서는 그의 인현동 자택이 주요 출입처였다. 그가 주도적으로 끌어갈 수 있었던 데는, 그의 명망과 고령, 그리고 (대통령이 될) 사심을 비운 자세 등이 주효했다.

한편 군부 측은 야권에서 이렇게 빨리 전열을 정비할 줄 몰랐다. 재야세력이 민정당을 중심으로 총집결하는 양상으로까지, 그렇게 전격적으로 추진할 줄은 몰랐던 것이다. 군부 측은 그동안 비밀조직을 통해 정당을 준비해왔다. 그 정당은 1963년 1월 10일에 '가칭 재건당'의 모습으로 처음 그 존재를 드러냈다. 1. 18. 김종필을 발기준비위원장으로 하여 '민주공화당'을 발족시키기로 하고, 2. 2.에 이르러 창당대회까지 열었다. 그러나 반김종필 세력들은 이를 '공산당식 조직'으로까지 매도하면서 이를 흔들었다.

사태가 이렇게 되자 박정희 의장은 2. 18.에 성명 〈시국수습 9개방안〉을 제시하고, 자신의 제안을 수락하면 민정에 참여하지 않을 것이고, 군부

---

38 김진배, 앞의 책, 197면.

도 정치적 중립을 지켜 민간정부를 지원할 것이다"고 발표했다. 자신은 군복을 벗고 야인으로 물러서겠다는 취지였다. 민주공화당의 창당과정을 지휘하던 김종필은 '초야의 몸'이 되겠다면서 2월 25일에는 아예 외유의 길을 떠났다.[39] 이렇게 되자 민주공화당은 머리 없는 몸통만 남은 꼴이 되어 창당과정도 멈출 수밖에 없게 되었다.

야권은 2. 18방안에 대해 그 속셈에 대해 의구심을 가지면서도 환영하였다. 심지어 군부의 고위직을 역임한 송요찬은 박정희 의장의 출마에 반대하고, 민주공화당은 해체되어야 한다는 성명까지 냈다.

민간정치인들은 박 의장의 〈시국수습방안〉을 즉각 지지했다. 평소 민간정치세력들이 요구했던 바를 그대로 담고 있었기 때문인데, 다만 "5·16 혁명의 정당성"을 인정하고 "4·19 및 5·16정신을 받들어 혁명과업을 계승할 것을 확약"해야 한다는 꼬리가 붙어있긴 하지만, 평소 민간정치세력들이 요구하던 바를 담고 있었기 때문이다. 군인은 군에 복귀하고, 군정의 중심인 박 의장이 민정불참하겠다는 것은 어떤 단서가 붙어있든 환영하지 않을 도리가 없었다. 다만 이것이 순수히 박 의장의 '군인다운 결단'의 산물인지, 무언가 5·16혁명의 업적에 대한 의혹을 만회하고 다른 무슨 꿍꿍이속이 있는지 파악하는 것은 고도의 정치게임이 될 것이었다.

2. 20. 다시 김병로의 자택에서 '재야지도자 회담'이 열렸다. 김병로의 초청으로 이루어진 간담회에는 6인의 민정당 지도위원들과, 이규갑(자유당 창당준비위 대표), 김도연(전신민당 위원장), 김준연(전통일당 위원장)이 참석했다. 초청받은 인사 중 공화당 및 민주당 대표와 허정, 변영태, 장택상, 이범석 씨 등은 불참했다. 간담회에서는 4가지 사항에 합의했다. ① 정당 및 정치인간에 긴밀한 연락을 취한다. ② 민정이양후 거국내각 구성으로 국난을 수습한다. ③ 공명선거를 위하여 선거법 및 선거관리위원회법의 개정

---

39 김학준, 앞의 책, 486면.

을 촉구한다. ④ 시급한 경제문제 및 민생문제 특히 양곡 및 물가고 해결책을 강구한다.[40] 이 자리에서 가인은 박 의장 성명 중 "5·16혁명과업의 승계"에 관한 문제에 대해서는 "기성旣成사실은 부인할 수 없다는 원칙에서 보면 어쩔 수 없는 것이다. 아무리 위헌된 법률이라도 헌법재판소의 무효판결을 받기까지는 유효하지 않은가. 혁명과업의 변질이나 축소·확대 등은 집권 후의 문제다"[41]라는 법률가적이면서도 유연한 접근으로, 원론적 반대파를 달랬다.

2월 22일 민정당은 2·18시국수습방안에 찬성한다는 공문을 정식으로 박 의장에게 보냈다. 민정당 창당준비위원회 대표지도위원 김병로 씨 명의로 된 이 공문은 "전 국민이 군정의 종식을 갈망하고 있다. 박 의장이 민의의 소재를 이해하고 혁명공약 제6항을 준수할 것을 명백히 한 점을 환영한다. 시국수습방안 9개 항목의 제안은 대국적인 견지에서 수락한다"는 내용이었다.[42]

2월 27일에는 재야 정치지도자들과 정당대표, 그리고 군 대표들이 두루 참여하여, 박 의장의 정국수습 9개방안을 모두 수락, 준수할 것을 선서하는 선서식이 열렸다. 시민회관에서 개최된 이 선서식은 정당 지도자, 개인 명망가, 최고회의의 최고위원, 각료들도 모두 참석하였다. 정당대표 및 정치인들의 선서문에는 박 의장이 제안한 정국수습방안을 "수락지지하고 이를 엄숙히 준수이행할 것을 선서한다"고 하면서 9개 항목을 낭독했다. 그에 대해 각군 참모총장들은 "군은 정치적 중립을 견지할 것이며, 민의에 의하여 선출된 정부를 지지한다." 선서절차에 이어, 박 의장은 식사를 통해, 별도의 성명을 낭독했다. 그는 "오늘 혁명정부가 당초 기도했던 '세대의 교체'라는 정치목표에 있어서 완전히 실패했음을 자인"하였다. 그리고 자신

---

40 경향신문 1963. 2. 20.자. 1면 "민정이양후에 거국내각 구성키로".
41 경향신문 1963. 2. 20.자. 1면 "재야지도자 간담회 개최".
42 경향신문 1963. 2. 22.자. 1면 "박의장에 찬성 통고".

은 "민정에 참여하지 않"을 것이며, "정정법에 의한 정치활동 금지를 전면 해제조치할 것을 선서"하고, "선거시기를 정당들의 의견과 국민여론에 따라 결정할 것을 약속"하였다. 요컨대 선거시기의 연기, 정치활동금지조치의 대폭해제, 박 의장의 민정불참 등을 공개적으로 약속함으로써 엄청난 주목을 받았다. 민정당은 이 날의 선서식이 "사실상 군사정권에 종지부를 찍는 것이며 전국민과 더불어 환영한다. 앞으로 군은 완전한 정치적 중립을 취할 것이다. 기성정치인들은 그 자체의 각성과 노력에 의한 체질개선을 단행해서 또다시 부패와 무능과 혼란이 없도록 힘을 다해야 할 것이다"고 논평했다. "박 의장의 태도가 훌륭하고 남아다왔다"는 논평도 곁들였다.[43] 이 날 구정치인 중 2,322명이 해금되었고, 이제 2백여 명이 정치활동이 금지된 채 남게 되었다.

박 의장의 민정불참여 선언의 즉각적인 효과 중의 하나는 오히려 야당의 분열이었다. 구민주당계의 다수는 민정당에 합류하지 않고 있다가 2. 19. "민주당(가칭)의 강령과 정책을 발표했다. 군사정부는 2. 1. 정치인 270명을 해금했는데, 특히 여기에는 과도정부의 수반이었던 허정 씨가 포함되어 있었다. 윤보선에 대항할 만한 인물이 해금되자 민정당과 민주당은 서로 허정을 끌어들이고자 했다. 2. 27. 정치인 2,322명을 해금했는데, 그 중 민정당에 합류하는 세력과 민주당에 입당한 세력, 그리고 관망파가 있었다. 민정당의 세력이 갈수록 커가고 그에 정면으로 대항할 도리가 없자 민주당계는 당명을 포기하면서까지 허정에게 합류하고자 했다. 허정은 민주당계, 자유당계, 무소속 인사까지 받아들여 3. 7. '신정당' 창당준비위원회를 발족시켰다.[44]

민정당에 맞설 만한 야권세력에게 박정희의 2·18선언은 크게 도움이 되는 것이었다. 군정이 정치일정을 5월 이후로 늦추어서 시간을 벌어준 데

---

43 동아일보 1963. 2. 27.자. 1면 "박의장 성명 각 정당서 환영".

44 김학준, 앞의 책, 486면.

다, 박 의장의 민정불참 선언으로 군정 대 민정이 아니라, 민간정치세력 사이의 정치게임을 할 여지를 준 것이다. 더욱이 2월에 들어 새로 해금된 정치인들의 인원이 대폭 늘어나자, 그들은 민정당 이외의 정당에도 고개를 기웃거리게 되었다. 당장 허정은 "정정법에서 해제된 직후부터 단일 야당 또는 야당연합 형성을 한결 같이 주장해 왔으나, 18일의 박 의장 성명 후 동 주장의 필요성이 없어졌다"는 견해를 세워 새 정당 참여방향으로 손쉽게 나아갈 수 있었다.[45] 민정당에 흡수되지 아니한 민주당계, 자유당계의 정치인들은 둘 다 허정을 신당의 영도자 겸 대통령 후보자로 추대하여 새 정당을 결성할 채비를 갖춘 것이다. 이들은 자유로운 정권경쟁의 과정이라 봤겠지만, 실제로는 범야권의 분열을 통해 어부지리를 얻기 위한 군부세력의 치밀한 술수를 간과한 것이라 볼 수도 있을 것이다.[46]

어쨌든 민간 정치활동이 분주해지면서, 그에 대한 반동도 나타났다. 3월 15일엔 권총을 휴대한 60여 명의 현역장병들이 최고회의 앞마당을 점거하여, 6개항의 정치적 요구조건을 내걸고, "젊은 장교들의 우국충정이 관철되지 않을 때에는 부득이 최후적 수단을 취할 것을 선언한다"고 무력시위를 하였다.[47] 민간정치인의 구태의연한 작태를 구실로 계엄령을 선포하고 군정을 연장하라는 취지의 데모였다. 이것이 군정의 사주였는지 어땠는지는 알 수 없지만, 군정은 그러한 사태를 빌미삼아 새로운 정치공작의 단계로 나아갔다.

3. 16. 박정희 의장은 그야말로 폭탄선언을 했다. "군정을 4년간 연장할 것을 혁명정부가 결정했다"고 밝히고 그 가부를 국민투표에 붙이겠다는 내용을, 특별성명을 통해 발표했다. 1963년 정초부터 2개월 반 동안의 정계 양상이 민정이양을 할 만한 체제가 되지 못했기에 민정이양을 연기하

---

45 동아일보 1963. 2. 19.자. 1면 "허씨 옹립 표면화, 민주·자유 양당, 합작 방향으로".

46 이는 1986~7년 군사정권이, 김영삼과 김대중 두 거물을 이이제이하여 자신의 집권을 연장시켰던 것과 유사한 정치책략이라 할 만하다.

47 동아일보 1963. 3. 16.자. 1면 "약속위반 군인데모".

자는 것이고, 국민투표는 가능한 최단시일 내에 실시할 것이며, 그동안 정치활동은 일시 중지하는 조치를 취한다고 했다. 군정연장에 대한 국민의 신임을 얻지 못할 때에는 즉각 정치활동의 재개를 선언하고 계획된 데로 민정이양을 실시할 것이라는 요지였다.[48] 이는 1963년 초부터 시발된 정치활동에 찬물을 끼얹고, 2·18수습방안발표, 2·27선서식 등을 완전히 무효화시키는 셈인데, 앞서의 민정화 약속이 모두 치밀하게 계획된 정치쇼였음을 자인한 셈이었다. 또한 민간정당 활동에 족쇄를 채우면서, 그 사이에 다소 혼잡했던 군사정권의 정당 추진에 박차를 가하겠다는 일정상의 전략도 들어 있었다.

야권은 일제히 반발했다. 3. 22. 재야정치세력은 '민주구국선언' 대회를 열고 "군정연장을 반대하고 민주주의를 되찾겠다"며 공동투쟁에 돌입하였다. 대회를 마치고 종로거리로 나와 가두시위를 감행하였다. 여기에는 민정, 신정당계 기타 정계 중진 등 150명이 참여했다. 윤보선, 변영태, 백두진, 박순천 등 150여 명의 인사가 참석했으며, 김병로, 김준연, 김상돈, 김도연 등 88명의 각파인사를 망라한 서명한 선언문이 나왔다. '민주구국선언'에는 민간정치인들의 속마음이 그대로 드러나 있다.

〈민주구국선언〉

우리는 여기에 대한민국의 민주국가임과 대한민국의 자유인임을 다시 한 번 선언한다. 대한민국의 건국이념은 자유민주주의에 있음이 우리들의 자랑이었다. 5·16 군사혁명이란 비상수단은 의회정치를 중단하고 국체의 변질까지 가져옴으로써 이 형해마저 송두리째 없어버렸으나 이 가상 아닌 사상화된 정치적 현실 앞에 국민은 그네들 혁명세력이 중외에 선포한 소위 혁명공약에 한 가닥 아쉬운 희망을 걸고 그네들의 정치가 잘 되어가기를 기원하여 왔었다. 그러나

48 경향신문 1963. 3. 16.자. 1면 "군정4년연장 국민투표로 결정".

우리의 기원은 허사가 되었고 우리의 믿음은 금이 가고 말았다. 원래 총칼로 정치를 못한다는 역사의 교훈을 그네들은 망각하였고, 자유를 빼앗긴 채 그네들의 약속만을 한 가닥 희망으로 지내온 은인隱忍 2개년, 그네들이 보여준 그 결과는 과연 무엇이었던가.

첫째, 그네들 군사정부는 자체 내의 상쟁의 추잡상은 목불인견의 극에 도달하였으며,

둘째, 허다한 비위와 세칭 4대의혹사건과 이의 원흉을 오히려 대통령의 특사란 직함까지 붙여서 해외로 빼돌렸으니 이 무슨 사술이냐. 국민의 눈초리가 무섭지도 않단 말이냐.

셋째, 4대 의혹사건을 필두로 무모한 통화개혁의 완전실패, 무정견한 정책의 조령모개, 정부보유외화의 낭비로 인한 국제신용도의 추락, 농촌경제의 파괴, 각 생산부문의 심각한 위축 등 국민경제의 파탄이 오고야 말았다.

넷째, 국내외에 선포한 혁명공약 제6항의 약속을 폐지같이 내던졌다.

국록을 먹고 있는 중앙정보부 다수 공무원을 동원하여 공화당 사전조직을 하였으며 2·18 성명이 있었고 2·27 선서가 있음에도 불구하고 국민의 의아심은 말끔히 가셔지지는 않았다. 아니나 다를까 3·16의 군정연장의 제안은 마침내 튀어나오고야 말았다.

2년 만에 허용된 정치활동을 정지시키고 심지어 언론까지 제한하는 등 계엄령 아닌 계엄령, 즉 임시조치법을 순식간에 제정하여 암흑투표를 하자는 철면피 같은 그들에게 이 나라의 운명을 어떻게 맡길 것인가. 그네들은 자기기만이 아니고 국민을 기만하였으며 국민을 우롱하고 있는 것이다. 그네들은 국민에 대한 배신만이 아니라 국제적으로 우리 국가위신을 추락시켰다. 그네들의 치하에 살고 있음이 원통하고 이 나라 국민됨이 부끄럽다.

4·19의 젊은 사자들은 우리에게 민주주의의 꽃송이를 던져주고 갔다. 우리는 이 선물을 다시 우리 다음 세대에 물려주어야만 한다. 우리는 민주주의 탈환의 전선으로 행군한다. 만일 우리가 또다시 눈과 입과 그리고 귀를 가리운 채 살

아가야만 한다면 우리는 차라리 죽어가는 민주주의와 운명을 같이 하련다.

그러나 무엇보다도 귀중한 것은 온 국민의 철통같은 단결이다. 사랑하는 애국동포들이여, 민주구국전선으로 힘차게 전진하자.

1. 우리는 군정연장을 절대 반대한다.
2. 우리는 짓밟힌 민주주의를 되찾기 위하여 3·16 성명을 철회할 때까지 계속 투쟁한다.
3. 우리는 불순분자의 준동을 경계하여 평화적이며 질서정연한 행동을 취한다.[49]

이 선언 첫머리에 "우리는 여기에 대한민국의 민주국가임과 대한국민의 자주민임을 다시 한 번 선언한다"고 시작된다. 여기서 "다시 한 번"은 기미독립선언문, 즉 "오등은 자에 아 조선의 자주국임과 조선민의 자주민임을 선언한다" 식의 표현을 다시 쓴 것이다. 그동안 억눌렀던 마음, 군사정권의 정치일정에 협력하느라 자제했던 것을 다 뚫고, 정면으로 군사정권을 질타하고 있다. 마지막 부분은 기미독립선언문의 공약 3장의 스타일을 따르고 있다. 서명자를 명기한 것도 마찬가지다. 민주주의 회복투쟁을 구국투쟁의 차원에서 이해하고 있음을 알 수 있다.

민정당, 신정당 양당은 연락회의를 열어 "3·16성명의 철회가 있을 때까지 도살된 국민주권의 회생을 위하여 불굴의 투쟁을 계속해갈 것"을 합의했다.[50] 가장 유력한 정치인이었던 윤보선과 허정 모두 군정연장 기도를 막고 예정대로 민정이양을 실현시키는 데 총력을 기울여야 할 것, 과도정부 수립 운운은 군정연장을 분식하려는 기도일 뿐이라고 강력히 반대했다. 미국에서는 케네디 대통령 자신이 "미국은 한국에서 민주정부의 복귀를 열망한다"고 하고 "현재 정세가 다소 유동하는 상태에 있다"고 말했다.

49 동아일보 1963. 3. 22.자. 1면. "재야정치세력 공동투쟁에 돌입".
50 동아일보 1963. 3. 27.자. 1면. "민정복귀에 공동투쟁 여하한 타협안도 거부".

미 국무성은 차관의 메시지를 통해 "군정연장계획을 재고 번의하고, 2·27 선서로 복귀할 것을 희망하는 미국정부의 공식적 견해"를 미대사를 통해 박 의장에게 전달하였다.[51] 박정희는 케네디 대통령에게 3·16조치를 설명했지만, 미국으로부터 크게 긍정적 답변을 얻지 못했다.

김병로는 정치적 반대를 조직하는 한편, 3. 22.자로 사상계에 "군정연장과 국민투표에 대하여"라는 글을 투고했다.[52] 이 글에서 김병로는 박정희의 3·16조치를 조목조목 반박하고 있다.

먼저 그는 2·18 성명, 2·27 선서 당시의 박 의장의 심경이 무엇이었던가를 먼저 묻는다. "그가 양심의 주재 하에 참으로 나라를 위하고 이 국민을 위한다는 뜻에서 성명을 하고 성실한 행사를 하였던가? 그렇지 않으면 국민을 우롱하여 허위적 행사를 시도하고 군정에 대한 국민의 행동을 측정하여 보자는 것에서 나왔던가? 그것도 저것도 아니라면 박 의장의 처사가 성실한 자기양심에서 배태한 것이 아니고 외계의 충동이나 주위의 환경에 따라 시각시각으로 변동되는 것이라는 말인가? 참으로 분석하기 곤란하다."는 것이다.

박 의장은 자신의 돌연한 번의의 원인을 정계의 혼란, 정당 또는 정치인들의 혼란에 있는 것처럼 지적했다. 그러나 김병로는, 그동안 정당이나 정치인들의 활동에 무슨 혼란이 있었던가 묻는다. 그해 1월 초에야 정치활동이 허여되었고, 이후 2~3개월 동안 완성된 정당은 하나도 없고, 2개월동안 정당의 창당 준비 중인 정당이 두 서넛에 불과한 현상, 그러니 민간인정당 관계로 무슨 혼란이 야기된 사실이 있을 수가 없다. 구정치인들이 2. 27. 선언식에 있은 날에 해제되어 불과 10여 일밖에 안 되었으니, 그 짧은 기간에 무슨 혼란을 야기할 일이 있었단 말인가. "극히 짧은 시일에 전연 있을 수도 없고 있은 일도 없는 가공적 사실이 자기의 심경변동의 원인이라고

---

51 동아일보 1963. 3. 22.자. 1면 "군정연장 번의를".
52 김병로, "군정연장과 국민투표에 대하여," 사상계, 1963.4, 130~131.

한다는 것은 너무도 환상적이며 허무한 일이라 아니할 수 없다"고 통박했다.

둘째, 군정연장 문제를 국민투표에 부치겠다는 박 의장의 성명에 대한 김병로의 반박이다.

> 여기에 잠깐 전례를 생각해볼 필요를 느낀다. 원래 동양에서는 천명을 받아 제왕이 되어 국민을 다스리는 법이 있었으니 이러한 선정을 왕정이라 일컬었고, 천명을 받는다는 것은 국민전체의 의사를 의미하는 것이요, 다수결이니 무엇이니 하는 그런 것은 구차한 논법에 불과한 것이다. 그러므로 원래 선거제도라는 것도 정권을 잡은 자 또는 잡으려는 자가 권력과 금력을 배경으로 하여 소위 권력의 정당화를 시키자는 권모술수에 불과한 것이어든 하물며 국민투표에 있어서야 오늘날까지 권력자의 실패한 일은 예가 없은 사실이므로, 이것이야말로 권력의 정당화를 시키자는 표본이라고 아니할 수 없는 것이다.
>
> 더욱이 범야정치활동을 금지하고 권력자의 하졸下卒들에게 일임한 처사라면 말하지 아니하여도 그 이면과 결과를 알 수 있는 것이 아닌가, 국민들이 이러한 결과를 신임할 수 있겠는가, 듣는 바에 의하면 민간인에게는 정치활동을 금지하는 반면에 군정에서는 순회강연으로 국민투표에 관한 계몽운동을 행한다 하니 그 계몽이라는 내용이 무엇이 될는지 알 수 없고, 민간정치인에게도 그 계몽운동을 하도록 하는 것이 균형있는 처사가 아니겠는가? 무엇이고 일방적으로 군대적으로 한다는 것은 벌써 국민의 신임과는 거리가 먼 것인 것을 알아야 할 것이다.[53]

격렬하게 대립하던 정국은 3. 30, 3. 31, 4. 1. 연 사흘에 걸쳐 박정희, 윤

---

53 김병로, "군정연장과 국민투표에 대하여," 「사상계」 1963년 4월호, 사상계사, 1963, 130~131면.

보선, 허정의 3자회담이 개최되면서 진정 국면을 맞는 듯 했다.[54] 그러나 군정연장의 불가피론을 내세우는 박정희와, 군정연장을 끝까지 반대하는 윤·허의 입장 차이는 어떤 결론을 내릴 수 없었고, 추후 실무자회의를 통해 후속논의를 하는 쪽으로 넘기고 말았다.[55]

국내외의 압력 속에 박정희의 군부는 4. 8. 중대성명을 발표했다. 그 요지는 ① (군정연장 여부를 결정짓는) 개헌을 위한 국민투표를 9월 말까지 보류, ② 9월말에 다시 조·야회의를 열고 총선거 또는 국민투표 여부를 결정한다, ③ 정부는 민생안정에 노력한다, ④ 정당에 체질개선을 권고한다, ⑤ 비상사태 수습을 위한 임시조치법을 폐지하고 정당활동을 재개한다는 것이었다.[56] "9월까지의 정부형태는 강력한 군정"의 유지이지만, 이 성명으로써 3·16선언을 사실상 철회하고, 정치활동을 허용하였다. 국민투표에 대한 언급은, 3·16선언을 폐기할 명분을 찾기 곤란하여 언급한 것일 뿐이어서 진지하게 국민투표의 의향을 담고 있는 것은 아니었고, 다만 "4년"에서 "5개월"로 군정연장기간을 후퇴시켜 적어도 5개월 동안은 시간을 벌자는 군부의 술책으로 이해되었다.

그러나 정치일정은 여전히 불투명했다. 정치일정의 관리 자체가 최고의 정치책략 중의 하나이므로, 그 결정권은 여전히 군부의 손아귀에 놓여 있었다. 그러면서 군부는 민주공화당을 결성하여, 민정이양과 대통령 선거를 대비해갔다. 5. 27. 민주공화당 전당대회(제2차)에서 박정희 의장을 대통령후보로 지명했다. 박 의장은 이 지명을 수락하면서, 절차상의 문제가 있으므로 시간적 여유가 필요하다고 답했다. 군복을 벗는 문제 등 출마절차를 밟는 수순이 있다는 뜻이다.[57]

재야정치지도자들은 재야정당연합전선을 추진하여 군부에 맞서려는 움

---

54 경향신문 1963. 4. 1.자. 1면 "박.윤.허 3차 회담".
55 동아일보 1963. 4. 2.자. 2면 "3자회담의 회귀선".
56 경향신문 1963. 4. 8.자. 1면 "정치활동 재개를 허용".
57 경향신문 1963. 5. 27.자. 1면 "박의장을 대통령후보로".

직임을 보였다. 김병로는 그 합리적 방안으로 ① 재야 각 정당을 단일정당으로 합류시키는 문제, ② 단일정당을 이루지 못할 경우 최소한 연합전선을 이루어 단일대통령후보를 내세우는 문제 등을 고려해야 한다고 했다.[58]

또한 4. 15. 김병로 등 11인의 재야정치지도자들[59]은 대정부성명을 발표했다. 그 성명에는 "소위 4·8성명이라는 것을 살펴보면 이는 2·27 성명에 있는 8·15까지의 민정이양을 완료하겠다는 공약에 대한 부정이요, 더욱이 민정이양의 확약도, 집권욕망의 포기도, 국민투표의 철회도 아무 것도 찾아볼 수 없으니 이는 또 하나의 기만적인 책략이요, 이 위험스러운 시기에 처한 국가에 혼란을 가하여 파국으로 몰아넣자는 저의 밖에는 다른 것이 없을 것이다"[60]고 통박하였다. 그리하여 "① 박 의장은 3·16 및 4·8 성명을 철회하고 2·27선서를 준수하여 속히 민정이양을 실천하라. ② 민정이양을 위한 선거과도내각을 구성하여 선거관리를 담당케 하라. ③ 정부는 심각한 경제위기와 민생고의 해결을 위한 시책을 수행하라"고 요구하였다.[61] 이러한 취지의 성명을 발표하고, 이를 관철하기 위해 범국민운동을 전개할 것을 밝혔다.

그러나 가인의 희망과는 달리 야권은 단일정당이나 연합전선이 아니라,

---

58 경향신문 1963. 4. 13.자. 1면 "야당연합전선형성추진".

59 김병로, 김도연, 김법린, 김준연, 박순천, 백두진, 윤보선, 이범석, 이인, 전진한, 정일형.

60 동아일보 1963. 4. 15.자. 1면 "3·16 4·8성명철회하고 2·27선서를 실천하라, 재야지도자 11인 대정부 성명".

61 혁명정부는 과거 어느 때의 정권보다도 무능하고 부패하였음으로써 자기들의 공약과 국민의 기대를 무참하게 유린하였다. 우리나라의 모든 국민은 2·27선서로 민간이양이 될 날을 오직 갈망고대하는 마음에서 모든 것을 참아왔던 것이다. 그러나 2·27선서 후 불과 2주일이 지나지 않아 혁명정부는 또다시 그 공약을 저버리고 군정연장을 강행하려는 횡포무관한 3·16성명을 표명하였으니 이로 말미암아 국내외에 준 충격은 이루 헤아릴 바 없었고 혁명정부가 기도하는 가공할 저의가 무엇인지 가히 알고도 남음이 있는 것이다.
국민의 여론이 강력하게 군정연장을 반대하자 군사정부는 또다시 무모한 강압책을 써 보았으나 이를 반대하는 국내외의 노도와 같은 집중공격은 드디어 4·8성명을 발표케 하였다.
소위 4·8성명이라는 것을 살펴보면 이는 2·27 성명에 있는 8·15까지의 민정이양을 완료하겠다는 공약에 대한 부정이요, 더욱이 민정이양의 확약도, 집권욕망의 포기도, 국민투표의 철회도 아무 것도 찾아볼 수 없으니 니는 또 하나의 기만적인 책략이요, 이 위험스러운 시기에 처한 국가에 혼란을 가하여 파국으로 몰아넣자는 저의 밖에는 다른 것이 없을 것이다(동아일보 1963. 4. 15.자, 1면 "3·16 4·8성명철회하고 2·27선서를 실천하라, 재야지도자 11인 대정부 성명").

각개약진하는 형세로 흘러갔다. 가장 구심점은 민정당이었으나, 민주당계는 허정이 주도하는 신정당으로 가고, 자유당계의 일부는 이범석의 민우당으로 결집하는 양상이었다. 민정당 내에서는 신민, 자유, 민주일부, 무소속의 4파가 연합해 있어 지분의 비율을 놓고 끊임없이 파벌간의 소모적인 갈등과 잡음이 빚어 나왔다.

그러나 우여곡절을 극복하고 마침내 5. 14.에 이르러 민정당 창당대회를 정식으로 개최하기에 이르렀다. 창당대회에서는 윤보선을 대통령 후보로 추대하였고, 김병로는 대표최고위원으로 추대되었다. 대회장에서 난동이 일어나고 엉망이 될 것이라는 예견은 빗나가고 모든 일정은 원만하게 이루어졌다. 그 날 "김병로 할아버지"의 역할에 대해 언론은 이렇게 찬사를 보내고 있다.

> 민정당 창당대회가 이렇게 원만히 끝난 것은 물론 대의원들의 자중에도 있었다 하겠으나 김병로 대표최고위원의 힘이 가장 컸다. 쓸데없는 잡음을 싫어하는 김병로 할아버지는 이날 창당대회서 임시의장으로 뽑히자 불편한 몸임에도 불구하고 손수 의사진행을 맡아 차근차근 안건을 처리해갔다. 불의를 싫어한다는 김병로 씨가 의장석에 버티고 앉자 장내는 숨죽은 듯 고요했고 말썽을 피워보려던 일부 대의원들의 기가 푹 죽어버렸다. 김병로 할아버지의 선의의 고집을 모두 알기 때문이다. "쓸데없는 소리는 하지 말고 어떻게 하면 우리 당이 잘될 것인가 하는 문제만을 얘기들 하세요" 이렇게 말문을 열어놓은 김병로 할아버지는 발언권을 요청하는 대의원들의 얼굴을 훑어본 후 말썽꾸러기는 발언할 기회를 주지 않았다. 이 때문에 이날 민정당 창당대회가 무사히 그리고 뜻 깊게 막을 내리게 된 것이다.
>
> 대의원 대다수는 대회가 끝난 후 "김병로 할아버지의 '선의의 독재' 때문에 민정당이 결실하게 됐다"고 오히려 즐거움을 가누지 못하고 있었다. 한마디로 말하여 김병로 대표최고위원은 이날 시민회관을 그의 안방으로 여기다시

피 대회장을 휘어잡고 자신 만만하게 의사진행을 맡아보았기 때문에 열매를 거둔 것이다.[62]

그러나 정치적 사안에서 언론이 찬사 일변도일 리 없다. 다른 각도에서의 기사를 소개해본다.

"그게 동의요? 나가요."

"발언권을 주었을 때는 쫓겨나갔다가 다시 와서 무슨 얘기요, 그만 둬요."

"무슨 소리를 했소, 그건 안돼요"

하는 식의 지극히 비민주적인 방법의 사회로 회의를 진행시켰지만 그렇게 하지 않았으면 제한된 시간 안에 회의를 무사히 끝내지 못했을 것이라는 게 그 풀이이다.

… 대원로大元老이기 때문에 애교라는 호의적인 해석이 내려지기는 하였지만 독선적인 사회로 회의를 시종한 김병로 옹은 따지고 보면 지도체계, 최고위원 수와 인선, 중앙위원 전형방법 등 말썽거리를 각파대표 사이에 미리 합의된 대로 끌고 나가려는 것이 근본목적이었기에 그와 어긋나는 발언은 될 수 있는 대로 봉쇄한 것이라는데 … 대회를 마치고 집으로 돌아온 가인은 "왜 그런 식으로 발언을 봉쇄했느냐"는 한 측근자의 물음에 "꼭 한 번 이상은 개의발언을 주지 않기로 처음부터 작정을 하고 나갔다"고 태연히 해명하더라고.[63]

이렇게 가인의 적극적 역할도 가세하여, 민정당은 창당대회를 무사히 치르고, 지도체제를 정비했으며, 가장 난제인 대통령후보까지 선정했다. 재야정치집단 중에서 민정당은 처음으로 정당등록까지 완료했다. 야권의 완전통합은 아니었지만, 여야를 통틀어 정당등록까지 해낸 첫 정당이 되

---

62 경향신문 1963. 5. 15.자. 3면 "민정당의 출항 … 인화를 기한 김병로 대표최고위원의 힘이 가장 커".
63 동아일보 1963. 5. 18.자. 1면 "독재사회로 무사히 끝내 대책 없어 캐세라세라".

었던 점에서 의의를 찾을 수 있을 것이다.

4. 야당 대통합: '국민의당' 결성을 향하여

1963년 5월에서 7월에 이르는 복잡한 정쟁의 과정에서 민간정치세력들은 신정당(허정), 자유민주당(송요찬), 민우당(이범석), 민주당(박순천) 등을 연이어 창당시켰다. 군사정권세력이 박정희를 대통령 후보로 사실상 기정사실화한 채 정당작업에 박차를 가하는 데 반해, 야당이 난립되자 야권 내의 통합 논의와 교섭이 오가지 않을 수 없었다. 6. 2. 가인의 초청으로 가인의 자택에서 재야 12인 정치지도자들이 모여, 박 의장의 출마저지를 위해 4대 의혹사건을 비롯한 부정사건 규명을 위해 최대한의 투쟁을 벌이기로 의견일치를 보았다. 또한 박 의장과 1대1로 싸우기 위해서는 재야세력의 대동단결이 필요하다는 주장이 공감을 얻었다.[64]

통합협상에 전기를 마련한 것은 7. 5. 윤보선의 '대통령 공천지명 사퇴선언'이었다. 민정당의 대통령 후보였던 윤보선은 기자회견을 자청하여 "단일야당형성만이 군정종식에 빠른 길"이라면서 사퇴서를 김병로 대표최고위원에게 제출했고, 이날 기자회견까지 열어 공식화한 것이다. 이러한 선제적 사퇴는, "윤보선의 지도자다운 모범"을 보인 것으로, "국민으로 하여금 야당인사들에 대한 새로운 인식을 갖게끔 하여 한가닥 희망"을 준 것으로 호평을 받았다.[65]

김병로는 7. 9. 〈야당통합호소 성명〉을 냈다. "국운의 소장消長이 정치인들의 이합離合에 달려있습니다. … 하루속히 군정을 종식시키고 민정을 가장하는 군정연장을 완전봉쇄하기 위해서는 재야정치세력의 총단합이

---

64 경향신문 1963. 6. 3.자. 1면 "정계에 또 선풍 일어날 듯".
65 경향신문 1963. 7. 6.자. 1면 "야통합에 큰 포석".

절실히 요청됨을 통감합니다. … 이 절박한 시기에 무엇을 주저하고 무엇을 아낄 것입니까."[66] 그에 이어 김병로는 비장한 심정으로 호소했다.

> 노목 김병로 또한 황혼의 여생을 안거자종安居自終으로 거둠직도 하나 비록 쇠퇴한 노구일망정 이 회천의 대업(야당통합)에 응분의 힘을 다하겠습니다. 우리 애국심이 원칙이 되고 겸양이 덕이 된다면 태산도 고개를 숙이고 금석도 녹을 것입니다. … 군정 2년의 실정은 오직 우리에게 눈물과 기아만을 남게 했습니다. 이 절박에 처하여 우리가 무엇에 주저하고 무엇을 아끼오리까. 우리가 역사의 죄인이 되고 안 되고는 차치하고라도 우리의 힘으로 할 수 있는 일을 하지 않음으로써 우리 손으로 자손들에게 간난의 유산을 어찌 차마 끼치고 갈 수야 있겠습니까. 군정이 계속된다면 그 결과는 상상조차 할 수 없을 만큼 가공할 것이 아니겠습니까.[67]

야권도 김병로의 비장한 성명에 호응했다. 통합의 여러 움직임은 7. 15. 이범석(민우당)과 허정(신정당) 양씨가 인현동을 방문하여 김병로와 이인을 만나고, 이어 윤보선을 만나, 우선 민정·신정·민우 등 재야3당은 "무조건 통합한다는데 원칙적인 합의를 보았다"는 발표를 도출하기에 이른다.[68] "기성 조직을 무조건 백지화하여 3당을 통합한다"는 공동성명을 발표했다. 곧 윤보선, 허정, 이범석의 3자회담에서도 이를 재확인했다. 이는 3당 통합에의 결정적인 전기를 이룬 것으로 높이 평가하고 있다. 대통령지명을 사퇴한 윤보선의 결단과 김병로의 비장한 야권통합호소는 이렇게 3당 통합성명으로 진척된 것이다.[69]

---

66 경향신문 1963. 7. 9.자. 1면 "야당통합호소, 김병로씨 성명".

67 경향신문 1963. 7. 10.자. 2면 "〈기자석〉 정치인의 상투적 제스처".

68 동아일보 1963. 7. 15.자. 1면, "당영수급회담에서 합의".

69 경향신문 1963. 7. 16.자. 1면 "야당통합과 7.15공약"; 김병로는 "누가 대통령 후보가 되느냐의 문제가 각자의 심경에서 일소되어야 하고 통합으로 국민의 대동단결을 호소해야 한다"고 지론을 역설했다. 또한 "민정당의 법통 운운은 근거없는 것이며 먼저 창당했다 해서 자만하는 생각은 버려야 할 것"이라 경고했다. 민정당은 다

7. 18. 3당 영수는 김병로의 자택에 다시 모여, "과거의 계통이나 파벌을 일절 불문하고 모든 기성관계를 사실상 백지화하여 우리가 관여하는 3당의 무조건합당에 합의하였다"는 공동성명을 발표했다. 3당통합을 통해 박의장의 출마를 저지하고, 혁명주체세력과 여당세력을 즉각 해체하고 군 본래의 사명에 돌아가게 하며, 어떤 특정당의 세력확장이나 어떤 개인의 당락을 위한 단합이 아닌 모든 정당 정치인에게 공평한 기회를 부여할 수 있는 공동의 광장을 마련하는 데 있다고 선언했다.[70]

군정에 대항하는 가장 강력한 야당으로서 "국민의당"이라는 이름의 정당을 새로 창당하기로 했다. 8월 1일에 이르러 창당준비위원회 결성대회를 열었다. 민정, 신정, 민우당의 영수인 김병로, 허정, 이범석 3인을 대표위원에 선출하고, 수석대표위원에 최연장자인 김병로를 추대했다. 창당취지문에서는 "온갖 구연·구원·파벌의식을 활활 타오르는 애국의 용광로에 집어넣어 새로운 민주주의적 민족주체세력을 형성"할 것을 다짐했다. 이들은 "통합된 힘으로 민주터전 확립하자" "국민에게 안정과 희망을 주자"는 것을 창당발기의 표어로 내걸었다.[71] 동아일보는 창립준비위 대회 기사에서 "황일점으로 이채 띈 김옹"이란 제목으로 김병로를 소개하고 있다.

1일 아침 시민회관 소강당에서 열린 「국민의당」 창당준비대회날 민정당의 대표최고위원이면서 동시에 이 당의 수석대표위원이 된 김병로 씨는 이런 「감투」와는 대조적으로 노란 "노타이, 샤쓰"에 회색 양복을 입고 검정 운동화를 신은 채 허술한 차림으로 대회에 참석하여 황일점으로 이채를 띠었는데, 김옹은

른 정당보다 조직이나 인력 면에서 월등하였으니, 그런 것에 자만하지 않고, "당을 백지화해서 뭉쳐야 한다"는 대승적인 면모를 보여주었다. 기존의 정당을 "완전히 백지화하여 새 출발"하자는 것이고, "선구국후정치의 신념으로 다른 정당도 통합하도록 노력할 것이다"(이범석)도 마찬가지였다(경향신문 1963. 7. 15.자. 1면 "3당영수 회담 마치고 언명 당조직 백지화시켜야").

70 경향신문 1963. 7. 18.자. 1면 "무조건통합 선언".

71 경향신문 1963. 8. 1.자. 1면 "국민의당 발기를 선언".

개회사에서 "이 순간부터 당내에는 잡음도 없고, 파벌, 기구창설이나 인물배치에 비율도 있을 수 없습니다. 오직 국민의 마음과 소리에 따라야 합니다. 「내가 대통령이 되겠다, 국회의원 후보가 되겠다, 뭐가 되겠다.」는 생각을 버려야 되겠습니다."라고 격려라기보다는 당부의 말을 하는가 하면 대표위원으로서의 인사에서는 " … 교체되어야 할 이런 사람을 대표위원으로 추대한 것은 나로서는 분에 넘치고 송구스러운 일"이라고 겸허의 말도 잊지 않았다.[72]

선거정치 일정이 확정된 것은 7월 27일에 이르러서였다. 최고회의 박정희 의장은 특별담화를 통해 이러한 민정이양절차를 발표하였다. 대통령선거는 10. 15.에, 국회의원 선거는 11. 26.로 확정했다. 이로써 지난 3월 16일에 공고했던, 군정연장을 위한 헌법개정안을 철회했다. 4. 8.성명에 모호하게 두었던 군정연장의 가능성이 이제야 없어진 셈인데, 하도 말뒤집기를 거듭해온 박 의장이기에 의혹이 완전히 불식된 것은 아니었다.[73] 또한 이 시점에서도 여전히 군정시대였고, 박정희는 최고회의의 의장으로서 정치과정을 조정하고 있었다. 그가 육군대장의 군복을 벗고 예편한 것은 8. 30.이었고, 그날 건군사상 최대규모의 전역식을 열었다. 그는 "군사혁명을 일으킨 한 책임자로서, 2년에 걸친 군사혁명에 진정 종지부를 찍고, 혁명의 악순환이 없는 조국재건을 위하여 항구적 국민혁명의 대오, 제3공화국의 민정에 참여할 것을 결심하였다"고 군직을 물러나는 연유를 밝혔다.[74] 다음날인 8. 31. 그는 공화당에 가입과 동시에, 공화당 전당대회에서 공화당 총재를 맡음과 함께 공화당의 대통령후보로 지명되었다. 그러나 야권은, 박정희가 최고위원직을 유지하면서, 종전 2. 27. 선서 때의 불출마 선언을 깨고 출마한 것을 통박하였다. 특히 최고위원직을 유지하면서 대

---

72 동아일보 1963. 8. 1.자. 1면 "황일점으로 이채 띈 김옹".
73 경향신문 1963. 7. 27.자. 1면 "선거, 대통령 10월 중순, 국회 11월 하순".
74 동아일보 1963. 8. 30.자. 1면 "박정희 대장 전역식".

통령선거에 임하는 것에 대하여, "국민 앞에 다시 무형의 총부리를 대고 관권과 금권의 사이비선거를 강행한다면 국가는 파국의 길을 걷게 될 것"이라고 비판했다.[75] 박정희는 군문을 떠났다고 하지만, 최고회의체제는 그대로 유지되었고, 그는 여전히 최고회의 의장직이라는 헌법 위의 조직을 틀어쥐고 있었다.

문제는 박정희에 대항할 야권의 향방이었다. 8월 말까지 야권이 이룩한 것은 '국민의당'이란 단일야당을 창당하자는 결의뿐이었다. 야당 측이 지지부진하기에, "야당 측이 박정희의 선거운동을 해주고 있는 꼴"이란 푸념이 나오는 형편이었다. 그런 상황에서 김병로는 다시 총대를 먼저 멨다. 8. 30. 그는 자신의 대통령후보의 가능성에 대해 단호한 불출마 성명을 냈다. 김병로는 "국민의당 창당대회 때 대통령 후보로 지명되는 경우가 있다 할지라도 이를 수락치 않겠다"고 말하고 "노구를 이끌고 군정종식에 매듭을 짓는데 미력하나마 선봉의 되고자 힘써온 것이며 대통령 후보 문제 등은 생각조차 한 일이 없다"고 신중히 말했다. 김병로는 야당 단일후보로서 "나보다도 더 많은 국민의 지지를 받을 수 있는 지도자들이 있지 않느냐"고 겸양을 보였다.[76]

한편 민주당 계열에서는 9월 3일, 허정을 야당 단일대통령후보자로 천거했다. 국민의당 계열과 민주당 계열이 갈라지는 모습이 가시화되었다. 야권의 지분을 훨씬 많이 갖고 있다고 평가되는 것은 국민의당이었다. "군정을 종식시키고 민주정치를 일으키자"는 구호를 내세우고 민정·신정·민우·무소속 4정파의 통합신당이기 때문이고, 야권의 힘이 훨씬 집중되어 있었기 때문이다. 9월 5일 국민의당은 시민회관에서 창당을 선언했다.

이날 국민의당은 선언문에서 "어떠한 위장된 군정연장도 이를 부인하고 군정을 실질적으로 종식시켜 헌정의 상도에 귀일하여 안정된 정치세력의

---

75 동아일보 1963. 8. 31.자. 1면 "공화당총재. 대통령후보, 박의장 공식수락".
76 경향신문 1963. 8. 31.자. 1면 "김병로씨 성명 대통령에 불출마".

구축으로 참된 민주정치의 정상적 발전을 이룩할 것"을 다짐했다. 한편 김병로는 개회사를 통해 "오늘의 모임은 온 국민의 마음과 온 국민의 소리를 모은 것이며 국민의 여망이 충만된 뜻깊은 대회"라고 강조했다. 또한 그는 자유를 되찾고 자유를 수호하는 것이 한국민의 긍지라고 강조하면서 형식적 통합보다 정신적 통합이 시급하다고 역설했다. 그리고 군사정부의 실정을 규탄하면서 국민을 위한 대의에 입각하여 자아를 희생할 것을 강조했다.[77]

국민의당 대회에서 원로들(동아일보 1963. 9. 5)

본회의에 들어가, 처음에 당 최고기관인 최고위원회 위원 5인을 선출하였다.[78] 최고위원에 김병로(민정) · 허정(신정) · 이범석(민우) · 김도연(민정) · 이인(민정) 5씨가 그들이었다. 이어 중앙위원 선출방법 등을 결정할 때만 해도 순조로운 듯했다. 그러나 가장 중요한 사안, 즉 대통령후보의 지명에 들어갔을 때, 양 편으로 완전히 쪼개졌다. 한쪽은 대회에서 대의원들의 투표로 후보를 지명해야 한다는 것으로, 다수를 점하고 있는 민정계의 입장이었다. 이 입장에 따르면 윤보선이 지명될 가능성이 명약관화했다. 다른 한쪽은 대통령 후보의 사전조정이 실패한 만큼 사후조정을 해야 한다는 것으로 비민정계의 입장이었다. 신정 · 민우 측은 확고하게 반윤보선의 노선이었는데, 그들 중 일부는 반윤보선이라면 김병로도 대통령 후보로 좋다는 움직임까지 보였다. 양측의 주장이 맞서고 커다란 소란이 일어나 회의장은 수라장이 되었고, 사태를 수습하지 못한 채 그날의 대회는 중단되었다.

---

77 동아일보 1963. 9. 5.자 1면 "국민의당 창당대회 중단".
78 동아일보 1963. 9. 5.자 1면 "국민의당 창당대회 중단".

대통령 후보에 대한 통일된 입장을 정리하지 못하고 맞은 5일의 대회이었기에, 이 날의 소란은 사실 예고된 것이나 다름없었다. 그 전날인 9월 4일 밤, 인현동 가인 집에서 일루의 최종타결의 희망을 안고 4자회담이 열렸다. 김병로, 허정, 이범석, 윤보선이 그들이었다. 이 날의 모임의 결과에 대해, 5일 아침 이범석은 다음과 같이 공개했다.

윤보선, 허정 양씨가 경쟁을 완화하여 그중 한 사람으로 타협하는 것과, 양자 모두 용퇴하고 김병로 씨를 추대하자는 2개 방안을 내놓았다. 제1안은 윤 씨가 자신을 지지하는 측의 강력한 요구를 물리칠 수 없으므로 안 되겠다 하여 미결되었다. 제2안에 대하여 허 씨는 쾌락했지만 윤 씨가 자신의 전 대통령직 경험으로 비추어, 김씨 같은 고령자는 격무를 감당할 수 없으며 또 민정당계의 지지를 받기도 어려울 것이라고 하면서 후보자의 결정은 표결을 택하는 길밖에 없다고 시사했으므로 성립 안 됐다. 이때 김 씨도 자신의 고령을 이유삼아 지명을 수락할 수 없다고 말했다.[79]

5일의 소란극에 대해 언론에서는 "구정치인이 자살의 길을 택하는 날"이라 명명했다.[80] 다음날인 9월 6일, 연이어 국민의당 창당대회가 열렸다. 그러나 표결강행을 주장하는 민정계와 이에 극력 반대하는 신정, 민우 및 무소속계가 맞서 싸워, 아무런 진전을 보지 못했다. 이범석은 허정, 윤보선 양 경쟁자의 용퇴로 별 수 없이 김병로 씨를 대통령 후보자로 추대하자고 읍소하면서 물러섰다. 윤보선은 그에 대해 반박했다. 이인은 대통령 후보자 선출에 실력대결을 회피하고 사전조절을 하라고 역시 울면서 호소하며 최고위원직을 물러남과 동시에 국민의당을 탈당했다. 두 번째 대회에 앞서 김도연 최고위원도 5일 밤 이미 그 자리를 내놓았으며 5명의 최고위원

79 동아일보 1963. 9. 5.자. 2면 "국민의당의 불협화음".
80 동아일보 1963. 9. 5.자. 2면 "국민의당의 불협화음".

중 김병로, 허정, 김도연 3씨는 6일 대회에 출석하지 않았다.

야당은 반군정 투쟁에 앞서 야권내 파벌싸움으로 폭언과 폭설로 대회장을 매웠다.[81] 대통령후보 마감일이 9. 15.이니, 마감일을 9일 앞으로 둔 긴박한 상황에서, 야권은 단결은 커녕 분열과 절망만을 노정하고 있었던 것이다.

김병로는 이런 상황에서 대통령 후보로 거론되고 있었다. 그러나 그것이 진정으로 김병로를 반군정의 대표주자로 옹립하자는 것보다는, 윤보선 절대불가론을 억지로 관철하기 위한 방편에 불과했다. 9월 5일부터 시작된 대의원대회는 며칠이 경과해도 한걸음도 진전을 보지 못했다. 전국대의원대회는 한마디로 "촌락에서 축구시합할 때 패싸움을 하는 식"이라는 야유를 받았다.[82]

김병로가 민정당의 대표최고위원을 탈당하면서, 국민의당의 대표최고의원으로 등록한 것이 9월 12일이었다. 9월 13일에 이르러, '국민의당'은 중앙선관위의 등록공고에 의해 당 간판을 달게 되었다. 범야권의 무조건 통합을 내세우면 민정, 신정, 민우 3당의 통합하기로 했던 시점(7. 15.)부터 두달 뒤에, 가장 강력한 집단인 민정당이 빠진 채, 반쪽만의 단합으로 표류한 채 상처뿐인 이름만의 국민의당이 되고만 것이다.

한편 세력에 있어 우세를 점한 민정당 고수파들은 9. 12. 민정당의 대통령 후보로 윤보선을 지명했다. 9월 14일에 이르러, 국민의당은 허정을 대통령후보로 지명했다. 다른 한편 변영태(정민회), 송요찬(자유민주당) 등은 각기 소수정당의 대통령 후보로 나섰다. 이로써 반군정의 야권 대통령 후보의 단일화작업은 참담한 실패로 귀결되었다. 이와 같은 야당 후보의 난립으로써는 야권 지도자들이 염원했던 군정종식은 불가능할 것임은 뚜렷해졌다. 이러한 야당후보의 난립이 다름 아닌 야권 내의 "불순한 파쟁"에

---

81 경향신문 1963. 9. 6.자 1면 "성토대회장과 비슷".
82 동아일보 1963. 9. 6.자. 1면 "국민의당 대통령후보지명 오늘 상오 대회서도 유산".

기인한다는 점에서 비난을 면할 수 없다. 이렇게 되니 야권 각 파의 속셈은 대통령 선거의 승리가 아니라, 곧이어 있을 국회의원 선거의 정지작업에 있다는 비평까지 나오는 지경이었다.

마지막 남은 기대는 선거기간 중에라도 야권후보 단일화를 이룩하는 길이다. 허정(국민의당)과 윤보선(민정당) 중 한명이 사퇴하여 야당 단일후보의 길을 터놓는 것이 야당체면을 세우는 유일한 길이라고 했다. 김병로 국민의당 대표최고위원은, 이상과 같은 양보의 아량이 있으리라 "희망하고는 있지만 정말 그것이 실현될지는 의심스럽다"고 말했다.[83]

그래도 대통령 선거는 최선을 다해 치러야 했다. 9월 16일 김병로는 국민의당 대표최고위원으로서, 군사정부에 대해 공명선거 실시를 위해 국민의 의혹을 사는 각종 행사를 중지하라고 요구했다.[84] 선거에 임박하여 경로회나 기공식, 갑작스런 교양강좌 개최 등을 비난하면서, 직접 부정도 안 되지만 국민의 의혹을 받는 짓을 해서는 안 된다고 했다.

선거가 임박하여 야권 후보들은 뒤늦게 사퇴하였다. 허정은 10. 2. 단일화를 성사시킨다는 뜻에서 후보를 사퇴했고, 송요찬도 10. 7. 후보를 사퇴했다. 이로써 윤보선은 사실상 야권의 단일후보가 된 셈이었다. 그러나 조직적이고 체계적인 선거운동을 할 겨를은 거의 없었다. 선거비용에서도 박정희 측은 윤보선에 비해 압도적인 지출을 했다.[85] 그런 와중에서 치러진 10. 15. 투표에서 박정희는 윤보선을 15만 표 차이로 신승했다.[86] 야권이 반군정의 대오로 단일화하고, 단일화의 감동적인 프로세스를 연출했다

---

83 동아일보 1963. 9. 14.자. 1면 "선거기간 중에라도 단일후보 추진".

84 동아일보 1963. 9. 16.자. 1면 "선심행사 비난 국민의당 김병로씨".

85 5대 대통령 선거의 선거비용은 민주공화당(박정희)이 85,207,440원으로 전체 비용의 76.9%를 민정당(윤보선)이 19,135,297원으로 17.3%를 국민의당(허정)이 3,847,782원으로 3.5%를 차지했다(박경석, "대통령, 국회의원 선거자금," 「신동아」, 동아일보사, 1967년 5월, 205면 참조).

86 박정희(민주공화당)은 4,702,640표, 윤보선(민정당)은 4,546,614표. 그밖에 오재영(추풍회)은 약 40만 표, 변영태(정민회)는 약 22만 표, 장이석(신흥당)은 약20만 표. 투료율은 85.0%였다. 박정희와 윤보선의 득표차는 156,026표에 불과했다.

면, 선거의 결과는 충분히 뒤집혀질 수 있음을 시사하는 아슬아슬한 표차였다. 야권 지도자들이 뒤늦게 땅을 쳤을 결과였다.

5. 맺음말

초대 대법원장, 재야의 민주수호자의 역할을 거쳐 초연한 정치원로로서 지내던 말년의 김병로는 1963년에, 77세의 고령과 불편한 몸을 이끌고, 군정의 종식, 반군정의 야권통합과 대통령 후보 단일화에 매진했다. 그러한 대의를 위하여, 그에게 주어진 달콤한 유혹, 즉 대통령 후보자리도 분명하게 거듭 사양했다. 그러나 현실 정치인들의 양보없는 욕망을 제어하는 데는 역부족이었다. 마지막 기력까지 쏟은 그는 결국 대통령 선거가 끝난 며칠 뒤 병상에 드러누웠고, 국립의료원의 한 병실에서 지내다가 퇴원하여 다음해 1월 별세하였다.[87] 일제 강점기부터 1963년 마지막까지 그와 법률적·정치적 행보를 함께 했던 애산 이인은 그때의 가인을 다음과 같이 회고했다.

그때 작년(1962)에 여름부터 단일 야당을 해야만 나라가 구해지고, 우리 길이 열리겠다, 이런 생각을 해서 우리(애산) 집에서 많은 동지가 모여 가지고, 결국 여기 지도자는 가인 선생을 모셔야겠다, 이렇게 되어 가지고, 작년 섣달부터 가인하고 트라이 했는데, 먼저 구국을 하자면 선 구국하고 후 정치다, 먼저 구국을 하기 위해서는 단일 야당을 해야겠다, 이렇게 가인이 목표를 세웠습니다. 그래서 같이 우리도 또 따라서 그것을 하기로 했는데, 아시다시피 그것이 우리 뜻대로 이루어지지 못하고 해서 … 그 간에 가인이 병고를 무릅쓰고, 그 노령에 1년

---

87 김진배, 앞의 책, 202면.

두 달 동안 두 가지 운동을 하기 위해서 고심참담 발분망식하였습니다. 참으로 눈물겨운 정경이었습니다. 했는데도 불구하고, 그것이 이룩되지 못하고, 지금 아마 그 분도 눈을 옳게 못 감았으리라고 봅니다.[88]

반군정의 야권연대를 통한 민주주의의 부활! 이것은 평생을 민족을 위해 봉사했던 그의 최후의 소명이었다. 그는 이 소명에 사심 없이 임했고, 개인적인 유혹을 물리쳤다. 그는 자신이 열매를 따먹기 위해 임한 것이 아니라, 씨 뿌리는 심정으로 임했던 것이다.

대통령 선거를 둘러싼 우리의 역대선거에서 야권 단일화는 지극히 어려운 과제였고, 개인적 욕심을 억제하는 사례도 별로 보지 못한 바이다. 그러나 가인은 정치세계에 들어가서도 엄격한 자기기준을 지켜냈다. 확고한 민주주의자이자 헌법수호자로서 그는 군정 연장의 저지가 최우선의 민주과제라 확신했고, 그 방향은 야권통합 및 야권 대통령후보의 단일화였다. 그는 1963년 1월부터 9월까지, 김병로는 "고심참담 발분망식"하였던 것이다. 국가의 최고원로로서 그의 발언은 무게감이 있었고 지도력을 발휘하였다. 그러나 결정적 대목, 즉 대통령 후보의 단일화에 있어서 현실정치인들의 욕망을 제어, 조정하기는 불가능했다. 그의 한계라기보다는, 우리 정치(인)의 한계라 하지 않을 수 없다. 그러나 가인 김병로 선생이 추구했던 원칙의 고수, 대의에의 헌신, 민주주의 정치의 추구로 일관한 자세는 민주주의 법률가이자 정치가로서 후대의 교훈이 되기에 충분할 것이다.

---

88 김진배, 앞의 책, 462~463면; 가인 김병로 선생 추모 대담, 1964. 1. 14. 서울중앙방송, 대담자 유진오, 이인, 유광렬.

제24장

맺음말

제24장
맺음말

인현동 자택에서 요양 중이던 가인 김병로 선생은 1964년 1월 12일 새벽 갑자기 의식을 잃고 쓰러져 혼수상태에 빠졌고, 1월 13일 밤 78세 일기로 별세하였다. 장례식은 1월 19일 사회장으로 거행되었다. 서울시청광장에서 거행된 영결식에서는 조사가 줄을 이었고, 박두진 작사, 나운영 작곡의 〈조가〉가 동덕여고생들의 합창으로 울려 퍼졌다. "피에 어린 민족수난 그 몸소 맞서시고 / 한평생을 일편단심 나라 위해 바치신 / 크신 님 가인 선생 돌아가셨네 / 갈수록 암담만 한 나라 앞길에 / 두고두고 님의 생각 아쉬운 것을 / 아 돌아가셨네 돌아가셨네"라는 가사였다. 영결식을 마치고 우이동에 이르는 길가에는 수만 시민이 오열하며 지켜보는 2시간의 긴 장례 행렬이 이었다. 그의 유해는 이준 열사의 유해를 오른편에 두고, 우이동 산길 옆에 묻혔다. 산행길 길목에 묘소가 있어, 살아서도 가인, 죽어서도 가인이라고들 한다.

그의 갑작스런 부고를 맞아, 각계의 조문이 줄을 이었다. 언론에서는 "파란 많은 이 민족의 운명과 고초를 같이한 지도자",[1] "고결한 인격과 우국의 지성至誠"[2] 등으로 추앙했다. 생전에 그의 가장 가까운 동지이자 후배 법률가인 이인 변호사는 다음과 같이 추도했다.

한평생 70여 년을 두고 조국의 광복과 국토의 통일과 군정의 종식을 외치던 우리의 위대한 지도자는 갔습니다. 나는 그가 살아 있었던 '유일 위대한 지도자'

---

1 조선일보, 1964. 1. 15.자. 2면, "[사설] 가인 김병로옹의 별세를 애도한다."
2 동아일보, 1964. 1. 14.자. 2면, "[사설] 가인선생의 서거".

라고 말하는 것을 서슴지 아니합니다. 그는 약관 20세부터 망국민의 뼈저린 슬픔을 몸소 겪었으며, 20 이후에는 몇 안 되는 법조인으로서 독립운동을 하던 많은 우리의 투사와 지사들을 변호하고 나서는 데 앞장섰습니다. 40세에는 벌써 사회운동의 지도자의 한 사람으로서 독립운동의 민족적 결집체인 신간회의 창간에 나서, 일선에서 일제와 투쟁하였습니다. 조국이 광복되자 그는 한국민주당 창당에 참여하였고, 건국 후에는 초대 대법원장으로서 사법권의 토대를 굳건히 세우는 데 헌신하였고, 이승만 독재에 대하여는 반독재투쟁을, 군사정부에 대하여는 반군정투쟁의 지도자로서 야당의 단결을 호소하였습니다.[3]

그의 인품과 일화가 거듭 언급되었다. "강직불굴의 의지", "대쪽같이 곧은 절개," "카랑카랑한 성품"[4] 등 "캥캥한 바른 소리 귀에 쟁쟁하고 / 대쪽같은 곧은 자세 눈에 어려",[5] "송죽같은 절개"[6] 등의 평이 주류를 이루었다. 유진오 고려대 총장은 "김병로 선생은 추운 겨울 높은 고개 위에 우뚝 서 있는 청정한 소나무같이 고고한 절개로써 일생을 관철하신 위대한 지도자이셨습니다. 직정 경향의 성격의 소유자이신 선생은 불의를 보매 일순도 이를 가차함이 없이 몸을 바쳐 이와 싸우기를 주저하지 않으셨으니, 이 모두가 정의를 위한 투쟁이 아님이 없었던 것입니다."[7]라고 '정의를 위한 투쟁'으로 애도했다.

가인의 성품 중에서 절개와 지조는 〈가인 김병로 선생 묘비문〉에서 다음과 같이 인각되었다.

무릇, 시대의 탁류 앞에서는 세 종류의 사람이 나타나는 것이니, 하나는 거기

---

3 동아일보, 1964. 1. 14.자. 2면, "[사설] 가인선생의 서거".
4 조선일보, 1964. 1. 15.자. 2면, "[사설] 가인 김병로옹의 별세를 애도한다".
5 박종화, "곡 가인선생," 조선일보, 1964. 1. 19.자. 1면.
6 조진만 대법원장 조사(김진배, 앞의 책, 431면).
7 고려대 총장 유진오 조사(김진배, 앞의 책, 433~434면).

에 굴종하는 사람이요, 또 하나는 피하며 숨어사는 사람이요, 다른 하나는 그 탁류와 더불어 마주 싸우며 끝까지 지조를 굽히지 않는 사람으로서 이는 만인 가운데서 하나를 만나기도 어려운 것인데, 그같이 쉽게 만나기 어려운 사람으로 모든 겨레의 흠앙 속에서 살다가 애도 속에 가신 이 한 분 계셨으니 가인 김병로 선생이 그이시다.[8]

사법부에서 김병로의 존재감은 압도적이었다. 조진만 대법원장의 말대로, 그는 무엇보다 "우리나라의 법원의 기틀을 세운 분"[9]이었다. 누구보다 가인 김병로 선생을 잘 알았다고 할 고재호 전 대법관은 서거 20주년(1984)을 맞아 다음과 같이 압축했다.

선생께서는 법대로 사신 분이셨을 뿐만 아니라 법관으로서의 청렴과 강직을 손수 실천하였으며, 법관뿐만 아니라 모든 공직자의 귀감이 되셨습니다. 사법부를 어떤 곳으로부터 간섭을 받지 않는 민권의 보루로서의 토대를 쌓으신 것은 오직 선생님의 그 감히 넘볼 수 없는 그 높으신 기개 때문이었습니다. 대법관으로서 선생님을 모셨던 제가 오늘 선생님의 20주기를 맞아 새삼 느끼는 것은, 우리 사법부의 의연한 자세는 누가 갖다 주는 것이 아니요, 우리 법관 스스로의 품격과 긍지를 가짐으로써만이 확립될 수 있다는 것입니다. 오늘 이 기회에 모든 법조인이 가인 선생의 높은 품격과 의연한 자세를 되새기는 것은 이 나라의 법질서 확립에 크게 기여가 되리라 믿습니다.[10]

청렴강직, 높은 품격, 의연한 기개, 그것이 가인의 인간적 진면모였고, 공직생활에서 철저히 그를 실천했다. 지공무사의 공직자 관에는 어떤 사

---

8 이은상 짓고 김충현 쓰다. 1968.
9 서울신문, 1964. 1. 14.자. "조진만 대법원장, 법원의 기틀을 세운 분".
10 고재호, 앞의 책, 22~23면.

사로움이 개입할 여지가 없었다. "공사 생활을 대쪽같이 쪼개어 구분"[11]한 데서, 오늘에 이르러서도 법관들과 공직자들의 한 귀감이 되기에 충분한 것이다. 이병린 대한변협 회장은 다음과 같이 추모시로 요약했다.

雪中松柏 百年翠

先生遺訓 千秋傳[12]

한마디로 가인 김병로 선생은 파란만장한 우리 현대사에 큰 족적을 남긴 법의 거인이었다. 일제하에서는 항일과 독립에 앞장선 인권변호사였고, 해방 후엔 초대 대법원장으로 사법권 독립의 초석을 놓았고, 청렴강직한 법관윤리상을 온몸으로 실천했다. 미군정기에는 사법부장으로 사법행정의 기틀을 다졌고, 정부수립 이후엔 법전편찬위원장으로서 대한민국의 기본법률의 초안을 자신의 붓끝으로 써내려간 입법자였다. 반민특위의 재판부장으로 민족정기를 수호하려 진력했고, 이승만 정권의 독재화에 대하여는 쓴 소리를 마다않는 헌법-민주 수호자였다. 생애 말기에는 반군정 야권통합을 이룩하려는 재야민주인사의 구심점이었다. 이렇듯 그의 생애는 일제에 맞선 민족주의자, 독재에 맞선 민주주의자임과 동시에, 사법-법제의 기틀을 만든 법률건국자로서의 면모가 선명하다.

이 책은 가인 김병로 선생의 법률가적 면모에 집중하여 썼고, 그에 대해 더 이상 되풀이할 필요는 없을 것이다. 다만 파란 많은 한국현대사에서 법률가는 법률내의 활동에 머무를 수 없음도 지적하지 않을 수 없다. 그는 법률가임과 동시에 나라와 국민을 걱정하는 투사이자 지사였다.

일제하 그의 변호사 활동으로부터 얻어진 명망은 그를 전체 항일운동의

---

11 서울신문, 1964. 1. 14.자. "조진만 대법원장, 법원의 기틀을 세운 분".

12 눈 속의 송백은 백년을 푸르고, 선생의 남긴 교훈은 천년에 이어진다. 이병린, "회상의 가인—김병로선생 1주기에—", 심당 이병린 변호사 문집, 두레, 1991, 280면.

한 구심으로 끌어올렸다. 해방직후 그는 정당을 결성하는 등 정치활동을 했고, 사법부장으로 있으면서도 좌우합작을 지원했고, 이승만 집권기에는 대통령의 권력남용에 대해 헌법과 민주의 이름으로 견제구를 던졌다. 정치과정 속에 그의 개입방식의 중요한 특색이 있었으니, 한결같이 통합노선을 추구한 점이다. 1910년 초 동경에서 난립한 학우회를 통합하는 것부터 시작하여, 일제하 좌우합작의 신간회 활동의 어려움을 떠맡았다. 변호사로서 법정투쟁에서도 좌-우를 전혀 구분하지 않았다. 미군정기에는 단정노선의 이승만이 아니라 김규식-여운형 등의 좌우합작을 지원했다. 그의 인간적 친분도 좌-우를 전혀 가리지 않았다. 송진우, 안창호, 이인, 김성수 등 지도자는 물론이고 홍명희, 허헌, 여운형, 김약수, 원세훈 등과도 절친했다. 그의 교제범위는 우파, 중도파, 좌파에 두루 걸쳐 있었다. 그는 정치적으로 우파 민족주의자로 쉽게 분류되지만, 우파의 전형을 따르지도 않았고, 좌파로서도 김병로는 대화가능한 상대로 여겨졌다. 통합을 추구하면서도, 민족정기의 구현과 사회개혁의 대의 속에 스스로를 위치시켰다. 그의 통합노선은 실천과 진정성으로 뒷받침되었기에, 그와 노선을 달리하는 경우에도 그에 대한 외경심은 분명했다.

남북 분단의 전개과정은 몇 십 년 친구조차 쪼개는 비극을 양산했다. 해방 후 좌익의 지도자로 부상한 허헌과는 일제하에서 3인 변호사의 일원으로 누구보다 가까웠다. 일제 말기에 김병로는 경기도 창동으로 먼저 이주하여 터를 닦고는, 홍명희와 정인보, 송진우와 박명환을 끌어들여 고난을 함께 이겨냈던 사이였다. 누구보다 해방을 갈망했던 그들이기에 해방 후 기꺼이 협력하고, 때로는 경쟁해가며 활동할 동지적 기반은 충분했다. 그런데 남북이 분단되었고, 뒤이은 전쟁은 좌/우를 돌아올 수 없는 사이로 갈라놓았다. 대법원장으로서 그는 국가보안법 시행을 독려하기도 했지만, 전시하에서도 특별조치령에 대한 위헌판결을 내렸고, 형법 제정 시에는 국가보안법의 폐지를 추진했으며, 자유당 말기 국가보안법의 개정에 대하여는 강도 높은 비판을 쏟았다. 그는 반공의 명분으로 인권을 유린하고, 독재를 위하여 권력남용을 자행하는 행태를 용납할 수 없었다. 그는 반공과 독재에 대하여 인권과 헌법을 상위로 놓는 민주주의자이고 헌법수호자였다.

그는 개혁가였다. 일제하 소작쟁의의 변호인으로서 그는 소작인의 참상을 누구보다 잘 알았고 이를 개혁하려는 꿈을 가졌다. 해방 후 그는 한민당 설립에 앞장섰지만, 토지개혁에 대해 미온적인 태도에 실망하여 그와 결별하였다. 미군정기에도 통합과 통일을 추구한 점에서도 그는 개혁적이었다. 이승만적 독재이든 박정희식 군정이든, 그는 모든 형태의 독재와 굽힘없이 맞섰다. 역대 대법원장 중에서 대통령의 권력남용을 정면으로 비판한 예는 달리 없고, 앞으로도 쉽지 않을 것이다. 그것은 그가 사법관으로서의 직무의식에 못지않게 국가건설의 동반자이자 애국지사로서의 자부심을 확고히 갖고 있었기 때문이었다. 송죽같은 절개를 견지한 민족지사였다. 강한 권력에 대해서는 대쪽같이 꽂꽂하게 자신을 지켜냈던 것이다. 자신이 떳떳하니, 누구의 눈치를 보고 수그릴 필요가 없었다.

그는 실력과 열정을 겸비한 법률가였다. 그의 나이 30대 초반에 이미 그는 최고의 법학자였다. 그의 식견은 항일변론에서도 유감없이 발휘되었다. 가장 열렬하게 변론하면서도 그의 정치한 법적 변론은 꼬투리 잡힐 여지를 거의 주지 않았다. 최고의 법지식이 요구되는 기본법률의 제정과정에서도 그는 위원장으로서 회의를 주재했을 뿐 아니라, 조문 초안의 대부분을 직접 작성하는 등으로 내용적으로 압도했다. 그가 신병으로 입원하면 입법작업은 중단되었다. 그는 전시하의 악조건을 무릅쓰고, 몸이 불편한 것을 오히려 다행으로 자위하면서 기본법률의 제정에 불식지공의 정성을 쏟았다. 대법원장을 마친 뒤에도, 그는 재야의 최고 원로로서 악법 제정에 대쪽 비평을 쏟아냈다. 입법과정에서 그는 지공무사의 자세로 임했으나, 그의 공적 관념에는 가족생활에까지 미치지 못한 한계가 있다. 시대의 제약을 뛰어넘지 못한 개인적 한계가 어떤 부분에서는 분명히 인지되기도

한다.

서거한 지 반세기가 지난 지금에도 김병로는 자주 언급되어진다. 역대 대법원장의 치사에서 김병로는 자주 언급되고 있으며, 법조인 교육에서도 자주 등장한다. 법조비리를 개탄할 때, 김병로의 지공무사의 공직자상이 대조사례로 언급되기도 하고, 권력에 나약한 사법부의 모습을 보면 김병로의 강직불굴의 처신이 더욱 부각된다.

가인 김병로와 인연이 닿은 지역에서는 그의 현창사업도 진행되고 있다. 그가 태어난 전북 순창군에서는 사법부 구성원들을 위한 가인연수관이 운영되고 있고, 생가 터도 복원되고 있다. 일제 말 은거했던 서울 도봉구 창동에서는 창동역사문화공원을 조성하여 그의 동상이 안치되었고, 도봉현대사인물길에는 가인의 옛 집터가 포함되어 있다. 가인의 호를 딴 어린이집, 초등학교, 길이름, 심지어 지하차도도 있다. 전주의 덕진공원에는 김홍섭, 최대교와 함께 법조3성 좌상이 안치되어 있는데, 그 중심이 가인 김병로임은 두 말할 것도 없다.[13] 전주 법조타운에는 '가인로'도 있다. 대법원의 정면 홀에는 김병로의 흉상이 좌정하고 있다. 대법원은 그의 서세 50주년(2014)을 맞아 심포지움과 전시회를 열었다. 대법원은 또한 법학전문대학원생들을 대상으로 매년 '가인 법정변론 경연대회'를 개최한다. 법학전문대학원 중에 가인의 호를 딴 홀도 있다. 김병로를 위인으로 소개하는 만화책도 있고, 청소년용 전기도 있다.

이렇듯 돌아가신 지 반세기가 지났어도, 그에 대한 현창은 더해가고 있다. 역사의 검증을 견뎌내고 오히려 미담들이 발굴되고 있기 때문이기도 하다. 다만 모든 기념과 현창사업이 그러하듯이, 인물의 박제화가 되지 않도록 유념할 대목도 없지 않은 느낌이다.

기념사업은 건물, 동상, 거리, 장소, 예산 위주가 되어선 안 된다. 진실로

---

13 법조삼성평전간행위원회 편, 한국 사법을 지킨 양심—김병로 · 최대교 · 김홍섭—, 일조각, 2015. 도면회, 백승종, 신동운, 정긍식, 최종고 등의 학자들이 집필에 관여하였다.

의미 있는 기념화란 현재화이다. 그의 행적으로 현재를 비추는 거울로 삼는 것이고, 현재의 문제를 숙고하기 위한 대화상대로 불러내는 것이다. 어쩌면 각종 기념물들은 생각을 환기하는 자료일 뿐이다. 좋은 대화를 위해서는 김병로에 대한 보다 깊은 지식, 보다 객관적인 이해가 절실히 요청되는 것이다. 그러기 위해서는 인물과 배경 자료의 엄밀한 고증은 아무리 강조해도 지나침이 없다. 이 책은 1차 자료를 최대한 구사하여 쓰고자 했지만, 미흡한 점과 놓친 점도 적지 않을 것이다. 앞으로 다른 이들의 연구 및 독서를 위한 하나의 디딤돌로 쓸 수 있다면 더없이 다행일 것이다.

|본서에 통합된 필자의 선행 연구|

본서에는 김병로에 관한 필자의 선행연구(단행본 및 논문)가 두루 포함되어 있다. 본서에서는 필자의 선행연구를 인용하지 않고, 그대로 본문의 일부로 통합시키는 방법을 취했다. 하나의 저서로서 일관성 있는 기획을 위해서 그렇기도 하고, 자료의 원출처를 그대로 밝히는 것이 독자의 직접적 이해에 도움이 된다고 생각해서이다.

한인섭, **식민지 법정에서 독립을 변론하다: 허헌·김병로·이인과 항일재판투쟁**, 경인문화사, 2012. (684면)

위 저서는 일제하 항일변호사 3인의 활동을 균형있게 안배하고 있는데, 본서는 그중에서 김병로에 관한 부분을 가져오면서, 김병로 연구라는 주제에 맞도록 재배치, 수정, 보완을 꾀했다. 김병로에 관한 한, 본서가 위 저서보다 훨씬 풍부한 내용을 담고 있음은 물론이다.

위 저서를 발간한 후, 필자는 김병로 전기의 집필을 목표로 하여, 당시의 원자료를 독해하면서 그의 법률가적 삶을 다각도로 정리하고 분석하고자 했다. 그 과정에서 여러 편의 논문을 썼으며, 그 논문들은 학술지에서 심사를 거쳐 게재되었다. 심사위원들의 여러 지적들은 필자의 부족함을 일깨워주었고, 이후 본서에서는 그러한 지적들을 받아들이면서 연구의 정밀성을 높이고자 했다. 그 결과 본서는 아래 논문들보다 훨씬 풍부한 내용을 담고 있다.

또한 본서에서는 통합된 저서로서 각 장절의 분량상의 균형을 위해, 해당 논문의 일부를 상당부분 삭제하고 있다. 따라서 해당 논문이 더욱 세세한 내용까지 담고 있는 것들도 있다. 이 논문들도, 본서에서 직접 인용하고 있지 않음은 위 저서의 경우와 마찬가지이다. 그동안 집필한 논문 및 자료는 아래와 같다.

한인섭 편, 항일민족변론자료집 Ⅰ~Ⅳ, 관악사, 2012.

______, "형법 제정에서 김병로의 기여," 서울대학교 법학, 제55권 제4호, 서울대학교 법학연구소, 2014, 313~363면.

______, "헌법수호자로서의 김병로 — 보안법 파동 및 경향신문 폐간에 대한 비평을 중심으로 —," 서울대학교 법학, 제56권 제2호, 서울대학교 법학연구소, 2015, 169~205면.

______, "법학교육자 김병로 — 경성전수학교 및 보성전문에서 법학강의를 중심으로 —," 고려법학, 제77권, 고려대학교 법학연구원, 2015, 357~378면.

______, "제1공화국에서 대법원장 임명을 둘러싼 갈등과 그 함의," 법과 사회, 제48권, 법과사회이론학회, 2015, 85~125면.

______, "1930년대 김병로의 항일변론의 전개," 법사학연구, 제51호, 한국법사학회, 2015, 137~177면.

______, "반민족행위자의 처벌과 김병로 — 반민특위 특별재판부장의 역할을 중심으로 —," 서울대학교 법학, 제57권 제2호, 서울대학교 법학연구소, 2016.

______, "가인 김병로, 항일민족변호사로서의 삶," 가인 김병로 서세 50주기 학술심포지엄, 가인 김병로와 21세기 사법부, 법원행정처, 2014, 14~151면. 〈본서의 기초가 된 필자의 글〉

______, "형사소송법 제정과정과 김병로," 법학연구, 제28권 제2호, 충남대학교 법학연구소, 2017.

|가인 김병로 연보|

1887년 12월 15일(음력, 양력 1888년 1월 27일) 전라도 순창에서 부친 김상희, 모친 장흥 고씨의 1남2녀 중 둘째로 태어남.

1896년 조모의 배려로 역사와 사서(논어, 맹자, 대학, 중용)를 배움.

1899년 연일 "정 씨"(1883~1950)과 혼인.

1902~1904년 간제 전우 선생에게 성리학을 배움.

1904년 '일산학교' 설립 후 영어, 일어, 산수를 배움. 그러나 을사조약 체결에 따라 중단.

1906~1908년 면암 최익현 선생의 창의 협력 요청에 즉응하여 최익현, 백낙구, 채상순 의병장의 활동에 적극 조력.

1908년 고정주 선생의 교육구국운동에 동참하여 담양 창평에 '창평학교' 설립에 관여하여, 공부함.

1910년 3월 목포항에서 일본 고베항을 거쳐 동경으로 유학. 일본대학 법과전문부 청강생 및 명치대학 교외생(법과야간부)에 입학.

1910년 후반기~1911년 전반기 한일합병의 비극과 '건강상 이유'로 귀국. 학적부엔 "월사체납月謝滯納으로 퇴학"으로 적혀 있음.

1911년 가을 일본 동경으로 재유학.

1912년 3월 명치대학 법과 3학년 입학.

1912년 10월 27일 "동경조선유학생학우회" 창립에 간사장으로 주도적 역할 담당.

1913년 7월 명치대학 "법학부 법과" 졸업.

1913년 후반기 대학 졸업 후 귀국하여 학자금 마련.

1913년 12월 3일 명치대학 "고등연구과" 입학(대학원 과정).

1914년 4월 재동경조선유학생학우회의 기관지 〈학지광〉 창간. '편집 겸 발행인'의 지위로 제1호(1914년 4월 2일)와 제2호(1914년 4월 20일) 발간.

1914년 4월 20일 〈학지광〉 제2호에 "이상적 형법의 개론(제1회)" 기고(확인되는 최초의 글).

1915년 6월 28일 명치대학 "고등연구과" 졸업(급제), 일본대학 법과 졸업.

1915년 7월 초 일본인 이외에는 변호사 시험을 응시할 수 없다는 일본정부의 결정에 따라 경성으로 귀국.

1915년 9월 30일 경성전수학교 교유(교수)로 임명. 6급봉. 국제사법, 형법, 민법총칙, 친족상속법 등 강의.

1915년 10월~1916년 6월 법학협회 발간, 〈법학계〉 제1호~제6호에 "법리관," "부동산에 대한 절도죄의 성립," "중복매매와 중복저당의 형사상 책임," "범죄의 요건되는 위법성을 논함," "가차압의 효력," "유자도품의 고매와 장물죄의 성립" 등을 집필.

1916년 3월 12일 "법학협회" 정기총회에서 평의원 당선.

1916년 4월 보성법률상업학교 강사 임용. 민법총칙, 친족상속법, 상법 중 수형법(수표법), 형사실무 등 강의.

1917년 경성전수학교 조교수로 승진.

1917년 2월 6일 종로청년회강연회에서 "사회의 모순과 법률의 실제" 강의.

1918년 10월 10일 경성보통학교 교유를 겸함.

1919년 4월 16일 조선총독부판사에 임명되어 "부산지방법원 밀양지청 판사"로 보임.

1919년 10월 25일 고등관 8등에서 고등관 7등으로 승서.

1920년 4월 17일 판사직 의원 면직.

1920년 12월 24일 변호사 등록.

1920년대 변호사 복귀 후 다시 보성전문학교에서 강사로 임용(1935년부터 1938년까지는 촉탁강사로 형사실무 담당. 1939년부터 1942년까지 촉탁강사 자격은 유지하였지만 휴강 중).

1921년 상해임시정부요원(이춘숙), 대동단사건(항소심, 송세호 등) 변론.

1921년 10월 2일 조선변호사협회 창립 참여 및 의원으로 선정.

1922년 보합단사건(최남, 김도원 등), 신천지 필화사건(백대진) 변론.

1923년 신생활 필화사건 변호 담당.

1923~1924년 허헌, 김태영, 이승우, 김용무 등과 '형사공동연구회' 창립.

1923년 5월 12일 김상옥 사건 관련자 변론.

1923년 8월 7일 의열단 사건(김시현 등 암살음모사건) 변론.

1924년 4월 22일 각파유지연맹단원 폭행사건 대응을 위해 조선변호사협회 임시총회를 개최, 정부 관계자 면회와 반성을 촉구하는 결의문 채택.

1924년 5월 25일 조선변호사협회 이사회원 및 이사회의 장으로 선출. 평북 희천사건 조사와 처리 적극 참여.

1924년 6월 7일 언론집회압박탄핵회 결성 및 결의문 작성을 위한 기초위원과 실행위원 선정을 위한 전형위원으로 선정.

1924년 6월 8일 언론집회압박탄핵회 조사위원으로 선정.

1924년 6월 28일 언론출판압박탄핵회의 각 단체 대표회의에서 실행위원으로 선정.

1924년 7월 3일 평북 희천사건 항소심 변론.

1924년 6월 암태도 소작쟁의 사건 변론.

1925년 4월 경성조선인변호사회 부회장으로 선출.

1925년 용강군수사건, 북율면 소작쟁의사건, 흑기연맹사건 등 변론.

1926년 4월 경성조선인변호사회 회장으로 선출.

1926년 설화사건(강기덕 등), 6·10만세사건 변론.

1927년 신간회 창립총회(2월) 참여, 3월 권동진 회장의 보좌역으로 취임.

1927년 조선공산당사건(일명 101인 사건), 보성고보 맹휴사건 등 변론.

1928년 고려혁명당사건(이동구 등), 제3차공산당사건(김준연 등), 간도공산당사건, 중외일보 필화사건(이정섭 등), 옥구소작쟁의, 함남기자연맹사건(강기덕 등), 공산당관계사건, 순영우차조합사건(우일훈등), 개성공산당사건 변론.

1929년 원산쟁의사건(김경식 등), 대구학생사건, 조선공산당관련(좌공림 등, 권태석 등), 형평사관련 변론.

1929년 7월 4일 신간회 중앙집행위원회에서 회계(재무부장)로 임명.

1929년 7월 18일 신간회 긴급중앙상무위원회에서 갑산화전민사건에 대해 실지조사 실시 결정 및 직접 방문조사 진행.

1929년 7월 28일 신간회에 갑산화전민사건 진상결과보고 후 결의.

1929년 8월 9일 여운형 사건 예심 회부에 대해 변호계 제출.

1929년 11월 9일 신간회 긴급간부회의에서 광주학생사건에 대해 현지방문조사 실시 결정 및 직접 방문조사 진행.

1929년 12월 12일 신간회 중앙본부 및 경성지회 간부 소집, 민중대회 개최키로 했으나, 다음날 신간회 간부들과 함께 연행됨. 김병로는 석방되어, 신간회 중앙집행위원장의 직무를 대행.

1930년 광주학생사건, 이천 무정부주의자 사건(이은송 등), 민중대회 사건(허헌 등), 경성여학생만세사건(허정숙 등) 변론.

1930년 1월 신간회 사무부장과 조사부장을 겸직.

1930년 4월 신간회 비밀결사 혐의로 가택 수색.

1930년 4월 10일 여운형 사건 재판에 변론 담당.

1930년 11월 9일 신간회 중앙집행위원회에서 정식 집행위원장으로 선임.

1930년 12월 신간회 해소론이 표면화됨. 김병로는 해소론에 반대함.

1931년 1월 23일 민사변론 의뢰인이 위조위임장 작성, 사용에 방조하였다는 혐의로 6개월(~7월 22일) 동안 변호사 자격 정지. 신간회 집행위원장직 사퇴원 제출했으나 반환됨.

1931년 5월 신간회 전체대회 사회. 신간회 해소결의안에 대해 반대의견을 내면서 분투했으나, 해소결의안이 가결됨.

1932년 선천대산 면장살해사건(박규명), 정평농민조합사건, 안창호 사건, 만주무장투쟁(오동진), 경성제대 반제동맹사건(신현중 등) 변론.

1932년 하반기 이인 변호사와 공동으로 청진동에서 합동법률사무소 운영. 경성(서울)에서 경기도 양주군 노해면 창동리(현재 서울 도봉구 창동역 근처)로 일가족 이주.

1932년 7월 서대문형무소에 수용중인 안창호를 면회.

1932년 11월 4일 경성제대 반제동맹사건 변론.

1933년 간도공산당사건(배동건 등), 조용하사건 변론.

1934년 조선공산당재건사건(박헌영, 김형선) 변론.

1937년 동우회사건 변론.

1938년 공산당재건운동사건(이재유), 민영휘 유산분쟁 변론.

1939년 홍명희 일가가 창동에 이주(1939), 정인보 일가 창동 이주(1940), 박명환·장덕조 부부 창동 이주(1944). 민족지사들의 창동 이주에 물적, 심적 도움을 제공.

1941년 5월 22일 동우회 사건 상고심 변론.

1942년 12월 23일 합동변호사사무실을 운영하던 이인 변호사가 조선어학회 사건으로 피검. 이후 양회경, 김홍섭 등 변호사와 함께 사무실 운영하면서 사실상 은거상태로 들어감. 이인은 1944년 11월에 병보석으로 석방.

1943년 태평양 전쟁하에서 미국, 중국의 전황을 탐지하기 위해 단파방송 청취와 유포사건이 드러나 배후 인물로 허헌 등이 피검됨. 김병로, 이인 등 청진동사무실에서 정보공유하던 김병로 등은 드러나지 않아 옥살이를 면함.

1945년 3월 일제 경무당국의 '요시찰인' 학살 계획을 듣고 가평군 조종안으로 피신.

1945년 8월 11일 일본의 항복결정에 관한 정보를 듣고 창동으로 복귀.

1945년 8월 15일 골방에서 일본항복 소식을 들음.

1945년 8월 서울로 올라와 백관수의 집에 머무름(8. 16). 백관수·원세훈 등과 고려민주당 창당(8. 19). 조선건국준비위원회가 발표한 135인 위원명단에 김병로의 이름이 오름. 고려민주당을 확대하여 조선민족당 창당(8. 28).

1945년 9월 한국민주당 발기인대회 참가해 개회사를 함(9. 4). 조선인민공화국이 선포되었는바, 거기에 사법부장으로 발표됨(9. 14). 김병로는 조선인민공화국과 자신이 무관함을 공표함. 한민당 창당되면서 한민당 중앙감찰위원장으로 선출(9. 21).

1945년 10월 좌우요인회담에 한민당 대표로 참가함(10. 5), 연합군환영 국민대회 참가(10. 20).

1945년 12월 헌법기초위원회 조직하여, 김병로는 위원장, 이인이 부위원장을 맡음. 송진우 암살(12. 30).

1946년 2월 8일 비상국민회의 "헌법·선거법수정위원회" 위원장 선정.

1946년 6월 27일 미군정하에 사법부장 취임.

1947년 6월 30일 "법전기초위원회" 위원(사법부장 겸임) 임명.

1947년 9월 "헌법기초분과위원회" 분과위원장 담당.

1948년 8월 5일 대한민국 초대 대법원장에 임명.

1948년 8월 16일 국회에서 대법원장 취임인사.

1948년 9월 15일 "법전편찬위원회" 위원장 및 법률안 심의위원 임명(대법원장 겸임).

1948년 12월 4일 국회 본회의 표결로 "반민족행위 특별재판부 부장"(대법원장 겸임)에 선정.

1949년 1월 13일 박흥식의 체포 및 조사와 관련하여 반민족행위자 조사 범위와 '민의에 따라' 처벌하겠다는 담화 발표.

1949년 2월 17일 반민특위 활동을 방해하려는 이승만 대통령의 2·15 담화에 대해 비판적 해석을 담은 담화 발표.

1949년 2월 18일 이승만 대통령과 신익희 국회의원을 만나 반민법 개정에 관하여 논의.

1949년 3월 3일 형법 총칙부분 담당 양원일 위원의 사망으로 형법총칙 초안 직접 담당.

1949년 6월 7일 반민특위의 본부를 습격한 6·6 경찰쿠데타 사건에 대해 정치적 책임을 묻고 불법행위에 대한 법적 심판을 진행하겠다는 기자회견 개최.

1949년 6월 18일 대법원장 명의로, "법원조직법 제정 요청의 건"을 국회에 발송.

1949년 7월 30일 국회에 출석하여 법원조직법 제정에 관한 의견진술.

1949년 11월 12일 법률안심의위원(이인, 권승렬, 최병주, 김갑수, 엄상섭, 정윤환)과 함께 법전편찬위원회 형법 초안 최종결정.

1950년 2월 20일 1949년 가을부터 진행된 왼쪽 다리 마비 증세가 악화되어 좌각절단 수술 받음.

1950년 4월 5일 수술 후 퇴원.

1950년 6월 27일 6. 25. 오전 대법원장으로서 서울 피난. 가족들은 각자 피난.

1950년 10월 8일　부인 정 씨, 전라남도 담양에 피신 중 무장공비에 의해 살해.

1951년 4월 13일　정부 형법안 국회에 제출.

1951년 8월 3일　헌법위원회 위원으로 선정됨(대법원장 겸임).

1952년 2월 21일　이승만 대통령이 주장하는 국회의원 소환에 관한 법리학적 · 입법적인 비판 견해 피력.

1952년 8월 30일　국무회의, 법전편찬위원회가 기초한 형사소송법안, 민사소송법안 통과.

1952년 9월 9일　헌법위원회 위원장 대리로서 농지개혁법, 비상사태하의범죄처벌에관한특별조치령에 대해 대법원의 심판을 받을 기본권을 확인하며 위헌결정(최초의 위헌결정).

1953년 1월 13일　형사소송법안 정부안 국회 제출.

1953년 4월 16일　국회 본회의에서, 법전편찬위원회 위원장의 자격으로 정부안(형법)의 제안이유 설명.

1953년 7월 4일　법전편찬위에서 민법초안 완성. 초안의 정부이송(9. 30).

1953년 9월 18일　형법 공포

1953년 10월 3일　'형법시행 기념식' 거행.

1954년 2월 15일　국회 본회의에서, 법전편찬위원회 위원장의 자격으로, 정부안(형사소송법)의 제안이유 설명.

1954년 9월 23일　형사소송법 공포, 효력발생(10. 14). 형사소송법은 국회에서 통과(2. 19) 이후 대통령은 '형사소송법안 이의에 관한 건'을 국회에 제출하여, 국회는 원안을 법률로 확정(재석 179명중 출석 149명, 찬성 120명, 반대 27명). 그러나 정부의 공포 지연으로 10. 14. 에야 효력 발생.

1954년 11월 22일　대통령 중임제한 폐지를 중심으로 한 헌법개정안에 대해 법조기자단과의 회견석상에서 각 조항별 분리 표결 의견 제시.

1954년 11월 30일　4사5입의 논리로 통과한 헌법개정안에 대해 "원칙적으로 이 문제는 헌법규정과 수학적 원리에 의하여" 해결되어야 한다는 비판적 의견 제시.

1955년 5월 5일　고려대학교에서 '명예법학박사' 학위 수여.

1956년 2월 21일　국회와 사법부의 권한을 축소하는 의미를 담은 이승만 대통령의 2 · 20 메시지에 대해 사법부 및 재판관의 독립과 권력분립을 강조하는 의견을 언급.

1957년 11월 6일　국회 본회의에서, 법전편찬위원회 위원장의 자격으로 정부안(민법)의 제안이유 설명.

1957년 12월 15일 대법원장 정년 퇴임.

1957년 12월 16일 이승만 대통령을 예방하여 퇴임인사 및 법원 회의실에서 퇴임식 시행.

1957년 12월 18일 국회 민의원 본회의에서 퇴임인사.

1958년 2월 22일 민법 공포. 시행일자는 1960년 1월 1일.

1958년 3월 13일 대한변호사협회가 주최한 "대법원장임명제청권 삭제 개정 법률안 반대 전국변호사대회"에 참석하여 개정안에 대한 반대의견 발표.

1960년 2월 7일 민권수호국민총연맹의 "공명선거추진위원회" 재발족에 고문으로 참여.

1960년 2월 28일 "공명선거추진 전국위원회 결성대회"에서 최고위원으로 선출.

1960년 4월 20일 재야 정치지도자 13인과 함께 자택에서 3·15 부정선거 관련 학생데모사건(4·19 혁명)에 관한 수습방안을 결의, 정부에 전달함.

1960년 4월 23일 당일 대통령 특별담화에 대응하여 재야인사 68인과 함께 자택에서 "시국수습임시협의회"를 구성하고 정·부통령 하야와 재선거를 내용으로 하는 성명서를 결의함. 또한 이 협의회를 상설기관으로 만들기 위한 5인준비위 위원으로 선출.

1960년 5월 6일 "국민각계비상대책위원회"의 일원으로 항일 및 반독재의 목표하에 과도정부가 운영되어야 한다는 성명서 결의 및 발표.

1960년 6월 18일 "자유법조단" 설립 및 대표로 선출.

1960년 7월 29일 고향인 전북 순창에서 무소속 민의원 후보로 출마하나 민주당 홍영기 후보에게 2,725표 차이로 낙선.

1963년 1월 3일 윤보선, 이인 등과 자택에서 "4자 회담"을 진행하고 범야 단일정당인 "민정당" 설립을 결의.

1963년 1월 9일 이인, 전진한, 류청, 이상규와 함께 자택에서 "5자 회담"을 진행하고 11일 확대회의를 개최하고 범국민정당의 결성원칙과 군정당국에 대한 요청사항을 합의.

1963년 1월 11일 12인의 확대회의를 자택에서 진행하고 단일야당결성의 원칙을 확인한 뒤 창당준비와 실무자회의 구성문제 협의.

1963년 1월 17일 단일정당운동의 구체화 단계에서 여러 가지 대립이 나타나 단일야당형성 1차 좌절.

1963년 1월 20일, 21일 5인위를 구성하여 자택에서 함께 창당 발기인 심사 진행.

1963년 1월 27일 민정당 창당준비 발기인 대회 개최 및 임시의장으로 선출. 창당발기

취지문 작성 및 대정부요구사항 긴급동의 채택.

1963년 2월 20일 "재야지도자 회담"을 자택에서 진행하여 민정이양 후 거국내각 구성과 2·18 시국수습방안에 대한 대응방안을 논의.

1963년 2월 22일 민정당 창당준비위원회 대표지도위원의 명의로 2·18 시국수습방안에 찬성한다는 공문 발송.

1963년 3월 22일 박정희 의장의 3월 16일 군정연장선언에 반대하는 '민주구국선언' 서명.

1963년 4월 15일 10인의 정치지도자와 함께 3·16 및 4·8 성명을 철회하고 2·27선서 준수를 촉구하는 대정부성명 발표.

1963년 5월 14일 민정당 창당대회를 개최하여 대표최고위원으로 추대.

1963년 6월 2일 재야 12인 정치지도자들이 자택에서 모여, 야당 대통합과 박 의장의 출마저지를 위해 부정사건을 규명하기 위한 투쟁을 진행하는 데 의견일치.

1963년 7월 9일 야당 대통합을 위한 "야당통합호소 성명" 발표.

1963년 7월 18일 민정, 신우, 민우 3당 영수가 자택에서 모여 '무조건 합당' 공동성명 발표.

1963년 8월 1일 "국민의당"으로 당명을 정하고 창당준비위원회 결성대회를 개최. 수석대표위원으로 추대.

1963년 8월 30일 대통령 후보 가능성의 여론에 대해 불출마 성명을 발표.

1963년 9월 4일 허정, 이범석, 윤보선과 함께 자택에서 대통령 후보에 관한 입장정리를 위해 "4자 회담"을 개최하였으나 합의 불발.

1963년 9월 5일 "국민의당" 창당 선언. 최고위원에 선출.

1963년 9월 6일 "국민의당" 창당대회를 개최하였으나 미참석.

1963년 9월 12일 민정당 대표최고위원 탈당 후 "국민의당" 대표최고의원 등록(9월 13일 중앙선관위의 등록공고).

1964년 1월 13일 지병인 간장염의 악화로 별세.

1964년 1월 19일 사회장으로 장례식을 치름, 수유리에 안장.

|김병로의 집필기고|

1914.　4 / 학지광 제2호 / 이상적 형법의 개론(제1회)

1915. 10 / 법학계 제1호 / 법리관: 법정의 부

1915. 11 / 법학계 제2호 / 부동산에 대한 절도죄의 성립(질의문답)

1915. 11 / 법학계 제2호 / 중복매매와 중복저당의 형사상 책임

1915. 12 / 법학계 제3호 / 범죄구성의 요건되는 위법성을 논홈

1915. 12 / 법학계 제3호 / 중복매매와 위험부담(질의문답)

1916.　2 / 법학계 제4호 / 범죄구성의 요건되는 위법성을 논홈(承前)

1916.　2 / 법학계 제4호 / 가차압의 효력(질의문답)

1916.　3 / 법학계 제5호 / 범죄구성의 요건되는 위법성을 논홈(承前)

1916.　3 / 법학계 제6호 / 범죄구성의 요건되는 위법성을 논홈(承前)

1916.　3 / 법학계 제6호 / 유자도품幼者盜品의 고매故賣와 장물죄 성립

1919.　1 / 반도시론 제3권 제1호 / 강화도래와 교육주의

1921.　3. 29 / 매일신보 / 사회개조와 오인의 희망, 인생의 본분을 자각하라

1921.　5. 23 / 매일신보 / 긴급한 민법상의 능력문제: 능력표준의 결정, 아 민족의 일대수치

1925.　6 / 정론 제1권 제1호 / 엄정한 여론의 환기가 급무

1927.　8 / 별건곤 제8호 / 가장 통쾌하였던 일: 죄 버슨 두 여인

1928.　7 / 별건곤 제14호 / 동지로서 동지에게(법조계에 대한 희망)

1929.　9 / 삼천리 제2호 / 방랑, 교수, 변호사

1930. 11 / 삼천리 제10호 / 법정에서 운 일(김병로, 한국종, 이인)

1931.　2 / 동광 제18호 / 신간회의 해소론이 대두함에 제하야

1931.　8 / 동광 제24호 / 유학생 친목회의 마즈막 일막

1931.　8 / 동광 제24호 / (회고)합방당시 회고만담

1931.　9 / 삼천리 제3권 제9호 / (회고)눈물의 감옥면회실

1931.　9 / 삼천리 제3권 제9호 / 이민족과의 결혼시비: 특수성을 고려하라

1931. 10 / 동광 제26호 / (회고)그 당시의 추억

1931. 11 / 삼천리 제3권 제11호 / 법정에서 본 이혼비극 : 남편은 백정, 안해는 절세의 미인

1931. 12 / 동광 제29호 / 국가의 근본의와 민중의 자유

1932. 4 / 신동아 제2권 제4호 / 민중의 권익옹호: 변호사의 직책은 무엇

1932. 4 / 동방평론 제1권 제1호 / 조선인의 정치적 동향: 역량을 집중하자

1932. 5 / 삼천리 제4권 제5호 / 중대사건의 그 후, 경전에서 위자료 4만원, 진명학교 전차전복사건

1932. 7 / 삼천리 제4권 제7호 / "인천 바다에 배 띄워 놓고"

1934. 5 / 조선농회보 : 계통농회기관잡지 제8권 제5호 / 農地令を瞥見して : 論說及彙纂

1935. 0 / 평화와 자유 / 집중된 역량의 궤산을 피하자

1935. 3 / 삼천리 제7권 제3호 / 반도의 사상판검사진

1935. 5 / 신동아 제5권 제5호 / 혼인의식에 대하야

1936. 1 / 신동아 제6권 제1호 / 생존권의 강화진작에 용왕력진 하라

1936. 8 / 삼천리 제8권 제8호 / 애연기

1947. 4 / 법정 제2권 제4호 / 친족상속에 관한 관습의 비판

1948. 1 / 법정 제3권 제1호 / 사법기관의 사명

1948. 10. 1 / 삼천리 제6호 / 회견기 : 반민법 실시와 대법원측 구상 신법전의 발포와 기타에 대하야

1954. 8. 12 / 동아일보 / 8.15와 나

1956. 1. 2 / 법률신문 / 연두사, 자주적으로 국력을 배양하자! 타력의존은 허망虛妄된 생각

1957. 4. 14 / 동아일보 / 가인의 변

1957. 12 / 법조 제6권 제11~12호 / 김대법원장 퇴임사

1958. 1. 1~ 10 / 동아일보 / 가인 김병로옹 노변록(총 8회 연재)

1958. 1 / 법률평론 / 한국의 법률근원

1958. 3 / 신태양 / 나의 심경, 나의 견해

1958. 11. 25 / 조선일보 / 보안법과 나의 주장(1): 명군은 불벌 언론

1958. 12. 27 / 조선일보 / 도무지 이해할 수 없는 일, 허용못할 집권당의 횡포

1959. 1. 1 / 동아일보 / 신춘방담: 국민권리를 수호하자

1959. 1. 10 / 동아일보 / 법이론적으로 본 보안법 파동

1959. 1 / 신태양 제8권 제1호 / 법으로 국민을 억제말라: 국민의 입장에서

1959. 3 / 사상계 제68호 / 2.4파동 유감

1959. 3. 20 / 경향신문 / "수상단편" 연재 시작(1959년 4월 30일까지)

1959. 4. 9 / 동아일보 / 언론의 자유

1959. 5. 2~ 3 / 동아일보 / 경향 폐간과 언론자유(상), (하)

1959. 5. 20 / 동아일보 / 군정법령 제55조는 헌법 저촉

1959. 6 / 가톨릭청년 제12권 제6호 / 반대의견 충천하는 '폐간령'(김병로박사 담)

1959. 11 / 새벽 제6권 제5호 / 국민의 기대를 배신치 말라: 나는 최고위원들의 인격을 믿고 싶다, 진통하는 민주당에게.

1959. 12 / 법정 제14권 제12호 / 신민법 시행에 대한 소감

1960. 1. 1~3 / 동아일보 / 신년방담 가인 김병로(상), (하). "부정선거는 천추의 한 될 것"

1960. 8 / 고대문화 제2호 / 나와 보성전문

1960. 8. 20 / 동아일보 / 장내각에 바란다

1962. 2. 6~7 / 경향신문 / 민정복귀와 개헌문제: 김병로 씨와 1문1답

1963. 1 / 경향신문 / 국민의 자유보장: 각자의 참된 희구 찾아내라

1963. 2 / 사상계 제117호 / 대담: 민정은 민간인에게 맡기라 — 씨라도 뿌려 놓아야 한다

1963. 4 / 사상계 제120호 / 군정연장과 국민투표에 대하여

|참고문헌|

1. 단행본

김구·엄항섭 역, 도왜실기, 범우사, 2002.

강덕상, 여운형평전 1, 역사비평사, 2007.

강만길, 밀양의 독립운동사, 밀양문화원, 2003.

강영주, 벽초 홍명희 연구, 창작과비평사, 2000.

강준만, 한국대중매체사, 인물과사상사, 2007.

高等法院檢事局, 高麗革命黨事件の研究(天道教·衡平社·正義部 各員 提携), 1928.

고려대학교, 근대서구학문의 수용과 보전, 고려대학교출판부, 1986.

고려대학교 100년사 편찬위원회, 고려대학교 법과대학 학술사: 고대법학 100년과 한국법의 발전, 고려대학교출판부, 2011.

고려대학교 아세아문제연구서 편역, 광주학생독립운동자료: 조선총독부 경무국 소장 극비문서, 광주학생독립운동기념사업회, 1995.

고원섭 편, 반민자죄상기, 백엽문화사, 1949.

고재호, 법조반백년, 박영사, 1985.

고하선생전기편찬위원회 편, 거인의 숨결: 고하송진우관계자료문집, 동아일보사, 1990.

____________________ 편, 독립을 향한 집념: 고하송진우전기, 동아일보사, 1990.

국사편찬위원회, 일제침략하 한국 36년사 5, 1970.

____________, 일제침략하 한국 36년사 6, 1971.

____________, 자료 대한민국사 6, 탐구당, 1973.

____________, 자료 대한민국사 7, 탐구당, 1974.

____________, 한민족독립운동사자료집 6: 대동단사건, 1988.

____________, 한민족독립운동사자료집 42: 독립군자금모집 11, 2000.

길진현, 역사에 다시 묻는다: 반민특위와 친일파, 삼민사, 1984.

김갑수, 법창 30년, 법정출판사, 1970.

김경일·이재유, 나의 시대 나의 혁명, 푸른역사, 2007.

김기주, 한말 재일한국유학생의 민족운동, 느티나무, 1993.

김병화, 한국사법사(현세편), 일조각, 1982.
김수용, 건국과 헌법, 경인문화사, 2008.
김영범, 한국독립운동의역사 26: 의열투쟁 1 – 1920년대, 독립기념관한국독립운동사연구소, 2009.
김원모, 영마루의 구름: 춘원 이광수의 친일과 민족보존론, 단국대출판부, 2009.
김을한, 신문야화: 30년대의 기자수첩, 일조각, 1971.
김재형, 근저당권연구, 박영사, 2000.
김진배, 당신들의 아픔을, 해동출판사, 1978.
______, 가인 김병로, 삼화인쇄주식회사, 1983.
______, 두 얼굴의 헌법, 폴리티쿠스, 2013.
김학준, 고하 송진우 평전, 동아일보사, 1990.
______, 가인 김병로 평전: 민족주의적 법률가·정치가의 생애, 민음사, 2013.
김호일, 한국 근대 학생운동사, 선인, 2005.
김효전, 서양헌법이론의 초기 수용, 철학과현실사, 1996.
대검찰청, 한국검찰사, 1976년.
대법원, 한국법관사, 1975.
대한변호사협회, 대한변협50년사, 2002.
도산안창호선생전집편찬위원회, 도산안창호전집 제13권, 도산안창호선생기념사업회, 2000.
독립운동사편찬위원회 편, 독립운동사 제7권: 의열투쟁사, 독립유공자사업기금운용위원회, 1976.
__________________ 편, 독립운동사 제10권: 대중투쟁사, 독립유공자사업기금운용위원회, 1978.
__________________ 편, 독립운동사자료집 13: 학생독립운동사자료집, 독립유공자사업기금운용위원회, 1976.
明治大學史 資料센터 편, 明治大學小史, 學文社, 2011.
몽양여운형선생전집발간위원회·함양여씨 대종회 편역, 몽양여운형전집 2, 한울, 1993.
문준영, 법원과 검찰의 탄생, 역사비평사, 2010.
민복기·정윤환, 형사소송개정법개설, 조선출판문화사, 1948.
박경식, 조선연구자료집 6권, 아시아문제연구소, 1983.
박환, 잊혀진 혁명가 정이형, 새미, 2004.
법원행정처, 법원사, 삼화인쇄, 1995.

변정수, 법조여정, 관악사, 1997.
고려대학교, 근대 서구학문의 수용과 보전, 고려대학교 출판부, 1986.
사법발전재단 편, 역사속의 사법부, 2009.
신동운 편, 형사법령제정자료집(1): 형법, 한국형사정책연구원, 1990.
________, 형사소송법제정자료집, 한국형사정책연구원, 1990.
______ · 허일태 편저, 효당 엄상섭 형법 논집, 서울대학교출판부, 2003.
______ 편저, 효당 엄상섭 형사소송법 논집, 서울대학교출판부, 2005.
______ 편저, 형법제 · 개정자료집, 한국형사정책연구원, 2009.
신복룡, 대동단실기, 양영각, 1982.
신양균, 형사소송법 제 · 개정자료집, 한국형사정책연구원, 2009.
신용하, 신간회의 민족운동, 한국독립운동사연구소, 2007.
심산사상연구회, 김창숙 문존, 성균관대학교 출판부, 2001.
안동독립운동기념관, 권오설 1: 신문기사와 신문 공판조서, 푸른역사, 2010.
양현혜, 근대 한 · 일 관계사 속의 기독교, 이화여자대학교 출판부, 2009.
엄상섭(허일태 · 신동운 편저), 권력과 자유, 동아대출판부, 2003.
오인환, 이승만의 삶과 국가, 나남, 2013.
월간 신동아 편집실 편, 한국현대명논설집, 동아일보사, 1979.
유병진, 재판관의 고민, 고시학회, 1952.
유진오, 양호기: 보전 · 고대 35년의 회고, 고려대학교출판부, 1977.
이균영, 신간회 연구, 역사비평사, 1993.
이만규, 여운형투쟁사, 총문각, 1946.
이영근 · 김충식 · 황호택, 법에 사는 사람들, 삼민사, 1984.
이인, 애산여적, 제1집, 세문사, 1961.
____, 반세기의 증언, 명지대학 출판부, 1974.
이정식, 여운형: 시대와 사상을 초월한 융화주의자, 서울대학교출판부, 2008.
이태영, 나의 만남, 나의 인생, 정우사, 1991.
______, 가족법개정운동 37년사, 한국가정법률상담소, 1992.
______, '정의의 변호사' 되라 하셨네, 한국가정법률상담소, 1999.
이충우, 경성제국대학, 다락원, 1980.
임경석, 이정 박헌영 일대기, 역사비평사, 2004.
自由法曹團編, 自由法曹團物語: 前戰編, 日本評論社, 1976.
장덕조, 일곱장의 편지, 우주, 1981.

정운현 편역, 풀어서 본 반민특위 재판기록 IV, 선인, 2009.
정진석, 일제하 한국언론투쟁사, 정음사, 1982.
정진석 편, 일제시대 민족지 압수기사모음 I, LG상남언론재단, 1998.
조병옥, 나의 회고록, 해동, 1986.
조선총독부경무국, 광주 및 경성 기타 학생사건의 개요, 1930.
淺田喬二 외 7인, 항일농민운동연구, 동녘신서, 1984.
최영희·김호일 편저, 애산 이인, 애산학회, 1989.
최종고, 사도법관 김홍섭, 육법사, 1985.
______ 편, 나의 일생: 춘원 자서전, 푸른사상, 2014.
친일인명사전편찬위원회, 친일인명사전 제2권, 민족문제연구소, 2009.
布施辰治資料研究 準備會, 布施辰治植民地關係資料集 Vol. 2[朝鮮·臺灣編], 2006.
한국역사연구회 편, 일제하 사회운동사자료총서 4, 고려서림, 1992.
한락규, 공화국 형사립법의 발전, 평양, 국립출판사, 1960.
한인섭, 한국 형사법과 법의 지배, 한울아카데미, 1998.
______ 편, 정의의법 양심의법 인권의법, 박영사, 2004.
______, 식민지 법정에서 독립을 변론하다: 허헌, 김병로, 이인과 항일재판투쟁, 경인문화사, 2012.
허근욱, 민족변호사 허헌, 지혜네, 2001.
허종, 반민특위의 조직과 활동: 친일파 청산, 그 좌절의 역사, 선인, 2003.
헌법재판소, 헌법재판소 20년사, 2008.
홍일원, 창가에 서서, 발행지 불명, 1995.

2. 논문, 해설, 잡지

개벽 편집부, "1월 중의 조선과 세계," 개벽 제32호, 개벽사, 1923. 2.
__________, "3·4월 중의 조선과 열국," 개벽 제35호, 개벽사, 1923. 5.
고영환, "신간해소선후책," 동광 제23호, 수양동우회, 1931. 7.
관상자, "경성의 인물백태," 개벽 제48호, 개벽사, 1924. 6.
______, "명사기벽전람회," 별건곤 제28호, 개벽사, 1930. 5.
______, "각계명남명녀, 뒤로 본 인물학," 별건곤 제63호, 개벽사, 1933. 5.
김갑수, "민사소송법요강해설," 법정 제3권 제11호 통권 제25호, 법정사, 1948. 11.
김기림, "해소가결전후의 신간회, 5월 15일 어경성전체대회광경," 삼천리 제16호, 삼천리사, 1931. 6.

김상태, "1920~30년대 동우회, 홍업구락부연구," 한국사론 제28호, 서울대학교인문대학 국사학과, 1992. 12.

김윤경, "여기 일제의 잔학상이!: 김병로 선생의 부음을 듣고 동우회사건을 회상한다," 사상계 131호, 사상계사, 1964. 3.

김이조, "광복군의 희천경찰서 창참주재소 습격사건의 공소심(2심) 재판 — 우리 변호사의 법정투쟁활동," 인권과정의 제407호, 대한변호사협회, 2010. 7.

김재형, "민법의 기초자 가인 김병로 — 민법 제정에 관한 그의 업적과 사상 —," 가인 김병로 서세 50주기 학술심포지엄: 가인 김병로와 21세기 사법부, 법원행정처, 2014.

김제형, "가인 — 그 의연한 사표," 대한변호사협회지 제92호, 대한변호사협회, 1983. 11 · 12.

김준평, "상법총칙 급 상행위법 요강 해설," 법정 제3권 제9호, 통권 제23호, 1948. 9.

김진배, "〈특집〉 사법부독립의 토대를 확립한 초대 대법원장 김병로," 대한변호사협회지 제92호, 대한변호사협회, 1983. 11 · 12.

김진배, "왜 가인을 찾는가, 그리고 왜 찾는가," 가인 김병로의 생애와 기념사업의 의의 심포지움, 2014. 9. 29.

대한변호사협회, "대법원장 임명제청권삭제 개정 법률안 반대 전국변호사대회 특집," 법률평론, 1958. 4.

동광 편집부, "철창리의 거물들," 동광 제21호, 수양동우회 1931. 5.

__________, "허헌씨 개인좌담회," 동광 제39호, 수양동우회, 1932. 11.

__________, "신문구문," 동광 제37호, 수양동우회, 1932. 9.

동허자, "변호사 평판기(1)," 동광 제31호, 수양동우회, 1932.

박경석, "대통령, 국회의원 선거자금," 신동아, 동아일보사, 1967. 5.

박승빈, "국제변호사대회에 갓다가, 중국북평에서 개최," 삼천리 제3호, 삼천리사, 1929. 11.

박찬승, "1924년 암태도 소작쟁의의 전개과정," 한국근현대사연구 제54집, 한국근현대사학회, 2010.

배상철, "골상학상으로 본 조선의 역군의 얼골(제4회)," 별건곤 제35호, 삼천사, 1930. 12.

법정 편집부, "조선법제편찬위원회 기초요강(2)," 법정 제3권 제7호 통권 제21호, 법정사, 1948. 7.

법조 편집부, "가인 김병로 옹의 사법정신은 영원히 빛나리," 법조 제6권 제11~12호, 법조협회, 1957. 12.

법학협회사무소, "투고의 환영 및 법률광고," 법학계 제3호, 1916. 2.

____________, 법학계 제5호, 1916. 3.

삼천리 편집부, "재옥거두의 최근 서한집," 삼천리 제9호, 삼천리사, 1930. 10.

__________, "교차점," 삼천리 제17호, 삼천리사, 1931. 7.

__________, "삼천리 전체회의, 조선의 정치적 장래를 비관호·낙관호 — 아울너 문화적·경제적으로 — 반도의 현상과 금후 10년의 관측," 삼천리 제4권 제9호, 삼천리사, 1932. 9.

__________, 종로 네거리, 삼천리 제4권 제9호, 삼천리사, 1932. 9.

__________, "출두거두의 기후, 제1·2차 공산당사건의 수뇌자, 민중운동자대회사건의 수뇌자," 삼천리 제6권 제5호, 삼천리사, 1934. 5.

서용태, "1920~1930년대 권승렬의 변호사활동," 지역과 역사 제25호, 부경역사연구소, 2009.

서정희, "구제사업의 공로자 유진태," 삼천리 제7권 제3호, 삼천리사, 1935. 3.

송진우, "사상개혁론," 학지광 제5호, 1915. 5.

심희기, "미군정법령 제176호 형사소송법의 개정", 법사학연구 제16호, 한국법사학회, 1995.

신동운, "일제하의 예심제도에 관하여", 서울대학교 법학 제27권 제1호, 서울대학교 법학연구소, 1986.

______, "불능범에 관한 형법 제27조의 성립 경위," 서울대학교 법학 제41권 제4호, 서울대학교 법학연구소, 2001. 2.

______, "제정형법의 성립경위," 형사법연구 제20호, 한국형사법학회, 2003.

______, "제정형사소송법의 성립경위," 형사법연구 제22호, 한국형사법학회, 2004. 12.

______, "형법 제20조 사회상규 규정의 성립경위," 서울대학교 법학 제47권 제2호, 서울대학교 법학연구소, 2006. 6.

______, "국회의원의 불체포특권과 구속영장의 집행정지," 형사정책연구 제18권 제3호, 한국형사정책연구원, 2007.

______, "가인 김병로 선생과 법전편찬 — 형법과 형사소송법을 중심으로 —," 법학연구 제25집, 전북대학교 법학연구소, 2007. 10.

______, "가인 김병로 선생의 범죄론체계와 한국형법의 총칙규정," 서울대학교 법학 제49권 제1호, 서울대학교 법학연구소, 2008. 3.

______, "가인 김병로 선생과 형법 및 형사소송법의 편찬," 가인 김병로 서세 50주기 학술심포지엄 : 가인 김병로와 21세기 사법부, 법원행정처, 2014.

신용하, "조소앙의 사회사상과 삼균주의," 한국학보 104호, 일지사, 2001.

양창수, "민법안의 성립과정에 관한 소고," 민법연구 제1권, 박영사, 1991.

______, "〈자료〉 법전편찬위원총회 의사록(초)," 서울대학교 법학 제35권 제2호, 서울대

학교 법학연구소, 1994.
엄상섭, "형법요강해설(1)," 법정 제3권 제9호 통권 제23호, 법정사, 1948. 9.
______, "형법요강해설(2)," 법정 제3권 제10호 통권 제24호, 법정사, 1948. 10.
______, "〈수필〉 양원일 군을 보내면서," 법정 제4권 제4호 통권 제30호, 법정사, 1949. 4.
______, "간통죄 철폐와 그 사회적 영향," 민성 제6권 제2호 통권 제43호, 고려문화사, 1950. 2.
______, "형사재판의 민주화 —신형소법의 입법경위와 관련하여—" 권력과 자유, 경구출판사, 1957.
윤남근·조상희, "사법행정가로서의 가인 김병로 선생," 가인 김병로 서세 50주기 학술심포지엄: 가인 김병로와 21세기 사법부 자료집, 법원행정처, 2014.
이강수, "반민특위 특별재판부의 조직과 활동," 한국근현대사연구, 제25호, 한국근현대사학회, 2003.
이건호, "상소절차에서의 기록송부문제," 인권과 정의 제206호, 1993.
이병용, "가인 김병로 선생을 생각함," 대한변호사협회지 제92호, 대한변호사협회, 1983. 11·12.
이병희, "석탑야사 — 12회," 고우회보, 1973. 7.
이애숙, "1922~1924년 국내의 민족통일전선운동," 역사와 현실 제28호, 역사비평사, 1998. 6.
이용설, "성과 재의 인 이광수," 삼천리 제7권 제3호, 삼천리사, 1935. 3.
이인, "조선인의 국적문제," 별건곤 제32호, 개벽사, 1930. 9.
____, "반민특위 350일," 세대 1970년 10월호, 세대사, 1970. 10.
이택돈, "가인 김병로 선생님을 회고한다: 거인의 그림자," 대한변호사협회지 제92호, 대한변호사협회, 1983. 11·12.
이희승, "조선어학회 사건", 일석 이희승 전집 2, 서울대학교출판부, 2000.
장리욱, "나의 옥중투쟁," 국민보 3458호, 국민보사, 1959. 2.
장석홍, "1924년 언론집회압박탄핵운동의 전개와 성격," 한국학논총 제21집, 국민대학교 한국학연구소, 1999.
堤良明氏, "민족주의와 사상범," 삼천리 제11권 제1호, 삼천리사, 1939. 1.
朝鮮總督府高等法院檢事局思想部, "朝鮮ニ於ケル思想運動概觀," 思想月報 제1권 제2호, 1931. 5.
______________________________, "安昌浩に對する豫審終結決定," 思想月報 제2권 제8호, 1932. 11.
______________________________, "上海 假政府 安昌浩 事件 判決(確定)," 思想月報 제2

권 제11호, 1933. 2.

______________, "在布哇趙鏞夏事件判決," 思想月報 제3권 제2호, 1933. 5.

최영식, "3.1운동 이후의 민족언론," 삼일운동50주년기념논집, 동아일보사, 1969

최종고, "현대 한국법제의 형성과정고," 서울대학교 법학 제32권 1~2호, 서울대학교 법학연구소, 1990. 8.

______, "해방후 기본법제의 제정과정," 법제연구 제8호, 한국법제연구원, 1995. 5.

학지광 편집부, "금연소식," 학지광 제2호, 1914. 4.

______, "일본유학생사," 학지광 제6호, 1915. 7.

______, "우리 소식," 학지광 제10호, 1916. 9.

한인섭, "한국전쟁과 형사법: 부역자 처벌 및 민간인 학살과 관련된 법적 문제를 중심으로," 서울대학교 법학 제41권 제2호, 서울대학교 법학연구소, 2000. 9.

향적산인, "김대법원장 대담기," 법정 제3권 제6호 통권 제20호, 법정사, 1948. 6.

홍석률, "일제하 청년학생운동," 한국사 15: 민족해방운동의 전개 1, 한국사편집위원회, 1994.

홍종인, "여운형 사건과 검사와 나 — 예심결정서 엇으려 쓰레기통에 — ," 삼천리 제3권 제10호, 삼천리사, 1931. 10.

홍진기, "새 회사법의 요강해설," 법정 제3권 제11호, 통권 제25호, 법정사, 1948. 11.

황강, "신간회해소와 운동선의 망전," 동광 제23호, 수양동우회, 1931. 7.

효당학인, "법전편찬에 대하여," 법정 제3권 제6호 통권 제20호, 법정사, 1948. 6.

황석우, "반도에 기다인재를 내인 영·미·로·일 유학사, 동경 유학생과 그 활약," 삼천리 제5권 제1호, 삼천리사, 1933. 1.

3. 기고, 대담, 서신

△ "동서고금인물좌담회," 동광, 제29호, 1931. 12. 출석자: 김병로, 박찬희, 차상찬, 문일평, 유광렬, 이광수, 이용설

△ "비해소론자 결성도 필요! 나 개인은 방관할 뿐이다. 전위원장 김병로씨 담," 조선일보, 1931. 5. 18.

△ 주요한이 홍사단에 보낸 편지 1932. 6. 22.; 1932. 7. 26.; 1932. 8. 19.

△ "출두거두의 기후, 제1·2차 공산당사건의 수뇌자, 민중운동자대회사건의 수뇌자," 삼천리 제6권 제5호, 삼천리사, 1934. 5.

△ "천하대소인물평론회," 삼천리 제8권 제1호, 삼천리사, 1936. 1.

△ "기밀실(우리 사회의 제내막)," 삼천리 제10권 제10호, 삼천리사, 1938. 10.

△ "병각을 무릅쓰고," 조선일보, 1958. 1. 9.
△ "국가보안법 개정안을 별견하고," 조선일보, 1958. 9. 16.
△ "가인 김병로 옹의 신춘방담," 동아일보, 1959. 1. 1.
△ "제한범위 초월은 위헌, 허가제 채용하더라도," 조선일보, 1959. 5. 16.
△ "계속발간가능, 법률상 행정행위 아니니," 조선일보, 1959. 5. 16.
△ "가처분 조치 적절, 김병로 전대법원장 소감," 동아일보, 1959. 6. 27.
△ "〈좌담회〉 도산을 말한다" 새벽 제7권 제11호, 1960. 11. 출석자: 김병로, 장이욱, 김양수, 피천득, 박현환, 김경식, 지명관
△ "가인 김병로 선생 추모 대담," 서울중앙방송, 1964. 1. 14. 대담자: 유진오, 이인, 유광렬

4. 국회회의록

제1대 국회 제1회 제17차 국회본회의 회의록, 1948. 6. 23.
제1대 국회 제1회 제26차 국회본회의 속기록, 1948. 7. 6.
제1대 국회 제1회 제40차 국회본회의 속기록, 1948. 8. 5.
제1대 국회 제1회 제41차 국회본회의 속기록, 1948. 8. 16.
제1대 국회 제1회 제121차 국회본회의 속기록, 1948. 12. 4.
제1대 국회 제2회 제33차 국회본회의 속기록, 1949. 2. 17.
제1대 국회 제2회 제39차 국회본회의 속기록, 1949. 2. 24.
제1대 국회 제3회 제13차 국회본회의 속기록, 1949. 6. 6.
제1대 국회 제5회 제1차 국회본회의 속기록, 1949. 9. 19.
제2대 국회 제12회 제20차 국회본회의 회의록, 1952. 2. 21.
제2대 국회 제12회 제23차 국회본회의 회의록, 1952. 2. 27.
제2대 국회 제12회 제24차 국회본회의 회의록, 1952. 2. 29.
제2대 국회 제15회 제55차 국회본회의 속기록, 1953. 4. 16.
제2대 국회 제16회 제19차 국회본회의 속기록, 1953. 7. 8.
제3대 국회 제19회 제82차 국회본회의 회의록, 1954. 11. 18.
제3대 국회 제19회 제91차 국회본회의 회의록, 1954. 11. 29.
제3대 국회 제22회 제1차 국회본회의 회의록, 1956. 2. 20.
제3대 국회 제22회 제1차 국회본회의 회의록, 1956. 2. 21.
제3대 국회 제26회 제1차 국회본회의 회의록, 1957. 9. 3.
제3대 국회 제26회 제29차 국회본회의 회의록, 1957. 11. 5.
제3대 국회 제26회 제30차 국회본회의 회의록, 1957. 11. 6.

제3대 국회 제26회 제63차 국회본회의 회의록, 1957. 12. 18.

제4대 국회 제29회 제3차 국회본회의 회의록, 1958. 6. 16.

제4대 국회 제29회 제29차 국회본회의 회의록, 1958. 8. 11.

5. 관보 등 사료

호남학회, 호남학보 제1호, 1908. 6. 25.

조선총독부관보, 1915. 10. 2.

조선총독부관보, 1918. 10. 19.

조선총독부관보, 1918. 12. 26.

조선총독부관보, 1919. 4. 23.

조선총독부관보, 1931. 1. 29.

미군정관보, 제64호, 1946. 3. 29.

미군정관보, 남조선과도정부 행정명령 제3호, 1947. 6. 30.

경성법학전문학교, 경성법학전문학교일람, 1925, 1936.

보성전문학교 편, 보성전문일람, 1925, 1931, 1935~40, 1942.

공보처, 대통령 이승만 박사 담화집, 1953.

6. 기타 자료

1) 공훈전자사료관(http://e-gonghun.mpva.go.kr)

김시현 등[유시태, 홍종우, 백영무, 조동근, 조황, 이경희, 유석현, 이현준, 남영득, 김시현, 유병하, 황옥] 판결문(대정 12년 형공제467호), 경성지방법원[의열단과 고려공산당의 일원들로 조선의 독립을 위해 폭발물 취체규칙을 비롯하여 대정 8년 제령 제7호 위반 및 강도 등의 활동을 전개한 인물들에 대한 판결문], 1923. 8. 21.

이재유 '건국훈장 독립장' 포상 공적개요

2) 국사편찬위원회 한국사데이터베이스(http://db.history.go.kr)

경성 종로경찰서장, 희천[熙川]경찰서 고문사건에 대한 변호사협회의 태도에 관한 건(京鍾警高秘 제7045호의2) 1924. 6. 2.

경성지방법원 검사정, 희천경찰서 고문사건에 대한 변호사협회의 태도에 관한 건(地檢秘 제622호), 1924. 6. 3.

언론집회압박 탄핵회 제1회 실행위원회의 건(京本高秘 제4362호의1), 발신: 경성 본정경찰서장 1924. 6. 9, 수신: 경성지방법원 검사정 1924. 6. 11.

언론집회압박 탄핵회 제2회 실행위원회의 건(京本警高秘 제4362호의2), 발신: 경성 본정경찰서장 1924. 6. 11, 수신: 경성지방법원 검사정 1924. 6. 13.

암태리 소작인 소요에 관한 건(京鍾警高秘 제7535호의2), 발신: 경성 종로경찰서장 1924. 6. 13, 수신: 경성지방법원 검사정 1924. 6. 13.

[조]선인 변호사의 태도에 대한 비난의 건(京鍾警高秘 제7684호의2), 발신: 경성 종로경찰서장 1924. 6. 16, 수신: 경성지방법원 검사정 1924. 6. 17.

정치 요시찰인 사망에 관한 건(京鍾警高秘 제1070호), 1938. 3.

• 불령단관계잡건 — 조선인의 부 — 재구미(6)

국제변호사회 조선인변호사 출석의 건(高警 제4118호), 발송: 丸山鶴吉(조선총독부 경무국장) 1922. 12. 23.

• 사상사건에 관한 조사서류

격려문 우송의 건(京鍾警高秘 제1116호) 발신: 경성 종로경찰서장, 수신: 경성지방법원 검사정 1927. 9. 29.

조선공산당사건 공판변호사단에 격려문 우송의 건(京鍾警高秘 제11274호) 발신: 경성 종로경찰서장, 수신: 경성지방법원 검사정 1927. 10. 4.

• 사찰기록

要視察韓國人之來神ニ就テ [柳春吉 · 李月松 · 許兢人의 神戸 來着] (兵發秘 제110호), 발신: 兵庫縣知事, 수신: 外務大臣 1909. 4. 5.

3) 국회도서관(http://dl.nanet.go.kr)

假政部前軍務次長李春熟檢擧ノ件, 국외정보: 1920~1921(대정 9년~대정 10년), 고경41197호.

思想問題ニ關スル調査書類, 1929.

4) 독립운동사 정보시스템(http://search.i815.or.kr)

• 한국민족운동사료(중국편)

홍구공원폭탄사건범인의 연루혐의한인의 심문 전말[1932년 6월 4일자로 재상해총영사가 외무대신에 보고한 요지].

안창호등의 재류금지[1932년 6월 4일자로 재상해총영사가 외무대신에 보고한 요지].

7. 신문기사

대한매일신보 1906. 12. 7.자. 2면, "패장구공".

황성신문 1908. 4. 8.자. 1면, "창홍설교".

황성신문 1908. 11. 27.자. 1면, "헌보행패".

매일신보 1916. 3. 16.자. 2면, "법학협회총회".

매일신보 1917. 2. 6.자. 2면, "종로청년회 강연회".

매일신보 1918. 10. 12.자. 2면, "사령".

매일신보 1919. 4. 18.자. 2면, "사령".

동아일보 1920. 4. 26.자. 3면, "조선인이 회장된 이유로 분립한 변호사회, 분립하는 마당에 비통한 회장의 고별연설, 분립을 주장한 편에서 도리혀 융화를 말해, 그네들의 얼굴빗에 낫하나는 이상한 우슴".

매일신보 1920. 8. 23.자. 4면, "호남은행 총회".

동아일보 1921. 5. 26.자. 3면, "「군무차장」 이춘숙의 뎨일회공판 작일개뎡 판결언도는 래월 삼일".

동아일보 1921. 10. 5.자. 1면, "조선변호사협회의 창립, 법조계의 단합은 인권옹호의 전제".

동아일보 1921. 11. 1.자. 2면, "국제변호사회 경과, 조선인변호사회 단체의 독립적 참가가 일본측 반대로 문제되어 의사는 결국에 중지".

매일신보 1921. 11. 30.자. 3면, "기피신청서내용, 최남에 대한 공소불수리문제로 변호사단이 제출한 기피신청서".

매일신보 1922. 2. 6.자. 3면, "살인자라고 사형은 부당, 김도원의 형사를 죽인 것은, 순간에 결하는 생명을 위함, 판결언도는 내 25日".

동아일보 1922. 12. 19.자. 3면, "김도원의 공판".

동아일보 1923. 5. 13.자. 3면, "피고 김한의 진술".

조선일보 1923. 5. 14.자. 석간 3면, "김상옥 사건 공판의 변론. 유조리 최열렬한 김병로씨의 주장, 독립을 희망함은 조선인 전체가 다같은 것이오 피고들 생각으로 찬동할 뿐이오 실행은 절무/김한의 직접 변론은 불허".

동아일보 1923. 5. 19.자. 3면, "김상옥 사건의 제2회 공판 개정".

동아일보 1923. 5. 19.자. 3면, "조리잇고 유창한 김한의 진술".

조선일보 1923. 5. 19.자. 석간 3면, "전후 불평을 무루 진술. 재작 김상옥사건 공판정에서, 여러 변호사의 법리적 변론이 끝이난 뒤에는, 피고 김한의 진술은 충분히 불평을 부르짖어".

조선일보 1923. 4. 28.자. 석간 3면, "생명이 위독한 이혜수양. 김상옥사건으로 입옥되얏든 이혜수양 몸에는 빈틈없시 멍이 들어 있고 보석된 후에도 병이 계속되".

조선일보 1923. 5. 27.자. 석간 3면, "구형보다 심한 언도. 구형 오년이든 김한을 칠년에, 의열단사건 공판".

조선일보 1923. 7. 1.자. 석간 3면, "전우진 이혜수의 공판. 양인의 병세는 우금심중//신음성의 피고 공술. 목숨만 부터있는 피고중 전우진은 간신히 나오는 목소리로 일일 대답, 이혜수는 정신을 몰라 심리를 중지/전우진은 딩역 이년반에 구형, 판결은 오일에".

조선일보 1923. 7. 6.자. 석간 3면, "결국 2년 반. 김상옥사건의 연루 전우진의 판결, 검사의 구형대로 판결".

조선일보 1923. 8. 7.자. 석간 3면, "의열단 공판은 금일. 오전 8시부터 7호법정에 개정 변론할 변호사가 10여 명이라고, 금번에 변호사, 布施씨는 의문, 11명이 변호할 터".

조선일보 1923. 8. 7.자. 석간 3면, "최진, 고교무부, 원강일, 권혁채, 이인, 허헌, 김병로, 김용무, 강세형, 윤방현".

동아일보 1923. 8. 8.자. 3면, "의열단공판 법정에선 김시현".

동아일보 1923. 8. 9.자. 3면, "공판 제2일 조선독립은 불찬성".

동아일보 1923. 8. 9.자. 3면, "의열단공판, 황옥의 진술은 무엇이라 말하엿나, 포착하기 어려운 그의심사, 홍종우는 내가 리용하기위하야 안동현에 두엇소…".

조선일보 1923. 8. 12.자. 석간 3면, "의열단 사건의 계속 공판. 경기도 경찰부 형사가 증인으로 출석, 휴직 경부까지 징역 10년, 김시현·류석현도 10년에 구형, 정탐극의 과실이 폭로, 김해에서 포시씨의 장문전보".

동아일보 1923. 8. 13.자. 3면, "의열단 2회 공판속보 민족의식으로 보든지 정의인도로 보든지".

동아일보 1923. 8. 13.자. 3면, "의열단판결언도, 이경희이외는 전부 구형대로".

조선일보 1923. 8. 13.자. 석간 3면, "의열단 계속 공판의 후보. 7변호사의 열렬한 설봉은 이구동성으로 총독부 정치를 공격/의열단 계속 공판의 후보. 7변호사의 열렬한 설봉은, 민중을 위하여 희생, 황옥의 진의, 황옥 흉계를 금내 각득, 황옥을 타매, 독립운동이 기한 이후에 죽은 조선 사람들이 얼마나 되는지, 진술서를 제출, 판결 언도는 금월 21일".

동아일보 1923. 8. 22.자. 3면, "의열단판결언도".

조선일보 1923. 10. 11.자. 석간 3면, "김한은 칠년이 오년으로 신화수는 역시 무죄로 판결. 김상옥사건연루자".

조선일보 1923. 12. 16.자. 석간 3면, "의열단 사건으로 철창생활하는 김시현의 단식에 대해".

조선일보 1923. 12. 26.자. 석간 3면, "이혜수양의 공판. 김상옥사건의 연유로 검거된 이혜수 병상에 누운채로 겨우 답변진술/가혹한 고문에 못이겨 진술/이년을 구형".

동아일보 1924. 1. 30.자. "보전교우보 발행".
동아일보 1924. 3. 30.자. 1면, "소위각파유지 연맹에대하야".
동아일보 1924. 4. 11.자. 2면, "민중대회를 발기, 불량단체 응징결의".
동아일보 1924. 4. 23.자. 2면, "민중대회는 금지".
동아일보 1924. 4. 24.자. 2면, "변호사단결의".
조선일보 1924. 4. 24.자. 석간 3면, "변호사회. 각파연맹문제로 당국 교섭하자고 이사회에 일임함".
동아일보 1924. 5. 4.자. 2면, "경찰고문을 법정에서 호소".
동아일보 1924. 5. 18.자. 2면, "고문을 의관이 증명, 피고 이십오명중 이십이명은 반년이상 일년의 중상을 당해, 창참주재소습격사건공판/불인문할 악형방법, 손톱 눈에 죽침, 음경에도 화침".
조선일보 1924. 5. 19.자. 석간 3면, "희천경찰의 고문사건. 피고일행의 상처수가 1백40여개소, 말만 들어도 소름이 끼치는 이 고문법 오늘날 이 세상에 있는 곳이 어디어디".
동아일보 1924. 5. 24.자. 2면, "희천서고문사건에 변호사협회분기, 명이십오일 뎡긔총회석상에서 대책을 협의하고 여론을 이르켜".
동아일보 1924. 5. 26.자. 2면, "일반방청을 금지하고 법정에서 나체검사, 급천의관의 감뎡과 다름업는 극악무도한 희천서고문사건".
조선일보 1924. 5. 26.자. 석간 3면, "상흔이 볼수록 분명 희천경찰의 고문사건. 말만 드러도 안이 놀날 수 업는 끔직 끔직한 흔적을 재차 감정".
동아일보 1924. 5. 27.자. 2면, "간담회로 개회, 임원도개선".
동아일보 1924. 5. 27.자. 2면, "희천서고문사건으로 분기한 변호사협회의 결의조항; 전도임시대회도 개최/죄악의 종자를 배양하는 형사등 개폐를 단행, 위원을 션뎡하야 계획을 진행/간담회로 개회, 임원도개선".
동아일보 1924. 5. 28.자. 1면, "변호사협회의 궐기, 그 천직에 충실하라".
동아일보 1924. 6. 8.자. 2면, "고문사건책임자로 희천서원오명소환결정, 작일에 열린 희천군 창참주재소 습격사건 공판뎡에서".
동아일보 1924. 6. 9.자. 2면, "신인공노할 죄악, 주택에 충화 부녀도 악형, 한명의 고발로 위선".
동아일보 1924. 6. 9.자. 2면, "언론집회압박탄핵회".
시대일보 1924. 6. 9.자. 1면, "오늘일 내일일, 참으랴 참을 수 업는 이 사실".
동아일보 1924. 6. 10.자. 2면, "희천사건을 보고 이것이 문화정치의 산물인가".
시대일보 1924. 6. 10.자. 1면, "언론집회압박탄핵 실행위원의 결의, 11일까지 사실을 조사 후 실행절차에 착수키로 결의".
동아일보 1924. 6. 19.자. 2면, "민중대회는명일".
동아일보 1924. 6. 22.자. 1면, "언론집회압박 탄핵대회금지".
동아일보 1924. 6. 22.자. 2면, "압박탄핵회를또 압박".
동아일보 1924. 6. 23.자. 2면, "희천군창참주재소습격사건의 공판, 조준룡등 피고들은 법뎡에서 방성통곡/「사실업다고」/「그런놈들?」…/ 민가방화는 경관소위가 분명하다고/계속공판은 칠월삼일에 고문뎡도 또 감뎡".
동아일보 1924. 6. 30.자. 2면, "언론집회압박탄핵 단체회의결의문".
조선일보 1924. 6. 30.자. 석간 3면, "언론집회 압박의 탄핵방법의 구체적 결의. 재작 30여 단회의석, 결과 실행의 방법과 결의문을 통과하고 폐회/실행위원. 30인을 개선/이 압박상황을 들어. 세계적으로 선포도 하고 탄핵여설과 시위운동을 할 터".
조선일보 1924. 7. 5.자. 석간 3면, "희천사건 계속 공판. 검사는 1번 판결과 같이 구형, 변호사는 피고의 무죄를 주장".
동아일보 1924. 7. 6.자. 2면, "검사는 1심대로, 증인은 피고에게 유리하게 증언, 무죄주장/변호사들이 주장".
동아일보 1924. 7. 14.자. 2면, "조준룡, 송영진, 송영수, 최운기등 희천창참주재소습격사건의 언도, 거의 일심과 가치 판결/법정은 루해화, 무죄를 예료한 변호사들도 모다 락심".
동아일보 1924. 7. 20.자. 2면, "언론압박 탄핵연설중지".
동아일보 1924. 8. 10.자. 2면, "청중삼천의 언론압박탄핵회".
조선일보 1924. 10. 18.자. 석간 2면, "희천사건. 조준용등 독립단일행이 희천 주재소와 사무소 습격 일순사 총살한 사건, 고등법원에서 상고 기각".
조선일보 1926. 3. 7.자. 석간 2면, "병은 갈수록 침중한데 돌연 구인된 이혜수. 4년동안의 치료도 물거품 병도 낫기전에 또 잡아갔다. 김상옥사건중의 인물".
동아일보 1927. 9. 12.자. 1면, "일본에서 오는 변호사 제군에게".
조선일보 1927. 9. 14.자. 석간 5면, "관할위 수속불법! 공소사실기각주장//예심서에 죄명누락//13분대로 구별 300 경관총출동//경성역과 용산역 헌병까지 출동경계//위법대로 계속 심리//공판과 관련된 괴청년 3명인치".
조선일보 1927. 9. 15.자. 석간 2면, "대공판벽두에 돌발한 피고불법이송문제".
동아일보 1927. 9. 16.자. 2면, "층생첩출하는파란 위법에서공개금지에".
조선일보 1927. 9. 16.자. 석간 5면, "공소기각 문제, 구체적 항변서 내용".
조선일보 1927. 9. 17.자. 석간 2면, "경찰방청금지로 사법과 경찰반목?".
조선일보 1927. 9. 20.자. 석간 2면, "공산당사건 변호인에게 격려문을 발송. 더욱 분투해

달라고 재일각단체대표".
동아일보 1927. 9. 21.자. 2면, "비밀리에계속되는공산당공판 제4일에는개정벽두부터대혼란".
조선일보 1927. 9. 25.자. 석간 2면, "검사정은 공판 계속 제안 변호사측 태도 강경".
동아일보 1927. 9. 29.자. 2면, "문제첩출의조선공산당사건공판".
동아일보 1927. 9. 30.자. 2면, "문제첩출의조선공산당사건공판 돌연휴정코예심정으로피고를 1명씩호명".
동아일보 1927. 10. 1.자. 2면, "중지중의공산당공판과각방면동정".
동아일보 1927. 10. 7.자. 2면, "간수들이업서서 명일개정은휴지".
동아일보 1927. 10. 10.자. 2면, "비밀재판은불법 공산당공판에는힘쓰겟소 입경한변호사포시진치씨담".
동아일보 1927. 10. 12.자. 2면, "공판공개를절규 포시진치씨의 성명서".
동아일보 1927. 10. 12.자. 2면, "교섭중의5개조항을 재판장이태전부불응".
동아일보 1927. 10. 12.자. 2면, "자필공술서 십명이뎨출".
조선일보 1927. 10. 13.자. 석간 2면, "공산당사건은 언제나 결심될까, 변호사 포시진치".
조선일보 1927. 10. 14.자. 석간 2면, "조선공산당 공판 제13일. 중요피고 자필 공술서로 중대사실이 수 폭로. 12일에 서대문 형무소에 갔던 변호사 일동. 병중 피고 력방한후 자필공술서를 받아서. ㅇㅇ문제는 익익 전개".
조선일보 1927. 10. 15.자. 석간 2면, "자필공술 받고자 서대문 형무소에 또 출동. 4변호사는 또 형무소에 출장중. 안비막개의 변호사단".
동아일보 1927. 10. 16.자. 2면, "조선공산당공판=제14일".
동아일보 1927. 10. 17.자. 2면, "공산당피고5인 요로경관을고소".
조선일보 1927. 10. 17.자. 석간 2면, "산우욕내 풍만루! 경찰과 변호사간에 정면 충돌. 변호사단 분연 궐기. 경관 걸어 ㅇㅇ고소 제출. 종로서 삼륜경부 이하 4경관은 천하 주시중에 필경 조상에 오르다. 사태 중대화한 ㅇㅇ문제".
동아일보 1927. 10. 18.자. 2면, "고문경관고소로 경찰측물의분분".
조선일보 1927. 10. 18.자. 석간 2면, "ㅇㅇ경찰관에게 단연한 재판을 가하자. 법률의 절대 공정을 기하라. 법의 위신을 고조하며 도동하는 포시진치씨 담".
조선일보 1927. 10. 18.자. 석간 2면, "미와 담".
조선일보 1927. 10. 19.자. 석간 2면, "종로경찰서장 담".
조선일보 1927. 10. 20.자. 석간 2면, "성명한 검사는 고문증거를 자진 압사. 공산당 사건 검거와 같은 태도로 하라. 고소인을 대하여 고옥정웅씨 담".

조선일보 1927. 10. 22.자. 석간 2면, "고문경관 고소에 동경법조단 성원. 경관고소와 사법당국 태도 공격. 변호사제씨 분투격려".

조선일보 1927. 10. 23.자. 석간 2면, "오정 씨 행동은 공전절후의 괴변. 예심을 기피하고 자결 촉진코자 당자에게 변호사단이 경고 /공산당 예심판사 오정 씨를 고소 준비. 고문당한 피고는 고소한이외 다수. 기타피고도 속속고소".

동아일보 1927. 10. 30.자. 2면, "천하의시청을집중한 고문경관고소사건의전개".

조선일보 1927. 10. 30.자. 석간 2면, "만인주시중의 고문경관고소 양대무산당제휴로 전국적으로 태도성명. 노동농민당 과 일본노농당이 수상과 총독에 공동항의//피소경관도 대체취조는 종료, 사건마튼 원교검사의 하는말 미비점잇서 태도미정".

동아일보 1927. 11. 1.자. 2면, "변호사단돌연긴장 제2차고소제기?".

동아일보 1927. 11. 6.자. 2면, "비밀재판반대 고문진상삐라산포".

조선일보 1927. 11. 17.자. 석간 2면, "증거 불충분이라고 고문경관 불기소. 원교검사가 불기소 처분으로 변호사단 항고 준비 /이유 않되는 이유로 불기소. 유력한 증언을 무시했으니. 고옥 담 /도무지 증거불명. 원교 담".

조선일보 1927. 11. 18.자. 석간 2면, "기피는 만부득이".

동아일보 1927. 11. 20.자. 2면, "성명서전문".

조선일보 1927. 11. 20.자. 석간 1면, "기피의 영향".

조선일보 1927. 11. 23.자. 석간 2면, "재차고소문제로 변호사밀의 빈빈//변호사단이 형무소에 출장하야 피고면회후 돌연긴장//불기소항고 23일 제출, 권오설등 고문고소//항고이유여하로 재취조명령//정신일흔 박헌영 작일에 보석출옥//분리심리를 희망 피고는 단무".

조선일보 1927. 12. 6.자. 석간 2면, "주목의 초점이든 기피신청 수 각하//변호사태도로 공판속개 재이//휴일도 속행//피고태도를 보아서 결뎡한다고//피고이익위해 항고는 안는다".

조선일보 1927. 12. 21.자. 석간 2면, "포시, 고옥 양씨 입경".

조선일보 1927. 12. 23.자. 석간 2면, "포시씨 퇴경".

조선일보 1928. 1. 15.자. 석간 2면, "개정이래 48회조선공산당사건결심. 월수5개 일수 120여로 법원개설이래 의 장기//대부분 범죄부인//보수한푼업시 망침폐식의 변호사, 멀리 일본서 삼변호사특파//시일 장소업는 범죄사실이 태반, 변호사 이인씨담".

조선일보 1928. 1. 15.자. 석간 2면, "변호사 위안회. 15일 밤 국일관에서 공산당사건 담당 변호사위로회를 개최".

조선일보 1928. 1. 16.자. 석간 1면, "공산당 사건 결심을 보고서".

동아일보 1928. 2. 13.자. 2면, “오동진부인 이양숙여사 회견기(3)”.

조선일보 1928. 2. 20.자. 석간 2면, “출옥한 공산당원 가두서 행렬 환영. 조선공산당사건의 팽삼진과 김종신, 수백명 시민이 환호”.

조선일보 1928. 2. 29.자. 석간 2면, “공소한 공산당원심리기묘연. 불복공소한 조선공산당사건의 정운해 윤덕병씨등의 심리가 기록으로 지연”.

조선일보 1928. 3. 4.~26.자. 석간 2면, “조선공산당 판결서 전문(전14회) (1)~(14)”.

동아일보 1928. 3. 6.~10.자. 5면, “조선공산당판결원문(전5회)”.

중외일보 1928. 3. 4.~18.자. 3면, “조선공산당사건 제1심판결문(전16회)”.

중외일보 1928. 3. 21.자. 2면, “이인씨변론중에 돌연무경고중지”.

조선일보 1928. 11. 15.자. 2면, “조선공산당 박헌영 탈주”.

조선일보 1928. 12. 23.자. 석간 2면, “[나의 추억(전27회)] (12)기미운동 당시를 회고하는 허헌씨. 재판정에 던진 거탄, 대공판 중지 세청용동, 신간회 기타 사회사업으로 공소를 수리한 재판장은 목포로 좌천, 검사의 고소로 복심에 다시 수리해”.

동아일보 1929. 7. 10.자. 1면, “갑산화전민의 방축 인도상중대문제”.

동아일보 1929. 7. 13.자. 2면, “신간회분기 진상을 조사, 형사고소라도 할터이라고 혜산진영림서원 화전민가 충화사건”.

동아일보 1929. 7. 14.자. 2면, “중국측이 정식항의, 여운형 인도요구, 이에 대하야 일본측에서는 국적법을 방패로 거절?”.

동아일보 1929. 7. 17.자. 2면, “화전민구축 대책강구회”.

동아일보 1929. 7. 21.자. 2면, “대책강구회 위원회금지, 갑산화전민 구축문제”.

조선일보 1929. 7. 29.자. 석간 2면, “보고연설회와 책임당국에 항의. 조사위원 김병로씨 보고듯고 화전민사건과 신간 회결의”.

조선일보 1929. 7. 30.자. 석간 2면, “폭포동과 송가동 소실호수만 칠십삼 파괴가옥도 칠호나 된다. 갑산화전민사건상/십칠명의 일행, 현장에 왓든 영림서원과 순사//갑산화전민사건 보고연설도 금지, 종로서에서 사건이 생긴「평평물」부근”.

동아일보 1929. 7. 31.자. 1면, “다시 갑산화전민사건에 대하야”.

동아일보 1929. 8. 2.자. 2면, “중야검사담임 여운형취조”.

동아일보 1929. 8. 2.자. 5면, “평평물물차자, 갑산화전민충화지답사, 북국이천리 무색한 승지강산[제1회, 전10회] (본사특파원 박금 수기)”.

동아일보 1929. 8. 5.자. 2면, “신간회 본부에서 제7회 상무위원회”.

조선일보 1929. 8. 8.자. 석간 2면, “책임자 처벌과 손해배상 청구. 당국에 항의하기로 결의, 화전민사건과 신간회대책”.

조선일보 1929. 8. 9.~19.자. 석간 3면, 한홍정, "국경견문기 — 갑산사건 답사를 마치고(전7회)".
동아일보 1929. 8. 12.자. 2면, "변호사4씨 변호계제출, 여운형사건에 이인 김병로 허헌 이창휘씨등".
매일신보 1929. 8. 13.자. 2면, "갑산사건에관한진상조사결과발표".
동아일보 1929. 8. 24.자. 2면, "신간회본부 제9회 중앙상무집행위원".
중외일보 1929. 9. 9.자. 2면, "각 중대사건 담임변호인".
동아일보 1929. 11. 4.자. 2면, "수백여명필경충돌 쌍방수십명부상".
동아일보 1929. 11. 4.자. 3면, "고, 중 양교생 수백명충돌".
동아일보 1929. 11. 5.자. 7면, "흥분된천여학생 각처로시위행렬".
동아일보 1929. 11. 6.자. 2면, "광주고보, 중학생충돌사건".
동아일보 1929. 11. 6.자. 2면, "학무당국도 사태를중시".
동아일보 1929. 11. 7.자. 2면, "북평살인사건은 조사를 계속진행 기타여러가지사항도조사 중앙신간상무회결의".
동아일보 1929. 11. 9.자. 2면, "고보생 21명 형무소송치".
동아일보 1929. 11. 12.자. 2면, "학생과학연구 특파원우파견".
동아일보 1929. 11. 13.자. 2면, "신간조사원 3씨는귀경".
동아일보 1929. 11. 17.자. 2면, "중청북지위원회".
중외일보 1930. 1. 17.자. 2면, "총검거생500여다수각학교태반휴학상태 철통경계와 검속은 부단히 계속협성실업 · 여자상업 · 진명 · 숙명등 사개교우복만세시위".
동아일보 1930. 2. 22.자. 2면, "심리가문제되어 권변호사축석퇴장".
중외일보 1930. 2. 22.자. 2면, "광주학생공판속보".
동아일보 1930. 3. 12.자. 2면, "여운형예심결정 제령위반으로공판에".
중외일보 1930. 3. 12.자. 2면, "성격은 호방 진실한 인 려운형을담임취됴한 오정예심판사 담".
중외일보 1930. 3. 12.자. 2면, "근대조선의 연구자료 그는 주목할 인물 이등검사 담".
동아일보 1930. 3. 13.자. 2면, "여운형사건전말예심결정서전문 (1)".
중외일보 1930. 3. 13.자. 2면, "여운형예심종결 결정서전문 (하)".
동아일보 1930. 3. 14.자. 2면, "여운형사건전말예심결정서전문 (종)".
조선일보 1930. 3. 20.자. 석간 2면, "여학생만세 공판속개. 조직적운동인 것 들어 1년 10월 6개월로".
중외일보 1930. 3. 23.자. 2면, "양명에 1년과 8개월 6명엔 집행유예".
동아일보 1930. 4. 10.자. 2면, "변호사 9씨가 자진하여 변호 담당".
동아일보 1930. 4. 10.자. 2면, "예심취조9개월만에 여운형공판개정".

동아일보 1930. 4. 10.자. 2면, “최초에 병상신문후 교기에안저 심리응대”.
동아일보 1930. 4. 11.자. 2면, “제령과치유위반으로 징역5년을구형”.
중외일보 1930. 5. 4.자. 2~3면, “여운형 판결내용”.
조선일보 1930. 5. 17.자. 석간 2면, “여학생만세사건의 허정숙 집행정지. 15일 형무소로부터 임신6개월로 출옥”.
조선일보 1930. 8. 14.자. 석간 2면, “예심판사결정에 검사가 항고. 광주학생사건관계 4인 피고, 면소언도에 대하야”.
동아일보 1931. 1. 30.자. 2면, “위원장사직이유는 변호사정권으로, 신간회에 루가 미칠까봐, 신간회중앙의장 김병로씨”.
조선일보 1931. 5. 18.자. 석간2 2면, “문제의 해소안 상정 절대 다수로 가결 보류개의를 일축하고 제등. 신간대회 제2일 경과”.
동아일보 1931. 7. 26.자. 2면, “이응서등 삼명에게 무기징역을 언도, 구형의 사형만은 피하게돼, 삼명은 공소를 제기?”.
동아일보 1931. 12. 17.자. 2면, “이응서판결 1심대로 무기 공범은 15년 징역에 상고까지 제기할듯 조선ㅇㅇ군사령장관”.
동아일보 1932. 1. 13.자. 2면, “무기에 불복, 이응서 상고, 변호는 이인씨가 담당 1월18일에 공판”.
동아일보 1932. 3. 15.자. 2면, “이응서무기역 금일 고등법원의 판결 만주참의부의거두”.
조선일보 1932. 3. 19.자. 석간2 2면, “허정숙여사 만기로 출감?”.
태평양주보 1932. 6. 1.자. “상해에서 체포한인 석방을 법국대사에게 요구한 구미위원부 공문”.
태평양주보 1932. 6. 1.자. “안창호선생의 체포경로”.
동아일보 1932. 6. 8.자. 2면, “어린이와약속을 지키랴다피착”.
동아일보 1932. 6. 8.자. 2면, “해외풍상 23년 유설로 고토밟는 안창호”.
동아일보 1932. 6. 9.자. 2면, “검사국에선 석방형식, 경무부재차구금”.
동아일보 1932. 7. 20.자. 2면, “검사가 출장 안창호취조”.
동아일보 1932. 7. 28.자. 2면, “철창 삼년 만에 여운형출옥, 만긔 4개월 두고 가출옥, 작일 대전감옥에서”.
동아일보 1932. 7. 31.자. 2면, “예심의 안창호 감옥에서 신음”.
동아일보 1932. 8. 16.자. 2면, “경성제대생을 중심한 공산당재건사건종료”.
신한민보 1932. 9. 8.자. 4면, “홍구안 전후에 상해한인의 형형”.
동아일보 1932. 10. 28.자. 2면, “안창호공판회부 산하재판장담임 공판은 래월 하순경”.

동아일보 1932. 11. 4.자. 2면, "경성제대생을 주체로 학생공산당 공판".

동아일보 1932. 11. 4.자. 2면, "해외중요인물 조용하 피체 선장동의 업시 잡앗다고 미령사항의제출: 미주에서 상해항행중 신호에서 피체".

동아일보 1932. 11. 25.자. 2면, "성대공당 반제동맹판결 16명 집유, 피고 3명에게만 체형언도 최고형은 3년징역".

동아일보 1932. 11. 25.자. 2면, "제대교수등 방청 피고 19명 출정 피고들의 가족 친지 쇄도로 혼잡".

조선일보 1932. 12. 9.자. 조간 7면, "변호를 거절하야 관선변호선임, 래 19일 경성서 개정되는 안창호 1회판".

중앙일보 1932. 12. 9.자. 2면, "도산 안창호 변호를 거절".

조선일보 1932. 12. 19.자. 조간 2면, "검거 이래 8개월에 도산 안창호 공판".

중앙일보 1932. 12. 19.자. 2면, "19일 오전부터 도산 안창호 공판".

동아일보 1932. 12. 20.자. 2면, "도산안창호공판 금조 제4호 법정에서 개정".

동아일보 1932. 12. 20.자. 2면, "비밀리공판속행 당일결심사년구형".

중앙일보 1932. 12. 20.자. 2면, "도산 안창호의 공판외".

동아일보 1932. 12. 27.자. 2면, "도산안창호판결 구형대로 4년언도".

동아일보 1932. 12. 28.자. 2면, "도산안창호 공소권포기".

동아일보 1933. 4. 1.자. 2면, "일반방청 금지리 조용하 공판개정, 피고 가족에만 방청허락".

조선일보 1933. 8. 8.자. 조간 2면, "김형선 관계 이외는 박헌영 함구 불언".

조선중앙일보 1934. 12. 11.자. 2면, "공산당재건 획책한 7명의 공판 개정".

조선일보 1935. 2. 11.자. 석간2 2면, "도산안창호 금일 대전서 가출옥".

조선중앙일보 1935. 2. 12.자. 2면, "안도산 가출옥".

동아일보 1935. 8. 24.자. 3면, "경성제대 연구실 관사가 금번 공산운동의 총본영, 조선공산운동의 초유사, 삼택교수 관사 지하굴에서 은신해 비밀계획, 공산운동 통일, 재건결의 등".

매일신보 1937. 4. 30.자. 1면, "조선공산운동궤멸의 최후진 고루사수, 지하에 4년".

매일신보 1937. 4. 30.자. 1면, "조선공산운동궤멸의 최후진, 학교·공장에 뿌리박은 반제동맹과 적색노조 이재유기획호번한 적색망 검거만 17件 인원25명".

조선일보 1937. 6. 8.자. 석간 2면, "이광수씨등 유치".

동아일보 1937. 6. 9.자. 2면, "수양동우사건확대 이광수등7명을인치".

동아일보 1938. 6. 25.자. 2면, "이재유사건 수개정 취조경관의 퇴장을 요구하야 장내소란일시휴정".

동아일보 1938. 6. 25.자. 2면, "지하운동경과를 심문 검사의 방청금지신립도 각하 이재유

이외의 5명은 전향".
매일신보 1938. 6. 25.자. 2면, "개정벽두에 파란 이재유등심리오후에 속행".
매일신보 1938. 7. 6.자. 2면, "이재유에게 8년역구형 기타최하로 1년역".
동아일보 1938. 7. 13.자. 2면, "이재유 6년언도 전향자 5명은 집행유예".
매일신보 1938. 7. 13.자. 2면, "이재유에 6년역 언도, 구형보다 모다 관대".
동아일보 1938. 9. 4.자. 2면, "경무국장의 말도 그 신문".
동아일보 1939. 4. 23.자. 2면, "조용하씨별세".
매일신보 1940. 2. 20.자. 2면, 이광수, "창씨와 나".
매일신보 1941. 10. 3.자. 2면, "수양동우회 — 금일, 제2회공판".
매일신보 1941. 10. 3.자. 2면, "수양동우회 — 3심공판개정".
매일신보 1941. 10. 4.자. 2면, "수양동우회 3심2회공판".
매일신보 1941. 10. 7.자. 2면, "금일검사논고 수양동우회공판".
매일신보 1941. 10. 7.자. 2면, "수양동우회3회공판".
매일신보 1941. 10. 8.자. 2면, "최고5년을 구형 — 금일, 수양동우회사건논고".
매일신보 1941. 10. 10.자. 2면, "수양동우회 공판의 변론".
매일신보 1941. 10. 10.자. 2면, "수양동우회판결 기일은 추후결정".
매일신보 1941. 11. 9.자. 2면, "수양동우회 — 17일, 판결언도".
매일신보 1941. 11. 18.자. 2면, "전피고 무죄 언도 — 금일, 수양동우회 사건 종심언도 — 피고3명은 면소".
동아일보 1948. 3. 26.자. 2면, "개정 형사소송법 수정위원회서 해설 발표"
경향신문 1948. 4. 29.자. 2면, "신조선법의 요람 — 사법부서 형법요강 등 결정 — ".
자유신문 1946. 7. 3.자. 1면, "초대의 사법부장 김병로씨 첫 등청".
자유신문 1948. 7. 7.자. 1면, "[국회 본회의] 대통령 직접선거안 부결, 국무총리 · 위원은 임명제".
동아일보 1948. 8. 3.자. 1면, "이범석씨 총리결정 작일국회서 투표승인 찬 110, 부 84, 무효 3[초]".
호남신문 1948. 9. 19.자. "김병로 대법원장, 법전편찬위원회 구성하여 각종 법령제정할 것을 밝힘".
조선일보 1948. 12. 5.자. 2면, "반민자는 누구냐? 판관 김병로 권승렬씨 결정".
동아일보 1949. 1. 8.자. 2면, "김 특조부위장담 관직고하를 불문 반민자는 엄숙히 처단".
서울신문 1949. 1. 11.자. "김상덕 반민족행위특별조사위원회 위원장, 박흥식 체포에 대한 담화를 발표".

서울신문 1949. 1. 13.자. "김병로 대법원장, 반민피의자 재판에 대해 담화를 발표".
조선일보 1949. 1. 13.자. 2면, "민의로서 처단. 특별 재판 소장 김병로씨 담".
조선일보 1949. 2. 1자. 2면, "일제 악질 경, 군인 해당. 반민특위 김부위원장 담".
경향신문 1949. 2. 15.자. 4면, "세인주시의음모사건 암살대상무려20명".
경향신문 1949. 2. 16.자. 4면, "특경대 폐지할 터 조사원의 월권은 부당. 이 대통령 반민법 실시에 언급".
조선일보 1949. 2. 16.자. 조간 2면, "고문을 한 사실은 없다, 이 대통령담에 특위당국담".
조선일보 1949. 2. 16.자. 조간 2면, "대상 인물 18명. 특위 암살 음모사건 전모. 이승남, 이기용 송치. 담당 검사 결정".
동아일보 1949. 2. 17.자. 2면, "특위행동은 합법, 위헌여부는 헌위에서 판정할 것".
서울신문 1949. 2. 17.자. "김병로 대법원장, 반민족행위처벌법의 헌법 위반여부는 사법부 관할이라고 언명".
자유신문 1949. 2. 27.자. 2면, "명실상부한 남녀 동권! 간통죄 폐지되나? 법전편찬회서 고려 중".
조선중앙일보 1949. 6. 8.자. "김병로 대법원장, 경찰의 반민특위 습격과 관련 적당한 조치를 취할 것이라고 기자회견".
동아일보 1949. 6. 22.자. 2면, "노덕술에 무죄, 최란수엔 2년".
동아일보 1949. 7. 10.자. 2면, "시일 충분하다, 김 대법원장 담".
자유신문 1949. 9. 6.자. 2면, "형법 총칙만 완성 — 법전편찬위 사무지지 — ".
한성일보 1949. 9. 24.자. "김병로 대법원장 · 김익진 검찰총장, 반민족행위처벌법 개정에 대해 기자회견".
서울신문 1949. 10. 7.자. "반민족행위특별재판부 · 검찰부, 반민족행위처벌법 개정법 공포에 따라 활동 정지".
국도신문 1949. 11. 17.자. "법전편찬위원회, 간통죄 폐지를 결정".
동아일보 1949. 11. 17.자. 2면, "간통죄 없어지나? 법전편찬위에선 삭제".
서울신문 1949. 11. 17.자. "최병주 대법관, 간통죄 논란에 대해 기자와 담화".
서울신문 1949. 11. 19.자. "박승호 사회부 부녀국장, 법전편찬위원회의 간통죄 폐지를 반대하는 견해를 피력".
경향신문 1949. 12. 18.자. 2면, "법전편위서 결정, 영장발부의 한계 확연".
국도신문 1949. 12. 18.자. 1~6면, "형사소송법 개정초안을 통과".
서울신문 1949. 12. 21.자. "대통령령 공포로 대법원에 특별재판부를 설치하여 반민피의자 재판을 재개".

동아일보 1950. 1. 1.자. 4면, “노덕술 씨 무죄 암살음모사건”.
동아일보 1950. 1. 17.자. 2면, “형사정책도 민주화, 신형사소송법안 기초중”.
경향신문 1950. 1. 18.자. 2면, “확립된다 인권보장, 법찬위서 형소법 초안 일부 통과”.
경향신문 1950. 1. 23.자. 2면, “진범 백명 놓쳐도 1인의 원죄 내지 말라, 신형사소송법과 인권옹호”.
동아일보 1950. 1. 23.자. 2면, “공판사상 일대변혁”.
동아일보 1950. 2. 2.자. 2면, “김병로 대법원장 좌각절단수술”.
경향신문 1950. 4. 22.자. 2면, “요인암살사건재심”.
부산일보 1951. 8. 8.자. “헌법위원회 구성”.
민주신보 1952. 2. 18.자. “국회, 국회의원 소환 벽보사건으로 국무위원과 갑론을박”.
민주신보 1952. 2. 18.자. “이승만 대통령, 국회의원 소환은 법적으로 정당하다는 담화 발표”.
민주신보 1952. 2. 20.자. “국회의원 소환 데모”.
자유신문 1952. 2. 20.자. 2면, “국회의원 소환 벽보사건으로 논란”.
민주신보 1952. 2. 22.자. “국회, 국회의원 소환 건으로 대통령에게 질의서 전달”.
동아일보 1952. 2. 28.자. 2면, “원외자유당, 국회의원 소환운동에 관한 국회 특별위원회의 결의문 채택 반대”.
서울신문 1952. 3. 8.자. “이승만 대통령, 국회의원 소환사건에 대해 중대 결의 표명”.
동아일보 1952. 3. 23.자. 2면, “대법원장 부인 살해범 사형언도에 불복상고”.
경향신문 1952. 5. 7.자. 2면, “정부제출 개헌안 부결시킨 국회의원 소환운동 점입가경”.
동아일보 1952. 7. 31.자. 2면, “대법원 상고기각, 김병로씨 부인 살해범 사형 확정”.
부산일보 1952. 8. 30.자. “국무회의, 법전편찬위원회가 기초한 형사소송법안 및 민사소송법안 통과”.
조선일보 1953. 7. 10.자. 조간 2면, “국회, 형법안 통과”.
조선일보 1953. 10. 5.자. 조간 2면, “개천절, 형법시행 기념식 거행”.
동아일보 1954. 8. 12.자. 2면, “8.15와 나 (2) 김병로씨”.
동아일보 1954. 9. 3.자. 2면, “김 서울지법원장 사표제출”.
동아일보 1954. 9. 7.자. 2면, “신순언씨 구속연장, 김준원씨 입건여부 미정”.
동아일보 1954. 10. 13.자. 1면, “김대법원장의 훈시, 법관의 자세에 대해”.
동아일보 1954. 11. 20.자. 2면, “김, 신 양피고에 무죄언도 회물확증, 범의증거불충분이유 김준원씨 사건 어제 판결공판”.
동아일보 1954. 11. 23.자. 1면, “개헌안 조항별 표결을 희망, 김대법원장의 사적 견해”.
동아일보 1954. 11. 30.자. 1면, “‘개헌은 부결된 것이다 결국국회부의장 선포한대로다’ 헌법학자 유진오씨 담".
동아일보 1954. 11. 30.자. 1면, "수학엔 외누리 없다 사사오입이란 이해할 수 없는 것, 대법원장 김병로씨 사적견해".
동아일보 1956. 2. 22.자. 1면, "법 운영의 대정부 협의 있을 수 없다, 김 대법원장 이 대통령 멧세지 언급".
동아일보 1956. 2. 29.자. 1면, "양심에 가책 없다, 김병로 대법원장 사법부 비난반박".
동아일보 1957. 11. 25.자. 1면, "대법원장 후임 25일 제청 김동현씨 선출 법관회의서 압도적으로".
조선일보 1957. 12. 16.자. 석간 3면, "김병로 대법원장 기자에게 밝혀, 책과 신문 벗 삼을 터".
동아일보 1957. 12. 17.자. 1면, "이 대통령, 김대법원장 퇴임에 담화 … 사이가 멀었으나 별고 없었다".
동아일보 1957. 12. 17.자. 1면, "이 대통령, 김대법원장 퇴임에 담화. 후임 문제 불언급".
동아일보 1957. 12. 19.자. 1면, "김동현씨엔 불찬 대법원장임명에 시사".
조선일보 1958. 1. 8.자.
조선일보 1958. 1. 9.자. 1면, "가인 김병로 옹 노변담: 병각을 무릅쓰고".
동아일보 1958. 1. 29.자. 1면, "조용순씨를 선출 법관회의, 후임대법원장에".
동아일보 1958. 2. 26.자. 1면, "변협서 결의문「삼권분립에 역행」대법원장 제청권의 삭제반대".
동아일보 1958. 3. 14.자. 1면, "법원조직법개정안 자진철회를 촉구".
조선일보 1958. 3. 14.자. 조간 2면, "그릇된 입법정신 '변호사대회서 김병로씨 지적'".
동아일보 1958. 3. 15.자. 1면, "입법부 처사 방자, 김병로씨 제청권 삭제기도를 힐난".
동아일보 1958. 3. 19.자. 1면, "조씨 정식으로 철회".
동아일보 1958. 6. 10.자. 1면, "대법원장에 조용순씨 정부, 9일자로 임명 즉시국회에 승인을 요청".
동아일보 1958. 6. 21.자. 1면, "권력의 간섭 배제".
동아일보 1958. 7. 6.자. 5면, "판결에 거역하는 시위대".
동아일보 1958. 7. 7.자. 3면, "반공청년들 판결항거『데모』주모자 5명을 긴급 구속".
동아일보 1958. 8. 5.자. 6면, "헌정의 보루, 수난 23년".
동아일보 1958. 11. 5.자. 1면, "법관7명 연임 사령, 안윤출 부장판사만 제외".
동아일보 1958. 11. 5.자.
조선일보 1958. 11. 25.자. 조간 1면, 조재천, "자유당 정권 영속책".
조선일보 1958. 11. 27.자. 조간 1면, 조재천, "민권없는 국권없다".

조선일보 1958. 11. 28.자. 조간 1면, 윤학로, "양민 짓밟기 알맞은 법".
조선일보 1958. 11. 29.자. 조간 1면, 윤학로, "자라나는 민주정치에 역행".
조선일보 1958. 11. 30.자. 조간 1면, 김원태, "반공엔 여야초월할 시기".
조선일보 1958. 12. 2.자. 석간 1면, 김원태, "이적될 언론만 단속".
조선일보 1958. 12. 3.자. 석간 1면, 이주식, "개악이란 한낱 기우, 휴전은 못믿을 위장평화".
조선일보 1958. 12. 4.자. 석간 1면, 민운식, "언론봉쇄면 암흑초래".
조선일보 1958. 12. 5.자. 석간 1면, 민운식, "엄벌보다 인류애, 경찰조서론 증거박약".
동아일보 1958. 12. 11.자. 3면, "사법부에 커다란 충격".
경향신문 1958. 12. 12.자. 1면, "법관연임거부와 사법권 독립".
조선일보 1958. 12. 14.자. 조간 1면, "법에 미치는 권력〈이런일도 있었다(12)〉".
경향신문 1959. 2. 4.자. 1면. "여적".
조선일보 1959. 2. 20.자. 1면, "정치인을 싫어하는 「가인」〈스폿트 라이트(39)〉".
동아일보 1959. 7. 5.자. 5면, "서울고법 홍일원 판사".
동아일보 1960. 1. 30.자. 3면, "패기만만한 조박사".
동아일보 1960. 2. 22.자. 1면, "부통령선거 승리 거두도록".
동아일보 1960. 2. 29.자. 1면, "부정선거 분쇄투쟁 선언".
동아일보 1960. 4. 21.자. 1면, "국민총의를 존중 학생희생자 더 안 내고 구속자석방토록 김병로씨등 재야정치인 비상계엄령해제등 건의".
동아일보 1960. 4. 24.자. 1면, "상설기관을 지향 「시국수습임시협의회」 구성".
동아일보 1960. 4. 25.자. 1면, "전국무위원 사표수리, 원수 · 행정수반으로 봉사".
동아일보 1960. 4. 26.자. 1면, "이 대통령하야권고 긴급동의안 민주당, 25일 하오 국회에 제출".
경향신문 1960. 4. 30.자. 1면, "국민의사 존중토록, 김병로씨 개헌문제 등에 언급".
조선일보 1960. 4. 30.자. 1면, "민주당 장면박사 김병로옹 방문".
경향신문 1960. 5. 6.자. 1면, "지도위원 10씨 선출, 구국연, 김병로 · 서상일씨 등".
경향신문 1960. 5. 7.자. 1면, "과정개편 요구, 김병로씨 등 4인사".
조선일보 1960. 6. 8.자. 3면, "김병로 · 이철승 씨 등 5명, 2중간첩조작음모".
동아일보 1960. 6. 15.자. 1면, "자유법조단을 발기".
경향신문 1960. 7. 16.자. 1면, "인물 · 정당의 대결: 김병로.홍영기 양씨 백열전".
경향신문 1960. 7. 31.자. 2면, "제오대민의원당선자와 득표수 31일상오2시현재".
동아일보 1960. 7. 31.자. 2면, "신 · 구파 서로 백중".
경향신문 1960. 8. 3.자. 3면, "거물급 낙선자: 김병로 옹, 백두진 씨".

경향신문 1960. 8. 5.자. 1면, “찬반으로 얽힌 각계반향”.
동아일보 1960. 8. 5.자. 1면, “국민배신하는 소행 소장파서 성명 국민의 비판난면”.
경향신문 1960. 8. 9.자. 3면, “대법앞서 연좌데모 김병로씨 지지파서”.
경향신문 1960. 8. 9.자. 3면, “참의원으로 통하는 길 ⑤ 이인 씨”.
동아일보 1960. 8. 20.자. 1면, “김병로, 장내각에 바란다”.
경향신문 1960. 10. 29.자. 3면, “세 민의원에 준기소명령”.
경향신문 1960. 12. 29.자, 3면, “법관연임, 독재 독아는 사법부에도, 비위에 거슬리기만 하면 연임거부, 항변 한번 못한 조용순 씨”.
동아일보 1961. 1. 21.자. 3면, “황한수, 홍영기 두 의원에 무죄”.
경향신문 1962. 4. 22.자. 2면, “변영태, 나의 四一九 회상 (1)”.
동아일보 1963. 1. 1.자. A2면, “정치부기자 좌담회: 제3공화국을 내다본다”.
동아일보 1963. 1. 1.자. 1면, “1년 7개월 만에 정치활동을 재개”.
경향신문 1963. 1. 3.자. 1면, “재야세력 대동단결 논의”.
동아일보 1963. 1. 3.자. 1면, “단일야당 추진 행동화”.
동아일보 1963. 1. 3.자. 1면, “세배로 시작된 정치활동, 김병로씨 댁, 민간정당을 역설”.
경향신문 1963. 1. 4.자. 1면, “창당에 노력, 4자 회담 공동성명”.
경향신문 1963. 1. 10.자. 1면, “범야각파 단일전선형성에 합의”.
경향신문 1963. 1. 11.자. 1면, “민정당(가칭) 확대회의”.
동아일보 1963. 1. 11.자. 1면, “민정당의 단일야당 형성공작”.
동아일보 1963. 1. 11.자. 1면, “실무자 회의를 구성”.
경향신문 1963. 1. 12.자. 2면, 〈기자석〉
동아일보 1963. 1. 16.자. 3면, “와해반보 전의 단일야당”.
동아일보 1963. 1. 16.자. 3면, “김병로, 당부터 발족해야”.
경향신문 1963. 1. 17.자. 1면, “암초에 부딪친 민정당호”.
동아일보 1963. 1. 18.자. 2면, “구민주계는 왜 퇴장했나”.
동아일보 1963. 1. 18.자. 3면, “출범도 못한채 난파한 단일야당호”.
동아일보 1963. 1. 19.자. 1면, “당대변인은 바로 나요”.
동아일보 1963. 1. 21.자. 1면, “보기에도 딱한 김 수반 처지”.
경향신문 1963. 1. 21.자. 1면, “민정당 발기인 백명선”.
동아일보 1963. 1. 26.자. 1면, “오랜만의 최고위원 구실”.
경향신문 1963. 1. 28.자. 1면, “민정당 발기를 선언”.
동아일보 1963. 1. 28.자. 1면, “김옹 즉답에 한바탕 웃음”.

동아일보 1963. 1. 28.자. 1면, "물가대책수립등 대정부건의안도 결의".
동아일보 1963. 1. 28.자. 1면, "민정당 발기인대회를 개최".
동아일보 1963. 1. 28.자. 1면, "민정당 발기인 대회를 개최 육인지도위원제 채택".
경향신문 1963. 2. 18.자. 1면, "시국수습 9개방안".
경향신문 1963. 2. 20.자. 1면, "민정이양후에 거국내각 구성키로".
경향신문 1963. 2. 20.자. 1면, "재야지도자 간담회 개최".
동아일보 1963. 2. 19.자. 1면, "허씨 옹립 표면화, 민주·자유 양당, 합작 방향으로".
경향신문 1963. 2. 22.자. 1면, "박의장에 찬성 통고".
동아일보 1963. 2. 27.자. 1면, "박의장 성명 각 정당서 환영".
경향신문 1963. 3. 16.자. 1면, "군정4년연장 국민투표로 결정".
동아일보 1963. 3. 16.자. 1면, "약속위반 군인데모".
동아일보 1963. 3. 22.자. 1면, "재야정치세력 공동투쟁에 돌입".
동아일보 1963. 3. 27.자. 1면, "민정복귀에 공동투쟁 여하한 타협안도 거부".
동아일보 1963. 3. 22.자. 1면, "군정연장 번의를".
경향신문 1963. 4. 1.자. 1면, "박.윤.허 3차 회담".
동아일보 1963. 4. 2.자. 2면, "3자회담의 회귀선".
경향신문 1963. 4. 8.자. 1면, "정치활동 재개를 허용".
경향신문 1963. 5. 27.자. 1면, "박의장을 대통령후보로".
경향신문 1963. 4. 13.자. 1면, "야당연합전선형성추진".
동아일보 1963. 4. 15.자. 1면, "3·16 4·8성명철회하고 2·27선서를 실천하라, 재야지도자 11인 대정부 성명".
경향신문 1963. 5. 15.자. 3면, "민정당의 출항 … 인화를 기한 김병로 대표최고위원의 힘이 가장 커".
동아일보 1963. 5. 18.자. 1면, "독재사회로 무사히 끝내 대책 없어 캐세라세라".
경향신문 1963. 6. 3.자. 1면, "정계에 또 선풍 일어날 듯".
경향신문 1963. 7. 6.자. 1면, "야통합에 큰 포석".
경향신문 1963. 7. 9.자. 1면, "야당통합호소, 김병로씨 성명".
경향신문 1963. 7. 10.자. 2면, "〈기자석〉 정치인의 상투적 제스처".
경향신문 1963. 7. 15.자. 1면, "3당영수 회담 마치고 언명 당조직 백지화시켜야".
동아일보 1963. 7. 15.자. 1면, "당영수급회담에서 합의".
경향신문 1963. 7. 16.자. 1면, "야당통합과 7.15공약".
경향신문 1963. 7. 18.자. 1면, "무조건통합 선언".

경향신문 1963. 7. 27.자. 1면, "선거, 대통령 10월 중순, 국회 11월 하순".
동아일보 1963. 8. 1.자. 1면, "국민의당 발기를 선언".

동아일보 1963. 8. 1.자. 1면, "황일점으로 이채 띈 김옹".

동아일보 1963. 8. 30.자. 1면, "박정희 대장 전역식".

동아일보 1963. 8. 31.자. 1면, "공화당총재. 대통령후보, 박의장 공식수락".

경향신문 1963. 8. 31.자. 1면, "김병로씨 성명 대통령에 불출마".

동아일보 1963. 9. 5.자. 1면, "국민의당 창당대회 중단".

동아일보 1963. 9. 5.자. 2면, "국민의당의 불협화음".

경향신문 1963. 9. 6.자. 1면, "성토대회장과 비슷".

동아일보 1963. 9. 6.자. 1면, "국민의당 대통령후보지명 오늘 상오 대회서도 유산".

동아일보 1963. 9. 6.자. 1면, "발언하는 이범석씨(좌)와 윤보선씨(우)".

동아일보 1963. 9. 6.자. 1면, "탈락, 폭언의 난장판".

경향신문 1963. 9. 13.자. 3면, "야당 단일후보 실패 뒤에 올 대통령선거전망".

동아일보 1963. 9. 14.자. 1면, "선거기간 중에라도 단일후보 추진".

동아일보 1963. 9. 16.자. 1면, "선심행사 비난 국민의당 김병로씨".

동아일보 1971. 8. 5.자. 6면, "헌정의 보루, 수난 23년".

경향신문 1973. 4. 5.자. 4면, "동암 한격만 씨, 내가 겪은 20세기".

동아일보 1984. 4. 10.자. 5면, "법에 사는 사람들 25: 유병진씨".

동아일보 1984. 9. 24.자. 5면, "법에 사는 사람들 4: 김병로씨".

경향신문 1990. 6. 14.자. 4면, "제1공화국 국무회의: 신두영 비망록에 비친 자유당 말기".

경향신문 1993. 10. 6.자. 23면, 박내용, "법관의 용기가 '곧은 신문' 지켰다: 59년 경향폐간 효력정지 홍일원 재판장".

한겨레, 2009. 6. 2.자. 18면, 한홍구, "한홍구 교수가 쓰는 사법부 — 회한과 오욕의 역사 3".

서울신문 2012. 4. 3.자. 10면, "'홀로 있을 때도 언동 삼가라' 양승태 대법원장 법관 임명식".

경향신문 2014. 12. 14.자. A9면, 한승헌, "의혹과 진실 — 한승헌의 재판으로 본 현대사 (10) 경향신문 폐간 탄압사건 (上)".

경향신문 2014. 12. 21.자. A9면, 한승헌, "의혹과 진실 — 한승헌의 재판으로 본 현대사 (11) 경향신문 폐간 탄압사건 (中)".

경향신문 2014. 12. 28.자. A9면, 한승헌, "의혹과 진실 — 한승헌의 재판으로 본 현대사 (12) 경향신문 폐간 탄압사건 (下)".

주요 사진 출처

27 명치대학교 학적부

28 명치대 졸업증서(1915)

29 명치대 졸업증명서(2016. 3. 8. 발급)

34 학지광 편집 겸 발행인(1914)(아단문고 미공개 자료 총서 2012: 해외유학생 발행 잡지 5권, 학지광 제2호)

41 이상적 형법의 개론(제1회)을 게재한 〈학지광〉 제2호(아단문고 미공개 자료 총서 2012: 해외유학생 발행 잡지 5권, 학지광 제2호)

46 김병로 졸업사진(1915)(아단문고 미공개 자료 총서 2012: 해외유학생 발행 잡지 5권, 학지광 제6호)

47 경성전수학교 교유 시절의 김병로(1916)(서울법대 백년사자료집(광복전 50년), 1987, 179면)

61 〈법학계〉 창간호에 실린 가인 김병로의 논문 「법리관」(1915)

66 고려대학교 제1호 명예법학박사 학위기(1955)

77 이춘숙 변호인 김병로(1921)

88 김상옥 사건 관련 기사(조선일보 1923. 5. 14.)

156 김병로, 허헌, 이인, 김용무 등의 연대변론은 1920년대 중·후반의 일상적인 풍경이다.

164 신간회문패와 역대위원장(위로부터 이상재, 허헌, 김병로의 순)(황강, "신간회해소와 운동선의 망전", 동광 제23호, 1931. 7.)

229 조선공산당사건 고소장 제출 사진(조선일보 1927. 10. 18.)

232 고문경관을 고소한 변호사들(조선일보 1927. 10. 17.)

233 고문경관 고소 기사(동아일보 1927. 10. 18.)

244 변호사 환영회(동아일보 1927. 10. 2.)

279 국가의 근본의와 민중의 자유(1931)(동광 제29호, 1931. 12);
반도의 사상판검사진(1935)(삼천리 제7권 제3호, 1935. 3.)

288 김병로 인물평(관상자, "각계명남명녀, 뒤로 본 인물학," 별건곤 제63호, 1933. 5.)

438 사법부장 김병로의 명함

439 미군정청 법률고문과 나란히 선 법조 3거두(대한변호사협회지, 1983. 11, 12.)

472 대법원장 임명장(1948)

534 대법원판결문(1951)

539 김병로 대법원장 다우링 미국대사 접견 악수(출처: 국가기록원); 김병로 대법원장 다우링 미국대사 접견 담화(출처: 국가기록원)

540 대법원장직인

557 법전편찬위원회 구성(1948)(법정, 제3권 제10호, 1948. 10, 49면.)

560 형법초안전문(법조협회잡지 제2권 제2호, 1950)

579 형법초안(1953); 민법초안(1957)

675 수학에 4사5입은 없다(동아일보 1954. 11. 30.)

685 이승만 대통령과 김병로 대법원장

691 대법원장 퇴임사(법조 6권 11, 12호, 1957)

692 김병로 대법원장 퇴임식(1957)

693 김병로 대법원장 퇴임식(1957)

708 대법원장 임명제청권 삭제기도를 힐난(동아일보 1958. 3. 15.)

730 광복선열추도식(1957)

743 법이론적으로 본 보안법파동(동아일보 1959. 1. 10.)

759 경향폐간과 언론자유(동아일보 1959. 5. 3.)

778 권력남용 배제하자(동아일보 1960. 1. 1.)

803 신년방담

811 단일야당 추진 모임(동아일보 1963. 1. 3.)

817 〈사상계〉 대담(1963. 2.)

819 〈사상계〉 기고(1963. 4.)

847 국민의당 대회에서 원로들(동아일보 1963. 9. 5.)

- 앞의 면수는 이 책 본문의 면수임.
- 이 책에 사용된 사진은 해당 사진을 보유하거나 저작권을 가지고 있는 분들의 허락과 도움을 받아 게재한 것임.
- 저작권자를 찾지 못한 사진에 대해서는 저작권자가 확인되는 대로 게재 허락을 받고 통상의 기준에 따라 사용료를 지불하겠음.

|인물색인|

ㅈ

A